GUANGDONG CAIZHENG NIANJIAN

广东财政年鉴编辑委员会 编著

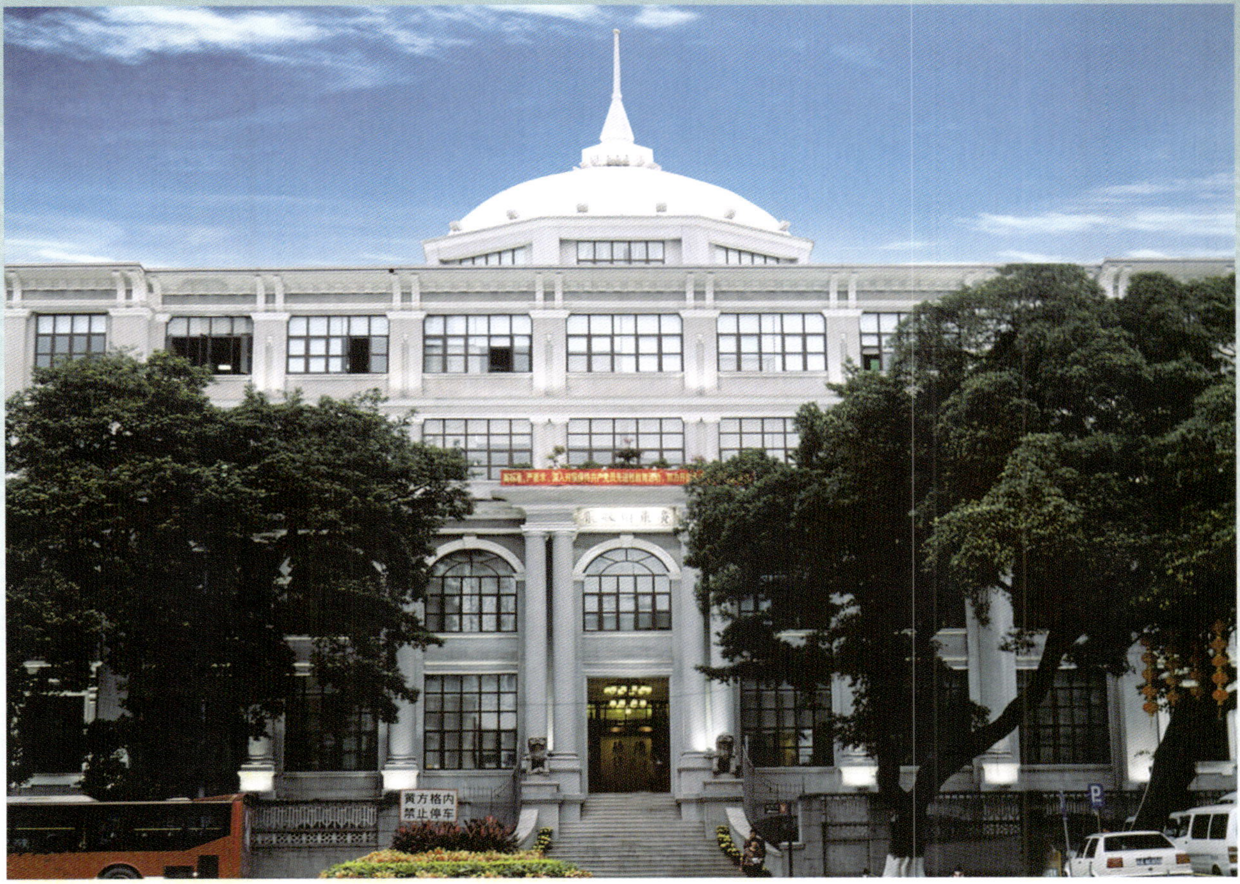

图书在版编目（CIP）数据

广东财政年鉴.2014/《广东财政年鉴》编辑委员会编著.
—北京：经济科学出版社，2014.10
ISBN 978－7－5141－5067－4

Ⅰ.①广… Ⅱ.①广… Ⅲ.①地方财政－广东省－2014－
年鉴 Ⅳ.①F812.765－54

中国版本图书馆CIP数据核字（2014）第234805号

责任编辑：白留杰 李 剑
责任校对：徐领弟 徐领柱
责任印制：李 鹏

广东财政年鉴（2014）
广东财政年鉴编辑委员会 编著
经济科学出版社出版、发行 新华书店经销
社址：北京市海淀区阜成路甲28号 邮编：100142
教材分社电话：010－88191354 发行部电话：010－88191522
网址：www.esp.com.cn
电子信箱：bailiujie518@126.com
天猫网店：经济科学出版社旗舰店
网址：http://jjkxcbs.tmall.com
北京盛源印刷有限公司印装
787×1092 16开 37印张 1700000字
2014年10月第1版 2014年10月第1次印刷
ISBN 978－7－5141－5067－4 定价：380.00元
（图书出现印装问题，本社负责调换。电话：010－88191502）

广东财政年鉴编辑委员会

广东财政年鉴编辑部

主　　任　刘华伟
副 主 任　谭笑风
编　　辑　张晓军　李伟坚　杜婷婷
特约编辑　吴　宇　林　侃　刘晓辉　朱　昱

广东财政年鉴特约通讯员

曹黎明（厅办公室）
潘　敏（厅法规税政处）
陈伟基（厅预算处、地方财政处）
吴　宇（厅国库处）
林晓燕（厅综合处）
张　超（厅行政政法处）
张书苑（厅教科文处）
赵行旺（厅工贸发展处）
于　涛（厅农业处）
朱胜亚（厅经济建设处）
廖建中（厅社会保障处）
刘晓辉（厅外经金融处）
张文蔚（厅会计处）
林　侃（厅绩效评价处）
蔡照亮（厅行政事业资产管理处）
杨伟光（厅农业综合开发办公室）
刘金旺（厅农村财务管理处）
杨　瑞（厅政府采购监管处）
黄林水（公务用车管理处）
陈嘉淇（厅监督检查局）
刘　征（厅人事教育处）
刘柏文（厅机关党委办公室）
张可薇（省监察厅派驻省财政厅监察室）
吴志胜（厅离退休人员服务处）
麦东阳（厅国库支付局）
陈海平（厅国际金融组织债务管理办公室）
周亚华（厅政务服务中心）
欧　颖（省直行政事业单位物业管理中心）
王　勇（厅投资审核中心）
吴文春（厅票据监管中心）
彭　云（省财政数据信息中心）
杜婷婷（省财政科学研究所）
刘　强（省农业综合开发评估中心）
林壮镇（省注册会计师协会）
黎雪瑜（省资产评估协会）
关坤翘（省会计函授职业学校）
陈培元（省财政职业技术学校）
安　琳（广州市财政局）
陈　强（深圳市财政委）
王忠利（珠海市财政局）
孙汉敏（汕头市财政局）
上官蔚云（佛山市财政局）
杨文乐（韶关市财政局）
具瑞新（河源市财政局）
张懿峰（梅州市财政局）
刘　群（惠州市财政局）
谢　岚（汕尾市财政局）
毛存中（东莞市财政局）
周子婷（中山市财政局）
郭　丽（江门市财政局）
李珊珊（阳江市财政局）
肖益民（湛江市财政局）
梁建旭（茂名市财政局）
谢伟莹（肇庆市财政局）
黎　敏（清远市财政局）
李　炼（潮州市财政局）
方松坚（揭阳市财政局）
邝丽芳（云浮市财政局）

编辑说明

《广东财政年鉴》是广东省财政厅主办的大型文献资料工具书。《广东财政年鉴（2014）》是广东财政自2005年以来编纂年鉴的第十卷，本书主要汇集了2013年广东财政的各个方面情况资料，反映了2013年广东财政工作的基本全貌，并继续保持《广东财政年鉴》正式出版以来的三个主要特点，即资料翔实，权威性强；理论与实务相结合；亮点和重点突出。全书立体地反映了广东完善省级财政性转移支付政策、省级财政专户管理、建立实施财政预算计划和资金支付稽核工作体系、探索开展经营性财政资金股权投资管理改革、推进营业税改征增值税试点等各方面的情况，生动体现了广东财政构建有利于科学发展的财政体制机制等方面所做的有益探索和具体实践。全书内容共分十二个部分。

第一部分重要财经文献，转载了广东省人民代表大会及其常务委员会2013年通过的有关财政经济方面的重要报告和决议；第二部分领导讲话，收录了省财政厅领导的有关重要讲话；第三部分全省财政工作概况与专题，记述了全省财政各项工作的开展情况和各项改革的进展情况；第四部分各市财政工作概况，刊登了全省21个地级以上市经济发展的简要介绍和财政工作有关方面的情况综述；第五部分市县财政工作专题，反映了全省部分市、县（市、区）财政工作的重点和亮点；第六部分统计资料，收集了全省和各市、县（市、区）财政一般预算收支情况、非税收入基本情况、全省国有企业和外商投资企业等方面的统计资料等；第七部分地方财经法规选编，选编了省人民政府颁布或批准颁布的重要财经规章，省财政厅和省政府有关部门制定的或几个部门联合制定的重要财经规范性文件；第八部分财经文选，选编了省财政厅领导在有关专题会议上的重要讲话，全省财政系统有关财政理论与实务的研究报告、研究文章和调查报告以及广东财政论坛上有关专家的讲话和有关财经文章；第九部分财政机构人员，主要介绍了省财政厅机构变动情况和省财政厅领导及厅属各单位领导名单，各地级以上市和各县（市、区）财政局机构设置及领导名单，全省财政系统人员情况以及2013年度全省财政系统全国性和全省性先进集体、先进个人名单；第十部分大事记，记述了2013年度全省财政方面的重要会议、重大活动、重要国际交往、重大决策和措施；第十一部分媒体报道，主要反映2013年中央和省级刊物对广东财政改革与发展中的重要工作和亮点工作进行的报道；第十二部分附录，简要介绍了省财政各类学会、省财政厅所属学校的工作情况和省财政厅各处室（单位、学会）所承担的研究课题、研究成果和获奖情况。

本年鉴在编辑出版过程中，得到各有关方面的关心和鼎力支持。在此，对所有参与年鉴撰稿、摄影、编纂、审定、出版、发行等工作的领导和同志表示深深的感谢！你们付出的辛劳，将不断推动广东财政年鉴工作继续迈向新的台阶。同时，由于广东财政年鉴涉及面广，编辑出版时间有限，难免有疏漏和不妥之处，敬请广大读者批评指正，并提出宝贵意见，促使广东财政年鉴编辑出版质量不断有新的提高。

《广东财政年鉴》编辑部

2013年3月31至4月3日，省长朱小丹率广东省政府考察团赴西藏林芝地区对广东省援藏工作进行了为期四天的考察。省财政厅党组书记、厅长曾志权参加了此次考察活动。

2013年1月4日，广东省人大常委会主任欧广源率领省人大财经委、预工委委员和部分省人大代表到省财政厅视察工作。省委常委、常务副省长徐少华，省人大常委会副主任陈继兴等参加视察活动。

2013年1月18日，广东省发改财政系统学习贯彻省委全会精神工作会议在广州召开。省委常委、常务副省长徐少华出席会议并讲话。

2013年4月22日，广东省委常委、常务副省长徐少华到省财政厅调研指导工作。省财政厅党组书记、厅长曾志权向徐少华常务副省长汇报了2013年以来省财政厅重点工作进展情况。省财政厅党组成员、纪检组长邓桂明，厅党组成员、副厅长欧斌、沈梅红、郑贤操、戴运龙及厅副巡视员和有关处室主要负责同志参加会议。

2013年8月16日，财政部党组成员、副部长刘昆率财政部国库司司长翟钢、财政部驻广东专员办监察专员江龙、财政部国库支付中心副主任刘金云等到广东省财政厅调研盘活财政存量资金相关工作。省财政厅党组书记、厅长曾志权向刘昆副部长一行汇报广东省2013年以来预算执行及盘活财政存量资金等有关工作情况。省财政厅党组成员、副厅长欧斌、沈梅红、叶梅芬及有关处室主要负责同志参加会议。

2013年5月17-19日，财政部党组成员、部长助理余蔚平参加第九届深圳文博会及文化贸易工作座谈会期间，在深圳和东莞市调研文化产业和公共文化发展情况。余蔚平部长助理先后参观考察深圳华侨城集团、中华商务联合印刷（广东）有限公司、广东华南工业设计院动漫衍生品设计中心、东莞市寮步镇牙香街、东莞市图书馆和虎门海战博物馆。省财政厅党组成员、副厅长郑贤操及深圳市财政委员会、东莞市财政局负责同志陪同调研。

2013年1月12-13日，财政部党组书记、部长谢旭人率财政部税政司司长贾谌、预算司司长许宏才、办公厅部长办公室主任郭方明到广东调研营业税改征增值税试点工作情况。

2013年4月28日，财政部、国家税务总局召开扩大营业税改征增值税试点工作视频会议。财政部党组书记、部长楼继伟在会上就扩大营改增试点工作进行部署，国家税务总局局长王军在会上就营改增试点征管工作进行部署，财政部副部长王保安主持会议。广东省委常委、常务副省长徐少华和省政府副秘书长陈世庆、省财政厅厅长曾志权、财政部驻广东专员办专员江龙以及省国税局、省地税局负责同志等参加会议。

2013年12月30日，广东省营业税改征增值税试点新闻通报会在广州召开，省财政厅党组成员、副厅长欧斌，省国税局党组成员、副局长朱江涛，省地税局副巡视员黄和平出席通报会并回答媒体记者问题。

广东省人大常委会2013年9-12月分批组织部分省人大代表视察省级财政预算编制工作。

2013年9月23日，省人大常委会主任黄龙云率河源、梅州、清远、韶关、云浮、肇庆等市部分省人大代表到省财政厅，视察广东省2014年省级预算编制情况。

2013年10月21日，广东省人大常委会副主任肖志恒率汕头、汕尾、潮州、揭阳等市部分省人大代表到省财政厅，视察广东省2014年省级预算编制情况。

2013年11月28日，由广东省人大常委会副主任雷于蓝、陈继兴带队的省人大代表第三视察组到省财政厅视察，就2014年省级预算草案编制情况与省财政厅交换意见。

2013年3月7日，全国人大代表、广东省财政厅厅长曾志权在广东团全体会议上解读《关于2012年国民经济和社会发展计划执行情况与2013年国民经济和社会发展计划草案的报告》和《关于2012年中央和地方预算执行情况与2013年中央和地方预算草案的报告》。

2013年3月7日，全国人大代表、省财政厅厅长曾志权在参加全国“两会”期间接受中央电视台采访，畅谈对2013年预算报告财政的体会。

2013年3月18日，省财政厅召开传达贯彻全国“两会”精神大会，传达学习2013年全国“两会”和全省电视电话会议精神，研究部署财政部门贯彻落实工作。

2013年6月20日，广东省人大常委会委员、财经委主任委员陈家记率省人大财经委、预工委委员和部分省人大代表及专家到省财政厅调研，了解省财政保障底线民生和推进基本公共服务均等化有关情况。参加调研的省人大财经委、预工委委员，省人大代表和专家就财政保障底线民生和推进基本公共服务均等化有关问题与省财政厅党组成员、总会计师钟炜及相关处室负责同志进行交流。

2013年7月10日，省人大常委会党组副书记、副主任雷于蓝率全国人大代表“民生保障均等化”专题调研组到省财政厅调研，听取省财政厅、教育厅、卫生厅、人力资源社会保障厅关于民生保障均等化专题汇报并座谈。省财政厅党组书记、厅长曾志权作为全国人大代表参加调研并就有关财政问题进行回应。会上，省财政厅、教育厅等四部门就广东省推进民生保障均等化工作分别作汇报。参加调研的代表就广东省民生保障均等化有关问题与四部门有关负责同志进行交流。

按照党的群众路线教育实践活动和扶贫“双到”对口帮扶工作要求，2013年7月23-24日，厅党组书记、厅长曾志权率领厅有关处室负责同志到对口帮扶点暨教育实践活动联系点——龙川县丰稔镇十二排村，开展“下基层、接地气”体验式教育活动。7月23日，曾志权厅长一行先后考察该村小学校舍、农田水利及部分水库设施情况，并深入田间地头，与农户同劳动，锄地种菜，体验劳动艰辛，增进与村民的感情。曾志权厅长专程走访挂钩帮扶的2户贫困户，仔细询问他们的生产生活情况。7月24日，曾志权厅长一行继续走访4户贫困户。

2013年8月8-9日，厅党组成员、纪检组长邓桂明率厅监察室主要负责人，赴五华县大沙村和龙川县十二排村开展“回头看”和“下基层、接地气”活动。8月8日，邓桂明组长一行深入大沙村走访了2户贫困户，实地察看厅帮扶的饮水工程等项目基础设施管理和运转情况，并召开镇、村干部和村民代表座谈会。

2013年9月3日，厅党组成员、副厅长欧斌率厅有关处室及厅属单位的负责人，赴龙川县丰稔镇十二排村，走访各自挂钩帮扶的贫困户，详细询问贫困户生产生活情况特别是家庭成员参加新农合、新农保情况，倾听贫困户脱贫致富谋发展的意愿。

2013年9月11日，厅党组成员、副厅长沈梅红一行赴龙川县丰稔镇十二排村分别走访了挂钩帮扶的7户贫困户，仔细询问他们生产生活情况，了解村里现有的基层公共文化设施建设及惠民政策落实情况，并与贫困户探讨脱贫致富谋发展新路子。

2013年2月26日，省经济和信息化委党组书记赖天生，党组成员、副主任林位超一行到省财政厅商谈工作，与省财政厅党组书记、厅长曾志权，党组成员、副厅长戴运龙进行座谈，双方就省经济和信息化委2013年专项资金使用方案等进行交流沟通。省财政厅办公室、预算处、工贸发展处等有关处室负责同志参加座谈。

2013年5月24日，以越南财政部监察局检察长阮金莲为团长的越南财政部代表团一行5人到省财政厅访问，与厅党组成员、纪检组长邓桂明进行座谈。邓桂明纪检组长介绍了广东省财政监督检查工作有关情况，双方就财政监督检查机构设置及职能等问题进行交流。省财政厅办公室、预算处、绩效评价处、监督检查局、监察室等有关处室主要负责人参加座谈。

2013年6月3日，财政部及世界银行专家团队联合调研组到广东省调研城镇化相关问题，与省财政厅党组成员、副厅长林楚欣进行座谈。会上，双方就广东省财政收支、财政转移支付、营改增对财政收入的影响、基础教育投入、基本公共服务均等化及城镇化等有关问题进行交流。厅办公室、法规处、预算处、综合处、教科文处、经建处、国际债务办等相关处室负责同志参加会议。

2013年6月7日，省食品药品监管局党组书记、局长段宇飞和党组副书记、副局长任大进一行到省财政厅商谈工作，与省财政厅党组书记、厅长曾志权进行座谈。双方就省食品药品监督管理执法队伍和检验检测机构建设等问题进行了交流。

2013年6月28日，东莞市委书记、市人大常委会主任徐建华，市委副书记、市长袁宝成，市委常委、常务副市长梁国英一行到访省财政厅，与厅党组书记、厅长曾志权，厅党组成员、副厅长叶梅芬进行座谈。会上，双方就粤海产业转移园建设、东莞市承办2013年中国加工贸易产品博览会等事宜进行交流。省财政厅办公室、预算处、工贸发展处、外经金融处等处室主要负责同志及东莞市政府、东莞市财政局有关人员参加座谈。

2013年8月16日，海南省财政厅党组书记、厅长刘平治一行到省财政厅调研，与厅党组成员、副厅长叶梅芬进行座谈。双方就财政经营性资金股权投资管理改革等问题进行交流。省财政厅办公室、预算处、工贸处、农业处、经建处等有关处室负责同志参加座谈。

2013年10月14日，省水利厅党组书记、厅长林旭钿一行到省财政厅商谈工作，与厅党组书记、厅长曾志权进行座谈。双方就加强广东省民生水利建设有关问题进行交流。省财政厅党组成员、总会计师钟炜及办公室、预算处、综合处、农业处等有关处室主要负责同志，省水利厅党组成员、副厅长王建成、刘敏，巡视员李杰夫，总规划师、规计处处长及建管处、农水处主要负责同志参加座谈。

2013年10月17日，省环境保护厅党组书记、厅长李清到省财政厅商谈工作，与厅党组书记、厅长曾志权进行座谈。双方就“十二五”后半期减排资金及2014年专项资金安排问题进行交流。省财政厅党组成员、副厅长叶梅芬及办公室、预算处、工贸处等有关处室主要负责同志，省环保厅党组成员、副厅长李晖及办公室、规划处、总量处主要负责同志参加座谈。

2013年10月28日，省科技厅党组书记、厅长黄宁生一行到省财政厅商谈工作，与厅党组书记、厅长曾志权进行座谈。双方就科技专项资金管理等问题进行交流。省财政厅党组成员、副厅长沈梅红、叶梅芬及办公室、预算处、教科文处、工贸发展处、监督检查局等有关处室负责同志，省科技厅副巡视员周木堂等参加座谈。

2013年10月28日，省外经贸厅党组书记、厅长郭元强到省财政厅商谈工作，与厅党组书记、厅长曾志权进行座谈。双方就财政支持外经贸发展相关问题进行了交流。省财政厅党组成员、副厅长欧斌及办公室、预算处、行政政法处、外经金融处等有关处室主要负责同志，省外经贸厅党组成员、副厅长任少及办公室、财务处主要负责同志参加座谈。

2013年10月31日，汕尾市委书记、市人大常委会主任温国辉一行到省财政厅商谈工作，与厅党组书记、厅长曾志权进行座谈。双方就省财政支持加快汕尾经济社会发展等问题进行交流。省财政厅办公室、预算处，汕尾市财政局主要负责同志参加座谈。

2013年7月19日，省财政厅邀请惠州市龙门县县委书记、县人大主任许志晖作客“广东财政大讲堂”，作《服务基层，服务群众》专题报告。省财政厅党组成员、驻厅纪检组长邓桂明主持报告会。全厅党员干部300多人参加报告会。

2013年9月6日，省财政厅邀请广州市中级人民法院行政庭庭长肖志雄作客“广东财政大讲堂”，作《依法行政的理论与实务——增强法治意识 促进法治财政建设》专题报告。省财政厅党员干部、部分地市财政局法制工作干部共260多人参加报告会。

2013年7月25日，省财政厅邀请省委党校党史党建教研部主任、党史党建专业导师组组长毕德教授作客“广东财政大讲堂”，作《群众路线是党的生命线》专题报告。省财政厅党组成员、驻厅纪检组长邓桂明主持报告会，全厅党员干部300多人参加报告会。

2013年12月13日，财政部科研所副所长刘尚希应邀到省财政厅“广东财政大讲堂”作《解读三中全会财政改革》专题报告。

2013年1月19日，广东省财政工作会议在广州召开。省财政厅党组书记、厅长曾志权主持会议并讲话，厅党组成员、纪检组长邓桂明，党组成员、副厅长欧斌、郑贤操、戴运龙等参加会议。

2013年2月20日，广东省财政反腐倡廉建设工作会议在广州召开。各地级以上市财政局（委）纪检组长或分管纪检监察工作的领导，省财政厅机关全体党员干部、厅属单位全体干部职工参加会议。会议由厅党组成员、副厅长欧斌主持，厅党组书记、厅长曾志权作讲话，厅党组成员、驻厅纪检组组长邓桂明作工作报告。在穗厅党组成员出席会议。

2013年3月14日，广东省财政厅召开全厅保密工作会议。

2013年3月25日，省财政厅、省发展改革委、省教育厅、省人力资源社会保障厅在广州联合召开全省中等职业教育国家助学政策工作视频会议，布置全省中职国家助学工作。省财政厅党组成员、副厅长郑贤操出席会议。

2013年3月25日，省财政厅、省科技厅、省文化厅、省广电局、省体育局和省人口计生委在广州联合举办科技、文化、文物、广播电视、体育、人口和计划生育等6个新修订的事业单位财务制度培训班。参加培训班的有省级科技、文化文物、广播电视、体育和人口计生系统及其下属事业单位财务负责同志，地级以上市财政、科技、文广新、电视台、体育、计生系统财务人员共390多人。培训班邀请财政部教科文司、科技部条财司、文化部财务司、体育总局经济司、广电总局财务部等中央有关部委主管财务的负责同志讲授、解读各行业事业单位财务制度。

2013年6月5日，应广东省人大常委会办公厅邀请，省财政厅党组书记、厅长曾志权在2013年第二期省人大代表学习班上作题为《公共财政知识》专题报告。省第十二届人大代表200余名参加报告会。

2013年7月19日，省财政厅在广州召开第三批省直管县财政改革试点工作会议。第三批省直管县财政改革试点县（市）及其所属的地级市财政局负责同志和有关人员参加会议。省财政厅党组书记、厅长曾志权出席会议并作讲话。

2013年7月26日，省财政厅组织召开“加快我省区域协调发展”系列提案办理工作座谈会。省政协提案委专职副主任谢岳铭及提案人代表一行与省财政厅党组成员、副厅长叶梅芬进行座谈，省发展改革委、省教育厅、省民政厅、省人力资源社会保障厅、省环境保护厅、省农业厅、省卫生厅、省林业厅、省地税局和省国税局等会办单位同志参加座谈会。

2013年12月13日，省财政厅、省监察厅、省农业厅、省审计厅联合召开全省第六届村民委员会换届审计工作交流会。省财政厅党组成员、总会计师钟炜出席会议并讲话。

2013年3月20日，广东省政府副秘书长、省规划纲要办副主任赵坤率省实施《珠三角规划纲要》实现“四年大发展”第三考核评估组到省财政厅实地考核。省财政厅党组成员、副厅长戴运龙汇报贯彻实施规划纲要推动“四年大发展”工作情况，厅办公室等相关处室负责同志参加会议。

2013年5月13日，省财政厅组织厅领导、副巡视员和厅各处室、单位主要负责人近50人，由厅党组书记、厅长曾志权带队到省反腐倡廉教育基地开展廉政教育活动。

2013年7月9日，省财政厅召开党的群众路线教育实践活动动员大会，学习贯彻中央和省委党的群众路线教育实践活动工作会议精神，特别是习近平总书记和胡春华书记重要讲话精神，对省财政厅开展群众路线教育实践活动进行动员和部署。省财政厅党组书记、厅长曾志权作动员讲话，省委党的群众路线教育实践活动督导组第十一组组长罗继东出席会议并讲话。省财政厅在家的厅领导，厅机关全体党员、干部，厅属单位班子成员及曾担任过厅领导班子正职的离退休老同志等300余人参加会议。

2013年7月15日，省财政厅党组书记、厅长、厅党的群众路线教育实践活动领导小组组长曾志权为全厅党员干部作主题为《坚持为民务实清廉推动财政改革发展》的党课。全厅党员干部近400人参加党课教育活动。

2013年8月13-14日，是省财政厅第三年举办全厅副处以上及部分重点岗位干部党纪政纪法纪“三纪”教育学习会。厅党组书记、厅长曾志权主持会议，全厅副处以上干部及部分重点岗位同志共180多人参加学习会。

2013年12月28日，省财政厅在广州体育学院举办第十五届全民健身运动会。

目　　录

第一部分　相关财经文献

第二部分　领导讲话

第三部分　全省财政工作概况与专题

第四部分　各市财政工作概况

第五部分　市县财政工作专题

第六部分　统计资料

第七部分　地方财经法规选编

第八部分　财经文选

第九部分　财政机构人员

第十部分　大事记

第十一部分　媒体报道

●中央级

●省级

第十二部分　附　　录

Table of Contents

Section 1 Related Documents on Finance and Economy

Section 2 Leader Speech

Section 3 Provincial Public Finance

● **Special Topics**

Section 4 Public Finance in Prefectures

Section 5 Special Topics on Public Finance in Cities, Districts and Counties

Section 6 Statistics

Section 7 Selected Local Laws and Regulations of Finance and Economy

Section 8 Selected Writing on Finance and Economics

Section 9 Fiscal Organization Structure and Personnel

Section 10 Memorabilia

Section 11 Media Reports

● **Central**

● **Provincial**

Section 12 Appendix

第 一 部 分

相关财经文献

广东省第十二届人民代表大会第二次会议关于广东省2013年预算执行情况与2014年预算的决议

（2014年1月20日广东省第十二届人民代表大会第二次会议通过）

广东省第十二届人民代表大会第二次会议审查了省人民政府提出的广东省2014年预算草案及省财政厅厅长曾志权受省人民政府委托所作的《广东省2013年预算执行情况和2014年预算草案的报告》。会议同意广东省人民代表大会财政经济委员会的审查结果报告，决定批准广东省2014年省级预算，批准《广东省2013年预算执行情况和2014年预算草案的报告》。

广东省2013年预算执行情况和2014年预算草案的报告

广东省财政厅厅长 曾志权

各位代表：

受省人民政府委托，现将广东省2013年预算执行情况和2014年预算草案提请省十二届人大二次会议审议。

一、2013年预算执行情况

（一）来源于广东的财政收入执行情况

据快报反映，2013年来源于广东的财政收入16 964.40亿元，增长15.21%。其中：地方级收入10 749.26亿元，增长26.58%，占63.36%；中央级收入6 215.14亿元，下降0.27%，占36.64%。

（二）公共财政预算执行情况

1. 全省公共财政预算执行情况。

——收入预算执行情况。

2013年全省地方公共财政预算收入7 075.54亿元，完成年度预算的106.11%，同比增长13.60%（见图1），收入总量连续23年位居全国各省（市、区）首位。

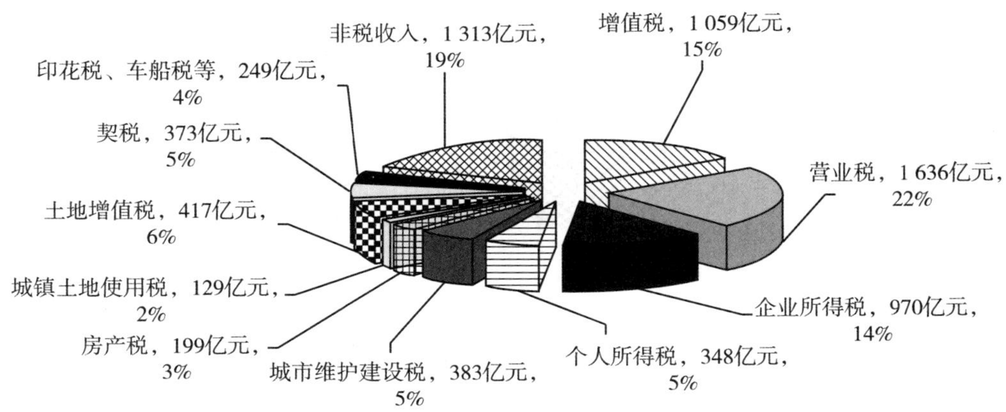

图1 2013年全省公共财政预算收入构成

按主要税种划分。国内增值税 1 058.86 亿元，增长 33.38%（自然口径，下同）；营业税 1 635.65 亿元，增长 5.07%；企业所得税 970.09 亿元，增长 8.88%；个人所得税 348.02 亿元，增长 7.84%。

按税收与非税收入占比划分。税收收入 5 762.75 亿元，非税收入 1 312.79 亿元，税收收入占公共财政预算收入的比重为 81.45%。

按预算级次划分。省、市、县三级收入增长协调，分别增长 13.45%、12.93% 和 14.97%，各级次收入增幅差距较小，县级收入增幅高于省、市级，基层财政自身保障能力进一步提高。

按区域划分。珠三角九市、东西北 12 市收入分别增长 13.03% 和 17.23%，东西北 12 市收入增幅高于珠三角 4.2 个百分点，占全省市县收入的 15.29%，较上年提高了 0.47 个百分点。

——支出预算执行情况。

2013 年全省公共财政预算支出 8 265.78 亿元，完成年度预算的 117.19%，增长 13.73%，主要执行情况如下（见图 2）：

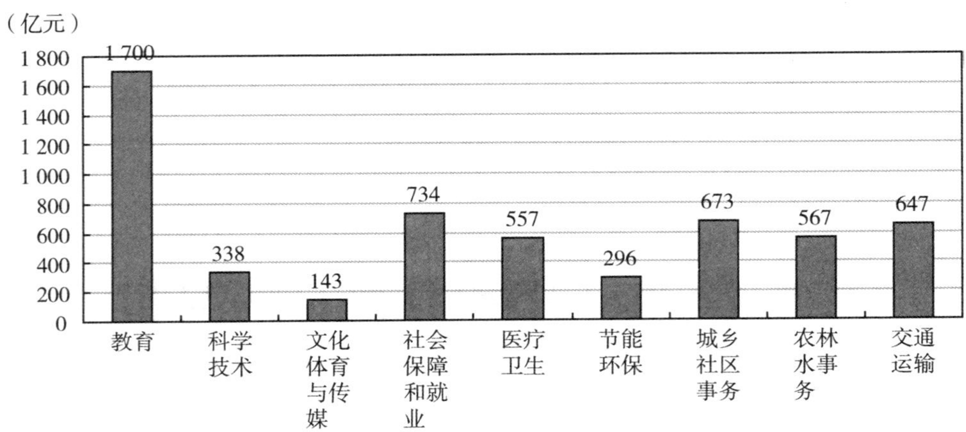

图 2　2013 年全省公共财政预算重点支出情况

按支出科目分。(1) 一般公共服务支出 1 041.77 亿元，增长 14.34%。(2) 公共安全支出 641.88 亿元，增长 5.26%。(3) 教育支出 1 699.64 亿元，增长 15.90%。(4) 科学技术支出 337.57 亿元，增长 38.01%。(5) 文化体育与传媒支出 143.01 亿元，增长 5.50%。(6) 社会保障和就业支出 734.34 亿元，增长 20.78%。(7) 医疗卫生支出 557.18 亿元，增长 12.07%。(8) 节能环保支出 295.95 亿元，增长 28.75%。(9) 城乡社区事务支出 673.05 亿元，增长 8.33%。(10) 农林水事务支出 566.60 亿元，增长 4.84%。(11) 交通运输支出 647.21 亿元，增长 34.06%。(12) 资源勘探电力信息等事务支出 149.79 亿元，下降 18.89%。主要原因是广州从 2013 年起编报国有资本经营预算，原在该科目反映的有关支出调整到国有资本经营预算中安排。(13) 住房保障支出 206.72 亿元，增长 19.50%。

2013 年全省地方公共财政预算收入加上中央税收返还、各项补助款和预算结转、结余，减去公共财政预算支出以及上解中央项目后，全省公共财政预算实现收支平衡，略有结余（具体结余金额待决算完成后确定）。

2. 省级公共财政预算执行情况。

——收入预算执行情况。

2013 年省级公共财政预算收入 1 566.53 亿元（见图 3），同比增长 13.45%，比省十二届人大一次会议批准通过的收入预算增加 115.53 亿元。

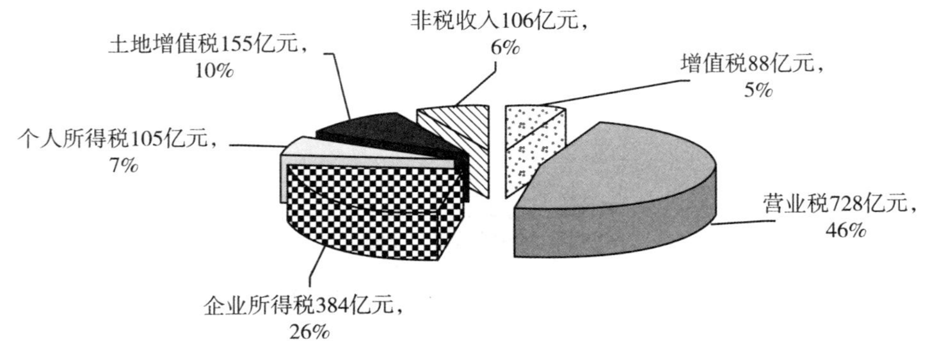

图 3　2013 年省级公共财政预算主要收入构成

2013 年省级公共财政预算收入主要执行情况如下：税收收入 1 460.38 亿元，其中增值税 88.20 亿元，增长 251.34%；营业税 728.46 亿元，增长 10.29%；企业所得税 383.55 亿元，增长 9.17%；个人所得税 104.78 亿元，增长 14.14%；土地增值税 155.21 亿元，增长 1%。非税收入 106.15 亿元，增长 7.84%。

2013 年省级公共财政预算收入加上中央税收返还、转移支付和下级上解收入、上年结余、发行地方政府债券收入等，2013 年省级财政总收入 2 793.01 亿元。

——支出预算执行情况。

2013 年省级财政总支出 2 791.23 亿元，比省十二届人大一次会议批准通过的预算增加 236.87 亿元，主要是按规定报请省十二届人大常委会议审批后，增加安排地方政府债券支出 121 亿元、省级超收收入和上年净结余安排支出 115.87 亿元。剔除列收列支项目等不可比因素后，2013 年省级超收收入中 86% 用于改善社会民生事业、推进基本公共服务均等化及均衡区域发展水平。

2013 年省级财政总支出 2 791.23 亿元中，按预算级次划分，（1）省本级支出 888.11 亿元，占 31.82%；（2）对市县税收返还及转移支付 1 759.92 亿元，占 63.05%，其中返还性支出 479.04 亿元，一般性转移支付 777.18 亿元，专项转移支付 503.71 亿元；（3）上解中央支出 139.96 亿元，占 5.01%；（4）调出资金 3.23 亿元（按规定计提的水利建设基金），占 0.12%（见图 4）。

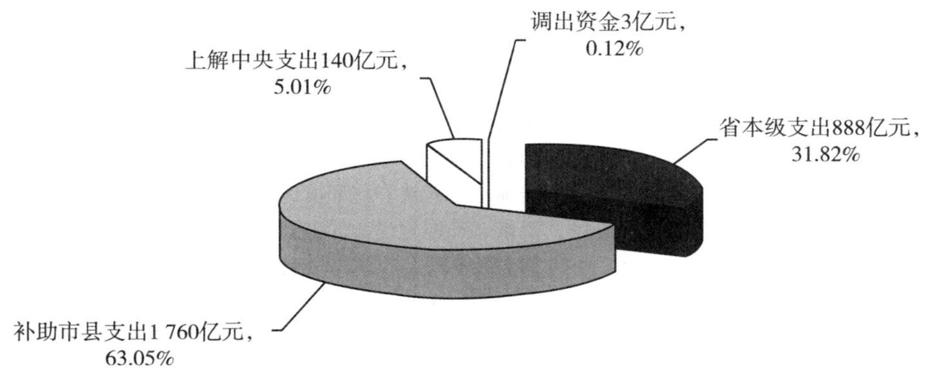

图 4　2013 年省级公共财政预算支出构成（按预算级次）

——省本级支出 888.11 亿元的主要情况如下：

（1）一般公共服务支出 113.94 亿元，下降 4.11%，主要原因是贯彻落实中央“八项规定”，加大厉行节约力度。（2）公共安全支出 74.42 亿元，增加 22.37%。（3）教育支出 136.17 亿元，增长 0.28%。增幅较低的原因主要是部分省本级支出调整为对市县的转移支付。（4）科学技术支出 50.47 亿元，增长 31.68%。（5）文化体育与传媒支出 15.89 亿元，增长 26.80%。（6）社会保障和就业支出 52.49 亿元，增长 21.77%。（7）医疗卫生支出 25.81 亿元，增长 15.44%。（8）节能环保支出 8.91 亿元，增长 53.27%。增幅较高的原因主要是中央增加下达农村环保补助资金。（9）农林水事务支出 19.91 亿元，增长 30.99%。（10）交通运输支出 198.90 亿元，增长 106.25%。增幅较高的原因主要是 2013 年在地方政府债券中一次性新增安排交通运输支出 80 亿元。

2013 年省级公共财政总收支相抵，结余 1.79 亿元，全部结转下年使用。

（三）政府性基金预算执行情况

2013 年全省政府性基金预算收入 3 673.72 亿元，完成年度预算的 141.97%，同比增长 62.26%；支出 3 370.1 亿元，完成年度预算的 128.61%，同比增长 54.68%。超预算的原因主要是珠三角地区土地出让面积和出让地价水平涨幅明显，带动全省国有土地使用权出让收入增加。

2013 年省级政府性基金预算收入 185.61 亿元，完成年度预算的 131.87%；支出 146.07 亿元，完成年度预算的 103.8%。

（四）国有资本经营预算执行情况

2013 年全省国有资本经营预算收入 88.75 亿元（除省级外共有广州、汕头、佛山、韶关、惠州、中山、江门、湛江、茂名、肇庆、清远等 11 个市编报国资预算），完成年度预算的 104.74%；支出 78.62 亿元，完成年度预算的 92.89%。

2013 年省级国有资本经营预算收入 16.86 亿元，完成年度预算的 128.66%，超收部分主要是部分企业分红收入提前入库，按往年做法，拟作为净结余转入 2014 年预算收入；加上上年净结余 4.74 亿元，收入总计 21.60 亿元。支出 14.64 亿元，完成年度预算的 82.39%。

（五）2013 年十件民生实事资金落实情况

2013 年，全省各级财政共拨付资金 1 764.45 亿元落实和配合实施十件民生实事工作，完成年度预算的 111.95%；省级财政共拨付资金 632.68 亿元用于十件民生实事，完成年度预算的 106.86%。主要体现在：一是提升就业社保水平，支出 22.72 亿元，完成年度预算的 65.21%，慢于时间进度的原因是劳动力市场建设等专项正由行业主管部门开展资格审核、资金分配等工作，尚未下达资金；二是促进教育均衡协调发展，支出145.96亿元，完成年度预算的93.72%，慢于时间进度的原因是强师工程等专项正由行业主管部门制定资金分配方案，尚未完全下达资金；三是加强基本医疗卫生服务，支出142.36亿元，完成年度预算的96.86%，慢于时间进度的原因是农村卫生、基层医疗卫生机构实施国家基本药物制度等专项正由行业主管部门制订资金分配方案，尚未下达资金；四是优化基层文体服务，支出12.16亿元，完成年度预算的93.93%，慢于时间进度的原因是文化强省等专项正由行业主管部门制订资金分配方案，尚未下达资金；五是改善农村生产生活条件，支出89.78亿元，完成年度预算的109.45%；六是开展助困扶残，支出52.70亿元，完成年度预算的106.29%；七是加强住房保障，支出16.57亿元，完成年度预算的141.56%，主要是中央加大对我省保障房建设的补助力度；八是改善异地务工人员生产生活条件，支出10.43亿元，完成年度预算的57.44%，慢于时间进度的原因是农村劳动力培训转移就业专项资金采取先培训后清算的方式，需待全年培训工作完成后才能清算下拨资金；九是推进稳价惠民，支出106.96亿元，完成年度预算的216.64%，主要是中央加大对我省农资综合补贴和成品油价格改革的补助力度；十是加强环保设施和生态工程建设，支出33.03亿元，完成年度预算的107.47%，主要是省财政加大对生态景观林带建设等林业重点项目的投入力度。

（六）2013年预算管理及改革创新情况

2013年，省财政预算工作突出围绕中心、服务大局，着力提高保障水平和管理能力，成效凸显，主要体现在以下方面：一是加大民生保障力度。以推进基本公共服务均等化和十件民生实事为抓手，切实加大民生保障力度，全年11类民生支出占全省公共财政预算支出比重为67.17%，比上年同期提高1.38个百分点。二是严格厉行节约措施。认真落实中央八项规定及我省实施办法，严控一般性支出，实行“三公”经费、财政供养人员、公用经费“三个零增长”，完善行政经费节约考核办法措施。经初步汇总，2013年，省直部门会议费及“三公经费”支出与上年对比同比下降23%。三是实施“压减专项、扩大一般”。通过大力压缩专项转移支付规模和种类，提高一般性转移支付比重，明确提出争取将一般性转移支付占省级财政转移支付支出的比重从2012年的35.7%提高到2017年的60%或以上，推动建立责权明晰、分配合理、管理规范的财政转移支付制度。四是清理财政专项资金。制定《广东省省级财政专项资金管理办法》。对包括公共财政预算、政府性基金预算、国有资本经营预算在内的670项、759.58亿元专项资金进行全面清理。减少的专项资金全部按照“压专项、扩一般”的要求，统筹用于加大对市县的一般性转移支付。清理后省级公共财政预算专项资金项目数减少274项、下降43%，金额减少150.87亿元、下降25%。五是加大扶贫救灾投入力度。省级财政共安排20.42亿元，用于“5·18”特大暴雨、强台风“尤特”、“8·16”特大暴雨以及强台风“天兔”等救灾复产工作。六是支持粤东西北振兴发展战略实施。贯彻落实《中共广东省委　广东省人民政府关于进一步促进粤东西北地区振兴发展的决定》，2013－2017年省级财政统筹安排资金6 720亿元。其中2013年筹集1 148.8亿元，包括：安排326.2亿元支持重要交通基础设施建设；安排13.3亿元支持地级市城区扩容提质，对新批准“县改区”的县，省5年内保留对县的转移支付待遇不变，对省政府批准设立的新区，省5年内将其上划省“四税”收入增量部分专项用于新区基础设施建设；安排90.9亿元支持产业和劳动力转移，进一步推进产业园扩能提质和推动劳动力转移上新台阶；安排38.4亿元支持引入重大项目、培育骨干龙头企业、打造知名品牌，加强技术创新、公共检测、信息化平台建设等。七是支持生态文明建设。制定《广东省生态保护补偿机制考核办法》，完善生态保护补偿机制；支持节能循环经济项目和资源节约项目发展；支持生态工程建设，构建和强化林业生态屏障；支持农村环境连片整治示范试点县和农村生活垃圾处理设施建设，促进人与自然更加和谐。八是推进预决算信息公开。将2013年省级预算教育、科学技术、社保、医疗卫生、节能环保、农林水、住房保障支出等7个科目的重点支出细化公开到“项”级科目；预算报表增加省级支出资金用途表、重点投入情况表、全省和省级政府性基金预算收支执行情况表等表格（从25张增至34张），2013年省级选取经济欠发达地区行政村驻村医务人员补贴等25个项目首次向社会公开预算信息。九是深化财政体制机制改革。财政体制改革方面，积极推进省直管县财政改革，选取了南澳县、仁化县、丰顺县、陆河县、怀集县和揭西县等6个县为第三批试点县；健全县级基本财力保障机制，支持县级政府提高基本财力保障水平，奖励地方改善县级财力均衡度、加强县级财政管理和提高管理绩效；完善一般性转移支付政策，按照“保基本”和“强激励”相结合的原则，重点强化激励作用，充分调动欠发达地区加快自身发展的积极性。财政管理改革方面，进一步扩大竞争性分配改革试点范围；选择17项、203.72亿元专项资金探索实施开展经营性财政资金股权投资管理改革；继续推进财务核算信息集中监管、财税库银横向联网及省级财务预算执行动态监控和公务卡结算等改革；扩大财政会计核算从收付实现制向权责发生制改革试点范围；深入推进绩效评价改革，在基本公共服务均等化绩效考评及部分财政支出绩效评价中引入公众满意度调查；继续推进第三方评价财政支出使用绩效改革；搭建财政工作稽核体系；制定实施财政大数据战略工作规程。支持其他领域改革方面。积极推进政府向社会组织购买社会服务改革，完善省级政府向社会组织购买服务目录；推进扶持和培育社会组织工作，开展2013年度省级培育发展社会组织专项资金竞争性评审工作；继续推进为民办事征询民意试点工作；进一步取消和减免行政事业性收费；组建省公共资源交易工作委员会，推进公共资源交易平台建设；稳步推进营业税改征增值税试点，落实结构性减税政策，切实减轻行业企业税负。

（七）落实省人大预算决议有关情况

1. 认真研究落实省十二届人大一次会议对预算的决议及省人大财政经济委员会的审查意见。省十二届人大一次会议人大代表在审议省级2013年预算草案的过程中提出了许多宝贵的意见建议，包括促进财政收入稳定增长、促进区域协调发展、完善财政体制、加大基层社会事业和重点支出投入、建立全口径预决算制度、完善地方政府债务监督管理等。针对省人大代表和省人大财经委所提的各项意见，省财政厅进行了认真的研究和梳理，并在日常工作中积极落实。一是进一步科学合理编制预算。一方面，调整完善《预算报告》及表格的编制工作，提高预算草案的可读性和易读性。另一方面，省财政充分发挥财政职能作用，科学合理安排资金，加大对民生事业的投入力度，不断完善预算管理。二是通过落实省委、省政府关于促进东西北地区振兴发展的决定，2013－2017年，省财政计划筹集6 720亿元，加大欠发达地区转移支付力度，促进我省区域协调发展。三是深入推进基本公共服务均等化规划实施。研究修订基本公共服务均等化规划纲要，总结推广基本公共服务均等化综合改革试点经验。四是加强财政资金使用监督。扎实推进财政专项资金绩效管理立法，建立健全财政资金绩效管理规范体系，努力提高资金使用效益。五是积极开展清理结余结转资金工作，加强国库资金管理，争取2013年底财政结余结转资金在上年的基础上压缩15%。具体结余结转金额将在2013年决算中反映，并按程序报告。

2. 认真研究落实省人大代表意见建议。2013年，省财政厅承办的省十二届人大一次会议代表建议共426件（比上届增加229件），其中主办件71件（比上届增加45件）、协办件355件（比上届增加184件），均已按时办理完毕。主办件中，所提问题已经解决或基本解决的共54件，占76%，所列问题已列入计划解决的共12件，占17%，所提问题留作参考的共5件，占7%，均实现百分百沟通。通过办理人大代表建议，积极推动相关工作开展，增强办理实效，使得人大代表的“良策”转化为实实在在的工作成果。

2013年，预算执行等财政工作取得了良好成效，但我们也清醒地认识到，在财政运行中还存在一些问题，主要体现在以下方面：一是区域发展不平衡，人均财力水平低。2013年，珠三角九市公共财政预算收入总额占全省市县级收入总额的84.71%，分别是东西两翼和粤北山区的9.08倍和6.67倍。2012年，我省人均财政支出仅为6 974元，比全国地方平均水平低980元（2013年全国数据尚未公布），比东部地区平均水平低1 764元，在全国的排位已从1998年的第5位下滑至第21位（如剔除深圳，则下滑至第28位）。二是民生支出任务重，收支平衡压力大。2012年末，我省常住人口总量超1亿人，其中外地来粤人员逾2 500万人。要落实异地务工人员子女教育、住房保障、医疗卫生等民生支出，推动基本公共服务逐步覆盖全部常住人口任务重，财政收支压力加大。三是绩效管理不健全，资金效益不高。长期实行事业发展经费投入与财政收支增幅或生产总值挂钩机制，固化部分财力的情况更加突出。专项转移支付项目繁杂、资金分散、配套过多。四是预算执行刚性不够，资金监管有待加强。部分项目论证不充分，执行中存在调整、追加等情况。财政监督、审计监督和人大监督构成的综合监督体系有待进一步完善。五是现代财政制度尚不健全，财政调控作用有待提高。财政供给包揽过多，存在“越位”、“缺位”和“错位”的问题，促进市场在配置资源中起决定性作用的效能仍需进一步提高；地方税体系尚未完全建立，省、市、县政府事权与支出责任不适应。

我们将按照党的十八届三中全会要求，积极推进深化财税体制改革，切实采取有效措施，努力加以解决。

二、2014年全省和省级预算草案

（一）2014年我省财政形势

展望2014年，省级财政收支有望保持在稳定增长区间，但同时也面临不少减收增支因素。收入方面，国际贸易保护主义抬头、外贸摩擦增多对出口产生不利影响；实体经济发展动力不足，消费需求疲软、节能减排压力加大、企业经营盈利能力减弱将明显影响相关主体税种收入增长；“营改增”扩围等结构性减税政策将进一步影响财政增收。预计2014年财政税收收入难以实现较高增幅，将基本与经济增长的速度相适应。支出方面，全面贯彻落实党的十八届三中全会及中央经济工作会议、省委十一届三次全会决策部署，贯彻落实中央和省关于稳增长、调结构、促改革、惠民生各项决策部署，加快重要基础设施建设，促进粤东西北地区振兴发展，开展新一轮扶贫开发，提高底线民生保障水平，需要进一步加大财政投入，收支矛盾突出。

（二）财政预算编制的指导思想和基本原则

编制2014年省级财政收支预算总的指导思想是：全面贯彻落实党的十八届三中全会及中央经济工作会议、省委十一届三次全会各项决策部署，紧紧围绕主题主线，按照稳中求进的工作总基调，锐意进取，攻坚克难，努力确保收支平衡，发挥财税改革在全面改革中的基础性和支撑性作用，服务“三个定位、两个率先”总目标的实现。

编制2014年省级财政收支预算的总体思路是：一是增强预算编制的政策性，坚持有所为有所不为，服务于政府职能转变。二是增强预算的约束性，坚持依法理财，严格执行人大审议通过的年度预算，主动接受人大及其常委会对财政资金使用的监督。三是增强预算体系的完整性，建立全口径预算编报体系。四是增强预算编报的准确性，进一步完善预算编制的覆盖范围，建立健全财政定员定额的标准体系，加强支出的量化标准管理。五是增强预算的细化性，进一步细化预算编制内容。六是增强预算编制的公开性，健全完善预算编制征询机制。七是增强预算报告的易读性，进一步完善预算草案编报工作。

编制2014年省级财政收支预算的基本原则是：一是民生优先，确保运转。预算编制要坚持民生优先，增进百姓福祉；要确保运转，满足维持全省和省级政权运转需要。二是顾及全面，突出重点。收入预算编制与经济社会发展预期指标相适应，支出预算编制要与财力相适应，确保收支平衡；要突出重点，确保“三个定位、两个率先”决策部署落实。三是扩大一般，压减专项。积极清理合并专项转移支付；按照“保基本”和“强激励”的思路，完善一般性转移支付政策。四是规范管理，改革创新。进一步推进信息公开，进一步强化监督制衡机制，进一步落实从严把关措施，进一步规范专项资金分配程序，进一步深化财政体制机制改革。五是厉行节约，控制债务。全面贯彻落实“八项规定”，按规定停止楼堂馆所资金审批，对博览会、论坛等按年度预算25%压减；严格执行现行债务管理规定，严禁违规举借地方政府性债务。

（三）2014年全省公共财政代编预算

按照上述指导思想和基本原则，结合贯彻《国务院关于编制2014年中央预算和地方预算的通知》关于积极稳妥、财政收入增长与经济增长相适应的要求，建议财政收入按略高于GDP增速确定，参考“十二五”时期广东地方生产总值预期年均增长率8%以上的目标，2014年全省公共财政预算收入按增长10%安排，预计7 783亿元，人均收入7 347元，比上年增加1 011元。

全省公共财政预算收入主要情况如下：增值税1 210亿元；营业税1 777亿元；企业所得税1 070亿元；个人所得税382亿元；城市维护建设税425亿元；土地增值税470亿元；城镇土地使用税145亿元；房产税223亿元；非税收入1 386亿元（见图5）。

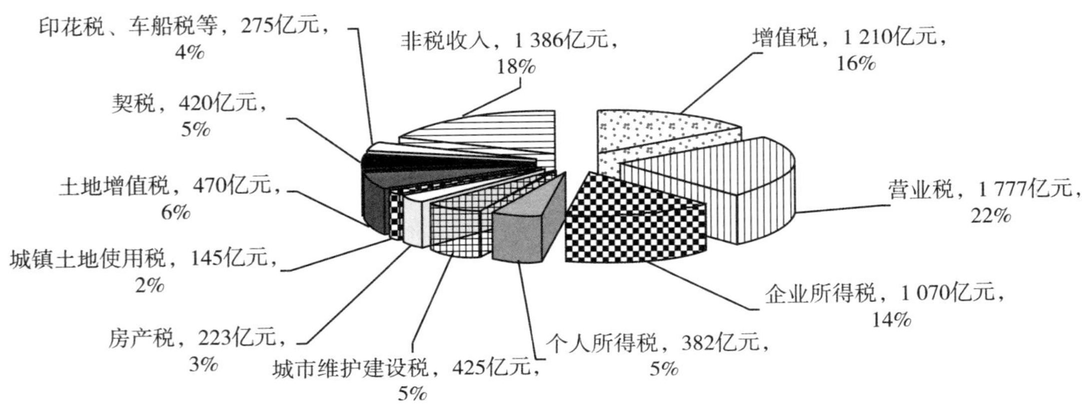

图5 2014年全省公共财政预算收入构成

全省公共财政预算支出按增长9%安排9 010亿元（见图6），人均支出8 505元，比上年增加1 312元。

全省公共财政预算支出主要情况如下：教育支出1 960亿元；科学技术支出360亿元；文化体育与传媒支出160亿元；社会保障和就业支出830亿元；医疗卫生与计划生育支出715亿元；节能环保支出331亿元；城乡社区支出760亿元；农林水支出640亿元；交通运输支出720亿元；住房保障支出220亿元。

（四）2014年省级公共财政预算草案

1. 2014年省级收入预算安排。2014年省级公共财政预

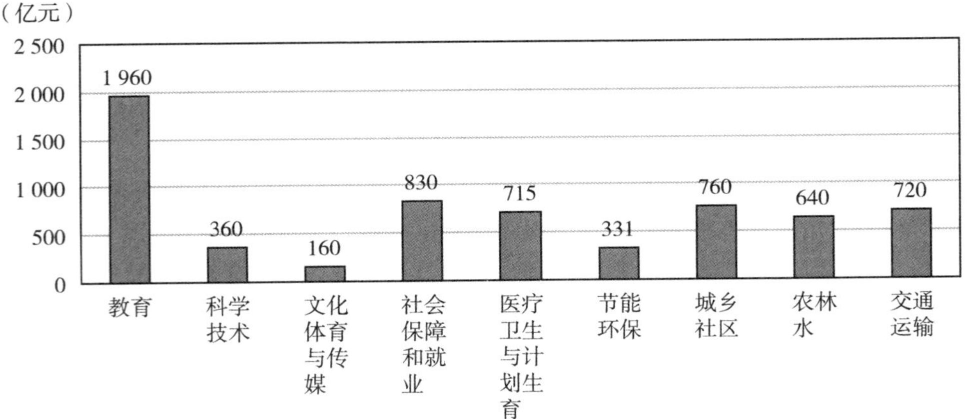

图6 2014年全省公共财政预算重点支出情况

算收入拟在上年执行数的基础上按可比增长10%安排，预计达到1 653亿元，比上年增加93.5亿元，其中税收收入1 554.5亿元，非税收入98.5亿元。主要税收收入项目安排情况：增值税95亿元，营业税773亿元，企业所得税410.5亿元，个人所得税111亿元，土地增值税165亿元（见图7）。

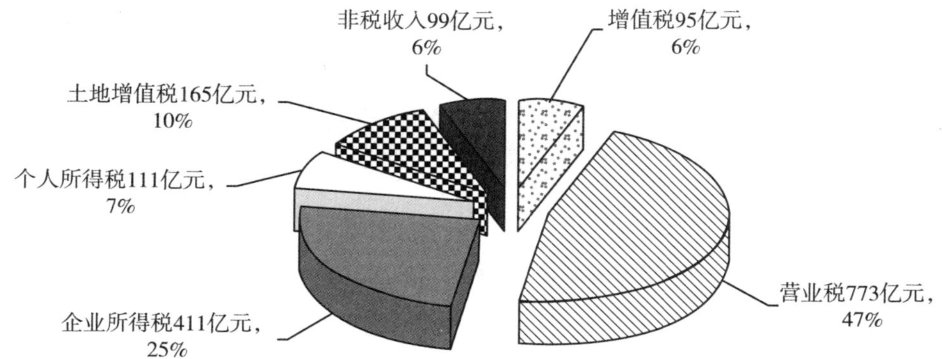

图7 2014年省级公共财政预算收入构成

2014年省级财政总收入2 891.67亿元，其中：（1）省本级公共财政预算收入1 653亿元；（2）中央补助收入976.71亿元；（3）下级上解收入249.49亿元；（4）动用上年结余12.47亿元，其中净结余1.79亿元。

2. 2014年省级支出预算安排。2014年总支出安排2 890.45亿元，收支相抵，结余1.22亿元。

2014年省级财政总支出2 890.45亿元中，按预算级次划分，（1）省本级支出732.30亿元，占25.34%，比重比上年下降3.07个百分点（省本级支出中还有相当一部分专项资金要安排支持市、县建设）；（2）补助市县支出2 008.55亿元，占69.49%，比重比上年增加3.51个百分点；（3）上解中央支出146.36亿元，占5.06%，比重比上年降低0.42个百分点；（4）调出资金3.23亿元（按规定计提的水利建设基金），占0.11%（见图8）。

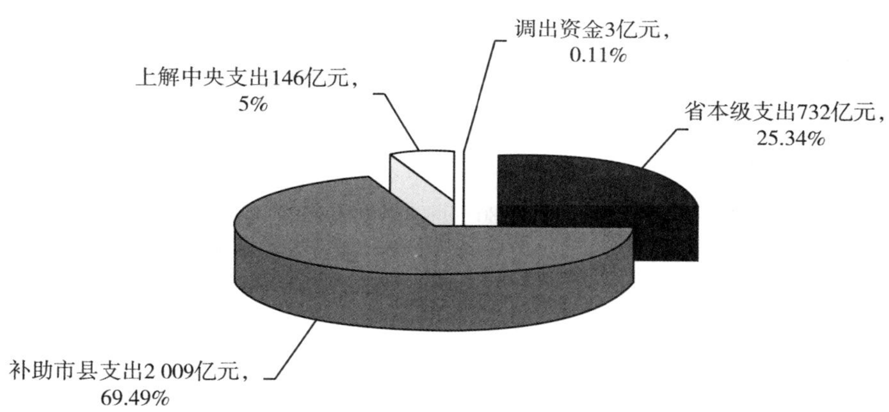

图8 2014年省级公共财政预算支出构成（按预算级次）

按资金用途划分，（1）用于促进经济发展和产业结构调整的支出为166.18亿元，占5.75%。（2）用于均衡区域基本公共服务水平、帮助市县增强发展后劲的支出为1 114.72亿元，占38.57%，比重比上年提高0.64个百分点。（3）用于改善民生、提供基本公共服务的支出为1 210.74亿元，占41.89%，比重比上年提高0.7个百分点。（4）用于建立应急预警机制、防范风险的支出为43.17亿元，占1.49%。（5）用于维持政权运转的支出为209.28亿元，占7.24%，比重比上年降低1.5个百分点。其中省级行政事业单位行政经费100.73亿元，占省级总支出的3.48%，其中“三公经费”7.49亿元，比上年减少1.15亿元，下降13.31%，占省级总支出的0.26%。具体是因公出国（境）支出0.56亿元、公务用车购置及运行维护支出4.35亿元、公务接待费支出2.58亿元。（6）上解中央的支出为146.36亿元，占5.06%。省级财政支出结构体现了民生优先、区域协调、促进转型、厉行节约的要求（见图9）。

2014年省级预算支出中用于保障和改善民生、均衡区域基本公共服务水平和帮助市县增强发展后劲的支出2 325.46亿元，占省级总支出的比重为80.46%，比上年提高1.34个百分点。

3. 2014年省级财政重点支出保障和主要项目安排情况。

（1）突出民生优先。2014年安排民生支出1 210.74亿元，比上年增加158.62亿元，增长15.08%。

一是加大底线民生投入。按照“稳高、托底”的总体思路，加大对城乡低保（含城镇“三无人员”）、农村五保、医疗救助、基础养老金、残疾人保障、孤儿保障等6类12项的底线民生保障力度，确保我省底线民生保障水平与经济发展水平基本相适应，促进困难群众充分分享改革

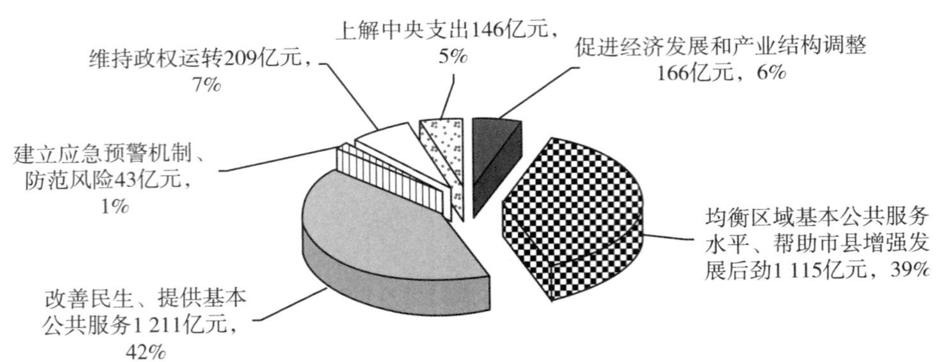

图9　2013年省级公共预算支出构成（按资金用途）

发展成果。预计2014年，全省各级财政安排用于底线民生保障的支出共计153.89亿元（经济欠发达地区110.04亿元），比上年增长45.30%，其中，省财政安排63.42亿元，比上年增加25.2亿元，增长66%，省级负担水平达58%。预计6类12项的底线民生保障项目中，除城乡医疗救助标准将于2015年达到全国平均水平外，各项底线民生保障均达到并超过全国水平。其中，安排城乡最低生活保障（含城镇“三无”人员）资金23.18亿元。2014年，全省月人均低保补差水平预计达到城镇333元、农村147元，在全国将分别排第8名、10名。安排农村五保供养资金8.81亿元。2014年，全省农村五保对象供养标准预计达到年人均5 897元，达到全国平均水平（5 897元）。安排医疗救助资金6.22亿元（其中公共财政预算安排4.72亿元、基金预算1.5亿元）。2014年，城乡医疗救助标准将提高到934元/年·人，略低于全国平均水平（预计为1 010元/年·人）。安排城乡居民社会养老保险基础养老金补助19.21亿元。从2014年7月起，我省基础养老金标准提高15元达到80元/月，达到全国前10名。安排残疾人保障资金3.9亿元。2014年，残疾人生活津贴标准从100元/年·人提高到600元/年·人，重度残疾人护理补贴标准从600元/年·人提高到1 200元/年·人，均高于全国平均水平。安排孤儿基本生活保障资金2.1亿元。2014年，我省将集中供养和散居孤儿的供养标准分别提高到1 150元/人·月和700元/人·月，超过全国平均水平（1 000元/人·月和600元/人·月），达到全国前10名。

二是保障十件民生实事支出。2014年省财政投入684.24亿元用于办好十件民生实事，比上年增长15.57%。主要包括投入71.80亿元（包括中央补助，下同），提高底线民生保障水平；投入22.70亿元，提升就业社保水平；投入190.82亿元，推进城乡教育协调发展；投入162.19亿元，加强医疗卫生服务；投入13.50亿元，加强公共文化服务；投入21.94亿元，开展助困扶残；投入20.06亿元，完善住房保障；投入76.04亿元，改善农村基本生产生活条件；投入63.91亿元，促进稳价惠民；投入41.28亿元，抓好防灾减灾重点工程建设。

三是落实基本民生政策。安排教育投入339.8亿元，比上年增加50.01亿元，增长17.26%。如根据《广东省中长期教育改革和发展规划纲要（2010－2020年）》相关要求，安排城乡义务教育公用经费补助74.44亿元，将小学、初中每生每年补助标准分别从750元、1 150元提高到950元、1 550元，连续三年提标后，我省（1 350元、2 350元）将与目前全国平均水平（1 366元、2 045元）基本一致；安排建立山区和农村边远地区义务教育学校教师岗位津贴制度省级专项资金18.12亿元，补助标准从人均每月500元提高至人均每月700元，省负担比例平均为63%；安排高校生均综合定额经费64.47亿元，将高校生均综合定额标准从8 600元/人·年提高到9 100元/人·年；安排中等职业教育免学费政策及助学金制度资金17.87亿元、基础教育创强6.5亿元、国家励志奖学金及普通高校助学金6亿元等。安排社会保障和就业投入177.18亿元（其中就业投入8.32亿元），比上年增加25.41亿元，增长16.74%。如安排城乡居民社会养老保险补助21.08亿元、促进就业专项资金4.09亿元、财政对养老保险基金的补充资金2.3亿元、重点优抚对象补助资金5.27亿元、自主就业退役士兵一次性经济补助2.69亿元等。安排医疗卫生与计划生育投入212.36亿元，比上年增加37.22亿元，增长21.25%。如安排城乡居民基本医疗保险补助115亿元，将补助标准从280元/人·年提高到320元/人·年；落实人均基本公共卫生服务标准资金9.62亿元，将补助标准从不低于每人30元提高到不低于每人35元；安排乡镇卫生院经费保障体制补助经费8.5亿元、农村接生员和赤脚医生生活困难补助专项资金1.02亿元、欠发达地区行政村驻村医务人员补贴1.66亿元等。

四是其他各项民生资金均按政策规定予以保障。

（2）突出支持“三农”。2014年安排农林水事务投入213.12亿元，省级投入比上年增加21.38亿元，增长15.52%。一是促进农民增收，如安排贫困村庄搬迁资金1.33亿元、农村基层组织经费保障省级补助资金6.75亿元、扶贫开发“规划到户责任到人”财政补助资金3.8亿元、安排农业补贴资金2.03亿元等。二是加强农村基础设施建设，如安排水利建设与改革发展专项资金32.68亿元、幸福村居建设1.8亿元等。三是推进农村治污保洁，如安排农村环保建设专项资金1.5亿元、省农村生活垃圾处理设施建设专项资金2.13亿元等。四是加强农业防灾减灾，如安排重大灾害水毁水利工程修复1亿元、珠江三角洲中小尺度气象灾害监测预警中心建设0.75亿元等。

（3）突出区域协调发展。贯彻落实《中共广东省委 广东省人民政府关于进一步促进粤东西北地区振兴发展的决定》，2014 年筹集 1 367 亿元，比 2013 年增加 218 亿元，加大对粤东西北地区的转移支付补助力度。其中安排 185 亿元用于支持重要交通基础设施建设；新增投入 26 亿元实施鼓励东西北地区地级市中心城区扩容提质的财政优惠政策；安排推进产业转移专项资金 32.3 亿元；安排对市县税收返还 475.76 亿元；安排均衡性转移支付 216.8 亿元（比 2013 年增加 56 亿元）；安排革命老区及民族和边境地区转移支付支出 2.5 亿元、县级基本财力保障机制奖补资金支出 97 亿元、资源枯竭型城市转移支付补助支出 3.76 亿元等，增强市县发展后劲。

（4）突出转变发展方式。支持产业转型升级，2013 - 2017 年省财政筹集资金 148 亿元引入重大项目、培育骨干龙头企业、打造知名品牌，加强技术创新、公共检测、信息化平台建设等，其中 2014 年筹集 38 亿元；民营企业除了可按规定一视同仁申请上述 38 亿元的资金支持外，2014 年省财政专门安排 6.12 亿元用于支持民营及中小企业发展；安排产业结构调整专项资金 5.19 亿元，战略性新兴产业发展专项资金 36.6 亿元。

（5）突出支持科技创新。2014 年安排科学技术投入 57.41 亿元，比上年增加 5.82 亿元，增长 11.27%。如安排创新和科研团队及领军人才引进专项资金 8.5 亿元、重大科技创新专项 2.7 亿元、科技改革经费 1.9 亿元、广东省中科院全面战略合作专项资金 1 亿元、广东实施国家高层次人才特殊支持计划资金 1.07 亿元、省自然科学基金 1.18 亿元等。

（6）突出支持生态文明建设。加大生态保护力度，2014 年安排 66.96 亿元，比 2013 年增长 35.2%。健全生态补偿转移支付机制，安排重点生态功能区转移支付支出 15.94 亿元；支持生态林业建设，安排林业支出 32.23 亿元。如安排生态景观林带建设专项资金 1.5 亿元、碳汇林建设专项资金 6 亿元、生态公益林补助资金 12.09 亿元、污染减排专项资金 5.88 亿元、省环境保护专项资金 3.27 亿元、水质保护专项资金 2.36 亿元、治污保洁专项资金 0.8 亿元。

（五）2014 年政府性基金预算草案

2014 年政府性基金预算按照专款专用、量入为出等原则安排，编制范围与 2013 年相同。2014 年全省地方政府性基金收入预算安排 3 073.60 亿元，加上上级补助收入 9.21 亿元、上年结转收入 933.41 亿元，调入资金 3.23 亿元，基金预算总收入 4 019.46 亿元。2014 年全省政府性基金支出预算安排 2 910 亿元，收支相抵，年终结余结转 1 109.46 亿元。2014 年全省政府性基金预算具体安排由各级人民政府报同级人大审议批准，各级人大通过的政府性基金预算及其说明汇总后另行报省人大常委会备案。

2014 年省级政府性基金预算收入 164.91 亿元，支出 164.91 亿元，收支平衡。2014 年省级政府性基金预算用于教育、文化体育与传媒、社会保障和就业、城乡社区、农林水和交通运输等方面的民生支出占比 92%。

（六）2014 年国有资本经营预算安排情况

2014 年全省国有资本经营预算收入 102.89 亿元，比上年增加 18.16 亿元，增长 21.43%，主要原因是广州市一次性企业资产处置收入增加。支出 99.59 亿元，比上年增加 14.95 亿元，增长 17.66%，结余 3.30 亿元。2014 年全省国有资本经营预算具体安排由各级人民政府报同级人大审议批准，各级人大通过的国有资本经营预算及其说明汇总后另行报省人大常委会备案。

2014 年省级国有资本经营预算收入根据 2012 年省属企业和参股控股企业利润测算国资收益。2014 年将省属国有企业利润收缴比例从 10% 提高到 15%，提高收益后 2014 年省级国有资本经营预算收入 11.04 亿元，加上上年净结余 4.89 亿元后，收入总计 15.92 亿元，比上年减少 1.92 亿元，下降 10.78%，下降的原因主要是省属企业 2012 年利润减少。2014 年计划安排支出 15.86 亿元，比上年减少 1.91 亿元，下降 10.74%，收支相抵后结余 617 万元，结转至下年使用。

按照十八届三中全会关于“完善国有资本经营预算制度，提高国有资本收益上缴公共财政比例，2020 年提到 30%，更多用于保障和改善民生”的要求，由于 2014 年我省国有资本经营预算编制时间较紧，来不及调整落实，建议从 2015 年起分年落实。2014 年国有资本经营预算编制已列支了部分民生项目。

（七）2014 年社会保险基金预算草案

2014 年全省社会保险基金预算收入 3 539.38 亿元，比上年增加 444.27 亿元，增长 14.35%；2014 年全省社会保险基金预算支出 2 427.94 亿元，比上年增加 351.6 亿元，增长 16.93%。收支相抵结余 1 111.44 亿元，年末滚存结余 7 679.65 亿元。

2014 年省级社会保险基金预算收入 341.55 亿元，比上年增加 49.27 亿元，增长 16.86%；支出 242.57 亿元，比上年增加 20.74 亿元，增长 9.35%。收支结余为 98.98 亿元，年末滚存结余 617.47 亿元。

（八）2014 年省级部门预算草案

按照编制部门预算的原则和方法，2014 年省级部门预算由 120 个部门组成，列入部门预算的财政拨款（含公共财政预算和基金预算）支出为 331.02 亿元，其中基本支出 262.22 亿元，项目支出 68.80 亿元。

（九）关于 2014 年财政预算编制改革创新的情况

根据党的十八届三中全会关于完善立法、明确事权、改革税制、透明预算、提高效率，建立现代财政制度，改进预算管理制度，建立事权和支出责任相适应制度的要求，深化财税体制改革的总体思路是：围绕全面深化经济体制改革，构建现代财政制度的要求，深入推进财税体制改革，充分发挥财政服务政府职能转变、深化行政体制改革、理顺政府与市场关系、促进经济转型与结构调整、提供基本公共服务均等化、保障和改善民生、推进源头治腐及防范经济和社会风险等方面的职能作用，为我省实现“三个定位、两个率先”的总目标提供坚实的财政保障。2014 年预算编制工作主要体现“十个加大力度”。

1. 加大预算编制的公开力度。一是扩大政府预算编制范围，建立全口径预算编报体系。将社保基金预算与公共财政预算、政府性基金预算、国有资本经营预算一并报送省人代会审议。二是推进专项资金信息公开，进一步加大专项资金预算编制、分配办法、申报情况、分配结果、评价监督和审计结果等方面的公开力度。三是探索研究跨年度预算平衡机制，保持年度间预算收支的稳定性。四是进一步规范支出科目编列，按资金用途分列至具体功能科目，减少“其他”科目支出安排。五是进一步拓宽预决算信息公开的范围，进一步细化部门预算信息公开内容。

2. 加大预算编制的细化力度。一是按照人大代表意见建议，在年初预算编制上增列近 3 年数据，便于年度间对比参考，并新增编制 2014 年省级公共财政专项资金预算表，反映经清理整合后继续安排的专项资金预算安排情况。二是将政府性基金预算中教育、科学技术、社会保障和就业、节能环保、农林水等重点支出科目细化到“项”级支出科目。三是国有资本经营预算编制细化到“项”，并按项目支出性质进行分类，细化支出编报。四是编制“预算草案阅读指南”，提高预算报告的可读性、易读性。五是进一步规范省级预算草案编报体例，预算报告着重介绍重点投入领域的预算安排总体情况，并在说明中详细介绍主要项目投入情况。

3. 加大专项资金的清理规范力度。贯彻落实省委、省政府关于深入开展党的群众路线教育实践活动，实施专项整治行动的工作部署，积极开展以下重点工作：（1）开展整治“小金库”及违规使用专项资金行动，清理各级、各部门设立“小金库”现象，对各级、各部门违规设立、审批、使用、监管专项资金情况进行专项整治。（2）全面梳理省级预算支出，裁减、合并、收回、优化一批财政专项资金：一是对设立期限已满、原定目标不符合现实需要，或需要完成的特定任务已经完成的 146 项专项资金予以撤销或收回；二是对使用性质、管理特点相同或相近的 182 项专项资金予以整合；三是对支出结构有待优化的 13 项专项资金根据省委、省政府工作重点适当调整资金用途；四是对符合公共财政管理要求、设立审批依据合法合理、具有明确使用方向和绩效目标的 291 项专项资金予以继续保留。压减省级专项资金至 250 项左右，占预算支出 20% 左右，减少的专项资金全部统筹用于加大对市县的一般性转移支付。（3）出台实施新的省级财政专项资金管理办法，遵循依法设立、规范管理，严格审批、权责明确，科学论证、绩效优先，公平公开、强化监督的原则，建立完善专项资金设立、审批、分配等各个环节的监督制衡机制，最大限度地减少资金分配自由裁量权和压缩权力寻租空间。

4. 加大预算编制的征询力度。定期向人大代表视察组汇报年度预算执行、下年度预算编制情况及底线民生保障工作情况；提前半年发函征求人大代表意见和建议，并逐条梳理和研究采纳；将 2014 年预算编制资料同步提供给人大代表参阅；从 2013 年 10 月起，省财政厅厅领导分批到 21 个地级以上市和省直代表团听取人大代表意见；在人代会期间继续提供 24 小时咨询，实时收集意见并统一反馈至各团所有代表；做好与人大代表“面对面”的沟通解释工作。截至目前，累计征求 1 143 人次，收集省人大代表意见累计 600 余条（合并相同或类似的意见建议后共 168 条）。省财政厅对 168 条意见建议进行了认真研究吸纳，并在 2014 年预算编制工作中予以体现。

5. 加大一般性支出的约束力度。全面贯彻落实中央“八项规定”和《党政机关厉行节约反对浪费条例》，坚持“政府过紧日子、百姓过好日子”的理财原则，强化预算约束，坚持厉行节约。一是严格控制一般性支出尤其是“三公”经费，确保公务购车和用车经费、会议经费、公务接待费用、党政机关出国（境）经费、办公经费实现“五个零增长”或略有下降；二是按规定停止楼堂馆所资金审批，全面清理党政机关和领导干部办公用房；三是对博览会、论坛等支出项目进行严格控制，确实要举办的，其费用按原预算压减 25%，节约 2014 年预算资金 0.27 亿元；四是严格执行到期资金清理审核制度，对到期但确需延续安排的专项资金，需先按程序完成绩效评价和审计检查。

6. 加大一般性转移支付的补助力度。按照建立事权和支出责任相适应制度的要求，完善一般性转移支付增长机制。一是落实《关于压减省级财政专项转移支付　扩大一般性转移支付的意见》，省财政将每年新增财力和清理专项转移支付形成的可用财力重点用于加大均衡性转移支付力度；将需保留安排并适宜市县政府负责监管、与市县事权相匹配的专项转移支付逐步纳入一般性转移支付范围。二是落实《关于完善省级财政一般性转移支付政策的意见》，按照“保基本”和“强激励”相结合的思路，实现“保基础”的转移支付比重不低于 60%，实行财政增量返还和协调发展奖政策挂钩。2014 年均衡性转移支付补助 216.8 亿元，比 2013 年增加 56 亿元，增长 34.2%。

7. 加大财政支持方式的创新力度。发挥市场配置资源的决定性作用，创新财政支持方式。一是遵循市场规律，对省财政安排用于支持经济社会事业发展、提供准公共产品和社会服务等方面的资金，推进经营性财政资金股权投资管理改革，实现财政资金良性循环和保值增值。二是整合 2013－2017 年资金超过 50 亿元设立战略性新兴产业发展扶持基金，改变财政资金直接补助于企业的使用方式，探索专项资金基金化管理，放大财政资金效益。

8. 加大财政政策杠杆作用的调节力度。积极推进“营改增”改革，研究建立我省地方税体系；配合中央抓好增值税、消费税、个人所得税、房产税、资源税、环境保护费改税等税制改革工作，支持税务执收部门依法征税，积极实施结构性减税政策；促进不同所有制经济发展，财政支持企业发展实行国有企业和民营企业一视同仁的政策；落实科技再担保政策；运用税收和生活救济、补贴等转移性支出手段，增加低收入者收入，扩大中等收入者比重，促进提高劳动报酬在初次分配中的比重，调节收入分配。

9. 加大政府职能转变的服务力度。积极服务推进政府职能转变。配合编制部门控制财政供养人员，规范机构设置，推进政府购买社会服务改革，大力清理和减少行政审批事项，进一步清理行政事业性收费、罚没收入等；改革支出方式，财政资金从原来主要直接支持企业等微观经济主体，逐步转向支持服务经济发展的公共平台、建设法制化国际化营商环境。

10. 加大政府性债务风险的防控力度。建立规范合理的地方政府性债务管理机制，着力防控债务风险。一是研究制定关于加强全省政府性债务管理工作的意见，严格政府举债程序，严禁违法违规举债，规范债务资金使用偿还管理，严控债务规模，提高举债透明度。二是建立政府性债务风险预警机制，加强对各市县政府性债务风险进行监控，建立风险监控和提示制度。三是研究完善政府性债务偿债准备金制度，提高偿还政府性债务能力，防范化解债务风险。

三、完成2014年预算任务的主要措施

2014年，全省各级财政部门将认真贯彻党的十八届三中全会及中央经济工作会议、省委十一届三次全会精神，按照建立现代财政制度、建立事权与支出责任相适应制度的要求，充分发挥财政职能作用服务政府职能转变、推进经济体制改革、促进经济转型与结构调整、保障和改善民生，为实现我省“三个定位、两个率先”总目标提供坚实的财力支持和制度保障。

（一）坚持增收节支，实现财政平稳运行

切实转变财政收支管理理念，将预算审核的重点由财政收支平衡状态向支出预算和政策拓展。在继续加强财税监测分析、提升预算执行分析预测水平的基础上，结合国地税征管体制改革，调整完善抓收入工作机制，支持收入征管部门依法征收，确保应征尽收，并研究实施提高收入质量政策措施，促进财税收入增长从任务性向预期性转变，实现财政收入平稳持续健康发展。同时，严格控制一般性支出，停止安排新建政府性楼堂馆所支出，落实好全面清理党政机关和领导干部办公用房政策，修订完善行政事业单位会议费、差旅费、出国境经费等管理办法，加强行政经费节约考核，腾出更多财力用于重点支出和保障民生。

（二）坚持守住底线，着力保障改善民生

一是完善制度设计，进一步推进基本公共服务均等化综合改革。在惠州市开展基本公共服务均等化综合改革的基础上进一步扩大试点，争取在扩大服务范畴、创新体制机制、推进配套改革等方面实现新突破。二是按照“突出重点、守住底线”的原则，着力解决好我省基本民生、热点民生和底线民生问题，健全完善分类分层次保障落实底线民生、基本民生、热点民生的财政政策体系，促进发展成果更多更公平惠及全体人民。三是强化底线思维，突出保障底线民生，切实做好底线民生保障工作，大幅提高城乡低保、五保户、残疾人保障、城乡医疗救助标准等，完善财政投入“雪中送炭”的托底保障机制。四是发挥财政再分配作用，支持推进收入分配制度改革，加快健全以税收、转移支付为主要手段的再分配调节机制，扩大中等收入者规模，提高低收入群体收入水平，调节过高收入。

（三）坚持稳中求进，促进发展方式转变

准确领会和落实好十八届三中全会提出的市场在资源配置中起决定性作用和更好发挥政府作用的精神，在投入方向上，继续支持战略性新兴产业、现代产业、高端产业、高新技术产业发展，并加大前沿投入，支持电子商务等现代服务业发展，大力支持企业自主创新和实施人才强省战略，重点支持创新服务平台建设和基础、前沿领域研究，促进经济发展方式由粗放型向节约型、集约型转变。在支持方式上，减少对微观事务管理，严格限制或逐步减少甚至取消竞争性领域专项支持政策，财政政策重点转向支持公共服务平台、营造法制化、国际化营商环境，对所有企业实行普惠性政策，全面清理规范行政事业性收费，规范政府收费行为。

（四）坚持科学调控，促进区域协调发展

坚持“提升珠三角、带动东西北”，促进区域均衡发展。认真贯彻省委、省政府关于进一步促进粤东西北地区振兴发展的决定，通过做大做强欠发达地区地级市中心城区、加强交通基础设施和加强产业园区建设“三大抓手”为切入点，落实财政支持欠发达地区发展各项政策措施；围绕提升珠三角产业竞争力，认真研究制定促进珠三角乃至全省转型升级的财税政策措施，支持珠三角发展高端制造业、高新技术产业、高附加值产业和现代服务业，增强辐射带动能力。同时，在财政体制上予以倾斜，完善省级财政一般性转移支付政策，实现“保基础”的转移支付比重不低于60%，重点加大对欠发达地区的转移支付，并实行财政增量返还和协调发展奖励政策挂钩，激励引导东西北地区加快发展。

（五）坚持以城带乡，健全城乡发展一体化体制机制

围绕建设以工促农、以城带乡、工农互惠、城乡一体的新型工农城乡关系，建立健全城乡一体发展的体制机制。健全农业农民补贴制度和涉农资金发放、政策性农业保险保费补贴、小额贷款和贫困村互助金、“规划到户责任到人”扶贫济困等工作机制，进一步完善监管制度，确保各项资金落实到位。拓宽农民增收渠道，支持农村住房财产权和产权流转交易制度改革，支持发展农民股份合作，提高农民财产性收入。按照全国城镇化工作会议精神，推进城镇化六个主要工作任务贯彻落实，围绕提高城镇化发展质量，支持以人为核心的城镇化，建立财政转移支付同农业转移人口市民化挂钩机制，统筹城乡基础设施建设和社区建设，推进城乡基本公共服务均等化，稳步推进城镇基本公共服务常住人口全覆盖，促进农民共享现代化成果。

（六）坚持生态引导，支持生态文明建设

支持加快建立生态文明制度，健全国土空间开发、资源节约利用、生态环境保护的体制机制。落实财政生态补偿机制，实行生态环境综合考核与生态补偿挂钩，对重点生态功能区实行补偿和激励并重的转移支付机制。加强生态环境保护，继续支持生态景观林带、森林碳汇生态工程及林业重点生态工程建设，提高生态公益林效益补偿标准，筑牢生态屏障。促进资源节约利用，利用财政奖补等措施，继续淘汰落后产能，扶持循环经济和节能环保产业发展，支持探索建立碳排放权、排污权交易制度和健全绿色价格机制，支持东莞、韶关建设节能减排财政政策综合示范城市，促进绿色发展。

（七）坚持改革创新，建立现代财政制度

深入贯彻落实党的十八届三中全会精神，以“建立事权与支出责任相适应的制度”和“改进预算管理制度、建立现代财政制度”为两大改革抓手，重点推进以下改革：一是深化财税体制改革。完善事权和支出责任划分，研究制订财政供给清单，更加科学、清晰地界定财政支出和政策调控覆盖范围；完善省级财政一般性转移支付政策，强化对地方基本财力保障和激励引导；大力压减专项转移支付、扩大一般性转移支付，增强市县理财自主权；推进营业税改征增值税改革，研究建立地方税体系的政策措施，推动形成具有地方特色的产业体系和税源结构，配合中央抓好增值税、消费税、个人所得税、房产税、资源税、环境保护费改税等税制改革工作。二是深化财政管理改革。改进预算编制制度，完善全口径的预算编报体系，研究建立跨年度预算平衡机制，建立健全预算编制征询部门、专家和人大代表意见的机制；探索开展经营性财政资金股权投资管理改革；加强财政专项资金管理，积极推进专项资金项目库管理改革，进一步加大财政专项资金清理整合力度，盘活财政存量资金；推进财政预决算信息公开，继续将部分专项资金和基本建设项目预算信息向社会公开；继续开展权责发生制政府综合财务报告制度试点，推进财政支出绩效评价和第三方绩效评价改革，强化财政工作稽核体系。三是积极支持其他领域改革。扎实推进基本公共服务均等化，深入开展均等化综合改革试点，推进政府向社会组织购买社会服务改革，深入开展为民办事征询民意试点工作，推进公共资源交易机制改革。

（八）坚持改进作风，加强干部队伍建设

干事创业，关键在人。结合开展党的群众路线教育实践活动，努力打造一支思想坚定、业务精干、纪律严明、敢于担当的干部队伍。建立健全反对“四风”的制度体系，建立党员干部不断改进工作作风、坚持为民务实清廉的长效机制。创新工作方式方法，加强重大事项、前沿改革的集中研究，提升党员干部业务素质和工作能力。提高执行力，坚决落实好省委、省政府的决策部署和省人大的决议。切实加强反腐倡廉工作。

各位代表，新的一年，我们将高举中国特色社会主义伟大旗帜，以邓小平理论、“三个代表”重要思想、科学发展观为指导，全面贯彻党的十八大、十八届三中全会和省委十一届三次全会精神，在省委、省政府的坚强领导下，在省人大和省政协的监督支持下，锐意进取，攻坚克难，圆满完成全年财政预算任务，为实现“三个定位、两个率先”总目标作出新的更大贡献！

广东省第十二届人民代表大会财政经济委员会关于广东省2013年预算执行情况和2014年预算草案的审查结果报告

（2014年1月19日广东省第十二届人民代表大会第二次会议主席团第二次会议通过）

广东省第十二届人民代表大会第二次会议审查了省人民政府提出的2014年预算草案及省财政厅厅长曾志权受省人民政府委托所作的《广东省2013年预算执行情况和2014年预算草案的报告》（以下简称“预算草案及报告”）。会议期间，财经委员会召开了各代表团代表参加的预算审查座谈会。代表们对省人民政府及其财政部门的工作给予充分肯定。财经委员会在对预算草案及报告进行初步审查的基础上，根据各代表团和有关专门委员会的审查意见，对预算草案及报告作了进一步审查。现将审查结果报告如下：

财经委员会认为，2013年全省各级人民政府及其财政部门和各预算执行单位共同努力，围绕中心、服务大局，抓好增收节支，突出保重点、保民生，支持经济发展方式转变和结构调整，促进基本公共服务均等化和区域协调发展，在预算工作创新和加强财政管理改革等方面做了大量工作，取得了明显成效。较好地完成了省十二届人大一次会议审议通过的年度预算任务。预算执行和财政运行中存在的问题主要是：区域间财力不均衡状况仍比较突出，部分专项资金预算执行率和使用效益有待提高，地方性政府债务管理和风险预警机制有待完善等。对此，要采取有效措施切实加以解决。

财经委员会认为，省人民政府提出的2014年预算草案符合党的十八大和十八届三中全会精神及省委十一届三次全会的部署要求，紧紧围绕主题主线和“三个定位、两个率先”总目标，把握稳中求进工作总基调，坚持改革创新，收支安排力求与经济社会发展相适应，突出民生优先、支持三次和科技创新，促进区域协调发展、产业转型升级和生态文明建设。全省和省级预算安排收支平衡、留有结余，收支目标经过努力是可以实现的。此外，省人民政府及其财政部门积极落实“全口径预算”要求，在年度预算草案及报告中反映社会保险基金预算，并通过增列省级公共财政预算专项资金预算表、底线民生保障项目省级资金安排情况表等措施，提高预算草案的透明度和报告的易读性。财经委员会建议，批准2014年省级预算草案，批准省人民政府提出的《广东省2013年预算执行情况和2014年预算草案的报告》。

为更好地完成2014年预算，财经委员会提出以下建议：

一、抓好增收节支，大力培植财源税源，确保财政收入均衡稳定增长

充分发挥财政杠杆的积极作用，为我省经济结构调整、产业转型升级和粤东西北振兴发展提供更多更好的支持和帮助。采取更有力措施引导和扶助市县提高财政收入质量，稳固市县财力增长基础。认真贯彻落实中央八项规定和《党政机关厉行节约反对浪费条例》，切实抓好源头治理，严控一般性支出特别是“三公”经费支出，降低公务活动成本。

二、深化财税体制改革，落实各项改善民生政策，保障重点支出需要

加快建立事权与支出责任相适应制度，切实落实压减省级财政专项转移支付、扩大一般性转移支付的各阶段目标要求，稳步提高均衡性转移支付比重，增强县级基本财力保障能力。各级政府要切实履行支出责任，保障农业、教育、科技、医疗卫生、社保就业和节能环保及底线民生等重点支出需要，加快推进基本公共服务均等化。积极配合省人大常委会开展保障底线民生预算资金安排落实情况的跟踪检查监督，确保全省各级财政底线民生保障资金及时足额落实到位。

三、加强地方政府债务管理，建立风险防范预警机制，有效防范和化解财政风险

着力加强高风险领域及地区债务管理，严格控制新增

政府性债务，完善举债审核批准程序，坚决制止违法担保和违规融资行为。全面动态监控政府性债务情况，防范政府债务风险。

四、改进预算编制工作，强化预算约束力，提高预算执行率

在初步实现全口径预算编报的基础上，继续完善公共财政预算编制，再接再厉推进专项资金目录管理，提高省级公共财政预算专项资金年初预算安排到位率；及时拨付项目资金特别是十件民生实事预算资金，切实提高预算执行率，降低预算结余结转比例。

进一步细化政府性基金预算和国有资本经营预算编制，加强国有企业绩效考核，提高收益上缴比例。继续改进社保基金预算编制，积极推进将社保基金纳入实时在线财政预算执行监督联网系统，逐步建立健全预算执行全口径、全过程动态监控机制。

五、推进预算执行审计监督和绩效监督，完善绩效评价制度，切实提高财政资金使用效益

努力构建多层次绩效评价体系，继续推广绩效目标考评机制，更多地引入第三方绩效评价机制，逐步建立绩效问责制度。逐步扩大预算执行审计监督、预算绩效目标管理和绩效评价的覆盖面，完善评价制度，提高评价质量，强化评价结果在预算分配中的运用，更多地将审计评价结果和绩效评价结果作为以后年度预算安排和财政资金分配的参考依据。

财经委员会将综合整理各代表团的审查意见，会后转送省人民政府调研处，并跟踪处理情况。

关于广东省2013年省级决算草案的报告

——2014年7月29日在广东省第十二届人民代表大会常务委员会第十次会议上的讲话

广东省财政厅厅长　曾志权

主任、各位副主任，秘书长，各位委员：

广东省2013年预算执行情况已向省十二届人大第二次会议报告并经审议同意，现将2013年省级财政决算草案已按要求正式编成。受省人民政府的委托，我向本次常委会报告广东省2013年省级财政决算草案，请予审批。

2013年，在省委、省政府的坚强领导下，在省人大及其常委会的监督支持下，全省各级政府及其财税部门以邓小平理论、“三个代表”重要思想、科学发展观为指导，紧紧围绕主题主线和“三个定位、两个率先”目标任务，坚持稳中求进的总基调，认真落实省十二届人大一次会议各项决议，充分发挥财政职能作用，积极推动稳增长、调结构、促改革、惠民生。在各级财税部门的共同努力下，省十二届人大一次会议及省十二届人大常委会第三次会议通过的预算及调整后预算完成情况良好，年终执行结果，省级财政实现了收支平衡，略有结余。

一、2013年省级公共财政预算收支决算情况

2013年，省级公共财政预算收入完成1 569.75亿元，比2012年（下同）增加188.07亿元，同比增长13.61%，完成年初预算的108.18%。加上中央补助收入1 291.31亿元、市县上解收入280.54亿元、自行发行地方政府债券收入121亿元、上年结余结转收入881.33亿元、国债转贷资金上年结余0.19亿元、调入资金36.57亿元，省级公共财政总收入完成4 180.69亿元。

2013年省级公共财政总支出完成3 463.08亿元，增加515.09亿元，增长17.47%。其中，省本级支出1 186.46亿元，对市县税收返还、转移支付及债券转贷支出2 018.69亿元，上解中央支出144.96亿元，调出资金99.02亿元，地方政府债券还本13.7亿元，援助其他地方支出0.05亿元，国债转贷支出及结余0.19亿元。

收支相抵，2013年省级公共财政结余结转717.61亿

元，其中：结转下年支出 713.44 亿元，全部按规定结转下年继续安排；净结余 4.16 亿元，比上报省十二届人大二次会议的净结余 1.79 亿元增加 2.37 亿元，主要是在途税收收入转增净结余。

（一）收入决算情况

1. 省级公共财政预算收入完成 1 569.75 亿元，各主要项目完成情况如下：增值税完成 88.20 亿元，完成年初预算的 64.38%，同比增长 251.34%。一是未完成年初预算的原因，2013 年预算将邮政业、铁路运输业和电信业纳入营业税改征增值税（以下简称“营改增”）试点的测算范围，但年中未实施，在 2014 年才正式纳入试点，因此 2013 年“营改增”实际完成数与预期有较大差距；同时“营改增”的实际减税效应大于预期，2013 年预算预计可以实现的增值税收入未能实际完成。二是增值税比上年同期增幅较大的原因，主要是 2013 年“营改增”试点范围比 2012 年增加了广播影视服务业，2012 年基数相对较低，导致 2013 年增值税收入增幅较大。

营业税完成 729.02 亿元，完成年初预算的 120.70%，同比增长 10.36%，超额完成年初预算的原因主要是建筑、金融业和房地产等相关行业税收较快增长。

企业所得税完成 385.31 亿元，完成年初预算的 100.87%，同比增长 9.67%。

个人所得税完成 104.78 亿元，完成年初预算的 105.83%，同比增长 14.14%，完成预算较好的原因是实体经济平稳增长带动了个人所得税的增长。

土地增值税完成 155.22 亿元，完成年初预算的 98.24%，同比增长 0.93%，未能完成年初预算的原因主要是房地产等相关行业税收增速自 2013 年 7 月起明显下滑；同比增幅较低的原因主要是 2012 年下半年加强土地增值税清算、提高预征率抬高了相关收入基数。

非税收入完成 106.99 亿元，完成年初预算的 150.69%，同比增长 8.00%，超额完成年初预算的主要原因是省有关部门加大了对行政事业性收费的规范管理力度，公安、卫生、人力资源和社会保障等部门行政事业性收费增长较快（见图 1）。

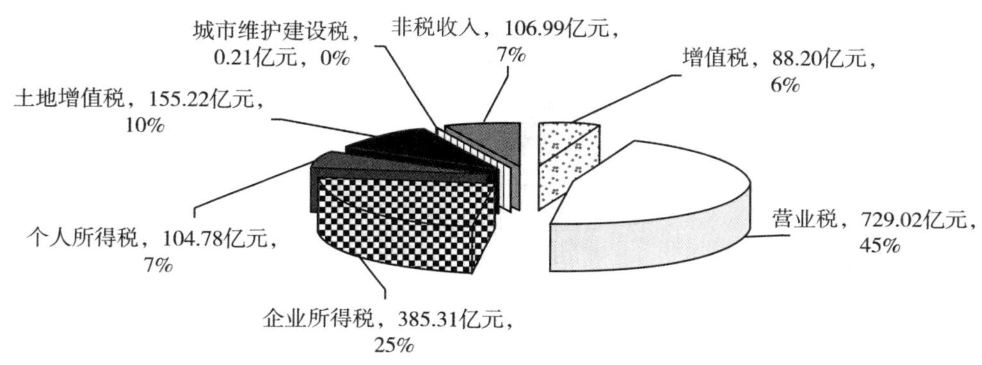

图 1　2013 年省级公共财政预算收入结构

2. 中央补助收入 1 291.31 亿元，增加 72.71 亿元，同比增长 5.97%，完成年初预算的 146.59%。超预算的主要原因是：预算执行过程中财政部对我省增加中央专项补助、县级基本财力保障机制奖补资金及其他一般性转移支付。

3. 市县上解收入 280.54 亿元，增加 45.45 亿元，同比增长 19.33%，完成年初预算的 126.47%。超预算的主要原因是：省与市按现行体制据实结算增加上解，包括出口退税专项上解收入、湛江市海洋石油税收超基数专项上解、卷烟消费税专项上解、津补贴调节基金上解增加等。

4. 自行发行地方政府债券收入 121 亿元。

5. 国债转贷资金上年结余 0.19 亿元。

6. 调入资金 36.57 亿元，主要是清理化解农村义务教育债务省奖补资金、缴付 2010 年财政部代理发行广东省政府债券（三年期）本息资金、珠海天志项目转让价款剩余资金、地方教育附加收入等调入公共财政预算安排使用。

7. 上年结余结转收入 881.33 亿元。

（二）支出决算情况

省级公共财政总支出完成 3 463.08 亿元，其中，省本级支出 1 186.46 亿元，占省财政支出的 34.26%，占比比上年提高 5 个百分点；对市县税收返还、转移支付及债券转贷支出共 2 018.69 亿元（相应形成市县财政收入，并由市县安排财政支出），占省财政支出的 58.29%；上解中央支出 144.96 亿元，占省财政支出的 4.19%；调出资金 99.02 亿元，占省财政支出的 2.86%；地方政府债券还本 13.7 亿元，占省财政支出的 0.40%；援助其他地方支出 0.05 亿元；国债转贷支出及结余 0.19 亿元。

1. 省本级支出 1 186.46 亿元，增加 323.82 亿元，同比增长 37.54%，增幅较大的原因：一是 2013 年全省加大交通基础设施建设，省级统筹公路、铁路和城轨等项目较多，省级投入大幅增加，该部分资金列为省级支出，但实质上仍用于支持市县社会民生事业发展；二是从发行地方政府性债券收入中安排全省基础设施等重大公益性项目，该部分资金也列为省级支出。其中：教育支出 205.52 亿元，科学技术支出 69.55 亿元，文化体育与传媒支出 22.83 亿元，社会保障和就业支出 73.74 亿元，医疗卫生支出 36.04 亿元，节能环保支出 7.18 亿元，农林水事务支出 79.55 亿元，交通运输支出 281.57 亿元，资源勘探电力信息等事务支出 19.22 亿元，国土资源气象等事务支出 16.16 亿元，粮油物资管理事务支出7.95亿元，一般公共服务支出138.23亿元，公共安全支出76.85亿元。

2013年省级行政事业单位的出国（境）经费、车辆购置及运行费、公务接待费财政拨款决算数（按可比口径）8.11亿元，比2012年减少0.52亿元，下降6个百分点。其中：出国（境）经费0.73亿元、车辆购置及运行费4.95亿元、公务接待费2.43亿元。

2. 省对市县税收返还、转移支付及债券转贷支出2 018.69亿元，增加97.84亿元，增长5.09%，增长的主要原因是完善省级一般性转移支付政策，新增安排激励性转移支付资金40亿元等（财政增量返还22.2亿元，协调发展奖励安排17.7亿元）。各支出项目具体情况如下：税收返还471.39亿元，其中增值税和消费税税收返还支出128.25亿元、所得税基数返还支出84.37亿元、成品油价格和税费改革税收返还支出55.73亿元、其他税收返还支出203.05亿元；一般性转移支付支出730.48亿元，其中均衡性转移支付支出177.66亿元、县级基本财力保障机制奖补资金支出96.82亿元、调整工资转移支付支出65.49亿元、义务教育转移支付支出128.86亿元、基本养老保险和低保等转移支付支出39.01亿元、新型农村合作医疗等转移支付支出46.48亿元；专项转移支付支出775.82亿元，其中农林水事务支出191.15亿元、医疗卫生支出108.82亿元、社会保障和就业支出90.78亿元、教育支出37.41亿元、科学技术支出7.92亿元；债券转贷支出41亿元，用于支持市县落实中央投资公益性项目地方配套资金。

3. 上解中央支出144.96亿元，增加14.24亿元，增长10.89%。

4. 调出资金等99.27亿元，包括成品油替代性收入中筹集的水利建设基金调出到基金预算安排使用等。主要是成品油价格和税费改革前，养路费纳入政府性基金预算管理，相应提取的水利基金也纳入政府性基金预算管理；成品油价格和税费改革后，成品油替代收入纳入公共财政预算管理，筹集的水利建设基金按原用途需调出到基金预算安排使用（见图2）。

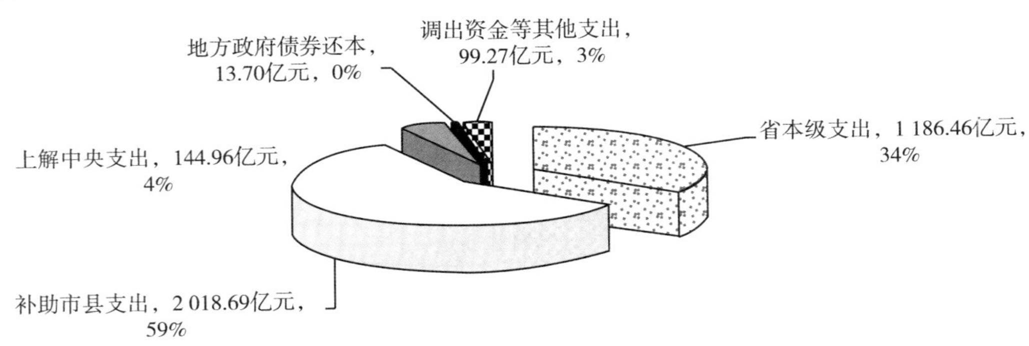

图2　2013年省级预算支出结构

（三）重点支出项目执行情况及效果

2013年，省财政充分发挥职能作用，厉行节约，优化财政支出结构，加大民生投入，稳步实施基本公共服务均等化，确保十件民生实事资金落实，推动城乡区域协调发展，筹集资金服务“三个定位、两个率先”目标任务，有力保障了省委、省政府重大决策部署的落实。省财政用于教育、文化体育与传媒、社会保障和就业、医疗卫生、节能环保、城乡社区事务、农林水事务、交通运输、住房保障支出、粮油物资储备等方面的民生支出（含省本级支出和转移支付）共1 350.79亿元（含中央补助资金，下同），加上对市县税收返还、一般性转移支付和政府债券转贷支出后，省财政2013年用于改善民生、提供基本公共服务以及均衡区域基本公共服务水平、帮助市县增强发展后劲的支出共达2 593.66亿元，占省财政支出的74.89%，较好地保障了各项重点支出需要。

1. 加大财政支农投入，落实强农惠农富农政策。

一是突出支持农业发展，拨付农业资金100.76亿元，与上年基本持平，完成年初预算的137.13%（超额完成年初预算的原因主要是中央追加下达成品油价格改革补贴资金、农业科技成果转化与技术推广经费、生猪标准化规模养殖场（小区）建设项目中央基建投资预算等）。支持农田基础设施建设，拨付50.48亿元支持建设400万亩高标准基本农田；拨付11.26亿元，率先在全国建立全省基本农田保护经济补偿制度。支持现代农业主导产业带建设，多渠道筹集资金5.8亿元，继续支持油茶、优质稻、特色水果、茶叶四大产业带建设，着力打造区域特点显著的现代农业发展经济板块。

二是突出支持林业生态建设，拨付资金35.67亿元，同比增长2.85%，完成年初预算的109.48%（超额完成年初预算的原因主要是中央追加下达防护林工程中央基建投资资金、中央财政森林生态效益补偿基金、林业补贴资金等）。省级生态公益林补偿标准提高至每亩20元，拨付省以上生态公益林效益补偿资金12.7亿元。拨付森林碳汇生态工程建设专项资金6.1亿元，拨付1.15亿元对粤北山区和东西两翼的生态景观林带建设进行补助，支持碳汇林、防护林、红树林、水源涵养林、生物防火林带、自然保护区建设、林木良种推广及林业防灾减灾，推进林分改造及集体林权改革。

三是突出支持民生水利和省级重点工程建设，拨付资金87.13亿元，与上年基本持平，完成年初预算的167.22%（超额完成年初预算的主要原因是中央追加下达重点小型病险水库除险加固项目中央财政专项资金、全国中小河流治理项目专项补助资金、重大水利工程第一批中央基建投资、农村饮水安全工程中央基建投资等）。按照中央和省的整体部署，从 2011 年开始利用 10 年时间积极推进水利改革发展，省财政累计投入约 1 000 亿元。2013 年，省财政筹集资金支持乐昌峡水利枢纽工程、省中小河流水文监测系统等省级重点水利工程建设；继续推进中央和省财政小型农田水利重点县、省级水利建设示范县、村村通自来水工程示范县等示范项目建设；支持病险水库除险加固、中小河流治理工程、农村饮水安全、海堤加固达标工程、农村水电增效扩容改造等民生水利项目建设。

四是突出支持完善财政综合扶贫政策体系，拨付资金 29.44 亿元，同比增长 26.9%，完成年初预算的 132.34%，（超额完成年初预算的主要原因是中央追加下达财政专项扶贫资金（少数民族发展资金）、中央财政专项扶贫资金（绩效考评奖励资金）等）。支持我省新一轮扶贫开发“规划到户责任到人”工作，按 90 万元、75 万元、60 万元的标准，对各档次的重点帮扶村给予补助（属于原中央苏区县或少数民族自治县的重点帮扶村按每村 100 万元拨付）。拨付 21 个扶贫重点县每县 500 万元补助资金（其中少数民族自治县每县按 600 万元拨付），按要求分别下达补助到村、到县资金的 50%、60%，共计 7.5 亿元。拨付农村基层组织办公经费省级补助资金 5.4 亿元，将村干部补贴从 2012 年人均每月 1 000 元提高到 2013 年的人均每月 1 300 元，对集体收入每年 3 万元以下的村级组织办公经费补助水平从 2012 年的每年 2 万元提高到 2013 年的每年 3 万元。省统筹 4.5 亿元，对搬迁农户每户统筹补助 3 万元，大力推进我省 1.5 万户不具备生产生活条件贫困村庄搬迁农户的搬迁安置工作。拨付省级以上农村低收入住房困难户住房改造补助资金 15 亿元，按照每户 1.5 万元的标准，支持我省解决 10 万户农村低收入住房困难户住房改造工作。

2. 支持保障和改善民生，增进百姓福祉。

一是支持教育优先发展，拨付教育资金 371.79 亿元（含一般性转移支付资金 128.86 亿元），同比增长 38.02%，完成年初预算的 128.3%（超额完成年初预算的主要原因是中央追加下达职业教育“以奖代补”专项资金、学前教育综合奖补类项目中央奖补资金、地方高校化债奖补资金等）。支持义务教育均衡优质标准化发展，拨付 61.24 亿元落实城乡全面免费义务教育政策，义务教育公用经费标准提高到小学每生每年 750 元、初中每生每年 1 150 元；拨付 12 亿元落实免费教科书政策；拨付 8.73 亿元支持欠发达地区实施绩效工资政策和落实教师工资待遇“两相当”，欠发达地区 91 个县（市、区，含江门恩平、台山、开平）基本实现中小学教师工资待遇“两相当”；拨付 13 亿元落实山区和农村边远地区义务教育学校教师岗位津贴，进一步提高山区和农村边远地区教师待遇保障水平，促进义务教育均衡发展；拨付 9.26 亿元实施基础教育创强奖补，为推进省委关于教育“创强争先建高地”决策部署提供资金保障；拨付 2.86 亿元补助资金，用于农村中小学校维修改造。支持加快发展现代职业教育，拨付 7.4 亿元保障高等职业教育正常运转；拨付 3 亿元用于高等职业教育、高技能公共实训基地和中等职业技术教育实训中心（基地）建设；落实中等职业学校免学费政策，及时拨付中职免学费补助资金 12.36 亿元，保障中等职业学校正常运行和健康发展。支持高等教育内涵式发展，拨付 56 亿元用于提高生均综合定额标准，年生均综合定额标准从 7 600 元/生提高到 8 600 元/生；拨付 2 亿元支持高校提升办学质量和水平，拨付 4 亿元实施省级“2011”提升计划；拨付省部共建大学省财政配套资金 3 亿元和汕头大学李嘉诚基金会捐赠省财政配套资金 1 亿元。支持学前教育发展，拨付 3 亿元重点扶持欠发达地区发展学前教育，积极争取中央学前教育奖补资金 3.91 亿元，推动解决“入园难、入园贵”问题。实施强师工程，拨付资金 1.91 亿元，对全省学前教育阶段至高等教育阶段的教师队伍建设给予支持。建立健全困难学生资助体系，拨付 2.68 亿元对农村困难家庭义务教育阶段学生给予生活费补助，全省 100 万名农村贫困学生受惠。拨付 1.14 亿元，从 2013 年秋季学期起，对中职一、二年级所有涉农专业学生和非涉农专业家庭经济困难学生每生每年资助 1 500 元；拨付 2.1 亿元用于普通高中国家助学金发放，资助标准为每生每年 1 500 元；拨付 9.3 亿元，用于学生助学贷款贴息、落实国家助学金、高校毕业生到农村从教上岗退费、家庭经济困难大学新生资助及少数民族聚居区少数民族大学生资助等，确保家庭经济困难学生顺利就读普通高等学校。

二是医疗卫生体制改革和公共卫生服务均等化扎实推进，拨付医疗卫生资金 191.34 亿元（含一般性转移支付资金 46.48 亿元），同比增长 6.69%，完成年初预算的 109.25%（超额完成年初预算的主要原因是中央追加下达基本公共卫生服务补助资金、基层医疗卫生服务体系和地市级医院建设项目中央基建投资等）。着力推进基本医疗保障制度建设，2013 年，全省各级财政对城乡居民基本医疗保险补助标准提高到年人均 280 元，其中省财政对欠发达地区补助标准达到年人均 182 元，拨付城乡居民医疗保险补助资金 97.8 亿元。2013 年城乡居民基本医疗保险政策范围内的住院费用报销比例达到 75%，最高支付限额为 29 万元。推进城乡基层医疗卫生服务体系建设，继续对经济欠发达地区乡镇卫生院按编制人数和每人每年 1.2 万元的标准，对社区卫生服务机构按编制人数和每人每年 1 万元的标准共拨付事业费补助 8.24 亿元，促进基层医疗卫生机构基础设施不断完善，保障医务人员总体待遇水平稳定；下达村医补贴专项资金 1.6 亿元，对经济欠发达的 14 个地级市以及江门恩平市的村卫生站和乡村医生予以补贴，每个行政村每年补贴 1 万元。推动基本公共卫生服务均等化，拨付基本公共卫生服务项目补助资金 7.94 亿元，使全省人均基本公共卫生服务经费不低于 30 元；拨付专项资金逾 1 亿元对经济欠发达地区实施职业病、结核病、艾滋病等重大疾病防控、农村妇女“两癌”检查、地中海贫血患儿干预等重大公共卫生服务项目给予补助。深化公立医院改革发展，拨付资金 11.77 亿元，积极支持改革试点县县级医院取消药品加成政策，实现由服务收费、药品加成收入和财政补助三个渠道向服务收费和财政补助两个渠道转变。

三是进一步完善生活保障和公共就业服务，拨付社会保障和就业资金203.53亿元（含一般性转移支付资金39.01亿元），同比增长37.14%，完成年初预算的134.10%（超额完成年初预算的主要原因是中央追加下达城乡困难群众一次性生活补贴补助资金、抚恤补助资金、自然灾害生活补助资金等）。稳步提高城乡居民社会养老保险待遇水平，城乡居民社会养老保险基础养老金标准从每人每月55元提高至65元，拨付城乡居民社会养老保险补助资金18.34亿元，全省近800万城乡老年居民受益。继续提高企业退休人员养老保险待遇，从2013年1月1日起，为2012年底退休人员再次提高养老金水平，全省平均提高幅度为185元/月·人左右，比上年增长10.4%，目前全省企业离退休人员养老金平均水平达1 958元/月·人。不断完善城乡社会救助体系，拨付抚恤、医疗补助资金14.51亿元，用于全省优抚对象的抚恤生活、医疗补助；拨付1.02亿元，支持省级和全省特别是经济欠发达地区流浪乞讨人员救助。支持实施更加积极的就业政策，拨付促进就业专项资金4.1亿元，继续用于对各类就业扶持对象按规定给予职业培训等各项就业补贴。落实城乡居民最低生活保障经费，拨付低保资金24.77亿元，支持各地提高低保补助标准和保障水平，确保实现全省城乡低保补贴标准达到全国前列；为全省283.3万城乡困难群众发放一次性生活临时价格补贴10.86亿元。加大力度支持农村五保供养，拨付全省经济欠发达地区农村五保供养生活补助资金4.65亿元，支持地方保障五保对象基本生活与社会经济发展水平保持基本一致。大力促进残疾人各项事业全面发展，拨付残疾人生活津贴和重度残疾人护理补贴1.14亿元。支持全省各地落实孤儿基本生活保障工作，拨付孤儿基本生活保障资金2.2亿元，支持各地建立孤儿基本生活最低养育标准自然增长机制，确保孤儿基本生活保障支出。

四是公共文化体育均等化水平不断提高，拨付文化体育与传媒资金33.38亿元，同比增长14.12%，完成年初预算的140.19%，（超额完成年初预算的主要原因是中央追加下达农村文化建设专项资金、国家文化和自然遗产保护设施建设中央基建投资、中央补助地方美术馆公共图书馆文化馆（站）免费开放专项资金等）。推动公共文化服务体系建设，拨付资金1.9亿元加快基层公共文化服务设施建设；支持全省公共文化设施免费开放；拨付资金1.16亿元推进农村广播电视无线覆盖工程，实现全省“户户通”广播电视的目标。支持现代文化产业发展，拨付省级文化产业发展资金4.07亿元，重点引导和扶持平面传媒业、广播影视业、动漫制作等文化产业项目；拨付1.12亿元支持有线广播电视网络和新华书店改革重组。

五是拨付住房保障资金23.14亿元，提高中低收入住房困难家庭住房保障水平，完成年初预算的179.80%，（超额完成年初预算的主要原因是中央追加下达公共租赁住房专项资金、保障性安居工程配套基础设施建设中央基建投资资金等）。拨付公共租赁住房和城市棚户区改造专项资金共13.60亿元、省级公共租赁住房以奖代补专项资金3亿元，支持我省新开工建设保障房、棚户区改造15.65万套，新增发放租赁补贴1.02万户，分别完成年度任务的108.8%、134.5%。

六是拨付交通运输资金370.24亿元，支持公共交通体系建设，同比增长40.93%，完成年初预算的428.88%，（超额完成年初预算的主要原因是中央追加下达成品油价格改革财政补贴、车辆购置税用于地方交通运输重点项目（第二批）资金，以及省级财政在超收收入中增加安排重要交通基础设施建设省级资本金）。2013年省财政拨付150.4亿元支持高速公路和普通公路建设，拨付20亿元支持铁路和城轨建设，拨付6.12亿元支持广州白云国际机场扩建工程建设，拨付5亿元支持港珠澳大桥主体工程建设。实现梅大高速公路一期、二广高速公路怀集支线等项目建成通车，新增通车里程178.3公里，新开工包茂和揭惠等13个项目，截至2013年底高速公路里程达5 702.5公里；实现厦深、茂湛铁路通车运营，南广和贵广、穗莞深城际东莞至深圳段等项目顺利推进，完成年度投资计划的100%，新开工建设穗莞深城际新塘至洪梅段等项目。

3. 发挥财政职能作用，促进转型升级和结构调整。2013年省财政用于科学技术、产业发展、商业服务业等支出188.43亿元，同比增长14.04%，完成年初预算的168.81%（超额完成年初预算的主要原因是中央追加下达战略性新兴产业区域集聚发展试点补助资金、中央财政促进服务业发展专项资金等）。

一是支持战略性新兴产业发展。2013年战略性新兴产业政银企合作项目资金、核心技术攻关项目资金、战略性新兴产业发展专项资金（LED产业、高端新型电子信息产业）等共支出47亿元。

二是改造提升优势传统产业。拨付结构调整专项资金5.14亿元，由市县结合实际选择1个优势产业进行集中扶持，促进地方优势特色产业加快发展；加大促进信息产业发展财政投入力度，重点支持企业运用信息技术改造生产方式、组织结构和管理模式；落实省级电子商务发展财政支持政策，支持我省标杆电子商务企业发展、电子商务平台建设等；拨付平价商店建设专项资金，促进流通领域改革发展。

三是加强产业园区建设。省财政继续落实“再推一把”措施，2013－2017年省财政集中投入135亿元，通过促进产业集聚、加快园区基础设施建设、支持园区招商选资、园区企业创新等手段，支持省产业园扩能增效。2013年，省财政拨付20.1亿元促进产业园扩能增效，促进产业园完成工业项目固定资产投资约480亿元，增长30.8%；工业产值4 942.87亿元，增长26.9%；规模以上工业增加值1 091.09亿元，增长33%；税收194.85亿元，增长29.9%。

四是着力支持自主创新。加大基础性公益性研究支持力度，拨付省部院产学研合作专项资金、省自然科学基金、自然科学联合基金、科学事业费等公益性研究经费10.78亿元，支持科研机构开展基础研究工作，提升基础研究实力。推动实施“人才强省”战略，拨付引进创新科研团队和领军人才专项资金8.5亿元，用于资助我省引进第四批创新科研团队和领军人才；拨付“广东特支计划”专项资金1.07亿元，用于我省九类人才培养；拨付专项资金1.15亿元，推动实施粤东西北地区人才发展帮扶计划“扬帆计划”。

五是着力支持扩大内需和促进外经贸发展。完善促进消费和提高居民收入的各项财政政策，落实“家电摩托车下乡”、老旧汽车报废更新、家电以旧换新清算、种粮直补等扩大内需政策，提高消费对经济发展的贡献率，全年共兑付种粮直补资金2.55亿元、农资综合直补24.12亿元，拨付油价补贴80.25亿元；促进进口稳定增长，拨付出口退税以奖代补专项资金、促进投保出口信用保险专项、技术创新与品牌建设专项、开拓国际市场专项等5.3亿元；支持加快外经贸发展方式转变，拨付推动服务贸易发展专项、推动加工贸易转型升级、“走出去”专项、促进外经贸发展奖励等2.3亿元；支持贸易平衡发展，拨付促进进口专项2.5亿元，对列入《广东省鼓励进口技术和产品目录》的先进技术，产品和设备予以支持。

六是着力支持节能环保。制定落实“十二五”后半期节能减排重点财政政策，拨付重点减排资金24亿元，拨付节能循环经济专项资金2.8亿元，落实财政资金引导作用，推进淘汰落后产能工作。大力支持农村环境保护工作。拨付省农村垃圾处理设施建设资金2.6亿元，为69个经济欠发达县（市、区）配置封闭式垃圾转运车。加强污染治理和环境保护，拨付污染防治和污染减排等资金17.69亿元，重点支持列入《广东省重金属污染防治规划》的重金属污染治理项目，支持集中式饮用水源地保护及环境综合整治。

（四）部门预算与执行差异情况说明

2013年部门公共财政决算支出合计566亿元，比预算增加269亿元。其中，项目支出决算311亿元，比预算增加251亿元；基本支出237亿元，比预算增加18亿元。项目支出指的是相关部门为完成特定工作任务，用于事业发展的相关支出；基本支出指保障行政事业单位机构正常运转、完成日常工作任务、正常履行公共管理和服务职能必需的基本开支。部分部门的部门预算与决算差异较大，年度执行中追加率高的主要原因是项目支出增加较多，具体情况如下：

一是年度执行中中央追加下达资金，部分资金由部门使用，纳入部门年终决算反映，中央追加约占总增加额的15.2%。如中央年中下达省打私办海防建设资金和反走私系统建设资金0.4亿元，省交通厅车辆购置税专项及高速公路资本金补助15.83亿元，省教育厅免费教科书政府采购资金10.2亿元等。

二是由于部门工作的延续性，部分项目支出需跨年度使用，由于上年结转资金未纳入年初预算，部门在使用上年结转资金时列记当年支出，造成预算与决算的差异，上年结转因素约占总增加额的31.6%。如追加省铁路建设投资集团珠三角城际轨道交通项目10亿元、省疾病预防控制中心扩大国家免疫规划项目经费1.48亿元、省卫生计生委扩大国家免疫规划项目经费1.5亿元，广东技师师范学院新校区建设资金1.3亿元等。

三是在编制部门预算时，相关经费按照统一标准确定，部分单位由于存在翘尾因素，需在执行过程中追加。如由于增人增编等因素年中追加统发工资，政策性翘尾因素占总增加额的2.4%。

四是根据中央和省委、省政府决策部署，以及当年经济社会发展需要，有关部门在年度中间出现新的任务，经报省委、省政府批准后在预留应急资金中安排形成追加，约占总增加额的3.3%。如追加省知识产权局第十四届中国专利奖获奖单位奖励经费和知识产权保护专项经费0.64亿元，省公安厅往来港澳通行证电子化改版工作经费1.6亿元，有关部门维稳经费等。

五是部分专项资金在年初时未确定具体的工作方案和用款计划，或资金涉及多个部门工作共同使用的，年初无法落实到具体部门，年度中间再根据分工落实到各个部门形成追加，专项资金因素（含基建项目）约占总增加额的47.5%。如年中追加省交通厅交通融资平台还本付息资金38.74亿元，团省委省级农村劳动力培训转移就业专项清算资金0.1亿元，省教育厅、人力资源社会保障厅国家助学金、中职免学费资金约18亿元等。

2013年的预算执行等财政工作取得了良好成效，同时我们也清醒地认识到，在财政运行和管理工作中还存在一些问题，主要包括：收支矛盾突出，人均财力低，民生支出压力大；部门肢解财政、财力分配固化的情况较为严重；现代财政制度需进一步健全，财税体制促进科学发展的调控作用有待提高；区域发展不平衡，部分地区的基层财政较为困难。我们将高度重视这些问题并切实采取有效措施，努力加以解决。

二、2013年省级政府性基金收支决算情况

（一）基金收入决算情况

2013年，省级政府性基金总收入完成531.98亿元，主要项目如下：

1. 省本级基金收入162.65亿元，完成预算的126.76%。各主要项目完成情况如下：

（1）地方教育附加收入30.92亿元，完成预算的106.62%。收入增加的原因是：税收收入增长带动地方教育附加收入增长。

（2）文化事业建设费收入4.77亿元，完成预算的226.95%。收入增加的主要原因是：文化企业上缴收入增加。

（3）小型水库移民扶助基金收入1.44亿元，完成预算的135.86%。收入增加的主要原因是：销售电量的增加。

（4）残疾人就业保障金收入6.50亿元，完成预算的110.24%。

（5）国有土地使用权出让金收入19.44亿元，完成年初预算的108.02%。收入增加的主要原因是：一方面，由

于我省土地出让平均地价涨幅明显，其中住宅用地与商业地价涨幅较大，量价齐涨，尤其是商业用地，地价涨幅较为明显，带动价格回升；另一方面，广州、珠海、佛山三市2013年供应的地块中，有部分位于该市的中心商务区，均为商服住宅用地，出让单价较高，拉高全省整体水平。

（6）农业土地开发资金收入4.65亿元，完成预算的132.79%。收入增加的主要原因是：土地有偿使用量增加，土地出让市场化机制进一步完善，以及各地加大土地出让收入征收清缴力度。

（7）新增建设用地有偿使用费收入51.21亿元，完成预算的170.71%。收入增加的主要原因是：各地加快用地审批进程以及征收部门加大征管力度带动收入增加。

（8）森林植被恢复费收入5.22亿元，完成预算的149.11%。收入增加的主要原因是：高速公路、保障房等与经济建设相关的基础设施建设力度加大，带动征用林地补偿费增加。

（9）大中型水库库区基金收入0.47亿元，完成预算的117.83%。

（10）车辆通行费收入22.60亿元，完成预算的107.61%。收入增加的主要原因是：随着经济发展和汽车的普遍使用，车流量会有所增加，从而带来车辆通行费收入的增加。

（11）港口建设费收入1.59亿元，完成预算的159.13%。收入增加的主要原因是：该基金的征收对象为经对外开放口岸港口辖区范围内所有码头、浮筒、锚地、水域装卸（含过驳）的货物，2013年水运事业繁荣发展导致港口建设费收入上涨明显。

（12）彩票公益金收入13.73亿元，完成预算的107.42%。收入增加的主要原因是：一是开展两次彩票专项募集销售活动，集中了部分原属于市县分成的公益金用于特定公益事业；二是彩票机构加大了市场开拓的力度，通过开展促销、加奖派送等活动促进我省彩票销量增长，我省彩票销量重新回到全国第一。

2. 上年结余结转收入300.67亿元。

3. 中央补助收入39.12亿元，主要是年度执行过程中中央专项补助我省的大中型水库移民后期扶持基金、可再生能源电价附加补助资金、民航发展基金补助地方机场建设项目、港口建设费、补助地方的彩票公益金、中央财政统筹从土地出让收益中计提的农田水利建设资金等。

4. 调入基金23.23亿元，主要调入项目包括：成品油替代性收入计提的水利基金、旧机场土地补偿首期专项资金调入基金预算。

（二）基金支出决算情况

2013年，省级政府性基金总支出完成248.73亿元，具体包括：

1. 省本级基金支出79.28亿元。主要项目如下：

（1）地方教育附加安排的支出3.57亿元（加上补助市县支出10.46亿元，实际完成14.03亿元）。主要用于中小学校舍安全工程补助、中小学教师置换培训、特殊教育、普及高中阶段教育基本建设补助和中小学教师科研能力提升计划资助项目等。

（2）文化事业建设费支出4.77亿元（加上收回补助市县支出0.88亿元，实际完成3.89亿元）。主要用于广东文化产业发展、广播电视“户户通”和地方国家电影事业发展等。

（3）残疾人就业保障金支出1.84亿元（加上补助市县支出2.03亿元，实际完成3.87亿元）。主要用于残疾人服务设施项目竞争性分配项目经费、体育费，残疾人生活津贴和重度残疾人护理补贴经费等。

（4）大中型水库移民后期扶持基金支出1.68亿元（加上补助市县支出21.53亿元，实际完成23.21亿元）。按照我省核定的大中型水库移民数，专项用于实施库区和移民安置区基础设施建设和经济发展规划。

（5）新增建设用地有偿使用费安排的支出5.39亿元（加上补助市县支出87.88亿元，实际完成93.27亿元）。主要用于高标准农田补助、农村土地确权登记发证省级补助和灾毁农田垦复补助等。

（6）森林植被恢复费安排的支出1.22亿元（加上补助市县支出5.28亿元，实际完成6.5亿元）。主要用于拨付2013年市县森林植被恢复费资金和森林植被恢复费省统筹资金，用于宜林地造林、迹地更新、林分改造、封山育林以及森林资源保护与管理等项目支出。

（7）车辆通行费安排的支出18.97亿元。主要根据车辆通行费管理规定及相关办法用于公路的管理、养护费用及还贷支出。

（8）彩票公益金安排的支出10.67亿元（加上补助市县支出7.89亿元，实际完成18.56亿元）。省级体彩公益金专项用于我省体育事业发展，包括全民健身项目和奥运争光项目，较好地支持了我省全民健身工作和竞技体育事业的发展；省级彩票公益金收入中的专项公益金，用于经省政府批准的农村公益性基础设施建设，弥补了我省农村在垃圾处理等方面的公益性基础设施建设资金缺口问题；福利彩票公益金主要用于补助欠发达地区福利事业费，医疗救助，残疾人托养，贫困残疾儿童进行基本康复治疗和康复训练补助等。

2. 上解中央支出1.21亿元。

3. 补助市县支出147.26亿元。

4. 调出资金20.99亿元。

收支相抵，2013年省级政府性基金结余结转283.25亿元。

三、2013年省级国有资本经营收益收支决算情况

（一）国有资本经营预算收入决算

2013年省级国有资本经营预算收入完成16.86亿元，

为年度预算的128.66%，超收部分主要是中国电信分红提前入库，按往年做法，作为净结余转入下年作为2014年收入。其中：省属企业上缴利润4.25亿元，省属控股参股企业上缴股利股息12.52亿元，产权转让收入0.09亿元。加上上年净结余4.74亿元，收入总计21.60亿元。

（二）国有资本经营预算支出决算

2013年省级国有资本经营预算支出完成15.62亿元，为年度预算的87.88%。未完成年初预算的主要原因是白云机场建设、组建广东省文化产业投资控股集团公司资本金、松山学院移交等部分项目由于工作进度等尚未符合资金拨付条件。主要用于支持省属企业产业发展、国有经济布局和结构调整以及解决省属国有企业改革发展中遗留问题。

——按支出科目分。教育支出0.17亿元，文化体育与传媒支出1.12亿元，农林水支出0.02亿元，交通运输支出10.83亿元，资源勘探电力信息等支出3.48亿元。

——按支出用途分。主要用于支持省属企业产业发展、国有经济布局和结构调整以及解决省属国有企业改革发展中遗留的问题。

四、2013年省级社会保险基金收支决算情况

（一）社保基金收入决算

2013年省级社会保险基金收入182.15亿元（包括企业职工基本养老保险、工伤保险和生育保险三险种。失业保险和医疗保险实行属地管理，失业保险基金只核算调剂金结余利息收入，医疗保险基金当年无收入），比上年增加7亿元，增长4%。其中：企业养老保险基金收入176.88亿元，比上年增加6.19亿元，增长3.6%；失业保险基金收入0.1亿元，比上年减少0.01亿元；工伤保险基金收入3.51亿元，比上年增加0.63亿元，增长21.73%，增长的主要原因是事业单位人员开始纳入工伤保险范围；生育保险基金收入1.66亿元，比上年增加0.19亿元，增长13.15%，增长的主要原因是生育保险基金的缴费基数上调。

（二）社保基金支出决算

2013年省级社会保险基金支出135.76亿元（包括企业养老保险、工伤保险和生育保险三险种。失业保险和医疗保险实行属地管理，基金当年无支出），比上年增加10.82亿元，增长8.66%。其中：企业养老保险基金支出133.2亿元，比上年增加10.9亿元，增长8.91%，支出增长主要原因是社保待遇标准提高和领取待遇人数增加；工伤保险基金支出0.94亿元，比上年减少0.15亿元，下降14%，下降的主要原因是工伤保险专项经费支出减少；生育保险基金支出1.62亿元，比上年增加0.07亿元，增长4.64%。

2013年省级社会保险基金当年结余为46.39亿元。其中：企业养老保险基金当年结余为43.68亿元，失业保险基金当年结余为0.1亿元，工伤保险基金当年结余为2.56亿元，生育保险基金当年结余0.05亿元。2013年省级社会保险基金滚存结余492.37亿元，比上年增长10.4%。其中：企业养老保险基金滚存结余456.98亿元，失业保险基金滚存结余6.8亿元，工伤保险基金滚存结余26.31亿元，生育保险基金滚存结余2.28亿元。

五、2013年全省财政总决算汇编情况

2013年，在各级人大及其常务委员会的监督支持下，全省各级政府和财政部门认真执行经各级人大批准的2013年预算，全省财政较好地实现了收支平衡，略有结余。

（一）全省公共财政收支决算情况

根据汇编的决算，2013年，全省地方公共财政预算收入完成7 081.47亿元，为省十二届人大一次会议通过预算的106.39%，比上年增加852.29亿元，增长13.68%。全省地方公共财政预算收入7 081.47亿元，加上中央补助收入1 502.10亿元（含税收返还补助）、发行地方政府债券收入157亿元（其中省级121亿元、深圳市36亿元）、国债转贷收入及结余0.48亿元、上年结余结转收入1 859.25亿元、调入资金146.45亿元之后，全省公共财政总收入完成10 746.75亿元。

2013年，全省公共财政预算支出完成8 411.00亿元，为省十二届人大一次会议通过预算的111.32%，比上年增加1 022.24亿元，增长13.84%。全省公共财政预算支出8 411.00亿元，加上上解中央支出210.64亿元、增设预算周转金7.96亿元、国债转贷支出及结余0.48亿元、地方政府债券还本63亿元、调出资金353.28亿元、援助其他地方支出0.05亿元之后，全省公共财政总支出完成9 046.42亿元。

收支相抵，2013年全省公共财政结余结转1 700.33亿元，其中：结转下年支出1 527.60亿元，净结余172.72亿元。

（二）全省政府性基金收支决算情况

2013年，全省政府性基金总收入完成4 860.59亿元。其中：当年本级基金收入3 673.57亿元，上年结余结转收入1 099.19亿元，上级补助收入43.10亿元，调入资金44.73亿元。

2013年，全省政府性基金总支出完成3 480.36亿元。其中：当年本级基金支出3 440.30亿元，上解中央支出3.28亿元，调出资金36.78亿元。

收支相抵，2013年全省政府性基金结余结转1 380.24

亿元。

（三）全省国有资本经营预算收支决算情况

按照财政部规定，关于已经实施国有资本经营预算是指单独编制国有资本经营预算、统一使用国有资本经营预算收支科目、国有资本经营预算草案报经本级人大审议或政府审批等规定，符合上述条件、编报2013年广东省国有资本经营决算的有：广东省省本级以及广州、汕头、惠州、肇庆等4个地级市。

2013年全省国有资本经营收入决算72.41亿元，其中：利润收入22.46亿元，股利股息收入23.62亿元，产权转让收入25.94亿元，其他国有资本经营预算收入0.39亿元（主要是肇庆的河沙收益0.3亿元）。

2013年全省国有资本经营支出决算70.43亿元，按科目分类：资源勘探电力信息事务支出35.59亿元，交通运输支出15.79亿元，商业服务业等事务支出14.97亿元，文化体育与传媒支出1.67亿元，城乡社区事务支出0.39亿元，科学技术类支出1.01亿元，农林水事务支出0.08亿元，教育类支出0.37亿元，其他支出0.57亿元。

（四）全省社会保险基金收支决算情况

截至2013年底，全省企业职工基本养老保险、城镇职工基本医疗保险、失业保险、工伤保险、生育保险、城乡居民基本医疗保险和城乡居民社会养老保险总参保人数约达2.5亿人次，同比增长6.4%；2013年全年上述七项保险基金总收入3 048.76亿元，增长14.49%。

2013年全省社保基金支出1 898.57亿元，增长20.97%。其中：企业养老保险基金支出1 003.26亿元，占全部基金支出的52.84%，同比增长16.94%；职工医保基金支出511.59亿元，占全部基金支出的26.95%，同比增长24.25%。综合分析各项保险基金支出增长的主要原因是受社保待遇标准提高和领取待遇人数增加的影响。

截至2013年底，全省社保基金滚存结余6 606.4亿元，同比增长21.16%。其中：企业养老保险基金滚存结余4 394.1亿元，占全省基金的66.5%，比2012年增长20.8%；职工医疗保险基金滚存结余1 142.5亿元，占全省基金的17.3%，比2012年增长17.3%。

六、落实省人大2012年省级决算决议意见的有关情况

省十二届人大常委会第三次会议关于审查和批准我省2012年省级决算，并作出了《关于批准广东省2012年省级决算的决议》（以下简称《决议》）。按照省人大常委会办公厅《印送省人大常委会关于批准广东省2012年省级决算的决议的函》（粤常办函〔2013〕198号）要求，省政府已以《广东省人民政府关于2012年省级决算决议执行情况的报告》（粤府函〔2014〕24号）向省人大常委会报告，执行情况如下。

（一）加强和改进预算管理，切实提高预算执行率和到位率，充分发挥财政资金使用效益

按照中央部署，我省切实加强地方预算执行管理，实现了2013年年终结余结转资金规模比2012年大幅度降低的目标。

1. 建立预算支出进度通报制度。对本级预算部门和下级财政部门的支出进度进行排名通报，进一步加大指导和督促力度，对开展预算执行不力的地区和部门，将采取通报、约谈等方式，督促查找原因、加强整改，尽快解决问题。在确保资金安全的前提下，加快资金审核进度并及时办理资金拨付手续，完善支付方式，减少资金滞留。

2. 建立预算执行监控约束机制。一是在预算执行中，因政策变化等原因，预计年底可能形成较多结转或结余资金的项目，有关部门应及时提出调减当年预算或调整用于其他重点支出的建议。二是年内确实无法支出且有关部门没有提出调整意见的项目，收回本级财政总预算统筹安排，将资金调剂用于其他急需的项目或有条件实施的项目。三是下一年度继续安排的年终据实清算项目，每年10月底前实行资金预下达制度，下一年度清算。四是人员经费和公用经费应及时使用拨付资金，否则收回本级财政总预算统筹安排。五是当年1－10月执行率达不到序时进度的项目支出，在编制下一年度预算时，项目预算金额不得超过上年总额80%。六是对历年发生的预拨经费进行清理，对能在当年转账列支的项目必须在9月30日前办理转账手续。

3. 建立专项资金定期清理评估机制。一是清理整合财政专项资金。全面梳理并加大了专项资会清理范围，对专项资金设立期限已满、设立的原定目标不符合现实需要，或专项资金需要完成的特定任务已经完成或不存在的予以撤销；对于使用性质、管理特点相同或相近的专项资金进行整合；对于支出结构有待优化的专项资金，按照省委、省政府工作需要适当调整资金用途；符合公共财政管理要求，设立审批依据合法合理，具有明确使用方向和绩效目标的专项资金予以继续保留。二是严格收回到期专项资金。制订2014年省级财政专项资金到期收回清理工作方案，开展专项资金到期收回工作。对于设立期限已满、原定政策目标和任务已完成的项目，到期不再安排；对于不符合经济社会发展要求、没有合理设立审批依据、经绩效评价和审计检查发现资金使用效益低下或存在明显的违规问题的项目，予以撤销。

4. 加强结余结转资金清理力度，提高资金使用效率。根据省人大常委会办公厅《关于通报省十二届人大常委会第三次会议审议相关情况的函》（粤常办函〔2013〕204号）关于“省政府及有关部门要根据我省的实际情况，下决心、下力气尽快采取切实有效措施，逐步减少财政资金结转数量过大问题，充分发挥财政资金使用效益”、省人代会审议2014年预算草案及其报告提出的“降低预算结余结

转比例”的审议意见，省财政厅对2013年及以前年度结余结转资金进行了全面清理。2013年，共清理结余结转资金81.87亿元统筹用于经省委、省政府批准的底线民生及支持我省经济社会发展的重点支出。

（二）强化税收监管和税收服务，确保中央各项宏观调控政策落实到位

各级财税部门采取积极措施，认真分析落实结构性减税存在问题和原因，加大税收政策宣传力度，积极贯彻落实国家各项结构性减税政策。

1. 大力推进营业税改征增值税试点工作。不断扩大试点行业，小规模纳税人税负由5%降为3%。截至2013年10月底，试点企业户数共40.1万户；2013年1－11月全省营改增试点减税174.7亿元，营改增试点以来，全省新办企业13.8万户。

2. 认真贯彻中央结构性减税相关优惠政策。认真落实高新技术企业、动漫和软件企业以及企业研发费用加计扣除等企业所得税优惠政策；认真落实软件产品、农民专业合作社、资源综合利用、残疾人就业等增值税优惠政策，2013年共有2.5万户企业享受增值税优惠政策，共办理减、退税超过10亿元。落实增值税转型改革及进项抵扣制度，2013年1－10月共有5.47万户企业因购买固定资产抵扣进项税额216亿元，2013年全省地税部门共减免税超200亿元。

3. 认真落实好小微企业暂免税优惠政策。财政部出台了《关于暂免征收部分小微企业增值税和营业税的通知》（财税〔2013〕52号），我省及时出台相关操作指引，并加大政策宣传和培训力度，切实减轻小微企业税负。全省共有41.3万户小微企业享受此项优惠政策，2013年8－12月减税超过1亿元。

（三）加强地方政府性债务监管，严格控制政府新增债务，积极防范财政风险

近年来，我省先后就加强地方政府债务管理、严格控制地方政府新增债务问题出台具体意见，要求各地切实加强政府性债务管理工作，不得违规和超规模举借政府性债务。

1. 构建地方政府性债务风险分析预警体系。为防范财政金融风险，根据财政部统一部署，2013年初，我省分批次对债务率较高的地区进行风险提示，敦促当地政府和财政部门核实债务规模和类型，制定化解债务风险工作方案、确定未来还本付息计划和资金来源，并严格控制新增债务，加大偿债力度，逐步降低债务风险。同时，定期对各市县债务风险进行监控，通过债务率、逾期债务率等指标，及时发现并报告市县可能存在的政府性债务风险，确保全省债务风险可控。

2. 对地方政府性债务管理情况开展监督检查。2013年8－9月，审计署对我省省、市、县、乡镇全口径政府性债务审计，经审计认定，我省政府性债务规模与经济发展相适应，全省地方政府性债务风险总体可控。一是从衡量地方政府债务风险的债务率和逾期债务率两个指标分析，截至2012年底，全省总债务率为59.41%，低于国际货币基金组织确定的债务率控制标准90%－150%，处于较低水平。二是截至2013年6月底，我省省市县三级政府负有偿还责任的债务余额为6 931.64亿元，负有担保责任的债务为1 020.85亿元，可能承担一定救助责任的债务为2 212.88亿元，债务规模相对可控。三是从债务资金投向分析，我省地方政府性债务资金主要用于基础设施建设和公益性项目，这些项目大多有相应收入作为偿债保障，并形成大量优质资产。

3. 加强对全省债务情况分析工作。完善地方政府性债务分析机制，加强全省债务动态季度报送工作，并将该项工作纳入各地政府性债务管理工作考核当中，进一步提高债务分析水平。

（四）继续深化财政体制改革，完善省级财政转移支付制度，不断提高基层政府财政保障能力

按照促进区域协调发展、落实主体功能区规划的要求，进一步完善各项一般性转移支付政策，着力构建科学规范、完整统一、结构优化的省级财政一般性转移支付制度，促进全省区域协调和加快发展。

1. 压减专项转移支付。将部分现行属于市、县事权且适合市、县管理的专项转移支付项目审批和资金分配工作下放市、县，压缩专项转移支付规模和种类。一是严格控制新增专项转移支付项目，除国家明确要求设立的转移支付项目外，省原则上不再新设专项转移支付项目。二是到期专项不再安排，确需安排的经绩效评价和审计后按程序报批。三是撤销不合理专项，对于不符合经济社会发展要求、没有合理设立审批依据、经绩效评价发现资金使用效益低下或在财政监督和审计检查中发现明显违规问题的专项转移支付坚决予以撤销。四是整合归并同类专项，将使用方向类同、政策目标相近，资金分配和使用较为分散的专项转移支付进行清理合并。

2. 完善一般性转移支付政策。按照“保基本”和“强激励”相结合的原则，在确保基本公平的前提下，重点强化激励作用。研究制定《广东省财政一般性转移支付资金管理办法》，全面规范省财政对市县的各类一般性转移支付资金管理，要求一般性转移支付资金严格按照“民生支出、运转支出、协调发展支出”的先后顺序，重点确保“底线民生”、“基本民生”项目，不得用于“三公”、楼堂馆所等违规支出。到2017年，省级一般性转移支付占省级财政转移支付支出的比重将从2012年的35.7%提高到60%以上。

3. 健全县级基本财力保障机制。在2012年底全面消化县级基本财力缺口291亿元的基础上，进一步健全县级基本财力保障机制，通过实施市本级奖励和县级奖补等措施，促进地方改善县级财力均衡度、加强县级财政管理、提高

管理绩效。

4. 建立生态保护补偿考核机制。完善生态保护补偿机制，研究制定考核办法，将有关水、空气、林业、节能减排的16项指标作为分配生态补偿资金的主要依据，引导和促进重点生态功能区、禁止开发区所在地政府加强生态环境保护。

5. 稳妥推进省直管县财政改革试点。将南澳县、仁化县、丰顺县、陆河县、怀集县和揭西县等6个县新增纳入试点范围，完善改革配套措施，梳理地级市和试点县财政关系，畅通试点县向省申报项目渠道，建立健全上下沟通联系、信息通达机制，协调解决地级市与试点县收入划分问题。

6. 加强乡镇财政管理。印发规范化财政所建设实施意见，编报全省乡镇财政基本信息报表，制订实施2013－2015年新一轮乡镇财政干部培训计划，举办乡镇财政干部示范性培训班。

（五）认真落实审计发现问题的整改，切实提高整改实效

2013年，省审计厅对2012年度省级财政预算执行和其他财政收支情况审计、省财政厅所辖部分社会组织管理情况、2012年度会议费管理使用情况审计和2010－2012年度省级财政专项资金执行情况开展专项审计。针对审计查出问题，省财政厅深入剖析，逐项分解任务，认真做好整改工作。

1. 着力强化预算管理。一是建立全口径预算编报体系。2014年起，社保基金预算与公共财政预算、政府性基金预算、省级国有资本经营预算一并纳入年度政府预算编报范围，报送省人代会审议。二是细化预算编制。按照人大代表意见建议，增列近3年数据进行对比，细化预算编制；单独编制2014年省级财政专项资金预算表；将政府性基金预算中教育、科学技术、社会保障和就业、节能环保、农林水事务等重点支出科目细化到“项”级支出科目；国有资本经营预算编制细化到“项”，并按项目支出性质进行分类，细化支出项目；编制“预算草案阅读指南”介绍预算草案的结构、内容等。

2. 规范专项资金管理。制定《广东省省级财政专项资金管理办法》，规范专项资金的设立、项目库管理、项目申报和审批、信息公开、绩效评估等程序。完善专项资金绩效评价制度，强化专项资金设立的绩效目标约束力，实施绩效监控，健全事后绩效评价机制，加大第三方评价工作力度，强化绩效管理结果应用。

3. 完善财政资金内外部监督机制。一是建立财政内部监督考核机制。不断完善省级财政内部循环监督工作体系的同时，按照决策、执行、监督权相对分离的要求，建立健全“质量控制分级制度”、“时效承诺制”和“岗位问责制”等内控制度，保证各项业务监督工作落到实处，确保政策执行不走样。二是进一步增强财政预算透明度。2013年起，省级政府总预算增加《省级对市县政府性基金转移支付预算表》，并在经省人大批准后，及时向社会公开。要求各有关部门细化公开部门预算信息，将教育、医疗卫生、社会保障和就业、农林水事务、住房保障等重点支出细化公开到“项”级科目。将“三公”经费公开内容细化到“项”，并督促省直各部门主动公开本部门的“三公”经费数据。除涉及保密要求不予公开的资金和项目外，经批准纳入省级预算信息公开范围的财政专项资金及基本建设项目的相关信息均应按规定主动向社会公开。三是积极主动配合做好人大对财政工作的监督。通过将有关预算编制的文件要求同步提供给人大代表参阅、提前征求人大代表对省级预算编制的意见建议，组织部分省人大代表到省财政厅视察省级财政预算编制工作等，不断完善预算编制征询机制。通过与人大共享财政支出数据，使其能够实时在线监督财政资金使用情况。

（六）完善预决算编制办法，加强政府全口径预决算编制工作

按照《财政部关于进一步做好预算信息公开工作的指导意见》（财预〔2010〕31号）的要求，报请人大常委会审议决算草案并向社会公开，同时将详细的预算变动情况提供省人大财经委参阅。全口径预算方面，从2014年起，将社保基金预算与公共财政预算、政府性基金预算、省级国有资本经营预算一并报送省人代会审议。编制对象方面，按照财政部的规定，将应纳入预算管理的行政事业性收费全部纳入预算管理。编制内容方面，将上级各项固定补助收入和提前下达转移支付全部列入年初预算编列；将对下级的返还性支出、财力性转移支付和专项转移支付预计数提前告知市县，并指导各县（市、区）将其纳入预算编制，提高全省各级财政特别是县级预算编报的完整性。

主任、各位副主任，秘书长，各位委员，2014年是我省实施“十二五”规划的关键之年，进一步做好各项财政工作，对于巩固稳增长、调结构、促改革、惠民生成果具有重要意义。我们将在省委、省政府的坚强领导下，自觉接受省人大的指导和监督，充分发挥财政职能，支持稳定经济增长、保障和改善民生、促进粤东西北振兴发展、缩小区域发展差距等，为实现“三个定位、两个率先”目标任务作出新的更大贡献！

广东省人民代表大会常务委员会关于批准广东省2013年省级决算的决议

（2014年7月31日广东省第十二届人民代表大会常务委员会第十次会议通过）

广东省第十二届人民代表大会常务委员会第十次会议听取了省财政厅厅长曾志权受省人民政府委托所作的《关于广东省2013年省级决算草案的报告》和省审计厅厅长蓝佛安受省人民政府委托所作的《关于广东省2013年度省级预算执行和其他财政收支的审计工作报告》。会议结合审议审计工作报告，对广东省2013年省级决算草案及其报告进行了审查。会议同意省人民代表大会财政经济委员会提出的《关于广东省2013年省级决算草案的审查报告》，决定批准2013年省级决算。

关于广东省2013年省级决算草案的审查报告

——2014年7月29日在广东省第十二届人民代表大会常务委员会第十次会议上的讲话

广东省人大财经委员会主任委员　陈家记

主任、各位副主任、秘书长、各位委员：

我代表省人大财经委员会，就2013年省级决算草案的审查情况报告如下：6月30日，财经委员会召开全体会议，听取了省财政厅关于广东省2013年省级决算草案的报告及省审计厅关于广东省2013年度省级预算执行和其他财政收支的审计工作报告，并对2013年省级决算草案进行了初步审查。会前，预算工作委员会对上述两个报告进行了研究并提出了意见。现将有关情况汇报如下：根据决算草案，2013年省级公共财政总收入为4 180.69亿元，总支出为3 463.08亿元，收支相抵，省级公共财政结余结转717.61亿元，其中：结转下年支出713.44亿元，净结余4.16亿元。省级公共财政预算实现收支平衡，略有结余。2013年省级政府性基金总收入为531.98亿元，总支出为248.73亿元，收支相抵，省级政府性基金结余结转283.25亿元。2013年省级国有资本经营预算收入为21.60亿元，总支出为15.62亿元，收支相抵，省级国有资本经营收益收入结余5.98亿元。2013年省级社会保险基金收入为182.15亿元，支出为135.76亿元，收支相抵，省级社会保险基金当年结余为46.39亿元，滚存结余533.5亿元。

财经委员会认为，省人民政府及其财政等部门和各预算执行单位认真贯彻落实中央有关方针政策和省委的决策部署以及省十二届人大一次会议有关决议要求，围绕“三个定位、两个率先”的目标任务，着力抓好增收节支，支持经济结构调整和产业转型升级，加大民生投入，保障重点支出需要，完成了省十二届人大一次会议批准的年度预算任务。省财政部门首次编报了2013年省级全口径决算草案，比较完整地反映了政府预算执行情况。省审计部门围绕中央和省的工作重点，对省级预算执行和其他财政收支进行审计，做了大量工作，首次比较完整反映全口径预算管理审计情况，大幅度拓展了部门预算执行的审计覆盖面，重点提供了民生热点问题的审计情况，较好地发挥了审计监督作用。总体上看，省级预算执行情况良好。财经委员会建议省人大常委会批准省人民政府提出的2013年省级决算草案，批准2013年省级决算草案报告。同时，财经委员会认为，2013年省级决算中也反映出一些问题，主要是：省级部门预算执行中追加比例较大；部分资金长期闲置，一些财政资金使用绩效不高；省级社会保险调剂金管理的规范性有待加强；部分地区和行业债务负担较重；一些市、县对中央和省级义务教育公用经费补助资金拨付不及时，滞留率较高等。省审计厅依法开展审计监督，在财政管理、税收征管、部门预算执行、部分专项资金使用以及地方性债务管理等方面，发现了一些问题。对上述问题应引起高度重视，并采取有效措施加以解决。

针对2013年省级决算反映出的问题，财经委员会提出以下建议：

一、切实加强和改进政府全口径预算管理

遵循先有预算、后有支出的原则，严格按照省人民代表大会批准的预算执行，采取切实可行的措施促进省级部门预算执行中追加比例较大问题得到明显改善。认真落实监督法的有关规定，省级决算草案应当按省人民代表大会批准的预算所列科目编制，按预算数、调整或变更数以及实际执行数分别列出，变化较大的要作出说明。切实做好部门预算决算有机衔接，省级部门决算应按预算口径编制并提交省人大常委会会议。

二、进一步完善社会保险基金预决算草案的编制和报告工作，加强对社会保险基金的监督管理

在做好社会保险基金预算执行情况和决算专项工作报告向规范的社会保险基金决算报告制度平稳过渡过程中，注意保持我省社会保险基金决算草案及其报告的内容和数据的连续性和完整性。进一步细化社保基金预算，加大社保信息公开力度，积极推进社会保险基金预算执行情况纳入省人大预算实时在线监督系统。严格执行社会保险法和社会保险基金财务制度及会计制度有关规定，将省级社保调剂金纳入预算管理并在决算中反映。

三、继续推进财政专项资金管理制度改革

加快阳光政务平台建设，切实保障资金分配管理的公平公正公开，进一步优化完善资金拨付程序，努力提高资金拨付的均衡性和时效性，继续着力提高转移支付特别是专项转移支付的提前告知率，严格按规定时限批复预算和下达各类转移支付资金，保障各项财政资金尤其是民生保障资金按时足额落实到位。

四、切实做好审计查出问题的整改工作，提高整改实效

完善审计查出问题整改跟踪机制，建立精细化规范化的长效监督机制，充分利用信息化手段开展整改监管，及时了解整改进展情况，积极主动配合省人大常委会开展整改跟踪监督，进一步提高整改工作实效。

以上报告，请予审议。

第二部分

领导讲话

稳中求进　改革创新
努力开创财政工作新局面

——在全省财政工作会议上的讲话
（节选）

省财政厅党组书记、厅长　曾志权

（2014 年 1 月 22 日）

一、关于 2013 年我省财政工作

2013 年是我省有效应对错综复杂的国内外经济形势、推动财政改革发展取得新成绩的一年。体现在：财政运行态势平稳；财政杠杆引导作用充分发挥，坚定不移支持结构调整和转型升级；基本公共服务均等化扎实推进，民生保障体系更加健全；强农惠农政策不断完善，财政支出进一步向“三农”倾斜；认真落实粤东西北振兴发展战略，财政主动买单成效凸显，主动提出的《关于促进粤东西北地区振兴发展的财政措施》、《关于进一步支持产业工业园区发展的财政政策》、《关于支持粤东西北地级市中心城区扩容提质的财政政策措施》等三个方案，得到省委、省政府充分肯定和采纳；财政改革多方面推进，全年共部署推进财税体制、财政管理、专项整治、支持其他领域等方面改革 31 项，其中 2013 年已完成 10 项，需今后继续推进 21 项，部分改革走在全国前列，出台实施了《关于完善省级一般性转移支付政策的意见》、《关于压减省级财政专项转移支付　扩大一般性转移支付的意见》、《广东省省级财政专项资金管理办法》等一系列制度办法，省以下财政体制不断健全，财政资金管理日益规范。

一年来成绩来之不易，这是省委、省政府科学决策、正确领导的结果，是各地区、各部门大力支持的结果，是各级财政干部努力工作的结果。省委、省政府领导对 2013 年财政工作给予了充分肯定，胡春华书记、朱小丹省长、徐少华常务副省长会前专门嘱咐，要我转达对大家的亲切问候，感谢大家一年来的辛勤劳动。1 月 20 日，朱小丹省长作出批示：“过去一年全省财政系统围绕中心、服务大局，恪尽职守，攻坚克难，出色完成各项任务，为全省稳增长、调结构、促改革、惠民生作出重要贡献。新一年要以深化改革为引领，以强化预算管理为关键，以保障民生为重点，努力保持财政稳定增长，提高财政支出绩效，加快现代财政体制建设。”1 月 6 日，徐少华常务副省长召集省财政厅领导班子开会，听取工作汇报后，对 2013 年的财政工作作出高度评价，并作出批示：“过去一年，省财政厅及全省财政系统立足大局提供保障，解放思想推进改革，规范管理履职尽责，转变作风队伍过硬，为全省经济社会顺利实现各项目标任务付出了宝贵心血和辛勤劳动，谨向财政部门广大职工致以衷心感谢和崇高敬意。期望新的一年，大家以全面深化改革为引领和动力，为我省率先建立现代财政制度、开创财政工作新局面奋发有为、再出新贡献！”省领导的指示、批示精神，我们已充分体现并贯彻落实到今年的工作计划中，关键是各级财政部门要以省领导的肯定和鼓励为动力，再接再厉，努力做出新佳绩。

二、关于当前财政工作存在的问题

在看到成绩的同时，我们要清醒地认识到，全省财政工作中还存在一些突出问题和不足。现阶段比较突出的有以下六个方面：

（一）财政供给仍然包揽过多，存在“越位”、“缺位”和“错位”的问题

近年来，我省财政支出结构不断优化，但由于政府职能转变不到位等因素制约，仍存在一些突出问题。一方面，财政支出范围过多过滥，包揽了许多社会和市场可以自主治理的事务，对市场竞争性领域管得过多过细；同时，公共服务供给“错位”和“缺位”并存，公共服务平台建设相对薄弱。另一方面，省市县各级政府的事权划分不清晰，省级财政包揽过多，部分市县政府对财政转移支付依赖较强。2013 年，全省 21 个地级以上市有 15 个市需要省财政转移支付；全省 67 个县（市）对省转移支付的平均依赖度达到 67%。

（二）预算管理粗放、约束弱化，财政资金使用效益有待提高

近年来我省不断加强财政支出管理，但资金分配使用

仍存在一些问题：一是预算管理粗放。预算编制“基数加增长”模式没有改变，基本支出定额核定方法还有待进一步完善；各部门年中追加预算随意性大，专项资金种类仍然过多，资金使用铺张浪费、撒“胡椒面”、项目等钱等问题突出。二是部门肢解财力状况日益突出。近年来部门掌握的工作经费和专项资金逐渐固化并不断要求增加，专项资金使用呈部门利益化趋势。2013 年省级财政总收入达 2 793 亿元，但安排预算时新增可调剂安排使用的不足 200 多亿元。这种情况在各地也十分突出。三是部分地区配套资金到位率、执行率偏低。如，尽管我省底线民生标准在全国处于落后，但有些底线民生项目如低保、五保等补助资金仍然不到位；有些水利、交通等民生政策省级补助已经到位，但地方责任需要落实的资金迟迟不落实，导致政策变样、打折扣，影响了政府信誉。四是财政支出监督制约制度有待完善。个别主管部门财政资金安排自由裁量权过大，部分专项资金设立程序不规范、管理制度不健全，交叉重复设置和多头分散管理问题突出，通过虚假、重复申报、虚列人头等方式套取专项资金现象屡禁不止，资金使用重分配、轻管理，重使用、轻绩效，未能有效杜绝寻租行为。

（三）部分地区财政收入质量有待提高

近年来，我省财政收入质量总体较高，但全省税收收入占比呈逐年下降趋势，2009 – 2013 年分别为 85.8%、84.2%、82.5%、81.46%、81.45%，逐年下降。部分地区非税收入比重过高的问题突出，2013 年全省有 10 个地级以上市非税收入比重超过 30%，最高的（湛江）达到 43.85%；有 60 个县（市、区）非税收入比重超过 30%，最高的（汕头市潮阳区）达到 53.73%。从跨年分析来看，全省 21 个地级以上市中，有 11 个税收占比低于 2012 年，其中珠三角 5 个，东西北 6 个。据税务部门反映，个别地区为实现增长目标存在征收“过头税”的行为，个别地区有虚大非税收入的现象，影响了财政收入的质量。

（四）预算支出进度不均衡，年终集中支出问题仍较突出

虽然 2013 年上半年全省支出进度快于 2012 年同期，占全年支出的比重比 2012 年上半年提高了 1.25%，均衡性有一定改善，但全年各月支出进度不均衡的问题仍然突出，年底集中支出的现象仍未改善，12 月支出占全年支出的比重仍达 18.18%。在 2013 年省政府十件民生实事（共 120 小项）中，有五件民生实事、61 小项资金拨付进度没有完成年度预算，最低的“改善异地务工人员生产生活条件”支出仅完成年度预算的 57.44%。同时，大量已安排支出拨付不及时，造成结余结转规模偏大。财政资金支出存在时间安排上的不平衡，直接导致财政资金支持的事业进度也不平衡，影响财政资金的使用效率。

（五）部分地区政府性负债率偏高，存在一定的风险隐患

中央经济工作会议和省委十一届三次全会对控制和化解地方政府性债务风险提出明确要求，必须高度重视。据审计反映，目前我省债务风险总体可控，截至 2013 年 6 月我省地方政府性总债务率为 69.13%，低于 100% 的警戒水平，折算后的总偿债率为 15.18%，低于 20% 的警戒水平。但也有个别地区和部门债务规模较大、偿债能力较弱，存在风险隐患。从一类债务（是指政府负有偿还责任的债务）的情况来看，债务率超警戒线的市县全部集中在珠三角地区，共有 2 个地市（佛山市 118%、珠海市 102%）、5 个市本级（佛山、肇庆、珠海、广州、惠州）、7 个县本级债务率超警戒。部分乡镇债务风险较为严重，全省有 75 个乡镇债务率超警戒线，最高的达 675%，七成以上的乡镇债务全部逾期。

（六）干部队伍和作风建设有待进一步加强

总的来说，全省财政系统干部队伍是一支作风好、能战斗的高素质干部队伍，省委、省政府对此充分肯定。但长期在财政工作岗位上，一些同志自觉或不自觉地产生某种优越感，部分同志改革意识淡化，奋斗精神弱化；个别同志自我约束不紧，对一些“寻租”现象无动于衷。面对深化改革的新形势、新挑战，有些同志对新理论新知识学习不够，对一些创新性改革的办法不多、措施不够到位；在工作方式方法上，有时缺乏换位思考，主动上门服务不够，工作做得不够细；从加强上下级联系来看，整合全系统资源和力量、推进工作的整体性、一致性、时效性上还有待提高。

以上问题应引起我们的高度重视，切实增强财政改革发展的问题导向意识，努力采取措施加以解决。

三、关于深化财政改革工作

党的十八届三中全会对建立现代财政制度、建立事权与支出责任相适应的制度、改进预算管理制度、完善税收制度等提出了明确要求，省委十一届三次全会对财政改革作了具体部署。按照中央和省委、省政府的改革部署，省财政厅从去年 12 月起，由各厅领导带队赴各地市开展专题调研，形成了《关于建立事权与支出责任相适应制度的意见》、《关于改进预算管理制度　率先建立现代财政制度的意见》和《关于扶持珠三角地区转型升级财税政策的意见》征求意见稿；近期，又在系统梳理的基础上，草拟了《关于全面深化改革　率先建立现代财政制度的实施方案（征求意见稿）》。以上四个改革方案意见都已在会上印发，请大家认真研究讨论，提出完善意见。按照改革整体实施方案的部署，今后一个时期，即近期至 2015 年、远期至

2018年，重点推进支持政府向各类投资主体公平配置公共资源、改进预算管理制度、建立事权与支出责任相适应的制度等四大类、58项改革。2014年改革务必开好局，为今后改革打下坚实基础。针对存在问题，今年重点要抓好以下十项改革和创新性工作：

（一）认真贯彻落实党的十八届三中全会和省委十一届三次全会精神

全省财政系统要认真学习领会党的十八届三中全会和省委十一届三次全会精神，吃透精神，把握实质。在此基础上，细致梳理《中共中央关于全面深化改革若干重大问题的决定》和《中共广东省委贯彻落实〈中共中央关于全面深化改革若干重大问题的决定〉的意见》中关于财政的各项改革和工作部署，结合本地本级的工作实际，逐项研究贯彻落实措施，既要积极推进改进预算管理制度、完善财政体制等财政改革工作，又要主动研究支持其他领域改革的相关工作，如，完善以税收、社会保障、转移支付为主要手段的再分配调节机制，建立公共资源出让收益合理共享机制，健全社会保障财政投入制度，完善社会保障预算制度，全面落实执法经费由财政保障制度等。

（二）建立事权与支出责任相适应的制度

改革的基本思路是：明晰政府职能范围，制定政府事权清单，在此基础上，理顺政府层级间事权和支出责任划分，分别形成省以下政府事权和支出责任划分清单，实现事权和支出责任在省市县各级政府间科学、清晰、合理配置。改革的关键和难点在于明确政府事权和支出责任划分，我们要以此为切入点，实施清单式管理，制定政府事权清单、省市县政府事权划分清单和省市县政府支出责任划分清单等3个清单，明晰事权和支出责任划分，确保改革取得成效。

（三）改进预算管理制度，率先建立现代财政制度

改革的总目标是建立预算编制科学完整、预算执行规范有效、预算监督公开透明及其三者有机衔接、相互协调为核心的现代预算管理制度，主要包括10个方面：一是建立健全政府预算体系；二是细化预算编制；三是改进年度预算控制方式，建立跨年度预算平衡机制；四是改进预算决策方式和程序，完善预算决策机制；五是进一步完善支出管理改革，提高预算执行时效性和均衡性；六是加强财政资金管理，提高资金使用绩效；七是健全政府性债务管理体系，建立债务预算收支计划；八是完善转移支付制度，理顺政府间分配关系；九是强化财政监督和绩效评价，确保资金安全；十是实施全面规范的预算公开制度，提高财政透明度。

（四）认真落实扶持珠三角地区转型升级的财税政策

为支持珠三角地区加快转型升级，未来几年省财政计划统筹资金投入，并带动珠三角各市投入，以提升产业发展水平、提升自主创新能力、提升外向型经济水平、支持金融产业发展、促进一体化发展、支持生态建设、创新体制机制等7个方面作为珠三角转型升级的重点领域和集中突破口，以《促进珠三角转型升级鼓励发展产业目录》确定的产业为支持重点，以点带面，通过产业升级带动城市升级，实现人才汇集，提升珠三角发展质量水平，增强辐射带动粤东西北地区振兴发展的能力。

（五）研究建立政府公平配置公共资源机制

包括研究建立公共资源配置竞争机制，制定公共资源开发利用项目竞争性配置办法，并在交通、能源、城建、社会事业等领域开展试点；深化公共资源交易机制改革，推进建立统一规范的交易平台和管理制度；推进省级经营性财政资金实施股权投资管理改革，提高股权式投资资金比例；推进政府购买社会服务改革试点，采取竞争性分配方式培育和发展社会组织；全面清理规范和控制新增财税优惠政策，制定实施财政优惠政策的普遍适用办法。

（六）扎实推进基本公共服务均等化，进一步提高民生保障水平

2013年，我们开展了基本公共服务均等化规划纲要修编并经省政府常务会议审议原则通过，拓宽基本公共服务均等化保障范围，在原8个专题基础上增加了公共安全和生态环境保障2个专题，形成“5+5”、即5项基础服务和5项基本保障的框架体系，预计2013-2020年全省财政共投入10项基本公共服务领域超过3万亿元，年均增长约12.5%。各地要以推进基本公共服务均等化为抓手，完善保障民生的基本制度体系，形成长效机制。2014年还将在总结惠州试点经验的基础上，扩大基本公共服务均等化综合改革试点范围，希望各市积极参与试点。

今年省政府再次承诺办好十件民生实事，第一件民生实事就是提高底线民生保障水平。今年省“两会”会议期间，代表委员对底线民生保障水平偏低、民生实事资金拨付进度偏慢反映强烈。各地对此要高度重视，采取有力措施解决存在问题，完善民生保障机制。特别是对于底线民生，要充分体现财政资金对社会发展的“兜底”作用，认真落实省政府《关于提高我省底线民生保障水平的实施方案》，确保6类12项的底线民生保障项目逐步提升达到并超过全国平均水平。省财政将加大对粤东西北地区补助力度，各地也要落实责任，及时足额落实好配套资金。其他民生实事方面，省财政已安排4.25亿元，计划春节前落实向低收入群体及困难群众284万人发放一次性临时价格补

贴政策。各地也要及时筹集资金，确保民生实事资金到位、政策落实。

（七）完善省以下财政体制，加强转移支付资金管理

省委全会决定，要进一步完善省以下财政体制。我们初步考虑，在建立事权与支出责任相适应制度的基础上，对应事权明确支出责任，完善省以下财政体制。关于省财政转移支付资金管理问题，我们要贯彻落实好省委、省政府《关于压减省级财政专项转移支付 扩大一般性转移支付的意见》，继续压减专项、扩大一般，逐步取消竞争性领域专项和地方资金配套，争取今年将一般性转移支付比重提高到50%以上，至2017年提高到60%以上。为加强专项转移支付资金管理，省财政厅正在抓紧研究制定《广东省财政一般性转移支付资金管理办法》，提出对使用一般性转移支付资金进行严格监督管理，省对市县财政支出效果建立绩效评价体系，将评价结果与转移支付相衔接，建立奖惩制度，并全面公开一般性转移支付资金的分配、使用、监管、绩效评价等信息，主动接受人大和社会公众监督，各地要积极配合做好相关工作。

（八）加强财政专项资金管理

按照《广东省省级财政专项资金管理办法》规定，今年省财政将从专项资金设立、调整、申报、审批、分配、使用等各环节全面加强和规范专项资金管理，目前正抓紧制定专项资金目录管理、项目库管理、竞争性分配、专项资金信息公开、常态化监督检查等一系列制度办法。同时，省级将加大专项资金清理整合力度，力争到2017年将省级专项资金压减至250项左右、占支出比例20%左右；加大部门结余结转资金清理力度，争取2014年压缩15%以上。各地也要结合实际完善专项资金审批及程序规定，强化资金审批内控制衡，实行全程监管、绩效管理和责任追究，最大限度减少资金分配自由裁量权。特别是在专项资金申报环节，我们将依托省政府网上办事大厅建立专项资金管理统一平台，省级专项资金申报全部通过这一平台进行，各地财政部门要认真抓好贯彻执行。

（九）加强地方政府性债务管理

针对目前地方政府性债务管理中存在的问题，建立地方各级政府债务管理和风险预警及化解机制，加强对地方政府债务的动态监控。明确地方政府举债权限和用途，除严格授权举债的短期债务外，地方政府举债只能用于资本性支出或置换存量债务，不得用于经常性支出。同时，对地方政府债务实行分类管理和限额控制，将地方政府存量债务中的或有债务纳入监控范围，并按一定比例计入债务总规模计算风险。

（十）探索财政投融资体制改革

加快建立以政府债券为主体的地方政府举债融资机制，严禁地方政府继续借道融资平台公司举债。按财政部统一部署，规范BOT、BT等政府性债务管理，探索推进公私合作（PPP）模式，支持完善政府投融资体制，促进化解地方政府债务。

四、关于加强财政基础管理工作

加强财政基础管理工作，既是提升财政管理水平和工作软实力的内在要求，也是促进财政部门依法行使职权、加强财政收支管理的重要举措。2014年要重点抓好以下基础管理工作：

（一）加强财政信息化平台建设

信息化建设是深化财政管理改革的重要支撑。我省财政系统信息化建设“起了个早头、赶了个晚集”，在全国各省市最早推进“金财工程”建设，但随着各核心业务系统建设的推进，系统建设各自为政、信息孤岛、衔接不畅等问题日益突出，已落后于其他部门及兄弟省、市，影响到工作效率和改革的深入推进。去年我省已采取措施加快推进“金财工程”一体化平台建设，要进一步加快建设进度，构建覆盖全部流程的完整业务系统，实现指标流、资金流、业务流有机结合，闭环运行，促进各级财政信息系统的互联互通和数据共享。各地要按照统一部署，积极予以配合推进，包括全省视频会议系统建设、探索建立财政内部稽核系统、推进财政大数据战略实施等。

（二）加强财政监督检查

财政监督是预算法、会计法赋予财政部门的一项重要职责。近年来，我省各级财政监督检查工作有序开展，但存在部分领域监督不到位、机制不健全的问题。从去年整治违规使用专项资金专项行动的情况来看，专项资金在设立、申报、分配、审批、拨付、使用等环节均存发现一些问题，共查处违规专项资金项目697个、涉及资金约2.38亿元。对此，各级财政部门要进一步加强财政监督检查，今年重点加强对财政专项资金、厉行节约反对铺张浪费资金、转移支付资金使用的监督检查，争取对专项资金实施财政监督检查的范围资金比例达到10%以上。对于监督检查中发现的违法违纪行为，严格执行《财政违法行为处罚处分条例》，绝不姑息。同时，加强会计管理，提升会计队伍能力素质，强化会计监管，为维护财经秩序打好基础。

（三）加强财政内控机制建设

要始终把建立健全内部监督制约机制摆在重要位置，确保财政资金管理的程序规范、责任明确、权力透明、监督有力。要按合理分权、规范用权、不相容制衡的原则，加强岗位之间、工作环节之间的相互监督制约，及时发现内部控制缺陷，防范管理风险。严格规范财政专户和预算单位银行账户管理，完善财政资金竞争性存放办法，确保国库资金拨付、调度、存放的安全高效。省财政厅已全面实施财政预算计划和资金支付稽核制度，各市县也要强化内控机制建设，不断完善资金审批各环节和风险点的操作规程、工作细则，做到用制度管权、按制度办事、靠制度管人，规范行使自由裁量权。

（四）提升财政系统上下联动合力

应对新形势、新挑战，要树立全省财政工作“一盘棋”思想，强化上下联动，提升合力。省财政厅要加强对各市县财政工作的指导，鼓励和支持各市、县大胆改革创新；各市县财政要加强有关信息收集和报送，在狠抓工作落实上与省财政厅相协调。特别是在全面深化财政改革进程中，要注重上下财政系统的协同和整体推进，形成合力。我们对改革的部署将充分考虑各地实际，处理好总体设计与分步实施的关系，充分调动省级和地方两个积极性。

（五）加强财政信息公开

要按照规定加大财政信息公开力度，建设透明预算。在中央和省的统一部署下，鼓励各地积极拓宽财政信息公开范围，所有市县政府要在2015年前开展包括财政预决算、部门预决算及“三公”经费预决算等信息，条件较好的地区可以先行先试，逐步推开。当然，信息公开步子要稳，逐步推进，在公开的同时尽量消除不良反应和影响。

五、关于加强财政干部队伍建设

干事创业，关键在人。建设一支政治坚定、作风优良、业务精湛、思路创新的财政干部队伍，对于做好今后一个时期的财政工作至关重要。对此，我提四点要求：

一是抢抓机遇，争创佳绩。党的十八届三中全会对深化财政改革提出了一系列新目标、新理念、新要求，财政迎来了新一轮改革发展的重大历史机遇，如何在新的历史时期中再立改革潮头、对经济社会发展发挥重要的促进作用，为广东增创发展新优势，值得我们每一个财政人深入思考。全省各级财政部门必须心存忧患、抢抓机遇，切实增强推进财政改革发展的责任感和紧迫感，牢固树立财政工作的大局意识、创新意识、进取意识和中长期观念，把握发展规律，转变理财思路，推动经济社会健康发展。

二是立足全局，创新观念。当前，中央已吹响全面深化改革的号角，财政作为国家治理的基础和重要支柱，必须始终把财政工作置于经济社会发展大局来谋划，创新理财观念，提升保障能力。第一，坚持服务大局、主动理财。围绕支持珠三角转型升级、区域协调发展、底线民生保障等中心工作，主动出击，主动买单，谋划落实好省委、省政府各项决策部署的财政措施。第二，坚持社会主义市场经济改革取向，权衡好政府的“宽度”和市场的“广度”，处理好政府和市场的关系，财政支出有所为有所不为。第三，坚持科学理财、提升绩效。贯彻落实徐少华常务副省长提出的“五大理财观念”，切实增强理财的稳健性、公平性、均衡性、保障性和层次性。第四，坚持内强素质、外树形象。既要“埋头拉车”又要“抬头看路”，做好宣传与沟通，争取各方支持。

三是提升能力，转变作风。良好作风、实干精神和执行能力，是我们应对繁重工作任务、取得优秀业绩的重要保障。去年，省财政厅开展党的群众路线教育实践活动成效显著，思想认识有了新提高，整治“四风”有了新成效，履职尽责有了新作为，切实抓好省委、省政府布置由省财政厅负责牵头的整治“小金库”、违规使用财政专项资金专项行动，党政领导办公用房清理，整治“三公”经费开支过大、严禁超预算或无预算安排支出，严格公务接待标准，整治超标配备公车和严格公车经费支出，整治公款送礼、公款吃喝、奢侈浪费等专项行动，取得明显实效；制度建设有了新突破，其中对外出台10项制度办法，包括以省政府名义印发的《广东省省级财政专项资金管理办法》和《省直党政机关和事业单位会议费管理办法》，对内建立完善了7类46项管理制度。今年，将继续推进牵头的各项整治专项行动，抓紧制定规范公务接待、差旅费管理等反“四风”长效机制，积极巩固整治成果。今年大多数市县财政部门列入第二批单位范围，要发挥带头作用，建立健全党员干部不断改进工作作风、坚持为民务实清廉的长效机制，深入开展整治庸、懒、散、奢行动，大力弘扬脚踏实地、埋头苦干、求真务实的优良作风，营造财政系统风清气正、积极向上、勤奋工作的良好氛围。同时，着力加强能力建设，注重加强对改革新理论新知识的学习和实践，建立重大理论问题务虚研究制度，推动学习型机关建设，提升干部素质能力，增强财政工作的预见性和前瞻性，提升对财政改革的领导力和推进力。

四是秉公用权，廉洁从政。近日，习近平总书记在中央纪委十八届三次全会上强调：“公款姓公，一分一厘都不能乱花；公权为民，一丝一毫都不能私用。”财政作为资金管理的综合部门，必须始终绷紧廉洁从政这根弦，认真落实廉洁从政各项规定，引导党员干部树立正确的人生观、价值观，按照徐少华常务副省长提出的“秉公用权、一身正气，无私理财、两袖清风”的要求，加大预防腐败和廉政建设力度，对以权谋私实施零容忍，确保全省财政系统的资金安全和干部安全。

深化财政改革　理顺财政与市场关系

曾志权

党的十八届三中全会指出，财政是国家治理的基础和重要支柱，科学的财税体制是优化资源配置、维护市场统一、促进社会公平、实现国家长治久安的制度保障，这既是对财政职能作用的重要论断，也凸显了财税体制改革在全面深化改革、完善和发展社会主义市场经济制度中的重要作用。

广东省作为改革开放的先行地区，市场化程度相对较高，市场机制较为健全，在建立健全与社会主义市场经济相适应的财税体制方面也进行了积极的探索。但总体上看，财税体制在促进市场在配置资源中起决定性作用的效能仍有待提高，财政调控经济社会发展的观念和方式有待改进，财政与市场的关系有待理顺与完善。一是财政与市场的边界不清晰。政府往往以“全能者”的身份出现，习惯用“有形之手”干预经济活动，对市场竞争性领域管得过细，微观事务管理较多，导致很多财政资源直接投向了微观经济主体——企业以及竞争性领域，财政支出范围过宽，包揽过多。同时，政府包揽了许多社会可以自主治理的事务，存在以行政方式管理公共事业，替代社会自行管理、自行净化，导致企业和社会对政府的依赖。二是调控经济社会发展的方式滞后。习惯采取计划和行政手段管理经济，经济手段和法律手段没有得到充分利用。三是财政公共服务职能发挥不到位。政府公共服务供给“错位”和“缺位”并存，受人均财力水平较低、区域发展不均衡等因素影响，公共服务存在保障标准偏低、保障范围未能实现全覆盖等问题。政府公共服务体系和机制还不健全，公共服务缺乏有效综合管理机制和制度的刚性约束，造成资源分散，项目交叉重复，衔接不畅；部分公共服务重“养人”轻“养事”，重直接投入、轻机制创新，重分配、轻管理的支出格局没有改变，影响了公共服务的整体效果。

深化财税体制改革，必须正确处理好财政和市场的关系，使市场在资源配置中起决定性作用和更好发挥财政弥补市场失灵的作用。一是合理界定政府事权和财政供给范围。强化财政宏观调控、公共服务等职能，弱化财政直接配置资源职能，重点做好经济社会发展中关乎前沿、底线和未来，企业和社会不愿做、也做不好的事情。按照这一思路，制定政府职能清单，合理界定政府与市场、社会的关系，解决公共服务“越位”“缺位”和“错位”的问题。二是建立事权和支出责任相适应的制度。要在明晰政府职能范围、制定政府事权清单的基础上，根据统一、明晰、可操作的原则，合理划分省市县政府支出责任，形成支出责任清单，研究制定省市县镇事权与支出责任划分方案，并通过理顺省以下政府间收入划分、完善转移支付制度等，建立事权和支出责任相适应的制度。三是转变财政配置资源的理念和方式。扭转支持经济发展就是给钱或减税让利的思想，在财政政策资金支持和税费优惠等方面给予各类市场主体平等待遇，严格限制或逐步减少甚至取消竞争性领域专项支持政策，转向支持公共服务平台、营造国际化法制化营商环境，对所有企业实行普惠性政策。同时，要培育发展社会组织和引入竞争机制，通过推进政府购买社会服务改革、深化财政资金竞争性分配和财政经营性资金股权投资改革等，改善和提高财政资金使用效率。四是进一步强化政府公共服务职能。逐步增加财政用于保障和改善民生等公共支出，省级公共财政预算安排用于保障和改善民生、均衡区域基本公共服务水平以及帮助市县增强发展后劲等公共性领域支出比重增加至80%以上，切实增进民生福祉。五是完善公共财政体系，探索建立现代财政制度。完善的社会主义市场经济体制要求建立健全公共财政体系。要通过改进年度预算控制方式，建立跨年度预算平衡机制；推进征询与审核相结合，完善预算编制决策机制；进一步完善支出管理改革，提高预算执行时效性和均衡性；建立政府性债务管理体系，防范和化解财政风险；实施全面规范的预算公开制度，提高财政透明度等，全面深化预算管理改革。

（作者系广东省财政厅厅长曾志权，原载于2013年12月24日《中国财经报》）

第 三 部 分

全省财政工作概况与专题

概　述

全省财政工作综述

2013年，全省各级财政部门围绕中心、服务大局、突出重点，抓收入、稳增长、调结构、促改革、惠民生，着力构建有利于科学发展的财政体制机制，取得显著成效。

一、抓好增收节支，财政运行态势平稳

狠抓增收节支，确保收支平衡，提高财政保障能力。据统计，2013年，来源于广东的财政收入完成16 964.40亿元，同比增长15.21%；全省地方公共财政预算收入完成7 075.54亿元，同比增长13.60%。总体来看，全省财政运行态势平稳。财政收入平稳、较快、协调增长，增幅比全国地方平均水平（12.92%）高0.68个百分点，总量连续23年位居全国第一。省、市、县级增长均衡，珠三角和东西北地区财力比重差距进一步缩小。主体税种对财政收入增长的拉动作用有所增强，中小税种增长放缓，增值税、营业税、企业所得税、个人所得税四大主体税种收入同比增长12.58%，比2012年提高4.59个百分点，对财政增收贡献率达52.91%。支出结构优化，民生支出保障有力，民生支出累计完成5 552.22亿元，占全部支出的67.17%，比2012年同期提高1.38个百分点。同时，认真落实中央八项规定及广东省实施办法，严控一般性支出，实行公用经费“五个零增长”，完善行政经费节约考核机制，停止安排新建政府性楼堂馆所支出，对省直部门公用经费压缩5%。2013年，省直党政机关（含参公事业单位）会议费及“三公”经费支出比2012年同比下降23.08%，省级预算用于维持政权运转的经费支出比重已从2006年的25.04%下降到2013年的8.74%。

二、发挥财政杠杆引导作用，促进经济发展方式转变取得一定成效

注重发挥财政资金、政策的导向作用，推进经济结构战略性调整，加快经济发展方式转变。一是突出支持重点。加大对现代产业体系、战略性新兴产业投入，设立优势特色产业整体改造提升专项资金，集中扶持各地优势产业；继续筹集广东省战略性新兴产业创业投资引导基金；统筹战略性新兴产业发展资金、产业转移资金、结构调整专项资金等，重点支持大型骨干企业发展；支持现代服务业发展，加快电子商务特别是移动电子商务发展。二是创新投入方式。探索财政扶持产业发展实行股权投资、专项资金基金化管理、再担保、风险投资等方式；加大对公共服务平台、营造国际化法制化营商环境建设投入，支持专业镇中小微企业服务平台建设等。同时，规范行政性收费，全年共取消行政事业性收费62项、免征58项、缓征1项、降低收费标准22项，减轻企业和社会收费负担约72亿元。三是加大科技投入。支持实施创新驱动发展战略，支持公共科技创新平台建设和知识产权保护，提升科技研发和自主创新能力；实施人才强省战略，安排引进创新科研团队和领军人才专项资金、粤东西北地区人才发展帮扶计划（扬帆计划）专项资金等；支持横琴、南沙、中新知识城、两德合作区等重大平台建设，实行省级税收增量专项补助。

三、推进基本公共服务均等化，健全民生保障制度体系

坚持把保障和改善民生作为公共财政建设的出发点和落脚点，切实加大对民生领域的支持和保障力度。一是着力完善保障民生基本制度机制。开展基本公共服务均等化规划纲要修编，在原8个专题基础上增加公共安全和生态环境保障2个专题，进一步拓宽基本公共服务均等化保障范围，同时，重点推进基本公共服务均等化综合改革试点，2013年惠州市（试点）纳入改革范畴的12个专题208项目标任务、7个县区1 189目标任务全部按期完成。二是着力保障热点民生。扎实推进十件民生实事，全省各级财政部门共拨付十件民生实事资金1 764.45亿元，完成年初预算的111.95%。三是着力保障底线民生。完善底线民生保障政策体系，制定提高广东省底线民生保障水平的实施方案，明确底线民生保障范围，并按照“稳高、托底”的思路，明确底线民生保障范围内容以及逐年提标的目标任务，分类建立底线民生保障标准，落实分担比例，保障政策落实。全年全省各级财政安排用于底线民生保障项目的支出共计61.75亿元，其中，省级安排22.6亿元。

四、支持粤东西北振兴发展，促进区域协调发展

研究制定《关于促进粤东西北地区振兴发展的财政措施》、《关于进一步支持产业工业园区发展的财政政策》、《关于支持粤东西北地级市中心城区扩容提质的财政政策措施》等方案，采取综合性财政政策措施，促进区域协调发展。一是支持加快交通基础设施建设。2013－2017年省财政安排2 420亿元支持粤东西北地区交通基础设施建设，并明

确资本金资金筹集来源及分阶段安排资金量。二是支持粤东西北地区中心城区扩容提质和新区加快发展。对新批准“县改区”的县，从成立第二年起，省5年内保留对县的转移支付待遇不变；对省政府批准设立的新区，从设立第二年起，省5年内将其产生的省级税收收入增量部分，专项用于新区基础设施建设。三是支持产业和劳动力转移。落实财政支持产业转移“再推一把”和扶持“三个重点”政策，并研究提出进一步支持产业工业园区扩能提质财政政策。全年全省产业转移园实现工业产值4 500亿元、税收210亿元，分别增长15.5%、40%，工业增加值占粤东西北地区的比重达21%。

五、健全财政强农惠农政策体系，夯实“三农”发展基础

进一步加大财政投入力度，完善强农惠农政策体系，深化农业财政管理体制机制改革，推动城乡统筹发展。全年省财政安排农林水投入196.43亿元，可比增长13.25%。一是促进农业增产。加大农业基础设施投入，突出发展现代农业，支持高标准基本农田、现代农业主导产业带、农业科技推广体系和现代渔业建设等；多渠道筹集资金支持农田水利万宗工程、千宗治洪治涝工程等民生水利和省级重点工程建设。二是促进农村发展。建立一事一议财政奖补资金稳定增长机制；稳步推进政策性农业保险保费补贴政策；继续安排名镇名村示范村建设资金推进宜居城乡建设；推进农村财务管理规范化建设，全省95%以上行政村实现财务公开和民主理财。三是促进农民增收。完善财政综合扶贫政策体系，继续安排专项资金支持新一轮扶贫开发“规划到户责任到人”工作；继续支持欠发达地区贫困村建立健全农村基层组织工作经费保障制度；推进广东省农村低收入住房困难户住房改造建设和不具备生产生活条件贫困村庄搬迁工作。四是健全应急救灾工作机制。制订实施财政支持救灾复产重建资金安排的一揽子方案，全年省财政共安排20.42亿元用于救灾复产工作和支持完善防灾减灾预警机制及建立救灾复产工作长效机制。

六、支持生态文明建设，促进绿色发展

推进节能环保、生态产业建设，完善财政政策措施，加快形成有利于生态文明建设的体制机制。一是完善生态保护补偿机制。制定《广东省生态保护补偿机制考核办法》，对国家级、省级重点生态功能区进行生态考核，并将考核结果运用于生态保护补偿资金分配。二是推进节能减排。安排节能循环经济专项资金，重点支持节能循环经济项目和资源节约项目；设立省污染减排等环保专项资金，采用以奖代补方式奖励欠发达地区新增污水处理设施建设；支持节能减排工程实施和节能服务产业发展，大力推进污染治理和水质、空气、土壤保护；支持环保监管能力建设，推动低碳发展等。三是支持生态工程建设。继续安排资金对粤北山区和东西两翼的生态景观林带建设进行补助；安排森林碳汇生态工程建设专项资金生态公益林效益补偿资金，构建和强化林业生态屏障。四是支持建设美丽乡村。安排资金奖励规模化禽畜养殖污染减排项目和农村环境连片整治示范试点县；支持农村生活垃圾处理设施建设，共推动建设33个垃圾处理厂（场）、951个乡镇垃圾中转站、15 658个行政村垃圾收集点。

七、深化财政改革，健全财政体制机制

围绕健全公共财政体系，着力深化改革创新，在推进构建有利于科学发展的财政体制机制上取得新成效。全年共部署推进五个方面、31项改革。一是深化财税体制改革。制定《关于完善省级一般性转移支付政策的意见》，建立健全科学规范的省对市县一般性转移支付体系；制定《关于压减省级财政专项转移支付 扩大一般性转移支付的意见》，增强市县理财自主权；进一步完善生态保护补偿机制；积极推进省直管县财政改革，进一步扩大试点范围，试点县（市、区）达到21个；健全县级基本财力保障机制，促进地方改善县级财力均衡度，加强县级财政管理。二是推进财政管理改革。深化预算编制改革，实现全口径预算编制，严格执行专项资金到期收回制度，进一步细化预算编制，完善预算编制征询机制；强化预算执行管理，重新制定省级财政专项资金管理办法，清理整合结余结转资金，扩大财政会计核算从收付实现制向权责发生制改革试点范围，做好建立权责发生制的政府综合财务报告制度试点工作，加强地方政府债务管理等；加强财政支出绩效评价，对全省21个地市基本公共服务均等化资金及33个财力缺口县基本财力保障资金使用实施绩效评价，对省直部门厉行节约执行情况开展绩效评价，对包括省十件民生实事资金在内的多项资金实施第三方评价并将评价结果予以通报和公开，对28项、18.52亿元到期专项资金进行重点绩效评价并将到期专项继续安排情况与绩效评价结果挂钩；探索建立透明预算，积极推进财政预决算信息公开，深化竞争性分配改革，推进为民办事征询民意试点工作。三是组织开展各专项整治行动。认真落实党的群众路线教育实践活动关于立行立改、规范预算执行管理的要求，开展整治“小金库”、违规使用财政专项资金专项行动和配合开展党政领导办公用房清理，整治“三公”经费开支过大、严禁超预算或无预算安排支出，严格公务接待标准，整治超标配备公车和严格公车经费支出，整治公款送礼、公款吃喝、奢侈浪费专项行动等；同时，建立健全长效机制，研究制定《广东省级财政专项资金管理办法》、《省直党政机关和事业单位会议费管理办法》、《省直机关和事业单位行政经费节约考核办法》等10项制度办法。四是完善财政自身改革。建立实施省级财政预算计划和资金支付稽核工作体系，确保财政国库资金安全、管理顺畅、质量提高；推进财政大数据战略，提高财政部门收集、分析和运用数据的能力；整合资源建立专家库管理系统，规定凡是实行专家评审的项目一律按规定从专家库随机抽取专家，增强财政分配的科学性和公平性。五是积极推进其他领域改革。探索开展经营性财政资金股权投资管理改革，积极推进政府向社会组织购买社会服务改革，推进扶持和培育社会组织工作，支持公共资源交易机制改革，改革完善投资审核制度，稳步推进营业税改征增值税试点等。

八、加强财政国库管理，确保资金安全

通过深化国库管理改革，实现对财政资金运行全过程的动态监控，确保资金安全。一是规范预算资金支付管理，全面实现预算额度控制资金拨付。加强资金拨付审核，严格预算资金支付管理，将所有财政资金纳入预算执行系统通过预算额度控制拨款，实现以预算额度控制资金拨付的全覆盖、全流程、全闭环管理。二是规范省级财政专户管理，确保资金存放安全、高效。制定《广东省省级财政专户及资金存放管理办法》、《广东省省级财政专户资金保值增值操作暂行办法》及《广东省财政专户开户银行选择办法》等，推动财政专户及资金存放管理的制度化和规范化；严格控制新增账户；加强省级财政专户及资金存放银行年度考评，建立实施省级财政资金定期存款竞争存放机制，提高资金存放的安全性和效益性。三是加强财政总预算会计管理，确保账务核算清晰、规范。全面清理财政对外借款，认真梳理省本级对外借款的审批情况、协议签订情况和归还情况，督促对尽快收回到期资金借款；建立财政暂付款、暂存款定期清理机制。

九、强化财政监督，推进依法理财

按照省委、省政府加强对财政资金监督、提高资金使用效益的要求，切实加强财政监督管理，积极完善财政监督与财政管理的制度设计，切实推进依法理财。一是加强对财政资金使用的监督检查。突出抓好财税政策及财政专项资金的监督检查工作，重点对中小学校舍安全工程专项资金、农村义务教育中小学校舍维修改造专项资金等7项、12.46亿元财政资金开展了专项联动检查，以及对2012年度8项财政支农专项资金检查发现问题的处理处罚及督促整改；同时，加强财政监督体制机制建设，研究制定进一步加强和改进财政监督工作的实施意见，明确构建“预算编制、预算执行、财政监督、绩效管理”四位一体的“大监督”财政运行体制和监督机制目标。二是加强财政内部监督。按照强化财政内部稽核的要求，明确各处室、单位分工及权限，在处室内部设置专门稽核岗位和不相容岗位，加强对财政预算计划和资金支付工作合法性、合规性和一致性进行实时稽核和事后稽核，完善财政内部按照资金流向的循环监督系统，实现上下游之间相互监督和财政监督工作动态化，保障资金安全。三是自觉接受外部监督。在不断加强财政监督工作的同时，主动接受人大、审计等外部监督。继续推进与省人大、省审计厅联网的“实时在线财政预算监督系统”建设和“财务核算信息集中监管”改革，接受省人大、省审计厅对预算执行情况的监督；配合审计部门开展财政收支情况审计和各项专项审计。厅党组成员分批带队到21个地级以上市和省直代表团听取人大代表意见，累计征求1 098人次意见；配合省人大组织代表开展3批以底线民生保障为重点内容的视察预算编制活动，共听取168条意见，基本在2014年预算编制工作中予以吸纳体现，并将意见采纳情况逐条向代表反馈。

十、加强部门自身建设，提升服务经济社会发展能力

以开展党的群众路线教育实践活动为契机，坚持边查边改、立行立改，加强财政部门自身建设，着力转变工作作风和提高执行力。一是加强思想建设。深入学习习近平总书记一系列重要讲话及党的十八届三中全会等精神；制定实施加强干部思想道德建设和业务素质教育的意见，提升干部道德修养和综合素质。各市县财政部门也结合实际开展行之有效的各类建设活动，特别是认真组织开展深入学习习近平总书记一系列重要讲话及党的十八届三中全会精神，财政系统干部理论修养和综合素质进一步增强。二是加强能力建设。建立健全学习和培训制度，厅党组带头开展19次集中学习，曾志权厅长为全厅党员干部职工上党课2次，厅党组成员累计参加联系点、所在支部专题学习会、上党课37次，邀请专家学者、基层干部作了6次专题讲座；继续实施厅党组成员年度重点工作抓落实和专题调研制度，制定落实13项年度重点工作，厅领导带头开展12项专题调研。三是加强作风建设。制定实施《关于进一步改进机关工作作风的意见》，从八个方面21条具体措施入手切实改进机关作风。聚焦“四风”，全面整治厅机关办公经费管理、国内差旅、公务接待、公务用车、办公用房等方面存在的问题，并有针对性地提出8个方面41项整改措施，建立健全7个方面46项制度。按照省委工作部署，扎实推进网上办事大厅建设，切实方便人民群众办事。四是加强干部队伍建设。进一步深化干部人事制度改革，健全完善干部选拔任用、交流轮岗工作机制，完善干部考核评价办法，量化考核指标体系，强化考核结果运用，营造风清气正的选人用人氛围，激发干部队伍活力。严格执行厅机关工作规则及各项规章制度，强化纪律管理；制定实施《广东省财政厅工作人员问责暂行办法》，明确工作职责、强化责任追究；规范上下级联系制度，严格落实各项作风纪律要求，严禁以各种名义跑关系、拉人情、要政策、争资金。五是加强廉政建设。认真吸取财政系统违法违纪案件教训，引以为戒，举一反三，进一步强化队伍廉政建设。严格执行党风廉政建设责任制，健全权力运行监督和问责机制，加强廉政风险排查，共梳理权力类型八大类223项，查找思想道德风险527个、岗位职责风险568个、业务流程风险448个、制度机制风险432个、外部环境风险316个，有针对性地制定防控措施2 006项，规范权力运行，确保财政资金和队伍“双安全”。

（办公室供稿，曹黎明执笔）

财政法制税政工作概述

2013年，法制税政工作以建设法治财政为核心，深化改革、完善机制、狠抓落实，努力提升财政法制税政工作水平，促进依法行政和依法理财，为财政改革发展提供坚强的法制保障。

一、扎实抓好法治建设，为财政筑牢防火墙、安全网

（一）抓财政立法，依法行政，防范风险

参与预算法、环境保护税法、社会救助法、税收征管法修正案等立法工作，对上级和省有关部门转来的70份法律、法规和规范性文件研究提出意见，对80余份党内规范性文件进行备案审查，对省财政厅各业务处室制定的200份制度文件进行合法性审核，提请省政府发布《广东省会计从业资格管理办法》等规范性文件，切实守好法制的“大门”。

（二）抓审批改革，清理压减、简政放权

按照简政放权、转变职能的要求，经认真梳理行政职能，在2012年改革审批事项10项的基础上，加强与省编办沟通，进一步减少审批事项8项，保留行政许可事项6项，非行政许可事项13项，改革率近50%，各项改革事项基本落实到位。

（三）抓案件办理，维护公平、化解矛盾

2013年，共办理行政复议诉讼案件22件，比2012年9件增长一倍多，其中受理行政复议案件10件，被申请复议案件6件，行政应诉案件6件，涉及政府采购、政府信息公开、财政监督等。省财政厅主动应诉，积极化解矛盾。同时，向全省财政系统通报情况，要求各地配合做好工作。经过多方努力，22件案件全部结案，没有出现一起引发纠纷和败诉的案件，做到案结事了。

（四）抓财政普法，加强教育、营造氛围

开展全省财政“六五”普法中期督导，财政部对省财政厅和江门市财政局进行检查。落实干部学法用法制度，定期举办干部普法考试；邀请广州市中院行政庭长到厅举办法制培训，加强法制教育宣讲，营造良好的法治氛围。

（五）抓法制服务，主动分忧、保驾护航

做细做实法制服务，主动为厅党组决策和处室分忧解难，在财政资金股权化投资、破产债权管理、国库代理银行招标、政府采购投诉裁决、融资平台管理等事项提供法律支持，为财政工作保驾护航。

二、扎实抓好税制改革，为经济转型破难题、建机制

（一）扎实抓好营业税改征增值税试点工作

“营改增”试点进入正常化轨道，运行平稳有序，减税效果明显，总体情况良好。至2013年12月，全省试点户数共21.22万户（加上深圳市18.88万户合计为40.1万户），其中一般纳税人3.77万户，占17.79%，小规模纳税人17.45万户，占82.21%。按行业划分，交通运输业1.66万户，占7.83%；部分现代服务业19.56万户，占92.17%。试点一年累计为纳税人减负97.63亿元（加上深圳市减税额77.07亿元，合计174.7亿元），其中试点企业净减税53.19亿元，减税面达到97.4%，税负整体减轻32%，特别是17.45万户小规模纳税人税负下降近40%。此外，试点对制造业产生减税的“溢出效应”，为广东省内制造业企业提供进项抵扣减税44.44亿元，为广东省外企业提供抵扣减税33.21亿元。在试点工作中，省财政厅加强与省国地税部门的沟通协调，督导各地认真抓好试点工作落实，研究制订并印发广东省扩大“营改增”试点范围实施方案，8月1日广播影视服务业顺利启动试点。注重宣传，先后多次组织省内主要媒体进行集中宣传，召开新闻发布会通报一周年试点情况，厅领导率队赴香港宣传试点政策，形成良好的舆论氛围。同时，针对少部分增加税负企业，制定了财政扶持资金管理办法和申报指南，批复财政扶持资金2.49亿元，涉及企业325户，企业逐步适应税制，增税面逐步下降，社会反映良好。

（二）认真开展构建地方税体系研究和相关改革准备工作

开展构建地方税体系专题调研，邀请专家学者参与研究形成调研报告，就重划政府间事权、重启分税制改革、重构地方主体税种、下发税权等提出意见建议。积极参与国家房产税改革试点方案设计和政策研究，开展房地产市场形势调研和测算分析，积极向中央提出相关政策意见积极开展消费税扩围、资源税、环境保护税等改革研究，为改革做好充分准备工作。

三、扎实抓好税政管理，为经济发展增活力、促发展

（一）积极沟通，争取国家优惠政策

积极配合财政部草拟配合财政部草拟横琴进口关税政策、《横琴产业优惠目录》、横琴增值税和消费税政策、在横琴货物交易及进出口行为税收征管措施、横琴“一线”不予免税或保税、“二线”不予退税的具体管理办法，以及旅客进出横琴携带行李物品的具体规定等政策规定，横琴、前海7项政策基本落地，《横琴所得税优惠目录》定稿报批，为广东省重大经济平台建设提供重要政策支持。

（二）深入研究，加强地方税政管理

研究提出揭阳、阳江等市耕地占用税、城镇土地使用税等政策调整意见，妥善解决鲜活肉蛋产品流通环节免税政策影响港澳农产品供给问题；认真审核办理上级交办和部门来文税收政策事项400多项，及时提出决策参考意见；认真办理人大建议政协涉税提案，特别是针对农村饮水安全工程税收优惠政策执行不到位的问题，组织专题调研并出台《关于贯彻落实农村饮水安全工程税收优惠政策的通知》，就税收优惠政策执行中的问题形成可操作性规定。

（三）加强调查，掌握税政执行动态

根据财政部部署，组织开展企业所得税税源、重点企业税源、税式支出和重点产品国际竞争力四项税政调查，涉及企业7 000多家。在调查工作中，省财政厅坚持创新工作方式方法，科学确定调查对象，与税务部门联合开展调查，每项调查聘请1个中介机构或专业机构，确保调查的代表性、专业性和分析研究的有效性，提高税收政策研究水平。

（四）落实政策，提供企业优质服务

设立省财政厅税政管理与服务专栏，加强政策宣传与服务工作力度；协助乐金显示公司向财政部争取显示器件进口税收优惠和分期纳税政策；会同省国地税部门认定非营利组织免税资格600家、群团组织公益捐赠税前扣除资格42家，比2012年增长一倍多；认定外资研发中心免税8家、中小企业服务平台、民办科技类非企业单位等免税4家，为社会组织和相关企业发展创造了良好的条件。

四、扎实抓好队伍建设，为法制税政工作聚合力、增干劲

坚持班子带头、凝心聚力，努力构建专业、年轻、活力的法规税政团队。一是抓教育，强素质。以汲取我厅发生的重大违纪案件为警示，深入开展“五项教育”，引导全处干部增强能力素质，筑牢思想基础。二是借外力、增效能。加强与省有关部门的沟通协调，创新工作方法，拓宽工作视野，对税政调查、政策研究等，向中介机构、社会组织、高校、专家等购买服务，借助外脑提升效能。三是强管理、激活力。坚持高标准、严要求，抓住工作重点，创新工作方法，建立集体审议制度，加强内部管理。

（法规税政处供稿，潘敏执笔）

财政预算管理工作概述

一、2013年财政预算安排情况

2013年，财政预算编制总的指导思想：按照构建并完善与社会主义市场经济相适应的公共财政管理体制的要求，继续解放思想、坚持改革创新，不断深化公共财政预算编制改革，将“稳增长、优结构、促规范、强监管、保民生、重节约、提绩效”和集中财力办大事贯穿于财政预算编制工作始终，依法强化收入管理，积极组织收入；调整优化支出结构，压缩一般性支出，切实保障省委、省政府各项重点支出和民生支出；深化财政体制改革，均衡区域发展；充分发挥财政职能作用促进经济社会又好又快发展，始终当好全国财政工作的排头兵。

2013年，全省公共财政预算收入按可比增长10%安排6 656亿元，人均收入6 336元，比2012年增加527元，增长9.07%。主要收入项目安排：增值税945亿元，营业税1 471亿元，企业所得税966亿元，个人所得税365亿元，土地增值税390亿元，非税收入1 306亿元等。

2013年，全省公共财政预算支出按可比增长9.5%安排7 556亿元，人均支出7 193元，比2012年增加181元。主要支出项目安排：教育支出1 665亿元，科学技术支出245亿元，文化体育与传媒支出129亿元，社会保障和就业支出737亿元，医疗卫生支出579亿元，节能环保支出212亿元，城乡社区事务支出659亿元，农林水事务570亿元，交通运输支出604亿元，住房保障支出182亿元。

二、推进预算管理改革

根据党的十八届三中全会精神和省委、省政府关于改进预算管理制度、建立现代财政制度的部署，省财政厅2013年推进多项预算管理改革。

（一）实现全口径预算编报

从编制2014年预算起，实行公共财政预算、政府性基金预算、省级国有资本经营预算和社保基金预算一并报送省人代会审议。

（二）细化预算编制

编制2014年省级财政预算时，增列3年数据，便于年度间对比参考。新增编制省级公共财政专项资金预算表，反映经清理整合后继续安排的专项资金预算安排情况。将2014年省级政府性基金预算中重点支出科目和国有资本经营预算编制细化到“项”级支出科目。完善提高预算报告的可读性，编制“预算草案阅读指南”，预算报告着重介绍重点投入领域的预算安排总体情况，并在说明中详细介绍主要项目投入情况。

（三）强化预算约束

坚持“政府过紧日子、百姓过好日子”的理财原则，严格控制一般性支出尤其是“三公”经费，实现公务购车和用车经费、会议经费、公务接待费用、党政机关出国（境）经费、办公经费等“五个零增长”或略有下降。全面清理党政机关和领导干部办公用房，按规定停止楼堂馆所资金审批，对博览会、论坛等支出项目进行严格控制。

（四）加强预算编制征询

定期向人大代表视察组汇报年度预算执行、下年度预算编制情况及底线民生保障工作情况。省财政厅厅领导分批到21个地级以上市和省直代表团听取人大代表意见，在省人代会期间续提供24小时咨询，做好与人大代表“面对面”的沟通解释。

（五）推进预决算信息公开

省财政厅印发《关于试行省级财政专项资金及基本建设项目预算信息公开的通知》，选取粤东西北地区基层医疗卫生机构专项转移支付资金等25项专项资金及基建项目，试行将相关预算信息向社会公开。贯彻落实《财政部关于推进省以下预决算公开工作的通知》，加强对地方推进预决算公开工作的指导。通过网络形式主动向社会公开了全省2013年财政总预算情况，推进各省直单位部门预算信息公开工作。

三、地方财政工作

根据省委、省政府工作部署，省财政厅制定实施促进粤东西北地区振兴发展一系列财政政策措施，完善省以下财政体制和转移支付制度，有效促进区域协调发展。

（一）发挥财政政策调控作用，促进区域协调发展

省财政厅研究制定促进粤东西北地区振兴发展、支持

产业工业园区发展，以及支持粤东西北地级市中心城区扩容提质等综合性财政政策措施，立足于跨年度预算资金统筹安排，2013－2017年由省财政安排投入资金6 720亿元，以交通基础设施建设、中心城区扩容提质和推进“双转移”为“三大抓手”，推动粤东西北地区加快发展。其中：多渠道筹集省级预算资金1 870亿元，支持粤东西北地区重大交通项目、民生水利、文化教育、旅游环保、江河整治等基础设施建设。分年度安排省级预算资金113亿元，推进粤东西北各市中心城区扩容提质和新区加快发展。对新批准的“县改区”，从成立第二年起5年内保留省对县的转移支付待遇；对省政府批准设立的新区，从设立第二年起5年内将其产生的省级税收收入增量部分，专项用于新区基础设施建设等。采取差别化的财政政策和资金安排机制，分年度投入省级预算资金430亿元，推进产业园区基础设施和产业建设、吸引骨干投资主体和劳动力培训转移，建立“双转移”共建共享机制。

（二）完善一般性转移支付制度，保障市县财政运转

一是完善一般性转移支付政策。按照“保基本”和“强激励”相结合的原则，省财政厅研究制定《关于完善省级财政一般性转移支付政策的意见》。在确保“保基本”的转移支付比重不低于六成的前提下，重点加强财政一般性转移支付的激励作用。通过将欠发达地区县（市）及新区上划省级“四税”收入的超基数增量部分奖励当地、对市县经济协调发展的县（市）予以适当奖励等方式，激励粤东西北地区加快发展。二是健全县级基本财力保障机制。省财政厅印发《广东省县级基本财力保障机制奖补资金管理办法》，通过实施市本级奖励和县级奖补等措施，促进地方改善县级财力均衡度、缩小市本级与县级财力差距，加强非税收入管理和财政供养人员控制，提高县级财政管理整体绩效。三是完善生态保护补偿机制。在总结生态保护补偿机制运行情况的基础上，省财政厅会同省环境保护厅、省林业厅等省直有关部门联合制定并印发《广东省生态保护补偿机制考核办法》。通过建立生态环境保护指标体系，引入涉及水、空气、林业、节能减排的16项指标进行综合考核，对重点生态功能区、禁止开发区实施横向和纵向两个维度的考核评价，作为分配生态补偿资金的主要依据，指导督促有关地区扎实推进生态文明建设。

（三）加强市、县财政指导协调，扎实服务基层工作

一是推进省直管县财政改革试点。进一步扩大省直管县财政改革试点范围，选取南澳县、仁化县、丰顺县、陆河县、怀集县和揭西县6个县作为第三批试点县。二是完善省直管财政改革的配套措施。省财政厅印发《关于进一步明确有关市对省直管县财政改革试点县帮扶责任的通知》、《关于建立省直管县财政改革上下沟通联系机制的通知》、《关于建立省直管县财政改革信息通达机制的通知》、《关于请配合做好财政省直管县相关工作的函》，梳理地级市和试点县财政关系，理顺省直管县向省申报资金渠道，建立健全上下沟通联系、信息通达机制。三是提高乡镇财政管理水平。省财政厅印发《关于开展“规范化财政所”建设的实施意见》，明确我省乡镇财政机构队伍、财政业务、内部管理、作风建设、基础建设等“五个规范化”的要求和具体标准。加强乡镇财政干部培训，省财政厅印发2013－2015年新一轮乡镇财政干部培训计划，并举办了乡镇财政干部示范性培训班。四是印发《广东省省与市县年终结算工作规程（试行）》，全面规范省对市县结算布置、申报、审核、对账及批复工作。

（预算处、地方财政处供稿，李纪桦、熊伟执笔）

财政国库管理工作概述

2013年，国库处全面推进财政国库管理改革，着力强化财政资金安全管理，抓好预算执行分析工作，不断提高财政国库管理科学化、精细化水平，较好完成2013年各项工作任务。

一、完善制度，着力构建国库管理新机制

（一）顺利完成国库处、支付局机构分设工作

按照厅领导的指示精神，配合预算计划与资金支付稽核工作的开展，2013年国库处与国库支付局共同制定机构分设方案，进一步优化组织结构，明确功能定位，厘清权责关系，理顺业务流程。同时，按照交接工作制度有序办理交接手续，确保了分设期间国库各项工作顺利运行。

（二）加强完善国库管理制度建设

1. 修订完善国库内部管理规程。结合机构分设后处室职能的调整及岗位职责的变动情况，重新梳理完善岗位职责、业务流程和权力运行规程，修订《广东省财政厅国库处工作手册》，建立流转科学、运行规范、责任明晰的内部管理机制。

2. 制定完善国库业务管理办法。制定《广东省省级财政专户资金保值增值操作暂行办法》、《广东省财政专户开户银行选择管理暂行办法》、《广东省省级财政专户及资金存放管理办法》，推动全省财政专户及资金存放管理工作的制度化、科学化和规范化。修订完善《广东省省级与下级财政往来资金管理暂行办法》和《广东省财政厅省级与下级财政往来资金调度工作规程》，进一步规范省对下级资金调度管理操作。修订完善《广东省财政厅配合审计工作内部规程（修订）》，进一步推动省财政厅配合审计工作规范化、程序化。

（三）建立不同层次的业务监督制约机制

按照预算计划和资金支付稽核业务分工，配合开展制定稽核制度、修订资金拨付规程、改造业务流程及提交稽核系统业务需求等工作，确保财政国库部门资金拨付管理制度建设与业务流程改造同步推进。在此基础上，积极落

实2012年内部稽核问题整改，开展2013年处内稽核相关工作，进一步堵塞资金安全管理漏洞。

二、深化改革，着力强化财政资金安全管理

（一）推进深化国库集中支付制度改革

1. 研究完善省级国库集中支付管理改革。在省级国库集中支付改革已覆盖全部省级公共财政预算资金和政府性基金的基础上，开展扩大省级国库集中支付改革资金范围的相关调研，继续夯实国库集中支付改革在省级财政管理中的基础性地位。研究理顺中央驻粤预算单位纳入省级国库集中支付管理相关事项，提高中央驻粤预算单位资金拨付效率。

2. 推进全省国库集中支付管理改革。调研摸底广东省乡镇国库集中支付制度改革有关情况，初步厘清工作开展思路，为下一步落实财政部有关进一步规范国库集中支付运行机制和大力推进乡级国库集中支付制度改革等工作做好准备。

（二）牢固夯实财政总预算会计管理

1. 加强总预算会计管理工作。严格按照财政总预算会计管理的各项制度要求，准确高效地完成财政资金拨付、会计核算、报表编报、财政资金归垫审批等各项基础性工作，有力保障财政资金拨付和存放安全。做好省本级预拨经费、暂存暂付等往来挂账款项的清理、核销和通报工作，督促有关各方改进存在问题，进一步提升财政总预算会计管理工作水平。

2. 优化省级财政资金拨付流程。将所有财政资金纳入预算执行系统通过预算额度控制拨款，实现以预算额度控制资金拨付的全覆盖、全流程、全闭环管理。进一步规范业务处室虚拟单位拨付管理，加强对非预算单位资金拨付审核。

3. 开展省级财政资金竞争性存放工作。2013年，共开展2期合计108亿元的省级财政性资金定期存款竞争存放工作，进一步提高资金存放的安全性和效益性。

4. 开展总预算会计部分事项权责发生制核算。研究开展预算单位年终结余资金采用权责发生制核算，规范年终结余资金的账务处理，全面反映财政与单位的收支结余情况。

5. 开展财政对外借款清查工作。按照财政部统一部署，部署省本级以及全省各级财政部门深入开展财政对外借款清查工作，联合预算处、监督局对广州等8市及所辖部分县区的财政对外借款清查工作进行了核查，进一步规范对外借款业务制度建设和会计核算。

（三）规范财政专户和预算单位账户管理

1. 严格执行财政专户审批制度。按照财政部要求的账户开设规定程序，严把财政专户新增开设审核关，限制县级以上地方财政部门随意开立财政专户，规范财政专户开立程序。积极配合做好财政部2013年9月开展的财政专户管理检查工作。开展2012年度省级财政性资金和社保基金存放银行年度考评，促优罚错，切实加强对财政资金存放银行的督促监管，防范资金安全外部风险。

2. 加强预算单位银行账户管理。严格执行省级预算单位银行账户审批和年检制度，继续跟踪落实上年度被检查单位银行账户撤并的反馈情况，巩固省级预算单位银行账户清理检查工作成果，健全预算单位银行账户监管机制。2013年，共批复省级预算单位开立、变更、保留银行账户305个，办理了853家预算单位账户年检。

（四）科学开展上下级资金调度

1. 科学合理地制定省对下级补助资金调度计划。按时拨付调度资金，较好满足下级资金的需求。针对“尤特”、“天兔”自然灾害中部分受灾市县出现的资金调度困难，提前拨付其固定性补助资金，帮助市县做好救灾复产。

2. 加强市县资金调度管理专题调研。通过调查问卷的方式梳理各市及省直管县资金调度工作和库款余额的基本情况以及影响下级财政资金调度的主要因素，为下一步改革工作提供有力参考。

三、抓好服务，着力提升预算执行分析水平

（一）强化预算执行分析工作

1. 提升分析工作信息化水平。完成综合决策分析系统第一期建设工作，显著提升了预算执行分析工作效率和数据准确性。按照财政大数据战略的要求，积极落实《预算执行分析数据信息化工作方案（初稿）》，稳步推进相关系统建设工作。

2. 继续完善信息沟通共享机制。加强与财政部、其他省市、省直综合经济部门和地市的沟通协调，及时掌握第一手经济税收信息，为提升预算执行分析水平提供基础保障。

3. 深入开展专题调研。深入广州、惠州、珠海等地市开展调研，完成来源于粤苏的财政收入对比分析、广东省财政收支区域差距问题等预算执行专题研究报告，更好发挥决策参谋作用。

4. 创新分析预测方式方法。完善财政收入预测模型，并利用模型开展了全年收入预测工作，效果良好。

（二）完善预算执行报表报送

1. 推进全省财政收支旬月报和财政专户月报报送工作。落实财政部对财政收支旬月报系统升级的有关工作部署，认真做好数据审核工作，准确及时汇总编报财政收支运行数据。

2. 顺利完成财政总决算工作。加强统筹协调和培训指导，通过试运行决算审核平台，加强与部门决算、社保决算数据的衔接，有效提升总决算报表审核的工作效率和数据准确性，顺利完成2012年全省财政总决算报表会审，并获得财政部2012年度地方财政总决算工作考核评比三等奖。

3. 认真落实专项报表统计制度。按时汇总通报民生支出、十件民生实事等工作落实情况，定期开展分析并做好汇报。

四、探索总结，着力完成国库管理专项任务

（一）顺利发行2013年广东省政府债券

认真做好债券发行的前期工作，制定2013年自行发债工作方案和年度工作计划，提前部署相关准备工作。聘请自行发债技术顾问，密切关注债券市场实时动态，定期向厅领导汇报对债券市场的走势分析，为债券发行时间窗口的选择提供参考依据。择优选取承销团成员和主承销商，通过公开招标方式全额顺利发行121亿元广东省政府债券，以较低的成本为广东省经济社会发展筹集了资金，获省领导的高度肯定。同时，及时做好地方政府债券还本付息工作，维护广东省政府良好信用形象。

（二）积极开展政府综合财务报告试编工作

继续创新试编工作手段，初步建立试编信息系统，顺利完成2012年度省级权责发生制政府综合财务报告试编工作。在此基础上，进一步扩大政府综合财务报告试编工作的试点范围，在7市6县（市、区）开展试点，协调各试点地区及时完成试编工作，逐步积累试编不同层级政府财务报告的工作经验。

（三）规范开展部门决算批复和公开工作

全口径批复2012年116个省级部门的部门决算，督导各地财政部门按照统一要求做好2012年部门决算批复及公开工作。指导省级部门有序开展公开工作，进一步规范部门决算和“三公”经费信息公开内容。2013年，共有96个省级部门公开部门决算信息和“三公”经费信息。

（四）积极配合审计监督工作

1. 主动配合接受审计监督。牵头配合审计署广州特派办、省审计厅对省财政开展的预算执行审计、财政存量资金审计调查、省级财政专项资金审计、社会组织管理情况审计7项审计工作，主动协调，积极配合审计部门开展审计工作，为审计工作高效、顺畅、有序开展提供切实保障。

2. 积极强化审计整改工作。认真研究审计意见和建议，针对存在问题及需完善事项，及时制订整改方案，将整改内容分解，落实到相关责任处室，切实采取有效措施，落实各项审计整改。

（五）配合做好科学发展观考评工作

按照省委组织部要求，及时对各市2012年落实科学发展观情况进行了考评并与地市做好协调，根据考评结果形成专题分析报送有关部门，真实反映了各市推进当地科学发展观方面的实际情况。

（国库处供稿，吴宇执笔）

综合财政工作概述

2013年，综合处从自身职能出发，围绕中心、服务大局，在抓收入、促发展、惠民生、推改革、强管理等方面取得了一定进展。

一、顾大局，努力为各项事业筹集资金

（一）加强非税收入征管

2013年，全省纳入预算管理的非税收入完成4 986.51亿元。其中，纳入公共财政预算管理的非税收入完成1 313.53亿元，同比增长13.70%，占同期财政收入比重为18.55%，作为广东省服务经济社会发展大局的重要财源。

（二）积极筹集交通建设资金

一是会同省级交通部门对2013－2017年省财政对省管重点高速公路建设项目情况和需投入资金情况进行全面梳理，并根据测算的省级财政性资本金总需求，认真研究加大高速公路建设有关筹资工作方案。通过新增财政预算安排（含地方政府债券）、燃油税替代性收入安排、融资平台、BT建设等多元筹措方式，集中财政资金加大投入力度，加快全省高速公路建设。2013年，安排省管高速公路项目资本金118亿元。二是为落实省管高速公路建设项目资本金缺口的筹集工作，积极会同粤财公司、省交通运输厅和省交通集团等相关部门开展融资工作。三是会商省级交通部门，根据新增发行地方政府债券支持省管高速公路项目建设的工作要求，制定《省级交通建设地方政府债券投资资金管理办法》，与广东省交通运输厅签订关于2013年地方政府债券80亿元的转借协议，将该项债券资金安排用于省管高速公路项目等省级交通基础设施建设项目。

（三）加大水利建设资金筹集力度

一是加大从土地出让收益计提农田水利建设资金29.52亿元的清算划转力度，确保统筹比例和清算办法变更后计提资金落实到位。二是积极研究完善堤围防护费征收政策，在堤围防护费减免政策出台后，研究采取有效措施确保省级统筹部分应缴尽缴，保证省级水利融资平台的还款来源。三是研究提出部分大户欠缴水资源费问题的追缴意见，防止水利建设资金的流失。2013年，全省完成以上三项水利建设资金收入121.99亿元，其中省级23.01亿元。

（四）加大教育资金筹措力度

一是做好土地出让收益计提教育资金的清算划转工作，2013年全省共筹集教育资金22.36亿元，其中省级3.36亿元。二是加大地方教育附加的征缴力度，开展地方上缴省级统筹收入的清算工作，2013年全省完成地方教育附加收入120.52亿元，其中省级30.92亿元。

（五）积极研究解决财政票据印刷费缺口问题

从以前年度各项手续费预留支出中安排超出计划的票据印刷费，保证财政票据的印刷和供给工作顺利进行，并根据票据印刷成本上升的情况配合做好财政票据工本费标准核定工作。

（六）积极争取中央资金

一是联合省住建厅部署中央补助公共租赁住房和城市棚户区改造2012年资金使用情况汇报和2013年资金的申报工作，加强与财政部驻广东专员办沟通协调，积极争取中央支持。二是支持广东省国家级矿产资源综合利用基地

建设、地质矿产调查评价、矿山地质环境治理和矿产资源节约与综合利用等项目申报工作，并按照国家统一要求，支持广东省找矿突破战略行动，开展基础性公益性地质找矿工作。三是争取中央安排广东省交通运输企业节能减排资金2 722万元。

二、促发展，营造国际化营商环境

（一）全面清理行政事业性收费

2013年，广东省共取消行政事业性收费62项、免征58项、缓征1项、降低收费标准22项，减轻广东省企业和社会收费负担约72亿元，为减轻企业和社会收费负担，促进经济稳定增长发挥了重要作用。

（二）认真做好相关政策研究

一是认真研究海域使用金减免政策，2013年共批准6个海域使用金减免项目，支持茂名电白博贺中心渔港工程项目等国家和省重点项目建设。二是研究制定省级海域使用金专项补助政策，支持中心城区扩容提质和湛江钢铁项目。三是配合国土资源管理部门建设节约集约用地，实施“三旧”改造推进低效用地开发，研究战略新兴产业发展、外贸出口企业建设发展用地政策，支持广东省产业转型升级。

（三）转变政府职能

按照财政部《财政票据管理办法》规定，顺应深化行政审批管理改革要求，下放省审批成立的社会组织申领财政票据的审核权，对省级预算单位申领票据实行网上办事大厅，提高行政效能和转变省级政府职能。

三、惠民生，促进社会公平正义

（一）深入开展价格惠民工作

切实发挥省级价格调节基金的稳价惠民作用，安排元旦、春节期间全省283万城乡困难群众临时价格补贴42 497万元，切实减轻城乡困难群众生活压力；安排重要商品和服务价格监测信息采集补助1 522万元，提高广东省价格信息监测预警水平；安排家禽产品收储企业临时补贴1 444万元，支持家禽收储企业应对禽流感疫情，帮助企业渡过难关；支持供销系统平价商店和现代流通服务“农超对接”建设资金1.5亿元，服务“三农”，保障市场供给，平抑物价；安排平价商店、蔬菜生产、冷藏设施“三项建设”扶持资金22 508.5万元，全年全省新建平价商店1 244家、平价药店392家，稳定农产品供应和价格水平；安排政策性蔬菜种植保险省级财政保费补贴资金805万元，提高广东省蔬菜种植抵御自然灾害风险和灾后复产重建能力。

（二）全力支持保障性安居工程建设

一是保证资金及时到位。及时下达中央补助公共租赁住房和城市棚户区改造专项资金共135 690万元、省级公共租赁住房以奖代补专项资金3亿元，支持广东省新开工建设保障房、棚户区改造15.65万套，新增发放租赁补贴1.02万户，分别完成年度任务的108.8%、134.5%。二是研究完善政策。经认真研究测算，向省领导报送2013年原曲仁矿棚改资金滚动测算情况，对加快推进棚户区改造提出了相关建议；国发〔2013〕25号文件印发后，研究向省政府报送省属国有工矿棚户区改造相关补助政策建议。三是加强目标责任考核。到3市开展2012年住房保障目标责任考核，通过查阅资料、现场踏看、座谈反馈，及时指出地方住房保障工作中各方面存在的问题。

（三）积极推进公共交通建设

安排75 000万元支持5 000公里新农村公路路面硬底化建设，全年完成农村公路路面硬化5 000公里。

（四）大力支持乡镇农民体育健身工程建设

从省级体育彩票公益金安排4 000万元支持200个乡镇农民体育健身工程建设。

（五）迅速落实并拨付各项救灾资金

一是根据“5·16”、“尤特”、“天兔”等强台风所造成的特大暴雨给广东省公路设施水毁造成损失的情况，及时会商有关部门，拟定救灾资金安排意见，安排水毁公路救灾资金63 921万元。二是三次安排广东省因强台风、强降雨受灾地区蔬菜种植基地临时补贴共4 302.5万元，支持蔬菜生产基地灾后复产，稳定灾区蔬菜等农副产品价格。三是两次安排广东省因强台风受灾地区省级海域使用金补助资金5 000万元，支持受毁、受损海岸带整治修复工作。

四、重创新，努力推进各项改革

（一）深化“收支两条线”管理改革

一是扩大管理范围，新增6家单位6项收入纳入“收支两条线”管理，并联合省检察院下发《广东省检察业务统筹补助专款管理办法》，进一步加强对检察系统业务专款的管理。二是加快非税系统建设。全省县市区单位实现100%上线，累计上线执收单位2 878家。完成县级非税收入管理系统5 000多万元的硬件设备招标采购工作，为县级信息化建设提供新动力。三是完善省级非税系统流程。为加快非税收入资金入库速度，优化业务处理流程资源配置，降低征收成本，省财政厅联合人民银行广州分行实行省级非税系统电子化缴库流程，并进一步加强对账机制。

（二）建立并完善非税收入总会计制度

基本构建起省级非税收入收支总账编制思路，明确账表设置、数据来源和处室分工等。在多次与有关处室沟通和书面征求、汇总、整合处室意见的基础上，不断修正完善编制思路、报表设置及有关内容，制定了《省本级非税收入收支总账、明细账编制工作暂行规定》。

（三）开展专项调查研究

一是开展“创新非税收入管理体制”重点调研，基本摸清非税收入管理及体制的实际情况，为制定相应政策提供第一手基础资料。二是按照厅统一部署开展深化财税体制改革专题调研，为十八届三中全会财税体制改革精神的落实提供一手素材。三是为贯彻落实党的十八届三中全会和省委十一届二次全会精神，按照厅统一部署开展“做好清理行政事业性收费工作，杜绝管理就是收费的现象”、

“在财政收支方面，做好行政事业性收费‘收支两条线’管理工作，实现收支脱钩”、“研究建立低收入群众基本生活保障与物价上涨的联动机制”、“落实国家和省对民营企业的各项扶持政策，清理、减免涉企行政事业性收费”、“推动有利于新型城镇化发展的户籍、土地、财税、社保、住房、区划等综合配套改革”等相关专题研究工作。

（四）配合开展各项改革工作

一是按照专项资金竞争性分配改革要求，对客运站场建设专项资金、交通运输系统科技创新和教育经费、治理公路运输车辆超限超载专项经费、公路养护机械购置专项资金、公路绿色通道建设专项资金、扶持农作物良种良法示范基地项目专项资金6项专项资金进行竞争性分配，同时对省级港口建设费、省级地质遗迹保护专项资金项目和矿山地质环境恢复治理专项资金项目也通过专家评审的方法进行分配。二是按照新增省直管试点县的要求，配合做好五华县成品油消费税地方替代性收入返还基数的核定问题。三是配合“营改增”试点，就营业税改征增值税试点中文化事业建设费中省、市、县分成问题进行研究和规范管理，并将2012年11月至2013年10月期间“营改增”试点企业缴纳文化事业建设费属于市级以下分成部分返还各市。四是扎实推进网上办事大厅工作，对综合处上线的3项审批服务事项，及时受理申请，按时办结，同时不断优化审批流程，提高服务质量和效率。五是加快推进大数据工作，认真研究可采集指标和细化指标口径，开展专题研究。六是配合做好彩票销售机构绩效工资改革前期调研工作。

五、强管理，努力提高财政资金效益

（一）加强彩票市场监管

一是加强彩票市场监管。加强对广东省电话、互联网销售彩票行为的监督检查，同时大力支持彩票机构创新游戏玩法和开展促销、公益宣传，有效打击私彩，规范彩票机构市场行为。2013年，全省彩票销量达307.88亿元，居全国首位，实现广东省彩票市场的持续、健康发展。二是严格彩票机构的财务管理，认真审核两个彩票机构的年度支出计划，将发行费重点用于业务支出和事业发展，在保障彩票机构运转的前提下，切实提高资金的使用效益。三是加强彩票公益金监管，完成2012年度省级彩票专项公益金的资金下达工作，不断完善省级彩票公益金分配使用管理办法，逐步形成彩票公益金与彩票市场良性互动的发展机制。四是做好中央专项彩票公益金支持广东省示范性综合实践基地项目、原中央苏区县社会公益事业建设项目、未成年人校外活动保障和能力提升项目等资金的申报及管理工作。其中，对中央补助广东省的中央苏区县彩票专项公益金，综合处在充分调研和听取各中央苏区县意见的基础上制定资金管理办法。五是积极配合省体育局研究制定体育彩票转变发展方式工作方案并报经省政府批准印发。

（二）加强探矿权采矿权使用费及价款和矿产资源补偿费征收管理

一是联合省国土资源厅制定《国外矿产资源风险勘查专项管理暂行办法》、《广东省矿山地质环境恢复治理专项资金管理暂行办法》、《广东省地质遗迹保护专项资金管理暂行办法》。二是部署做好2011年度国外矿产资源风险勘察专项项目自查工作、矿产资源节约与综合利用以奖代补绩效评价工作、矿产资源综合利用示范基地建设专项核查工作、韶关大宝山铁铜硫资源综合利用示范基地建设中期评估工作。

（三）加强港口建设费征收使用管理

会同省交通运输厅、广东海事局抓好广东省港口建设费征收使用管理工作，联合省交通运输厅印发《广东省省级港口建设费使用管理暂行办法》，规范省级港口建设费使用管理。

（四）加强散装水泥专项资金征收管理

认真会同省住建部门研究制定《广东省散装水泥专项资金征收和使用管理办法（征求意见稿）》，征求各地意见后按程序报批。

（五）规范南粤交通投资建设有限公司管理

拟定《广东省南粤交通投资建设有限公司监督管理暂行办法》，规范南粤交通投资建设有限公司资产、融资及重大事项管理行为。

（六）认真完成省直机关津贴补贴调节基金申报工作

认真做好广东省计缴中央2012年度省直机关津贴补贴调节基金的申报工作，按厅领导指示将津贴补贴申报审核情况向省领导汇报；积极与财政部综合司和财政部驻广东专员办沟通协调，顺利完成任务，得到厅领导的肯定。

（综合处供稿，林晓燕执笔）

行政政法财政财务管理工作概述

2013年，行政政法处稳步推进行政政法财务管理各项改革，建立和完善厅行勤俭节约制度措施，扎实开展群众路线教育实践活动，解放思想、转变作风、加强管理、提升服务。

2013年，共办结人大议案26件、政协提案25件、群众来信7件，收发文件总量达7 119件，其中：编号收文356件，非编号收文4 350件；正式发文（函）1 069件，其余编号发文894件，无编号发文（材料）450件。

一、稳步推进行政政法财务管理改革

按照建立与社会主义市场经济相适应现代财政制度和加快政府职能转变的改革方向，稳步推进政府购买服务，配合做好省政府部门机构改革、司法体制改革和事业单位绩效工资等工作。

（一）推进政府购买服务改革

一是研究草拟了《广东省财政厅关于政府向社会组织

购买服务监督管理暂行办法》，建立健全政府购买服务的监督检查、服务供应方退出、第三方评价和报告制度，提请省法制办进行规范性文件审查。并就政府向社会组织购买服务办法及目录广泛征求各地各部门意见，提高政策科学化和精细化水平。二是审核拨付2012年度省级培育发展社会组织专项资金8 700万元，扶持佛山市照明灯具协会等374家社会组织；完成2013年度省级培育发展社会组织专项资金第三方评审工作，对全省400家入围社会组织名单进行公示；配合省社工委研究提出枢纽型社会组织扶持试行办法。三是审核批复省直单位向社会组织购买服务计划和资金拨付，指导市、县财政部门建立健全政府向社会组织购买服务制度，稳步推进全省工作。四是加强与财政部、兄弟省份的沟通，在学习和借鉴其成熟做法和先进经验基础上，研究提出《关于修订完善政府向社会组织购买服务制度体系的工作方案》并按程序报批。

（二）严格机构编制管理，推进政府职能转变

一是推进政府职能转移，除行政许可、行政审批、行政执法等应当保留的法定职能外，其余采取转移、授权、委托等方式逐步交由社会组织承担，鼓励公益三类、经费服务类事业单位根据自身职能定位向社会组织过渡。二是坚决落实财政供养人员和机构“只减不增”承诺，完善省直单位减编控编政策措施，推动建立满员单位接收军转干部编制管理机制，审核提出省政府发展改革与物价部门、经贸与外经贸部门、新闻与广电部门、卫生与计生部门等主要职责、内设机构和人员编制的意见；会同办公室修订印发《省直单位机构编制事项审核工作内部管理暂行办法》，全年提请厅长办公会议审议的机构编制事项30项，审核各类机构89家、行政事业编制23 319名，切实从源头上控制财政供养人员规模。加大监督检查力度，对不符合机构编制管理规定的坚决不予拨付经费。

（三）研究完善司法体制改革财政政策

一是落实省领导批示，研究市级检察院公用经费保障标准，监督各级财政落实基层政法单位经费保障，研究完善县级公检法司部门公用经费保障标准。同时，按照十八届三中全会关于深化财税体制改革和司法体制改革相关精神，研究推进广东省省以下法院检察院财物统管，探索完善政法单位经费保障体制。二是按照中央要求，落实全省政法机关基础设施建设债务化解工作，在汇总各地各部门上报材料的基础上，联合相关处室及相关部门逐笔、逐项审核剔除不实债务，严格确定债务化解范围，制订广东省债务化解补助资金分配方案，及时拨付债务化解资金，并督促各地完成债务化解工作。三是在保障铁路两院基本经费支出前提下，积极申请中央划转基数、将人员工资纳入统发、以非部门预算单位管理方式保障经费运转、纳入2014年部门预算，逐步理顺铁路两院划归地方管理经费保障机制。四是完善省安全厅新建各市局经费保障机制。五是进一步理顺省直监狱经费保障体制，加强与省监狱局沟通协商，重新核定监狱专户收入及上缴基数。配合省审计厅对省直监狱专户收入开展专项审计工作，研究加强收支监管措施。六是研究全省法院系统诉讼费统筹政策延续，继续按照“收支脱钩、收支两条线”等规定，加强诉讼费管理。七是严格落实中央要求，制定广东省法院、检察院系统人员发放加班补贴政策，严格审核省直法院、检察院系统加班补贴资金发放。八是配合推进广东省公安教育训练工作，进一步理顺省级公安训练管理体制，并赴江苏、浙江和福建三省开展公安教育培训以及公安院校管理工作专题调研。

（四）规范机关事业单位收入分配制度

一是清理解决统发工资存在问题。针对省级统发工资存在问题，进行统发工资摸底清理，分析存在问题原因，提出解决办法建议，确保统发工资按时发放。二是推进绩效工资改革。按照省直事业单位绩效工资改革方案，审核省直各事业单位绩效工资总量。认真研究相关政策，摸清单位情况，按照既符合实际又符合国家政策框架的原则，研究出台省直穗外其他事业单位人员绩效工资改革（“两个50%”）资金安排方案。三是研究探索公务员职务与职级并行制度。按照国家部署，与省人力资源和社会保障厅等部门选择南海区作为试点单位，探索研究通过职务与职级并行解决公务员发展待遇问题。四是进一步规范市县机关津补贴发放。加强对欠发达地区公职人员津补贴水平“托低”工作检查指导，如期完成“托低”任务。根据国家和省政策，结合地方财政状况，对部分市县调整津补贴水平问题提出审核意见。

二、加强行政政法经费保障

（一）加强预算执行管理

做好经管90家省直一级预算单位结余结转资金审核拨付和2013年部门预算执行与调整有关工作，均衡预算执行进度。加强垂直管理部门执法经费保障，研究理顺工商、质监系统食品安全监管人员和经费划转意见。拨付各市县政法单位办公办案费及装备费补助，确保基层政法部门有效运转。认真做好2014年省级部门预算编制工作。

（二）落实重点经费保障

加强基层组织经费保障，落实援藏援疆工作经费、劳模津贴、“两新”组织补助、欠发达地区社区工作和大学生村官补助政策，支持工青妇事业发展。推进“两建”工作顺利实施，做好第三次全国经济普查、第十四届中国专利奖奖励和《广东华侨史》编修等专项经费保障工作，继续加大广东省公务员境内外培训项目投入力度。

此外，按照中央政法转移支付工作要求，及时筹集省级配套资金，会同省直政法部门，参考各地经济发展水平及本级政法单位经费保障情况，按因素法制订政法转移支付资金分配方案，及时拨付资金，加强资金监管。研究解决了欠发达地区县级纪检监察机关办案经费、2013年全省公安强制戒毒所戒毒人员生活经费补助、重点整治地区禁毒工作经费、省检察院大要案件办案经费等重点项目经费，落实省委关于禁毒工作要求，拨付重点整治地区禁毒工作经费。保障全省公安系统第五次换装经费需求，配合公安

机关完成全省公安换装工作。落实省直政法专项经费与欠发达地区政法专项经费的分配。

（三）强化项目审核和绩效管理

一是组织开展全省政法装备动态管理系统培训，传达中央精神及有关要求，布置全省政法装备、政法经费数据填报工作，确保按时完成财政部报表统计工作。二是支持开展“广东省扶持妇女创业小额担保财政贴息贷款项目”，做好有关资金筹措、拨付及使用监管工作，获全国妇联授予“妇女小额担保财政贴息贷款集体”称号。三是研究出台了《广东省社区工作财政补助专项经费管理暂行办法》、《广东省大学生村官财政补助专项经费管理暂行办法》，规范省级补助欠发达地区社区管理和大学生村官工作经费管理。四是开展2012年广东省非公有制经济组织和社会组织党建工作补助经费使用绩效第三方评价工作，建立健全相关资金使用绩效的社会评价体系，促进资金使用相关单位加强资金绩效管理。

三、坚持勤俭办事业

贯彻落实中央“八项规定”、新一届政府“约法三章”和省政府廉政工作会议精神，厉行节约反对浪费，采取有效措施确保“三公”经费和一般性行政开支只减不增。据初步统计，2013年“三公”经费财政拨款支出同比下降16.9%，其中：因公出国费下降20.89%，公车购置费下降22.09%，公车维护费下降11.73%，公务接待费下降20.59%。

（一）加强机关运行经费管理

一是研究修订了《省直党政机关和事业单位会议费管理办法》和《省直党政机关和事业单位差旅费管理办法》（修订稿），按照厉行节约、实事求是与以人为本相结合原则，对干部出差、会议等公务消费开支标准进行量化，建立省直差旅费和会议费审核审批、报销管理、监督检查及责任追究机制。二是协助制定广东省贯彻落实《党政机关厉行节约反对浪费条例》实施细则，完成了实施细则中关于经费管理、差旅费管理、办公用房、公务用车等涉及财政内容的起草工作。三是抓好国务院《机关事务管理条例》和财政部《行政单位财务规则》的贯彻执行，严格控制公务接待经费、公务用车购置和运行费、因公出国（境）经费在机关运行经费总预算中的规模和比例，进一步精简会议和压缩各类检查评比达标表彰活动，杜绝不合理开支。

（二）完善行政经费节约考核办法

一是规范因公出国经费先行审核办理程序，制定省财政厅关于省直党政机关因公临时出国经费先行审核承诺制度并通过官方网站发布，公开接受监督。同时，根据财政部《因公临时出国经费管理办法》制定广东省具体管理规定。二是重新核定省直机关因公出国（境）经费考核基数，根据厉行节约的要求，结合省直单位行政经费节约的实际，启动修订省直行政事业单位行政经费节约考核办法工作，通过完善考核制度进一步促进行政经费节约。

（三）落实“八项规定”和“三公”经费只减不增

一是加强源头管控，结合2014年预算编制继续实行“五个零增长”，在省级部门预算编制中单列“三公”经费，并不得超出上年预算，严格控制一般性经费支出。二是落实2013年省直部门公用经费压减5%要求，对公共预算拟安排的博览会、论坛等节庆活动经费统一按25%的标准压减。三是建立全省会议费及“三公”经费统计制度，分季度统计各地各部门落实“八项规定”及“三公”经费只减不增情况，加强对全省会议费及“三公”经费使用监督，有效控制相关经费支出。

（四）开展“四风”专项整治行动

研究制订《整治“三公”经费开支过大　严禁超预算或无预算安排支出工作方案》、《严格公务接待标准专项整治行动方案》和《关于整治超标配备公车和严格公车经费支出专项行动实施方案》，牵头开展相关专项整治行动，要求各地各单位对“三公”经费及相关经费预算管理使用情况进行细致全面的自查，落实整改措施，在此基础上按一定比例进行重点检查，对存在问题依法依规处理，限期整改，压缩“三公”经费支出，建立规范管理的长效机制。

（五）建立“约法三章”监督检查机制

制定《广东省财政厅关于贯彻落实“约法三章”加强经费使用管理专项检查工作方案》，建立检查监督工作机制，会同纪检监察等部门适时对省直各单位2013年度“约法三章”贯彻落实情况进行重点检查，及时发现并纠正违规行为，将兑现承诺作为广东省重点工作，确保国务院“约法三章”各项要求落到实处。

四、切实转变工作作风

坚决遵守《中央政治局关于改进工作作风、密切联系群众的八项规定》和省委实施意见，按照《广东省财政厅开展党的群众路线教育实践活动实施方案》和厅党组部署，制订行政政法处开展党的群众路线教育实践活动具体方案，扎实有效开展活动，把作风建设的各项要求贯彻落实到财政工作和队伍建设的各方面和全过程。

（一）扎实开展群众路线教育实践活动

围绕深入学习党的十八大、十八届二中、三中全会和习近平总书记一系列重要讲话精神，以及党的光辉历史和优良传统等，扎实开展学习讨论活动。通过处领导带队上门走访服务对象、发放征求意见表、处级干部到对口帮扶的贫困户一起劳动等方式建立和完善走出去听取意见的机制，增进与群众的感情。同时，对照为民务实清廉要求，认真查摆形式主义、官僚主义、享乐主义和奢靡之风方面的问题，处级领导班子及其成员亲自撰写对照检查材料，认真开展自我剖析，并召开专题组织生活会开展批评与自我批评。

（二）认真办理人大议案、政协提案工作

高度重视2013年以来人大代表、政协委员对政府购买社会服务、培育发展社会组织、离退休工资、公务员津补

贴、“三公”经费开支、司法救助、法律援助、欠发达地区政法经费保障等热点内容，积极主动与代表、委员沟通，自觉接受监督，积极回应社会关切。共承办人大议案26件、政协提案25件，其中主办7件、会办44件，按时办结率、办理结果满意率均为100%。

（三）建立岗位分工和责任追究制度

按照改进作风工作部署，建立处室总会计岗位，修订完善处室指标管理制度，制定《行政政法处处室台账操作规程》，建立预算执行责任追究制度，推行处内AB角分工，严格执行年中追加指标分级审核流程，确保财政资金安全、高效；根据《广东省财政厅首问责任制规定》、《广东省财政厅限时办结制规定》和相关工作规程，建立机构编制事项内部审核督办机制，按时办理省、厅领导批示督办件；建立健全领导干部岗位责任制度，落实各项资金审核、监管制度，建立健全资金分配办法。

（四）积极配合审计专项工作

按照审计工作要求和《广东省财政厅配合审计工作内部规程（修订）》，积极配合做好审计署、省审计厅年度预算执行、专项资金使用管理和结余结转资金等专项审计工作，按规定的时间及时填报数据，严格履行报批手续提供审计资料，对已提供的审计材料进行登记建档，切实采取有效措施，落实各项审计整改。

（行政政法处供稿，谭笑风执笔）

教科文财务管理工作概述

2013年，教科文财政工作以科学发展观为指导，紧密结合党的群众路线教育实践活动，切实践行群众路线，把维护群众利益放在第一位并作为教科文财政工作出发点、落脚点，以“加快转型升级、建设幸福广东”为核心，以提升自主创新能力、办好十件民生实事为着力点，不断深化和完善教科文事业各项改革，强化科学管理，促进全省教科文事业发展。

2013年，全省教育、科学技术、文化体育与传媒等支出共计2 231.21亿元，比2012年同期1 885.57亿元增加345.64亿元，增长18.33%；省级教育、科学技术、文化体育与传媒等支出共计297.9亿元，比2012年同期222.76亿元增加75.14亿元，增长33.73%。

一、加大教育投入，支持教育优先发展

（一）支持义务教育均衡优质标准化发展

一是统一城乡免费义务教育公用经费政策并提高保障水平，安排61.24亿元落实城乡全面免费义务教育政策，并从2013年起按小学每生每年200元、初中400元的幅度提高补助标准。2013年，免费义务教育公用经费补助标准达到小学每生每年750元、初中1 150元。二是安排12亿元落实免费教科书政策。三是下达少数民族地区民族班学生生活费补助870万元，全省共有近1万名民族班学生享受生活费补助。四是支持欠发达地区实施绩效工资政策落实教师工资待遇“两相当”。安排奖补资金8.73亿元，支持欠发达地区91个县（市、区，含江门恩平、台山、开平）基本实现中小学教师工资待遇“两相当”。五是安排13亿元按照平均水平每月500元分档补助，落实山区和农村边远地区义务教育学校教师岗位津贴，进一步提高农村教师待遇保障水平，促进义务教育均衡发展。六是安排9.26亿元实施基础教育创强奖补资金，为推进省委教育“创强争先建高地”总体部署提供重要资金保障。七是实施农村义务教育学生营养改善计划。按每人每学年600元的标准共安排2 204万元，全额补助清远连山、连南和韶关乳源开展农村义务教育学生营养改善试点工作，共有3.67万农村义务教育学生受益。八是落实农村中小学维修改造长效机制。2013年省级财政共安排补助资金2.86亿元落实长效机制。

（二）支持加快发展现代职业教育

一是积极支持省级职业技术教育示范基地建设。对职教基地建设规划提出意见，推动项目立项和工作开展。二是安排职业教育人员增编经费。安排高等职业技术学院增编经费3 300万元、中等职业技术学校增编经费449万元，保障新增编制人员的落实。三是继续安排职业教育专项资金。继续安排高等职业教育、高技能公共实训基地和中等职业技术教育实训中心（基地）建设资金共3亿元，推动高职院校的高水平建设，推动中等职业教育高技能公共实训基地和中等职业技术教育实训中心（基地）建设资金实行竞争性分配。四是继续探索职业技术院校生均定额经费拨款试点改革。在已有7所省属职业技术院校试点的基础上，2013年新增5所院校实施生均试点。五是落实中等职业学校免学费政策，及时拨付中职免学费补助资金12.36亿元，保障中等职业学校正常运行、健康发展，引导中等职业学校形成“工学结合、校企合作、顶岗实习”的办学模式。

（三）支持高等教育内涵式发展

一是大力支持高校创强工作。认真研究进一步加大高校本科、研究生学科建设和教学质量工程的政策措施，加强“四重”建设，安排2亿元支持高校提升办学质量和水平。安排4亿元实施省级“2011”提升计划，促进高校协同创新出成效。二是完善普通本科高校生均拨款制度，提高生均综合定额标准，进一步加大对高等教育的投入。从2013年起，生均综合定额标准从每生7 600元提高到每生8 600元。三是安排下达省部共建中山大学、华南理工大学和暨南大学的省财政配套资金。按照省部协议，根据中央下达资金情况，安排下达支持中山大学和华南理工大学“985”工程三期建设的省级配套资金。安排暨南大学1亿元学科建设经费的配套。四是积极争取中央支持。积极申报中央财政支持地方高校发展专项资金、职业院校实训基地建设项目资金，争取中央支持广东普通高校的发展。五

是支持汕头大学改革和发展。根据省政府的决定和李嘉诚基金会的实际捐赠情况，及时拨付省财政配套资金。六是完善高等学校在校学生资助政策体系，对广东省考入高等学校的家庭经济困难大学一年级新生，按不超过6 000元的标准给予一次性学费资助；从2013年起，按照每人每学年10 000元的标准，对广东省少数民族地区的少数民族大学生给予学费、生活费补助；落实普通高校、高职院校学生国家资助政策，下达奖助学补助资金共7.36亿元。

（四）支持学前教育发展，继续解决“入园难、入园贵”问题

预算安排3亿元重点扶持欠发达地区发展学前教育，积极争取中央学前教育奖补资金3.91亿元，继续解决“入园难、入园贵”问题。

（五）实施强师工程，提升全省师资水平

2012－2016年，安排26亿元设立强师工程专项资金，对全省学前教育阶段至高等教育阶段的教师队伍建设给予支持，推进教师教育体制机制创新，提升教师队伍专业素质和能力。

（六）建立健全困难学生资助体系

一是对学前教育家庭经济困难儿童资助标准为每人每学年不低于300元，资助比例不低于在园儿童的10%，2013年安排资金预算0.84亿元。二是对农村困难家庭义务教育阶段学生分两类安排生活费补助，一类是按困难学生人数20%的比例界定为特殊困难学生，生活费补助标准为：小学每生每学年500元，初中每生每学年750元；另一类是其余80%的学生（含小学、初中）按每生每学年200元的补助标准给予补助。2013年对义务教育阶段和中职学生生活费补助资金2.68亿元，全省100万名农村贫困学生受惠。三是从2013年秋季学期起，对中职一、二年级所有涉农专业学生和非涉农专业家庭经济困难学生每生每年资助1 500元。2013年安排下达财政资金0.81亿元。四是普通高中国家助学金资助标准为每生每年1 500元，按学年发放，2013年省财政共安排资金预算2.1亿元。五是自2007年起逐步建立起普通高校和高等职业学校家庭经济困难学生资助政策体系，包括设立学生助学贷款贴息专项、落实国家助学金、国家励志奖学金、国家奖学金、学费补偿和国家助学贷款代偿、高校毕业生到农村从教上岗退费等政策，并从2012年开始设立家庭经济困难大学新生资助专项资金。2013年，共安排困难学生奖助学金9.3亿元，确保家庭经济困难学生顺利就读普通高等学校，切实保障困难群体子女的受教育权。

二、加强科技经费管理，推动科技创新发展

（一）合理安排科技经费

2013年，省财政预算安排省自然科学基金9 800万元（比2012年增加2 000万元）、自然科学联合基金3 500万元、科学事业费1.9亿元，支持科研机构开展基础研究工作，提升基础研究实力；安排省实验室体系建设专项资金8 000万元，用于新建省重点实验室、实验室对外开放运行以及配套建设国家重点实验室，有效促进省重点实验室建设步伐；安排省部院产学研合作专项资金6亿元，促进有关部属高校、中科院及所属科研机构与广东省优势企业联合搭建科技创新研发平台，共建产学研结合基地，提升广东省产业竞争力和促进转型升级；安排知识产权专项资金7 253万元，有力推动全省开展知识产权保护、宣传工作，鼓励发明创造，资助向外国申请专利，组织实施知识产权战略工作。安排科普惠农兴村专项资金256万元，支持推广科技普及，提高农民科学素质。

（二）调整科技专项资金结构

对现有科技资金进行梳理整合和归并，调整财政资金投入方向和比例结构，分别对应知识创新、技术创新、转化应用和环境建设四大创新链环节，在减少专项资金设立数量的同时，提高财政资金使用效益。

（三）优化科技专项资金使用方向

加大省财政科技资金对基础研究的投入力度，引导各方资源向基础研究领域倾斜，逐步补强基础研究薄弱、原始创新乏力的短板，同时加大对基础性、公益性科研平台的支持力度。

（四）探索多种形式的资金投入方式

坚持市场化的改革方向，充分发挥市场在资源配置中的决定性作用，改变现有财政资金“事前项目补助”的单一方式，探索以科技金融为主的引导性投入，以及后补助、以奖代补、合同补贴等具有较为明确、客观标准的补助方式，实现有偿与无偿、事前与事后、立项与不立项相结合，通过与风投、创投、信贷、保险的组合配套，发挥财政资金的杠杆作用，引导多方资金参与支持科技创新。

（五）加强科技资金监督管理

2013年，根据省领导批示精神和《广东省省级财政专项资金管理办法》的有关规定和要求，联合省科技厅对财政科技专项资金进行深入改革规范管理，强化对财政科技创新资金投入的动态监管，完善决策、执行、监督三方协作制约的科技项目管理模式，形成相互约束、相互制衡的机制，严格审计、绩效评价，保证财政资金的使用效益。

三、调整优化支出结构，推动文化强省建设新跨越

（一）推动公共文化服务体系建设

一是加快基层公共文化服务设施建设。安排专项资金1.9亿元，采取以奖代补方式，对建设达标的12个地级市数字图书馆、65个县级图书馆、文化馆、博物馆、600个乡镇综合文化馆、1 708个行政村（社区）文化室给予补助。二是全力支持全省公共文化设施免费开放。安排专项资金320万元，支持广东美术馆、省立中山图书馆实行免费开放。安排免费开放奖补资金7 319万元，按照县级馆每个20万元、乡镇综合文化站每个5万元的补助标准，分类分档对全省经济欠发达地区的83个县级图书馆、91个县级文化馆、1 063个乡镇（街道）综合文化站免费开放给予补助。三是继续实施“2131”农村电影放映工程。安排补助

资金3 894万元，按200元/场的标准对欠发达地区16 222个行政村放映电影给予场次补贴，实现一村一月一场电影的目标，切实解决广大农民“看电影难”问题。四是推进农村广播电视无线覆盖工程。安排专项资金1.15亿元，解决全省24.68万户广播电视覆盖盲村盲点、有线电视网络未通达收听收看国内广播电视节目问题。五是支持开展群众文化活动，新增安排群众文化活动专项资金5 500万元，有效推动全省群众文化活动蓬勃开展、丰富群众文化生活，安排文化协管员专项资金2 500万元，用于全省经济欠发达地区16 815个行政村开展文体活动，促进全省农村文化体育事业发展。六是加强文物保护及非物质文化遗产保护工作。安排全省文物保护、文物维修抢救、非物质文化遗产保护专项资金和省博物馆文物征集经费共5 668万元，运用现代科技手段开发利用地方区域历史文化丰厚资源，加强全省文物保护和非物质文化遗产保护工作。

（二）加快现代文化产业体系建设

一是扶持文艺精品创作。安排扶持文艺精品创作专项资金7 902万元，用于扶持和打造一批文艺精品佳作，提升广东文化辐射力和影响力。二是支持省级文化产业发展。安排省级文化产业发展专项资金4.07亿元，重点引导和扶持平面传媒业、广播影视业、动漫制作等文化产业项目，支持特色文化产业做大做强，打造具有国际竞争力的现代文化产业体系。三是支持有线广播电视网络和新华书店改革重组。安排贷款贴息资金9 943.25万元支持省网络公司长足发展，安排专项资金7 500万元，用于全省新华书店改革重组。四是安排文化走出去专项资金2 801万元，用于开展对外文化交流，扶持和推动文化产品“走出去”，提升广东文化形象，增强广东文化国际影响力。

（三）加强文化强省建设重点项目资金管理

会同宣传文化部门重点对省级文化消费、文化产业、文化人才等文化强省建设重点项目专项资金，按照省级财政专项资金管理办法的规定，加强对项目组织申报、项目评审审批、资金拨付及管理、信息公开、监督检查和绩效评价的全过程管理。

四、落实人口计生经费，建立计生利益导向机制

（一）落实农村部分计划生育家庭奖励政策

下达专项补助经费5 876万元，用于欠发达地区农村计划生育家庭奖励经费补助，全省计划生育奖励受益对象达11.9万人。不断完善农村部分计划生育家庭奖励扶助制度，经报省政府批准，建立农村部分计划生育家庭奖励标准动态调整机制，自2014年1月1日起全省农村部分计划生育家庭奖励标准从现在的每人每月不低于80元提高到每人每月不低于120元，调整标准所需经费由省级和地方财政按现行分担比例分别纳入年度财政预算。为此，省财政每年分担经费约需9 184万元，比原负担经费5 600万元增加3 484万元。

（二）推动基层计划生育服务网络建设

安排计划生育专项资金1.24亿元，用于基层计划生育站所建设和服务设备购置、计生宣传教育、计生信息网络建设、流动人口管理和技术服务、性别比综合治理等补助。

（三）完善计划生育家庭特别扶助制度

下达专项补助经费257.58万元，用于欠发达地区实施计划生育家庭特别扶助补助。安排计划生育手术并发症人员特别扶助经费111.58万元，将计划生育手术并发症人员纳入特别扶助范围，对欠发达地区开展该项工作给予补助。

（四）支持全省开展免费孕前优生健康检查工作

下达专项资金3 701万元，对欠发达地区开展免费孕前优生健康检查工作给予补助。

（五）支持免费提供避孕、节育技术服务政策

为贯彻中央关于落实向农村实行计划生育的育龄夫妻免费提供避孕、节育技术服务政策，支持欠发达地区开展此项工作，2013年省财政安排专项经费6 375万元，对基层开展计划生育免费技术服务给予专项补助。

五、加大对人才投入，推动实施“人才强省”战略

（一）支持引进高层次人才

安排引进创新科研团队和领军人才专项资金8.5亿元，用于资助广东引进第四批创新科研团队和领军人才。增加“国家千人计划”入选者资助资金，在原预算规模每年2 700万元的基础上增加2 300万元，即从2013年起每年预算安排“国家千人计划”入选者资助资金5 000万元。拨付博士后专项经费6 485万元，用于引进博士后的工作生活补贴。拨付引进海外人才工作经费475万元，用于资助引进急需的国（境）外经济、技术、文教、管理等方面的高级专家、海外留学回国人员、省组团赴国外招聘高层次人才公共费用、资助引进和推广国（境）外科技智力成果等。

（二）加大人才培养力度

继续安排百名南粤杰出人才培养工程专项资金2 700万元，用于每年培养15名有实力竞争两院院士的优秀人才，对入选两院院士给予资助等。新增安排“国家特支计划”入选者资助经费3 000万元。根据中央组织部等11部门《国家高层次人才特殊支持计划》的有关规定，从2013年起省财政对广东入选“国家特支计划”的人才，按照1∶1比例给予配套资金支持。新增设立“广东特支计划”专项资金1.07亿元，支持九类人才培养。

（三）支持欠发达地区人才发展战略

围绕省委、省政府加快粤东西北地区振兴发展的战略部署，为支持粤东西北地区招才引智、培养人才、用好人才，推动粤东西北地区人才工作扬帆启航、经济社会加快发展，2013年省财政安排专项资金1.15亿元，推动实施粤东西北地区人才发展帮扶计划（扬帆计划），在2012年实施的粤东西北地区“竞争性扶持市县重点人才工程”项目基础上增加粤东西北地区“引进创新创业团队和紧缺拔尖人才”、粤东西北地区“培养两高（高层次、高技能）人才”两个项目。

六、加大投入，做好体育事业经费保障工作

安排参加第十二届全运会2013年省级备战经费5 620万元等专项经费，有力地保障了全省体育事业发展需求，推动省级体育事业发展。

七、做好重点档案保护和档案馆建设工作

安排欠发达地区2013年档案抢救费190万元，档案馆达标建设补助资金1 712万元。

八、完善管理制度，改进资金分配，加快支出进度

（一）建章立制，制定专项资金管理办法

对新设立的专项资金，分别制定专项资金管理办法。2013年，先后制定《广东省宣传文化人才专项资金使用管理暂行办法》、《广东省强师工程专项资金管理办法》、《广东省普通高校研究生国家奖学金管理暂行办法》、《广东省基础教育创强奖补专项资金管理办法》、《广东省少数民族聚居区少数民族大学生资助专项资金管理办法》、《广东省家庭经济困难大学新生资助专项资金管理暂行办法》、《科技惠民计划专项经费管理办法》等专项资金管理办法。

（二）规范资金分配的管理，确保资金安全

推进专项资金按照因素法或竞争性等方式进行分配，最大限度压缩自由裁量权和权力寻租空间。通过发布项目申报指南、组织专家评审等过程，加强分配监督管理，加强与教育、科技、文化、宣传、组织等业务主管部门沟通商议，做到资金分配规范、透明。

（三）建立预算执行台账，加快资金支出进度

将教科文处所有资金列入台账，每月监控支出进度，不断加快支出进度，提高资金使用效益。

（教科文处供稿，冯国维执笔）

财政工贸发展工作概述

2013年，工贸发展处紧紧围绕财政中心工作，服务全省财政改革发展大局，充分运用财政政策杠杆引导作用，促进产业转型升级、加强环境生态保护、抓好民生政策实施、推进产业园区扩能增效、强化财政业务改革创新，推动工贸发展工作再上新台阶。

一、运用财政政策手段支持产业转型升级

（一）支持改造提升优势传统产业

一是采用因素法分配结构调整专项资金3.6亿元，由地市（含财政省直管县）结合实际选择1个优势产业进行集中扶持，促进地方优势特色产业加快发展。二是安排工业设计发展专项资金3 000万元，支持工业设计基础研究、数据库建设、工业设计研发创新、成果产业化、信息化技术应用及公共设计服务平台建设。三是安排信息产业发展资金2.25亿元，重点支持企业运用信息技术改造生产方式、组织结构和管理模式。四是安排省级企业技术中心专项资金8 000万元，支持建设技术创新平台。

（二）支持重点发展战略性新兴产业

一是完善战略性新兴产业发展专项资金使用方式，调整战略性新兴产业政银企合作专项资金支持范围，加大对战略性新兴产业公共创新平台支持力度。二是加强与省属金融投资公司的沟通与合作，加快战略性新兴产业再担保资金、创业风险投资资金拨付使用，推动高技术产业特别是战略性新兴产业发展。三是落实国家战略性新兴产业扶持政策。研究制定省级财政新能源汽车补贴政策，推进珠三角公交电动化。

（三）支持发展现代服务业

一是安排省级现代服务业发展引导专项资金1.3亿元，支持符合国家和省的服务业发展战略重点建设项目。二是安排资金近1.7亿元支持“广货网上行”和广东产品全国行活动，帮助企业开拓市场。三是安排省级电子商务发展专项资金1亿元，支持广东省标杆电子商务企业发展、电子商务平台建设等。四是安排3 500万元支持供销合作社服务体系改造，安排平价商店建设专项资金1亿元，促进流通领域改革发展。五是统筹使用中央结余资金和预拨资金共7 000多万元，引导培育大型商贸流通企业参与“万村千乡市场工程”。六是安排“农超对接”专项资金5 000万元，支持“农超对接”物流基础设施、销售终端建设。

（四）大力支持中小企业发展

一是安排中小企业发展专项资金2.5亿元，支持中小企业技术改造和技术创新。二是支持专业镇中小微企业服务平台建设，完善专业镇中小微企业服务体系。三是争取国家中小企业发展专项资金、中小企业信用担保体系建设资金、地方特色产业中小企业发展资金约2.5亿元，支持中小企业发展。四是支持办好第十届中国国际中小企业博览会。省财政定额补助3 000万元，并用好中央财政中博会摊位补助资金，支持搭建中小企业展览、服务平台。

二、发扬改革创新精神落实各项改革任务

（一）深化国有资本经营预算改革

一是推动建立全口径预算监督机制，2013年省级国有资本经营预算正式报省人大审批，全年实际完成国有资本经营预算收入16.86亿元，支出14.64亿元。二是制定《广东省省级国有资本经营预算试行办法》、《广东省省属企业国有资本收益收取管理暂行办法》及省级国有资本经营预算支出项目绩效评价制度，建立覆盖国资预算收支管理的“2+1”管理制度。三是深化2014年省级国有资本经营预算编制改革，细化预算编制至项级科目，并增加情况说明。四是会同省国资委将省属国有企业利润收缴比例从10%提高到15%。

（二）推进经营性资金股权投资管理改革

一是制定《关于省财政经营性资金实施股权投资管理的意见（试行）》和《省财政经营性资金实施股权投资管理操作规程》，为开展股权投资改革奠定制度基础。二是报省政府批复同意，明确2013年实施股权投资管理试点三大类17项资金，合计203.72亿元。三是按程序确定省财政经营性资金形成股权的候选受托管理机构。四是通过竞争性方式确定首批共8家资产评估机构承担财政经营性资金股权价值评估工作。

（三）探索实施专项资金基金化管理改革

一是出台实施战略性新兴产业创业投资引导基金管理办法。二是整合省财政战略性产业发展专项资金、省战略性新兴产业核心技术攻关专项资金等，研究设立战略性新兴产业发展扶持基金。

（四）完善财政资金使用管理方式改革

一是在专项经费安排中引入因素法、据实贴息、以奖代补等科学分配办法，进一步提高资金分配科学性。二是研究整合部分使用较为分散的专项资金，组织开展相关领域的重大项目示范，优选重点支持方向。三是创新财政资金使用管理理念。财政资金支持对象转向公共服务平台、信息共享平台；使用方式转向有偿回收、循环利用；管理模式转向市场化运作、基金化管理。

（五）研究制定促进珠三角转型升级的财税政策建议

草拟《关于扶持珠三角地区转型升级财税政策的意见（稿）》，研究综合运用财税政策手段，支持提升产业发展水平，增强企业核心竞争力，提升珠三角带动粤东西北乃至辐射全国的能力。

三、大力支持节能减排和生态环境保护

（一）研究制定“十二五”后半期节能减排重点财政政策

研究安排高效电机节能资金9.5亿元、重点减排资金24亿元，整合安排节能循环经济专项资金2.8亿元；落实财政资金引导作用，配合部门推进淘汰落后产能工作；支持开展电力需求侧城市综合试点。

（二）大力支持农村环境保护工作

一是支持农村生活垃圾处理设施建设。2013年拨付省农村垃圾处理设施建设资金2.6亿元，同时，调整省治污保洁专项资金使用方向，为69个经济欠发达县（市、区）配置封闭式垃圾转运车。二是开展农村环境连片整治示范试点。2013年安排农村环境连片整治示范资金5 000万元，支持5个农村环境连片整治示范试点县。

（三）加强水污染治理和环境保护

一是安排省级环保专项资金、水质保护专项资金等，支持集中式饮用水源地保护及环境综合整治。二是安排省重金属污染防治专项资金，重点支持列入《广东省重金属污染防治规划》的重金属污染治理项目。

四、贯彻落实服务民生、服务基层的各项政策

（一）完善种粮直补和储备粮（油）管理

一是加快种粮直补、农资综合直补兑付进度，全年共兑付种粮直补资金2.55亿元，农资综合直补24.12亿元。二是配合做好我省农户科学储粮专项建设工作，为全省24万户农户提供简易储粮仓。三是做好驻粤部队粮油供应的财政财务工作。四是举办9场省级储备粮公开竞价交易会，采购销售储备粮30.5万吨。五是做好油价补贴发放和兑付。2013年发放兑付2012年度油价补贴资金80.25亿元，预拨2014年度油价补贴资金30.92亿元。

（二）做好“家电摩托车下乡”等清算工作，促进消费惠及百姓

一是做好“家电摩托车下乡”清算工作，全省共发放家电和摩托车两类下乡产品财政补贴资金30.27亿元。二是做好老旧汽车报废更新工作，向中央申请预拨老旧汽车报废更新财政补贴资金。

（三）妥善处置企业改革改制遗留等问题

一是及时审核安排政策性关闭破产企业关闭费用。二是做好企业改革相关工作，审核拨付国有企业中小学、职教幼教退休教师补助、新广国际重组资金约11亿元。三是加强燃气燃油加工费管理，安排9.44亿元用于省内9E、9F发电机组发电。

（四）支持安全生产和地质灾害防治

一是安排安全生产专项资金1.1亿元，支持全省安全生产建设。二是拨付省级地质灾害防治专项资金6 440万元、中央特大地质灾害防治专项资金6 551万元，支持地质灾害防治、应急处理。

（五）积极争取中央财政对基层及企事业单位的扶持政策

一是组织东莞市、韶关市竞争性遴选国家节能减排财政政策综合示范城市，争取中央财政资金24亿元，新丰江水库竞争性遴选国家江河湖泊生态环境保护试点项目，预计争取中央财政资金6亿元。二是拨付中央节能产品惠民工程资金、金太阳示范工程和光电建筑应用示范补贴、可再生能源电价附件补助等60多亿元，支持推广超过1 000万台高效节能家电。三是争取中央服务业资金等超过4亿元，加快流通业、电子商务发展，支持广告园区建设等。四是争取国家工业转型升级公共服务平台资金7 910万元、高技术产业发展项目资金1亿元。五是争取国家战略性新兴产业集聚发展试点资金3亿元；在物联网、卫星应用、智能装备制造、蛋白类生物药及疫苗通用名化学药等领域争取中央资金8 150万元。

五、落实省级产业园区扩能增效财政措施

（一）继续实施产业转移“再推一把”扶持政策

一是拨付省市用于支持重点产业发展的贷款贴息等资金1.3亿元。二是安排0.9亿元，用于奖励考核获优秀的

省产业转移园。三是安排1亿元用于奖励考核排名前两位的珠三角市。四是拨付第三批专业性产业转移工业园资金1.6亿元。五是继续安排产业转移工业园外贸发展专项资金。六是制定《关于建立产业转移合作共建共享长效机制的意见（稿）》，鼓励珠三角和粤东西北地区实行产业转移园建设共建共享，探索建立产业转移合作长效机制。

（二）研究制定推进产业园扩能增效财政扶持政策

制定《广东省产业园基础设施建设扶持资金管理办法》、《广东省产业园招商选资奖励资金管理办法》、《广东省产业园区加快产业集聚发展奖励资金管理办法》、《广东省产业园企业创新专项资金管理办法》等，支持园区基础设施建设，鼓励园区招商选资、产业集聚发展、企业创新等。

（工贸发展处供稿，姚林执笔）

农业财政管理工作概述

2013年以来，进一步加大财政支农投入，积极落实完善各项强农惠农富农政策，全面推进农业财政科学化精细化管理，不断提高农业财政工作水平和支农资金使用效益，努力为统筹城乡发展、建设和谐社会提供物质基础和体制保障。

一、继续加大“三农”财政支持投入力度

2013年，按照《中共中央　国务院关于加快发展现代农业进一步增强农村发展活力的若干意见》要求，抓住继续实施积极财政政策的机遇，进一步调整财政支出结构，切实增加财政支农投入，确保财政支农投入增量和比例均有增长。2013年，省级“三农”投入预算安排数为466.22亿元（其中：公共财政预算安排398.89亿元，基金预算安排67.33亿元），比2012年年初预算安排399.63亿元增长16.66%。

在加大投入的基础上，继续调整财政支农支出结构，推动资源要素向农村配置，突出生产发展、基础设施建设、社会事业、生态建设和劳动力素质提高五个支持重点，确保做到“三个优先”。即财政支出优先支持农业农村发展；预算内固定资产投资优先投向农业基础设施和民生工程；土地出让收益优先用于农业土地开发和农村基础设施建设。同时，注重发挥财政支农政策的导向功能和财政支农资金“四两拨千斤”的作用，通过资金整合、财政贴息、以奖代补、以补促建、以补代投和竞争性分配等方式，调动各级政府和社会各有关方面投入“三农”的积极性，鼓励、引导和带动社会资本参与农村经营性基础设施、公用事业以及相关配套设施建设，形成以政府投入为引导的多元化“三农”资金投入机制，为农业和农村持续发展提供有力的资金支持。

二、继续大力支持农业农村基础设施建设

（一）着力改善农业基本生产条件

2013年，省财政安排基本农田保护经济补偿省级补助资金11.26亿元，按30元/亩的标准对承担基本农田保护的单位予以补偿（其中部分地区按50%标准执行）。在此基础上筹集资金安排50.48亿元支持全省建设400万亩高标准基本农田，以农村土地整治为平台，有效增加耕地数量和提高耕地质量，优化土地资源要素配置，改善农村生产生活条件，增加农民收入，增强粮食安全保障能力，促进农业现代化和统筹城乡发展。

（二）着力支持农村基础设施建设

2013年，省财政认真贯彻落实中央和省委、省政府的决策部署，加大财政投入支持农村基础设施建设，支持农业生产和农村经济社会发展。一是2013年安排约55亿元，在继续推进韩江粤东灌区改造、湛江鉴江供水枢纽、高州水库灌区改造等一批重点水利项目建设的同时，积极实施农田水利万宗工程、千宗治洪治涝保安工程、千里海堤加固达标工程、村村通自来水工程、最严格水资源管理等民生水利五项工程建设。二是安排新农村建设专项资金约3.67亿元，其中：现代农业科技创新、推广与信息化建设专项资金1.69亿元、农业生产与农产品质量安全体系建设专项资金1.976亿元，支持农业科技推广、农村沼气、农（渔）产品质量安全体系建设、农民专业合作组织建设、植物病虫害防控等各项农业生产事业发展。三是2013年，省财政安排10亿元，对10万户农村低收入住房困难户每户补助1万元，市县每户补助不低于5 000元，大力支持贫困户解决“住有所居”问题；安排资金约1.5亿元，支持广东省约1.5万户不具备生产生活条件贫困村村庄农户的搬迁安置工作。四是为提高农村路网基础水平，改善农村交通条件，根据社会主义新农村建设和农业发展要求，以地方的实际需要和支撑能力为主要依据，从2010年起根据社会主义新农村公路建设需求基础上，稳步推进社会主义新农村公路建设，进一步完善农村路网。对2009年12月底前经验收合格并通过媒体公示宣布完成农村公路建设任务的地级以上市，每年按照全省5 000公里左右的规模安排社会主义新农村公路建设资金补助7.5亿元。

（三）着力加强林业生态建设

2013年，安排生态公益林效益补偿资金约10亿元，将补偿标准从2012年的18元/亩提高到20元/亩，安排森林碳汇重点生态工程6亿元、生态景观林带建设资金1.5亿元、森林防火工程建设资金3 000万元、水源涵养林工程建设资金4 500万元，不断加大林业生态保护力度。

三、继续支持农业生产，建立现代农业产业体系

（一）着力强化农业补贴政策

2013年，共下达种粮补贴资金26.7亿元，将2013年农资综合直补标准调高到74元/亩，相对2011年提高18

元/亩；同时下达2013年中央农作物良种补贴资金约4.98亿元。

（二）着力构建现代农业产业体系

2013年，省财政统筹整合省级农业基础设施建设建设专项资金约3亿元，从竞争性分配方式大力推进省级农业示范区建设；安排农业经营主体建设资金约1.5亿元，通过贷款贴息和创新“政银保”方式，统筹支持龙头企业、农民合作社等农业经营主体建设，提高广东省农业产业水平。

（三）着力加大农业综合开发力度

2013年，广东省农业综合开发项目共安排中央财政资金56 738万元、省级财政配套资金40 195.7万元，省级专项资金8 000万元。一是国家农业综合开发存量资金土地治理项目投入中央财政资金38 966万元，省级财政资金31 571.7万元，建设现代高标准农田示范工程和中低产田改造项目96个，科技推广项目23个，计划建成旱涝保收、高产稳产的现代标准农田62.98万亩，改善农田基础设施和生产条件，推广农业新品种、新技术，提高农业综合生产能力，促进农业增产、农民增收。二是国家农业综合开发增量资金投入中央财政资金1 000万元，省级财政安排资金800万元，经公开竞争评审，指标分配给2个高标准农田示范项目，建成高标准农田1.54万亩。三是国家产业化经营财政补助项目投入中央财政资金12 152万元，省级财政资金4 064万元，扶持农业产业化龙头企业及农民专业合作社93家（次），建设一批优势农产品种养基地、储藏保鲜设施和批发市场，促进农业产业结构调整优化。四是国家农业综合开发农口部门项目投入中央财政资金4 620万元，省级财政安排资金3 760万元，建设林业部门油茶项目15个。

（四）着力建设现代渔业

2013年，安排海洋渔业科技与产业发展专项资金4 750万元、广东海洋经济综合发展资金25 000元、渔民转产转业议案（第二阶段）资金12 800万元、深水网箱建设资金2 500万元、水产品良种体系建设资金2 000万元，切实加快发展海洋经济和现代渔业。

（五）着力支持政策性农业保险事业

2013年，安排政策性农（渔）业保险补贴资金共约1.6亿元，统筹支持政策性能繁母猪、水稻、渔业保险。同时，推进水稻保险提标扩面工作，并新增玉米、马铃薯、花生、甘蔗、奶牛5个补充项目备选品种，在高州市推进生猪保险结合病死猪无害化处理试点，进一步健全政策性农业保险制度，提高农业安全保障水平。

四、继续支持农村社会经济发展

（一）大力支持农村综合改革

根据省政府《关于推进山区县农村综合改革指导意见的通知》部署，2013年继续安排约1.5亿元补助资金，充分发挥财政激励政策引导效应，继续推进农村综合改革深入开展；争取中央补助资金3 000万元，推进广东省农村综合该改革示范试点工作。2013年，中央和省财政共安排村级公益事业一事一议财政奖补资金6.46亿元，在全省全面推进一事一议财政奖补工作。

（二）大力支持名镇名村示范村建设

根据省政府《关于打造名镇名村示范村全面提升社会主义新农村建设水平的意见》有关精神，2013年继续安排资金1.5亿元，并与省级幸福村居创建资金3 000万元整合为幸福村居建设专项，统筹用于补助欠发达地区名镇名村和幸福村居建设。

（三）大力推进广东省扶贫开发“规划到户责任到人”工作

在已顺利完成第一轮扶贫开发“规划到户责任到人”工作的基础上，省财政继续支持广东省新一轮扶贫开发“规划到户责任到人”工作，将1 696个省直和中直驻粤单位帮扶及欠发达地区市、县（市、区）自身帮扶的重点帮扶村划分为3档，由省财政安排补助引导资金，分别按90万元、75万元、60万元的标准，对各档次的重点帮扶村给予补助（属于原中央苏区县或少数民族自治县的重点帮扶村按每村100万元安排）；安排21个扶贫重点县每县500万元补助资金（其中少数民族自治县每县按600万元安排）。2013年，按要求分别下达补助到村、县资金的50%、60%，共计7.5亿元。

（四）大力推进广东省农村基层组织工作经费保障制度建设工作

继续贯彻落实省委办公厅、省府办公厅《关于建立稳定规范的农村基层组织工作经费保障制度的意见》，一是将欠发达地区贫困村干部补贴逐步提高到人均每月不低于1 300元。在此基础上，对村支部书记、村委会主任按人均每月100元给予通讯费补贴。二是采取固定补助与一次性补助相结合的方式，逐步建立离任村干部生活补助制度（由市县财政负担）。三是对欠发达地区贫困村，由各级财政共安排3万元/年的办公经费补助。

（五）大力推进广东省欠发达地区小额贷款拓展和扩大贫困村互助金试点工作

根据省委、省政府的统一部署，省财政安排资金用于扩大贫困村村级互助金试点、欠发达地区开展贫困户小额贷款担保贴息资金补助。为解决中小微企业和涉农贷款难、贷款贵问题，2013年省财政安排5 000万元建立小额贷款风险补偿专项资金，对小额贷款公司当年涉农贷款余额给予适当贴息补助，对小额贷款公司涉农贷款发生的损失等给予适当的风险补偿。

（六）大力支持农村劳动力转移

为加快提升广东省劳动者职业技能水平，促进劳动者稳定转移就业，根据《印发广东省区域劳动力转移规划（2012－2020年）的通知》，2013年省财政安排专项资金5亿元，专项资金用于开展劳动力培训转移就业的技能晋升培训补贴、“圆梦计划”补助，以及在保障当年技能晋升培训补贴的情况下，报经省政府批准后，在下一年度与绩效挂钩通过竞争性分配用于技工院校与产业园区合作的培训项目、品牌培训项目、创业培训补贴、职业（工种）开发、人力资源调查与政策宣传、培训设备设施购置支出。

五、继续做好支持救灾复产重建等应急管理工作

面对广东省接连遭遇特大暴雨及“尤特”、“天兔”强台风袭击的严峻灾情，省财政第一时间作出响应和行动，相关处室加强与部门沟通，落实资金筹措，牵头提出一揽子救灾复产重建方案，全力以赴支持各项救灾复产重建工作，分别安排“5·18”特大暴雨、强台风“尤特”和“8·16”特大暴雨、强台风“天兔”、“9·29”南沙渔民协会生产渔船遇险事件救灾复产资金2.82亿元、12.26亿元、5.04亿元、0.3亿元，共计20.42亿元。按照突出重点、统筹兼顾的原则，在资金安排方面将生活救助、全倒户恢复重建、水毁交通基础设施、灾毁水利基础设施、灾毁基本农田垦复、地质灾害防治等项目作为重点予以支持。为提高救灾资金使用效益，省财政创新救灾复产重建资金的拨付方式，即存量资金按专项资金原有的安排方式下达，财政新增资金按一般性转移支付方式分期下达，受灾市、县可按轻重缓急的原则由地方在落实好重点救灾项目资金后，其余可调剂使用于其他救灾用途。同时，派专人参加救灾扶贫资金检查督导工作，督促市县政府加强救灾资金管理，严防救灾资金被挤占、挪用，提高救灾复产重建资金效益。

（农业处供稿，于涛执笔）

基本建设财政财务管理工作概述

2013年，经济建设处强化财政投资基建项目支出执行管理，不断提高财政经济建设规范化、科学化、精细化管理水平，较好完成各项工作任务。

2013年，经济建设处累计下达预算指标182.40亿元，审核拨付资金166亿元，整体预算执行率约91%，与2012年的88%相比，进一步提高3个百分点，2013年预算执行进度明显提高。

一、严格控制党政机关楼堂馆所建设，大力弘扬艰苦奋斗精神和勤俭节约优良作风

省委、省政府高度重视严控党政机关楼堂馆所建设工作，根据中办发〔2013〕17号、粤办发〔2013〕20号文件精神，广东省开展了整治违规修建楼堂馆所等专项行动。根据省委、省政府和厅党组的决策部署，经济建设处高度重视，迅速部署，充分发挥财政监管职能，采取一系列有力措施，积极配合省发展改革委等部门开展整治违规修建楼堂馆所专项监督检查工作。具体措施包括：一是严格履行基建审批把关职能，对涉及使用财政性资金的新建、扩建、改建、迁建、购置楼堂馆所申报项目，一律停止审核。二是对已批准但尚未开工建设的楼堂馆所项目，一律停建，并相应调整资金用于其他民生项目。截至2013年12月31日，省财政已回收4.16亿元基建项目资金用于改善民生项目支出。三是严格控制办公用房维修改造项目。严格控制建设规模和建设标准，严禁豪华装修。四是对擅自扩大项目建设规模、提高建设标准、突破投资概算的项目一律不予追加安排财政资金。五是严格公共财政预算管理，对未按规定履行审批手续的项目，一律不下达预算、不拨付资金。六是把楼堂馆所建设和维修改造项目实施情况作为预算公开的重要内容，接受社会监督。七是建立健全长效机制。印发《关于全省各级财政部门做好停止新建楼堂馆所和规范办公用房管理有关工作的通知》，进一步强化预算管理和财政监督。八是配合省发展改革委组成联合检查组，赴有关地市、省直有关单位开展整治违规修建楼堂馆所专项行动落实情况实地检查，确保严控楼堂馆所建设工作落到实处。

二、全力保障重要基础设施建设，助推广东省经济社会区域协调发展

围绕促进区域协调发展的中心任务，为顺利推进重点项目特别是重大交通基础设施建设，贯彻落实省政府《加快推进重要基础设施建设工作方案（2013－2015年）》精神，积极配合省有关部门，研究政策措施，科学筹集调度资金，做好珠三角城轨、国铁干线、疏港铁路、机场建设、港珠澳大桥等重点项目资金筹措及拨付工作，加强资金跟踪监管，确保广东省重要基础设施建设工作顺利实施。一是建立工作沟通机制，定期与省发展改革委、省铁投、省机场管理集团等相关部门进行情况沟通，及时掌握最新工作情况。二是积极筹措重点项目建设资金。做好项目省级资本金需求的测算工作，并结合资金需求及财力可能，按照分清轻重缓急、优先保障在建及急需开工项目的原则提出资金安排建议。根据省政府已批复的筹资方案，省财政2013－2017年计划新增安排轨道交通项目省级资本金250亿元，为轨道交通建设提供有力支持。三是及时安排拨付国铁干线等项目省级资本金31.12亿元，保障省级出资需求，增强项目投资公司融资能力，确保广东省重要交通基础设施项目资金供应持续稳定。四是积极协助省铁路建设投资集团审核拨付国铁干线项目征拆资金14亿元以及办理国铁干线二期及珠三角城轨统筹贷款46.48亿元，保障征地拆迁资金及时到位，有力推进国铁干线及珠三角城际轨道交通项目建设。五是积极参与国经公司项目融资方案的研究制定，创新轨道交通项目投融资体制，探索社会资本参与、省市共建的轨道交通项目投融资新模式。六是积极探索建立重点项目廉政建设工作新模式。积极配合省纪委，派员专人现场驻点参与港珠澳大桥工程廉政工作领导小组办公室日常监管工作，创新重点项目工程廉政建设工作模式。

三、切实加快基建项目预算执行进度，进一步规范项目管理

进一步增强抓支出的主业意识，研究采取针对性措施，

加强对政府投资基建项目预算执行各环节的督导，切实提高项目预算执行率。一是全盘梳理，建立台账。通过对全处历年经管项目进行全盘梳理，针对每个项目的具体执行情况，按照“一部门一对策、一项目一对策”的原则，研究提出进一步加快预算执行的七种类型对策措施，每半年向厅领导报告项目执行情况，建立加快预算执行工作的长效机制，得到厅领导的充分肯定。二是及时分解，加快拨付。在全面梳理掌握情况的基础上，将全处经管项目资金逐项分解，责任到人，及时分解和下达资金预算，“按预算、按合同和按工程实施进度”审核拨付项目资金。2013年，经济建设处累计下达项目预算指标182亿元，审核拨付项目工程款（含补助市县资金）166亿元，预算执行率达到91%。及时清理以前年度预拨款，2013年共办理16.46亿元预拨款转列支出工作。三是加强沟通，多方督导。通过制发通知、电话沟通、约谈面商、上门督促、实地调研等多种方式，加强与预算单位的沟通。一方面，严格按规定审核支付申请，对于要件不齐、不符合有关规定以及未达到支付进度的，在与建设单位充分沟通后作退回及核减处理。2013年累计核减建设（代建）单位基建支出申请约3 300万元，有效规范了基建资金支出管理。另一方面，加强基建项目工程结（决）算审核，督促建设单位按规定报送审核资料，提高工程结（决）算审核工作效率，加快工程尾款清理支付；对于缺少审核要件，按规定通知单位仍无法补齐的，及时办理书面退审手续；对工程结算审核中发现存在严重违法违规问题且单项工程投资规模较大的工程结算以函件形式告知建设单位并抄送省府办公厅、省监察厅、省发展改革委、省住建厅及建设单位主管部门。2013年，共审定项目工程结算33个，其中以函件形式告知的工程结算7个，占审定工程结算数的13.73%。

四、全力推进民生实事项目，切实提高民生保障水平

通过积极争取中央资金、财政新增预算等方式，多方筹集资金，保障民生项目；同时，充分发挥财政服务职能，形成财政扶持民生工作的长效工作机制。一是争取中央资金支持广东省民生实事项目。2013年，共争取中央当年度预算内投资44.48亿元，其中转下达预算及拨付资金42.67亿元，预算执行率达95.9%，大力支持广东省保障性安居工程、农林水利工程、医疗社保民生工程、保护环境生态等项目建设，为广东省民生项目提供有力的资金保障。二是提高服务意识，推动建立财政扶持民生工作的长效工作机制。充分发挥财政服务职能，通过开展上门调研、座谈等方式，推动形成财政服务民生工作的长效工作机制。在厅领导的带领下，先后赴省直有关部门进行调研，加强与建设（代建）单位以及主管部门的日常沟通，听取部门对财政工作的意见和建议，并对各部门提出的意见建议进行积极回应。三是深入研究，切实推进“省级十件民生实事”项目支出进度。从维护群众利益的高度出发，在确保财政资金安全规范的前提下，与部门同心协力推进民生项目支出进度，通过实地察看、约谈及电话沟通等方式，深入了解每个项目实际情况和存在问题，一一对应提出针对性工作措施，切实加强对经管的省中医院国家中医临床研究基地等6个“十件民生实事”项目的跟踪管理，不断加快工程建设进度，及时安排并拨付建设资金，保障省级“十件民生实事”项目建设资金需求。经济建设处2013年安排省十件民生实事项目预算14 701万元，审核拨付资金13 970万元，执行率达到95.03%。

五、全力推进新疆西藏地区跨越式发展，保障边疆地区长治久安

根据中央新一轮对口支援新疆、西藏有关会议精神，贯彻落实省委、省政府的决策部署，进一步健全和完善资金监管工作机制，全力做好援藏援疆工作。一是进一步规范和完善援藏援疆工作制度体系。作为援藏援疆资金管理和拨付处室，从源头规章制度抓起，协调和配合有关部门，建立健全《广东省对口支援新疆工作资金筹措和使用管理办法》等各项规章制度，进一步规范和完善援藏援疆工作管理体系。二是进一步建立健全援建资金管理长效机制。按照财政部和广东省对口援疆援藏有关管理制度，跟踪监管援疆援藏资金，确保专款专用；积极配合审计部门进行专项资金审计，及时发现和纠正有关问题，指导援疆前方工作队建立、健全有关财务管理制度；协助省有关部门完成支援项目管理暂行办法、工作方案、总体规划中期修订等政策性文件。三是进一步发挥财政管理职能。对援藏援疆项目投资计划调整、资金使用方向、中期评估等进行严格审核把关，结合财政职能研究提出政策建议；配合省发展改革委等有关部门研究进一步推进援藏援疆政策措施；派人赴西藏、新疆参与第六批援藏、援疆项目资金绩效评价工作，并形成专题绩效评价报告向省政府汇报。

六、突出改革创新，不断提升财政管理工作水平

在厅党组的统一部署下，经济建设处积极推进基建项目信息公开、投资评审制度改革及省政府投资项目资金管理系统建设等各项改革创新工作。一是积极稳步推进基建项目预算公开工作。按照《关于试行省级财政专项资金及基本建设项目预算信息公开的通知》的精神，将省政府电视电话会场升级改造项目等9个基建项目纳入2013年试行基建项目预算公开的范围，通过预算信息公开方式，主动接受社会公众对政府投资基建项目的监督，进一步提高预算执行约束力。二是加强改革完善财政投资评审制度研究。联合厅投资审核中心分赴河北等兄弟省份及省内有关市调研，了解各地在政府投资项目投资评审方面的主要做法和相关情况，结合广东省财政投资实际情况，研究提出针对性措施，制定印发《省级财政性投资项目送审事项须知》，进一步理顺项目受理审核业务流程，明确项目概算、预算、结（决）算送审及审核规范要求，提高审核工作效率。三是加快省政府投资项目资金管理系统项目研究开发。切实加快与软件公司的协调督促，经多方共同努力，该系统初步设计基本完成，并已完成了20家试点单位培训，进一步

完善了系统应用功能，确保系统功能健全、安全可靠、操作便捷，为下一步充分利用信息化技术，实现基建项目全过程信息化管理，提高经建工作管理水平奠定基础。

七、突出主题实践，扎实开展群众路线教育活动

根据厅开展党的群众路线教育实践活动的统一部署，经济建设处迅速行动，精心准备，结合财政经建业务实际，认真组织开展教育实践活动。一是加强领导，精心组织。在深刻理解群众路线的丰富内涵基础上，认真制订本支部活动方案，明确责任，全处同志积极参与，坚持做好各项实际工作体现到群众路线落实中。二是统筹兼顾，确保实效。把组织开展教育实践活动与认真做好财政业务工作结合起来，通过召开座谈会、上门走访、发放征求意见表等方式，认真听取部门对财政工作的意见和建议，查找存在的问题和不足，并对存在问题的原因进行深层次的剖析，相应制定整改措施，对各部门提出的意见建议进行积极回应。经研究讨论，形成《经建处领导班子对照检查材料》，并召开高质量的民主生活会。针对存在问题，立行立改，制定《整改方案》，逐一对照落实，促进形成长效工作机制，确保实践活动取得实效。三是着眼长远，建章立制。结合开展群众路线教育实践活动以及本处工作实际需要，研究草拟或修订包括《经济建设处省级基本建设项目财政性资金支付拨款审核规定》等一系列内控制度规范，进一步优化经济建设处日常行政权力运行规范，完善和改进相关业务流程以及内控制度，确保全处规范、安全、高效、顺畅运转。

八、加强调查研究，为下一步财政改革提供决策参考

经济建设处积极参与各项专题调研，为下一步财政改革打下基础。一是积极参与财税体制改革专题调研。为深入贯彻落实党的十八届三中全会精神，进一步深化财税体制改革，按照厅党组的统一部署，在厅领导的带领下，先后赴汕尾、惠州、东莞市及省住建厅、省发展改革委等地方和部门，开展建立事权与支出责任相适应的制度以及改进预算管理制度、建立现代财政制度专题调研。针对各地普遍反映的事权划分不清晰、事权和支出责任不适应等问题，形成调研分报告并相应提出措施建议，为广东省进一步深化财税体制改革提供决策参考。二是加强投资专题调查研究。参加省发展改革委组织的调研组，赴江苏省开展投资专题调研，及时了解兄弟省份在投资领域政策及实际情况，分析对比广东省与江苏省在投资领域的优点和不足，进一步探索促进广东省投资发展的新举措。为下一步探索广东省投融资体制改革，规范 BOT、BT 等政府性债务管理，探索推进公私合作（PPP）模式等打下良好基础。

（经济建设处供稿，朱胜亚执笔）

社会保障财务管理工作概述

2013 年，社会保障处认真贯彻落实党的十八大三中全会精神，牢固树立以人为本、执政为民的服务理念，以建设幸福广东为主线，以保障和改善民生为重点，以加大民生投人力度为途径，圆满完成了财政社会保障的各项工作任务。

一、大力推动底线民生保障工作

（一）着力完善底线民生保障机制

为贯彻省政府关于全面提升底线民生保障水平的决策，积极参与《广东省人民政府关于印发提高我省底线民生保障水平实施方案的通知》的制定工作，明确了从 2014 年起，用 4 年时间力争实现全省底线民生补助标准进入全国前列的目标。

（二）不断完善城乡居民最低生活保障政策制度

按照省政府的要求，省财政厅研究制定全省城乡低保最低标准制度，修订完善《广东省最低生活保障资金管理暂行办法》。2013 年，下达全省低保资会 24.77 亿元。同时，为全省 283.3 万城乡困难群众发放一次性生活临时价格补贴 10.86 亿元。

（三）不断提高农村五保供养补助水平

按照省委、省政府关于农村五保供养工作和重点推进保障和改善民生具体工作的部署，省财政按照农村五保供养标准不低于上年度当地农村居民人均纯收入 60% 的目标任务，不断加大省对农村五保供养资金的补助，2013 年安排经济欠发达地区农村五保供养生活补助资金 4.65 亿元，使地方保障五保对象基本生活与社会经济发展水平保持一致。

（四）不断促进残疾人各项事业全面发展

一是继续安排残疾人生活津贴和重度残疾人护理补贴 1.14 亿元，用于改善残疾人的生活质量，保障残疾人社会保障权益，使残疾人家庭过得更幸福。二是采取竞争性分配方式安排 6 600 万元，对符合条件的经济欠发达地区残疾人服务设施给予扶持，大力改善本省残疾人康复、就业培训、托养、辅具装配等服务水平。三是安排 1 970 万元用于残疾人居家康复服务和残疾人居家无障碍环境改造项目，完成省政府十件民生实事工作任务要求。

（五）不断促进孤儿基本生活保障经费

2013 年，下达全省孤儿基本生活保障经费 2.2 亿元，其中：省级财政安排 1.1 亿元，中央财政安排 1.1 亿元。

（六）不断完善城乡医疗救助制度

为帮助贫困人口解决“看病难，看病贵”问题，2013 年，省财政下达全省医疗救助资金 35 988 万元，用于补助困难地区开展对低保对象、五保户等城乡特困群体的医疗救助。其中，经济欠发达地区医疗救助资金 6 000 万元，省

级福利彩票公益金 10 000 万元，中央安排资金 19 988 万元。

二、实施积极的就业政策，全方位促进就业增长

（一）积极支持就业服务工作

一是安排促进就业专项资金和人力资源市场建设资金 5.25 亿元，用于各类就业扶持对象按规定给予职业培训等补贴，以及加强公共就业服务机构建设，推进职业介绍、职业培训、就业援助等公共就业服务工作。二是制定《关于进一步加强就业专项资金使用管理有关问题的通知》，规范资金管理，提高使用效益。积极参与制定《广东省人民政府关于推进全民创业的意见（政策提纲）》，推动创业带动就业，加快转型升级。

（二）支持开展多层次职业技能培训

一是落实省委、省政府关于推进劳动力转移工作上新台阶的有关部署，安排农村劳动力培训转移就业专项资金 5 亿元，促进劳动力培训从“量”到“质”的转型，提高转移劳动力的素质；安排技校建设经费 2.6 亿元，促进劳动力培训从“大而全”向“精而强”转变，使劳动力培训从学校培训向学校和企业对接培训转变。二是进一步加强省级农村劳动力培训转移就业专项资金的使用管理，会同省人力资源社会保障厅草拟《关于进一步加强省级农村劳动力培训转移就业专项补助资金使用管理有关问题的通知》（送审稿），并报省政府审定。

（三）推进技工教育建设，构建高水准的技能教育体系

一是安排技工学校建设专项资金 1.2 亿元，重点用于加强全国示范性技师学院建设及经济欠发达地区技工学校建设补助，促进以技工学校为主阵地，建立覆盖城乡的职业技能培训体系。二是安排技师学院建设资金 1 亿元，用于技师学院校舍建设、专业建设、师资培训和设备购置等。三是继续对农村贫困家庭子女入读中等职业技术学校、技工学校实行免学杂费和补助生活费，政府按照人均 2 500 元/年的标准给予学杂费补助，并纳入中等职业学校国家助学金体系统一给予人均 1 500 元/年的生活费补助。2013 年，安排 2012－2013 学年技工院校免学费补助资金 5.989 亿元，助学金 1.39 亿元，两项共 7.379 亿元。

三、继续完善社会保障体系建设

（一）完善城乡居民社会养老保险制度，稳步提高待遇水平

认真贯彻《广东省城乡居民社会养老保险实施办法》，整合新农保和城居保制度，增加缴费档次，提高基础养老金标准，建立多缴多得的参保缴费激励机制。将提高城乡居民社会养老保险基础养老金标准纳入底线民生保障范围，城乡居民社会养老保险基础养老金标准从每人每月 55 元提高至每人每月 65 元，全省 800 万城乡老年居民受益。2013 年，省财政预算安排城乡居民社会养老保险补助资金 18.34 亿元，确保养老保险待遇按时足额发放。

（二）继续提高企业退休人员养老保险待遇

按照国家的统一部署，再次提高全省企业离退休人员的养老金水平，平均提高幅度为 185 元/人月左右，比 2012 年增长 10.4%。截至 2013 年年底，全省企业离退休人员养老金平均水平达 1 958 元/人·月。

此外，省级财政安排 8 000 万元，专项补助用于经济欠发达地区提高基本养老金发放标准后造成的基金增支缺口，确保企业离退休人员基本养老金按时足额发放；安排 5 000 万元专项资金，提高省属企业部分早期退休人员生活待遇，解决企业部分早期退休人员生活待遇偏低问题。

（三）不断完善城乡社会救助体系

一是及时下达重点优抚对象抚恤、医疗补助，2013 年省财政安排 5.28 亿元，中央安排 9.23 亿元，共下达抚恤、医疗补助资金 14.51 亿元，用于全省优抚对象的抚恤生活、医疗补助。二是支持全省开展流浪乞讨人员救助工作。安排流浪乞讨人员补助资金 1.023 亿元，支持经济欠发达地区流浪乞讨人员救助。三是支持敬老院建设，实施“千间敬老福星工程”，继续安排敬老院改造补助资金 0.24 亿元，支持千间敬老院的改造工作。

（四）努力做好自然灾害救济经费保障工作

省财政积极筹措自然灾害补助资金，针对各地冬冷、春荒、暴雨、台风等自然灾害发生情况，下达自然灾害生活救济补助资金 4.8 亿元；根据各地受灾情况下达应急救灾物资采购及仓储运输管理等资金 1 410 万元，为各地救灾和全倒户重建新居提供经费保障。同时，经请示省政府同意，从 2013 年起将广东省全倒户重建家园补助资金由每户 6 000 元提高到每户 1 万元。

（五）认真做好离退休人员养老待遇保障工作。

一是安排省直行政事业单位离退休经费预算 39 亿元，6 万名离退休人员的养老待遇得到保障。二是积极配合相关处室做好省直驻穗外人员“两个 50%”生活津贴政策的落实。

四、大力推动医药卫生体制改革

（一）着力推进基本医疗保障制度建设

一是加大投入，继续提高城乡居民医疗保障水平。2013 年，全省各级财政对城乡居民基本医疗保险补助标准提高到 280 元，其中省财政对欠发达地区补助标准达到人均 182 元，省财政安排城乡居民医疗保险补助资金 97.8 亿元。2013 年，城乡居民基本医疗保险政策范围内的住院费用报销比例达到 75%，最高支付限额得到进一步提高。二是完善城乡统筹和市级统筹。为推进城乡居民享受同等医疗保障待遇和进一步增强基金抗风险能力，积极配合有关部门建立全省城乡一体化的城乡居民基本医疗保险制度。2013 年，全省 21 个地级市全部理顺管理体制，实现城乡一体化管理，全省职工医保、居民医保、生育保险均按照政策标准缴费和待遇，基金收支服务管理的“四统一”标准，进一步健全、完善全民医保体系。三是继续解决困难国有、

集体企业退休人员医保问题。2013 年省财政继续安排 1 亿元，将全省 28.4 万名关闭破产国有企业的退休人员全部纳入城镇职工基本医疗保险。四是积极推进城乡居民大病保险工作。按照广东省城乡居民大病保险工作要求，积极参与大病保险试点工作。通过统一从医保基金划拨一部分（为基金年收入的 5%）向商业保险机构购买大病保险的方式，对参保人患大病发生高额医疗费用，经基本医疗保险报销后需个人负担的合规医疗费用给予"二次报销"，报销比例政策内不低于 50%。2013 年，全省共有 15 个地级以上市出台城乡居民大病保险办法。

（二）着力推进城乡基层医疗卫生服务体系建设

1. 认真落实《关于印发广东省建立健全基层医疗卫生机构补偿机制实施办法（试行）的通知》精神，省财政继续对经济欠发达地区乡镇卫生院按核定的编制人数和每人每年 1.2 万元的标准安排事业费补助；对经济欠发达地区社区卫生服务机构按核定的编制数和每人每年 1 万元的标准安排事业费补助，共安排基层医疗卫生机构事业费补助 8.24 亿元。

2. 继续完善村医补贴制度。2013 年省财政下达村医补贴专项资金 1.6 亿元，对全省经济欠发达的 14 个地级市以及江门恩平市的村卫生站和乡村医生予以补贴，每个行政村每年补贴 1 万元。为适应本省医药卫生体制改革的新形势，省财政厅、省卫生计生委对原制定的《村医补贴专项资金管理办法》进行修订，进一步完善村医补贴专项资金的管理，提高资金使用效益。

（三）着力促进基本公共卫生服务逐步均等化

根据国家和省的医改精神，2013 年全省人均基本公共卫生服务经费不低于 30 元，用于建立居民健康档案、健康教育、预防接种、传染病防治、高血压、糖尿病等慢性病合重性精神疾病管理以及儿童保健、孕产妇保健、老年人保健等。省财政 2013 年对经济欠发达地区人均补助 13.5 元，下达基本公共卫生服务项目补助资金 8.21 亿元。

2013 年，省财政还安排专项资金逾 1 亿元对经济欠发达地区实施职业病、结核病、艾滋病等重大疾病防控、农村妇女两癌检查、地中海贫血患儿干预等重大公共卫生服务项目给予补助，推动基本公共卫生服务均等化。

（四）着力促进公立医院改革与发展

积极配合卫生行政主管部门，在全省开展一批公立医院改革试点工作，积极配合完善公立医院补偿机制，落实对公立医院基本建设和大型设备购置、重点学科发展、符合国家规定的离退休人员费用和政策性亏损补贴等政府投入政策。同时加大县级医院和基层医疗卫生机构建设力度，着力提高经济欠发达地区的医疗服务水平，促进医疗资源合理配置，建立公立医院与基层医疗卫生机构的分工协作机制。

（五）积极配合食品药品监督管理体制改革，做好经费划转工作

按照国务院和省政府关于改革完善市县食品药品监督管理体制的要求，从 2013 年 10 月 1 日起，新组建的省食品药品监管局履行新职能，实行对食品、药品、化妆品、医疗器械从生产到流通、消费（使用）环节的全面监管。为确保食品药品监管系统顺利履行新职能，省财政积极协调做好各部门经费划转工作，同时增加安排能力建设经费，扶持各市检验检测机构提高检验检测水平。

五、强化社保基金管理

为完善社会保险基金预算编审工作，省财政会同有关部门按照全口径预算提交人代会审议的统一要求完善社保基金预决算编报工作，及时召开预算编制布置会，部署各地编报全省社会保险基金预算，研究确定了社保基金预算编制的指导思想、编制范围、编制方法、报表样式和工作程序。同时，做好社保基金保值增值工作。

（社会保障处供稿，廖建中执笔）

外经金融财政财务管理工作概述

2013 年，外经金融处扶持广东省外经贸和旅游业发展，推进地方财政金融财务监管改革，在财政促进外经贸、金融、旅游发展等方面取得新进展。

一、落实扶持外经贸发展政策，推动外经贸转型升级

（一）认真研究支持外经贸发展的政策

一是按照加快广东省外经贸战略转型，优化财政支出结构的精神，与省外经贸厅共同研究，对 2013 年预算及新增安排扶持外经贸发展资金的扶持范围和重点作出安排，联合印发《2013 年鼓励外经贸发展的若干措施》。二是根据省有关领导的指示精神，以及国家和省的外经贸政策，确定促进进口、支持企业"走出去"和加快推进加工贸易转型升级等支持外经贸发展的重点。三是根据当前国际贸易摩擦发展的新形势、新要求，为进一步加强进出口公平贸易专项资金的使用和管理工作，联合省外经贸厅研究修订《广东省进出口公平贸易专项资金管理暂行办法》。四是为贯彻落实出口退税负担机制改革精神，加强广东省出口退税"以奖代补"专项资金管理，会同省外经贸厅研究制定《广东省出口退税"以奖代补"专项资金管理办法》。

（二）认真完成外经贸发展扶持资金的拨付工作

2013 年，共拨付扶持外经贸发展各项资金 179 687 万元，其中拨付省财政资金 116 811 万元，主要是促进投保出口信用险专项资金、中小企业国际市场开拓资金、开拓国际市场专项资金、科技兴贸与品牌建设专项资金、服务贸易专项资金、"走出去"专项资金；转拨中央财政资金 62 876 万元，主要是进口贴息资金、技术出口贴息资金、承接国际服务外包业务发展资金等中央财政资金。

（三）加强和规范口岸建设专项资金管理

为提高资金使用效益，支持广东省重点口岸建设发展，推进口岸改革创新，提升口岸科学发展水平和国际竞争力，根据《广东省省级财政专项资金管理暂行规定》，省财政厅会同省口岸办制定《广东省口岸建设专项资金管理办法》，从使用范围、补助标准、申请、审核、拨付、监督管理等方面加强和规范口岸建设专项资金管理。2013 年，共下达口岸建设专项资金 13 436 万元。

（四）主动做好外经贸其他工作

一是牵头做好粤港和粤澳合作涉及省财政厅有关意见研提和材料报送工作；二是牵头做好省财政厅对外交流合作情况的报送工作；三是牵头做好省财政厅应对美国对华暖水虾反补贴调查、欧盟对华光伏玻璃反补贴调查工作；四是做好省外经贸厅、省旅游局、省贸促会等单位因公出国经费预算先行审核工作。

二、支持金融强省建设，推进金融体制改革

（一）贯彻落实金融强省建设，推动省属金融企业发展

一是按照《中共广东省委　广东省人民政府关于全面推进金融强省建设若干问题的决定》“为适应建设金融强省的实际需要，适当扩大省建设金融强省专项资金规模”的要求，省财政从 2013 年起每年增加安排 1 000 万元共 6 000 万元扶持金融产业发展专项资金，完善专项资金的使用管理，发挥资金的激励引导作用。二是支持粤财控股打造金融控股龙头企业，按照省政府的部署，对粤财控股改革发展以及组建金融控股的一些问题进行了认真的研究。对组建方案中包括对金融控股集团的改革方向、定位、目标、规模、效益以及粤财控股改名可能带来的一些问题（包括法律、经济、社会等问题）进行研究，同时对组建金融控股集团需要省政府给予支持的事项提出了意见。

（二）加大资金扶持力度，积极支持农村金融发展

一是根据省政府的工作部署，多次与中央有关部委沟通协调，推进汕头特区农信联社深化改革工作。二是深化农村信用社改革。广东省已基本化解农信社历史遗留风险，完成央票兑付工作，成功组建 29 家农村商业银行。三是及时下拨中央财政农村金融机构定向费用补贴资金 11 071 万元，加快村镇银行发展步伐。四是加强小额贷款公司风险补偿专项资金管理，充分发挥小额贷款公司为“三农”和中小企业融资的重要作用。2013 年安排专项资金 3 405 万元，专项用于支持小额贷款公司的发展。

（三）加强金融企业国有资产管理，确保国有资本保值增值

贯彻落实有关金融企业国有资产管理法律法规，加强地方金融企业国有资产管理工作，做好广东省 2012 年度金融类企业国有资产产权登记年检工作。全省（不含深圳市）参加 2012 年度金融类企业国有资产产权登记年检工作的企业共 19 户，实收资本总额为 635. 91 亿元，比 2011 年增加 18. 52 亿元。

（四）积极推进广东省道路交通事故社会救助基金工作

一是加强与人大代表的沟通、联系，及时回复人大代表对广东省道路交通事故社会救助基金提出的意见和建议，取得人大代表和民众的理解和支持。二是会同省公安厅认真督促各地级以上市设立救助基金，理顺救助基金的管理机制，筹建管理机构，配备相关人员，设置专用账户，完善管理制度。根据各市开展的救助基金管理情况，及时下拨省级道路交通事故社会救助基金 2 000 万元，推动救助基金管理工作开展。

三、支持旅游业发展，增强旅游经济实力

（一）大力扶持支持旅游产业集聚发展

为加大对广东省旅游业发展的扶持力度，促进旅游产业集聚发展，经请示省政府批准，2012 年、2013 年省财政每年安排旅游产业园区竞争性扶持专项资金 6 亿元，采用竞争性分配方式，两年共扶持 2 个滨海旅游产业园区和 2 个山区（生态）旅游产业园区，每个园区 3 亿元。

1. 做好中标的滨海产业园区相关后续工作。实地考察、调研汕尾红海湾、湛江“五岛一湾”滨海旅游产业园，掌握产业园区工作进及存在问题。

2. 研究山区（生态）旅游产业园竞争性资金评审办法等工作。根据山区（生态）旅游产业园的特点，研究制定山区（生态）旅游产业园竞争性扶持资金评审办法和制定评审工作方案，与省旅游局联合上报省政府审定。

3. 精心谋划、认真组织开展山区（生态）产业园竞争性评审工作。经报省政府批准，中标的梅州市和河源市共得到 6 亿元扶持资金，其中首期资金 3 亿元已拨付至各中标市。

（二）认真做好旅游扶贫工作

集中资金力量重点扶持古村落旅游示范项目和乡村旅游综合示范点。制定并印发《关于 2013 年旅游扶贫项目申报工作的通知》，会同省旅游局抓紧组织项目申报及评审工作。确定汕头市前美古村桥文化旅游区等 5 个项目为省旅游扶贫专项资金扶持的古村落旅游示范项目，揭阳市揭阳望天湖乡村旅游休闲旅游区等 5 个项目为省旅游扶贫专项资金扶持的乡村旅游综合示范点项目，及时下拨扶贫资金 4 000 万元。为加快粤北建设可持续发展生态型经济区、国家级文化旅游产业集聚区，促进生态功能区旅游项目的发展，安排旅游扶贫相关工作资金 200 万元。

（三）积极支持旅游相关活动开展

根据省旅游局工作安排及资金需要，安排省旅游局 2013 年旅游宣传促销经费 4 880 万元、旅游执法专项经费 120 万元，2013 中国（广东）国家旅游产业博览会专项经费 500 万元，2013 年旅游卫星账户编制工作经费 300 万元，旅游信息化建设专项资金 500 万元。根据 2013 年广东国际旅游文化节的工作方案，安排清远市 2013 年广东国际旅游

文化节开幕式及主会场活动费用1 500万元，安排省旅游局2013年广东国际旅游文化节专项经费2 000万元。为促进广东省旅游扶贫工作的发展，安排省旅游局旅游扶贫管理经费165万元。

四、抓好日常基础工作，促进外经金融业务发展

（一）认真组织财政收入，加强预算执行分析

一是积极采取有效措施征缴粤港直通车指标费。认真做好粤港直通车指标费的收缴工作，规范指标费收入的免、抵缴手续，做好指标费收入的会计核算工作，及时办理结汇解缴入库。2013年，收缴粤港直通车指标费收入20 881.06万港元，解缴入库人民币16 052.37万元。二是加强预算执行分析工作。积极开展外经金融业务范围内重点财税源的跟踪分析，每月按时上报广东省金融保险业营业税、利息所得税、涉外企业所得税等重点税源收入分析及出口退税超基数负担情况、财政支持外经贸发展扶持资金使用进度、分管部门预算单位预算执行进度情况分析等。

（二）加强外资企业财务管理，掌握企业发展动态

一是做好省属外商投资企业财政登记网上联合年检工作。2013年，省属外商投资企业网上联合年检383户，新办财政登记证22户、变更107户、注销7户。二是根据财政部要求，及时组织各市财政局及省属外商投资企业编报财政部2012年度广东省外商投资企业决算报表。

（三）认真做好党政机关、事业单位用公款为特岗人员购买商业保险的审核工作

结合广东省正在推进的行政审批制度改革精神，为简化审批程序，提高行政效率，省财政厅、省监察厅、广东保监局联合下发《关于广东省党政机关事业单位用公款为个人购买商业保险有关问题的补充通知》。全年共审核通过惠州、湛江、珠海、广州、清远、佛山、顺德区、云浮、阳江等市报来的党政机关事业单位用公款为特岗人员购买商业保险。

（四）做好非贸易非经营性用汇等方面的管理工作

一是为规范党政机关、事业单位、社会团体和民主党派非贸易非经营性用汇管理，研究制定《广东省非贸易非经营性用汇管理办法》。二是按照“保证重点、压缩一般”的原则和保证重点涉外活动用汇、从严控制党政干部出国的要求，根据各市和省直单位2013年度用汇预算的申请，分别下达各市用汇预算7 105万元和省直单位用汇预算13 782.5万元。三是严格按照因公出国（境）费用开支标准和有关规定，审批省直单位的出国用汇，2013年省直单位用汇6 881.55万元，比2012年同期6312.73万元增加568.82万元。

（外经金融处供稿，刘晓辉执笔）

会计管理工作概述

2013年，会计处紧紧围绕财政中心工作，深入贯彻落实科学发展观，开拓进取，规范管理，在会计制度贯彻实施、会计人才培养、会计信息化建设以及注册会计师行业监管等方面做了大量工作，取得明显的成效。

一、加大宣传培训力度，扎实推进各项会计法规制度贯彻实施

（一）做好经验总结，加强部门协作，确保《小企业会计准则》顺利实施

做好2012年度广东省《小企业会计准则》模拟实施情况总结，形成报告上报财政部，为正式实施提供参考依据；会同省工商局、省国税局、省地税局、省银监局以及省中小企业局召开2013年小企业会计准则工作碰头会，加强部门协作；通过走访省中小企业局、顺德区有关单位，深入了解广东省小企业会计准则实施情况；通过宣传视频、张贴宣传资料以及将《小企业会计准则》列入会计人员继续教育内容等形式加大宣传力度。

（二）继续抓好企业会计准则贯彻实施工作

一是会同有关部门发文部署了广东省非上市大中型企业2012年年报分析工作，在总结分析各地报送的年报分析报告的基础上，形成广东省非上市大中型企业2012年年报分析报告及2012年广东省企业执行企业会计准则情况总结。二是做好企业会计准则通用分类标准的实施工作。通过座谈、走访的形式深入广东省通用分类标准实施企业进行调研，对被调研单位的会计信息化建设情况、执行通用分类标准的过程中面临的问题与经验、企业执行通用分类标准的意见和建议等方面进行全方位的了解。联合省国资委下发《关于我省部分国有大中型企业实施企业会计准则通用分类标准的通知》，明确2013年的试点工作安排，广东省四家试点企业均顺利完成XBRL（可扩展商业报告语言）报告的报送工作。

（三）继续推动企业加强内部控制建设工作

一是组织开展内控知识竞赛活动。广东省共65 535人参加竞赛，其中合格人数为62 725人，优秀人数为27 065人。二是加强经验交流和部门协作。联合省国资委召开企业风险管理和内部控制工作座谈会。省国有资产监督管理委员会、省审计厅、省证监局、省银监局以及6家试点企业代表参加会议，就执行过程中的经验和问题互相交流，并对2014年的工作提出意见和建议。

（四）全面推进《事业单位会计准则》、《事业单位会计制度》和《行政事业单位内部控制规范》等实施

及时转发了财政部相关文件，先后召开全省贯彻实施《事业单位会计准则》、《事业单位会计制度》以及《行政事业单位内部控制规范》的动员会暨培训班。各级财政部门会计管理机构负责人及各地师资，省直有关单位财务部

门负责人及业务骨干等参加动员会及培训班学习。积极宣传《企业产品成本核算制度》，在省属单位决算布置会议上将制度中的重点内容进行培训。

（五）积极开展非营利机构审计准备工作

一是向黑龙江等兄弟省份了解开展非营利机构审计工作的相关政策、措施和推广过程，借鉴省外先进经验。二是加强与厅内相关处室的沟通，了解省内非营利机构的财务及审计情况。三是做好非营利行业的有关调研活动，委托广东省卫生经济学会卫生财会专业委员会就医院行业执行审计情况开展调研，并形成调研报告。

二、完善培养管理机制，提升会计队伍素质

（一）加强会计从业资格考试和管理

一是研究制定《广东省财政厅关于会计从业资格管理的实施办法》和《新旧〈广东省会计从业资格管理实施办法〉有关衔接规定》。二是完善日常工作制度。制定《广东省属会计从业资格考试和证书核发内部管理工作规程（暂行）》、《广东省会计从业资格考试试题管理规程（暂行）》、《广东省会计从业资格考试考点考场设置标准》、《广东省会计从业资格考试违纪违规处理规定》、《广东省会计从业资格考试应考人员考场守则》和《中央和省属在穗单位会计从业资格取得内部管理工作规程》；转发财政部《会计从业资格考试管理规定》，对全省会计从业资格考试及资格取得流程进行了规范。三是印发《关于开展会计从业资格管理业务检查整顿工作的通知》，要求全省各地财政会计从业资格管理部门就会计从业资格无纸化考试组织、数据保管、证书管理、日常调转和印章保管等方面开展自查自纠。四是与广铁（集团）公司协调做好广东省铁路会计从业资格管理职能移交工作，省直共接收会计从业人员 1 565 人。

2013 年，组织省直单位 72 256 人参加会计从业资格考试，其中报考单科 10 927 人，双科 18 168 人，三科 43 161 人，合计 176 746 科次。截至 12 月 31 日，受理会计从业资格业务 34 729 件，其中申领 14 466 件，调出 3 778 件，调入 789 件，信息变更 1 051 件，注册上岗 654 件，继续教育登记 13 819 件，遗失补办 164 件，有效延续 8 件；接通咨询电话 199 229 个。

（二）做好初中高级会计专业技术资格考试和全国会计领军（后备）人才选拔考试组织工作

一是全面实施会计初级资格考试无纸化改革。全省 22 个考区共落实 74 个考点，475 个考场，近 2.8 万个机位；制定《广东省会计初级资格无纸化考试实施工作方案》、无纸化考试考务规则、考场规则、监考规则以及突发事件应急预案等一系列工作制度，确保广东省会计初级资格无纸化考试有序进行；扎实做好考前准备工作，先后组织全省考务工作人员就无纸化考试方案、工作流程和系统软件等进行两次培训，会同海云天公司对全省各考场开展了模拟测试和等规模测试，协调供电部门落实电力保障工作。二是组织做好初、中、高级全国会计专业技术资格考试考务工作。2013 年，全国会计专业技术资格考试广东考区各项考务工作顺利完成，未发生重大违规违纪现象。此次考试全省共有 21.2 万人报名，共计 465 168 科次，位居全国第一位；参加考试达 305 477 科次，比 2012 年的 230 646 科次增加 32.4%，其中初级资格合格率为 23.67%，中级资格合格率为 16.56%，高级资格合格率为 28.3%。三是组织做好全国会计领军（后备）人才企业类和学术类的选拔考试工作，广东省报考企业类 9 人，报考学术类 11 人。经过笔试、面试选拔，企业类、学术类分别有 1 人、2 人入选。

（三）组织开展高级会计师资格评审工作

完善高级会计师资格评审事项网上申报工作流程，实现表格下载、资料申报、进度查询以及结果公示等环节网上进行；制定《广东省高级会计师资格评审工作规程》，进一步规范评审工作；印发《关于 2013 年高级会计师资格评审有关事项的通知》，组织召开 2013 年度广东省高级会计师资格第一评审委员会评审工作会议，与会评委对申报人员业绩成果、论文著作等综合能力作出客观、公正的评价。经过评委会投票表决，2013 年申报评审人数为 278 人，评审通过 172 人，通过率 61.9%。

（四）做好会计人员继续教育工作

一是加强对省直单位会计人员继续教育培训机构备案管理。印发《关于 2013 年省属单位会计人员继续教育培训机构年度报备的通知》，经审核，2013 年省属单位会计人员面授继续教育机构为 11 家，远程继续教育机构为 7 家。二是部署 2013 年会计人员继续教育培训工作。印发《关于 2013 年会计人员继续教育培训有关事项的通知》，明确 2013 年继续教育的培训方式、内容、形式、要求和参考教材等。三是根据财政部《会计人员继续教育规定》的规定，制定《广东省省属会计人员继续教育培训机构公布规则（暂行）》和《广东省省属会计人员所在单位继续教育公布规则（暂行）》，规范省属会计人员的继续教育培训工作。

（五）做好实施大中型企事业单位总会计师素质提升工程工作

根据《财政部关于实施大中型企事业单位总会计师素质提升工程的通知》的有关要求，广东省积极组织报名工作，保障培训工作顺利进行。2013 年，实际完成培训人数 542 人，其中第一类人员 310 人，第二类人员 232 人。

（六）继续做好农村财会人员财政支农政策培训工作

一是做好“支农政策培训工作绩效评价”指标设计工作。二是开展两期全省师资培训班，共培训师资 300 多人，为各地开展培训工作做好师资准备。2013 年，全省农村财会人员财政支农政策培训 52 434 人，其中村级会计人员 15 725 人，村干部 14 665 人，代理机构会计人员 1 139 人，其他 20 905 人，完成全年培训计划的 138%，平均为每个行政村培训 2.81 人，取得良好的培训效果。

三、规范行政监管，促进注册会计师行业健康发展

（一）开展会计师事务所 2012 年度报备工作

根据财政部的部署，组织全省会计师事务所开展 2012

年度报备工作。全省按时完成报备工作的事务所及分所共534家，其中：有事项变更但未备案的共有83家，报备后不符合存续条件、需整改的共有8家。

（二）加强信息沟通共享，改善会计师事务所执业环境

为进一步促进广东省注册会计师行业健康发展，与监督局、省注协联合召开注册会计师行业管理工作联席会议，会上各方进行充分的信息沟通和共享，就扶持注册会计师行业做大做强、加强监督管理、实行事务所分级分类管理等问题进行讨论研究。

（三）及时反馈人大议案和政协提案

牵头办理涉及广东省注册会计师行业发展问题的省人大建议和省政协提案各1件，会同相关单位协商研究，梳理归纳工作措施，积极跟进，与人大和政协代表保持沟通交流，及时将有关意见形成书面文件向人大和政协代表反馈，办理工作得到相关代表的充分肯定。

（四）做好注册会计师行业日常管理工作

全省（不含深圳）共新批复25家会计师事务所、分所，1家会计师事务所跨省迁移，1家会计师事务所转制为特殊普通合伙所（广东正中珠江会计师事务所），另受理20家会计师事务所更名、分所转制更名，责令8家会计师事务所整改，撤回5家整改后仍不符合存续条件的会计师事务所，9家会计师事务所（含分所）终止备案材料，审查确认136家事务所变更股东、地址等备案材料。

（五）加强风险防控，主动排查风险点

针对会计师事务所（分所）审批涉及的管理系统，纸质材料审核流程、执业证书管理等方面进行风险排查，制定《广东省会计师事务所（分所）执业证书管理办法（暂行）》，进一步完善会计师事务所签收、会计处收取材料等相关确认函、中止审批工作流程等相应的制度规定，规避会计师事务所管理风险。

四、落实会计服务业对香港扩大开放政策，推动粤港会计服务合作交流

一是加强沟通。2013年4月，由省财政厅厅领导参加在广州迎宾馆的座谈会，与中国香港会计师公会相关负责人等进行了广泛交流，深入沟通，进一步了解中国香港有关方面的诉求，探讨深化粤港会计服务合作相关事宜。二是持续跟踪。每季度末将实施CEPA（《关于建立更紧密经贸关系的安排》）补充协议九的工作进展情况报送省港澳办汇总。三是开展调研。就粤港两地会计专业技术资格考试科目豁免问题开展专项调研，制订调研工作方案，明确调研对象、调研内容、调研方法以及工作进度安排。四是加强与财政部的工作联系。向财政部报送《关于进一步实施会计服务对港开放在广东先行先试政策建议的函》，就粤港合作有关事项征求财政部指导意见，并取得财政部回复。

五、加快会计信息化建设，提升会计服务水平

广东省会计管理信息系统（以下简称“系统”）已完成开发工作，“金财工程”广东项目（一期）外网数据中心项目也完成硬件系统的集成工作，下半年开始进行系统全省推广工作。印发《关于推广实施广东省会计管理信息系统工作的通知》，并拟订《广东省会计管理信息系统项目平台推广实施方案》。此外，为进一步规范系统项目建设承建方和需求方的业务需求管理、沟通机制以及系统数据、后台管理系统修改内部控制管理，制定《广东省会计管理信息系统项目业务需求管理工作规程（暂行）》、《广东省会计管理信息系统后台账号管理规程（暂行）》和《广东省会计管理信息系统数据修改管理规程（暂行）》等有关制度，以保障系统建设实施工作顺利开展。

六、做好行政审批制度改革后衔接工作，推进行政职能转变

按照《广东省人民政府2012年行政审批制度改革事项目录（第一批）》有关要求，做好取消、下放的四项行政审批事项后续监督管理，并对相关承接单位给予业务指导。其中，对转移的“会计师事务所执业证书核发”和“会计师事务所年度基本信息报备”事项，制定相关职能转移指导和绩效管理规程，对承接职能的社会组织设立三年的指导期；对下放的“港、澳、台地区会计师事务所对市、县工商机关登记企业临时办理审计业务审批”事项，定期对各地级以上市财政部门履行职能的情况进行跟踪指导。

（会计处供稿，张文蔚执笔）

财政支出绩效评价工作概述

2013年，绩效评价处以财政绩效管理和决算数据基础管理为核心，不断完善绩效目标管理，健全绩效自评机制，深化重点评价和第三方评价改革，推进基本公共服务均等化绩效考评；探索开展县级基本财力保障资金绩效评价、厉行节约等政策性绩效评价，狠抓绩效管理的质量控制，提高绩效管理结果应用的公信力；加强网络信息化建设，强化决算数据基础管理，进一步提高数据质量，较好地完成了各项工作任务，成效显著。2012年、2013年连续两年获财政部预算司全国绩效管理考核一等奖的优异成绩；2013年部门决算获得财政部一等奖，企业财务决算获表扬的表彰。

一、完善绩效目标管理机制

逐步提升部门预算项目绩效目标管理质量，促使经审核确认的绩效目标对预算支出全过程形成约束力。一是批复2013年部门预算项目支出绩效目标。其中，省级共有28个部门单位192个项目支出的绩效目标符合申报要求，涉及省财政资金36.6亿元。二是推进2014年部门预算项目绩效目标申报、评审工作。首先，完善绩效目标申报表。从“项目基本情况、投入情况、预期产出、效率计划、预

期效果、保障措施”等方面，对单位申报内容进行明确，突出项目支出内容与预期目标的紧密关联度，确保绩效导向性。其次，梳理指标库。对广东省十年来开展的财政支出项目评价涉及的个性化指标进行梳理，提炼出2 000多个指标及其评分标准，并按部门类型对指标进行分类，形成个性化指标库，融入绩效管理信息系统中，为部门单位申报项目绩效目标、选取绩效指标提供参考。再次，完成2014年部门预算绩效目标初审。依据绩效目标评审指标和标准，组织相关领域专家以及厅内有关支出业务处，对预算部门报送的拟列入2014年度部门预算“一上”申报建议且要求省财政资金安排额度在500万元（含500万元）以上的项目支出绩效目标申报材料进行初审，形成初审意见及初审结论，经厅领导审定后反馈省直部门。共有51个省直部门申报467个项目，申请资金总额222.8亿元。经过初审，467个项目中有273个项目符合要求，涉及金额135.3亿元，通过率为58%。

二、健全绩效自评管理机制

继续完善绩效自评管理机制，规范自评工作流程，提高自评效率和质量。一是完成2011年度财政支出项目自评审核。组织第三方机构及有关专家对纳入2012年绩效自评范围的49个部门，201个项目，202.03亿元财政资金实施评审并反馈了初审意见，审核评分细化至三级指标，对每个项目提出存在的问题和建议，并根据初审情况，选择有代表性及存在问题较多的项目进行重点讨论评审，提高评审针对性。二是开展2012年度财政支出项目自评工作。在收集整理2012年度项目资金安排文件的基础上，会同省级部门单位及厅有关业务处室确定自评项目范围，共涉及50个部门，298个项目，233.6亿元财政资金；在进一步修改完善绩效自评指标、标准及自评报告格式，并对自评要求、自评审核、自评意见反馈、自评报告公开等各个环节进行规范的基础上，及时组织有关部门单位开展绩效自评，组织专家对自评材料进行全面分析、审核，并对部分重点项目实施现场评价。

三、深化重点评价管理机制

为检验财政支出的使用效果，围绕省委、省政府的重点工作、社会民生重点热点和财政管理需要等，选择重点项目组织实施绩效评价。一是为配合做好省级财政专项资金到期清理工作，检验到期项目绩效目标完成情况，会同厅预算处、有关业务处对将于2014年到期的28项、共18.52亿元省级财政支出项目实施重点评价。对主管部门和资金使用单位提交的自评材料进行审核的基础上，委托有关机构组织专家开展现场评价。报经厅领导同意后，将28项评价报告提交厅预算处及有关业务处，作为到期项目延续安排以及支出结构调整的重要依据。二是组织实施财政扶贫资金、第六批援藏资金、第六批援疆资金等项目的重点评价，涉及财政资金69.1亿元，300多个项目。

四、推进第三方评价试点改革

在总结往年第三方评价的基础上，进一步拓宽第三方评价的范围，完善管理机制。一是认真总结2012年第三方评价工作的实践经验，并向省政府呈报《关于2012年财政资金使用绩效引入第三方评价试点改革总结的报告》，全面分析第三方评价工作思路及进展情况、主要成效及存在问题和下一步推进改革的意见，获得有关省领导的充分肯定。二是充分应用第三方评价结果。按照省领导批示，向有关省直部门反馈第三方评价结果，督促其落实整改，以增强结果刚性约束。三是扎实推进2013年引入第三方评价工作。对节能专项资金、“两新组织”党建工作补助经费、省“十件民生实事”3项资金实施第三方评价，其中，省级“十件民生实事”资金就涉及108项、460多亿元省财政专项资金。评价过程中，绩效评价处重点加强对第三方机构在指标体系、评价方案设计及评价实施的指导力度。形成评价报告后由第三方机构向社会公布结果。

五、推进基本公共服务均等化绩效考评

继续实施省基本公共服务均等化绩效考评工作，推动全省基本公共服务均等化工作深入开展。一是结合全省基本公共服务均等化规划的修订和均等化综合改革试点的推进，修订完善2012年度考评实施方案、指标体系及目标值，主要修订2012年考评指标目标值，增设用于反映惠州市开展基本公共服务均等化综合改革试点的工作成效的“综合改革试点成效”指标，并对个别指标进行合并，相应调整指标权重。二是印发《2012年度广东省基本公共服务均等化绩效考评实施方案》，并委托省社会科学院和广东调查总队作为第三方进行考评。

六、探索财政政策执行情况绩效评价

根据预算绩效管理改革拓展的需求，2013年绩效评价处探索开展了多项政策执行情况绩效评价。一是为检验县级及以下基层政权和组织基本财力保障机制运行情况，开展县级基本财力保障资金绩效评价，制定财力保障水平、资金到位、支出结构合理性、支出合规性及带动效益等指标，反映各县“保工资、保运转、保民生”的政策目标实现程度及各项民生政策的落实情况。二是为贯彻落实新一届中央政府的“三项承诺”和广东省政府关于厉行节约的若干规定的要求，开展省直部门厉行节约执行情况绩效评价工作，制定涵盖楼堂馆所控制、供养人员控制、三公经费控制、公用经费控制等政策目标执行情况指标及经济性、效果性等政策效果指标在内的考评指标体系，全面考核各部门年度厉行节约各项任务目标落实到位情况。

七、加强决算数据基础管理，进一步提升决算服务功能

2013年，主要从“狠抓会计决算汇审、拓展决算数据服务力、提升决算分析功能、推进决算数据管理网络化”等方面，提高广东省决算数据基础管理水平，成效显著。通过加强决算数据基础管理网络建设，实行数据网络在线填报、审核和集中存储，扎实开展决算数据预审工作，规范审核流程管理，有力提高工作效率和决算质量。

（一）创新方式，扎实推进年度决算数据的审核、汇总上报

一是开展年度决算预审工作，加大决算报表汇审工作力度。根据决算审核户数多，基层部门决算审核水平参差不齐的现状，通过预审前置、分批分段集中、先进落后互相帮带等方法，用内网上传部门决算数据，再组织决算工作质量较好部门与地市人员担任审核小组长，扎实开展部门决算预审工作。通过预审，各地市在参加正式会审前都清楚本地报送数据存在哪些问题，应该如何完善，并及时与基层单位沟通将审核发现的问题提前纠正完善，提高决算报表的质量与效率。二是强化汇审流程，规范人工审核。将汇审分为基础数据审核和综合汇审，审核过程规范有序，在审核过程中，既提高决算数据的质量，也通过审核过程中人与人之间的交流沟通，提高决算编审人员的业务素质和汇审水平。

（二）规范管理，按照内部规程有序理顺决算数据基础管理工作

一方面，按照《省级部门决算管理工作内部规程》，落实各业务处在部门决算管理工作的职责及程序，利用决算网络资源，按照部门决算绩效评价处初审、业务处复审到最后综合汇审上报的程序推进决算工作，提高决算数据质量；另一方面，严格把关，及时准确提供决算数据，积极配合做好省级部门决算批复、公开、核查等工作，确保了决算数据整体工作规范有序推进。

（三）提升效能，充分利用决算数据，强化分析服务功能

一是及时整理分析各类会计决算报表资料，完成年度汇总会计决算数据资料及财政统计资料手册的汇编工作。对以前年度的汇总会计决算数据从多维度进行分析，形成数据库。二是积极探索，建立预决算数据差异等指标分析评价体系，完成年度省直部门厉行节约执行情况绩效评价工作。

（四）严密组织，认真做好2013年决算的布置培训工作

一方面，积极组织参加财政部相关业务司局的决算培训工作，认真学习和领会；另一方面，认真抓好决算工作布置培训，认真编写培训教程，印发相关材料，组织全省和省级的部门、企业、金融和固定资产培训会议，对部门或单位的报表编制工作进行指导，及时解答有关问题，督促部门或单位严格按照财政部要求完成决算报表编报工作。

（绩效评价处供稿，林侃执笔）

行政事业资产管理工作概述

2013年，行政事业资产管理处突出抓好制度建设、信息化建设及党政机关办公用房清理等重点工作，进一步完善资产管理与预算管理相结合工作机制，认真把好资产配置和处置关，规范资产日常管理，加强资产收益监管，积极开展党的群众路线教育实践活动，努力实现业务工作和党建工作双促进、双丰收。

一、开展全省党政机关办公用房清理工作

一是根据《关于党政机关停止新建楼堂馆所和清理办公用房的通知》精神，迅速印发工作通知，制定清查统计表格，认真部署开展全省党政机关和领导干部办公用房清理工作。经汇总各地、各单位上报的自查情况表，全省（不含深圳）各级党政机关办公用房建筑面积共计2 498.9万平方米，实际建筑面积1 344.62万平方米，编制人数总计66.91万人，人均办公用房建筑面积20.10平方米。

二是在各地、各单位自查基础上，按中央和省的文件要求督促各地、各单位认真整改。截至2013年12月15日，全省20个市和84个省直单位自报清退党政机关和领导干部办公用房3 377.5间，面积14.63万平方米。其中清退面积超标准办公用房3 129.5间，清退面积13.7万平方米；清退兼职领导同志办公用房155间，清退面积6 084.28平方米；清退离退休领导同志办公用房93间，清退面积3 302.32平方米。办公用房清理工作取得阶段性成果。

三是针对清理自查中存在的部分地区、单位人均办公用房面积和各级工作人员办公室使用面积超过规定标准等突出问题，根据中央和省相关文件精神，经广泛征求省直单位和各地意见，研究起草《关于规范党政机关办公用房使用管理的指导意见》（送审稿），呈报省委、省政府进行审定。

二、进一步推进资产管理信息系统建设工作

一是全面开展县（区）级资产管理信息系统实施推广工作，要求各市财政局规划组织好本地所辖县（区）级资产管理信息系统推广使用工作，并定期向省财政厅报送推广工作进展情况。全年共完成96个县（区）的资产管理信息系统推广使用。

二是对110个省直部门报送2011年度行政事业资产管理信息系统统计报表的时间顺序等情况进行通报，提高各单位对资产管理信息系统数据维护工作的重视程度，确保数据更新及时准确。通过行政事业资产管理信息系统上报方式完成2012年省直单位和市本级行政事业资产统计报表编报工作。

三是配合厅信息办、数据信息中心完成资产管理信息系统功能升级完善和省直单位系统推广实施项目的阶段验收工作。

四是积极开展与厅内财政业务系统对接工作，与厅国库处一同研究省级财务核算信息集中监管系统与行政事业资产管理信息系统对接方案。

三、进一步探索完善事业单位资产配置标准

一是在按照资产类别、业务性质特点在对工业科学研究领域事业单位现有设备配置情况进行梳理的基础上，对工业科学研究领域事业单位的资产配置数量、价格、技术

性能和使用年限等方面进行研究，草拟设备配置标准，并组织专家对配置标准进行评审，完成《工业领域科研单位设备配置标准（修改稿）》。

二是选取省农业厅、省农科院和省地质局所属事业单位作为试点，继续探索分行业事业单位专用设备配置标准制定工作，通过调研座谈了解情况，下发工作路线图，确定各单位归口事业单位资产配置标准，制定工作安排，并开展相关工作。

四、做好2014年部门预算增量资产预算审核工作

一是做好2014年省级部门预算增量资产计划审核工作。按照《广东省财政厅省级行政事业单位增量资产配置项目审核内部规程》的审核要求，严格执行资产配置标准等制度，审核2014年省级部门预算"一上"增量资产计划1 762项，申请项目总金额27.27亿元，共核减项目507项，核减项目总金额2.65亿元。

二是跟踪省直单位2013年度增量资产预算执行结果，及时反馈增量资产预算执行结果，更新单位存量资产情况，在部门预算执行过程中加强与相关业务处沟通，做好增量资产计划的执行分析，将增量资产执行结果作为下年度审核相关预算的依据。

五、做好行政事业单位资产日常管理工作

一是加强对资产使用的监督管理。对国有资产对外投资和出租、出借事项进行严格审核，完成广州美术学院利用国有资产对外投资、省档案局资产出租等20多项事项审批。统筹协调省直单位办公用房使用需求，积极协调将省审计厅原办公楼移交省核工业地质局使用，解决了该局办公用房问题，节省了财政资金。

二是把好资产处置关口。根据《省直行政事业单位资产处置管理暂行办法》等文件规定，对照省直行政事业单位资产管理信息系统数据，严格审核各类资产处置事项，全年共计审核省司法厅、省打私办等单位的资产处置审批事项70余项。

三是抓好行政事业单位资产处置及出租出借收入监缴工作。根据资金管理模式变化的要求，协调综合处、国库处等处室明确相关资金收缴方式，印发《关于明确省直行政事业单位资产收入收缴方式的通知》规范收益上缴工作。对涉及资产处置和出租出借的事项，在审批时均要求各单位严格按照政府非税收入管理规定执行。2013年，省级行政事业单位上缴资产处置、出租出借收入共计1.85亿元。

四是做好省直事业单位分类改革中国有资产管理工作。根据省编办审定的事业单位改革机构调整方案，对资产管理信息系统相关数据进行调整，审批省林业厅、省科协等部门资产移交等事项。

六、加强事业单位所办企业和文化企业国有资产管理工作

一是做好省属文化体制改革、非时政类报纸杂志单位改革中涉及国有资产的清产核资、资产评估、产权转让和产权划拨等日常管理工作。

二是审批广东教育杂志社清产核资、广东广兴牧业机械设备公司增资变动产权等20余项事业单位所属企业及行政单位未脱钩经济实体国有产权管理事项。

三是认真配合做好省属高校科技产业规范化建设工作，加强省属高校校办企业的产权管理，审核广东工业大学、华南农业大学等高校校办企业清产核资、产权变动等事项。

四是加强与省文资办沟通协调，就监管委托方案达成一致。为落实省直宣传文化系统企业国有资产的监管责任，研究制定《省直宣传文化系统企业国有经营性资产监督管理委托方案》，并多次征求省文资办意见。由于在监管范围、内容、权利来源、重大事项上报方式等方面存在分歧，经反复沟通，多次研究，最后形成一致意见，完成监管委托方案（送审稿），并由省财政厅、省委宣传部两家单位联合上报省政府审批。

七、做好事业单位及事业单位所办企业国有资产产权登记前期准备工作

一是按照财政部的统一部署，研究广东省开展产权登记的实施细则，派员参加财政部教科文司举办的培训班，认真学习产权登记工作制度和要求，有计划开展相关工作。

二是加强与省直有关部门的联动管理工作，走访事业单位登记局、省工商局等单位，明确事业单位及事业单位所办企业的产权登记工作是单位办理占用、变动、注销产权登记和年度检查的前置性工作，强化产权登记工作意识。

（行政事业资产管理处供稿，宋振杰执笔）

农业综合开发工作概述

2013年，农业综合开发办（以下简称"农综办"）以推进农业现代化为中心，将高标准农田建设和农业产业化作为工作的两条主线，发挥农业综合开发的特色优势，改进管理方式，抓好各项政策的落实，开展现代农业改革试点，在财政支农、政策惠农方面进行新的探索，取得新的突破。

通过向国家争取资金，将省级资金列入预算，并督促地方配套资金及时到位，2013年度广东省共落实农业综合开发财政资金98 466万元，其中中央48 118万元，省级40 935.7万元，市级3 498.56万元，县级5 913.74万元。在54个国家开发县实施土地治理高标准农田建设示范工程项目33个、中低产田改造项目64个，建成现代高标准农田63.98万亩；同时积极推进产业化经营，实施项目93个，安排项目财政资金1.72亿。

一、理顺机构机制，提高农发系统沟通协作效率

2013年，共有4个地级市、8个县级市农发机构划归

财政部门。截至2013年底，全省87.5%的地级市农发机构实现了划转。根据在开展群众路线教育实践活动中收集的基层反馈意见和建议，农综办2013年多次在项目申报之前举行相关的政策培训，帮助各地农发机构负责人和业务骨干增强业务素质，提高申报项目的质量。

二、创新试点，探索现代农业发展新路径

按照规模化理念开发农业，低碳化理念改良农业、标准化理念提升农业、产业化理念开发农业、市场化理念经营农业、工业化理念装备农业的发展要求，农综办在2013年的农发中全面实行“三个同步推进”：一是同步推进农业合作化经营。安排财政资金908万元设立种粮大户、合作社等试点项目助力推进农业合作化经营，将合作化与高标准农田建设规模化相匹配，实现资源整合。另外，通过推动农民专业合作组织在财政扶持的龙头企业中持股，建立双方紧密的利益联结机制，使合作化与产业化紧密结合。二是同步推动产业化发展。按扶优、扶特、扶大、扶强的原则，针对农业龙头企业发展中面临的障碍与瓶颈，农综办2013年安排财政资金6 000万元支持“龙头企业带动产业发展”和“一县一特”试点项目各两个，探索推动龙头企业规模化经营和地域特色产业发展的新路径。三是同步推动现代农业园区建设。在充分领会国家农发办农业园区试点相关政策和学习其他省份经验的基础上，农综办在2013年底启动财政总投资9 000万的现代农业园区试点项目，并于2013年内完成试点项目申报工作。

三、加强资金管理，提高财政资金使用规范性

为推动各级农业综合开发机构将资金的规范使用作为农业综合开发工作的底线和红线，农综办一是加大财政有偿资金回收力度。通过发文催收并将财政有偿资金回收情况作为项目和资金安排的重要考量因素，2013年共收回有偿资金欠款5 843万元。二是完善省直属项目财政资金报账模式。自2013年起，由省财政厅对省直属项目具体财政资金支出进行报账审核，对不符合政策的支出不予报账。2013年核减用款单位报账申请221.61万元。三是对省级油茶项目试点先建后补的财政资金报账制度。

四、改进项目管理，充分发挥项目支农效益

一是要求各地市全面建立项目库。从产业化项目开始，逐步探索一次评估、一次入库、分年安排的项目筛选立项模式，减少权力寻租空间。二是在实行项目建设和资金支出进度月报（季报）制度基础上，详细了解并实地抽查各地资金落实情况、项目进展情况，抓资金，抓进度，对进度落后地区加强督促，分析原因，并委托中介机构进行检查。三是优化财政资金综合因素分配法，将财政配套资金落实、财政有偿资金回收、资金管理制度执行、项目建设进度、理顺农发管理体制等作为重点评价因素，把“资源因素”指标设置为既可全面反映农业资源状况及实际生产状况，又可提取真实可靠数据的指标，促进因素分配法科学化、精细化。在因素设置时，暂停对以往检查发现问题未整改到位、项目建设进度缓慢的开发县的资金安排。四是深化推进财政资金竞争性分配改革试点工作，优化农发资金竞争性分配中的“室内评审、集中答辩、工作绩效评价”流程，在农发项目的评审中明确农业综合开发部门在项目评审前的政策审查和项目评审后的程序审查作用，对复核发现的问题予以进一步核实，避免项目在评估过程中因客观或主观因素导致结论不准确，确保立项的项目科学可行。

五、加大监督检查力度，完善绩效管理体制

2013年，农综办共组织项目资金专项检查4项：一是对潮州市、汕头市26个项目进行全面检查，检查的项目个数为2012的2.1倍。二是对仲恺农业工程学院、省农科院、省供销社的申请报账资金予以专项检查，并对个别项目现场核实。三是组织财务专家参与广东省林业厅省级油茶项目验收工作。四是对2012年度项目抽取4个地级市进行省级抽检，核实各地项目建设进度以及项目开展的制度规范性。

六、其他工作

一是向财政部申请将新丰、连州、德庆三个县（市）列为2014年新增国家开发县，力争广东省可安排国家农业综合开发项目的县（区）数目增加到58个。二是开展全省16个农业综合开发有关地级市的农业资源基础数据调查，摸清各开发县可开发耕地面积，各种农业作物产量、水资源利用以及耕地污染等情况。在农业产业化领域对全省范围内扶持现代农业发展情况进行摸底，并向财政部提出完善试点项目的政策建议。三是在充分调研的基础上制定“高标准农田建设2011－2020年十年规划”，突出科学开发，根据各地农业自然资源禀赋条件，以水资源利用为重点，全面布局，在提高农业综合生产能力的同时加强对保护生态环境保护。

（农业综合开发办公室供稿，杨伟光执笔）

农村财务管理工作概述

2013年，农村财务管理处紧紧围绕“三个定位，两个率先”及财政中心工作要求，全面推进农村财务管理规范化、制度化、信息化建设，促进农村财务管理工作上新台阶。

一、推进农村财务管理法规制度建设

一是根据厅长办公会议要求，多次组织专家和地方农村财务管理工作人员对《广东省农村集体经济组织财务管理办法》进行修改和完善。二是完成《广东省农村集体经济审计条例》修订的前期调研工作和资料收集工作。三是起草《广东省农村审计证管理办法》（修订稿）初稿。四

是制定《广东省财政厅农村财务专项资金管理暂行办法》，加强和规范农村财务管理专项资金分配管理。

二、扎实推进农村财务管理规范化建设

一是对广东省实施农村财务管理规范化建设的做法与成效、存在问题及今后对策进行深入的调研和探讨，形成《广东省农村财务管理规范化建设情况专题报告》。二是制定《2013农村财务管理规范化建设项目申报指南》，按照申报指南规定的条件和要求进行了认真审查，在提交了申报材料的27个县（区、市）中筛选出汕头市金平区等17个县（区、市）作为2013年农村财务管理规范化建设单位，采用因素法进行专项资金分配，对建设单位共安排财政专项资金470万元。

三、贯彻落实农村集体经济组织会计制度

一是适应广东省农村集体财务监管平台和农村党风廉政信息公开平台的建设需要，按照财政部《村集体经济组织会计制度》要求，2013年5月，制定并印发《广东省农村集体经济组织会计科目表》和《广东省农村集体经济组织固定资产分类及折旧办法》。二是为做好在全省农村集体经济组织范围内施行《广东省农村集体经济组织会计科目表》和《广东省农村集体经济组织固定资产分类及折旧办法》工作，与厅会计处、省会计函授学校共同组织编写宣传学习培训资料，将培训工作纳入全省各地财政部门农村财会人员财政支农政策培训工作范畴，并组织召开贯彻落实全省村集体经济组织会计制度的工作会议。

四、扎实推进农村审计工作

一是切实做好全省第六届村“两委”换届审计准备工作。联合省监察厅、省民政厅、省农业厅、省审计厅印发《关于开展第六届村民委员会换届审计工作的通知》，布置第六届村“两委”换届审计工作。审计期间，组织召开全省第六届村民委员会换届审计工作交流会议。同时，加强对各地重点审计和专项审计工作的指导，突出解决好换届审计过程中遇到的疑难问题。二是指导各地认真做好农村审计证上岗资格培训工作及对已颁发农村审计证的年检工作，为换届审计工作的顺利开展提供保障。

五、落实省村务公开和定点联系县村务公开工作

根据省委、省政府加强农村基层党风廉政建设，从源头上堵塞农村监督体制上的漏洞，实现农村基层党风廉政建设的制度化、规范化的要求，配合相关部门共同完成三项工作。一是与省纪委、省民政厅等部门认真研究，完成2013－2015年9个定点联系县（市、区）的专项资金安排事宜。二是积极与省村务公开协调小组办公室商讨定点联系县村务公开工作事宜，并深入定点联系河源市龙川县村组开展村务公开情况调研，直接与镇、村干部和村务监督委员会成员座谈，听取意见和建议，草拟厅定点联系龙川县村务公开工作方案。三是根据新形势下农村财务管理工作需要和有关规定要求，对广东省村务公开栏统一模板样式提出修改意见。

六、扎实推进农村财务公开和民主理财工作

一是按照省财务公开制度的要求，以县为单位，各村制作统一的财务公开栏，统一财务公开样式、公开内容、公开时间和公开程序，在公开栏旁设意见箱，收集群众意见，接受群众监督，规范和强化农村财务公开。同时，依托农村基层党风廉政信息公开平台，定期将村级财务信息上网，部分地区如湛江、河源等市实现网络、手机短信等多种形式的信息公开。二是全省大部分村组设立民主理财小组，设定民主理财活动日，对集体财务收支、货币资金管理和财务上墙公开等情况进行检查，对本村基建工程、物业出租、经济合同、财产处置等重要事项实行监督。全省已有95%以上的行政村实现了财务公开和民主理财，全省20 677个行政村、231 090个村民小组设立民主理财小组。三是选择5个市开展民主理财人员的培训试点工作。

七、扎实推进珠三角地区农村集体财务监管平台建设

按照省委、省政府《关于深化珠江三角洲地区农村综合改革的若干意见》要求，制定印发《珠三角地区农村财务监管平台建设实施方案》、《珠三角地区农村财务监管平台建设试运行工作考核检查指引》，率先在珠三角地区开展农村集体财务监管平台建设，部署珠三角8个地级以上市（广州、珠海、惠州、东莞、中山、江门、佛山、肇庆）的10个县（市、区）、44个镇（街）作为试点单位，并多次深入县、镇对试点单位试运行工作进行实地督促指导，试点单位于6月底完成试运行工作任务。在试点单位完成自查、市级主管部门完成实地检查考核的基础上，开展对试点单位试运行工作的考核检查，基本完成珠三角地区农村集体财务监管平台建设试点工作。

八、加快推进农村财务审计信息系统建设

通过加快推进农村财务审计信息系统建设，减少农村审计人员的工作量，大大提高农村审计工作的质量和效率，得到建设单位农村审计人员的一致好评。2013年，开展对汕头市南澳县等20个县（市、区）农村财务审计信息系统建设，20个县（市、区）均完成安装、调试、人员培训等工作。截至2013年底，全省共完成47个县（市、区）的财务审计信息系统建设工作。

九、配合做好厅网上办事大厅建设工作

积极与厅办公室和数据信息中心沟通联系，配合做好厅网上办事大厅建设工作。截至2013年底，“农村审计证申报（遗失补办）”及“农村审计证年检”已实现二级办理深度，各项网上办事事项正在有序开展。

十、妥善处理农民群众上访信访案件

为加强和提高信访工作能力水平，起草《农村财务管

理处信访工作流程》，对市、县、镇农村财务管理部门接访办理的原则、程序等进行指导。2013 年，共接到涉及农村财务管理工作的群众来信来访件 6 件，其中属于越级上访的 5 件，按《信访条例》规定的处理权限进行转办；属于信访复核的 1 件，根据《信访条例》信访复核的相关要求进行复核，并答复信访人。同时，采取多种方式，加强对信访人的思想进行疏导，并深入信访人所在地进行沟通交流，化解农民群众矛盾，妥善处理信访案件，切实做好群众信访工作，维护社会稳定。

（农村财务管理处供稿，李志宏执笔）

政府采购管理工作概述

2013 年政府采购监管处认真贯彻落实《政府采购法》和《广东省实施〈政府采购法〉办法》，进一步深化政府采购制度改革，着力推进公共资源交易体制改革工作，积极探索创新方式方法，强化政府采购市场监督管理，着力提升政府采购监管工作水平，努力构建公平、公开、高效、诚信的政府采购市场环境。2013 年，全省政府采购规模 1 704 亿元，节约资金 118 亿元，比 2012 年同期增长约 45.3%，继续保持稳步增长态势。

一、统筹规划，稳步推进公共资源交易体制改革

根据《关于推进公共资源交易体制改革的指导意见》有关要求，省财政厅负责省公共资源交易工作委员会的日常工作。作为具体负责部门，政府采购监管处按照委员会工作部署和相关文件精神，积极开展各项工作，稳步推进公共资源交易体制改革。一是积极开展调研。组建调研组，在分管厅领导带领下赴湖北、浙江、四川等省以及广东省珠海、佛山、惠州和阳江等市开展专题调研，充分学习和借鉴各地推进公共资源交易体制改革的经验做法，深入了解广东省公共资源交易现状和存在的问题，初步厘清了深化公共资源交易体制改革的思路、体制机制和运行模式，为落实好广东省公共资源交易体制改革相关工作打好基础。二是组建省公共资源交易工作委员会。根据组建省公共资源交易工作委员会的分工和工作要求，省财政厅积极协调沟通，在充分征求有关省直单位意见的基础上确定了省公共资源交易委员会成员名单。8 月 22 日，省政府办公厅正式印发了《关于成立广东省公共资源交易工作委员会的通知》。三是制定公共资源交易工作有关制度。为明确省公共资源交易工作委员会（以下简称“委员会”）的工作职责，确保委员会工作依法、有序、高效开展，根据有关要求，制定《广东省公共资源交易工作委员会工作规则》及起草说明，并经省公共资源交易委员会第一次会议审议通过。组织省公共资源交易中心研究制定《省级政府采购进场交易规则》和相关配套的交易指南，为下一步政府采购进场交易试点工作提供制度保障。四是配合省公共资源交易信息化建设。积极与省公共资源交易中心就省公共资源交易平台建设有关事项进行沟通，初步明确公共资源交易信息化建设中各方职责划分和建设任务。初步确定省公共资源交易电子平台与省电子政府采购管理交易平台的信息共享范围、模式以及系统操作权限。五是积极开展进场交易项目试点。一方面抓好调研摸底，重点围绕《关于推进公共资源交易体制改革的指导意见》所确定的省级公共资源进场交易范围内的项目进行调研，初步摸清现行的交易管理体制和运行机制，同时对省公共资源交易中心现有的业务承载能力进行了深入了解。另一方面重点围绕省级政府采购进场交易试运行开展有关工作，包括指导省公共资源交易中心制定《省级政府采购进场交易规则》，推进省电子政府采购平台与省公共资源交易平台部分功能的对接，研究省级政府采购项目进场交易限额标准以及政府采购评审专家使用抽取方式等，为省级政府采购进场试运行做好前期准备。

二、强化管理，着力维护政府采购市场秩序

一是加强社会代理机构管理。一方面抓好资质准入关。为进一步规范全省乙级政府采购代理机构资格认定工作，加强政府采购代理机构资格管理，根据《政府采购代理机构资格认定办法》有关规定，结合广东实际，制定《广东省乙级政府采购代理机构资格认定工作程序》，重点加强对专职从业人员社会保险费缴纳情况、中级以上职称人员资质证书真实性以及固定营业场所的核查，狠抓政府采购业务培训考试。2013 年，审批乙级政府采购代理机构资格申请 37 家，资格延续 14 家。另一方面加强备案管理。为进一步强化对社会代理机构管理，规范代理行为，开发设计政府采购代理机构信息库，主要包括机构的基本信息和从业人员基本信息。信息库既可以供全省政府采购监管部门和省直单位查询，也可与政府采购相关业务信息系统相挂钩，实现信息共享，留痕操作，便于监管。二是严格审批规范采购行为。依法严格审核采购单位的政府采购计划，减少规避公开招标行为，严格审批采购进口产品，限制应采用公开招标转为其他采购方式的采购项目，依法对乙级政府采购代理机构资格申请和延续事项进行审批核查。2013 年，批复采购计划 4 064 条，审核进口产品 442 笔，批复公开招标转为其他采购方式的采购项目 64 个，审核采购合同 3 554 条。三是依法对省级集中采购机构考核。根据《政府采购法》有关规定，2013 年 5 - 7 月，对省级集中采购机构（省政府采购中心）2011 - 2012 年度政府采购执行情况进行监督考核。为做好考核工作，省财政厅与省监察厅、省审计厅联合成立考核工作领导小组，精心制定《广东省 2013 年省级集中采购机构监督考核工作方案》和《考核内容及评分标准》，明确考核内容、考核方式和时间安排。同时，为增强考核的专业性，专门聘请了 9 名会计师事务所专业人员参与考核工作。在考核中，采取自查自纠、项目抽检、问卷调查、上门座谈等多种方式，充分了解和摸查省级集中采购机构的政府采购执行情况。2013 年，对

省级集中采购机构考核结果评定为良好。四是完善规范协议采购。一方面针对电子反拍中存在的问题，对电子反拍程序重新作出调整，即采购人必须在完成电子议价后才能发起电子反拍，并不得指定品牌型号，如参与反拍的只有一家供应商，必须经单位上级主管部门同意后才能继续实施，从而有效防止了暗箱操作等违规行为。另一方面，为提高采购效率，减少重复招标的采购成本，2013 年继续采取省、市联动的方式，组织实施 2014 - 2015 年度完公务车和印刷协议供货商资格招标工作。同时，为了加强管理，规范操作，组织各中标供应商进行业务培训，重点对录入电子采购平台的商品价格信息进行监控，防止价格虚高。五是依托电子平台加强信息公开。依托广东省政府采购网，加强政府采购信息的及时、全面公开，做好对于采购活动的全程监管，并加强与预防腐败信息系统对接，加强对于采购活动的监督工作。2013 年，发布采购项目公告 27 630 条，采购项目结果公告 23 906 条，电子反拍 9 316 笔。六是严肃处理违法违规行为。重点加强对信息公开、采购文件编制、评标评审、合同履约验收等环节的监管，对于受到的质疑和投诉主动及时介入，对于查实的违法违规行为严肃处理。处理投诉事务，主动作为，加强与各有关方面的沟通，注重证据收集，强化处理时效，充分发挥处内合议机制，坚决做到程序合法、公正、准确。2013 年，处理群众来信 2 件，政府采购供应商投诉 13 件（其中：支持 6 件，终止处理 5 件，驳回 2 件）。七是切实加强业务培训指导。2013 年，在加强政府采购监督管理的同时，充分做好对采购单位、采购代理机构以及供应商的业务培训，积极支持和指导地市政府采购监管部门开展工作。派人前往梅州、东莞、河源和云浮等市、部分省直单位以及有关社会代理机构进行业务授课和指导 17 批次，提高政府采购从业人员的政策理论和实际操作水平，加强对下级政府采购监管部门处理供应商投诉事项的指导。

三、建章立制，不断完善政府采购制度体系

结合实际，针对工作中发现的问题，不断完善相关制度和办法。一是修订广东省政府采购集中采购目录及政府采购限额标准。就原有政府采购品目分类不全、细化不够的问题，政府采购监管处深入调查研究、广泛征求意见，进一步扩充分类范围、细化采购品目，科学制定政府集中采购目录并公布实施。二是完善政府采购监管处内部管理的有关制度。为加强全处的工作规范化开展，政府采购监管处研究制定《政府采购供应商投诉处理业务内部工作规程》、《政府采购监管处公文处理办法》、《政府采购监管处印章管理办法》等业务操作和内部管理的制度，经处务会议审议通过后开始实施。三是协助其他部门或单位做好建章立制。结合政府采购监管处业务范围，就《广东省党政机关厉行节约反对浪费实施细则》等规章制度，提出意见和建议。根据有关职能权限，对于各地级市政府集中采购目录及限额标准等进行指导审批。

四、认清形势，积极推进改革创新

紧紧围绕当前深化经济体制改革，加快转变政府职能的新形势和新任务，积极推进政府采购制度的各类改革创新。一是积极推进批量集中采购改革试点。会同省政府采购中心组成调研组赴国家机关政府采购中心和部分省份深入开展专题调研，充分了解摸清中央和相关兄弟省市的主要做法、成效和存在的问题，为广东省试点工作提供经验借鉴。会同中国政府采购报召开批量集中采购工作座谈会，传达中央的有关精神，探讨广东省试点工作思路。探索制定省级批量集中采购试点实施方案，内容包括计划管理、采购标准、操作程序和履约管理等方面。二是积极配合政府购买社会服务工作。为进一步贯彻落实国务院和省委省政府关于政府向社会力量购买服务的有关精神要求，政府采购监管处积极配合行政政法处进一步细化广东省政府购买社会服务的相关管理办法，在新制定的《广东省政府集中采购目录及限额标准》中扩大服务类产品范围，同时加强对省直单位政府购买社会服务相关项目的监管。此外，参与财政部《关于推进和规范服务项目政府采购工作的指导意见》课题组，积极开展调研，现已形成初稿并在进一步修改完善当中。三是积极推进政府采购行业协会发展。根据《改革创新社会组织登记管理体制》有关要求，指导督促广东政府采购研究会开展清理规范工作，制订研究会整改脱钩方案。同时，积极研究政府采购有关政府职能向社会组织转移有关工作，实施广东政府采购研究会与广东采购协会的整合事项，加快广东省政府采购行业组织的建设培养，为下一步组建广东省政府采购行业协会，推进乙级政府采购代理机构资格认定行政审批事项承接，推进市场化运作，进一步加强行业自律创造条件。同时，加大对广东采购协会有关政府采购培训工作的支持，多次参加广东采购协会组织培训事项，分别对政府采购监管机构、采购人及社会代理机构进行培训指导。四是积极开展政府采购谈判研究。为应对中国加入全球经济一体化的形势，按照财政部的统一部署和要求，积极开展 GPA 研究及谈判应对工作。加强与 GPA 研究工作小组及成员单位的沟通联系，积极协调工作开展中遇到的问题，就广东省国企加入 GPA 出价问题形成研究成果。

五、发挥政策功能，着力推动经济社会转型发展

注重研究政府采购在财政调控中的杠杆作用，积极发挥政策指引功能。一是逐步加强政府采购进口产品审核管理，严格控制进口产品采购比例，支持购买国货。2013 年，全省采购国货合同金额为 1 679.7 亿元，占全省采购规模的 98.57%。进口产品合同金额为 24.5 亿元，仅占全省采购规模的 1.43%。二是落实节能减排的绿色采购政策，优先采购或强制采购节能标志产品、环保标志产品。2013 年，全省采购节能（节水）274.9 亿元，环保产品 153.9 亿元，分别占同类产品的 90.4% 和 85.9%。三是贯彻实施财政部《政府采购促进中小企业发展暂行管理办法》，在采购操作过程中尤其是在采购文件编制中必须将该办法有关条款予以明确体现，以鼓励和支持中小企业参与政府采购。2013 年，中小微企业获得广东省政府采购合同 833.7 亿元。四

是继续推进政府采购信用担保试点工作，为中小企业提供畅通便利的信息渠道，积极搭建中小企业参与政府采购的活动平台。

六、科技支撑，不断提高政府采购管理信息化水平

在稳步实施和推广政府采购信息化工作的同时，积极做好广东省政府采购管理执行平台的功能拓展与完善。政府采购监管处多次采取组织召开座谈会或上门走访的形式，向有关省直单位和地方监管部门了解平台运行情况和存在问题，广泛征求各方的意见和建议，通过系统充分论证并反复测试，就有关问题提出解决方案并落实完善。同时，注重对于广东省政府采购门户网站的维护和建设，不断强化网络安全。此外，大力支持全省范围内电子平台的推广应用和日常维护工作。通过强化政府采购平台建设，不断提高政府采购的科学化、信息化水平。

（政府采购监管处供稿，杨瑞执笔）

公务用车管理工作概述

2013年，公务用车管理处坚决贯彻执行中央、省委、省政府有关决策部署，积极组织全省各级小汽车定编机构在严格车辆配备、推进厉行节约、促进节能减排、加强党风廉政建设等方面取得明显成效。

一、推进公务用车定编改革完善管控机制

2012年，广东省政府令第169号决定取消省直党政机关一般公务用车定编审批，国有、集体企业用车定编审批，中央和驻粤单位公务用车定编备案，微型厢式车定编审批等四项审批权限。2013年，财政厅坚决贯彻省政府的部署，对取消公务用车定编审批和健全监管机制进行认真研究，省政府批复同意省财政厅《关于推进公务用车定编改革完善管控机制有关工作的报告》，同意四个方面的建议：一是取消党政机关一般公务用车定编审批。二是改革完善本省国有企业配备公务用车的管理办法。三是完善配套监督制度。四是加大对违规购车用车行为的查处力度。

二、加强党政机关一般公务用车管理

经省政府同意，省财政厅印发《关于加强党政机关一般公务用车管理的通知》，就加强党政机关一般公务用车管理作严格要求：一是从严控制党政机关一般公务用车编制。全省冻结党政机关一般公务用车编制。各单位除新设立机构、人员编制增加等情形外，不得突破现有一般公务用车编制数。二是从严控制一般公务用车配备标准。广东省党政机关一般公务用车小轿车不得超过18万元和1.8升排气量，越野车、旅行车不得超过25万元；报废过户更新的，不得超过原车标准和新制定的配备标准。三是健全一般公务用车配备使用管理机制。一般公务用车配备实行分级管理，市、县所属党政机关一般公务用车由各级政府逐步推行预算管理。

通过严格控制标准，广东省切实落实中央八项规定有关要求，减少公车购置支出，促进党风廉政建设，避免取消定编审批“一放就松，一放就乱”的现象。2013年，全省党政机关一般公务用车除特种专业用车外没有配备超过18万元的小轿车，越野车、旅行车没有超过原报废或过户车辆标准且低于25万元。2013年，全省办理党政机关一般公务用车配备2 172辆（除新机构设立和新增人员编制外，没有新增车辆），比2012年减少874辆，同比减少28.7%。

三、动员部署整治超标配备公车和严格公车经费支出专项行动

为贯彻落实《中共广东省委办公厅　广东省人民政府办公厅关于印发〈广东省深入开展“四风”突出问题专项整治方案〉的通知》的要求，经广东省人民政府同意，省财政厅印发了《关于印发〈关于整治超标配备公车和严格公车经费支出专项行动实施方案〉的通知》，并在广东省公务用车管理网将专项行动监督电话、电子邮箱和邮寄地址予以公告，对违规配备使用公务用车、超标准配备使用一般公务用车、未经审批购车等13种违规行为专项整治行动进行认真动员部署。

四、对车改地区公务用车编制开展重核工作

为做好广东省中山、珠海、东莞、惠州、佛山5个车改市留用车辆的审核工作，省财政厅对车改市上报省车改办的原始数据进行重新核实，按照车改后不增加编制数的要求重新核定留用车辆编制。

五、调整执法执勤用车管理范围，并开展重核工作

根据广东省机构编制委员会办公室和各地级以上市小汽车定编办书面报送的数据，调整配备执法执勤用车单位范围为三大类：一是中央确定的执法执勤单位范围。即公安、检察、法院、司法、工商、税务、食品药品监管、农业、林业、纪检监察、海事、海洋渔业等12个系统。二是全省其他具有执法执勤职能和执法执勤人员编制的党政机关。三是依法行使执法执勤职能的事业单位。根据上述调整，省财政厅开展执法执勤用车重核工作。

（公务用车管理处供稿，黄林水执笔）

财政监督检查工作概述

2013年，财政监督检查工作紧紧围绕“三个定位，两个率先”及财政中心工作的要求，充分发挥职能作用，不断推动财政监督各项工作踏上新的台阶。截至2013年

底，全省各级财政监督机构共对1 990户单位进行检查，查出财政违法、违规、违纪金额12.34亿元，纠正财政违法、违规、违纪金额6.85亿元，查补财政收入1.65亿元。

一、高度重视，坚决贯彻落实省委、省政府的重大决策部署

为深入推进党的群众路线教育实践活动，坚决整改“四风”，解决社会关注、群众反映比较强烈的问题，根据省委关于开展整治违规修建楼堂馆所等五个专项行动的决策部署，2013年9－12月，省财政厅牵头会同有关部门深入开展全省整治“小金库”、违规使用专项资金专项行动，重点做好四个阶段的工作：一是动员部署阶段，及时研究制定《广东省整治“小金库”专项行动实施方案》和《广东省整治违规使用专项资金专项行动实施方案》，明确整治工作的时间、范围、内容及重点等，做好沟通协调工作，指导各地各部门特别是各地财政监督机构有序开展整治工作。二是自查自纠阶段，积极组织协调各地各部门抓紧制定工作措施，认真全面开展自查自纠工作，并由厅领导带队赴全省21个地市开展专项整治督导工作，确保整治工作不走过场。三是重点检查阶段，抽调80多人组成17个检查组对科技、教育、水利、环保、卫生、外经贸、人社、交通、民政、经信、旅游、海洋渔业等12个省级部门和领域涉及的战略性新兴产业发展专项资金、外贸转型升级示范基地建设资金、自然灾害生活救助、中小学校舍安全工程专项资金等34项、59.03亿元专项资金开展重点检查，有效推动重点检查工作落到实处。四是整改落实阶段，督促各地各部门做好违规问题的整改工作，并深入分析原因，完善制度，构建防治“小金库”和违规使用专项资金的长效机制。全省各地各部门按照实施方案的工作要求，成立各级专项行动领导小组，并根据实际情况，因地制宜制订专项行动工作方案，强化组织领导，健全工作机制，认真组织开展专项整治工作。全省共发现“小金库”31个，涉及资金2 371.94万元；违规使用专项资金2.38亿元。截至2013年年底，全省发现的31个“小金库”中已纠正处理27个，追回违规支出资金71.4万元，上缴财政81.05万元，纳入单位法定账户核算金额1 497.44万元，党纪政纪处分5人，移交司法机关1人；对于发现的专项资金违规问题，已追回、收回、上缴、扣减专项资金5 856.55万元，并处罚单位9个，罚款19.17万元，党纪政纪处分5人。

另外，按照中央和省委有关加快经济发展方式转变、“加快转型升级建设幸福广东”等重大决策部署要求，省财政厅积极配合省纪律检查委员会做好宏观调控政策落实、保障和改善民生政策落实等涉及财政资金管理使用方面的监督检查工作：一是与省纪委共同研究确定2013年的检查工作方案，将教育、水利等专项资金检查纳入“加快转型升级，建设幸福广东”监督检查工作计划，并积极协同省纪委开展教育专项资金的监督检查工作。二是参加省纪委组织的对广州、惠州和汕尾等市县的核查工作。

二、结合实际，不断加强财政监督机制体制建设

一是牢固树立依法理财、依法行政的理念，认真抓好财政监督工作制度建设，研究制定《广东省财政厅进一步加强和改进财政监督工作的实施意见》，提出建立健全覆盖所有政府性资金和财政运行全过程，构建“预算编制、预算执行、财政监督、绩效管理”四位一体的“大监督”财政运行体制和监督机制的长远工作目标，为广东省财政监督检查工作指明方向。二是针对2012－2013年广东省财政专项资金使用方面案件频发、多发的问题，及时研究制定《关于进一步加强财政专项资金监督检查工作的通知》，要求全省各级财政部门加强财政专项资金监管，堵塞审批、寻租方面的漏洞，充分发挥财政监督管理职能作用，严肃查处各类财政违法违纪行为，及时解决财政监督中的薄弱环节，树立财政监督权威，确保专项资金安全运行、规范管理、有效使用。三是为加强全省财政监督信息工作，畅通信息渠道，规范报送内容和程序，及时、准确掌握全省各地区财政监督工作动态，及时研究制定《关于印发〈广东财政监督信息工作制度〉的通知》，进一步发挥财政监督信息的决策参谋作用。2013年，共向财政部监督检查局报送财政监督工作信息13篇，被采纳4篇，在全国名列前茅。

三、立足本职，深入开展财政监督检查工作

（一）抓好财税政策及财政专项资金的监督检查工作

一是紧紧围绕中央及省委、省政府的战略决策部署，进一步加强财政收支监督检查，加大对重大财税政策的监督检查力度，全面提升财政监督的成效和作用，保障中央及省委、省政府的利民惠民政策的贯彻落实。2013年，省财政厅对中小学校舍安全工程专项资金、农村义务教育中小学校舍维修改造专项资金、义务教育规范化学校建设专项资金、高等职业教育专项资金、高等院校学科建设和教学质量与教学改革工程专项资金、省直生均定额拨款等7项、共12.46亿元财政资金开展专项联动检查，发现部分单位存在违规核算、违规申报、违规拨付、挤占挪用、效益较低、套取专款等问题。省财政厅积极督促相关单位进行整改，追缴财政资金353.5万元，及时堵塞管理漏洞，确保财政资金安全、高效使用。二是做好2012年度八项财政支农专项资金检查发现问题的处理处罚及督促整改工作，进一步明确省财政厅内相关处室的职责分工，依法收回省农业厅等相关单位违规使用的财政资金。三是认真及时处理涉及财政专项资金违规问题以及会计师事务所执业质量问题的投诉举报，组织核查后进行了整改落实。

（二）扎实有效开展会计信息质量检查工作

2013年，省财政厅按照财政部统一部署，并结合广东实际，于4月下发《关于组织地方财政部门开展2013年度会计监督检查工作的通知》，指导全省20个地区（不含深

圳市）开展2013年会计监督检查工作。同时，围绕涉及人民群众切身利益、财政资金重点扶持的领域，结合财政部有关2013年重点行业开展联动检查的要求，广东省将教育行业列为检查重点，组织开展全省上下联动检查。全省各地财政监督机构根据省财政厅的工作要求，结合当地实际，认真组织，及早布置，因地制宜开展检查工作，取得了良好成效。2013年，全省共投入检查力量1 275人，其中财政部门投入721人，聘请专业人员554人，对371所学校和教育部门进行教育联动重点检查，对265个其他行业的行政事业单位、社会团体和企业等进行会计信息质量检查，发现63类违规问题，违规问题总金额达8.86亿元。省财政厅组织力量对广东工业大学、广东技术师范学院、广东轻工职业技术学院三所高校进行重点检查，发现在经营收入管理、资金管理和会计核算等方面存在不规范的地方，对查出的问题依法依规进行处理处罚，补缴税款及追缴财政资金208.48万元，并将性质严重的问题移交省纪委作进一步查处。

（三）抓好注册会计师行业监管工作

根据财政部工作部署，省财政厅印发《关于开展2013年会计师事务所检查工作的通知》，组织省财政厅监管的502户会计师事务所开展自查工作，对自查工作不认真、不按要求提交自查资料的事务所予以全省通报，并列为巡查和重点检查对象。同时，进一步加强联合联动机制，提高检查效能。在实施行业监管联席会议制度的基础上，省财政厅有关处室加强沟通，创新方法，联合监管工作效能日益明显。2013年3月，监督检查局与会计处、广东省注册会计师协会召开了注册会计师行业监管联席会议，分析行业发展存在的问题，研究商定加强管理促进行业发展的若干措施，并着重提出开展会计师事务所综合评价、监督局与省注协联合检查等工作。根据工作部署，监督局与省注协联合对96家会计师事务所开展执业质量检查，共派出52名检查人员组成13个检查组，抽查事务所审计、验资等业务报告共3 449份，对3家事务所和10名注册会计师给予公开谴责、4家事务所和8名注册会计师给予通报批评、5家事务所和7名注册会计师给予责令书面检查的行业惩戒处理。

四、开拓创新，有序推进财政监督信息化建设

一是结合广东省财政监督检查工作实际，修改、完善财政监督系统的需求方案并抓紧实施研发，在2013年底前基本完成财政监督系统（一期）上线运行，初步实现对国库动态监控、预算计划管理和资金支付稽核、资产管理、政府采购管理、会计服务管理等业务管理系统数据的查询、监控等功能。二是根据《省级财政预算计划和资金支付稽核工作规程（暂行）》的要求，积极参与研究开发财政预算计划和资金支付稽核系统以及试运行工作，对第一批使用稽核系统的有关处室财政预算计划和资金支付工作合法性、合规性和一致性进行实时稽核和事后稽核，协调处理稽核工作相关事宜，并抓紧研究对稽核主体开展稽核工作情况进行考核等后续工作。

五、以人为本，加强内部管理及队伍建设

一是加强作风建设，大力发扬调查研究之风。2013年上半年根据《关于2013年厅党组成员专题调研工作的通知》的要求，组织对粤东、粤西、粤北开展了“加强专项资金监管机制研究”专题调研工作，并形成较高质量的调研报告，积极探索财政资金监督的新途径新思路。二是加强内部制度建设，规范管理。结合工作实际和内部管理要求，制订、完善公文处理、督办、信访等10项内部管理制度并汇编成册，健全权力运行工作机制，强化制度约束，以制度管人、管事、管权，实现规范化管理。

（监督检查局供稿，易雄执笔）

人事管理和教育工作概述

2013年，省财政厅人事教育工作，紧紧围绕财政中心工作，改革创新、规范管理、完善机制，扎实推进干部人事教育各项工作，力促全厅形成风清气正实干的良好氛围，为财政改革发展提供良好的组织保障和人才服务。

一、坚持严谨规范，认真组织完成干部选拔任用工作

认真落实厅党组“凭能力定使用、靠实绩求进步”的选人用人导向，不断深化干部人事制度改革，完善干部选任机制。一是精心组织，积极配合做好省管干部选任工作。全力以赴配合省委组织部做好从本厅选拔1名省人大办公厅主任、1名副厅长、1名总会计师、1名巡视员、2名副巡视员人选的民主推荐和考察工作。二是严谨细致，认真做好厅内干部选任工作。认真贯彻“凭能力定使用，靠实绩求进步”的选人用人导向，科学制订干部选拔任用工作方案，严格执行干部选拔程序规定，充分保障干部民主权利，全年共提拔任用处级干部29名，办理10名处级领导干部试用期满转正手续，提任主任科员23名，副主任科员4名，办理新录用公务员转正13名。三是充分准备，通过各项干部选任工作检查。根据中组部、财政部人教司、省委组织部等上级部门的部署，认真筹备迎接了中央巡视组干部选任工作检查和省委组织部“一报告两评议”、贯彻落实规划纲要检查、全省组织工作满意度调查、领导班子和干部作风调研等检查调研工作。

二、坚持优化整合，认真做好厅机构编制职能管理工作

结合财政改革发展工作实际需求，认真调研、积极争取、加强沟通，努力为财政事业发展提供组织保障。一是积极争取机构编制职数，满足发展需求。认真做好省管干部职数和人员配备申请工作；积极向省编办申请增设地方

债务处、增配公共资源交易工作委员会办公室编制以及协助省注协办理事业单位法人登记等申请，努力促进厅组织发展和干部队伍建设。二是理顺职责关系，优化内部管理体制。按照省编办要求，认真梳理上报省财政厅在部门职责分工中存在的问题、困扰和主要原因；同时，为落实转变职能要求、理顺处室（单位）职责分工，提高工作效率，在全厅范围内开展了职责交叉、职责不清情况调研，在梳理和征求意见的基础上提出职能的承办、转移、归并意见，为下一步机构改革职能梳理打好基础。三是规范厅属社团管理，推进社团组织与厅机关脱钩。为贯彻落实党的十八届三中全会精神和省委、省政府《关于进一步培育发展和规范管理社会组织的方案》要求，结合省审计厅对厅社团审计的整改意见，制定出台了《关于省财政厅与所属社团组织脱钩的意见》，重点从人事管理、财务管理、办公场所使用方面做好厅机关与所属社团组织脱钩工作，扎实推进社团组织民间化、自治化、市场化改革进程。

三、坚持改革创新，不断探索规范干部管理工作机制

坚持完善制度、创新机制，加强干部管理科学化水平，激发财政干部队伍活力。一是加强交流轮岗，促进干部多岗位锻炼。按照厅党组关于干部交流轮岗制度化、常态化要求，进一步修订完善干部交流轮岗办法，积极采取外派挂职锻炼、厅内交流轮岗、处室借调使用等形式，多层次、多方式推动干部交流。2013 年，全厅共轮岗交流 36 人次（其中，办理公务员转任调任 19 人），办理处室间人员借用 9 人，推荐援疆援藏干部 2 人，安排扶贫驻村 3 人，接收军转干部 2 人。二是加强科学量化，完善科学考评干部的有效机制。进一步修订完善《广东省财政厅综合考核试行办法》和综合考核指标体系。细化考核指标，增加服从组织安排、履行职责情况评价、工作效能评价等考核内容；量化考核标准，增加公文办理效率、文件办理、预算计划和资金支付稽核系统统计情况等量化考核指标；突出考核实绩，增强考核的导向作用；探索试行增加平时考核环节，力求把实绩考全；按照干部管理权限，实行一级考核一级办法，确保把业绩考准，通过科学考评提高识人准确度和用人公信度，引导干部干事创业。三是加强制度创新，健全干部人事管理机制。结合财政发展新形势新要求，对厅历年的干部人事制度进行梳理。修订出台《厅所属单位人事管理规定》、《省财政厅干部因公出国（境）管理规定》、《省财政厅干部因私出国（境）管理规定》、《省财政厅领导干部节假日值班制度》和《省财政厅安全保卫工作制度》，草拟干部选拔任用办法和交流轮岗规定意见稿。四是加强人才引进，拓宽公务员选录渠道。按照省人力资源社会保障厅统一部署，向社会公开招录公务员 12 名，同时拓宽招录渠道，首次采用公开遴选方式，从基层公务员中遴选了 4 名人员充实到财政干部队伍，为财政事业及时提供人力支持。

四、坚持服务大局，创造干部教育培训新特色

紧紧围绕财政中心工作，认真贯彻省委大规模培训干部精神，积极探索加强财政干部教育培训的有效途径，有效提高干部综合素质。一是以思想教育为核心，扎实做好理论武装。组织开展了党的十八大精神和习近平总书记系列重要讲话学习活动，开展“学习宣传十八大精神”、“解读十八届三中全会精神”和“解读现代财政制度”系列专题报告。协助组织开展党的群众路线学习教育活动，大力加强厅党员干部的宗旨意识、群众意识和党性修养。二是以干部培训需求为出发点，不断丰富培训内容。广泛收集广大干部职工的意见和建议，并紧密围绕财政中心工作，深入研究经济社会发展和财政改革事业对财政干部素质能力提出的新要求，在确保预算经费“五个零增长”的前提下，研究制订厅全年培训计划，力求实现组织需求、岗位需求和个人需求得到最优组合。三是认真办好各类培训，全面提升培训质量。2013 年，共举办广东财政大讲堂专题讲座 6 期，平均每期学员人数达 300 多人；深入开展岗位培训，认真组织干部参加财政部、省委组织部和省人社厅等部门举办的各级岗位培训班共 29 人次、专题培训班和境外培训班共 26 人次，举办新录用人员培训班，协助厅机关各处室、厅属单位举办各类业务培训班 37 期，增强干部履职能力，促进财政改革发展；积极推进网络培训，在厅门户网站和 OA 系统干部培训专栏上载更新相关财政业务知识和培训动态信息，有效解决财政干部工学矛盾。

五、坚持以人为本，不断提升基础管理和人事服务水平

筑牢“干部工作无小事”思想，夯实干部管理基础工作，不断提高人事工作的执行力和服务水平。一是加强干部人事信息档案管理。继续完善人事教育管理信息系统开发和试运行工作，通过信息化手段提升人事教育管理服务水平。按照省委组织部的统一要求，组织开展干部档案改版工作。做好各项干部信息统计工作以及机构编制实名制系统信息核对完善工作，为厅人事教育管理信息化工作打下了扎实的基础。二是加强事业单位人事管理服务。为物管中心、投审中心、省评协等补充了班子成员，加强厅属单位班子建设；坚持以人为本，加大厅属单位干部培养力度，全年共选聘事业单位中层（科级）干部 3 名，晋升高级工 2 人；通过公开招聘等，为厅属单位及社团组织补充编内人员 13 人；从厅属单位调任、转任 2 人到厅机关工作，加强干部交流，激发队伍活力。三是做好工资、职称、计划生育、休假审批等服务工作。坚决执行“五个服务到位”和“五个一服务程式”，在确保“零差错”的同时提升工作质量和效率，积极为厅干部职工做好工资管理、职称评聘、休假审批、计生服务、出具有关证明等人事服务。办理退休手续 12 人。计划生育工作顺利通过达标考核，获得计生部门的通报表扬。四是加强因公、因私出国（境）管理。在因公出国（境）管理方面，认真贯彻落实中央和省一系列关于加强公务出国（境）管理的新精神新规定，

特别是严格遵照中央“八项规定”有关要求，努力做好“五严”，在事项上严审、在经费上严控、在管理上严格、在纪律上严肃、对存在的问题严改，确保厅因公出访工作遵规守纪、科学有序、务实高效、安全和谐开展。在因私出国（境）管理方面，对厅干部职工提出的因私出国（境）申请，在认真审核的基础上，努力做到“热情服务、耐心解答、急事急办、特事特办”。同时，继续做好向省出入（境）管理部门的报备、撤销及沟通协调等工作，协助厅干部职工解决因私出国（境）申办疑难问题，2013年共办理厅干部因私出国（境）申请达238人次。

（人事教育处供稿，朱昱执笔）

机关党建工作概述

2013年，中共广东省财政厅直属机关委员会坚持以中国共产党第十八次代表大会、中国共产党第十八届中央委员会第三次全体会议精神为指导，紧紧围绕“服务中心、建设队伍”两大核心任务，以深入开展党的群众路线教育实践活动为重点，团结带领厅各基层党组织和广大党员干部扎实推进机关党建“八大行动”，厅机关思想建设、组织建设、作风建设、反腐倡廉建设、精神文明建设等方面均取得新的进展。

一、认真学习贯彻党的十八大、十八届三中全会精神和习近平总书记系列重要讲话精神，理论武装进一步强化

继续把理论武装放在机关党建的首要位置，紧密结合财政工作实际和党员干部思想实际，坚持领导带头示范学、全面系统深入学、结合工作有效学，着力把学习成果用于指导财政工作实践，转化为深化财税改革、建立现代财政制度的实际行动。

（一）开展系列学习讨论活动

厅党组带头开展集中学习15次，厅党组书记、厅长曾志权为全厅党员干部上党课2次，厅党组成员参加联系点、所在支部专题学习会、上党课38次；邀请专家学者、基层干部作专题讲座7次，全面解读十八届三中全会精神，专题解读经济体制改革、财税体制改革；组织开展“强党性·庆七一”教育活动，学党史，铭党恩，强党性；实施“五个一”坚强党性锤炼行动，坚定理想信念，提高党性修养；开展“重温经典·牢记宗旨”、“权威荐书”、“党的十八届三中全会精神”系列专题读书活动等，收到心得体会文章64篇，择优在《读书园地》刊登；组织党员干部参加十八大报告和党章知识竞赛，组织423名党员干部参加省委实践办组织的“考学”，并取得平均分91分的良好成绩；整理印发学习资料供全厅党员干部学习参考，继续办好网络学习园地等。厅各基层党组织累计开展学习教育活动400余次、党支部书记上党课40次、专题学习讨论会75次。

（二）开展系列体验式教育活动

组织全厅处以上党员领导干部，以落实扶贫“双到”、走访业务对象、开展专题调研、加强政策宣传为载体，深入开展“下基层、接地气”教育实践活动，曾志权厅长带头到对口帮扶点暨教育实践活动联系点龙川县十二排村开展体验式教育活动，厅党组成员累计开展下基层、接地气教育活动、专题调研活动33次，厅各基层党组织累计开展105次。

（三）开展建言献策活动

开展“我为‘三个定位、两个率先’献一策”活动，组织党员干部围绕财政工作如何服务“三个定位、两个率先”以及更好地贯彻执行党的群众路线建言献策，累计征集意见建议66条，精选提炼报送省直工委8条；围绕深化财政体制改革开展专题调研并形成高质量的调研报告；组织各党支部（党委）召开专题讨论会、座谈会交流学习体会等，引导党员干部紧密结合工作实际积极思考，解放思想谋划工作，明确任务明晰责任。

二、深入开展党的群众路线教育实践活动，机关作风进一步改进

按照中共中央、中共广东省委员会的统一部署和厅党组的要求，厅直属机关党委高度重视，坚持把开展党的群众路线教育实践活动作为重要的政治任务抓紧抓实抓好，紧紧围绕“照镜子、正衣冠、洗洗澡、治治病”的总要求，以为民务实清廉为主题，聚焦“四风”、聚焦领导班子和领导干部，集中力量，精心组织，圆满完成了学习教育、听取意见，查摆问题、开展批评，整改落实、建章立制三个环节的各项工作，取得较为突出的作风建设成效，得到省委、省政府领导的充分肯定。省财政厅开展下基层接地气活动、坚持边查边改、建立整改台账的有关做法在省委党的群众路线教育实践活动简报进行推介，建章立制的有关做法在全省第一批教育实践活动制度建设交流会上作书面交流。

（一）落实责任、精心组织，突出抓好组织保障

按照厅教育实践活动领导小组的部署，精心组织，周密安排，为教育实践活动顺利推进提供组织保障。第一，落实责任，明确厅党组是教育实践活动的责任主体，厅党组书记是第一责任人，厅各基层党组织主要负责人为具体责任人，认真落实厅“一把手”负总责，一级抓一级、层层负责任、人人抓落实的工作机制。同时，坚持严督实导，认真督促指导厅各基层党组织深入开展教育实践活动，从严要求，从严把关。第二，精心组织，在活动开始前，按照边学边查边改、以领导班子和领导干部为重点等要求，精心制订实施方案，明确开展活动的指导思想、总体要求、目标任务、基本原则、方法步骤及日程安排等要求；在每一环节工作结束后，都全面开展“回头看”，确保各项活动顺利开展，有序推进。

（二）营造氛围、全员发动，发挥领导干部带头作用

在以处以上领导班子和领导干部为重点的基础上，着力营造开展教育实践活动的浓厚氛围，广泛发动全厅党员干部积极参与。第一，广泛宣传发动。在厅门户网站、厅办公自动化系统开设教育实践活动专栏，编印教育实践活动简报，并通过汇编学习资料、张贴横幅标语等形式，对教育实践活动进行全方位、多角度的宣传报道。活动期间，累计编发教育实践活动简报92期，汇编学习资料5期，更新横幅标语18条，《中国财经报》、《南方日报》及省委实践办、省直机关工委简报等媒介报道10余篇次，营造强大的舆论氛围。第二，充分发挥领导干部带头示范作用。坚持以点带面，一级做给一级看、一级带着一级干，充分发挥全厅处以上党员领导干部的模范表率作用，特别是厅领导班子成员率先垂范，把自己以普通党员身份摆进去，带头开展学习教育、征求意见、对照检查，带头开展批评与自我批评，带头抓好整改落实，带头推进建章立制，切实做到学习教育从厅领导干部抓起、查摆问题从厅领导干部做起、整改落实从厅领导干部改起，为广大党员干部参与教育实践活动提供很好的示范样本。第三，确保全员参与。在党员领导干部的有力带动下，全厅36个基层党组织均按照要求召开专题组织生活会、认真开展批评与自我批评，各厅党组成员参加了所在支部、教育实践活动联系点、分管处室单位的专题组织生活会，每个党员都参加所在党支部专题组织生活会，实现了“五个百分百”的目标：厅各处以上领导班子、领导成员100%撰写对照检查材料，处以上党员领导干部100%阅读规定书目、100%开展谈心谈话、100%进行批评与自我批评、100%提出整改措施。

（三）创新载体、有序推进，扎实做好每一环节工作

在活动的每个环节中，都不折不扣落实好各项“规定动作”，并紧密结合实际创新开展“自选动作”，确保活动不虚、不空、不偏。在学习教育、听取意见环节，重点围绕学习贯彻习近平总书记系列重要讲话特别是视察广东重要讲话精神，创新开展“四个讲一次”学习讨论、“下基层、接地气”教育实践、“转作风、作表率”座谈交流、“严纪律、促廉洁”警示教育等活动，确保党员干部学深学透，入心入脑；坚持开门纳谏，广泛征求意见，开展“走出去、请进来”征求意见、“解民情、纾民困”专题调研等活动，累计发出征求意见函3批次，发放征求意见表500多份，开展听取意见活动200多次，累计征集存在问题98个、意见建议115条，整理形成全厅存在的“四风”问题30个。在查摆问题、开展批评环节，创新开展“五查五改”自我剖析活动和“一对一、面对面”谈心活动，重点做好厅党员领导干部专题民主生活会的会前准备工作，严格对照“五个不开会”的要求，认真制订专题民主生活会工作方案，协助厅党组草拟厅领导班子对照检查材料，及时撰写专题民主生活会通报材料及做好召开通报会有关工作。精心组织厅各党支部专题组织生活会，明确程序、内容、参加人员及有关要求，对全厅38个处级班子、97个班子成员的对照检查材料进行认真审改把关，督促指导各党支部高质量召开专题组织生活会。在整改落实、建章立制环节，针对查找出来的“四风”问题，协助厅党组精心制订整改方案，明确8个方面的41项整改措施，并着力建好整改台账，将各项整改措施、目标任务、进展情况、责任人等内容进行列表编排，实行整改措施清单化、整改进展动态化、整改时限刚性化，有力推动各项整改工作落到实处。协助厅党组在对全厅现有的140多项制度进行梳理的基础上，制订建章立制计划，着力建立健全7个方面46项制度，并建立制度台账，明确分工，落实责任，限时完成；全厅36个党支部（党委）共提出制度建设计划100多个，平均每个党支部约3.5个；加强对制度执行的监督检查和跟踪问效，有力推动形成反对“四风”的长效机制。

（四）统筹兼顾、推动工作，确保教育实践活动取得实效

坚持突出财政实践特色，正确处理好开展教育实践活动与转作风、提能力、优服务、建机制、促发展五个方面的关系，紧密联系财政部门和财政工作实际，把反对“四风”突出问题与落实省委省政府中心工作相结合，与深化财政改革和加强财政管理相结合，把边查边改的要求贯穿于财政工作和开展教育实践活动的全过程。思想认识有了新提高，通过深入开展教育实践活动，广大党员干部普遍受到一次马克思主义群众观点和党的群众路线教育，进一步坚定理想信念，强化政治意识和大局观念，增强践行群众路线的自觉性和积极性；整治“四风”有新成效，通过对“四风”问题进行“大扫除”，取得群众看得见、摸得着的整治成果，全厅倡节俭、强服务、讲廉洁蔚然成风；履职尽责有新作为，在全面整改自身“四风”问题的同时，认真履行职责，切实抓好省委、省政府布置的由省财政厅负责牵头的专项整治行动，落实政府机关作风转变的各项财政措施取得成效；制度建设有了新突破，建立健全改进厅党员领导干部作风的制度体系、加强机关管理的制度体系、抓工作落实提高执行力的制度体系、体现群众意愿的科学民主决策制度体系、强化财政源头管控的制度体系，形成了改进作风的长效机制；推动工作有了新进步，营造了务实实干的良好风气，形成了推动工作的强大动力，有力推动我省财政改革发展取得明显成效，广东财政收入总量连续23年位居全国第一，财政杠杆引导作用更好发挥，省委省政府促进粤东西北振兴发展决策部署落实到位，财政改革进一步深化、财政体制机制进一步健全；为民服务有了新举措，坚决落实中央和省委、省政府各项民生政策，调整优化支出结构，保障和改善民生的范围不断扩大、标准不断提高。2013年全省11类民生支出累计完成5 552.22亿元，占全部支出的67.17%，比2012年同期提高1.38个百分点，着力推动解决人民群众最关心、最迫切的问题。

三、着力提升基层组织活力，组织建设进一步加强

认真贯彻落实《中国共产党党和国家机关基层组织工

作条例》、省委贯彻意见以及省财政厅工作规则，着力推动党内生活的规范化正常化，不断提升基层组织活力。

（一）加强班子建设，夯实基层组织基础

一方面，主动加强厅直属机关党委班子建设，及时任免厅直属机关党委书记和专职副书记，确保工作顺利推进；加强党委委员学习教育，每次党委会都确定1个学习专题，深入学习党的基本知识和中央、省委各项决策部署，大力提高党委委员能力素质；各党委委员严格落实《厅直属机关第七届党委工作制度》，认真履行职责，为厅机关党建工作积极出谋献策，创新党建工作方式方法，不断提高机关党建工作的吸引力和号召力。另一方面，结合工作实际，新成立党支部2个、支委3个，任免党支部书记17人次、副书记1人，增补支部副书记1人、支委7人，确保基层组织设置规范、班子健全。

（二）加强党员管理，增强党员队伍生机活力

认真贯彻、落实党章和中央、省委关于加强新形势下发展党员和党员管理工作的意见，着力提高发展党员和党员管理工作科学化水平，提高党员队伍综合素质，激发党员的主动性和创造性。严把党员入口关，按照控制总量、优化结构、提高质量、发挥作用的总要求，进一步明确发展对象发展入党的相关程序及要求，确保发展党员质量，全年共发展新党员7名，预备党员转正12名。强化党员日常管理，规范党员组织关系管理，严格执行“三会一课”，认真开展党员民主评议，充分发挥党员先锋模范作用。2013年，评选出优秀共产党员49名，及时办理70人次的党员组织关系转移。按照有关程序规定，对厅数据信息中心严重违纪违法的原科长林少丹给予开除党籍处理。

（三）加强制度建设，健全密切联系群众长效机制

制定厅党员领导干部联系服务工作对象制度，加强厅党员领导干部与预算单位、地方政府、基层财政部门、人民群众、人大代表、政协委员等工作对象的联系，做好服务工作，推动工作落实；修订完善厅党组成员参加非分管处室（单位）党组织生活制度，进一步密切厅党组成员与党员干部的联系，加强党员干部思想政治教育；建立厅直属机关党委书记接访机关党员制度和省纪委省监察厅驻厅纪检组长监察专员接访制度，进一步畅通党员干部诉求渠道，搭建密切联系服务党员干部的工作平台；建立党内关怀帮扶制度，切实做好党员服务工作。2013年，厅党组成员参加非分管处室（单位）党组织生活24人次，约与300多名党员直接进行沟通交流。

四、认真贯彻落实中央“八项规定”精神，反腐倡廉建设进一步推进

深刻吸取危金峰、林少丹案件的教训，会同驻厅纪检组加强日常廉政宣传教育，大力推进廉政风险防控机制、加强惩防腐败体系建设，反腐倡廉建设取得明显成效。

（一）切实加强廉政教育

加强对党员干部的教育引导，推动中央“八项规定”、省实施办法和省财政厅《关于进一步改进机关工作作风的意见》的贯彻落实，确保令行禁止；厅党组成员深入各党支部上党课和开展廉政专题教育38次，指导督促各党支部健全制度、强化监督、堵塞漏洞；结合开展纪律教育学习月活动，组织全厅副处以上及部分重点岗位干部近200人开展“三纪”教育学习和到省反腐倡廉教育基地接受教育，多次召开以“反腐倡廉”为主题的专题辅导报告会，组织党员干部观看廉政教育片《黑瞳》，开展“读廉洁书”专题活动等，筑牢党员干部的思想道德底线、廉洁自律防线和党纪国法红线。

（二）推动专项整治工作落实

以开展党的群众路线教育实践活动为契机，推动落实省财政厅厉行节约反对浪费专项整治工作方案，全面整治办公经费管理、国内差旅、因公临时出国（境）、公务接待、公务用车、文件会议、办公用房、检查评比、工作作风、楼堂馆所等方面存在的问题，全面开展“小金库”和违规使用专项资金、公款吃喝公款送礼、形象工程政绩工程等方面的自查自纠，取得了群众看得见、摸得着的整治成果。

（三）继续推动深化廉政风险防控工作

认真贯彻落实党风廉政建设责任制，推动实施《关于进一步加强省财政厅廉政建设工作的意见》和《广东省财政厅工作人员问责暂行办法》等；完善廉政风险防控机制，深入排查岗位风险，通过强化业务流程积极推动财政内控体系建设，规范权力运行，努力确保财政资金安全和干部成长安全；坚持党管干部原则，落实“两列席”规定，通过参与民主推荐、组织考察、民主测评等工作，对干部人事工作进行监督。

五、充分发挥群团组织桥梁纽带作用，和谐机关建设进一步深化

坚持党建带“三建”，加强对工、青、妇工作的领导，充分发挥工、青、妇组织的桥梁纽带作用，通过开展一系列富有特色、富有成效的文体活动，丰富机关文化生活，深入推进和谐机关建设，得到上级组织和干部职工的充分肯定。

（一）顺利完成工、青、妇组织的换届选举工作

鉴于广东省财政厅机关工会委员会和共青团广东省财政厅直属机关委员会任期届满，按照工会法和团章规定，经上级组织同意开展换届选举工作，建立起年轻、有活力、有战斗力的群团干部队伍，不断增强群团组织的凝聚力、战斗力和创造力。经全厅会员无记名投票，选举产生了厅机关第七届工会委员会委员、厅机关工会经费审查委员会委员和厅机关工会女职工委员会委员；召开了厅直属机关第七次团代会，选举产生厅直属机关第七届团委委员，同时，顺利完成了厅机关5个团支部的换届改选工作。

（二）开展形式多样的机关文化活动

举办厅机关第十五届全民健身运动会，精心组织了干

部职工喜闻乐见的13个体育项目，有效调动大家广泛参与运动的积极性，厅党组书记、厅长曾志权和各厅党组成员带头参加运动会，全厅报名参赛人数达到1 500人次。开展庆祝“三八”妇女节系列活动，举办了以“健康·保健”为主题的专题讲座，组织145名妇女干部职工到绿道开展了骑自行车健身运动。组织参加广东省直单位首届工作技能大赛，80名干部职工参与了岗位创新（电子政商务）技能大赛，158名干部职工参与了服务技能大赛，3名代表参加英语技能大赛复赛。同时，组织开展形体健身、合唱、羽毛球、网球、篮球、足球、乒乓球、登山等文体活动，促进干部职工文体活动普及化、常态化。

（三）开展送温暖活动

弘扬“人道、博爱、奉献”精神，组织32名干部职工参加无偿献血活动，积极开展志愿服务活动。2013年省财政厅被评为无偿献血先进集体。关心困难干部职工，慰问患病住院、丧亲、生育的干部职工35名，组织单身干部职工参加有关联谊活动，协助解决干部职工子女入托、入学事宜，为干部职工解决后顾之忧，努力营造和谐互助的工作氛围。

六、积极履行广东省直属机关党建第五协作组组长单位职责，协作工作进一步完善

根据省直工委部署，积极履行第五协作组组长单位的职责，发挥好桥梁纽带作用，密切各单位间的交流沟通。一方面，主持制订了第五协作组年度工作计划，协调组织开展了学习贯彻十八大精神知识竞赛、省直机关第一届岗位职业技能大赛等工作。另一方面，主持制定了第五协作组活动机制、议事机制、联络机制、资金监管机制等工作机制，组织开展了系列学习交流活动。

（党委办供稿，许琪扬执笔）

财政纪检监察工作概述

2013年，驻厅纪检组、监察室全面贯彻落实中纪委全会、省纪委全会和省政府廉政工作会议精神，坚持标本兼治、综合治理、惩防并举、注重预防的方针，统一思想、凝聚共识，围绕中心、服务大局，积极发挥组织协调和监督检查职能，全面推进教育、制度、监督、改革、纠风、惩处等各项工作，财政党风廉政建设和反腐败工作取得新成效。

一、抓落实，认真部署党风廉政建设各项工作任务

驻厅纪检组、监察室围绕财政中心工作，协助厅党组认真抓好党风廉政建设各项工作任务的落实。一是突出领导带头。厅党组多次召开专门会议研究部署反腐倡廉工作，严格落实厅党组成员交叉过组织生活等制度，做到业务工作分管到哪里、党风廉政建设就抓到哪里。二是严格落实“一岗双责”。及时把省财政厅承担的4项牵头工作和10项配合工作细化为7大方面45项工作，明确责任分工和工作要求。严格执行述职述廉、领导干部个人重大事项报告、诫勉谈话和“三课一会”等制度，厅党组成员和各处室、单位均公开作出廉政承诺，主动接受社会监督。三是建立健全党风廉政建设工作督办和问责制度。定期召开党风廉政建设工作落实情况汇报会，建立健全贯彻执行党风廉政建设责任制的检查、考核和报告制度。

二、抓教育，筑牢廉洁从政思想防线

驻厅纪检组、监察室积极创新教育方式方法，始终把加强干部教育管理摆到重要位置，切实增强财政干部拒腐防变意识。一是重点加强理想信念教育。深化党员干部对十八届三中全会精神和党章的学习，开展“正能量·中国梦”、“读廉洁书”等专题活动，增强党员干部的宗旨意识。二是重点加强廉洁从政教育。弘扬新风正气，多次召开以“反腐倡廉”为主题的专题辅导报告会，组织党员干部观看中纪委、省纪委拍摄的廉政教育片，认真开展纪律教育学习月活动；充分发挥党支部对党员干部的思想教育作用，加强与干部的沟通交流，日常谈话谈心，切实增强廉政意识和风险意识。三是强化案件警示教育。深入剖析财政系统违法违纪案件，组织厅领导、副巡视员和副处以上及重点岗位干部近200人，分两批到省反腐倡廉教育基地开展教育活动；连续第三年集中180多人举办全厅副处以上及部分重点岗位干部“三纪”教育学习会，筑牢党员干部的思想道德底线、廉洁自律防线和党纪国法红线。

三、抓作风，坚决贯彻落实中央“八项规定”

驻厅纪检组、监察室切实加强对“八项规定”等落实情况的监督，着力推动财政工作不断开创新风气、新气象和新局面。一是强化治庸问责。深入治理庸懒散奢等不良风气，制定《广东省财政厅工作人员问责暂行办法》，对工作人员不依规办事、不履行或不正确履行工作职责，或工作纪律松弛、“吃拿卡要”等行为进行严格问责。二是加强对廉洁从政规定执行情况的监督。认真贯彻中央纪委有关禁止性通知，制定《关于春节期间加强廉洁自律的通知》和“六个严禁”等规定，重申节假日期间廉洁自律有关规定并加强对执行情况的监督检查，坚决刹住收送“红包”礼金、公款吃喝、奢侈浪费等不正之风。三是进一步推动作风转变。严格贯彻落实中央“八项规定”和省委《实施办法》，坚决整治“四风”存在问题，制定实施《关于进一步改进机关工作作风的意见》，每季度对各处室、单位的办公经费、会议经费和公车等使用情况在全厅范围内进行公示，严控发文数量。2013年，省财政厅机关办公费、会议费、培训费、公务用车运行维护费、电话费等经费支出总额与上年同比降低46.01%，清理腾退超标准办公室18间，机关作风建设取得明显成效。

四、抓改革，筑牢财政源头治腐防线

省财政厅党组高度重视财政源头治腐工作，以加强财政专项资金监管，堵塞审批、寻租方面的漏洞为切入点，建立健全财政专项资金分配机制，进一步深化财政改革。驻厅纪检组、监察室充分发挥监督检查的作用，加强对省委省政府和厅党组决策部署落实情况的监督，切实筑牢财政源头治腐的防线。一是继续推进源头治腐各项财政管理制度改革。进一步加大预算公开力度，增强财政预算约束，不断完善预算执行和监督管理；充分发挥“制度＋科技”的防腐作用，制定实施预算指标和资金支付稽核系统，完善预算执行动态监控机制；多方面推进财政改革，全年共部署推进财税体制、财政管理、专项整治等方面改革31项，其中已完成10项，部分改革走在全国前列，工作得到省委、省政府的充分肯定。二是全面规范省级财政专项资金管理。出台实施《关于完善省级一般性转移支付政策的意见》、《关于压减省级财政专项转移支付 扩大一般性转移支付的意见》、《广东省省级财政专项资金管理办法》等一系列制度办法，将659项、756.63亿元的专项资金纳入清理范围。推进省财政经营性资金股权投资管理改革，探索实行因素法、贷款贴息等科学分配办法和专项资金基金化等，促进资金分配的阳光、透明，有效提高财政资金使用效益。三是加大监督检查力度。积极开展宏观调控政策、保障和改善民生政策财政资金使用情况的监督检查，对中小学校舍安全工程等七项教育专项资金开展检查，涉及金额12.5亿元，查处违规金额1 355万元。牵头开展的整治“小金库”、违规使用专项资金专项行动取得显著成效，全省发现和处理“小金库”31个，涉及金额约2 371万元；查处专项资金违规项目697个，追回、收回、上缴、扣减资金5 856万元，相关违纪违法人员被追究责任，整治工作得到省领导的批示肯定。

五、抓制度，切实加强廉政风险防控

以规范财政权力运行为重点，驻厅纪检组、监察室督促各处室、单位完善制度建设，以制度规范形成抓资金安全、干部安全的工作机制。一是建立健全财政专项资金管理制度。参与修订资金调度内部管理办法，制定完善省财政厅管理相关专项资金内部规程、省级财政专项资金竞争性分配管理办法等，做到资金使用到哪里，制度建设就延伸到哪里。二是进一步规范财政系统业务联系制度。督促制定规范全省财政系统上下级工作联系的若干规定和省级与下级财政往来资金管理办法，规范资金调度管理操作，防范财政资金在运行过程中的各种潜在风险。三是建立健全廉政风险防控管理制度。编印《广东省财政厅惩治和预防腐败体系相关法规制度选编（2008－2012）》，督促各处室、单位继续深入排查岗位风险，有针对性地完善制度措施50多项，健全完善“分岗查险、分险设防、分权制衡、分级预警、分层追责”的廉政风险防控机制。四是不断建立完善干部人事管理制度。树立正确的用人导向，驻厅纪检组、监察室对援藏援疆干部选拔、干部选任、新录用人员面试等进行认真监督，严格执行述职述德述廉、领导干部个人有关事项报告、离任审计、任前廉政谈话、诫勉谈话和“三课一会”等制度，强化对权力运行的监督制约。

六、抓纪律，强化案件查处威慑力

省财政厅党组高度重视信访举报工作，大力支持纪检监察机构履行职责，及时研究解决反腐倡廉工作中存在的突出问题。驻厅纪检组、监察室认真受理群众信访举报案件，严肃查处财政干部违反廉政准则和纪律规定的行为。注重抓早抓小，对苗头性、倾向性问题，及时提醒诫勉，防止小错酿成大错。2013年，驻厅纪检组共收到群众信访举报38件（不含重复件），按照“属地管理、分级负责，谁主管、谁负责”的原则分类进行处理，对9条信访线索开展了初步核查，了结7件，自办案件1件。按照有关程序规定，对相关案件进行严肃处理，并积极配合省纪委、监察厅和省检察院查办案件。同时，驻厅纪检组、监察室认真开展以案治本工作，厅党组成员深入各处室、单位上党课和开展廉政专题教育38次，指导督促各处室、单位健全制度、强化监督、堵塞漏洞。

七、抓督导，促进授权管理单位反腐倡廉建设

驻厅纪检组、监察室认真履行对授权管理单位的指导和监督职能，促进授权管理单位的党风廉政建设。一是定期召开授权管理单位反腐倡廉建设工作会议和工作总结交流会，及时传达中纪委、省纪委全会精神和工作部署，部署落实纪检监察工作任务。二是加强对授权管理单位执行反腐倡廉各项制度规定的指导和监督，通过召开座谈会、听取工作汇报等方式，了解掌握授权管理单位反腐倡廉建设动态。三是深入授权管理单位进行调研，对落实党风廉政建设责任制、信访举报案件查处等工作给予指导、协助，总结经验，促进交流，提高工作水平。

八、抓队伍，提升纪检监察干部执行力

驻厅纪检组、监察室切实加强财政纪检监察干部队伍建设，做到思想认识深一些、作风建设先一步、纪律约束高一层。一是深入开展党的群众路线教育实践活动，作出加强作风建设的八项公开承诺，深入查摆“四风”存在问题，认真开展批评与自我批评。二是落实中纪委、省纪委部署，认真开展会员卡专项清退活动，驻厅纪检组和授权管理单位纪检监察干部全部做到“零持有”“零报告”。三是建立纪检组长接访制度，主动开门听取党员干部对纪检监察工作的意见和建议。四是深入开展“反对特权思想和特权现象”和“推进公共交易平台建设”专题调研，组织纪检监察干部参加中纪委、财政部、省纪委举办的纪检监察业务培训学习，不断提高纪检监察干部综合素质和执行力。

（驻厅纪检组、监察室供稿，张可薇执笔）

离退休人员服务工作概述

2013年，离退休人员服务处（以下简称“离退休处”）坚持“政治上多关心，思想上多沟通，学习上多引导，生活上多照顾，精神上多关怀”的工作原则，全面贯彻“落实待遇，搭建平台，亲情服务”这一条主线，增强服务意识，不断提高管理水平和服务水平，为厅离退休人员提供优质、满意的服务，较好地完成了全年各项工作任务。截至2013年12月，厅离退休人员174人，其中离休干部18人（厅级干部5人），退休干部职工156人（厅级干部18人，异地安置干部4人），全厅离退休党员131人。

一、加强自身队伍建设，提高管理水平

离退休处把加强队伍自身建设当作首要任务来抓。首先，在工作中努力加强政治理论和离退休工作政策的学习，不断提高业务素质。离退休处党支部坚持每月召开两次处室会议，建立随时议事制度。其次，建章立制，及时修改完善有关措施条款，与时俱进，充实内部管理，细化管理制度。最后，建立离退休人员联系制度。将离退休人员按一定类别合理分组管理服务，指派专人负责联系，提高工作人员责任心；工作分工不分家，保持和发扬好的做法。实行分组管理轮换制。

二、认真落实离退休人员的政治待遇和生活待遇

（一）落实政治待遇

1. 组织离退休老同志学习政治理论。充分调动老同志的积极性，认真完善离退休老干支部组织生活学习制度，坚持离退休党员每月一次集中过组织生活，把集中学习与分散自学，座谈讨论与专题辅导结合起来，加强学习的针对性和实效性。组织到从化老干部休养所，进行集中座谈、分组讨论等。2013年，共组织老干部进行各种形式的政治学习15场，参加厅组织的座谈会4次，参加省委老干部局组织的各种报告会4次，共有900多人次参加。

2. 积极开展思想政治工作。针对离退休老同志中出现的一些思想和生活问题，在认真分析原因，把握思想脉搏的基础上，开展有针对性的思想政治工作，向他们释疑解惑，解难济困；对一时不能说服，工作未能做通的老同志，尽量稳定他们的情绪，想方设法利用一切可以利用的渠道、人力来帮助化解矛盾。

3. 抓好离退休老干部党支部的建设。按照组织健全、制度完善、管理规范、活动经常的要求，把老干部党支部建设纳入到党的建设工作计划，加强对老干支部工作的领导，探索符合老同志特点的党支部活动内容和活动方式，实现老干部的自我教育和自我管理。

（二）落实生活待遇

1. 认真做好离退休老干部的日常服务工作。一是组织老同志参加疾病防治工作。为老同志订阅健康保健书刊，组织老同志参加健康体检，开辟看病绿色通道，邀请机关门诊专家每月一次到省财政厅座诊，接送有需要的老干部看病就医，组织老干部到从化疗养。二是落实家访慰问制度，形成上门家访制度化，对高龄和长期患病在家的老同志，离退休处派人定期上门慰问，建立老同志基本情况档案。截至2013年12月，建立起健康档案165份；协助一位过世离休干部和一位退休职工的家庭处理丧葬善后工作，探望病人和上门家访达150多人次。

2. 开展健康文体活动。认真开展健康科学的文体活动，支持离退休老年舞蹈队，提供训练场所和音乐设备，管好、用好离退休人员活动室，方便老同志前来活动锻炼；根据计划安排适时组织老同志开展唱歌、棋牌、书法、绘画等各类有益身心健康的文体活动，努力使离退休人员老有所乐、安度晚年。

三、协助厅关工委做好关心下一代工作

离退休处鼓励离退休老同志“老有所为”，协助厅关工委切实做好扶贫公益和未成年人思想道德教育工作。

（一）关心干部职工未成年子女的思想道德教育

暑假期间，厅关工委组织厅中小学生（四年级至六年级、初中和高中的在校生）在厅大礼堂观看学生专场电影教育片，到广东省地震局科普馆参观学习；还组织小学生组到华南植物园参观并进行猜谜语游园活动，组织中学生组到德庆学宫参观学习。通过一系列的暑假活动，学生们增长了许多在课堂上学不到的知识，提高了未成年人的综合素质，收到了积极的成效。

（二）开展扶贫助学公益活动

厅关工委对扶贫助学公益活动不遗余力，厅关工委的各位老领导积极投身公益事业。2013年9月24日，厅关工委领导前往翁源南浦中学，对学校发展建设情况进行调研摸查，及时了解结对捐助学生的学习和帮扶情况。11月初，厅关工委共收到结对捐助的87名贫困学生的款项，共计52 200元。11月13日，厅关工委前往翁源南浦中学，把厅干部职工的捐款送到山区贫困学生手中。

（离退休人员服务处供稿，吴志胜执笔）

财政国库支付管理工作概述

2013年，国库支付局（以下简称“支付局”）围绕全省财政中心和重点任务，紧紧抓住保障财政资金支付安全这一工作主线，积极履行职责，充分发挥财政国库支付职能作用，较好完成年度各项工作任务。

一、着力做好财政资金支付管理工作

（一）安全高效做好省级财政资金拨付工作

一是加强资金安全管理，严守财政资金拨付最后一道

关口。认真严谨做好资金支付工作，落实岗位责任制度，严把资金审核支付关，确保资金拨付及时、准确和安全。2013年共办理3 641.86亿元省级财政资金（额度）的拨付下达工作。二是夯实统发工资规程，准确完成省级统发工资拨款工作。严格按照“指标流控制资金流”的原则，通过修订省级财政统发工资内部操作规程、建立统发工资发放情况通报机制、提前预警下月统发工资指标余额情况等。

（二）认真准确做好省级财政资金支出核算工作

一是建立健全省级财政资金支出核算账套。根据新的省级财政资金拨付业务流程，为妥善做好省级财政支出的出纳核算工作，实现与厅国库处“平行记账、相互稽核”的目标，在预算执行系统新建12个会计账套（原有的省级财政国库集中支付支出账套已有13个账套），对省级财政资金拨付支出数据进行全面核算。二是认真做好省级财政国库集中支付支出会计核算工作，做到日清月结，按时准确记账和出具旬、月报表等。三是建立健全与有关各方对账体系，初步构建与代理银行、预算单位、下级财政部门与厅国库处的对账工作体系。

（三）做好省级部门支出进度分析和省级财政资金拨付情况分析工作

一是按季度通报省级部门支出进度情况，督促省级预算单位加快支出进度，提高预算支出均衡性。二是从2013年8月起，按月编制省级财政资金拨付情况报告，通过纵横向比较方式，及时向厅领导反馈资金支出情况，为领导决策提供参考。

（四）做好省级国库集中支付银行代理业务督导、考评和培训工作

一是重点做好2012年度代理银行考评工作。引入第三方参与，会同厅监督检查局成立2012年度国库集中支付业务检查小组，规范省级集中支付业务代理银行综合考评制度，同时将考评情况特别是代理银行存在的重点问题进行通报，不断健全代理银行服务激励与约束机制，提高集中支付代理银行服务水平。二是及时按季结算2013年度省级国库集中支付各代理银行业务手续费和垫支利息。三是分两批举办了省级国库集中支付业务代理银行培训班，进一步提高代理银行的政策素质和业务办理效率。

（五）探索推进国库支付电子化管理

一是加强和厅有关处室和人民银行广州分行、代理银行的沟通协调，积极牵头或配合有关部门做好稽核系统上线、CA安全认证等各项基础性工作。二是研究落实国库支付电子化工作规划，厘清思路，积极规划，在学习财政部有关文件以及赴河北、河南等省市实地调研的基础上，按照财政部要求并结合广东省实际初步草拟了《广东省省级财政国库支付电子化管理试点实施方案（初稿）》。

二、着力推进财政国库支付改革工作

（一）积极推进预算计划和资金支付稽核工作

一是根据厅领导指示精神研究确定工作思路。主要思路是通过处（局）内稽核、处（局）间稽核和监督部门稽核三道防护网，利用稽核系统对预算计划管理和资金支付工作全过程进行实时和事后稽核的工作机制，及时发现和处理预算计划管理和资金支付工作中的差错等问题，确保财政资金支付安全。二是制定稽核工作管理规程。印发《省级财政预算计划和资金支付稽核工作规程（暂行）》，有效规范预算计划和资金支付监督运行机制；印发《省级财政资金支付内部管理规程（暂行）》，加强省级财政资金支付管理，明确各处室职责和资金支付业务流程。三是及时跟踪稽核系统运行情况。一方面，协同厅有关处室有序完成稽核系统开发、开展业务培训、制定试运行方案等相关工作，保证稽核系统于2013年8月6日正式上线试运行；另一方面，定期召开稽核系统例会，及时收集稽核系统存在的问题及厅各处室提出的意见和建议，不断完善系统功能及业务流程，保障预算计划和资金支付业务规范、安全进行。四是探索开展支付局内部稽核工作。结合支付局实际业务情况，重新修订《国库支付局内部稽核实施细则》，建立支付局资金拨付内部稽核工作机制；组织开展支付局内部日常稽核工作，接受厅监督部门、国库处对支付局的稽核并按照稽核意见及时做好纠错工作。

（二）深化公务卡制度改革

一是积极推行省级预算单位公务卡强制结算目录和做好省级公务卡制度改革月度数据统计工作。截至2013年底，省级基层预算单位开立公务卡54 380张，与年初相比新开立公务卡9 439张，2013年持卡公务消费金额1.36亿元。二是不断完善公务卡配套制度，于2013年9月推行省级预算单位跨行办理公务卡业务，进一步健全公务卡发卡银行选择机制，方便预算单位和持卡人，切实提高公务卡使用率。三是积极开展国库支付改革调研活动，上门走访省级预算单位重点调研了公务卡制度改革存在问题，并针对性地提出解决建议，推进公务卡制度改革进一步深化。

（三）构建覆盖全省各层级的预算执行动态监控改革体系

一是积极开展省级日常监控预警核查，有效实现省级财政监督关口前移，促进财政资金安全、规范和有效使用。二是积极分析、利用监控信息，及时将发现问题反馈给相关环节，并针对存在问题，印发《关于进一步加强省直预算单位国库集中支付管理与监督的通知》，有效促进资金支付业务办理的不断规范和制度的不断完善。三是积极推动改革扩面提效，预算执行动态监控改革实现省、市、县三级财政部门全覆盖，同时还通过加强对下级财政部门的业务指导和改革培训，督促基层财政部门建立适应本地实际的动态监控管理机制，初步建立起覆盖各级财政的预算执行动态监控体系。

（四）深入推进财务核算信息集中监管改革

一是转变监管模式，通过实地调研、强化培训、电话温馨提示、设立问题解决专线和QQ群等手段，变“传统

监管”为“服务监管”，同时按季对省级财务监管改革试点单位会计核算情况进行通报，建立监管情况反馈机制，不断规范单位的财务管理与会计核算工作。二是优化系统功能，新增开发固定资产管理、高校财务管理等模块，并根据《事业单位会计制度》的修订内容，开发科目转换工具，有效支撑改革业务需求。三是加强数据分析，按月出具《省级财务核算信息集中监管情况分析》，并针对年度分析报告提出改革完善建议，为领导决策提供参考。四是加大督导力度，对全省改革情况进行深入调研，并根据调研发现问题和收集情况，有针对性地组织先进市、县撰写改革经验介绍、开展改革专题业务培训，有效的推动改革深化。同时，印发《关于进一步推进财务核算信息集中监管改革及预算执行动态监控改革的通知》、有效推动基层财政部门积极扩大改革试点。截至2013年底，20个地级以上市（不含深圳）已有16个地市完成将市一级预算单位100%纳入改革的工作目标，并有27个县（市、区）开展改革试点探索。

（五）继续推进财税库银横向联网建设工作

一是继续扩大财税库银横向联网范围。2013年以来，会同人民银行广州分行、广东省国税局批复广州、佛山、东莞、中山、揭阳五市国税系统纳入财税库银税收收入电子缴库横向联网系统（TIPS），全省所有地市国税系统已完成财税库银横向联网推进工作。二是做好横向联网系统商业银行手续费计付工作。按照《广东省财税库银税收收入电子缴库横向联网商业银行手续费计付管理试行办法》，及时核实广东省地税局2012年度横向联网系统商业银行手续费，并发文将复核结果回复省地税局。

三、认真开展国库支付业务调研培训工作

（一）开展调查研究

2013年9－12月，分别赴省内12个地市及下辖县区、12个省直单位以及河南、河北等兄弟省调研国库集中支付改革、公务卡改革、财务核算信息集中监管、预算执行动态监控、国库集中支付电子化等改革工作，既全面了解省内市、县及省直单位国库支付改革的进展情况和存在问题，也学习和借鉴兄弟省在国库集中支付电子化方面的管理经验和工作措施，推进广东省国库支付改革进一步深化。

（二）开展业务培训

2013年，分别举办4期省直单位国库集中支付业务培训班、2期市、县财政部门国库集中支付业务培训班及2期省级国库集中支付业务代理银行培训班。

（国库支付局供稿，麦东阳执笔）

外债管理工作概述

2013年，国际金融组织债务管理办公室（以下简称“国际债务办”）紧紧围绕财政中心工作，积极稳妥开展利用国际金融组织和外国政府贷款工作，取得历史性突破：成功实现社保一体化和农民工培训、农业面源污染治理、全球环境基金赠款以及潮南水资源保护四个项目的正式谈判以及两个研究项目获得批准立项。“缩小广东城乡贫富差距”研究项目继2009年获得世行项目年度优秀团队奖后，再度得到世行的肯定，由世行行长金墉先生亲自颁布了“2013年优秀实践奖”，是2013年度唯一获得此殊荣的政策分析援助项目。广东亚行贷款节能减排促进（能效电厂试点）项目第一批次获得亚行“高度满意项目”奖，第二批次获得亚行“优秀项目”奖。职业教育发展项目成功入选世行“全球一日”拍摄活动项目之一。广东绿色货运示范项目的宣传短片在世行中英文官方网站上正式发布，标志着该项目成为世行与中国在气候变化领域合作的典范。

2013年，广东省在建国际金融组织和外国政府贷赠款项目13个，利用贷赠款金额约4.81亿美元。其中，新增利用国际金融组织和外国政府贷赠款项目1个，新增贷赠款协议总额约0.8亿美元。

一、深入基层，加强调查研究工作

2013年，根据党的群众路线活动要求以及年初制订的工作计划，国际债务办以深入基层调查研究为抓手，认真践行党的群众路线。从项目的申报、实施到监督检查，认真听取基层单位的意见和建议，转变工作作风，得到了基层单位的肯定。一是为做好广东省养老项目的前期调研工作，积极与亚行专家、省卫生厅等有关人员到广州友好老年公寓等养老机构进行调研，了解养老机构的运作模式和存在问题，听取单位的发展意见和建议，掌握相关情况，做好项目前期的准备工作。二是为了解各项目单位在财务管理和贷款流程方面的意见和建议，国际债务办举办由多个项目单位参加的座谈会，组织世界银行（以下简称“世行”）执行局和项目单位进行面对面的沟通，对加强财务监管和简化审核程序提出有益的建议。三是与世行局专家和项目管理单位一起到江门文昌沙水质净化厂进行现场专题调研，了解贷款项目的运作模式，掌握资金投入的绩效，总结项目实施过程出现的问题。四是为完成财政部向世行提供100个案例的编写工作，国际债务办召开职业教育、珠三角城市环境治理一期等项目单位参加的座谈会，认真听取项目单位的意见，了解项目的有关情况，及时对编写工作提出修改意见，顺利完成广东省案例编写工作。五是积极参与项目单位举办的各类研讨会、项目单位或国际金融组织举办的联合调研工作以及配合财政部及世行专家团队到广东省进行城镇化课题研究调研。

二、把握重点投向，积极推进新项目

（一）围绕“绿色财政”，推动实施绿色发展战略取得明显成效

1. 世行贷赠款广东农业面源污染治理项目完成谈判。该项目是中国首个利用世行贷款实施农业面源污染治理项目，项目计划总投资13.23亿元，其中世行贷款1亿美元，

全球环境基金赠款510万美元，其余部分为地方政府和项目实施单位配套资金。项目目标是建设一批技术创新、工艺领先、管理先进、效益显著的农业废弃物污染减排示范项目，推动示范点经验在广东省乃至全国范围的推广。项目已在今年10月30日开始实施。

2. 亚洲开发银行（以下简称“亚行”）贷款潮南区水资源保护及综合开发利用示范项目提前谈判。指导项目单位开展贷款项目前期准备工作，配合完成项目准备技援PPTA中期检查、终期检查以及贷款实地评估，及时向财政部汇报最近进展情况。协调国内国际两套审批程序，促进项目单位分步骤按计划落实好各项工作。考虑到2014年亚行将上调贷款利率，国际债务办将加大项目的推动力度，确保在12月进行贷款谈判，大幅降低贷款成本。

3. 亚行贷款项目——广东亚行贷款节能减排促进（能效电厂试点）项目第三批次及循环资金发挥效益。会同项目协调小组，进一步理顺循环资金贷款审批程序，提高贷款审批效率；以信托形式委托粤财信托有限公司进行财务管理，降低贷款风险；执行联席会议及定时沟通制度，及时通报信息及解决问题；为更好地促进资金的循环管理，国际债务办以利差返还企业、风险准备、补贴项目运营经费等办法加强绩效管理。截至2013年底，前三批已回收的循环资金总额为人民币4.94亿元，累计已安排批复循环项目9个，贷款总额为人民币2.77亿元；拟新增安排3个项目1亿元贷款。有关贷款还本付息情况良好，贷款风险得到良好控制。《羊城晚报》、《南方日报》等主流媒体均对此项目进行报道。

（二）围绕加快转变经济发展方式，积极推进经济综合开发示范镇项目

该项目是借鉴发达国家的先进管理经验，通过广东经济综合开发示范镇项目建设，支持公共基础设施的发展和加强相关机构的能力建设，培育示范镇主导产业，带动城乡居民增收、改善城乡居住环境。通过示范镇的辐射带动作用，探索建立小城镇合作发展平台，逐步完善促进小城镇发展政策，为广东小城镇健康发展提供良好经验。该项目总投资达6.56亿元，其中世行贷款5 000万美元，项目于2013年正式实施。

（三）围绕基本公共服务均等化，积极推动世行贷款社保一体化和农民工培训项目

在2009年广东省和世行共同开展缩小广东城乡贫富差距课题研究的基础上，努力将研究成果转化，成功引入世行贷款8 000万美元开展城乡社保一体化和农民工培训项目。该项目已于9月12日正式生效，计划2018年6月完工。项目的实施将帮助广东省建立省级社会保障管理信息系统，对广东省21个地级市的社会保险、就业服务和人力资源的数据管理实现一体化，从而大大提升广东省城乡社保信息化水平。2013年9月25－27日，项目第一次代表团检查暨项目启动会议在广州举行，标志着项目正式进入实施阶段。

（四）因地制宜，推进建设5 000吨气调保鲜库的项目

2013年，国际债务办受理了封开县庆农农业有限公司利用以色列政府贷款建设5 000吨气调保鲜库的项目。该项目引进以色列先进的气调保鲜技术和设备，将为果蔬基地产品在贮藏和运输两个关键环节上的保鲜问题提供解决方案，同时还将带动其他相关产业的发展。项目建成后，每年将直接从农民手中收购果蔬产品1 200吨，不仅可以促进当地劳动力就业，减轻就业压力，还能够带动广大农民脱贫致富。项目的实施将产生较大的经济效益和显著的社会效益，为稳定当地现有生态建设成果，实现可持续的生态发展发挥积极的作用。

三、充分发挥“知识银行”优势，推进广东省政策研究工作

一是亚行支援广东农村与小城镇生态环境治理建设研究项目总投资70万美元，其中亚行以赠款的形式提供40万美元，省财政提供配套资金。该项目旨在通过研究广东珠三角、粤东粤西和北部山区三类处于不同发展阶段的典型区农村与小城镇生态环境问题，并借鉴国内外成功经验和有效做法，提出一系列具体政策建议，为省委、省政府提供决策参考。项目编写的广东省7个先行先试地区的调研报告作为阶段性研究成果，得到省领导的高度重视，要求将相关调研报告转发省直有关部门及全省市、县参考借鉴。2013年年底，项目组与亚行联合举办了项目成果发布会，将研究成果印刷成册向有关政府部门公布。

二是为总结和研究中国与世行在项目领域的合作成果和经验，丰富世行发展理论，充实世行发展案例库。2013年财政部与世行合作开展了世行在华项目案例编写工作，这也是世行—中国发展实践知识中心下的一项重要活动。财政部在全国范围内征选了100多个项目案例，并确定广东、湖北、新疆为试点省份，在全国率先开展项目案例编写，为其他省区和单位提供示范文本。国际债务办高度重视，精心组织，认真筹划，顺利完成1份管理经验案例和3份项目案例。同时，按照财政部的要求，为上海、湖南、安徽三省项目案例进行平行审核工作。财政部在100多个案例的基础上精选23个案例，包括广东省珠江三角洲城市环境项目案例和职业教育发展（广东）项目案例。

四、紧抓在建项目进度，保证项目规范实施

国际债务办深入项目实施单位调研，加强与单位的沟通协调，指导项目单位有序开展提款报账工作，积极推动项目实施进度，确保贷赠款及时发挥效益。截至2013年底，广东省在建的国际金融组织贷赠款项目的主要情况是：

珠三角城市环境治理二期贷款项目。项目计划利用世行贷款9 600万美元。项目累计提款6 830.2万美元，占贷款总额的71%。江门部门已全部完工，佛山将于明年4月关账。

职业教育发展项目。世行贷款职业教育发展（广东）项目计划利用世行贷款2 000万美元。项目累计提取贷款1 639万美元，占贷款总额的81%。

全球环境基金广东绿色货运示范项目。计划利用全球环境基金赠款420万美元开展绿色货车等方面的工作。项

目累计提取赠款132万，占赠款总额的31%。

欧洲投资银行第一期贷款项目。广东韶钢节能减排项目、粤能灯楼角风电项目和粤电勇士风电项目3个子项目进展顺利，项目累计提取欧投行贷款5 654万欧元，占总贷款8 500万欧元的66.5%。其中，粤电风力发电项目贷款已提取85.2%，粤能风力发电项目已提取完毕，韶钢节能减排项目已提取29.3%。

亚行赠款项目。广东省亚行贷款节能减排促进（能效电厂试点）项目能效实施能力建设赠款项目。截至2013年12月，累计向亚行提款1 650 467.96美元，拨付项目合格费用1 488 835.04美元。根据项目实际需要，指导项目单位积极与亚行进行磋商并达成一致意见，相关调整方案已经上报财政部。

广东省《广东城镇化战略研究》和《深化改革　建立完善广东新型医疗服务体系》两个项目被财政部列入调研项目清单。

外国政府贷款已立项项目。广东省供销合作联社直属两校建设项目，该项目贷款1 500万欧元，建成后，将使两校办学规模和招生人数增加40%以上。国际债务办正加强与省供销社的沟通，跟踪项目的建设情况，依法依规地推进项目的实施。

五、加强贷赠款资金管理，防范偿还债务风险

广东省2013年底还贷准备金余额合计约1.19亿美元，占广东省地方政府外债余额的比例为10.43%，符合《国际金融组织和外国政府贷款还贷准备金管理暂行办法》的规定，能够保证及时足额偿还广东省到期债务。按照财政部关于贷款利费申报减免的规定，及时办理世亚行贷款项目利费减免工作；按外汇管理要求，及时办理外汇贷款的购汇、支付和偿还工作，确保项目及时足额还贷。2013年共偿还国际金融组织债务和外国政府贷款1.14亿美元。

（一）加强监督检查

一是配合审计部门对广东省国际金融组织贷赠款项目进行审计及延伸检查，并督促存在问题的项目单位及时进行整改。二是配合世行、亚行等国际金融组织到珠江环境治理二期、职业教育和节能减排等项目进行实地检查，督促项目单位在项目管理、招标采购以及实施中的规范运作，推动项目进展。三是根据《国际金融组织贷（赠）款项目执行监督检查管理办法》，国际债务办每月均抽查部分项目进行跟踪检查，了解项目运作情况，督促单位加强管理。

（二）积极推进项目绩效评价工作

为推进国际金融组织贷赠款工作科学化、精细化管理，提高项目资金的使用效益，2013年国际债务办选取广东亚行贷款节能减排促进第二批次及第三批次项目，分别纳入广东省国际金融组织贷赠款完工项目和在建项目的绩效评价，利用亚行赠款资金委托广东外语外贸大学开展相关评价工作。

（三）建立、健全规章制度

为进一步加强与项目单位、审计部门的沟通，规范国际金融组织和外国政府贷赠款项目的资金管理，提高资金的使用效率，国际债务办拟制定《广东省国际金融组织和外国政府贷（赠）款项目协调管理费预算和支付管理规程》和《关于加强与国际金融组织和外国政府贷（赠）款项目单位联络协调的管理办法》，完善《国际金融组织和外国政府贷款项目行政审批》的网上申报流程，方便基层单位申报，提高工作效率。

六、加强队伍建设和保障工作

（一）大力加强能力建设

为贯彻、落实党的十八大对财政工作推出的新要求、新任务，提高财政科学化精细化管理，进一步提高地方财政干部的政府外债管理与财政金融监管水平，2013年7月国际债务办在财政部亚太财经与发展中心（上海国家会计学院）举办了政府主权外债管理业务骨干培训班。

（二）积极稳妥做好各项外事接待工作

截至目前为止共接待了18次国际金融组织和外国政府代表团来粤检查工作与学术交流，其中包括世行贷款管理局局长一行到广东考察世行贷款项目、财政部及世行专家团队到广东开展城镇化调研、第五届中国—亚行知识共享平台研讨会等。

（国际金融组织债务管理办公室供稿，陈海平执笔）

机关政务工作概述

2013年，省财政厅政务服务中心（以下简称“政务中心”）围绕财政中心工作，以开展党的群众路线教育实践活动为抓手，牢固树立服务与保障意识，充分发挥机关后勤管理、服务、保障、协调的职能作用，较好完成各项工作任务。

一、以服务为宗旨，做好各项保障工作

（一）会议接待服务工作

根据省财政厅认真贯彻落实中央“八项规定”和改进机关工作作风的有关要求，2013年，政务中心认真接待好各类会议，其中大礼堂举办大型会议25场次，并在服务工作中始终坚持高标准、严要求，在会场布置和接待安排上，严格执行有关规定，不摆花草、不发放纪念品。充分运用现代信息技术手段改进会议服务形式和水平。

（二）省财政厅车辆管理工作

2013年，认真执行《广东省财政厅加强公务车辆使用管理暂行规定》，严格管理，全年无违规超范围用车，人员岗位变动时，第一时间合理调配。逢节假日严格实行车辆封存制度，坚决杜绝公车私用等违规行为，不定期发出通知或温馨提示，提醒全厅所有驾驶人员注意天气影响和安全驾驶。2013年，省财政厅车辆管理科安排出车5 021车

次，行车里程288 482公里，安全无事故。

（三）物业管理工作

一是及时修缮周转房，2013年修缮周转房45间，维修73次，保障干部职工住得安全舒适。二是规范省财政厅周转房租住及租金、水电费收缴管理工作，既全面清理欠租欠费，又规范收缴方式。三是不断加强物业租赁工作，妥善处理与租户的租赁纠纷案件，坚决维护单位的正当权益。

（四）水电管理工作

对办公场所及省财政厅所辖物业定期开展安全大检查，对不符合消防安全要求的器材，一律予以淘汰和更新。对省财政厅大院、仓边路、环市路综合楼应急灯、消防箱、消防管盘、消防水带等根据老化程度进行及时更换，保证供水供电设施的正常运行；适时更换桶装饮用水品牌，抓好省财政厅大院2、3、8号楼煤气管道改造工程，全面更换省财政厅机关办公楼楼层指示牌，方便外来人员；定期清洗办公室地毯和对办公楼公共区域进行晶面处理，为干部职工营造一个安全舒适的办公、生活环境。

（五）食堂管理工作

想方设法保障省财政厅干部职工膳食安全，把省财政厅机关食堂打造成文明服务示范窗口。一是认真贯彻执行中央“八项规定”和省财政厅改进机关作风的有关要求，注重引导大家文明就餐，扎实响应“光盘”行动，杜绝舌尖上的浪费。二是定期收集干部职工意见，根据大家反映的问题，不断在菜式方面增加花样品种，改善就餐质量。三是每周四召开膳食健康和安全反馈会，定期研究时令的季节性菜谱，改进和完善膳食服务保障，确保省财政厅干部职工“吃得健康”“吃得安全”。四是切实做好内部接待工作，在接待服务工作方面充分展示财政部门厉行节约的形象和风采。

（六）公共机构节能工作

为加快公共机构节能队伍建设，安排人员参加公共机构节能管理远程培训学习，积极采取有效措施降低厅机关办公楼公共能耗。响应省政府号召，积极开展广东省公共机构名录库建设工作，推进《公共机构节能条例》和公共机构节能政策措施的贯彻落实，加强节能管理，建立健全节能管理制度，提高省财政厅机关能源利用效率和节能管理水平，在全社会有效节能中起到示范和表率作用。

（七）借调人员管理工作

对借调到省财政厅机关各处室工作的人员注意抓延伸管理，努力解决他们工作、生活中碰到的问题，使他们安心在处室工作，实现处室、本人以及中心都满意。

（八）建立后勤长效保障机制

随着物价水平的提高，在后勤服务管理资金有限的情况下，除加强节约日常开支外，还要在制度机制上下工夫。2013年，建立省财政厅机关后勤长效保障机制，为省财政厅后勤工作的正常运转打下坚实的基础。

二、强化单位内部建设

（一）修订完善各项制度，坚持科学规范管理

2013年，政务中心组织人员对有关后勤管理方面的规定逐个进行健全和完善。按照新时期、新形势要求，全面梳理机关后勤工作各项管理制度，修订完善财务管理、公务用车管理、水电管理、会务接待管理等规定，操作性强，实现制度管人管事。并从实际出发，强化管理，对机关后勤服务工作的方方面面，严格按规章制度狠抓管理，各项工作安排到人，落实责任制，确保每一项工作扎实到位，收到成效。

（二）加强办公自动化建设，不断提高工作效率

为切实贯彻省财政厅党组提出的“大数据”战略部署，根据2013年省财政厅信息化项目建设计划，结合政务中心工作实际，提出建设“机关后勤智能化管理系统”项目，依靠厅OA系统，按照办公自动化、管理智能化、服务标准化的要求，积极推进后勤智能化管理系统的研发工作，致力于打造“数字后勤”，并按照计划于2013年6月正式上线，实现与省财政厅新OA系统的无缝链接。

（三）加强财务管理，规范工作程序

一是做好常规性财务工作，合理分配中心费用指标，积极配合财务审计。二是做好中心预算编制工作，对日常的各项经费开支严格把关，为后勤保障奠定基础。三是完成决算报表工作，坚持月报、季报、年报表的财务制度。四是加强制度建设，制定完善财务审批、财务报销和财务管理制度，杜绝违规现象的发生。五是推进省财政厅出租房屋、办公场地、大院住户管理费及租金收缴工作，2013年省财政厅工作人员租金和水电费收缴率为100%，管理费收缴率为95%。

（四）加强人员管理，不断提升集体战斗力

一是做好人员退休工作，及时划转退休后管理、组织和工资关系，消除后顾之忧，让退休人员安享晚年。二是及时招聘补充新生力量，2013年，按照《广东省事业单位公开招聘人员办法》等事业单位招聘人员的有关规定，公开、公平、公正招聘事业编制工作人员1名，粤财服务部会务员和打字员3名。三是政务中心积极探索事业单位绩效工资改革，打破“大锅饭”，奖勤罚懒，充分体现多劳多得，最大限度提高员工的工作积极性和工作效率。

（五）认真做好档案工作

为完善档案管理工作，进一步提高档案服务质量，政务中心2013年对历年来的档案材料进行全面的梳理归档，并录入省财政厅内网档案数据库，实现档案材料的统一管理。

（政务服务中心供稿，周亚华执笔）

省直行政事业单位经营性资产管理工作概述

2013年，广东省省直行政事业单位物业管理中心（以下简称“省直物管中心”）深入贯彻习近平总书记重要指示，切实落实中央“八项规定”和省委“六条禁令”，结

合党的群众路线教育实践活动，加强作风建设，创新工作思路，进一步提高省直行政事业经营性物业管理工作水平。

一、扎实开展经营性物业管理基础工作

（一）严格执行物业安全巡查制度

为吸取广州市2013年下半年接连发生重大火灾的教训，省直物管中心一方面要求粤财物业公司向租户发出《关于做好防火工作的通知》，切实落实防火责任；另一方面会同粤财物业公司加大对物业的巡查力度，对重点物业进行检查以及开展面对面的消防安全宣传教育，做到及时发现隐患，及时整改落实。全年分批次共对70处物业进行实地巡视，确保消防、安全事故发生率为零。

（二）有序开展物业产权变更工作

省直物管中心按照所辖物业的变动情况，继续完善产权资料并办理过户手续。全年累计完成170处，合计81 848平方米物业的产权变更，占物业总面积的71.32%。

（三）切实加强物业的维护、维修工作

对于需要大修的物业，省直物管中心积极派员实地勘查，加强与物业管理公司以及租户沟通，批准医药大厦防漏维修工程，并与物业管理公司及其他业主初步拟定天河北华标广场消防改造、金山大厦空调管道更新等重大维修计划。全年共开展大中型维修7处，小型维修27处。

二、加强经营性物业日常管理

（一）规范物业租赁管理事务审批工作流程

一是确保各项物业租赁业务公开透明，全年共审批租赁合同96份、其他租赁事项61份，开出非税缴款单3 152份。二是严格管理物管专项经费账户，款项超过10 000元的须报厅领导审批。

（二）规范物业经营管理内部报告制度和物业定期盘点制度

一是每月对物业的租赁管理和物业收支情况进行汇总分析，并通过《物业管理情况》向厅领导汇报。二是认真落实物业定期盘查工作，编制有关报表，每半年向厅领导报告一次物业的盘点情况。

三、提升物业经济效益和行政效益

（一）实现物业租金收入平稳增长

一是积极推动空置物业的市场招租工作，全年物业平均出租率保持在97%以上。二是努力提升物业市场价值，在物业面积逐年减少的情况下，2013年全年租金收入达8 482.53万元，比2012年增加301.87万元，实现国有资产使用效益保持稳定。

（二）认真履行物业行政划拨职责

按规定，瑞兴大厦4楼在2013年4月租约期满后应移交省编办使用，了解到租户可能无法按时退场后，省直物管中心主动介入做好沟通、协调工作，确保物业如期移交；7月，按省信访局要求提供多处物业供其作为接访大厅选址参考，并3次派人陪同实地查看，最大限度支持该局的选址工作；11月，如期将租赁合同到期的广州市龙口西路550号第三层约415平方米物业移交省文联使用。

四、遗留历史问题的处理取得重大突破

（一）彻底解决广东展协有关办公用房问题的诉求

为尽量避免因物业的行政划拨而导致广东展协与省国土储备局之间矛盾的进一步扩大，省直物管中心多次协调，最终由省直物管中心以优惠条件为广东展协另外提供场地，解决其历时3年的办公用房搬迁问题。

（二）彻底解决德祥大厦历史纠纷问题

2006年省直物管中心接管德祥大厦后，由于物管公司缺乏相关资质且管理不到位，与省直物管中心一直存在管理权争议，后租户入场后，又因拖欠管理费和水电费问题与物业公司长期争持不下。2013年，省直物管中心把纠纷处理作为重点工作来抓，耐心细致做好有关协调工作，先后6次与租户和物业公司开会协商，并三度上门查看现场，最终达成一致意见，双方的长期纠纷得到解决。

（三）德政北498号物业消防隐患整改工作取得重大进展

由于该物业建成时间久，存在严重消防隐患，年年都列为消防巡查重点对象。省直物管中心抓住2013年初租赁合同到期的有利契机，与租户展开谈判，在月租金从8.5万元大幅提高到19.8万元的前提下，还争取到租户同意出资120万元对整栋物业的消防系统进行彻底改造。

（四）珠海横琴两地块长期闲置的问题有新进展

珠海横琴十字门两地块自接收以来一直处于闲置状态。2013年初，省直物管中心与珠海横琴管委会规划国土局相关负责人进行积极沟通、协商，同意配合当地政府土地规划调整由其收回两地块。同时，按行政事业单位国有资产管理的有关政策，要求对方以实物置换的方式（现已明确以物业置换的方式）予以补偿。

（五）积极应对群众来信来访问题

一是果断纠正东华西路94号、96号住户来信反映省直物管中心租户占用业主共有水池一事，并针对该水池违规占用省直物管中心房屋用地提出抗议；二是解放北路542号物业某租户由于对后任业主省参事室解除合同补偿金额不满，多次到省直物管中心上访甚至出言恐吓，省直物管中心始终耐心细致向租户做好解释说明工作，坚持依法行政，有理有据维护省财政厅形象以及正常办公秩序。

五、进一步完善制度建设

根据有关要求，结合自身实际，省直物管中心对原有的十项制度进行修改完善。同时，2013年还新出台三项制度。一是《物业使用手册》，将物业使用和维护责任、防火安全责任、计划生育责任等各项要求和制度集印成小册子，派发到每一位租户手上，使租户对于自身需要知照以及遵守的责任有更清晰全面和直观的认识。二是分别制定《省

直物管中心办公物业租赁管理规定》和《关于行政事业单位租用省直物管中心办公用房的管理意见》，这两项制度将使用省级财政资金租用中心物业的省直单位的非市场化租赁的行为纳入规范管理，增强省直物管中心对省直行政事业单位办公用房的调配功能。

（省直行政事业单位物业管理中心供稿，欧颖执笔）

财政投资审核工作概述

2013年，投资审核中心围绕财政中心工作，着力理顺评审业务流程，优化委托中介管理方式，提高内部工作时效性，在服务财政管理与改革大局上取得新成效。

一、节支增效，服务财政资金管理更加到位

（一）严格把关，节约财政资金效用更加明显

2013年，全省各级评审机构（不含深圳）全年累计完成审核项目57 126项（不含财政部专项检查项目），项目金额3 130亿元，审定金额2 820亿元，审减不合理资金310亿元，核减率为9.9%。其中，省投资审核中心全年累计完成审核项目423项，项目金额147.25亿元，同比增加18.39%，审定金额131.27亿元，审减不合理资金15.98亿元，核减率为10.85%，有效促进财政资金提高使用效益。同时，投资审核中心紧紧围绕省委省政府中心工作，加强评审工作计划性，把握重点，圆满地完成反腐倡廉教育基地、三批民生水利项目等一批涉及政府重点项目和民生项目的评审工作。

（二）全程参与，服务财政中心工作更加到位

投资审核中心在继续做好传统的工程结算和竣工财务决算业务的同时，积极探索评审关口前移，实现从事后监督向事前管理、事中控制和事后监督并重转变。投资审核中心受理的评审业务覆盖建设项目的全过程，包括投资概（估）算、预算、合同、进度款、工程竣工结算、竣工财务决算6种类型，涉及项目立项决策、财政预算安排、资金支付、政府采购和资产管理等各个环节。其中，项目前期概（估）、预算评审资金额占全部评审业务的比例较上年有较大增长，强化从源头上为政府投资管理服务；合同、进度款做到当年收件、当年完成，完成率达100%，有力保障支出进度。

二、强化管理，完成投资审核任务更加高效

面对日益繁重的评审任务，投资审核中心将加强制度规范建设、优化管理流程、探索新型评审组织方式作为提高时效、减少积压的突破口，在抓紧完成2013年当年重点审核任务的同时，较好地完成了2011年以前逾期项目的审核工作。

（一）强化制度建设，评审管理规范更加完备

一是制定项目资料受理审核制度。制定《广东省省级财政投资评审资料受理审核暂行规定》，建立审核事项限时办结制度，强化送审规范和流程，提高资料受理审核效率。二是制定内部工作流程。在梳理优化财政投资评审流程的基础上，制定《省级财政投资评审工作流程》，使得评审各环节更为规范，工作底稿更为完善，评审结果更为格式化。三是建立健全中心评审事项集体会商制度。对评审中出现的重大、有争议的问题，定期采用集体会商讨论的方式，研究合理公正的处理办法，减少自由裁量空间，保证处理公平公正。四是建立督办制度。修改制定《广东省财政厅投资审核中心工作事项督办制度》，明确督办责任；同时，加强对投资审核中心内部自行审核项目和中介机构初审的重点评审项目定期督办。五是进一步完善中介管理制度。

（二）创新组织方式，评审工作机制更加高效

一是加强中标中介机构管理，建立优胜劣汰的中介管理机制。公开招标确定中介机构。2013年8月，投资审核中心在总结前两轮招标工作的基础上，通过公开招标，依法依规确定25家第三轮中介机构。强化业务培训。投资审核中心主动组织业务培训，帮助中标机构审核人员了解财政投资评审的相关政策、规定、操作流程、工作要求及审核方法、系统使用等。加强廉政教育。要求中标机构严格执行投资审核中心制定的各项评审规章制度，加强对单位人员从业行为规范、职业道德规范的执行情况监督检查，与投资审核中心签订廉政承诺书等。严格过程管理。严格把好中介项目的稽核复审及呈批环节，防止“权力寻租”。优化项目分配方式，建立滚动安排机制。根据审核任务的需要，积极尝试引入中介全过程审核和驻场审核两种方式，实行项目滚动安排，规范项目分配管理工作。同时，强化对中介机构的服务质量考核，进一步规范中介机构履职要求、定期报送审核进度情况等管理，提高评审质效。二是探索引入专家评审。引入专家组集中复核复审民生水利项目，优化评审流程。三是集中审核力量，确保重点项目完成。中心挖掘潜力，集中整合内部力量和中介机构力量，审核完成了一大批重点项目，包括在限期内完成135宗、审核金额83.38亿元的民生水利投资估（概）算项目，体现投资审核中心应急处置的能力和执行力。

（三）强化调研，提高指导实践的能力

2013年，为进一步发挥评审工作在财政支出管理与改革中的作用，在省财政厅主管厅领导的带领下，投资审核中心会同厅经济建设处开展了专题调研，形成了《改革完善财政投资评审制度研究》调研报告，报告认真分析制约评审工作发展的各层面问题，充分借鉴各地的经验做法，联系广东省实际，提出解决问题的思路和措施。

三、多措并举，投资评审队伍建设更加有力

一是强化工作交流，提升业务能力。组织学习建设工程相关法律、2013年国标计价计量规范等，提升评审人员业务能力。二是强化廉政防控，确保廉洁评审。强化对厅机关工作规则、问责制度和投资审核中心评审业务规范的学习培训，切实提高党员干部的全局意识、规则意识和程

序意识；强化制度落实和行为规范，强化内部互相制衡，提高廉政风险防控意识，营造风清气正的工作氛围。三是强化服务承诺，提高服务质量。主动服务预算单位，编制了概（预）算、工程结算、竣工财务决算、集中支付和合同的送审事项须知，为其报送项目审核提供指引；加强与厅内处室的沟通，主动向委托处室反馈评审中出现的重大问题，提出解决意见和建议，协助业务处室加强资金监管；加强与建设单位的沟通，及时告知项目缺补资料情况，主动协商解决审核中出现的难点问题，为项目的及时审结打好基础。四是加强对市、县财政投资审核工作的指导。召开全省财政投资评审业务培训班，总结交流评审工作先进经验，学习《2013 年国标计价计量规范》以及财政基建管理制度规范，帮助各市县提升评审业务能力。

（投资审核中心供稿，王勇执笔）

财政票据监管工作概述

2013 年，票据监管中心围绕中心，服务大局，认真贯彻执行《财政票据管理办法》，依法依规，突出重点，稳中求进，规范财政票据管理，强化非税收入源头监管，全省财政票据监管工作有序开展。

一、认真做好票据监（印）制工作

2013 年，共监制财政票据 10.03 亿份。严格按照票据管理要求，对票据印制质量和纸张、油墨情况进行全程监控，对承担全省财政票据印制任务的定点印制企业定期进行检查，并组织各地市财政部门对厂家服务质量进行问卷调查，发现问题及时纠正。为贯彻落实财政部、卫生部《医疗收费票据使用管理办法》，适应医疗卫生事业发展和医药卫生体制改革需要，对全省医疗收费票据进行改版，规范医疗票据管理。此外，还加强印制票据的计划管理，提高预算支出执行的均衡性，全年发生印制费用 8 178.75 万元。

二、规范票据发放和强化票款追缴工作

坚持按照“凭证购领、分次限量、验旧换新”原则规范票据发放工作。2013 年，共发放财政票据 10.10 亿份，并通过缩短工本费资金缴交链条方法，加强各地市用票工本费及时入库工作，全年组织票据工本费入库 9 161.21 万元，比 2012 年同期增长 12.99%，为票据监管中心成立 14 年以来票据工本费入库历史最多的一年。

三、加强票据核销管理

通过采取单位购票“验旧换新”、定期分批集中上门等方式，对票据使用情况进行全面核查和部分抽查、核销；会同省工商局、公路局，对各地市财政票据进行分片集中核销，对票据监管存在问题提出意见、建议；加强省级非税收入代收银行财政票据核销工作，清理需核销票据 1 277.6 万份；严格要求各地级市财政局及时上报票据核销和销毁情况。2013 年，全省共核销票据 10.08 亿份，核销票面金额 4 276.32 亿元，销毁到期票据存根 8.67 亿份，票面金额 2 357.70 亿元。查处违规使用财政票据的单位 53 个，违规金额 1 362 万元，督促违规使用财政票据的单位到税务部门补交税款 404 万元；协助公安部门查处伪造财政票据 20 起，共 2 555 份。

受财政部委托，历时四个多月，先后对中央的公安部、交通运输部、铁道部、海关总署、国家质量监督检验检疫总局和船级社 6 大系统的 21 个驻粤下属单位 2009 - 2010 年度使用和管理中央财政票据的情况进行重点抽查和全面检查。共核销 21 个单位各类财政票据 2 022 万份，核销票面金额 126.47 亿元；销毁各类财政票据存根 3 311 万份，票面金额 176.62 亿元。

四、积极研究完善票据制度建设

根据财政部《财政票据管理办法》，对有关财政票据制度进行梳理，研究提出修改完善意见。同时，加强内部制度的建章立制工作。结合制度要求，票据监管中心积极对有关用票单位开展用票专项检查工作，检查财政票据的领用、保管和核销状况，以及财政票据的管理制度和库存管理，并对与财政票据相关的延伸业务进行检查，及时督促相关单位整改落实，严格规范管理，取得较好的效果。发现一些用票单位存在违规使用财政票据的行为后，票据监管中心分别对其发出整改建议书，提出规范使用财政票据的意见和建议，使用票单位违规使用财政票据的行为得到有效纠正。

五、深入开展调研工作

结合党的群众路线实践教育活动，为进一步规范广东省财政票据的使用、管理，认真贯彻《财政票据管理办法》和财政部《关于印发〈财政票据检查工作规范〉的通知》。票据监管中心先后到有关部门、珠海、中山、韶关、肇庆、惠州、佛山、潮州等地市票据监管机构开展调研工作，听取有关单位对该中心在财政票据管理、配送服务等方面意见，全面了解财政票据的领用、发放、保管、核销和稽查、年检、销毁以及财政票据管理系统的操作、管理及网络建设等情况。

六、推进财政票据监管信息化建设

进一步推进信息化建设，对财政票据管理软件进行升级；推进全省财政票据精细化管理和网络化建设，部分市级财政票据监管机构完成省市级间联网，实现财政票据印制计划、入（出）库、核销、缴库、销毁等环节的全面同步管理，确保了数据的连续性、准确性、完整性和可靠性。12 月 2 - 4 日，票据监管中心在顺德市举办全省财政票据信息化、电子化建设及管理专题培训班，加大对财政票据电子化管理改革的宣传和学习力度，让财政票据工作者充分了解推进财政票据电子化管理的重要性，了解财政票据信

息化、电子化管理是规范财政票据工作的重要环节和必然趋势，对于加快我省财政票据信息化、电子化建设起到了很好的促进作用。

七、提高财政票据防伪技术水平

为增加防伪措施，提高伪造难度，有效打击社会上不法分子伪造财政票据的违法行为，保障财政票据使用安全，票据监管中心建立“广东省财政票据防伪技术工作小组”工作机制，明确工作职责和运作机制。

八、通报全省财政票据监管情况

主要通报上年度全省财政票据发放、核销、销毁到期票据存根和查处违规情况，对统计报表及时、工作认真和票据工本费收缴及时的市进行表扬，指出有待进一步改善和加强工作的地方，对票据监管工作起到较大的促进作用。

（票据监管中心供稿，吴文春执笔）

财政信息化工作概述

2013 年，省财政数据信息中心认真做好省财政信息化项目的规划、建设和运行维护管理等工作，规范信息化项目的建设，扩大网络覆盖面，增大数据中心存储空间，做好业务信息系统的开发和应用，加大数据收集，加强安全管理，重点信息化建设项目取得了较好成效。

（一）夯实信息化基础设施建设，不断提升信息化服务财政改革发展的保障能力

1. 做好财政业务网络的建设和维护工作。一是扩大省直预算单位网络专线链接覆盖面。通过租用数字专线将近 800 家省直二、三级预算单位接入财政业务专网，不再依靠拨号方式联网，从根本上解决省直二、三级预算单位财政业务系统网络连接不稳定、网速慢的问题。二是做好省、市、县财政纵向网络的维护。在不断扩大省、市、县财政系统纵向网络应用的同时，明确维护责任、落实维护资金，保障全省财政系统公文电子传输、视频会议、内网邮件系统、财政系统内部文件共享和数据交换等应用系统所需的网络环境畅通。三是做好网络终端设备的维护。通过定期巡检、故障排查等方式，做好网络终端设备的维护工作，2013 年累计解决各类网络终端设备故障 1 200 多台次，包括操作系统及 OFFICE 软件维护安装 300 余次，网络端口调整 300 余台次，终端计算机、打印机维护 600 余台次。

2. 做好数据中心的建设和维护工作。一是做好机房的日常管理。加强对省财政厅本部数据中心机房、南海灾备中心机房以及机房的服务器、存储设备、网络设备的日常管理，确保业务系统正常运转。坚持每天巡检 2 次、每月详细检查 1 次、节假日重点检查等，全年共排除和修复机房设备各类故障 31 次。二是做好外网数据中心的建设。加快省财政厅外网数据中心的建设，增加硬件资源，提升外网系统的计算能力和存储容量，为非税收入管理、政府采购管理、行政事业资产管理、会计信息管理等外网应用系统的部署和推广实施提供稳定、可靠的硬件资源。三是优化内网数据中心资源配置。通过增加部分刀片服务器，应用虚拟化技术，合理配置资源，发挥设备的最大效用，提高内网系统运行的稳定性和可靠性。

3. 做好全省财政系统视频会议项目建设工作。根据省发展改革委批复意见，数据信息中心认真研究具体建设方案，加快全省财政系统视频会议项目的建设。2013 年，完成全省 21 个地级市和大部分县（市、区）财政部门的设备安装、联调、会场改造和技术培训工作，召开全省财政系统视频会议条件具备。

4. 做好县级非税系统设备采购安装工作。按照有关要求，数据信息中心对全省 18 个地市、101 个县（市、区）购置安装了一批小型机、服务器、PC 机和打印机等设备，充实了各地财政部门硬件设备的资源。

（二）加大技术推广应用，努力促进财政管理信息化应用上新水平

1. 做好省财政厅预算计划和资金支付稽核系统的建设工作。根据省财政厅领导有关要求，数据信息中心与国库支付局、国库处、预算处等有关处室积极配合、通力合作，于 2013 年 7 月完成厅预算计划和资金支付稽核系统的开发，并按要求组织力量对预算执行系统进行流程再造，开展为期三个月（8 月 6 日至 11 月 6 日）的试运行工作。结合试运行有关情况，2013 年底，数据信息中心对该系统进一步完善，对全厅有关人员进行系统操作培训，为省财政厅 2014 年全面铺开稽核工作创造条件。

2. 做好省财政厅网上办事大厅建设工作。根据省委、省政府的决策部署，按照厅办公会议的要求，数据信息中心积极会同厅办公室等有关处室，按照省有关部门的规范要求认真做好省财政厅网上办事大厅的界面设计和相关软件开发等技术支撑工作。2013 年，省财政厅进驻网上办事大厅事项 29 项，进驻率达 100%，其中 16 项网上办事达到 3 级网上办理深度，13 项达到 2 级网上办理深度，完成省政府制定的工作目标。

3. 做好 16 个业务应用系统的建设和推广工作。根据“金财工程”广东项目（一期）建设规划和 2013 年年度工作计划，数据信息中心加大与有关业务处室的联系和沟通，加快业务应用系统的开发建设和部署实施工作，促进厅财政业务工作的发展。2013 年，完成部门预算、预算执行、财务核算集中监管、动态监控等系统的完善改造升级工作，做好厅人事教育信息、财政绩效管理信息（二期）、省政府投资项目资金管理、厅档案管理等系统的开发建设工作，并做好会计管理、动态资产管理、县级非税收入管理等信息系统在全省各地的推广实施工作，在珠三角地区启动农村财务监管信息系统的试点，对财政综合监督管理、政府采购管理、后勤管理智能化、决算数据基础管理等信息系统的业务需求和建设方案进行梳理和论证。

（三）加强数据收集利用，积极推进财政大数据战略工作的实施

1. 做好省财政厅信息管理综合平台的建设工作。针对省财政厅应用系统多且管理杂乱的状况，2013 年数据信息中心对省财政厅众多应用系统进行整合，开发建设信息管理综合平台，开展业务系统一体化项目建设，制定系统总体架构，将办公自动化等 10 多个应用信息系统纳入综合平台管理，实现统一用户、单点登录、统一待办、信息集成和即时通信等功能，促进省财政厅各应用信息系统的数据集中和业务联通，为广东省财政大数据战略实施奠定基础。

2. 做好数据收集工作，建设大数据决策分析系统。根据《广东省财政大数据战略实施方案》的要求，数据信息中心积极会同厅办公室、国库处和预算处等有关处室制订相应的工作方案，确立“一个中心、两个平台”的总体思路和架构，充分利用省级应用支撑平台收集数据，搭建大数据决策分析系统：一是收集广东省近 5 年财政收支数据、宏观经济数据、行业部门数据、地方数据约 3 000 多万条；二是对收集到的数据进行整理，设置数据规范及框架，构建数据仓库；三是设立宏观分析、收支分析及专题分析三大分析主题，开发近 40 个分析模型，从时间、地区、科目等多个维度对数据进行分析；四是通过柱形图、折线图、雷达图等多种形式对有关数据进行直观展现，实现数据可视化。

3. 做好 IT 基础架构的规划，为实现大数据战略做好硬件资源的顶层设计。根据省财政厅大数据战略实施的要求，采购业界知名企业对省财政厅的 IT 基础架构进行规划设计，对省财政厅未来 3－5 年的 IT 基础架构进行规划，包括网络架构、服务器和存储架构、数据中心体系架构、数据分析架构等，对现有系统提出整合优化方案，为实现大数据战略实施做好硬件资源的顶层设计。

（四）扎实推进安全建设，切实保障信息系统安全稳定运行

1. 做好安全平台项目的建设工作。全面完成安全隔离网闸、内网防毒墙、WEB 防火墙、IPS 入侵防御系统、数据库行为审计系统、服务器主机深度防护系统、主动式威胁发现系统、安全管理系统、终端安全管理系统、运维操作审计系统、脆弱性检查系统共 11 类网络与信息安全设备的部署工作，进一步增强省财政厅网络、主机、服务器、数据库、应用系统和桌面终端的安全性。

2. 做好省本级内网身份认证与授权管理系统项目（CA 项目）的建设工作。为提供高强度的身份认证保障，数据传输完整性和机密性保障、操作不可抵赖性保障，为防止操作行为的伪冒，确保操作的真实性、完整性，数据信息中心按照国家密码管理局和财政部的要求，认真研究做好省财政厅内网身份认证与授权管理系统项目的建设方案，包括身份认证子系统、授权管理子系统、安全应用组件、安全审计子系统四大功能模块。2013 年，完成项目的系统集成、信息管理综合平台应用的接入、测试等有关工作，为全厅 421 名在编在册人员制作数字证书。

3. 认真做好信息系统安全管理和服务工作。一是做好防病毒系统、终端管理软件的运维；二是抓好保密计算机、内外网导入导出 U 盘、报废计算机设备和外网计算机的安全管理；三是抓好信息系统数据备份的督促和检查工作；四是做好信息安全的检查工作；五是做好信息安全事件的处置工作。2013 年为各处室计算机进行保密软件的安装、设置等运维 90 次，注册专用 U 盘 55 个，销毁报废的数据硬盘 33 个，完成好了省经济信息化委员会、省国家安全厅、省公安厅和省等保办等牵头单位分别对省财政厅的安全检查工作。

（五）建立健全管理制度，规范信息化项目建设和管理

1. 做好厅信息化建设管理制度的制订工作。为规范、管理省财政厅信息化建设工作，在广泛征求各处室（单位）意见的基础上，经厅长办公会议研究和厅信息化领导小组审定，2013 年 6 月以粤财办函〔2013〕143 号文印发《广东省财政厅信息化建设管理暂行办法》，明确厅信息化领导小组、信息办、数据信息中心和各处室（单位）的职责分工，以及信息化项目的申报、审批、组织实施、验收、绩效评价、运行管理、资金资产管理和监督检查等具体规定，为提升省财政厅信息化组织管理提供了制度保障。

2. 做好信息化建设管理配套办法的制定和执行工作。根据《广东省财政厅信息化建设管理暂行办法》的规定，结合工作实际，数据信息中心认真做好有关办法实施细则的制定工作，进一步梳理和完善相关工作机制和流程。2013 年 12 月以粤财办函〔2013〕284 号文印发《广东省财政厅信息化建设应用系统需求管理实施细则》、《广东省财政厅信息化建设项目合同管理实施细则》和《广东省财政厅信息化建设项目验收管理实施细则》等信息化建设管理办法配套实施细则。草拟《广东省财政厅内网身份认证与授权管理系统数字证书使用管理办法》、《广东省财政厅信息化建设项目资金管理实施细则》等。

3. 认真做好建设项目的具体工作。一是强化对信息化建设项目的全过程监管，对信息化建设项目的采购预算、招标文件、合同文件等重要事项采取委托厅投资审核中心审核、专业监理公司审查和内部监管小组集中审核把关等办法措施，严格按程序和规定报批。二是建立“金财工程”项目台账和合同台账，规范项目管理和建设资金支付。根据《广东省财政厅“金财工程”广东项目（一期）初步设计概算报告》的批复意见，数据信息中心对 2003 年以来列入“金财工程”建设范围的项目及其合同进行全面梳理，建立“金财工程”项目台账和合同台账，并严格按合同约定支付建设资金。

（省财政数据信息中心供稿，谢峰执笔）

财政科研宣传工作概述

2013年，省财政科学研究所（以下简称“科研所”）紧紧围绕“加快转型升级、建设幸福广东”这个核心，充分发挥“为领导决策服务，为财政中心工作服务”的职能，抓好科研宣传各项工作。

一、深入钻研，重点突破，推动财政科研水平迈上新台阶

（一）围绕财政改革发展现实问题，深入研究形成理论成果并运用到实践中，突出科研为财政中心工作服务的职能

一是积极参与厅党组成员调研课题《创新广东非税收入管理体制》的研究。二是按照厅领导的决策部署和厅的中心工作，积极开展支持社会组织发展的财政政策以及政府购买公共服务制度等课题研究。

（二）开展绩效管理研究，丰富完善绩效管理理论，为深化财政绩效管理改革提供基础理论支撑

1. 根据省委、省政府的部署深入开展行政管理体制改革课题研究。在2012年对行政管理体制改革开展初步研究的基础上，继续对行政管理体制改革开展深入研究，包括《去决策化：行政管理体制改革的核心》、《行政管理内在机理研究》、《历史轮回的终结研究》、《委托代理制与行政管理体制改革研究》等。

2. 财政绩效理论研究继续深入和提高。在以往理论研究积累的基础上，进一步拓展财政绩效管理的研究深度，2013年科研所开展了《财政绩效管理：预防腐败的制度体系》、《财政绩效管理是目的还是手段》、《资产绩效管理》、《财政绩效管理与科学化》、《财政绩效管理与民主化》、《财政绩效管理与阳光化》等绩效基础理论课题研究。

3. 继续开展绩效哲学基础理论研究。2013年科研所开展了《绩效的认识论》、《绩效的方法论》、《责任论》、《空谈误国实干兴邦——论中国哲学的实践本质论》等绩效基础理论课题研究。

（三）理论联系实际，运用绩效理论指导财政绩效管理实践工作

2013年，科研所与部分地市合作开展财政绩效预算，共评审财政专项623个，涉及金额63.4亿元，专家建议安排43.5亿元，核减19.9亿元，核减率为31.4%。

此外，受广东援藏第六批工作队和广东援疆工作的委托，对第六批工作队援藏工作队的实施项目和援疆工作队的援助项目进行绩效评价辅导工作。

（四）继续组织开展全省财政课题研究，推动全省财政干部理论水平提升

2013年，科研所共收到24个单位共77个课题立项申请报告。科研所组织专家从课题的研究价值、现实意义、创新性、可行性、研究能力及课题单位申报态度等方面进行评审，确定2013年度广东省财政科研立项课题30个，并按照《广东财政科研课题管理办法》的规定，每个季度跟踪管理形成记录报告，确保课题按照立项申请计划进行。

（五）理论联系实际，深入开展应用性课题研究

1. 承担市县课题研究，充分发挥财政科研指导实践的作用。科研所利用自身理论联系实践的优势，承接基层财政的一些课题研究，如接受南海财政局的委托开展《城镇化过程中的中央与地方支出责任研究》课题等。

2. 继续参与财政部科研所组织的全国协作课题。2013年6月，由科研所牵头的2012年度全国协作课题《地方教育投入效果与绩效管理制度研究》完成并提交给财政部科研所。

二、做好财政宣传工作，发挥理论导向作用，建设文化交流平台

（一）杂志全面改版，增强可读性和文化性

2013年，《广东财政理论与实务》进行全面改版，并取消编辑出版《广东财政法规制度》。一是全面更新办刊理念，更注重财政业务、更注重文化交流；二是从内容和版式上，更注重灵活性、可读性，提高参与度；三是在杂志编辑和管理上，增强参与度，如聘请一部分兼职审稿人员、特约通讯员等。

（二）紧密围绕财政中心工作和经济社会发展热点，加强对热点问题的关注度，提高杂志的实效性

1. 围绕热点问题，组织好中心栏目的策划和宣传。2013年，杂志中心栏目先后围绕大数据时代、预算公开、社会组织发展、预算刚性、党的群众路线教育活动、惠州基本公共服务综合改革试点、广东的富与穷等问题，以专题形式进行深度探讨。

2. 及时追踪新的财税、经济、社会热点问题。对当前发生的财税、经济、社会热点问题，在没有条件组织专题讨论的情况下，及时邀请专家进行点评、讨论，加强对社会热点的关注。同时，改版后的“事业”栏目也用固定小栏目进一步拓展视野、追踪前沿。

（三）继续组织好广东财政大讲堂

2013年，科研所与厅人事教育处共同举办的广东财政大讲堂围绕“党的群众路线教育活动”，先后邀请了龙门县委书记、省委党校教授、广州市人民法院法官授课，全年累计举办6次。

此外，2013年省财政学会、《广东财政理论与实务》编辑部与河源市财政局联合举办“河源杯”财政征文大赛；2012年度“汕尾杯”的获奖征文正式结集出版；组织开展全省书画摄影比赛。

三、做好财政史志工作，突出为现实工作服务

（一）切实做好《广东省志（1979～2000）·财政税务卷》付印后的审校工作和征订发行工作

《财政税务卷》在成为省志各卷中第一批付印的第一本后，按照省地方志办公室的工作要求，志书编修室（设在

科研所史鉴办）认真组织对《财政税务卷》6次全卷审校工作，对（国家）方志出版社和省地方志办公室提出的问题和要求进行了认真研究和修改完善，确保《财政税务卷》的编撰质量更进一步。同时，组织做好系统内的征订发行工作，确实发挥好《财政税务卷》的资政存史功能。

（二）认真完成《广东财政年鉴（2013）》的编辑出版任务，不断向“精品年鉴”迈进

年鉴工作继续严格按照曾厅长关于“既然是财政年鉴，要认真对待，对历史负责”的指示精神，在工作中树立“预则立”思想，切实做好年鉴编审工作，不断向“精品年鉴”迈进，更好地为现实工作服务。一是严把选题关。认真落实厅领导的批示精神，通过选报汇集，使编列进大纲的（处室）专题全面反映了省厅2012年的工作重点和工作亮点；严格执行市县财政工作专题亮点的五条要求（2013年整合成四条要求），使编列进大纲的市县财政工作专题体现了市县财政工作的特点和亮点。二是严把时间关。年鉴编辑部一方面积极主动争取供稿单位的支持，另一方面采取编审和出版社编校交替进行的方式，缩短编审时间，提高编审效率。《广东财政年鉴（2013）》不仅实现“当年编审，当年出版发行”的年鉴工作目标，出版时间又比2012年提前1个月。三是严把审核关。严格要求所有稿件必须按《广东财政年鉴编委会审稿方案》的流程完成审稿；年鉴编辑部严格执行三审制度；按照各位厅领导的有关意见，对彩页部分内容进行认真修改、补充和完善；组织厅各处室、单位对清样稿进行复核，不断提高编审质量。

（三）积极有序开展广东财政史料等工作

一是积极开展广东省财政厅2012年地方志年报工作。根据省地方志办公室组织召开的省级地方志资料年报工作会议上的布置，在明确省财政厅年报工作分管领导和承担处室（科研所）的基础上，结合年鉴编辑工作，成立年报编辑室，整理、汇编《广东省财政厅2012年地方志年报资料》，按时向省地方志办公室报送资料。二是参与2014年省政府工作报告的起草工作。

四、做好资料收集和图书借阅服务工作

一是按照“建设‘财经精品图书馆’”的要求，参考厅内读者的反馈意见，进一步细化图书购置审批细目，及时对所有图书进行加工、编码、入库、上架。积极与中国知识网、中山图书馆洽谈，努力加快“电子图书馆”转型的步伐，探索图书馆转型后的工作格局。二是完善报刊订阅。2013年订购杂志143种、报纸13种，领取、登记、分类之后提供给读者阅览，按人力可能及时清点、归档。三是做好借阅服务。全年共提供图书借阅服务1 256人次，期刊借阅服务2 021人次，在维护图书馆运行的基础上不断提高服务质量。

五、加强制度建设、提高管理水平，促进科研所整体水平提升

一是继续完善财政管理制度，规范财政行为，严格支出管理。同时做好资产管理工作，制定科研所设备购置审批表，把好固定资产购置关，合理调配使用资产，实现资源共享。二是借创先争优活动之机，开展各种学习活动，建立健全部门责任和岗位职责制度，进一步提高队伍战斗力。同时，积极做好人员招聘工作。

（省财政科学研究所供稿，杜婷婷执笔）

农业综合开发评估工作概述

2013年，省农业综合开发评估中心紧密围绕全省财政中心工作，切实履行职责，坚持改革创新，努力追求项目评审的科学性、公正性和透明性，提高工作成效，改善工作作风，扎实稳妥完成全年各项工作任务。

一、全面完成了全省本年度农业综合开发项目评审工作

农业综合开发项目评审是省农评中心的主要职能和核心业务，主要目的是为全省各市、县申报国家和省级农业综合开发各类项目把好选项关，促进依法选项和择优立项，同时通过项目评审发现问题，由专家指导部分较好的项目进一步修改完善项目规划设计方案和编报质量，提高全省申报项目的总体水平，实现财政资金的效益最大化。2013年，省农评中心先后组织完成全省申报国家和省级农业综合开发14类共250个项目的评审工作，评审的项目类型和项目数量均为历年最多。包括2013年省级土地治理项目22个、2013年省级土地治理项目规划设计方案定稿二次审核19个、2013年国家农业综合开发增量资金高标准农田建设示范工程项目2个、2013年国家农业综合开发增量资金产业化经营试点项目19个、2014年国家农业综合开发产业化经营试点项目16个、2014年国家农业综合开发供销部门新型合作示范项目15个、2014年国家农业综合开发中型灌区节水配套改造项目5个、2014年国家农业综合开发农业部专项项目16个、2014年国家农业综合开发林业部门项目33个、2014年国家农业综合开发新增开发县项目3个，以及2014年第一批存量资金国家农业综合开发一般土地治理项目68个、华侨农场项目2个、种粮大户项目6个、合作社项目9个、科技推广项目15个。

二、初步建立了以量化评分制为基础的结构性评审模式

以往农业综合开发项目评审主要采取室内审核和实地考察相结合的评审方式，主要依赖专家的专业技能和个人判断，评审意见和结论较多地体现专家个人或专家组的主观判断，有利于一些责任心强、专业水平较高的专家充分发挥主观能动性，对项目进行全面评价，总体上取得了不错的成绩，但是也逐渐显现出一些弊端。在总结以往评审方式利弊的基础上，省农评中心将如何做到客观公正、公

开透明和专业性作为项目评审工作的重要目标，将量化评分制作为项目评审方式改革的主要方向和2013年工作的一项重点内容。从2013年初开始，即探索在各类项目评审中逐步建立以评分制为主要特点的结构性评审新方式，在全省2013年完成评审的250个项目中，其中197个项目评审采用评分制，占总个数的78.8%。主要从以下两个方面做好项目结构性评审试点工作：一是优化项目评审的结构，避免评审意见成“一家之言”。项目评审的结构体现在评审程序、评审主体及具体职责分工上，在评审程序上坚持室内评审、实地考察、结论复议三层结构，做到分步实施。二是统一评分制的标准，减少评审结论可能出现的不公平。为减少在评审中出现因项目所涉及专业不同、参与评审的专家个人喜好不同以及对问题的把握轻重不同等，造成项目评审结论可能出现的不公平，在设计评分表时，着力做到内容细致、标准统一。

在结构性评审中实行评分制，评审过程和结果更加公正、公开、透明、专业，有关部门、参评专家、市县干部及项目单位均给予肯定的评价。对主管部门而言，评审结果反映的情况更全面，准确度更高，项目可比性更强，评审结论依据更充分，可追溯性更强，因而评审结论的科学性更强。对参评专家而言，评审内容更明确，要求更具体，标准更统一；淡化了专家个人判断，减少了主观随意性，有利于减少不同专家之间的分歧，达成共识，因而可操作性更强。对市县干部和项目单位而言，按照规范流程运作，减少了评审的神秘性，评审过程的透明度更高、评审结论的说服力更强，因而评审的公正性更强。

三、进一步加强与省财政厅农发办在业务工作上的沟通协调

省农评中心与省财政厅农发办同为广东省农业综合开发省级办事机构，由于业务工作上的联系，自两个机构成立以来，在人员及工作安排上采取“合署办公”的管理模式，人员统一调配、工作统一安排。2012年，两个机构逐渐实行分开运作。为避免工作中出现沟通脱节、协调不顺等问题。2013年，省农评中心与省财政厅农发办进行过多次座谈和交流，就业务工作中如何做好分工合作交换意见，达成共识，构建良好的合作关系。主要体现在三个方面。一是在项目评审前，省财政厅农发办明确提出评审依据及评审要求，省农评中心就项目评审要求、有关表格的制定、评分扣分的依据及标准及个别具体问题等提前与省财政厅农发办沟通，尽量取得一致意见，评审方案在会签省财政厅农发办后再报省财政厅领导审批。二是在项目评审过程中，主动邀请省财政厅农发办派人参与，包括参与政策讲解培训、集中汇报、实地考察等。在评审过程中遇到问题，及时与省财政厅农发办沟通，听取意见。三是在评审结束后，在提交项目评审结论的同时，也将在评审过程中发现的情况向省财政厅农发办反映，从全省农业综合开发工作全局的角度提出意见和建议。

四、进一步明确专家在项目评审中的职责划分

专家规范管理和廉洁评审是做好评估工作的主要基础，以往项目评审方式中，项目评审完全由专家完成，专家个人评审时把握的尺度往往直接决定项目是否可行。省农评中心则偏重于服务，即为专家顺利开展评审工作提供工作和生活便利。在评审工作中，专家是绝对的主体，省农评中心既不参与，也无法对评审结论的科学性和公正性进行检验，对专家的监督只能停留在评审的外在形式上，专家在评审中承担的责任和负担多大的责任，并未明确。在采用评分制为基础的结构性评审方式后，省农评中心不仅是项目评审的组织方，也承担提出评审要求、设计评审表格、明确评审依据、拟定评审标准、组织复核评分等职责，是其中的主要参与方，与专家只是工作分工的不同。因此，必须明确双方权责，才更有利于评审工作开展。省农评中心根据《国家农业综合开发资金和项目管理办法》、《国家农业综合开发项目评审暂行办法》以及广东省农业综合开发专家管理有关规定，制定《广东省农业综合开发项目评审责任书》，明确评审组织方及专家在项目评审工作中的权利和职责，促进项目评审工作的公平、公正和科学。其中，明确规定评审组织方在项目评审活动中的职责、评审专家在项目评审活动中享有的权利、评审专家在项目评审活动中承担的职责、评审专家违规违纪行为处罚、评审资料及评审成果知识产权、评审组织方及专家责任声明等。在专家开始评审前，向专家讲解《项目评审责任书》有关条款和内容，要求专家签名确认，增强专家对评审工作的责任意识。

五、进一步规范了两个程序

一是制定《项目评审操作流程》。为使评审流程更规范，更具有指导性，省农评中心在总结以往经验的基础上，根据不同类型项目评审的相同特点和要求，制定标准相对统一的《项目评审操作流程》，将项目评审归纳为评审准备和评审实施和评审结束三个阶段，不同阶段又细分为各个前后衔接的不同具体环节，并提出具体要求，规范了操作流程，用于指导各类项目的评审工作。

二是制定《实地考察带队程序》。针对项目考察与基层及项目单位直接接触，相对比较敏感、风险性大等特点，按照“四风”建设和“八项规定”的要求，重点加强现场评审环节的廉政要求和作风建设，专门制定《实地考察带队程序》，明确带队人员的职责，严格考察纪律，大力推进廉洁评审，对考察带队人员、考察专家在考察过程中的具体言行及考察需要注意的事项提出具体要求。

（省农业综合开发评估中心供稿，刘强执笔）

注册会计师行业管理工作概述

截至2013年12月31日，全省会计师事务所804家，注册会计师8 621人。

一、统筹推进，扎实开展行业党建主题活动

（一）深入开展行业“诚信文化建设年”主题活动

2013年4月，按照全国行业党委和中注协的统一部署，制定《广东省注册会计师行业“诚信文化建设年”活动实施方案》，明确活动开展的指导思想、方式方法、阶段步骤和具体要求。通过召开专题讨论会、交流推进会、深入基层调研等方式，指导全省行业开展“诚信文化建设年”主题活动。

（二）积极开展“注册会计师职业精神”提炼活动

根据中国注册会计师省注协（以下简称“中注协”）《关于开展“注册会计师职业精神”提炼活动的通知》要求，省注册会计师省注协（以下简称“省注协”）指导全省行业开展多种形式的注册会计师职业精神大讨论和表述语提炼活动，全省行业共收集29条切合主题的职业精神表述语。

（三）认真开展“青春建功中国梦”系列活动

一是组织开展“我们的工作·我们的生活·我们的梦想”主题作品征集评比活动，全省选取23件文字作品和15件摄影作品上报中注协参评，各有1件作品获得短文类二等奖和摄影类三等奖。二是协调开展最美青工评选和行业青年就业创业见习基地创建活动，1位代表经团省委推荐报团中央参与全国评选，5家事务所申报全国“青年就业创业见习基地”、8家事务所申报省级“青年就业创业见习基地”。

二、多措并举，推动全省行业加快转型升级

（一）安排专项资金，支持有条件的地区和事务所加快发展

2013年7月，省注协出台《广东会计师事务所做强做大做优若干扶持措施》，在2013年至2015年期间，每年安排专项资金支持符合条件的事务所和地区加快发展。2013年，共拨付专项资金280万元，对68家2013年进入全国百强或全省综合评价百强且收入比2012年度增长10%以上的事务所，以及5个2012年行业业务汇总收入超亿元且业务收入同比增长15%以上的地区进行奖励。

（二）支持指导证券资格业务事务所做强做大

根据财政部、国家工商总局的要求，省注协积极引导、推动具有证券业务资格的广东正中珠江所与广州健明、中山中信、韶关中一、广州德信4家事务所有限公司强强联合，转制组建广东正中珠江会计师事务所（特殊普通合伙），成为广东省第一家完成特殊普通合伙制改制的证券业务资格事务所。

（三）进一步发挥事务所综合评价示范作用

参照中注协的做法，结合广东省实际，完成2013年事务所综合评价工作。2013年9月，发布《2013年广东省会计师事务所综合评价前百家信息》及各市事务所排名相关信息，连续第11年发布事务所综合评价全省前百家信息。

三、加强监管，不断推进行业健康持续发展

（一）内外配合，提升防伪报备系统服务效能

一是针对省物价局出台的事务所服务收费优惠措施，及时调整防伪报备系统和更新相关监控指标。二是加强与省国资委、省发改委、省科技厅、省金融办等政府部门的沟通，逐步发挥防伪报备系统的外部监督功能，促进事务所主动加强内部管理。三是采取实时监控、动态监管、外部监督等多种手段，通过防伪报备系统，及时掌握并有效打击行业内低价不正当竞争行为。四是提升服务水平，提高防伪报备系统效率。省注协配备专人负责审核事务所的特殊报备申请与报备信息修改工作，原则上做到当日的申请当天处理或反馈。2013年，共人工审核报备业务25 458单，修改报备数据4 100单，作废报备1 188单。

（二）采取措施，提高执业质量检查效率

一是建立完善财政监督检查、会计管理和行业管理三方联合工作制度，定期召开联席会议，共同组织现场检查，发挥联合监管优势。二是注重培训。先后组织两批次检查人员培训，择优组建2013年现场检查队伍。检查期间，为每个检查组专门配备1名咨询专家，及时提供技术指导和援助。三是优化资源，点面结合，提升检查工作效能。充分依托防伪报备系统，通过对系统基础数据的深入分析，筛选重点检查对象，增强检查工作的针对性。

（三）突出重点，完成2013年度事务所执业质量检查

以事务所执业质量、职业道德、财务收费、人员兼职挂靠情况等作为检查重点内容，抽调52名检查人员、组成13个检查组，完成对96家事务所的执业质量检查。共抽查审计报告2 313份，验资报告1 099份，其他报告37份。经惩戒委员会会议讨论，决定对该年度执业质量检查发现存在严重违规执业行为的7家事务所、18名位注册会计师给予通报批评或公开谴责等行业惩戒。

（四）惩教结合，巩固执业质量检查成效

省注协及时归类、总结检查中发现的问题，在全省主任会计师培训班上通报检查工作情况，剖析典型案例，达到警示与教育相结合。对于已给予行业惩戒的注册会计师，全部约请谈话进行教育，督促其限期落实整改。

四、持续优化，扎实推进行业信息化建设

（一）持续优化行业公共服务平台

一是协调广州、东莞市注协、开发设计公司，研究业务报告报备数据集中、联通问题，实现全省业务报备信息

交互和统一。二是开发建设广东省事务所综合评价系统，通过系统完成综合评价中信息填列、核查、上报、评分、公布和查询等相关工作。三是加强与建设单位及第三方数据提供单位的沟通和谈判，及时协调处理行业公共技术服务平台法律法规库的数据整理、版面调整和上线运行等问题。

（二）完善省注协办公信息化系统

一是按中注协信息化建设的部署，以及中型视频会议系统及远程教育平台的要求，增购高清视频设备，做好设备安装调试，建成高清视频会议系统。二是在省财政厅、省经信委支持下，完成省注协计算机接入省电子政务网、联通访问省财政厅行政信息管理系统。

（三）积极推进中小型事务所网站和信息化建设

通过问卷调查，草拟中小事务所网站建设方案，邀请专家进行评议，初步确定中小事务所网站建设模式和建设单位。继续督导中小型事务所建设和优化 ERP 业务信息系统。指导软件开发商开发适合中小型事务所的综合管理软件及审计作业软件，推动全省事务所加快信息化建设步伐。

五、注重服务，认真做好会员服务管理工作

（一）完成注册会计师任职资格检查及事务所年度基本信息报备工作

2013 年，继续采取网上预年检，并对广州、惠州、河源、梅州地区共 53 家事务所的 859 名注册会计师实施现场检查。2013 年通过年检的注册会计师 5 366 人，未参加及拟不予以通过年检 286 人，暂缓年检 5 人。此外，根据《会计师事务所审批和监督暂行办法》和省财政厅移交行使事务所年度基本信息报备职能的工作要求，完成事务所年度基本信息报备的书面报备和网上报备工作，收集真实可靠的行业基础信息资料。

（二）做好会员管理日常工作

一是先后召开 6 次注册管理委员会会议，对 159 名拟担任事务所股东（合伙人）的注册会计师进行评审，为其中符合条件的 147 名注册会计师出具审计业务证明。配合省财政厅会签审核 23 家新设事务所的申报审批材料，对 1 家拟设立、申报材料存在明显问题的事务所提出了质询意见。批准注册会计师注册 305 人，办理非执业会员入会及注册会计师转非执业 366 人、注册会计师转所 590 人、非执业会员转会 76 人，为 20 多名非执业会员换发新证。及时在网上系统对 90 多家事务所法人、地址、股东、合伙人的变更信息进行更改。二是协调处理好会员的投诉举报问题，维护事务所、注册会计师的合法权益。2013 年 4 月，在广州召开维权委员会会议，对群众来信涉及的维权事项进行研究处理。

（三）做好中注协第二批资深会员评选工作

根据中注协《中国注册会计师省注协关于开展第二批资深会员评选工作的通知》的要求，省注协按规范程序评选产生 34 名执业和非执业会员候选名单上报中注协。

（四）开展 2013 年非执业会员年度检查工作

根据《广东省注册会计师省注协非执业会员管理办法》的规定，2013 年 11 月，下发《关于开展 2013 年非执业会员年度检查工作的通知》，首次实行网上检查方式。

六、精心组织，完成考试工作任务

2013 年，全省注册会计师考试报名人数、科数大幅上升，分别比 2012 年增长 12% 和 20%。其中：专业阶段考试共报名人数为 64 812 人，合计 169 970 科次，6 科平均到考率 39.84%，6 科平均合格率 20.35%；综合阶段考试报名人数 2 537 人，实际到考率 82.5%，合格率 70.36%，英语测试报名人数 84 人，实际到考率 42.9%，合格率 58.3%。

2013 年 4 月、9 月先后召开全省考试工作会议，传达全国会议精神、布置相关考试工作并对省注协系统工作人员进行统一培训。5－6 月，派出 5 个检查小组赴 19 个考区开展机位检查工作，对全省 3 133 个考场的 3 万多个机位进行了认真细致的检查。主动与公安、经信、电力等部门联系，在维护考试秩序、防范高科技舞弊、保障考场电力正常运行等方面取得支持。考试期间，省、市注协共组织 355 名同志参与巡考工作，考场纪律良好，无重大突发事件发生，考试工作圆满完成。

七、创新手段，切实抓好注册会计师继续教育工作

（一）认真落实注册会计师后续教育培训工作计划

2013 年开展面授、网络培训、远程视频、论坛、研讨班、考察学习等多种形式的培训，共举办各类培训班 16 期，分别是主任会计师面授培训班 4 期、大型论坛 1 期、新业务拓展面授班 1 期、新批注师上岗培训班 1 期、远程培训班 9 期，培训注册会计师 3 200 余人；网络培训约 2 300 人；审批 12 家有培训条件的事务所组织内部培训注册会计师 1 000 余人。全省培训注册会计师 6 500 余人，注册会计师继续教育完成率 99%。此外，派员参加中注协在加拿大举办的培训学习班，安排 8 名注协工作人员参加中注协举办的“注协干部培训班”，组织 20 名中小事务所主任会计师参加中注协首次开设的“中小所试点班”学习培训。

（二）充分利用信息化手段，大力推进网络教育

与上海国家会计学院合作开发广东省注册会计师继续教育网络培训平台（以下简称“培训平台”），2013 年 6 月初上线启用。培训平台向广东省所有注册会计师和非执业会员开放，课程内容涵盖会计、审计、税务、时政、金融、经济、哲学等，涵括 300 多门课程共 800 多课时，会员可针对自身的情况自主选择不同的课程，随时随地登录学习。截至 12 月底，共有 2 453 执业会员、2 303 非执业会员登录学习。

（三）请进来，走出去，加强与境内境外会计院校和组织的合作交流

为拓宽会员视野，提升业务创新能力，省注协首次与

上海国家会计学院在广州举办新业务拓展培训班，将国家会计学院的课堂引进广东省；与中山大学联合举办当前经济形势与注册会计师的价值创造论坛，中注协副会长兼秘书长陈毓圭、中国农业银行首席经济学家向松祚博士等出席并担任主讲嘉宾，并与500多名执业会员和非执业会员同台对话。在香港举办中小事务所业务拓展研讨班，与香港同行面对面交流，了解境外同行业务拓展的方式和思路。

八、深化对外交流，加强省注协自身建设

（一）密切同行交流与合作

派员参加中国香港会计界联谊活动2次，接待香港会计师公会等专业会计团体来访交流2批次；接待中注协、兄弟省份省注协工作交流10批次。与特许公认会计师公会（ACCA）签署合作备忘录；组织代表参加2013年“京交会”会计服务贸易分论坛；派员参加2013年海峡两岸及港澳地区会计师行业交流研讨会等。

（二）加强自律运作机制建设

2013年，共召开五届常务理事会议5次，召开专门和专业委员会13次，及时将省注协行业重大事项、相关制度措施提交常务理事会议决策，对涉及会员普遍反映的共性问题、行业热点难点等问题及时提交各委员会研讨、提出意见，强化行业民主、科学决策体制机制。

（三）强化省注协秘书处自身建设

制定实施《关于加强和改进注册会计师省注协机关作风建设的通知》，从八个方面入手切实改进作风建设。认真开展党的群众路线教育实践活动。修订完善省注协秘书处考勤、财务报账等各项管理制度，使省注协各项工作步入“规范化、制度化、科学化”轨道。加强员工教育培训力度，选派员工参加各类培训班，提高省注协队伍的综合素质和服务能力。做好2012年度行业财务报表编制工作，按时收缴会费，严格支出管理，勤俭办会。

（四）认真做好省注协换届筹备工作

一是草拟《广东省注册会计师省注协第六次会员代表大会工作方案》，报省财政厅批准后经省注协五届八次常务理事会会议审议通过、印发。二是完成《广东省注册会计师省注协章程》修订和《广东省注册会计师省注协第五届理事会工作报告》撰写等工作。三是成立第六次会员代表大会筹备委员会，组织、完成第六次会员代表大会代表、理事推荐工作，全省共推举大会代表228人、理事候选人119人。完成新一届专门和专业委员会人选推荐工作。

（广东省注册会计师协会供稿，林壮镇执笔）

资产评估行业管理工作概述

2013年，省资产评估协会（以下简称“省评协”）坚持“服务于会员、服务于行业、服务于市场经济”的发展理念，积极引领行业独立、客观、公正执业，充分发挥价值服务专业功能，推进行业为经济社会全面发展提供全方位优质服务。

一、摸查行业发展情况，找出对策促行业发展

2013年4－5月，在财政部和省财政厅的统一部署之下，省评协开展《中国资产评估行业发展规划》执行情况调研工作，认真摸查2010－2012年三个年度的行业整体情况。通过对资产评估机构（以下简称“机构”）规模、从业人员情况和业务收入三个方面的摸查，仔细分析行业发展结构和规模，深入查找行业的突出问题和探索促行业发展的具体措施。

（一）机构规模情况（见表1）

表1 单位：人

2010年机构规模（CPV人数）				2011年规模（CPV人数）				2012年规模（CPV人数）			
50以上	21－50人	8－20人	7人以下	50以上	21－50人	8－20人	7人以下	50以上	21－50人	8－20人	7人以下
0	5	84	33	0	5	91	30	1	4	93	33
0	4.10%	68.85%	27.05%	0.00%	3.97%	72.22%	23.81%	0.76%	3.05%	70.99%	25.19%

注：CPV是注册资产评估师英文缩写。

（二）从业人员情况

1. 2010－2012年注册资产评估师学历结构（见表2）。

表2 单位：人

2010年学历结构					2011年学历结构					2012年学历结构				
大专以下	大专	大本	硕士	博士	大专以下	大专	大本	硕士	博士	大专以下	大专	大本	硕士	博士
14	558	625	58	4	15	578	669	64	4	16	601	713	68	4
1.11%	44.32%	49.64%	4.61%	0.32%	1.13%	43.46%	50.30%	4.81%	0.30%	1.14%	42.87%	50.86%	4.85%	0.29%

2. 2010－2012年注册资产评估师年龄结构（见表3）。

表3　　单位：人

2010年年龄结构					2011年年龄结构					2012年年龄结构				
30岁以下	31－40岁	41－50岁	51－60岁	60岁以上	30岁以下	31－40岁	41－50岁	51－60岁	60岁以上	30岁以下	31－40岁	41－50岁	51－60岁	60岁以上
3	334	783	103	36	8	366	814	105	37	13	391	852	108	38
0.24%	26.53%	62.19%	8.18%	2.86%	0.60%	27.52%	61.20%	7.89%	2.78%	0.93%	27.89%	60.77%	7.70%	2.71%

（三）业务收入情况

2010年业务收入情况（见表4）。

表4　　单位：元

基本指标		数额	分析指标	数额
业务收入		274 272 777.84		
其中	评估收入	197 866 667.98	评估收入/业务收入（%）	72.14%
	咨询服务收入	10 585 721.69	咨询服务收入/业务收入（%）	3.86%
	其他评估收入	65 820 388.17	其他评估收入/业务收入（%）	24.00%

2011年业务收入情况（见表5）。

表5　　单位：元

基本指标		数额	分析指标	数额
业务收入		338 205 937.35		
其中	评估收入	262 675 490.56	评估收入/业务收入（%）	77.67%
	咨询服务收入	9 979 652.25	咨询服务收入/业务收入（%）	2.95%
	其他评估收入	65 550 794.54	其他评估收入/业务收入（%）	19.38%
	其他评估收入	65 550 794.54	其他评估收入/业务收入（%）	24.96%

2012年业务收入情况（见表6）。

表6　　单位：元

基本指标		数额	分析指标	数额
业务收入		364 084 574.42		
其中	评估收入	277 443 414.43	评估收入/业务收入（%）	76.20%
	咨询服务收入	10 157 209.34	咨询服务收入/业务收入（%）	2.79%
	其他评估收入	69 823 858.01	其他评估收入/业务收入（%）	19.18%

二、积极拓展新业务领域，加快行业转型升级

随着中国经济进入深化改革开放，调结构、转方式的攻坚阶段，资产评估行业转型升级迫在眉睫。省评协抓住机遇，进一步加大行业新业务拓展工作力度：

（一）重视财政资金绩效评价人才培养工作

4月，专门邀请省财政厅有关人员为部分机构负责人作专题讲解，重点研究讨论机构如何开展绩效评价工作，为机构承接财政资金绩效评价工作提供政策和实践指导。11月，由省评协领导带队，组织省财政厅绩效评价处有关人员，以及部分机构负责人赴山西省学习机构参与绩效评价工作的经验。

（二）进一步加强与省知识产权局交流和合作

6月，与省知识产权局召开座谈会，共同研究加快推

进广东省知识产权质押融资评估工作。10 月，协助省知识产权局做好知识产权评估与价值分析应用推广项目申报和评审工作，共同探索机构与知识产权服务机构的合作模式。

（三）积极开展新业务拓展调研工作

多次组织行业专家开展绩效评价、政府购买服务等专项调研工作，以及行政事业单位资产管理、涉税评估等领域的评估实践，为广东省评估行业支持政府管理、参与社会管理提供专业咨询和技术服务。

三、狠抓行业监管，促进行业健康发展

2013 年，省评协一如既往地继续加强行业监管，重点做好六个方面的工作。

（一）承接机构审批管理职能

2013 年 3 月，省财政厅以《关于授权广东省资产评估协会承接部分资产评估机构管理职能的通知》明确部分机构管理职能授权省评协承接，具体包括：一是全省机构设立申请受理、受理审核、批复前公示；二是全省机构变更申请受理、审核、备案；三是全省机构设立申请和变更备案事项网上办理操作和信息维护（网上办事大厅和行政审批监管系统）；四是资产评估资格证书核发；五是从 2013 年 1 月 1 日起上述授权事项纸质材料保存。为保证各项管理职能的有效实施，省评协研究制定《〈关于调整资产评估行政审批和管理事项办理流程的通知〉配套性操作细则（试行）》等配套文件，还会同省财政厅有关处室起草了《广东省资产评估机构审批工作内部监督管理办法》，进一步明确办理流程和岗位职责，从而有效提高办事效率。截至 2013 年底，省评协办理机构设立（注销）事项 18 件，机构变更备案事项 41 件。

（二）开展机构年度报备工作

根据粤财工〔2013〕123 号文规定，省财政厅同时明确机构年检（机构年度报备）由省评协组织实行自律性管理。2013 年度机构年度报备工作中，对 43 家资产评估机构作出了限期整改的决定。省评协按要求对 43 家机构整改情况进行了跟踪，经审核，40 家机构整改通过，3 家机构整改未通过。

（三）严格把好注册资产评估师年检关

以注册资产评估师年检和注册管理为基础，通过不断完善和优化年检的程序、手续、方法，精心组织、严格把好年检关，重点对注册资产评估师专兼职情况、参加后续教育学时、参与或负责业务项目数量等多项信息进行核查，确保执业人员信息的准确性和完整性。2013 年，全省应参加年检注册资产评估师 1 410 人，参加年检注册资产评估师 1 364 人，通过年检的注册资产评估师 1 331 人，未参加及未通过年检的注册资产评估师 79 人。

（四）加强执业质量检查工作

根据财政部和中评协的统一部署，省评协认真制订《广东省 2013 年资产评估行业执业质量检查工作方案》，并会同省财政厅经办处室共同组织、实施 2013 年执业质量检查工作，扎实抓好各环节的工作任务。2013 年的检查工作分为自查和实地检查两个阶段：自查工作阶段，省评协组织 110 多家非证券评估机构负责人进行自查培训；实地检查阶段，省评协派出 6 个工作组 24 名检查人员分赴各地开展实地检查工作，共检查 24 家机构抽查 192 份报告。按照检查结果，由惩戒委员会研究作出给予 3 家机构谈话提醒，4 家机构发关注函的处理决定。

（五）做好会员日常管理服务工作

截至 2013 年 12 月底，省评协共完成注册资产评估师注册申报 42 人，撤销注册 21 人，办理注册资产评估师转所变更事项 179 项，发放非注册资产评估师合伙人（股东）培训合格证书事项 7 项，批准中评协非执业会员事项 20 项，非执业会员换发新证事项 7 项，为机构承揽业务出具无不良执业记录证明 115 份，开具业务咨询意见函 30 份。

（六）开展行业自律与诚信建设工作

2013 年 6 月，省评协被省民政厅确定为广东省社会组织行业自律与信用体系建设示范创建单位。以此为契机，省评协在行业内开展为期六个月的行业自律与诚信建设示范创建试点工作。通过向常务理事和部分资产评估机构征集意见，研究制定了《广东省资产评估协会行业自律与信用体系建设试点工作方案》，按要求推进资产评估行业自律与信用体系建设工作。

四、重视行业人才培养，促进人才队伍稳步发展

在认真贯彻落实《中国资产评估行业发展规划》的基础上，全面实施《广东省资产评估行业人才发展规划（2012－2016 年）》。

（一）加强与省内有关高校的沟通与合作

积极参与高校资产评估专业学科建设，协助相关高校建设资产评估专业学生实习基地，与有关高校合作举办沙龙活动、毕业生供需见面会等多项活动。2013 年 1 月，与暨南大学经济学院联合召开资产评估专业硕士培养工程研讨会，讨论研究资产评估专业硕士培养方案等一系列问题。11 月，与广东财经大学联合举办资产评估专业学生供需见面会，为机构与资产评估专业毕业生搭建的“供需见面　双向选择”平台，为用人单位和毕业学生相互了解创造条件。

（二）开展多种形式后续教育培训工作

2013 年，共开展 5 期注册资产评估师继续教育培训班，其中参与中评协远程网络视频培训班 3 期，广东省自主举办面授培训班 2 期，培训注册资产评估师（含岗前培训人员）1 444 人次。在课程安排上，更加注重实操性，重点讲授机器设备评估重点难点问题、不动产评估重点难点问题、涉税评估相关政策及评估实务和国资项目评估相关政策等专题课程，对执业人员及时更新专业知识、拓宽知识视野起到较好的作用，达到了提高执业人员专业素养和技能的目的。

（三）组织全省从业人员参加首届全国资产评估知识竞赛活动

2013 年 6－7 月，中评协举办首届全国资产评估知识竞赛活动。省评协通过协会网站、QQ 联络群等方式及时转发知识竞赛活动通知文件，组织全省资产评估机构从业人员积极参加知识竞赛。据不完全统计，广东省（不含深圳）共有 235 人参加了竞赛，其中 229 人具有有效成绩，平均分数为 91.79。

（四）重点摸查行业人员相关情况

为了解广东省资产评估行业内人员积极参政议政情况，省评协对行业内从业人员担任地市级以上人大代表和政协委员基本情况进行摸底调查，广东省行业内人员担任市级政协委员 3 人。同时，在中评协统一部署下还摸查从业 15－20 年人员情况，据不完全统计广东省从业达 15－20 年的评估管理类人员 48 人，执业类人员 258 人。

五、加强行业宣传，创建良好执业环境

（一）认真做好投诉访查工作

截至 2013 年底，省评协共受理两起投诉。针对投诉事件，省评协根据协会相关工作程序和规定，以“化解矛盾、耐心解析、以理服人”为出发点，秉持公平公正原则，及时采取措施，进行调查协调，妥善处理矛盾，维护相关当事方合法权益。

（二）加强行业沟通与宣传

通过畅通沟通渠道、密切与新闻媒体联系等方式，加强行业沟通与宣传：一是建立行业信息联络员制度。2013 年 2 月，省评协印发《关于建立行业信息联络员制度的通知》，明确在省市级协会、全省机构建立行业信息联络员，确保信息交流工作专人负责，切实加强行业信息交流，提高信息传递效率，及时贯彻行业政策，实现上情下达、下情上传，畅通协会与会员之间的交流沟通渠道。二是改版《广东资产评估》。为增强行业内信息交流，省评协对《广东资产评估》简报进行改版，增加简报栏目，丰富报道内容，进一步加强行业文化、党建及文件精神的宣传，及时传递行业信息、动态和专业知识。三是加强与新闻媒体的沟通联系。2013 年 9 月，省内知名报刊《羊城晚报》“寻找微信任”栏目刊登以“评估师：百姓误解是因为不了解”为题的专栏报道。

六、加强协会自身建设，适应行业发展需要

2013 年，省评协不断加强协会自身建设，转变思想观念和工作作风，牢固树立服务全局意识，完善协会组织架构和体制建设。

（一）圆满完成换届工作

省评协第三次会员代表大会于 2013 年 5 月 30 日圆满召开，来自全省 140 家评估机构代表，政府有关部门、行业协会和高等院校的特邀代表，以及省评协有关人员共 170 人参加了会议，大会审议通过《第二届理事会工作报告》和《章程》修改建议，选举产生第三届理事会理事 86 名、常务理事 31 名和协会领导班子。

（二）召开了省评协第三届理事会第一次常务理事会会议

2013 年 12 月 27 日，省评协召开第三届理事会第一次常务理事会会议，到会常务理事 28 人。会议审议通过《广东省资产评估协会 2013 年工作报告和 2014 年工作计划》和《广东省资产评估协会章程》修改建议；审议并表决通过四个专门委员会委员调整方案，经调整后各专门委员会人数为：教育培训委员会委员 13 人、专业技术指导委员会委员 13 人、惩戒委员会委员 15 人和收费监督管理委员会委员 19 人。会议还研究讨论《广东省资产评估协会专家库管理办法》、《广东省资产评估机构综合评价办法（征求意见稿）》。

（省资产评估协会供稿，黎雪瑜执笔）

专　题

2013 年广东省“营改增”试点工作情况

按照中央的统一部署，广东省从2012 年11 月1 日起纳入营业税改征增值税试点（以下简称“营改增”试点）改革范围。截至2013 年12 月，全省试点户数共21.22 万户（加上深圳市18.88 万户，合计40.1 万户），为广东省纳税人减轻税负97.63 亿元（加上深圳市减税额77.07 亿元，合计174.7 亿元），减负面97.4%，减税的规模总体上与试点初期测算数基本一致。

一、试点运行的基本情况

（一）试点户数增长一倍

截至2013 年12 月，全省试点户数共21.22 万户（不含深圳，下同），其中一般纳税人3.77 万户，占17.79%，小规模纳税人17.45 万户，占82.21%。按行业划分，其中交通运输业1.66 万户，占7.83%；部分现代服务业19.56 万户，占92.17%。纳入试点的企业从启动时的10.52 万户，增加到目前的21.22 万户，新增试点户数10.7 万户，增幅为101.78%，其中新办企业达到8.4 万户，月均增加超过6 400 户。

（二）试点缴税稳步上升

2013 年，试点纳税人累计申报改征增值税112.99 亿元，其中一般纳税人缴税89.65 亿元，占79.34%，小规模纳税人23.34 亿元，占20.66%。交通运输业25.28 亿元，占22.38%，现代服务业87.71 亿元，占77.62%。除2013 年春节因素，总体上缴税呈稳步上升态势。

（三）结构性减税效应明显

截至2013 年12 月，减税面从最初的94.9%上升到97.4%，一般纳税人减税面从最初的78.1%上升到85.4%。试点行业税负呈现“两增五降”，除交通运输和有形动产租赁有所上升外，总体减税效应明显，惠及面不断扩大。

（四）税负增加面逐月下降

截至2013 年12 月，税负增加企业户数约5 500 户，占试点纳税人总数的2.6%，其中一般纳税人增负面从试点初期21.9%下降到14.6%。在税负增加企业中，月均税负增加不足1 万元、1 万 - 10 万元、10 万元以上分别占63.7%、28.9%、7.4%。

二、试点取得的主要成效

（一）完善了税收制度，落实结构性减税成效突出

广东营改增试点企业户数全国最多，通过营改增试点，进一步完善税制，减少重复征税，使行业的整体税负明显下降。2013 年，广东（不含深圳）总体减税近100 亿元，其中试点企业净减税53.19 亿元，减税面达到97.37%，税负整体减轻32%，特别是17.45 万户小规模纳税人税负下降近40%。此外，试点对制造业产生减税的“溢出效应”，为广东省制造业企业提供进项抵扣减税44.44 亿元，为省外企业提供抵扣减税33.21 亿元。

（二）打通了抵扣链条，促进产业转型升级成效突出

一是推动更新改造，传统服务业加快转型。“营改增”试点后，第二、三产业的抵扣链条得以打通，企业购进固定资产推动升级改造呈现井喷现象。2013 年1 - 11 月固定资产投资中，交通运输仓储业和技术服务业分别达到38%、27%，均远高于18%的总体增幅。2013 年，固定资产抵扣税额56.85 亿元，占全部固定资产年抵扣税额的20%以上，特别是研发技术、交流运输、动产租赁、物流辅助业等设备采购额明显上升。许多交通运输企业加快车辆购置进程，改过去的挂靠模式为自营模式，推动行业做大做强。二是推动主辅分离，产业分工专业化加快形成。据省国税局调查，已经有34.75%的纳税人考虑或正在实施服务业与第二产业进行主辅剥离，26.94%的纳税人将部分业务外包给其他公司。“营改增”试点打通第二、三产业增值税抵扣链条，促进专业化分工，使企业结构从“橄榄型”真正转变为“哑铃型”，研发、设计、营销等内部服务环节从主业剥离出来，成为效率更高的创新主体。三是带动服务采购，现代服务业加快发展。“营改增”试点极大地激发企业采购现代服务的积极性，尤以信息技术服务、物流辅助、鉴证咨询服务业增长明显。省财政厅重点跟踪100 户样本试点企业中，有43 家营业收入明显增长，其中31 家交通运输企业中有15 家营业收入平均增长率达22%，57 家服务业试点企业中有28 家企业增长率达到31%。在“营改增”试点等的推动下，2013 年前三季度第三产业增加值增长10.1%，对GDP 贡献率达到52.8%，高于第一、二产业，并处于历史较高水平。试点户数最多的广州市，前三季度服务业增加值占到全市比重同比提高2.7 个百分点，对经济增长的贡献率为71.8%，同比增长5.4 个百分点。

（三）优化了发展环境，激发企业发展活力成效突出

一是试点企业规模迅猛增长。由于试点改革效应的集聚，企业对投资现代服务业的信心得到极大的提升。试点一年新增试点企业10.7万户，增长超过一倍，月均新办企业6 400多户，新办企业中，动产租赁、研发技术、鉴证咨询、文化创意新办企业增幅分别达到220%、165%、130%、97%，现代服务业发展势头迅猛。二是企业内部管理明显规范。由于“营改增”后实行以票控税，带动试点企业从产业链构建、财务管理、合同管理、供应商选择等方面不断完善内部治理机制，加强税收筹划。三是企业经营环境明显改善。一方面，企业整体税负降低、营业收入整体增加、企业营利能力明显增强；另一方面，由于增值税实现环环相扣，企业间由过去“主动不要票”向“主动要开票”转变，资金回款速度比往年明显提升。随着试点的推进，有利于形成公平、规范、统一的市场。

（四）推动了服务贸易，构建国际营商环境成效突出

一是推动了粤港澳服务贸易发展。营改增试点得到港澳企业的普遍欢迎，如德勤、毕马威会计师事务所广州分所充分利用服务出口免税政策，立足广东拓展国际业务，营业收入明显增长，进一步提升国际竞争力，也吸引新增500多家港澳投资试点企业，辐射带动效应进一步增强。二是服务贸易出口迅速扩大。试点对服务贸易出口零税率和免抵退政策的实施，促进服务贸易出口力度不断加大。共有435户（次）发生零税率应税服务出口，涉及销售额20.33亿元，办理免抵退税户数4 088户（次），涉及免税申报销售额128.9亿元，同比增长22%。

三、试点工作的主要做法

（一）加强领导，扎实推进试点工作

省委、省政府将营改增试点作为新一轮财税体制改革的重大战略，摆在重要位置，主要领导亲自过问、加强领导。省政府成立由徐少华常务副省长任组长、各有关部门负责人为成员的省营改增试点工作领导小组，制订周密的试点实施方案，徐少华常务副省长先后召开全省“营改增”试点工作会议和4次领导小组会议研究部署试点工作，并经常关心了解试点工作情况。在省财政厅设立“营改增”领导小组办公室，从各成员单位抽调20名多业务骨干集中办公，密切关注试点动态，切实抓好组织协调和督察指导。财政、国地税等有关部门各司其职、密切配合、协调联动、确保各项工作落实到位。

（二）精心组织，全力确保试点顺利

省领导小组精心组织，全省财税部门全力以赴，努力克服准备时间短、试点任务重的实际困难，确保试点顺利进行。一是明确任务，落实责任。具体制定工作计划表，梳理工作事项150多项，逐一明确责任单位和时间安排，做到责任到人、有条不紊。二是注重衔接、顺利过渡。省领导小组办公室认真协调，全省各级各部门顾全大局、讲求协作，按照分工做好政策业务培训、试点纳税人调查统计、系统开发完善等前期准备工作，及时做好试点纳税人资料和相关数据信息交接工作，确保征管体制有效衔接、平稳过渡。三是加强协调，明确政策。妥善解决试点后地方财税体制衔接、征收任务调整等问题，制定试点过渡性财政扶持政策，组织开展了多次政策培训，省级安排试点专项资金，用于增负企业的补助。四是完善系统、反复演练。集中技术力量对一般纳税人电子申报系统、网上申报系统等软件进行改造完善，先后进行5次模拟测试；在试点启动和申报期启动前，分别组织开展实操运行演练，对纳税申报各相关系统进行全面检验，及时做好各项预案安排。五是突出重点，确保成功。在试点以来的几个重要节点，常务副省长徐少华亲自指挥，各级财税部门主要负责人亲临一线，各级财税干部日夜继夜、加班加点、连续作战，与试点纳税人密切互动，全省上下团结协作，确保试点各个环节的顺利圆满进行。

（三）坚持便民，积极优化纳税服务

建立对试点纳税人服务责任制，坚持在服务上下工夫，编印发放纳税申报辅导手册20多万册，组织专门培训3 000多场，设立专窗专柜进行专门辅导，确保培训率达到100%。优化办税流程和方式，为纳税人提供上门申报、网上申报、电话申报、储蓄扣税等多种申报方式；引导试点纳税人网上办税，截至2013年底，网上报税率超过90%。在试点过程中，通过媒体、微博、短信等向纳税人发布办税服务信息，采取增派人手、增设专窗专号、延长办理时间、设置简易程序、上门服务等，积极应对办税高峰，切实做到便民服务。

（四）加强宣传，引导形成良好氛围

坚持以正确的舆论导向引领试点工作，加强向纳税人的定向宣传，实行主动上门、责任到人、跟踪管理，点对点进行宣传辅导。加大向境外企业的宣传力度，针对广东毗邻港澳、外资试点企业多的实际，专程组织赴港澳向有关机构、商会进行宣传，专门编写发布试点政策解读英文宣传资料，走访省内港澳投资企业，听取意见建议。加强对系统内的宣传，让财税干部全面掌握政策业务，当好宣传员；省“营改增”领导小组办公室牵头召开3次新闻发布会，组织10多家媒体进行综合性新闻报道；各级财税部门利用微博、网络等多渠道加强对试点工作的宣传，营造了良好的试点氛围。

（五）防范风险，努力确保试点平稳

认真落实“营改增”试点风险防控方案，针对办税高峰、系统隐患、违法税案等各类风险，建立协调联动机制，切实做到严控严管。加强对交通运输、文化创意等行业的动态监控，主动上门听取意见建议，及时发现和消除各类不稳定因素；组织人员赴各地检查督导试点工作，对试点户数多、工作量大的地区，要求统筹力量，做到井然有序；对试点户数少的地区，要求做到逐一上门，主动落实，不漏一户，确保试点工作整体推进、平衡发展。

（法规税政处供稿，潘敏执笔）

完善省级财政一般性转移支付政策

根据省委、省政府的部署，2013年省财政厅制定实施《关于完善省级财政一般性转移支付政策的意见》，按照“保基本”和“强激励”相结合的原则，在确保基本公平的前提下，重点强化激励作用，调动粤东西北地区加快发展的积极性，促进全省区域协调发展。

一、政策改革背景

（一）省对下一般性转移支付政策沿革

广东从1996年起实行分税分成财政管理体制，同时配套建立了省级对下财政一般性转移支付制度。随着中央、省各项政策的出台实施，一般性转移支付政策的内容日益丰富，主要包括均衡性转移支付、调整工资转移支付、县级基本财力保障机制奖补资金、重点生态功能区转移支付等。其中，在均衡性转移支付方面，省财政厅结合实际情况数次调整其资金分配标准，在经历按财政供养人数计算、按编制数计算、按基数定比例递增三个阶段后，从2004年起建立激励型财政机制，将新增资金分配与县域经济财政增长情况挂钩，激发县域发展积极性。

（二）取得的成效

一般性转移支付政策实施后，市县获得省级一般性转移支付从1996年的5.8亿元增加到2012年的498亿元，年均增长约32%。在省级财政大力支持下，县域经济发展提速，县域公共服务支出保障能力不断增强。截至2012年底，县（市）财政公共财政预算支出占全省的比重上升到19.09%；全面消化县级基本财力保障缺口，县级基本财力保障水平达到7.6万元以上。

（三）存在的问题

省对下一般性转移支付政策在运行中也存在问题：一是一般性转移支付占转移支付总量的比重仍然偏低，2012年占比仅为35.7%，不利于市县统筹财力用于增强民生保障和维持政权运转；二是各项一般性转移支付政策缺乏有效整合，项目繁多而分散，未能形成合力；三是激励导向不够突出，部分政策仍沿用“基数加增长”的模式，在一定程度上存在“养懒汉”的问题。

二、重要性和必要性

（一）完善一般性转移支付政策是贯彻落实科学发展观、实现“三个定位、两个率先”总目标的内在要求

广东在新的历史起点上深入贯彻落实科学发展观、努力实现“三个定位、两个率先”的总目标，必须解决好发展中不平衡、不协调、不可持续问题。广东粤东西北地区12市人均GDP、城乡居民人均收入、人均财政收入均低于全国平均水平，距离总目标要求有很大差距，制约全面协调可持续发展的实现。要突破这种困境，一方面，需要加强省级宏观调控，加大对欠发达地区的一般性转移支付力度；另一方面，需要激发市、县发展积极性，通过强化一般性转移支付的激励导向来实现。

（二）完善一般性转移支付政策是促进区域协调发展、推进基本公共服务均等化的必要条件

为促进区域协调发展，2013年广东省委、省政府出台《关于进一步促进粤东西北地区振兴发展的决定》。文件明确，2013－2017年省财政将统筹安排资金6 720亿元，用于支持粤东西北地区重大基础设施建设、推进“双转移”、产业转型升级、中心城区扩容提质、提升基本公共服务保障水平、强农惠农和扶贫开发等。其中，省对下一般性转移支付政策作为均衡区域内财力分布差异的主要措施，帮助财力薄弱地区弥补基本公共服务支出缺口。

（三）完善一般性转移支付政策是深化财税体制改革、率先建立现代财政制度的重要举措

党的十八届三中全会精神和省委、省政府对深化财税体制改革、建立现代财政制度作出总体部署，完善一般性转移支付是重要突破口之一，需要通过加大投入、优化结构、强化导向，重点增加对革命老区、民族地区、边疆地区、贫困地区的转移支付。

三、主要思路

调整完善省级一般性转移支付政策主要按照“保基本”和“强激励”相结合的思路，在确保基本公平的前提下，重点强化激励作用，构建科学规范、完整统一、结构优化的省级财政一般性转移支付制度。在“保基本”方面，将现行各项一般性转移支付的基数列入基础性转移支付，基础性转移支付的比重保持在60%以上。在“强激励”方面，将现行激励型财政机制、县级基本财力保障机制、生态保护补偿机制等政策的每年新增资金全部用于激励性转移支付。激励效应主要通过实施财政增量返还和设立协调发展奖励两项措施实现：一是财政增量返还，将欠发达地区县（市）及新区上划省级税收收入超基数的增量部分（不含中央分享收入），以一般性转移支付方式返还给当地。二是协调发展奖，运用由经济、财政、民生、生态等方面指标组成的综合增长率进行考核，对实现协调发展的县（市）予以适当奖励，充分调动欠发达地区的发展积极性。

四、基本原则

（一）保障基本，强化激励

合理安排“保基本”和“强激励”的分配比例，保障基本民生项目支出需要。在此基础上，适当扩大激励性转移支付规模，增强激励引导效应，充分调动市、县发展的积极性。

（二）优化机制，统一规范

全面梳理现行各项转移支付政策，调整优化制度结构，整合、完善相关措施，增强一般性转移支付的完整性、协调性和规范性。

（三）分类实施，重点帮扶

在统一的财政体制下，充分考虑特殊困难地区、生态地区和民族地区面临的经济基础薄弱和生态保护任务较重等实际情况，在相关措施中细化分类分档，适当给予上述地区倾斜支持。

（四）加强监管，强化绩效

建立并完善市、县财政基本公共服务绩效考核机制，强化对市县使用一般性转移支付资金的监督管理和绩效评价，将教育、医疗卫生等重大基本公共服务项目及重点支出的保障水平纳入考核范围，确保各项民生政策落实到位。

五、具体措施

按照“保基本”和“强激励”相结合的原则，将一般性转移支付分为基础性转移支付和激励性转移支付两个部分。

（一）基础性转移支付

以“保基本”为导向，确保市县既得利益，保障欠发达地区提供基本公共服务的财力需要。主要包括：

1. 财力性转移支付基数。一是调整工资转移支付、农村税费改革转移支付、体制补助等已列入基数安排的资金。二是按原激励型财政机制、县级基本财力保障机制等核算的一般性转移支付资金基数。

2. 专项领域的一般性转移支付。用于公共安全、教育、社会保障和就业、医疗卫生、农林水等公共服务专项领域的一般性转移支付资金，按照因素法分配。

3. 针对特定地区的一般性转移支付。民族地区转移支付、重点生态功能区转移支付、原中央苏区转移支付、边境地区转移支付、资源枯竭型城市转移支付等针对特定地区的一般性转移支付，按照因素法分配。

（二）激励性转移支付

以“强激励”为导向，围绕省委、省政府重点工作部署，统筹用好现行各项一般性转移支付政策的增量部分，通过实施财政增量返还和协调发展奖，充分调动市县积极性。

1. 实施财政增量返还。一是为鼓励欠发达地区财政增收，对粤东西北全部县（市）以及惠州、肇庆、江门的部分县（市），以2012年为基期年，从2013年起上划省级“四税”（部分营业税、企业所得税、个人所得税和土地增值税，下同）收入超过2012年基数的增量部分，以一般性转移支付的形式返还当地。返还额不列入基数。二是为支持城区扩容提质，对经省政府批准设立的粤东西北地级市新区，从设立的第二年起，将上划省级“四税”收入超过设立年基数的增量部分，专门安排用于新区基础设施建设。

2. 设立协调发展奖。为促进欠发达地区经济社会协调发展，对粤东西北全部县（市）以及惠州、肇庆、江门的部分县（市），按照综合增长率予以适当奖励。综合增长率充分考虑经济、财政、民生、生态等因素，由地方生产总值、上划省“四税”收入、人均基本公共服务支出和生态保护指标4项指标的增长率按权重计算确定。为落实主体功能区规划，对重点生态功能区和其他区域的指标权重实行差异化核定。即重点生态功能区县（市）的指标权重分别为20%、30%、20%、30%，其他县（市）的指标权重分别为30%、40%、20%、10%。在综合增长率的基础上，分类实施奖罚：一是对综合增长率高于8%的扶贫开发重点县、重点生态功能区县和少数民族地区县，以及综合增长率高于12%的其他县（市），综合增长率每超出1个百分点，可获得500万元奖励，并运用调整系数适当调整奖励额，当年新增奖励额最高不超过1亿元。二是综合增长率低于0的县（市），综合增长率每下降1个百分点，一次性扣减转移支付200万元。

（预算处、地方财政处供稿，毛俊伟执笔）

规范省级财政专项资金管理

为规范省级财政专项资金管理，提高资金使用效益，根据省委、省政府关于开展省级财政专项资金整治工作的部署，省财政厅开展了省级财政专项资金清理整合工作，并制订了省级财政专项资金管理办法及相关配套制度，健全完善省级财政专项资金管理体系。

一、全面清理整合专项资金

（一）确定范围，摸清专项资金构成

省财政厅对财政安排的专项资金进行了全面整理，清理整合范围包括：省级公共财政预算、政府性基金预算、国资预算安排的，具有二次分配性质的专项资金和专项性公用支出。纳入清理范围的专项资金共670项，759.58亿元，其中：公共财政预算632项、601.05亿元，涉及专项资金分配和管理的省级部门（单位）达80个以上。

（二）多管齐下，查找存在问题

通过部门自查、省审计厅审计调查、省财政厅重点抽查等方式，对省级财政专项资金管理、分配和使用情况进行全面摸查。检查发现，省级财政专项资金设立、使用和管理等环节仍存在一些亟待解决的问题：一是部分专项资金设立不够科学，绩效目标不明确，资金投向不合理，资金用途有待优化调整。二是存在对性质相近或相同的扶持对象重复设置专项资金，对同一项目的不同环节设置多项专项资金等问题。三是部分专项资金缺乏退出机制，个别专项资金已不适应现实需要，造成专项资金长期固化积存，资金使用效益不高。四是部分专项资金管理制度不完善，未按规定制定专门管理办法，管理制度仍然停留在原有的管理模式上。五是部分专项资金使用管理不规范，个别存在虚报、冒领、挤占、挪用专项资金的现象。

（三）分类处理，提出清理整合意见

在全面摸查基础上，省财政厅研究提出了分类清理整合的意见，并经省委常委会审议批准实施。一是撤销。对于设立期限已满、设立的原定目标不符合现实需要，或需要完成的特定任务已经完成或不存在的专项资金予以撤销，收回预算统筹用于省委、省政府确定的下一年度新增支出。到期专项资金确需延续安排的，实施审计和绩效评价后按程序报批。二是合并。对于使用性质、管理特点相同或相近的专项资金予以整合。三是调整。对于支出结构有待优化的专项资金，按照省委、省政府工作需要适当调整资金用途。四是保留。对于符合公共财政管理要求，设立审批依据合法合理，具有明确使用方向和绩效目标的专项资金予以继续保留。清理后，公共预算专项资金的项目数量比清理前减少274项、减少43%，金额减少150.87亿元，减少25%，继续安排的专项资金358项、450.18亿元，占省级公共财政预算支出的比重为18%。

（四）跟踪落实，建立专项资金管理长效机制

省财政厅将清理后的专项资金纳入以后年度预算编制，并按规定程序报批后批复到向省级各部门，对在违规使用专项资金专项整治行动以及审计检查过程中发现存在违纪违规行为的专项资金，按照规定责成相关部门整改；对于清理后需合并或调整优化用途的省级财政专项资金，由省财政厅会同省级各部门及时调整专项资金的支出范围，相应修改专项资金管理办法。

二、建立专项资金管理制度体系

结合省级财政专项资金清理整合工作，省财政厅制订了《广东省省级财政专项资金管理办法》（以下简称《管理办法》），报经省政府以《广东省人民政府关于印发广东省省级财政专项资金管理办法的通知》印发全省执行。

（一）专项资金管理办法主要内容

《管理办法》对专项资金的含义、设立、项目库管理、项目申报、项目审批、资金拨付及管理、信息公开、监督检查和绩效评价等方面进行了规范。

1. 专项资金管理依托“三个载体”。一是在专项资金设立环节建立专项资金目录，对专项资金存续、调整情况实行动态管理。二是在专项资金预算编制和分配环节建立专项资金项目库，细化项目计划，实施滚动预算管理。三是建立专项资金管理统一平台，实现专项资金项目申报、前置审核、分配结果等环节电子化、公开化。

2. 专项资金管理实行“三个明确”。一是明确专项资金设立、明细分配计划和省级预备费按不同额度的审批权限。二是明确专项资金管理中财政部门、主管部门、审计部门和纪检监察等部门的职责分工。三是明确专项资金设立、调整、申报、审批、分配、使用等各个环节流程。

3. 专项资金审批实施“三项制度”。一是建立专项资金主管部门专项资金审批内部制衡制度。明确由业务部门、财务部门及监察部门全程监督专项资金信息发布、受理审核、立项管理和监督等环节，并在项目的合规性可行性论证阶段建立决策和评审咨询相互分离的机制，保证专家评审咨询的独立、客观和公正。二是对特大金额（设立总金额在5亿元及以上的专项资金）、涉及不同部门工作职能的专项资金，及省政府认定的其他专项资金实施横向并联审批制度；三是实行年度安排总体计划及具体实施项目复式审批制度。

4. 专项资金监督建立“三个机制”。一是建立专项资金设立、实施、完成等各个阶段的绩效考核机制，并将绩效评价结果作为专项资金安排、调整、撤销及责任追究的重要依据；二是建立对专项资金的定期清理机制，明确调整或撤销专项资金的具体处置方式要求；三是建立对专项资金管理的责任追究机制，如对专项资金主管部门经办人、领导、评审专家、中介机构等存在违法违纪行为的需承担5年以上的连带责任等。

5. 专项资金信息实行“八个公开”。全程公开专项资金管理办法、申报指南、申报情况、分配方式和分配程序、分配结果、绩效评价、监督检查和审计结果以及接受和处理投诉情况等。

（二）专项资金管理办法的实施

《广东省人民政府关于印发广东省省级财政专项资金管理办法的通知》印发之后，省财政厅积极组织开展专项资金管理办法的贯彻实施工作。

1. 制定完善专项资金管理系列制度办法。一是制定《广东省省级财政资金项目库管理试行办法》，通过建立省级财政资金项目库，对执行期3年以上（含3年）的专项资金、可滚动实施或分期实施的财政资金，以及跨年度滚动预算机制所需的其他资金，均采取从项目库提取项目的方式，确定财政资金安排的具体项目。二是制定《广东省省级预备费管理办法》，进一步细化预备费使用范围，明确预备费审批程序。通过规范预备费管理，确保预备费的申请及安排依法、及时、高效。三是制定《广东省省级财政专项资金目录管理办法》，明晰列入专项资金管理统一平台管理的省级财政专项资金范围，明确建立专项资金动态管理档案清单的程序、方式、动态调整机制，实现专项资金目录式管理，以便各部门、单位严格对照执行。四是制定《广东省省级财政专项资金联席审批办法》，规范设立总额在5亿元以上的特大金额且安排项目涉及不同业务部门工作职能的财政专项资金，以及省政府认为应进行横向并联审批的财政资金的审批管理，对从联席审批内容、程序和责任等方面予以明确规范，加强重大财政专项资金审批约束监督。此外，省财政厅还牵头制定《广东省省级财政专项资金竞争性分配管理办法》、《广东省省级财政专项资金信息公开管理办法》、《广东省省级财政专项资金常规性监督检查工作方案》、《省级财政到期资金使用绩效评价暂行办法》等制度规范，进一步健全专项资金管理制度体系。

2. 推进专项资金管理平台建设。围绕规范财政专项资金管理，省财政厅重点推进专项资金管理平台建设工作。一是开发专项资金管理平台。依托省政府网上办事大厅，开发了省级财政专项资金管理统一平台，并对各省直部门、各地级以上市及省财政直管县财政部门进行了培训。二是实施财政专项资金全面网上申报、审批和信息公开。制订2014年省级财政专项资金目录清单，经报省领导批准，将

实行目录管理的全部专项资金纳入管理平台，实现网上申报、审批管理，各专项资金的管理办法、申报指南、项目申报情况、资金分配程序和分配方式、分配结果、绩效评价、监督检查、审计结果、接受处理投诉情况等信息通过管理平台向社会公开，主动接受社会监督。

（预算处、地方财政处供稿，黄瀛、熊伟、琳琳执笔）

加强财政专户管理　防范财政资金风险

省财政厅紧紧围绕财政中心工作，始终把财政专户管理视为财政资金安全的“生命线”，从夯实总预算会计基础做起，巩固地方财政专户清理整顿成果，加强制度建设和信息化建设，推动全省财政专户管理机制的规范化、科学化、信息化。

一、统管账户，建立明确的内控机制

（一）全面实现账户统管

2003年，省财政厅率先迈出账户归口管理的第一步，制定《广东省财政厅财政性资金银行账户移交方案》，将除彩票资金、社保基金和国际金融组织贷赠款外的所有专户归口国库部门管理；2007年，将所有财政专户统一归口国库管理，同步实现会计核算、资金调度、收支信息反馈等由国库部门“一个口”管理的目标。与此同时，省财政厅履行督促和指导职责，通过开展业务培训、组织资金安全检查等措施，加快推进全省财政专户归口工作。截至2013年12月，省本级、20个市本级（不含深圳）和114个县（市、区）实现所有财政专户归口国库部门管理，归口管理率分别为100%、100%和99.14%。

（二）建立内部分工制衡机制

省财政厅制定《广东省省级财政性资金存放管理办法》，完善账户管理、资金存放、资金拨付、监督检查等各环节的制度设计，建立起财政内部相互协调、相互配合、相互制衡的内控机制，明确业务流程和部门职责，形成国库部门与业务部门“管钱”与“管事”分离的制约机制；制定《广东省省级财政性资金存放内部监督管理暂行办法》，由省财政厅监督局对国库部门资金存放和拨付进行核查，并将财政专户的监管作为财政内部监督的重要内容。

（三）推进财政专户管理信息化

在账户统管的基础上，省财政厅全面推进专户管理信息化建设。一是利用现有的国库信息管理系统，将财政部门及预算单位所有账户的开设、变更、撤销信息纳入系统管理，实现财政专户管理信息化；二是在全面推行国库集中支付的基础上，探索将财政专户资金逐步纳入系统管理核算，实现系统控制资金分配、资金拨付和会计核算以及财务信息监管，实现财政专户资金收支管理信息化。

二、规范管理，高效精简设置财政专户

（一）精简设置现有账户

省财政厅精简财政专户工作起步早、工作实，从2002年开始定期对财政专户进行清理。根据财政部关于“财政专户设置规范、统一、高效、精简”的要求，省财政厅全面清理和撤并财政专户，2005年至今，省本级已累计撤销35个财政专户。同时，积极清理历年来要求下级财政开设财政专户的文件，对已纳入国库集中支付的资金及可以分账管理的资金取消或合并了原有的核算专户。

（二）严把账户设置审核关

严审开户依据，新设的账户必须以国务院、财政部、省政府或省财政厅正式有效文件为依据；严把审批流程，所有财政专户的开设必须经过逐级上报财政部统一核准；严控新开账户，对各部门、厅内各处室出台的相关资金管理文件中涉及新开账户的均严格把关；严选开户银行，2013年制定《广东省财政专户开户银行选择办法》，规范广东省财政专户的申请、审批、开户、备案、变更和撤销等流程。

三、建章立制，规范财政资金存放管理

（一）制定财政资金管理制度，确保资金管理的规范有序

省财政厅陆续出台并制定《广东省省级财政资金拨付管理暂行办法》、《广东省省级财政性资金存放管理办法》、《广东省省级财政性资金银行账户预留印鉴管理办法》、《广东省省级财政专户及资金存放管理办法》等一系列规章制度，规范省级财政专户及资金存放管理。全省各级财政部门也以强化资金安全为重点，紧紧抓住账户设置、银行选择、票据交接、印鉴管理和对账管理五个关键环节，建立健全财政专户管理制度体系。

（二）建立集体议事机制，提高资金存放的科学规范

2007年，省财政厅制定《广东省省级社保基金账户评价委员会工作规程》和《广东省省级社保基金定期存款开户银行综合考评实施细则》等规范性文件，建立资金存放管理集体议事机制，集中智慧，相互制衡。通过成立由厅内相关处室负责同志参与的省级社保基金账户评价委员会，在定期对社保基金存放银行实施年度综合考评的基础上，集体研究省级社保基金的定期存放事项，有效保障资金存放管理的科学规范。

（三）探索竞争存放机制，推进存放工作的公开透明

在总结省级社保基金存放管理经验的基础上，从2009年起省财政厅逐步将部分财政专户沉淀资金纳入定期存款操作范围，并不断创新管理模式，积极探索引入竞争机制。2011年，制定《省级财政性资金竞争存放工作试行办法》，通过招投标方式公开选取存放银行，保障财政资金的存放安全、操作规范、管理严谨和保值增值。2013年，制定

《广东省省级财政专户资金保值增值操作暂行办法》，明确银行选择标准，规范省级财政专户资金实行保值增值的操作流程，进一步推进财政资金存放工作的透明高效。

四、加强监督，防范财政专户管理的内外部风险

（一）夯实财政专户基础管理

一是规范会计核算，进一步细化会计岗位责任制，及时、准确、规范开展日常会计核算和年终结账等各项工作。二是规范印章管理，在国库处内部，将银行账户印鉴卡移交由负责资金拨付业务以外的第三方保管。三是建立专户管理信息定期报告制度，按月向厅领导报送省级财政专户收支变动和重要事项情况；年度收集各级财政专户情况，并及时上报财政部。四是完善财政资金专户管理档案制度，对涉及专户管理的审批资料、专户开户许可证、银行预留印鉴卡等实行分类归档保存。

（二）加强内部稽核与监督

一是开展国库业务内部稽核专项检查，从岗位设置、业务流程及制度落实等方面进行稽查，对发现的问题逐项分析、排查和整改。二是通过实行财政专户第三方对账和定期存单第三方保管等内控管理制度，强化监管手段，提高监管工作公信力，确保保值增值资金运作的安全高效。三是建立和完善资金计划和资金支付内部监督机制，对所有财政性资金的拨付实行“资金计划控制资金拨付”，对资金支付全过程进行实时和事后稽核，及时发现和处理资金计划和资金支付工作中的差错。

（三）强化财政专户银行管理

一是建立商业银行年度考评机制，按照《广东省省级财政社保基金定期存款开户银行综合考评实施细则》、《广东省省级财政性资金存放管理办法》的要求，成立工作小组对存放银行进行考评，促进存放银行提高服务管理水平。二是建立商业银行办理财政业务交接登记制度，印发《关于规范省级财政专户资金业务办理有关事项的通知》，建立银行业务办理情况登记制度，对单据交接、资金拨付电话核实、对账单送达等业务办理情况进行登记。三是建立专户管理信息定期反馈机制，加强财政与银行间的信息联通，要求开户银行所属的省（市）分行按季提供下辖各网点财政专户的管理情况，强化上级分行的监管职责，有效提升银行服务水平的同时，也避免信息不对等所带来的风险。

（国库处供稿，廖文玲执笔）

健全完善行政经费节约长效机制

2013 年，省财政厅认真贯彻落实中央和省委、省政府关于厉行节约反对浪费的决定，积极采取措施健全完善行政经费节约长效机制，厉行行政经费节约，大幅压减因公临时出国（境）支出、公车购置费维护费、公务接待费（以下简称“三公”经费）和会议费等一般性支出，取得显著成效。2013 年度广东省党政机关（含参公单位）“三公”经费和会议费财政拨款支出 1 033 027.72 万元，同比下降 20.91%（省级财政拨款支出 64 955.93 万元，同比下降 23.54%）。其中：“三公”经费 829 578.72 万元，同比下降 16.69%（省级财政拨款支出 45 294.92 万元，同比下降 15.53%）；会议费 203 448.29 万元、下降 34.44%（省级财政拨款支出 19 661 万元，同比下降 37.26%）。

一、厉行节约，严控“三公”经费等一般性经费支出

（一）压减省直部门一般性支出用于民生支出

省财政厅牢固树立“过紧日子”的思想，连年压减省直部门一般性支出用于保障民生支出。2011 年，省级机关及由省财政拨款事业单位的公用经费支出和一般性行政事业性项目经费、省级部门掌握的工作经费和专项经费一律按年度预算压缩 2%，压减资金全部用于办好民生实事；2012 年，省直行政事业单位公用经费按全年额 5% 压支，省下资金用于加大民生投入；2013 年，广东省接连遭遇强台风“尤特”和“8・16”强降雨袭击，遭遇 1951 年以来的大范围特大暴雨洪涝灾害，经报省人大批准同意，省委、省政府决定，省直部门公用经费压减 5%，压减的 1.61 亿元经费集中用于救灾复产工作。

（二）压减博览会、论坛等节庆活动经费

为节约财政资金，将有限资金用于解决民生问题，省财政厅 2009 年向省政府呈报严格控制拨付开放性的晚会展览会庆典论坛等活动经费的意见，经省政府批准并由省府办以《转发省财政厅关于严格控制拨付开放性的晚会展览会、庆典、论坛等活动经费意见的通知》印发，要求各地各部门严控相关活动，全面清理消减相关活动经费安排，严格审批相关活动，停止安排未经批准的相关活动经费并强化对相关活动经费使用的监督检查。2013 年，按照“八项规定”要求，结合 2014 年省级预算编制，省财政对部门在公用经费、专项资金用于博览会、论坛等节庆活动经费的，在预算执行中从严从紧审核，按 25% 的标准进行压减。压减经费主要用于经省政府批准的有关重点民生支出项目。

（三）认真落实“八项规定”及“三公”经费只减不增政策

一是加强源头管控，省级预算在实行公务购车和用车经费零增长、公务接待费用零增长、党政机关出国经费预算零增长、办公经费预算零增长（以下简称“五个零增长”）的基础上，2014 年预算继续实行“五个零增长”。同时，在省级部门预算编制中单列“三公”经费，并不得超出上年预算，严格控制一般性经费支出。二是结合实际重新核定省直部门年度因公临时出国（境）预算经费额度，严格执行因公临时出国（境）经费先行审核制度，从严控制因公临时出国（境）经费支出。三是建立完善省直和地方会议费及“三公”经费统计制度，对省直部门和各地落

实“八项规定”及“三公”经费只减不增涉及的会议费、因公出国（境）经费、接待费、车辆购置及运行费支出按季度统计，加强对全省会议费及“三公”经费使用监督，有效控制相关经费支出。

（四）强化行政经费节约考核

从2009年开始，广东省省直实施行政事业单位行政经费节约考核，由省财政厅、省监察厅对省直单位实施行政经费节约考核，要求省直单位公用经费执行不得超过年度预算数，办公费、交通费、出国费、会议费、培训费、招待费6个经济科目支出不得超过2008年决算数，考核结果报省政府批准后通报，严格控制行政经费支出。2011年，省直行政事业单位公用经费预算节约费用5 755.6万元，节约率8.1%，六个经济科目支出节约费用24 796.8万元，节约率25.8%。2012年，省直行政事业单位公用经费预算节约费用7 291.8万元，节约率9.7%，六个经济科目支出节约费用28 708.2万元，节约率29.6%。在省直实施节约考核的同时，广东省明确要求各地建立完善行政事业单位经费节约考核机制，考核不合格的，超支额相应抵减下年预算。

二、完善制度，规范管理

（一）认真做好广东省党政机关厉行节约、反对浪费实施细则相关内容的起草工作

2013年，党中央、国务院印发《党政机关厉行节约反对浪费条例》（以下简称《条例》），将党政机关厉行节约反对浪费上升到法律层面。为贯彻落实《条例》，省委、省政府决定出台广东省实施细则，按照省委、省政府的部署，结合财政管理实际，省财政厅认真研究提出广东省贯彻落实《党政机关厉行节约反对浪费条例》的具体实施措施，按时完成第二章经费管理、第三章国内差旅和因公出国（境）（国内差旅部分）、第五章公务用车、第七章办公用房内容，以及涉及财政部门的相关起草工作。

（二）健全厉行节约配套制度

一是结合物价变动和中央国家机关相关标准情况，按照厉行节约、实事求是和以人为本相结合原则，研究修订干部出差、会议等公务消费活动量化标准，对2007年印发的会议费综合定额和出差住宿、伙食补助等标准进行适当调整，修订印发《省直党政机关和事业单位会议费管理办法》，并研究制定《省直党政机关和事业单位差旅费管理办法》（送审稿），进一步完善相关经费管理。二是为进一步规范因公出国经费先行审核办理程序，省财政厅制定了关于省直党政机关因公临时出国经费先行审核承诺制度，并在省财政厅网站发布，公开接受监督。同时，按照财政部《因公临时出国经费管理办法》要求，省财政厅结合实际研究制订《省直党政机关和事业单位因公临时出国经费管理办法》，报省政府批准印发，进一步强化因公临时出国经费管理。三是按照规范公务接待管理的要求，省财政厅认真研究量化公务接待标准，积极配合省委办公厅和省府办公厅研究制订公务接待制度。同时，根据财政部《中央和国家机关外宾接待经费管理办法》，结合广东省实际，研究修订广东省外宾接待经费管理办法。四是为进一步压缩公车消费，加强公务用车管理的规范化、制度化建设，经省政府批准，省财政厅印发《关于加强党政机关一般公务用车管理的通知》，要求各地各部门从严控制党政机关一般公务用车编制、一般公务用车配备标准，并健全一般公务用车配备使用管理机制。五是根据厉行节约的要求，省财政厅结合省直单位行政经费节约的实际，启动修订省直行政事业单位行政经费节约考核办法工作，力求通过完善考核制度进一步促进行政经费节约。六是按照《政府信息公开条例》的要求和财政部关于预决算信息公开的部署，省财政厅积极稳妥推进各地各单位做好预算信息和决算信息公开工作，尤其是部门预决算信息和“三公”经费预决算信息的公开工作，通过公开接受监督，严控“三公”等一般性经费支出。

三、结合“四风”整治，开展专项行动

根据《国务院办公厅关于对贯彻落实约法三章进一步加强监督检查的意见》、《中共广东省委办公厅　广东省人民政府办公厅关于印发〈广东省深入开展“四风”突出问题专项整治方案〉的通知》，为巩固党的群众路线教育实践活动的成果，严肃财经纪律，坚决遏制和纠正党政机关会议费和“三公”经费开支过大、超预算或无预算安排支出等问题，省财政厅研究制订了《整治“三公”经费开支过大　严禁超预算或无预算安排支出工作方案》、《严格公务接待标准专项整治行动方案》和《关于整治超标配备公车和严格公车经费支出专项行动实施方案》，要求各地各单位按照“五个零增长”的要求，结合2014年预算批复意见和2013年决算编报要求，对“三公”经费及相关经费预算管理使用情况进行细致全面的自查，落实整改措施，在此基础上按一定比例进行重点检查，对存在问题依法依规处理，限期整改，压缩“三公”经费支出，建立规范管理的长效机制。

四、建立“约法三章”监督检查机制

为落实国务院“约法三章”的公开承诺，省财政厅制定《广东省财政厅关于贯彻落实“约法三章”加强经费使用管理专项检查工作方案》，建立检查监督工作机制，会同纪检监察等部门适时对省直党政机关和事业单位、社会团体2013年度新建楼堂馆所情况、财政供养人员情况、“三公”经费情况等“约法三章”贯彻落实情况进行重点检查，及时发现并纠正违规行为，将兑现承诺作为我省重点工作，确保国务院“约法三章”各项要求落到实处。

（行政政法处供稿，黄志辉执笔）

广东探索实施财政经营性资金股权投资改革

为深化公共财政体制改革，进一步完善省财政经营性资金投入方式，充分发挥财政资金的引导和激励作用，提

高资金使用效益，广东省先后印发实施《关于省财政经营性资金实施股权投资管理的意见（试行）》（以下简称《意见》）、《省财政经营性资金实施股权投资管理操作规程（试行）》（以下简称《操作规程》），明确在基本公共服务和行政运行领域之外，省财政安排用于支持经济社会事业发展、提供准公共产品和社会服务等方面，具备经营性质的资金，应尽可能采用股权投资安排方式，阶段性持有股权、适时退出获得合理回报以实现财政资金良性循环和保值增值。2013 年，纳入改革试点的资金包括产业扶持类、园区类、注入资本金类三大类 17 项，合计 203.72 亿元。

一、政府引导，社会参与

为进一步完善公共财政体系，建立健全产权明晰的财政资金股权投资管理制度，实现财政资金良性循环和保值增值，构建财政资金激励引导经济社会发展的长效机制，《意见》和《操作规程》要求通过股权投资方式发挥财政资金杠杆作用，吸引社会资本投向基础设施项目、战略性新兴产业和需要政府扶持的高新技术产业，培育科技含量高、创新能力强的先导性企业，加快全省经济结构调整步伐，提升自主创新能力和产业核心竞争力。

二、专业管理，市场运作

《意见》和《操作规程》提出，要按照领域相关、业务专长、管理对接、综合发展等原则，将试点资金委托省内专业机构进行管理，省有关部门按主管部门（或资金类别）分类，从候选受托管理机构中择优选取一家或几家机构承担该部门（或某类资金）资金的股权投资运作管理工作。由省主管部门与受托管理机构签订委托管理协议，明确委托管理资金金额、运作程序、年限、权利与义务、退出条件、费用支付、检查考核等内容。经省有关部门委托的受托管理机构按照委托管理协议等实施股权投资资金市场化运作，在法定程序内承担股权投资资金管理的有限责任，行使股东权利，履行股东义务，负责股权投资资金项目实施，提出项目处置建议、实施项目退出等，并建立相应的投资资金风险规避机制、运作机制和退出机制，防范债务风险。

三、分类处理，突出重点

《意见》和《操作规程》突出对财政资金进行科学分类、集中投入，积极培育广东省重点发展和需要政府扶持的项目、产业、企业，缓解创新、创业型企业发展初期资金不足问题。

在实施范围上，将试点资金划分为注入资本金类项目资金、产业扶持类专项资金、园区建设补助资金三大类：一是注入资本金类项目资金，即省财政安排用于公路交通、轨道交通、机场建设、水利设施、环境保护、城市建设、旅游设施等重大基础设施和重大项目建设的资本金，后续经营具有盈利性的，原则上安排不低于 70% 的资金进行股权投资，后续经营难以产生盈利的原则上可不实施。二是产业扶持类专项资金，支持重点产业发展的专项资金，如战略性新兴产业专项资金，原则上安排不少于 50% 的资金实施股权投资；支持一般产业小额专项资金，原则上安排不少于 40% 的资金实施股权投资管理；此外，支持金额在 1 000 万元以上的重大项目，原则上应实施股权投资。三是补助各类产业园区基础设施建设、城乡公用设施建设的资金、风景名胜区配套服务设施建设资金、配套中央项目资金以及中央转移支付资金等，具备股权投资条件的，原则上应实施股权投资。

在实施方式上，注入资本金类项目资金和产业扶持类专项资金适用不同的股权投资管理方式和程序。一是注入资本金类项目资金，省级全资或控股且已具有相应的专业化对口省属企业的注入资本金项目，实施方式上由省级行业主管部门牵头，将省财政资金通过注资专业化的对口省属企业，以省属企业为投资主体开展项目投资；省级控股、参股的项目，以及没有相应的专业化对口省属企业等的注资项目，实施方式上由省级行业主管部门牵头，将省财政注资资金通过委托受托管理机构直接投资于具体项目公司，以项目公司为主体开展项目投资。二是产业扶持类专项资金，实施方式包括发布项目申报指南、组织申报、竞争性评审等程序，并增加了聘请受托管理机构，受托管理机构开展项目调查、股权投资谈判等程序。三是其他补助类项目资金可结合实际参照上述两种模式进行投资运作。

在实施要点上，《意见》和《操作规程》制定详细的步骤，明确各环节的管理职责及基本要求。一是实施主体，省行业主管部门为牵头实施部门，省财政厅负责试点资金、受托管理机构、资产评估机构选取等工作，受托管理机构负责具体投资运作。二是参股期限和比例，注入资本金类项目资金一般视具体情况确定股权投资期限；产业扶持类专项资金一般为 3 – 5 年，最长不超过 10 年，财政资金占股一般不超过 30%，且不为第一大股东。三是参股方式，包括成立有限责任的项目公司、对企业直接投资、上市公司定向增发等。四是费用支付，主要包括日常管理费和业绩奖励两部分，日常管理费参照国家创投基金标准进行支付，业绩奖励一般为投资净收益的 10% 左右。五是项目退出，主要由受托管理机构根据相关委托管理、投资协议等提出，省有关部门批复后实行退出。

四、循环使用，滚动支持

《意见》和《操作规程》明确提出，省财政股权投资资金退出后形成的收益，除支付管理费用和奖励外，本金和剩余收益部分由受托管理机构负责上缴省财政，原则上按原渠道滚动使用，用于产业发展的再投入，实现财政资金的长期、可持续支持，充分发挥引导放大效应。

五、加强监管，提高绩效

《意见》和《操作规程》提出要加强财政资金监管和投资项目管理，及时开展绩效评价和跟踪问效。加强受托管理机构管理，明确受托管理机构责任与义务，建立有效的风险防范体系和激励约束机制等。此外，为加强资金管理，确保资金安全，还提出了相关风险控制、考核监督等管理要求，如省财政拨付的投资资金需实行联合印鉴管理、受托管理机构应定期向有关部门报告投资资金管理运作情况、对受托管理机构管理的资金实行总体考核、建立专项资金动态调整机制等。

（工贸发展处供稿，姚林执笔）

严格控制党政机关楼堂馆所项目建设

省委、省政府高度重视严控党政机关楼堂馆所建设工作，根据《中共中央办公厅　国务院办公厅印发关于党政机关停止新建楼堂馆所和清理办公用房的通知》和《中共广东省委办公厅　广东省人民政府办公厅关于党政机关停止新建楼堂馆所和清理办公用房的通知》文件精神，广东省开展整治违规修建楼堂馆所专项行动。省财政厅高度重视，迅速行动，积极履行职责，加强协调配合，坚持标本并治，严格控制楼堂馆所建设，切实把有限的财政资金用在发展经济、改善民生等方面。

一、高度重视，迅速行动

根据省委、省政府关于开展整治违规修建楼堂馆所专项行动的决策部署，省财政厅高度重视，坚决贯彻、落实中央和省有关文件规定，配合省发展改革委等有关部门，迅速开展整治违规修建楼堂馆所专项行动。

（一）立即部署，摸清情况

省财政厅于2013年5月24日印发《关于统计各地政府性楼堂馆所修建情况的通知》，摸清各级财政部门掌握的楼堂馆所修建有关情况。在初步摸清掌握楼堂馆所情况基础上，省财政厅进一步配合省发展改革委梳理统计全省全口径楼堂馆所修建有关数据。全省楼堂馆所166个项目，按隶属关系分，省直项目20个，市县项目146个；按开工情况分，已开工项目66个，未开工项目100个；按建设内容分，党政机关楼堂馆所项目101个，党政机关业务用房项目65个。

（二）依法依规，分类处理

按照中央和省的要求，按照“依法依规、程序合理；严格标准、体现公平；集约节约、避免浪费”的原则，配合省发展改革委，对166个楼堂馆所项目逐项研究，分类提出处理意见：一是对国家通报的13个项目，属于2013年新一届国务院组成前已批在建的11个项目，立即停工，严格按国家规定标准整改；属于新批的2个项目，撤销项目批复，不得开工。同时，均由上述项目所属地方纪检监察部门按要求对有关单位和人员违规行为进行严肃处理；二是对98个未开工项目，包括：属于党政机关办公楼或具有接待功能的9个项目，建议除省公安民警康复中心项目更改为省公安民警康复医院并重新报批外，其余8个停建。属于办公用房与业务用房合建，业务用房符合国家建设标准的15个项目，剔除办公用房面积和相应投资后保留业务用房建设；业务用房没有国家建设标准的28个项目，22个项目同意各地自报意见停止建设；6个项目暂停建设，待国家明确相关标准后再研究。办公用房维修改造项目4个，保留维修改造内容，不得新增建设内容。机关业务用房42个，8个同意各地自报意见停止建设；11个没有国家建设标准暂停建设，待国家明确相关建设标准后再研究办理；23个符合国家建设标准的保留建设。三是对已开工建设的55个项目，继续建设，但必须严格控制造价及面积，不得以任何形式和理由扩大建设规模或投资规模。具体项目处理意见经报省政府审定后印发各地级以上市政府、省直各单位贯彻执行。

（三）监督检查，整治到位

按照省开展整治违规修建楼堂馆所专项行动实施方案的要求，2013年12月省发展改革委牵头组织省纪委、省财政厅、省国土资源厅、省住房城乡建设厅、省审计厅组成6个联合检查组，赴有关地市、省直有关单位开展整治违规修建楼堂馆所专项行动落实情况实地检查。省财政厅全力支持专项检查工作，专门由一名厅领导带队，并从相关业务处室抽调4名骨干力量，分赴各地开展检查工作。从检查情况看，各地各部门均能按中央和省有关文件精神全面停止新建党政楼堂馆所项目，对纳入整治范围的166个楼堂馆所项目已基本按省政府下发的分类处理意见要求落实和整改。在全面停止新建楼堂馆所和开展整治专项行动的基础上，督促各地各部门抓紧研究出台相关制度文件，建立健全严格控制违规修建楼堂馆所的长效机制。

二、把握政策，严格把关

全面停止新建党政机关楼堂馆所和严格控制办公用房维修改造工作是一项政策性很强的工作，必须常抓不懈，贯彻到日常工作中。省财政厅认真研究，深刻领会有关文件精神，按照政策要求，采取有力措施，严格审核把关，不折不扣贯彻落实全面停止新建党政机关楼堂馆所决策部署。一是严格履行基建审批把关职能，对涉及使用财政性资金的新建、扩建、改建、迁建、购置楼堂馆所申报项目，一律停止审核。二是对已批准未开工的楼堂馆所项目，一律叫停，并相应调整资金用于民生项目。2013年，省级财政共调整4.16亿元基建项目用于发展经济、改善民生项目支出。三是严格控制办公用房维修改造项目，严格执行标准，严禁豪华装修，停止安排资金用于包括培训中心在内的各类具有住宿、会议、餐饮等接待功能的设施或场所的维修改造。四是对擅自扩大项目建设规模、提高建设标准、突破投资概算的项目一律不予追加安排财政资金。五是严格公共财政预算管理，对未按规定履行审批手续的项目，一律不下达预算、不拨付资金。六是把楼堂馆所建设和维修改造项目实施情况作为预算公开的重要内容，接受社会监督。

三、标本并治，务求实效

省财政厅在全面停止新建楼堂馆所和开展整治专项行

动的工作中，坚持全面覆盖、标本兼治，将严格控制党政机关楼堂馆所建设与严控“三公”经费、强化财政监督、深化财政体制改革、构建长效机制相结合。与此同时，为进一步发挥财政职能作用，加强财政监督，2013 年 8 月 30 日省财政厅印发《关于全省各级财政部门做好停止新建楼堂馆所和规范办公用房管理有关工作的通知》，要求各级财政部门切实增强做好停止新建楼堂馆所和规范办公用房管理工作的紧迫感和责任感，加强领导，明确分工，落实责任制，确保中央文件精神得到贯彻落实。具体从停止新建楼堂馆所、严格控制办公用房维修改造、严格规范办公用房管理等方面提出政策业务指导意见，确保各地能按照政策文件要求履行财政监督审核职能，切实把停止新建楼堂馆所和规范办公用房工作落到实处。

（经济建设处供稿，朱胜亚执笔）

推行通用分类标准
提升会计信息使用价值

企业会计准则通用分类标准（以下简称“通用分类标准”）是基于可扩展商业报告语言（即 XBRL）的电子化信息披露国际标准，西方发达国家广泛应用于政府监管、金融监管、税务申报、银行业、证券业、保险业以及企业内部决策管理等领域。中国于2010 年成为 XBRL 国际组织正式地区组织成员，同年发布了 XBRL 技术规范系列国家标准基于企业会计准则的可扩展商业报告语言（XBRL）通用分类标准，标志着中国以 XBRL 应用为先导的会计信息化时代的来临。

按照财政部的工作部署，广东省自 2012 年 1 月 1 日起在部分地方国有大中型企业中实施通用分类标准。

2012 年，广东省选定广东广晟有色金属集团有限公司、广东电力发展股份有限公司、广州汽车集团股份有限公司、广州药业股份有限公司 4 家会计基础工作扎实、信息化水平较高的地方国有大中型企业实施企业会计准则通用分类标准。2013 年，在财政部的统一部署和指导下，广东省 4 家实施企业按时报送 XBRL 格式报告及相关资料，并全部顺利通过校验。

为进一步推动企业实施通用分类标准，提升会计信息使用价值，广东财政厅组成调研小组，深入企业，通过走访、座谈、问卷调查等方式，对企业实施情况进行调研，总结经验，分析存在问题，提出相应的政策建议。

一、企业实施通用分类标准的基本情况

4 家实施企业高度重视通用分类标准的实施工作，精心挑选富有钻研精神、专业能力突出的人员专门跟进实施工作，并借助外部中介力量，通过公司上下的共同努力，克服专业性强、时间紧、任务重等困难，在规定时间内完成 XBRL 格式财务报告。

实施过程中，实施企业注重将 XBRL 标准化、集成化的会计信息化变革理念融入公司经营管理决策中，探索出 XBRL 技术在公司内部的应用潜力，提升公司内部报告管理水平和全员参与程度，着力培养一批兼具会计专业知识、XBRL 技术和英文能力的高端人才队伍，为通用分类标准的实施、应用和维护储备人才和积累经验。

二、企业实施通用分类标准的基本经验

（一）领导重视是推行通用分类标准的关键

公司领导的高度重视，为项目的顺利实施提供了保障。为组织好通用分类标准实施工作，实施企业成立了单位负责人牵头，财会、营运、科技等相关部门参加的 XBRL 实施小组，负责制定总体方案和实施计划，及时协调各方资源，精心设计项目计划，同时成立 XBRL 试点项目组，具体负责 XBRL 试点工作，有序推进各项工作。

（二）推行通用分类标准应基于自身会计信息化实际

为有效地实施 XBRL，企业按照通用分类标准技术规范的要求，将通用分类标准建设与现有信息系统有机结合起来，利用 XBRL 的技术优势完善改进公司财务报表报告流程，提高数据质量和信息化水平。

（三）制定实施路线图是推行通用分类标准的重要保障

一是制订项目实施的总体方案。依托现有财务报表系统，从分类标准和系统开发两个方面同步推进 XBRL 试点工作。二是完成分类标准的编制。分类标准是构建 XBRL 财务报告的基本元件，编制分类标准是项目实施的关键和核心。三是推进系统建设，建设 XBRL 运用的基础平台。选择适合自身需要的 XBRL 实施软件提供商与咨询公司，是按时完成 XBRL 实施工作的保证。

三、实施通用分类标准取得的成效

（一）推行通用分类标准对企业会计信息披露质量和经营管理决策产生积极影响

进一步统一规范会计核算工作，大幅提高会计核算效率；有利于提高会计信息的质量；有助于企业加强财务预算、内部控制以及内部审计等制度的执行和实施；有利于借助财务信息为经营决策和风险预警提供依据。

（二）推行通用分类标准有利于培养复合型高端人才

XBRL 实施过程中，难度最大的不是信息技术问题，而在于如何配置合理的人力资源保障。因此，实施 XBRL 给企业带来培养财务和信息技术等专业人才的良好机遇。

（三）推行通用分类标准为企业实施信息化战略奠定基础

实施企业通过实施通用分类标准，建立健全推行会计信息化的工作机制，培养一批会计信息化人才。通过实施 XBRL，有利于整合企业信息资源，为企业信息化战略的实施作出安排。

四、实施通用分类标准的现实意义

（一）推行通用分类标准有利于全面提升会计管理水平

实施通用分类标准，可以促进企业提高会计制度执行力度、强化单位内部控制、加强会计人才队伍、提升信息化管理水平，促进注册会计师行业适应形势要求不断发展，从而有利于全面提升会计管理水平。

（二）推行通用分类标准顺应了新形势下社会对会计信息的新要求

随着互联网技术的发展、数据技术革命的演变，资本市场对社会的影响不断扩大，公民参与社会管理意识不断加强，社会对会计信息将提出更高、更多的新要求，旧模式的会计信息生产、再生产（整理、分析、加工、挖掘等）及其披露方式已难以与时代需求相适应。而以实施XBRL为核心，大力推进会计信息化建设，利用XBRL的技术优势完善财务报告流程，强化内部监控，大大提高数据质量，为会计数据的生成、收集、整理、分析与挖掘创造良好条件，使会计信息更好地适应形势要求。

（三）推行通用分类标准是实施会计信息化战略的重要举措

实施通用分类标准是实施企业会计信息化战略的重要推动力，通过实施XBRL为实施信息化战略奠定基础。

（四）推行通用分类标准有利于提升会计信息使用价值

通用分类标准的实施，对于深入挖掘会计价值都具有重要的支持保障作用。XBRL技术具有强大的识别、分析、比较、汇总等功能，可以把单一信息整合为系统信息，把非结构性信息转换为统一可比的信息，大大提升信息的集成度和共享力，为充分挖掘利用信息资源提供支撑。

五、推行通用分类标准的主要困难

（一）企业管理层认识不到位

自2012年以来，经过财政等主管部门的大力推动下，广东省只有4家企业实施了XBRL，实施范围难以扩大。原因在于企业管理层只看到实施XBRL增加了企业的成本，而没有看到XBRL在内部财务报告、经营管理决策支持等方面带来的巨大优势。将XBRL实施工作看成企业的外加负担，而非企业内在的战略需求。从而，缺乏实施XBRL、拓展XBRL应用的内在动力。

（二）人才队伍现状远远不能满足需求

实施XBRL对人才的要求很高，一般要求实施人员同时具备会计、计算机、外语等知识。而从当前人才的结构来看，具备这些知识能力的复合型高端人才非常少，这种状况极大地制约了通用分类标准的推广实施。

（三）推广实施通用分类标准的内外部环境亟须完善

从企业内部看，有些企业各层级信息系统不统一、不完整，系统供应商、开发商各异、技术标准不一，与XBRL要求差异很大，加大了实施通用分类标准的难度，一定程度上阻碍了XBRL在试点企业的全面实施。就企业外部看，XBRL的社会服务体系培育还不够完善，相关的软件系统、业务咨询还不丰富，制约了XBRL的应用。

（四）对信息披露质量及经营管理产生的效益或效果不明

XBRL作为财务信息交互的创新工具，各实施单位感受到的好处还不够深切。由于尚未全面实现通用分类标准，XBRL报告系统未嵌入企业内部管理系统。因此，实施通用分类标准对企业的合并报表、财务分析、经营管理决策所产生的经济效益或经济效果比较有限，当前阶段难以显现出量化的实施效果。

（会计处供稿，龙文标执笔）

创新机制流程　抓好现代农业园区试点项目

通过创新机制，优化流程，省财政厅农业综合开发办以推进农业合作化、产业化为导向，于2013年启动农业综合开发现代农业园区试点项目，计划分三年投入财政引导资金9 000万元，鼓励各地区以优势产业为主导，在相对集中的区域内将土地治理项目、产业化龙头企业项目、农业合作社项目有机结合，并通过成立新型项目实体整合其他途径的财政支农资金、吸纳社会资本，打造一个覆盖农业生产全产业链、绿色环保、生态宜居、先进高效的农业生产园区、农民居住园区。园区通过建设具有五大功能：规模化优质粮食作物生产、优势特色经济作物或林果业种植、标准化畜禽或水产养殖、农产品加工和流通、村庄人居环境治理。

当前发挥试点项目的最重要意义即在于其示范带动作用。通过打造绿色环保、先进高效的农业园区作为现实的现代农业理念载体，展示一种行之有效的模式，形成一个示范窗口，以点带面，使现代农业体系得以深入人心并逐步推进。最终以这种增量改革、边缘突破的方式，在不改变当前农业基本经营制度的前提下，探索一条发展现代农业的新路。

一、加强农业基础设施改善

在现代农业园区试点项目中建设高标准农田以集中连片开发为主，将30%以上的财政资金用于建设园区内耕地，使之发展成为现代化、规模化的粮食作物生产基地。

通过对基本农田进行升级改造，建设田间道路和农田水利工程，使现有农田达到“田地平整肥沃、水利设施配套、田间道路畅通”的标准，从而为实现规模化、机械化、标准化的农业生产打造坚实的基础。

二、促进农业技术的提升

通过土地治理项目科技推广费的投入，加快推广节本增效型、资源节约型先进适用技术，并培养新型职业农民，解决现代农业发展中“怎么种田”和“谁来种田”的问题。为促进生态农业发展，在园区内加大生态型农业科技投入，大力普及生态农业技术标准化作业方式，强化生产指导与服务，支持园区内发展循环经济，鼓励使用有机肥料，并将生态农业科技推广应用与特色效益农业发展相结合，引进水果、经济作物新品种及其相应新技术。

三、建立新型农业经营体系

针对目前农业生产经营存在的散、小、乱等问题，在家庭联产承包责任制的基础上，探索“公司 + 专业合作社 + 农户”的运作模式。这个模式中，龙头企业处于关键性的地位，因此新的体系主张以农业产业化企业为龙头，建立更紧密的农户、企业联系，发挥龙头企业的组织、引导作用，使龙头企业确保固定的基地、相对稳定的农产品供应，也使农民得以发展订单生产，充分市场化运作，提高参与市场竞争的能力。

农业综合开发现代农业园区试点项目通过安排30%以上的园区财政建设资金用于重点扶持园区内2家以上龙头企业开展农业基础设施、良种繁育、污染物防治、废弃物综合利用和社会化服务体系建设，以及新产品、新技术推广使用、农产品精深加工、流通体系及品牌建设。通过支持完善和延伸产业链条，做大产业规模，提升农业的整体竞争力，引领农业向品牌化、高附加值产业转型。

在扶持龙头企业的财政投入中，要求安排其中30%比例的资金作为农民合作社参股资金，并通过固定分红、利润分红、保底分红等方式确保农民享受到产业化发展的果实，也使得农民合作社和龙头企业形成更加紧密的利益联结机制，从而成为两个主体互相支持、密切配合的制度基础。

四、培育新型经营主体

新型经营主体作为新型经营体系的组成部分，需要通过资金、政策支持的方式帮助发展壮大，使其能充分承担起组织现代农业生产的责任。在具体实施中，一是继续通过财政补助、政策倾斜的方式大力发展农民合作组织，引导农业向合作化、集约方向发展，支持农民专业合作社实施种植、养殖基地及产地初加工、储藏保鲜项目建设。二是针对现有农民合作社普遍规模过小、技术力量不足、资本积累缺乏，组织管理不规范等问题，加大对农民专业合作社财政支持力度，将扶持资金的额度与注册资本和成员数量双向挂钩，鼓励合作社扩大规模、扩展功能，向具备生产、技术推广、购销、加工、物流运输等多种功能的大型综合性经营主体发展，推进农业专业化、标准化、集约化生产。三是将高标准农田建设和扶持合作社经营相结合，在园区内开展土地治理的过程中，灵活运用国家有关政策，支持农民专业合作社建设高标准农田，发挥其主体作用建设优势农产品基地，解决农民专业合作社资金不足、难以对土地进行长期投资的困难，为农民专业合作社实现规模化经营创造条件。

在实际工作中，根据各地区特点，由该地或该区域内的种、养、加、销等相应的大户牵头发起成立专业合作社，或者由从事产业相近、地域相对集中的农户联合成立专业合作社。通过安排20%以上的园区建设资金用于支持此类农民专业合作社开展产业化组织开展农业基础设施建设，规模化、标准化种植、养殖基地等项目建设，有效提高合作社的资本积累速度，助其跨越发展初期的资金瓶颈，扩大经营范围，快速发展壮大，从而吸收更多的农民参与合作化经营，形成更强的带动效应，也更有实力成为带动农民增收致富的主要途径之一。

（农业综合开发办供稿，杨伟光执笔）

广东省全面开展整治“小金库”、违规使用专项资金专项行动

2013年9－12月，广东省财政厅牵头会同有关部门深入开展全省整治“小金库”、违规使用专项资金专项行动。全省共查处“小金库”31个，涉及金额2 371.94万元；违规使用专项资金2.38亿元，查处和纠正一批私设“小金库”、违规使用专项资金的问题，严肃财经纪律，取得明显成效。

一、前期准备及时充分

为保障专项行动的顺利开展，省财政厅及时印发《关于开展整治“小金库”、违规使用专项资金专项行动的通知》，对专项整治工作进行全面部署，并根据工作需要下发《关于做好整治“小金库”、违规使用专项资金专项行动有关工作的通知》，提出具体的工作要求。同时，会同有关部门迅速制定印发《广东省整治“小金库”专项行动实施方案》和《广东省整治违规使用专项资金专项行动实施方案》，明确整治工作的时间、范围、内容及重点等。

二、动员部署广泛深入

省委、省政府成立省领导任组长的广东省整治“小金库”、违规使用专项资金专项行动领导小组（以下简称“领导小组”），领导小组下设办公室（以下简称“省整治办”），设在省财政厅，承担各项日常工作。2013年10月14日，全省召开专项行动动员部署工作会议，对此次专项行动进行动员部署并提出具体工作意见。动员部署工作会议召开后，省直各单位和21个地级市迅速行动，成立各级专项行动领导小组，并根据实际情况，因地制宜制定专项行动实施方案，强化组织领导，健全工作机制，有序推进专项行动各项工作。

三、自查自纠全面覆盖

按照专项行动实施方案的要求，省整治办于2013年10月开始组织全省各地各部门抓紧制定工作措施，认真全面开展自查自纠工作。为确保自查自纠工作不走过场、不留死角，省财政厅由各厅领导带队组织8个督导组，赴全省21个地级市开展专项整治督导工作，了解自查自纠阶段的工作开展情况，督促和指导下一阶段的重点检查等工作。同时，各地级市整治工作领导小组也积极派出督导组对县（市、区）和市直单位进行督促指导，及时做好政策解释和咨询工作，并要求各县（市、区）和有关部门积极组织力量开展内部检查，尽快完成自查阶段任务。

四、重点检查扎实有力

在自查自纠工作的基础上，省整治办按照“点面结合、统筹推进”的工作要求，组织各地各部门开展重点检查工作，确保重点检查面不低于纳入治理范围单位总数的5%，重点领域、重点部门和重点单位的重点检查面不低于20%。各地级市也结合当地实际，研究制订了重点检查工作方案，明确了重点检查的内容、对象等，并通过下发工作指引和对检查人员进行业务培训，有效提高检查质量，确保重点检查工作取得实效。经统计，全省共抽调检查人员13 171人，组成4 213个检查组开展重点检查工作，其中：省直各单位抽调人员1 101人，组织检查组244个；市级抽调4 354人，组织检查组890个；县（市、区）级抽调7 716人，组织检查组3 079个。

同时，按照省领导在全省动员部署会上提出的整治工作重点及侧重方向的要求，省整治办于10月末抽调专业人员80多人，对科技、教育、水利、环保、卫生、外经贸、人社、交通、民政、经信、旅游、海洋渔业等12个省级部门和领域涉及的战略性新兴产业发展专项资金、外贸转型升级示范基地建设资金、自然灾害生活救助、中小学校舍安全工程专项资金等34项59.03亿元专项资金开展重点检查，并根据资金使用情况赴湛江、茂名、汕尾、河源、梅州、韶关、清远、佛山、东莞、顺德等10个市（区）进行了延伸检查。

五、边查边改纠建并举

省整治办组织各地各部门按照“统一政策、集中审理、分别处理”的原则，对自查自纠、重点检查发现的问题，边查边改，立行立改，对违法违规行为依法依规进行严肃处理，做到违规资金处理到位、违纪责任人员处理到位，进一步细化问责制度，坚持处理事和处理人相结合，责任落实到人。截至2013年底，全省发现的31个“小金库”中已纠正处理27个，追回违规支出资金71.4万元，上缴财政81.05万元，纳入单位法定账户核算金额1 497.44万元，党纪政纪处分5人，移交司法机关1人；对于发现的专项资金违规问题，已追回、收回、上缴、扣减专项资金5 856.55万元，并处罚单位9个，罚款19.17万元，党纪政纪处分5人。

同时，全省各地各部门通过开展专项行动，认真检查，积极调研，深入分析问题产生的原因，做好长效机制建设工作。2012－2013年，全省各地各部门关于财务管理和专项资金管理共出台新的制度办法2006项，补充、完善原有制度办法2179项，强化原有制度办法执行的措施1 506项，并计划在2014年建立和完善涉及规范专项资金设立、执行及调整撤销程序、探索实施专项资金项目库管理、开展新一轮专项资金清理整合工作、强化专项资金监督等内容的制度1 628项，有力推动相关管理制度的完善。省财政厅边查边改、立行立改。一方面，对省级专项资金进行清理整合，将省级公共财政预算专项资金由632项、金额601.05亿元减少为358项、金额450.18亿元，项目数减少274项，降低43%，金额减少150.87亿元，降低25%；另一方面，根据省委、省政府的工作部署，针对检查过程中发现的专项资金设立、申报、审批、分配、拨付、使用各环节发现的问题，重新制定并以省政府名义印发《广东省省级财政专项资金管理办法》，进一步细化有关措施，完善管理制度，堵塞管理漏洞，确保规范运行。

（监督检查局供稿，易雄执笔）

广东省财政厅深入开展党的群众路线教育实践活动

2013年7月至2014年1月底，中共广东省财政厅党组坚持把开展党的群众路线教育实践活动作为一项重要政治任务抓好抓实抓好，紧紧围绕“照镜子、正衣冠、洗洗澡、治治病”的总要求，聚焦“四风”、聚焦领导班子和领导干部，坚持边学边查边改，坚持高标准、严要求，精心组织、周密安排，完成学习教育、听取意见，查摆问题、开展批评，整改落实、建章立制三个环节的各项工作。省财政厅开展下基层接地气活动、坚持边查边改、建立整改台账的有关做法在中共广东省委深入开展党的群众路线教育实践活动领导小组办公室教育实践活动简报进行推介，建章立制的有关做法在全省第一批教育实践活动制度建设交流会上作书面交流。

一、精心组织、形式多样，学习教育入心入脑

坚持把学习教育、思想理论武装摆在首位，精心组织开展系列讨论式学习、体验式教育活动，组织全厅党员干部系统深入学习《中国共产党章程》和中国共产党第十八次代表大会、中国共产党第十八届中央委员会第三次全体会议和中国共产党中央总书记习近平系列重要讲话精神、中央和省委有关会议精神，研读中央、省委印发的教育实践活动读本和省财政厅印发的学习资料，并把学习习近平总书记系列重要讲话精神特别是视察广东重要讲话精神摆在突出重要位置、贯穿教育实践活动始终，使党员干部真正学深学透、入心入脑，把思想和行动统一到中央和省委部署要求上来。

（一）精心组织开展系列学习讨论活动

厅党组带头开展集中学习15次，厅党组书记、厅长曾志权为全厅党员干部上党课2次，厅党组成员参加联系点、所在支部专题学习会、上党课38次，邀请专家学者、基层干部作专题讲座6次，组织全厅副处以上干部及部分重点岗位科级干部170人参加警示教育活动、集中两天时间开展“三纪”学习教育，开展“重温经典·牢记宗旨”、“权威荐书”、“廉洁从政”、“党的十八届三中全会精神”等系列专题读书学习活动，组织423名党员干部参加了省委实践办组织的“考学”并取得平均分91分的良好成绩。厅各基层党组织累计开展学习教育活动400余次、党支部书记上党课40次、专题学习讨论会75次，开展主题党日活动、党性锤炼活动、发现身边正能量活动等多种方式的学习教育。

（二）精心组织开展系列体验式教育活动

组织全厅处以上党员领导干部，以落实扶贫“双到”、走访业务对象、开展专题调研、加强政策宣传为载体，深入开展“下基层、接地气”教育实践活动，曾志权厅长带头到对口帮扶点暨教育实践活动联系点广东省河源市龙川县十二排村开展体验式教育活动，厅党组成员累计开展下基层、接地气教育活动、专题调研活动33次，厅各基层党组织累计开展105次，带动全厅党员干部深入基层，开展调查研究，宣传政策法规，倾听群众意见，了解群众心声，增进与群众的感情。

二、开门纳谏、揭短亮丑，查找问题广泛深入

坚持把找准找实存在问题作为确保教育实践活动成效的重要基础，开门搞活动，多种形式找问题。

（一）坚持开门纳谏，广泛征求意见

一方面，坚持领导带头，采取上门走访、征询部门意见等方式，走出去听取意见；另一方面，完善征求意见方式，采取召开专家咨询会、人大代表座谈会，发放征求意见表以及设立意见箱、开设网上征求意见专栏等方式，请进来献计献策。教育实践活动开展期间，累计发出征求意见函3批次，发放征求意见表500多份，开展听取意见活动200多次，分批召开优秀党员代表、离退休党员代表、青年干部代表、财政省直管县等系列征求意见座谈会，累计征集存在问题98个、意见建议115条，整理形成全厅存在的“四风”问题30个。

（二）坚持多种形式，全面深入查找

在广泛征求意见的基础上，积极采取自己主动找、互相帮助找等方式，全面查找“四风”问题，确保把存在的问题找准、找实。一方面，深入开展“五查五改”自我剖析活动，自己主动找。对照征求到的意见、督导组反馈和中共广东省委组织部等上级部门转来情况，对照改进作风要求，组织全厅党员干部深入自我剖析，主动查摆宗旨意识牢不牢、精神状况好不好、工作作风实不实、艰苦奋斗意识强不强、模范作用发挥得好不好等突出问题。另一方面，深入开展“一对一、面对面”谈心谈话，互相帮助找。厅党组成员共计开展谈心活动230余次，其中省财政厅厅长曾志权开展谈心活动119次，坦诚相见地沟通思想、交流意见，互相帮助进一步查找存在问题。厅领导班子经多次研究、反复推敲，最终梳理形成了“四风”问题21个。

（三）深挖思想根源，认真撰写对照检查材料

针对各方面收集的意见建议，厅领导班子及各班子成员认真按照衡量尺子严、查摆问题准、原因分析深、整改措施实的要求，勇于触动灵魂，深挖思想根源，认真撰写对照检查材料。厅长曾志权主持起草厅领导班子对照检查材料，多次召集厅党组成员研究讨论，召开专题座谈会征求意见，反复斟酌，累计修改16稿，针对查找出来的“四风”问题，从理论武装、宗旨意识、组织观念、干部教育管理、担当精神、改革创新意识、主动服务意识、领导方式方法、工作执行力、艰苦奋斗精神10个方面深入分析问题产生的原因，并提出相应的整改措施、制度建设计划。各厅党组成员都严格按要求亲自动手撰写对照检查材料，讲问题、摆不足，深刻剖析原因，提出针对性、可操作性强的整改措施，并根据省委督导组的要求认真修改完善，分别修改3－5稿。全厅38个处级班子、97个班子成员也都撰写质量较高的对照检查材料。

（四）勇于揭短亮丑，高质量召开厅领导班子专题民主生活会

坚持把功夫下在会前，认真对照“五个不开会”的要求，扎实做好各项准备工作，从会前、会中和会后3个方面精心制订专题民主生活会工作方案。2013年10月18日，曾志权厅长主持召开以为民务实清廉为主题，以“反对‘四风’、服务群众”为重点的专题民主生活会，认真贯彻整风精神，深入开展批评与自我批评。一方面，突出开展自我批评对自己开“真炮”。厅长曾志权代表厅领导班子作对照检查，指出班子存在的理论学习与实际联系不够紧密、群众工作不够实不够细、有时存在满于现状的守成思想、超标准开支会议费、履行财政职责确保厉行节约各项措施落到实处做得还不够等问题，并带头对自身“四风”方面存在的问题进行深入查摆和剖析。各班子成员严肃认真地开展自我批评，深入查摆自己在作风方面的存在问题，只谈问题，不讲成绩，8位班子成员共计查摆了163条“四风”问题，分析了40个方面的原因，提出58条整改意见。另一方面，突出开展相互批评对他人开“响炮”。曾志权厅长对班子集体、各班子成员分别提出批评意见和建议并自觉接受大家的批评，各班子成员有一说一，坦诚相见，敞开心扉，开门见山地相互批评，推心置腹地交换意见，累计提出批评意见60条。根据中央和省委部署，会后，省财政厅召开情况通报会，厅长曾志权就民主生活会的有关情况向全厅党员干部进行通报。

省财政厅36个党支部（党委）按要求召开专题组织生活会，开展批评与自我批评。各厅党组成员参加了所在支部、教育实践活动联系点、分管处室单位的专题组织生活会，每个党员都参加所在党支部专题组织生活会。

三、动真碰硬、正风肃纪，整改问题全面到位

坚持把整改落实、建章立制作为教育实践活动的关键

环节，针对查找出来的“四风”问题，精心制订整改方案，全面推进整改落实，开展系列专项整治，建立健全反对“四风”的长效机制。

（一）动真碰硬，全面整治厅领导班子“四风”问题

针对查找出来的“四风”问题，厅领导班子按照治标与治本相结合、点与面相结合、长期与短期相结合、进度与质量相结合、整改“四风”与推动工作相结合即“五个相结合”的整改思路，精心制订整改方案，明确加强领导班子思想政治建设、提高群众工作能力、改进领导方式方法、强化改革创新意识、加强廉政建设、加强队伍和机关建设、加强执行力建设、强化财政源头管控职能8个方面的41项整改措施，明确分工、落实责任，并着力建好整改台账，将各项整改措施、目标任务、进展情况、责任人等内容进行列表编排，实行整改措施清单化、整改进展动态化、整改时限刚性化，有力确保了各项整改工作落到实处。在此基础上，厅领导班子通过南方日报、厅门户网站向社会作出改进作风的8项承诺，曾志权厅长严格履行第一责任人的责任，以敢于动真碰硬的勇气，全面抓好整改工作的落实，并具体负责了厅领导班子的25项整改措施。整改时限在2013年底前的25项整改措施已落实到位，整改时限为长期性的16项整改措施，也已细化整改目标和整改措施，有步骤、分阶段地加以推进。

（二）立改立行，全面整治厅领导班子成员“四风”问题

在合力抓好厅领导班子各项整改措施落实的同时，各班子成员严肃对待自身整改工作，边查边改，能改的马上改，小有小改，大有大改，并按照有什么问题就解决什么问题的原则，不断修改完善个人整改措施，力求针对性强、具体可操作。在此基础上，各班子成员坚持按照时间服从任务、进度服从质量的原则，逐项对照个人整改措施，一项一项整改，一件一件落实，有力确保各项整改措施落到实处。如针对“与工作对象联系不够紧密”的问题，各厅党组成员带头主动上门沟通协商，厅长曾志权2013年下半年与省直部门座谈沟通18次；各厅党组成员分别率队赴全省各地与人大代表座谈交流，累计座谈代表达1 098人次，收集意见共600余条；全面加强群众来信来访工作，2013年下半年厅长曾志权亲自阅办群众来信48份。

（三）正风肃纪，全面整治厅机关“四风”问题

针对厅机关存在的30个“四风”问题，制订了厉行节约反对浪费专项整治行动方案，全面整治办公经费管理、国内差旅、因公临时出国（境）、公务接待、公务用车、文件会议、办公用房、检查评比、工作作风、楼堂馆所等方面存在的问题，全面开展“小金库”和违规使用专项资金、公款吃喝公款送礼、形象工程政绩工程等方面的自查自纠，要求全厅上下把落实专项整治行动作为整改自身“四风”问题的重要举措，结合征求到的意见、专题组织生活会的情况，找准群众反映最强烈的“四风”问题，找准自身存在的“四风”问题，一项一项整治、一个一个攻坚，确保存在的“四风”问题得到全面、有效整改。同时，认真吸取财政系统违法违纪案件教训，引以为戒，举一反三，进一步强化队伍廉政建设，严格执行党风廉政建设责任制，健全权力运行监督和问责机制，加强廉政风险排查，共梳理权力类型八大类223项，查找思想道德风险527个、岗位职责风险568个、业务流程风险448个、制度机制风险432个、外部环境风险316个，有针对性地制定防控措施2006项，规范权力运行，压缩“寻租”空间。

（四）真抓实干，全面落实省委、省政府专项整治行动

根据省委、省政府开展15个专项整治行动的部署，牵头开展整治“小金库”和违规使用财政专项资金、整治超预算或无预算安排支出、严格公务接待标准、整治超标配备公车和严格公车经费支出4个专项整治行动，协助开展整治违规修建楼堂馆所、清理办公用房和整治公款送礼、公款吃喝、奢侈浪费2个专项整治行动。厅党组高度重视，曾志权厅长亲自协调解决整改中的难点问题，并具体负责3个专项整治行动，8位厅党组成员分别带队到全省21个地级以上市开展专项整治督导工作，负责牵头开展的整治行动均制订具体的行动方案，明确整治的对象、范围，细化整治方法、步骤，并布置全省各地各单位开展自查自纠，累计建立、健全省级财政专项资金管理办法、省直单位会议费管理办法等10项制度办法。

（五）巩固成效，全面加强反对“四风”制度建设

在对全厅现有的140多项制度进行梳理的基础上，根据党的十八届三中全会精神、省委加强制度建设参考指南和开展专项整治行动的部署，认真总结提炼省财政厅整改“四风”的有效做法，围绕践行党的群众路线、全面加强机关作风建设，着力建立、健全7个方面46项制度。其中：体现群众意愿的科学民主决策制度5项，领导干部直接联系服务群众制度8项，改革行政审批提高服务质量制度1项，严格厉行节约管理制度9项，规范财政管理加强源头治腐制度10项，突出作风考核加强队伍建设制度6项，加强机关管理制度7项，并建立制度台账，明确分工，落实责任，限时完成。截至2013年12月底，省财政厅计划于2013年底前健全完善的40项制度中（另有6项制度计划2014年完成），32项已完成，8项正送审或征求意见。全厅36个基层党组织也针对自身查摆出来的问题，着力建立健全学习、工作、管理、督察等方面的制度，平均每个基层党组织建立、健全制度3.5个。为确保这些制度的建立和有效执行，切实加强对制度执行的监督检查和跟踪问效，对有令不行、有章不循、顶风违纪的予以严肃查处。

四、教育实践活动做法和经验总结

（一）突出抓好组织保障，加强领导、落实责任

一是坚持加强领导，成立由曾志权厅长任组长、各厅党组成员任成员的厅教育实践活动领导小组，负责全程抓

好处以上领导班子和班子成员的学习讨论、调查研究、听取意见、整改落实等工作。领导小组下设办公室，负责教育实践活动日常工作。二是坚持落实责任，明确省财政厅开展群众路线教育实践活动，厅党组是责任主体，厅党组书记是第一责任人，厅各基层党组织主要负责人为具体责任人，同时建立联系点制度，各厅党组成员负责督促检查、具体指导一个联系点的教育实践活动，形成了“一把手”负总责，一级抓一级、层层负责任、人人抓落实的工作机制。三是坚持严督实导，各厅党组成员、省财政厅深入开展党的群众路线教育实践活动领导小组办公室认真履行职责，督促指导厅各基层党组织深入开展教育实践活动，从严要求，从严把关。如处级班子及班子成员的对照检查材料的撰写，经厅领导及实践办严格审核，每一份对照检查材料都至少退回修改2次。

（二）突出领导干部带头，营造氛围、全员发动

在以处以上领导班子和领导干部为重点的基础上，着力营造开展教育实践活动的浓厚氛围，广泛发动全厅党员干部积极参与。一是领导带头示范。全厅处以上党员领导干部，特别是厅领导班子成员，坚持一级做给一级看、一级带着一级干，率先垂范，把自己以普通党员身份摆进去，带头开展学习教育、征求意见、对照检查，带头开展批评与自我批评，带头抓好整改落实，带头推进建章立制，切实做到学习教育从厅领导干部抓起、查摆问题从厅领导干部做起，整改落实从厅领导干部改起，为广大党员干部参与教育实践活动提供很好的示范样本。二是广泛宣传发动。在厅门户网站、厅办公自动化系统开设教育实践活动专栏，编印教育实践活动简报，并通过汇编学习资料、张贴横幅标语等形式，对教育实践活动进行全方位、多角度的宣传报道。活动期间，累计编发教育实践活动简报92期，汇编学习资料5期，更新横幅标语18条，《中国财经报》、《南方日报》及省委实践办、省直机关工委简报等媒介报道10余篇次，实现“五个百分百”的目标，即厅各处以上领导班子、领导成员100%撰写了对照检查材料，处以上党员领导干部100%阅读规定书目、100%开展谈心谈话、100%进行批评与自我批评、100%提出整改措施。

（三）突出把握问题导向，创新载体、有序推进

紧紧围绕中央和省委有关工作部署，把查摆问题、剖析问题、解决问题、形成反对“四风”长效机制作为出发点、落脚点，精心部署安排，扎实有序推进。在活动开始前，按照边学边查边改、以领导班子和领导干部为重点等要求，精心制订实施方案，明确开展活动的指导思想、总体要求、目标任务、基本原则、方法步骤及日程安排等要求；在活动开展期间，突出财政特色，创新开展了“四个讲一次”学习讨论、“下基层、接地气”教育实践、“转作风、作表率”座谈交流、“严纪律、促廉洁”警示教育、“走出去、请进来”征求意见、“解民情、纾民困”专题调研、“五查五改”自我剖析、“五个一服务程式”等系列“自选动作”；每一环节工作结束后，都围绕是否原原本本地研读了习近平总书记系列重要讲话精神、是否真正敞开大门听意见找问题、是否真正找准存在问题、是否真整真改等方面，全面开展“回头看”。

（四）突出财政实践特色，统筹兼顾、推动工作

在教育实践活动活动中，省财政厅坚持始终突出财政实践特色，紧密联系财政部门和财政工作实际，把反对“四风”突出问题与落实省委省政府中心工作相结合，与深化财政改革和加强财政管理相结合，把边查边改的要求贯穿于财政工作和开展教育实践活动的全过程，充分发挥职能作用，着力解决人民群众、基层、企业和社会各界广泛关注的突出问题。在教育实践活动的一开始，厅长曾志权就要求，省财政厅教育实践活动要在统筹兼顾、全面提高上下功夫，处理好“五个关系”，即处理好开展教育实践活动与转作风、提能力、优服务、建机制、促发展五个方面的关系，切实推动解决突出作风问题、提高财政工作能力、提升服务群众水平、健全完善机制制度、促进经济社会发展。

五、教育实践活动取得党建与业务两促进、双丰收

（一）整治“四风”有了新成效，全厅倡节俭、强服务、讲廉洁蔚然成风

通过对“四风”问题进行“大扫除”，取得群众看得见、摸得着的整治成果。各厅领导下基层住标准房、吃标准餐，全面杜绝接受超规格接待、超标准宴请、超标准住房等现象；全面改进文风会风，会议少了、讲话短了、文风实了，全面杜绝了会议费超标准、转嫁会议费等问题；全面刹住公款吃喝和公款送礼等现象，提倡节俭、公私分明，会员卡实现“零持有”，贺年卡、台历实现“零制作”，与公务无关的宴请实现“零参与”；2013年厅机关办公费、会议费、培训费、公务用车运行维护费、电话费等经费支出总额与同比2012年降低46.01%，简报从16种清理至6种，刊物从9种清理至5种，收文从22种归并至14种，发文从13种归并至7种，清理腾退具备条件的超标准办公室18间，共811平方米。经全面自查，没有发现省财政厅存在公务接待奢侈浪费，因公临时出国（境）违规违纪，私设“小金库”、违规使用专项资金，接受营业性娱乐活动、借出差之机公款旅游，公车私用、违反规定用车等问题。

（二）履职尽责有了新作为，落实政府机关作风转变的各项财政措施取得成效

在全面整改自身“四风”问题的同时，认真履行职责，切实抓好省委、省政府布置由省财政厅负责牵头的专项整治行动，取得实效。全省共发现“小金库”31个、涉及资金2 372万元，发现专项资金违规项目697个、违规资金8.3亿元，清理专项资金274项、减少150.9亿元，清退党政机关和领导干部办公用房3 377.5间、14.63

万平方米，收回4.16亿元基建项目资金用于改善民生项目支出。同时，认真落实中央八项规定和广东省实施办法，严控一般性支出，实行公用经费“五个零增长”，2013年省直部门会议费及“三公经费”支出与2012年同比下降23.08%，其中会议费、因公出国（境）费、公务用车购置费和运行维护费、公务接待费分别下降36.39%、25.4%、13.21%、14.62%。

（三）制度建设有了新突破，形成改进作风的长效机制

在全面整改“四风”问题的基础上，省财政厅对整改“四风”的有效做法进行认真总结提炼，着力推进制度建设，形成改进作风的长效机制。通过建立厅领导直接联系服务工作对象制度、厅党组成员专题调研制度、厅直属机关党委书记接访机关党员制度，完善厅党组成员重点工作抓落实制度、厅党组成员参加非分管单位党组织生活制度，重申厅党组议事规则，修订厅领导审批权限，形成改进厅党员领导干部作风的制度体系；通过建立规范财政系统上下级工作联系制度、厅机关会议费管理办法、办公费用支出通报制度，修订因公因私出国（境）管理规定等，形成加强机关管理的制度体系；通过修订完善综合考评办法、干部选拔任用管理办法、重点工作限时办结制，制定工作人员问责暂行办法，采取将作风改进纳入考核内容、强化作风问责等措施，形成抓工作落实、提高执行力的制度体系；通过完善民生保障的制度设计，修编基本公共服务均等化规划纲要，制订为民办事征询民意扩大试点方案、部分重大民生实事公开征询社会意见试点实施方案，完善预算编制征询机制，形成体现群众意愿的科学民主决策制度体系；通过制定关于倡俭治奢管好用好财政资金的工作意见、新的省级财政专项资金管理办法、省直单位八项规定经费支出统计制度，修订省直单位会议费管理、省直单位行政经费考核节约、资产处置、公务用车等制度，形成了强化财政源头管控的制度体系。

（四）推动工作有了新进步，广东财政改革发展取得明显成效

通过教育实践活动的开展，营造了务实实干的良好风气，广大党员干部以踏石有印、抓铁有痕的干劲，扎实抓好各项财政改革发展工作。广东省财政收入总量连续二十三年位居全国第一，收入增幅自2000年以来首次高于江苏，比全国平均水平高0.68个百分点，全省财政运行呈现“增幅平稳、增长协调、结构优化、保障有力”的突出特点。财政杠杆引导作用更好发挥，积极筹措资金，突出支持重点、创新投入方式、加大科技投入，促进广东经济发展方式转变取得明显成效。省委、省政府促进东西北振兴发展决策部署落实到位，进一步增强主动买单意识，主动向省委、省政府提出《关于促进粤东西北地区振兴发展的财政措施》、《关于进一步支持产业工业园区发展的财政政策》、《关于支持粤东西北地级市中心城区扩容提质的财政政策措施》三个方案。财政改革进一步深化、财政体制机制进一步健全，围绕健全公共财政体系，全年共部署推进五个方面、31项改革（2013年完成10项），在推进构建有利于科学发展的财政体制机制上取得新成效，部分改革事项已走在全国前列，“营业税改增值税”改革试点工作得到中央的充分肯定，全年共减轻行业企业税负97.63亿元（不含深圳），减负面达97.40%。根据党的十八届三中全会精神和中共广东省委第十一届委员会第三次全体会议精神，围绕率先建立现代财政制度，研究形成财政改革的总体方案，明确改革的路线图、时间表。财税体制改革方面，重点抓完善省级财政一般性转移支付政策、压减专项转移支付扩大一般性转移支付、完善生态保护补偿机制、推进省直管县财政改革、健全县级基本财力保障机制5项改革；财政管理改革方面，重点抓深化预算编制改革、强化预算执行管理、加强财政支出绩效评价、探索建立透明预算4类16项改革；财政自身改革方面，重点抓建立实施省级财政预算计划和资金支付稽核工作体系、推进财政大数据战略、整合资源提高工作执行力3项改革；推进其他领域改革方面，重点抓探索开展经营性财政资金股权投资管理改革、实现财政资金良性循环和保值增值、扶持和培育社会组织、支持公共资源交易机制改革、推进公共资源交易平台建设、改革完善投资审核制度、推进营业税改征增值税试点6项改革。同时全面深化国库管理改革，通过规范预算资金支付管理、省级财政专户管理、财政总预算会计管理，实现对财政资金运行全过程的动态监控，有效确保财政资金的安全。

（五）为民服务有了新举措，保障和改善民生的范围不断扩大、标准不断提高

坚决落实中央和省委、省政府各项民生政策，调整优化支出结构，全年全省11类民生支出累计完成5 552.22亿元，占全部支出的67.17%，比2012年同期提高1.38个百分点，着力推动解决人民群众最关心、最迫切的问题。着力完善保障民生基本制度机制，推进基本公共服务均等化，开展基本公共服务均等化规划纲要修编，拓宽基本公共服务均等化保障范围，调整实施阶段和阶段目标，细化阶段目标和实施措施，同时积极推进了基本公共服务均等化综合改革试点工作；着力保障热点民生，扎实推进十件民生实事，2013年全省各级财政共拨付十件民生实事资金1 764.45亿元，其中省财政632.68亿元，分别完成全年预算的111.95%、106.86%；着力保障底线民生，完善底线民生保障政策体系，会同有关部门制订并以省政府名义印发提高底线民生保障水平的实施方案，明确了底线民生的保障范围，明确2014－2017年底线民生保障范围内容以及逐年提标的目标任务，分类建立底线民生保障标准。2013年，全省各级财政安排用于底线民生保障项目的支出共61.75亿元，其中省级安排22.6亿元。

（党委办供稿，刘柏文执笔）

巩固“四种意识” 建立健全服务型财政机关建设长效机制
——广东省财政厅党组“书记项目”

按照中共广东省委组织部和中共广东省直属机关工作委员会的部署，2013年，广东省财政厅在总结提炼2012年经验做法的基础上，紧密结合开展党的群众路线教育实践活动，深入推进实施中共广东省财政厅党组“书记项目”，突出内化于心、外化于行、固化于制、实化于效，着力巩固广大中共党员干部“预则立”、“资金不足以服务和效率弥补”、“服务程式”和“主动买单”四种意识，建立、健全服务型财政机关建设的长效机制，取得明显成效。

一、突出内化于心，着力加强学习教育，强化理论武装

坚持把学习教育、思想理论武装摆在第一位，围绕将“预则立”、“资金不足以服务和效率弥补”、“服务程式”和“主动买单”四种意识内化于全体党员干部之心，精心开展系列学习教育活动，组织党员干部系统学习党的十八大、十八届三中全会精神，学习习近平总书记系列重要讲话特别是视察广东重要讲话精神，引导党员干部进一步增强政治意识、全局观念，站在群众立场。一是开展系列学习讨论活动。厅党组带头开展集中学习15次；厅党组书记、厅长曾志权为全厅党员干部上党课2次，推荐《繁荣的求索：发展中经济如何崛起》、《历史的细节》两本书籍，发动党员干部专题学习；厅党组成员参加联系点、所在支部专题学习会、上党课38次；邀请专家学者、基层干部作专题讲座7次，全面解读十八届三中全会精神，专题解读经济体制改革、财税体制改革；组织开展“强党性·庆七一”教育活动，学党史，铭党恩，强党性；实施“五个一”坚强党性锤炼行动，坚定理想信念，提高党性修养；开展“重温经典·牢记宗旨”、“权威荐书”、“党的十八届三中全会精神”系列专题读书活动等；厅各基层党组织积极创新自选动作，开展学习教育累计400余次。二是开展系列体验式教育活动。组织全厅处以上党员领导干部，以落实扶贫“双到”、走访业务对象、开展专题调研、加强政策宣传为载体，深入开展“下基层、接地气”教育实践活动，曾志权厅长带头到对口帮扶点暨教育实践活动联系点龙川县十二排村开展体验式教育活动，厅党组成员累计开展下基层、接地气教育活动、专题调研活动33次，厅各基层党组织累计开展105次。三是开展建言献策活动。开展“我为‘三个定位、两个率先’献一策”活动，组织党员干部围绕财政工作如何服务“三个定位、两个率先”以及更好地贯彻执行党的群众路线建言献策，累计征集意见建议66条，精选提炼报送省直工委8条；围绕深化财政体制改革开展专题调研并形成高质量的调研报告。

二、突出外化于行，着力改进工作作风，树立良好形象

围绕坚决反对形式主义、官僚主义、享乐主义、奢靡之风，更好地服务中共广东省委员会、广东省政府决策部署、服务预算单位和市县工作、服务社会群众办事、服务重点工作落实，广泛征求各地各单位意见，深入查找存在的“四风”问题，坚持边查边改、立改立行，切实看到变化、见到实效，将“预则立”、“资金不足以服务和效率弥补”、“服务程式”和“主动买单”四种意识外化于日常行为举止之中。组织开展“走出去、请进来”征求意见活动，一是坚持领导带头，采取上门走访、涉及民生重大财政政策和预算安排征询部门意见等方式，走出去听取意见；二是积极完善征求意见方式，采取召开专家咨询会、人大代表座谈会，发放征求意见表、设立意见箱、厅领导直接联系服务对象、党委书记接访机关党员等方式，请进来献计献策。2013年，省财政厅累计发放征求意见表500多份，并通过自我查摆，累计查找存在问题98个，结合实际整理形成“四风”方面存在的30个问题。三是坚持立查立改，针对存在的问题，研究制订了整改方案，提出41项整改措施，每项措施都由厅党组成员作为责任人，其中由曾志权厅长牵头负责的整改措施有25项，并明确具体的责任处室；开展厉行节约反对浪费专项整治，从办公经费，国内差旅，因公临时出国（境），公务接待、用车、用房，会议文件，检查评比等8个方面查找问题、专项整治；积极贯彻落实省委常委教育实践活动整改方案中由省财政厅牵头或参与办理的7项工作，以及广东省深入开展“四风”突出问题专项整治方案中由省财政厅牵头或参与办理的6项专项行动。厅党组带头抓好落实，厅党组就加强作风建设向社会作出八项公开承诺；曾志权厅长在2013年下半年亲自阅办群众来信45份，带头率督导组到广州、深圳开展专项整治督导工作；厅党组成员分别带队赴全省21个市开展专项督导工作。

三、突出固化于制，着力巩固项目成果，建立长效机制

总结提炼厅党组“书记项目”实施以来的好经验好做法，结合开展教育实践活动征求、查找出来的“四风”问题，在对全厅现有的140多项制度进行全面梳理的基础上，围绕改进机关作风、顺应群众意愿、发挥财政职能，着力建立健全7个方面的46项制度，将“预则立”、“资金不足以服务和效率弥补”、“服务程式”和“主动买单”四种意识以制度的形式加以固化和规范，形成改进作风、加强服务型机关建设的长效机制。其中，体现群众意愿的科学民主决策制度5项，领导干部直接联系服务群众制度8项，改革行政审批提高服务质量制度1项，严格厉行节约管理制度9项，规范财政管理加强源头治腐制度10项，突出作风考核加强队伍建设制度7项，加强机关管理制度6项。一是着眼于改进机关作风。紧紧围绕改进机关作风加强制度建设，从厅党员领导干部抓起、改起，建立厅领导直接

联系服务工作对象制度，明确厅领导带头上门走访预算单位、人大代表，下基层等有关要求；重申厅党组议事规则，修订厅领导审批权限；建立厅直属机关党委书记接访机关党员制度；建立、健全办公费通报制度、会议费管理办法、规范财政系统上下级工作联系制度；修订综合考核办法，将作风改进纳入考核内容；强化作风问责，建立问责办法，对工作人员不依规办事，不履行或者不正确履行工作职责等行为进行严格问责等，推动建立改进机关作风的长效机制。二是着眼于顺应群众意愿。紧紧围绕保障和改善民生加强制度建设，完善民生保障的政策设计，开展基本公共服务均等化规划纲要修编，研究制订底线民生保障方案，扩大保障范围，提高保障标准。研究制订重大民生资金公开征询社会意见试点方案，健全社会保障财政投入制度，以及进一步做好涉农补贴资金管理的意见、农村集体经济组织财务管理办法等。三是着眼于发挥财政职能。紧紧围绕发挥财政源头管控职能作用加强制度建设，着力解决人民群众和社会各界广泛关注的奢靡之风等突出问题。一方面，加强推进厉行节约的制度建设。制定关于倡俭治奢管好用好财政资金的意见，完善行政经费节约考核机制，修订省直单位会议费管理、行政经费考核、资产处置等制度，落实省直机关公用经费“五个零增长”，确保省委、省政府厉行节约各项措施的贯彻落实。另一方面，加强财政源头治腐的制度建设。针对部分专项资金管理中出现的问题，研究制定新的省级财政专项资金管理办法，对专项资金的申报、审批、拨付、管理进行重新设计。同时，研究制定指标管理和资金支付稽核工作规程、项目库管理办法、预算执行内部工作规程，建立健全财政支出全过程监管机制、财政资金使用责任制，完善省级财政内部循环监督机制，有效构建财政资金分配的权力制衡框架体系。此外，根据省委开展专项整治行动等工作部署，研究完善严格控制省直机关“三公”经费使用、差旅费管理、因公出国（境）经费管理、公务用车管理、党政机关办公用房使用管理，以及预决算信息披露、预算信息公开情况统计等一系列的制度、办法。

四、突出实化于效，着力解决突出问题，增强项目实效

将“预则立”、“资金不足以服务和效率弥补”、“服务程式”和“主动买单”四种意识运用于具体财政工作实践，积极发挥职能作用，认真贯彻落实省委、省政府决策部署，着力解决人民群众、基层、企业和社会各界广泛关注的突出问题，切实取得实实在在的成效。主要体现在：一是推进广东省财税体制改革，积极构建现代财政制度。按照中央和省委的决策部署，制定学习贯彻十八届三中全会精神的意见，确定六大方面20类50项改革，提出广东财政改革的总体方案、路线图和时间表，并开展“建立事权和支出责任相适应的制度”、“改进预算管理制度、建立现代财政制度”专题调研。二是坚持厉行节约，严格控制一般性支出。实行省直机关公用经费“五个零增长”，2013年度广东省“三公”经费、会议费财政拨款支出同比下降20.91%；压减省级公用经费支出5%，压支1.61亿元全部用于防灾救灾工作和受灾群众救助；继续按照厉行节约和过“紧日子”的要求，严格贯彻中央八项规定和“约法三章”要求，从严从紧编制2014年预算。三是保障和改善民生，切实增进民生福祉。完善民生保障制度设计，开展《广东省基本公共服务均等化规划纲要（2009－2020年）》修编工作，拟将残疾人保障、人口与计划生育服务以及生态环保、公共安全等纳入民生保障均等化的范围；扎实推进十件民生实事，2013年，全省各级财政共拨付资金1 764.45亿元落实和配合实施十件民生实事工作，完成年度预算的111.95%；省级财政共拨付资金632.68亿元用于十件民生实事，完成年度预算的106.86%；充分发挥财政保障作用，积极筹措资金201 159万元，全力以赴做好各项救灾复产重建工作。四是支持转型升级，营造良好发展环境。未来五年内将统筹安排资金6 720亿元，支持粤东西北地区实现跨越式发展；支持加快交通基础设施建设，研究制定《关于我省重要交通基础设施项目省级资本金的安排意见》；取消和减免部分行政事业性收费，进一步取消和减免13项行政事业性收费；对受灾地区范围内的受灾群众、受灾企业和复产重建项目的33项行政事业性收费给予减免缓征；集中全厅力量开展珠三角地区转型升级财税政策研究及拟定工作，发挥财政资金的引导放大作用，着力支持营造良好的发展环境。

（党委办供稿，许琪扬执笔）

财政预算计划和资金支付稽核工作探索与实践

为加强和完善财政预算计划管理和资金支付工作，省财政厅陆续出台一系列管理办法，有效保障了有关业务规范、安全、高效开展，但在财政预算计划管理和资金支付业务办理过程中仍存在单向线性管理、缺乏第三方稽核、纠错机制不明确等问题，不能完全满足财政资金安全管理工作的需要，需要构建第三方监督稽核机制加以完善。

2012年下半年，厅领导多次在厅长办公会议及有关文件作出指示和批示，要求建立财政预算计划和资金支付稽核工作机制，抓紧建成预算计划和资金支付稽核系统（以下简称“稽核系统”），即“通过理顺与优化流程设计，实现各个环节相对独立、无缝连接，上一环节能实时监控下一环节，做强做大稽核后台，确保资金安全”。为建立和完善省级财政预算计划和资金支付稽核机制，及时发现和处理预算计划和资金支付工作中的差错问题，确保财政资金安全，在厅长曾志权和分管厅领导的亲自指导下，由国库支付局牵头，厅预算处、监督检查局、数据信息中心参与，开展稽核工作机制研究和稽核系统建设开发各项前期准备工作，经过充分调研和论证，制定《省级财政预算计划和资金支付稽核工作规程（暂行）》，同步建立稽核系统，系

统于2013年8月6日上线试运行。

一、主要做法

（一）充分利用现代信息化技术

稽核工作主要通过稽核系统进行。稽核系统独立于预算计划和资金支付业务系统（以下简称“业务系统”），同步采集业务系统中的预算计划、资金支付业务数据，通过监测、校验和分析业务数据，对预算计划和资金支付工作全过程进行实时稽核，及时发现和处理预算计划及资金支付工作中的疑点，向业务系统发出预警信息，业务人员根据预警信息及时对疑点进行处理，确保业务的安全和规范。

（二）合理设置稽核依据和规则

稽核系统通过引入稽核依据，设置稽核规则，对预算计划和资金支付数据的合规性和一致性进行校验。稽核依据来源于业务系统上一环节生成（导入）的业务数据，以及同步采集对应的预算计划和资金支付环节扫描传输的发文、用款申请、支付令、支付凭证等纸质文件扫描件。稽核规则根据财政预算计划和资金支付规章制度汇总提炼形成。

（三）科学确定稽核方式

按照时效性要求的不同，稽核方式分为实时稽核和事后稽核。实时稽核是在稽核对象办理业务过程中进行稽核，对实时稽核发出的警示信息，稽核对象即时进行纠正；事后稽核是在稽核对象办理业务后一定时限内进行稽核，对事后稽核发出的警示信息，稽核对象在规定时限内进行纠正。按照稽核主体的不同，稽核方式分为系统稽核和人工稽核。系统稽核是稽核系统按照稽核规则对稽核对象办理的预算计划和资金支付业务进行稽核，自动发出警示信息和冻结可疑业务。人工稽核是稽核人员随机抽查稽核对象办理的预算计划和资金支付业务有关文件和数据，对可疑业务发出警示信息和进行冻结。

（四）建立健全考核机制

监督检查局定期对稽核主体开展稽核工作以及稽核对象办理业务工作情况进行考核，形成考核报告呈报厅领导。稽核主体考核报告内容包括：稽核主体是否按照稽核工作规定，认真履行监督职责，及时发现疑点，发出稽核意见或冻结有关业务，是否及时跟踪、责成稽核对象纠正有关业务等。稽核对象考核报告的内容包括：总预算额度编制、预算令、单位预算额度、用款申请、支付令、拨款凭证等各环节是否符合预算计划与资金支付有关规定等。

二、取得的成效

从试运行情况看，稽核系统在稽核预算计划和资金支付业务过程中发挥了积极作用。

（一）建立多重安全防护网

预算计划和资金支付每一个业务环节均在稽核系统监控下进行，经过稽核规则检验，每一环节向下一环节提交前，均通过处室内部稽核、上游处室稽核和监督检查局第三方稽核三道关口，确保预算计划分配规范和资金支付安全。

（二）实现各业务环节的无缝对接

稽核系统基本实现各业务环节的相对独立和无缝对接，从预算计划生成、分配、下达，到资金申请审核、复核、支付，均实现下游对上游的实时反馈和上游对下游的实时稽核，有效构建了闭合环形相互制约的格局。

（三）进一步健全监督考核机制

稽核工作与其他财政监督检查工作有机结合，如《广东省财政厅内部监督检查实施细则》着重于对财政内部单位履行财政管理工作职责进行监督检查，《省级财政预算执行动态监控内部管理暂行规定》着重于对财政预算执行情况进行动态监控，《省级财政预算计划和资金支付稽核工作规程（暂行）》则着重于对财政内部预算计划和资金支付管理进行实时稽核，三者构建一张覆盖财政资金管理全方位的监控网。截至2013年12月31日，稽核系统共对11 721笔预算计划和资金支付业务进行稽核，对其中227笔业务发出预警。

（国库支付局供稿，黄瑞贤执笔）

引入中介力量　提升投资评审工作效率

为有效解决业务增长与财政投资评审机构编制有限之间的矛盾，提高审核效率，省财政投资审核中心（以下简称“投资审核中心”）按照省财政厅党组提出的“慎重稳妥、逐步推进”的要求，积极创新管理思路，丰富审核组织方式，借助社会中介机构专业力量，通过加强管理、组织协调、质量控制等手段，在确保质量的前提下加快审核进度，有效发挥投资评审服务财政管理大局的作用。

一、主要做法

（一）严把入口，公开招标选定中介机构

2013年8月，投资审核中心在确定第一轮（合作期从2009年3月至2011年3月）、第二轮（合作期从2011年6月至2013年6月）中介机构的基础上，再次通过公开招标，选定第三轮25家中介机构参与省级财政投资评审工作。招标过程中，投资审核中心严格依法依规，按程序办事：一是成立招标小组，制订工作计划，并按规定向政府采购处申报采购计划。二是认真编制招标用户需求书，并分别委托律师和行业专家进行法律审查和专业审查。三是认真审查招标文件。委托专业律师进行法律审查和专家会审进行专业审查两种形式对招标文件进行全面审查。四是严格按批复的采购计划开展采购工作。签订政府采购委托协议，委派采购人代表和纪检监察代表参加开标评标，依法确认招标文件、采购评审结果等。

（二）主动服务，强化对中介机构的审前培训

一是加强审核业务培训。进行财政投资评审的相关政

策、法规、内部操作流程和工作要求的培训，帮助中标中介机构人员尽快掌握财政投资评审的审核方法、技巧以及省级财政投资评审系统操作运用。二是强化廉政纪律要求。一方面，要求中标机构严格遵守财政投资评审的法律、法规，恪守职业道德，运用工程技术和经济政策，科学界定财政性资金建设项目的投资费用，合理核实财政支出，既有效控制财政性资金建设项目的合理造价，又能保护建设、施工、监理等相关单位的正当合法利益，及时发现项目建设及财务管理中存在的问题，有针对性地提出改进项目建设和财务管理的建议，做到依法评审，公正评审。另一方面，要求中标机构签订廉政承诺书，严格遵守各项廉政、保密规定，并督促其建立健全评审内控机制，加强对机构人员从业行为规范、职业道德规范的执行情况进行监督检查。

（三）制度先行，建立健全中介机构管理制度体系

投资审核中心始终遵循制度先行、程序合法、工作规范、严格管理的工作方法，从各方面加强对中介机构的监管制度建设。截至2013年底，投资审核中心先后制定《社会中介机构参与省级财政投资审核管理暂行办法》、《社会中介机构参与省级财政投资审核综合考核暂行办法》、《省级财政投资审核工作指南》、《委托社会中介机构审核项目操作规程》等管理制度，建立了《委托社会中介机构评审管理工作规程》（试行）、《中标机构驻场审核管理要点》、《中标机构全过程审核管理要点》等管理规定，全面规范社会中介机构参与财政投资评审行为。

（四）跟踪管理，开展中介审核全过程监督

为加强对中介机构的有效管理，确保审核环节质量有保障，风险可控，投资审核中心采取多项措施：一是建立高效规范、公开透明的项目分配机制。中介机构获得省级财政投资审核首批项目的相关顺序根据投标承诺、招标得分排名、各批次任务质量考核结果、造价专业特长（如工业、民用、农林、电子信息、展项等）标准确定；获得省级财政投资评审后续项目安排以中介机构在前一批项目的服务表现、质量考核得分作为依据。对服务质量优质的中介机构优先安排下一批次审核业务；对考核不合格的中介机构在委托任务结束后不再新增分配任务。二是及时调整内部组织结构，设立中标机构监管组，专门负责中标机构参与财政投资评审的管理；将专管员划分为技术型专管员与程序性专管员，明确各自的工作范围与职责，提高管理效能。三是指派专管员在审核中跟踪监督并指导中标机构做好审核工作，负责与建设单位联系，收集评审资料，确定审核工作方案、组织实施现场勘察和审核对数等工作，对审核项目实施全过程管理。四是通过定期到各中标机构走访、上门服务或召开工作例会等形式，帮助中标机构解决审核过程中出现的问题，督促中标机构提高审核效率。五是建立中介机构审核项目复审复核机制。为确保中介机构参与的项目的评审质量，中心实施项目初审和稽核复核分离的管理制度。中介机构只负责项目的初审和复审，由中心的专管员负责项目的稽核，复审组负责复审工作。

（五）督促履责，严格对中介机构的考核管理

投资审核中心从中介机构的人员配置、审核方案、审核误差率和按期完成情况、工作底稿规范性和完整性、服务态度和廉政纪律情况等方面，对中介机构完成的每个项目以及年度服务质量情况进行考核。通过考核结果客观评价中标机构评审质效，将考核结果与任务分配挂钩，建立竞争淘汰机制，督促中介机构强化内部管理、重视财政项目人员配备、加强技术指导、防控内部风险，不断提高对财政审核项目的配合度和服务水平。

（六）创新机制，设立专家组开展集中复审工作

自2012年起，根据民生水利资金项目批量多、资金规模大、审核任务时间紧且基本为概算、估算等特点，投资审核中心创新复审机制，引入中介机构会同中心人员共同组成专家组，集中时间在规定场地复核复审民生水利项目，有效解决复审任务集中完成的问题。2013年，投资审核中心分三次引入专家组集中复核复审135宗民生水利项目，完成审核金额83.38亿元，

二、主要成效

从实践看，引入社会中介机构参与省级财政投资审核工作对推动广东省财政投资审核工作改革和发展成效显著。

（一）提升了财政资金的使用效益

截至2013年12月底，省级财政三轮投资审核中介机构共参与审核业务171.46亿元，核减14.08亿元，其中2013年当年完成初审项目211项，审核金额99.86亿元，核减金额8.50亿元。

（二）提升了财政投资评审工作时效性

中介机构参与评审工作，一方面分担了投资审核中心的任务压力，协助中心加快清理了一批积压项目，有效推动审核工作进度提升；另一方面中介机构承担项目初审工作后，投资审核中心可以有更多时间精力加强评审机构管理、强化评审监管、加强评审制度机制建设、创新评审手段，进一步提升财政投资评审管理水平。

（三）进一步拓展了财政投资评审业务的深度和广度

省级财投资评审合作中介机构全部具有工程造价领域的甲级资质，通过双方合作，有助于集中行业精英力量，拓展财政评审业务的深度和广度，并加强业务交流，共同促进财政投资评审业务质量的提升。

（投资审核中心供稿，刘文格　王勇执笔）

全面推进广东省财政票据信息化、电子化建设改革

票据监管中心把财政票据信息化、电子化建设改革作为重中之重的一项工作来抓，对财政票据管理系统进行结

构性调整尝试，引入财政票据全生命周期管理理念，即从票据的印制、入库、发放、核销销毁这条主线为着眼点，以财政部70号令《财政票据管理办法》为法规依托，在全省范围内全面实现财政票据信息化、电子化的建设工作。

一、建设背景

财政票据是财政部门取得非税收入的重要手段，早在2000年成立省财政厅票据监管中心之前，财政部门就已利用电脑技术手段来管理财政票据业务工作。2003年，财政票据实行全省统一监制，票据监管中心的工作量急剧加大，管辖范围涉及全省21个地级市和121个县区。为提高工作效率，加强业务管理，票据监管中心在原有票据业务管理软件的基础上进行升级改造，引入第三方机构开发财政票据管理系统，涵盖票据计划制定、票据印制、入库、出库、核销、销毁等业务流程，并将该系统推广到全省各级财政部门和部分公安、医疗、教育等单位使用，同时通过联网技术实现省、市财政部门间的数据共享。因受计算机技术与网络建设发展的影响，该系统使用的是当时大部分软件所采用的C/S架构设计。

截至2013年12月31日，票据监管中心已累计发放财政票据149亿份，核销58.97亿份，销毁票据存根48.28亿份。由于C/S架构的制约性，大部分数据的上下传递都需要手工操作且滞后性强，导致广东省的财政票据核销难、核销率不高，无法做到数据的全程跟踪监管。随着科学技术的不断发展，将系统升级改造成B/S架构的财政票据电子化管理系统迫在眉睫。相对C/S技术而言，B/S技术的特点是无须在用户的终端工作机器安装票据管理应用程序，用户机器只需要具备浏览器（IE）即可登录并使用票据管理系统进行业务管理操作，同时数据集中管理，实时传送，减少手工操作，提高业务数据的准确性与安全性。

二、建设的必要性及目标

（一）建设的必要性

1. 全面推进财政票据信息化、电子化管理是贯彻落实财政工作科学化、精细化管理要求的重要举措。财政票据电子化管理为财政票据基础数据的获取提供更为方便、快捷、可靠的途径，便于财政管理部门获取全面精准的财政票据数据并将其用于财政预算、政策制定研究等进一步的财政管理工作，促进财政管理工作向科学化、精细化发展。

2. 全面推进财政票据信息化、电子化管理是加强财政票据管理内部控制的重要方式。财政管理部门对财政票据从申请、印制、审验、登记、入库、核发、出库、使用、保管、核销、缴库等实行全过程电子化管理，从而使财政票据使用过程中出现的问题“无处藏身”，实现财政票据从申请到核销各个环节之间的有机衔接，有利于建立、健全各相关单位财政票据内部控制机制。

3. 全面推进财政票据信息化、电子化管理是促进非税收入收缴改革的重要环节。实行财政票据电子化管理后，利用软件系统实现财政票据的自动核销、限时催缴等功能，大幅度提高财政票据核销效率。同时，财政部门通过网上开票单位非税信息与非税收入代收银行的信息核对，跟踪每一笔非税收入金额、缴库状况及缴库时间，从根本上防治非税收入被截留、挪用和坐收坐支等问题的发生。

4. 全面推进财政票据信息化、电子化管理是从源头上有效防止“三乱”（乱收费、乱罚款、乱摊派）现象的重要手段。财政票据电子化管理的推广，使得财政部门可以利用网络技术实时监控财政票据使用单位开具票据的票面信息和各类情况，并通过与相关基础信息的比对，能够对财政票据的非法、不规范使用行为做到“及时发展、及时纠正”，从而从源头上监督和遏制“三乱”现象的发生。

（二）建设目标

借助财政票据系统建设的契机，逐步实现全省财政票据“一张网”的格局，将各级票据管理部门、各级用票单位的工作联动起来，从根本上改变票据管理的思路，实现票据管理“横到边，纵到底”的管理理念，目标具体如下：

1. 在线版财政票据管理系统。提供全省各级财政部门以及用票单位、银行、印刷厂等内外网用户登录使用。提供完整的财政票据计划申领、印制、核发、核销、销毁和监督检查等管理流程，与非税收入管理系统实现无缝连接，数据互融互通，并能通过统一的登录入口进行使用。

2. 信息交流管理平台。系统建设要求数据交换平台是基于云计算技术以及企业数据总线技术建设，为财政部门票据中心与各级票据系统、内部各系统之间的数据共享与交换服务，并兼顾各级财政部门与采集系统之间的信息交换，实现整个财政部门信息网用户中任意两个用户间的数据共享与交换。

3. 不同业务系统间的数据交换接口，做好特殊单位用票监管工作。财政票据管理系统是全面、开放的系统，支持不同的业务系统（如银行、公路管理部门、医院、学校等）按预先设定的数据交换规则与票据管理系统进行实时或及时的数据交换，使得票据管理系统可以无障碍地实现全省数据大集中，真正实现“电子开票、自动核销、全程跟踪、源头控制、信息共享”。

4. 离线版财政票据管理系统。无法与党政内网或互联网实时连接办理业务的单位，可在财政部门授权下使用该软件进行单位内部的票据业务管理。同时，该软件可以导入来自在线系统的票据管理数据，也可导出本地的票据管理业务数据并上传到在线系统。

5. 对公服务引擎。提供统一的票据查询接口给外部系统调用，用票单位可通过此接口查询每一张票据的使用情况、该单位的领购、核销、销毁、缴库等信息。

6. 电子信息防伪。为确保财政票据的客观真实、唯一、可追索，通过票据管理系统打印的财政票据可以套印条形码或二维码，缴款人可以通过条形码或通过扫描二维码，在财政提供的互联网查询渠道查询票据真伪。

7. 多种票据打印方式。考虑到各种执收单位的各种使用环境情况，系统支持多种票据打印模式，如智能终端、手持设备、自助终端等。

三、管理系统功能及其优越性

（一）全生命周期管理系统的主要功能

财政票据信息化、电子化管理系统（即全生命周期管理系统）建设的理念是“电子开票，自动核销，全程跟踪，源头控制”，依托信息化先进技术手段，实行财政票据信息化、电子化管理，用科技手段防范业务风险，实现“以票管费、以票管收”。

1. 实时在线的财政票据管理业务操作模式。通过网络技术实现在线开票、自动核销、即时库存盘点等实时性的业务，减少信息的“落地点”和人为的干预，充分利用系统的优势，在节约人力、提高效率的同时也大大提高业务的准确性。在推广在线模式的同时，也应充分考虑到网络暂时不能覆盖的地区，为其提供离线系统，并提供系统间的无缝接口，保证业务操作和财政票据信息的完整性与安全性。

2. 全生命周期的财政票据管理理念。系统对财政票据的整个生命周期进行全方位的管理，即财政票据从“出生”（印制）到“死亡”（销毁）的流转过程中生成的所有数据信息形成一个完整的票据管理“闭环”，将印刷企业的管理纳入全省财政票据管理系统中。从印制入库到发放、配送，再到用票、核销、销毁，信息最后再回到财政管理部门，每一环节的信息在系统中都相互关联，形成一个完整的财政票据信息回流。

3. 票据台账与单位账套的管理。要管好财政票据业务，必须做好票据管理业务过程中的7套核心业务台账管理：票据计划账、票据印刷账、票据流水账、票据库存账、票据收付账、票据核销账、票据销毁账。在系统中将每个单位的7套台账串联起来，这样既可以从业务层面对所有单位的信息进行横向比较，也可以从单位层面对其各业务信息进行串联，从而全面掌握单位票据使用情况。

4. 纵横全面的监管格局。组建全省统一票据监管平台与全省统一票据数据库，最终实现全省票据纵横全面监管的格局。

（二）管理系统的优越性

财政票据全生命周期管理系统通过对财政票据的全程信息化、电子化管理，不仅提高机关部门工作的效率，而且能确保收费行为（收费项目、收费标准等）在财政部门规定的范围内进行，收费的资金账户处于财政和相关业务部门的监控下，进而使得收费的管理和执行透明化，达到直接监督收费活动、堵住收费管理漏洞、制止乱收费、防止收费资金截留的目的。系统还通过财政总会计系统、票据资金对照、银行账户的对照等环节，从另外一个角度对收费收入进行稽查。

（票据监管中心供稿，吴文春执笔）

实行量化评分制　积极推进项目结构性评审改革

2013年，省农评中心在农业综合开发项目评审工作中进行较大创新，积极推行以量化评分制为基础的结构性评审改革，取得较好成效。

一、背景

（一）以往项目评审方式的弊端

以往项目评审中，不管是室内审核还是实地考察，都主要依赖专家的专业技能和个人判断，评审意见和结论较多体现专家个人或专家组的主观判断，有利于一些责任心强、专业水平较高的专家发挥主观能动性，对项目进行全面评价，但也逐渐显现出一些弊端，影响项目评审的科学性、公正性和透明性。

1. 评审过程过度依赖专家。由于项目行不行专家说了算，导致评审意见往往被认为是专家的一家之言，特别是一些专家与企业之间有千丝万缕的联系，不排除会有个别专家出于自身利益考虑，评审时可能有失公允。

2. 把握标准不统一，不同项目可比性不强。项目评审完成后，由专家对所有项目提出“可行”或者“不可行”的评审结论，但可行项目之间的优劣，由于缺乏统一标准，不同专家和专家组关注的重点不一致，对同一个问题的把握标准也不一致，因而难以作出具体比较，只能通过提出问题的多少做出大致判断，而项目存在问题的多少又与专家的个人风格有关，导致实际可比性不强。同样，不可行项目之间也存在类似情况，无法区分项目之间的相对优劣。

3. 缺少具体细化的评审标准，难以完全做到公开、透明。由于没有具体标准，全凭专家对政策的把握和个人的主观判断，因而在评审结束前，其过程很难真正做到公开、透明，部分项目的评审结论也较难满足公开需要。

4. 评审中权利义务不对等，各主体权责难以分清。省农评中心名义上作为评审的组织方，对评审工作负有责任，但是实际上承担的工作局限于为专家提供服务，与评审直接相关的具体业务工作如评审内容、标准和结论意见等则完全由专家主观决定，专家个人评审时把握的尺度往往能直接决定项目是否可行，权利相对偏大，承担的义务偏小。

在总结以往评审方式利弊的基础上，省农评中心将如何做到客观公正、公开、透明和专业作为项目评审工作的重要目标，将项目评分制作为项目评审方式改革的主要方向。

（二）国家农发办提出项目实行结构化评审试点新要求

2012年底，国家农发办在印发的有关材料中提出实行结构化评审工作思路，并于2013年10月在北京举办国家农业综合开发项目结构性评审试点省座谈会。会上，正式提出结构性评审的有关思路，并确定广东省为全国13个国家农业综合开发项目结构性评审试点省之一，要求各省根据各自实际情况积极开展试点，并明确要求在评审中采用评分制，通过不同结构的评分及其权重加权汇总成为项目的总得分。

（三）省财政厅领导提出在项目评审中实行量化评分

省农评中心在2012年底和2013年初向省财政厅分管厅领导汇报项目评审有关工作时，省财政厅领导多次提出要在项目评审中实行量化评分、加强项目评审规范性的指导意见。在汇报具体项目评审实行结构化评审试点工作开展情况时，厅领导对量化评分的做法也在总体上予以肯定，并提出要继续完善，增强科学性、规范性和公正性。

二、主要做法及特点

2013年，省农评中心共组织完成项目评审14大类250个，其中197个项目的评审采用量化评分制，占总个数的78.8%。

（一）优化项目评审程序结构，建立分步筛选和复核机制

在评审程序上坚持室内评审、实地考察、结论复议三层结构，做到去劣选优、分步实施、层层评选。其中室内评审主要对照申报文件的准入性条件对项目进行初步审核，将明显不符合条件的项目排除在外（即“去劣”）；实地考察即赴项目现场对项目单位及项目本身进行全面评价，并进行量化评分（即“选优”）；结论复议即对经室内评审和实地考察后形成的综合结论进行复议，确保评审结论和意见符合有关政策规定，尽量减少出现判断上的差错。

（二）合理设定项目评审主体结构，避免评审成“一家之言”

重新明确省农评中心和专家各自在评审各环节中的职责，室内评审由专家独立完成，实地考察由省农评中心与专家共同完成，结论复核由省农评中心独立完成，做到各司其职、各负其责。省农评中心不仅是为专家评审提供服务的一方，而且是项目评审的直接参与者，主要职责是根据国家及省有关政策精神，拟定评审标准特别是拟定量化评分标准，细化评审具体要求，对专家开展评审工作进行监督和指导，在评审意见完成后还要对专家意见进行政策审核和规范性审核等。专家不再作为项目评审的唯一参与者，也不再享有完全的自由裁量权，而必须根据省农评中心制定的评审标准和评审要求，对项目进行逐项评分，根据发现的具体问题情况提出具体的项目评审意见。

（三）统一评分制的标准，减少评审结论可能出现的不公平

为减少在评审中出现因项目所涉及专业不同、参与评审的专家个人喜好不同以及对问题把握轻重不同等问题，造成项目评审结论出现不公平，在设计评分表时，着力做到内容细致、标准统一。在内容上，做到每一批次项目的评分表都超过10个大项、50个小项的评分内容和100个扣分标准，内容细致、具体，既包括项目评审所要求的各个方面，又在权重上体现了政策扶持的方向和评审需要关注的重点。在标准上，做到五个“统一”。即同一批次项目评分表的格式统一、评审的内容统一、政策要求及标准统一、扣分把握度统一、对扣分依据及结论的表述统一。

三、初步成效

（一）对主管部门，结论科学性更强

评审结论既最大限度考虑政策的要求，又充分体现专家的专业判断，反映的情况更全面，客观性更强，准确度更高。由于评审过程中做到几个统一，因而项目结论的可比性更强，可行的项目之间的优劣更容易区分，评审结论依据更充分，对评审结论中可能存在疑问的可追溯性也更强。

（二）对参评专家，可操作性更强

评审内容更明确，要求更具体，标准更统一，做到了评审有依据，扣分有标准，淡化专家个人判断，减少主观随意性，有利于减少不同专家之间由于对政策理解不同和对问题把握尺度不同而形成的分歧，在项目评分方面容易达成共识。

（三）对市县和项目单位，评审公正性更强

按照规范流程运作，全过程均可以公开，经得起检验，减少评审的神秘性，评审过程的透明度更高，评审结论的说服力更强。

（省农业综合开发评估中心供稿，刘强执笔）

第四部分

各市财政工作概况

广州市

2013 年是全面贯彻落实党的十八大精神的开局之年，也是加快转变发展方式的关键之年。面对复杂多变的国际国内经济形势，广州市坚持以推进新型城市化发展为引领，按照稳中求进的工作总基调，全力以赴稳增长、调结构、促转型、惠民生，各方面工作取得了新的进展。全市实现地区生产总值（GDP）15 420.14 亿元，按可比价格计算，比上年（下同）增长 11.6%。其中，第一产业增加值 228.87 亿元，增长 2.7%；第二产业增加值 5 227.38 亿元，增长 9.2%；第三产业增加值 9 963.89 亿元，增长 13.3%。全年完成固定资产投资 4 454.55 亿元，增长 18.5%；进出口总额 1 188.88 亿美元，增长 1.5%；实际使用外商直接投资金额 48.04 亿美元，增长 5.0%；社会消费品零售总额 6 882.85 亿元，增长 15.2%；居民消费价格总水平上涨 2.6%，物价水平保持基本稳定。

2013 年，广州地区组织的公共财政预算收入 4 430 亿元，增长 3%，其中：中央库收入 2 641 亿元，下降 1.9%；省库收入 596 亿元，增长 18%；市库收入 1 193 亿元，增长 8.3%。市库收入中，市本级财政公共财政预算收入 485.8 亿元，增长 8.9%；区、县级市公共财政预算收入 656 亿元，增长 12.3%，加上中央、省体制结算及补助事项后，全市公共财政预算可支配财力 1 404.6 亿元。全市公共财政预算支出 1 384.7 亿元，增长 8.9%；市本级公共财政预算支出 606.5 亿元，增长 17.9%。

一、多措并举组织预算收入，财政持续增收格局进一步稳固

2013 年广州市《政府工作报告》提出全年公共财政预算收入要按可比口径增长 10%，但受宏观经济增速减缓、国家结构性减税、清费减负及房地产市场调控等因素影响，市财政收入形势十分严峻。为此，市财政局从三个方面加大了工作力度：一是加大政策研究力度。围绕建立财政稳定增收机制的目标开展调研，向市委、市政府提交了《关于加快产业转型升级强化地方财源建设的报告》，通过与深圳、北京、上海等 9 个重点城市财政收入的对比分析，提出了促进经济增长、涵养税源、挖掘财政收入增长点的政策建议。二是加大综合治税力度。召开全市综合治税工作会议，发挥财税联席会议作用，联合国税、地税等部门做好经济和财政运行监测分析，针对可能出现的问题研究提出应对措施。强化管理，及时将任务分解落实到国税、地税和各区（县级市）财政部门，实行“分片负责、分头包干，狠抓落实”，充分发挥部门作用，挖掘增收潜力，确保应收尽收。三是大力争取上级支持。以建设国家中心城市和开发建设南沙新区为契机，积极向中央和省申请加大广州市地方债券转贷规模，2013 年省财政下达广州市地方政府债券转贷资金 8.8 亿元；协同国税部门向上争取免抵调增值税指标 17.2 亿元等。

随着各项增收措施的逐步落实，广州市财政收入走势趋好。2013 年，全市公共财政预算收入 1 141.8 亿元，完成年度预算的 104.6%，比增 10.8%，增收 111.7 亿元，剔除营改增因素影响比增 14.9%，超额完成年初市人大确定的实现可比增长 10% 的目标任务和市委、市政府下达的达到可比增长 13% 的奋斗目标。

二、积极发挥调控引导功能，财政支持经济发展的作用进一步发挥

支持经济转型升级。市本级财政投入战略性主导产业发展资金 40 亿元，大力支持六大优势产业和六大战略性新兴产业。投入 8 亿元产业投资引导基金，放大财政资金杠杆作用；投入“提二优三”升级改造贷款贴息和基地建设资金；落实省“双转移”战略部署，推动“腾笼换鸟”；支持总部经济和汽车、现代服务业、节能环保、商贸会展、生物健康等重点产业发展，提升核心竞争力。2013 年广州市三次产业结构由 2012 年的 1.6：34.8：63.6 调升为 1.5：33.9：64.6，产业结构层次进一步优化提升。

优化企业发展环境。深入企业调查摸底，切实解决企业遇到的涉财问题；认真落实国家税收优惠和结构性减税政策，取消、免征、停征、缓征部分行政事业性收费，全市共为企业减免税约 97 亿元（全口径）、减费约 1.7 亿元，大幅减轻了企业负担。扎实推进“营改增”税收改革试点。试点改革以来，经确认纳入试点的纳税人达 10.4 万户，2013 年入库改征增值税 97 亿元（全口径），企业整体减轻税负约 68.6 亿元（全口径）。

促进民营经济发展。投入 1 亿元民营企业奖励资金、1 亿元民营科技园资金，大力扶持壮大民营经济。支持民营及中小企业技术创新、升级改造和担保体系建设，安排扶持中小企业信用担保体系建设专项资金，缓解民营企业融资难问题。积极推荐广州市民营企业项目申报中央和省级财政技术创新、结构调整、服务业发展引导、中小企业发展、科技成果转化等财政补助专项资金。

三、全面推进各项公共事业，财政保障民生能力进一步增强

坚持以人为本理念，持续加大民生投入，扎实推进基本公共服务均等化。2013 年市本级公共财政预算用于民生和各项公共事业的支出 462.3 亿元，占公共财政支出总额的 76.2%。

持续加大教育投入。市本级教育投入 122.2 亿元，加强教育基础设施建设，促进义务教育、学前教育、民办教育和特殊教育发展，健全教育资助体系。城乡免费义务教育公用经费补助标准小学从每生每年 550 元提高到 750 元，初中从每生每年 750 元提高到 1 150 元，补助对象从广州市户籍和符合各区免费条件的外来务工子女约 70 万人，扩大到全体义务教育在校学生约 120 万人（含近 50 万进城务工人员子女）。建立学前教育资助体系，对低收入困难家庭儿童、孤儿、残疾儿童以及其他优抚对象进行资助，扩大中等职业教育免学费对象范围，对普通高中家庭经济困难学

生实行免学费并发放助学金，继续落实高等学校学生国家助学金政策，受惠学生合计 21.5 万人次。

完善社保就业体系。市本级社会保障和就业投入 93.4 亿元，对城乡居民社会养老保险实行政府资助，提高基础养老金标准，帮助失业人员实现再就业，扩大分类救助范围等。全市城镇低保标准提高到每月 540 元，农村低保平均标准提高到每月 505 元，低收入困难家庭认定标准按当地低保标准提高 1.5 倍，全市 8 万多低保人员基本生活得到保障。城乡居民基础养老金从每人每月 130 元提高到 150 元，增长 15.4%，人均养老金达到每人每月 496 元；投入 4.6 亿元就业专项资金，帮扶逾 18 万名城镇失业人员实现再就业，农村劳动力转移就业 6.9 万人，扶持 2.4 万人成功创业。

提高医疗卫生水平。市本级医疗卫生投入 50.2 亿元，健全医疗卫生体系，建立基层医疗卫生服务机构补偿机制，完善基本医疗保障制度。全市 242 家基层医疗卫生机构以及 330 个村卫生站实施了国家基本药物制度。统一并提高城镇居民医保、新农合政府资助标准，缩小新农合与居民医保制度差异；医疗保险统筹基金对职工医保、居民医保和新农合参保（合）人员的年度最高支付限额分别达 53.3 万元、22.8 万元和 15 万元。落实困难群众基本医疗救助政策，为约 20 万名困难群众购买商业保险，基本实现医疗保障覆盖全市城乡居民。

办好十件民生实事。全市年初预算安排 95.5 亿元用于 10 件民生实事，其中市本级安排 67.6 亿元，区（县级市）安排 27.9 亿元；全市实际投入资金 102.9 亿元，其中市本级投入 76.97 亿元，教育、医疗、社保、就业、保障性住房建设等民生领域有了新的改善。

四、稳步推进各项改革措施，财政管理体制机制进一步完善

推进财政体制创新。一是不断完善市、区（县级市）财政管理体制。深入开展调研活动，掌握新一轮市对区（县级市）财政管理体制执行情况，针对实施期间出现的问题，及时提出解决方案。制定印发了《关于我市各区引进市外企业财政奖励办法》和《关于规范我市汽车产业财政扶持政策的通知》，引导各区（县级市）充分发挥自身资源优势，吸引市外及国际企业总部落户广州。二是进一步完善财政转移支付机制。组织开展了全市性转移支付情况调研，研究制订全市性转移支付资金管理办法，增大一般转移支付资金规模，建立较为科学、合理的一般性转移支付标准。三是健全政府预算体系。组织开展了“全口径”预算编制调研，提前在年底编制财政专户管理资金及社保基金收支草案，连同公共财政预算、政府性基金预算、国有资本经营预算一并于次年初提交市人代会审议，真正实现涵盖预算内外所有财政性资金的收支预算均向市人大代表报告。

健全绩效管理机制。积极探索预算管理和绩效管理相结合的新机制，采取单位自评、重点评价和第三方评价等多种方式，对全市 112 个部门 122 个项目、2 个预算单位以及市人大确定的 6 个重点项目开展财政支出绩效评价，评价结果首次提交市人大常委会专题审议，并将第三方评价的结果向社会公布，进一步增加了评价的客观性和透明度。

预决算公开再现突破。市政府各部门和直属机构通过部门网站或公众媒体向社会公开了本部门 2013 年度预算和 2012 年度决算，公开的经费账目细化至类、款、项。首次将“三公”经费预算纳入年度部门预算单独申报和批复，随部门预算一同公开；市政府各部门和直属机构、市委各部委办局、市人大、政协、中级人民法院、检察院、民主党派、工商联、人民团体全部公开了 2012 年度“三公”经费决算信息，全市所辖镇（街）全部公开了 2011 年“三公”经费决算信息。

行政运行成本持续下降。坚决贯彻“八项规定”，确保“三公”经费只减不增。2013 年全市机关事业单位公务接待费、因公出国（境）经费、公务用车购置及运行费实际支出与 2012 年相比，降幅分别达 32.7%、18.2% 和 7.1%。

五、着力规范财经运行秩序，财政科学化管理水平进一步提升

加强财政资金管理。一是全面清理各类资金。组织对财政专户、财政暂付资金和财政对外借款进行清理清查，2013 年，市本级共撤销财政专户 9 个，办理暂付款归垫 126.4 亿元（含垫付区县），其中公共财政预算归垫额 91.8 亿元，政府性基金归垫额 34 亿元；回收借款 14 亿元，对 2.7 亿元借款补签了协议。截至 2013 年底，市本级对外借款余额 29.1 亿元全部经市政府批准；市本级暂付款余额 119.1 亿元（含垫付区县），其中公共财政预算资金 110.6 亿元，政府性基金 7.3 亿元。二是强化资金动态监管。预算执行动态监控系统开发成功并投入使用，实现了对全部预算单位所有财政资金支付使用的全流程无缝监控。组织对 24 个单位进行财政检查，涉及金额 113.05 亿元，查出问题资金 42.30 亿元，查补应收财政收入 1.45 亿元，追缴财政资金 0.1 亿元。三是加强采购资金监管。2013 年全市实施政府采购预算 300.4 亿元，实际采购 275.5 亿元，节约财政资金 24.9 亿元，节约率 8.3%。四是加强财政投资评审管理。全年共完成项目评审 9 161 项，送审金额 822.3 亿元，共核减不合理资金 91.4 亿元，核减率 11%，保障了财政资金合理使用。

加强国有资产管理。牵头组织全市行政事业单位、国有企业单位开展国有资产清产核资工作。经核，全市实际总资产 21 611 亿元，总负债 12 780 亿元，净资产（所有者权益）8 831 亿元，其中市本级总资产 16 627 亿元，总负债 10 496 亿元，净资产 6 130 亿元，基本摸清了全市行政事业单位、国有企业资产家底及管理方面存在的问题，为完善国有资产管理、提升资产使用效益奠定了坚实基础。

加强政府性债务管理。进一步加强政府性债务收支计划审批管理，对举债务范围、报批程序等作出明确规定，首次将市本级政府负有偿还责任债务举债、偿还计划报送市人大常委会审议，并向社会公布。加强对区、县级市债务的监督管理，制定了《关于加强区、县级市政府性债务

管理的意见》，要求区、县级市加强政府性债务监督管理及加大政府性债务化解力度。会同有关单位按照“一企一策”方式制订投融资企业债务化解方案，创新思路，挖掘潜力，有针对性地提出了切实可行的化债措施及计划，为今后有序推进债务化解、全面控制债务风险作出了总体规划，争取至2016年底实现债务余额较大幅度下降。

六、扎实开展教育实践活动，财政机关工作效能进一步提高

市财政局党委把开展党的群众路线教育实践活动作为一项重大政治任务来抓，紧紧围绕中央、省委和市委的要求，做好规定动作，创新“自选动作”，注重抓好“五个结合”，做到立查立改、立改立行，切实推进作风转变。一是与领导班子和干部队伍建设相结合。深入查摆领导班子和各级党员干部作风方面存在的问题，有针对性地制定了5个方面28条整改落实措施；探索竞争择优、民主公开的选拔任用机制，一批德才兼备、群众公认的优秀干部走上领导岗位。二是与贯彻“八项规定”相结合。制定了贯彻落实中央八项规定的实施办法，从改进调查研究、规范公务出境活动、厉行勤俭节约、推进党风廉政建设等10个方面，提出了25条具体要求，并将贯彻落实八项规定纳入党风廉政责任考核。三是与开展纪律教育学习月活动相结合。成立专门机构，设立工作专栏，实行明察暗访，定期通报和曝光干部办事拖拉、作风懒散等现象，并加强问责、抓好整改，着力整治庸懒散奢“四风”问题。四是与廉政风险防控相结合。按照“制度＋科技＋监督”的工作思路，加强“三平台一中心”财政信息化管理架构建设，逐步规范财政资金管理机制，减少自由裁量权，确保财政资金和财政干部安全。五是与确保完成财政各项工作目标相结合。围绕财政目标任务，切实转变工作作风，深入推进财政改革，精简和下放财政行政审批项目，规范和优化财政业务流程，加大网上审批、网上办事力度，不断提高财政管理和服务水平。通过近半年的教育实践活动，查找整改了一批领导班子和党员干部中存在的“四风”问题，制定出台了一批贯彻落实群众路线的制度规定，研究解决了一批群众普遍关心的突出问题，机关工作氛围呈现新的景象，干部精神面貌焕发新的活力，财政为民务实清廉的形象进一步树立。市财政局行政审批事项100%进驻市网办大厅，社会服务事项100%实行网上办理，实现了市区两级非税收入网上自助缴款，建立了外商企业登记、政府采购管理等6个系统的统一运维平台，为全市4 000多家单位用户提供标准化、流程化的技术支持服务，极大地方便了群众。

（广州市财政局供稿，龚平执笔）

深圳市

2013年，深圳财政部门认真落实党和国家的各项方针政策，积极克服复杂外部经济形势和结构性减税的影响，充分发挥财政职能作用，促进稳增长、调结构、惠民生、促和谐。全市全口径公共财政收入达到4 818亿元，增长7%；实现地方公共财政收入1 731亿元，增长16.8%，税收占公共财政收入的比重达到86.6%；地方公共财政支出1 671亿元，增长6.5%。财政工作有力地支撑了全市有质量的稳定增长和可持续的全面发展。

一、创新财政分配方式，提高财政资金使用效益

（一）进一步优化财政支出结构

建立厉行节约监督检查和考核机制，对各类经费申请严格审核把关，严控一般性经费和“三公”经费支出，大力压缩行政经费支出。2013年公务接待费支出、公务用车购置及运行维护费支出、因公出国（境）支出较2012年实际执行数分别压缩20%、10%和5%，全年共压缩预算单位“三公”经费和公用经费支出近1亿元。加大民生领域投入，全市全年财政用于教育、医疗卫生、社会保障和就业、住房保障等九大类民生领域的支出达1 105亿元，占财政支出的比重为65.41%，比2012年提高4.49个百分点。落实市政府年初出台的111件民生实事经费共计327亿元，确保各项民生实事经费保障到位。

（二）进一步促进产业转型升级

积极参与建立战略性新兴产业议事会工作规则，落实六大战略性新兴产业振兴发展规划及财政配套政策，突出支持重点产业项目和科技投入，安排战略性新兴产业专项资金30亿元。积极参与生命健康、航天航空、海洋经济和军工产业等未来产业的产业规划编制工作。加大科技投入，市本级安排科技创新和人才投入资金53亿元，增长11.3%。充分利用存量资金，从存量资金中调节出6亿元资金启动了市科技研发资金投入方式改革，调动银行、保险、创业投资、技术市场等金融及资本市场各个方面主体的积极性，引导社会资本加大对科技研发活动和高新技术产业的投入。

（三）进一步转变经济发展方式

通过财政补贴，大力扶持服务业发展，引导企业向第三产业集聚发展。对商品流通、商业零售行业给予资助和奖励，支持深圳建设“全国消费中心”，引导消费增长。不断优化会展业发展环境，将国际会议纳入财政资助范围。大力资助服务外包产业，扶持服务业的新业态发展，为中小企业介入服务外包领域创造了条件。继续落实“主打两个市场”政策，资助深圳企业不断开拓国内、国际市场。推进绿色低碳事业发展，积极资助和奖励黄标车提前淘汰、新能源公交车示范运行、垃圾减量分类试点、节能减排和生态环境保护等工作，投入8亿元用于绿化提升改造减少废气源，3亿元用于工业废气治理和黄标车更新淘汰。

二、完善财政管理机制，促进财政工作提质提效

（一）预算编制和绩效管理进一步推进

政府预算体系不断完善。实质性地启动了2014年市本

级政府全口径预决算编制工作，正式将市本级公共财政预算、政府性基金预算、国有资本经营预算和社保基金预算等四本预算统一纳入政府预算体系。预算编制不断细化。公共财政预算和政府性基金预算编制，民生支出科目和政府性基金预算全部细化至项级科目，九类重点民生领域的支出科目细化至项级科目编制，2014 年市本级公共财政预算草案共细化至项级科目 195 项。提前将全口径预算草案及部门预算报市人大预审，赢得了人大代表的肯定，预算通过率较上年提高 9 个百分点。预算绩效管理不断推进。完善预算绩效管理制度，出台加强财政预算绩效管理工作的意见，为深圳市全面推进预算绩效管理夯实基础，增强了预算单位绩效管理意识。选择社会关注度较高的“食品安全监管”和“科技创新平台”两个项目作为重点绩效评价试点，按省厅部署对“新增及调整公交线路”、“普惠性幼儿园建设和管理”及“困难群体帮扶”三个项目开展重点绩效评价。绩效评价工作得到市领导充分肯定。

（二）国库和资产非税收入管理进一步加强

财政国库管理不断加强，国库集中支付覆盖面继续扩大。将专项资金逐步纳入集中支付，2013 年国库集中支付业务共支付 148.8 万笔，金额 350.3 亿元。大力推进公务卡改革，实现市本级预算单位全覆盖，办理公务卡 4.3 万张。全面开展部门决算批复工作，为部门决算公开奠定基础。加强财政专户管理，研究制定国库现金管理操作办法，推动深圳市国库现金管理工作取得实质性进展。落实产业专项资金、基建资金支出进度按时报送制度，提高预算支出的时效性和均衡性。加强预算执行分析，2012 年度工作获评广东省二等奖。资产和非税收入管理不断完善。建立办公设备配置标准，规范了行政事业单位软件资产管理，确立了 12 类常用办公设备配置预算标准，搭建了市本级资产管理运行框架。完善罚没物资查扣移交、检验检测、评估定价及公开拍卖各环节操作流程，切实提高罚没物资处置成效。搭建非税收入征管电子收缴平台，全面推进市区 1 066 家单位、2 049 个执法点完成非税收入征管系统上线，上线收缴金额累计超过 160 亿元。积极落实收费减免政策，率先在全国免收商事登记行政事业性收费，全年累计取消和免收收费项目 27 项，涉及 12 个部门、金额超过 11 亿元。合理调拨大运会剩余资产，调拨运用 374 万件、价值近 16 亿元的大运会剩余资产，促进政府资产的集约和节约利用，扣减部门预算经费支出近 3 亿元。

（三）政府采购和财政监管进一步强化

改革政府采购计划下达方式，政府采购项目均以年度总投资下达虚拟指标，按当年可支付规模下达实际指标，剩余指标由财政统一预留，年度预算执行过程中根据单位实际支付情况予以安排。加大进口产品审批改革，对 1 124 个申请进口产品采购的项目进行论证，涉及金额 9 亿元。加强对中介代理机构和协议供应商的监督检查，对全市 18 家代理机构、24 家公务车定点维修企业、21 家定点饭店、33 家公务定点印刷企业进行了全面检查，着力构建全方位的政府采购监控体系。规范专项资金监管，充分利用财政资金分存商业银行改革成果，对集散账户增量资金进行分存。创新和规范社保基金管理，将社保基金财政专户由 13 个精简到 4 个，缩短了资金周转流程，建立社保基金存放商业银行评价激励机制，引导商业银行加大对地方经济发展的支持力度。完善战略性新兴产业、科技研发等七类产业专项资金委托商业银行监管制度，提高资金使用效益。加强基建财务监管，加快办理竣工决算批复，规范国土收入前期费及土地整备资金的管理和使用，督促建立宗地核算制度，努力推动深圳市集约节约利用土地。强化部门预算监督检查，组成 8 个检查小组对 8 家单位的 2012 年度部门预算编制、执行情况进行重点检查，涉及资产总额 5.8 亿元，发现预算编制不准确、会计基础工作薄弱、资产管理不到位等违规问题金额 4 682 万元，并责令单位进行整改。推进前海深港会计服务合作，制定了香港特别行政区会计专业人士申请成为前海深港现代服务业合作区会计师事务所合伙人暂行办法。推进企业会计准则和特殊会计业务开展，率先启动碳排放权交易会计处理探讨，为财政部碳排放权交易等相关环境会计的准则建立了基础。成功申请深圳市成为全国电子发票及电子会计档案综合试点城市之一。大力推进“三会”工作，恢复深圳市财政学会，成立深圳市预算与会计研究会，加强全市财政与会计理论研究。强化会计信息质量检查。加强行政机关、企事业单位的会计监督和会计师事务所执业质量检查力度。

三、深化财政管理改革，建立健全管理体制机制

（一）深化市区财政体制改革

深入开展市区财政体制中期评估，全面评估市区总体事权和财力变化情况，以及体制运行中存在的局部问题和具体事项，及时拟定体制中期评估报告和中期调整方案上报市政府审定。加大转移支付力度、提高区级标准支出以及大力支持原特区外投融资平台建设等办法，相应增强区级财力，财力重点向原特区外倾斜，为加快推进特区一体化建设提供了财力保障。

（二）深化“营改增”试点改革

“营改增”试点一年多来运行良好，促进了我市结构调整和转型升级，服务业竞争能力增强。全市共有 20.4 万户企业经确认后纳入“营改增”试点范围，较试点启动时的 6.42 万户增长了 218%，“营改增”打通了第二、三产业抵扣链条，结构性减税效果明显，实现总体减税 81.6 亿元。构建了财税信息共享平台，初步实现了市财政、国税、地税三个部门营改增数据信息的互联互通。

（三）深化专项资金管理改革

通过合理、科学的制度设计，逐步建立专项资金预算管理、执行管理、绩效评价的链条型管理体系，形成闭环管理效应并取得初步成效。完善了深圳市产业转型升级、工业设计业发展等专项资金管理办法。制定或修订深圳市政府食用油储备费用包干、粮食风险资金管理等操作规程。建立了专项资金支出进度报送制度，减少往年各部门之间

资金使用推诿塞责现象，促使2013年产业专项资金使用进度较往年大有提高，保障发挥资金绩效。

与此同时，积极到财政部等部委沟通汇报争取政策支持。大力推进前海合作区、自主创新示范区、盐田综合保税区和深圳国际低碳城项目建设。盐田综合保税区得以获批。

四、加强干部作风建设，提升干部行政执行能力

将深入开展党的群众路线教育实践活动贯彻财政工作全过程，委党组先后8次召开专题学习会进行集中学习，召开9场人大代表和政协委员等各界人士座谈会，向全市所有92家一级预算单位及八大民主党派深圳市委发函征求意见建议，共征求到意见建议148条。对剖析存在的问题特别是梳理出来的24个重点突出问题，明确整改措施，落实整改责任，通过建章立制务实整改。一是加强思想作风建设。深入学习习近平总书记一系列重要讲话和党的十八届三中全会精神，以党支部或党小组形式组织开展12次集中学习。二是加强党风廉政建设。进一步强化财政干部队伍建设。完善制度机制，严格落实中央“八项规定”和党风廉政建设责任制，规范权力运行和问责机制。深入开展纪律教育学习月等活动，不断增强财政干部廉洁自律意识。三是加强干部队伍建设。采取多种形式全方位开展干部教育培训，合理编制干部培训计划，全年共安排干部300人次参加各类培训活动50项，有针对性地开展年轻干部专业知识培训和赴港专题培训班，进一步提升财政干部综合素质。四是加强财政法制建设。全面清理2012年以前出台的规范性文件166件，编印《深圳财政规范性文件汇编》，收录规范性文件107件。全面完善行政审批事项和流程，对承接省政府下放的3项行政审批事项提出取消意见并得到市政府批准，进一步完善保留的1项行政审批事项。全面开展财政“六五”法制宣传活动，大力推进依法理财。五是加强服务型机关建设。全面启动完善办公自动化（OA）系统，提高办文质量和效率。全年共办理来文14 628份，对外制发公文4 890份；办理并参加会议1 529件次。加大督办和建议提案办理力度，完成市委市政府交办的督办任务200项次，承办建议提案211件，主办的建议提案满意率为100%，绩效评估成绩均为“优”。加强信息宣传工作和门户网站建设。大力推动委机关节能减排，垃圾减量分类处理试点工作，率先淘汰22辆黄标公务车。

（深圳市财政委员会供稿，陈强执笔）

珠海市

2013年，珠海经济运行总体呈现“平稳、升温、提质”的良好态势。全市实现地区生产总值1 662.38亿元，同比增长10.5%，其中：第一、二、三产业增加值为43.11亿元、849.05亿元和770.22亿元，分别增长5.4%、11.8%、9.2%。完成固定资产投资额960.89亿元，同比增长23.0%，增速连续三年居珠三角首位。全年完成外贸进出口总额541.69亿美元，同比增长18.6%，扭转上年持续负增长的局面。其中，出口、进口266.06亿美元和275.63亿美元，同比分别增长23.0%、14.6%。实际吸收外资额16.87亿美元，同比增长16.6%。市场物价温和上涨，2013年珠海市居民消费价格同比上涨2.3%，控制在年初预期之内。

2013年全市实现公共财政预算收入194.18亿元，完成汇总预算的105.4%，同比增长19.4%。加上上级转移支付收入52.01亿元，债券转贷收入10.82亿元，调入资金0.7亿元，上年结转安排10.83亿元后，公共财政预算类收入合计268.54亿元。2013年全市完成公共财政预算支出248.09亿元，完成汇总预算的117.3%，同比增长16.9%。加上地方政府债券还本支出1.47亿元，税收净上划支出1.37亿元，出口退税超基数上解支出6.41亿元，其他专项上解支出1.96亿元后，公共财政预算类支出合计259.3亿元。收支相抵，2013年全市公共财政预算结余9.24亿元。其中：结转下年安排7.17亿元，净结余2.07亿元。

2013年，在市委市政府的正确领导下，财政部门着力抓收入、稳增长、调结构、促改革、惠民生，财政工作取得了一定成绩。

一、狠抓收入组织工作，财政收入实现“V”形反转

全市公共财政预算收入增幅由上半年的珠三角九市倒数第一，转变为年末的珠三角九市正数第二，成功实现“V”形反转。土地收入也从上半年的难以完成预算目标到全年超额完成预算目标。主要措施：一是深化局领导分片抓收入的责任机制，建立对口协调、定期沟通、定期报告机制，加强协调配合。二是完善税收征管机制。加强对财政经济形势的预测分析，加强重大项目税源管理和服务，积极推进综合治税，构建全方位协税护税网络，不断挖掘税收增收潜力。三是规范非税收入管理。加强国有资本经营收益征管，积极推动土地出让，加强土地出让尾款追缴。

二、支持企业转型发展，推动外贸进出口由负转正

2013年市本级财政在扶持企业发展上投入12.9亿元，争取中央和省级补助资金14.5亿元，全市受惠企业约5 000多家次。一是支持“三高一特”产业发展。实施扶优扶强策略，对重大项目、“三高一特”企业给予贷款贴息支持，降低企业资金成本。分三年每年安排3 000万元，用于扶持电子商务企业发展。二是助力外贸企业发展。参与制定《珠海市稳外贸促增长扶持政策》、《珠海市促进外贸稳定增长若干政策措施》等政策措施，并在年初预算5 000万元外贸专项资金基础上追加上亿元资金，鼓励外贸企业扩大进口、投保信保、出口退税融资等，稳外需政策措施见成效，全年完成外贸进出口总额541.69亿美元，同比增长18.6%，一举扭转上年持续负增长的局面。三是扶持民

营经济发展。配合制定加快民营经济发展的实施意见，并整合原有产业资金1亿元，新增预算1亿元，支持民营企业科技研发、增资扩产、节能技术改造、品牌建设等。落实结构性减税政策，“营改增”累计为纳税人减税5.66亿元。制定珠海市政府采购促进中小企业发展办法，对中小企业给予优惠和扶持。

三、支持战略发展平台和重大项目建设，培育经济发展新引擎

一是支持横琴新区、高栏港区、高新区三大国家级战略平台发展。安排横琴新区补助资金8亿元，支持横琴新区落实创新政策、完善基础配套、发展高端产业。安排高栏港区补助资金7 500万元，支持高栏港区集装箱码头以及基础设施建设。安排高新区补助资金1.69亿元，推动唐家湾片区、南方软件园、大学园区、科技创新海岸以及淇澳岛协同发展，全力打造国家创新型科技新园区、智慧型产城融合发展新典范。安排航空产业园发展专项资金5 000万元、航展专项资金7 000万元、支持航空产业园基础设施建设和航空航展业高端发展。安排富山工业园专项补助5 000万元，加强园区基础设施建设。二是支持交通基础设施先行发展。安排交通基础设施建设支出14.12亿元，推动港珠澳大桥珠海口岸、广珠城轨延长线、省道S366线改建工程项目建设。安排市政基础设施建设支出12.85亿元，建设现代有轨电车1号线首期工程，推动市政道路及景观工程等项目建设。安排绿色公交补贴1亿元、纯电动公交车运营专项1.5亿元，构建多层次的公共交通系统。安排绿道建设补助1 700万元，推进城市慢行交通系统建设。三是协调各方做好融资工作。大力推进项目融资，市财政积极配合协调有关单位做好融资工作，2013年新签订贷款合同金额36.78亿元，有效保障了政府投资项目资金需求。

四、推进基本公共服务均等化，持续改善民生

2013年，全市教育、社会保障和就业、住房保障等九项民生支出合计153.1亿元，占公共财政预算支出的61.7%，同比增长18.7%。

（一）公共教育方面

近23万人享有免费教育补助。全市教育支出51.1亿元，增长16.5%。调整完善免费教育政策，提高免费教育补助标准，扩大免费对象范围，进一步保障外来务工人员随迁子女接受免费义务教育的权利。2013年，全市免费教育补助人数229 957人，补助资金合计2.65亿元。

（二）公共文化体育方面

全市文化惠民支出3.87亿元，增长37.4%。支持第五届珠海合唱节、群众性广场文化活动、珠海文化大讲堂、珠海首届本土题材摄影展等群众文化活动。支持圆明新园改造转型为综合型免费文化休闲景区，2013年累计发放补助3 198万元。推行政府购买公共文化产品与服务，丰富市民文化生活。

（三）公共卫生方面

落实保障医改相关经费，2013年部门预算共安排医改专项资金1.29亿元，支持公立医院改革，推动出台公立医院改革实施方案。

（四）公共交通方面

落实公交补贴资金，累计拨付资金2.82亿元（不含中央油补资金2.01亿元），主要用于特定人群乘车补贴、解决同城同价问题。包括：珠海陆岛交通水路客运企业票价下调和燃油补贴2 280万元，新增航空航线扶持资金4 778万元，高栏港班轮航线和集装箱重箱补贴1 411万元，并兑付中央下达交通行业油价补贴资金2.01亿元，补贴城市公共汽车、出租车、乡镇渡船及岛际水路客运行业。

（五）生活保障方面

农民养老金水平全省第一。大幅提高新农保和城居保补贴标准，财政缴费补贴由原个人缴费额的50%提高至65%，老年津贴标准由原每人每月165元提高至200元，基础养老金标准由原每人每月165元提高至330元，调整后，全市财政补助水平和养老金待遇水平均居全省第一。2013年，全市新农保和城居保财政支出达1.68亿元，同比增长63%，全市有10万参保人受惠。提高最低生活保障待遇，斗门农村由350元每人每月提高至450元，其他区及斗门城区由400元每人每月提高至480元。2013年全市财政支出达5 300万元，全市6 417户1.15万名低保对象受惠。

（六）医疗保障方面

医保补助标准增加20%。从2013年7月1日起，再次提高医疗保障财政补助水平，城乡居民医疗保险财政补助标准从原来的每人每年250元调整为300元，增长20%。2013年此项补助财政投入1.27亿元，受惠参保人达43万人。

（七）就业保障方面

牵头出台全市《关于进一步加强就业专项资金管理有关问题的通知》，制定补助政策，扶持困难群体就业。配合出台高校毕业生就业政策，支持高校毕业生创业就业。制定全市家庭服务业就业政策，加大对家庭服务业的扶持力度。

（八）住房保障方面

完成垫付沁园回购结算工作，分配中央补助公共租赁住房专项资金4 854万元，全年共拨付城镇低收入住房困难家庭廉租住房补贴230万元，涉及家庭2 739户/次，大境山馨园公租房小区已顺利完工并于11月开始配租。

（九）公共安全方面

着力支持“平安珠海”建设。2013年，市级财政预算安排公共安全支出19.6亿元，占市级公共财政预算支出的15.2%，切实保障政法部门人员、物资、装备和办案支出、社会治安综合整治、消防安全及突发事件防范处置开支，维护和营造治安秩序良好的社会环境。市财政预算设立300万元的司法救助专项资金，500万元信访维稳应急资金，通过加强司法保障力度，着力化解社会矛盾，维护社会和谐稳定。

（十）生态环境保障方面

全市节能环保支出15.17亿元，增长20.2%。一是完善生态保护补偿机制。制定《莲洲镇生态保护补偿财政转移支付方案》，从制度安排上促进莲洲镇环境保护与经济社会发展协调发展。二是支持节能减排。整合安排节能降耗专项资金2 060万元，减排专项资金1 000万元，支持企业节能减排，鼓励可再生能源利用，建设污染源自动监控系统、西坑尾垃圾填埋场以及转拨上级财政对太阳能光电建筑应用示范项目以及金太阳示范工程的补助资金等。四是加大环境整治力度。安排主城区污水污泥处置等费用1.6亿元、主城区雨水污水管网泵站及河渠养护费2 508万元和垃圾处理费1 533万元，支持环保模范城迎检工作。五是推进绿道网建设。安排资金1 463万元，推进生态景观林带建设和公共自行车租赁系统建设，绿道功能更加完善。

五、健全财政强农惠农政策体系，夯实“三农”发展基础

2013年全市农林水事务支出11.39亿元，同比增长5.5%。一是推进幸福村居工程建设。市财政预算安排1.8亿元，用于创建幸福村居工程。二是落实财政惠农政策。全市落实种粮补贴面积6.8万亩，市财政拨付农资综合补贴和种粮补贴资金1 060万元；落实“菜篮子”工程1 215万元；落实禁渔、休渔期渔民生活补助80万元；落实水源保护地扶持政策，向水源保护区居民支付社保特殊补贴5 000万元，向莲洲镇转移支付生态保护补偿资金1 000万元。三是支持现代农业发展。整合农业综合开发等资金200万元，支持旱涝保收田、灌区配套等农田水利建设。推进水利防灾减灾工程建设，投入资金1.29亿元（包括公共财政预算、基金预算和项目融资），提高农业抗御自然灾害能力。安排230万元支持全市重点特色专业合作经济组织发展，提高农民进入市场的组织化程度。采取贴息、补助等方式，支持具有较强辐射带动能力的农业产业化龙头企业发展，提高农业产业化经营和农产品加工水平。四是落实对口帮扶工作。安排阳江、茂名产业转移专项资金1亿元，安排省内外对口扶贫开发帮扶资金4 428万元。

六、推进改革创新，提高财政管理科学化精细化水平

围绕健全公共财政体系，着力深化财政体制机制改革创新。

（一）理顺收入分配关系

印发《市对香洲区国税收入分配体制改革方案》、《关于高新区经营性土地出让收入分成与契税收入返还事项的通知》、《关于香洲区范围内“三旧”改造地价收入分成事宜的通知》等，不断完善收入分配体制。

（二）推动事权改革

印发《珠海市消防经费供给体制调整方案》，并根据城市管理、交通体制管理改革方案，核定事权转移的支出基数。

（三）深化预算编制改革

2014年部门预算编制首次启用项目库管理系统，项目预算安排与预算执行率相挂钩。编制政府采购预算、政府购买服务预算，试编国有资本经营预算。

（四）推进政府采购改革

下放区级政府采购监督职能，将暂由市级代管的三个行政区政府采购监管职能移交各区财政部门。

（五）推进政府购买服务

编制并公布《2013年珠海市政府向社会组织购买服务年度目录》，印发《关于做好政府向社会组织购买服务工作的通知》。2013年市级财政支付政府向社会组织购买服务资金约5 000万元。

（六）推进绩效评价工作

开展2012年财政支出项目绩效自评工作。全面选聘本市专家参与项目评审。做好2014年项目和部门绩效管理目标申报工作，2014年项目绩效管理目标申报的起评金额为100万元，参加目标申报的项目共计144个，单位申报总金额14.63亿元，核减金额0.31亿元，核减率为2%。

（七）完善政府债务管理

建立专账和编制动态报表，对市直政府性债务实行动态管理。贷款专户实行双印鉴管理。严格编制和执行还贷预算，按时偿还政府性债务本息。

（八）深化国库管理改革

升级国库集中支付系统，加强专户资金的审核拨付管理，加强预算收支执行情况和国库库存资金的监控。

（九）推进财政投资审核工作

全年共完成项目审核399个，审核资金115.7亿元，核减金额4.5亿元，上缴国库金额502.6万元，财政投资审核成为政府投资的把关“卫士”。

（十）推进集中支付和集中核算工作

将全市280个市直预算单位全部纳入国库集中支付改革，覆盖面达100%。办理财政国库集中支付业务94 483笔，共197亿元。

（十一）推进会计管理职能转变

将“会计从业资格许可”及相关延伸业务等政府职能工作转移至市注协。

七、强化财政监督，推进依法理财

推动财政监督与财政管理的紧密融合，切实推进依法理财。

（一）加强对财政资金使用的监督检查

重点对2012年市级就业专项资金、2012年全市最低生活保障金、“四位一体”专项资金、公共交通专项资金进行检查，并做好督促整改，保障各项利民惠民政策的贯彻落实。

（二）加强会计监督检查工作

完成2012年计划的15个单位的会计信息质量检查工作，完成2013年计划的13家单位的现场检查。

（三）自觉主动接受外部监督

包括：一是改进预算编审。邀请人大财经委委员、政协委员、审计部门人员会审2014年部门预算，提高预算审核透明度，从源头上把关预算绩效。二是依托“实时在线财政预算监控系统”等信息平台，接受人大、审计部门对预算执行情况的监督；配合审计部门开展财政收支情况审计和各项专项审计；认真研究落实市人大会议对预算的决议和市人大财经委提出的意见建议，认真研究办理人大代表提出的议案建议。三是推进“三公”经费公开。在珠海政府网公开市本级“三公”经费预算总额和第一批46个预算单位2013年“三公”经费预算。四是制定印发《珠海市财政局财政信息公开实施细则》、《关于落实财政决算公开工作的通知》、《珠海市市直部门“三公”经费信息公开工作实施方案》等，确保财政信息公开依法依规进行。

八、加强财政队伍自身建设

财政部门始终把加强队伍能力素质建设摆在突出位置。

（一）建立督办制度

对市委、市政府督办事项、市政府重点工作、全局重点工作建立台账，加强督办，并建立定期通报制度，切实提高工作效率和服务质量。

（二）加强内部管理

加强信息化建设、财务管理、保密、后勤服务等各项工作。

（三）提高工作效能

修订《珠海市财政局业务流程指南》。印发《珠海市财政国库支付中心报账窗口延时和预约服务管理制度》，提升窗口服务质量和公众满意度。

（四）加强干部培训

继续做好干部培训工作，组织财政系统干部前往浙江大学、厦门国家会计学院等高校培训，不断提高干部能力素质。

（五）落实廉政建设各项规定

规范权力运行流程，加大执法监察力度，完善财政廉政风险防控机制，确保财政资金、财政干部的“双安全”。

（珠海市财政局供稿，彭高旺执笔）

汕头市

2013年，面对复杂严峻的国内外经济形势和“8·17”重大洪涝灾害、强台风“天兔”的袭击，汕头市一手抓经济社会发展，一手抓救灾复产，经济社会发展保持稳中有快的良好态势。全市实现生产总值1 565.9亿元，比上年增长（以下简称“增长”）10%，高于全国、全省平均水平，比上年提高0.5个百分点。其中，第一产业87.18亿元，增长3.9%；第二产业817.79亿元，增长12.1%；第三产业660.94亿元，增长7.9%。固定资产投资额784.67亿元，增长28.2%，连续三年高速增长且增速位居全省前列。物价水平保持稳定，全年居民消费价格指数（CPI）同比增长2.5%，全市社会消费品零售总额1 158.92亿元，增长12.5%。完成外贸进出口总额92.34亿美元，增长4.9%。全年新登记各类企业3 671户，其中注册资本超过1 000万元的134户。全市新一轮加快发展、跨越发展的基础不断夯实。

2013年，汕头市财政工作紧紧围绕市委、市政府决策部署，切实做好服务保障，统筹抓收入、稳增长、调结构、促改革、惠民生等各项工作。财政收入保持平稳较快增长，来源于汕头市的财政收入277.92亿元，增长26.02%，增收57.38亿元。其中，上划中央收入71.34亿元，增长5.36%；上划省32.43亿元，增长11.84%；市县级收入174.15亿元，增长40.64%，增收50.32亿元。全市公共财政预算收入首次突破百亿元大关，达到112.11亿元，完成年度预算的103.89%，增长16.36%，增收15.76亿元。其中，税收收入67.72亿元，完成年度预算的95.89%，增长10.27亿元，增收6.31亿元；非税收入44.39亿元，完成年度预算的119.05%，增长27.06%，增收9.45亿元。全市公共财政预算收入加上税收返还收入、上级补助收入、债券转贷收入、上年结余收入、调入资金等，收入总计211.67亿元；全市财政支出总计211.44亿元。

2013年市本级公共财政预算收入40.93亿元，完成年度预算的101.55%，增长10.69%，增收3.95亿元；公共财政预算收入加上税收返还收入、上级补助收入、债券转贷收入、上年结余收入、调入资金、下级上解收入等，收入总计131.35亿元；市本级财政支出总计131.32亿元。

一、完善聚财机制，增强财政保障能力

一是积极促产培财，促进经济发展，夯实财源基础。树立“大财政”发展理念，坚持做大增量和盘活资源并重。各级财税部门克服困难，千方百计组织收入，全市公共财政预算收入首次突破百亿大关，达到112.11亿元，增长16.36%，超额完成年度增长12%的预算目标任务。在抓收入的同时，注重提高收入质量，市完善对各区县及征管部门的收入考核机制，既考核收入增长率，又考核税收占比，市本级税收收入占公共财政预算收入的比重为68.49%，比上年提高2.79个百分点。二是积极支持土地储备经营发展，做强做大国土基金盘子。市财政通过财政预算安排和市场化融资，积极支持土地储备经营和资源盘活，实现储备土地增值和政府收益，全年市级国有土地出让收入完成37.38亿元，创历年最好成绩。三是首次试编市级国有资本经营预算，实现收入1.82亿元。四是整合国有资源资产，发挥国有融资平台功能，筹备发行二期城投债、企业债，运用市场化融资手段筹措资金支持重点项目建设。通过公共财政预算、国土基金、国有资本经营、政府投融资“四轮齐转”，有效做大财政“蛋糕”，增强经济社会发展保障能力。

二、坚持主动作为，服务全市经济社会发展

一是牢固树立财政工作的大局意识、服务意识、主动意识，转变理财思路，围绕市委、市政府中心工作，统筹资金安排、发挥参谋助手作用，推动经济社会加快发展。围绕促进落实省委、省政府《关于进一步促进粤东西北地区振兴发展的决定》优惠政策，积极主动作为，加强与有关部门协调配合，认真做好与省政策资源的对接落实。特别是按照“三个抓手”的要求，全力支持打好交通基础设施建设大会战、加快推进快园区发展建设、研究推进海湾新区设立后的财税体制等有关问题，争取优惠政策落地。

二是多渠道筹措资金，支持重大项目建设。统筹公共财政预算、国土基金等几个盘子资金，支持交通基础设施建设大会战和重点民生工程项目建设。全年市财政投入保障性住房建设、“绿满家园”，汕揭高速公路汕头段、汕湛、揭惠、潮惠高速公路拆迁补偿以及金凤路桥、西堤路（至平路—升平路）、外马路等民生工程和重点项目建设约4.6亿元。落实水利投入稳定增长机制，共拨付水利设施建设1.18亿元，推进“千里海堤”工程、病险水库除险加固工程、农村重点易涝区整治项目等民生水利工程，进一步完善城乡水利防灾减灾体系，保障经济社会可持续发展。

三是支持企业发展，促进产业转型升级。围绕“四大产业计划”和“五个100工程”，落实扶持工业骨干企业和战略性新兴产业企业投资发展的财税优惠政策。整合战略性新兴产业、电子商务、现代服务业、科技专项资金等，安排落实扶持新兴产业资金6 800万元；积极申请上级中小企业发展、信息产业、物联网、工业设计、科技型中小微企业技术创新专项资金6 793万元；拨付省、市产业转移专项资金1.23亿元。强化税政管理工作，落实“营改增”试点改革过渡性财政扶持政策，按照国家和省部署取消和免征部分行政事业性收费，减轻企业负担，支持企业发展。

三、完善市级财政体制，建立区县基本财力保障机制

继南澳县、潮阳区、潮南区列入全国县级基本财力保障范围、濠江区行政体制综合改革调增区级税收分成，解决基本财力保障之后，从2013年起汕头实施新一轮市级财政管理体制，全面建立区县基本财力保障机制，参照财政部核定的县级基本财力保障标准，对基本财力保障水平低的金平区核增转移支付补助1.45亿元，并列入以后年度转移支付基数。在市级财力紧张、保障任务重的情况下，挤出资金支持区县均衡发展。2013年市补助区县支出75.07亿元（其中市级财力补助区县支出12.22亿元），占本级财政总支出的57.15%。全市7个区县均达到财政部核定的县级基本财力保障线以上，有力地推进了全市基本公共服务均等化。

四、优化支出结构，切实保障改善民生

一是牢固树立过紧日子思想，严格落实厉行节约各项措施。认真落实中央八项规定，大力压缩一般性支出，把有限的资金和资源更多地用在改善民生。开展市直机关事业单位行政经费节约考核，加强对全市会议费及“三公”经费的管理，严格执行各项定额指标和审核审批制度，加强对党政机关楼堂馆所建设改造修缮以及党政机关举办晚会、展览、庆典、论坛活动的控制管理。在全市范围内对各级党政机关和领导干部办公用房全面清理。认真开展整治“小金库”、违规使用专项资金专项行动，进一步规范了财经秩序，促进了有关单位建立健全财务管理制度和落实厉行节约措施。

二是加大公共服务和民生事业投入。落实教育、医疗、就业、公共交通、社会保障等各项民生扩面、提标政策。2013年全市11类民生支出132亿元，占公共财政预算支出的70.5%。认真做好提高城乡低保补贴水平有关工作，全市人均低保补贴为城镇247元、农村120元，分别比2012年增加80元和17元；实施五保对象“幸福晚年”计划，农村五保供养标准提高到农村人均收入的70%，市本级财政每人每月补助100元，每年安排资金420万元；加大城乡居民医疗保险投入，全年共拨付城乡居民基本医疗保险财政补助资金1.17亿元；继续支持实施重大公共卫生服务项目，全年拨付基本公共卫生服务经费3 184万元。做好提高义务教育阶段公用经费政策落实工作，小学生每生每年从550元提高到750元、初中生每生每年从750元提高到1 150元；落实山区和边远农村地区义务教育教师津贴，促进教育均衡发展；推进教育创强，安排2 889万元支持区县创建教育强镇；安排1 500万元支持区县落实校安工程，做好中小学校舍维修改造，改善办学条件。多方筹资投入，实现城镇保障性安居工程建设新发展，市本级共筹集保障房建设资金2.81亿元，有效推进在建94亩安居工程项目一期、二期工程进度，以及收购中心城区保障房房源，确保省下达汕头市保障房建设目标任务的完成。

三是全力办好市委、市政府十件民生实事。2013年市财政安排十件民生实事资金7.02亿元，并及时做好资金拨付，保障十件民生实事顺利推进，解决人民群众教育、住房、饮水、医疗、卫生、文化和生态环境建设等一批热点难点问题。社会民生持续改善，海湾湿地生态公园建成并向市民免费开放；新购置公交车108辆，公交车拥有量在全省排名第7位，实施70岁以上老人免费、60岁以上老人半票的公交优惠政策；千村环境卫生整治工程建成垃圾转运站33个，垃圾收集点831个；潮阳、潮南区村村通自来水、市特殊教育学校、残疾人康复中心（扩建）等一批民生工程项目顺利推进。

四是全力支持救灾复产。面对“8·17”强降雨和强台风“天兔”袭击造成的严重灾情，各级财政部门积极做好救灾复产资金的筹措安排，开通救灾资金绿色通道，积极争取上级支持，压缩机关事业单位办公经费，全力支持救灾复产。全市共下达各级救灾资金4.11亿元，用于灾区重建和受灾群众救助，为灾区恢复正常生产生活秩序提供资金保障。

五是做好“扶贫双到”工作。大力支持农村危房改造、老区发展等扶贫开发工作，投入财政资金2 377万元，完成

498 户渔民安居工程和 4 072 户农村低收入住房困难户住房改造建设，努力改善农村困难群众居住条件。做好市财政局扶贫挂钩点潮南区雷岭镇鹅地村帮扶工作，结合当地实际研究帮扶措施，进一步完善村庄规划，分期组织建设。重点对全村 477 户贫困户进行分门别类，通过不同的帮扶措施帮助贫困户尽快脱贫。全年共筹集投入各类扶贫项目资金 461 万元。鹅地村村容村貌明显改观，贫困户生活得到改善。

五、深化财政管理改革，着力提高理财绩效

一是积极盘活财政存量资金，努力消化资金缺口。按照国务院关于盘活财政存量资金的要求和财政部、省财政厅文件规定，全面清理历年结存结转资金，积极盘活国库间歇资金和融资资金，并通过债务重组、清理回收历年财政垫付资金等手段，市财政消化历史挂账资金缺口近 4 亿元，同时较大幅度控制减少当年度新增挂账。千方百计筹措资金，按期偿还政府债务，政府债务率及偿债率均控制在警戒线以内。

二是加快构建财政内部控制体系。着力构建安全、规范、高效的内部控制体系。制定完成《汕头市财政局内部控制基本规范》和 11 项全局性业务内部控制制度，初步形成 1 项基本规范、11 项全局性业务控制制度、47 项财政业务、61 幅流程图、128 个风险点、128 条风险控制措施和 34 张业务表单，以“梳理职权→排查风险→实时监控→完善制度体系→形成监控机制”的源头防范风险工作模式轮廓逐渐清晰，摸索财政科学化、精细化管理新路，为推进财政部门惩治和预防腐败体系的建设筑起了有效的“防火墙”。

三是加强政府投资项目财政评审监督工作。全年审结定案预、结算工程项目 208 宗，送审金额 80.33 亿元，核减资金 6.81 亿元，核减率 8.48%。

四是加强政府采购管理，全市完成采购预算金额 7.43 亿元，节约财政资金 3713 万元，节约率 5%。

五是强化支出资金绩效管理。有重点选择了汕头市中心城区 300 辆新购置公交车财政支出项目和 2012 年度汕头残疾人医疗康复救助基金开展绩效评价，提高资金使用效益。

六是推进国库管理制度改革。市本级所有财政性资金支出全部纳入财政国库集中支付管理，全年下达国库集中支付计划额度 98.27 亿元，实际支付 84.42 亿元。深化公务卡改革，全市共有 918 个单位已办理公务卡，累计开办公务卡 11 024 张。

六、增强服务意识，提升财政服务水平

一是做好财政保障服务，确保资金及时拨付到位。严格执行资金拨付时限制度，利用财政业务管理一体化平台，提高资金拨付效率，确保重点项目和预算单位用款需求。充分利用现有成熟网络条件，通过实施市直预算单位网上编制支付申请单工作，对拨付工作流程进行提速，使到款时间提前了一天，形成每天两次支付或多次支付的格局，提高财政资金拨付效率。二是大力推进财政 OA 办公系统信息化。认真做好系统的培训和指导，规范网上办文工作流程，促进全局干部职工转变行政管理观念和工作模式，提升财政服务效能，方便单位和群众办事。三是努力提高窗口单位服务质量和水平。加强效能监督，畅通效能投诉渠道，在各办事窗口显眼位置设置效能投诉公告栏，明确电话投诉、网络投诉、短信投诉和来信来访投诉等多渠道投诉方式，全面接受群众监督，进一步促进工作作风的改进。

七、加强队伍建设，切实提高执行力

严格执行廉洁从政各项规定，大力加强干部队伍的思想建设、作风建设、廉政建设。一是认真落实中央八项规定。制订出台《汕头市财政局关于落实改进作风厉行节约的实施意见》，从改进调查研究、密切联系群众、简化接待工作、精简会议活动，到文件简报、加强节约型机关建设等五个方面作具体规定，将厉行节约措施落到实处。二是深入贯彻落实党的干部路线方针政策。建立健全公开、公正、平等、民主的选人用人机制。制定了《汕头市财政局公务员职位轮换（轮岗）暂行办法》，建立岗位定期交流制度，推进交流轮岗制度化。三是大力加强干部教育培训工作。共举办了 7 场讲座，邀请专家学者为财政干部进行十八届三中全会政策解读，组织学习习近平总书记系列重要讲话、汕头城市发展战略规划讲解等一系列专题辅导。与市委组织部联合，在厦门大学举办汕头市财政管理业务培训班，提高财政系统干部的政策理论水平和业务工作能力。

（汕头市财政局供稿，孙汉敏执笔）

佛山市

2013 年，佛山市国民经济保持了平稳较快增长，促进了全市经济社会各项事业全面协调持续健康发展。2013 年全市生产总值实现 7 010.17 亿元，比 2012 年增长 10.0%。其中，第一产业增加值 139.05 亿元，增长 2.8%；第二产业增加值 4 340.36 亿元，增长 11.4%；第三产业增加值 2 530.76 亿元，增长 7.6%。全年社会消费品零售总额 2 264.10 亿元，增长 12.1%。居民消费价格总水平比上年上涨 2.5%。全社会固定资产投资 2 383.65 亿元，增长 15.0%。全市进出口总额 639.4 亿美元，增长 4.7%，其中出口 425.3 亿美元，增长 5.9%，进口 187.06 亿美元，下降 2.7%。居民生活水平稳步提高，全市城镇居民人均可支配收入 38 040 元，增长 10%。

2013 年全市地方公共财政预算收入完成 437.88 亿元，为年初各级人大通过预算的 104.11%，比上年增收 53.80 亿元，增长 14.01%；全市公共财政预算支出完成 488.73 亿元，完成年初各级人大通过预算的 106.77%，增长 12.62%。2013 年，佛山市上划中央“两税”和省与市共

享“四税”的税收收入总额为368.21亿元，其中上交中央242.28亿元，上划省125.93亿元，分别比2012年增长9.62%和1.32%。

2013年，佛山市各级财政部门将财政综合管理改革贯穿财政工作全局。围绕财政改革发展“六大目标”，着力建设持续稳健、科学发展、民生优先、主动创新、阳光透明、务实高效的“六型财政”，主动应对经济财政发展中的新形势、新问题，打出财政工作“组合拳”，努力开创财政创新发展、转型发展的新格局。

一、以稳增长节支出为目标，着力打造稳健型财政

（一）强化收入征管，圆满完成全年目标任务

一是完善收入任务责任考核与激励机制。强化责任考核，明确各层次的目标管理责任，年初及时分解下达收入任务，层层抓落实；同时，加强对各区的促收督导，落实收入增长激励机制，充分调动各区、各部门的积极性，促进财政收入平稳均衡增长。二是加强收入分析、跟踪与监控工作。坚持收入分析通报制度，加强经济财政运行分析，综合研判财政收入形势，进一步加强财税部门征管配合，增强抓收入的危机感和紧迫感，强化对重点行业和重点税源的跟踪，针对新情况、新问题，及时制定行之有效的促收措施，确保收入任务完成。三是继续完善非税收入管理。推进交通路网广告牌、国有资源（资产）有偿使用收入工作，加大土地收储与出让工作力度，提升政府资源的使用效能；开拓推行自助缴款终端等缴费模式，完善非税收入征管方式，提升非税收入征管效率，确保非税收入按规征收、按时入库。四是大力支持国土资源运营。安排市级土地收储专项资金，探索建立市级土地储备财力保障机制，推动市、区联动土地储备，加大土地收储与出让工作力度，增加政府后备财源。

（二）细化支出管理，增强预算执行力度

预算安排环节，进一步细化预算编制，科学合理调度财政资金，继续压减一般性支出，节约行政经费开支，贯彻中央和省关于厉行节约的各项规定。预算支出环节，强化预算约束及预算刚性，严控预算追加，落实支出进度通报制度，确保财政支出的均衡性与时效性；同时，大力压减会议费、“三公”经费等政务支出，将厉行节约的多项措施落到实处。预算监督环节，通过实施预算执行动态监控改革，落实与人大财政、审计等部门联网的实时在线监控，并切实加强政府采购、基建工程审核，实施派驻财务总监制度等，提高预算执行效率和资金安全性。

二、以推动产业转型、城市升级为目标，着力打造发展型财政

围绕佛山市产城人融合发展战略，进一步调整财政支出结构，促进产业转型与城市升级融合发展，助力提升经济质量、效益与城市品质，夯实财政可持续发展的基础。一是大力推动国家创新型城市建设。全市投入建设国家创新型城市资金20.70亿元。进一步优化创新环境，完善创新体系建设，大力支持关键共性技术攻关，加快战略性新兴产业、先进制造业、现代服务业和高端产业载体发展，推动国家创新型城市建设。二是大力支持产业链招商计划。全市安排产业链招商资金1.85亿元，大力扶持优质项目的引进和建设，突出引进培育经济效益好、资源消耗低、带动能力强、投资强度高的项目和上下游配套项目，推动全市形成产业聚集效应与全产业链的竞争优势。三是大力扶持企业发展。全市安排2.6亿元设立“中小企业信用担保基金”，累计对7 066家企业提供担保贷款239.50亿元，同时，助推集优债务融资工作，设立专项保障和风险代偿基金，减轻企业融资压力；制定《佛山市推进民营企业跨越发展扶持办法》，助力民营企业跨越发展三级跳；全市安排各项外经贸扶持资金2.05亿元，促进外贸行业平稳健康发展，提升对外贸易水平。四是大力促进金融创新发展。全市安排金融发展方面资金2.56亿元，重点扶持佛山市金融市场创新试点计划、创业风险基金计划等项目的实施；加快建设广东金融高新区和佛山民间金融街，积极打造金融、科技、产业融合示范平台。五是大力落实减负优惠政策。全市安排“营改增”试点过渡性财政扶持资金0.35亿元，为相关行业累计减轻税负9.34亿元；贯彻上级政策，取消或免征（停征）行政事业性收费60项；鼓励企业申报项目资金，全年共向上级申报各类专项资金项目1 205个，涉及金额13.49亿元。六是大力推进城市升级发展。全市投入重点工程建设方面资金53.41亿元，大力支持轨道交通、公路等重点工程项目建设。同时，积极筹措资金推进佛山新城、禅西新区等城市升级项目建设，支持市场市容整治、气象服务、限超限载执法及流动人口服务管理等城市管理工作，推进全国文明城市创建活动，优化提升城市品质。七是大力加速生态文明建设。全市投入节能环保方面资金28.12亿元，大力推进“天更蓝、水更清”行动计划，加快实施大气、土壤、水环境污染综合防治工作，建设成为全国绿化模范市。

三、以推进基本公共服务均等化为目标，着力打造民生型财政

以推进基本公共服务均等化建设为抓手，加强公共服务供给能力，全市财政投入民生方面的支出313.94亿元，占公共财政预算支出的64.24%。同时，超额完成各项民生实事的年初预算任务。一是促进教育均衡发展。全市教育方面支出107.42亿元。落实各项财政教育投入政策，提高免费义务教育公用经费补助标准，建立学前教育生均公用经费财政拨款制度，扩大中职教育免学费范围，推动教育公平、均衡发展，促进佛山成为省首批“推进教育现代化先进市”。二是健全社会保障体系。全市社会保障和就业支出37.69亿元，主要用于调整城乡最低生活保障标准及提高失业保障水平，落实扶持家庭服务业发展资金，支持残疾人职业康复服务中心建设，改善残疾人就业、康复、托养等公益服务设施。三是推进医疗卫生改革。全市医疗卫生方面支出24.42亿元，人均公共卫生资金37.18元，比省

标准高2.18元。进一步推进医疗卫生体制改革，实现居民住院医疗市级统筹，正式试点平价医院，扶持基层医疗机构建设；将居民住院医保基金筹集标准提高至人均690元，全市财政每年新增支出3.33亿元，较上年增长59.89%；建立大病医保机制，并开设家庭病床、门诊特定病种，减轻参保人员医疗负担。四是促进“三农”与扶贫工作。全市农业方面支出34.24亿元。重点推动各项农业综合开发工作，加快发展现代农业，推进农田水利工程建设，改善农村生产生活条件，加快农村基础设施建设；科学整合支农资金，设立“菜篮子工程”、“强农育龙工程”、“科技兴农工程”三大专项资金；建立健全涉农保险体系，提高农民抗风险能力；做好村级公益一事一议财政奖补政策、扶贫开发、对口帮扶工作，进一步扩大公共财政在农村的覆盖面，推动城乡一体化发展。五是加快保障性住房建设。全市住房保障方面支出15.07亿元。加快保障性住房工程建设，初步形成以廉租住房、公共租赁住房和农村危房改造等为主要内容的基本住房保障制度。六是推动岭南文化名城建设。全市文化体育与传媒方面支出7亿元。推进市文化中心项目、文体基础设施建设等，促进公共文化体育服务均等化。七是促进社会组织发展。市财政安排5 000万元用于部门实施政府向社会组织购买服务，出台《佛山市财政局市级社会组织发展专项扶持资金管理办法》，每年安排资金用于扶持公益服务、经济服务、科学研究和文化体育等四类社会组织发展。2013年共向38个社会组织发放共计540万元首批财政扶持资金，推动社会组织发展。

四、以深化财政综合管理改革为目标，着力打造创新型财政

全市各级财政部门围绕财政综合管理改革的目标，树立“大数据”、“大运筹”的财政工作理念，把解决现实问题与建立长效机制紧密结合，将财政管理改革与先进信息技术创新融合，推动财政改革发展事业再上新台阶。一是政府公共财政综合管理平台建设显现成效。目前，具备预算编审、指标管理、绩效管理、工资统发、国库支付、公务卡结算、总会计核算等功能的政府公共财政综合管理平台（一期）已正式上线运行，并进一步梳理业务流程，规范系统运作，为下一阶段项目推进奠定了良好基础。二是进一步理顺市区财政管理体制。制定《关于完善市对区财政体制的方案》，通过完善市级在各区筹集财力的方式，进一步形成市、区财政收入共同增长机制，促进区域经济协调发展。三是深化预算管理改革。继续完善公共财政预算、政府性基金预算、国有资本经营预算和社保基金预算，逐步建立体系完善的政府预算。试点引入跨年度的预算管理模式，增强各年度之间财政支出的连续性；强化预算单位在预算编制、执行以及资金管理各环节的主体责任，实施决算批复，建立项目支出进度通报制度。四是推进财政绩效管理纵深发展。市级引入财政支出项目“过程绩效”管理机制，及时跟踪项目实施和绩效目标完成进度，强化执行监控；各区围绕结果运用与绩效问责，加快完善财政绩效管理体系。全市纳入2014年预算绩效评审项目1 023个，纳入评审资金额达96亿元。同时，深入推进专项资金竞争性分配改革，改革范围进一步扩大至产业扶持、公共服务和社会管理创新等领域，并出台推进财政专项资金竞争性分配改革的指导意见，要求在全市范围内全面推广财政专项资金竞争性分配改革。五是全面推进国库集中支付改革。巩固确立国库集中支付制度在全市财政管理中的基础性地位，深入推进公务卡支付制度改革和财务核算信息集中监管改革，将国库集中支付改革“一推到底”；同时，积极探索试编市级权责发生制政府综合财政报告。六是积极推进政府采购改革。根据市政府的工作部署，将原属于市财政局政府采购管理科的所有职责以及人员编制划入市公共资源交易管理委员会办公室，加强公共资源交易监管体系建设。

五、以安全高效理财为目标，着力打造阳光型财政

进一步完善财政系统内部监督机制和管理制度，积极拓宽社会监督渠道，坚持人大和财政、审计、社会监督相结合，切实提高财政监管效果，促进财政资金安全、规范、透明运转，打造“阳光财政”。一是加大财政监督力度。扎实开展财政对内、对外监督检查，积极配合审计等部门开展财政资金专项检查，并加强对基层财政的督导、检查，制定了《佛山市财政局关于进一步加强镇（街）财政管理的意见》。二是全面开展整治“小金库”、违规使用专项资金专项行动。根据上级的统一部署，全面深入开展了整治“小金库”、违规使用专项资金专项行动，在组织各单位自查自纠的基础上，对327个单位进行了重点检查，对核查发现问题及时进行整改，取得了明显成效。三是加大基建工程审核力度。继续加强基建工程的审核力度，并通过重新招标等方式，加强对中介机构的管理，切实提高财政投资项目评审的质量和效率。2013年全市完成预、结算审核金额累计143.46亿元，核减不合理费用累计8.88亿元，核减率6.19%。四是继续实施派驻财务总监制度。继续向46个500万元以上的财政投资项目派驻财务总监，采取财务管理技术手段、控制资金按进度拨付、实行财务总监与建设单位联签制度等措施，把好工程款支出最后一关，确保财政资金安全。五规范会计市场秩序。采取市、区、镇上下联动的方式，对全市111个单位开展会计信息质量和会计师事务所执业质量检查，提高会计管理和服务水平。六是提升财政内部管理水平。围绕财政中心工作，从规范运转、优化管理、提高效能、保障安全等方面入手，先后修订了工作规则、规范性文件管理办法，制定了政务信息公开与保密管理办法，并利用现代信息保密安全技术和设备，提升信息安全保密工作水平，实现机关内部运作、管理的优化提升。七是积极稳妥推进财政信息公开。在进一步加大部门预决算公开力度的基础上，市直63个部门及顺德区属95个单位通过政府门户网站、单位官方网站等途径首次向社会公开本部门2013年“三公”经费预算，标志着佛山市政府信息公开迈出了重要步伐，取得了良好效果。

六、以提升干部综合素质为目标，着力打造务实型财政

根据中央、省、市关于深入推进党的群众路线教育实践活动以及反对“四风”等工作部署，全市各级财政部门坚持外塑形象、内练硬功，扎实做好局机关自身建设，打造主动有为、务实创新、优质高效、和谐共进的财政文化。一是加强党风廉政建设。认真组织学习党的十八大、十八届三中全会及习总书记关于整治“四风”、建设廉洁政治等会议精神，组织召开民主生活会，以强化履职意识为重点，抓好整改落实工作；扎实开展各项纪律教育学习月活动，切实做好党风廉政建设责任制检查考核工作，推进机关作风效能建设。二是加强干部队伍建设。探索建立健全科学有效的用人机制，加强人事档案动态管理、干部轮岗交流与人才库建设；选拔能干事、肯干事、干成事的优秀财政干部，优化财政队伍结构，激发大家干事创业的热情。三是成功举办“大数据”论坛。通过举办“我心中的金财”——佛山财政“大数据”论坛活动，由各科室组成14支团队登台演讲，结合日常思考与研究成果，站在全局工作的高度提出大量对“金财工程”建设工作具有方向性、创造性和可操作性的设想和建议。四是财政科研宣传收获丰硕成果。佛山市在2013年度全省各市财政信息工作评比中获得第1名，其中南海区在直报点中获得第2名；在全省财政科研课题评选和“汕尾杯”财政征文大赛中，佛山市共获得各等次奖项共9个；在广东省财政科研课题立项申报中，佛山市共有7个课题获得省立项。同时，深入开展了财政体制、学前教育、财政专项资金竞争性分配、财政社会保障等方面的调研，为领导决策提供参考，其中大部分调研成果已转化为具体的工作措施和实施方案，有力推动了全市财政事业发展。五是提高为民服务水平。切实做好信访、行政投诉、电子监察系统以及行政服务热线“12345”受理工作；改进为民服务方式，加大网上审批、网上办事力度，加强办事窗口建设，简化办事手续，提高财政服务质量和效率；配合组织相关人员参加各类学习培训班、讲座等，将能力建设贯穿于财政队伍建设始终，为财政发展提供人才支撑。六是大力开展财政文化体育活动。充分发挥工青妇群众组织的作用，开展形式多样、内容丰富的群众文化体育活动，通过举办全市财政系统摄影比赛，组织参与体育比赛、慈善活动等，促进干部职工身心健康，弘扬财政干部职工积极向上、团结拼搏的团队精神，推进财政文化建设，树立良好的财政人形象。

（佛山市财政局供稿，上官蔚云执笔）

韶关市

2013年，韶关市紧紧围绕“绿色转型、振兴发展”的目标任务，全力推动经济社会加快发展，努力打造粤北地区中心城市。全市地区生产总值突破1 000亿元，达1 010亿元，比上年增长12.1%，其中第一产业增加值131.3亿元，增长4.8%；第二产业增加值428.3亿元，增长16%；第三产业增加值450.5亿元，增长10.5%。三次产业结构由2012年的13.6∶41.9∶44.5调整为13∶42.4∶44.6；人均生产总值实现3.51万元，增长11.3%；其中农林牧渔业总产值216.4亿元，增长4.9%；规模以上工业增加值306.8亿元，增长17.8%；固定资产投资完成664.5亿元，增长21.2%，其中重点项目完成投资311.4亿元，占全市全社会固定资产投资的46.9%；社会消费品零售总额471.1亿元，增长15%；旅游总收入187.2亿元，增长20.1%；全市城镇居民人均可支配收入20 259元，增长10.4%；农村居民人均纯收入9 584元，增长11.7%；市区居民消费价格指数101.9%，涨幅比上一年下降了0.8个百分点，低于全国、全省平均水平；全市各项存款余额1 255.8亿元，增长12.3%；各项贷款余额581.4亿元，增长16.8%；外贸进出口额23.2亿美元，增长13.9%；实际利用外资1.9亿美元，增长10.3%。主要经济指标增幅高于全省平均水平，完成了省下达的节能减排目标任务。

一、预算收支执行情况

2013年，韶关市财政工作牢牢把握科学发展主题和转变经济发展方式主线，全面贯彻落实中央、省和市各项决策部署，不断实施积极的财政政策，抓收入、稳增长、调结构、惠民生，财政发展改革深入推进，预算收支完成良好，为加快韶关市建设粤北地区中心城市提供了有力的财政支持。2013年，来源于韶关市的财政总收入完成244.9亿元，同比增长33.95%。其中上划中央收入完成65.22亿元，同比增长6.8%。省市共享“四税”收入完成15.43亿元，同比增长16.78%。全市地方公共财政预算收入71.65亿元，同比增长16.54%，完成年初代编预算的104.65%。其中税收收入46.76亿元，同比增长13.24%；非税收入完成24.89亿元，同比增长23.31%。市本级公共财政预算收入29.37亿元，同比增长12.15%，完成年初代编预算的101.95%。全市公共财政预算支出完成166.81亿元，同比增长12.9%，完成年初代编预算的146.94%。其中一般公共服务支出33.71亿元，同比增长27.71%。全年全市财政总收入完成198.86亿元，财政总支出170.09亿元，收支相抵，滚存结余28.77亿元，净结余7 653万元。全市公共财政预算实现收支平衡，略有结余。市级公共财政预算收入完成29.37亿元，增长12.15%，完成年初预算的101.95%。市级公共财政预算收入加上上级补助收入、下级上解收入和2012年结余收入等，市级财政总收入完成69.9亿元。市级公共财政预算支出完成48.2亿元，加上补助下级支出、上解上级支出等，市级财政总支出完成57.28亿元，收支相抵，滚存结余12.62亿元，净结余2 000万元，全年实现收支平衡，略有结余。

二、公共财政预算运行的主要特点

2013年，韶关市财政预算执行呈现收支稳步增长、进度均衡合理、突出民生保障、科学统筹安排的特点，并主

要体现在四个方面。

（一）财政收入增幅平稳

2013年以来，受国家一系列稳增长、调结构的宏观经济政策等因素的利好影响，全市经济发展向好，工业增长持续加快，固定资产投资稳步增长，国内外贸易保持平稳，消费价格稳定，为财政平稳运行夯实了基础。全年财政收入在2012年基数逐渐提高的影响下，虽呈持续小幅回落态势，但总体平稳，保持了两位数增长。

（二）财政收入质量有效改善

2013年，全市税收收入增长13.24%，增幅比2012年提高2.38个百分点，其中增值税、营业税、企业所得税、个人所得税等与实体经济密切相关的主体税种收入增长11.03%，比2012年提高4.19个百分点。全市财政收入增量的53.75%来源于税收，比2012年提高0.28个百分点。

（三）县级财政实力得到增强

韶关市积极实施“双转移”战略，加大对县域经济扶持力度，落实各项激励型财政政策，促进了县级财政的发展，各县（市、区）财政实力不断增强，地方公共财政预算收入完成42.28亿元，占全市总量的59.01%，比2012年提高1.60个百分点。县级公共财政预算收入平均增长19.80%，高于全市3.26个百分点，2013年有8个县（市、区）跨越新台阶，其中曲江超过6亿元，仁化、乐昌超过5亿元，乳源超过4亿元，浈江、武江、始兴、翁源超过3亿元。

（四）支出结构更趋合理

科学调度资金，有效保障重点支出。民生支出逐年加大，全年全市用于保障和改善民生事业资金达115亿元，增长11.82%，民生支出占财政支出的比重达68.94%。11类民生支出中，教育、社会保障和就业、医疗卫生、节能环保、粮油物资储备事务等支出增幅均高于全市支出平均水平，有效解决了基本民生问题。

三、财政管理和改革情况

（一）抓好增收节支，促进经济发展

一是科学研判形势、主动出台措施，落实领导分片抓收入工作机制，狠抓收入征管。强化收入运行监测，密切关注宏观经济和税源变化情况，加强同税务部门的沟通配合，切实做好协税护税工作，努力挖掘增收潜力。二是厉行节约，强化预算约束和支出管理，科学安排各类项目资金，坚决控制一般性支出，严格按照党政机关厉行节约有关要求，切实压缩公务购车用车、公务接待费、出国（境）经费等支出，降低行政成本。三是大力支持产业发展，投入1亿元支持产业升级，加快承接产业转移和新兴产业发展，支持外贸企业扩大出口和转型升级。全市产业转移园实现工业增加值68.8亿元，增长27.9%。重点企业工业增加值实现178.8亿元，增长9.4%，占规模以上工业增加值的58.3%，较上年提高0.7个百分点。全市民营经济增加值实现522亿元，增长13.7%，占全市GDP总额的51.7%，较上年提高1个百分点。全市规模以上工业企业达554户，净增72户。规上工业增加值完成306.8亿元，增长17.8%，为2008年金融危机以来最大增幅。四是大力推动科技创新，韶关市连续6年顺利通过国家科技进步考核，连续两届被评为全国科技进步考核先进市，曲江区列入国家知识产权强县工程试点区，全市专利申请、授权量连续9年居全省山区市首位，荣获2012年度省科学技术奖9项，新增国家重点新产品2项。五是着力发挥财政杠杆作用，完善扶持中小企业融资机制，筹集资金6 000万元支持“助保贷”，撬动银行贷款放大10倍以上的贷款额度，破解中小企业融资难题。投入8.1亿元，支持“百项工程兴韶关”项目。加快芙蓉新城开发、“三旧”改造、园区扩能增效、城区基础设施和四大出口等重大工程建设，完成芙蓉新城建设项目投资21.3亿元，促进城市扩容提质。六是落实各项惠民政策，拨付1.3亿元支持扩大内需，落实油价、家电补贴等惠民消费政策。投入丹霞山等景区建设贷款贴息资金9 300万元，做大做强旅游产业，促进第三产业发展。七是大力发展循环经济，落实中央和省生态补偿政策，投入节能减排和生态环境保护资金3.4亿元，推动绿色发展，成功争取韶关列入全国2013年节能减排财政政策综合示范城市。

（二）推进民生建设，加强保障能力

一是坚持把保障和改善民生作为公共财政的优先方向，稳步推进全市基本公共服务均等化。投入资金19.7亿元推动省十件民生实事落实，完成年度预算的110.6%。实行住房保障制度以来，全市共投入资金约17亿元，兴建廉租住房3 114套，建筑面积19万平方米；公共租赁住房7 811套，建筑面积45.7万平方米；经济适用住房1 823套，建筑面积12.6万平方米；限价房247套，建筑面积3.1万平方米。1.3万户低收入家庭住房困难得以解决。二是扎实推进教育创强工作，教育创强任务基本完成，学前教育三年行动计划各项目标任务基本实现，义务教育均衡发展深入推进，高中教育普及成果继续巩固。义务教育规范化学校覆盖率达90.5%，高中阶段毛入学率92%，高考专科以上上线率86.8%，乳源瑶族自治县成为全省首个成功创建省教育强县的民族自治县。三是加快推进文化设施建设。以创建全国文明城市和国家历史文化名城为契机，大力加强文化公共设施建设，不断提高城乡公共文化服务均等化水平。四是全面推进城乡居民基本医疗保险统筹，异地就医即时结算和医保关系转移接续等便民措施有效落实。全市参加城镇职工基本养老保险人数、城镇职工基本医疗保险人数分别达到61.9万人、90万人。启动第四批新型农村社会养老保险试点工作，稳妥推进公立医院改革。加快城乡医疗一体化建设，实现社区医疗卫生机构全覆盖，新型农村合作医疗参合率达100%。五是积极支持“三农”事业发展，投入农林水事务资金19.3亿元，促进城乡协调发展。支持建立了14个省级现代农业园和11个省级农业标准化示范区，新增3家省级、14家市级重点农业龙头企业，各类农民专业合作社达2 115家，16个农产品获得省级名牌产品（农业类）荣誉。全面完成全市农村低收入住房困

难户住房改建任务3 230户和“两不具备”贫困村庄32个、936户搬迁安置任务，落实帮扶资金5.04亿元，其中市、县财政投入4 000多万元，启动帮扶项目1203个，全市2个名镇、20个名村、50个示范村的建设任务基本完成，完成通自然村公路路面硬化582公里。落实“5·16”等抗洪救灾各项资金1.79亿元，支持灾后复产重建家园。加大各类弱势群体扶持力度，筹集6.1亿元支持城乡低保、农村“五保”、城乡医疗救助、城乡居民养老等保障工作，提高底线民生保障水平。六是积极争取上级资金和政策支持，加强财政保障能力。全年争取资金75亿元，其中生态保护补偿资金3.5亿元，同比增长60%，资源枯竭转移支付资金3.76亿元，同比增长10.6%。支持“平安韶关”建设、创建全国文明城市和巩固国家卫生城市等专项工作。认真抓好韶关市财政局对口帮扶村乳源县一六镇东粉村的扶贫开发工作，投入200万资金改善公开承诺为民办实事项目曲江区白土中学的办学条件，做好挂点联系南雄市百顺镇社会管理综合治理工作。七是实施更加积极的财政扶持就业政策，改善公共就业服务，健全公共就业服务体系，提高社会就业水平。强化公共就业平台建设，促进农村劳动力有序转移。进一步改变职业技能培训方式，依托全市各类职业教育资源，加强紧缺型技能人才培训。充分发挥财政资金导向作用，建立完善财政支持创业就业政策绩效评估体系，优化创业发展环境，构建创业发展平台，放宽创业准入门槛，落实税费优惠政策，扎实做好创业促就业活动。支持“零就业家庭”、4 050人员、残疾人员等就业困难群众就业援助工作，通过公共就业平台和信息化建设，逐步提升就业服务能力。支持举办“南粤春暖”等专场招聘活动430场，完成劳动者技能提升培训16万人次，农村劳动力技能培训转移就业工作连续五年进入全省优秀行列，城镇登记失业率为2.74%，推进了基本公共就业服务均等化。

（三）加大改革力度，实行科学管理

一是深化部门预算改革，严格预算执行管理，加强待安排项目经费使用管理，完善预算执行动态监控机制。进一步完善部门预算编制方法，举办部门预算编制系统操作培训班，对市直预算单位预算编制人员进行培训。二是深化非税收入管理，成立了韶关市非税收入征收管理局，制订“三定”方案，申请并批准参照公务员管理。出台《关于进一步加强政府非税收入管理若干措施的通知》，扩大非税收入范围，提高非税征管水平。接管并完善了政府物业管理中心，制定有关政府物业管理等制度，提高政府物业效益。三是加强专项资金清理，盘活各项沉淀资金，提高资金使用效益，梳理各项沉淀资金2.3亿元。深化国库集中支付改革，市本级实现了国库集中支付制度对所有财政性资金全覆盖。四是积极联系和配合地税部门，健全跨部门联动协调的协税护税长效机制，认真做好营业税改征增值税试点改革工作，印发了《关于进一步壮大浈江区、武江区财力提高基本财力保障水平的意见》，促进县级财力增长。五是优化内部机构设置，积极配合做好事业单位分类改革。撤销了市政府采购管理办公室，增设政府采购监督管理科，预算科、地方债务管理科整合为预算科，挂地方债务管理科牌子。撤销了下属事业单位韶财服务中心和注册会计师管理办公室，完成会计辅导站的更名工作。六是加强财政规范管理，出台了《韶关市加强财政资金管理的若干规定》和《韶关市基本建设项目财政性资金支付相关规定》等规章，进一步明确工作职责，提高工作效率，增加完善了支付流程等方面的内容。

（四）加强监督考核，提高服务水平

一是深化财政支出绩效评价工作，召开财政支出绩效评价现场评议会，积极探索支出绩效考评与部门预算编制相结合的有效机制。二是全面梳理财政性和财政监管资金的存款情况，提出用好存款杠杆服务全市发展大局的方案。三是健全完善财政投资评审工作机制，引入第三方中介机构参与评审，完善国有资产转让、出让、拍卖、租赁等规范资产处置办法，整合政府经营性资产和提高资产收益，积极探索政府公共服务外包工作。四是扎实推进整治“小金库”、违规使用专项资金专项行动，通过政府投资评审、政府采购等环节，全年节约财政资金1.5亿元。大力开展会计信息质量检查，积极落实支农专项资金检查整改工作，确保资金安全。

（五）加强自身建设，提升工作效能

一是加强思想建设。围绕深入学习习近平总书记一系列重要讲话及党的十八届三中全会等精神，通过召开专题学习会、举办培训班、道德讲堂等方式，进行了集体与分散学习，提升干部职工政治修养和综合素质，全年组织各种培训累计达2 191人次。二是加强作风建设。组织开展了4场局长调研座谈会，倾听民意，收集各方改进财政工作作风的意见和建议。研究制定《韶关市财政局工作规则》等，强化纪律管理和责任追究，确保上下政令通畅、工作高效有序。扎实推进网上办事大厅建设，切实方便人民群众办事。深入开展调查研究，全年完成专题调研材料40多篇。三是加强干部队伍建设。进一步深化干部人事制度改革，健全完善干部选拔任用、交流轮岗工作机制，量化考核指标体系，强化考核结果运用，营造风清气正的选人用人氛围，激发干部队伍活力。全年安排2名干部到区财政局挂职，安排了4名选调生和9名县区财政干部到市财政局机关跟班学习。四是加强廉政建设。严格执行党风廉政建设责任制，健全权力运行监督和问责机制，扎实开展民主评议政风行风工作，规范权力运行，压缩“寻租”空间，筑牢反腐倡廉防线，确保队伍和资金“双安全”。

（韶关市财政局供稿，张力文执笔）

河源市

2013年，全市各级财政部门围绕市委、市政府中心工作和实现财政增收、民生保障的工作目标，深入贯彻科学

发展观，积极推动建设“广东绿谷”，认真落实积极财政政策，稳定增长、促进转型、平衡收支、厉行节约、保障民生，促进全市经济社会平稳较快发展。

2013年，河源市实现生产总值（GDP）680.33亿元，按可比价格计算，比上年增长12.0%。分产业看，第一产业增加值83.08亿元，增长6.2%，对全市经济增长的贡献率为6.1%，拉动GDP增长0.7%；第二产业增加值337.11亿元，增长15.6%，对全市经济增长的贡献率为66.3%，拉动GDP增长8%；第三产业增加值260.15亿元，增长8.9%，对全市经济增长的贡献率为27.6%，拉动GDP增长3.3%。全市农林牧渔业总产值136.91亿元，比上年增长5.8%，增速比上年加快1.6%；规模以上工业实现工业增加值294.21亿元，增长17.3%，增速比全省快8.6%，居全省各地级以上市第8位；累计完成固定资产投资342.73亿元，增长22.0%，增速同比提高4.0%，位居全省各地级以上市第10位；实现社会消费品零售总额236.61亿元，增长13.0%，增速比今年首季、上半年、前三季度分别提高1.6%、1.9%和1.1%；进出口总额32.3亿美元，同比增长10.5%，增幅同比提升5.8%；年末全市金融机构各项存款余额754.24亿元，比年初增长18.1%。

一、财政收支

加强财政收支管理，严格控制行政支出增长，集中财力保障民生重点支出。2013年，全市财政收支呈现“收入高速增长、区域协调发展、支出结构优化”的特点。

全市完成地方公共财政预算收入487 730万元，比去年增收111 327万元，增长29.58%，其中：地方库税收收入完成343 604万元，同比增长20.19%；非税收入完成144 126万元，同比增长59.23%，占财政收入的比重为29.55%，全市地方公共财政预算收入增长高于全省平均增长水平15.98%，增速在全省21个市排名第1位，总量排全省第18位，财政收入质量排全省第11位。基金预算收入完成386 978万元，增长60.23%。

全市公共财政预算支出完成1 661 404万元，较去年同期增支332 051万元，增长24.61%。高出全省平均增长水平10.88%。全市财政收入指标加权增长率为14.53%，其中5个县财政收入指标加权增长率情况分别为：和平28.13%、连平23.95%、紫金16.44%、龙川15.34%、东源15.11%。

组织收入方面特点，超额完成了年度财政收入任务，全年增长29.58%，比年初确定的增长16%的目标增长13.58%，总量排全省第18位；保持了较快的增长速度，全年增速在全省排第1位；非税收入创新高，尤其是加大非税收入缴库力度，将非税收入应纳尽纳预算管理，拉动地方公共财政预算收入增长14.24%。

保障支出方面。支出进度快，采取了有效措施加大各项财政资金拨付力度，全市全年支出增幅高出全省平均增长水平10.88%；支出结构优，全市民生支出完成122.52亿元，增长19.54%，占全市支出比重达73.74%；十件实事支出超额完成年初预算，省“十件实事”支出34.85亿元，完成年初预算的113.6%，市“十件实事”支出20.36亿元。

二、资金筹措

着力发挥财政杠杆作用，促进经济加快发展。通过盘活和统筹现有资金、争取上级支持、加强融资和经营城市等多种政策手段，为落实支持经济发展的各项措施提供有力保障。一是创新投入方式。通过银行融资、发行城投债、BOT、BT等多元化方式筹集更多资金，2013年成功发行城投债10亿元。二是突出生态保护。积极筹措环境保护专项资金5 653万元，确保环保项目设施建设的顺利实施；共获得上级扶持环保类项目28个，获得扶持环保类专项资金6 723万元。支持国家湖泊生态环保扶持、灯塔盆地国家级现代农业示范园区发展和省旅游产业转移园扶持资金竞争工作，2013年共获得竞争性补助资金10.8亿元。落实东城西片区城市基础设施建设项目银行贷款1.6亿元，完成市区水源工程2亿元银行贷款的前期准备工作。三是支持“两园”建设。大力支持“两园”建设，加大对重点项目和产业转移园区的投入，落实各项外贸政策，增强经济发展后劲。切实做好龙头企业带动产业发展和“一县一特”产业发展试点项目申报工作。全面落实结构性减税和“3个50”、“3个100”工程财政扶持政策，加大对企业扶持力度，同时积极协助企业争取上级资金2.47亿元。同时，认真落实“两建”、“创文”、“创平”及“三赛”等工作经费保障，促进经济加快发展。

三、民生建设

着力落实各项民生政策，坚持“民生投入只加大不减少、困难群众生活水平只提高不降低、民生工程覆盖面只扩展不缩小、新增财力向基本公共服务事业倾斜”的原则，不断优化财政支出，保障各项民生政策项目的顺利实施，努力提高人民群众的幸福感。2013年，全市民生支出122.38亿元，增长19.65%，占全市支出的比重达72.78%，教育、医疗卫生、社会保障和就业分别增长11.51%、26.64%和25.83%。一是加快推进基本公共服务均等化建设。加大市、县财政对均等化综合改革的投入力度，确保基本公共服务支出增长适度高于财政预算收入增长。2013年，全市集中财力推进省、市政府“十件实事”，分别支出34.85亿元和20.36亿元；落实基本公共服务支出59.91亿元，基本公共服务支出占当年财政总支出的35.63%。二是大力推动文化教育事业发展。切实提高补助公用经费标准，认真落实教师的各项补贴政策，调动了教师的工作积极性。2013年，支持启动市图书馆、博物馆、文化馆、档案馆和文化交流中心建设，完成客家文化公园二期建设。三是积极完善城乡医疗卫生体系。2013年，城乡居民参加养老保险117.5万人、新农合287.24万人、基本医疗保险64.93万人，五大险种参保人数增长3%以上；全市共安排低保资金3.68亿元，比2012年增加1.72亿元；强化就业保障，新增城镇就业岗位4.4118万个，农村劳动力技能培训2.5680万人，新增劳动力培训转移就业4.11

万人，城镇登记失业率控制2.45%以内。

四、“三农”建设

坚持“以奖代补、分类扶持”的原则，整合各类财政支农资金，支持农业农村基础设施建设，逐步建立现代农业产业体系，全面提高移民扶持工作的整体水平，完善农村基层组织工作经费保障制度，支持“三农”全面发展。一是促进农业增产。加大农业基础设施投入，突出发展现代农业，投入约16 955万元用于支持高标准基本农田、现代农业主导产业带、农业科技推广体系和现代渔业建设等；多渠道筹集资金40 835万元支持农田水利工程、治洪治涝工程等民生水利和重点工程建设。二是促进农村发展。建立一事一议财政奖补资金稳定增长机制，安排一事一议财政奖补资金2 093万元；稳步推进政策性农业保险保费补贴政策，市财政投入641万元；继续安排名镇名村示范村建设资金350万元，推进宜居城乡建设；推进农村财务管理规范化建设，全市100%以上行政村实现财务公开和民主理财；落实各项惠农政策，全市家电、摩托车下乡补贴资金1.72亿元，粮食直补和农资综合直补资金1.9亿元，石油价格改革财政补贴资金1 905万元。三是促进农民增收。市级投入1 647万元完善农村基础设施建设和社会主义新农村建设；完善财政综合扶贫政策体系，继续安排专项资金支持新一轮扶贫开发“规划到户责任到人”工作；安排资金4 440万元，继续支持欠发达地区贫困村建立健全农村基层组织工作经费保障制度；安排3 158万元，推进河源市农村低收入住房困难户住房改造建设工作；统筹安排9 344万元，推进我市不具备生产生活条件贫困村庄搬迁工作。四是健全应急救灾工作机制。应对2013年较为严重的台风洪涝灾害，制定实施财政支持救灾复产重建资金安排的一揽子方案，全年市财政共安排2 201万元用于“5·18”特大暴雨、强台风“尤特”、“天兔”等救灾复产工作，支持完善防灾减灾预警机制，建立救灾复产工作长效机制。

五、财政改革

（一）财政体制改革

一是健全市与区、市高新区财政管理体制改革，确保两个新体制顺利执行。2014年年初，市委市政府批准同意《河源市区财政收入分配改革方案》和《市高新区财政管理体制改革》两个体制文件，新体制于2013年1月1日执行；制定了《市对源城区经济社会发展激励型财政体制考核办法》，保障市区经济健康发展。同时，为进一步理顺河源市高新技术开发区（以下简称高新区）管理体制，明确高新区的“责、权、利”，充分调动高新区抓好园区开发建设的积极性，加快园区开发步伐，提高园区经营管理效益和服务水平，承接好珠三角的产业转移，制定了《河源市高新技术开发区财政管理体制暂行办法》，并报市委、市政府审议通过，赋予市高新区一级财政权限，为市高新区下一步发展进行了“松绑”、“放权”。为保证《方案》的顺利实施，积极会同各部门完成改革前的数据测算工作，设置新的系统参数，确保市区财税体制改革顺利推进。二是及时评估营业税改征增值税试点的情况，落实过渡期财政扶持政策，切实落实好营改增改革工作，并会同国税、地税部门草拟了《关于成立市营业税改征增值税试点改革工作领导小组办公室的通知》、《河源市营业税改征增值税试点改革过渡性财政扶持资金申报指南》。

（二）财政管理改革

一是印发了《河源市财政局进一步推进财政改革的工作方案》，明确了当前和今后一个时期财政改革工作的主要目标任务，加大力度推进财政管理改革。全市公务卡制度改革达到覆盖面100%；财务核算信息集中监管上线单位137个，覆盖率72%；完成非税收入管理系统硬件设备集成及服务项目工作，非税收入系统上线覆盖面达到了100%；新增单位纳入国库集中支付改革范围，实行国库集中支付的单位191个。二是围绕反腐倡廉制度建设，就公务用车配备管理、会议和接待经费管理、财政资金分配使用管理等改革与市纪委进行了对接，实行了市直单位按季度报送“三公”经费报表制度和单车核算制度，实行了专项资金季度统计制度，并将统计情况上报纪检监察部门；拟定了市级会议管理暂行办法及市直公务用车改革测算方案。三是开展引入第三方评价财政资金使用绩效改革，进一步完善市级财政基本建设财务管理办法及市政府投资项目绩效评价管理办法，根据六届16次市政府常务会议要求，印发《河源市市级财政基本建设财务管理办法》及《河源市政府投资项目绩效评价管理办法》。四是创新传统业务评审方法，通过政府采购方式委托社会中介机构评审，切实加强财政投资项目的评审力度，提高资金使用效益。拟定了《河源市财政性资金投资建设项目委托中介机构审核管理暂行办法》和《河源市财政性资金投资建设项目委托中介考核管理暂行办法》，并于2014年1月1日起实施。五是开展市直分类改革事业单位清产核资工作，推进县（区）级行政事业单位资产管理信息化建设。根据市编委《关于市直事业单位分类改革相关事项的处理意见》（河机编〔2012〕94号）精神，印发了《关于印发〈河源市市直分类改革事业单位清产核资工作方案〉的通知》（河财资〔2013〕21号），聘请会计师事务所组成了清产核资小组对市直分类改革的25个单位进行了清产核资。

（三）其他领域改革

一是加快政府向社会购买服务工作，探索开展政府投资项目委托市场中介工作，印发《河源市政府向社会组织购买服务目录（第一批）》。二是积极配合市医改办做好全市医药卫生体制改革工作，认真做好测算，科学编制医改资金预算，投入2.5亿元推进全市医药卫生体制改革工作，五项重点改革都取得了阶段性成果。三是积极支持社会保险制度改革，做好社会保险基金财政财务管理。积极配合地税部门加强社保费全责征收工作，完善社会保险费征缴体制。四是全面展开对外借款清查工作。为贯彻落实省财政厅《关于开展财政对外借款清查工作的通知》（粤财库函〔2013〕1号）文件精神，我市积极开展了财政对外借款清查工作。对清查过程中发现的问题边查边改，针对超过期限的对外借款，积极催收；明确对外借款催收责任，防范政府债务风险。五是完善非税收入管理机构，新设立“河源市政府非税收入管理办公室”，并于2013年11月21日正式挂牌成立。六是完善网上办事大厅建设，推广实施会计管理信息系统管理工作，认真做好注册会计师注册初审和年检等工作，开展注册会计师行业“诚信文化建设年”活动。同时，切实做好《河源财政志》的修编工作，为推进大数据建设提供参考史料。

落实省委、省政府促进东西北振兴发展决策部署。经深入调研，围绕促进粤东西北地区振兴发展，计划未来五年内我市统筹投入资金229亿元，以加快交通基础设施建设、支持中心城区扩容提质和加快推进“双转移”为“三个抓手”，采取综合性财政政策措施，促进区域协调发展。

六、财政监管

着力加强财政监督，促进财政绩效评价与监督工作的有效结合。一是落实省委五个专项行动。围绕落实中央八项规定和省委五个专项行动，在全市开展整治“小金库”、违规使用专项资金和清理办公用房等专项行动，均取得了预期的效果。二是加强资金的监督检查。围绕强化财政监督的全过程监管，开展市直一级预算单位公用经费检查、公务卡强制目录执行情况检查、会计信息质量检查、基层财政资金检查、对外借款清查等。三是创新评审管理办法。做好工程项目概算、预算、结算等评审，切实提高财政资金使用的规范性、安全性和有效性。2013年评审中心共完成了财政资金评审项目456个，送审金额31.91亿元，审定金额30.30亿元，其中：核增金额0.63亿，核增率14.09%；核减金额2.22亿元，核减率8.09%。四是加强政府采购监管力度。扩大政府采购管理范围，严格执行政府采购程序，着力丰富政府采购体系。2013年全市政府采购（货物和服务）预算96 257万元，实际采购89 697万元，节约资金6 560万元，节约率8%。

七、队伍建设

着力加强纪律和能力建设，提升财政干部队伍素质。一是强化学习教育。注重政治理论学习，扎实开展财政“六五”法制宣传教育工作，完善财政干部队伍教育培训机制，通过组织党组理论中心组（扩大）学习、集中学习、个人自学等多种形式，不断提高干部政治素质和职业道德。2013年5月至8月，分期、分批举办全市乡镇财政干部培训班及全市财政支农政策培训班，全市近500名乡镇财政干部、行政村干部参加了培训学习，有力提升干部队伍业务知识水平。9月，邀请了原市直工委书记邹晋开同志开展以“学好新党章，实现新突破”为主题宣讲活动。12月，邀请了市委党校的杨天英同志开展十八大三中全会精神宣讲报告会，并在全局迅速掀起学习热潮。二是改进工作作风。认真贯彻执行中央《八项规定》、省《实施办法》及市《意见》，密切联系群众，改进工作作风，集中精力解决干部队伍中存在的“庸、懒、散”问题。认真组织开展纪律教育学习月活动，提出“十个一”的活动内容和要求，切实提高自律意识和服务能力。同时，结合新一轮扶贫开发，全局副科以上干部主动下乡挂扶锻炼，为我局帮扶的黄村镇铁岗村的贫困户出点子、谋思路。三是加强廉政建设。深入开展理想信念、宗旨观念、党风党纪、勤政廉政教育。采取集中教育与分散教育相结合，警示教育与示范教育相结合等多种形式，积极实践党风廉政建设。积极开展预防职务犯罪共建工作，2013年9月，邀请市检察院反贪局长黄飞龙同志为全局干部上了一堂以“持廉守正，从容淡定”为主题的辅导课。同时，结合纪律教育学习月活动要求，组织局机关全体干部职工分批到蓝塘镇邓瓒先故居开展廉政教育学习活动。

2013年，市财政局被评为“广东省扶贫开发‘规划到户、责任到人’工作优秀单位”、“省特级档案综合管理单位”、“全省财政预算执行分析工作一等奖”、“市慈善总会第二届理事单位”，局党总支被评为“先进基层党组织”等；梁国华同志被评为“全国工会之友”，黄功绍同志被评为“优秀共产党员”，廖清华同志被评为“办理市人大代表建议先进个人”。

（河源市财政局供稿，具瑞新执笔）

梅州市

2013年，梅州市按照“一个目标、三大抓手、两条底线”的要求，深入实施“一园两特带动一精”发展战略，推进“三区三城”建设，打好“五大会战”，全市经济社会发展势头良好。全市实现生产总值800.01亿元，增长11.1%，一二三产业比重为20.6∶36.2∶43.2；全市规模以上工业增加值172.62亿元，增长14.0%；全市固定资产投资完成280.50亿元，增长27.5%；全市外贸进出口总额17.63亿美元，增长17.3%；全市社会消费品零售总额450.18亿元，增长11.7%；全市旅游总收入200.33亿元，增长33.45%；至2013年12月末，全市金融机构本外币各项存款余额达1 245.21亿元，比年初增长17.1%。

2013年，全市公共财政预算收入69.35亿元，完成年初预算的109.78%，同比增长23.24%。全市公共财政预算支出203.72亿元，同比增长16.06%。其中：市本级公共财政预算收入21.85亿元，完成年初预算的100.17%，同比增长15.05%。市本级公共财政预算支出36.08亿元，同比增长6.94%。

全市公共财政预算收入加上上级补助、上年结余、调入资金等，收入总计236.83亿元；全市公共财政预算支出加上专项上解、增设预算周转金等，支出总计217.63亿元。收支相抵，年终滚存结余19.20亿元（含专项结转18.82亿元），净结余3 798万元。其中：市本级公共财政预算收入加上上级补助、上年结余、县上解收入等，收入总计55.31亿元；市本级公共财政预算支出加上市补助县支出、专项上解支出等，支出总计45.04亿元。收支相抵，年终滚存结余10.27亿元（含专项结转10.25亿元），净结余238万元。

一年来，梅州市各级财政部门认真贯彻落实梅州市委、市政府各项决策部署，努力聚财生财，科学理财用财，较好地发挥了财政资金和财政政策在全市经济社会发展中的保障作用和引导带动作用，圆满完成了各项工作任务，成效明显。

一、强化财税收入征管，实现财力有效增长

坚持把确保收入稳定增长、提高收入质量作为财政工作首要目标，积极应对以“营改增”为主的结构性减税等政策调整带来的影响，注重加强与国税、地税部门的沟通协调，强化收入分析监测和收入征管，做到依法征收、应征尽收。严格执行非税收入“收支两条线”管理，拓宽非税收入征管范围，抓好国有资产经营管理，促进非税收入稳定增长。2013年，全市公共财政预算收入增长23.24%，增幅在全省排名第5位，在5个山区市中排名第3位；各县（市、区）公共财政预算收入增幅均达到20%以上，其中梅县区的加权增长率位居全省榜首。

二、积极落实财政政策，促进经济加快发展

围绕“一园两特带动一精”发展战略和打好“五大会战”要求，积极争取上级支持，认真落实中央、省和市出台的各项财政政策措施，大力支持传统产业、新兴产业、精致高效农业发展，积极扶持重点企业和中小企业发展，较好地促进了经济持续稳定发展。一是全力争取上级支持。抢抓国家继续实行积极财政政策的机遇，认真吃透上级有关扶持政策精神，加强与上级部门的沟通对接，积极争取上级更多的资金支持。2013年上级补助资金达146亿元，同比增长4.74%，再创历史新高，有效缓解了全市财政支出压力，有力支持了全市经济社会发展。二是积极落实财政政策。综合运用财政贴息、补助、奖励等手段，认真落实市委、市政府出台的关于促进民营经济、中小微企业发展和产业振兴的各项财政政策措施，大力扶持重点行业、重点企业技术创新、技术改造和品牌运营，支持外贸企业开拓国际市场，支持企业加快改制上市，全面落实困难中小微企业社会保险补贴、岗位补贴和取消、减免、缓征、降低部分行政事业性收费等“暖企”减负政策，促进经济结构调整和产业转型升级，增强经济发展后劲。2013年共投入8.7亿元用于扶持中小微企业发展和实施产业振兴三年计划，有效推动了实体经济平稳增长。三是大力支持招商引资。全年落实招商引资企业扶持资金2.08亿元，推动更多的企业和项目落户梅州，不断做大经济总量。

三、千方百计筹集资金，保障重点支出需要

按照市委、市政府的要求，想方设法，积极做好资金筹措工作，全力支持“三区三城”等重点项目建设。一是全力保障江南新城建设。充分发挥市城投、科发实业有限公司等融资平台的作用，加强与银行、财团的沟通对接，创新融资方式，加大融资力度，至2013年底，共筹集到位资金31.12亿元，为江南新城建设提供有力的资金保障。二是全力推动广东文化旅游特色区发展。全力以赴参与，成功竞得省3亿元山区生态旅游产业园扶持资金，市本级财政按照比例配套1.5亿元。注重整合文化旅游相关专项资金，集中财力办大事，2013年投入3.73亿元支持旅游基础设施建设、景点景区开发、精品线路提升和旅游宣传促销活动等，有力推动了文化旅游产业发展。三是全力支持广州（梅州）产业转移园加快建设发展。在前几年投入的基础上，继续加大投入力度，支持广州（梅州）产业转移园完善基础设施建设、归还银行贷款本息和兑现招商引资优惠政策等，推动园区建设取得了新成效。2013年园区建设支出4.3亿元。

四、加入民生领域投入，提高公共服务水平

贯彻厉行节约原则，进一步优化财政支出结构，压减一般性支出，在优先保工资、保运转的基础上，坚持以小财政办好大民生，进一步推动公共财政建设，不断完善基本公共服务体系，努力提升群众幸福指数。2013年全市财政用于民生领域的支出155.33亿元，占公共财政预算支出的75.7%，同比增长16.5%，民生支出得到有效保障。一是大力支持教育强市、文化强市建设。支持我市成功创建粤东西北地区首个教育强市。落实免费义务教育经费、教师岗位补贴等，大力支持公共教育均等化建设。落实中职教育学生免学费补助，支持中职教育特色专业建设，推动中职教育发展。2013年全市教育支出47.34亿元，同比增长23.17%。积极扶持文化产业发展和客家文化传承创作，支持文化惠民工程和文化基础设施建设，支持举办各项体育赛事，促进文化体育繁荣，推进文化强市建设。2013年全市文化体育与传媒支出3.07亿元，同比增长33.16%。二是着力推进社会保障体系建设。全面落实促进就业政策，做好城乡居民最低生活保障、“五保”供养、孤儿和优抚对象等困难群体生活救助、自然灾害救助以及高龄老人津贴等资金安排拨付工作，全面落实社会福利、社会救济政策，帮助特殊困难群众解决生活问题；推进城乡社会养老保险制度建设，不断完善社会保障体系。2013年全市社会保障和就业支出29.64亿元，同比增长13.75%。三是加强基本公共卫生体系建设。支持深化医药卫生体制改革和基层医疗卫生机构综合改革，支持完善城乡居民基本医疗保险和特困居民医疗救助制度建设，落实村卫生站医生补助、优抚对象医疗保障等，不断推进基本公共卫生体系建设。2013年全市医疗卫生支出20.81亿元，同比增长16.29%。四是认真落实强农惠农政策。制订并推进实施县域耕山致富方案，支持完成种植70.87万亩碳汇林，支持生态景观林带提升工程、森林围城工程建设。大力推动现代农业发展，继续推进农业科技创新和农业综合开发，全面实施新一轮茶叶产业带项目建设，推动嘉应茗茶发展。大力支持打好水利建设大会战，推进268宗重点水利项目建设。全面兑现种粮补贴、油价补贴、村干部生活补贴和护林员补

贴等，大力支持乡村道路改造建设、生态环境保护和改善，大力支持扶贫开发、救灾复产、生猪生产、品种改良和免疫防治。2013年全市农林水事务支出25.24亿元，同比增长7.02%。五是突出保障十件惠民实事实施。想方设法筹集资金12.48亿元，全力保障食品安全、交通惠民、环境惠民等十件惠民实事的支出，推动十件惠民实事得到有效落实。六是大力支持平安梅州建设。继续加大政法部门办公办案、警力装备、基础设施建设投入，增强政法部门打击违法犯罪、维护社会稳定、保护群众利益的能力，推动“平安梅州”建设。2013年全市公共安全支出10.56亿元，同比增长7.34%。

五、深化财政制度改革，加强财政监管力度

一是继续深化财政制度改革。继续推进部门预算、国库集中支付、政府采购、公务卡等财政管理制度改革，不断扩大财务核算信息集中监管改革覆盖面。国有资产交易、政府采购和政府投资工程预结算审核管理进一步规范。按省要求认真做好省直管县财政改革试点工作，在兴宁市和五华县列入试点的基础上，2013年丰顺县列入了第三批改革试点县。二是严格控制一般性支出。认真贯彻落实中央八项规定要求，切实加强支出管理，从严控制一般性支出特别是“三公经费”支出，做到大钱大方、小钱小气，开源节流，厉行节约，腾出更多财力保民生、保重点支出需要。三是加强财政监管。扎实开展“小金库”、办公用房等专项清理整治行动。进一步健全事前审核、事中监控、事后检查的支出监管体系，推行财政支出绩效评价、实施重点项目跟踪问效，加强政府采购监管和财政投资审核，以及加大对民生领域、重点项目等专项资金的监督检查，严把财政资金支出使用关口，较好地提高了财政资金使用效益。2013年，全市共批复政府采购计划9.83亿元，实际采购金额8.96亿元，节约资金0.87亿元，节约率为8.85%，其中：市本级批复政府采购计划3.79亿元，实际采购金额3.5亿元，节约资金0.29亿元，节约率为7.65%；全市共完成工程审核项目2 109项，完成送审总金额55.87亿元，核减金额6.8亿元，核减率为12.17%，其中：市本级完成工程审核项目313项，完成送审总金额25.84亿元，核减金额4.09亿元，核减率为15.83%。

六、着力抓好作风建设，提升机关服务效能

认真开展党的群众路线教育实践活动前期工作，严格落实中央八项规定，着力整治“慵懒散奢”及“四风”问题，下大力气改进工作作风，努力营造风清气正、积极向上、勤奋工作、务实清廉的良好氛围，财政机关的办事效能和服务水平得到进一步提升。重视人才培养，加大干部职工轮岗、培训力度，不断提高干部职工的综合素质和业务水平。

（梅州市财政局供稿，陈洪文执笔）

惠州市

2013年，惠州市经济呈现稳中加快，稳中向好的发展态势，全市实现地区生产总值2 678.35亿元，增长13.6%，增幅比上年上升1个百分点，居全省第3位，珠三角首位。其中，第一产业增加值136.67亿元，增长3.6%；第二产业增加值1 550.19亿元，增长16.0%；第三产业增加值991.09亿元，增长11.0%。全市固定资产投资1 401.30亿元，增长18.6%。全市进出口总额573.94亿美元，增长16.0%。实际吸收外商直接投资18.34亿美元，增长6.2%。全市社会消费品零售总额857.91亿元，增长13.5%。全市居民消费价格指数（CPI）上涨2.1%，涨幅比上年同期回落0.7个百分点。

一、全市公共财政预算执行情况

2013年，惠州市各级财政部门全力加强财源建设和优化收入征管，促进财政收入增长与经济发展相协调，全市财政运行情况良好，呈现“收入跨越增长，各级次均衡发展，结构不断优化”的特点。

一是财政收入跨越增长。2013年，全市地方公共财政预算收入完成250.1亿元，为年初代编预算的110.14%，同比增收49.2亿元，增长24.5%，增幅比全省平均水平（13.6%）高10.9个百分点，在全省地级以上市中居第三位，珠三角居首位。财政收入总量在全省排名从第6位上升到第5位，实现历史性跨越。

二是各级次均衡发展。2013年，市本级公共财政预算收入完成93.9亿元，增长17.8%，各县（区）收入共完成156.2亿元，增长28.9%，各级次呈现均衡发展态势；县（区）级收入增幅高于全市4.4个百分点，各县（区）收入均实现20%以上增长，县（区）级增收潜力凸显。

三是支出结构不断优化。2013年，全市公共财政预算支出首次突破300亿元，累计完成328.1亿元，为年度代编预算106.87%，同比增支54亿元，增长19.71%。市本级公共财政预算支出完成101.2亿元，为年度预算的136.51%，同比增支20.2亿元，增长24.97%。全年全市公共财政11类民生支出完成224.8亿元，同比增支41.5亿元，增长22.6%，增幅高出同期公共财政预算支出2.9个百分点，民生支出占公共财政预算支出的比重达到68.5%。

二、财政支持经济社会发展的主要工作情况

2013年，惠州市各级财政部门在市委、市政府实施调结构、转方式的政策驱动下，结合市情实际，力促经济发展，增进民生福祉，坚定不移，真抓实干，进一步推动了全市财政科学发展、跨越发展。

（一）全力推进基本公共服务均等化，民生质量得到大改善

为巩固提升2012年基本公共服务均等化综合改革试点

成果，2013 年组织制定了《落实〈惠州市基本公共服务均等化综合改革实施方案（2012－2014 年）〉2013 年工作方案》，在 2012 年 12 个专题的基础上，增加人口和计划生育、残疾人基本公共服务 2 个专题的基本公共服务，14 个专题共实施 219 个基本公共服务项目。全市基本公共服务覆盖范围不断扩大、均等化水平不断提高、城乡差距不断缩小、配套改革不断深化，百姓幸福指数不断提升。

1. 落实教育优先发展战略。2013 年，全市财政教育支出 72.6 亿元，增长 16.02%。其中，市财政安排 2 665 万元，实施东江高级中学二期工程，继续推进优质学校创建工作。安排 3 528 万元补助资金，实施全市城乡学校教育装备均等化。安排 4 756 万元，支持全市中小学多媒体综合电教平台建设。安排 1 069 万元，实施义务教育学生营养改善计划，涉及学生 2.3 万人。安排 378 万元，在全省率先对家庭经济困难的农村学校寄宿学生提供生活补助，小学 1 000 元/生·年，初中 1 250 元/生·年，全市有 5 729 人受益。安排 709 万元，在全省先行先试电子公共教育券制度，2013 年，试点从仲恺高新区发展到全市范围，全市民办义务教育学校随迁子女学生在享受全省统一的生均公用经费外，每人每年还获得 100 元的补助。

2. 加强政策性保障住房建设。多渠道、多形式地筹集资金，确保保障性住房的建设需要。2013 年，市本级共筹措用于保障房建设的财政性资金 31 193 万元，拨付县区补助资金 8 828 万元、保障性住房建设资金 9 389 万元、租金补贴和物业费补贴资金 780 万元，建立和完善政策性住房保障体系，推动了金石花园二期等三个保障房小区顺利建设。在保障性住房补助方面，由补助保障房提供者转为直接补助保障对象，把"补砖头"变为"补人头"。补助标准与保障对象的人均收入挂钩，实行差异化补助，收入越低，补助越高。

3. 完善城乡社会保障体系。2013 年，全市财政社会保障与就业支出 26.8 亿元，增长 21.88%。其中，市财政积极落实城乡居民养老保险财政补助资金 9 567 万元，基础养老金补助标准由原来的 70 元/人月提高至 90 元/人月，全市基本实现全覆盖。足额安排低保资金 3 790 万元，保障低保对象的基本生活，城乡低保标准从 385 元/人月提高到 430 元/人月，全市城乡低保标准实现了一体化。落实敬老优待政策，安排 80 周岁以上老年人政府津贴 4 300 万元、空巢老人政府津贴 95 万元。安排社会福利事业专项资金 4 095 万元，加大对社会弱势群体的扶助力度。安排资金 9 472 万元，大幅提高重点优抚对象抚恤补助标准，其中烈属抚恤、在乡复员军人生活补助、参战涉核军队退役人员生活补助标准分别高于省规定标准 56.4%、70.4% 和 48%，达到省先进水平。

4. 加快公共卫生体系建设。2013 年，全市财政医疗卫生支出 26.3 亿元，增长 20.49%，为医药卫生体制改革提供坚实财力保障。其中，重点保障城乡居民基本医疗保险财政补助经费，市财政安排 11 690 万元，增长 12%，补助标准提高到 300 元/人·年，高于省定标准 20 元。安排基本公共卫生服务经费 5 786 万元，增长 13%，补助标准为 40 元/人·年，高于省定标准 10 元。安排基层医疗卫生机构经常性收支差额补助资金 2 000 万元、化解历史债务以奖代补资金 500 万元，保障基层医疗卫生机构有效运转和健康发展。安排补助资金 610 万元，逐步为 6 种贫困重性精神疾病患者按 600 元/人年标准提供免费抗精神疾病基本药物治疗。同时，对关锁、肇事肇祸、贫困重性精神疾病患者长期免费住院的按 4 800 元/人年标准提供伙食补助。

5. 加大人口与计划生育工作扶持力度。坚持"以人为本、优质服务"，2013 年，市财政投入资金 6 509 万元，为城乡居民提供计划生育、优生优育、生殖健康等服务，计划生育宣传教育家庭覆盖率达到 93% 以上。其中，安排免费婚检和新生儿疾病免费筛查经费 1 411 万元，实施出生缺陷干预工程，提高人口质量。基本实现流动人口计生家庭待遇均等化，流动人口免费享受技术服务落实率达 95% 以上，流动育龄妇女免费查环查孕率、免费药具获得率均达 90% 以上。扎实推进"惠一家"优生健康工程，全市 5 个县（区）先后被国家人口计生委授予"全国计划生育优质服务先进单位"称号，实现了"国优"满堂红。

6. 大力支持社会事业发展。重点解决群众关注的"热点民生"问题。2013 年全市"省十件民生实事"支出完成 27.44 亿元，完成年度预算的 106%；"市十件民生实事"各级财政总投入 33.89 亿元（不包含 BT 项目等其他渠道资金）。加大禁毒经费投入，积极配合"雷霆扫毒"专项行动，全市投入禁毒经费 7 092 万元，为"无毒惠州"提供了坚实的财力保障。

（二）全力加快转型升级，转变发展方式迈出大步伐

通过有效整合和优化财政资源配置，充分发挥财政资金"四两拨千斤"的乘数效应，促进现代产业发展、传统优势产业提升，加快经济发展方式转变步伐。

1. 注重关键领域的投入。加大重点项目建设投入，着力促进经济发展，落实扶持实体经济"新惠 28 条"措施，安排扶持实体经济发展资金 3.55 亿元。加大融资力度，融资 50 亿元，有力保障了重点项目建设。

2. 加快工业产业转移。积极营造良好的经济发展环境，加快完善园区基础设施建设，优化园区发展环境，2013 年市财政预算安排 1 亿元推进产业转移，其中：两个省级园区基础设施建设资金 8 000 万元，产业引导及奖励专项资金 2 000 万元。

3. 加大农业产业投入。2013 年，市财政安排 5 100 万元用于农田水利建设，安排 514 万元配套资金实施农村饮水安全工程，安排农业综合开发配套资金 680 万元，推动农业基础设施建设；下达直接补贴农民资金 16 023 万元，提高农民收入；安排支持农业产业化发展资金 960 万元，有力地推动农业产业化进程和特色农业的发展。

4. 推进科技自主创新。2013 年，市财政安排技术研究与开发资金 6 660 万元，对企业技术研发中心建设设立了不同等次的扶持政策，对被评定为国家级、省级和市级工程技术中心的，市财政分别给予 100 万元、50 万元、30 万元

配套经费补助。安排现代产业100强项目扶持资金3 000万元、战略性新兴产业发展专项资金1 500万元，大力发展高新技术产业，加快培育民营科技企业，加大高新技术产品的研发和认定力度，加快科技成果转化的步伐。

（三）全力推动生态文明建设，城乡面貌发生大变化

注重发挥财政政策的导向作用，推动绿色发展，生态发展，改善城乡发展环境，城乡面貌发生大变化。

1. 完善生态机制建设。积极开展生态创建，完善生态创建财政奖励机制，对成功创建国家级、省级、市级生态村的单位分别奖励15万元、10万元和5万元，对成功创建省级生态乡镇的单位奖励20万元，对成功创建国家级生态乡镇的单位奖励40万元，大大提高各地生态创建积极性。安排“以奖代补”奖励资金4 740万元，推动全年全市建设10座污水处理设施，同时建立乡镇、街道污水处理厂运营补贴长效机制，城镇污水处理率达到90%以上。

2. 加大城市生态投入。积极落实申报国家历史文化名城、文物保护和非物质文化遗产管理等工作的资金保障，安排2 000万元集中打造一批具有惠州特色、岭南风情的名镇、名村、示范村名镇名村。安排市级公益林补偿资金2 517万元，有力地支持了全市生态建设，促进了可持续发展。

3. 改善城乡发展环境。统筹安排G205线国道改造示范工程惠州段路面大修工程资金2.39亿元，改善山区及乡镇发展环境，缩小区域发展的差距；安排通自然村公路硬底化市级补助资金8 000万元，完成800公里的通自然村公路硬底化任务，解决农村“行路难”问题；完善城乡公共交通，增开5条城乡公交线路，改造2条道路短途客运班线为公交线路，提高了发班密度，降低了票价，做到让利于民，缩小了城乡公共交通服务差距。

（四）全力深化财政改革，科学理财取得大进展

积极推进财政改革创新，充分发挥财政的统筹作用，着力破解制约科学发展的体制机制问题，财政发展活力进一步增强，科学理财取得大进展。

1. 完善公共服务投入体系。2013年，全市公共财政基本公共服务支出111.43亿元，同比增长21.62%，增幅高于同期公共财政预算支出增速1.91个百分点，为推进基本公共服务均等化综合改革提供资金保障。完善底线均等保障机制，2013年底线均等项目优化调整增加到32个，由公共财政统一标准、托底保障群众都享有一定标准之上的基本公共服务；完善县（区）横向转移支付机制，设立市级基本公共服务均等化专项统筹资金，各县（区）按上年公共财政预算收入的3%安排专项资金上解到市级统筹，市财政每年安排不少于1亿元，2013年统筹资金由上年的5亿元增加到6.5亿元，主要用于向各县区的横向转移支付，实现富裕县区帮助经济落后县区，促进不同县区基本公共服务水平均衡，《中国财经报》对此做了“惠州横向转移支付推进公共服务均等化”的专题报道；完善财政投入稳定增长机制，确保每年基本公共服务支出增长高出公共财政预算收入增长2－3个百分点，2013年，市级新增财力投入民生的比重提高到75%、县级比重提高到60%以上，实现财政投入的稳定增长。

2. 深化预算管理和执行改革。出台《惠州市市级财政专项资金竞争性分配实施方案》，规范市级财政专项资金竞争性分配工作，通过引入招投标和专家评审方式，实现财政资源高效配置，促进市级财政专项资金分配科学合理。印发《关于进一步规范市级部门预算追加工作的通知》，明确财政预算追加范围和条件，规范预算追加审批程序，从严控制和审核预算追加，促进预算调整的规范化，进一步增强部门预算的执行力和约束力。

3. 完善行政事业资产管理制度改革。规范市直行政事业单位国有资产处置行为，严把资产的“出口关”、“入口关”，2013年重新修订印发了《惠州市财政局市直行政事业资产处置管理办法》，进一步明确了资产处置审批权限、审批程序。2013年，全市办理行政事业单位国有资产处置申报211宗，资产账面总值价值13 164万元。全市行政事业单位上缴国有资产处置收入6 793万元。

（五）全力加强财政监督管理，资金使用效益大提高

以安全和效益为核心，积极构建“职责明确、科学规范、运行高效、制衡有力”的监管体系，有效防范财政风险，提高管理效能。

1. 加强重点工程项目资金监管。积极参与工程项目各项合同及招标文件的审核，加强工程变更项目中计量工作的监督管理，规范建设项目的资金管理，进一步完善监管流程，财政监管实现无缝对接。全年对雅图产业基地配套道路工程、鹿江公园等27个重点工程项目派出财务总监，涉及金额48.4亿元；监管在建工程71项，节约财政资金1 100万元。

2. 加强政府采购监督管理。制定完善《政府采购法》的相关配套制度办法，进一步规范政府采购行为，明确政府采购组织形式和采购方式。2013年，全市共完成政府采购项目7 917宗，完成实际采购总金额225 537万元，节约采购预算资金9 691万元，节约率4.12%。其中，市本级完成政府采购项目903宗，完成实际采购总金额86 039万元，节约采购预算资金4 314万元，节约率4.78%。

3. 加强财政专项资金管理。加大民生资金监管力度，找准财政监督与民生保障的结合点，全面提升专项资金的规范性、安全性和有效性。建立市、县（区）上下联动检查机制，采取自查自纠、巡查督导、重点检查等方式，全市开展民生资金检查项目32个，涉及资金6.39亿元。

4. 加强“三公”经费支出管理。从严控制“三公”经费开支，在源头上控制“三公”经费支出。2013年，公用经费、专项业务费、一般性支出预算比2012年压减5%；公费接待、公费出国预算压减15%，车辆购置费零增长，会议宣传、调研等经常性专项经费预算压减30%；政府性楼堂馆所一律不安排预算，将更多的财力投向保增长、保

稳定、保民生的重点领域，促进了全市经济社会平稳较快发展。

（六）全力强化财政队伍建设，服务水平得到大提升

坚持以人为本，与时俱进，立足新起点，落实新举措，锻造新作风，创造新业绩，加大财政干部队伍建设力度，提升机关服务水平。

1. 以“三个年”活动为抓手，切实提高财政服务水平。努力建设“服务型财政机关”，优化服务环境，完善服务功能和办事流程，按标准全面提升会计服务大厅建设，方便群众的办事需求，全面实行机关服务“五上墙”，会计服务大厅顺利通过了标准化的验收，成功进入网上办事大厅，被评为“惠州市文明创建示范点”。密切联系群众，积极推进扶贫开发“双到”工作，结对帮扶17户贫困户全部脱贫，脱贫率达到100%。2013年4月，市财政局被中共广东省委办公厅评为扶贫开发“规划到户、责任到人”工作优秀单位。

2. 以贯彻“八项规定”为重点，切实改进机关作风。积极贯彻落实中央“八项规定”，出台《关于进一步改进机关工作作风的意见》和《关于印发惠州市财政局服务承诺的通知》，推行工作职责、业务办理、服务时限等公开承诺制度，自觉接受社会监督；畅通信访、网络问政、局长信箱、“行风热线”、“惠民在线”论坛、民主评议等民意诉求渠道，广泛收集作风建设存在的问题和建议，促进机关作风转变。社会各界对财政部门的满意度不断提升，2013年“万众评公务”活动中，市财政局综合得分排名经济管理类第2名。

3. 以强化监督教育为依托，切实加强党风廉政建设。加强党风廉政建设，增强广大党员干部廉洁自律意识，提高教育的针对性和实效性。开展纪律教育学习月“八个一”活动，组织全局干部观看《蚁贪之祸》、《县委书记腐败案例透视》、《惠州市贯彻落实“八项规定”暗访片》等警示教育片，增强反腐倡廉教育的震撼力、感染力和说服力，促使财政干部提高自我约束能力，自觉抵制不正之风。

4. 以加强业务培训为保障，切实提升队伍整体合力。加强财会人员的各项培训及继续教育工作，2013年全市共完成会计人员的各类培训近3万人次。扎实开展农村财会人员财政支农政策培训工作，积极服务财政“双基”建设，积极探索建立支农培训工作长效机制，为建设惠民之州和幸福广东添砖加瓦。

（惠州市财政局供稿，刘群执笔）

汕尾市

2013年，在省委、省政府的正确领导下，汕尾市坚持以邓小平理论、“三个代表”重要思想和科学发展观为指导，凝心聚力，抢抓机遇，心无旁骛向西发展，更加主动融入珠三角，坚定不移加快发展。

2013年全市生产总值671.75亿元，增长12.2%；规模以上工业增加值234.98亿元，增长24.9%；固定资产投资总额462.09亿元，增长22.3%；公共财政预算收入48.15亿元，增长17.2%，财税质量有所提高，非税收入占36.95%，比上年降低近2个百分点；国税税收收入突破30亿元，地税税费收入突破50亿元；社会消费品零售总额473.56亿元，增长11.6%；外贸进出口总额41.7亿美元，增长46.9%；居民消费价格上升2.5%；市区居民人均可支配收入20 804元，增长12.9%，农民人均纯收入9 563元，增长11.6%；预计万元GDP能耗下降5.18%。

2013年全市公共财政预算收入完成481 545万元，完成年度代编预算的97.66%，比上年增收70 626万元，增长17.19%；全市公共财政预算支出完成1 053 267万元，完成年度代编预算的171.78%，比上年增支174 756万元，增长19.89%。

市级（不包括市城区、红海湾开发区和华侨管理区，下同）公共财政预算收入完成111 288万元，为年度预算的96.94%，比上年增收15 616万元，增长16.32%；市级公共财政预算支出完成166 744万元，为年度预算的130%，比上年增支24 010万元，增长16.82%。

2013年，在汕尾市委、市政府的正确领导下，全市各级财政部门坚定信心、迎难而上，努力化挑战为机遇，坚持实施积极的财政政策，全市经济建设、社会文明及民生工程建设等都取得了新的重大进展，为全市实现社会经济平稳较快发展奠定了基础。

一、高度重视财税征管工作，确保财政收入稳步增长

汕尾市在经济持续稳定发展的基础上，各级政府大力抓好财税收入征管工作，特别是市委、市政府主要领导多次深入基层调研、指导财税工作，大力引进上马重大建设项目，挖掘财源税源，做大“财政蛋糕”，确保财政收入持续稳定增长。财政部门认真配合税务部门强化税收征管，协调税务等有关部门解决税收征管过程中遇到的困难和问题，推动税收协调可持续增长。2013年，全市税收收入完成303 548万元，比上年同期增长20.88%，确保了年度预算计划的圆满完成。同时，各级财政部门继续加强行政事业性收费、政府性资源及特种行业的管理，努力组织非税收入。全市非税收入完成177 904万元，比上年同期增长11.33%。

二、加大民生保障力度，落实惠民政策，公共财政体系建设取得新的明显成效

2013年全市财政部门认真落实各项财政政策，进一步保障和改善民生，保障重点支出，公共财政的建设取得明显成效。

1. 加大财政支持力度，全力支持新农村建设。按照“多予、少取、放活”的方针，落实各项支农惠农政策，2013年全市共投入资金133 220万元支持农业和农村经济

发展，进一步加强和改善农业农村基础设施建设，解决饮水安全和行路难等问题，推进农村安居工程建设，提高农业综合生产能力，支持粮食种植补贴和粮食储备管理，培育和扶持农业龙头企业的发展，建设农业防护体系，引进良种，推广先进农业生产技术，提高农村贫困地区“两委”干部补贴，为我市农民增收、农业增效和新农村建设提供了有效资金保障。

2. 加大社保投入力度，推动公共卫生、医疗、就业保障体系进一步完善。一是加强社会保险基金征收管理，加强资金保障力度，确保基金安全和各项社会保险待遇按时足额发放。2013 年，全市安排城乡居（村）民最低生活保障金 20 475 万元，城乡享受低保救济对象 43 596 户 103 188 人，做到应保尽保。二是大力加强医疗卫生体系建设，投入资金 110 049 万元构筑公共卫生体系，推动城乡居民医疗保险制度建设，其中，全市参加城乡居民医疗保险人数 2 570 983 人，有 87 000 人次享受住院补偿金额合计 78 904 万元，152 508 人次享受医疗救助金额合计 1 466. 82 万元；建立起覆盖城乡居民的基本卫生保健体系。三是积极落实就业和再就业优惠政策。全市实现农村富余劳动力转移就业 46 971 人，实现下岗失业人员再就业 23 222 人。四是做好退役士兵安置和企业军转干部生活困难补助，支持拥军优属工作，发放城镇退役士兵一次性补助、企业军转干部生活困难补助、随军军转干部家属有偿安置补助 153. 2 万元。

3. 加快基础设施建设步伐。积极贯彻落实中央扩大内需财政政策，进一步管好用好扩大内需国债专项资金和其他财政性专项资金。2013 年，取得新增中央投资项目共 62 宗，项目总投资 40 996 万元，得到新增中央补助资金 15 905 万元，省市县配套资金 16 398 万元，同时取得中央代发地方政府债券 7 232 万元，带动地方投资 19 462 万元。

4. 加大教科文投入力度。2013 年，全市教育投入资金 258 644 万元，主要用于实施免费义务教育公用经费 45 117 万元，农村困难家庭子女义务教育阶段生活费补助 1 300 万元，中职学校免学费补助资金 2 605 万元，普通高中国家助学金 1 508 万元，实施山区和边远地区义务教育学校教师岗位津贴补助资金 10 346 万元，多媒体电教平台建设资金安排 2 000 万元，与华南师范大学战略合作教师培训经费 150 万元；文化体育与传媒投入资金 10 415 万元；科学技术投入资金 7 869 万元，有效地改善了我市农村及城镇义务教育条件，促进了市文化科技的进一步发展。

5. 支持企业升级和拓展国内外市场。积极向中央和省争取扶持企业发展各项资金 3 000 万元，加快工业园区建设，推动产业和劳动力“双转移”，促使企业进行技术改造和技术创新，优化经济产业结构，增强经济发展潜力和后劲。争取省扶持加工贸易转型升级资金 130 万元，进口产品贴息资金 622 万元，大力扶持金融机构的健康发展，争取省小额贷款公司风险补偿资金 90 万元，促进企业提高自主创新能力和出口竞争能力，帮助中小企业拓展国内外消费市场。

6. 积极做好强台风“天兔”抗灾复产工作。2013 年第 19 号强台风“天兔”登陆汕尾市后，造成严重人员财产损失。为支持灾区尽快恢复生产生活正常秩序，市财政多方筹资共安排资金近亿元统筹用于应急生活救助、水毁水利设施修复、灾毁公共基础设施补助、卫生防疫及医疗设施损毁补助及水毁公路抢修保通等灾区救灾复产重建工作。其中：市级财政按每户补助 5 000 元的标准，下拨重建家园补助资金 1 354 万元用于“全倒户”恢复重建，确保“全倒户”春节前入住新房。

三、深化财政改革，构建公共财政体制框架

一是深化预算管理制度改革。建立健全部门预算、综合预算等管理制度，提高资金分配的科学性、公平性和公开性。切实按照市人大批准的预算执行，增强和维护部门预算执行的严肃性。二是加快推进公务卡改革和完善国库集中支付制度改革，进一步推进财务核算信息集中监管改革试点工作，加强对财政支出的事前、事中、事后三个环节的有效监控。三是完善政府采购管理办法和投资评审规章制度。拓宽政府采购规模，对节能、环保、自主创新产品实行优先采购，提高政府采购工作效率和透明度；制定完善了《评审项目初审情况审核制度》、《评审项目现场勘察制度》和《评审项目材料审核制度》。四是切实加强政府债务管理，严格控制政府债务规模，确保财政安全运转。

四、加强财政监管，确保资金使用安全

一是继续加强“收支两条线”管理工作，努力探索政府非税收入征管新模式，挖掘非税收入新亮点。二是深入开展整治“小金库”和违规使用专项资金行动，进一步加强对财政性专项资金检查监督，进一步规范财政性专项资金的拨付和使用程序，完善全市财政性专项资金的管理工作。截至 2013 年底，市直共查出 5 个项目违规使用专项资金 527 万元，已追回资金 101. 65 万元。三是加强财政内部监督。对财政资金的分配、拨付、使用和管理实行全过程监督，促进财政系统廉政建设。四是加强工程预（结）算审核和政府采购监管。2013 年，全市财政部门审核工程预结算 844 宗，送审造价 210 639 万元，核定造价 191 840 万元，净核减造价 18 799 多万元，净核减率 9%。2013 年全市政府采购预算金额 30 452 万元，实际采购金额 29 478 万元，节约采购资金 974 万元，节约率为 3. 2%。

五、认真抓好机关作风的转变工作

根据市委、市政府的要求，财政局高度重视，认真组织，精心部署，以认真开展民主评议行风政风活动为契机，结合开展党的群众路线教育前提实践活动提出的“照镜子、正衣冠、洗洗澡、治治病”的总要求和关于“形式主义、官僚主义、享乐主义、奢靡之风”的四风问题，大力整顿机关政风行风，树立依法行政、为民理财、干净干事的良好风气，有效解决了个别干部在思想上工作上存在的“三气”现象，即安于现状、不思进取的“丧气”，心浮气躁、工作不耐烦的“躁气”，自恃高人一等，财大气粗的“傲气”。针对通过自查自纠，广泛征求社会各界意见和组织问卷调查梳理出的诸如利用财政政策调控杠杆，引导经济发

展的作用不明显，工作创造性有待提高等问题，及时制定出具有针对性的措施加以整改。

（汕尾市财政局供稿，谢岚执笔）

东莞市

2013 年是东莞市加快推进高水平崛起的奋进之年。面对复杂严峻的国内外经济形势，全市各级财政部门围绕“加快转型升级、建设幸福东莞、实现高水平崛起”战略目标，按照市第十五届人大三次会议审议通过的预算，依法组织财政收入，认真落实各项预算支出，加强管理，深化改革，圆满完成了全年预算任务，有力促进了东莞市经济企稳回升与社会和谐稳定。

2013 年，东莞市生产总值（GDP）5 500 亿元，比上年增长 9.8%，增速高于全省 1.3 个百分点，高于全国 2.1 个百分点，为“十二五”以来最高增速。其中，第一产业下降 0.3%；第二产业增长 10.3%；第三产业增长 9.4%。全年全社会固定资产投资 1 383.94 亿元，比上年增长 18.2%。全年全市进出口总额 1 530.72 亿美元，比上年增长 6.0%。其中进口总额 622.08 亿美元，增长 4.6%；出口总额 908.64 亿美元，增长 6.9%。全年合同利用外资 40.41 亿美元，比上年增长 6.1%。实际利用外资 39.38 亿美元，增长 16.9%。全年全市社会消费品零售总额 1 486.66 亿元，比上年增长 9.8%，居民消费价格总水平比上年上升 1.9%。

2013 年来源于东莞的财政收入 974.2 亿元，比上年增长 15.2%，其中：上划中央 216 亿元，上升 6.6%；上划省 156 亿元，增长 11.6%；市公共财政预算收入 409 亿元，增长 14.8%；市基金收入 193.2 亿元，上升 31.7%。市公共财政预算收入和市基金收入加上上级税收返还收入、上级补助收入、地方政府债券转贷收和上年结余，2013 年市可支配财力为 706.5 亿元。2013 年市财政支出 673.8 亿元，其中：镇街分成支出 299.7 亿元，市本级安排支出 301.2 亿元，省追加支出 38.7 亿元，专项上解（缴省支出）33.2 亿元，地方政府债券转贷资金支出 1 亿元。收支相抵，结余 32.7 亿元。

一、狠抓财政收入征管，超额完成全年收入任务

2013 年，东莞市努力加强财源建设和收入征管，促进财政收入增长与经济发展相协调，进一步优化财政收入结构。认真落实涉企收费减免政策，打造最佳营商环境，实现用财力培育新的财力，形成经济发展、产业结构优化和财政收入稳定持续增长的良性循环。一是依法加强财政收入征管。密切关注经济运行情况和政策变化，加强财政收入监测分析，依法应收尽收，积极向上级争取免抵调库指标。二是进一步完善非税收入管理系统和以票控费制度，加强污水处理费、垃圾处理费的征收管理，推动户外广告资源有偿使用，挖掘增收潜能。经过全市各级各部门的努力，2013 年，来源于东莞的财政收入 974.2 亿元，其中市公共财政预算收入完成 409 亿元，稳居全省第四位，增长 14.8%，收入增幅在珠三角 7 市排名第 4。市公共财政预算收入中，税收收入完成 331.5 亿元，占比 81.06%，比 2012 年提高了 2.68 个百分点，财政收入质量进一步提高。非税方面，尽管面临取消和免征减征部分收费项目等政策因素影响，市财政等部门通过依法加强征收管理，努力挖掘收入潜力，全年非税收入完成 77.5 亿元，与 2012 年基本持平。

二、全力优化支出结构，保障各项工作顺利开展

2013 年，东莞市财政局按照“压一般、保重点、保民生”的原则，牢固树立过“紧日子”的思想，从严控制和规范公务接待经费、因公出国（境）经费、公务用车购置运行费用以及由财政出资举办的庆典、节会、论坛等方面的经费支出，集中财力对水乡统筹、科技创新、“三重”建设、科技金融产业“三融合”等重点工作给予重点支持，对教育、社会保障、医疗卫生、就业等民生领域给予重点保障。2013 年市财政支出 673.8 亿元，其中：镇街分成支出 299.7 亿元，市本级安排支出 301.2 亿元，有力保障了市委市政府稳增长、调结构、惠民生各项政策措施的落实。

（一）积极发挥财政杠杆作用，促进经济转型发展

1. 全力支持转型升级。投入“科技东莞”工程专项资金 20 亿元，重点支持北京大学东莞光电研究院、东莞深圳清华大学研究院等一批重大公共科技创新平台项目，东莞中国科学院云计算产业技术创新和育成中心、莞台合作生物技术产业基地、中以国际科技合作产业园等重大科研平台和重大产业园区；完善加工贸易转型升级财政政策体系，鼓励加工贸易企业创建品牌、自主创新和拓展内销市场，成功举办第二届加博会；鼓励企业进口生产性设备，引进先进技术；引导股权投资基金发展，实施重大项目招商引资和金融招商奖励，推动科技、金融与产业融合。

2. 大力建设人才强市。投入“人才东莞”专项资金 10 亿元，出台特色人才特殊政策、鼓励专业人才学历进修、博士后培养工程等人才政策，增强东莞市人才政策优势，加快培养和集聚高层次人才；实施促进就业和鼓励创业政策措施，调整完善小额贷款政策，提升市民就业创业能力，推动实现更高质量的就业。

3. 努力打造文化名城。投入“文化东莞”专项资金 10 亿元，多渠道推广宣传东莞精神和城市形象，推动并成功创建国家公共文化服务体系示范区；重点支持 21 个文化产业和 611 个文化精品项目，支持成功举办第五届漫博会，促进我市文化产业集聚化、专业化和规模化发展，扶持文化艺术精品创作生产。

4. 切实减轻企业负担。全面免征和取消使用流动人员调配费、税务发票工本费等行政事业性收费，减轻企业负

担4.6亿元。积极推进“营改增”试点工作，投入4 841万元，对试点工作中税负增加达到一定金额的企业给予财政补贴。支持行政审批制度改革、网上办事大厅建设和社会信用体系、市场监管体系建设。

5. 强力推进节能减排。成功入选为国家第二批节能减排财政政策综合示范城市，获得中央财政2014－2016年连续3年、每年不少于4亿元、力度空前的资金支持，以及国家在节能减排和可再生能源发展方面的政策倾斜，为我市加快推进节能减排、促进转型升级、实现可持续发展提供了有力支撑。

（二）加大镇村扶持力度，促进区域协调发展

1. 保障村（社区）基本公共服务支出。从市镇参与税收分成收入中切块5%，投入12.2亿元，新增设立村（社区）基本公共服务专项资金，逐步由市镇财政承接村（社区）治安、环卫、行政管理等基本公共服务支出。

2. 支持水乡地区统筹发展。投入20亿元，用于统筹水乡地区重大项目和基础设施建设，支持水乡大道、龙湾滨江片区综合开发、挂影洲中心涌环境综合整治等项目先期启动。投入1亿元，按“两保”全额标准的20%提高水乡地区村（社区）的基本公共服务补助水平。

3. 促进区域协调发展。投入7亿元，用于市对镇街均衡性转移支付。投入2.5亿元，用于“三旧”改造土地税费返还。投入2亿元，用于市内扶贫，增强欠发达镇村自身造血功能。投入1.8亿元，对承担基本农田和非经济林地保护任务的村（社区）给予生态补偿。投入4 744万元，推动都市农业发展。

（三）优化支出结构，切实保障和改善民生

1. 保障教育优先发展。投入11.4亿元，补助镇街教育经费，将镇街初中、小学的年生均公用经费标准分别提高至3 700元和1 840元。投入1亿元，用于发展学前教育。投入7 397万元，将免费义务教育补助范围扩大到民办学校。投入7 000万元，支持职教城理工学校新校和技师学院开办，增加1.4万个中职和高职学位。投入6 814万元，对全市新购、换购专用校车以及校车行驶记录仪安装维护给予财政补贴。投入6 261万元，实施中职学校免学费政策。投入2 625万元，加大民办教育扶持力度，鼓励民办学校创建规范化学校和等级学校。

2. 完善社会保障体系。投入7亿元，用于城乡一体社会养老和医疗保险缴费支出。投入1.7亿元，向低保对象等困难群体提供救助，将低保标准、五保户生活保障标准分别提高至510元/月和765元/月，将低保对象医疗救助比例提高到90%。投入8 657万元，发放残疾人津贴，保障残疾人生活、康复治疗、就业创业和子女教育，支持市残疾人康复医院开办。投入7 915万元，用于发放高龄老人生活津贴，资助敬老院建设、开展居家养老服务和老年文化活动。投入2 582万元，帮助低收入家庭修葺房屋和发放住房租赁补贴。

3. 支持卫生事业发展。投入1.1亿元，用于开展11项基本公共卫生服务，为莞籍妇女免费提供“两癌”筛查服务，开展免费孕前优生健康检查。投入3 300万元，帮助石龙人民医院、太平人民医院清理历史债务。投入1 954万元，对市属试点公立医院离退休人员经费给予财政补助，实施取消公立医院药品加成试点工作，对市医疗纠纷人民调解委员会开展工作给予经费支持。

4. 推动社会管理创新。支持成立东莞社会建设研究院，强化社会建设理论研究。支持社会组织孵化基地上升为省试点项目。出台向社会组织购买服务暂行办法和目录。投入3 400万元，支持新建10个社区综合服务中心示范点，资助已建成45个示范点运营。投入3 388万元，购买332个社工岗位服务。

5. 提升生态环境质量。投入7.2亿元，用于污水、污泥处理以及截污管网维护，开展截污管网、江库联网工程以及运河、内河涌、水库等水源综合整治项目建设。投入5 205万元，补贴公交车辆更换LNG清洁能源公交车型，对提前淘汰黄标车给予财政补贴。投入4 437万元，完善森林公园配套设施。投入3 386万元，用于生活垃圾无害化处理和分类收运处置试点。

三、稳步推进改革创新，科学理财再上新台阶

2013年，东莞市财政局大力推进财政改革，提高财政管理水平。一是增强财政统筹能力，进一步清理财政支出项目库，加强预算执行管理，盘活用好财政存量资金。二是推进预算公开透明，实现所有预算单位的部门预算全公开，推动第一批65个部门公开“三公”经费预算。三是完善镇街债务管理，制定镇街政府性债务管理暂行办法，规范举债程序，严格实行“双指标”管理，从整体上防控镇街债务风险。四是完善基建管理制度，建立公共基础设施项目投资市镇分担机制，妥善解决市镇资金分摊执行难的问题。五是加大绩效评价力度，通过公开招标引进28家第三方评价机构，选取22个重大支出项目开展重点评价工作，扩大预算项目绩效评价试点范围，评价结果作为安排预算和实施问责的重要依据。六是强化财政检查监督，对部门预算超500万元大额专项资金全面开展监督检查，全面开展整治“小金库”、违规使用专项资金专项行动，全面清理办公用房，切实发挥财政监督作用。

四、努力加强作风建设，财政服务水平不断提升

2013年，东莞市财政局不断加强作风建设，着力提升财政服务水平。一是整治庸懒散奢。制定并印发了《东莞市财政局整治庸懒散奢不良风气　切实改进工作作风的意见》，大力整治机关不良风气，纪检组与人事科进一步完善出勤考核制度，并由纪检组负责对全局进行暗访。二是完善单位内部管理制度。健全科室（单位）内部控制制度，对东莞市财政局银行账户管理、现金管理以及日常费用支出加强自身监管。三是改进文风会风。发文方面，严格控制文件篇幅，对于可发可不发的文件，一律不发；调研、会议方面，秉持讲求实效、能简必简的原则，提高调研的效率，提升调研质量。四是压缩三公支出。制定了《东莞

市财政局公务接待管理暂行办法》，接待用餐原则上一律安排到市政府接待餐厅，厉行勤俭节约，压缩“三公”支出。五是深入推进政务公开，通过东莞财政网、财政微博等渠道主动公开财政政策和财政活动，打造阳光透明财政。2013 年，东莞市财政局在市政府信息公开门户网站发布政府信息 5 503 条，在东莞财政网发布政府信息 5 642 条，受理并答复财政咨询热线电话 3 372 个，真正做到自觉接受社会各界和服务对象的监督。

五、狠抓干部队伍建设，管财理财能力进一步增强

2013 年，东莞市财政局制订了干部教育培训整体计划，打造了局务会议学习平台，组织学习习近平总书记系列讲话精神 5 次，传达中央省市各类会议精神 100 多项；举办了 12 期形式多样、内容丰富的专题讲座，组织了财政系统干部第 8 期中山大学培训班，与市委组织部、市统计局联合举办了全市镇街财政统计培训班，不断增强干部队伍的党性修养和业务素质；不断加强队伍建设，严格执行民主推荐、组织考察、讨论决定、考察预告、任前公示等干部任免程序，全年共提拔任用了 17 名同志（其中提拔处级干部 7 名，科级干部 10 名），13 名同志完成了轮岗。

六、紧抓纪律教育，有力促进财政干部廉洁从政

东莞市财政局坚持把反腐倡廉工作放在突出的位置，抓好领导干部党风廉政建设责任制以及反腐败专项工作任务的贯彻落实，切实加强廉政教育，引导党员干部自觉廉洁从政。东莞市财政局先后开展廉政风险防控“深化年”活动、“保持先进廉洁”活动，促使党员干部自觉做到勤政廉政，提升防腐拒变能力，补充排查了局党组成员的廉政风险点，并制定相应的防控措施，形成了覆盖全局的廉政风险防控体系。此外，东莞市财政局积极开展纪律教育活动。2013 年 8 月，召开全市财政系统纪律教育学习会议，组织全局工作人员以及镇街正副财政分局长观看警示教育片《沉沦》，提高党员干部廉洁奉公的自觉性。会后组织全局副科长以上干部参观法纪教育基地和东莞监狱，通过实地感受增强教育实效，有力促进了财政干部廉洁从政。

（东莞市财政局供稿，毛存中执笔）

中山市

2013 年，中山市生产总值 2 638.9 亿元，比上年增长 10%。人均生产总值 8.34 万元，增长 9.4%。工业增加值 1 404.2 亿元，增长 11.6%。服务业增加值 1 108.4 亿元，增长 9%。固定资产投资 962.9 亿元，增长 15.2%。社会消费品零售总额 890.6 亿元，增长 10.4%。出口总值 264.8 亿美元，增长 7.5%。实际利用外资 6.46 亿美元。质量效益在转型升级中不断提高。三次产业结构调整为 2.5：55.5：42，轻重工业比为 54.7：45.3。规模以上工业企业利润增长 15.8%。百亿级企业增至 8 家，十亿级企业增至 98 家，百亿级产业集群达 9 个。1.9 万户个体户转型升级为企业。服务贸易增长 225%。金融业增加值增长 13%，境内外上市公司达 23 家。城镇居民人均可支配收入 34 274 元，农村居民人均纯收入 21 727 元，分别增长 10.1% 和 12.3%。

2013 年，中山市各级财政部门坚持以科学发展观为指导，以转型升级为路径，以改善民生为目的，认真贯彻市委、市政府的决策部署，坚持稳中求进的工作思路，沉着应对经济缓行压力，积极组织收入，保障重点民生支出，严格财政财务管理，落实中央八项规定，创新优化服务，出色地完成了各项财政工作任务。全市公共财政预算收入达到 225.3 亿元，比上年同期增长 11.6%，全市公共财政预算支出累计完成 236.7 亿元，比上年同期增长 9.9%，支出总量规模不断扩大，为中山市经济社会发展提供了有力保障。

一、强化征管，拓展财源

2013 年，中山市各级财政部门积极应对国内外严峻复杂的经济形势，在面临既要调收入结构、又要保进度的双重压力下，积极想方设法挖掘增收潜力，顺利实现全市财政收入增长目标。通过采取多种手段促增长、控节奏，确保收入及时、均衡入库。如挖掘重点执收部门增收潜力，建立生态补偿制度，对偷排废物、污水单位开征生态修复补偿费，开展排污权有偿使用和交易试点工作，以及调整土地规划收费政策等，使非税收入在结构优化，收入质量不断提高的同时，管理更加规范。与此同时，及时做好收入分析测算，完善收入通报机制，加强重点税源监控，各级财政部门加大沟通协调力度，制定了一系列行之有效的增收措施，确保全市财政收入持续稳定增长。纳入公共财政预算非税收入在受政策性因素影响减收 3 亿多元的情况下，依然取得了 7.4% 的增长。

二、厉行节约，严控支出

2013 年，中山市各级财政部门认真贯彻中央八项规定，严格控制一般性财政支出，降低行政运行成本，防止铺张浪费，各级财政部门严把经费审核关，做到“四个严控”。一是严控“三公”经费支出。严格执行国家、省和市公务接待相关规定，坚决制止超标准公务接待，加强公务接待经费预算管理。规范因公出国经费审核程序，有效杜绝无经费预算、超标准开支等现象。同时，通过公务用车购置更新联合审批机制，节约车辆购置支出达 29%。二是严控楼堂馆所建设。根据中央和省关于严格控制楼堂馆所建设的要求，对基建计划中属楼堂馆所范畴的建设项目修建情况进行统计上报。对各单位自查梳理属于严控范围的楼堂馆所项目支出一律停止资金拨付。三是严控预算追加。坚持预算追加联审制度。2013 年核减预算追加申请金额 6 亿元，核减资金率达 60.2%。四是严控办公用房配置、设备购置。继续执行行政事业单位业务用房联审制度，并按照办公设备购置标准化原则，对全市预算单位办公设备购置

申请实行统一标准、集中联审管理。2013 年，压减单位设备配置超前超标超量申请 1 243 万元，节约率达 33%。

三、改善民生，促进社会和谐发展

2013 年，各级财政部门坚持把服务民生和转型升级放在首位，强化民生优先理念，调整优化财政支出结构，集中财力办大事，加快省市十项重点民生工程资金拨付，确保民生项目支付进度。全市十一类民生支出累计完成 162.47 亿元，支出占比为公共财政预算支出的 68.65%，比省高出 1.5 个百分点。财力重点向十件民生实事倾斜。2013 年，全市各级财政部门共拨付 62 亿元用于省级十件民生实事，拨付 24 亿元用于市级十件民生实事。其中，加强基本医疗卫生服务、提升就业社保水平、改善异地务工人员生产生活条件、改善农村生产生活条件、加强环保设施和生态工程建设等项目经费支付均快于时间进度，超额完成预算任务。同时，通过拨付资金开展社保惠民、价格惠民、加强食品药品管理、实施全民治安工程、加快保障性安居工程建设等工作，解决了一系列与群众生活息息相关的热点、难点问题，使广大群众受惠。通过落实省市十件民生实事资金安排，进一步促进社会和谐发展。

四、集中财力，落实惠民工程

一是推进教育惠民。市镇两级财政拨付全市免费义务教育补助经费 2 亿元，落实各项免学费政策，受惠学生达 23 万人；落实 1.5 亿元，实施全市义务教育学校绩效工资调整方案，稳步提高教师待遇。二是推进社保惠民。落实 6 800 万元，开展各项就业扶持工作，建设高校毕业生创业孵化基地，帮扶高校毕业生创业；落实 2 500 万元，发放 1.3 万名低保人员最低生活保障补助。三是推进医疗惠民。落实 6 000 万元基本公共卫生服务经费，促进基本公共卫生服务均等化；拨付 150 万元社区卫生服务中心实体化建设补助经费，促进社区医疗卫生发展。四是推进安居惠民。市镇两级财政落实 1.9 亿元住房保障资金，基本建成各类保障性住房 3 705 套，新增发放住房租赁补贴 549 户，解决低保低收入家庭危房改造 306 户、优抚对象困难家庭危房改造 194 户，为住房困难群众圆了“安居梦”。五是推进文化惠民。落实 2 750 万元，开展全民修身行动和创建文明城市工作；落实 600 万元文化创意产业扶持资金，支持文化产业发展；拨付 1 650 万元开展图书馆、博物馆工程前期工作，完善全市重点文化设施建设。

五、统筹城乡，推进农村发展

落实强农惠农政策。拨付 1 300 万元农民种粮和农机购置补贴，构建粮食安全保障体系；拨付 3 800 万元加强农田水利基础设施、路网改造建设；拨付 1 950 万元开展新一轮扶贫开发工作；落实 2 300 万元产业转移园贷款贴息专项资金，推动产业和劳动力“双转移”。

完善农村基础设施建设。统筹拨付秀美村庄工程建设幸福和美村居资金 1 亿元，推进名镇名村示范村建设，加强镇村农路建设，促进农村环境改造；落实 2.2 亿元资金，用于治理内河涌及镇区水利工程建设，提高农村防汛减灾水平。

六、保障重点，加快基础设施建设

2013 年，全市共筹措 45 亿元资金，保障政府投资项目资金需求。一方面，面对多项重大民生工程集中上马，通过及时调整基建项目资金计划，统筹调度资金安排，有效确保了中心城区雨污分流项目、市域公路项目、“断头路”建设、安居房、廉租房、岐江河水环境综合整治项目的顺利实施。安排 8 000 万元绿化专项资金，推动生态林、树木园、田心森林公园等绿化项目建设；投入 1 亿元补助打通镇际未连接重点道路，完善镇区间路网衔接；投入 5 亿元（含 3 亿融资），用于中心城区雨污分流工程。另一方面，通过向银行委托融资 3 亿元，使侨中、实验高中扩建等一批教育民生工程，以及第二人民医院二期等医疗卫生项目按计划投入使用。

七、科学理财，推动财政改革

一是以点带面，积极推进项目库管理改革。在 2012 年 18 个预算单位进行改革试点的基础上，去年，将纳入项目库管理的预算单位增至 133 个，覆盖面拓宽至 56%。二是注重公平效率，稳步推进二次分配改革。一方面，继续以农口线专项资金二次分配改革为重点，通过拓宽专项资金分配要素公示的广度和深度，完善联审机制，引入竞争性分配等，增强资金分配的透明度，提高资金使用效益。另一方面，从创新财政资金扶持方式入手，改变产业扶持资金单一资助形式。采用股权投资和委托放款等方式扶持企业发展，并全面实现产业扶持资金网上申报和评审、拨付。三是结合行政审批制度改革，推进政府购买服务工作。完善政府购买服务财政保障机制，逐步将政府购买服务范围从机关后勤服务，扩大到医疗卫生、教育文化、养老扶贫、环境保护等领域。2013 年政府购买服务经费达到 1 927 万元。

八、有效用财，完善制度管理

一是强化项目评审机制，在预算编制、预算追加、重点项目评价以及绩效目标批复等环节继续执行“第三方评价”制度，构建常态化的预算绩效审核机制。2013 年共对 117 个绩效预算项目进行审核，资金核减率达 55%。对 28 个预算追加支出项目组织绩效审核，核减率达 37%。与此同时，做好财政性投资项目的工程结算审核、概算审核等工作。全年完成项目审核 803 项，核减财政资金 6 亿元。二是完善专项资金管理制度。规范专项资金的设立、审批和使用。加大专项资金清理整合力度，探索创新专项资金分配方式，完善专项资金后续管理工作。三是坚持预算执行通报制度，确保预算支出合理、均衡，促进部门提高预算执行效率，增强预算编制的科学性、准确性。四是完善账户检查和财政拨款对账制度。加强国库支付管理，规范预算单位资金收付流程，确保资金使用安全。组织力量对单位银行账户进行全面清查，对检查中发现的问题，如单位零余额账户提现返纳不规范、会计基础工作管理薄弱等，督促单位整改，并加强对账对数工作，清理历年其他拨入资金274万元上缴国库。此外，建立年终结算工作制度以及权责发生制政府综合财务报告制度等。

九、规范管财，推动财政信息化建设

以信息化建设为载体，实现国库集中收付管理系统、财务集中监管系统、非税收入管理等系统的升级完善，开发支付系统财银联网、电子对账、报表报送、延时报送暂停支付八大功能，加强财务核算信息集中监管和预算执行动态监控，保障财政资金安全。以加快基层财务管理规范化建设为依托，进一步推动市镇村财务管理工作的发展。指导镇区财政部门规范和完善村级财务管理，深入开展农村财务规范化示范点建设工作。全市已有11个镇区先后成为“农村集体财务管理规范化示范单位”。另外，火炬开发区作为我市农村财务监管系统试运行单位，去年顺利通过省检查验收，并有16个镇区已基本完成核算软件的升级和监控软件的安装、培训工作，同时，积极推动镇区公务卡结算制度改革。目前已有东区、五桂山、三角、港口等四个镇区进行了公务卡结算，小榄等镇正在开展改革调研工作，公务卡结算制度使公务消费更加阳光、透明，便于各级监督管理。

十、强化监管，促进公平公开

以推进政府集中采购制度建设为助力，搭建阳光采购平台。采用政府购买服务和随机抽取集采代理机构方式，开创政府对采购代理机构监督管理的新路径，防止采购人分散采购规避公开招标采购，减少采购人权力“寻租”的机率。以财政监督长效机制建设为方向，加强对财政业务、资金管理的监督检查。组织开展全市治理小金库、违规使用财政专项资金的专项行动，通过检查，发现问题，并充分利用检查成果督导资金使用部门加强整改，堵塞财政资金管理漏洞。以推进阳光财政建设为目标，扎实开展预决算信息公开工作。建立健全各部门财政信息披露制度，加大对部门预决算信息公开指导力度。首次将“三公”经费预算信息纳入部门预算信息公开范围。同时，按照有预算公开就有决算公开的要求，督促部门公开决算信息，使财政资金的分配、使用越来越公开、透明，在阳光下运行，全面接受社会群众监督。

十一、内强素质，转变机关作风

2013年，以深入开展整治“慵懒散奢”等不良风气、切实改进工作作风为契机，大力加强财政管理和队伍建设，推进依法行政、科学理财、高效服务，营造务实清廉、规范有序的政务环境。一是认真落实中央八项规定，把厉行节约、反对铺张浪费贯彻到具体行动中，带头严格执行各项新的财务管理规定，严格控制办公经费、业务接待费支出。二是积极推进廉政风险防控。将防控工作与财政业务紧密结合，围绕重点领域排查廉政风险点及做好防控措施。加强内控制度建设，部分科室还建立双岗双责联签制，并每月登记廉政风险台账，为进一步规范业务管理流程起到重要作用。三是加强财政人员思想教育和业务培训。认真开展廉政文化教育、警示教育、纪律教育学习月等活动，促进干部廉洁自律。举办事业单位会计制度、会计准则业务培训班和财政系统业务骨干研修班，提高全市财务工作者和全体财政干部的业务水平、服务质量。

（中山市财政局供稿，张巧云执笔）

江门市

2013年，江门市经济发展稳中加快，全年地区生产总值（GDP）突破2 000亿元，达到2 000.18亿元，比上年增长9.8%；全年地方公共财政收入完成158亿元，较上年增收近30亿元，增长17.02%。

2013年，市财政局紧密围绕中心工作和重大决策部署，坚持稳中求进的总基调，切实履行财政职能，实施积极的财政政策，坚定不移狠抓增收节支，支持做大做强实体经济，着力改善和保障民生，进一步深化财政改革，不断探索和创新社会管理，财政保持平稳运行，有效促进了国民经济和社会各项事业的发展。2013年，全市三库收入（地方公共财政预算收入＋中央库收入＋省库收入）292.04亿元，较上年可比口径增长11.24%，其中：中央库收入完成84.62亿元，增长0.98%；省库收入完成49.41亿元，按可比口径增长13.09%。全市地方公共财政预算收入完成158亿元，较上年增收近30亿元，增长17.02%，高于GDP（9.8%）增长7.22个百分点；市本级地方公共财政预算收入完成31.7亿元，同比增长16.75%。在市本级及四市三区8个收入单位中，有3个单位地方公共财政预算收入增长幅度高于全市平均增长水平（17.02%），分别是新会区、恩平市、鹤山市，其中新会区增幅最大（19.97%）；2013年全市镇级财政收入继续保持平稳较快的增长势头，按财政决算口径计算，即按现行各市（区）镇（街）财政体制口径计算，全市镇级地方财政收入74亿元，占全市地方公共财政预算收入的46.84%，按可比口径增长14.14%。全市79个镇（含街道办事处、海侨经济管理区）中，财政收入超亿元镇有23个。

2013年，全市地方公共财政预算支出完成2 106 995万元，比上年同期增支225 845万元，增长12.01%，其中市本级地方公共财政预算支出完成385 695万元，比上年同期增支53 561万元，增长16.13%。全市重点支出得到较好保障，其中教育支出完成494 974万元，增长12.45%；医疗卫生支出完成179 090万元，增长19.30%；社会保障和就业支出完成289 616万元，增长17.37%；农林水支出完成233 959万元，增长13.66%；节能环保支出完成53 148万元，增长92.50%。

一、强化收入管理，财政保障能力有大跨越

（一）狠抓收入征管，圆满完成年度目标任务

2013年，全市财政运行呈现“前低后高、稳中有进、逐步向好”的特征，主要体现有“三大特点”：一是收入质量较好。全市税收收入增长15.07%，税收收入与非税收入之比为76.9∶23.1，税收占比在全省21个地级市中排名第5位，收入结构保持合理水平。二是大项目、大平台建设拉动效应显现。部分新引进企业或增资扩产企业发展态势较好，如海信2013年已缴纳税收约1 500万元，天地一号实现税收4 500万元。三是核心工业园区和支柱产业渐成新增长极。开平工业园财政收入3 900万元，增长45%；恩平工业园财政收入6 190万元，增长37.2%。

在前期开局不利的情况下，市财政局坚持“以发展促增收”，狠抓收入征管，主动出击，顺利扭转局面。一是从宏观着手，强化经济发展指导和调控。切准经济形势脉搏，准确把握宏观经济走势，运用相关数据，强化对经济财政发展的分析，科学合理研究预判；密切关注财经形势变化，建立经济指标与财政收入情况的滚动数据表，加强经济运行与财政收入的关联分析机制；密切关注重点地区、重点行业、重点企业和重大项目税源，继续深化“营改增”政策对财政收入、用地30亩以上企业土地产出及税收贡献度的分析研究，挖掘财政增收潜力，着力将经济发展成果充分反映到财政增收上来。二是完善财税联席会议制度，加强涉税信息工作考核。积极履行财税联席会议办公室各项职责，牵头拟订《江门市强化税源监控加强税收征管工作方案》，形成与统计、发改、国税、地税等多个经济部门之间的涉税信息共享机制和协税护税机制，充分发挥信息运用对提升税收征管成效的作用，落实责任形成合力。三是加强对土地出让收入等基金收入的分析。开展征收管理专题调研，有针对性地研究对策和措施，着力提高基金收入。2013年，市本级基金预算收入完成39亿，为年度预算数的104.64%，增长86.62%，超收1.73亿元。

（二）狠抓财源培植，下大力气发展实体经济

一是创新财政支持经济发展的方式方法。探索利用创投基金、股权投资、担保融资等方式对专项资金进行整合归并，充分发挥财政资金投入“四两拨千斤”的激励和引导作用。二是加快城市基础设施建设步伐。紧紧抓住国家资本市场和货币市场改革步伐加快、直接融资工具陆续出现的机遇，创新融资思路，拓宽融资渠道。鼓励多种投资主体参与基础设施、市政公用等领域建设，2013年全市共安排重点项目196项，年度计划投资401.9亿元，确保江顺大桥、江门大道、广中江高速、江沙园区基础设施建设以及公安局机动车驾驶员新考场等重点建设项目顺利推进。三是制定《关于政府采购促进中小企业发展的意见》，提高面向中小企业政府采购比例，在公平竞争和同等质量的前提下，加大对本地产品采购的支持力度。四是支持提高核心园区发展水平。加大财政对市区共建工业园区，尤其是江沙工业园的投入，2013年市本级投入10 950万元，争取上级资金5 547万元，同时，整合资源，建立江沙工业园区投融还良性循环机制，促进了江沙工业园区的快速发展。

二、勇于锐意创新，财政改革实现新突破

（一）整合资源，搭建国资平台

按照市委、市政府加快市直国资整合工作的统一部署，市财政局联合市国资委，对市直314家行政事业单位的土地和房产情况以及所办经济实体的经营情况开展全面清产核资工作，为国资整合工作夯实基础。在此基础上，会同市国资委、市建设集团，进一步梳理有关情况，做好行政事业单位资产划转工作，截至目前，已整合36个行政事业单位共284项房产（建筑面积22.47万平方米，土地所有权面积9.47万平方米）划转到市融资平台公司。同时，做好户外广告场地占用费收入、污水处理费收入、自动停车收费收入和市直公房租金收入四项规费注入工作，增大平台资本金。目前滨江建设公司总资产204.75亿元，净资产124.78亿元；建设集团总资产76.26亿元，净资产29.96亿元。通过有效整合国有资产，支持国有企业实现市场化经营的良性循环，推动城市建设和经济社会发展取得新突破。

（二）开创局面，构建投融还机制

以城市经营、综合价值提升为目标，形成了《2013－2017年市本级政府重大项目投资、土地开发及投融资情况报告》，从建立投、融、还良性循环的角度，对每年的资金需求进行测算，提出未来每年资金筹措的渠道，并就落实资金提出了建议意见；同时，开发思维、借助外脑，邀请北京荣邦瑞明公司为我市编制投融资规划，作为我市未来开展投融资工作的指导性文件；成功举办了江门市投融资沙龙，得到市领导的肯定。

（三）创新融资，确保重大基础设施建设

紧紧抓住国家资本市场和货币市场改革步伐加快，直接融资工具陆续出现的机遇，创新融资思路，多种融资方式并举，市区去年新增融资到位资金68.2亿元，创下近三年新增融资之最。特别是以股权增资方式完成广中江项目融资25.9亿元，突破银行资金作为资本金融资的制约，解决了多年未解决的资本金瓶颈问题；以城投债方式为滨江建设公司完成募集资金12亿元，打通了我市进行企业债券融资的渠道；以项目融资方式完成滨江新区基础设施建设、江海污水厂管网二期、礼乐截污管网工程等项目融资5.87亿元，解决了项目建设资金的需求；积极配合土储中心完成土地储备贷款13.04亿元，盘活土地资源；指导协调高新区成功发行城投债9.5亿元和基础设施项目贷款1.1亿元，推动园区发展，配合市融顺公司开展新考场项目融资0.3亿元。同时，积极落实鼓励和引导民间投资的相关政策，鼓励多种投资主体参与基础设施、市政公用等领域建设，积极筹措资金确保江顺大桥、江门大道、江沙园区基础设施建设、篁庄考场搬迁等市委、市政府重大项目顺利推进。

（四）简政放权，完善市区事权财权体制

根据市区一体化、简政放权、城市管理重心下移的总

体要求，抽调骨干力量，组织成立专责小组，赴广州、佛山等市以及我市辖下四市三区和有关单位，通过走访、座谈、实地查看等方式开展大量调研，掌握丰富翔实的第一手资料，结合我市实际情况形成调研报告为市领导决策提供参谋。在此基础上，联合市委政研室、市编办起草相关文件，提请市政府同意，积极推进教育、卫生、计生、民政、人才服务、文化执法、环境保护等社会事务管理以及城市道路及市政设施、公园绿化等城市建设管理等方面的事权下放，并同步明确市区两级政府支出责任，调整市本级与两区的税收分享比例，增强基层基本公共服务能力，建立高效有序的城市管理体制。同时，赋予江门高新区一级财政管理权限，调动高新区加快发展的积极性，规范高新区财政收支管理，理顺和规范市本级对江门高新区财政分配关系，进一步形成江门高新区和江海区合署后经济和社会事业协调发展的机制。不断促进事权与支出责任相适应，积极推进财政管理体制改革向纵深发展。

三、勇于开拓进取，财政管理实现新提升

（一）盘活资金，激活存量

按照市委、市政府的部署，组织对2013年市本级公共财政预算安排市直行政及事业单位公用经费，按5%压减公用支出；积极开展清理结余结转资金工作，分类处理财政历年结余结转资金，压缩结余结转资金规模，统筹收回财政专项资金7 630万元，重新安排用于民生项目和改革性支出。此外，通过全面清理和理顺财政资金往来，组织对市直预算单位自有资金结余的调查摸底，结合2014年部门预算，统筹整合盘活留存在预算单位自行管理的财政资金，促进财政资金的良性循环。

（二）加大民生保障力度，促进社会事业进步

2013年，全年各级民生投入98亿元，向社会承诺的民生实事基本完成。社会保障、教育、医疗卫生、公共文化、农业农村、公共交通、保障性住房等民生类支出都得到较好保障。其中：一是市本级拨付社会保障和就业资金4亿多元，进一步扩大社会保障覆盖面，完善全征地农民养老保障政策，加快养老服务体系。二是市本级拨付教育资金4亿多元。坚持教育优先发展，在推动学前教育扩容普及和幼儿园“规范促优”，推进中小学规范化学校建设，落实中等职业免学费和助学金补助政策等工作中取得很大进展。三是市本级拨付医疗卫生资金21 205万元，加强基本公共卫生服务和重大公共卫生服务，落实基层医疗机构经常性收支差补助，进一步提高城乡居民基本医疗保险补助至每人每年280元；加强食品安全监管，进一步完善食品安全监管体系。四是市本级拨付农林水事务资金1.7亿元，推动城乡统筹发展，改善农村生产生活条件，促进农村稳定发展；同时，加强扶贫救灾投入力度，市本级拨付1 668万元开展新一轮扶贫开发，积极应对台风暴雨防御和“9·29”台山籍渔船遇难渔民救援善后等各项应急处置工作。五是市本级拨付住房保障资金18 195万元，建设市区保障性住房1 670套，切实帮助解决低收入困难群众住房问题。

（三）开拓创新，建立全市涉农财政补贴信息服务机制

市财政局牵头联合农业、监察等涉农部门整合现有资源，在全国首创电话、网络、服务窗口“三位一体”的综合服务平台，实现横向部门互动、纵向市县镇村四级联动，纵横结合，全面覆盖到农村的涉农财政补贴政策信息服务，让农民群众在家门口就可以快捷了解和使用涉农财政补贴信息。我市涉农财政补贴319项，涉及全市170多万农民群众生产生活，覆盖农业生产、社保、医疗、交通、教育、文化、生活等各个方面，涉及560个部门单位。在江门市委贯彻2013年中央“一号文件”的实施意见中，建立涉农财政补贴信息服务平台被列为重点项目。财政部农业司卢贵敏巡视员在江门市调研时指出“能建立起涉农财政补贴信息服务机制，江门市就在全国创新了”。广东省政府在《粤府信息》中刊登了《江门实现涉农补贴政策信息服务机制全覆盖》的信息，并呈报省四套班子成员进行推介。同时，财政部、农业部、南方网均发布了江门市建设涉农财政补贴信息服务平台的信息。信息服务机制受到了农民群众的热烈欢迎，2013全市镇村咨询窗口接待来访人数3 753人次；热线电话回复咨询件数1 337多件，答复咨询电话共1 785人次；网络服务平台公布涉农信息1 689条，回复咨询1 135人次，点击次数达27 000多次。市财政局会同市农业局、监察局将建立涉农财政补贴信息服务机制作为创新管理项目，参与2013年全市“创新管理奖”评审，该项目已进入前20名，经评议团评议和现场答辩，展现市涉农财政补贴信息服务机制工作成效。

（四）注重绩效，深入推进财政绩效预算管理工作

制定《江门市本级财政资金绩效管理考评工作暂行细则》，财政资金绩效管理情况考评纳入市机关作风考评内容。经过大量调研工作，初步建立30项二级指标、60项三级指标的考评体系，进一步提高了部门预算单位对预算编制和预算执行的自觉性、有效性；市本级2014年度预算绩效评审，首次采取摇号方式随机产生现场评审项目、首次在现场评审会增设打分环节和首次实现项目评审网络全覆盖，力推绩效管理改革向“深水区”迈进。

（五）充分利用科技手段，完善非税收入管理

在以统一的非税收入票据为源头，以代收银行为桥梁，以财政对非税收入的综合管理为核心，利用计算机网络等信息化手段，构架“单位开单（通知书）、银行收款、财政统管”的非税收入收缴管理模式的基础上，进一步推进非税收入管理的改革，在全省地级市中率先完成市级和县级（市、区）非税收入管理系统数据整合工作，并在全省率先实现交通违法异地办理罚款数据信息与非税系统的对接。

（六）深化改革，扎实开展2014年预算编制工作

8月制订《江门市本级2014年预算编制工作方案》，部署2014年度预算编制工作。一是积极落实开展政府全口

径预算决算的审查和监督，市本级从2014年起将国有资本经营预算和社会保险基金预算纳入预算草案编制范围，连同公共财政预算、政府性基金预算共四部分的预算草案一并提交市人民代表大会审查批准，实施全口径预算监督。二是深化“零基预算”改革。2013年市本级将市发改局、市行政服务中心、市林业局、市药监局和市旅游局等五个单位纳入深化零基预算改革试点范围，根据2013年预算执行情况进行评估。结合评估情况，将综合考虑进一步扩大改革范围，完善经费定额标准，深化零基预算改革。三是开展项目库管理改革试点。选取市财政局等18个部门80个单位在2014年预算编制中试行滚动项目库管理。结合试点单位反映情况作深入研究，完善通用目录和专用目录，进一步提高预算编制的科学化和精细化。四是积极配合做好向市人大预算委委员和人大代表的财政业务知识讲解以及市人大对2014年市本级预算封闭审查工作。

（七）加强政府性债务管理，规范政府举债行为

把政府性债务统计和动态分析工作作为加强地方政府性债务管理的一项长期性、制度性工作抓紧抓好。根据8月1日至9月1日省审计厅派出审计组对江门市本级政府债务的审计结果，结合新形势新要求，抓好政府性债务统计和动态分析工作，将防范化解债务风险准备金过渡为偿债准备金，逐步建立防范化解债务风险准备机制。

（八）推行“大民政”，加大政府购买社会服务力度

牵头制定《江门市市直单位向社会组织购买服务实施方案》、《江门市本级2013年向社会组织购买服务试点方案》，印发向社会组织购买服务目录，基本确立我市推进政府购买社会服务制度方向，明确我市购买服务基本原则、工作目标、范围、购买主体、购买服务计划的编制等内容，为我市实施政府购买服务工作打下良好基础。印发《关于切实做好2014年政府购买服务预算编制工作的通知》，要求市直各单位结合自身职能和政府购买服务目录，认真清理、评估预算项目，对适宜由社会组织承担的基本公共服务事项积极申报通过政府购买服务方式转由社会组织承担。据统计，2013年市本级政府购买服务的财政预算资金同比增长124%的基础上，2014政府购买服务项目计划达到170项，为2013年的3倍，建议安排预算资金5 267万元，比2013年增长39%，涉及医疗卫生、文化、公共就业等事业。

（九）稳步推进预算信息公开，加强“三公”经费管理

根据政府信息公开的有关规定和中央、省对政府预决算公开工作的有关精神，以及财政部和省财政厅关于推进省以下预决算公开工作的部署要求，制定部门预决算信息和“三公”经费公开范本，网上公开2012年财政拨款“三公”经费决算总额，主动接受社会监督，引起《南方日报》、《南方都市报》和《江门日报》等媒体的关注及报道。同时，选择开平市和恩平市作为我市2013年县级预决算公开工作试点；2014年新增新会区和鹤山市作为试点；从2015年起，各市（区）全面开展预决算公开工作。

（十）强化财政监督，认真开展整治“小金库”、违规使用专项资金专项行动

按照市委、市政府推进“小金库”防治工作的制度化、规范化和常态化工作要求，我局会同相关部门，尽早行动、狠抓落实，积极推进整治“小金库”各项工作，全面深入开展专项治理行动，顺利完成自查自纠和重点检查工作。经检查，发现违规单位19户、私设“小金库”账户5个、“小金库”金额53万元，违规使用专项资金项目25个、总额1 051万元。通过深入开展整治“小金库”、违规使用专项资金专项行动，彻底清理各级党政机关和事业单位、社会团体、国有及国有控股企业设立“小金库”现象，查处涉及有关违纪违规行为，堵塞漏洞，我市的专项行动工作得到了省财政厅整治专项行动巡查督导组的高度评价。

四、坚持以人为本，和谐机关建设迈上新台阶

（一）多渠道引进人才，做好中层干部的提拔

据统计，市财政局及属下单位本科以上人数109人，占在职在编人数81%，其中硕士研究生16人。同时，积极探索改进干部任用方法，从辖下的财政系统中转任提拔优秀的中层干部、向社会公开选聘属下单位中层干部等，促进财政干部队伍的年轻化、高学历化，努力建设一支高素质的财政干部队伍。2013年下半年结合职位特点，增加了演讲环节，让符合条件的年轻干部亮相并得到锻炼，共提拔中层干部6人。

（二）加强党风廉政建设，构筑拒腐防变防线

一是将廉政风险防控机制建设与ISO质量管理相结合，不搞形式主义，不搞两张皮，借助ISO运行提高执行力，确保廉政风险防控机制落到实处。经梳理，按照工作人员设置150个岗位，防控项目92个，查找廉政风险点897个，制定防控措施898条，进一步强化廉政风险防控管理。二是切实开展整治庸懒散奢等不良风气活动。通过问卷、上门走访和自查，找准存在的8个方面问题，有的放矢地开展边查边改工作。三是组织青年干部到开平风采堂——党风廉政教育基地，开展党风廉政教育、思想道德教育和爱国主义教育。

（三）加强干部培训，提升财政干部队伍适应发展的能力

一是结合财政工作特点和要求，选择有针对性、实效性的培训内容，委托四川大学经济学院组织举办两期全市财政系统财务知识培训班，从投融资知识、时事形势、领导艺术、文化修养等进行培训，不断提升干部队伍综合素质和能力，全市财政系统共93人参加了培训，得到大家的认同。二是开展青年干部主题培训，通过开展青年拓展训练活动，以体验式的团队训练活动，提高青年干部活力和凝聚力，培养团队合作精神。三是加强青年干部道德教育，举办道德讲堂，由市财政局主要领导为青年干部讲授《正确的人生态度　美好的人生旅途》的辅导课，引导青年干

部树立正确的人生观和价值观。

经过全市各级财政部门的共同努力，2013 年江门市财政运行情况总体平稳，各项财政工作任务顺利完成并取得新成效，同时财政运行和财政管理仍面临加快转型的困难和挑战：一是实体经济对财税增收拉动作用未充分体现，产业经济扶持政策和专项资金的有效性需进一步完善和提升。二是民生支出任务重，上级出台政策地方财政配套压力大，部分支出仍存在与财政收支增幅或占比挂钩。三是财力固化分配、切块资金部门二次分配的格局有待打破，压减结余结转和盘活存量工作需深入推进，专项资金绩效问责有待加强。四是重大基础设施建设项目需增效提速，项目储备和前期工作需加强。

（江门市财政局供稿，郭丽执笔）

阳江市

2013 年，阳江市着力调整经济结构和转变经济发展方式，经济实力进一步加强，经济效益进一步提高，人民生活水平提高，各项社会事业取得进步。全市生产总值实现 1 039.84 亿元，比上年增长 15.3%，其中，第一产业增加值 192.92 亿元，增长 5.1%；第二产业增加值 513.78 亿元，增长 23.4%；第三产业增加值 333.14 亿元，增长 9.6%。三大产业比例由上年的 19.8：46.1：34.1 转变为 18.6：49.4：32.8。全市固定资产投资 598.66 亿元，比上年增长 23.8%。社会消费品零售总额 527.29 亿元，剔除价格因素后实际增长 12.9%。外贸出口 20.9 亿美元，增长 6.5%；进口 2.9 亿美元，增长 11.3%。实际吸收外商直接投资 1.65 亿美元，增长 8.0%。年末金融机构人民币各项存款余额 813.03 亿元，增长 12.1%；城乡居民储蓄存款余额 556.98 亿元，增长 12.6%。村居民人均纯收入 10 315 元，增长 12.1%。全年居民消费价格指数上涨 1.5%。

2013 年全市地方公共财政预算收入完成 537 000 万元，为年度预算 508 850 万元的 105.5%，比上年收入实绩 431 221 万元增收 105 779 万元，增长 24.5%。加上上级补助收入 589 884 万元，地方政府债券转贷资金收入 6 145 万元，上年结余（含省批复决算增加数）216 857 万元，调入资金 15 145 万元，全年总计收入 1 365 031 万元。全市公共财政预算支出完成 1 135 469 万元，比上年支出实绩 1 029 023 万元增支 106 446 万元，增长 10.3%。加上上解上级支出 18 319 万元，调出资金 2 813 万元，债券还本支出 7 001 万元，全年总计支出 1 163 602 万元。收支相抵结余 201 429 万元，减除结转下年的支出 198 818 万元，净结余 2 611 万元。

一、以增收节支为抓手，提高财政保障能力

（一）收入规模实现新突破，县域发展跃上新台阶

2013 年，由于全国经济增速放缓和受各种减税政策的不利影响以及阳江市税源偏紧的现状，阳江市财政收入增收困难。全市各级政府和财税部门经受住重重考验，千方百计组织收入，通过坚决执行财税联席会议制度、深挖增收潜力等一系列行之有效的措施，圆满完成了全年预算收入任务目标，实现了全市财政收入平稳较快增长。2013 年阳江市公共财政预算收入再创新高，突破 50 亿元大关，达 53.7 亿元，比上年增收 10.6 亿元，增长 24.5%，增速在全省地级以上市中排名第二，五年来阳江市地方公共财政预算收入增速连续保持 20% 以上高速增长的良好态势。同时，县（市、区）财政收入也有新的突破，实现“双破十”、“双破五”，阳东县、阳春市财政收入超 10 亿元，阳西县、江城区收入超 5 亿元。县（市、区）财政收入高速增长，平均增长达 27.4%，对全市财政收入实现快速增长起到了强劲的推动作用。

（二）注重源头管控，强化支出管理

严格按照中央八项规定和厉行节约精神，在合理安排财政支出的基础上，进一步强化对差旅费、会议费、公务接待费、公务用车购置及运行经费、因公出国（境）经费等管理，切实将中央、省和市委、市政府有关规定落实到预算编制、预算执行和财政管理中，严格预算约束。2013 年市直部门会议活动经费、公务接待经费、车辆购置及运行费、因公出国（境）费累计同比下降 8%。牢固树立绩效意识，优化财政资源配置，集中财力办大事，把有限资金用在刀刃上。

二、以转型升级为主线，推进阳江市经济发展方式转变

（一）大力支持基础设施建设，加快城区扩容提质

一是构建基础设施投融资平台。向金融机构融资 5 亿元，用于滨海新区基础设施建设；采取 BT、BOT 等方式引进民间资本 2.3 亿元，用于两阳中学新校区建设和马南河雨污分流工程建设。二是推进市城投公司第一期 10 亿元企业债券于 2013 年 9 月正式发行，并制定了《关于加强阳江市企业债券资金监督管理的通知》，进一步加强企业债券资金管理、使用和债务风险防范，更好地发挥政府融资平台对阳江市基础设施建设的积极作用。

（二）继续推进扩大内需新增中央投资项目建设

2013 年争取到扩大内需新增中央投资项目 25 个，资金 13 509 万元；争取到地方政府债券资金 6 145 万元，用于基础设施项目及民生项目建设。

（三）促进产业园区扩能增效

配合做好与珠海市的市级和县区级对口合作共建园区工作。千方百计争取省级产业园扶持资金。省财政拟在 2013—2017 年安排专项资金共 135 亿元，分四个专项扶持省级产业园发展，阳江市积极开展相关调研和项目申报，已向省申报三个专项共 14 个项目。

（四）支持企业调整、优化产业结构

2013年，市财政安排扶持中小企业发展各项资金共2 300万元，有力支持了阳江市中小企业和传统产业发展，进一步发挥了财政资金引导放大效应。认真落实“三促进一保障”政策，共安排科技三项经费2 300万元、科普经费250万元，着力提高企业可持续发展的水平和能力。贯彻落实省出台的多项鼓励外经贸发展的资金扶持措施，共拨付省级扶持资金4 671万元。

三、以保障和改善民生为出发点和落脚点，促进社会健康和谐发展

（一）大力推进基本公共服务均等化实施

按照十八届三中全会提出的实现发展成果更多更公平惠及全体人民，进一步加大基本公共服务均等化财政方面的投入力度，积极解决好群众最关心最直接最现实的利益问题。一是支持教育优先发展。2013年，全市享受免费义务教育的学生人数为278 165人，共拨付免费义务教育补助经费24 916万元。加大对普及高中和职业教育的支持力度，积极筹措资金，确保了两阳中学校舍及设备迁建和市第三中学、岗列中小学、江城一小城南分校、特殊学校等校舍新建迁建所需资金，为提前完成阳江市普及高中阶段教育任务打下了良好的基础。二是推动城乡居民医疗保险和城镇居民社会养老保险全市全覆盖。城乡居民基本医疗保险参保率达98%，共拨付资金4 043万元；城乡居民养老保险完成105.6万人参保工作，共拨付资金4 224万元。三是不断加大对保障性住房建设保障资金的投入。2013年，共拨付市区保障性住房建设资金3 834万元，较好地解决了阳江市低收入家庭住房困难问题。

（二）加大财政支农力度，做好“三农”工作

2013年，全市农林水事务支出189 784万元，同比增长13.7%，基本保证了重点农业项目的资金需要。一是认真落实涉农财政补贴政策。全市共拨付农资综合直补资金12 173万元、种粮直补资金1 140万元，进一步调动了农民种粮的积极性。二是贯彻执行一事一议财政奖补政策，着力支持村级公益设施建设。2013年，全市下达省财政补助资金68 350万元，市财政配套资金5 769万元，用于奖补一事一议建设项目1 617个。

（三）不断推进实施省、市十件民生实事

2013年省、市承诺为民办的十件实事共94项具体措施，涉及社会保障、医疗卫生、教育、文化、住房保障等方面。阳江市各级政府及财政部门高度重视，集中财力，共拨付资金239 357万元，完成年度资金安排数238 465万元的100.4%，各项民生实事的资金全部落实到位。

（四）扎实做好保障底线民生工作

阳江市积极做好城乡低保、农村五保、孤儿保障、医疗救助、基础养老金、残疾人保障等底线民生工作，2013年累计投入资金118 567万元。

（五）全力支持医疗机构加强H7N9禽流感疫情监控检测

2013年12月，阳江市爆发首例禽流感，市财政紧急安排专项资金用于支持阳江市流感哨点医院监控检测，全方位编织H7N9禽流感防护网，保障百姓生命健康。

四、以科学化精细化为重点，深化财政各项管理改革

一是做好省直管县试点改革后的财政体制变动和财政结算、清算等工作的衔接。二是继续完善财政支出绩效评价工作制度。制定了《阳江市财政支出绩效评价评审专家库管理办法》，形成财政支出绩效评价第三方约束机制，促进了财政支出绩效评价工作的规范化、制度化；制定了《阳江市中介机构参与财政支出绩效评价工作暂行办法》，积极探索和引入第三方参与绩效评价工作，努力增强绩效评价的客观性和公正性。三是继续深化市级预算单位国库集中支付改革单位范围和资金范围。全面推进财政支出管理电子平台建设，强化信息技术支撑。四是加强市级预算单位财务核算信息集中监管和公务卡结算改革工作，扩大公务卡使用范围。五是着力推动政府向社会组织购买服务工作。2013年，市级财政预算首次安排了150万元购买社会组织服务经费，批复了第一批共5家单位17个向社会组织购买服务项目计划。六是不断完善财政监督机制。进一步加强对政府投资项目财政建设资金使用的监督，保障财政资金安全。七是改革投资审核模式。通过政府采购公开招标，确定了5家实力强、信誉好的造价咨询公司负责阳江市政府投资项目的预结算审核工作，有效地整合了评审资源，提高了工作效率。

五、加强机关建设，提高工作效能

（一）认真贯彻落实十八大精神

为进一步深入学习贯彻十八大精神，在全局召开传达学习党的十八大精神会议，要求局全体干部把认真学习宣传和全面贯彻落实党的十八大精神，作为当前和今后一个时期的首要政治任务。

（二）积极开展效能建设年活动

成立了市财政局效能提升年活动领导小组和工作机构，制订了《阳江市财政局2013年效能提升年活动实施方案》，确保活动落到实处，取得实效。

（三）抓好干部教育培训工作

一是组织干部参加市委党校主体进修培训班。二是做好“阳江周末大讲堂”专题报告会组织学习工作。三是举办东北财经大学专题研修班。四是举办暨南大学专题研修班。通过学习培训，进一步提振干部精神，激发斗志，营造激昂奋进的赶超氛围，全面提升机关执行力。

六、扎实抓好党风廉政建设和反腐败工作

一是深入贯彻落实中央“八项规定”和省、市实施意见，召开了贯彻落实中央“八项规定”专题会议，印发了《关于认真吸取教训，严格贯彻中央“八项规定”的情况通报》。二是在局机关副处级以上领导干部和纪检监察干部中开展了会员卡专项清退行动，无一人持有涉及清退范围

的会员卡，总体情况良好。三是围绕纪律教育，筑牢思想防线。印发了《阳江市财政局关于2013年开展纪律教育学习月活动的意见》，重点学习了《反腐倡廉2013教育读本》和《领导干部从政道德启示录》等反腐倡廉书籍。

（阳江市财政局供稿，李珊珊执笔）

湛江市

2013年，湛江市积极应对国际错综复杂的经济形势和国内经济下行压力加大的挑战，把稳增长、调结构和惠民生有机结合起来，经济运行呈现平稳较快发展，顺利完成了年初制定的增长目标。一是经济总量再跨新台阶。2013年全市实现生产总值2 060.01亿元，比上年增长12.0%。首次突破2 000亿元，在全省的排位从往年的第九位跃升至第八位；增长速度在全省排第8位。二是规模以上工业总产值和金融机构人民币存款余额双双突破2 000亿元。2013年，全市规模以上工业完成总产值2 025.92亿元，比上年增长18.2%；金融机构人民币存款余额达到2 157.99亿元，比年初增长13.9%。三是社会消费品零售总额超千亿。2013年，全市实现社会消费品零售总额1 010.70亿元，比上年增长15.0%，增长速度在全省排第三位。四是多项经济指标增速高于全国和全省平均水平。2013年全市生产总值比上年增长12.0%，比全国、全省分别高4.3个和3.5个百分点；规模以上工业增加值增长14.9%，比全国、全省分别高5.2个和6.2个百分点；固定资产投资增长39%，比全国、全省分别高19.4个和20.7个百分点；社会消费品零售总额增长15.0%，比全国、全省分别高1.9个和2.8个百分点；外贸出口总额增长18.7%，比全国、全省分别高10.8个和7.8个百分点。五是经济实现平稳较快发展。全市实现生产总值2 060.01亿元，比上年增长12.0%，增速比全国（7.7%）和全省（8.5%）分别高4.3个和3.5个百分点。六是市场物价温和可控。全年市区居民消费价格同比上涨2.1%，涨幅低于全国（2.6%）和全省（2.5%）平均水平。七是结构调整稳步推进。从三次产业结构来看，初步核算，三次产业结构由上年的20.7：38.9：40.4调整为20.5：39.5：40.0，其中，第一产业比重比上年下降0.2个百分点，第二产业比重则提高了0.6个度百分点，产业结构不断优化。

2013年是湛江五年崛起的关键之年。湛江市财政局坚持以科学发展观为统领，不断培植壮大财源，促进产业转型升级，狠抓收入征管，注重集聚财力，充分发挥财政资金的放大效应。注重保障重点项目建设，加大民生资金投入，科学优化支出结构，严格控制一般性行政支出，深化各项财政改革，顺利实现收支目标任务，为湛江经济社会又好又快发展提供了坚强的财力支撑。

2013年全市公共财政预算收入完成105.92亿元，比2012年增长（以下简称增长）15.02%，完成预算的100.2%。其中，税收收入59.5亿元，增长13.74%，占地方公共财政预算收入比重56.17%；非税收入46.42亿元，增长16.72%，占地方公共财政预算收入比重43.83%。全市公共财政收入加上上级补助收入、上年结转结余收入、调入资金等，2013年全市公共财政预算总收入330.84亿元。

全市公共财政预算支出252.92亿元，增长17.6%，完成预算的142.34%。加上补助县区支出、上解省支出、结转、结余下年支出，支出总计330.84亿元，实现收支平衡。

2013年，全市政府性基金预算收入83.72亿元，完成预算的151.08%，增长65.59%。加上上级补助收入、上年结转收入等，全市政府性基金预算总收入129.91亿元。2013年全市政府性基金预算支出86.84亿元，完成预算的146.42%，增长51.94%。加上结转下年支出、调出资金等，全市政府性基金预算总支出129.91亿元，实现收支平衡。

2013年，上级财政安排湛江市公共财政预算转移支付补助资金共145.2亿元，其中：税收返还及一般性转移支付75.2亿元，专项转移支付70亿元。按预算级次分，上级财政补助市本级29.3亿元，补助各县（市、区）115.9亿元。市本级财政向下级安排公共财政预算转移支付补助资金20亿元。

总体而言，2013年湛江市的财政工作呈现7个明显。

一、财政实力明显增强

在全国经济下行压力加大和结构性减税政策等因素的影响下，紧紧咬住全年收入目标不放松，把组织收入作为首要工作来抓，立足于早协调、早安排、早部署，做到“收足、收实、收好”。一是加强对重点企业、重点项目、重点税源的管控，密切跟踪税源情况；加强非税征管，坚持通报制度，实现全市辖区内非税征收管理统一系统和统一票据管理。二是坚持财税部门联席会议制度，切实加强财、税、银等部门的信息沟通和协调配合，及时分解收入任务，确保财政收入平稳快速增长。三是充分发挥财源信息平台护税协税作用，规范组织收入行为，防止跑冒滴漏。2013年共收集财源信息314万条，直接追缴税费2 859.80万元，比上年增加1 678.01万元，增幅为142%。

二、支出结构明显优化

在财力十分紧张的情况下，积极筹措资金，进一步优化支出结构，细化支出任务，加快新增财力和转移支付资金项目的安排和资金拨付，全力保障市委、市政府重点工作的顺利开展，重点保障省十件民生实事和市十五件民生实事的贯彻落实；大力支持转型升级、旅游业、金融服务业、民营企业、中小微企业快速发展和传统优势产业提升；注重提高底线民生保障水平，促进教育、文体、医疗、交通、社会保障等领域不断改善；深入贯彻落实中央八项规定和省、市关于厉行节约、改进作风等文件精神，继续压缩一般性行政支出，有力保障我市经济稳定增长、环境改善和人民生活水平不断提高。

三、社会保障体系明显完善

将保障和改善民生作为财政政策实施的出发点和落脚点，坚持“取之于民，用之于民”，稳步推进基本公共服务均等化，让广大人民群众共享发展成果。

1. 加大“三农”投入。2013 年，我市农林水事务支出 23.89 亿元。足额拨付政策性水稻、农村住房、渔业、森林保险贴资金 638 万元。及时发放种粮补贴和农资综合补贴资金 2.92 亿元，惠及 82 万户种粮农民。下达补助资金 1 200 万元，解决村村通工程 150 宗，受惠人口达 10 万人。下达扶贫开发“规划到户　责任到人”补助资金 8 897.5 万元，顺利启动新一轮扶贫“双到”工作。下达农村低收入住房困难户住房改造建设补助资金 1.89 亿元。下达 3 897 万元扶持 32 条贫困村 1 186 户 5 488 人完成整村搬迁。下达 1.1 亿元有效保障我市广大农村基层组织的正常运转。不断完善农综开发投入机制，努力探索有湛江特色的开发模式，扎实推进 2013 年农业综合开发项目 14 个，治理土地面积 7.05 万亩。

2. 促进教育优先发展。强力推进教育创强工作，创建教育强区 1 个、教育强镇（街）16 个。积极筹措资金实施山区和农村边远地区义务教育学校教师岗位津贴制度，各县（市、区）基本达到人均每月 500 元的标准。及时落实免学费及助学金市级配套资金共 2 693.2 万元，开展学校债权债务清理，建议市政府出台相关政策帮助学校偿债。

3. 提高卫生服务水平。建立全市统一的城乡居民医疗保险制度，将城乡居民医保补助标准提高到每人每年 280 元，城乡居民医疗保险参保人数达 636 万人。完善差别支付机制，支付比例进一步向基层医疗卫生机构倾斜，引导病人首诊到基层。建立大病医疗补助制度，减轻重大疾病参保居民的负担。完善商业保险机构承保方式，促进医保引入市场机制的可持续发展。下拨补助资金 7 777 万元，继续推进城乡居民社会养老保险工作。及时核拨医药卫生体制改革财政补助资金 3.27 亿元，大力推动医改工作。

4. 健全社会保障体系。发放 2013 年元旦春节生活补助共 5 482 万元，城乡困难群众临时价格补贴共 4 139 万元。兑现各项就业优惠扶持政策，支持建立高校毕业生创业孵化基地，进一步稳定就业形势。加强企业养老保险扩面征缴工作，全市月人均养老金已达到 1 619 元。做好各类涉军补助提标工作。安排价格调节基金 4 500 多万元实行临时价格补贴，着力开展平价农贸市场、平价直销超市、平价医疗、平价药店、扶持蔬菜生产基地的建设工作。安排残疾人保障金专项 2 200 万元，优先保障残疾人康复教育、残疾人生活津贴和重度残疾人护理补贴等。

5. 加快建设宜居湛江。落实保障性住房建设资金 2.35 亿元，开工建设保障性住房 4 209 套，建筑面积 29.54 万平方米。加大财政资金投入，支持“五城同创”，完善各项基础设施。逐步落实创模 26 项指标的资金保障，重点加大对水体环境保护的资金投入，全市集中式饮用水源水质达标率 100%。获得省支持推进赤坎污水处理厂三期建设和对我市农村乡镇垃圾转运站、村垃圾收集点实行“一镇一站、一村一点”定额补助 2 267 万元，有效提升我市各村镇垃圾处理能力。积极争取省级财政森林和绿道建设专项资金，拨付 500 万元用于湛徐高速景观林带建设。安排资金支持创建林业生态市（县、区）和推进生态示范和生态文明村镇创建活动。加大创卫投入，支出 1.12 亿元推进市区河渠整治、环卫配套设施建设、小街小巷改造等项目。

四、社会经济转型明显升级

1. 推进重点项目建设。拨付重点项目 24.8 亿元，有效推进河渠整治工程、环卫配套设施工程、“水浸街”整治工程、森林公园生态恢复整治工程等市政重点工程和钢铁基地配套基础设施项目、鉴江供水枢纽工程、海大路口至蔚律港疏港公路工程、省运会体育场馆工程、霞山法国风情街项目及赤坎水库综合整治工程。加快推进钢铁项目、湛徐高速公路、茂湛铁路和海湾大桥二期工程等项目征地和晨鸣木浆项目及各区基础设施的建设。

2. 支持工业发展壮大。把加快产业园区建设作为推进工业化的重要载体，把提升县域经济实力作为跨越式发展的重要抓手。安排“三讲三评”招商引资奖励经费 1 亿元，用于园区基础设施及公共平台建设贷款贴息；安排 5 000 万元基础设施建设和融资贷款贴息资金，支持奋勇高新区建设。

3. 提升传统优势产业。争取上级中小企业发展专项资金支持糖业技改、科技平台、水产品深加工、家用厨具电器、羽绒加工、输电线路器材示范基地等项目发展。省财政安排产业结构调整专项资金、优势产业整体转型升级项目资金 2 500 万元，我市配套 750 万元，扶持农副产品和水产品加工设备制造业等项目的发展。

4. 努力打造现代农业。积极争取中央和省级财政加大对农业、林业、海洋渔业等专项资金的支持力度，并将资金的扶持重点向水果产业、畜牧养殖业、海水养殖业等优势农业产业倾斜；加大农海产品安全检测经费、农业产业链基地建设经费、国家农业综合开发产业化经营项目资金、农民专业合作经济组织扶持培育经费等资金投入；做好现代农业水果产业带发展、深水网箱养殖等农业项目的建设，提升农业现代化水平。

5. 推动现代旅游发展。制定支持旅游产业发展优惠办法，吸引各类资本在我市投资兴办旅游产业，加快发展现代旅游业，形成旅游产业链。2013 年市级财政安排旅游发展专项资金 931 万元，其中旅游竞争性分配资金 400 万元，择优扶持有特色和具发展潜力的旅游项目。积极推动开展“引客入湛”、“农渔家乐”星级评定、广东（湛江）茶业博览会、湛江海鲜黄金周推介、两广十市合作年会等活动，大力提升湛江旅游的知名度。

6. 发展壮大海洋经济。积极争取省级专项资金，合理规划，用好 900 万元珍珠产业发展专项资金，做大做强珍珠产业；每年安排北部湾沿海渔民转产转业议案专项资金，支持海产品深加工、海洋科技产业等优势海洋产业的发展。

7. 注重产、学、研合作。加大对科技创新平台建设、产学研经费的投入，重点支持公共安全及化学化工检测平台、东海岛钢铁石化循环经济项目。加大对经济建设和社会发展有重要作用、技术含量高、产学研合作、经济效益和社会效益好的科技计划项目的支持力度。拨付1 470万元重点支持家电及农海产品精深加工等传统优势产业的转型升级、专利技术与科技成果产业化示范等方面的项目。强化政府引导，2014－2016年每年安排专项资金支持科技创新孵化载体建设。

8. 推动商贸服务业发展。推进外贸转型示范基地建设，组织申报22项省级外贸扶持项目，申报金额达8 000多万元。积极推进“广东（湛江）统筹城乡金融发展改革创新综合试验区”建设步伐，吸引和鼓励各类金融机构在湛江本部投建，设立金融一条街，目前，人民大道中区域已有50多家金融机构（组织）和中介服务机构入驻。支持举办湛江（香港）投资推介会，签约项目30个，投资总额496.6亿元。安排专项资金扶持我市专业合作社和农化服务等建设项目37个，采取竞争性分配240万元，用于安排电子商务发展、省重点流通项目建设、市区生猪定点屠宰厂技术改造等项目。安排家电下乡补贴资金1 700万元，做好家电摩托车下乡补贴资金兑付收尾工作。

五、投资融资体系明显健全

1. 创新融资方式。深入研究各项投融资政策，开拓思路，创新投融资方式，通过信托产品、企业债券等方式，在直接融资上实现重大突破，保证了省运会主场馆、钢铁项目安置小区等项目的顺利建设，缓解财政资金压力。其中，创造条件成功实现与粤财公司、广东南粤银行合作，融资20亿元用于体育场馆建设、海滨大道改造及海湾大桥西连接线二期工程建设，改写了市级无直接融资的历史；推动基投集团发行企业债券12亿元，实现我市企业发债零突破；成功获得中心医院迁建贷款12.4亿元，台风应急救灾贷款5 000万元，麻章自来水厂贷款9 600万元。

2. 抓好土地经营。2013年，全年实现收储土地2 447亩，目前库存土地约1.43万亩，成交土地23宗75.44亿元，土地出让金收入54.28亿元，有效缓解了财政的资金困难，为重点项目配套建设提供了强有力的资金保证。

六、财税体制改革明显完善

1. 加大投资评审改革力度。注重控制投资、节减支出，进一步完善政府投资管理。2013年，共完成十四届省运会主场馆项目、机场路18号六栋公租房预算等707个项目的主审，审定金额19.65亿元，同比增长7.26%。

2. 深化政府采购改革。针对政府采购工作中存在的问题，相继出台采购计划管理制度、招标文件论证制度、黑名单管理暂行办法，推行社会代理机构备案制度等，进一步完善电子采购平台议价规则，稳步向县（市、区）推广电子平台建设。2013年，全年市直单位政府采购预算金额10.14亿元，采购中标金额9.23亿元，节约金额8 637.71万元，资金节约率8.35%。

3. 深化国库支付改革。简化开设账户审批流程，优化直接支付流程，实现市直预算内、预算外及省级交通融资资金全部通过国库集中支付系统支付。将市直预算单位全部纳入财务集中核算监管改革范围。继续清理预算单位的银行账户，核准保留账户1 003个，撤销账户73个。继续稳步推进公务卡改革，完善公务卡管理机制，县区公务卡制度改革覆盖率达到100%。

4. 完善预算编制制度。继续实施开门编制预算，采取“走出去、请进来”的办法，充分听取预算单位的意见，统筹安排预算内、外等各项财政资金，加强结余结转资金管理，实施综合预算，将预算的编制与绩效评价、资产管理相衔接，不断提高预算编制的科学化、精细化程度。

5. 完善公共财政体制。进一步完善市与区财政管理体制，提出完善市与区财政体制调整方案。积极探索市财政直管镇财政管理模式，提出市财政直管硇洲镇财政试点意见。推进建立县以下政权基本财力保障机制，积极落实市级帮扶任务，确保完成县级基本财力保障水平达标。进一步完善我市镇（乡）基本财力保障机制，增强镇（乡）政府提供基本公共服务的能力，缓解镇（乡）财政困难。

6. 加强税费监管力度。积极钻研成品油税费改革政策，调整应对措施，确保地方财政利益。明确城市维护费专项资金用途，对实行项目进行现场监督检查，追踪问效，规范城市维护费专项资金的管理。积极开展关税政策调研，为商品进口暂定税率调整提出7条有效建议。做好2012年税式支出测算工作，全市实际减免税额8.23亿元。扎实推进“营改增”试点工作，累计减轻税收负担1.4亿元。

7. 注重培育社会组织。发布《2012年省级政府向社会组织购买服务项目目录》。积极组织申报省级社会组织专项资金，上半年获得省级培育发展社会组织专项资金310万元，下半年，向省报送26个社会组织。

8. 完善绩效评价体制。注重优化绩效管理结果应用，评价结果与2014年度的预算安排挂钩，引入第三方机构，逐步建立各种专业人才的评价、咨询、复核制度，开展绩效现场核查，有效增强单位的绩效管理意识，加强绩效管理。

七、财政管理工作明显规范

1. 规范国有资产管理。积极推广省行政事业资产管理信息系统，对全市国有资产管理工作进行考核，重新采购资产评估服务资格，规范市直行政事业单位经营性行为、做好我市公务用车清查工作，加强对市直单位利用国有资产抵押贷款的监管。对全市行政事业单位办公用房进行清理，全市党政机关自有的办公用房建筑面积90.91万平方米，办公用房实际建筑面积50.93万平方米，人均办公用房面积14.85平方米。

2. 加强农村财务管理。开展“组财镇管”会计委托代理试点，推进农村财务管理规范化建设，认真组织第六届村委会干部换届审计，已审计完成1 706个村委会，审计资产总额5.6亿元。做好农村民主理财培训工作，共培训行政村和村民小组的村长、民主理财小组成员、报账员2 156人。

3. 严格财政监督管理。组织开展整治“小金库”、违规使用专项资金专项行动，完善制度275件，初步构建全方面多层次的“小金库”和违规使用专项资金防治体系。对10家单位进行会计监督检查，查出各类违规问题金额4 214.58万元，补缴税款76.38万元，追缴财政资金107.81万元。对6项民生资金进行检查，查出各类违规问题金额328.19万元，将对整改情况进行跟踪检查，确保问题整改到位。

4. 做好会计服务工作。做好各项新会计法律、法规、制度的宣传贯彻工作，认真组织全市会计从业资格日常的考试、注册登记、调转、变更、补办等管理工作，全年组织全市继续教育培训会计人员共24 905人。组织完成农村财会人员财政支农政策培训3 371人次，积极推广应用广东省会计管理信息系统，使会计服务更贴近群众需求。

（湛江市财政局供稿，肖淞文执笔）

茂名市

2013年，茂名市全面贯彻落实科学发展观，牢牢把握主题主线，全力推进“滨海发展战略”，着力兴交通、办工业、造新城、惠民生，全市经济社会发展呈现稳中有进的良好态势，开创了茂名发展的新局面。初步核算，2013年全市实现地区生产总值（GDP）2 160.2亿元，比上年增长13.2%。其中，第一产业增加值373.2亿元，增长3.3%，第二产业增加值893.3亿元，增长15.0%，第三产业增加值893.7亿元，增长15.2%。三次产业结构为17.3：41.3：41.4。人均地区生产总值36 060元，增长12.2%。全年居民消费价格总水平上涨2.1%。全年完成工业增加值826.5亿元，增长15.2%，其中规模以上工业增加值529.1亿元，增长17.2%。全年工业经济效益综合指数475.1%。全年固定资产投资660.5亿元，增长54.6%。全年社会消费品零售总额1 008.8亿元，增长11.8%。全年进出口总额12.24亿美元，增长17.1%。实际利用外资金额1.15亿美元，增长43.3%。年末全市金融机构人民币存款余额1 567.0亿元，增长18.0%。年末金融机构人民币贷款余额637.1亿元，增长18.1%。全年城市居民人均可支配收入20 036元，增长11.1%。农村居民人均纯收入10 704元，增长12.6%。

2013年是实施“十二五”规划的关键一年，也是茂名市财政工作克难奋进、继往开来的一年。面对复杂严峻的经济形势，全市财政部门深入贯彻落实科学发展观，充分发挥财政职能作用，圆满完成了各项工作任务，财政工作呈现出财政收入持续增长、财政杠杆作用增强、民生支出保障有力、财政改革全面深化、队伍面貌焕然一新的良好态势，促进了全市经济社会平稳健康发展。全市公共财政预算收入90.34亿元，完成年初预算的104.8%，增长15.6%。其中税收收入54.57亿元，增长23.9%；非税收入35.77亿元，增长4.9%。在税收收入中，国内增值税12.14亿元，增长6.1%；营业税8.12亿元，增长24.6%；企业所得税2.8亿元，增长42.9%。在非税收入中，专项收入3.87亿元，增长36.1%；行政事业性收费收入11.73亿元，增长12.0%；罚没收入4.29亿元，下降57.1%。全市公共财政预算支出218.5亿元，增长13.6%。其中一般公共服务支出28.99亿元，增长14.1%；公共安全支出12.32亿元，增长6.4%；教育支出58亿元，增长14.4%；文化体育与传媒支出2.23亿元，增长15.5%；社会保障和就业支出30.09亿元，增长18.3%；医疗卫生支出26.63亿元，增长13.6%；农林水事务支出22.70亿元，增长14.2%；交通运输支出11.23亿元，增长14.6%。

2013年全市公共财政预算收入加上级补助收入220.23亿元、转贷地方政府债券收入1.32亿元，国债转贷资金上年结余0.07亿元、上年结余30.78亿元、调入资金5.05亿元，财政总收入257.45亿元。全市财政公共财政预算支出加上解上级支出222.29亿元、地方政府债券还本支出2.11亿元、增设预算周转金0.14亿元，调出资金0.1亿元，公共财政预算总支出224.64亿元。收支相抵国债转贷资金结余0.07亿元，年终滚存结余32.74亿元，其中结转下年支出31.91亿元，净结余0.83亿元，实现了收支平衡。市级和各县（市、区）财政均实现了收支平衡。全市政府性基金收入55.57亿元，加上补助收入6.36亿元、上年结余8.09亿元，调入资金0.13亿元，总收入70.15亿元；全市政府性基金支出50.62亿元，加上调出资金5亿元，基金上解支出1.29亿元。基金预算总支出56.91亿元。收支相抵，年终结余13.24亿元，实现了收支平衡。全市财政专户管理资金收入9.38亿元，加上上年结余0.72亿元，总收入10.1亿元；全市财政专户管理资金支出9.17亿元，调出资金0.04亿元。收支相抵，年终结余0.89亿元，实现了收支平衡。全市完成上划中央“两税”（不包括中央省属企业上划数）63.24亿元；完成上划省“四税”14.87亿元。

一、大力挖掘增收潜力，财政收入质量进一步提高

2013年，全市财政增收面临诸多困难：受国内经济增长趋缓、“营改增”等结构性减税政策、重点税源企业茂石化公司全面停产检修48天等影响，全市财政增收面临的压力前所未有；为完成省财政厅和市委、市政府提出的非税收入控制目标和公共财政预算收入增长13.8%的任务，全市各级财政部门全力以赴、克难奋进，落实财税联席会议制度和领导抓收入责任制，加强与收入征管部门、重点税源企业的沟通，超额完成财政收入各项任务，工作亮点体现为“五个高”：一是财政收入总量创新高。来源于茂名市的财政收入首次突破400亿元大关，完成416.07亿元，比2012年增长17.8%，其中上划中央、省级财政分别占59.9%和5.0%。二是全市财政收入增幅高于全省平均水平。全市公共财政预算收入首次突破90亿元大关，完成90.34亿元，完成调整预算的104.8%，增长15.6%，比全省平均水平高2个百分点。三是市级挖潜增收能力仍较高。市级狠抓一次性收入，大力挖潜补漏，完成公共财政预算

收入37.69亿元，完成调整预算的104.7%，增长7.6%。四是县域财政收入水涨船高。在经济发展考核机制和镇级财政体制改革的带动下，县域财政收入连续多月保持30%以上高速增长，全年实现公共财政预算收入52.65亿元，完成年初预算的104.9%，增长22.2%，高于全市平均增幅6.6个百分点；占全市收入的58.3%，比上年提高3.1个百分点。4个县（市、区）增幅超过20%，其中茂港区增长55.0%、电白县增长24.1%。化州市、电白县综合增长率分别位居全省第9、12位。近两年电白县、高州市财政收入相继突破10亿元大关。五是财政收入质量持续提高。全市税收收入增长23.9%，多年来首次超过非税收入增幅近20个百分点，其中茂港区增长61.1%，电白县、化州市、高州市、信宜市增幅均超过30%。市财政局印发了《关于提高我市财政收入质量的通知》，建立非税收入比重通报制度。全市非税收入比重为39.6%，比上年降低了4个百分点。6个县（市、区）和高新区全部完成非税收入控制目标。

二、加大投入力度，财政服务经济发展能力进一步提高

市、县财政部门综合运用融资、股权合作、BT等方式筹集资金，支持三大平台、基础设施、产业园区建设和城市扩容提质。一是大力支持三大平台建设。近年来市财政投入三大平台建设资金80.33亿元，其中基础设施投入19.49亿元、征地拆迁和土地注入37.82亿元、经费和体制支持23.02亿元。电白县、茂港区、茂南区主动融入三大平台建设，积极推进征地拆迁和重点项目建设。二是大力支持基础设施建设。市、县财政通过安排前期经费、融资和争取上级支持等形式加大交通基础设施投入。市级财政拨付茂湛铁路资本金4.92亿元，投入20.14亿元推进新港大道、海洋大道、高水路南段至水东港、悦民路、环城东路、西城西路等道路建设，投入2亿元改造市区油城一、二、三、七、八、九、十路，人民南、北路，光华南路，西粤北路。各县（市、区）积极推进2条国道、5条省道和市政基础设施建设；高州市投入13.2亿元推进“七路一桥一中心”建设。三是大力支持园区建设和产业结构调整。近年来全市投入园区建设资金24.92亿元，其中珠海（茂名）产业转移工业园15.19亿元、县（市、区）工业园区9.73亿元。电白江高、信宜大朗两个省级工业园建设初见成效，高州市、化州市分别投入3.84亿元、1.22亿元支持园区建设。市级财政拨付茂石化炼油厂和乙烯厂卫生防护带搬迁安置工程建设资金1.86亿元；竞争性分配产业结构调整专项资金2 000万元，支持6户骨干企业；归还债务本息及BT项目回购6.55亿元。茂南区投入7 332万元支持新兴产业企业和中小微企业发展，化州市投入4 942万元全力推进海螺水泥项目建设。

三、优化支出结构，财政保障民生和社会事业发展的能力进一步提高

全市公共财政预算支出218.5亿元，增长13.6%，其中民生支出164.47亿元，占财政总支出的75.3%，比上年提高0.7个百分点。一是加大财政支农投入。全市农林水事务支出22.70亿元，增长14.2%。拨付水利建设资金4.99亿元、基本农田改造建设资金1.76亿元、农村基础设施建设资金1.49亿元、扶贫“双到”资金4.9亿元、村级公益事业“一事一议”资金5 445万元。市级竞争性分配农业综合开发财政资金820万元，扶持16个项目。二是落实各项惠农补贴。全市发放农资综合补贴和种粮直补2.5亿元，补贴种粮面积320.75万亩；发放农作物良种补贴和农机购置补贴7 311万元。累计发放家电下乡补贴2.24亿元，补贴家电销售75.87万台。三是落实民生增支政策。全市教育支出59.13亿元、社会保障和就业支出30.09亿元、医疗卫生支出26.63亿元，分别增长14.4%、18.3%和13.6%，确保新农合和城镇居民医保补助、城乡居民养老保险基础养老金等多项民生增支政策落实到位。市县配套资金2.15亿元，落实山区和边远农村义务教育教师岗位津贴制度。下达省市财政教育创强资金6.5亿元，投入免费义务教育资金8.95亿元，提高生均公用经费标准，落实中职免学费和中职助学金调整政策。四是积极配套全省十件民生实事资金。全市配套全省十件民生实事资金28.6亿元，完成预算的194.8%，支出进度排在全省第1位。全市拨付保障性住房资金1.66亿元、“尤特”强台风救灾复产资金2.1亿元。高州市率先在粤西地区开展自然灾害公众责任保险工作。

四、实施财政体制改革，县镇发展经济壮大财力的积极性进一步提高

2013年是财政体制实现重大变革、县镇发展活力全面激发的重要一年。一方面，大刀阔斧推进镇级财政体制改革。按照市委、市政府的统一部署，全市100个镇（街）打破统收统支的财政管理模式，在粤东西北地区中率先实施镇级财政体制改革。出台了《关于改革完善镇级财政体制的指导意见》，明确了改革的指导思想、基本原则、基本内容和实施步骤。市财政局加强业务指导，安排镇级财政体制改革奖补资金1 100万元，举办了全市镇长与财政所长理财业务培训班。各县（市、区）财政部门大胆放权让利，建立科学合理的税收分享机制，划分不同档次，实行有所区别的激励办法，增强了改革的针对性；核定收支基数，合理分担事权，建立县（市、区）对镇转移支付制度。到8月10日，全市105个财政所平稳移交当地镇政府，提前完成了市委、市政府要求的8月28日前完成交接工作的任务，其中电白县、茂南区、高州市均在7月中旬完成交接。改革充分激发了镇街发展活力，2013年镇级税收收入增长30.5%，高于全市增幅6.6个百分点，增幅超过40%的镇有28个。电白县、化州市镇级公共财政预算收入分别增长75.2%和59.4%，茂南、茂港区镇级税收收入分别增长56.8%和41.3%，信宜市由镇（街）引进投产的项目35个。另一方面，积极稳妥理顺经济功能区财政体制。市财政局于9月和10月先后印发了《博贺湾海洋经济综合实验区财政管理体制方案》和《关于完善我市经济功能区财政

管理体制有关问题的通知》，对经济功能区税收分成与入库、专项资金申报、财政资金拨付和上解、财政报表和考核数据上报等作出了明确规定。

五、规范财政业务管理，科学化精细化理财水平进一步提高

2013年也是财政管理全面规范、理财水平逐步提高的关键一年。一年来，市财政局在理顺财政体制、零基预算编制、非税收入分配、清理结余资金、政府采购监管、政府投资审核、财政监督、内部管理等方面出台了近20份重要文件，基本奠定了财政规范管理的大框架，得到了市领导的充分肯定。滨海新区在短时间内出台了6份文件规范财政管理。一是市级试行零基预算。按照市委、市政府的要求，市级试行零基预算法编制2014年预算，充分体现市委常委会议提出的开源节流、集中财力办大事、资金突出保重点等六项原则要求的精神。化州市也积极探索零基预算编制工作。二是提高国库资金调度和国库集中支付的效率。市级通过国库集中支付下达用款额度27.72亿元，实现了支付零差错。1月1日起市本级基建财政性资金全部纳入国库集中支付范围，减少项目资金周转环节。进一步规范市级与县级的资金调度、拨付和清算工作，全年拨付各县（市、区）固定性补助25亿元、专项补助资金64.17亿元。三是提高财税政策和收支的分析水平。市财政局分别对上划省“四税”增量返还等财政体制扶持政策和“营改增”政策对财政收入的影响进行了深入分析。加强对企业运营和收入入库情况的跟踪调研。四是清理和盘活财政存量资金。市财政局5月对财政资金资产进行了全面清理。对工业园区资金和河西城区污水处理厂前期安排资金使用情况进行检查，对历年结转下来的专项资金指标款进行全面清理，避免财政资金沉淀。五是规范非税收入分配。印发了《茂名市市级非税收入分配办法》，对141项行政事业性收费、罚没收入确定分配原则和比例，增强政府统筹能力。六是加强政府采购监管。印发了《关于进一步加强和规范政府采购工作的意见》等5份文件，进一步加强单一来源采购方式管理。全市实现政府采购金额17.86亿元，平均节约率为4.2%。七是提高资产管理水平。完成全市事业单位公务用车清查数据录入，对市直党政机关事业单位占有、使用国有土地及房屋的数据进行分类整理。信宜市通过改造人民公园实现商铺拍卖款近3亿元，有效盘活国有资产。八是加强财政支出绩效评价。全市进行绩效评价项目321个，积极开展第三方评价。九是提高投资审核效率。出台了《茂名市财政投资工程项目委托中介机构审核管理暂行办法》，顺利完成各项重点工程审核，全市审核项目2 146个，送审造价116亿元，平均核减率为9.4%。信宜市对30万元以下的政府投资项目建立主管部门和财政局对口股室联合审核制度。

六、加强财政资金监管，财政资金使用绩效进一步提高

一是压减一般性支出。贯彻落实中央八项规定和《党政机关厉行节约反对浪费条例》等文件精神，把好预算追加关口，严控“三公经费”支出。茂南区实行预算安排、资金调度与执行进度、资金使用效益“四挂钩”管理，严格控制预算外项目支出和临时追加预算资金。二是严格楼堂馆所建设资金监管。坚决执行中央和省关于严格控制楼堂馆所建设的规定，无立项、超概算一律不安排财政资金。三是加强零余额账户管理。联合市纪检监察部门印发了《关于进一步完善零余额账户管理的通知》，纠正从零余额账户划转资金的行为，促进预算单位厉行节约。四是加强公务卡结算管理。全市公务支出刷卡报销金额8 568万元，增长308.2%，有效纠正预算单位大额提现行为。电白县公务卡结算推进较快，在全省财政国库改革培训会议上作了经验介绍。五是开展办公用房清查。认真开展党政机关和领导干部办公用房清理自查，全市563个党政机关及政府直属事业单位人均办公用房面积16.28平方米。六是牵头开展整治“小金库”、违规使用专项资金专项行动。全市纳入整治范围的单位3 260户，重点检查单位208户，涉及专项资金18.25亿元。七是加强财政监督检查。出台了《关于加强我市财政监督检查工作的意见》，联合审计部门加强专项资金、非税收入和会计信息质量检查，加强财政票据监管。纠正违规发放津贴补贴行为。

七、加强干部队伍建设，机关运转效率和服务质量进一步提高

一是学习贯彻十八届三中全会精神，加强党员干部学习教育，做好应对改革的充分准备。二是全面落实党风廉政责任制，深入开展以“严纪律、正作风、促廉洁”为主题的纪律教育学习月活动，大力整治庸懒散奢四种不良风气。三是提高行政效率。印发了《关于进一步改进工作作风的意见》和《关于进一步优化内部办事程序提高行政效率的实施意见》，从28个方面改进工作作风，简化拨款、政府采购等财政业务审批程序，升级改造“财政信息大系统平台”。四是加强督察落实。抓好财政部门承担的165项重点工作的督查问效，按要求完成主办的推进镇级财政体制改革、提高财政收入质量、理顺经济功能区财税体制、试行零基法编制市级预算4项重点工作，积极筹措资金保障协办的161项重点工作顺利推进。五是推进政务公开和依法行政。及时公开预决算报告、民生和专项资金分配使用情况，提高财政工作透明度。全市财政信息被市政府采用30篇，列市各单位第一位，创下历史最好水平。高州市财政局以五项活动为载体加强财政文化建设，被省财政厅刊用信息9篇，位居全省66个县（市）的第一位。抓好“六五”普法教育，承办市人大代表建议、政协委员提案64件，其中主办件4件。六是加强教育培训。组织干部参加在清华大学和中山大学举办的财政业务知识培训班，全市1 456个财务人员参加支农政策培训，18 125个会计从业人员参加继续教育学习。

（茂名市财政局供稿，梁建旭、李文崔执笔）

肇庆市

2013年，肇庆市积极应对复杂形势和经济增长放缓、政策性减收压力不断加大等叠加因素的影响，围绕建设珠三角连接大西南枢纽门户城市的奋斗目标，全面落实《珠三角规划纲要》，大力实施“两区引领两化”战略，全力稳增长、调结构、惠民生、促发展，实现了全市经济社会健康稳定发展。

2013年肇庆市实现地区生产总值1 660.07亿元，增长11.5%，其中三次产业增加值分别增长5.6%、15.7%和8.5%。全年实现规模以上工业增加值813.45亿元，增长18.1%。全年完成固定资产投资额1 007.78亿元，增长20%。全年完成社会消费品零售总额493.12亿元，增长13.8%。全年完成商品房销售面积465.39万平方米，增长24.6%。全年完成进出口总额70.17亿美元，增长10.5%，其中出口48.25亿美元，增长27.6%，进口21.91亿美元，下降14.8%。全年居民消费价格指数累计上涨2.9%。

一、财政预算执行情况

（一）财政收支情况

2013年，肇庆市财政部门深入贯彻落实中央、省、市的决策部署，狠抓增收节支，优化支出结构，着力保障民生，深化财政改革，为全市经济社会发展提供财力保障。据快报反映，全年地方公共财政预算收入完成120.75亿元，增收16.94亿元，增长16.32%。其中，税收收入76.54亿元，增长16.74%，占地方公共财政预算收入的63.39%，拉动地方公共财政预算收入增长10.57个百分点；非税收入44.21亿元，增长15.60%，占地方公共财政预算收入的36.61%，拉动地方公共财政预算收入增长5.75个百分点。全市上划中央“两税”收入32.41亿元，增收1.88亿元，增长6.16%。上划省“四税”收入26.71亿元，增收3.47亿元，增长14.91%。全市地方公共财政预算支出195.36亿元，增长10.61%。

从全市各级完成收入的情况来看，市级公共财政预算收入27.75亿元，增收2.14亿元，增长8.37%，占全市地方公共财政预算收入的22.98%。县级公共财政预算收入93亿元，增收14.80亿元，增长18.92%，占全市地方公共财政预算收入的77.02%。

（二）预算执行特点

全市财政预算执行呈三大特点：一是收入增长稳中有进。全年财政收入增长呈“前低、中高、后稳”态势，增幅超过全省水平2.72个百分点，排在全省第12位（比上年上升4位），总量和增量均排第9位。二是中心区域贡献突出。高要市和四会市共实现超收1.56亿元，基本弥补了个别地区短收缺口，确保了全市预算任务完成。三是重点支出保障有力。积极筹措资金化解收支矛盾，及时优化支出结构，各级政权运作、民生需求和重点支出得到保障。

二、财政管理和改革情况

（一）应对复杂形势力促财政增长

面对复杂形势和经济增长放缓、政策性减收压力不断加大等叠加因素的影响，及时制定培财增收应对措施，加强收入组织领导，落实层级工作责任，建立协调联动机制，形成征管合力；完善收入考核制度，以目标考核倒逼任务完成，努力把经济发展成果及时转化为财政增收。全市地方公共财政预算收入实现稳步增长，超额完成年度预算任务（增长15%）和市科学发展观考核任务（增长16.3%）。收入质量逐年提升，非税比重比上年下降0.23个百分点，比2010年下降2.26个百分点。

（二）围绕中心任务力推经济发展

围绕“两区引领两化”战略和建设珠三角连接大西南枢纽门户城市的目标，积极发挥财政政策和资金的杠杆作用。加大资金投入促发展，全市财政统筹安排资金36亿元，着力推进产业转型升级、城市扩容提质、区域一体化、重点项目建设以及发展现代服务业；减轻企业负担促发展，落实结构性减税政策，减免涉企部分行政事业性收费，全年为企业减负11.5亿元；向上争取资金促发展，全年争取中央和省对全市转移支付及专项补助等75.62亿元，比上年增加3.72亿元，有力地促进全市特别是县域经济加快发展；整合政府资源促发展，对市直行政事业单位政府性资源（资产）进行清产核资，积极推动财政与金融的有机融合，市直融资工作取得新进展。

（三）严控一般支出力保民生需求

贯彻落实中央“八项规定”和厉行节约的有关要求，严控“三公”经费等一般性支出，优化支出结构，科学统筹资金，全面落实扩大中等职业、中技教育免学费及图书馆、博物馆、文化馆免费开放惠民政策，提高城乡居民基本医疗保险政府补助标准，向低收入群众发放临时价格补贴，支持开工建设各类保障性住房5 468套等，确保各项民生重点支出的资金需求，有力地推进了社会各项事业发展。全市会议费及“三公”经费支出6.27亿元，比上年减少0.97亿元，下降13.4%；全市十一类民生支出共132.1亿元，比上年增加12.84亿元，增长10.77%，占地方公共财政预算支出的67.62%，比上年提高了0.1个百分点。其中教育投入48.15亿元，医疗卫生投入18.09亿元，文化体育和传媒投入3.26亿元，交通运输投入7.45亿元，社会保障和就业投入22.39亿元，保障性住房建设投入3.61亿元，农林水事业投入17.13亿元。省十件民生实事投入16.98亿元，市十件惠民实事投入15.49亿元。

（四）推进改革创新力争绩效提高

继续抓改革创新，提升管理效能。推进“营改增”试点、省直管县财政改革，怀集县成为新增省直管县试点；建立市与肇庆新区、鼎湖区的财政管理新体制；改进预算管理方法，编实编细预算，增强预算执行均衡性；国库管理改革取得新成效，政府统筹资金的能力进一步提高，结余在国库的集中支付资金3.49亿元；开展财政预算资金竞争性分配改革和项目申报绩效目标试点，强化预算绩效约束力；加强政府采购和投资评审管理，节约采购资金2亿元，节约率4.41%，核减概算、预（结）算投资3.43亿元，核减率9.7%；加强财政“大监督”体系建设，开展整治“小金库”、违规使用专项资金专项行动，确保了财政资金安全规范运行。

（肇庆市财政局供稿，谢伟莹执笔）

清远市

2013年，清远市全市实现生产总值1 093亿元，同比增长8.2%；人均生产总值2.89万元，增长7.4%。来源于清远的财政总收入246.6亿元，增长18.82%；全市公共财政预算收入92.8亿元，增长6.8%；其中市本级公共财政预算收入27.87亿元，增长7.4%。固定资产投资增长15.5%。社会消费品零售总额增长10.7%。城乡居民人均收入分别增长9.5%和12.2%。

2013年，面对复杂严峻的经济环境和自然灾害条件，全市各级财政部门以科学发展观为指导，紧紧围绕市委市政府“南融北拓桥头堡，水秀山清后花园”的发展战略，着力推进区域协调发展，落实基本公共服务均等化，促进中心区域扩容提质，服务经济社会持续健康发展。同时，财政发展改革工作不断推进，财政预算执行情况良好。

一、公共财政预算收支情况

从全年财政支出情况看，清远市财政支出体现了市委市政府对财政工作的要求和公共财政的特点，有力保障了公共服务、教育医疗等民生支出，实现了预期目标，为社会经济发展作出了新的贡献。2013年，全市的工资等刚性支出得到保证，教育、社会保障等重点和经常性支出的需要得到保障。

1. 收支情况。2013年来源于清远的财政收入246.6亿元，增长18.82%。2013年全市地方公共财政预算收入完成92.82亿元，增长6.84%，完成各县（市、区）人大汇总预算的100.58%。公共财政预算收入总量位居全省各市的第12位。全市税收收入完成61.47亿元，非税收入完成31.35亿元，税收收入占财政收入的比重为66.22%。

2013年全市公共财政预算收入加上上级补助收入97.05亿元、地方政府债券转贷收入1.31亿元、上年结余结转收入32.88亿元等，2013年全市公共财政总收入完成225亿元。

2013年全市公共财政预算支出完成185.61亿元，增长7.91%，人均支出4 896元，其中，全市民生投入130.55亿元，增长9.14%，增速比公共财政预算支出高1.23个百分点，民生投入占公共预算支出比重由上年的69.54%提高到70.33%。公共财政预算支出加上各项上解支出1.53亿元，地方政府债券转贷还本支出1.18亿元，2013年全市公共财政总支出完成188.33亿元。

2013年市本级公共财政预算收入完成278 745万元，增长7.38%。加上上级补助收入130 838万元、地方政府债券转贷收入10 735万元、上年结余结转收入180 419万元等，2013年市本级公共财政总收入完成617 235万元。

2013年市本级公共财政总支出完成447 901万元，其中：公共财政预算支出完成347 324万元，补助县区支出88 415万元，上解支出11 556万元，地方政府债券转贷还本支出606万元。

2. 运行特点。一是收入增长低位运行。2013年全市公共财政预算收入自3月扭转负增长以来，增幅保持在个位数的低位区间平缓运行，至4月达到了2013年以来的最高点（8.04%），此后每月保持稳中略有上升的走势，至11月增幅已超过2012年同期水平，全市收入走势呈良好发展。二是税收增幅比去年提升明显，收入质量得到提高。全市非税收入占收入比重较2012年同期下降了1.05个百分点，税收收入增幅比2012年同期提高了6.2个百分点（2012年2.33%），收入质量同比2012年明显有所提高。三是南北区域间收入差距较大，地区发展不平衡。全市10个预算单位的公共财政预算收入除开发区（18.76%）外均呈个位数增长，其中，5个单位收入增幅超过全市平均水平，5个单位税收增幅超过全市平均水平，7个单位非税比重超过全市平均水平。四是房地产税收依赖程度高。经统计，全市2013年税收增收额为4.83亿元，其中12月当月耕地占用税和契税两个税种就合计入库2.34亿元，耕地占用税和契税增长仍然主要依赖房地产行业的拉动。

二、财政管理与改革情况

2013年，全市各级财政部门认真贯彻落实市委、市政府决策部署，以“桥头堡”战略为引领，坚持“三好一紧”即“抓好收入，管好资金，带好队伍，过紧日子”的理念，推动经济社会发展，取得良好成效。

1. 着力推进区域协调发展工作。继续完善市以下财政转移支付机制，发挥财政杠杆作用，促进区域协调发展。包括：完善中心区域利益共同体财力下沉机制，差异化配套机制以及生态保护补偿机制，安排连州和英德区域中心城市扩容提质专项资金等。2013年市本级补助县区支出为8.84亿元，约占财力的25.3%。

2. 着力推进基本公共服务均等化工作。加大基本公共服务特别是教育与医疗卫生的投入力度，确保人均财政支出增长率、人均基本公共服务支出增长率和财政基本公共服务支出占比达到省核定的目标。2013年，全市基本公共服务支出78.6亿元，同比增长19.7%，占公共财政预算支出42.4%。

3. 着力推进帮扶企业工作。出台《清远市重点扶持企业财政优惠政策的实施意见》，预计可帮扶企业3.4亿元；出台了《关于市财政经营性资金实施股权投资管理的意见（试行）》，优化扶持资金的投放结构，提高财政扶持资金的使用效益；向市政府提交了《清远市企业税费负担情况专题调研报告》，提出一系列措施，着力降低企业宏观税负，为各类市场主体营造宽松的营商环境；制定了《清远市营业税改征增值税试点改革过渡性财政扶持资金管理暂行办法》，对因“营改增”改革而月均税负增加1万元以上的试点企业给予财政扶持，共安排114.7万元。

4. 着力推进服务“三农”工作。今年共拨付“三农”资金19.47亿元，其中，拨付5.33亿元用于推进现代高标准农田建设，完成农田整治44.42万亩；拨付2.07亿元积极推进生态林业文明体系建设；安排4 051万元农村基层工作经费，积极推进贫困村基层组织建设。拨付2 471万元，确保完成“两不具备”搬迁安置4 794户任务；积极开展对农村集体的“三资”清理和村委会换届审计工作，支持新一轮扶贫“双到”工作，拨付资金2 850万元。

5. 着力推进投融资工作。除传统项目融资外，通过企业债券、BT模式建设等各种形式，多方面筹措资金，同时，探索“股权投资”、“债转股”、票据债券、基金等融资方式，切实拓宽投融资渠道，支持投融资企业做大做强。大力支持重点项目建设，累计投入重点工程项目6.85亿元，其中财政性资金3.96亿元、融资资金2.86亿元。发挥财政金融财务监管职能，配合市政府做好政府与中科招商共同开展的“223”创新创业工程、政府与中旅集团战略合作、清远市中小微企业“助保贷”等工作。

6. 着力推进财政改革与创新工作。一是完善提升零基预算，清理执行率较低的项目、细化专项资金、改变资金部门化的现象，统筹资金推进落实市委市政府重点项目。二是落实财政资金差异化配套。该项措施为制定民生配套政策提供了基本框架，有效减轻了生态发展区的配套压力，也为全省市以下转移支付提供实践经验，基本达到了预期的效果。三是继续深化非税执收单位经费供给改革。改革已覆盖了所有行政（参公）单位和公益一类非税执收单位，彻底取消了返还比例，实现了非税收支脱钩管理，基本消除了因非税执收按比例返还造成的收支管理不规范、单位之间贫富不均的现象。四是推进绩效评价工作。提出了委托第三方进行重点评价、细化评价方法、分类设定绩效评价门槛、推进事前评价一系列措施。五是激活财政存量资金。对本级财政预算历年的结转项目进行清理，将确认属于无法支出或无须支出的收回总预算统筹安排。通过提高社保基金财政专户定期存款比例，对非税等财政专户资金开展协定存款和七天通知存款等方式理财，从而使理财资金总量比2012年同期增加32.63亿元，同比增长2.28倍。六是坚持厉行节约。市直部门的公用经费统一按年初预算的5%进行压减，所节省经费用于支持防灾救灾和受灾群众的救助。

7. 着力推进规范制度、完善管理工作。一是建立健全专项资金监管制度。出台了《清远市财政专项资金管理办法（试行）》，提出建立乡镇巡查制度、引入第三方评判、实施公示制度进行社会监督等一系列措施，压缩资金分配的自由裁量权，切实防范风险。二是完善国有资本经营预算管理。出台了《清远市市级国有资本经营预算管理试行办法》，通过编制国有资本经营预算加大监管力度，全面掌握经营性国有资本的收入、支出、资产和负债情况，从而确保国有资本保值增值和再投资的有计划进行，以及规范国企的收益分配。三是健全财政投资审核机制。出台了《清远市财政局投资审核管理办法》，通过摇珠排号分配、执行三级复审制、引入审计抽查、健全委托中介审核等措施，构建覆盖“事前、事中、事后”的财政投资审核机制，提升评审效率。四是加强政府采购监督管理。对政府采购社会代理机构实施“宽进严管”，机构由去年的8家增加至11家，有利于市场充分竞争。按照“提速不越轨，加快不违法”原则，与相关部门联合制定重点项目政府采购“绿色通道”等办法。简化进口医疗设备采购申报资料，对采购频率较高的进口医疗设备集中进行专家论证，节省审批时间，提高采购效率。

三、加强廉政建设和队伍建设

1. 充分认识到党风廉政建设工作是财政的一项重要工作，坚决执行党风廉政责任制。一是班子成员做好表率作用。成立了局党组书记、局长担任组长的廉政建设领导小组，形成了局一把手以身作则、带头履行“一岗双责”职责，各班子成员做好表率，科室（中心）负责人认真落实的良好局面。二是扎实完成党风廉政建设责任制工作任务。结合工作实际，在年初制定了《清远市财政局2013年度党风廉政建设和反腐败工作具体措施》，将市纪委部署的2013年党风廉政建设和反腐败11项工作分解到科室（中心），分解到具体的分管领导、科室责任人，明确责任，明确任务，同时抓好工作督促，确保落实到位。大力推进“正风”行动、“公述民评”活动，不断改进工作作风，增强干部的群众观念和廉政意识，提高干部的执行力和工作效率。

2. 坚持把作风建设放在党建的突出位置，以“正风行动”、“公述民评”等活动为载体，扎扎实实改进作风，确保党员干部严格执行中央八项规定、《廉政准则》等规定。一是认真组织学习中央八项规定及省市实施办法、实施意见，要求班子成员、各科（室、中心）加强学习，认真剖析违反八项规定的典型案例，从中吸取教训。二是年初出台了《清远市财政局贯彻落实“八项规定”的实施意见》，提出了改进调查研究、密切联系群众、厉行勤俭节约、简化接待工作、改进文风会风、严控出国费用、提高工作效能、加强督促检查八项内容。同时，对公务接待、公务用车、固定资产管理有关规定进行了规范和完善。三是规范内部管理，按照规定修订接待、车辆、会议等管理办法。对外接待原则上在局内部餐厅解决，会议不摆花、不上水果，在干部职工饭堂开展“光盘行动”，营造了反对铺张浪费的良好氛围；公务出差从严控制行程、人数和天数；到基层调研，尽量精简调研人数，减少随行车辆。如局领导到县（市、区）调研，只带熟悉业务的科室负责人，共同乘坐1台车前往，并且当日来回，要求不张贴悬挂标语横幅、不搞基层多人陪同，尽量减少对当地干部的干扰。四是根据中央和省关于党政机关停止新建楼堂馆所和清理办公用房的文件精神，按照标准，规范办公用房使用管理，做好清理整改机关办公用房的前期准备工作。

（清远市财政局供稿，吴文宁执笔）

潮州市

2013年，潮州市经济平稳运行，各项主要经济指标增势良好，经济运行总体平稳。2013年，全市实现生产总值（GDP）780.3亿元，同比增长11%。第一、二、三产业增加值分别为54.9亿元、435.9亿元和289.5亿元，同比分别增长4.9%、14.2%和7.3%。其中：工业对GDP增长的贡献率高达68.6%，第三产业对GDP增长的贡献率为25.3%。全市实现全部工业增加值412.6亿元，增长14.2%。规模以上工业增加值277.5亿元，增长16.5%。民营工业贡献突出，实现增加值177.7亿元，增长22.6%，对规模以上工业增长的贡献率为83.1%。小微企业增势良好，实现增加值124.8亿元，增长23%。八大行业平稳增长，实现增加值170.8亿元，增长15.3%，拉动规模上工业增长9.4个百分点，陶瓷工业实现增加值84.7亿元，增长13.2%；水族、印刷、塑料工业增加值分别增长27.4%、25.6%和23.9%。全市实现规模以上工业销售产值1 051.9亿元，增长19.6%。全市固定资产投资总额253.6亿元，增长19.3%。第一产业投资额下降11.6%；第二产业投资增长4.9%，其中，工业投资增长2.1%。第三产业投资增长47.8%，其中，房地产投资41.9亿元，增长46.7%，对投资增长的贡献率为32.6%。重点项目实现投资额82.8亿元。商品房销售面积72.9万平方米，增长51.1%。2013年，全市社会消费品零售总额354亿元，增长11.6%。批发零售业实现零售额322.7亿元，增长11%，对消费增长的贡献率达86.7%；住宿餐饮业零售额31.4亿元，增长13.7%。全市旅游收入89.9亿元，增长20.2%，接待海内外游客人数590.4万人次，增长20.1%。2013年，全市进出口39.1亿美元，同比下降7.5%。2013年末，全市金融机构本外币存款余额919.4亿元，比年初增长9.9%；金融机构本外币贷款余额323亿元，比年初增长11.3%。存贷比为35.1%。2013，居民消费价格水平同比上涨2%。食品价格同比上涨4.3%，推动CPI同比上涨1.62个百分点。

2013年，潮州市财政工作坚持以科学发展观为统领，紧紧围绕建设“富裕潮州、美丽潮州、文明潮州、幸福潮州”这一核心，坚持生财有道、聚财有方、理财有规、用财有效和集中财力办大事的理财原则，转变作风，强化落实，圆满完成了各项财政工作目标任务，全市财政改革和发展取得了明显成效。2013年，全市地方公共财政预算收入完成370 887万元，完成年度预算的101.14%，比上年增收51 551万元，增长16.14%。全市地方公共财政预算支出完成860 188万元，完成年度预算的151%，比上年增支82 063万元，增长10.55%。

一、以抓好增收节支为主线，促进财政运行态势更加平稳

全市各级财政部门增强大局意识，狠抓增收节支，确保收支平衡，切实提高财政保障能力。

收入方面，2013年，在经济发展稳中求进的基础上，全市财政保持了良好的运行态势。一是为实现全年财政收入增长目标，各级财税部门注重对财税收入形势和经济运行情况的调研，科学编制收入计划，抓综合治税、抓主体税种、抓联动征管、抓分析监测，财政收入总量实现较大幅度提升。2013年，来源于潮州财政收入完成102.26亿元，同比增长38.99%；全市地方公共财政预算收入完成37.09亿元，同比增长16.14%，净增5.16亿元。二是加强对“收支两条线”的管理，积极做好采矿权价款有偿转让、小汽车号牌公开拍卖、经营服务性收入、土地出让金、城市基础设施配套费、绿化配套费等非税收入的征收和监督。三是全面推进政府非税收入收缴电子信息化建设，努力拓展非税收入管理范围，提高政府调控能力，增加可支配财力，2013年全市纳入预算的非税收入完成8.19亿元，同比增长27.19%，占公共财政收入的22.07%。

支出方面，严格执行中央“八项规定”、“六项禁令”、“约法三章”和省、市关于厉行节约的有关实施办法，集中财力办大事，办民生之事。一是坚持硬化预算。加强综合预算管理，严格控制预算追加，做到精打细算，积极缓解财政收支矛盾。二是坚持勤俭节约。坚决遏制“四风”，大力压减“三公”支出，从严从紧编制预算，努力降低行政成本。2013年，继续对市直部门公用经费压缩5%，压减资金130万元。据统计，2013年市本级会议费及“三公”经费支出比上年同比下降17.27%，其中，会议费、公务用车购置和运行维护费、因公出国（境）费、公务接待费分别下降23.91%、5%、26.05%、27.13%。三是坚持严格审批。严格支出审批管理，加强财政资金绩效评价、投资评审、采购审批等专项管理，遏制高估冒算行为，切实节约资金，减轻财政支出压力。

二、以财政支持经济发展为导向，促进转型升级成效更加明显

充分发挥财政资金的乘数效应，大力支持“民营企业服务年”活动，突出重点，注重扶持，推进经济结构战略性调整，加快经济发展方式转变。2013年，市本级共拨付“民营企业服务年”企业扶持资金1.05亿元。

一是立足服务，加大资金支持。按照《潮州市开展“民营企业服务年”活动工作方案》的要求，切实履行职责，真诚服务企业，全力帮助民营企业壮实力、保市场、稳增长、促发展。二是立足激励，建立扶持机制。适时调整扶持企业发展专项资金的预算安排。2013年，市本级预算按五大类15个专项安排3 690万元用于扶持企业发展。同时，加大对外贸出口企业新增贷款贴息、外贸公共服务平台建设和扶持民营工业企业转型升级奖励和补助。三是立足转型，促进产业升级。积极组织民营企业申报企业转

型升级、科技计划、智能制造发展和省节能循环经济专项资金。筹集资金612万元支持企业参加第三届国际节能展、中国瓷都（潮州）国际陶瓷交易会和粤港经济技术贸易合作交流会等经贸活动，为企业构建展示产品、交流信息、促进投资贸易和开拓市场的良好平台。同时，立足财政职能，推进“中山—潮州”对口帮扶各项财政工作任务的落实，促进产业转移取得新成效。

三、以增进民生福祉为重点，促进基本公共服务均等化工作更加扎实

全面提高财政保障能力，更加注重以民为本、惠民为先、利民为重，切实加大对基本公共服务均等化、城乡基础设施、“三农”等民生领域的保障力度，着力改善人民群众生产生活环境。

（一）加大基本公共服务均等化投入，提高民生保障能力

2013年，全市财政民生支出60.3亿元，比上年增加5.1亿元。占全市公共财政预算支出的70.1%。全年共投入市委、市政府确定的“十项民生实事”专项资金5.15亿元，有力保障民生实事的实施。

1. 支持教育事业发展。健全和完善义务教育经费保障机制，合理配置教育资源，推进城乡教育均衡发展，支持教育“创强”、教育民生工程和基本建设。鼓励和引导社会力量兴办教育，推动普通高中优质特色发展，大力发展职业教育，支持学前教育，扶持发展特殊教育，力促教育事业加快发展。全市公共教育支出22.35亿元，同比增加2.67亿元，增长13.55%，教育支出占公共财政支出比例为25.98%。

2. 深化公共医疗卫生改革。实施国家基本药物制度财政保障机制，保证基本药物的质量和足额供应。推进县级公立医院综合改革，完善乡村医生养老保障机制，提高医疗卫生服务效能，促进基本公共卫生服务均等化。同时，制定《潮州市政府举办基层医疗卫生机构实行收支两条线管理暂行办法的通知》，进一步规范医疗卫生机构资金管理。2013年全市医疗卫生支出达到9.49亿元。

3. 提高社会保障能力。充分发挥财政社会保障职能作用，进一步提高社会保障能力，确保全市社会保障事业的稳定发展。积极完善城乡居民最低生活保障制度，切实提高城乡居民最低生活保障水平，及时拨付资金，落实各项优抚安置政策，更加关注老、弱、孤、残等特殊困难人群，建立完善政府支持各类社会福利事业的长效机制。2013年，全市社会保障和就业支出10.72亿元，比上年增加2.27亿元，增长26.83%。

（二）加快基础设施建设，提升城市品位

贯彻落实市委、市政府“基础设施会战年”的各项部署，加强财税政策引导，通过财政预算安排、项目融资等多渠道筹措项目资金，大力推进港口、桥梁、道路、城市配套工程建设，推进城乡现代化建设进程。全年安排5.34亿元支持“基础设施会战年”项目的建设。一是加强项目管理，全面提高项目审核速度和水平。加快潮州大桥、美人城规划路等项目的预、结算审核速度。二是筹集资金，确保市重点基础设施顺利实施。千方百计筹措资金支持潮州大桥、图书馆、档案馆、外环西外环北路和古城区街巷改造工程等重点项目建设，确保各工程项目顺利推进。三是加强市政基础设施建设。着力化解市政配套费支出刚性矛盾，加大市政配套资金征收力度，除市政配套费安排资金外，还筹措资金对潮州大道、枫春路、北站西路和韩江大桥等项目实施改造。

（三）增加“三农”资金的投入，落实财政惠农政策

继续推进新农村建设步伐，全面贯彻强农惠农政策，落实各项财政资金，推进农村基础设施和公共服务设施建设，切实改善农村居住环境，促进城乡统筹发展。2013年全市农林水事务支出10亿元。

1. 加大农业扶持力度。切实提高农业综合开发能力和农业科技投入，提升科技对农业的支撑能力。扶持农业产业化经营，完善农业服务体系，加快建设优势农业产业基地和特色农业园区，壮大核心龙头企业。2013年，各级财政安排636万元用于高标准基本农田、农产品基地建设、农产品检测工作、农业综合开发土地治理等项目。安排3 060万元用于扶持“菜篮子”工程、潮州凤凰单枞茶产业化建设等，及时拨付778万元用于生猪饲养、良种补贴、农机购机补贴和禽流感防治等。继续完善财政综合扶贫政策体系，全市财政安排专项资金2 813万元支持新一轮扶贫开发“规划到户、责任到人”工作。

2. 改善生态环境，促进林业可持续发展。各级财政安排资金2 002万元，用于支持生态景观林带、森林碳汇工程建设，推行新一轮绿化广东大行动和落实生态公益林建设和补偿专项资金。积极支持大中型水库、高速公路绿色通道、林业防护林、自然保护区、“万村绿”工程、生态公益林和生物防火林带建设。

3. 积极筹集资金，支持水利事业建设。各级财政安排9 007万元，支持农田水利万宗工程、千里海堤加固达标工程和千宗防洪防涝保安工程建设。

4. 多方筹措资金，抗灾复产。2013年，潮州市受台风“尤特”、“天兔”袭击，出现严重灾情，经济损失惨重。市财政及时联合各职能部门，拨付各级救灾复产资金4 300万元支持灾后复产。

四、以深化改革和强化监督为抓手，推进财政体制机制更加健全

围绕健全公共财政体系，着力深化改革和监督创新，在推进构建有利于科学发展、规范高效的财政管理体制机制上取得新成效。

（一）财政改革方面

1. 深化部门预算改革。细化预算编制，完善基本支出定员、定额标准，逐步建立科学的定额标准体系，强化预算执行基础数据管理，及时分析、研究预算执行情况。支

出预算安排从原来的“款”级科目，全部细化到“项”级科目，金额单位从万元细化为元，专项资金全部落实到具体执行项目，进一步提高了预算编制的科学化和精细化。2013年，全市共有451个单位纳入部门预算编制范围。

2. 深化国库集中支付改革。完善国库管理制度，积极扩大财政资金直接支付范围。2013年，全市纳入国库集中支付资金达到34.46亿元。推进公务卡管理制度改革，进一步提高预算单位公务卡使用率和公务消费结算金额，加强现金管理。2013年，全市共开办公务卡2 541张，公务卡使用率逐步提高。推进财务核算集中监管改革，将支付环节的改革延伸到单位的预算执行环节，对财政资金使用实行全程监管，及时反馈预算执行信息，确保财政资金安全使用。

3. 推进财政支出绩效评价改革。组织市级部门预算单位对100万元以上和跨年度安排的市级财政项目资金使用情况实行自我绩效评价，将市级22个部门预算单位58个项目列入自我评价范围，涉及市级财政支出总额2.03亿元。继续完善第三方绩效评价机制，通过第三方评价机构完成了“历史文化名城保护规划和古城区控制性详细规划经费”、“市级产业发展引导和科技创新专项资金”等5个项目的绩效评价。通过引入第三方评价，建立健全财政资金使用绩效的社会评价体系，切实提高了预算编制的科学性和资金使用效益。

4. 支持公共资源交易机制改革，成立潮州市公共资源交易工作委员会，推进公共资源交易平台建设。

5. 深化政府采购改革。贯彻落实《政府采购法》和有关工作规范，规范政府采购监督行为。构建更加公开、透明、开放的电子政府采购管理交易平台，实现充分竞争和各采购参与方的相互制衡。与此同时，继续做好电子政府采购平台的实施推广和专家库、供应商库、商品信息库建设，加快推进电子招投标系统建设和实施。

6. 稳步推进营业税改征增值税税制改革工作。为进一步优化税收结构，减轻企业税收负担，根据国家税制改革的要求，潮州市将原来缴纳营业税的交通运输业和部分现代服务业改为征收增值税，各级财政部门按照任务分工，加强与税务部门的沟通协调，稳步推进营改增试点工作。至2013年底，试点企业户数达到795户，直接为试点企业减轻税负692万元，为其他一般纳税人增加抵扣税额4 800万元。

7. 完成磷溪、官塘和铁铺三镇区划调整财政划转。遵循财权与事权相统一，在原潮安县财政供给水平、管理体制框架下，按照“核定收支、平衡划转”为原则，对三镇2013年各项财政收支基数进行全面、完整核定，其差额作为基数由市通过财政结算补助湘桥区，保障各自既得利益不变。三镇各项资产及债权债务划转以事实为依据，兼顾解决一些历史遗留问题，各项资产、债权债务由相关各方核实确认，做到交接内容清晰，交接程序规范。

（二）财政监督方面

1. 积极开展会计信息质量检查。注重抽查和重点检查相结合，组织对市直部分单位进行检查，纠正违规资金，并按财政法规的有关规定进行处理。通过检查，进一步规范行政事业单位的财务管理，提高会计核算水平。

2. 积极开展整治“小金库”和违规使用专项资金专项行动。按省的统一部署开展全市整治“小金库”和违规使用专项资金专项行动。将全市1 345个党政机关和事业单位、社会团体、国有及国有控股企业列入清查整治对象，自查面达到100%。同时，做好整治违规使用专项资金专项行动的自查自纠工作，列入专项资金项目共2 777个，资金总额22.62亿元。

3. 加强财政专项资金管理。完善财政专项资金管理办法，探索专项资金项目库管理改革，建立完善专项资金审批机制，强化工作追责，确保财政专项资金的专款专用，提高资金的使用效益。

4. 以国库集中支付系统的数据库为基础数据源，完善“人大实时在线预算监督系统”，确保市人大常委会能够实时监督到纳入国库集中支付改革单位的所有预算指标计划安排，以及每一笔资金的具体使用情况。

5. 积极承办人大建议和政协提案。2013年，全市各级财政共承办人大建议12件，政协提案14件，全部在规定时间内办结，满意率达到100%。

五、以抓主题实践活动为载体，推进财政队伍建设更加强化

以“廉政、务实、高效”为中心任务，在财政干部队伍中大力弘扬踏实肯干、爱岗敬业、雷厉风行、谦虚谨慎、团结奉献之风，加强和规范财政权力运行，筑牢反腐倡廉防线，切实提高干部队伍整体素质和业务能力。

1. 深入开展“机关作风转变年”活动。结合公共财政改革和发展的目标任务，制订实施方案，明确目标任务，细化任务措施，做好活动部署，确保“机关作风转变年”各项活动落到实处。通过在机关作风建设中常抓落实之效，常抓教育之本，常抓队伍之廉，常抓作风之实，常抓权力之规，常抓治腐之责，始终保持财政干部队伍思想纯洁、作风纯洁、清正廉洁。

2. 深入开展“纪律教育学习月”专题活动。组织党员干部认真开展学习，将活动与廉洁从政教育、党风廉政教育、普法教育、保密法纪宣传教育活动相结合，坚持一手抓纪律教育，一手抓财政业务，以纪律教育促进财政工作的深入开展，做到“两不误、两促进”。

3. 深入开展“财政廉政文化建设”专题活动。制订工作方案，重点抓好“三个一系列”活动：开展一系列廉政文化进机关建设活动，努力营造“廉洁奉公、敬业奉献、勤政为民”的氛围，着力整治庸懒散奢等问题；建立一系列廉政运行长效机制，进一步做好从源头上防止腐败工作，建立和完善风险防范制度；开展一系列廉政文化下基层交流活动，听取基层对财政工作的意见和建议，树立起财政干部执政为民的良好形象。同时，设立“廉政文化活动室”，以图书、书法、影片、网络等多种形式开展活动，使财政干部队伍为民理财的责任意识得到增强，依法理财的

程序意识得到增强，科学理财的先进意识得到增强，履职用权的自警意识得到增强，队伍建设的前瞻性得到增强。

（潮州市财政局供稿，李炼执笔）

揭阳市

2013年，揭阳市紧紧围绕我省“三个定位，两个率先”奋斗目标，深入贯彻落实省促进粤东西北地区振兴发展工作会议精神，全力推动加快发展、科学发展，经济发展实现历史性跨越，经济总量跃居粤东首位，建设经济强市和粤东上善之区取得显著成效。全市生产总值1 605.35亿元，增长14.5%，增速列全省第2位，其中：第一产业154.39亿元，增长4.1%，第二产业1 013.78亿元，增长18.8%，第三产业437.18亿元，增长8.4%，三次产业比例调整为9.62 ：63.15 ：27.23；规模以上工业增加值860.79亿元，增长23.8%，增速列全省第4位，工业用电量增长14%；全社会固定资产投资总额829.39亿元，增长27.5%，增速列全省第5位；社会消费品零售总额657.66亿元，增长15.2%，增速列全省第1位；外贸进出口总额43.8亿美元，增长15%；各项存款、贷款余额分别增长16.67%、17.82%；物价水平稳定，全年居民消费价格指数为102.5%。

实施大项目带动大投资战略，中委广东石化炼油、中海油粤东LNG一体化、中电投通用码头等重点项目顺利推进，加快建设“空港、海港”两大经济引擎和20个重点产业园区，开工建设大南海石化工业区首批项目，与中德联合建设中德金属生态城，成为全省唯一的省长项目；揭阳潮汕机场获国务院批准为一类口岸，厦深高铁开通运行，汕湛、潮惠、揭惠3条高速公路揭阳段开工建设，揭阳市成为粤东交通枢纽，区位优势提升；顺利完成行政区划调整，595平方公里揭阳新区发展总体规划获省政府批准，启东空港、揭东、玉都新城建设，城市扩容提质。揭阳在全国城市综合竞争力排名由2011年的第161位上升到2013年的第94位，在2013年中国城市分级排名中居全省第8位。

在经济发展稳中快进、稳中转型的基础上，全市各级财政部门认真落实省委省政府、市委市政府的决策部署，坚决围绕主题主线和核心任务，坚持加强财政收支管理和区划调整财政工作两手抓，协同推进体制调整、增收节支、盘活存量、改革创新和强化监管等各项工作，提高财政统筹财力、优化配置、保障重点的能力和水平，促进揭阳经济社会科学发展。2013年来源于揭阳的财政收入（包括公共财政预算收入和政府性基金收入）完成131.71亿元，同比增长23.3%；全市地方公共财政预算收入完成66.7亿元，同比增长17.64%，增速列全省第7位，其中税收收入完成44.9亿元，同比增长18.66%；全市地方公共财政预算支出完成163.7亿元，增长9.5%，财政收支运行保持稳健。加快转变理财方式，大力推动财政体制优化调整和资源优化配置“两个优化”，更好的服务全市稳增长、调结构、促转型和惠民生。

一、完善财政体制，在优化利益分配中强激励、促发展

坚持站在全局和战略的高度推动体制设计和调整，通过体制优化释放发展活力，放权激励基层加快发展。

一是科学调整市区财政管理体制。顺应行政区划调整，坚持基本保障性和发展激励性相结合调整市区财政体制，以“保工资、保运转、保民生”支出核定新区划各区财力基数，均衡各区基本财力保障，保证新区划格局正常运行；取消“一区一率”，实行“统一分成”，合理划分收入，尽量照顾基层利益，将市、区共享工商税收收入80%留给区，并实行“达标返还、激励超增、奖罚挂钩”的激励型财政机制，激发市区各区发展经济、壮大财源的积极性，促进市区扩容提质。

二是完善大型建设项目在建期间税费收入分配机制。贯彻市委、市政府加快重要基础设施建设的决策部署，从2013年5月起，对各县（市、区）年度间收入波动幅度较大、流动性较强且投资主体是中央、省及地级以上市所属单位，投资额1亿元以上（含1亿元）的新开工的大型能源、交通、通信、水利等建设项目在建期间所征收的税收收入（含教育附加收入）地方库部分，由市级收入改为市、县（市、区）四六分成，有效调动各县（市、区）加快基础设施建设的积极性，促进各县（市、区）财政收入同步增长和经济发展提速提质。

三是合理调整揭阳高新区财政体制。坚持在中央、省“分税分成”财政体制框架下，制订《揭阳高新技术产业开发区财政体制调整方案》，合理确定市与高新区及高新区所在地、榕城工业园收入分配体制、事权划分和支出责任，兼顾高新区及高新区所在地、榕城工业园各方利益，调动各方招商引资、加快发展的积极性，促进产业园区扩能增效。

二、集约资源投放，在推动加快发展中调结构、促转型

贯彻经济强市战略和在加快发展中调整结构的工作思路，紧紧围绕经济发展中心工作集约资源投放，提高经济发展的质量和效益。

一是支持经济引擎建设，提高带动投资能力。坚持以“空港、海港”两大经济引擎为龙头，动用一切可调动财力和资源支持经济引擎建设，拨付地方政府债券转贷资金5亿元用于中委和资石化炼油项目建设，市财政每年安排1 000万元航空发展基金支持潮汕机场开拓新航线业务，积极筹措专项资金支持空港、海港经济区相关产业建设，提高两大经济引擎带动项目投资的能力，加快形成集聚要素资源的龙头效应。

二是支持重大平台建设，优化产业空间布局。重点支持以中德金属生态城、产业转移园区等重点产业园区建设，以重点产业园区为依托促进产业聚合发展，优化产业空间布局。市财政安排地方政府债券转贷资金5 700万元用于中

德金属生态城连接公路建设项目，争取省级2013－2015年三年在3亿元额度内的贷款贴息补助、2016－2018年省财政每年安排我市1亿元还本资金，争取省“金属制品工业技术中心”、“金属产业技术改造工程”项目补贴2 990万元，加快金属生态城建设，参与全局资源优化配置探索传统产业集聚转型升级新模式。

三是支持培育产业集群，加快产业转型升级。落实产业强市战略，以推动民营经济聚合发展和传统支柱产业转型升级为突破口，市财政安排和多渠道筹集专项资金1.35亿元扶持民营经济发展，着力培育打造六大产业集群，促进经济发展转方式、调结构，加快构建现代产业体系。实施建设电子商务示范城市战略，市财政联合市金融局、人行等部门出台军埔村电子商务企业贷款贴息和企业贷款风险补偿政策文件，吸纳金融资金加快推动军埔“电子商务第一村”建设，筹集专项资金161万元支持打造电子商务“六大高地”，推动实体经济和虚拟经济深度融合发展。统筹500万元贷款贴息资金，引导银行贷款支持受灾企业救灾复产，稳定经济增长。

四是支持基础设施建设，推动城市扩容提质。贯彻落实市委、市政府加快重大基础设施建设和推动市区扩容提质的战略部署，2013年全市筹措交通建设资金53.82亿元，支持铁路干线、高速公路等骨干线状工程建设和地方公路建设维护、受灾修复及客货站场建设，加快建设内通外联交通运输体系，提升揭阳区位优势。市级财政筹措1.6亿元投入市区主要市政道路等城市基础设施建设，促进市区扩容提质，提高中心城区资源聚集力和产业承载力，推动城镇化和工业化联动发展；筹措投入水利建设资金6.8亿元推进民生水利建设，加快推进引韩供水、惠来中东部供水、城市供排水工程和中小流域治理等重点水利工程建设，优化水资源布局，提高城乡防灾减灾能力。加强城市资源和国有资产的整合和盘活，支持首期城投债发行工作，探索新型城市建设投融资机制，解决重大市政建设融资瓶颈。

五是支持发展现代农业，转变农业发展方式。按照“多予少取”的工作方针，建立支农支出增长机制，市财政共筹措落实财政支农资金达18.8亿元，增长15.3%。支持推进现代农业建设，市财政筹措投入农业发展资金4.5亿元，支持推进基本农田整治、高标准农田建设、改造中低产田和实施“一镇一品”建设，优化农业资源配置，加快发展特色效益农业。全市筹集资金1.33亿元支持实施2012年度和2013年度农业综合开发项目，加强土地治理和培育产业化经营项目，提高农业综合效益。统筹资金3 700万元用于现代农业油茶产业带建设，优化林业结构，着力培育现代农业产业化主导产业和品牌。

三、狠抓财税收入，在主动协调组织中强征管、促增收

积极应对严峻的财税收入形势，主动发挥财政部门组织协调作用，完善财税征管措施，超额完成公共财政预算收入任务目标。在抓收入中积累了以下几点好的经验做法：

一是立足经济发展定位谋划财税目标，在首季财税增速还难以支撑全年增收任务目标的时候，市财政坚决贯彻市委、市政府经济提速提质决策，对年度财税收入计划提速1.5个百分点，充分体现市委、市政府建设粤东经济强市的政治意志，增强财税收入工作的政治保证。

二是通过协调化解难题形成征管合力，成立财政牵头、多部门联动的财税业务协调小组，落实财税联席会议、财税库协调和涉税信息交换分享等平台和机制，强化协税联管合力，协调解决征管过程中存在的困难和问题，提高征管效率。如在市区财政体制调整的过渡期，多次组织召开财税库协调会、业务衔接会，成立财税业务协调小组，加强政策性、技术性问题的沟通协调，解决征管过程中争税扯皮等问题，理顺征收机构设置、税收入库等工作，形成协税联管合力，增强过渡期财税入库的衔接性并顺利实现各入各库。

三是注重开拓新增财源均衡税负水平，把握市区扩容提质契机，争取调高揭东区、空港区、蓝城区部分地区耕地占用税适用税额标准，指导各县（市、区）根据资源禀赋实施一地一策征管措施，重点强化房产税、土地使用税、建安行业税收等方面的挖潜，既推动各县（市、区）财税收入协调增长，较好完成市下达财税收入目标任务，又防止基层为完成收入任务收过头税、寅吃卯粮等行为，为企业生产经营、产业经济发展营造均衡税负的市场环境。

四、加强民生保障，在支持社会建设中惠民生、促和谐

持民生引领性发展的价值取向，优先保障民生支出，支持以改善和保障民生为重点的社会建设，增进民生福祉，促进社会和谐。2013年全市11类民生支出完成125.12亿元，增长12.83%，占公共财政预算支出的比重达76.44%，财政支出结构与构建公共财政相协调、相适应。

一方面是坚持普惠性原则，加强基本民生和底线民生保障，全市基本公共服务均等化支出完成83.8亿元，增长17.3%，占公共财政预算支出比重为51.2%。积极筹集资金落实各项政策性民生支出，落实教育经费投入占比的政策推进教育均衡优质发展，健全完善社会保障财政投入制度支持完善社会保障体系，支持落实深化医药卫生体制改革、优化城乡公共文化服务、促进和稳定劳动就业、保障安居工程建设、推进扶贫开发“双到”等重点民生，加快推进基本公共服务均等化，逐步构建保基本、兜底线、促公平、可持续的“民生保障网”。

另一方面是区分公共性程度，对可以引入市场机制和社会治理的社会事业，通过创新社会治理机制，实现以少量投入买制度、提效率、办实事，如制定出台市级政府购买社会服务目录、支持社会养老社会化等政策措施，安排资金支持基层支援队伍建设，发挥财政“利益杠杆”引导和推动社会建设多元化投入，加快转变政府职能。

五、突出依法理财，在强化财政监管中保稳健、提绩效

按照《预算法》、《会计法》等法律法规依法履行财政

管理职责，加强财政监督管理，确保财政稳健运行，提高财政统筹保障能力和支出绩效。

一是加强统筹调度，在财政收支矛盾紧张的情况下，财政坚持量入为出，安排优先保工资、保运行、保民生，继续厉行一般性支出节约，严格控制除市委、市政府确定的重大事项之外的新增支出，加大结余结转资金清理和统筹力度，统筹善用财力保中心、保战略，强化财政对经济社会发展的支撑作用。

二是加强和改进预算管理，扎实推进部门预算改革，市直部门预算实行定员、定额、定标控制和“二上二下”编制流程管理，将部门“三公经费”、“行政经费”纳入预算编制内容，进一步提高预算编制完整性与执行约束力。

三是加强财政监督，改进和规范拨款流程管理，在简化流程和提高效率的基础上，加强流程稽核和凭证对账工作，加强专项资金管理与监督；完善财政内控机制建设，着力构建覆盖财政资金管理使用全过程的监管机制，扎实推进整治“小金库”、违规使用专项资金专项行动，严肃财经纪律。

四是加强政府性债务管理，将政府性债务纳入预算管理，加强债务分类统计和动态监控，有序偿还政府到期债务，规范地方融资平台运作，防范债务风险。

六、狠抓队伍建设，在从严治队中改作风、抓落实

坚持从严治队，以加强队伍思想政治和纪律作风建设为重点提高队伍执行力。加强政治思想建设，组织深入学习贯彻党的十八大、十八届二中、三中全会、习近平总书记一系列重要讲话、中央“八项规定”、省委十一届二次全会、省促进粤东西北地区振兴发展会议、市委五届五次全会精神，提升财政干部队伍政治品质和大局意识，夯实理财工作的思想政治保障。加强队伍作风建设，落实中央八项规定，印发实施《关于进一步加强和改进机关工作作风的意见》，深入开展整治庸懒散奢浮等不良风气切实改进工作作风，带头在干部队伍中树牢“好干部”五个标准和“真抓实干、埋头苦干、把事干成、用结果说话”的工作导向，弘扬实干作风，坚决贯彻落实市委、市政府各项重大决策部署和财政工作任务。加强廉政建设，落实党风廉政建设责任制，积极完善财政廉政风险防控管理，完善内控制衡防范机制，营造机关廉政文化，筑牢队伍廉洁自律的思想防线和制度保障，推进依法行政、廉洁理财。

（揭阳市财政局供稿，方松坚执笔）

云浮市

2013年，云浮市国民经济实现国民经济平稳较快发展。年末全市户籍总人口为290.34万人，比上年末增加3.37万人。全市生产总值（GDP）602.3亿元，按可比价计算，比上年增长13.3%。其中，第一产业增加值135.25亿元，增长4.0%，对GDP增长的贡献率为6.4%；第二产业增加值259.63亿元，增长19.9%，对GDP增长的贡献率为68.7%；第三产业增加值207.42亿元，增长10.1%，对GDP增长的贡献率为24.9%。三次产业结构为22.5：43.1：34.4。全年居民消费价格指数为102.8%，比上年回落0.1个百分点。社会消费品零售总额完成204.02亿元，比上年增长13.1%。固定资产投资完成623.38亿元，比上年增长34.4%。进出口总额15.81亿美元，同比增长8.5%。其中出口额10.72亿美元，同比增长14.7%，进口额5.09亿美元，同比下降2.6%。年末金融机构本外币各项存款余额744.9亿元，比年初增加85.97亿元，增长13.1%。城镇居民人均年可支配收入20 440元，比上年同口径增长11.5%；农村居民人均纯收入达10 283元，比上年增长11.5%。人均居民储蓄存款达21 432元，比上年增长11.2%。

一、财政收支情况

云浮市地方公共财政预算收入完成457 630万元，比上年增长24.5%，其中：税收收入完成280 408万元，比上年增长29.4%，占公共财政预算收入的61.27%；非税收入完成177 222万元，比上年增长17.4%，占公共财政预算收入的38.7%，比2012年下降了2.34个百分点。云浮市本级公共财政预算收入完成122 545万元，比上年增收23 652万元，增长23.92%，其中：税收收入完成76 354万元，比上年增长28.85%；非税收入完成46 191万元，比上年增长16.54%，占公共财政预算收入的37.69%，比2012年下降了2.39个百分点。2013年云浮市公共财政预算支出完成1 090 843万元，比上年增长14.64%。云浮市本级公共财政预算支出完成167 191万元。

二、财政支持社会各项事业发展

突出管好支出，民生支出及重点支出明显加大。一是狠抓厉行节约。认真贯彻落实中央“八项规定”、“约法三章”，严格规范“三公”经费支出，严格控制会议、培训的数量和规模，严控楼堂馆所建设资金，加强机构编制和人员经费管理，大力压缩行政成本，加强监督检查和跟踪问效，2013年全市“三公”经费、会议费支出与2012年相比下降了10.55%。二是保障民生支出。强化预算执行约束力，落实预算支出进度责任制和效能考核机制，严格按预算规定用途和范围使用财政资金，将更多财力用于保障民生和推进重点项目建设，2013年全市11类民生支出完成773 092万元，同比增长14.95%，占公共财政预算支出70.87%。三是保障市十件民生实事的落实。统筹资金23.23亿元，其中：推动创业就业投入4 810万元，促进教育均衡协调发展投入33 617万元，加强基本医疗卫生服务投入13 058万元，优化基层文体服务投入2 057万元，改善农村生产生活条件投入22 535万元，开展助困扶残投入25 340万元，推进宜居城乡建设投入7 021万元，提高城乡居民社会保障水平投入115 095万元，品牌云浮建设和推进稳价惠民投入1 469万元，生态工程建设投入7 306万元。

四是推进基本公共服务均等化。2013年全市基本公共服务均等化支出472 068万元，比2012年增加102 312万元，增长27.67%，占公共财政预算支出的43.28%，比去年同期提高4.42个百分点。五是落实财政支农政策，推动城乡协调发展，加大“三农”投入力度，进一步完善公共财政支农体系，加强财政支农资金管理，支持农村建设和农林水各项事业发展，支持农村“一事一议”和扶贫“双到”工作，确保农村发展、农民增收、农业增效。2013年，全市公共财政预算支出用于“农林水”事务支出108 661万元，比2012年增长8.25%。

三、财政资金管理

强化财政源头管控职能，提高资金的使用效益。一是深入推进财政支出电子平台管理，实现四个100%，即：全市各级预算单位100%纳入国库集中支付，市级财务核算监管预算单位100%上线，全市各级预算单位100%纳入了公务卡改革，全市各级预算单位“100%”纳入了预算执行动态监控。2013年全市纳入国库集中支付金额59亿元；全市预算执行动态监控系统共监控资金量54.03亿元，核实违规资金量8.52亿元，纠正违规资金量8.52亿元，纠正率为100%。二是加强绩效评价工作。开展基本公共服务均等化专项资金绩效评价工作；对50万元以上的项目支出开展绩效自评，列入绩效评价范围有40个部门单位共100个项目，资金总额2.8亿元；探索开展项目资金绩效目标申报改革，对申报2013年度50万元以上的项目资金同时要求申报项目资金的绩效目标。三是加强政府采购监督管理。为进一步规范政府采购行为，遏制政府采购领域商业贿赂行为，大力推行公开招标采购方式，提高政府采购活动的透明度；实行专家评委“建、管、用分离”，建立采购当事人行为、评审纪律、专家库的设立和管理、监督员制度等；加强对政府集中采购机构的监督管理，坚决实行“采、管分离”，建立政府集中采购机构考核制度；积极推行办公用品、办公设备协议供货简易操作办法及电子采购；加强采购知识和业务培训，于2013年5月和11月举办了2期采购业务培训班，加强了电子采购平台的操作培训，进一步提高采购人依法依规采购的意识，增强依法采购的自觉性。据统计，2013年，全市和市级政府采购分别节约资金3 814万元、1 201万元，节约率分别为4.54%、3.84%。四是加强政府投资评审，加大对预结算项目的审核力度，从“源头”上把好关。为进一步加强投资审核工作，节约财政资金，发挥资金最大效益，按照市委、市政府对投资审核工作的要求，通过公开招聘方式招聘一批专业技术人员充实人员队伍，并按政府招标采购方式购买了六家中介机构的社会服务解决审核力量不足问题，从6月起全面清理解决停滞项目。同时，建立和完善有关制度，先后制定了《云浮市财政局加强投资评审质量与进度的管理暂行办法》、《云浮市财政性资金投资建设项目工程造价咨询服务管理暂行办法》、《云浮市市直财政性资金基本建设投资评审管理暂行规定》等规章制度，从评审质量和进度、中介机构管理、单方定案机制、财政投资评审内容和评审行为等进行了规范，切实解决影响工程结算进度的突出问题，提高审核时效和效率，进一步节约财政性资金。2013年，财政投资审核共审核项目196个，核定金额约35.62亿元，是2012年核定金额的20.12倍，合理审减造价1.56亿元，核减率为4.2%。五是积极推进政府向社会组织购买社会服务改革。拟订了《云浮市2013年市级政府向社会组织购买服务目录（第一批）》，涉及基本公共服务、社会事务服务、行业管理与协调技术服务、政府履职所需辅助性和技术性事务等166项事项。六是加强地方政府债务管理。进一步完善地方政府性债务管理机制，拟定《云浮市政府性债务管理暂行办法》；进一步规范政府融资行为，加强融资平台公司管理；加强和完善债务管理的基础信息工作，做好债务本息偿还工作，确保我市基础设施建设和民生工程不受影响；配合做好政府性债务全口径专项审计工作。

四、财政监督管理

一是认真开展财政专项资金的监督检查，2013年主要开展了生态林效益补偿资金和中央农作物良种补贴资金、义务教育财政专项资金、交通“六费”替代性收入资金和成品油消费税增长性返还资金、公用事业方面资金的检查。二是落实专项整治行动。按照省委“开展五个专项行动”的要求，认真组织开展整治“小金库”、违规使用专项资金专项行动。我市列入此次整治“小金库”专项行动范围的全市单位总数为1 396个，包括党政机关384个，事业单位623个，社会团体311个，国有企业78个，自查面达到100%。在自查自纠阶段，发现私设“小金库”1个，金额6.36万元；发现违规使用专项资金有18项，金额504.44万元；均已作出处理和落实整改。整治“小金库”专项行动对各执收、执罚权相对集中的部门和单位，教育、卫生、交通、民政、农业等与人民群众利益密切相关的部门和单位，以及自查自纠措施不得力、工作走过场的部门和单位进行重点检查。整治违规使用专项资金专项行动对科技、经贸及重点民生领域资金进行了重点检查。重点检查面不低于纳入治理范围单位总数的5%，重点领域、重点部门和重点单位，重点检查面不低于20%。三是对财政对外借款进行了认真清理，纠正对外借款的不规范行为，完善财政资金对外借款手续，催收各借款单位归还借款总额为8 227万元。四是进一步规范财政专户的管理，确保财政资金安全。2013年全市财政专户控制在114个，撤并51个，其中：市级财政专户控制在27个，撤销了24个。五是加强农村财务管理，培训农村财会人员财政支农政策5 172人、为省培训任务的120.22%；培训农村民主理财人员5 072人，为省培训任务的394.4%。六是深化行政审批制度改革，大力推进网上办事大厅建设。涉及我局的23项网上办理事项已通过事项管理系统发布到网上办事大厅云浮分厅，统一进驻上线，实行集中受理，由各业务科室进行承办、审核并按规定呈送分管领导及局领导审批，压缩事项审批流程、精简办事环节达50%以上。

五、财政队伍建设

加强财政部门自身建设，着力转变工作作风和提高执行力。一是加强思想建设。深入学习习近平总书记一系列重要讲话及党的十八届三中全会等精神，干部理论修养和综合素质进一步增强。二是加强能力建设。建立学习和培训制度，大力开展普法学习，积极组织干部职工参加各类培训班，2013年培训274人次。三是加强作风建设。深入开展“正风肃纪”专项行动，制定了《云浮市财政局“正风”肃纪行动工作方案》，在工作纪律、工作作风和服务态度等方面提出九个“严禁”，在监督落实上实行“两通报一评议”，即实行工作纪律一周一通报，工作质量一月一通报，邀请服务对象评议。通过“正风肃纪”行动，全局干部职工的精神状态、工作作风、工作纪律有明显改观，主动服务和大局意识进一步加强。四是强化内部管理，结合中央“八项规定”及省委、市委实施细则，制定了《云浮市财政局关于进一步改进机关工作作风意见的通知》和重新修订了《云浮市财政局机关财务管理暂行规定》，对改进调查研究、改进文风、改进会风，严控“三公经费”，加强公务用车、公务接待管理等明确了具体规定和规范，要求领导班子带头执行，干部职工严格按规定办事，共同把改进作风要求落到实处。

除以上重点工作外，云浮市财政局还稳步推进了财政其他方面工作，财政法制建设明显加强，非税收入管理水平不断提升，财政票据监管、农发评估等工作稳步推进，会计、注册会计师管理更加规范，财政信息化建设跃上新台阶，顺利完成第一轮扶贫“双到”工作任务，被省扶贫开发领导小组评为扶贫“双到”优秀单位，财政党建、工会、妇女、青年工作也取得新的成绩。

（云浮市财政局供稿，邝丽芳执笔）

第五部分

市县财政工作专题

广州市

积极开展依法行政示范单位创建活动 提高依法行政水平

为全面贯彻落实国务院《全面推进依法行政实施纲要》，提高依法行政和依法理财能力和水平，广州市财政局以“依法行政示范单位”创建活动为载体，围绕财政中心工作自我加压、以点带面，扎实开展行政执法规范化建设，推进依法行政工作顺利开展。

一、落实责任制度，加强依法行政工作组织领导

市财政局注重依法行政机制的完善，成立并及时调整市财政系统法制工作领导小组，一把手总负责，分管领导具体抓，法规税政处为依法行政工作的责任处室，35 名法律专业毕业干部（本科生 19 人、硕士生 16 人）组成法制研究小组，其中大部分人员担任法制联络员。从领导机构、组织体系、人员配备上确保了依法行政工作的实施。同时，为确保依法行政目标的实现，印发年度法制工作计划和创建示范单位工作方案，将依法行政任务分解到相关处室和单位。

二、扎实推进政务公开，努力打造阳光财政

财政部门是政府的综合性经济管理部门之一，预算安排、资金分配、政府采购等都是社会关注的焦点。市财政局把政务公开作为推进法治政府建设的关键点和突破口，打造阳光财政。

（一）积极推动“三公”经费公开

2013 年，广州市首次将“三公”经费预算纳入年度部门预算单独申报和批复，并随部门预算一同公开；此外，指导市委各部委办局、市人大、政协、中级人民法院、检察院、民主党派、工商联、人民团体也公开 2012 年度“三公”经费决算，实现了全口径公开，此举再度开创全国先河。市财政局指导督促各区（县级市）部门和 164 个街镇公开了 2011 年“三公”经费决算信息，使广州成为全国首个实现三级政府“三公”经费信息全面公开的城市。市财政局印发的《2012 年度市本级部门决算公开范本》涉及“三公”经费公开内容长达 6 500 字，要求账目细化至项，并增加购车数量、型号，因公出国（境）团组、人次、公务接待批次、人数等信息，媒体和专家评论“广州‘三公’范本之细堪为全国表率”。

（二）重点推进财政预决算信息公开

2013 年财政预算信息公开内容进一步细化，公开了市人大审议通过的 2013 年财政预算全部表格及说明，公开内容涵盖公共财政预算、国有资本经营预算和政府性基金预算。《预算报告》附表的支出预算细化到“款”级科目，部分还细化到“项”级，比往年按“类”级编制的支出预算表更加明细。

（三）利用网站和媒介公布财政信息

市财政局通过“广州财政”门户网站和官方微博发布涵盖财政新闻、政策法规、财政数据、政策解读、政府采购、通知公告等信息，实现了按月公开全市财政收支月度执行情况。2013 年，市财政局对社会公众申请公开政府信息的答复率 100%，按时答复率 100%，没有出现因不履行或不正确履行信息公开法定职责而被提起行政复议的情形，在唯一一宗行政诉讼中也未被法院确认有不履行政府信息公开职责的行为。

三、完善议事决策规则，提高科学决策水平

为确保财政决策体现民意、惠及民生，市财政局完善内部决策制度，吸纳多方建议，提高科学决策水平。

（一）主动听取多方意见建议

一是积极拓宽代表委员参政议政渠道。市财政局成立了“两代表一委员”联络工作室，实现与代表、委员联络沟通的规范化、常态化。二是围绕代表、委员关注重点、难点、热点问题，重点抓住人大审议议题、财政预算编制、财政绩效评价、财政改革、政务信息五个方面，通过定期走访、汇报、举行“财政投资评审开放日”、“绩效开放日”、预算项目公开审核会议活动、邮寄财政简报和财政预算编制意见建议函等资料多种方式和途径提高代表、委员

参与财政决策的广度和深度。三是聘请特约财政监督员，深度参与财政决策和管理。

（二）积极推进财政政策科学化

一是在重大民生政策制定和民生项目实施时引入民意征询机制，确保民生政策和民生项目合法、合理、可行。二是积极在分配领域探索引入竞争、激励和政府购买服务机制，力争做到“少花钱多办事”，大力提高财政资金的使用效益。三是引入财政咨询专家委员会推进科学理财。

（三）坚持重大事项集体决策

按照民主集中制和行政首长负责制相结合原则，严格实行集体决策。2013 年市财政局共召开了 23 次局长办公会议，制定规范性文件、完善管理制度、年度预算编报、重要资金安排等重大事项和工作均需通过局长办公会议集体审议。

四、加强财政制度建设，打造法治财政

财政部门掌握着财政资金的分配建议权和管理监督权，以制度规范权力正确行使、规范执法行为尤其重要。市财政局狠抓建章立制，构建财政制度体系。

（一）规范性文件提升财政管理水平

市财政局严格按照征求意见、统一编号、统一发布等规范性文件管理规定，制定了政府采购评审专家、专项资金管理、政府采购文件编制意见、农村财务管理等 8 份部门规范性文件、起草 1 份政府规范性文件。市财政局连续 10 年坚持规范性文件清理工作，在 2013 年全市规范性文件培训交流会上做文件管理的经验介绍，受到了市法制办和市属各部门的赞扬。

（二）完善管理制度规范权力运行

市财政局针对财政管理的薄弱环节，积极完善与管理职责、业务流程、执法程序等相适应的依法行政工作制度。2013 年重点制定了加强国库、三公经费、政府采购、政府性债务、行政事业资产、财政检查工作流程等近 100 项财政管理制度，将财政权力运行的全过程纳入制度约束之中，实现以制度管权、以制度管事。

（三）认真加强政府合同管理

市财政局出台了《广州市财政局合同管理暂行规定》、《关于局长委托权限和范围的意见》，突出局法制机构合法性审查的作用，对局长授权进行层级细化。同时在 OA 开发“合同呈批”版块，合同起草通过 OA，对到期合同会自动提示是否需要司法救济，一方面提高签订合同的水准，另一方面提高了维权的法律意识。2013 年签订所有合同均实现了统一编号、统一登记和归档。

五、规范行政执法，提高依法行政水平

（一）规范行政执法行为

市财政局积极推进行政权力公开运行和行政执法职权纳入动态管理系统工作，摸清了行政职权家底，绘制行政职权运行流程图。财政的法律法规规定比较原则，自由裁量权存在一定弹性。市财政局结合广州财政的实际，积极探索规范财政执法行为。在规范行政执法自由裁量权工作中，着重对“部门预算调整的审批”、“行政事业单位资产配置使用和处置的审批”、“采用公开招标之外的其他采购方式的审批”等存在较大自由裁量空间的执法事项，从办理条件、提交资料、审批程序、办理期限等方面进行细化和明确，有效杜绝了自由裁量权的滥用。2013 年出台的《申请事项受理管理办法》，对所有依申请而为的执法事项受理环节的收件时间、审核内容、审核时限、受理回执等予以规范。此外，还对 2012 年的执法案卷进行评查，从执法程序、取证完备、适用法律方面自我“挑刺”，进一步提高了执法水平。

（二）深化行政审批制度改革

在广州市第五轮行政审批制度改革中，市财政局原有 16 项行政审批、2 项行政备案事项全部通过下放、取消、改变管理方式等途径精简。市财政局还顺利承接省下放的行政审批事项，对事项存在自由裁量权进行细化，所有事项进驻网上办事大厅。

（三）严格按照法定程序行使权力、履行职责

市财政局强化依法行政意识，规范行政执法行为，执法人员严格遵守程序、正确运用权限、正确适用法律，拥有较高的执法水平。在市直部门中，市财政局是被行政相对人提起复议和诉讼最少的部门之一。2013 年市财政局作出的 48 份行政处理决定、1 份行政处罚决定，未因执法程序引起复议和诉讼。

六、开展普法教育，提升干部法制素养

市财政局注重提高干部依法行政、依法理财能力。2013 年，通过聘请专家学者开展“行政执法工作中的法治思维和法治方法”的专题教育、举办政府采购投诉和行政复议应对培训、连续 10 年编印《财政法规汇编》、连续 10 年行政案件“一案一分析”、组织法制小组研讨会等多种方式提高干部依法行政水平。市财政局还对局属单位、区县财政部门进行了“六五”普法中期督导检查，通报工作的不足，提出了改进工作的意见。

七、摆正自身位置，搞好监督和被监督工作

市财政局谨慎做好行政复议、诉讼工作。2013 年受理

涉及政府采购、信息公开的行政复议4宗、结案4宗，行政应诉案件2宗、被结案1宗。由于坚持依法办事，又注重与当事人沟通，做到“案结事了、息事宁人”，所作的行政复议决定均被复议机关维持，所参加的行政诉讼无一宗被司法裁判变更或撤销的。同时市财政局自觉接受人大、政协、审计、纪检部门的行政监督，2013年办理人大代表建议和意见168件，做到了件件有落实、事事有回音。

广州市依法行政工作联席会议充分肯定了市财政局依法行政工作，市财政局以99的高分通过了考核验收。通过创建市级依法行政示范单位的工作，市财政局干部法制意识增强、执法水平显著提高、财政制度体系完备、财政决策科学民主化水平提高，依法行政依法理财水平迈上了一个新台阶。

（广州市财政局供稿，刘文娟执笔）

规范行政权力公开运行　不断推进廉洁财政建设

广州市财政局党委高度重视反腐倡廉工作，坚持把源头治腐与财政改革紧密结合起来，以深化财政管理体制改革为核心，以规范行政权力公开运行为抓手，强化对权力的监督制约，推进廉政风险防控，加强廉洁财政建设，取得了反腐倡廉工作的新成效。

一、规范行政权力公开运行，构建廉政风险防控体系

（一）开展规范行政权力公开运行工作，强化对权力的监督制约

2013年市财政局按照《规范行政权力公开运行工作实施方案》，全面清理本单位行使的行政职权，摸清行政职权家底，梳理出行政强制3项、行政处罚34项、行政征收9项、行政裁决1项、行政检查8项、其他行政职权73项，并编制行政职权目录、绘制行政职权运行流程图，促进权力配置科学合理、权力运行阳光透明、权力制约监督到位。

（二）结合深化财政管理体制改革，建立健全广州财政特色的惩防腐败体系

市财政局把局机关处室、局属单位等所有涉及财政业务权力和内部行政管理权力的岗位都纳入廉政风险防控范围，全面推行廉政风险防控工作，制定了《广州市财政局廉政风险防控工作实施方案》，成立了廉政风险防控工作领导小组，按照学习提高、梳理清权、排查分析、防控规范、考核总结五个阶段，在局领导班子、机关处室、局属单位等所有涉及财政业务权力和内部行政管理权力的岗位全面铺开廉政风险防控工作。各处室、局属单位重点抓住重要权力事项、关键环节和重点岗位，认真查找思想道德、制度机制和岗位职责三方面廉政风险，并以业务工作流程为载体，依据权力事项的重要性、权力行使的频率、对权力监督制约的严密程度及自由裁量权大小、腐败现象发生的可能性及危害程度，对排查的廉政风险确定“高”、“中”、“低”三级，实行风险等级管理。经过个人自查、岗位互评、部门评定等环节，全局系统共442人参加了廉政风险排查，梳理规范了242项职权，编制了242项权力运行流程图，排查出658个廉政风险点，有针对性地制定了797项廉政风险防控措施，初步构建了具有广州财政特色的廉政风险防控体系。

二、加强监督检查，扎实推进廉洁财政建设

（一）加强监督检查，确保中央和省市重大决策部署贯彻落实

一是围绕市财政局承担的广州新型城市化发展“1+15”系列政策文件牵头任务开展监督检查，突出抓好对新型城市化发展“1+15”政策文件落实情况的监督检查，重点加强对100项重点督办工作、10大产业项目、10项重点工程和十件民生实事落实情况的监督检查。并顺利通过市巡查工作组的检查，推进新型城市化发展考核结果综合得分92.95分。

二是结合党的群众路线教育实践活动，牵头开展全市整治“小金库”、违规使用专项资金、清产核资和严格公务接待标准等专项行动工作。2013年，全市清理出违规使用专项资金9 768万元，出国（境）经费同比下降23%，公务用车购置和运行经费同比下降7%，会议经费同比下降41%，公务接待经费同比下降30%。

（二）推进财政反腐倡廉建设，积极打造廉洁财政

一是大力推进财政预决算和“三公”经费公开。贯彻落实市委市政府《关于走新型城市化发展道路建设廉洁广州的决定》，结合财政工作实际，2013年，市财政局进一

步深化部门预决算公开，市本级各部门通过部门网站或媒体向社会公开2012年度决算，全市164个街镇全部公开了2011年“三公”经费决算信息，使广州成为全国首个实现市、区（县级市）、镇（街）三级政府“三公”经费信息全面公开的城市。

二是深化财政绩效管理改革。从事前、事中、事后三方面着力，强化财政支出责任和效益，积极建立财政绩效管理新机制。健全事前目标管理，在布置年度预算编制时，要求预算部门对提出安排的项目，不论金额大小均设立预期绩效目标，并作为项目预算审核的重要依据和财政支出绩效评价的重要指标。加强事中绩效监督，对全市2012年度全部约8 700个财政支出项目，要求填报项目绩效运行信息，监控项目绩效运行情况，确保财政支出进度和效益。完善事后评价机制，将全市112个部门都列入项目自评范围，对人大重点审议的6个重点项目，委托第三方机构开展项目评价，增加评价的客观性和透明度。市直部门、区（县级市）财政局的财政绩效管理情况还按照市委部署列入2013年“廉洁广州”测评内容。

三是推进政务诚信体系建设。加强政府性债务管理工作，出台了《广州市政府性债务管理办法》，初步形成“责、权、利”和“借、用、还”相统一的管理机制，建立债务风险预警机制和定期报告制度，运用财政债务率、财政偿债率的监测指标设置警戒线，监控地方政府整体债务规模和风险。印发了《广州市本级政府性债务管理办法实施细则》，明确使用债务资金的项目实行项目法人责任制，项目法人对资金使用效益负责，并规定债务资金投资项目严格按规定进行财政投资评审、实施招投标及绩效评价。全力化解债务，防范债务风险，按照“一企一策”方式会同有关单位制定投融资企业债务化解方案，对区县化解债务提出具体指导意见和要求，强化债务管理，初步建立债务风险预警机制，

（三）进一步推进廉政风险智能防控建设

一是建立健全智能化的财政资金风险控制机制，以科技+管理+监督的手段，加强“三平台一中心”财政信息化管理架构，在“财政业务信息系统”中设置风险预警，实时提示资金使用风险。今年，我们还实现了“三公”经费预决算数据和行政罚没收入情况与市廉政风险智能防控体系对接，实现对财政资金的电子监控。

二是继续围绕权力集中部门、资金密集领域和关键岗位人员，抓住资源资金配置、行政许可审批、人事选拔任用等关键环节，突出抓好廉政风险防控工作。

2013年度，市财政局在规范行政权力公开运行，推进廉洁财政建设取得了一定的成效。主要表现在：一是进一步规范了权力运行。通过建立健全各项管理制度，拓宽监督渠道，完善权力制衡机制，促使全局干部依法行政、履行职责、秉公用权。二是初步实现了制度防控的智能化。通过统一的管理监控平台，把财政资金管理控制进行预警，使廉政风险降至最低。三是强化了公职人员的公权意识。通过风险防控，使公职人员充分认识职责、权力、风险的关系，明白手中权力是人民赋予的，强化了为人民服务的意识。四是进一步推动了廉洁财政建设。通过对廉政风险的梳理，对整个财政业务的防控，使财政特色的惩防腐败体系得到了进一步健全和完善，制度防控加强、监督力度加大、风险几率降低、为民服务水平提高。

（广州市财政局供稿，李学新执笔）

加强财政投资项目管理　规范财政投资评审行为

2013年，广州市财政局和财政投资评审中心不断加强和完善监管措施，进一步规范财政投资评审行为、提高评审质量。市本级共完成项目评审9 161项，送审金额822.32亿元，核减金额91.38亿元，为合理控制造价、节约财政资金和提高政府投资效益发挥了重要作用。

一、加强监管、规范评审行为的主要做法

（一）健全完善评审制度，规范评审行为

为加强财政投资评审管理，规范财政投资评审行为，广州市财政局在国家、省、市颁布的法律法规基础上，结合广州市建设管理和评审工作实际，进一步健全和完善财政投资评审相关制度。2013年，市财政局起草的《广州市财政投资评审管理试行办法》，经市政府审议通过后颁布实施；制订颁发了《关于财政投资评审实施预受理制度的通知》、《广州市市本级财政投资评审复核考核操作规程》等一系列制度文件，建立了较为完善的评审制度，使评审过程各环节有法可依、有章可循。其中《广州市财政投资评审管理办法》作为开展财政评审的指导性文件，具备规范、标准、高效等特点，明确了与评审相关的各项内容，为完

善广州市财政投资评审工作机制、规范评审行为提供了制度保障。此外，还建立了评审工作例会机制，对评审过程中出现的争议问题和政策问题进行解释、协调和把关，提高评审效率，保证评审质量。

（二）做好宣传和答疑，保障制度有效贯彻执行

为使各项制度得到有效的贯彻和执行，广州市财政局采取多种方式进行政策讲解和答疑。2013 年 12 月 17 日，市财政局在中山纪念堂组织对《广州市财政投资评审管理试行办法》的宣讲培训，全市 600 多个单位、1 500 余人参加了培训大会。培训人员从办法出台的背景、评审工作职责、范围、程序、监督管理等几个方面做了深入详细的讲解，对评审工作开展取得积极的效果。此外，市财政局也将财政投资评审相关政策、制度和操作流程答疑和指导纳入日常工作，及时有效地为各建设单位提供专业指导和服务。

（三）对社会中介机构严格监管，确保评审工作质量

广州市财政投资评审业务由市财政局委托市财政投资评审中心和 16 家社会中介机构共同完成，其中 16 家社会中介机构通过公开招标择优产生，全部具有工程造价咨询甲级资质。市财政局对社会中介机构采取了多项行之有效的监管措施，促进其廉洁自律，以保障评审质量。一是要求中介机构对评审结果实行内部三级复核制度。二是财政局按程序选择复核项目，由财政投资评审中心从评审依据、评审质量等方面进行复核。三是每年对社会中介机构进行考核，将项目完成情况、评审质量（复核情况）、核减率等作为重要考核指标，确定考核名次，并与下一年度的评审任务分配挂钩。四是对于社会中介机构造成委托方及相关单位损失、评审报告出现严重差错、不配合复核检查等行为，扣减或追回评审费用，并追究其法律责任。五是实行廉政问题一票否决制，对于社会中介机构在财政投资评审业务中涉嫌犯罪行为的，取消投标资格并公告。

（四）领导高度重视，进一步强化财政投资评审力量

市领导高度重视和支持财政投资评审工作，2013 年 8 月，经市政府批准，广州市财政局经济建设处正式更名为经济建设和评审监管处，进一步明确和强化和评审监管主要职责，并增加了 3 名财政投资评审人员编制。起草本市财政投资评审相关法规、规章草案；管理财政投资评审业务，监督管理财政评审机构等。评审监管组织架构、监管职能和评审力量等进一步加强，使评审工作更加规范、深入和细致。一是评审管理进一步细化，逐步规范评审范围和内容，依据法规不再对设备采购、软件开发项目等进行评审。二是在评审结果批复中增设了抽查环节，对评审报告进行实质性审核，使评审监管工作不浮于表面，不仅有效地保证了评审质量，也能深入了解各社会中介机构业务水平、评审业务中存在的各种问题和管理漏洞，为进一步推进和完善评审工作获取第一手资料。三是就评审中发现的建设单位管理问题，积极与相关单位进行约谈，揭示问题和风险，促进改进和提高。

二、财政评审工作取得的主要成效

（一）全面覆盖，有效节约财政资金提高政府投资效果

广州市使用财政性资金安排的建设、维护、修缮等项目，单项投资额在 30 万元以上的项目均纳入到评审范围内，评审内容包括项目概算、预算、结算和竣工财务决算，基本实现了财政投资项目评审覆盖。2013 年，市本级投资评审共受理评审项目 9 963 项，累计送审金额约 1 136. 50 亿元。完成项目评审 9 161 项，送审金额 822. 32 亿元，审定金额 730. 94 亿元，共计核减 91. 38 亿元，平均核减率 11. 11%。为政府投资的项目资金管理提供了决策依据，有效地节约了财政资金，提高了政府投资效果。

（二）突出重点，积极推进历史城建项目结算评审

按照市委、市政府的工作部署，广州市财政局采取多项措施全力推进历史城建项目结算的评审工作。一是先后出台了《关于我市历史城建项目结算评审复核及有关问题的通知》、《关于我市历史城建项目咨询服务类合同结算评审有关问题的通知》等多份文件，为历史城建项目制定了专门的送审范围、复核原则和复核流程，有效地提高了评审效率。二是持续加大评审力量投入，要求 16 家评审单位增加人员配置和专业技术力量，并定期跟踪统计评审进度。三是提供“上门服务”，抽调 20 位专业技术人员在市流花展馆增设 8 个评审预受理窗口，专门受理历史城建结算项目。四是定期召开评审例会积极解决评审中出现的问题，对于一些政策性、历史性的疑难问题及时搜集、整理提交市历史城建项目结算联席会议或领导小组会议研究解决。

通过上述举措有效地推动了历史城建设项目结算评审工作，并取得显著成效。截至 2013 年底，累计受理历史城建项目结算合同约 28 000 余份，送审金额约 1 290 亿元，分别占历史城建设项目总量的 95% 和 83%。累计完成评审约 26 200 项，送审金额为 1 030. 5 亿元，分别占送审项目的 94% 和 80%，审减额为 57. 7 亿元，平均审减率 5. 6%。

（三）多措并举，有效控制工程造价降低建设成本

为有效控制工程造价，财政投资评审工作在概算、招标、大额变更追加用款等关键节点适时介入，有效压低造价节约财政资金。一是加强概算评审合理确定建设工程的最高投资限额，防止概算虚高导致建设过程中擅自增加建设规模、提高建设标准、大手大脚等情况；二是规定招标控制价不得突破经评审的预算，使中标价更加客观合理，

有效避免承发包阶段哄抬标价造成财政资金流失；三是要求概算、预算送审额分别不能超过估算、概算，并对审减率大于30%的建设单位和编制单位进行通报，有效解决送审金额虚高核减率大的问题；四是出台了《关于加强单项工程项目合同变更追加用款管理的通知》，严格了变更审批程序，其中对单项变更追加用款超过合同金额10%的，要求报主管部门审核后再报变更审批部门批准确认后方可实施，有效地遏制了工程实施阶段变更多金额大、常突破概（预）算的情况。

（四）做好服务和保障，为广州市经济建设大局贡献力量

根据《广州市政府投资项目管理条例》和《广州市财政投资评审管理试行办法》，项目概算、预算、结算和竣工财务决算的评审结果已经成为批复调整概算、核拨款项、项目招标、绩效评价、交付资产的重要依据，为财政资金合理安排和安全使用提供服务和保障。

随着广州市社会、经济的全面发展，重点项目和民生工程投资不断增加，这些工程投资规模大、工期要求紧，为此广州市财政局一方面开通绿色通道优先安排此类项目的评审，另一方面在确保评审质量的同时要求各单位加大评审力量投入，优质快速地完成评审任务。全力保障该类项目按期顺利实施，服务好广州市经济发展大局。

三、评审工作存在的问题和改进措施

广州市财政投资评审工作已逐步建立健全了评审制度，较好地服务于建设单位造价管理和财政支付，但围绕财政投资评审职责和目标的更高要求，评审监管工作尚有改进空间，还需进一步改进和完善。一是进一步健全和完善相关制度，按照市政府要求2014年完成《广州市财政投资评审监管办法》制定并报市政府审议。二是适时制订政府投资项目绩效评价操作办法，以及评审成果形式和利用办法等，并结合实践中发现的问题，进一步修订完善现有规章制度、操作流程和管理细则等。三是建立多渠道的沟通交流机制，强化与造价管理部门、财评中心的沟通学习，加强对区财评工作的指导。四是进一步加强对社会中介机构的监管，要求其人员和技术力量等资源配置向财政评审业务倾斜，加强社会中介机构业务培训，进一步提高评审工作能力和水平；构筑惩防体系，树立正确的评审态度保证评审质量。打造一支训练有素、能征善战、廉洁自律的评审队伍。

（广州市财政局供稿，吴芳执笔）

打造阳光财政　推动三公经费全面公开

“三公”经费是指政府部门因公出国（境）经费、公务用车购置及运行费、公务接待费用三项。“三公”经费公开，是打造阳光财政、法治财政的有力抓手，也是建设廉洁政府、透明政府、效能政府的重要内容。从2013年开始，广州市黄埔区积极推动“三公”信息和部门预决算信息公开工作，扎实推进“三公”经费管理的公开化、规范化、制度化，努力打造“廉洁、高效、透明”政府。

一、基本情况

黄埔区经过精心准备，认真筹划，周密部署，于2013年4月16日率先在广州市各区（县级市）中主动公开2013年部门预算、2013年“三公”经费预算等信息。本次信息公开，由黄埔区财政局公开全区行政机关、事业单位2011年“三公”经费支出决算汇总情况和2013年“三公”经费预算汇总情况，41个区政府组成部门、直属机构和派出机构独立公开各自单位的2011年“三公”经费支出决算情况和2013年部门预算情况。

2013年11月21日，黄埔区再次通过黄埔信息网向社会公开2012年部门决算及“三公”经费信息。本次公开范围包括区政府部门、直属机构、街道、区委各部委办、区人大、区政协、区法院、区检察院、各人民团体等。其中，区政府组成部门（含汇总下级单位）和全部9个街道公开本部门2012年决算（含“三公”经费）情况，其他单位公开2012年“三公”经费决算情况。随着部门的预决算信息完整对外公开，“三公”经费信息公开已成为黄埔区财政的常态化工作。这两次信息公开工作被《南方日报》、《南方都市报》、《广州日报》和《羊城晚报》等多家媒体报道，包括人民网、凤凰网等多家网站转载，获得了社会各界的一致好评，在南方都市报发布的2013年广州年度榜——财政透明度榜单中排名全市第一。

二、“三公”信息公开的主要做法

（一）注重统筹兼顾协调联动

区财政局注重与区纪委、区委宣传部等部门协调联动，相互配合，推进全区“三公”经费使用的规范化，信息披露的及时性、准确性。在强化“三公”经费使用方面，与区纪委联动及时监控公务用车的运行支出、油耗降低等数据、月度控制公务接待费用数据指标，并反馈相关信息至区委区政府。在“三公”信息公开方面，与区委宣传部联动，制定宣传应急预案，强化信息畅通渠道，引导舆情走势，应对突发事件，做到统筹兼顾。

（二）制订信息公开工作方案

为确保黄埔区“三公”信息公开工作的顺利进行，区财政局成立了信息公开工作领导小组，制订了信息公开工作方案，明确了财政局各职能科室及会计结算中心的职责、分工，包括：公开内容、制定统一范本、单位和人员培训、宣传及舆情收集及处置等，使全局各科室分工明确、职责清晰，工作有条不紊。

（三）明确信息公开的主体

区财政局负责公开全区总预算、总决算及区行政事业单位“三公”预决算汇总信息，区政府各部门、派出机构、直属机构负责公开本部门预决算和“三公”经费预决算情况。

（四）明确信息公开的内容及要求

1. 信息公开的内容：区总预算，总决算和区行政事业单位“三公”经费汇总信息；各部门预算、决算和本部门的“三公”经费信息。

2. 信息公开的要求：依法公开部门预决算和“三公”经费信息时，妥善处理部门预算中的涉密信息；对部门预决算中涉及国家秘密的信息，依法不予公开；对部分内容涉及国家秘密的，应作区分处理，创造条件将不涉密的内容依法予以公开；对含有虽不涉密但关系国家安全、公共安全、经济安全和社会稳定内容的信息，要依法依规，科学分析，审慎处理，合理确定可公开的范围和内容。

（五）制定信息公开范本

区财政局按照市财政局的要求制定了部门决算公开、“三公”经费公开的统一范本。为让公开信息更加直观和通俗易懂，预、决算信息内容按功能科目细化到“项”级，并附相关图形、表格说明。同时要求各部门对本单位一年工作主要成效予以说明，使群众能全面了解各部门年度工作完成情况及取得效果，扩大了各部门的影响。

（六）开展信息公开培训

区财政局联合区宣传部对区属各有关预算单位进行了部门预决算及“三公”经费信息公开工作的统一培训。财政局相关人员系统讲解了部门预算和“三公”经费公开的格式范本，明确了公开的主体及内容，确定了区属单位统一公开的时间。同时要求各单位高度重视、加强领导、精心准备，确保公开信息准确无误；要妥善处理部门预算中的涉密信息，要依法依规，科学分析，审慎处理，合理确定可公开的范围和内容。

（七）正确引导社会舆论

“三公”信息公开后，区财政局成立专门的工作小组，收集、汇总各类报纸、网络媒体对黄埔区“三公”及部门预算公开情况的报道，归纳、分析媒体提出的问题、建议，及时向局有关领导进行汇报。对媒体、记者的采访要求，请对方提供采访提纲，经工作小组研究后，妥善做好应答工作，及时回应各方面提出的质疑和批评，并做好宣传解释工作，正确引导社会舆论，发挥预决算和“三公”信息公开的正面效应，获得了社会各界的一致好评。

三、降低“三公”消费的主要举措

黄埔区之所以敢于率先公开“三公”经费，得益于财政改革与创新，得益于电子监察的先进手段，得益于多部门的联动协同。黄埔区在严控“三公”、降低行政成本上动真格、出实招，坚持自身特色不停步。

（一）创新公务用车使用管理

早在2009年12月，黄埔区就提出运用高科技手段加强公车管理的想法，得到市纪委充分肯定。2010年4月，广州市纪委将黄埔区作为公务用车使用管理制度创新试点单位。目前形成“科技、管理、服务”三位一体的公车管理新模式，通过技术手段实施监督，规范公务用车管理，降低公车运行维护成本。开展管理创新以来，全区公务用车每辆月均行驶里程大幅下降，2011年、2012年和2013年同比分别下降24%、12%和18%；公务用车运行费用同时减少，2012年平均每辆车的燃油费为1.87万元，较上年同期2.07万元下降9.66%，剔除汽油价格上涨因素，按同等汽油价格计算则下降12.26%。

（二）规范公务接待制度

黄埔区坚决落实中央“八项规定、六项禁令”，出台纪律要求各单位公务用餐严格执行定点接待和公务卡消费；禁止工作日午餐饮酒，禁止区内单位间相互接待；区纪委、财政、审计等部门对区属各部门公务接待用餐使用情况进行实时监督，定期通报。

（三）加强党政干部出国（境）管理

黄埔区本着务实、高效、精简、节约的原则安排因公出国组团工作，科学制定党政干部因公出国项目计划，实行总量控制，严控经费预算规模。区有关部门在实施出国项目时，做到非计划内不报，超预算额不批，程序不完整不出团，有效杜绝了无关人员跟团、照顾性出访等违纪违规行为和打“擦边球”现象。

（四）厉行节约，严控行政成本

黄埔区从预算编制源头进行严控行政成本。2013 年部门预算中单独编报和批复“三公”经费预算；压减全区各单位公用经费 5%，经常性专项实行零增长，一次性专项严格审核把关；对各单位因新增业务增加的一般性工作经费不予追加。

（五）深化公务卡改革

2007 年，黄埔区开始启动公务卡结算改革。2013 年 1 月 1 日起区属预算单位实施公务卡强制结算目录，将公务接待费和培训费等 16 项公务支出纳入结算目录内，结算中心严格按照目录范围对各单位公务卡使用情况进行审核监督，全面推广公务卡结算方式。截至 2013 年，全区开卡单位 114 个，开卡数 1 391 张。

（六）深入推进国库集中支付改革

2007 年，黄埔区建立了国库支付实时监控系。通过专用光纤开通区领导及人大财经委、审计、监察部门远程查询功能，将部门预算、财政资金运行纳入查询系统，为监管部门深入开展监督检查提供便利，实现实时、全程监督。2013 年，继续以部门预算为依据进一步强化对国库集中支付审核的管理，规范财政资金支出，将暂付款纳入国库集中支付，持续加大集中支付力度。

（七）建立预算执行动态监控系统

2013 年，黄埔区建立预算执行动态监控系统，对财政资金管理所有环节进行实时监控，智能预警，能及时发现和防范支付系统不能审核出的违规问题。此外，黄埔区部门预算编制完善、规范和细化，所有部门预算全部报区人代会议审议，加强了人大对部门预算的审查力度，区属预算一、二级单位实现公务卡结算全覆盖，现金使用量明显降低，公务支出透明度大幅提高。

四、专家评价

长期关注广州市财政公开的市政协委员韩志鹏认为，黄埔区敢于把各职能部门、街道的财政预决算，包括最为敏感的“三公”经费悉数晒出，展现出勇于接受社会公众监督的阳光政府心态。黄埔区晒出的详细账本，也使得中国四级财政公开在广州率先实现，这对于推动政府阳光财政有着重要的带头和示范意义。知名公共预算观察志愿者吴君亮认为，黄埔区的举措彰显广州在财务信息公开上一贯的改革力度，使得广州的“阳光财政”再次走在全国前列。

（黄埔区财政局供稿，刘时飞执笔）

深化财政支出绩效评价改革　力推“绩效财政”

为加强预算绩效管理，强化支出责任，提高财政资金的使用效益和效率，广州市萝岗区自 2006 年开展财政支出绩效评价试点工作，至 2013 年共完成绩效评价项目 195 个，涉及财政资金 30.1 亿元，评价结果为优 34 个占 17%、良 115 个占 59%、中 36 个占 19%、低 8 个占 4%、差 2 个占 1%。2013 首次对 5 个财政支出项目实施绩效预算评审试点工作，涉及预算金额 6837.11 万元。萝岗区财政局在全市财政绩效管理工作表彰中，获得全市财政绩效管理工作一等奖和创新突破奖，是唯一同时获得 2 个最高奖项的区（县）级财政局；区主要领导多次在年度绩效评价工作报告上做出批示，充分肯定了工作；并多次被该区《创业导报》、区府信息、穗府信息、市财政局和省财政厅网站等媒体报道。

一、重机制，抓基础，健全绩效管理制度

2006 年印发《广州开发区、萝岗区财政支出绩效评价方案（试行）》；2008－2013 年每年印发《广州开发区、萝岗区财政支出绩效评价工作考核方案》；2011 年制定《广州开发区、萝岗区财政局财政支出绩效管理规程》和《广州开发区、萝岗区财政支出绩效评价评审专家选取办法（试行）》；2014 年初以区政府名义在全市率先出台了《广州开发区 萝岗区财政项目资金预算绩效管理办法》，建立了“预算编制有目标、预算执行有监控、预算完成有评价、评价结果有反馈、反馈结果有应用”的动态的、全过程的预算绩效管理机制。

二、重实效，抓过程，不断创新评价方式

（一）由点及面，逐年扩大评价范围

在2006年、2007年试点基础上，2008年将评价范围扩大到纳入区行政效能综合考核的28个行政部门；2009年首次将区属事业单位纳入评价范围；2013年首次将国有企业使用财政性资金绩效纳入评价范围；2014年绩效评价对象覆盖了纳入区政府绩效管理考核的31个单位。

（二）公正透明，逐步增加评价客观性

2011年起，在评价工作流程中增加专家复审环节，进一步提高绩效评价工作的质量和专业化程度；2012年起，特邀该区人大代表和区政协委员参与绩效评审，充分发挥社会监督作用；2013年又引入第三方机构对财政项目使用绩效实施独立评价，借以增强财政支出绩效评价的科学性和公信力。

（三）加固框架，不断完善指标体系

在2006年指标体系和标准基础上，2011年对其进行了全面梳理，将绩效指标按照财务性、业务性、效益性重新分类，并加大了绩效的分值比重，标准上增加了奖惩事项；2012年从严标准，将考核方案中列出的7种严重违规情况全部纳入评分标准，直接扣减30分；2014年参照财政部《预算绩效评价共性指标体系框架》，再一次对指标体系做了较大幅度修改和完善，将绩效指标分为四个层级，一级指标分为三大部分，即项目立项15%（含绩效目标、绩效指标和资金预算）、项目管理35%（含财务管理和业务管理）及项目绩效50%（含项目产出和项目效益），在三级指标中增加了预算编制准确性、资金使用效率性、实际使用率等具有该区特色指标。

（四）聚焦成效，寓监督于评价之中

寓监督于评价之中，将绩效评价和财政监督有机结合起来，是该区绩效评价工作的最大亮点。合法、合规使用财政资金是评价资金使用绩效的前提和基础，评价过程中采用了财政监督的检查和取证方法，加大了对资金使用的督查力度，既做到了对财政资金使用绩效进行科学评价，也对用款单位的项目管理实施有效监督。

（五）持续创新，开展部门整体支出综合评价

2014年首次选取区科技和信息化局、安监局和气象局3个部门开展部门整体支出管理绩效第三方评价，涉及财政资金7.08亿元，占总评价资金的77%。进一步增强部门财政支出责任和效率意识，促进部门从整体上提升预算绩效管理水平，推动部门更好地履行职责。

三、重全局，抓源头，推进预算绩效评审

（一）调研先行，摸清现状

区财政局与政策研究室共同成立课题组，制定调研方案，赴区相关职能部门和省内兄弟单位实地调研，形成调研报告。

（二）建章立制，完善机制

出台区财政项目资金预算绩效管理办法，制定2014年度财政支出项目绩效预算试点工作实施方案，从部门预算中选取与社会发展、民生建设相关的项目开展绩效预算工作，将财政资金管理关口前移，从源头上“正本清源”。

（三）积极试点，初见成效

选定区农林水利局“森林资源二类调查经费”等5个部门预算项目开展绩效预算试点，总申报资金6 837.11万元，经专家评审均同意立项，建议安排资金3 343.38万元，核减资金3 493.73万元，核减率为51%。

（四）结合实际，应用到位

充分尊重专家评审意见，结合项目实际情况，审议通过4个项目2014年预算资金1 343.38万元，暂缓立项1个项目，仅安排前期调研经费50万元。

四、重应用，抓落实，强化评价结果应用

（一）结合预算，将评价结果作为项目资金安排的重要依据

将绩效目标申报及评价结果作为年度部门预算审核的依据，对项目绩效优良的优先考虑，对项目绩效低、差的项目则减少或不再新增安排资金。从严要求项目单位树立“用钱必问效”的绩效管理理念，促进提高财政资金使用效益。

（二）奖惩分明，建立绩效激励约束机制

2011年该区在全市首创绩效评价结果与部门预算人员公用经费相结合的绩效激励约束机制，根据上一年评价结果，当年对考评等级为优的单位按人员公用经费的2%给予奖励；对结果为低、差的单位，按人员公用经费的1%和2%扣减人员公用经费。

（三）综合联动，将评价结果纳入全区综合性绩效考核

2008年开始将绩效评价结果纳入区行政效能绩效综合评估体系；2013年又将评价结果纳入全区综合性政府绩效考核及组织部对街镇领导班子和领导干部考核，多渠道应

用绩效评价结果。

（四）跟踪问效，督促项目单位有针对性地进行整改

各年度均书面反馈评价意见给项目单位，督促项目单位针对存在问题进行整改，完善相关工作机制及管理制度，提高项目管理水平和资金使用效益。

（广州市萝岗区财政局供稿，陆亚兰执笔）

汕头市

落实激励型财政机制　促进县域财政发展

2003年汕头市行政区划调整，原潮阳市（县级市）撤市设区，分设为潮阳区和潮南区。在省委、省政府的高度重视下，潮阳区延续保留过渡期县级财政体制待遇。2009年，按照省委、省政府《关于促进粤东地区实行“五年大变化”的指导意见》决定，省财政对潮阳区参照县进行考核和安排财政转移支付待遇到2012年。

在省激励型财政机制等政策的支持下，潮阳区财政运转困难状况得到明显改善，有力促进了社会经济各项事业的发展。2013年区级公共财政预算收入完成176 155万元，比2012年增长34.74%，并荣获省“2012年度县级领导班子奖”和“2012年度加快县域财政发展奖”。潮阳区在落实省激励型机制、加快县域财政发展方面主要做了以下工作：

一、着力做好促产培财工作，促进地方经济持续发展

潮阳区委、区人民政府认真贯彻落实省委、省政府促进县域财政发展的战略部署，落实结构性减税政策和对小微企业减免缓征税费优惠政策，减轻企业负担，支持企业健康发展；发挥财政补助、贴息等杠杆作用，促进产业结构调整，重点推动纺织服装、塑料音像、办公文具等传统支柱产业转型升级；推动产业集群化发展，形成具有整合优势的现代产业集群，提升特色产业基地的核心竞争力；加大政策引导和资金支持力度，加快贵屿循环经济产业园区的建设，不断培植新的经济增长点，夯实财源基础，推动县域经济持续健康发展。

2013年全区经济保持较快增长速度，完成国内生产总值262.44亿元，比增13%；工业总产值667.32亿元，增长19.98%；固定资产投资总额163.15亿元，增长35.1%；公共财政预算收入17.62亿元，增长34.7%。工业加快发展，规模上工业总产值530.64亿元，增长23.2%；规模以上工业增加值120.42亿元，增长22.6%；支柱产业继续保持较高增长水平，纺织服装业实现产值230.54亿元，增长22.71%；音像制品业实现产值22.42亿元，增长11.47%；塑料制品业实现产值159.91亿元，增长23.59%；文教用品业实现产值24.71亿元，增长33.63%；建筑安装业完成建安工作量79.85亿元，增长72.22%。产业升级步伐加快，有15家企业投资1.52亿元，引进高新技术设备103台（套），销售收入预增超3.7亿元。有高新技术企业6家，省级民营科技企业15家。新增专利申请745件，增长55.53%，专利授权499件，增长50.76%；品牌战略成效显著，新增注册商标1 665件，省著名商标5件，省名牌产品6个。企业技术创新、产品创新、品牌创新能力增强，特色产业基地的核心竞争力不断提升，为潮阳区财税收入稳步增长、打造汕头经济重要增长极打下扎实的基础。

二、加强财税工作组织领导，建立健全财税征管责任机制

在省委、省政府和省财政厅的关心支持下，2012年起潮阳区列入全国县级基本财力保障范围，既增强了潮阳区提供基本公共服务能力，又激发了潮阳区加快发展的动力和信心。为落实消化县级基本财力保障缺口资金来源，潮阳区委、区人民政府把组织财税收入作为一项重要工作来抓，进一步加强财税征管协调，着力做大财力规模，提高财政保障能力。

潮阳区委、区政府在下达税务部门、各镇（街道）税收本级一般预算收入任务的同时，将非税收入计划分解下达至各执收单位，要求各有关单位依法依规开展征管工作，努力挖掘增收潜力；区政府办公室印发文件，建立财税收入征收目标倒逼计划，要求各镇（街道）、各有关单位进一步建立和完善落实财税收入目标的倒逼机制，细化目标倒逼措施，完善倒逼责任体系，增强组织财税收入的责任感和紧迫感，主要领导为第一责任人、分管领导为直接责任人，层层明确落实责任，采取超常规的有效措施，确保完成区政府年初下达的财税收入任务。

潮阳区财政部门积极主动做好财税征管工作的组织协调，及时掌握财税收入进度情况，认真分析财税征管形势，并研究提出切实可行的措施和建议；潮阳区委、区政府不定期听取区财政、税务、国土、规划等部门主要负责人对各项财税收入征管入库情况的汇报，进一步统一认识，落实责任；及时采取措施，协调解决财税运行中存在的突出

问题和困难，实现财税增长与经济增长的良性互动和协调发展。

三、千方百计组织收入，确保财税收入稳步较快增长

由于受世界金融危机、全球经济不景气以及国内经济结构调整转型、增长速度放缓等因素的影响，潮阳区经济发展放缓，影响了财税收入的持续高速增长；尤其是作为潮阳区重点税源的潮阳供电企业因机构分拆至潮阳区、潮南区，对潮阳区的税收增长更是带来很大负面影响。在潮阳区委、区政府的正确领导下，财税部门迎难而上，增强收入征管的责任感、紧迫感和使命感，加强财税征管协调，层层落实收入征管责任，努力挖掘增收潜力。2013 年潮阳区公共财政预算收入超额完成汕头市政府年初下达的全年收入任务，实现较高幅度的增长。

（一）提早规划，落实征管责任

面对税收征管工作出现的新情况，税务部门抓早做好收入计划分配、规划核算和税源分级监控，将全年税收收入任务的考核延伸到各基层征收单位及片组，做到“人人有目标，层层抓落实”。定期召开税收管理员约谈会，督导各基层征收单位及片组收入进度，实现信息交流反馈、业务执行执导、绩效通报考核的一体化和常态化，促使税收收入组织工作取得较好成效。

（二）挖掘潜力，增加税收收入

企业所得税是潮阳区地方税收的第一大税种，为确保企业所得税的稳定持续增长，税务部门加强对重点行业、重点企业汇算清缴的审核，加大企业所得税预缴和汇算清缴缴纳税款比例的监控力度。在扩大查账征收面基础上，坚决落实预缴所得税税额不低于行业核定所得率计算税额 70% 的规定；加大力度清算各房地产开发企业项目土地增值税，对达到应清算和可清算条件的房地产开发项目而未组织清算的，依照有关土地增值税清算的工作要求和程序组织全面的清算工作。

（三）加强纳税评估，强化纳税管理

潮阳区税务部门将纳税评估作为强化进度管理的有力手段，实施上下联动式的专项评估，对谷饶镇、和平镇等经济大镇的工业企业开展评估，对纳税人的用电信息数据、使用设备、用工情况以及生产经营场地等进行全面分析，核实企业生产能力与纳税申报情况，促使企业完善生产经营管理制度，改善纳税额偏低的问题，大力提升税收收入规模。

（四）狠抓非税收入，壮大政府财力

在抓好行政事业性收费、罚没收入、国有资产经营收益等监缴工作的同时，进一步拓宽非税收入管理范围，提高非税收入质量。按照经营城市、盘活资源的理念，做好国土规划文章，对近年来上级已批准出让的各批次土地，及时清理，督促有关职能部门抓紧按程序进行公开“招、拍、挂”；对辖区内各征地、建设项目应缴的各项规费，按照政策规定及时足额收缴入库，不开减收、免收、缓收的口子，坚持做到应收尽收；加快推进闲置国有资产（土地）盘活处置工作，实现政府国有资产（土地）收益最大化，进一步壮大区级政府可支配财力。

（五）做好协税护税工作

各镇（街道）、各有关职能部门积极做好协税护税工作，协助税务部门和各执收单位加强财税征管，通过采取联合执法、集中整治的办法，支持配合税务部门清理经济户口，进一步减少财税收入“跑、冒、滴、漏”现象，在全区范围内形成齐抓共管、狠抓财税收入的氛围，促进收入征管工作的顺利开展。

（汕头市潮阳区财政局供稿，陈素贝执笔）

佛山市

财政资金竞争性分配改革取得显著成效

一、财政专项资金竞争性分配改革的基本情况

2009年以来，佛山市在省提出财政专项资金分配改革的基础上，结合佛山实际进行了“二次创新”，提出了许多具有创见性与探索性的思路和做法，在横向与纵向上进一步拓宽了竞争性分配改革的领域和范围，形成了具有佛山特色的竞争性分配模式，走在全省乃至全国的前列。

（一）总体情况

佛山市将竞争性分配与财政绩效管理结合起来，坚持绩效优先和权责不变（即延续现行专项资金的分配管理格局，不改变各级主管部门对财政专项资金的分配权、管理权）的原则，将竞争机制引入到财政资金分配环节，以绩效目标及评价指标为依据，以公开评审、招投标、政府采购等方式筛选最优项目进行资金扶持，实现“多中选好，好中选优”。经过多年的实践，财政专项资金竞争性分配已形成一套较为规范的做法：在前期准备阶段，制订工作方案，明确改革思路，健全制度安排；在资金分配环节，集中财力办大事，将财政专项资金分配从“一对一”单向审批安排，转向“一对多”选拔性审批安排，以绩效目标及可量化指标为依据，以公开评审等方式筛选最优项目；在资金使用环节，实施绩效督查，以绩效目标为导向对项目实施追踪管理；在项目完成后，实施绩效评价，同时实行绩效问责。

市级及部分区、镇先后试行财政资金竞争性分配改革工作，2009－2013年，全市共安排了4.97亿元（其中市级4 150万元、南海区1.1亿元、顺德区3.26亿元，三水区1 970万元）财政专项资金用于竞争性分配。试行竞争性分配的财政资金类型从最初的产业经济与科技创新等产业领域，逐步拓展到教育、农业、环保、文化、卫生、民政等公共领域。

（二）南海做法及启示

南海区从2010年开始启动竞争性分配改革，经过四年的改革探索，成效显著，其做法受到了各界的广泛关注，引起了较大社会反响。其主要特色如下：一是实行决策权、执行权和监督权“三分离”。财政扶持项目的设立需经区评审小组评审后报区政府审批，主管部门负责竞争性分配项目的组织实施，监察、审计部门负责全过程的监督。二是对实行竞争性分配的财政专项资金，在同类专项申报资金中予以优先安排，提高了部门单位的工作积极性。三是改革的范围不断拓宽。在推广范围上，逐步从区级拓展到街道，如大沥镇2012年安排了23万元专项资金实行竞争性分配，培育和发展街坊会组织。在资金范围上，从产业扶持领域拓宽到众多公共领域，2013年上半年，南海区还将竞争性分配机制进一步拓展到党建领域，安排了330万元组织开展区机关单位党组织挂钩结对村居的“幸福工程”资金竞争性分配，在国内首创将绩效理念引向党建领域。

通过南海的实践总结，主要有以下启示：一是制度引领。制定了指导意见、工作方案、操作规程以及配套的绩效评价制度等较为完善的制度体系，保证改革的顺利推进。二是重视创新。结合地方实际，每年有重点地选择不同领域的资金，探索实行竞争性分配，不断拓宽改革范围。三是多方联动。由区府办、财政、监察、审计及资金主管部门各司其职、各负其责，协调联动，形成推进改革的强大合力。四是注重公开。邀请公众和媒体参与评审过程，既体现了公开、透明，又扩大了社会影响。

二、实施财政专项资金竞争性分配的主要意义和成效

通过实施财政资金分配制度改革，推行财政专项资金竞争性分配方式，是转变政府职能、深化财政改革的一种重要探索和实践。由于部门分配环节上的资金量较大，且直接涉及社会群体的利益，深受关注，而竞争性分配作为一种过程公开方式，较结果公开更能体现公共财政导向和群众路线，是佛山市建立“制度防腐”机制的一大创新举措。因此，这是非常合适的改革切入点，对深化财政体制机制改革具有重要的引擎驱动作用，使有限的公共资源更好地满足社会公共需求，实现财政资金公正公平、阳光透明和高效运转，有利于促进效能政府、廉洁政府与节约型政府建设。

（一）体现了“小政府大社会”的政府职能转变要求

一方面，竞争性分配过程中，竞争主体充当“运动员”角色，而政府部门始终扮演“裁判员”角色，既突出市场主体行为，也彰显政府管理服务职能，顺应了转型时期构建“小政府、大社会、好市场”管理体制的要求，有效提高了市场经济条件下的政府公共服务能力，塑造政府良好形象。另一方面，通过竞争性分配，以结果为导向，形成“倒逼”机制，强化了资金使用部门（或企业）的竞争意识，有效地打破了传统的路径依赖和思维定式，促使资金使用单位（或企业）自觉地从“要我干”向“我要干”、“要我发展”向“我要发展”转变。

（二）促进财政资金“阳光下的分配”

竞争性分配改革，实现财政专项资金分配方式从“政府主导、行政指令”到“政府引导、公平竞争”的转变，通过政府行政手段营造一个自由、平等的竞争环境。在具体操作上对竞争性分配的资金实行申报条件公开、竞争过程公开和竞争结果公开，全程置于社会的监督之下，实现“过程公开，阳光操作”，在阳光下透明地做到财政资金的优化配置，体现了财政专项资金安排从“相机决策”到“竞争分配”、从“人为分钱”到“制度分钱”的转变。

（三）扩大了财政资金的经济社会效益

竞争性分配机制就是有力的“财政杠杆”，有效带动了地方政府及社会资金对经济社会发展的投入，充分发挥了财政资金“四两拨千斤”的放大作用与乘数效应，并通过财政资金的引导示范作用，促进了产业升级与行业发展。如，市级2012年的竞争性分配项目，财政资金投入1 150万元，按照中标企业承诺的计划，预计将带动企业投资5.41亿元；南海区2011年装备制造业升级技术改造竞争性分配项目，财政投入1 000万元，带动企业投资1.96亿元。财政资金的乘数效应达到几倍甚至几十倍，优化了财政资金的使用效率，而且也带来了新增税金、节能、出口创汇、专利发明等多项效益。

（四）有利于建立高效约束的廉政建设新机制

一方面，竞争性分配机制对财政资金从申请、使用到评价实行全过程绩效管理，强化了部门单位的主体责任，促使各资金使用单位（或企业）形成自我控制机制，建立了资金使用效果的制度约束。另一方面，对这些直接面对企业、面向社会的专项资金实行了竞争性分配，以公平竞争结果确定扶持对象与中标单位，并将全过程置于社会和媒体监督之下，部门单位不参与评审过程和评审结果，也无权决定中标单位，有效预防了部门单位在资金分配过程中的腐败行为，既保护了干部，又降低了廉政成本，建立起高效约束的廉政建设新机制。

三、当前财政专项资金竞争性分配改革中遇到的问题

（一）部门的主体责任意识和积极性均有待加强

一方面，由于竞争性分配改革在某种程度上触及了部门的利益，削弱了部门对财政资金的自由裁量权，有些部门的积极性不高，缺乏改革创新的动力；另一方面，有些部门对竞争性分配的资金缺乏主体责任意识，没有履行好部门应有的跟踪问效职责，存在职能缺位的现象。

（二）适用竞争性分配的资金范围不明确

由于财政专项资金竞争性分配是一项新生事物，自上而下对竞争性分配的概念和适用范围均没有明确的定义，大家都是在实践中总结、在探索中前进。因此，在改革实施过程中，对哪些资金应该纳入、必须纳入或不应纳入改革范围并无清晰界定，难于对改革方向和具体范围进行准确定位。这在很大程度上影响了财政专项资金竞争性分配改革的扩面推进和向纵深发展。

（三）竞争性分配的市场和社会主体培育不足

竞争性分配是一种“一对多”的方式，一项财政资金能否实施这种分配方式，除了取决了资金性质外，还取决于市场和社会的土壤，也就是说，要形成有效竞争，需要有成熟的、符合条件的多个市场主体或社会主体。而目前竞争主体的培育不足，在财政资金分配的很多领域难以形成竞争，就算是一些能够实现竞争的领域，也难免产生“强者通吃”的现象，如一项财政专项扶持资金年年都是同一家或那么几家企业中标，或者多项扶持资金均由同一家企业获得。由于市场和社会竞争主体发育不成熟，一定程度制约了竞争性分配改革领域的拓展。

（四）对资金扶持对象或中标企业的问责存在一定难度

由于竞争性分配是一项改革上的探索，没有与之配套的法律和制度为支撑，加上一些实施竞争性分配的资金，尤其是体现社会效益的，在设计绩效目标时往往只有定性指标，而无法制定定量指标，对未完成目标的扶持对象或中标单位难以进行考核和有效问责，而且对违约违规的企业，在追回财政资金过程中也需要政府部门花费大量的时间、做大量的工作。

（五）对竞争性分配改革缺乏统一的制度安排，统筹推进力度不足

改革初期是通过鼓励条件成熟的地区以“先行先试”的方式来推进竞争性分配改革的，从而形成各具特色的竞争性分配模式，但是由于缺乏全局的统筹和统一的制度安排，也没统一规范的操作模式，在全市范围内推广的力度不足。

四、深化推进改革的工作建议

（一）厘清概念，匡定范围，夯实竞争性分配改革的基础

财政专项资金竞争性分配改革是因应政府职能转变的要求，围绕如何理顺政府与市场、政府与社会的关系，建立“小政府大社会”的新型政府施政模式，而在财政领域实施预算分配制度改革的一种探索和实践。就此而言，竞争性分配的意义在于财政资金的引导示范效应：在政府与市场的关系上，通过财政资金对企业的引导，扶强扶优，促进经济结构调整与发展方式转变，体现经济效益；在政府与社会的关系上，通过财政资金向公共领域的倾斜，引导社会资金投入民生事业发展，体现社会效益。而要界定财政资金竞争性分配机制适用范围，需要考虑该类事项是否符合政府职能转变的要求，是否符合市场化、社会化方向，即具备培育较为充分、符合条件的竞争主体。因此，财政专项资金竞争性分配是对分配结果具有可选择性、不固定使用对象的财政资金，在明确分配方向及预期绩效目标的基础上，采取公开评审、招投标、政府采购等竞争性方式，引入多个符合条件的竞争主体进行公开竞争，实现“多中选好、好中选优”，以提升资金使用效益的一种创新型资金分配机制。在具体操作上，判断一项财政资金能否适用实施竞争性分配方式，必须具备“可选择性”、“充分竞争”等要件。现阶段财政专项资金竞争性分配的范围主要涵盖三大类：产业扶持、公共服务和社会管理创新类资金。同时，鼓励各区在其他领域中选择符合条件的财政专项资金，积极探索开展竞争性分配试点工作。

（二）扩面突围，纵深推进，实现竞争性分配改革新的突破

根据上述对财政专项资金竞争性分配内涵和范围的界定，针对当前改革的覆盖面不够广、资金量较少的情况，建议下一阶段要通过扩面突围，从已试点的区、资金领域覆盖到全市各区及更多的资金领域，并鼓励条件成熟的区向镇街推广，将改革向纵深推进。

（三）统筹协调，主动作为，指导各区深化推进改革工作

市级要发挥制度引领、总体统筹的作用，全力推进改革各项工作。要在深入总结各区经验的基础上，积极借鉴南海等区的做法，研究制定全市统一的制度框架，并加强对各区改革进度的检查督导，争取在全市范围内尽快推行竞争性分配改革试点工作，实现一市五区改革全覆盖。同时，要大力推广“南海经验”，鼓励各区通过深入学习南海经验，结合区域自身特色，在竞争性分配改革的内容和形式上进行积极探索和尝试，创新竞争性分配的方式方法，拓宽纳入改革的资金领域和范围。

（四）明确分工，强化问责，为竞争性分配改革提供制度保障

一方面，必须明确各部门的职责。财政部门要及时足额安排和拨付资金，负责制定竞争性分配的管理办法和配套制度、开展专项资金绩效评价、加强资金监督检查等工作，并跟踪改革总体情况；人大机关及监察、审计等监管部门要参与竞争性分配过程，并加强对资金使用的监督问效，同时，鼓励社会公众参与监督；部门单位必须强化第一责任主体意识，明确实行竞争性分配并不改变其对专项资金的分配权、管理权，要做好竞争性分配的方案制定、组织实施、项目管理、绩效跟踪及项目验收等工作，并及时总结创新做法。另一方面，必须强化问责机制。要建立部门单位开展竞争性分配工作的考评机制和问责机制，同时，探索建立对项目主体的责任追究机制，对违约违规的项目主体，按相关法律法规追究责任，并在一定期限内不接受其申报财政资金扶持，从而在制度设计和安排上确保财政资金安全、高效，为竞争性分配改革的深化推进保驾护航。

（五）鼓励创新，营造环境，推动竞争性分配改革工作持续深入

一方面，在编制年初预算时，逐年增加用于竞争性分配的资金额度，并对纳入竞争性分配范围的资金，同等条件下给予优先安排，以充分调动起部门的积极性，鼓励和支持各部门从不同的领域和范畴积极探索和开展竞争性分配改革。另一方面，要大力培育发展市场和社会竞争主体，深入挖掘各类潜在竞争主体，尤其是要从政策引导等方面鼓励竞争主体参与改革，并注重加强制度建设，规范管理，建立公正、公平、公开的竞争秩序，为竞争性分配改革的深化推进创造良好环境。

（六）整合资源，信息共享，探索建立全市统一、高效、规范的竞争性分配模式

一方面，要积极探索资源整合方式，建立全市统一的专家库、项目库，研究全市统一、时间集中、成本节约的竞争性分配操作模式，减少重复性工作、相关费用支出与时间成本等，进一步提升评审的质量和水平；另一方面，要建立全市统一的信息发布平台，将各区的竞争性分配招标投标及相关信息集中进行发布，进一步加大改革的宣传力度，提升社会公众的参与度，扩大改革的影响面和社会效应。

（佛山市财政局供稿，刘文斌执笔）

强化指标结余管理　激活财政存量资金

财政收支矛盾突出且大量的资金处于“沉睡”状态，是当前财政管理普遍存在的问题。从年初预算的满打满算，到年终清算的结余结转，财政资金始终呈现“减数效应”，不管是暂缓使用，还是长期沉淀，财政指标结余不可避免地加大了财政资金的机会成本，也严重制约了财政资金统筹周转能力。近三年来，佛山市禅城区财政局把财政预算执行的绩效管理放在重要位置，率先建章立制清理财政指标结余，进一步激活存量财政资金，集中有限的资金用于稳增长、调结构、惠民生等重点领域和关键环节，取得良好成效。

一、开展财政指标结余清理的必要性和重要性

财政指标结余的沉淀，造成了财政资金的闲置与浪费，直接影响财政资金使用效率。开展财政指标结余清理工作，盘活历年财政指标结余，是优化财政资源配置，提高财政资金使用效益的客观需要，是发挥资金时间价值、集中财力办大事的必然途径，更是实施零基预算革故鼎新，实现财政资源重组优化配置的重要支撑。禅城区财政部门经过深入分析研究，于2011年9月出台实施《关于印发佛山市禅城区区级部门财政指标结余管理试行办法的通知》，明确一年两次定期开展财政指标结余清理工作，建立了区级财政指标结余清理长效机制，并在实践中不断丰富完善，取得了良好的成效：2011年，打响了指标管理常态机制实施的第一炮，全年共清理、压减及延缓安排相关项目指标6.28亿元，有效化解当年预算收支缺口超过四成，优先保障了区委区政府民生事业和重点工程项目的资金需求。2012年，将财政指标结余清理纳入常态化管理，通过清理盘活结余指标、滚动编制项目预算、活化财政资金，为城市基础设施建设发展升级计划提供了宝贵的第一桶金。2013年，面对着财政体制调整后公共财政预算财力影响，以及一系列箭在弦上重大项目的资金需求，禅城区财政结合上级财政关于加强地方预算执行管理、激活财政存量资金的精神，加速释放资金潜力，精简支出审批管理，全年更激活财政存量资金超10亿元，集中了有限的资金财力保重点、惠民生。

二、财政指标结余清理工作开展情况

（一）分类清理不留死角，全力盘活财政存量资金

结合区直各部门上报的自查资料和资金支出计划，多次研讨和磋商，摸清底数、加强分析、查找原因、分类处理，切实对财政指标结余进行全面梳理审核，对于实施定员定额标准管理的工资福利、职务消费补贴等人员支出指标结余，全面进行追减；对项目已完成、中止、撤销或需推迟到以后年度执行所形成的项目支出净结余，及连续两年仍未使用完毕的项目支出专项结余，按规定全部收回，统筹安排；对部分延缓支出项目，重新修正项目支出的时间计划，再纳入相应年度预算（草案）安排。

（二）形成协同理财共识，积极争取预算单位支持

禅城区财政局与各部门单位深入沟通，进一步宣传普及“预算编制要讲究绩效，预算执行要注重质量”的理财观念，促使单位更深入地理解财政指标结余清理不以追减单位指标为最终目的，清理出来的指标将根据区政府的批复，用于各项急需的民生和重点工程项目支出，实现对财政资金的重新优化配置。同时，将结余结转资金管理与预算编制有机结合，对按文件规定需要清理但单位有实际用款需要的支出，清理指标后积极协助单位申请纳入以后年度预算（草案）安排，有效消除部门利益倾向。对于没有清理的指标，区财政将进行跟踪后续执行进展，督促加快项目审核和资金支付，减少资金滞留，同时将支出进度作为财政管理综合考评的重要内容，调动各方积极性，加快工作进度，尽快形成实际支出。

（三）组织到位保障有力，确保清理工作落到实处

按照规定各部门单位需于每年9月30日前将本部门和所属预算单位以前年度指标结余及本年度预计指标结余情况汇总报送区财政局。为确保财政指标结余清理工作的有效推进，禅城区成立财政指标结余清理工作领导小组，由

大部门首长亲自担任组长，并多次主持业务研讨会议，敲定总体方案，确保各项工作要求落到实处。同时区财政局多次召开局内业务会议，对单位上报计划进行层层梳理，缜密分析，认真核定单位项目资金需求和支出计划，综合考虑财政总体收支平衡压力，经过全程与区直各部门单位的沟通交流，最终敲定区本级财政指标结余清理方案，并专题向区委区政府汇报，纳入预算调整方案向区人大常委会报告。通过经验总结，禅城区财政进一步扩展实施财政指标结余动态管理，细化项目支出时间计划，合理界定年度支出需求，统筹资金同步调剂用于补充紧急支出项目。

三、禅城区财政指标结余清理的工作经验

（一）强管理、重效益，建立资金常态管理机制

按照区委区政府的产业更优化、城市更漂亮、民生更幸福的总体要求，财政资金投向产业扶持、交通路网、民生事业等力度持续加大。区财政局主动从强管理、重效益的思路出发，全面分析财力分配情况，积极盘活历年的财政指标结余资金，提高财政资金的使用效率。对年初预算已经确定的项目，加快资金支付。对年初代编预算，分科目、分项目予以全面清理，及时做好资金分配方案的细化和指标下达工作，超过规定期限仍未落实的，除据实结算项目外，均收回总预算用于其他急需项目，将加快预算执行进度放在财政管理工作的重要位置。

（二）重执行、抓落实，狠抓财政指标结余清理

古语云：“徒法不足以自行”，制度制定出来不落实只是形同虚设。财政部门再接再厉对财政指标实施动态同步管理，通过畅通项目资金信息沟通及共享机制，组织开展对以前年度结转指标的清理工作，坚决行动、严格审核、依法依规抓好财政指标结余清理工作，切实消化和压缩结余结转资金规模。对预计当年能够执行完毕的结余结转项目，督促加快预算执行进度；对执行进度缓慢、预计年底可能继续形成较多结转或结余资金的项目，及时调整用于其他支出项目；对业经确认属于无法支出或不需要支出的项目，将资金收回总预算统筹安排。

（三）深沟通、达共识，争取单位的理解和支持

开展财政指标结余清理工作，是提高财政资金使用效益的客观需要，或多或少会触及部门利益。禅城区财政局不以追减单位指标为最终目的，清理出来的指标根据区政府的批复，用于各项急需资金开展的民生和重点工程项目支出，实现对财政资金的重新优化配置。为此，区财政全程深入与单位进行沟通，既促使单位更深入地理解和支持此项工作，又可以切实掌握项目继续使用原因及未来用款计划。

（四）树理念、出成果，共同强化预算执行质量

区直全体部门普遍深化了“预算编制要讲究绩效，预算执行要注重质量”的理财观念，积极消除部门利益倾向，努力提高全年预算执行的均衡性，有效避免年底突击花钱和财政资金闲置沉淀的弊端。区政务监察和审计局依法对部门财政资金的用款进度、指标结余等情况进行监督和检查，对发现的弄虚作假、截留、挪用、挤占专项资金等违反财经法纪行为，将严格按照《财政违法违纪行为处罚处分条例》处理，维护了财经纪律的严肃性。将加快预算执行进度、提高财政资金使用效益和保障资金安全三者关系有机结合起来，在严格按照有关规定及时拨付资金的同时，杜绝违规“以拨作支”、虚列支出、挤占挪用资金等行为，不断提高预算执行的及时性、有效性、安全性。

作为一项系统性工程，财政指标结余管理工作不是一朝一夕的事，它离不开部门预算深化改革、财政预算信息公开等管理改革的配套开展。禅城区财政部门将与区直各部门单位一起，进一步理顺财政资金在预算编制、分配使用、资金拨付、监督检查等各环节的信息沟通及共享机制，探索建立健全项目库管理制度，深化资金绩效管理意识，将财政指标结余管理作为一项常态化的工作来抓，努力实现好钢用在刀刃上，使有限的财政资金发挥最佳效益，使“沉睡”的财政资金焕发新的活力。

（佛山市禅城区财政局供稿，陈树凯执笔）

韶关市

优化支出调结构　增强保障惠民生

韶关市坚持“以民为本、为民解困、服务民生”的发展导向，以保障和改善民生为重点，通过优化财政支出结构，切好分好财政“蛋糕”，民生支出逐年加大。2013年，全市用于保障和改善民生事业资金达115亿元，增长11.82%，民生支出占财政支出的比重达68.94%，充分发挥了财政对民生事业的保障作用。11类民生支出中，教育、社会保障和就业、医疗卫生、节能环保、粮油物资储备事务等支出增幅均高于全市支出平均水平，有效解决了基本民生问题。

一、坚持民生导向，推动产业转型升级

通过优化财政支出，调整经济结构，促进产业转型升级，更好地发挥经济建设对民生事业的反哺作用，财政的支持转化成社会福利，惠及广大民众。一是大力支持产业发展，投入1亿元资金，加快承接产业转移和新兴产业发展，支持外贸企业扩大出口和转型升级。全市产业转移园实现工业增加值68.8亿元，增长27.9%。重点企业工业增加值实现178.8亿元，增长9.4%，占规模以上工业增加值的58.3%，较上年提高0.7个百分点。全市民营经济增加值实现522亿元，增长13.7%，占全市GDP总额的51.7%，较上年提高1个百分点。全市规模以上工业企业达554户，净增72户。规上工业增加值完成306.8亿元，增长17.8%，为2008年金融危机以来最大增幅。二是大力推动科级创新，韶关市连续6年顺利通过国家科技进步考核，连续2届被评为全国科技进步考核先进市，曲江区列入国家知识产权强县工程试点区，全市专利申请、授权量连续9年居全省山区市首位，荣获2012年度省科学技术奖9项，新增国家重点新产品2项。三是着力发挥财政杠杆作用，完善扶持中小企业融资机制，筹集资金6 000万元支持“助保贷”，撬动银行贷款放大10倍以上的贷款额度，破解中小企业融资难题。投入8.1亿元，支持“百项工程兴韶关”项目。加快芙蓉新城开发、“三旧”改造、园区扩能增效、城区基础设施和四大出口等重大工程建设，完成芙蓉新城建设项目投资21.3亿元，促进城市扩容提质。四是大力发展循环经济，落实中央和省生态补偿政策，加强生态文明建设。投入节能减排和生态环境保护资金3.4亿元，推动绿色发展，全市森林覆盖率达到72.5%，被广东省人民政府授予“省林业生态市”称号。大力推广清洁生产，全市清洁生产企业达45家，居粤北山区市首位，成功争取韶关列入全国2013年节能减排财政政策综合示范城市。

二、坚持稳中提标，切实保障底线民生

充分发挥财政对社会救助的“兜底”作用，以城乡居民最低生活保障为主体，通过建立生活救助制度与其他各项救助制度相衔接的工作机制，加大各类弱势群体扶持力度，筹集6.1亿元支持城乡低保、农村“五保”、城乡医疗救助、城乡居民养老等保障工作，提高底线民生保障水平。一是加大投入保“低保”。实行动态管理模式，出台了《关于提高我市城乡居（村）民最低生活保障标准的通知》和《关于韶关市城乡居民最低生活保障标准制定和调整工作的实施意见》等一系列规范性文件，建立起采用消费支出比例法制定和调整城乡低保标准的长效机制，健全了全市救助标准与物价上涨挂钩的联动机制，将符合条件的特困群众全部纳入低保保障范围，实现了动态管理下的应保尽保。从2013年7月1日起，韶关市全面完成低保提标任务，开始执行低保新标准，城乡低保标准分别提高到309元/人·月和196元/人·月，全市城乡低保补差水平分别提高到243元/人·月和110元/人·月。二是提高标准保“五保”。坚决落实农村“五保户”和城镇“三无”人员供养政策。对五保对象实现应保尽保，供养水平全部达到当地农村居民人均纯收入60%的目标。提高标准后，全市五保供养标准超过441.38元/人·月。此外，认真抓好城镇“三无”人员供养工作，供养标准提高到420元/人·月。三是增加支出保“优抚”。截至2013年，韶关市优抚对象有13万多人，享受国家定期抚恤补助的优抚对象有17 000多人，为此，韶关市财政每年增加支出800多万元，提高优抚对象抚恤补助标准，城镇烈属的保障标准达1 285元/人·月，农村烈属的保障标准达833元/人·月，优待金标准增加到8 000元/户·年，各县（市、区）义务兵优待和优抚资金社会化发放率均达到100%。全市100多名孤老烈属、孤老在乡复员军人，均入住光荣院或敬老院，抚恤补助及优待标准全面超标并及时兑现，有效地保障了优抚对

象的基本生活。四是落实经费保“救助”。在“自愿求助，无偿救助”的基础上，做好对流浪乞讨人员的主动救助和集中救助工作。据统计，韶关市每年救助各类流浪乞讨人员4 000多人次，救助资金超过300万元。

三、坚持加大投入，支持医疗卫生改革

继续坚持把基本医疗卫生制度作为公共产品向全民提供的核心理念，按照“保基本、强基层、建机制”的基本原则，制定了《韶关市城乡居民大病保险实施细则》，不断加大资金投入力度，强化资金监管，特大疾病保险水平显著提高，实现医疗救助“一站式”即时结算，县级公立医院一类改革试点工作加快推进，平价医疗服务成功试点。一是支持加快健全全民医保体系。进一步提高新农合和城镇居民医保财政补助标准，将城乡医保各级配套标准从280元提高到320元。大力推进医保支付方式改革，充分发挥医保对医疗行为的激励约束作用。积极探索建立重特大疾病保障机制，统筹发挥基本医保、医疗救助、利用基本医保基金购买大病商业健康保险或建立补充保险等多种保障方式的作用，有效提高重特大疾病保障水平，切实减轻重特大疾病患者的医疗费用负担。二是巩固完善基本药物制度和基层运行新机制。支持深化基层综合改革。推动基层医疗卫生机构改革，健全基层医疗卫生机构多渠道补偿机制，落实一般诊疗费及医保支付政策，将对基层医疗卫生机构的专项补助和经常性收支差额补助纳入预算并及时足额落实到位。提升基层服务能力。健全完善支持农村卫生、乡镇卫生院招聘执业医师和优秀医疗卫生人才培养等政策，通过规范化培养、转岗培训、设置特岗等方式加强全科医生队伍建设。支持村卫生室和非政府办基层医疗卫生机构实施基本药物制度，落实乡村医生的多渠道补偿和养老政策，非政府办基层医疗卫生机构按照自愿原则实施基本药物制度，政府通过购买服务的方式给予补助。三是支持推进公立医院改革。切实落实政府投入政策，及时做好医改工作资金安排，加大投入力度，加快医改资金预算执行进度。同时，在科学制定区域卫生规划、合理确定公立医院数量和规模的基础上，认真落实政府对公立医院的基本建设和设备购置、公共卫生服务等投入政策。扎实推进县级公立医院综合改革。以破除“以药补医”机制为关键环节，统筹推进县级公立医院管理体制、补偿机制、人事分配、采购机制、价格机制等方面的综合改革。提高医疗技术服务价格，按规定纳入医保支付范围。鼓励社会资本办医，落实税收、医保定点、重点学科建设等优惠政策，引导社会资本以多种方式参与部分公立医院改制重组，鼓励社会资本多种形式的公益性投入，鼓励非公立医疗机构与公立医疗机构之间的良性竞争，促进提高医疗服务质量与效率。

四、坚持有促有控，推进民生工程建设

建立健全民生投入的长效机制，鼓励引导社会资金参与民生建设，形成政府主导、社会广泛参与的多元化投入模式。一是坚持把保障和改善民生作为公共财政的优先方向，积极推进基本公共服务均等化，投入资金19.7亿元推动省十件民生实事落实，完成年度预算的110.6%。按照建设公共财政的要求，不断增加对公共服务领域的投入，稳步扩大民生工程实施范围，扩大民生普惠面。进一步健全工作协调推进机制，规范民生工程基础管理，完善政策体系，加大政策宣传，强化资金保障，抓好各项民生工程的落实。同时，强化支出管理，严格控制一般性支出和“三公”经费支出，厉行节约，降低行政成本。二是加快保障性住房建设。实行住房保障制度以来，全市共投入资金约17亿元，兴建廉租住房、公共租赁住房、经济适用房和限价房等合计12 995套，建筑面积达80.4万平方米，解决了1.3万户低收入家庭的住房问题。三是实施更加积极的财政扶持就业政策，健全公共就业服务体系，提高社会就业水平。充分发挥财政资金导向作用，建立完善财政支持创业就业政策绩效评估体系，优化创业发展环境，构建创业发展平台，放宽创业准入门槛，落实税费优惠政策，扎实做好创业促就业活动。支持“零就业家庭”、4 050人员、残疾人员等就业困难群众就业援助工作，通过公共就业平台和信息化建设，逐步提升就业服务能力，支持举办“南粤春暖”等专场招聘活动430场，完成劳动者技能提升培训16万人次，农村劳动力技能培训转移就业工作连续五年进入全省优秀行列，城镇登记失业率为2.74%，推进了基本公共就业服务均等化。

五、坚持城乡统筹，推动社会事业发展

建立和完善财政促进社会事业发展投入机制，加大对社会公益事业的供给支出，充分拉动内需，推进城乡统筹一体化发展。一是扎实推进教育创强工作，教育创强任务基本完成，学前教育三年行动计划各项目标任务基本实现，义务教育均衡发展深入推进，高中教育普及成果继续巩固。义务教育规范化学校覆盖率达90.5%，高中阶段毛入学率92%，高考专科以上上线率86.8%，乳源瑶族自治县成为全省首个成功创建省教育强县的民族自治县。二是加快推进文化公共设施建设，支持创建全国文明城市和国家历史文化名城，芙蓉新城市民文化活动中心建设加快，市、县、镇三级公共文化设施建设进展顺利，城乡公共文化服务均等化水平不断提高。三是加快城乡医疗一体化建设。全面推进城乡居民基本医疗保险统筹，异地就医即时结算和医保关系转移接续等便民措施有效落实，全市参加城镇职工基本养老保险人数、城镇职工基本医疗保险人数分别达到61.9万人和90万人，社区医疗卫生机构实现全覆盖，新型农村合作医疗参合率达100%。四是积极支持“三农”事业发展，农业产业化水平不断提高。投入19.3亿元支持农林水事务健康发展，建立了14个省级现代农业园和11个省级农业标准化示范区，新增3家省级、14家市级重点农业龙头企业，各类农民专业合作社达2 115家，16个农产品获得省级名牌产品（农业类）荣誉。五是积极支持扶贫开发“双到”工作。全面完成全市农村低收入住房困难户

住房改建任务3 230户和“两不具备”贫困村庄32个、936户搬迁安置任务，落实帮扶资金5.04亿元，其中市、县财政投入4 000多万元，启动帮扶项目1 203个，全市2个名镇、20个名村、50个示范村的建设任务基本完成，完成通自然村公路路面硬化582公里。六是积极争取上级资金和政策支持，加强财政保障能力，全年争取资金75亿元，支持重点工程建设，促进民生事业发展。落实“5·16”等抗洪救灾各项资金1.79亿元，保障受灾群众基本生活，支持灾后复产重建家园。同时，积极探索创新民生工程项目后续管养机制，着力增强民生工程实施效果，促进城乡协调发展，不断提高人民群众的生活质量和幸福指数。

（韶关市财政局供稿，杨文乐、张力文执笔）

加大财政投入　创新扶贫开发“双到”工作机制

乳源瑶族自治县地处南岭山脉南麓，集少数民族地区、石灰岩山区、高寒山区、革命老区、生态发展区于一体，是广东省3个少数民族自治县和16个扶贫开发重点县之一。全县总面积2 299平方公里，辖9个镇，115个村（居）委会，总人口21.7万人，其中瑶族人口2.4万人，占11.1%；省定贫困村68个，占行政村的67%，贫困人口3.8万人，占总人口的18%，是广东省贫困面最大的县之一。根据省委、省政府的部署，省直和中直驻粤单位、东莞市、韶关市直单位负责挂扶乳源58个贫困村，共8 910户贫困户，合计43 689人。

自全省扶贫开发“规划到户、责任到人”工作开展以来，乳源立足少数民族地区、生态发展区实际，着力整合资源，创新扶贫长效机制，加大财政投入，扎实推进扶贫长效工程，有力加快了贫困群众脱贫致富的步伐，有效地提高了瑶汉群众生活的幸福指数。扶贫工作得到了中央政治局委员、国务院副总理汪洋（时任中央政治局委员、广东省委书记），国务院扶贫办主任范小建等领导的高度评价，认为乳源是扶真贫、真扶贫，做到了用心用力用情扶贫。

一、主要成效

通过省直和中直驻粤单位、东莞市、韶关市直单位的帮扶，共投入帮扶资金40 700万元，平均每村598万元。完成帮扶项1 020个，有3 139户13 189人的贫困人口实现脱贫，占贫困人口的50.6%；贫困户人均纯收入达到8 329元，比2009年增加6 179元，增幅287%，使全县脱贫人口达到6 015户24 160人，占总贫困人口6 995户28 096人的86%，100%的有劳动能力贫困户实现脱贫，贫困面貌得到不断改善，取得了显著成效。同时，完成贫困村2 700户危房改造任务，占总任务数4 050户的66.66%。完成整村推进项目30个，其中不具备正常生产生活条件村庄搬迁20个，完成全县80个不具备生产生活条件村庄搬迁总任务数的41.3%，改善了3 800户群众的生产生活条件。实现了省定68个贫困村委年集体经济收入超过3万元，平均达到9.7万元，增加7.3万元，增幅304%，最高的达到30万元。完成18个自然村的饮水工程建设，解决2 970人的安全卫生饮用水问题。完成120个自然村的村庄整治，贫困村落后面貌得到不断改变。

扶贫“双到”工作的扎实推进，有力地助推了乳源经济社会的又好又快发展。2013年，全县地区生产总值58.17亿元，同比增长13.1%；地方公共财政预算收入4.32亿元，增长20%；农民人均纯收入8 450元，增长14.4%。

二、主要做法

乳源坚持把扶贫工作作为“一把手”工程，在扶贫工作中明确要求“书记抓”、“抓书记”，全面落实“一把手”负总责的责任制，为加强工作协调，县委和政府各安排一名县领导分管扶贫工作，上下各方齐努力，形成强大的扶贫合力。

在深入调查研究和广泛征求意见的基础上，摸清“家底”，弄明“村情”，把全县贫困村、贫困户、贫困人口的基本情况建档立卡，全部录入电脑系统，建立了“人有卡、户有档、村有册、镇有簿、县有库”的“五有”管理模式，实行实时监测和动态管理系统，按照“一村一策、一户一法”的要求，研究制定帮扶方案、帮扶项目，实施“靶向疗法”，围绕“健脑子、抓票子、盖房子、强班子、好日子”，扎实推进扶贫开发“双到”工作。

（一）健脑子——培养“三新农民”，推进观念扶贫工程

着力培养具有新思想、新观念、新技能的“三新”农民。三年来，利用文化信息资源共享工程、党员远程教育网络开展宣教活动1 760场次，6 500多党员干部进村入户宣讲29 000多次。整合劳动、教育等部门教育资源，根据

因人制宜、因岗所需，组织劳力技能培训 834 期，11 000 多贫困劳动力普遍接受了 2 次以上的技能培训。为贫困户征订《南方农村报》等刊物 7 000 多份，通过观念扶贫，培养了一大批新农民，全县的种养大户从 670 户增加到现在的 1 456 户，涌现了 240 户年收入 10 万元以上的脱贫致富标兵；8 000 多人实现了在家创业或外出就业，找到了符合各自实际的致富门路。

（二）抓票子——培育“三大产业”，推进产业扶贫工程

坚持把产业化扶贫作为实现贫困群众稳定增收脱贫的重要途径。一是发展壮大生态农业。推行“公司 + 合作社 + 基地 + 农户”的模式，采取产业建支部、品牌闯销路、党员带头富、大户带散户、先富带后富等形式和办法，在全县在各贫困村建立了蔬菜、金银花、竹笋、西瓜、生猪等 82 个主导产业项目，建立了 68 个农民专业合作社，带动了 3 600 多户贫困户从事特色农业项目生产而脱贫致富，推动了农村经济向专业化、规模化、产业化发展。二是扶持发展特色旅游。全县扶持发展“瑶家乐”53 家，扶持 320 多户瑶族贫困户发展生猪养殖和瑶家熏肉制作，打造“瑶山美食”特色产业，每年扶持 50 名瑶族学生进行瑶族刺绣等传统工艺培训，480 名瑶族同胞专门从事传统手工艺并发家致富，独具特色和潜力的瑶族文化产业初具规模。三是做大做强劳务产业。大力举办劳动力转移培训，引导安排 8 000 多名农村富余劳动力就近就地就业，其中县域龙头企业东阳光公司吸纳了 5 000 多名农村劳力就业，向外转移劳力 2 952 人，拓宽了贫困户致富门路。

（三）盖房子——采取“三自”方式，推进安居扶贫工程

坚持把农房改造建设作为新农村建设的基础和重要标志，采取了“自愿、自建、自治”的“三自”建设方式开展农房改造，一是将农房改造建设的政策、目的意义等向群众公开宣传，让群众愿意参与建设；二是明确村民在农房改造建设中的主体地位，增强主人翁意识；三是成立村民理事会，负责农房改造建设的组织动员、管理监督等事项，增强工作的实际效果。通过这种工作模式，乳源的“两不具备”村庄搬迁和农房改造工作取得了明显的成效。近年来，全县共完成 32 个整村改造项目，如建设规模 88 户的“八一”瑶族新村，建设规模 73 户的政研新村，建设规模 30 户的东莞“双到”瑶族新村等，在整村推进项目的带动下，全县共完成农房改造户数 4 335 户。同时，农村基础设施不断完善，道路建设 190 公里，新建垃圾池 112 个，解决农田灌溉 17 056 亩，解决饮水 2 620 户，新建文化设施 290 宗，对 118 个村庄实施了卫生整治工程，极大地改善了贫困地区的生产生活条件，贫困村落后面貌得到明显改善。

（四）强班子——坚持“三结合”模式，推进党建扶贫工程

充分发挥农村基层党组织的战斗堡垒和农村党员的先锋模范作用，围绕扶贫抓党建，抓好党建促扶贫。一是坚持扶贫开发与强班子相结合。在强班子进程中，贫困村党支部按照“领导班子好、党员队伍好、工作机制好、工作业绩好、群众反映好”的要求，强化支部的领导能力、战斗能力、执政能力。结合村“两委”班子换届，真正把符合“一公两能”的有公心、能致富、能带领致富的人选进村“两委”班子，引导各地通过兴办集体项目、土地入股项目、入股电站分红等形式壮大村集体收入，解决农村基层组织“无钱办事”的难题，增强了党组织在群众中的凝聚力。二是坚持扶贫开发与强队伍相结合。充分利用遍及所有村委的远教和文化信息网络平台，开展“五送”（送党课、送温暖、送技术、送项目、送文化）和“六到户”（观念引导到户、科学谋划到户、科技传授到户、项目牵引到户、市场联系到户、科技示范到户），着力提高村两委班子和党员队伍的文化素质和致富技能。结合创先争优活动，广泛在农村党员干部中开展比知识、比技能、比奉献“三比”活动和“双培双带”活动。三年来，培养了 297 名党员致富带头人，496 名党员成为了村“两委”班子的后备人选，农村基层党组织的领导力和战斗力明显提高，推动了扶贫开发工作扎实有效开展。三是坚持扶贫开发与强机制相结合。在农村基层党组织中广泛推行了以“推进扶贫开发工作，加快农村发展”为主题的党员群众“提”事、村党支部“理”事、党员大会“议”事、公开承诺“办”事、党员群众“评”事的“双向定责五步工作法”，规范和拓宽党员和群众参与扶贫开发决策议事的渠道，近 90% 的决议事项列为扶贫开发的主要项目，成为了扶贫开发的“民心工程”。通过党建扶贫工程，真正为贫困村打造了一支扶贫开发“永不撤走的工作队”。

（五）好日子——关注“三心”工程，着力构建“大扶贫”格局

一是以政策暖人心。根据贫困户类型的不同，采取不同的政策进行分类扶持，提高扶贫的覆盖面和效果。如对无生产能力的特困群众采取救济式扶贫，建立农村最低生活保障制度，做到应保尽保。对要扩大种养规模而又缺乏资金的贫困户，采取小额贴息贷款进行扶持。目前，“小额贷款贴息工程”已帮助 380 户贫困户贷款 1 140 万元，有效解决了贫困户借贷难的问题。二是以文化润民心。大力实施文化惠民工程，完善基层综合文化站建设，建成农家书屋 102 家，实现全县行政村农家书屋全覆盖。深入开展“文化三下乡”、流动书香车服务、千场电影进农村下基层等文化惠民活动，让贫困群众共享文化成果，提升群众生活幸福感。三是以捐赠献爱心。以“广东扶贫济困日”为载体，广泛向社会宣传贫困地区和贫困人口的扶贫需求，激发社会各界关心贫困群众的热情。到 2013 年底，乳源募捐款额近 3 000 万元，各方力量的积极参与，有力地构建了全社会“大扶贫”格局。

（乳源瑶族自治县财政局供稿，刘梅峰执笔）

投资评审监管打出“组合拳”　盯紧财政每分钱

2013年，南雄市按照“节支就是增收”的理财理念，不断拓宽投资评审范围，严格评审程序，创新监管方式，提高评审质量，对财政性资金投资评审进行全方位监管，保证评审效率，节约财政资金，全力打造阳光评审、法治评审、绩效评审、廉洁评审。2013年，完成预决算评审项目438个，送审金额7.7亿元，核减金额1.14亿元，核减率达14.8%，力保财政资金的每一分钱都用在“刀刃”上。

一、健全监管机构，实行“第三只眼”监管

由政府牵头，成立财政性资金投资评审工作领导小组，实行“第三只眼”监管。领导小组作为政府独立的监管部门，人员从审计、财政、住建、水务、国土、交通等部门选取精通专业技术的人才组成，重点对财政性资金投资评审项目进行监督，对评审项目工作程序和质量等进行实地检查，确保监管的及时性和有效性，从而建立规范、高效的财政投资评审外部监管联动机制。同时，对评审工作中遇到的重点、难点以及疑点问题进行指导和协调，共同研究解决对策，着力解决评审机构权力过分集中、缺少第三方监督等问题。

二、确定职能部门职责，强化各自责任

对财政局业务股室、投资评审中心、项目主管部门和项目建设单位在财政投资评审工作中的职责进行进一步细化，规范投资评审工作流程，明确各自的岗位职责，强化岗位责任，做到合理分工、明确责任、共同监管，着力解决各业务部门在工程项目评审过程中评审职责界限不清、责任不明、办事推诿、推卸责任等问题。

三、实行评审公示制，做到公开透明

实行财政性资金投资评审公示制度。凡涉及财政性资金投资项目，都必须在项目实施所在镇或项目建设单位及项目主管部门的公示栏上，在规定的时限内全面公示项目实施情况。公示内容包括项目名称、建设单位、有关负责人、项目预算金额、送审及评审后金额、项目实施地点、公示地点等。同时，公示书必须经项目主管部门、项目建设单位的主要领导签字确认，主动接受社会各界的监督，避免工程项目出现“人情”评审，做到公开、公正、透明，确保工程项目审核意见的真实、准确、完整和合法合规。

四、完善评审方法，提高评审绩效

实行自行评审和委托中介评审相结合的方法，在评审中心对工程项目实行评审的同时，对遇到时间紧、工作难于安排及工程项目涉及的专业评审中心无相关专业技术人员时，采取聘请中介机构参与评审，避免评审过程中因评审人员知识面不全不专而产生的评审“短板”。同时，进一步完善财政性资金投资评审监管方法，强化外部监督力度。对评审中心的评审结果，市评审工作领导小组采取抽查评审的方法，每年度按不低于30%的比例进行随机抽审和重点抽审，具体抽审项目由市评审工作领导小组确定，避免在工程项目评审过程中出现“一言堂”，防止徇私舞弊、以权谋私行为发生，确保评审结果客观真实。

五、明确评审时间，提高工作效率

对送审的工程项目，在资料齐全、手续完备的前提下，要求评审中心按照工程量、工程造价的大小，给出明确具体的出具评审结果时间表，建设单位将以此回执作为工程结算办理的有效时限，有效控制评审项目逾期和积压评审等现象发生。因特殊情况不能及时完成评审的，评审中心须向建设单位作出合理解释，主动接受建设单位监督，提高评审工作效率。

六、强化预审制，建立“前控”机制

对工程造价50万元以上（含50万元）的项目，在项目实施前，必须全部实行预审。主要根据工程项目建设内容、建设规范以及投资是否符合相关规定、图纸设计是否科学合理等，准确审定工程量清单，有效预防概算超估算、预算超概算、结算超预算的“三超”现象发生。同时，把评审结果作为财政部门拨付项目资金的重要依据，做到“先评审，后预算；先评审，后支付；先评审，后采购；先评审，后结算”，强化财政部门全过程动态监管职能，改变“部门点菜，财政买单”的状况，逐步建立“先评审、后

下达预算”、“先评审、后拨款”、“先评审、后批复决算”的制约机制，规范项目建设行为，确保工程项目的合理、真实和准确。

七、建立多级审核质量监控机制，实行全程监管

通过实行多级复核监督机制，建立健全财政性资金投资评审内部监控机制，使每一个岗位、每一类业务、每一个环节，都置于制度的约束和监督之下。对工程项目出具评审意见，先由评审中心项目评审具体负责人拟定初审意见，再由评审中心工作人员进行复核，最后经评审中心主任审核，在每周前的评审中心工作会议公开审定，对审核结果层层把关。与此同时，针对一些评审项目，采取审核人员轮流在不同的项目中调换“角色”，交叉复核，减少人情评审，规范评审行为，保证评审质量。

八、强化外部监督，实行公开复审，做到公开、公平、公正

对评审工作人员实行廉政情况监督制。在项目评审工作开始前，评审人员必须向项目建设单位提供《评审人员廉政情况回执》，评审工作结束后，项目建设单位和施工单位对评审人员的工作态度、廉政情况做出客观、真实的评价，并将《评审人员廉政情况回执》送交评审工作领导小组统一公开拆封，评价情况作为评审人员年度考核的主要依据，项目单位实时对参评人员进行监督，避免评审人员滥用职权、谋取私利现象发生，确保财政资金和评审人员“双安全”。

（南雄市财政局供稿，邓志翔执笔）

梅州市

为特色宜居城乡建设提供财力保障

2013 年，梅州市各级财政部门充分发挥职能作用，按照“城是宜居区、乡是生态园”的要求，坚持统筹城乡、以城带乡、城乡互动，全力支持市、县、镇、村四级联创建设环境优美的宜居宜业城乡，着力打造富有客家特色、生态良好、宜居宜业新城乡，让文化悠久的梅州成为投资创业的热土，适宜居住的乐土。

一、促产培财，为宜居城乡建设夯实财源基础

加快宜居城乡建设离不开财力支撑，而发展经济是财政增收的源头。梅州市各级财政部门坚持发展是第一要务理念，牢固树立“等不起、慢不得”的紧迫感，大力实施“一园两特带动一精”发展战略，着力打好“五大会战”，综合运用财政贴息、补助、奖励等手段，认真落实梅州市委、市政府出台的关于促进民营经济、中小微企业发展和产业振兴的各项财政政策措施，大力扶持重点行业、重点企业技术改造、技术创新和品牌运营，支持外贸企业开拓国际市场，及时兑现困难中小微企业社会保险补贴、岗位补贴，促进经济结构调整和产业转型升级，增强经济发展后劲。2013 年，投入 4.3 亿元支持广州（梅州）产业转移园加快建设发展；投入 8.7 亿元用于扶持中小微企业发展和实施产业振兴三年计划，有效推动了实体经济平稳增长；落实招商引资企业扶持资金 2.08 亿元，推动更多的企业和项目落户梅州，不断做大经济总量，努力夯实宜居城乡建设的财源基础。

二、筹集资金，全力支持重点项目建设

一是全力支持梅州中心城区扩容提质。嘉应新区是引领梅州中心城区扩容提质、发展城市经济的重要引擎。通过市场化运作，做实融资平台，创新融资方式，引导带动银行、财团等投资城市新区基础设施建设的积极性，多措并举，想方设法解决城市扩容提质建设资金难题。至 2013 年底，共筹集到位资金 31.12 亿元，为嘉应新区的重点工程江南新城建设提供有力的资金保障。二是全力支持广东梅州文化旅游特色区建设。抓住国家实施国民旅游休闲纲要的机遇，大力推广健康、文明、环保的旅游休闲理念，促进旅游休闲的规模扩大和品质提升。全力以赴参与，成功竞得省 3 亿元山区生态旅游产业园扶持资金，市本级财政按照 1∶1 比例配套 1.5 亿元。注重整合文化旅游相关专项资金，集中财力办大事，2013 年投入 3.73 亿元支持编制好特色区发展总体规划，支持抓好雁洋生态文化旅游产业园、客家文化影视基地、客天下旅游产业园和叶帅故园等一批重点项目建设，支持培育发展旅游度假、保健疗养、健康管理、婚庆服务、低碳环保、文化创意等幸福导向型产业，支持旅游基础设施建设、景点景区开发、精品线路提升和旅游宣传促销活动等，有力地推动了文化旅游产业发展。

三、落实政策，积极推进美丽幸福乡村建设

落实各项强农惠农富农政策，支持推进农民创业园、农业科技创新中心建设，支持建设雁洋金柚公园等一批休闲观光农业基地，支持发展家庭农场、民营庄园等新型农业经营主体。进一步打响梅州金柚、平远慈橙、嘉应茗茶等优质农产品品牌，大力促进农业增效，农民增收。大力支持优化生态环境。建立完善生态保护制度，支持完成全年碳汇林 70.87 万亩建设任务。大力倡导绿色消费，支持节能减排，实行水资源保护制度。支持完善城乡规划体系建设，提高镇村规划覆盖率。支持城乡环境整治大会战，全面开展“清洁家园”和“万村绿”创建活动，清理垃圾、疏浚河道、清洁城乡。推进市、县和中心镇污水处理设施建设，提高城乡环境卫生管理质量和水平。抓好一批美丽乡村示范点，支持建设一批富有客家特色的名镇名村。2013 年全市农林水事务支出 25.24 亿元。

四、加大投入，不断提高基本公共服务水平

坚持以小财政办好大民生，不断完善基本公共服务体系，努力提升群众幸福指数。2013 年全市财政用于民生领域的支出 155.33 亿元，占公共财政预算支出的 75.7%，同比增长 16.5%，民生支出得到有效保障。大力支持教育强市、文化强市建设。支持我市成功创建粤东西北地区首个教育强市。落实免费义务教育经费、教师岗位补贴等，大

力支持公共教育均等化建设。落实中职教育学生免学费补助，支持中职教育特色专业建设，推动中职教育发展。积极扶持文化产业发展和客家山歌、广东汉剧等客家文化传承创作。支持文化惠民工程和文化基础设施建设，支持举办各项体育赛事，促进文化体育繁荣，推进文化强市建设。全面落实促进就业政策，全面落实社会福利、社会救济政策，帮助特殊困难群众解决生活问题；推进城乡社会养老保险制度建设，不断完善社会保障体系。支持深化医药卫生体制改革和基层医疗卫生机构综合改革，不断推进基本公共卫生体系建设。继续加大政法部门办公办案、警力装备、基础设施建设投入，增强政法部门打击违法犯罪、维护社会稳定、保护群众利益的能力，全力支持“平安梅州”建设，使梅州成为全省治安最好、最具安全感和幸福感的城市之一。

（梅州市财政局供稿，陈洪文执笔）

“一事一议”描绘“美丽乡村”新蓝图

走进大埔县大麻镇小留村映入眼帘的是69幢规划整齐具有客家特色民居别墅群、绿草茵茵的小公园；耳边回响的是村文化室广播传出的阵阵轻音乐和村民亲切的问候，这就是“一事一议”财政奖补政策结出的丰硕成果，描绘的“美丽乡村”新蓝图。该村有35个村民小组，总户数825户，人口3 354人，劳动力2 190个，耕地面积1 177亩，山地面积2.8万多亩。几年来，该村在县财政局和有关部门的大力支持下，认真落实“一事一议”财政政策，取得了明显的成效。先后筹资数百万元用于村庄环境综合整治：完成4.5公里长的溪道清理、砌起石堤，并在两岸种上柳树；兴建自来水厂，让全村群众喝上了“放心水”；扩宽水泥硬底化道路5公里多，安装路灯300多盏，给村道带来了光明；在村子中央修建起一座休闲小公园，公园里绿草茵茵，别致的盆栽和活泼的喷水池相映成趣，成为村民漫步休闲的好去处；村小学旁的荒坡地建成了健身运动场，改善当地文化体育设施落后面貌……基础设施的完善、村容村貌的美化，让小村庄面貌焕然一新。大麻镇小留村的变化仅仅是大埔县在推广“一事一议”助推“美丽乡村”建设中的一个缩影。自开展此项工作以来，大埔县财政局以民生之事大于天为理念，认真办好“一事一议”财政奖补工作，使该县“一事一议”财政奖补政策结出了累累硕果。

一、抓调研，重领导，促工作

为确保“一事一议”财政奖补工作顺利开展，县财政局成立了领导小组，抽调精干力量组成调研组，深入全县15个镇场245个村进行调查摸底，摸清镇情、村情，促进此项工作顺利开展。为取得群众对“一事一议”财政奖补政策理解和支持，该县充分利用电视、报刊等新闻媒体开展多期专题报道、一事一议会议、村务公开栏、一事一议宣传条幅、干部进村入户等多种形式，大力宣传该县一事一议财政奖补的大好政策，大力营造工作氛围，让群众主动了解政策，自己宣传政策，最大限度地调动群众参与农村公益事业一事一议的积极性，通过受益群众民主议事、民主决策，推动公益事业建设项目的顺利实施并最终完成。同时，落实责任到人，每个项目落实专人负责，严格做到领导重视到位、组织保障到位。建立了“周安排，月研究，季小结”的工作机制，做到事事有人管，件件有人抓；结合实际，先后出台了《大埔县财政局关于申报村级公益事业建设一事一议财政奖补资金的通知》、《大埔县财政局关于下达村级公益事业一事一议财政奖补资金的通知》、《大埔县财政局关于做好村级公益事业一事一议奖补相关问题的通知》等一系列文件，全面指导全县一事一议财政奖补工作。

二、强措施，严程序，抓奖补

“一事一议”财政政策实施以来，县财政局严格按照“重点倾斜，兼顾一般，先批后建，奖补同行”的原则，积极推行民主决策，自愿出资出劳为前提，针对全县直15个镇场245个行政村的实际情况，制订《大埔县村级公益事业一事一议财政奖补工作实施方案》，认真抓好“一事一议”财政政策的落实。

首先是推行“三议三公开”，确保开展。“三议”包括：一是村民商议。按照村级公益事业“大家事、大家议、大家干、大家管”的要求，由群众根据自身的经济条件、投工投劳等实际情况，自行组织商定是否申报“一事一议”试点项目。二是“两委”审议。党支部村委会根据群众意见，组织“两委”委员对项目申报条件、规划设计方案等进行讨论审议，重点审议项目建设是否符合村情实际、是否符合奖补政策要求等。三是“一会”决议。“一事一议”

项目经过村“两委”审议通过后，及时组织召开村民代表大会，就项目设计、筹资筹劳、项目管理等事项广泛征求群众意见和讨论协商，形成村民代表大会“决议”，最后向上级进行申报。实行“三议”机制，充分尊重群众意愿，最大限度调动群众积极性和主动性，真正做到群众的事情群众办，办好群众自己想办、能办的事情。“三公开”包括：一是实施内容公开。将项目实施地点、项目规模、群众筹资筹劳数、财政奖补金额等，在村民代表大会上进行公布，并在村公示栏进行书面公示7天，无异议后组织实施。二是实施流程公开。对从项目申报、审批答复、组织实施、检查验收等项目实施全部流程进行公开。三是实施结果公开。项目建设完工后，将资金的投入使用情况、项目建设情况等进行公示。实行“三公开”，对“一事一议”项目进行“阳光操作”，充分保障群众的知情权、参与权和监督权，使广大群众主人翁意识不断增强，凝聚了民心。

其次是抓住一个“实”字，筹集资金。为做好村级公益事业一事一议筹资工作，县委、县政府高度重视把一事一议财政奖补工作列入重要的议事日程，统一组织部署，镇场成立领导小组负责本镇一事一议项目的具体事宜，各相关部门各司其职，密切配合，形成相互协调的工作机制。一是县财政预算安排奖补资金按程序及时足额拨付奖补资金，大力推动了该县村级公益事业建设步伐。二是积极动员各方面力量，形成合力。积极组织农民开展一事一议筹资筹劳，筹资筹劳标准实行上限控制，1年内每人筹资不超过20元，鼓励村民自愿捐资，多筹多补，引导企业和社会捐资赞助以及整合支农资金，努力健全村级公益事业建设多元投入机制，形成全社会支持村级公益事业建设的强大合力。

再次是突出一个“细”字，管好资金。筹资方案经县农监办审核批准后，由村委会负责向农户筹资，并开具由县财审办统一印制的《大埔县村集体经济组织统一收款收据》专用票据。各村专门设立一事一议财政奖补资金专户，各项群众自筹资金、社会捐赠资金、财政奖补资金等全部缴入专户，明确专人管理，专款专用。将村级公益事业建设一事一议财政奖补资金等财政性资金实行“村财镇管村用”，村账镇代理。县财政直接将奖补资金拨付到各村资金专户，与村民自筹资金捆绑使用，投入奖补项目的所有资金都纳入专户管理。做到了账户统设、按村设账、统一核算、专款专用，为村级公益事业建设提供了后续保障。项目建成验收后，由村“两委”提交村级公益事业建设一事一议财政奖补资金审批表、项目资金支出原始凭证，经项目实施单位、村民民主理财小组、镇人民政府、县农业局、县财政局在审批表上审核签章后，报县人民政府，由县人民政府审核无误后，下达验收结算拨款通知书，县财政局将奖补资金及时拨付到村一事一议财政奖补资金专户。

三、重民生，破难题，求发展

“一事一议”财政奖补政策是惠及广大群众民心工程，是公共财政覆盖农村的一项重大举措，是深化农村综合改革的一项重大制度创新。自“一事一议”财政奖补政策开展以来，该县以新农村建设为载体，在全县掀起了旨在提高农民生产生活条件的村级公益事业建设热潮，通过将“一事一议”财政奖补与新农村建设、扶贫开发、饮水安全、村容村貌整治等有机结合起来。农村的行路难、吃水难、绿化不到位等问题解决了，村容村貌发生了喜人的变化。一条条通村入户的幸福路相继建成。对此群众看在眼里，乐在心上。2013年该县经村级申报、镇级、县级认真审核后，全县确定实施的村级公益事业建设一事一议财政奖补项目共11个（其中：村内道路硬化项目2个、小型农田水利建设项目1个、人畜饮水安全项目2个、文化体育设施项目6个）。到目前止，已铺设水泥路面7.8公里、水渠3公里、安全饮水管线17.3公里、建成村内公共活动场所13 290平方米，受益人口1.92万人。全县村级公益事业“一事一议”建设项目总投资1 867.52万元，其中：村民筹资31.3万元，村民捐资126.75万元，社会捐赠1 213.7万元，县财政配套资金62.26万元，市配套资金62.26万元，申请中央、省财政奖补资金498万元。“一事一议”财政奖补项目的顺利推进和竣工，进一步改善了村民的生产生活条件，为美丽乡村建设创造了有利条件，给农村面貌带来了实实在在的变化。

（大埔县财政局供稿，刘坤华执笔）

惠州市

深入构筑底线均等的基本公共服务体系

2012年4月，省委、省政府选择了惠州作为全省深入推进基本公共服务均等化综合改革首个试点市，为全省深化改革探路。2013年，惠州市进入基本公共服务均等化综合改革的完善提升之年，全市14个专题年度安排的219个项目、7个县（区）年度安排的1 200个项目，全部完成，提前两年基本实现了国家基本公共服务体系“十二五”规划目标。全市基本公共服务覆盖面不断扩大、均等化水平不断提升、配套改革不断深化、机制活力不断增强。《人民日报》2013年6月13日在头版头条以“惠州筑网托底公共服务”为题做了专题报道；新华社2013年8月5日以“广东惠州：构筑底线均等的基本公共服务体系”为题做了报道。2014年1月22日，全省财政工作会议对惠州市基本公共服务均等化综合改革试点经验给予了充分肯定，要求全省各市财政部门借鉴惠州市综合改革试点经验，全面推进基本公共服务均等化。具体做法是：

一、完善基本公共服务投入体系，进一步提升基本公共服务均等化的可持续性

坚持政府积极作为，主动担当，完善适应于基本公共服务均等化要求的投入保障体系，同时，积极引导，着力构建多元投入、多元供给机制。

一是坚持“民生财政”理念，确保基本公共服务财政投入稳定增长。近几年，惠州市一直坚持把每年市级新增财力的70%以上、县级新增财力的50%以上用于民生，确保每年基本公共服务支出增长高出公共财政预算收入增长2-3个百分点。2012年，全市公共财政民生支出183.3亿元，占公共财政预算支出比重由上年的63.9%提高到66.9%；在基本公共服务方面的支出达到95.8亿元，同比增长29.5%。从2013年起，市级新增财力投入民生的比重提高到75%、县级比重提高到60%以上。2013年，全市公共财政民生支出224.8亿元，增长22.6%，增幅高出同期公共财政预算支出2.9个百分点，占公共财政预算支出的比重达到68.5%；全市公共财政基本公共服务支出111.43亿元，同比增长21.62%，增幅高于同期公共财政预算支出增速1.91个百分点，为推进基本公共服务均等化综合改革提供了资金保障。

二是突出国有资产的公益属性，探索实行国有资本收益收缴机制。根据经营性国有资产的不同性质和现状，按一定比例收缴国有资产增值收入，全额用于基本公共服务。2013年共收缴1亿元，为财政持续投入基本公共服务拓宽了筹资渠道。

三是发挥政策杠杆效应，引导社会资金多元投入。在保障房建设方面，推行公租房租金市场化，引导社会资金投资建设公租房；采用大型企业自建、企业筹资建设，发行地方债筹集资金，或由土地受让方代建，在新建商住小区按一定比例配套建设保障性住房等模式建设保障性住房。2011年以来累计建成保障性住房16 507套、在建6 187套。在教育方面，落实民办学校扶持政策，引导社会力量投资办学。在污水处理设施建设方面，建立“以奖代补”和“多元化资金募集”机制，2012年市级财政投入1.4亿元、撬动社会资金11.6亿元，建设30座污水处理设施，当年建成投产25座，新增污水处理能力46.5万吨/日，同时建立乡镇、街道污水处理厂运营补贴长效机制，全市城镇污水处理率达到91%以上，处于全省先进水平。

二、强化均衡发展惠及民生，进一步缩小城乡、县区和不同群体间的基本公共服务差距

推进基本公共服务均等化综合改革，出发点和落脚点是改善民生，实现更高水平的惠民。通过实施基本公共服务均等化综合改革，强化均衡发展，让发展成果更加公平地惠及群众，使老百姓得到了实实在在的实惠。2012年，惠州市公共服务满意度在全省排名第1位。

一是提高了保障标准。全市城乡低保实现了一体化，城乡低保标准由改革前的城镇最低每月270元、农村最低210元，2012年统一提高到了385元，2013年10月起，进一步提高到430元；城乡居民医疗保险财政补助标准从2011年的每人每年210元提高到了2013年的每人每年300元；城乡居民基础养老金标准从2011年的每人每月60元提高到2013年每人每月90元；义务教育公用经费从2011年的城镇小学不低于326元/生年、初中不低于466元/生年，农村小学不低于550元/生年、初中不低于750元/生年，统一提高到2013年的小学不低于750元/生年、

初中不低于11 50元/生年；大幅提高重点优抚对象抚恤补助标准，其中烈属抚恤、在乡复员军人生活补助、参战涉核军队退役人员生活补助标准分别高于省规定标准56.4%、70.4%和48%，达到全省水平前列；从2013年9月起，全市城镇“三无”人员供养标准提高到1 300元/人月，孤儿最低养育标准提高到1 200元/人月，水平也处于全省前列。

二是扩大了保障范围。城乡居民健康管理、儿童预防接种服务从户籍人口向常住人口全覆盖。城镇居民养老保险与新农保合并实施，城乡居民社会养老保险全覆盖。2012年提前完成医保扩面任务，参保人数达到387.9万人，完成省定目标的103%。公办学位向外来工子女开放，异地务工人员随迁子女参加中考，与户籍学生同等录取条件，同等缴费标准。2013年全市入读义务教育民办学校的学生，在免学杂费的基础上每个学生每年再发放100元“电子教育券”。在本市中小学、幼儿园就读的异地务工人员随迁子女纳入居民医保范围，与户籍居民享受同等的财政补助和医保待遇。

三、坚持问需于民优化服务，进一步健全基本公共服务需求反应机制

创新工作方式方法，努力从民众的需求出发，提供老百姓所需要的基本公共服务。

一是逐步建立了“问需于民”的工作机制。为准确把握群众需求，在制定改革试点方案时，坚持开门做方案、开放式做方案，把深入基层调研听取群众意见、公开征集社会意见及召开人大代表、政协委员、网友座谈会征求各界代表的意见等作为“问需于民”的重要渠道。2013年，惠州市参照《国家基本公共服务体系“十二五”规划》（以下简称《国家规划》），在2012年公共教育、公共卫生、公共文化体育、公共交通、生活保障、住房保障、就业保障、医疗保障、生态环保、农村公用设施、社会安全、社会管理12个领域208个项目的基础上，多方面了解群众对基本公共服务的需求，充分吸收采纳群众提出的具有代表性、建设性的意见，新增人口和计划生育、残疾人基本公共服务2个领域，共在14个领域实施219个项目。

二是稳步扩大群众对基本公共服务的选择权。对公共服务付费机制进行了系列改革，让群众自主选择服务提供主体。在保障性住房补助方面，由补助保障房提供者转为直接补助保障对象，把“补砖头”变为“补人头”。补助标准与保障对象的人均收入挂钩，实行差异化补助，收入越低，补助越高。在教育、文化、卫生、养老等领域，尝试推出了电子教育券、文化惠民卡、公共卫生券和养老服务券等，让群众根据自己的意愿，自主选择服务提供主体，既促进了服务生产者的公平竞争，又提高了服务质量和效率，让老百姓享受到更高水平的服务。

三是尝试实行基本公共服务群众满意度调查。为确保基本公共服务均等化改革任务得到有效落实，建立了基本公共服务均等化评估指标体系，引入第三方机构进行绩效考评，以群众满意度调查结果作为评价的重要依据，群众对服务效果拥有话语权。

四、强化均等优化配置，进一步提高底线民生的保障水平

立足市情财力，以“均等化”为出发点和落脚点，坚持尽力而为、量力而行，优先保障人民群众最直接、最关心、最基本的服务需求。

一是建立了底线均等保障机制。基本公共服务是公共服务的底线。在综合改革过程中，着重探索建立全市统一标准的底线均等保障机制。例如：教育生均公用经费补助底线均等，2012年起全市城乡免费义务教育公用经费补助小学不低于550元/生年，初中不低于750元/生年；城乡低保标准底线均等，实现城乡一体化；农村基层组织工作经费，到2014年相对贫困村干部补贴均达到人均每月不低于2 000元，村级办公经费补助均达到每村5万元/年。2012年全市共确定了30个底线均等保障项目，2013年进一步优化调整增加到32个。所有底线均等项目，由公共财政统一标准、托底保障，保障群众都享有一定标准之上的基本公共服务，且随着经济社会发展持续、稳步提高。

二是建立了县（区）横向转移支付机制。为解决城乡区域发展不平衡问题，缩小各县区基本公共服务差距，设立了市级基本公共服务均等化专项统筹资金，各县（区）按上年公共财政预算收入的3%安排专项资金上解到市级统筹，市财政每年安排不少于1亿元，2012年统筹资金规模5亿元，2013年增加到6.5亿元。统筹资金主要用于向各县区的横向转移支付，保障基本公共服务中最基础、最核心的项目。对省、市有规定市、县配套比例的项目，按规定执行；省市未规定市县配套比例的，按大亚湾开发区20%，惠城区、仲恺高新区、惠阳区40%，博罗县、惠东县60%，龙门县80%的比例安排市级资金补助。从资金的分配效果看，以2013年大亚湾开发区和龙门县为例，大亚湾开发区上缴资金8 410万元，分配到1 291万元；龙门县上缴1 819万元，分配到9 868万元，实现了富裕县、区帮助经济落后县、区的功能，以财力的均衡促进了不同县（区）基本公共服务水平的均等。《中国财经报》对此做了“惠州横向转移支付推进公共服务均等化”的报道。

三是建立了“一体化”服务供给机制。实行“巡医、巡教”等制度，促进优质公共资源跨区域流动。在公共教育服务方面，实施“城乡教育联动发展计划”和“县管校用”的巡教制度，134所城市学校与155所农村学校结对帮扶，覆盖了全部农村学校。在公共医疗卫生方面，建立了公立医院医护人员在城乡、县区定期交流制度和重大医用设备共置共享机制。在劳动就业服务方面，城镇各项就业优惠政策延伸到农村，1 041个行政村均设有劳动力转移服务站，形成市、县、镇（街）、村（居）四级就业服务网

络，每成功转移1名农村劳动力就业，市、县（区）两级给当地村委会100元补助。全市58万农村劳动力转移就业，实现了“能转尽转”，近八成在本市就业。在社会保障方面，职工医保与城乡居民医保实现有效衔接和无障碍转换。

（惠州市财政局供稿，熊佰楚、刘群执笔）

探索开展财政支出绩效评价试点

为进一步提高财政资金的使用效益，惠州市龙门县积极探索开展财政支出绩效评价试点。结合县域实际，制定龙门县《部门预算单位财政支出自我绩效评价工作方案》，规定龙门县申报财政专项资金支出100万元以上（含100万元）项目的单位，要填报《财政支出项目绩效目标申报表》，申报项目绩效目标，将绩效目标评审结果作为项目安排的主要依据，建立了绩效自评和重点评价工作机制，将绩效评价工作制度化、日常化、规范化。现以龙门县永汉镇城区防洪工程项目绩效评价为例。

一、项目基本概况

（一）项目基本情况

龙门县永汉河永汉镇城区防洪工程是广东省列入《全国重点地区中小河流近期治理建设规划》的26宗试点项目之一。工程主要解决永汉镇城区及工业园区防洪问题，保护现有区内城镇人口2万人，远期4.5万人，保护镇区工农业产值80%以上，保护区内耕地面积1.4万亩。工程于2010年12月7日动工建设，总投资2 760.56万元。

（二）项目立项情

1. 项目实施依据。惠州市发展和改革局《关于龙门县永汉河永汉镇城区防洪工程项目可行性研究报告的批复》（惠市发改农〔2010〕456号）。

2. 项目基本性质、用途和主要建设内容、涉及范围。龙门县永汉河永汉镇城区防洪工程初步设计经省水利厅审查，惠州市发展和改革局核准项目建设。工程等级Ⅵ等，堤防防洪标准按20年一遇洪水标准设计，工程建设内容包括河道清淤6.0198千米，加固堤防7.355千米，新建护岸墙0.53千米，改造穿堤排水涵5宗。工程保护现有区内城镇人口2万人，工业用地2.5平方千米及住宅用地2.6平方千米，保护区内耕地面积1.4万亩，防洪区内涉及梅州、大埔、见田等村委及城东、城西两个社区。

3. 项目申报的可行性、必要性。永汉镇区防洪堤始建于20世纪50－60年代，堤身性质为土堤，堤身单薄，大部分河堤达不到防御十年一遇洪水标准，个别堤段达不到防御五年一遇洪水标准，部分堤段随着多年加高培厚维修稍高于十年一遇洪水标准，但堤防总体达不到现阶段防洪标准要求。存在的隐患主要为河道淤泥严重、防洪标准低、工程质量差、堤防不闭合、沿堤附属建筑简陋、局部河段冲刷严重。

堤防管护方面，永汉镇政府只有在洪水期间组织周边群众对堤防巡查，对个别危险的地段进行抢险和加高培厚，管理工作基本处于简单的巡查和应急处理状态。随着永汉镇经济和城市化的不断的发展，镇区防洪越来越显得重要，对防洪保安的要求标准也更高，因此工程建设是必要的。

4. 项目绩效总目标。工程批复主要建设内容为河道清淤6.0198千米，加固堤防7.355千米，新建护岸墙0.53千米，改造穿堤排水涵5宗。项目建成后减小永汉镇城区及工业园区的防洪压力，保护保护镇区工农业产值80%以上，涉及梅州等5个村委和城东等两个社区的防洪安全。堤防满足防洪、生态环境需要，同时提高了永汉镇城区景观度，具有较高的生态、经济和社会效益。

5. 项目预期投入情况。工程立项批复总投资2760.56万元，其中河道疏浚、堤防工程和穿堤涵等工程投资2 311.68万元，基本预备费115.59万元，专项工程投资333.29万元（包括征地拆迁256.89万元，水土保持工程66.53万元，环境保护工程9.87万元）。其中中央补助资金828万元，省补助资金828万元，余下资金由地方自筹解决。

6. 项目经济、社会效益。本工程加固项目属社会公益性质的防洪工程，其效益主要体现为社会效益，本工程经济内部收益率EIRR = 10.08 > 6%，经济净现值583.56万元，经济效益费用比1.19，工程的经济和社会效益显著。

二、绩效评价基本结论

（一）项目建设情况

永汉镇城区防洪工程于2010年12月7日动工建设，已完成河堤堤身清表、加固5.52千米；河道清淤4.51千米；

完成护坡护脚长度4.2千米；改造穿堤排水涵3宗，综合治理河长5.52千米。完成土方49.94万立方米，石方填筑1.6万立方米，其中浆砌石1.1万立方米，混凝土0.2万立方米。目前完成工程形象进度75%。

（二）项目资金投入情况

工程概算总投资2面军760.56万元，其中中央补助828万元，预计省级补助828万元，市、县计划配套828万元，镇自筹276.56万元。目前，已到位各项资金1 503万元，其中中央补助资金759万元，县配套资金414万元，镇自筹资金330万元。工程实际支出资金1 347万元。

（三）预期经济、社会和生态效益

工程以镇区防洪为主，设计单边堤防，堤防按抵御20年一遇洪水标准建设，是永汉镇城区及工业园区主要防洪屏障，保护镇区工农业产值80%以上，涉及梅州、大埔、见田等村委及城东、城西两个社区。堤防加固坡面采用草皮护坡，植物根系有效护坡固土，防止水土流失，满足生态环境的需要，同时提高镇区景观度。

三、绩效目标实现程度、项目管理及效果

（一）项目计划执行情况

永汉河永汉镇城区防洪工程于2010年完成项目初步设计报告，同年上报市发展和改革局。工程有完整的施工技术图纸，项目实施进度按照省规定时间基本完成，绩效指标完成较好。

（二）项目建设管理

在资金的管理上，工程所有拨入的专项补助资金全部纳入县财政专户，由县财政统一管理。业主对资金的使用及管理依托财务机构健全、财会人员配备完善、设置账册和建立财务管理制度的永汉镇财政所进行管理。工程资金拨付和使用，按照承建单位书面形式提出资金申请，由监理单位核定工程量，经建设单位、财务总监核定后，由各级行政主管部门同意，财政部门专账专户统一直接拨付到施工单位。专项资金的使用，严格按照中小河流治理项目管理暂行办法，用于工程堤防、护岸护坡、清淤疏浚建设的材料费、设备费和施工作业费等，确保了专项资金专款专用。

（三）工程建成效果

工程实施后，改变了永汉河原堤防不闭合、堤身单薄，大部分河堤达不到防御十年一遇洪水标准和个别堤段达不到防御五年一遇洪水标准的困境。随着永汉镇城区防洪工程的建设进行，有效地整治了河堤两岸的违章建筑物，在未来较长的一段时间内，对社会产生良好的经济、生态和社会效益。主要表现在永汉镇城区及工业园区的防洪安全，提高了镇区的整体形象和综合素质，给永汉镇人民营造了一个良好的生活环境，促进镇区及周边受益农村经济稳定增长，从而促进永汉镇经济全面、协调、稳步发展，可为龙门县构建和谐社会创造良好的条件。

（惠州市龙门县财政局供稿，罗绮嫦执笔）

东莞市

东莞实行村（社区）公共服务补助政策夯实村级经济发展基础

村组经济是东莞发展的重要基石。几年来，受国际金融危机等因素影响，东莞市村（社区）收入增长有所放缓，加上治安、环卫和行政管理支出较大，部分村（社区）出现收不抵支情况。2012 年，东莞市 556 个村（社区）中，收不抵支的有 292 个，占全市总数的 53%。此外，村（社区）债务负担沉重，2012 年村组两级总负债 264.9 亿元，资产负债率为 21%，虽然总体上处于较安全范围，但有 61 个村（社区）、155 个村民小组的资产负债率超过 50% 警戒线，还有 1 个村和 18 个村民小组出现资不抵债的情况。

为减轻村（社区）经济负担，保证镇村经济健康发展，根据《中共东莞市委 东莞市人民政府关于推动镇村集体经济转型升级加快发展的若干意见》（东委发〔2012〕24 号），从 2012 年下半年开始，市财政局联合市公安局、市民政局和市城管局，研究并制定了《东莞市村（社区）基本公共服务专项资金补助实施方案》（以下简称《实施方案》），根据《实施方案》，从 2013 年起，东莞市从市镇参与分成的税收收入中切块 5%，用于补助全市 593 个村（社区）的治安、环卫和行政管理支出，并逐步实现以上三个项目由市镇两级统筹，2013 年切块资金的规模达 12.2 亿元，2014 年的切块资金规模预计为 14.4 亿元。

一、保基本保必须，稳推进渐提标

东莞市对村（社区）治安、环卫和行政管理的补助，按照基本公共服务均等化的要求和“保基本、保必须”的原则，在切块资金内实行全市统一标准、统一分配。补助的人口数量以第六次全国人口普查核定的各镇（街）、村（社区）户籍人口和非户籍常住人口的数量为准。治安方面，每万名常住人口配置 35 名治安队员，参照东莞市行政事业单位六类聘员人员工资及福利经费包干标准，设定全市村（社区）治安队员“两保”全额补助标准为 3.5 万元/人年，按现行切块资金规模，2013 年的补助标准为“两保”全额补助标准的 50%，即 1.7 万元/人年。环卫方面，按各村（社区）常住人口数量进行补助，设定每名常住人口的环卫经费“两保”全额补助标准为 100 元/人年，按现行切块资金规模，2013 年的补助标准为“两保”全额补助标准的 50%，即 50 元/人年。行政管理方面，按照户籍人口 300∶1 和非户籍暂住人口 3 000∶1 核定行政管理人员的补助人数，参考东莞市行政事业单位第四类聘员的包干经费标准，设定村（社区）行政管理人员“两保”全额补助标准为 6.21 万元，按现行切块资金规模，2013 年的补助标准为“两保”全额补助标准的 50%，即 3.105 万元/人年。以上各项补助标准，随市镇（街）参与分成税收收入同步增长。若切块资金存在结余，余额部分结转下年使用，若切块资金不足以支付补助支出，缺口部分将在下年切块资金中列支。

二、整合原有政策，重点补助水乡

实行对村（社区）的治安、环卫和行政管理专项补助后，为实现与原有镇村基本公共服务政策的有效衔接，东莞市及时调整了原有基本公共服务补助政策。同时，为保证镇（街）和村（社区）的既有利益不受损失，按照“就高不就低”的补助原则实行差额补助：一是对于镇（街）财政负担 5% 切块资金部分大于补助到该镇（街）各村（社区）的补助总额的，差额部分全部返还给镇（街），资金从切块资金内统筹解决。二是取消《关于对东莞市村（社区）公共管理支出实施财政补助问题的复函》（东委办〔2009〕5 号）规定的对村（社区）的基本公共服务补助政策，各村（社区）在新政策中获得的补助少于原政策的，其差额部分由市财政在切块资金以外另行安排解决。三是为避免镇（街）实现治安统筹后，财政对镇（街）、村（社区）治安队员的经费补助标准不一，不再执行《关于招足一万名巡逻专用治安队员的通知》（东委办〔2003〕82 号）规定的对镇（街）治安队员的分档补助标准，市财政按往年补助到各镇（街）的金额，以定额形式补回给各镇（街），专项用于补助镇（街）治安支出，资金由市财政在切块资金以外另行安排解决。四是单个镇（街）各村实际获得市级财政补助金额，即切块资金内获得的市级补助资金加上对村（社区）的补足资金，少于原政策下市财政补助到该镇（街）各村总额的，差额部分全部返还给镇（街），资金由市财政在切块资金以外另行安排解决，保证各村补助力度不低于原有水平。

此外，为加快水乡片村（社区）发展，东莞市在上述补助的基础上，再按“两保”全额补足标准的20%，对水乡经济区10镇区（麻涌、洪梅、道滘、中堂、望牛墩、万江、石龙、石碣、高埗、沙田）的村（社区）的治安、环卫和行政管理增加定额补助，即水乡片各村（社区）2013年补助资金可覆盖其70%的支出。增加的定额补助资金由市级财政在切块资金外另行安排预算解决。

三、加强培训督导，狠抓保障措施

为加强各镇街对补助政策的认识，东莞市财政局积极开展政策宣传和培训工作，一是在制定补助方案的过程中，将补助方案初稿下发到镇街征求意见，提前引导镇街做好工作准备；二是下发补助方案后，建立了各镇街基本公共服务补助QQ群，及时研究和解答镇街在组织统筹或补助过程中遇到的问题；三是在9月组织开展培训座谈会，对镇街在执行补助政策时遇到的普遍性问题，进行培训讲解，提高镇街对补助政策和具体操作细则的理解。

为切实加强对补助资金的管理，东莞市财政局狠抓各项保障措施。一是严肃用款纪律，要求补助到村（社区）的资金必须专款专用、专项核算，对于违规使用资金，或随意截留挪用专项资金的镇（街）、村（社区），一经查实，追究主要责任人责任。情节严重的，将减少或停止其公共服务事项补助。二是严格预算管理，要求各镇（街）指导督促村（社区）按照“量入为出、保障运转、促进发展”的原则，合理编制年度预决算；要求村（社区）加强对自身收支的管理，严控人员支出、分红支出，对于随意增加行政支出、分红支出的村（社区），根据实际情况减少或停止其专项补助。三是严格用款程序，要求各镇（街）、村（社区）必须建立完善专项资金的用款程序，村（社区）使用切块资金时，由村（社区）财务负责人和经济组织负责人审核，并经镇（街）农村集体资产管理机构审查同意后使用，保证补助资金专款专用。四是加强监督检查。要求各镇（街）根据村（社区）管理面积、管理人口和管理要求，在合理厘定基本公共服务开支底数的基础上，定期统计和核算各项基本公共服务支出，上报市农资管理部门，并由市农业、财政等部门进行审核。市财政会同农业、统计、审计等部门定期通过村（社区）财务监管网络系统、组织审计检查等措施，加强对村（社区）收支运行情况监控。

四、制定考评方案，建立长效机制

一是制定考评方案。为保证村（社区）基本公共服务补助政策在镇村有效开展，按照市委督查室要求，东莞市财政局制定了《市财政局关于村（社区）基本公共服务补助督查考评工作方案》，通过对镇街制定资金补助方案、以及拨付补助资金、对村（社区）资金使用等方面进行全面评价，并对镇街的完成情况进行抽查，确保各镇街按照既定的政策做好对村（社区）补助的各项工作。同时，制定村（社区）收支管理考评办法，在对各村（社区）的收支情况、债务情况进行摸底核实的基础上，每年对村（社区）的收支情况、债务管理情况进行考评，对财务管理不严、不按规定开支、造成收支缺口没有持续改善的村（社区），调整减少其专项补助；收支缺口有所扩大的，原则上停止专项补助。二是建立长效机制。要求各镇（街）加强对村（社区）的支出管理，制订措施、防止村（社区）减负后违规加大支出行为；市民政局牵头会各镇（街）组织人事部门制订村（社区）聘用人员定编管理制度，并建立健全相关监督、检查等工作机制和保障措施，严禁财政补助资金虚报冒领或超编滥用，切实减轻人员负担。借助以上措施，东莞市不断加大对村（社区）基本公共服务的保障力度，切实减轻村（社区）的支出负担，将村组资产负债率降至近二十年最低水平，推动村组经济迈入良性健康、可持续发展的轨道，为东莞市“加快转型升级、建设幸福东莞、实现高水平崛起”打下了坚实的基础。

（东莞市财政局供稿，毛存中执笔）

中山市

构建全过程管理体系 实现财政绩效管理创新

根据省财政厅关于重视数据的收集、分析和利用，用数据改进管理，推动创新的有关要求，中山市财政局在实际工作过程中，借助日常掌握的财政财务数据，积极对财政管理工作进行创新，大力推动开展财政绩效管理改革。自2008年启动预算绩效管理工作以来，经过近年的发展，已逐步构建形成“事前有预算绩效审核、事中有绩效监控、事后有绩效评价”的全过程财政绩效管理工作体系。

一、改革实施的背景

（一）当时财政部门处于“两难”困局

中山市自2004年4月就在市级财政部门中设置了绩效评价工作机构，开展绩效评价工作。2004－2008年，主要是组织预算单位开展财政支出项目绩效自评以及对大型支出项目开展重点评价，工作重心一直位于“事后绩效评价”阶段。在2008年试点开展预算绩效管理改革工作，主要是由于当时财政部门所处的“两难”困境所引起的，其主要表现在：

一是在财政收入高速增长的背景下，财政收支矛盾越发突出。2004－2008年，中山市财政一般预算收入由43.5亿元增长至100.12亿元，增长了133%。但同期的年度财政收支缺口却由14.68亿增长至41.49亿元，增长达182%，远高于财政收入的增长速度。

二是大量财政资金出现闲置现象，结转支出规模不断扩大。据统计，2004－2008年财政结转支出规模 由3.38亿元增长至9.45亿元，增长179%；占市级项目支出的比重由22.81%提高至27.71%，增加5个百分点。结转支出规模的不断扩大就意味着每年都有大量的财政资金处于闲置状态。

（二）财政资金按需分配是导致财政困局出现的直接原因

从预算分配环节看，长期以来，中山市财政支出主要是以规模而不是以资金使用效果为基本目标取向。虽然普遍实行了部门预算，但是从根本上讲仍然是按需分配，而且不可避免地存在着关系分配和经验分配的因素，从而导致预算单位的资金申报规模不断膨胀，收支矛盾越发突出。另一方面从预算执行环节看，大部分的预算单位在提出资金需求时未能做好项目前期工作，在预算下达后才匆忙细化预算，预算执行进度偏慢，绩效低下并导致大量财政资金出现闲置现象。

基于上述的原因，要走出当时的财政困局，就必须开展预算绩效管理改革工作，实现财政资金由按需分配向按绩效分配的转变。

二、改革的实施过程

（一）试点阶段（2008－2009年初）

2008年11月，经报请市政府批准，中山市财政局选取了3个预算单位作为2009年度预算绩效管理改革试点单位。为此，中山市财政局聘请了省财政科研所组织专家组对试点单位50万元以上的预算申报项目开展了第三方独立评价。当年共审核预算申报项目28项，审核申报金额共1.77亿元，其中：建议安排预算额度2 297.3万元，占申报金额的12.94%；建议核减金额1.55亿元，核减率87.06%。相关的审核结果均作为当年度部门预算安排的重要依据，并随同部门预算一并呈市人代会审议。该项工作获得市人大常委会的肯定，并提出了“三年内全面铺开预算绩效管理”的工作要求。

（二）推广阶段（2009年中－2010年初）

2009年，围绕市人大常委会提出的工作要求，中山市财政局制定了《中山市预算绩效管理改革三年工作规划》及《中山市项目预算绩效管理试行办法》（中府办〔2009〕51号），计划用三年时间实现绩效预算在市直单位的全覆盖。同年，在2010年度部门预算编制工作中，共选取76个市属预算单位252个项目纳入预算绩效第三方评价范围，共审核预算申报金额14.83亿元，建议安排预算金额为8.56亿元，核减项目资金6.27亿元，资金总核减率为42%。

（三）全面覆盖阶段（2010年中－2011年初）

在总结过去两年工作经验的基础上，中山市财政局在

2011年度部门预算编制工作中，将所有市级预算单位50万元以上的预算申报项目全面纳入绩效预算第三方评价范围。共审核156个预算单位的421个项目涉及预算申报金额24.13亿元，其中：建议安排预算金额为16.2亿元，建议核减资金7.93亿元，资金核减率为32.8%，基本上实现市人大常委会关于“预算绩效管理在市级预算单位的全覆盖”的工作要求，三年任务两年完成。

在预算绩效管理工作面不断扩大的同时，中山市财政局着力构建完整的财政绩效管理工作链条，试行开展项目绩效目标批复工作。在2011年度部门预算中，中山市财政局选取67个预算单位的168个支出项目作为试点，将项目绩效目标随同2011年度部门预算一并批复到部门预算单位，涉及预算安排年度金额达9.3亿元，实现支出项目事前绩效预算与事后绩效评价的有机衔接。

（四）继续深化、探索项目绩效监控机制（2011－2013年底）

在实现绩效预算在市直预算单位层面全覆盖的基础上，中山市继续深化财政绩效预算工作。按照市政府出台《中山市市级财政专项资金管理暂行规定》（中府〔2010〕229号）的规定，对预算追加支出及大型专项资金设立等项目均纳入绩效预算审核的范围。2011－2012年，共对80个新设立专项资金及预算追加支出项目组织第三方审核，审核预算申报金额14.6亿元，核减资金近4亿元，资金核减率为26%。

2013年，中山市财政局选取2个支出项目试点开展绩效监控工作，探索建立绩效监控与预算执行相结合的项目过程绩效管理机制。中山市财政局对试点项目在审核项目绩效目标的基础上，还核定项目执行绩效节点及预算执行计划一并批复预算单位。在项目执行阶段，预算单位需依据预算执行计划书按阶段使用项目经费，并需由财政部门对项目绩效目标节点完成情况审核后方能申请使用下一阶段项目经费。

三、改革特点与经验

（一）市委、市政府高度重视，各部门密切配合

一直以来，中山市委、市政府均高度重视中山市财政绩效管理工作，尤其在2008年市政府成立了市财政支出绩效评价工作委员会，负责统一管理、指导全市绩效管理工作。该委员会的成立将财政绩效管理工作提高到了一个新的高度。

中山市注重与市人大等部门密切配合，形成合力共同推进财政绩效管理工作 。从2006年起，中山市财政局每年都向市人大财经工委就财政绩效管理工作开展情况作专题汇报，由其协助推进工作开展中的难点问题，如：2009年市人大财经工委提出“三年实现绩效预算全覆盖”的工作要求，对财政绩效预算工作的推进起到了十分积极的作用。

（二）以财政资金分配环节为切入点，开展预算绩效管理工作

自2008年起，中山市在预算编制环节中首次引入绩效评审。经过几年的努力，中山市累计评审预算支出申报项目1508多个，核减预算资金需求近40.47亿元，有效缓解财政收支矛盾。预算绩效评审已成为中山市财政资金分配过程中常规化、制度化的必要审核环节。绩效预算审核工作不断扩大深化，主要表现在：

1. 管理广度方面——实现在市级预算单位的全覆盖。中山市在2010年已实现绩效预算在市级预算单位的全覆盖。在年度部门预算编制工作中，所有市级预算单位50万元以上的预算必须申报项目绩效材料，凡具可评性的项目都必须纳入绩效预算第三方评价范围。

2. 管理深度方面——覆盖多个资金分配环节。目前，中山市的绩效预算工作已覆盖年初预算编制、预算追加以及新设立财政专项资金等财政资金分配环节。按照市政府相关文件要求，中山市正在探索预算绩效审核工作向投资规模1 000万元以上的新建政府基建投资项目预算延伸 。

（三）探索项目绩效监控机制，完善财政绩效管理链条

在绩效预算工作面不断扩大的同时，中山市财政局着力构建完整的财政绩效管理工作链条，自2011年起建立项目绩效目标批复制度，三年间累计对121个预算单位的368个支出项目开展绩效目标批复工作，涉及年度预算安排金额达19.3亿元。2013年试点开展项目绩效监控工作，探索建立以项目绩效节点控制预算执行进度的项目执行过程绩效管理机制，逐步实现了支出项目事前预算绩效审核与事后绩效评价的有机衔接。

（四）大面积开展项目绩效评价和自评核查工作，增强单位绩效观念

自2005年起，中山市财政局就要求各预算单位对上一年度200万元以上支出项目组织实施绩效自评。与此同时，每年中山市财政局还会选取部分群众关注、社会影响广的重点支出项目开展重点评价工作。从2009年起，中山市财政局在项目评价和自评核查方面引入第三方评价制度，每年均组织专家组对项目自评材料进行评价和核查，并将专家组提出的意见建议及时反馈预算单位并督促整改。评价结果将形成工作报告报市政府审议并发文通报。经过近五年实施，中山市绩效管理的思想与理念已开始深入项目责任人之心，得到了预算单位的理解与支持，财政资金使用效果有了明显的提高。

（五）注重结果应用

结果应用是整个绩效管理工作中最为关键的一个环节，为提高评审结果的应用率，中山市一方面不断优化流程、引入系统，提高评价的质量；另一方面完善制度建设，提

高评审结果应用的刚性。

1. 预算绩效审核结果的应用。成立由相关科室组成的预算编审小组审核预算经费支出，并出台相关制度文件，项目评审结果的不应用，需经小组成员集体讨论。2012 年纳入绩效预算审核的 45 个预算追加支出项目的评价结果应用率达 100%；在 2013 年度部门预算编制中，纳入审核范围的 263 个项目评价结果综合应用率达 70%，较上一年度增加 6 个百分点。

2. 项目绩效评价的结果应用。（1）从 2009 年起，每年度项目评价和自评核查工作情况及结果每年均形成工作报告上报市政府，并由市政府拟文通报市四套班子领导及市直各预算单位。（2）在 2012 年，项目评价和自评核查结果还作为量化指标纳入市委、市政府对市直单位年度实绩考核和政府绩效管理考核的范围，对于项目绩效评价结果得分低于全市平均分的单位均给予扣分处理。

（六）构建预算绩效评审常态化机制，提高评审质量

2012 年中山市选定了 18 家预算单位进行项目库预算管理工作试点，实行预算项目常态化申报制度。为配合改革工作顺利开展，根据工作流程，每年 4 月底前各单位报送下一年度经常性支出项目，对预算 50 万元以上具可评性项目，由绩效管理科组织专家组进行预算绩效评审。随着项目库改革开展，预算绩效评审常态化机制也随之建立，并能确保专家组有足够的时间进行评审，提供高质量的评审结果供部门预算编制作为参考。

（中山市财政局供稿，杨光宇执笔）

江门市

涉农财政补贴政策信息服务实现全覆盖

2013年，为增强财政涉农补贴政策透明度，促进财政惠农政策落实，江门市以保障农民切身利益为出发点和落脚点，创新管理服务。整合财政、农业、监察部门现有资源，创新建立“电话、网络、服务窗口”三位一体的综合服务平台和横向部门互动、纵向市县镇村四级联动，纵横结合，全面覆盖到村、村小组（合作社）的涉农财政补贴政策信息服务机制，有效提升了政府服务水平，为群众提供了便利，维护了农民切身利益，该机制实施以来，受到农民群众一致好评。

一、实施背景

各级党委和政府历来高度重视“三农”工作，出台了许多惠农政策，不断加大财政惠农资金投入，有力促进了农业农村经济稳定发展和农民持续增收。目前我市涉农财政补贴319项（其中：市本级财政49项），2012年全市发放涉农财政补贴达3.85亿元，惠及全市170多万农民群众的生产生活，补贴项目覆盖农业生产、社保、医疗、教育、文化等各个方面，涉及560个部门单位。

一直以来，由于认识、体制等多种原因，惠农政策与农民群众存在“最后一米”的距离，涉农财政补贴也由于农民的知情度不足，存在管理上的风险。同时，近年来，在广东电台主办的“民生热线”栏目中，许多农民纷纷通过电话咨询涉农财政补贴政策，反映出农民对涉农信息的渴求以及当前政府惠农信息服务的不足。因此，有必要建立一套长期有效的涉农财政补贴信息服务机制，形成一个经常化、日常化、24小时不断线的“民生热线”，实现涉农财政补贴事项就近就地解决，推进惠农信息的公开透明。这一设想得到江门市有关领导的肯定，“这是加强服务的好办法”。为此，江门市财政局、江门市农业局、江门市监察局践行群众路线，主动创新服务，建立江门市涉农财政补贴政策信息服务机制，打通惠农政策的“最后一米”，真正实现涉农财政补贴政策与农民群众的零距离接触，把信息主动送到农民身边，推进惠农信息的公开透明，有效地维护农民利益，把矛盾解决在基层，推进和谐社会和社会主义新农村建设。

二、主要做法和措施

（一）创建“一个电话、二级窗口、三个网络”三位一体财政涉农补贴综合服务平台

一个电话热线服务平台，是将市“12316三农服务热线”与“12345政府服务热线”整合，以“12345政府服务热线”作为全市统一的涉农财政补贴政策24小时信息服务平台和对外窗口，每天24小时不间断的惠农服务热线，实时接听群众财政涉农补贴政策咨询电话，受理群众投诉。

二级镇村基层服务窗口，一是镇级咨询窗口，在全市79个镇（街，含海侨专署管理区）财政所、农办设立专门业务咨询窗口，指定“信息咨询员”提供涉农补贴政策信息服务；二是村级公示窗口，在行政村和村小组、农民专业合作社设立“宣传公示栏”，公示涉农财政补贴政策，同时，全市1086条行政村均指定一名村干部兼任“涉农补贴政策解说员”，负责各项涉农政策补贴宣传指导工作，就近为农民做好咨询解答工作。

三个网络服务平台，以市“农村信息直通车”、“财政信息网”、“农村三资信息管理网”等网站为主平台，分别在相关网站增设“涉农财政补贴”专栏或建立相关链接，公开涉农补贴政策项目、补贴标准、办事程序、申请条件等相关信息；并开设“在线咨询”和“网上问答（回音壁）”功能，实现网上受理咨询业务，答复咨询信息，供农民群众了解。

（二）构建“有依据、有向导、有追踪、有互通”的长效工作机制

“有依据”：在全市建立统一的项目资料库，并经常更新，目前，全市建立项目资料库信息319条，提供各级服务平台共享，保证为农民及时提供全面、准确的涉农补贴政策信息服务。

“有向导”：建立联络员网络，不断加强联络员培训，用心提供优良的咨询服务。全市560个涉农部门、镇（街）均指定了联络员，作为办理惠民政策咨询、投诉业务的主要联系人，确保综合服务平台转办业务可以在最短时间内

得到办理。

“有追踪”：建立健全办理制度，按照“12345 政府服务热线”管理要求，完善业务办理、信息共享、督办等制度，规范办理流程，确保“事事有着落，件件有回音”，对于其他来电咨询、现场询问，根据各部门提供资料可以当场回答的要立即回应；不能当场回应的和投诉事项，应当按规定程序记录，并转有关部门办理。

“有互通”：建立信息通报机制，全市各市区、镇形成政策信息共享、咨询热线办复互通的机制，以市县联络员、镇村咨询员为主线，建立信息定期报送和上传下达的经常性工作机制。同时，分级建立涉农财政政策信息服务和共享机制，及时相互通报农民群众关心、关注的热点、难点问题，掌握相关情况，提升服务水平，从而形成各级部门纵向联系、横向配合的政策信息互动体制。

（三）构建督导工作机制

一是加强沟通。由市、县级财政、农业、监察部门牵头，各相关涉农部门紧密配合，相互协作，安排专人专职，跟进综合服务平台，及时协调解决有关矛盾和问题，办复有关咨询，确保机制有效运行。

二是扩大宣传。通过报纸、电台、电视、财政部网站、政府公开信息等多种方式，大力宣传综合信息服务平台，主要媒体宣传报道 48 条；向农村基层发放宣传小册子和宣传单张 6.22 万份；建立宣传公示栏 5 760 个，方便农民多渠道了解惠农财政补贴政策。

三是加强培训。对镇、村基层业务咨询员、涉农补贴政策解说员进行业务培训，提高基层人员综合素质和业务水平。2013 年，由江门市财政局、各市、区财政部门组织多次涉农财政补贴政策工作培训班，培训镇、村基层人员，提高服务水平。

四是强化督查。加强对各市、区惠农补贴政策信息服务机制情况进行检查、督导，确保运行机制落到实处。

三、实施成效

江门市涉农财政补贴信息服务机制实施一年来，产生的具体成效表现在：

一是投入少、操作性强。信息服务机制建设工作在原有的政府服务热线、镇村服务网点基础上，通过打通网络末端、增加服务内容推进服务群众工作，基本没有增加人、财、物投入，易于推广和操作。

二是覆盖面广，示范性强。信息服务机制实现“横到边，纵到底”的无缝覆盖，打开了服务农民、服务群众一扇新的窗口，也为其他涉农涉民工作的开展提供了新的途径。

三是政民互动，保障落实。通过农业切入、财政保障、监察护航、部门参与、一线服务的机制实施过程，实现了涉农资金发放的公开透明，使农民群众共同参与落实惠农政策，把农村矛盾解决在基层。

据统计，2013 年，全市镇村咨询窗口回复咨询 3 326 件，接待咨询和来访 3 753 人次，涉及金额约 570 万元；热线电话回复咨询 1 337 件，办结率 100%，涉及金额约 44 万元；网络服务平台公布涉农信息 1 689 条，回复咨询 1 135 人次，点击次数 27 611 次，受惠群众超十万人。

目前，全市广大农民群众对涉农财政补贴信息服务工作非常满意，认为该工作有力保障了农民群众的权益，促进了涉农政策落实，是一项真正的惠农惠民工程。

（江门市财政局供稿，梁学明执笔）

财政绩效管理改革进入“深水区”

江门市财政局自 2008 年起就大力推进预算绩效管理试点工作，不断创新工作方式方法，努力推进财政绩效管理改革纵深发展。预算绩效目标评审由开始的 3 个支出项目到编制 2014 年预算时扩大到 56 个项目，评价资金总量达 4.4 亿元，经过专家团队评审后，同意立项 50 个，建议安排金额 2.6 亿元，核减金额 1.8 亿元，核减率为 41.3%。目前，江门市本级预算单位除基本支出及水电费、物业管理费、缴纳税金、上缴中央省规费等项目支出外，单位申报支出预算 100 万元（含 100 万元）以上的项目全部纳入预算绩效管理范围。

一、领导高度重视，把预算绩效改革列为江门市财政管理改革的重点内容

江门市委、市政府高度重视财政绩效管理工作，始终认为财政绩效管理工作有助于提高政府管理效率、资金使用效益和公共服务水平。2013 年，市主要领导多次批示要抓好财政绩效管理工作，刘海书记、庞国梅市长亲自指导

市财政绩效管理改革工作；江门市财政局一直以来高度重视财政绩效管理工作，把预算绩效改革作为江门市财政管理改革的重点内容，并形成一把手亲自抓，分管局领导具体抓的工作格局，努力改变传统的“按需分配”财政分配方式，以解决该不该安排、安排多少、安排顺序、总盘子不够怎么办的“四个问题”为出发点，不断建章立制，深化改革，使“人为分钱”转变为“制度分钱”。

二、加强绩效目标审核，做好预算绩效目标申报管理

绩效目标设置是开展预算绩效管理的前提和基础，是项目支出执行和开展绩效评价的重要依据，为此，江门市财政局本着“早布置、高标准、严要求”的原则，早在2013年初就印发通知，要求各预算单位报送绩效目标，经过审核后，对于不符合或者不规范的单位目标，发回单位重新填报。并将绩效目标填报工作列入考核项目，督促各预算单位高度重视，认真填报。

三、创新评审形式，推动预算绩效评价深入开展

（一）集中开展专项资金绩效重点评价工作

2013年将市委、市政府，市人大、政协及局领导重点的关注的涉及江门市区经济发展和民生实事的7个项目列入重点评价，通过选取社会中介机构，集中在9月开展了第三方评价工作，进一步规范有关单位使用财政专项资金。

（二）创新评审方式，做好项目预算绩效现场评审和走访工作

2013年的工作呈“三个创新”、“三个最多”特点。“三个创新”：一是首次采取摇号方式产生现场评审项目。江门市本级2014年度预算绩效现场评审项目采取摇号方式，随机产生。摇号现场设公证员两名，摇号前先将所有可评项目按资金额度降序依次编号，并按四个档次摇号产生10个现场评审项目，其中：从2 000万元以上项目摇号产生1个（以上包含本数，以下不含本数，下同），从1 000万元以上2 000万元以下项目中摇号产生3个，从500万元以上1 000万元以下项目中摇号产生2个，从100万元以上500万元以下项目中摇号产生4个。经过摇号，市城市综合管理局的城市维护费、市经信局的扶持经济发展专项资金、市旅游局的江门市旅游产业发展资金、市府办公室的扶持企业上市专项资金、市公安局的特警营区与训练场建设、市城市综合管理局的垃圾运营监管费、市经信局的信息化专项资金、市检察院的办案区改造经费、市外经贸局的2014年江门招商推介会议费、市供销合作社的2014年江门市新农村现代流通服务网络工程专项资金等10个项目入选市本级2014年度预算绩效现场评审项目。摇号产生2014年度预算绩效管理现场评审项目是江门市预算绩效管理改革的又一项创新举措，通过摇号方式使产生预算绩效现场评审项目方式更公平、更公开，同时也进一步加强部门预算单位对项目现场评审的关注度，促进部门预算单位更加科学合理严谨地用好财政资金。二是首次在现场评审会增设打分环节。为确保2013年现场评审更加客观、公正、科学，江门市财政局邀请了市人大代表、政协委员和财经专家进行现场打分，有关代表委员和专家对资金项目合理性、必要性进行现场提问，并按照预算单位的答复情况进行现场打分，现场打分的分值占到第三方专家对项目打分分值的30%，确保项目评审结果更加科学合理。三是首次实现项目评审网络全覆盖。为进一步提高对市本级各预算单位绩效管理现代化水平，2013年江门市财政局联合相关科技公司设计开发了江门市财政绩效管理系统，并对市直各单位财务人员进行系统操作培训，要求所有市直单位将符合条件的评审项目全部在网上填报，第三方专家可提前在网上看资料了解项目、网上评审打分，极大提高了评审工作效率和评审质量。

“三个最多”：一是资金总量最多。将预算单位申报的2014年支出预算100万元（含100万元）以上167个项目纳入绩效管理范围，资金总额7.59亿元，从中选取具可评性项目56个，资金总额4.4亿元，可评项目资金总额占所有项目总额的57%，资金总量为历年之最。二是现场评审专家最多。2013年现场评审会共邀请专家30多位，包括高校老师，市人大聘请的财经专家，市人大代表、政协委员和政府公务员等，专家来自不同行业，人数为历年之最，为下一步推进群众广泛参与财政预算绩效工作打下良好的群众基础。三是新闻报道最多。为加大今年预算评审会议宣传力度，江门电视台在10月24日晚《江门新闻联播》“今日视点”作专题电视报道；《江门日报》在10月22日在A03版作了市本级2014年度预算绩效现场评审项目摇珠报道；又于10月25日在头版头条刊登了题为《财政绩效管理改革进入“深水区”》的专题报道。

四、认真做好市直单位使用财政资金年终考评工作，注重绩效结果运用

根据江门市党政机关作风建设领导小组办公室《关于做好2013年市直机关作风建设工作的通知》和《江门市本级财政支出绩效评价管理暂行办法》要求，市本级财政资金绩效管理工作自2013年起纳入机关作风建设考评内容。为进一步加强市直机关作风建设，提高财政资金使用效益，促进财政资金科学化精细化管理，制定了《江门市本级财政资金绩效管理考评工作暂行细则》，并报请市政府同意印发给市直各有关单位。同时，为做好该项工作，江门市财政局成立了考核领导小组，领导小组办公室设在绩效评价科，由绩效评价科会同预算、国库、会计、监督办、政府采购管理、经济建设以及各支出科室共同参与对市直73个部门（单位）进行打分，对于一些指标没有达到要求的项目进行扣分，有关得分结果将直接影响本部门（单位）本

年度机关作风考核最终排名。

随着江门市预算绩效管理工作不断深入开展，预算单位态度也发生了重大改变，从不理解消极参与到现在的主动了解积极参与，在事前培训、项目绩效目标申报、现场评审等环节都主动参与，精细准备，他们认为开展财政绩效管理改革工作，不但加深了预算部门对预算绩效的定位认识，更深刻反映了加强财政资金管理，用好社会资源、提高资金使用效益的共同努力方向；江门市人大、市政协、监察、审计等监督部门也对财政部门开展绩效预算工作给予高度评价，认为实施预算绩效管理改革，有利于提高财政部门科学配置社会公共财政资源的统筹能力，有利于加大对财政预算监督力度，为下一步开展零基预算改革打下坚实的基础，对零基预算在江门市的运行以及发挥财政预算的控制、评估、监督作用具有重要意义。

（江门市财政局供稿，柯翔执笔）

以生态文明为抓手　助推城乡统筹协调发展

城乡统筹发展的实质是大力调整城乡二元经济社会结构，解决“三农”问题，缩小过大的城乡差距，使城乡同发展、共繁荣。如何变城乡二元为一元，使城乡由分割到互动到互补到融合，能够立足于不同的时代条件和新的任务来建设新农村，解决的办法有很多。鹤山市财政把改善民生作为支持城乡统筹发展的出发点和落脚点，积极统筹运用财力，创新财政支持方式，着手建立财政支持城乡统筹发展的长效机制，优先解决三农、养老、医疗、教育、住房等群众最关心、最直接、最现实的利益问题，推进城乡财政分配公平公正，实现城乡基本公共服务均衡化，促进鹤山“以工促农、以城带乡、城乡统筹、联动发展”的城乡一体化发展格局加快形成。

一、以创新财政支农方式为重点，推进城乡经济互利一体化

鹤山市财政积极贯彻中央“多予、少取、放活”的基本方针，集中财力加快推进工业化、城镇化，依托县域实体经济，为工业反哺农业、城市带动农村提供物质基础。

（一）支持工业园区建设

2012年6月，市财政在实地调研鹤山工业城发展现状的基础上，着手改变其运营发展模式，积极探索实行自主经营自我发展的管理体制，通过园区收支自行统筹，保证工业城发展和运营所需的稳定经济来源。一是土地出让管理。园区范围内的土地出让收入及相关税费，扣除按规定需上缴中央、省外，余下部分全额返还工业城。二是税收管理。园区范围内企业缴纳的税收，按属地划分原则，属地方留成部分30%返还园区所属镇，余下70%返还工业城。三是配套费管理。城镇基础设施配套费统一缴入市财政专户，再由工业城向财政申请全额返还，专项用于基础设施配套建设。以自主经营、收支自行统筹的发展模式取替过去财政全额拨款的旧模式，大大提高了园区发展的积极性，成功转变招商引资模式，对目标产业和重点行业推行大项目招商战略，形成产业特色优势，以园区的发展壮大带动乡镇经济的快速增长。该工业城所在的共和、鹤城两镇2013年财政收入同比增长24.88%和23.51%，共和镇跻身为鹤山第二大“亿元镇”。

（二）推广农业产业化经营

财政投入是提高农业组织化产业化水平的有力扶持措施，不仅通过项目申报争取上级资金支持，同时也积极落实本级配套资金。一是支持农业龙头企业发展。2011－2013年，按照“扶优、扶强、扶大”的原则落实龙头企业贷款贴息和农产品深加工补助资金717万元，充分发挥企业在资金、技术和管理等方面的优势，支持企业发展优势农产品和特色农业加工，加强各类标准化、规模化农业基地建设，提高农业综合竞争力。目前，鹤山已有农业龙头企业16家，其中省级企业5家，江门市级企业4家，市华粮米业有限公司稻谷烘干项目、温氏鹤山分公司微生物有机肥项目、市墟岗黄公司饲料生产线扩建等一批项目得以顺利实施。二是支持农民专业合作社发展。按照“企业＋基地＋合作社＋农户”的经营模式，联合市供销社，采取评审考核的办法，对拟扶持项目的审批手续、用地落实、资金规模、实施方案以及合作社的工商登记、年销售额证明、入社成员明细、上年度财务报表等8项内容进行实地考察评分，并组织专家对项目的可行性和预期效益进行评审，精心筛选出龙口万福花卉、宅梧康之源蔬果等121家专业合作社纳入财政扶持范围。市、镇两级财政设立专项资金，对每

个新成立的合作社补助不少于3 000元，农机购置补贴优先保障农民专业合作社生产需要。2011－2013年，鹤山各级财政共投入269.5万元鼓励农产品加工流通企业、农村基层党组织及村、组干部等多元主体参与创办合作社，带动农民致富。

二、以完善社会发展机制为重点，推进城乡公共服务一体化

鹤山市财政着力完善财政支农政策体系，重点支持农村社会事业发展和农村公共基础设施建设，促进城乡统一制度建立，让城乡居民共享经济社会发展成果。

（一）推动城乡义务教育均衡发展

从2013年起三年内，逐年提高农村、城镇免费义务教育公用经费补助标准，小学每生每学年提高200元，初中每生每学年提高400元，到2015年达到小学1 150元、初中1 950元的水平，实现义务教育生均经费城乡同等标准。设立校舍维修改造专项资金，按照学生数和生均标准计算安排，每年列入财政预算。其中生均校舍维修经费标准按生均校舍面积标准、单位面积校舍造价及校舍使用期限综合确定，2013年按小学每生80元、初中100元安排用于优化中小学校基础设施建设和校舍安全管理资金达4 363万元。

（二）推动农村公益事业蓬勃发展

围绕“村民民主决策、自愿出资出劳”的原则，积极探索建立“政府资助、农民参与、社会支持”的村级公益事业建设新机制。对村民一事一议讨论通过的村内公益事业建设项目，严格执行村委会申报、镇（街）政府初审和市财政局、农业局审批三级联审制度，根据社会发展的形式和民生保障的阶段性变化，筛选出条件成熟、民众诉求强烈的农村公益资助项目。2013年，鹤山市全面铺开一事一议财政奖补项目建设，全市86个项目总投入3 975.09万元，其中农民筹资筹劳2 650.11万元、申请中央和省财政补助530万元、江门市财政补助397.49万元、鹤山市财政补助397.49万元，覆盖村内户外道路、小型农田水利、村容村貌改造、人畜饮水、环卫设施、文化体育设施等公益项目。

（三）推动公共交通体系向农村延伸

建立“政府引导、多元投入”的农村公共交通建设机制，鼓励客运企业投资完善农村客运网点硬件设施，目前，全市9个乡镇全部建成客运站，115个行政村均建有钢筋混凝土A类候车亭，全部开通农村客运或公汽班车，完成符合客运条件的行政村100%通班车的目标。同时，建立公交优先保障机制，市财政启动价格补贴机制，2011－2013年间共发放农村客运补贴资金656万元，有效缓解了农村客运因油价上涨形成的成本负担。

三、以引领生态文明建设为重点，推进城乡环境整治一体化

鹤山市财政将农村生态环境整治纳入公共财政保障的重点，采取多元筹措、补助激励等完善资金保障长效机制，以点带面，有力支持了社会主义新农村建设。

（一）给力林业生态建设

按照分级负责、多元投入的原则，建立“政府补、部门筹、企业引、社会集”的林业生态建设机制。市财政对高速公路20米范围内绿化景观带和1公里可视范围内的林地种植套种或改造建设，按照每亩500元的标准落实抚育管护资金790万元，鼓励企业和个人通过捐资造林或认种、认养等多种形式，参与生态景观林带和森林进城围城工程建设。全市生态景观林带和森林进城围城工程建设已累计投入资金近1 150万元，建成广湛高速铁丝网外20米范围和西江生态景观林带25.45公里、种植面积2 630亩，完成了106条村“万村绿”绿化任务，建成杰洲村等10个农村“森林进城围城”示范村。

（二）破解农村垃圾处理难题

积极探索创新农村环境卫生长效管理机制，建立“市镇财政补贴一点，村里出一点，村民筹一点，部门帮一点，社会助一点”的投入机制，多渠道筹集资金，全面推进“户收集、村集中、镇转运、县处理”的农村生活垃圾处理模式。市财政按照“逐年配套、分批实施”的原则投入2 000万元改造和建设城乡环卫基础设施，改革垃圾处理收费征收方式，合理制定收费标准，将收费政策逐步辐射到各镇（街），资金专项用于村镇生活垃圾处理。截至2013年底，鹤山1 083条自然村设置村级垃圾收集点（垃圾桶、垃圾池等）1 730个，农村垃圾收集率达100%，无害化处理率达91.5%，有效破解了“垃圾围村”的难题。

四、以建立十大民生体系为重点，推进城乡社会保障一体化

鹤山市财政坚持共建共享的理念，从制度创新入手，按照“城乡一体、全面覆盖、低点起步、逐步提高”的思路，建立起养老、医疗、住房、就业、救助等“十大民生保障体系”。

在养老保障上，构建以个人缴费、集体补助、政府补贴为基础的新型农村养老保险体系，实行城乡统一政策、统一制度、统一待遇管理，截至2013年底，鹤山新农保实际参保人数14.2万人，参保率为99.1%，基本实现全覆盖的目标。在医疗保障上，在江门率先实行城乡居民基本医疗保险一体化，统一市、镇两级参保缴费比例、基数和待遇，实现城乡医疗保障均等化，全市各类医疗保险参保人数达39.6万人，其中城镇医保3.2万人、农村医保23.9万人，全民参保率为96.98%。在低保救助上，建立城乡居民

最低生活保障标准自然增长机制，城镇低保由2011年每年290元提高到2013年每年390元，农村低保则由每月160元提高到260元，年均增长率分别7%和12.9%，在江门地区率先实现城乡医疗救助“一站式”即时结算服务全覆盖，累计救助9 163人次，有效解决了困难群众看病贵、报销难的问题。在住房保障上，建立以廉租住房和公共租赁住房为主的住房保障制度，采取实物和货币相结合的配建方式，将城镇低收入家庭、农村低保家庭和外来务工人员纳入住房保障范围，基本解决城乡低收入家庭住房困难。2011－2013年累计开工建设保障性住房2 077套，竣工验收1 054套，均超额完成当年保障性住房的目标任务。在就业保障上，采取政府购买、群众培训的方式，2012－2013年间落实“双转移”补助资金643万元，组织13 994名农村劳动力参加培训，培训后转移就业9 263人，在实践中探索创业模拟实训、创业孵化、创业指导“三位一体”的服务模式，使611名农民工通过积分制顺利入户城镇。

（鹤山市财政局供稿，余文涛执笔）

湛江市

推行公务卡改革 节省财政支出

吴川市于2012年11月启动公务卡结算制度改革，2013年全面铺开，全市所有581个行政事业单位纳入公务卡改革范畴，实现了公务卡结算制度改革全覆盖。2013年全市各预算单位公务卡结算率达60%，全年的预算单位“三公”经费支出5 324万元，比2012年压减了1 447万元，减幅率达21%，改革效果显著。

一、主要做法

（一）理清思路，定好标杆

为确保改革取得实效，市财政局积极探索，搞好调研，结合实际梳理并综合归纳改革方法、方案、环境、成本、阻力及效益，进一步厘清思路，定好标杆，将公务卡改革定位于“控制现金流量和管理现金的风险，增强公务支出透明度，进一步提高预算执行的效率和监控水平”的出发点和归宿点；同时，将公务卡改革的各环节工作细化，绘制改革流程图，切实做到思路清楚，责任落实，措施到位，确保改革工作有序性和连贯性。

（二）领导重视，责任到位

市委、市政府高度重视公务卡改革工作，从成立机构、制订暂行办法和改革实施方案，到制定公务卡操作规程和有关公务卡各项制度，都给予指导。为确保改革落到实处，市财政局层层落实工作责任制，实行分片、分线包干责任制。局长与班子成员、班子成员与分管股室（中心）、所的负责任人、股室（中心）和所的负责任人与联系人、联系人与服务单位责任人的四级分层责任制，切实做到一级抓一级，层层抓落实，确保机构、措施、人员、责任“四”到位，形成齐抓共管工作格局。

（三）方法正确，措施得力

财政局精心组织、落实措施，扎实抓好改革基础工作。同时采取创新方法方式，实施公务卡改革目标绩效考核机制，激发活力，确保改革推进有力，依法依规，运作有序，突出了“五个有力”和“五个确保”。

一是政策宣传和发动工作有力，确保思想认识到位。召开了市直预算单位和扩点扩面改革两个动员大会，统一思想认识，形成共识；与此同时，通过信息媒体等形式广泛宣传，扩大影响，营造良好的改革氛围。为使预算单位领导重视和支持这项改革，局主要领导带领公务卡改革小组成员深入到预算单位进行政策宣传发动和听取单位人员的意见和建议。对乡镇基层，必要的与当地党委书记、镇长召开现场会，将公务卡改革政策讲透讲深讲彻底，确保公务卡改革政策传到位，提高了乡级人员对公务卡改革重要性和必要性认识；另一方面代理银行主动上门做好发领卡的前期辅导工作，夯实公务卡改革思想阵地，为扎实推进改革打下了良好的基础。

二是业务培训务实有力，确保改革稳步推进。为便于预算单位财务人员更加了解和全面掌握公务卡的政策规定，市财政局编印了《吴川市公务卡系统培训及操作手册》，1 200多本分发到预算单位相关人员手中；分期分批举办了3期培训班，派出业务骨干对公务卡结算制度、操作流程、开卡及管理的注意事项，以及系统技术操作进行讲解，并邀请代理银行主讲相关银行业务，促使预算单位财务人员和用卡人员准确理解公务卡管理相关制度规定，确保公务卡结算制度改革工作有条不紊推进。

三是服务环境夯实有力，确保改革硬件到位。一方面，建立吴川市公务卡消费数据信息库，健全公务卡专门的网络连接；另一方面，引导商家主动申请安装POS机，增加商业网点POS机布设数量和密度。为解决乡级公务卡消费受理环境难的问题，局主要领导带队下乡考察和调研，对全市15个镇（街），没有开设POS机的商场、服务场所，立即联系当地镇党委、政府、工商、税务及银行等部门，实地现场召开办公会议，采取出实招拿措施，积极引导商家按照乡级经营如百货、日杂、文体用品、五金交电、办公家具、药品、饭店、加油站等行业，基本上能满足基层预算单位的公务消费要求，为推进公务卡结算改革创造良好的外部环境。

四是工作机制创新有力，确保改革落到实处。为确保完成公务卡改革任务，市财政局实施公务卡改革目标绩效考核机制，采用挂点形式责任到人和单位，分工督办预算单位按时按目标完成开卡任务及进行结算，并实施对绩效考核奖罚措施，较好地调动了干部主观能动性，激发了改革活力，力促其集中精力抓好改革工作，确保公务卡改革任务按时完成。

五是报销流程探索有力，确保改革依法依规。针对公务报销流程，结合国库集中支付系统，统一印制“费用报销单”，要求各单位持卡人办理公务卡结算资金报销要附相应消费发票及POS机刷卡小票，经单位领导审批签字同意，符合财务管理制度规定的才给予办理报销还款，确保公务报销依法依规。同时，界定推进公务卡后的现金管理范围，对推进公务卡后的现金使用管理有关问题制定一系列管理规定；对原使用转账方式结算的继续使用，确保公务卡改革的财经制度衔接性。

（四）密切配合，形成合力

加强与银行、监察、审计等部门沟通协调，促使其达成改革共识，工作上各司其职，各负其责，形成推动改革合力。如发卡银行为预算单位实行公务卡改革提供绿色通道；纪委、监察、审计强化纪律约束和监督检查，确保公务卡改革顺利实施；预算单位管理好本单位人员用卡、刷卡消费、报销还款等工作；商家企业主动申请扩大商业网点POS机具布设数量和密度，进一步改善服务环境。

（五）强化督查，确保质效

建立监督检查和信息反馈机制，开展定期和不定期的检查，对各地实施改革情况进行通报。同时，纪委、监察、审计等部门对全市公务卡改革实施情况进行联合专项检查督促，重点纠正规避用卡、违规用卡、持“休眠卡”等不良现象，尤其重点抽查公务卡使作频率低以及提取现金较多的部门单位，杜绝公务卡“发而不用”的现象；严肃查处没有严格执行公务卡强制结算目录行为的单位，确保推进公务卡改革的健康实施。

二、主要成效

（一）压减“三公”经费支出，实现“零增长”

实施公务卡改革后，实现了公务支出信息电子化，公务支出“雁过留声、消费留痕”。不仅可以实时掌握预算单位零余额账户向公务卡账户的报销还款信息，而且还可以全面了解每一笔刷卡支出的详细信息，有效解决了传统公务消费的现金支付存在信息不对称问题，实现了对公务消费动态全程监控，较好地压减“三公”经费支出。2013年全市的预算单位“三公”经费支出5 324万元，比上年压减了1 447万元，减幅率达21%，实现“零增长”，确保了省委、省政府提出的“五个零增长、四个减半”目标落到实处。

（二）加强财务监督，促进反腐倡廉建设

实施公务卡制度改革是贯彻“八项规定”之措、倡厉行节约之风，公务支出的具体消费事项有据可查、有迹可循，单位财务部门可以准确详细地查询到每笔公务支出的具体时间、地点、金额、收款人名称及账号信息，进而能够全面审核公务支出的真实性、合法性与合规性，从根本上解决现金支出审核难的“痼疾”，较好地杜绝了虚开发票、搜集发票、多报支出的现象，堵塞了公务消费现金支付管理漏洞，强化财务监督，实现了对公务消费动态全程监控。增强公务支出透明度，接受群众和社会监督，从源头上治理腐败，促进党风廉政建设和反腐倡廉建设。

（三）深化国库集中支付制度改革，提高工作效率

公务卡结算方式丰富了预算单位公用支出结算手段，弥补了国库集中支付制度的不足，使国库集中支付制度更趋完善。通过公务卡的透支功能和转账结算功能，简化了资金结算流程，减轻了机关财务管理人员和公务消费经办人员的工作量，提高了工作效率。

（四）维护资金安全，提升财务管理水平

推行公务卡结算方式后，预算单位基本上不需要提取大额现金备用，没有管理现金的风险，保障了资金安全和财务人员安全。同时公务卡具有透支转账结算和融资功能，可避免白条抵库，有效解决了现金支付存在的诸多问题：一方面可加强现金管理，进一步规范财务管理；另一方面，可减少财务人员手上现金量，最大限度减少出现差错，进一步提升了财务管理水平。

（吴川市财政局供稿，黄海执笔）

大力开展组财镇管试点工作

湛江坡头区自推行村财镇管，实施农村财务管理规范化建设以来，农村财务管理明显好转。但随着社会经济的快速发展，因农村村民小组财务问题引发的上访事件时有发生。针对这种现状，坡头区委、区政府决定深化农村财务管理方式改革，在全区范围内开展组财镇管试点。试点工作进展顺利，成效明显。

一、坡头区开展组财镇管的基本情况

坡头区共有6个镇（街），52个村（居）委会，689个村民小组。全区总人口39.4万多人，其中农业人口24.3万多人。农业人口占全区总人口的比例接近62%。

此次组级会计委托代理试点工作在完善农村财务管理规范化管理工作的基础上，采取“成熟一个、推进一个”的做法。全区各镇（街）已有108个村民小组的财务纳入会计委托代理试点，占全区村民小组总数的16%。村民小组试点范围已经涵盖全区6个镇（街），其中官渡镇21个、乾塘镇18个、麻斜镇5个、坡头镇32个、南调街道办11个。

（一）开展组财镇管试点前财务管理存在的问题

此前农村财务管理的重点是村级财务，村民小组财务采取自行管理模式，长期游离于监管之外，存在的问题比较多。

1. 日常开支混乱。据调查，村民小组日常开支管理混乱，非生产性开支过大，部分村存在收支失衡的现象，支出远大于收入；村干部存在乱花钱、乱开支、虚假开支、虚高开支等情况。

2. 三资管理混乱。一是资金管理失控。当前村民小组财务资金普遍存在“公款私存”或“公私混存”现象，数额由数千元到上百万元不等；部分村民小组虽然开设了集体账户，但由于村干部权力过分集中，缺乏群众监督，集体资金管理处于失控状态。由于缺少监管，很容易造成集体资金被挪用、侵占等问题。二是台账管理不善。“三资”管理台账不健全、不完善状况普遍存在。部分村民小组对属于集体的资金、资产和资源家底不清、情况不明、管理混乱。特别是对集体土地、国家强农惠农资金和集体收益等重要项目登记不全、不细，甚至没有登记。由于台账管理不善，导致集体“三资”产权不明晰、长期闲置浪费或被挪用占用等诸多问题的发生，资产流失严重。三是“一言堂”管理。部分村民小组“决策一言堂、审批一支笔”现象突出。村集体资产发包、出租不按规定程序召开村民大会或村民代表会议讨论决定，不公开、不进行招投标，由村民小组长或村干部说了算；部分集体资产发包不规范，发包时间长达数十年；部分发包项目到期后，甚至是还没到期，就在村干部的干预下一再延包，包金远低于正常标准。

3. 财务账目混乱。按照目前农村财务管理情况，村民小组财务仍处于自行管理阶段，游离于财政监管之外。村民小组的财务账目主要由村民小组长等少数几个村干部掌握。部分村干部由于思想上没有意识到财务的重要性，没有按相关制度进行管理；大多数组级财会人员未受过专业培训，会计核算极不规范；个别财会人员根据村民小组长意愿处理会计业务，导致会计信息失真失实。一些村干部换届时不进行财务审计移交，经常出现“包包账”、“断头账”，村集体财务资料不全、缺损情况时有出现。

4. 集体债务混乱。部分村民小组历史遗留的债务问题比较严重。特别是近年来一些村民小组在新农村建设中，不根据自身情况盲目开展的基础设施建设，导致“旧债难清、新债又增，村级债务连年累加”情况的不断出现；离任村干部不及时清还或清理移交债务，接任村干部对此要么不认账、要么认账没钱还，直接造成农村债务纠纷问题的出现。

5. 财务公开混乱。大多数村民小组财务不公开或公开不及时；公开内容不明晰，对基建工程项目、土地补偿费专项拨款等重大项目不进行专项公开；公开程序不规范，没有对群众反馈上来的意见进行公开答复；公开的内容群众“看不清、弄不懂”。

（二）开展组财镇管的主要做法

坡头区财政局先后派出十多个工作组对全区300多个村民小组进行调研，查找村民小组财务管理问题的成因，听取群众汇报和建议。针对村民小组财务管理现状和调研查找出来的问题，坡头区决定在全区范围内，以“组级会计委托代理”为抓手，开展组财镇管试点工作。

1. 加强领导。坡头区委、区政府高度重视组级会计委托代理服务试点工作，将之列为区中心工作抓好落实，并成立了以分管财政副区长为组长、相关职能部门负责人为成员的组级会计委托代理试点工作领导小组。同时，区政府组织召开各镇（街）党政一把手会议，布置组级会计委托代理工作任务和目标，确保试点工作有序推进。

2. 制定方案。结合工作实际，因地制宜，制定切实可行的组财镇管工作实施方案和一系列配套措施，明确工作要求、目标、重点，为试点工作稳步有序推进奠定政策依据。

3. 深入动员。采取全方位、多角度宣传手段，组织召开镇、村、组三级宣传动员大会。针对个别村组干部试图阻碍试点工作推进的情况，镇领导和财政所干部多次深入村组广泛发动，宣传政策，通过召开群众表决大会的方式，取得村干部和群众理解与支持，为试点工作的开展夯实基础。

4. 具体措施。一是产生理财小组。各村民小组结合实际，依照规定通过民主程序产生报账员和民主理财小组成员。二是签订委托协议。经村民大会或村民代表会议讨论通过，镇财政结算中心与各村民小组签订书面委托协议。三是加强业务培训。镇财政、农业等职能部门对镇财政结算中心财会人员和组级报账员进行业务培训。目前已培训100多人。四是清理组级账务。各镇成立财务清理小组，协同组级财会人员、民主理财小组成员，对各村民小组的账务进行全面清理核查。各村民小组对财务清理核查结果进行张榜公示，接受群众监督，并将会计业务及结存资金向镇财政结算中心进行移交。开展代理服务，镇财政结算中心推行规范化、制度化、电算化管理，开设组级集体账户，统一报账制度和审核程序，规范会计核算，按月或季度打印财务报表向群众公布。建立会计档案，镇财政结算中心设立专门档案室和档案柜，对组级会计档案资料实行统一保管、分柜存放。

（三）开展组财镇管试点取得的初步成效

1. 农村财务得到规范。开展组级财务会计委托代理试点，深化了村级财务管理方式改革，为建立健全高效、统一的组级财务管理体系和监督体系，全面实现管理“科学化、规范化、民主化、制度化”的服务体系奠定良好的基础。

2. 监管职能得到强化。试点工作的开展，推动和规范了民主理财小组的建立，完善了管理组级财务的措施手段，强化了理财小组及相关政府部门的监管职能。

3. 债权债务得到控制。实行会计委托代理后，规范了组级财务管理，村干部开支的随意性受到制约，集体资产流失状况得到遏制，农村债权债务随意增减局面得到控制。

4. 上访矛盾得到缓和。据不完全统计，近年来坡头区群众上访事件中有50%以上涉及农村财务问题，村民小组财务问题引发的又占到这其中的90%。去年该区龙头镇发生一起因虾塘承包引发命案的案件，经查实就是村民小组长为谋取私利，低价发包，导致集体经济受损引发的。根据试点的反馈情况，已经实行会计委托代理的村民小组，财务管理明显加强，尤其对村集体“三资”管理的加强，得到了群众的认同。组级清产核资工作的开展，解开了部分群众心中的财务纠结问题，有效地缓解了农村财务上访矛盾，进一步推动了新农村建设的开展。

5. 干群关系得到密切。组级会计委托试点工作，实现了政府职能由管理型向服务型的转变。在确保村民小组资产、资金、资源所有权、使用权、审批权和收益权不变的前提下，明确了村干部的经济责任，给干部一个清白、还群众一个明白，密切了干群关系。部分村干部反映现在工作开展比以前更顺利了。

二、坡头区开展组财镇管工作后存在的问题

虽然组财镇管试点工作在坡头区进展顺利，有力促进了农村财务管理工作向科学化、规范化、精细化发展，但也存在不少问题。

（一）思想重视程度不够

一是部分基层领导对加强农村财务管理、推进组财镇管试点工作意义的认识不足，工作热情不高。存在“重经济发展，轻财务管理”的片面意识，没有把农村财务管理工作作为当前农村工作的重中之重来抓，认为只要按上级考核要求做好工作就行了。

二是一些基层干部存在畏难情绪，怕得罪人，怕承担更多的工作任务。

三是部分村干部认为规范财务管理、实行民主监督和决策影响自己的权威，以后工作不好开展；部分村干部从个人利益考虑不配合开展工作。

（二）监督管理有待健全

一是缺乏健全的管理队伍和有效的管理措施。乡镇机构改革和调整农村财务管理职能后，湛江主要由镇财政结算中心（乡镇财政所）提供农村会计代理服务，具体负责农村财务管理指导、监督和审计工作。除此之外财政所还担负着乡镇财政收支预算编制、执行及管理，各项支农惠农专项资金的发放和监管，乡镇政府机关、事业单位会计代理等职能。受人员编制所限，乡镇具体负责农村会计代理和财务管理的人员只有2－3人，财政所管理工作陷于日常事务管理，无法对数量众多的村（组）实施广泛深入的财务管理和审计监督；同时，这种既当运动员又当裁判员的模式也不利于监管工作的开展。

二是镇级财政结算中心人员编制、办公条件、办公设备、办公经费不足，工作人员业务水平不高，对农村财务工作不够熟悉等，制约了试点改革成效。

三是农村财务会计委托代理制在政策设计上属于非强制性的行政行为，会计委托代理要在村民自愿的基础上才能实现。前期宣传发动工作不到位，工作意识不强，工作方法（方式）生硬不切合实际，再加上村干部不配合、村民不理解，都会造成代理工作推进上的困难。坡头区就遇到村集体资金账户已经共管、协议已经签订，因村干部不配合造成试点工作停滞不前的情况。

四是群众民主监督乏力。群众民主监督的主体包括农村财会人员、民主理财小组（监事会）、村民大会或村民代

表会议和普通村民；而作为监督对象的村干部往往又是民主监督的组织者和领导者。小农经济的价值观、封闭保守的视界和较低的文化素养，“老弱病残”和“3861 部队”的留村结构，直接影响着村民参与民主监督的主动性、积极性和有效性。

（坡头区财政局供稿，黄伟盛、肖益民执笔）

茂名市

加快民生支出进度　推进基本公共服务均等化

茂名市调整优化支出结构，加快民生支出进度，推进基本公共服务均等化，确保公共财政阳光普照到广大人民群众身上。2013 年全市公共财政预算支出 218.5 亿元，同比增长 13.6%，其中民生支出 164.47 亿元，占财政总支出的 75.3%，同比提高 0.7 个百分点；全市配套全省十件民生实事资金 28.6 亿元，完成省下达任务的 194.8%，支出进度排在全省第 1 位。

一、提高财政资金调度效率，确保全省十件民生实事顺利推进

在国库资金紧张的情形下，认真分析每月收入来源，及时收集各业务科室需支付 100 万元以上的项目，制订逐月支出计划，确保民生支出需要。制定了《茂名市市级与下级财政往来资金管理暂行办法》，对市财政与下级财政调度、拨付和清算的财政性资金进行规范管理，及时准确下拨各县（市、区）的往来资金，提高财政资金调度效率。2013 年市级转下拨各县（市、区）固定性补助 25 亿元、专项资金 10.77 亿元，确保全省十件民生实事资金足额安排预算并及时拨付到位。全市配套全省十件民生实事资金 28.6 亿元，完成省下达任务的 194.8%，支出进度排在全省第 1 位。其中五项民生实事资金超任务完成：投入“促进教育均衡协调发展”资金 14.98 亿元，完成省下达任务的 248.6%；投入“加强基本医疗卫生服务”资金 6.52 亿元，完成省下达任务的 152.4%；投入“改善农村生产生活条件”资金 1.04 亿元，完成省下达任务的 152.2%；投入“开展助困扶残”资金 4.75 亿元，完成省下达任务的 194.4%；投入“加强住房保障”资金 7 711 万元，完成省下达任务的 180.6%。从住房公积金增值收益中重点安排并严格按省政府规定从土地出让收益中按不低于 10% 的比例筹集保障性住房项目资金，全市新开工建设的保障性住房 2 303 套，工程开工率为 107%，保障性住房建设完工的 2 453 套，工程完工率达 115.7%，两项指标均超额完成省下达任务。

二、落实底线民生资金，确保公共财政阳光普照万家

全市财政部门不断加大资金投入、调整补助标准、扩大覆盖范围，确保低保、五保、养老等五项民生政策落到实处，确保公共财政阳光普照到最底层、最贫困群众身上。2013 年全市社会保障和就业支出 30.09 亿元，同比增长 18.3%。

（一）落实城乡低保资金

及时调整城乡低保标准，城镇、农村每人每月分别达到 275 元和 185 元，补差水平分别为 242 元/月和 109 元/月，达到省制定的四类地区标准。全市居民最低生活保障已保 93 436 户，人数 202 871 人，发放最低生活保障费23 104.68 万元。

（二）落实农村五保供养资金

按照每年不低于当地上年度农村居民人均纯收入 60% 的要求，全市农村五保供养对象 35 532 人，集中和分散供养水平分别达到年人均 6 559 元和 5 683 元，全年增加五保供养资金 11 023 万元。

（三）落实城乡居民基本养老资金

市财政积极落实城乡居民基本养老配套资金 8 720 万元，城乡居民基础养老金标准由每人 55 元/月提高到 65 元/月，惠及全市 67.35 万老人，使之真正享受到老有所养、老有所依的幸福晚年生活。

（四）落实医疗救助资金

坚持以人为本，努力为老百姓办好事办实事，确保老百姓病有所医。全市城乡医疗救助资金支出 2 580.58 万元，其中重大疾病救助金支出 1 256.08 万元，救助 6 746 人次，极大地解决了困难群众“看病难”问题，切实做到了为群众排忧解难。

（五）落实残疾人生活津贴、重度残疾人护理费资金

按照残疾人生活津贴100元/人·年、重度残疾人护理费600元/人·年的发放标准和市、县（市、区）两级3∶7的比例，积极落实市本级配套的残疾人生活津贴、重度残疾人护理费资金218.47万元，并及时下拨到各县（市、区），确保尽早将补助资金发放到贫困残疾人手中，使他们的基本生活得到保障，坚定生活信心，更好地回报社会。

三、加大教育投入，促进教育资源均衡配置

（一）落实免费义务教育资金

茂名是人口大市、教育大市，全市共有免费义务学校1 906所，在校学生98万人。2013年全市投入免费义务教育资金8.95亿元，同比增长39.5%。提高生均公用经费补助标准，小学每生每年由550元提高到750元，初中每生每年由750元提高到1 150元。及时下达免费义务教育经费，开学前的十天预拨经费一次、学期中按在校学生人数及补助标准核拨经费一次，保证了义务教育学校教学正常运作，同时在经费安排上重点向义务教育发展的薄弱环节倾斜。从2013年春季学期起开始实施统筹义务教育公用经费，统筹经费不得超过学校应拨经费总额的20%，余下部分拨付学校作为公用经费使用。2013年市直统筹了1 044万元，用于市直薄弱学校教学设施的改善。

（二）积极筹措创建教育强市资金

茂名市教育“创强”工作从2012年至2015年，约需投入资金42亿元，由县（市、区）和镇两级政府共同承担，以县（市、区）筹措资金为主。市级财政整合教育费附加、地方教育附加、土地出让收益中10%等教育专项资金作为教育创强统筹安排使用，计划在2012－2015年共安排3.72亿元，对全市103个镇和6个县（市、区）以及高新区、滨海新区进行奖补。2013年市级财政下达教育创强专项资金1.27亿元，用“以奖代补”的方式，对通过省督导验收的教育强县（市、区）和教育强镇（街）分别给予奖励，共补助教育强镇53个，年内有9个镇通过验收。同时，通过市国资公司向市农信社贷款融资2亿元，专项用于加快完成全市教育创强任务。

（三）落实山区和农村边远地区义务教育教师岗位津贴

全市符合发放条件的学校达1 735所，教师52 997人，每年共需资金3.8亿元。2013年，全市落实山区和农村边远地区义务教育教师岗位津贴2.15亿元，促进了义务教育均衡发展，鼓励和吸引优秀人才到山区和农村边远地区中小学从教，稳定了山区和农村骨干教师队伍。

（四）实施扩大中职免学费政策

根据省的统一部署，从2012年秋季学期开始，扩大中职免学费的范围，享受免学费的中职学生补助面由30%扩大至96%。2013年全市投入11 076.43万元，受惠学生4万名。

（五）落实从学前到大学的学生资助政策，健全对困难学生全覆盖的助学体系

以“奖、补、贷、助、减、免”多层次全方位建立和完善各级各类学生资助政策体系，既奖励优秀学生，也为家庭经济困难学生解决后顾之忧。在学前教育阶段，从2012年起建立学前教育资助政策，2013年下达学前教育资助1 144万元，资助学前困难幼儿2万多人；在义务教育阶段，实施家庭经济困难学生生活费补助政策，全市下达资助2 628万元，惠及学生95 584人；在高中阶段教育，实施中等助学金、普通高中助学金、中等职业学校免学费政策，全市拨付助学金和免学费补助资金11 076.43万元，受益学生4万多人；在高等教育阶段，按每生每人3 000元的标准，下达大学新生资助80.7万元，资助学生220人。

四、落实财政支农政策，促进农业增效农民增收

（一）加大农村基础设施建设扶贫力度，安排农村基础设施建设资金1.49亿元

拨付农村困难住房户建房补助4 666.95万元，在省每户补助1万元的基础上，市、县（市、区）两级每户分别安排补助0.25万元。拨付不具备生产生活条件贫困村庄搬迁补助5 387万元。市级财政安排695万元推进全市名镇名村、幸福村居示范点建设。

（二）拨付“规划到户责任到人”扶贫双到资金1.59亿元全市经省认定的贫困村有240个，贫困户41 441户，贫困人口176 428人

（三）加大对农村基层组织经费保障

拨付贫困村基层组织经费补助8 368.76万元，对全市1 443个村委会的村干部生活补贴、“两委”干部通讯和村级办公经费进行补助。市级财政拨付离任村干部生活补助1 315.05万元。

（四）拨付村级公益事业“一事一议”资金5 444.5万元，竣工项目186个，加强对项目实施情况进行跟踪和督促检查

（五）完善落实农业补贴政策

拨付农作物良种补贴3 796万元、畜牧良种补贴600万元、农机购置补贴3 515万元、能繁母猪饲养补贴606.58万元、政策性农业保险保费补贴343.38万元。发放国家农资综合补贴和种粮直补补贴资金2.5亿元，受惠农户

106.24万户，补贴面积320.75万亩。2009－2013年全市累计拨付家电下乡补贴财政资金2.24亿元，补贴家电销售75.87万台，对扩大内需拉动消费起到了积极的作用。六是市级财政落实城乡清洁工程资金1 481万元，按照“一县一场”、“一镇一站”、“一村一点”的建设目标，推行以奖代补方式，充分调动各级积极性。

（茂名市财政局供稿，梁建旭、蔡茂彬执笔）

肇庆市

以第三方评价为突破口　推进财政预算绩效管理

肇庆市财政支出绩效评价起步于2005年，经过多年的发展，初步形成了年度财政支出重点项目绩效评价常态化、项目绩效目标申报规范化的工作格局，财政绩效评价工作取得了一定的成效。随着全省财政预算绩效管理工作的深入推进，在绩效管理面越来越宽、质量要求越来越高、时效性越来越强的情况下，如何将管理关口前移，打开工作新局面，是摆在肇庆财政部门面前亟待解决的问题。从2013年起，肇庆市财政局以第三方评价为突破口，推进预算绩效管理，并提出了“从发挥绩效管理作用着眼，从试点第三方评价着手，从扩展多层次管理着力，推动预算绩效管理再上新台阶”的工作思路，推动财政改革深入拓展。

一、财政预算绩效管理的做法和成效

有别于以往侧重事后评价的工作模式，预算绩效管理通过目标管理、绩效跟踪、绩效评价、结果应用环环相扣的形式，实现管理效能最大化。9年来，累计评价项目151个，项目财政支出金额78 840万元。为促使工作转型，肇庆市财政局从2013年起，试行财政预算绩效管理。

（一）管理前移，开展项目预算绩效目标第三方评价工作试点

借助社会中介人才、技术力量及其相对独立的优势，为预算绩效管理提供必要的智力和技术支持。肇庆市财政局于2013年11月，对市直10个2014年度申请预算金额在100万元以上的项目实施预算绩效目标第三方评价试点。评价工作流程为：（1）部门（单位）编报项目预算的同时编报绩效目标；（2）财政部门对提交的绩效目标和辅证资料预审后，组织第三方评价；（3）将第三方评价报告作为安排预算的重要参考依据；（4）财政局在下达项目预算指标的同时下达预算绩效目标。

通过实施预算绩效目标第三方评价，财政支出实现绩效管理关口前移。在明确要求部门（单位）编报项目预算绩效目标时须详列计划开支及阶段性目标的同时，还将第三方评价专家评审答辩会情况在《西江日报》进行报道，广泛宣传。肇庆市财政项目预算绩效目标第三方评价基本确定了绩效目标审核规范专业化、绩效评审内容详细化、预算绩效管理扩大化的工作框架。

（二）花钱问效，试行重点项目专项资金使用绩效第三方评价

绩效评价是预算绩效管理的核心，通过对资金使用效果事后评价，以检验财政资金使用预期目标的实现程度，强化和改进资金管理。为提升评价工作质量与客观性，2013年10月，肇庆市财政局制定《2012年度肇庆市市级财政专项资金使用绩效第三方评价工作实施方案》，通过整体委托第三方评价机构的方式，对建设教育强市资金等共涉及市级财政资金3 685万元的3个项目实施第三方评价。评价工作流程为：（1）绩效自评环节，由项目部门（单位）提交自评报告、表格及相关佐证材料；（2）评价工作实施环节，包括自评审核分析、专家组现场评价、第三方机构撰写提交评价报告；（3）评价结果应用环节，财政部门根据评价结果，为以后年度调整或优化该类财政资金分配的提供重要依据，同时将评价报告反馈项目部门改进工作，并送市审计局等相关部门作为绩效问责依据。

通过委托第三方机构进行绩效评价，充分调动各方专家参与，使评价结论更具客观性、公正性、实用性，弥补了财政部门专业人员不足、财经专业以外知识有限的缺陷，有效提升了财政部门在预算绩效管理中的话语权。

（三）各方配合，同步实施财政支出项目资金绩效多层次管理

绩效管理牵涉面广，系统性强，需各方配合形成合力，才有好的效果。为此，按照省财政厅《关于推进广东省财政绩效管理改革的指导意见》精神，肇庆市财政局注重拓展多层次绩效管理。一是财政部门牵头机构主动履职。绩效评价科切实履行自身职责，牵头做好绩效管理工作，布置年度绩效评价项目，做到“年初有计划、年中有评价、年末有结果”。二是财政部门业务机构协助跟踪。财政业务科主要参与归口管理部门目标申报资料的催收、初审，对项目跟踪检查后定期向绩效评价数据库提供项目资金跟踪管理情况数据，对单位自评报告出具资金使用方面的初审

意见等。三是项目实施部门积极参与。单位自评工作组织机构切实加强自评工作组织和项目管理。四是外部配合部门协调联动。加强与审计、监察、人事等部门的工作联系，引入第三方评价，推动形成多方参与、聚拢多股力量、多层次配合的绩效管理效果。

（四）扩面提标，切实指导各县（市、区）铺开预算绩效管理

为使财政预算绩效管理在全市范围由点到面逐步铺开，肇庆市财政局积极指导各县（市、区）开展预算绩效工作。一是印发指导性文件。印发《县（市、区）2013年财政绩效管理工作要点》，指导各县（市、区）绩效工作开展，推动县级财政绩效管理工作由配合上级财政支出项目绩效评价为主转到县级财政资金绩效管理为主。二是明确县（市、区）年度工作目标及具体任务。在配合完成省、市项目评价和县级财政资金绩效管理工作任务的同时，健全管理机制并建立各工作环节相关制度，并要求基础较好的县（市、区）率先探索财政资金竞争性分配、第三方评价等工作路子。三是加强对县（市、区）财政绩效管理工作指导和督促。整理绩效管理相关工作制度、管理规程、工作方案、工作经验等材料向县（市、区）绩评部门派发，为各地财政部门提供较为全面的参考材料，帮助其健全完善绩效管理工作机制与体系。

二、预算绩效管理存在的问题和困难

（一）绩效管理专业水平还需提高

随着绩效管理深入推进，绩效管理范围越来越大，要求越来越高，财政部门专业人员不足、财经专业以外知识面不宽的瓶颈问题越来越突出，一定程度上影响了财政支出绩效管理的深入推进。

（二）管理运行模式有待改善

随着预算绩效管理的推进，工作量的急剧增加，管理运作上的问题也日益凸显：一是原绩评材料报送、审核形式难以适应日渐增大的绩效管理工作量，而广东省财政绩效管理信息系统软件虽由省财政厅组织开发和推广，但未十分成熟，目前尚未在全省大规模应用。二是在绩效管理实践中，不少部门项目的立项、验收评审报告书备有专家意见栏目，但这些专家评审结果未能为预算绩效管理所用。

（三）评价结果应用存在脱节

评价结果应用存在脱节现象，主要表现在工作完成时限随意性较大，目标管理、绩效跟踪、绩效评价、结果应用相关环节未能有效做到环环相扣，影响了绩效管理的实用意义。

（肇庆市财政局供稿，钟政执笔）

以农业综合开发为抓手　加快推进农村经济建设

肇庆市德庆县位于广东省中西部，西江中游北岸，全县辖区面积2002.8平方公里，下辖12个镇，1个街道办事处，18个居委会，175个村委会，1 584个自然村。全县总人口38.3万人，其中农业人口30.8万人。全县耕地面积29.86万亩，适宜粮食生产的水田面积17.98万亩，旱地面积11.88万亩。德庆县自2006年成为省级农业综合开发县以来，农业综合开发工作始终坚持与社会主义新农村建设统筹结合，以中低产田改造为重点，以农田基础设施建设为手段，以农业增效、农民增收为目标，按照“规模化开发、规范化管理、精细化建设”的思路，与时俱进、务实创新，农业综合开发工作取得了明显的成效。

一、实施省级农业综合开发项目的基本情况

德庆县自2006年开始实施广东省省级农业综合开发土地治理项目至今，效益十分显著。2006－2012年度共实施七个省级农业综合开发土地治理项目，累计投入财政资金3 365万元，高标准整治中低产田2.72万亩，建设硬底衬砌主支排灌渠121.75公里、渠系建筑物188座，修筑机耕路41.28公里，并通过在整个项目区进行稻草回田、增施农家肥、机械深松耕等措施，培养地力。项目区实施综合开发治理后，有效改善了项目区的农业生产条件，增强其排涝除渍和有效灌溉的能力，提高土地地力，扩大耕地适种性，促进项目区农业产业结构调整和农业经济的发展。通过实施农业综合开发土地治理，项目区新增灌溉面积0.7万亩，改善灌溉面积1.39万亩，新增除涝面积0.69万亩，改善除涝面积1.23万亩。通过改造，项目区优质水稻年亩产量比改造前提高120公斤/亩，项目区年新增种植业总产值共1 387.98万元。通过实施农业综合开发项目，进一步调动了广大农民发展优质高值经济作物的积极性，促进农业产

业结构优化调整，加快德庆县农业产业化、规模化发展。

二、实施省级农业综合开发项目的主要做法

在实施省级农业综合开发项目过程中，坚持贯彻国家农业综合开发的原则和指导思想，着力改善项目区农业基础条件，提高农业综合生产能力，促进农村经济发展，增加农民收入。

（一）领导重视，机构健全

德庆县对农业综合开发工作高度重视，始终把农业综合开发作为该县农业经济发展的突破口来抓。自2006年正式列入省级农业综合开发项目县以来，成立了农业综合开发领导小组，由县人民政府县长任组长，主管农业的副县长任副组长，财政局、农业局、水务局、林业局、科技局、审计局等部门为成员单位，并下设办公室负责具体日常工作。实施农业综合开发项目的镇和村也相应成立农业综合开发项目协调机构，配合项目的组织实施。

（二）全面实行项目工程招标和监理制度

为进一步规范农业综合开发投资管理机制，提高项目建设质量和科学管理水平，保证工程建设公开、公平、公正，德庆县对农业综合开发项目的工程实行公开招投标，确定中标单位后，及时与中标单位签订工程建设合同，明确各自职责，强化工程管理。不仅保证了工程质量，也使得农业综合开发项目成为阳光工程。同时，通过市统一招标选定工程建设监理单位，充分发挥监理单位在项目建设中的监理作用，有效地保障工程建设质量。

（三）加强资金管理，确保项目资金安全

在资金管理过程中，严格执行《广东省实施农业综合开发财务管理实施细则》和《广东省实施农业综合开发资金报账实施细则》的有关规定。在会计核算上，财政部门安排专人负责农业综合开发项目财政资金专账的核算及财务档案管理工作，实行“专人管理、专账核算、专款专用”管理。

（四）充分调动镇村的积极性，强化项目的建设管理

德庆县在实施农业开发项目过程中，群众积极参与开发建设，所有上报项目的各村委会都召开村民会议，通过“一事一议”研究决定项目建设，联合签名上报，并按农业综合开发项目的要求及早做好农民投资投劳工作，确保项目的顺利实施。同时，充分发挥镇、村的监管作用，镇、村直接参与项目的建设管理，并协助解决项目建设过程中的实际问题，加强工程质量的监督，确保项目建设按时、按质完成。

（五）加大宣传力度，让群众自觉参与项目监管

农业综合开发项目，是一项工作量大、涉及面广、政策性强的工程，项目工程能否顺利实施，关键是赢得当地部门和群众的支持和参与。因此，必须加大农业综合开发宣传力度，使之深入人心，人人知晓，个个参与。与此同时，通过宣传让群众明白农业综合开发与他们的切身利益息息相关，项目工程质量的好坏影响他们的农业生产，不断提高群众自觉参与项目监管的责任意识，使农业综合开发项目工程质量得到保证。

（六）充分尊重群众意愿，确保项目顺利实施

农业综合开发项目涉及项目区的千家万户，尊重群众意愿也是农业综合开发的原则之一。德庆县充分尊重群众意愿，特别是在项目选址和实施方案定稿前，广泛征求群众意见和建设，在“实际、实用、实效”的原则下合理设计和实施项目工程，确保项目能够顺利实施。

（德庆县财政局供稿，梁德刚、刘崇江执笔）

清远市

探索零基预算改革　创新预算编制模式

长期以来，清远市公共财政收入规模不大，属“吃饭略有节余”的财政。一方面，本级财政财力不足，财政收入无法满足日益增长的财政支出需求；另一方面，市财政资金结余数额连年增长，资金大量沉淀，未能充分发挥效益，2012年底，市本级结转资金18亿元，占本级当年财政总收入的35%。

为确保市委、市政府决策部署得到贯彻落实，解决财政资金部门化和固化问题，清远市财政部门积极探索零基预算改革，创新预算编制模式，取得了初步成效，在编制2013年市级财政预算时，在增量基本为零的情况下，统筹了6亿元资金，确保了预算收支平衡，完成了市委、市政府的决策部署。

一、夯实改革基础

零基预算，是指不考虑过去的预算项目和收支水平，以“零”为基点编制的预算。实施零基预算改革，涉及面广，触动利益深。为稳妥推进该项改革，市财政局进行了周密部署和安排，通过有计划、有针对性地实施三项改革，为编制零基预算夯实了基础。

（一）切除资金部门化的“自留地”

改革前，各部门业务经费来源渠道多样，存在各式各样的“自留地”。主要分三类：一是财政部门按比例返还给非税执收单位的收入；二是从其控制或掌握分配权的专项资金中安排；三是个别部门根据总额（征地总额或工程总额）按比例提取管理费。对这些资金的使用，部门有重要的“话语权”，甚至是直接分配权，一定程度上脱离了财政的监管。为加强监管，市本级通过实施非税经费供给改革，取消按比例提取管理费的做法，统一编制政府性基金预算，逐步解决资金部门化的问题。

（二）切除“吃专项”的不良习惯

以往，由于预算安排的公用经费水平低，部门为确保正常运转，通常会利用专项经费弥补公用经费缺口，或通过市领导批条子临时追加解决。这种“吃专项”的行为，限制了零基预算的效果，甚至导致零基预算无法实施。为此，市本级通过开展事业单位经费供给改革，规范和提高公益一类事业单位的经费支出标准；逐年提高行政事业单位公用经费标准，有效保障了部门的基本支出需求，逐步解决了部门“吃专项”的不良行为。

（三）切除资金固化的尾巴

市本级可调配财力不多，而且大部分往往以基数的形式被固化下来。部门热衷于争基数，每出台一份政策文件，必然要求明确切块专项资金，一定几年，肢解了本已薄弱的市本级财力。在预算执行中，固化资金呈现出执行慢、绩效低、设置重复的问题。零基预算，正是长期实行的“基数加增长”模式的克星，可以从根本上消除不合理的基数，进一步优化支出结构。

二、零基预算主要做法

在预算编制模式上，坚决按照市主要领导的指示，一是零基预算要考虑整个预算盘子，不仅包含纳入部门预算的支出，也包含各种专项支出；二是零基预算安排要服务于市委、市政府中心工作，按照市委、市政府的决策部署明确支出的重点和方向。初步形成了“基本支出标准化，业务支出规范化，项目支出层次化”的预算编制模式。

（一）基本支出标准化

统一支出标准，是编制零基预算的基础。基本支出是单位最基本的经费保障，主要包括人员经费和公用经费两部分：人员经费按照现行基本工资和地方津、补贴等工资福利政策进行核定；公用经费方面，按照分类、分档供给，并明确常见的经费支出标准，包括会议费、差旅费、培训费、出国费等。同时，通过编制经济分类表，坚决控制行政运行成本，特别是“三公”经费预算，在按规定比例压缩的基础上实行零增长；切实增强日常公共经费定额的约束性，利用财政预算执行动态监控系统进行监管，确保预算的实际执行和预算的编制不发生偏离。

（二）业务支出规范化

单位专项业务经费根据单位开展专项业务的工作量和

任务量据实核定。以往预算单位的专项业务支出容易与各类经费，特别是公用经费相交叉使用，难以监督其支出的合理性，为规范专项业务经费支出，本次改革明确提出三个“分离”。

1. 业务支出与专项资金分离。所有业务经费统一在年初公共财政预算中“一个口”安排，不得在专项资金切块安排工作经费，用于一些应由单位公用经费保障的支出项目，避免“吃专项”、“搭便车”情况的出现。

2. 业务支出与人员经费分离。一是足额安排聘员经费。严格按照聘员管理办法，按所属类型和档次足额安排经费，不能由单位从专项业务经费中再列支。二是执法补助单独列入预算。针对部分执法单位工作的特殊性，核定在岗一线执法人员补贴，单独列入财政预算，不再从执法专项经费中安排。三是开展政府购买服务试点工作，对鉴证评估类、咨询类制定购买服务流程。

3. 业务支出与公用经费分离。人员经费开支被剥离后，业务经费原则上采取国库集中支付或报账制的形式开支，确保公用经费性质的支出不在业务经费中列支。

（三）项目支出层次化

将项目支出分为普惠性项目、中心任务项目、一般项目三个层次予以保障。中心任务项目以市委、市政府的工作重点为主导，是编制零基预算的重点。

1. 普惠性支出项目优先保障。该类支出，是上级统一部署，用于保障社会民生福利和公共服务水平的各项资金，需按照政策规定的标准和范围予以优先保障。

2. 中心任务项目支出实施自上而下的方式。即预下达预算控制额度，再编制具体项目支出。由于市本级在满足基本支出以及配套上级支出后，可调配财力已不多，采取传统自下而上的预算编制方式，即使部门严格按照零基预算的要求上报项目，绝大部分的项目都难以得到满足。提前下达预算控制数，既可以明确编制重点，又可以增强部门主动性，从而提高编制质量。如：去年教育和医疗均等化被列为市委、市政府中心任务，市本级根据财力预下达预算控制额度，再由教育和卫生部门提出项目安排，会同财政局报市政府审核，从而使中心任务得到财力支撑。

3. 一般项目支出实施自下而上的方式。建立部门项目库和财政项目库，按轻重缓急排序，并进行动态管理。对支持经济发展的项目支出，从行业需求、产业发展进行一揽子考虑，通过与创业投资基金、金融机构的合作，实现间接投放。对“三农”扶持支出，着重解决项目设置交叉重复、资金投向分散、预算执行慢的问题，压缩部门在分配上的自由裁量权。

三、初步成效

从实践的结果看，清远市的零基预算改革，基本达到了预期目标。

（一）增强了财政资金统筹能力

加大财政预算内资金和非税收入（含基金）的统筹力度，加大存量资金和增量资金的统筹力度。与2012年预算盘子对比，超过70%的项目发生了变化，统筹了近6亿元的资金，占财力的18%，基本满足了市委、市政府基本公共服务均等化、扩容提质、基层组织建设以及人才战略的资金需求。

（二）破解了资金部门化、固化困局

零基预算重新审查各类资金，打破了资金部门化、固化现象，扭转了“批条子”、“争基数”、“自主调剂分配”、“固定返还”等各种固有的观念和行为。

（三）保障了部门工作支出需要

零基预算并不是单纯的压减支出，而是“厉行节约，有保有压”。如会议费，严格按照支出标准核定，2013年各单位申报会议经费项目281个，合计4 029万元。财政初审核定会议项目150个，合计969万元。对比2012年，会议项目虽然增加了20个，但金额减少了75万元。

四、主要工作体会

（一）市委、市政府高度重视，是做好改革工作的重要保障

实施零基预算改革，涉及面广，触动利益深，打破利益格局会遇上很大的阻力。因此，推行零基预算，需要市委、市政府的高度重视和支持。在市委全会、政府全体会议、政府工作报告上，市委、市政府主要领导都反复强调，要通过实施零基预算改革，提升预算管理水平；并在研究和实施过程中，多次听取工作汇报，给予指导。从而为改革工作扫清了障碍、注入了“强心剂”。

（二）各项改革整体推进，为零基预算改革夯实了基础

零基预算改革是公共财政预算改革重要一环，与其他财政改革工作环环相扣，牵一发而动全身，如果某个方面没有考虑好，就会影响到其他财政改革工作的推进。早在2011年，市委、市政府决策得当，及早布置了非税供给、专项资金清理、规范资金审批等一系列非常有前瞻性、针对性的改革，为2012年零基预算改革的推进夯实了基础。

（三）做细做实各项工作，是稳妥推进改革工作的保证

通过积极的沟通、详细的解释，取得部门的理解和支持，减少阻力，形成合力。通过选取20个不同类型的有代表性的单位（按单位性质、支出金额的大小来选取），以数据说话，对单位近三年的经费开支情况进行对比分析，掌

握真实情况，为领导决策提供参考。通过派人员到珠三角地区交流学习和参与省财厅的部门预算编制，达到学习借鉴的目的。通过实施预算执行动态监控系统、公务卡改革、国库集中支付，确保全面掌握和运用好改革实施过程中的信息。

（清远市财政局供稿，廖永坚、陈建强执笔）

潮州市

有效提高地方政府性债务统计工作水平

几年来，为贯彻落实国家提出的“保增长”、“保民生”、“扩内需”及“应对金融危机”等一系列战略部署，潮州市更加注重于各种财力对经济社会发展的支撑作用，通过多种渠道筹措资金，加大对政府公共产品和基础设施的投入，有力地促进和保持了当地经济及社会各项事业的快速发展。但在提升本地经济发展的过程中，也相对应地出现地方政府性债务的累积。为进一步做好地方政府性债务统计工作，及时、准确、真实、全面地掌握地方政府性债务情况，切实加强地方政府性债务管理，有效防范财政风险，2012年，在广东省财政厅的正确领导和各相关部门的大力支持和配合下，潮州市各级财政部门通力合作，出色完成债务统计工作，在2012年度全省地方政府性债务统计工作考核评比中被评为“一等奖”。

一、统一思想，高度重视，精心组织

做好债务统计工作，是加强政府性债务管理、有效防范财政金融风险、保持经济持续健康发展和社会稳定的重要基础性工作。对此，各级财政部门领导高度重视，按照省财政厅通知布置要求，局领导亲自召开会议，明确债务统计重要性，亲自布置，亲自部署，要求全市各部门把债务统计工作作为一项长期性、制度性工作，渗透到日常管理工作中。

二、明确责任，制订措施，完善化解

一是严格执行省政府办公厅《关于严格控制地方政府新增债务的通知》规定。归口管理政府债务，规范举债程序，严格控制政府债务规模，防范财政风险。由财政部门归口管理本级政府债务，行政事业单位因特殊情况确需举借债务的，须向同级人民政府提出申请，经同级人民政府组织相关部门进行论证后审定。需上级政府或者上级财政部门转贷的债务，必须将本级人民政府出具的还款承诺文件报上级财政部门。建立和完善偿债机制，明确偿债责任，按“谁借款、谁偿还，谁担保、谁负责”的原则，建立项目建设单位和受益单位“责权利”和“借用还”相统一的债务管理机制。

二是制定了一系列政策措施。制定了《关于建立潮州市防范化解金融风险准备金的通知》等偿债准备金制度，设立防范化解金融风险准备金，对市直各罚没收入、交管收费、公安专项收费（签证费）、人防工程易地建设费、绿化费、无线委收费、诉讼费、市政配套费等计提5%风险金，主管部门集中收入资金、自收自支单位资金计提3%风险金，用于化解地方金融风险。2010年，转发《财政部 发展改革委 人民银行 银监会关于贯彻国务院加强地方政府融资平台公司管理有关问题通知相关事项的通知》，成立了潮州市融资平台公司管理工作组，对广东省韩江投资集团公司及其债务进行了进一步清理，按照一类融资平台公司进行规范，今后将不再承担融资任务。2013年，转发《财政部 发展改革委 人民银行 银监会关于制止地方政府违法违规融资行为的通知》，明确对政府融资行为的管理。

三是加强地方政府融资平台公司管理。潮州市于2003年9月24日与国家开发银行签订了《开发性金融合作协议》，开展银政合作，指定由广东韩江投资集团有限公司负责对国家开发银行贷款资金的统借统还。市政府出台了《潮州市利用国家开发银行贷款项目管理办法》、《潮州市利用国家开发银行贷款项目稽察管理办法》、《潮州市利用国家开发银行贷款资金管理暂行办法》、《潮州市偿还国家开发银行贷款管理办法》四个规范性文件，加强对贷款资金和贷款项目的管理，规范贷款项目资本金划拨程序。属国家开发行贷款项目拨款的，建设单位需填《潮州市利用国家开发银行贷款项目建设单位用款审批表》，按照项目的年度投资计划和工程建设进度申请用款金额，加盖监理部门、主管部门意见和财政局审核意见后，送市长审批。韩江投资公司根据审批办理资金拨付，确保资金的投向和使用效益。同时设立财政偿债专户，加强对贷款工程项目的资本金拨款及还贷资金的管理。

四是清理化解历史债务。各级各部门制定切实可行的归还陈欠政府债务计划，通过盘活闲置资金，增加收入，压缩支出，多渠道筹集偿债资金，逐步清偿历年陈欠债务。同时，加大资产清收处置力度。为减轻财政负担，缓解资金压力，市政府成立了由纪检监察和公检法、财政等部门人员组成的资产综合清收处置办公室，综合运用行政、经济、法律等多种手段，加大对债权清收力度。同时积极盘

活资产，确保部分优质资产的变现，逐步消化历史遗留债务。

三、全面统计，认真填报，真实反映

2011年下半年开始，全省启动债务软件系统，潮州市积极组织县区参加省财政厅举办的培训班，提高相关人员的软件操作应用水平。另外，针对潮州市历史债务较多，基础信息不全，基层业务能力不强等实际问题，潮州市各级财政部门还组织对各有关业务单位进行各类专题强化培训，为2012年系统的全面推广使用奠定基础。

一是加强业务培训。首先从债务软件系统入手，根据系统对不同单位的要求，将财政、单位及融资平台公司按不同的特点，整理出各自一套简单操作指引，并进行对比研究，通过边学边教的方式，把软件操作程序系统讲解，并手把手将录入程序操作演示、逐人、逐个过关，真正做到在领会精神上先行一步，在学好理论上先行一步，在指导实践上先行一步。

二是清理历史原始资料。各单位债务历史原始资料管理不一，要求各负责同志克服种种困难，将压力转化为责任，将责任转化为动力。要填好系统原始资料，必须找到原始资料，对部分登记、记录不完整资料，为确保数据资料的真实、准确，通过账务登记寻找债务原始发生年份，再按照相关年份逐年查找债务发生额凭证；同时，到档案局查找历史债务合同、协议、批文等资料；另外，通过向老同志咨询、请教，了解历史情况，尽可能将债务按原貌反映。

三是明确统计内容和主要方式。各单位准确把握填报标准，严格对照债务借款合同，还款单据、会计凭证等基础资料，将债务信息借助地方政府性债务软件系统逐笔填列，确保完整、准确、真实，进一步提高政府性债务数据的真实性、可比性和实用性。

四、按时上报，动态监控，沟通反馈

根据省财政厅《转发财政部关于做好地方政府性债务统计工作有关问题的通知》和《关于及时报送地方政府性债务动态情况分析材料的通知》要求，潮州市严格执行地方政府性债务动态报送制度，确保按时保质上报省财政厅，及时全面掌握全市债务总体情况，从而为加强债务管理夯实基础。结合实际，按照债务归口管理“横纵结合、分口把关、审核汇总”的方式，要求各县区、各单位落实专人负责，层层建立责任制，各业务科室对相关对口单位严格把关，明确债务“借用管还”，确保实时监控；另外，汇总各级审核数据，对单位上报数据先进行前后对比，确认填报数据无误再接收导入系统，除了系统全面审核外，还对各笔发生变化债务逐笔过关，对其偿还情况进一步核实；与此同时，及时沟通，由于债务具有历史特殊性，经常碰到新问题，遇到不清楚问题及时向上级反映，做到不懂就问。

回顾2012年地方政府性债务统计工作，潮州市在债务统计方面总结了经验，在制度完善、债务管理、债务化解等方面取得了一定成绩，在大力发展城市基础设施，促进经济发展上起到了积极作用。同时，潮州市财政局也将继续加强政府性债务管理，制订合理收支计划；继续完善债务风险预警机制，进一步规范和约束政府举债行为；继续完善政府性债务偿还机制，规避债务风险，维护政府信誉。

（潮州市财政局供稿，丁卫执笔）

济困惠民　把扶贫“双到”工作引向深入

2013年，潮安区财政局按照省、市和区委、区政府《关于我县扶贫开发“规划到户、责任到人”工作的实施意见》的部署安排，牵头对口帮扶潮安区凤凰镇南溪村。一年来，潮安区财政局“规划到户、责任到人”工作围绕“一年夯实基础、两年基本达标、三年巩固提升”的目标要求，紧密联系帮扶村实际，因地制宜制订针对性强的帮扶工作方案和年度计划，强化责任落实，狠抓各项帮扶措施落实，稳步推进帮扶工作，并取得了明显成效。自扶贫开发“双到”工作开展三年来，累计投入帮扶资金499万元。通过帮扶，66户贫困户，42户扶贫开发户均实现稳定脱贫，24户扶贫救济户的生活也都得到较好的保障，村集体经济收入稳步提高，村各项建设得到进一步发展。三年帮扶任务顺利完成并得到巩固提升。潮安财政局分别被省委、省政府和县委、县政府评为省、县扶贫开发“双到”工作优秀单位、先进单位；有3人次被市、县评为扶贫开发“双到”工作优秀个人。为使扶贫开发“双到”工作扎实有效开展，帮扶单位突出做到“二个确保”，抓好“四个方面工作”，实现“五个提高”。

一、“二个确保”完成村、户帮扶计划

（一）落实定人定责帮扶，确保100%完成户帮扶计划

根据2010－2012年户帮扶计划，三年户帮扶的重点是对贫困户的危房进行改造、为贫困户提供免费培训、帮助贫困户外出打工、为贫困户购置优质茶苗、茶穗、化肥等，使贫困户实现稳定脱贫。一是举办了三期次免费的农技知识培训班，邀请农技人员向贫困户讲授名优茶主推品种及高产、优质栽培技术等知识，有效提高贫困户茶叶加工制作等种养技术，增强自我发展，加快脱贫的能力。同时，通过为贫困户购置优质茶苗、茶穗和化肥，引导村民调整优化农产品结构，提高农产品附加值，从推进产业发展，促进贫困户脱贫。二是通过举办劳动技能培训班，进一步提高外出务工贫困户劳动技能，并及时为贫困提供就业信息，介绍其外出务工，转移输出劳动力28名，从提高就业率入手，促进贫困户脱贫。三是推进危房改造工作，抓早对列入危房改建计划的贫困户改建工作进行规划并由村统一组织实施改建，使5户贫困户建成切合实际，符合意愿的新住房，圆满完成住房改建任务。四是做好慰问救济工作，向贫困户发放慰问金和大米、食用油等物品，缓解贫困户生活困难问题，使贫困户逐步实现脱贫目标。三年来，累计投入到户帮扶资金84.33万元，户各项帮扶项目顺利完成，帮扶计划完成率达到100%。

（二）加强村基础设施建设，确保100%完成村帮扶计划

根据帮扶计划，三年村帮扶的重点是修建村主干道、水陂、引水渠和整修村容村貌，改善村生产生活环境。三年中，帮扶单位按照年度帮扶计划，通过多方筹措资金，累计投入到村帮扶资金414万元，先后完成村2.5公里主干道和8.4公里自然村机耕路水泥硬底化建设，解决了村1千多名村民“行路难”问题；修建水陂3座，引水渠2公里，解决村民“饮水难”问题，农田水利受益面积200亩；建设卫生公厕1座、垃圾池2个，并对村垃圾进行清理，改善村公共卫生环境；对村办公址、党员活动室和计生服务室进行修缮，并配置办公设备和桌椅等，改善办公环境和党员活动场地环境；协助镇政府搞好村“农家书屋”建设，对老村址进行改造修缮、村址门口铺上水泥面，作为村文化中心之用，改善村民文化生活条件。经过三年来的努力，各项村帮扶项目顺利完成，帮扶计划完成率达到100%。

二、“四个抓手”扎实做好各项帮扶工作

（一）抓好组织部署，落实工作责任

全县扶贫开发“规划到户责任到人”工作启动后，挂钩帮扶的县领导和帮扶单位的领导就带队深入南溪村开展调查研究，与村两委干部座谈，通过调查研究，进一步明晰帮扶工作思路，结合村的实际及上级提出的目标要求，制订出《潮安凤凰镇南溪村帮扶实施方案》和三个年度的帮扶实施计划。制订的帮扶计划做到有投入资金来源、有工程完成时间，保证帮扶工作的有章可循和有序开展。同时，认真落实扶贫开发“双到”工作责任制，明确帮扶工作领导责任人、分管领导和挂扶贫困村、贫困户的责任人。帮扶单位一把手每半年至少一次到村调研指导帮扶工作，分管领导每季度至少听取一次工作汇报、实地检查一次项目开展情况、指导一次帮扶工作、看望一次驻村干部、解决一个以上的突出问题。

（二）抓好对接沟通，明晰工作任务

扶贫开发“双到”工作时间跨度较长，责任分解要求落实到人，为及时做好扶贫工作对接，确保人员到位，帮扶单位一是做好帮扶干部与贫困户的对接。根据年度帮扶目标任务，帮扶干部及时到帮扶户家中进行座谈，征求意见和研讨帮扶规划措施，科学制订脱贫发展规划，提高帮扶工作的科学性和实效性；二是做好驻村干部的对接。根据人员变动情况，及时对驻村干部进行调整充实，使新任驻村干部能及时跟进扶贫工作，了解熟悉情况，切实履行工作职责；三是做好与村干部的对接。在村级组织换届选举中，南溪村有3名干部新进入两委班子，并重新做了分工，帮扶单位及时协调做好新老班子成员的交接，并加强与新任村干部的沟通对接工作，使其能及早进入角色。通过抓好这三方面的对接工作，为帮扶工作顺利开展提供保证。同时，驻村工作组也按照要求，切实加强驻村工作，按照各阶段工作要求，认真开展工作，及时做好与帮扶单位、镇政府及县扶贫办的联系沟通，并组织好、实施好扶贫各项工作，主动协调落实相关惠农和保障政策，提高贫困户劳动积极性，为贫困户提供基本生活、医疗、养老保障，确保帮扶工作能够落到实处，取得成效。

（三）抓好资金筹措，增加扶贫投入

为提高帮扶成效，在上级安排的帮扶资金及单位压缩办公经费增加投入外，帮扶单位通过争取发动对口帮扶企业捐资等办法，多方筹措资金，增加扶贫投入。三年中，累计筹集帮扶资金499万元，专项用于村扶贫开发。

（四）抓好制度建设，加强监督管理

一是协助村两委修订完善了9项班子建设和村民自治制度，切实加强村“两委”班子建设和村民自治工作，使村领导班子团结协作，充分发挥领导核心作用。二是建立帮扶台账，明晰各帮扶单位领导和帮扶责任人到村、户情况和工作进展情况，促进帮扶措施落实。三是协助村完善党务、村务和财务制度，对村基本情况、贫困户情况、村帮扶发展规划和年度实施计划、贫困户帮扶规划、住房改造情况等进行公示，接受党员群众监督。四是严格按照《潮州市扶贫开发“规划到户责任到人”财政扶贫专项资

金管理办法》的规定，加强省、市、县财政扶贫资金的使用管理，做好项目申报、资金申请、项目核查验收等工作，确保资金高效、安全使用。五是夯实基础性工作，及时整理帮扶资料，做好帮扶资料电脑录入、完善电脑资料、加强资料建档等方面工作，确保帮扶数据信息统计无错漏并按时上报。

三、“五个提高”保证帮扶成效

通过三年的帮扶，南溪村贫困户生活逐步改善，村各项建设进一步发展，帮扶工作取得明显成效。

（一）贫困户生活水平进一步提高

2012 年，全村 42 户扶贫开发户年人均纯收入平均达到 4 424 元，比 2009 年增加 2 250 元，增长 103%。符合条件的贫困户全部纳入最低生活保障；贫困户适龄子女义务教育阶段的入学率达 100%；贫困户 100% 参加农村合作医疗，有意愿的贫困户均参加新型农村养老保险，基本疾病医疗和养老得到保障。

（二）贫困户生产技能和就业率进一步提高

通过参加农技知识和劳动技能培训班的学习，贫困户茶叶加工制作技术和劳动技能得到进一步提高；同时，经过参加市、县组织的人力资源招聘会，增加外出务工的机会，进一步提高了就业率，有 28 名贫困村民通过外出务工，增加收入，加快脱贫步伐。

（三）基础设施建设水平进一步提高

村主干道和部分机耕路实现水泥硬底化建设；一批农田水利和农田基础设施建设项目建成投入使用并发挥良好效益；公共卫生设施得到完善；村委办公环境得到改善；村民文化活动场所和党员活动场地得到修缮，各项基础设施建设水平进一步提高。

（四）村集体经济收入进一步提高

通过协助村集体筹集资金参股小水电分红和出租村集体山坡地的形式，增加村集体经济收入，使村集体经济有稳定、长期的增长。2010 年村集体经济收入 22 640 元，比 2009 年增加 5 640 元，增长 33.17%。2011 年村集体经济收入 72 640 元，比 2010 年增加 50 000 元，比增 220.84%。2012 年村集体经济收入与上年持平，达到 72 640 元。

（五）村班子建设和村民自治建设水平进一步提高

村班子建设和村民自治制度进一步建立健全，村各项工作实现民主决策、民主管理、民主监督，村班子凝聚力战斗力进一步增强，村民自治水平进一步提高。村“两委”换届选举工作顺利完成，党建工作水平进一步提高，2011 年，村党支部分别被潮安县委、凤凰镇委评为先进基层党组织。

南溪村扶贫开发“规划到户、责任到人”工作开展中，各项工作扎实推进，取得了良好成效，但还存在一些问题：一是村农业产业化水平不高，农民增收长效机制尚未完全建立；二是村整体基础设施仍相对落后，生活生产环境需进一步改善；三是个别贫困户仍存在“等、靠、要”思想，缺乏发展生产的愿望。通过三年多的实践，帮扶单位在扶贫开发“双到”工作方面探索了一些新举措，积累了一定的经验，在接下来的工作中，将坚持跟踪联系，通过制定后续跟踪管理规划、加强后续跟踪管理、完善脱贫长效机制、建立健全后续跟踪管理相关制度等措施，努力构建扶贫开发工作长效机制，巩固扶贫开发“规划到户、责任到人”工作成果，确保被帮扶的贫困户真正实现稳定脱贫，贫困村稳定发展，帮扶项目发挥效益。

（潮州市潮安区财政局供稿，郭振辉执笔）

揭阳市

创新非税收入管理机制

揭阳市非税收入管理工作严格执行财政部、省财政厅的法规政策，深化“收支两条线”制度改革，始终坚持“三个重要”的理念认识，即把非税收入作为做大财政收入蛋糕的重要来源，作为推动城市建设、社会事业发展的重要支撑，作为规范收入分配制度、增强经济调控能力的重要抓手。高度重视并大力加强非税收入管理工作，从制度建设、管理方式和征缴手段上加强改革创新，提高非税收入征管效率和质量，为经济社会发展提速提质提供财力保障。

一、非税收入管理现状

按照省政府《印发关于深化收支两条线改革进一步加强和规范非税收入管理意见的通知》（粤府〔2004〕40号）、《关于进一步加强非税收入征管工作 提高非税收入质量的通知》（粤府〔2006〕62号）等非税收入管理法规和政策文件，大力加强非税收入“收支两条线”管理制度改革，建立健全非税收入管理体系，努力将全市行政事业单位依法征收的非税收入全部纳入“收支两条线”管理，把经济发展和城市建设的成果体现到非税收入增收上来，实现非税收入可持续增长。严格按照省财政厅《关于进一步加强非税收入征管　提高公共财政预算收入质量的通知》（粤财综〔2012〕263号）要求，分类将应纳入预算管理的非税收入全部纳入预算管理，将不应纳入预算管理的非税收入如教育收费、彩票发行费、经营服务性收入等纳入预算外财政专户管理，不断扩大非税收入管理范围，做大财政收入蛋糕。

支出方面，严格按照部门预算编制要求，将预算内、外资金统一纳入部门预算管理，完善综合财政预算管理模式，按报人大审议通过的预算计划，单独编制专项管理按月拨款单位的非税收入收支计划报市政府审批下达，严格预算收支执行，统筹安排非税收入，有力支持社会事业发展、经济结构调整和城市扩容提质。

二、非税收入收缴管理改革和监管机制建设的情况

围绕依法理财的目标，揭阳市非税收入坚持以制度建设为根本、向机制创新要效益，逐步建立健全非税收入管理机制，深挖非税收入潜力，实现非税收入持续稳步增收。

（一）深化部门预算改革，推进非税收入依法征管

以深化部门预算改革为抓手，严格执行省政府《印发关于深化收支两条线改革进一步加强和规范非税收入管理意见的通知》，加大“收支两条线”的执行力度，进一步将符合条件的非税收入纳入预算管理，将不应纳入预算管理的收入如教育收费、彩票发行费、经营服务性收入等纳入预算外财政专户管理。扩大部门预算管理覆盖范围，对所有行政事业单位实行部门预算管理，进一步明确支出范围和细化支出项目，并在日常支付工作中严格按照年初预算执行，推动非税收入依法征管。

（二）加强法规制度建设，推进非税收入扩面征管

大力落实省政府《关于进一步加强非税收入征管工作 提高非税收入质量的通知》要求，不断完善各项非税收入管理法规制度，相继制定实施了如污水处理费、清洁卫生费、垃圾处理费、城市道路挖掘费、“三旧”改造土地出让金收支、残联人就业保障金、价格调节基金、地方教育附加等非税收入项目管理的法规制度，促进非税收入征管有法可依、有章可循。努力将各行政事业单位物业租赁收入、各种经营服务性收入、特许经营权收入、单位接受的捐赠收入、政府公共资源有偿使用收入全部按规定上缴财政，拓宽非税收入范围，做大财政收入蛋糕。

（三）加快信息系统建设，推进非税收入精细征管

按照省财政厅关于非税系统建设的统一部署，按照先易后难、分期实施的思路，加快推进揭阳市非税收入管理系统建设。自2012年以来，揭阳市、县两级非税系统已全面启动、运行，覆盖所有行政事业单位及各乡镇财政，借助信息化技术的管理优势，创新非税收入征管模式和手段，提高非税收入实时、精细征管水平。制定实施《揭阳市本级政府非税收入代收银行综合考评办法》，引入考评、奖

惩、续退相挂钩的竞争机制，规范非税代收银行代收行为，提高非税收入征缴效率。改进非税征缴便民措施，在原使用银行代收、集中汇缴、批量扣缴、POS 机刷卡的基础上，与建行开发实施网上缴费系统，提高便民服务质量。

（四）探索经营城市资源，推进非税收入科学征管

把握市区扩容提质尤其是汕潮揭同城化、行政区域调整、基础设施建设大会战的发展机遇，以科学发展的眼光，树立经营城市的理念，引进市场经济机制，积极探索城市公共资源整合和经营模式，加强对城市经营特别是政府公共资源的有偿经营管理，提高公共资源的聚财效益，并从中整合资源、筹措资金加快下一轮次城市基础设施建设，在经营城市中实现资源升值、城市创富、财政增收的综合收益和良性循环。如揭阳市不断完善国有土地出让管理，通过市场竞争机制，采用公开、公平、公正的招、拍、挂等方式取得的国有土地使用权的出让收入连年创新高，极大地弥补了地方财政支出缺口，并有效筹措资金支持一批重大市场基础设施建设。

（五）规范财政票据管理，推进非税收入可控征管

落实“以票控收”，加强财政票据管理，以规范票据管理使用促进非税收入可监控、可掌握，防止“票款分离、罚缴分离”现象，严格执行“收支两条线”制度。加强监督检查，落实票据仓库管理制度，强化、细化财政票据存根销毁工作，切实纠正部分票据发放不规范、核销票据不及时、监管不到位等问题。积极推进财政票据监管电子化建设，推进金信票据管理系统与省财政监管中心联网，实现数据互通，实时高效上报领票计划、核销数据以及销毁数据。积极探索非税收入管理系统票据管理版块的开发，进一步完善非税收入管理系统地方财政票据管理板块功能，提高财政票据管理的信息化水平。

（六）加强非税稽查监管，推动非税收入规范征管

深化非税收入监测，加强非税收入组织工作，抓好收入进度和质量。尤其是近年来财税增收形势严峻，全市各级财政部门加强对非税收入形势的分析监测，严格监控重点非税收入来源和重点非税征收单位的运行情况，完善征管措施，提高非税征缴入库效率；同时，加强监督检查，防止县（市、区）为完成财政收入任务人为调高非税收入、乱罚乱收和收过头费等行为，严格控制非税收入比重。结合“三打两建”，按照揭阳市委、市政府八项清理整顿行动部署，加强建筑原材料市场、违法违规建筑、“三旧”改造项目、存量土地资源、户外广告、地下管线等专项清理整顿，规范市场经济秩序，强化非税收入挖潜。加强收费稽查，规范行政事业单位收费秩序，确保扶持中小微企业、刺激消费、改善民生等行政事业单位收费减免政策落到实处，优化经济发展环境。做好行政区域调整非税收入任务划转和分解，确保调整各区非税收入征管无缝对接，及时征缴入库。

三、非税收入管理体制存在问题和不足

一是“收支两条线”管理范围有待进一步扩大，城市资源经营体制有待进一步建立健全，也存在部分国有资源（产）有偿使用收入还游离在财政监管之外或管理不够规范的问题。二是部分非税收入征管机制有待进一步建立健全，如国有土地使用权出让收入核算与解缴有待进一步完善，水资源费、防空地下室易地建设费等资金的上解规定不统一、不规范，生活垃圾处理费和清洁卫生费现行征收标准和程序较为繁琐等。三是非税收入占公共财政预算收入比重偏高，影响财政收入质量。

（揭阳市财政局供稿，方松坚执笔）

扎实推进农村财务管理规范化建设

农村财务管理问题，是当前农村工作中的一个热点问题，直接影响到农村集体经济的发展和农村的社会稳定。2012 年，揭阳市蓝城区被确定为广东省农村财务管理规范化建设联系点。根据省财政厅《关于组织开展农村财务管理规范化建设情况检查的通知》（粤财农管〔2012〕14 号）精神，蓝城区结合本区的实际并通过一系列的探索，农村财务管理规范化建设工作取得较大成效，有力地推进农村基层经济建设和改进农村基层干部作风，维护农民群众切身利益，促进农村社会和谐稳定，有效地推进社会主义新农村建设的进程。经省、市财政部门的检查评审，蓝城区

农村财务管理规范化建设工作通过了检查验收，使农村财务管理规范化建设工作迈上新的台阶。

一、农村财务管理规范化建设的主要做法

按照省财政厅的部署和全市农村财务管理规范化建设工作会议精神，在全面做好农村集体“三资”、债权债务清理工作的基础上，按照村级集体“资产所有权、资金使用权、投资收益权、财务审批权”四权不变的原则，实行了以村（居）会计业务“委托代理、四权不变、规范核算、强化监督”为主要内容的村级财务规范化管理新机制，由点到面稳步推进农村财务管理规范化建设工作。全区五镇一街道目前已全部实施了会计委托代理制度，各镇（街道）成立了会计委托代理中心，配备工作人员，其中镇（街道）代理会计28名。全区90个行政村（居委会）的会计业务已全部移交镇（街道）会计委托代理中心，实行“四代理、五统一”管理模式。即代理会计账目、代理财务收支、代理会计档案、代理会计信息业务；统一会计制度、统一票据管理、统一业务流程、统一会计档案管理、统一考核等。“四代理、五统一”农村财务管理新机制的实施，使区农村财务管理工作走上了规范化管理的轨道。

（一）实施“两化”，坚持“三个原则”，做到“五个统一”

1. 实施“两化”，即推进农村会计委托代理制以高标准为起点，按照《村集体经济组织会计制度》、《会计基础工作规范》和《蓝城区农村集体经济组织财务管理制度（试行）》的要求，实行农村财务管理规范化、电算化。

2. 坚持“三个原则”。一是坚持村（居）民自治原则。实行农村会计代理制不改变村（居）民主管理、民主决策、民主监督，不改变村集体财产所有权、经营权、处置权、财务审批权，属村（居）依法自治范围的事项，镇（街）不得干预。二是坚持依法办事原则。村（居）设立报账员，报账员必须按有关规定对原始凭证进行整理，实行谁审核、谁负责的岗位责任制。尤其是对未经村（居）民主理财小组审核、不按审批程序支出的单据，建设工程没有公开投标、没有合同和设计图纸及预决算资料、没有验收依据的工程项目支出凭证，一律不予接受。同时规范报账程序，规定村每月5日前由村（居）报账员对上月份的收支凭证、现金、存款余额进行核对无误后，交由村民主理财小组进行逐笔审核签章，再将收支凭证、存款收付报告单、银行对账单、民主理财监督小组审核意见和其他相关资料（会议记录、合同书等）报会计委托代理中心，经会计委托代理中心审核记账后，统一编制财务月结表、财务公开报表。三是严格标准择才录用原则，要尽量选择那些年轻、遵纪守法、热爱会计工作、有一定财会和电脑专业知识基础的人员任村报账员，增进队伍的生机和活力。

3. 做到“五个统一”。一是统一会计制度。为便于会计委托代理中心会计人员和村（居）民主理财监督小组的审核监督，镇（街）村（居）要依据上级有关农村财务管理的规定和区管委会印发的《蓝城区农村集体经济组织财务管理制度（试行）》，认真对现有的各项制度进行清理，凡不符合上级有关规定的，要重新予以修订。二是统一业务流程。村（居）办理经济业务取得原始凭证后，由经手人注明用途签字后，交民主理财小组审核，重点审核经济业务的真实性，通过签字后，交村（居）主管财务领导审核，确定无误后签字盖章，交村（居）报账员。报账员定期向代理中心进行报账，并妥善保管会计资料。对代理中心退回的不符合财务会计制度规定的原始凭证及时予以更正、补充。三是统一票据管理。在全区实行农村集体经济组织票据统一印制、领用登记、核销制度，防止实行农村会计代理制度之后部分村（居）出现收款不入账、或设账外账或私设“小钱柜”等现象发生，堵塞腐败漏洞。四是统一考核制度、统一核算工资奖金及补贴。各镇（街）要制定年度考核制度，将村（居）干部的工资奖金与各项工作完成情况挂钩；村（居）干部的工资由区统一发放，奖金和补贴由村（居）根据实际情况，初拟方案后，经村（居）民代表会议审议通过，然后报镇（街）核准，要防止虚报收益、多提奖金及滥发补贴等现象发生。五是统一档案管理。镇（街）会计委托代理中心建立村（居）会计档案室，采用专用档案柜，做到一村（居）一柜一锁，规范会计资料管理保存。

（二）从完善制度上入手，着力规范村级财务行为

制度建设是农村财务规范化建设的根本保证。为规范农村财务管理，蓝城区根据有关法律法规修订完善若干集体经济组织有关财务制度：《会计委托代理制度》、《民主管理和财务公开制度》、《财务收支审批制度》、《现金银行存款管理制度》、《固定资产管理制度》、《票据管理制度》、《会计档案管理制度》、《土地补偿监督管理制度》等财务管理制度。做到用制度管人、管事、管财，确保财务行为有章可循，有章必循。建立健全内部管理制度，细化工作内容，合理设置岗位，明确岗位职责，落实责任到人，促进了农村集体经济财务管理规范化，建立健全了村级财务规范化管理的长效机制。

（三）从强化公开上入手，着力保障村民的知情权和参与权

财务公开是农村财务规范化建设的主要途径。蓝城区以加强村级财务民主管理、强化民主监督为主线，不断完善村务财务公开的相关规章制度，把全面推进村级财务公开和民主理财工作作为夯实基层政权建设的重要措施，常抓不懈，使村级财务公开工作进一步规范，特别是农村财务公开的内容进一步充实，公开的质量逐步提高，群众反映良好。根据检查情况看，全区90个行政村（居），全部实行财务公开，财务公开规范和较规范的占90.1%；一般公开的占9.9%。从回访调查显示，群众满意率达到90%以上，公开成效逐步显现，干群关系较融洽，农村社会和谐稳定。

（四）从强化培训上入手，着力提高财会人员水平

为提高全区农村财务人员的业务水平，每年举办二期农村财务人员培训班，培训对象是村（居）二委成员、村民主理财小组成员和报账员等。开展政策支农、财经法规、财会和农村财务审计等方面的培训工作。通过培训有效地提高了区村（居）干部和财务人员的理论水平和业务素质。

（五）从强化审计上入手，着力促进农村财务工作规范化

强化审计是农村财务规范化建设重要保证。认真贯彻落实《广东省农村集体经济审计条例》，建立健全镇（街）农村集体经济审计机构，加强农村集体经济审计监督，做到村委会换届必审，村（居）主要领导离任必审和其他专项审计。全区五镇一街道都成立农村审计站，配备农村审计人员一百多人，坚持农村审计人员持证上岗制度，提高审计质量，初步形成了“审计人员专业化、审计工作经常化、审计程序规范化、审计结果公开化”的农村财务审计监督制度。通过开展村级财务审计，农村财务管理制度得到落实，财务行为得到规范，集体资金违规借出、不规范凭证入账等现象明显减少。

二、农村财务管理规范化建设工作取得的主要成效

两年来，通过推进农村财务管理规范化建设工作，实行村账镇（街）代管会计委托代理制度，从根本上改变了过去农村财务管理较为混乱的局面，取到了良好的效果。

（一）规范财务管理，遏制了村级腐败

村账镇（街）代管后，建立健全了会计委托代理制度，统一了会计账簿，会计科目，规范会计核算和报账流程。入账必须有合法票据，村（居）设报账员，报账员按规定时间每月报账，账目月清月结，规范了村会计基础工作，会计档案资料规范化管理，杜绝了农村财务管理混乱局面。做到记账及时、准确，报账规范，强化了会计基础工作，提高村会计信息质量。

（二）农村节约开支，减少了新债务的发生

实行村账镇（街）代管会计委托代理制度前，由于财务规章制度不健全，资金管理较混乱，村随意举债现象比较普遍，“三角债”大量存在，因此困扰了农村经济发展。实行“村账镇（街）代管”，由会计委托代理中心对各村债务逐村进行债权债务登记，村干部不得随意乱开支，执行村委会换届审计制度，原则上村不准举债，村举债必须经村民代表大会表决同意。经过认真清理村债权债务后，积极开展化解村级旧债务工作，全区村级债务逐渐减少。

（三）强化资产管理，防止了资产流失

实行村账镇（街）代管会计委托代理制度，现在对于村固定资产出售、转让、租赁等都须签订合同，经村民代表会议审议批准。所有经营性收入所得都必须存入专户，从而减少了农村集体资产损失。为了抓好收入管理，镇（街）会计委托代理中心对农村每项收入都进行调查摸底，弄清收入来源，收入及时存入专户，强化资金资产管理工作。

（四）减轻农民负担，融洽了干群关系

实行村账镇（街）代管会计委托代理制度，村干部乱花钱、乱摊派、乱借债“三乱”现象基本上得到遏制，减少了群众因农村财务不清而上访的问题。自开展农村财务管理规范化建设工作以来，全区因农村财务问题信访案件逐年减少，使各级领导从过去接待农村财务问题上访告状中解脱出来，可以集中精力抓经济发展工作。

（五）农村财务公开，增加了收支透明度

自实行村账镇（街）代管会计委托代理制度后，村（居）报账员按时按规定报账，村（居）的每笔收支经过村民理财小组、镇（街）会计委托中心代理会计把关，并认真实行财务公开，提高了农村财务收支的透明度，村民人人都有知情权和监督权，并可以对不合理或情况不明的开支提出质询，从而减少了村干部因财务问题违规行为，既很好地保护了农村基层干部，也密切了干群关系，促进了农村基层组织党风廉政建设工作。

（揭阳市蓝城区财政局供稿，刘振群执笔）

云浮市

抓好“五个保障” 确保乡镇财政资金监管到位

新兴县按照加强财政“两基”建设、推进财政科学化精细化管理的要求，认真贯彻落实《关于切实加强乡镇财政资金监管工作的指导意见》（财预〔2010〕33号）和《印发关于进一步加强和规范乡镇财政管理实施意见的通知》（粤财预〔2012〕54号）等文件精神，在加强乡镇财政资金监管工作上积极探索，强化措施，取得了“安全运作、保障民生、促进发展”的良好成效，得到了省、市有关领导的充分肯定。新兴县主要通过下列一些做法来加强乡镇财政资金监管：

一、加强领导，明确职责，为乡镇财政资金监管工作提供组织保障

成立乡镇财政资金监管工作领导小组，由县财政局局长任组长、负总责，成员由局领导班子和机关业务股室负责人组成，由预算股负责日常工作，并将任务细化分解到股室、财政所，落实责任到个人。通过不定期召开股所负责人会议，对乡镇财政资金监管工作进行研究部署；并将乡镇财政资金监管工作纳入对乡镇财政所的日常考核，建立健全激励和约束机制。同时，通过采取召开专题会议、座谈会等形式，向各有关部门和单位宣传解释资金监管的内容和政策要求，不断增强部门单位对乡镇财政资金监管工作的理解和支持，强化监管意识。

二、健全制度，规范操作，为乡镇财政资金监管工作提供制度保障

为确保乡镇财政资金监管的规范有序操作，新兴县转发了省财政厅《关于进一步加强和规范乡镇财政管理实施意见》和《关于加强财政基础工作和基层建设，推进财政精细化管理实施意见》，并制定了《印发新兴县财政资金支出管理办法的通知》和《新兴县乡镇财政资金监管工作办法和流程的通知》等文件，通过建章立制，明确了补助性资金、项目性资金、乡镇财政预算和村级资金的监管办法，结合实际规范了监管程序和办法，保证监管工作有章可循。

三、上下联动，及时反馈，为乡镇财政资金监管工作提供渠道保障

为及时掌握资金监管工作的信息，建立了上下联动的信息反馈机制。一是财政相关业务股室在下达、拨付涉及乡镇的财政资金时，根据相应的资金文件的规定，对财政所提出具体监管要求，并将有关资金文件传达到财政所，使其及时掌握开展监管工作的信息，便于做好监管工作。2012年，县财政局下发有关乡镇财政资金的信息78个；下发被检查乡镇的财政资金的信息55个；收到乡镇财政反馈的有关资金监管工作的信息24个。二是对由主管部门下达到乡镇的项目资金，财政相关业务股室负责协调同级主管部门，将相关的政策文件、资金项目等信息和监管要求，及时传达到财政所。三是严格实行公示制度。新兴县不断完善公开公示程序和方式，严格按照上级有关文件要求进行公开公示，设立举报信箱和举报电话，自觉接受群众监督。2012年，新兴县被检查的2个乡镇（簕竹镇、天堂镇）公开公示的资金个数11个，纳入一卡（折）通发放补助性资金项目4个。四是坚持开展定期和不定期相结合的实地抽查，发现问题及时和乡镇财政所沟通解决，尤其是对于补助性资金的补助对象、补助标准、对项目资金的申报信息以及建设进度等情况，乡镇财政在实地核查后及时向县财政局有关业务股室反馈。据统计2012年，县财政局相关业务股室累计开展抽查巡查21次，共检查项目21个，其中补助性资金项目10个，项目性资金11个。

四、搭建平台，科学管理，为乡镇财政资金监管工作提供技术保障

在上级财政部门和县委县政府大力支持下，累计投入300多万元对县财政局机关和12个镇财政结算中心网络设备进行改造更新，在全市率先实现了“镇财县管”管理系统、国库集中支付管理系统、镇村组三级财务管理系统三个平台县镇两级共享使用。一是通过国库集中支付平台对乡镇财政资金实现了网上实时监控，各业务股室做到事前、事中、事后的全程跟踪、监督。二是通过“镇财县管镇用”

信息化管理平台有效规范了乡镇财务管理工作。三是通过农村“三资”管理平台进一步规范了村组级财务管理，尤其是强化了对惠农资金的监管，确保了财政资金使用安全、规范、高效。

五、加大投入，加强培训，为乡镇财政资金监管工作提供队伍保障

以加强财政“两基”建设为契机，不断加大对基层财政的投入，切实提高乡镇财政队伍的整体服务水平。一是积极组织乡镇财政干部参加省、市、县各级的业务培训，努力提高乡镇结算中心人员的业务素质。2012 年，新兴县参加省、市举办的乡镇财政人员业务培训班有 28 人次，县、镇举办的财政业务培训班 13 期，培训人员共 2 330 人，圆满完成年度培训计划。二是努力改善乡镇财政所办公条件，2011 - 2012 年，相继完成了河头、稔村、天堂、太平、东成、水台 6 个财政所的改建，改善了财政所结算中心的办公环境和设施，促使服务效能的提升。

通过“五个保障”措施，新兴县乡镇财政资金监管工作成效显著，主要体现在“四个增强”：一是增强了自觉性，引导财政干部自觉将乡镇财政资金监管工作贯穿到日常工作中。二是增强了特色性，结合实际，探索出符合新兴实际的监管模式。三是增强了安全性，通过全方位、立体式、网络化监管，实现了财政资金、财政干部“两个安全”。四是增强了实惠性，促进了各项民生政策真正落到实处。

（新兴县财政局供稿，欧婉玲执笔）

第六部分

统计资料

2012 年度广东省公共财政收支决算总表

单位：万元

预　算　科　目	决算数	预　算　科　目	决算数
一、税收收入	50 738 839	一、一般公共服务	8 926 236
增值税	7 938 435	二、外交	—
营业税	15 568 022	三、国防	147 040
企业所得税	8 910 255	四、公共安全	6 213 858
企业所得税退税	—	五、教育	15 012 157
个人所得税	3 227 142	六、科学技术	2 467 101
资源税	120 465	七、文化体育与传媒	1 376 447
固定资产投资方向调节税	—	八、社会保障和就业	6 110 374
城市维护建设税	3 383 108	九、医疗卫生	5 051 423
房产税	1 754 177	十、节能环保	2 354 391
印花税	811 557	十一、城乡社区事务	6 232 778
城镇土地使用税	1 100 685	十二、农林水事务	5 395 580
土地增值税	4 080 080	十三、交通运输	5 035 658
车船税	413 549	十四、资源勘探电力信息等事务	1 847 464
耕地占用税	696 737	十五、商业服务业等事务	687 489
契税	2 718 288	十六、金融监管等事务支出	276 720
烟叶税	16 339	十七、地震灾后恢复重建支出	1 228
其他税收收入	—	十八、援助其他地区支出	229 810
二、非税收入	11 552 965	十九、国土资源气象等事务	628 905
专项收入	2 025 607	二十、住房保障支出	1 803 735
行政事业性收费收入	3 916 203	二十一、粮油物资储备事务	267 800
罚没收入	1 399 864	二十二、预备费	—
国有资本经营收入	1 200 834	二十三、国债还本付息支出	983 080
国有资源（资产）有偿使用收入	1 422 424	二十四、其他支出	2 829 291
其他收入	1 588 033	—	—

续表

预　算　科　目	决算数	预　算　科　目	决算数
本年收入合计	62 291 804	本年支出合计	73 878 565
上级补助收入	14 163 110	上解上级支出	1 929 135
返还性收入	6 665 641	一般性转移支付	1 756 081
增值税和消费税税收返还收入	3 636 509	体制上解支出	268 282
所得税基数返还收入	1 631 032	出口退税专项上解支出	1 487 799
成品油价格和税费改革税收返还收入	1 398 100	专项转移支付	173 054
一般性转移支付收入	2 471 403	专项上解支出	173 054
民族地区转移支付补助收入	3 992	—	—
农村税费改革转移支付收入	2 600	—	—
县级基本财力保障机制奖补资金收入	434 542	—	—
结算补助收入	165 157	—	—
资源枯竭型城市转移支付补助收入	34 000	—	—
企业事业单位划转补助收入	161 128	—	—
成品油价格和税费改革转移支付补助收入	530 200	—	—
工商部门停征两费转移支付收入	53 081	—	—
公共安全转移支付收入	101 761	—	—
教育转移支付收入	445 893	—	—
社会保障和就业转移支付收入	252 941	援助其他地区支出	3 600
医疗卫生转移支付收入	196 516	债券还本支出	1 090 000
农林水转移支付收入	32 061	增设预算周转金	137 646
产粮（油）大县奖励资金收入	6 831	拨付国债转贷资金数	284
重点生态功能区转移支付收入	30 700	国债转贷资金结余	4 824
其他一般性转移支付收入	20 000	安排预算稳定调节基金	1 214 253
专项转移支付收入	5 026 066	—	—
债务收入	1 130 000	—	—
国债转贷资金上年结余	5 108	调出资金	200 974
上年结余	17 053 242	年终结余	18 592 541

续表

预 算 科 目	决算数	预 算 科 目	决算数
调入预算稳定调节基金	116 500	其中：本级	8 813 272
调入资金	2 292 058	减：结转下年的支出	16 865 966
1. 政府性基金调入	293 940	其中：本级	8 785 333
2. 财政专户管理资金调入	316 068	净结余	1 726 575
3. 其他调入	1 682 050	其中：本级	27 939
收入总计	97 051 822	支出总计	97 051 822

注：此表由省财政厅国库处提供。

2013年度广东省公共财政收支决算总表

单位：万元

预算科目	决算数	预算科目	决算数
一、税收收入	57 679 389	一、一般公共服务	9 964 544
增值税	10 588 534	二、外交	—
营业税	16 361 977	三、国防	178 293
企业所得税	9 746 800	四、公共安全	6 503 097
企业所得税退税	—	五、教育	17 445 886
个人所得税	3 480 170	六、科学技术	3 449 378
资源税	139 638	七、文化体育与传媒	1 416 808
城市维护建设税	3 834 806	八、社会保障和就业	7 469 686
房产税	1 986 265	九、医疗卫生	5 693 240
印花税	955 741	十、节能环保	3 077 778
城镇土地使用税	1 293 012	十一、城乡社区事务	6 647 720
土地增值税	4 175 056	十二、农林水事务	5 952 799
车船税	571 598	十三、交通运输	6 880 389
耕地占用税	804 282	十四、资源勘探电力信息等事务	1 567 962
契税	3 725 016	十五、商业服务业等事务	806 821
烟叶税	16 464	十六、金融监管等事务支出	164 310
其他税收收入	30	十七、地震灾后恢复重建支出	-4 655
二、非税收入	13 135 266	十八、援助其他地区支出	267 810
专项收入	2 330 909	十九、国土资源气象等事务	677 172
行政事业性收费收入	4 501 011	二十、住房保障支出	2 063 856
罚没收入	1 348 891	二十一、粮油物资储备事务	297 666
国有资本经营收入	1 230 200	二十二、预备费	—
国有资源（资产）有偿使用收入	1 900 878	二十三、国债还本付息支出	502 381
其他收入	1 823 377	二十四、其他支出	3 087 054
本年收入合计	70 814 655	本年支出合计	84 109 995
上级补助收入	15 015 593	上解上级支出	2 134 502
返还性收入	6 771 226	一般性转移支付	1 906 382
增值税和消费税税收返还收入	3 742 094	体制上解支出	268 282
所得税基数返还收入	1 631 032	出口退税专项上解支出	1 638 100
成品油价格和税费改革税收返还收入	1 398 100	专项转移支付	228 120

续表

预 算 科 目	决算数	预 算 科 目	决算数
一般性转移支付收入	3 123 024	专项上解支出	228 120
均衡性转移支付收入	163 500	—	—
革命老区及民族和边境地区转移支付收入	25 010	—	—
农村税费改革转移支付收入	2 600	—	—
县级基本财力保障机制奖补资金收入	619 474	—	—
结算补助收入	52 491	—	—
资源枯竭型城市转移支付补助收入	37 600	—	—
企业事业单位划转补助收入	165 678	—	—
成品油价格和税费改革转移支付补助收入	558 600	—	—
工商部门停征两费转移支付收入	53 081	—	—
基层公检法司转移支付收入	87 051	—	—
义务教育等转移支付收入	498 224	—	—
基本养老保险和低保等转移支付收入	351 937	—	—
新型农村合作医疗等转移支付收入	255 315	援助其他地区支出	500
村级公益事业奖补等转移支付收入	39 798	债券还本支出	630 000
产粮（油）大县奖励资金收入	7 946	增设预算周转金	79 627
重点生态功能区转移支付收入	99 400	国债转贷资金结余	4 824
其他一般性转移支付收入	105 319	—	—
专项转移支付收入	5 121 343	—	—
债务收入	1 570 000	安排预算稳定调节基金	3 226 984
国债转贷资金上年结余	4 824	调出资金	229 524
上年结余	18 592 541	年终结余	17 046 161
调入预算稳定调节基金	143 571	其中：本级	7 175 188
调入资金	1 320 933	减：结转下年的支出	15 275 160
1. 政府性基金预算调入	367 815	其中：本级	7 133 547
2. 财政专户管理资金调入	146 931	净结余	1 771 001
3. 其他调入	806 187	其中：本级	41 641
收入总计	107 462 117	支出总计	107 462 117

注：此表由省财政厅国库处提供。

2013 年度广东省公共财政

预算科目	决算数合计	省级	地级	其中：地级直属乡镇	县级	乡镇级
一、税收收入	57 679 389	14 627 542	22 369 252	1 536 894	16 305 953	4 376 642
增值税	10 588 534	882 041	4 837 926	486 277	3 719 772	1 148 795
营业税	16 361 977	7 290 243	5 092 073	240 970	3 095 262	884 399
企业所得税	9 746 800	3 853 148	3 497 103	246 367	1 938 722	457 827
企业所得税退税	—	—	—	—	—	—
个人所得税	3 480 170	1 047 755	1 606 118	48 352	697 280	129 017
资源税	139 638		13 227	248	85 380	41 031
城市维护建设税	3 834 806	2 131	1 320 943	173 305	2 065 062	446 670
房产税	1 986 265	—	974 816	74 225	736 468	274 981
印花税	955 741	—	300 133	42 561	540 121	115 487
城镇土地使用税	1 293 012	—	465 359	65 161	534 564	293 089
土地增值税	4 175 056	1 552 224	1 538 777	73 230	834 251	249 804
车船税	571 598	—	302 090	28 190	192 923	76 585
耕地占用税	804 282	—	199 718	22 520	520 256	84 308
契税	3 725 016		2 220 969	35 488	1 331 655	172 392
烟叶税	16 464	—	—	—	14 207	2 257
其他税收收入	30	—	—	—	30	—
二、非税收入	13 135 266	1 069 914	6 194 454	12 806	5 411 933	458 965
专项收入	2 330 909	240 757	1 286 770	1 519	722 720	80 662
行政事业性收费收入	4 501 011	457 964	1 829 227	2 634	1 972 038	241 782
罚没收入	1 348 891	92 710	736 696	70	497 332	22 153
国有资本经营收入	1 230 200	10	998 387	450	198 550	33 253
国有资源（资产）有偿使用收入	1 900 878	144 867	587 339	5 207	1 128 373	40 299
其他收入	1 823 377	133 606	756 035	2 926	892 920	40 816
本年收入合计	70 814 655	15 697 456	28 563 706	1 549 700	21 717 886	4 835 607

注：此表由省财政厅国库处提供。

收支决算分级表

单位：万元

预算科目	决算数合计	省级	地级	其中：地级直属乡镇	县级	乡镇级
一、一般公共服务	9 964 544	1 382 268	2 999 022	229 611	4 439 999	1 143 255
二、外交	—	—	—	—	—	—
三、国防	178 293	58 139	54 003	43	64 303	1 848
四、公共安全	6 503 097	768 479	2 570 348	357 585	2 878 982	285 288
五、教育	17 445 886	2 055 193	5 275 183	1 074 743	7 720 549	2 394 961
六、科学技术	3 449 378	695 534	1 901 248	26 628	787 637	64 959
七、文化体育与传媒	1 416 808	228 348	612 516	87 388	523 687	52 257
八、社会保障和就业	7 469 686	737 418	2 338 267	229 614	3 623 011	770 990
九、医疗卫生	5 693 240	360 399	1 674 159	155 298	3 207 053	451 629
十、节能环保	3 077 778	71 750	2 157 173	69 041	686 637	162 218
十一、城乡社区事务	6 647 720	26 700	3 211 439	398 611	2 955 007	454 574
十二、农林水事务	5 952 799	795 523	1 814 740	226 440	2 500 223	842 313
十三、交通运输	6 880 389	2 815 703	3 107 384	82 479	912 873	44 429
十四、资源勘探电力信息等事务	1 567 962	192 240	897 583	31 460	445 584	32 555
十五、商业服务业等事务	806 821	122 640	369 165	2 965	292 402	22 614
十六、金融监管等事务支出	164 310	2 224	136 148	371	25 712	226
十七、地震灾后恢复重建支出	-4 655	—	-2 651	—	-2 004	—
十八、援助其他地区支出	267 810	108 407	119 801	—	39 122	480
十九、国土资源气象等事务	677 172	161 606	209 327	16 515	277 090	29 149
二十、住房保障支出	2 063 856	1 620	849 050	27 965	1 112 047	101 139
二十一、粮油物资储备事务	297 666	79 450	128 112	6 104	88 883	1 221
二十二、国债还本付息支出	502 381	25 901	466 088	2 134	10 025	367
二十三、其他支出	3 087 054	1 175 076	1 045 022	12 027	776 446	90 510
—	—	—	—	—	—	—
本年支出合计	84 109 995	11 864 618	31 933 127	3 037 022	33 365 268	6 946 982

2013 年度广东省地市县

地　　区									收
								税　　收	
	收入合计	小计	增值税	营业税	企业所得税	个人所得税	资源税	城市维护建设税	耕地占用税
广东省	70 814 655	57 679 389	10 588 534	16 361 977	9 746 800	3 480 170	139 638	3 834 806	804 282
广东省本级	15 697 456	14 627 542	882 041	7 290 243	3 853 148	1 047 755	—	2 131	—
广东省地市合计	55 117 199	43 051 847	9 706 493	9 071 734	5 893 652	2 432 415	139 638	3 832 675	804 282
广州市	11 418 044	9 056 995	2 216 017	1 623 520	1 155 923	489 777	3 182	1 013 703	54 588
广州市本级	4 857 791	4 008 388	761 139	587 734	479 778	474 068	15	281 588	—
广州市区县合计	6 560 253	5 048 607	1 454 878	1 035 786	676 145	15 709	3 167	732 115	54 588
越秀区	468 831	320 638	56 242	59 623	42 336	—	—	59 009	—
海珠区	466 288	288 868	48 550	76 896	47 254	—	—	45 560	466
荔湾区	407 649	293 636	84 740	60 719	18 755	—	—	73 028	930
天河区	581 816	449 063	83 970	95 973	44 374	—	—	86 894	2 479
白云区	519 531	373 640	91 087	98 045	32 625	—	470	59 293	11 911
黄埔区	171 448	138 422	38 153	9 165	14 271	—	—	47 306	3 263
花都区	664 287	512 509	190 412	110 137	68 861	—	1 772	56 669	8 828
番禺区	729 836	575 689	118 485	196 923	86 708	—	—	71 108	14 686
南沙区	525 772	410 838	147 669	53 231	61 527	—	—	79 872	3 125
萝岗区	1 098 127	993 853	487 486	97 040	196 272	—	—	87 517	—
从化市	296 720	172 587	25 849	42 741	16 452	5 131	51	11 904	6 778
增城市	629 948	518 864	82 235	135 293	46 710	10 578	874	53 955	2 122
深圳市	17 312 618	14 989 200	2 740 958	4 232 223	2 884 159	1 384 659	—	997 286	—
深圳市本级	10 483 258	8 634 811	1 407 281	2 919 906	2 039 431	831 954	—	－115	—
深圳市区县合计	6 829 360	6 354 389	1 333 677	1 312 317	844 728	552 705	—	997 401	—
福田区	970 300	929 755	118 293	160 553	178 857	106 348	—	195 416	—
罗湖区	600 833	556 302	79 294	107 333	81 981	69 401	—	112 040	—
盐田区	233 528	206 410	41 308	54 248	33 769	12 690	—	16 841	—
南山区	1 000 528	934 172	158 726	167 812	134 174	69 681	—	171 397	—
宝安区	2 424 920	2 235 169	589 747	493 422	273 399	110 957	—	302 538	—
龙岗区	1 599 251	1 492 581	346 309	328 949	142 548	183 628	—	199 169	—
珠海市	1 941 981	1 450 545	399 718	244 093	202 611	54 441	12	158 667	—
珠海市本级	1 352 947	963 024	243 267	163 424	131 684	39 700	12	105 479	—
珠海市区县合计	589 034	487 521	156 451	80 669	70 927	14 741	—	53 188	—
香洲区	228 171	178 521	62 238	29 719	38 107	6 702	—	20 844	—
金湾区	159 469	139 439	40 946	25 142	16 305	3 323	—	16 253	—
斗门区	201 394	169 561	53 267	25 808	16 515	4 716	—	16 091	—
汕头市	1 121 063	677 169	178 781	102 813	74 955	23 274	3 086	66 930	14 437
汕头市本级	409 331	280 356	61 462	41 377	29 347	9 721	31	24 390	3 182
汕头市区县合计	711 732	396 813	117 319	61 436	45 608	13 553	3 055	42 540	11 255
金平区	91 965	50 121	15 902	7 924	6 644	3 051	572	5 719	—
龙湖区	106 789	70 255	16 577	16 682	10 030	3 074	785	7 759	—
澄海区	168 411	95 443	30 748	10 617	10 036	4 278	391	10 052	1 823
濠江区	51 026	29 722	7 595	5 226	3 713	387	516	2 963	4 772
潮阳区	176 155	81 502	24 460	12 836	9 449	1 280	438	9 174	1 813
潮南区	101 028	58 198	21 074	5 201	4 713	1 317	211	6 307	2 807

公共财政收支情况表（1－1）

单位：万元

收入										支出
收入			非税收入							
契税	烟叶税	其他各项税收收入	小计	专项收入	行政事业性收费收入	罚没收入	国有资本经营收入	国有资源（资产）有偿使用收入	其他收入	支出合计
3 725 016	16 464	8 981 702	13 135 266	2 330 909	4 501 011	1 348 891	1 230 200	1 900 878	1 823 377	84 109 995
—	—	1 552 224	1 069 914	240 757	457 964	92 710	10	144 867	133 606	11 864 618
3 725 016	16 464	7 429 478	12 065 352	2 090 152	4 043 047	1 256 181	1 230 190	1 756 011	1 689 771	72 245 377
798 657	—	1 701 628	2 361 049	493 419	806 981	234 994	—	451 248	374 407	13 861 349
699 218	—	724 848	849 403	204 180	313 763	146 784	—	134 989	49 687	6 072 517
99 439	—	976 780	1 511 646	289 239	493 218	88 210	—	316 259	324 720	7 788 832
—	—	103 428	148 193	19 703	36 259	4 599	—	46 005	41 627	663 072
—	—	70 142	177 420	21 188	43 334	10 667	—	21 484	80 747	637 725
—	—	55 464	114 013	16 798	27 401	1 633	—	38 435	29 746	536 167
—	—	135 373	132 753	27 255	36 031	3 323	—	40 075	26 069	669 090
—	—	80 209	145 891	27 987	64 024	7 182	—	7 619	39 079	667 509
—	—	26 264	33 026	8 805	13 229	2 780	—	1 383	6 829	287 061
—	—	75 830	151 778	34 885	65 697	14 588	—	11 166	25 442	659 630
—	—	87 779	154 147	36 975	66 163	21 986	—	8 822	20 201	836 563
—	—	65 414	114 934	28 958	25 603	4 026	—	8 945	47 402	712 448
—	—	125 538	104 274	24 714	33 418	4 036	—	39 587	2 519	1 046 751
15 855	—	47 826	124 133	7 437	28 988	4 418	—	80 269	3 021	385 216
83 584	—	103 513	111 084	34 534	53 071	8 972	—	12 469	2 038	687 600
808 058	—	1 941 857	2 323 418	444 215	546 072	177 672	527 106	191 815	436 538	16 908 280
437 427	—	998 927	1 848 447	435 598	371 628	142 578	523 516	81 014	294 113	9 393 365
370 631	—	942 930	474 971	8 617	174 444	35 094	3 590	110 801	142 425	7 514 915
27 784	—	142 504	40 545	164	8 325	265	—	29 128	2 663	1 056 306
24 441	—	81 812	44 531	17	9 868	5 854	—	19 925	8 867	684 949
16 264	—	31 290	27 118	593	1 993	6 725	—	16 916	891	251 951
68 997	—	163 385	66 356	347	30 752	2 499	743	30 041	1 974	1 142 749
152 045	—	313 061	189 751	7 040	38 248	8 962	2 847	7 255	125 399	2 505 390
81 100	—	210 878	106 670	456	85 258	10 789	—	7 536	2 631	1 873 570
164 644	—	226 359	491 436	71 481	120 857	34 984	—	62 158	52 172	2 520 300
134 851	—	144 607	389 923	47 580	84 741	28 626	149 612	35 208	44 156	1 872 433
29 793	—	81 752	101 513	23 901	36 116	6 358	172	26 950	8 016	647 867
	—	20 911	49 650	9 312	13 554	3 889	172	15 789	6 934	274 412
11 296	—	26 174	20 030	7 034	5 466	436	—	6 991	103	158 160
18 497	—	34 667	31 833	7 555	17 096	2 033	—	4 170	979	215 295
69 651	—	143 242	443 894	48 332	118 873	60 915	23 055	79 190	113 529	1 912 649
51 582	—	59 264	128 975	19 573	47 255	30 039	3 071	12 021	17 016	472 405
18 069	—	83 978	314 919	28 759	71 618	30 876	19 984	67 169	96 513	1 440 244
—	—	10 309	41 844	2 450	4 245	807	—	2 420	31 922	179 841
—	—	15 348	36 534	10 680	4 803	6 780	11 210	1 178	1 883	165 687
7 624	—	19 874	72 968	5 282	10 524	9 173	—	144	47 845	258 979
—	—	4 550	21 304	1 450	2 623	423	2 748	372	13 688	99 555
5 353	—	16 699	94 653	4 331	25 947	5 642	6 026	51 938	769	390 042
3 299	—	13 269	42 830	4 155	21 033	6 703	—	10 803	136	281 675

2013 年度广东省地市县

部	分									
										支
一般公共服务	外交	国防	公共安全	教育	科学技术	文化体育与传媒	社会保障和就业	医疗卫生	节能保护	城乡社区事务
9 964 544	—	178 293	6 503 097	17 445 886	3 449 378	1 416 808	7 469 686	5 693 240	3 077 778	6 647 720
1 382 268	—	58 139	768 479	2 055 193	695 534	228 348	737 418	360 399	71 750	26 700
8 582 276	—	120 154	5 734 618	15 390 693	2 753 844	1 188 460	6 732 268	5 332 841	3 006 028	6 621 020
1 518 341	—	14 170	1 159 792	2 539 473	541 912	225 107	1 453 256	868 958	170 917	2 146 340
510 600	—	27	411 869	767 104	193 414	108 411	761 143	377 945	88 508	1 006 494
1 007 741	—	14 143	747 923	1 772 369	348 498	116 696	692 113	491 013	82 409	1 139 846
67 569	—	1 011	81 346	191 539	18 093	3 597	98 784	48 504	1 423	58 232
88 078	—	1 285	73 156	200 303	20 006	8 351	68 025	35 733	1 461	82 188
63 433	—	579	67 310	153 830	13 327	11 554	71 579	30 376	1 517	86 535
83 384	—	1 418	74 156	167 890	62 297	8 635	47 926	40 488	1 831	105 064
103 704	—	310	67 947	175 573	16 119	3 341	62 895	49 033	3 917	71 118
39 817	—	—	27 715	65 997	8 035	16 802	21 884	15 613	1 449	21 597
97 366	—	1 593	52 786	162 432	20 913	14 884	46 960	57 848	11 394	73 927
95 276	—	3 790	103 870	209 176	22 285	9 454	76 500	55 758	8 437	74 946
76 733	—	1 567	47 476	108 126	13 612	4 535	30 443	39 803	14 383	208 624
118 987	—	1 791	52 894	96 825	130 442	19 563	38 456	39 283	23 997	306 597
83 592	—	799	35 113	106 126	8 556	5 492	36 531	29 149	1 225	15 238
89 802	—	—	64 154	134 552	14 813	10 488	92 130	49 425	11 375	35 780
1 476 513	—	17 968	1 239 642	2 877 280	1 329 814	329 433	784 985	1 069 185	1 419 861	2 217 321
565 547	—	10 170	411 498	1 418 724	1 206 245	149 302	303 195	542 827	1 266 287	901 712
910 966	—	7 798	828 144	1 458 556	123 569	180 131	481 790	526 358	153 574	1 315 609
74 824	—	1 543	122 920	234 515	30 027	19 390	72 875	64 973	4 688	178 537
104 903	—	1 073	93 693	165 544	6 855	8 276	83 682	31 814	2 433	70 191
41 733	—	—	36 759	40 447	6 800	7 211	24 890	17 812	4 842	33 306
62 728	—	—	118 917	253 927	33 641	56 735	118 308	99 841	58 820	155 679
377 082	—	36	269 601	456 357	29 208	58 590	102 120	188 423	33 464	491 643
249 696	—	5 146	186 254	307 766	17 038	29 929	79 915	123 495	49 327	386 253
306 225	—	8 345	233 494	510 801	121 303	39 246	180 473	86 075	161 909	288 184
200 396	—	5 780	204 622	283 974	84 028	27 997	119 976	61 186	137 465	242 481
105 829	—	2 565	28 872	226 827	37 275	11 249	60 497	24 889	24 444	45 703
40 947	—	635	11 960	104 987	14 171	3 477	28 532	13 330	4 745	37 446
31 877	—	1 480	8 871	39 736	12 898	2 955	10 109	7 644	9 508	3 412
33 005	—	450	8 041	82 104	10 206	4 817	21 856	3 915	10 191	4 845
257 606	—	6 963	159 199	522 091	26 355	21 865	230 257	227 232	52 107	78 353
58 108	—	3 181	87 569	51 725	9 013	12 361	65 993	35 042	30 042	18 497
199 498	—	3 782	71 630	470 366	17 342	9 504	164 264	192 190	22 065	59 856
21 244	—	235	4 702	67 406	9 062	903	23 471	19 074	458	16 423
32 530	—	342	5 585	57 355	3 206	1 009	15 537	30 798	204	10 828
48 141	—	333	22 831	75 146	2 431	1 680	21 431	28 792	6 233	9 103
8 261	—	2 453	2 856	24 966	1 243	217	11 130	11 243	936	13 670
51 731	—	—	15 850	140 890	675	3 352	47 179	54 981	10 646	5 082
26 555	—	177	15 795	97 898	391	1 237	40 597	43 712	3 293	3 965

公共财政收支情况表（1－2）

单位：万元

出											
农林水事务	交通运输	资源勘探电力信息等事务	商业服务业等事务	金融监管等事务支出	地震灾后恢复重建支出	援助其他地区支出	国土资源气象等事务	住房保障支出	粮油物资储备事务	国债还本付息支出	其他支出
5 952 799	6 880 389	1 567 962	806 821	164 310	－4 655	267 810	677 172	2 063 856	297 666	502 381	3 087 054
795 523	2 815 703	192 240	122 640	2 224	—	108 407	161 606	1 620	79 450	25 901	1 175 076
5 157 276	4 064 686	1 375 722	684 181	162 086	－4 655	159 403	515 566	2 062 236	218 216	476 480	1 911 978
736 943	669 594	374 114	151 138	11 355	－5 155	42 203	131 190	669 141	53 442	7 648	381 470
372 404	575 477	214 695	45 831	7 631	－3 151	39 775	21 711	274 192	45 425	7 556	245 456
364 539	94 117	159 419	105 307	3 724	－2 004	2 428	109 479	394 949	8 017	92	136 014
2 528	495	7 597	5 815	945	－296	—	7 487	45 644	—	—	22 759
6 042	681	5 851	3 204	283	－242	—	17 700	24 317	1	—	1 302
1 210	378	2 996	2 352	29	—	1 765	148	24 850	—	—	2 399
17 295	781	10 953	7 432	17	－279	600	1 737	36 215	105	—	1 145
35 758	1 908	5 360	3 609	241	－255	—	25 689	35 335	356	—	5 551
19 335	4 131	3 913	6 010	14	－95	—	1 027	19 784	54	—	13 979
47 297	12 246	15 417	4 735	100	—	—	7 861	29 431	1 850	—	590
68 532	16 049	12 947	6 958	47	—	30	7 224	63 439	498	—	1 347
39 854	20 179	64 438	4 573	90	－180	33	8 278	22 816	3	55	7 007
36 319	10 017	23 455	54 560	1 780	－657	—	16 906	20 905	1	37	54 593
26 513	8 550	1 080	1 723	69	—	—	7 328	14 582	2 282	—	1 268
63 856	18 702	5 412	4 336	109	—	—	8 094	57 631	2 867	—	24 074
614 196	1 116 493	401 051	212 601	90 590	—	76 933	81 824	630 800	40 538	430 000	451 252
398 392	802 966	313 895	173 639	82 841	—	51 715	71 256	210 455	28 597	430 000	54 102
215 804	313 527	87 156	38 962	7 749	—	25 218	10 568	420 345	11 941	—	397 150
4 748	32 120	6 783	14 000	740	—	3 988	300	159 335	—	—	30 000
23 763	20 991	2 639	4 836	—	—	—	564	25 552	—	—	38 140
4 048	—	1 282	993	—	—	—	—	18 630	—	—	13 198
41 392	55 865	8 580	13 865	530	—	3 825	—	40 000	—	—	20 096
94 216	147 136	62 670	4 394	2 457	—	12 705	2 347	139 338	5 759	—	27 844
47 637	57 415	5 202	874	4 022	—	4 700	7 357	37 490	6 182	—	267 872
113 673	105 781	58 489	14 122	8 273	—	600	14 464	28 429	3 743	2 747	233 924
84 885	95 693	54 590	13 182	8 273	—	600	14 093	18 438	1 745	2 747	210 282
28 788	10 088	3 899	940	—	—	—	371	9 991	1 998	—	23 642
3 766	—	2 048	158	—	—	—			686	—	7 524
8 684	9 286	794	71	—	—	—	264	9 112	518	—	941
16 338	802	1 057	711	—	—	—	107	879	794	—	15 177
147 900	60 424	21 101	10 185	763	—	—	12 062	43 051	8 669	1 862	24 604
18 472	39 083	2 673	1 998	428	—	—	3 397	22 208	3 990	1 308	7 317
129 428	21 341	18 428	8 187	335	—	—	8 665	20 843	4 679	554	17 287
7 299	6	6 030	185	3	—	—	197	1 656	6	9	1 472
3 461	157	3 133	590	7	—	—	94	247	6	—	598
21 583	3 228	4 482	2 592	10	—	—	1 327	6 577	991	173	1 895
6 685	5 128	1 169	778	5	—	—	1 766	1 300	727	25	4 997
39 210	4 898	2 216	1 550		—	—	1 586	4 841	1 818	32	3 505
32 036	4 499	1 046	1 424	310	—	—	1 164	5 322	888	54	1 312

2013年度广东省地市县

地区	收入合计	收							
		税收							
		小计	增值税	营业税	企业所得税	个人所得税	资源税	城市维护建设税	耕地占用税
南澳县	16 358	11 572	963	2 950	1 023	166	142	566	40
佛山市	4 382 128	3 333 885	784 479	564 339	386 316	119 466	300	319 729	52 409
佛山市本级	346 887	269 979	51 328	50 305	37 231	15 365	—	25 415	445
佛山市区县合计	4 035 241	3 063 906	733 151	514 034	349 085	104 101	300	294 314	51 964
禅城区	479 704	325 865	62 733	61 484	41 395	18 780	—	31 063	543
南海区	1 461 291	1 108 215	231 426	208 955	116 674	34 631	—	99 458	21 123
顺德区	1 541 369	1 199 295	326 496	180 913	144 466	39 993	105	117 461	21 843
高明区	232 706	168 522	45 400	22 848	18 236	3 997	119	17 658	4 424
三水区	320 171	262 009	67 096	39 834	28 314	6 700	76	28 674	4 031
韶关市	717 804	467 846	104 549	86 475	28 506	12 456	13 768	55 494	16 073
韶关市本级	295 039	179 034	41 677	19 734	8 128	4 202	1 315	31 585	284
韶关市区县合计	422 765	288 812	62 872	66 741	20 378	8 254	12 453	23 909	15 789
浈江区	36 162	24 267	4 033	9 850	1 626	897	136	2 463	1 370
武江区	33 700	23 303	2 968	10 327	3 299	986	557	2 850	—
曲江区	65 377	41 829	12 996	8 707	3 067	1 552	564	4 405	—
乐昌市	52 654	34 800	6 754	9 860	3 043	865	715	3 158	6
南雄市	47 568	31 307	3 893	3 844	1 639	603	472	1 600	1 658
仁化县	52 557	36 901	10 424	4 157	1 448	696	3 691	2 859	5 736
始兴县	30 151	21 588	3 464	4 387	1 441	409	220	1 285	2 749
翁源县	32 601	23 038	4 190	4 882	1 379	840	1 413	1 291	2 246
新丰县	28 803	21 457	3 844	5 318	998	505	4 189	1 236	1 879
乳源瑶族自治县	43 192	30 322	10 306	5 409	2 438	901	496	2 762	145
河源市	487 872	343 746	73 373	72 242	29 529	6 593	11 144	25 285	29 144
河源市本级	175 918	122 815	23 276	25 088	16 601	2 485	527	9 505	6 700
河源市区县合计	311 954	220 931	50 097	47 154	12 928	4 108	10 617	15 780	22 444
源城区	70 427	54 556	10 265	12 355	3 744	1 194	259	4 493	3 300
东源县	60 272	42 965	11 095	7 897	2 401	674	2 017	2 895	3 312
和平县	32 932	23 736	4 166	5 913	1 210	297	2 150	1 294	1 305
龙川县	44 261	28 262	5 857	6 710	2 174	576	460	2 036	3 070
紫金县	45 872	32 951	5 532	8 068	1 712	364	681	2 002	8 201
连平县	58 190	38 461	13 182	6 211	1 687	1 003	5 050	3 060	3 256
梅州市	693 723	492 710	96 890	76 671	34 310	10 286	26 711	54 005	65 891
梅州市本级	218 624	146 117	30 484	15 692	7 288	3 019	181	30 455	27 663
梅州市区县合计	475 099	346 593	66 406	60 979	27 022	7 267	26 530	23 550	38 228
梅江区	58 025	40 109	7 866	8 316	3 088	807	230	5 280	3 531
兴宁市	57 130	42 898	7 793	9 521	2 545	866	854	3 062	5 990
梅县区	143 784	103 519	16 050	18 628	12 219	2 621	959	6 094	11 882
平远县	41 825	31 875	9 430	4 168	986	363	10 353	2 141	88
蕉岭县	45 302	30 968	5 775	4 014	1 354	578	2 145	1 797	7 026
大埔县	51 296	38 585	6 453	5 497	1 454	815	10 866	1 861	1 020
丰顺县	44 011	33 252	7 597	5 550	3 324	702	331	1 968	6 221
五华县	33 726	25 387	5 442	5 285	2 052	515	792	1 347	2 470

公共财政收支情况表（2－1）

单位：万元

收										支
入										
收 入			非 税 收 入							支出合计
契税	烟叶税	其他各项税收收入	小计	专项收入	行政事业性收费收入	罚没收入	国有资本经营收入	国有资源（资产）有偿使用收入	其他收入	
1 793	—	3 929	4 786	411	2 443	1 348	—	314	270	64 465
415 582	—	691 265	1 048 243	172 232	494 119	107 852	42 496	163 725	67 819	4 883 953
32 990	—	56 900	76 908	7 077	24 393	14 850	—	21 309	9 279	768 548
382 592	—	634 365	971 335	165 155	469 726	93 002	42 496	142 416	58 540	4 115 405
40 322	—	69 545	153 839	27 347	65 421	22 607	—	38 464	—	619 525
160 918	—	235 030	353 076	50 586	168 198	24 765	42 181	54 446	12 900	1 392 991
140 634	—	227 384	342 074	60 477	180 900	25 959	—	31 138	43 600	1 496 255
18 345	—	37 495	64 184	11 288	25 239	8 819	315	16 747	1 776	259 468
22 373	—	64 911	58 162	15 457	29 968	10 852	—	1 621	264	347 166
49 083	11 694	89 748	249 958	46 070	60 581	39 235	28 408	38 862	36 802	1 683 222
29 488		42 621	116 005	27 220	16 441	20 155	25 243	7 506	19 440	481 593
19 595	11 694	47 127	133 953	18 850	44 140	19 080	3 165	31 356	17 362	1 201 629
—	—	3 892	11 895	83	1 594	1 110	—	4 065	5 043	76 744
—	—	2 316	10 397	69	1 605	426	—	7 161	1 136	67 831
4 258	—	6 280	23 548	4 970	6 030	1 650	—	8 118	2 780	126 009
3 818	1 564	5 017	17 854	3 243	8 096	3 055	290	3 110	60	178 164
2 455	7 646	7 497	16 261	1 004	7 954	2 460	1 000	1 877	1 966	162 590
2 170	—	5 720	15 656	2 275	5 607	549	—	5 107	2 118	119 543
1 645	1 843	4 145	8 563	1 470	2 394	2 488	775	1 219	217	108 577
2 739	—	4 058	9 563	1 808	3 220	4 476	—	59	—	131 808
1 324	—	2 164	7 346	1 156	2 801	1 735	1 100	287	267	107 131
1 186	641	6 038	12 870	2 772	4 839	1 131	—	353	3 775	123 232
40 674	—	55 762	144 126	22 631	66 609	23 096	2 919	13 467	15 404	1 697 211
16 954	—	21 679	53 103	10 132	24 866	10 020	—	585	7 500	377 455
23 720	—	34 083	91 023	12 499	41 743	13 076	2 919	12 882	7 904	1 319 756
8 351	—	10 595	15 871	2 509	5 299	365	—	2 028	5 670	136 450
4 897	—	7 777	17 307	2 407	9 944	1 622	—	3 319	15	231 619
3 543	—	3 858	9 196	1 107	4 107	2 157	—	1 825	—	197 236
2 909	—	4 470	15 999	1 576	6 990	3 179	—	4 254	—	311 883
2 109	—	4 282	12 921	1 773	5 000	1 034	2 539	356	2 219	257 698
1 911	—	3 101	19 729	3 127	10 403	4 719	380	1 100	—	184 870
41 953	4 160	81 833	201 013	32 110	68 488	16 741	26 807	45 087	11 780	2 062 983
13 583	—	17 752	72 507	12 706	21 051	4 023	23 152	7 034	4 541	376 043
28 370	4 160	64 081	128 506	19 404	47 437	12 718	3 655	38 053	7 239	1 686 940
4 121	—	6 870	17 916	4 607	2 267	251	—	9 855	936	112 216
4 963	—	7 304	14 232	2 267	5 969	2 702	2 699	595	—	328 760
10 623	678	23 765	40 265	4 809	9 582	1 514	—	18 086	6 274	279 956
1 161	743	2 442	9 950	1 408	5 848	1 938	450	306	—	123 737
1 953	518	5 808	14 334	1 670	6 613	1 859	506	3 657	29	114 388
2 571	1 005	7 043	12 711	1 639	7 549	1 801	—	1 722	—	191 503
1 140	174	6 245	10 759	1 792	4 462	848	—	3 657	—	204 520
1 838	1 042	4 604	8 339	1 212	5 147	1 805	—	175	—	331 860

2013 年度广东省地市县

部 分										
										支
一般公共服务	外交	国防	公共安全	教育	科学技术	文化体育与传媒	社会保障和就业	医疗卫生	节能保护	城乡社区事务
11 036	—	242	4 011	6 705	334	1 106	4 919	3 590	295	785
743 097	—	7 846	588 644	1 024 551	163 697	66 504	343 596	251 314	281 236	356 360
76 388	—	3 361	100 742	77 367	19 084	19 987	47 152	38 786	13 766	26 705
666 709	—	4 485	487 902	947 184	144 613	46 517	296 444	212 528	267 470	329 655
110 506	—	1 062	84 950	121 167	19 721	7 402	50 119	26 925	33 876	58 396
229 351	—	—	170 556	371 618	52 966	16 375	88 907	73 154	66 683	88 309
217 690	—	1 877	171 639	325 482	59 324	17 690	100 657	78 671	141 394	138 121
49 805	—	—	28 396	56 379	4 360	3 053	21 510	18 592	7 929	31 685
59 357	—	1 546	32 361	72 538	8 242	1 997	35 251	15 186	17 588	13 144
316 811	—	3 220	116 393	352 183	25 076	22 476	209 770	141 273	36 483	45 793
84 618	—	1 037	52 092	69 308	11 275	6 486	56 009	17 414	11 279	23 860
232 193	—	2 183	64 301	282 875	13 801	15 990	153 761	123 859	25 204	21 933
19 213	—	88	2 790	27 398	707	843	9 994	8 508	4	624
20 334	—	43	2 269	19 334	706	421	6 649	5 788	134	2 876
21 478	—	211	8 819	25 508	1 384	1 105	20 746	12 032	4 405	1 845
30 827	—	544	9 136	38 818	2 064	1 968	23 491	18 007	3 479	5 116
25 974	—	259	8 160	39 135	1 623	3 483	17 676	19 080	3 461	2 387
23 171	—	325	6 184	25 880	1 570	2 866	11 547	9 800	2 117	3 516
18 638	—	385	9 493	21 658	1 130	771	16 254	11 869	3 588	1 101
28 877	—	—	3 927	31 465	1 483	1 429	16 661	14 631	2 077	1 914
20 030	—	160	6 681	23 611	1 200	764	17 437	11 725	1 917	972
23 651	—	168	6 842	30 068	1 934	2 340	13 306	12 419	4 022	1 582
220 095	—	1 421	95 208	346 409	13 521	26 003	238 817	167 179	27 461	76 306
52 600	—	996	36 931	51 713	2 893	9 622	15 087	16 054	7 355	24 113
167 495	—	425	58 277	294 696	10 628	16 381	223 730	151 125	20 106	52 193
25 212	—	20	5 012	30 240	496	2 534	18 284	10 718	657	8 729
37 393	—	5	9 992	46 426	2 980	3 876	37 622	27 621	4 820	1 552
22 601	—	—	12 521	39 590	2 570	2 018	34 704	21 897	4 292	6 875
31 222	—	—	11 471	77 838	1 330	1 837	59 969	38 695	4 967	9 432
28 726	—	400	10 850	63 601	771	3 366	43 462	34 245	4 287	9 200
22 341	—	—	8 431	37 001	2 481	2 750	29 689	17 949	1 083	16 405
310 386	—	—	115 232	494 284	12 649	29 982	299 081	208 760	38 279	58 075
53 068	—	—	44 656	35 506	3 222	8 430	37 658	12 474	14 531	22 472
257 318	—	—	70 576	458 778	9 427	21 552	261 423	196 286	23 748	35 603
17 490	—	—	2 761	42 175	208	1 416	17 591	10 922	1 244	3 714
49 801	—	—	13 121	98 127	2 506	4 128	52 530	36 637	3 426	5 467
45 905	—	—	11 463	64 983	1 139	5 372	46 638	34 385	4 884	7 129
28 064	—	—	4 883	28 452	558	1 327	17 563	13 008	3 563	1 623
13 796	—	—	6 397	26 215	366	1 321	20 980	9 829	4 654	1 419
30 698	—	—	7 975	47 792	561	1 716	21 457	18 165	1 858	6 358
31 121	—	—	10 101	54 804	762	2 510	37 071	28 167	2 337	2 513
40 443	—	—	13 875	96 230	3 327	3 762	47 593	45 173	1 782	7 380

公共财政收支情况表（2－2）

单位：万元

出											
农林水事务	交通运输	资源勘探电力信息等事务	商业服务业等事务	金融监管等事务支出	地震灾后恢复重建支出	援助其他地区支出	国土资源气象等事务	住房保障支出	粮油物资储备事务	国债还本付息支出	其他支出
19 154	3 425	352	1 068		—	—	2 531	900	243	261	3 508
284 179	383 688	74 849	48 992	8 575	—	16 357	25 836	111 776	18 417	1 308	83 131
17 613	249 224	3 474	1 794	316	—	4 501	4 779	15 823	4 454	968	42 264
266 566	134 464	71 375	47 198	8 259	—	11 856	21 057	95 953	13 963	340	40 867
45 346	26 586	9 720	2 967	458	—	1 279	2 351	13 454	2 387	4	849
98 436	43 537	19 445	6 324	5 905	—	4 264	12 284	28 983	4 263	7	11 624
81 776	28 935	29 140	35 760	1 796	—	4 500	3 484	40 310	3 600	321	14 088
16 140	7 222	4 447	571		—	637	1 967	31	993	2	5 749
24 868	28 184	8 623	1 576	100	—	1 176	971	13 175	2 720	6	8 557
203 215	92 101	12 698	8 609	515	—	—	9 090	67 486	6 444	757	12 829
24 325	54 160	3 858	4 114	361	—	—	2 750	51 853	3 332	37	3 425
178 890	37 941	8 840	4 495	154	—	—	6 340	15 633	3 112	720	9 404
4 686	35	774	74	10	—	—		721		—	275
3 908	2 592	1 444	7	3	—	—	350	591		1	381
16 863	3 811	1 142	631	25	—	—	710	3 824	458	—	1 012
30 048	8 893	395	647		—	—	968	1 485	901	201	1 176
28 836	5 713	1 235	338	47	—	—	825	2 545	417	377	1 019
20 995	5 195	554	246	8	—	—	1 401	928	376	67	2 797
17 151	1 393	137	624	27	—	—	796	2 070	327	31	1 134
21 612	2 526	2 013	938		—	—	466	1 003	106	1	679
15 310	3 889	410	427	19	—	—	336	1 404	302	—	537
19 481	3 894	736	563	15	—	—	488	1 062	225	42	394
208 556	67 525	15 860	15 014	586	—	—	10 729	54 474	5 707	4 817	101 523
14 422	44 602	6 523	5 892	395	—	—	2 143	12 835	832	1 435	71 012
194 134	22 923	9 337	9 122	191	—	—	8 586	41 639	4 875	3 382	30 511
9 911	1 133	2 422	1 260	—	—	—	373	4 489	711	2 794	11 455
44 806	1 578	2 294	1 391	42	—	—	586	5 125	921	102	2 487
35 479	1 136	988	1 321	—	—	—	2 693	7 097	619	111	724
44 191	9 203	1 085	2 294	40	—	—	1 938	10 294	545	51	5 481
28 835	8 396	1 842	2 192	—	—	—	875	10 761	1 447	254	4 188
30 912	1 477	706	664	109	—	—	2 121	3 873	632	70	6 176
259 716	98 267	25 010	34 973	1 532	—	—	16 736	21 707	6 475	2 382	29 457
23 112	67 118	12 331	20 070	670	—	—	2 038	6 081	1 789	1 692	9 125
236 604	31 149	12 679	14 903	862	—	—	14 698	15 626	4 686	690	20 332
9 103	596	609	815	—	—	—	55	577	—	2	2 938
38 709	7 725	3 544	2 607	113	—	—	6 093	3 321	455	265	185
40 074	1 151	2 089	2 501	537	—	—	2 432	1 387	1 097	29	6 761
16 581	2 643	1 087	1 174	100	—	—	1 279	929	514	41	348
16 691	4 181	575	766	—	—	—	861	2 250	329	116	3 642
39 631	682	919	3 002	—	—	—	1 768	2 566	791	120	5 444
27 987	1 622	1 369	742	—	—	—	473	1 804	934	61	124
47 828	12 549	2 487	3 296	94	—	—	1 737	2 792	566	56	890

2013年度广东省地市县

地区	收入合计	收							
		税收							
		小计	增值税	营业税	企业所得税	个人所得税	资源税	城市维护建设税	耕地占用税
惠州市	2 501 721	1 860 753	470 287	344 835	163 431	36 900	13 097	205 850	12 905
惠州市本级	1 367 909	1 057 790	334 563	155 690	111 447	20 752	3 419	145 695	—
惠州市区县合计	1 133 812	802 963	135 724	189 145	51 984	16 148	9 678	60 155	12 905
惠城区	271 589	186 644	22 775	46 198	12 236	5 258	801	15 237	—
惠阳区	279 116	208 570	37 514	46 165	12 121	3 756	589	18 135	2 295
惠东县	232 642	165 855	22 520	44 679	13 088	3 005	662	9 925	3 479
博罗县	273 250	198 985	43 772	43 550	11 926	3 368	1 382	14 074	6 084
龙门县	77 215	42 909	9 143	8 553	2 613	761	6 244	2 784	1 047
汕尾市	481 546	303 642	31 840	35 455	19 378	4 133	1 631	15 577	79 523
汕尾市本级	125 080	90 655	14 905	6 130	9 407	1 322	177	7 345	28 753
汕尾市区县合计	356 466	212 987	16 935	29 325	9 971	2 811	1 454	8 232	50 770
城　区	52 223	33 515	5 323	3 449	3 023	655	90	2 344	12 756
陆丰市	140 011	76 884	3 098	7 744	2 361	543	461	2 159	11 925
海丰县	132 107	83 325	7 016	14 818	4 093	1 448	742	3 030	25 360
陆河县	32 125	19 263	1 498	3 314	494	165	161	699	729
东莞市	4 092 897	3 318 201	1 037 248	505 285	333 022	103 505	51	366 606	49 707
东莞市本级	4 092 897	3 318 201	1 037 248	505 285	333 022	103 505	51	366 606	49 707
中山市	2 254 150	1 650 555	464 700	292 256	169 857	50 720	13	135 737	7 501
中山市本级	2 254 150	1 650 555	464 700	292 256	169 857	50 720	13	135 737	7 501
江门市	1 580 325	1 215 525	311 979	192 646	122 569	31 933	5 553	110 985	51 767
江门市本级	317 155	249 332	53 072	43 504	24 227	8 275	98	23 814	6 445
江门市区县合计	1 263 170	966 193	258 907	149 142	98 342	23 658	5 455	87 171	45 322
蓬江区	154 673	120 687	23 671	22 118	11 586	4 336	11	11 425	2 498
江海区	60 725	49 726	13 217	7 318	4 922	1 157		4 901	2 195
新会区	383 004	300 163	101 849	33 781	28 068	7 276	3 934	30 499	14 449
台山市	203 256	148 132	37 889	24 712	23 505	4 173	74	12 139	3 653
开平市	188 469	141 165	32 271	22 691	14 825	2 620	7	11 072	9 300
鹤山市	188 757	142 254	39 987	25 858	11 733	3 205	469	13 206	5 005
恩平市	84 286	64 066	10 023	12 664	3 703	891	960	3 929	8 222
阳江市	537 170	351 869	60 028	78 493	32 760	8 495	3 325	23 685	37 929
阳江市本级	234 075	145 005	13 747	33 805	12 764	3 459	716	8 624	25 183
阳江市区县合计	303 095	206 864	46 281	44 688	19 996	5 036	2 609	15 061	12 746
江城区	50 197	26 479	5 973	7 515	2 865	869	143	2 190	—
阳春市	100 349	71 606	14 614	13 202	6 180	1 775	1 835	5 139	7 876
阳东县	101 161	68 737	15 697	14 174	7 050	1 557	366	4 837	3 877
阳西县	51 388	40 042	9 997	9 797	3 901	835	265	2 895	993
湛江市	1 059 218	594 987	139 418	127 105	37 429	19 833	910	56 514	27 245
湛江市本级	589 935	304 447	79 853	63 129	18 683	10 058	25	31 463	10 871
湛江市区县合计	469 283	290 540	59 565	63 976	18 746	9 775	885	25 051	16 374
赤坎区	42 530	30 371	6 196	5 707	2 182	857		2 722	334
霞山区	65 151	40 476	6 106	7 726	3 163	2 086	5	4 922	489

公共财政收支情况表（3－1）

单位：万元

收支										
入										
收入			非税收入							支出合计
契税	烟叶税	其他各项税收收入	小计	专项收入	行政事业性收费收入	罚没收入	国有资本经营收入	国有资源（资产）有偿使用收入	其他收入	
233 361	—	380 087	640 968	111 707	231 936	73 137	23 456	84 473	116 259	3 282 913
100 267	—	185 957	310 119	62 329	88 670	49 541	23 456	14 398	71 725	1 527 602
133 094	—	194 130	330 849	49 378	143 266	23 596	—	70 075	44 534	1 755 311
38 943	—	45 196	84 945	13 419	21 783	436	—	34 879	14 428	391 269
31 537	—	56 458	70 546	8 120	53 514	8 618	—	294	—	345 810
30 214	—	38 283	66 787	8 481	30 480	4 103	—	2 697	21 026	414 017
27 109	—	47 720	74 265	12 165	31 615	8 713	—	18 966	2 806	423 490
5 291	—	6 473	34 306	7 193	5 874	1 726	—	13 239	6 274	180 725
56 349	—	59 756	177 904	11 197	42 313	10 675	9 398	30 330	73 991	1 053 077
3 954	—	18 662	34 425	4 455	6 844	3 957	8 600	2 592	7 977	212 596
52 395	—	41 094	143 479	6 742	35 469	6 718	798	27 738	66 014	840 481
1 883	—	3 992	18 708	985	3 005	153	—	28	14 537	102 508
36 412	—	12 181	63 127	1 376	15 622	1 986	—	26 148	17 995	391 506
9 770	—	17 048	48 782	3 730	10 559	3 569	144	52	30 728	227 856
4 330	—	7 873	12 862	651	6 283	1 010	654	1 510	2 754	118 611
330 370	—	592 407	774 696	221 062	377 151	94 364	44 000	34 469	3 650	4 446 589
330 370	—	592 407	774 696	221 062	377 151	94 364	44 000	34 469	3 650	4 446 589
174 456	—	355 315	603 595	110 208	173 122	35 259	28 786	122 163	134 057	2 372 403
174 456	—	355 315	603 595	110 208	173 122	35 259	28 786	122 163	134 057	2 372 403
111 532	—	276 561	364 800	65 926	168 582	66 120	37 767	23 242	3 163	2 126 085
27 410	—	62 487	67 823	14 627	25 463	24 266	1 500	1 967	—	389 346
84 122	—	214 074	296 977	51 299	143 119	41 854	36 267	21 275	3 163	1 736 739
14 247	—	30 795	33 986	4 887	14 434	9 471	5 150	44	—	198 209
4 092	—	11 924	10 999	2 165	6 017	1 090	—	1 727	—	86 381
21 064	—	59 243	82 841	17 865	32 123	9 762	18 014	5 077	—	430 111
9 642	—	32 345	55 124	8 090	29 229	4 659	6 848	3 138	3 160	355 162
16 776	—	31 603	47 304	7 846	25 742	6 124	6 055	1 537	—	266 357
12 475	—	30 316	46 503	7 635	21 430	7 786	—	9 650	2	217 056
5 826	—	17 848	20 220	2 811	14 144	2 962	200	102	1	183 463
29 202	—	77 952	185 301	18 045	80 159	36 504	16 510	19 045	15 038	1 142 992
13 688	—	33 019	89 070	8 514	28 372	22 832	5 745	9 560	14 047	319 587
15 514	—	44 933	96 231	9 531	51 787	13 672	10 765	9 485	991	823 405
—	—	6 924	23 718	953	10 636	992	8 235	2 230	672	125 712
6 445	—	14 540	28 743	3 538	13 076	5 872	800	5 457	—	300 392
5 383	—	15 796	32 424	2 972	22 419	3 553	1 730	1 698	52	204 198
3 686	—	7 673	11 346	2 068	5 656	3 255	—	100	267	193 103
81 935	—	104 598	464 231	47 491	166 349	39 933	88 002	59 052	63 404	2 654 423
41 034	—	49 331	285 488	31 000	69 457	15 261	80 205	39 619	49 946	841 289
40 901	—	55 267	178 743	16 491	96 892	24 672	7 797	19 433	13 458	1 813 134
5 655	—	6 718	12 159	1 853	3 174	736	38	463	5 895	78 747
5 900	—	10 079	24 675	1 746	17 779	574	2 887	598	1 091	121 279

2013年度广东省地市县

部 分										
										支
一般公共服务	外交	国防	公共安全	教育	科学技术	文化体育与传媒	社会保障和就业	医疗卫生	节能保护	城乡社区事务
469 619	—	4 464	255 884	727 857	55 635	42 886	267 709	262 848	285 870	238 355
187 050	—	292	137 568	216 868	30 267	14 224	93 945	89 460	256 907	169 845
282 569	—	4 172	118 316	510 989	25 368	28 662	173 764	173 388	28 963	68 510
80 864	—	1 145	13 586	134 499	8 280	6 027	37 733	39 901	6 053	16 159
58 178	—	949	34 289	94 924	4 560	3 387	26 752	27 779	11 229	15 877
59 560	—	954	30 526	107 191	5 693	5 201	47 641	45 147	3 396	19 972
57 101	—	534	26 904	129 530	5 842	11 188	41 400	40 749	6 248	14 496
26 866	—	590	13 011	44 845	993	2 859	20 238	19 812	2 037	2 006
115 375	—	—	53 741	277 865	8 254	10 414	142 814	110 090	25 337	31 708
37 683	—	—	18 671	26 204	2 432	2 309	21 064	10 858	2 935	6 808
77 692	—	—	35 070	251 661	5 822	8 105	121 750	99 232	22 402	24 900
11 755	—	—	1 860	28 055	991	512	14 663	10 410	642	1 942
27 649	—	—	16 239	115 415	2 239	3 801	48 937	51 785	16 533	16 413
28 021	—	—	12 234	72 844	1 897	2 638	40 507	21 913	1 051	4 284
10 267	—	—	4 737	35 347	695	1 154	17 643	15 124	4 176	2 261
394 668	—	6 866	521 421	1 135 943	170 307	121 280	266 626	171 387	180 469	443 526
394 668	—	6 866	521 421	1 135 943	170 307	121 280	266 626	171 387	180 469	443 526
225 178	—	2 250	160 467	662 102	111 688	67 888	190 988	83 288	53 807	148 566
225 178	—	2 250	160 467	662 102	111 688	67 888	190 988	83 288	53 807	148 566
286 726	—	20 182	187 102	504 425	52 778	18 590	288 181	178 262	54 598	61 697
58 112	—	5 642	58 082	44 761	21 002	5 671	36 322	21 159	8 935	20 440
228 614	—	14 540	129 020	459 664	31 776	12 919	251 859	157 103	45 663	41 257
29 962	—	477	19 939	53 988	4 329	1 235	26 316	10 525	434	10 350
16 447	—	388	10 826	18 588	1 692	477	8 121	6 241	11 757	1 639
48 524	—	6 010	27 725	127 007	16 206	2 659	57 229	36 830	4 524	7 282
40 299	—	4 789	20 220	89 059	2 623	2 258	49 042	34 705	9 898	3 245
36 012	—	2 029	21 168	71 229	2 693	2 973	49 748	24 862	8 308	7 378
28 143	—	649	17 453	53 605	2 541	1 552	32 188	21 306	7 904	8 443
29 227	—	198	11 689	46 188	1 692	1 765	29 215	22 634	2 838	2 920
162 511	—	227	76 280	249 014	12 020	17 405	157 601	107 292	18 328	33 671
57 288	—	57	35 503	43 950	5 883	7 359	34 391	14 537	6 877	15 634
105 223	—	170	40 777	205 064	6 137	10 046	123 210	92 755	11 451	18 037
11 039	—	170	3 505	40 991	945	1 284	20 345	15 070	52	791
41 011	—	—	17 086	71 709	1 717	3 644	56 948	39 288	5 956	5 177
36 132	—	—	10 338	42 584	2 148	3 247	23 288	20 668	3 201	10 098
17 041	—	—	9 848	49 780	1 327	1 871	22 629	17 729	2 242	1 971
321 512	—	8 692	163 441	693 352	12 965	31 098	380 052	337 768	40 317	77 820
98 368	—	6 427	87 848	108 625	6 988	17 631	102 879	39 918	27 582	40 845
223 144	—	2 265	75 593	584 727	5 977	13 467	277 173	297 850	12 735	36 975
18 042	—	238	3 509	26 388	304	463	8 987	6 760	916	6 377
25 123	—	312	6 425	43 194	857	632	15 916	8 173	1 726	10 868

公共财政收支情况表（3－2）

单位：万元

出											
农林水事务	交通运输	资源勘探电力信息等事务	商业服务业等事务	金融监管等事务支出	地震灾后恢复重建支出	援助其他地区支出	国土资源气象等事务	住房保障支出	粮油物资储备事务	国债还本付息支出	其他支出
264 823	118 821	44 092	21 886	765	—	—	28 135	32 426	9 277	3 693	147 868
58 270	81 072	31 686	13 428	249	—	—	10 640	14 223	3 471	3 278	114 859
206 553	37 749	12 406	8 458	516	—	—	17 495	18 203	5 806	415	33 009
29 292	1 270	6 398	1 194	109	—	—	80	527	1 448	3	6 701
36 220	10 238	2 442	1 107	100	—	—	3 478	9 389	1 402	—	3 510
57 862	10 293	1 682	850	—	—	—	6 387	1 825	1 115	5	8 717
56 263	11 894	1 511	4 066	307	—	—	6 040	4 303	1 293	277	3 544
26 916	4 054	373	1 241	—	—	—	1 510	2 159	548	130	10 537
133 276	39 269	4 528	10 788	23	—	—	23 823	22 379	4 613	1 054	37 726
16 824	21 335	2 387	6 925	21	—	—	2 792	6 197	1 610	713	24 828
116 452	17 934	2 141	3 863	2	—	—	21 031	16 182	3 003	341	12 898
21 884	3 955	451	239	—	—	—	281	579	391	22	3 876
52 129	6 018	566	834	—	—	—	19 397	9 514	1 498	235	2 304
29 432	2 171	714	2 197	2	—	—	1 010	824	738	66	5 313
13 007	5 790	410	593	—	—	—	343	5 265	376	18	1 405
236 060	500 212	132 769	21 867	25 597	500	21 519	23 432	57 110	6 906	3 273	4 851
236 060	500 212	132 769	21 867	25 597	500	21 519	23 432	57 110	6 906	3 273	4 851
285 888	111 910	61 132	22 415	3 346	—	1 591	14 801	23 148	5 359	1 043	135 548
285 888	111 910	61 132	22 415	3 346	—	1 591	14 801	23 148	5 359	1 043	135 548
235 524	78 186	19 756	14 922	449	—	—	15 895	49 710	7 780	882	50 440
18 048	52 606	4 427	3 313	263	—	—	2 356	18 201	2 474	709	6 823
217 476	25 580	15 329	11 609	186	—	—	13 539	31 509	5 306	173	43 617
13 024	—	1 834	1 932	29	—	—	942	7 768	—	—	15 125
4 463	186	1 170	526	—	—	—	463	1 561	130	23	1 683
52 126	9 021	6 282	3 650	50	—	—	5 007	6 682	1 304	35	11 958
72 740	8 020	1 637	1 140	—	—	—	3 964	4 687	1 090		5 746
19 554	3 109	1 515	2 173	—	—	—	830	5 329	966	81	6 400
31 714	2 619	1 495	1 319	—	—	—	1 551	3 203	964	23	384
23 855	2 625	1 396	869	107	—	—	782	2 279	852	11	2 321
185 436	37 463	12 561	11 314	72	—	—	9 997	18 239	4 801	666	28 094
28 444	19 985	4 633	6 232	22	—	—	5 088	9 966	1 056	509	22 173
156 992	17 478	7 928	5 082	50	—	—	4 909	8 273	3 745	157	5 921
26 635	100	2 016	134	14	—	—	30	438	725	—	1 428
38 297	7 228	1 134	2 225	5	—	—	871	4 661	1 467	3	1 965
36 482	3 342	3 771	2 291	31	—	—	3 277	1 571	860	60	809
55 578	6 808	1 007	432		—	—	731	1 603	693	94	1 719
279 828	153 309	21 165	19 527	2 744	—	—	17 819	55 529	13 073	4 037	20 375
87 115	129 094	11 605	13 392	2 699	—	—	7 998	29 350	10 386	3 676	8 863
192 713	24 215	9 560	6 135	45	—	—	9 821	26 179	2 687	361	11 512
1 182	—	578	668	—	—	—	75	735	—	—	3 525
4 203	35	981	1 123	1	—	—	268	—	156	—	1 286

2013 年度广东省地市县

地　区	收								
	收入合计	税　收							
		小计	增值税	营业税	企业所得税	个人所得税	资源税	城市维护建设税	耕地占用税
麻章区	35 820	25 507	4 879	4 944	1 683	841	17	2 032	2 201
坡头区	40 285	28 954	2 938	5 883	881	824	201	1 517	2 390
雷州市	53 393	28 695	6 444	8 448	1 942	1 087	107	2 801	607
廉江市	81 608	51 876	11 926	12 019	2 479	824	102	4 469	5 609
吴川市	53 326	32 598	7 407	7 618	2 893	930	192	2 714	1 313
遂溪县	58 193	29 795	7 742	6 396	1 663	1 472	139	2 207	2 291
徐闻县	38 977	22 268	5 927	5 235	1 860	854	122	1 667	1 140
茂名市	903 569	545 862	121 408	81 181	28 171	9 926	7 316	52 212	59 459
茂名市本级	379 263	211 917	81 431	21 161	7 294	4 227	276	31 568	—
茂名市区县合计	524 306	333 945	39 977	60 020	20 877	5 699	7 040	20 644	59 459
茂南区	67 398	47 248	6 981	9 063	3 659	1 691	134	3 543	7 017
茂港区	50 155	40 152	6 781	7 266	2 499	340	15	2 856	3 329
信宜市	75 462	46 195	6 034	6 160	1 153	803	1 788	3 226	9 707
高州市	108 421	65 328	8 005	11 890	2 958	1 410	1 189	4 653	13 636
化州市	96 952	58 551	5 919	9 067	3 468	704	3 471	3 737	9 609
电白县	125 918	76 471	6 257	16 574	7 140	751	443	2 629	16 161
肇庆市	1 207 736	765 658	107 831	131 436	43 440	15 383	12 303	47 051	128 155
肇庆市本级	277 736	195 417	25 320	44 465	12 250	5 216	70	15 139	8 763
肇庆市区县合计	930 000	570 241	82 511	86 971	31 190	10 167	12 233	31 912	119 392
端州区	120 527	80 333	7 754	17 215	4 743	2 289	32	5 531	—
鼎湖区	53 033	42 460	6 504	7 707	2 732	688	10	3 086	6 821
四会市	210 598	133 994	18 098	20 199	6 676	1 877	214	7 607	31 044
高要市	230 460	142 333	24 481	16 278	7 996	2 468	3 620	7 929	35 781
广宁县	69 083	37 417	5 347	6 297	1 778	604	599	1 636	8 817
德庆县	75 271	40 754	6 438	5 191	1 932	687	2 240	1 880	8 408
封开县	66 016	35 757	6 391	4 339	3 227	419	3 501	1 844	9 015
怀集县	105 012	57 193	7 498	9 745	2 106	1 135	2 017	2 399	19 506
清远市	928 176	614 637	99 177	139 437	51 376	13 012	18 802	42 147	19 447
清远市本级	278 745	200 468	22 015	49 191	15 778	4 824	902	13 864	7 071
清远市区县合计	649 431	414 169	77 162	90 246	35 598	8 188	17 900	28 283	12 376
清城区	151 147	98 737	10 843	24 229	7 770	2 375	444	6 829	3 483
英德市	166 380	100 859	21 056	20 199	9 535	1 487	8 795	7 044	1 888
连州市	58 448	35 184	6 483	6 611	2 547	988	659	2 468	3 360
佛冈县	82 841	51 540	10 751	11 446	4 982	875	156	3 425	799
清新区	118 009	85 332	19 339	17 824	7 808	1 341	2 992	5 944	1 395
连山壮族瑶族自治县	12 205	7 903	1 965	2 496	509	230	2	633	484
连南瑶族自治县	15 653	8 843	2 160	2 667	733	289	86	700	288
阳山县	44 748	25 771	4 565	4 774	1 714	603	4 766	1 240	679
潮州市	370 887	289 014	92 941	32 884	33 200	9 479	9 372	26 964	9 815
潮州市本级	172 124	128 419	40 914	20 607	16 318	5 260	3 525	11 397	299
潮州市区县合计	198 763	160 595	52 027	12 277	16 882	4 219	5 847	15 567	9 516
湘桥区	32 388	25 226	5 548	4 638	1 805	883	420	2 393	2 504

公共财政收支情况表（4－1）

单位：万元

收 入										支
收 入			非 税 收 入							
契税	烟叶税	其他各项税收收入	小计	专项收入	行政事业性收费收入	罚没收入	国有资本经营收入	国有资源（资产）有偿使用收入	其他收入	支出合计
3 069	—	5 841	10 313	836	6 479	617	—	2 264	117	79 390
10 419	—	3 901	11 331	692	7 780	314	—	2 397	148	94 420
1 345	—	5 914	24 698	2 003	9 082	4 788	149	7 314	1 362	340 839
6 189	—	8 259	29 732	2 494	22 604	3 910	193	405	126	404 300
3 688	—	5 843	20 728	1 411	8 786	4 994	4 478	258	801	228 014
2 313	—	5 572	28 398	2 613	12 986	4 740	52	4 387	3 620	249 188
2 323	—	3 140	16 709	2 843	8 222	3 999	—	1 347	298	216 957
57 685	—	128 504	357 707	38 746	117 266	42 944	47 926	105 693	5 132	2 185 926
18 141	—	47 819	167 346	25 795	40 726	22 805	35 066	41 928	1 026	524 136
39 544	—	80 685	190 361	12 951	76 540	20 139	12 860	63 765	4 106	1 661 790
5 785	—	9 375	20 150	1 277	10 844	2 226	—	3 997	1 806	154 051
8 066	—	9 000	10 003	2 355	6 363	814	—	471	—	101 168
3 832	—	13 492	29 267	1 677	16 338	2 515	5 564	3 173	—	334 374
7 308	—	14 279	43 093	2 178	20 716	6 310	7 296	6 593	—	385 601
2 518	—	20 058	38 401	2 256	11 634	5 756	—	16 747	2 008	320 849
12 035	—	14 481	49 447	3 208	10 645	2 518	—	32 784	292	365 747
98 485	—	181 574	442 078	40 587	138 429	36 002	80 922	131 789	14 349	2 004 040
31 696	—	52 498	82 319	9 683	28 416	13 257	25 344	4 754	865	423 250
66 789	—	129 076	359 759	30 904	110 013	22 745	55 578	127 035	13 484	1 580 790
15 033	—	27 736	40 194	2 888	4 008	965	—	32 333	—	159 145
6 767	—	8 145	10 573	1 888	6 501	465	—	1 718	1	72 426
15 908	—	32 371	76 604	6 339	19 338	5 898	37 605	7 264	160	274 255
10 790	—	32 990	88 127	8 413	43 796	5 086	—	27 371	3 461	326 612
5 280	—	7 059	31 666	2 989	10 517	1 960	600	10 368	5 232	163 642
6 092	—	7 886	34 517	2 351	5 739	1 871	17 373	4 789	2 394	156 811
2 379	—	4 642	30 259	2 309	7 617	4 049	—	15 865	419	166 344
4 540	—	8 247	47 819	3 727	12 497	2 451	—	27 327	1 817	261 555
95 705	610	134 924	313 539	33 438	105 788	55 901	233	47 418	70 761	1 856 505
40 087	—	46 736	78 277	11 589	33 655	20 307	—	9 633	3 093	347 706
55 618	610	88 188	235 262	21 849	72 133	35 594	233	37 785	67 668	1 508 799
19 745	—	23 019	52 410	3 263	11 021	5 466	—	558	32 102	255 631
12 490	—	18 365	65 521	4 845	11 400	6 564	—	30 174	12 538	386 044
3 574	610	7 884	23 264	2 346	7 642	5 675	233	2 996	4 372	158 321
8 426	—	10 680	31 301	2 754	16 283	6 271	—	450	5 543	142 302
8 398	—	20 291	32 677	5 809	13 165	6 968	—	790	5 945	264 705
464	—	1 120	4 302	567	1 200	871	—	1 664	—	61 398
309	—	1 611	6 810	628	5 303	840	—	39	—	81 081
2 212	—	5 218	18 977	1 637	6 119	2 939	—	1 114	7 168	159 317
15 254	—	59 105	81 873	15 929	29 437	13 706	3 799	2 811	16 191	862 179
9 482	—	20 617	43 705	7 349	13 136	5 911	1 330	1 833	14 146	252 349
5 772	—	38 488	38 168	8 580	16 301	7 795	2 469	978	2 045	609 830
1 417	—	5 618	7 162	1 022	4 550	315	1 231	44		67 947

2013 年度广东省地市县

部分										
										支
一般公共服务	外交	国防	公共安全	教育	科学技术	文化体育与传媒	社会保障和就业	医疗卫生	节能保护	城乡社区事务
9 849	—	219	2 741	21 582	322	784	13 901	10 256	286	2 493
15 500	—	677	3 712	27 038	320	689	14 858	13 349	-84	3 663
29 379	—	1	12 963	111 894	1 037	2 661	71 223	50 759	2 151	2 372
35 270	—	64	14 452	145 984	1 605	1 574	50 903	107 423	740	2 573
29 074	—	239	8 483	74 382	639	3 135	39 795	39 086	2 076	3 241
31 136	—	237	13 598	76 966	638	2 204	34 410	34 346	3 044	1 422
29 771	—	278	9 710	57 299	255	1 325	27 180	27 698	1 880	3 966
293 301	—	886	113 474	591 342	10 619	23 261	343 949	246 674	32 549	63 543
79 498	—	886	34 160	70 819	3 039	7 535	48 282	60 695	13 153	36 649
213 803	—	—	79 314	520 523	7 580	15 726	295 667	185 979	19 396	26 894
36 932	—	—	13 187	37 564	301	1 094	22 169	20 818	931	3 715
12 767	—	—	6 154	28 378	633	414	13 731	12 413	210	3 380
31 422	—	—	15 657	99 686	535	2 729	58 495	44 117	5 734	3 511
39 561	—	—	17 069	130 324	969	5 851	65 805	35 778	5 915	11 460
35 539	—	—	11 961	98 482	2 916	1 981	61 445	58 909	4 059	2 919
57 582	—	—	15 286	126 089	2 226	3 657	74 022	13 944	2 547	1 909
375 325	—	7 365	144 042	485 174	33 989	32 955	229 767	180 682	32 896	84 919
69 471	—	1 892	43 824	48 192	7 692	7 250	45 715	23 059	10 529	26 286
305 854	—	5 473	100 218	436 982	26 297	25 705	184 052	157 623	22 367	58 633
45 125	—	625	16 023	41 637	2 905	1 532	20 153	7 818	35	14 237
15 972	—	730	6 842	20 333	1 389	657	6 965	4 977	1 739	1 221
49 482	—	955	18 064	74 325	4 497	5 898	24 786	32 745	3 710	23 817
62 381	—	1 746	22 071	86 114	7 735	7 381	35 408	29 063	5 503	11 079
31 553	—	235	9 987	45 680	2 194	2 838	20 495	16 759	2 173	3 808
21 574	—	542	7 910	44 205	2 391	2 347	16 691	12 656	2 952	1 872
39 920	—	376	6 994	42 116	2 494	1 886	21 458	16 390	3 362	763
39 847	—	264	12 327	82 572	2 692	3 166	38 096	37 215	2 893	1 836
266 940	—	3 274	131 617	444 312	20 969	18 171	228 969	195 003	32 049	86 072
62 551	—	1 638	31 604	57 734	3 278	5 118	23 488	14 455	11 869	7 845
204 389	—	1 636	100 013	386 578	17 691	13 053	205 481	180 548	20 180	78 227
40 286	—	601	24 613	61 366	3 942	1 205	30 421	32 906	553	21 269
35 246	—	406	20 722	101 076	5 401	2 496	55 248	43 586	6 623	25 630
20 007	—	—	13 319	38 995	2 060	2 037	23 093	17 149	1 792	9 043
26 608	—	92	9 173	37 857	1 946	986	16 732	21 718	1 965	4 361
36 430	—	501	16 428	69 165	3 468	1 448	32 474	26 737	4 494	13 197
7 654	—	36	2 902	14 483	64	1 496	10 341	6 374	1 499	550
12 917	—	—	5 824	22 612	71	2 197	16 760	9 419	740	730
25 241	—	—	7 032	41 024	739	1 188	20 412	22 659	2 514	3 447
121 425	—	761	46 530	221 274	5 690	10 253	107 584	94 478	15 323	29 978
45 374	—	515	25 887	40 017	3 289	4 952	23 116	11 471	7 316	9 774
76 051	—	246	20 643	181 257	2 401	5 301	84 468	83 007	8 007	20 204
10 964	—	—	2 350	20 667	623	818	12 386	10 232	289	2 532

公共财政收支情况表（4－2）

单位：万元

出											
农林水事务	交通运输	资源勘探电力信息等事务	商业服务业等事务	金融监管等事务支出	地震灾后恢复重建支出	援助其他地区支出	国土资源气象等事务	住房保障支出	粮油物资储备事务	国债还本付息支出	其他支出
9 348	2 729	2 683	190	—	—	—	246	1 181	3	—	577
9 255	1 299	1 681	247	33	—	—	295	1 162	—	—	726
46 762	1 187	675	536	—	—	—	2 081	3 567	605	146	840
36 286	2 356	250	246	—	—	—	1 198	2 374	200	124	678
15 934	1 413	467	568	11	—	—	1 348	6 212	745	—	1 166
39 619	1 960	1 402	1 088	—	—	—	1 572	4 533	709	9	295
30 124	13 236	843	1 469	—	—	—	2 738	6 415	269	82	2 419
203 476	144 004	11 917	18 440	342	—	—	19 947	42 043	4 799	4 292	17 068
23 305	100 124	6 496	2 429	129	—	—	3 560	15 672	1 657	3 281	12 767
180 171	43 880	5 421	16 011	213	—	—	16 387	26 371	3 142	1 011	4 301
11 674	52	863	2 116	—	—	—	1 436	—	622	70	507
16 819	282	630	1 126	—	—	—	2 493	506	160	70	1 002
32 094	14 462	1 052	4 300	68	—	—	3 404	14 554	730	165	1 659
48 227	11 961	895	4 997	63	—	—	3 443	1 696	698	273	616
33 148	2 748	897	922	8	—	—	904	3 135	163	196	517
38 209	14 375	1 084	2 550	74	—	—	4 707	6 480	769	237	—
182 864	81 250	20 210	11 021	225	—	200	18 764	37 703	5 436	937	38 316
33 616	44 319	10 765	2 110	55	—	100	2 602	22 086	1 189	772	21 726
149 248	36 931	9 445	8 911	170	—	100	16 162	15 617	4 247	165	16 590
2 070	—	2 170	459	43	—	100	2	1 759	695	—	1 757
5 430	1 728	367	701	—	—	—	364	1 450	237	17	1 307
16 603	4 398	1 416	1 786	—	—	—	3 442	4 688	1 066	—	2 536
32 068	8 943	1 881	1 514	35	—	—	3 841	2 505	412	4	6 928
16 260	4 782	871	597	2	—	—	2 977	1 256	724	—	451
28 802	6 584	1 014	2 498	49	—	—	2 600	650	256	22	1 196
20 118	4 888	331	368	—	—	—	1 448	2 506	382	16	528
27 897	5 608	1 395	988	—	—	—	1 488	803	475	106	1 887
195 097	85 269	20 530	8 842	105	—	—	13 483	30 837	3 531	889	70 546
28 500	54 182	3 009	3 466	55	—	—	4 377	3 948	1 328	492	28 769
166 597	31 087	17 521	5 376	50	—	—	9 106	26 889	2 203	397	41 777
12 203	74	4 485	539	50	—	—	501	5 115	522	—	14 980
38 479	12 483	4 381	1 125	—	—	—	2 128	12 571	317	23	18 103
19 749	3 794	63	395	—	—	—	1 069	424	255	—	5 077
12 188	3 926	1 213	593	—	—	—	1 164	1 107	288	—	385
42 315	4 248	5 468	1 846	—	—	—	1 795	3 502	295	9	885
8 650	2 467	415	169	—	—	—	435	2 354	132	149	1 228
5 734	2 250	228	346	—	—	—	593	517	143	—	—
27 279	1 845	1 268	363	—	—	—	1 421	1 299	251	216	1 119
102 610	35 540	11 384	9 408	3 207	—	—	4 827	16 973	1 501	729	22 704
19 969	21 016	7 026	3 799	111	—	—	1 668	10 981	431	586	15 051
82 641	14 524	4 358	5 609	3 096	—	—	3 159	5 992	1 070	143	7 653
2 740	8	1 452	973	—	—	—	—	393	421	—	1 099

2013年度广东省地市县

地区	收入合计	收							
		税收							
		小计	增值税	营业税	企业所得税	个人所得税	资源税	城市维护建设税	耕地占用税
饶平县	57 095	45 904	16 271	4 287	8 436	867	1 009	3 992	2 270
潮安区	109 280	89 465	30 208	3 352	6 641	2 469	4 418	9 182	4 742
揭阳市	666 941	448 640	131 407	58 292	45 450	13 719	3 306	40 825	38 884
揭阳市本级	212 297	136 168	39 269	19 082	11 265	4 823	1 200	13 584	7 758
揭阳市区县合计	454 644	312 472	92 138	39 210	34 185	8 896	2 106	27 241	31 126
榕城区	86 936	57 976	17 412	7 784	5 049	1 536	233	5 193	910
普宁市	179 365	124 127	40 490	15 663	14 752	4 173	801	12 490	7 607
揭东区	97 478	66 398	19 481	5 254	5 848	1 391	355	5 903	11 517
揭西县	39 491	28 607	6 282	5 458	4 375	1 024	428	1 602	2 739
惠来县	51 374	35 364	8 473	5 051	4 161	772	289	2 053	8 353
云浮市	457 630	280 408	43 464	50 053	17 260	14 425	5 756	17 423	49 403
云浮市本级	122 545	76 354	10 975	14 508	5 303	3 163	674	7 805	9 093
云浮市区县合计	335 085	204 054	32 489	35 545	11 957	11 262	5 082	9 618	40 310
云城区	51 831	28 831	4 371	5 961	2 119	1 323	228	—	2 422
罗定市	85 586	52 481	7 158	9 689	3 017	1 142	2 106	3 377	11 720
新兴县	110 579	69 922	11 731	13 008	4 214	7 392	274	3 691	10 477
郁南县	49 484	30 607	4 338	5 064	1 290	889	70	1 359	8 910
云安县	37 605	22 213	4 891	1 823	1 317	516	2 404	1 191	6 781

注：此表由省财政厅国库处提供。

公共财政收支情况表（5－1）

单位：万元

收										支
入										
收　入			非　税　收　入							支出合计
契税	烟叶税	其他各项税收收入	小计	专项收入	行政事业性收费收入	罚没收入	国有资本经营收入	国有资源（资产）有偿使用收入	其他收入	
1 129	—	7 643	11 191	2 498	3 071	2 992	343	242	2 045	260 986
3 226	—	25 227	19 815	5 060	8 680	4 488	895	692	—	280 897
22 388	—	94 369	218 301	25 516	81 245	42 245	12 861	33 501	22 933	1 637 455
5 744	—	33 443	76 129	6 622	26 820	25 912	3 562	3 729	9 484	294 724
16 644	—	60 926	142 172	18 894	54 425	16 333	9 299	29 772	13 449	1 342 731
3 763	—	16 096	28 960	2 677	7 410	802	3 672	12 085	2 314	122 097
8 002	—	20 149	55 238	8 487	12 293	9 666	2 200	14 209	8 383	455 234
1 454	—	15 195	31 080	4 282	15 728	4 111	1 076	3 131	2 752	259 475
2 333	—	4 366	10 884	1 200	6 756	1 194	1 551	183	—	235 291
1 092	—	5 120	16 010	2 248	12 238	560	800	164	—	270 634
29 992	—	52 632	177 222	19 810	48 690	13 902	35 955	16 473	42 392	1 090 843
8 547	—	16 286	46 191	9 471	13 257	5 949	16 199	1 028	287	167 191
21 445	—	36 346	131 031	10 339	35 433	7 953	19 756	15 445	42 105	923 652
3 131	—	9 276	23 000	1 500	3 967	908	3 886	755	11 984	98 613
6 553	—	7 719	33 105	2 846	9 303	1 095	750	164	18 947	337 931
8 168	—	10 967	40 657	3 248	8 045	1 505	7 919	13 068	6 872	216 646
3 026	—	5 661	18 877	1 424	11 223	3 097	2 569	470	94	166 568
567	—	2 723	15 392	1 321	2 895	1 348	4 632	988	4 208	103 894

2013 年度广东省地市县

部 分										
										支
一般公共服务	外交	国防	公共安全	教育	科学技术	文化体育与传媒	社会保障和就业	医疗卫生	节能保护	城乡社区事务
28 660	—	—	9 518	73 523	665	2 341	35 315	33 264	2 729	270
36 427	—	246	8 775	87 067	1 113	2 142	36 767	39 511	4 989	17 402
223 167	—	1 743	106 965	466 727	6 596	16 223	238 836	220 683	27 476	33 072
46 076	—	843	45 035	49 591	1 788	3 705	30 285	24 288	4 510	13 575
177 091	—	900	61 930	417 136	4 808	12 518	208 551	196 395	22 966	19 497
20 328	—	—	2 965	35 028	325	1 513	26 273	16 236	1 335	4 774
66 072	—	—	23 950	153 948	2 113	3 641	68 457	67 224	7 554	2 052
39 121	—	153	13 223	83 211	830	2 628	42 098	36 515	6 052	5 089
25 278	—	367	11 324	65 378	523	2 022	34 269	33 077	3 923	6 200
26 292	—	380	10 468	79 571	1 017	2 714	37 454	43 343	4 102	1 382
177 455	—	3 511	66 050	264 234	18 007	17 420	148 957	124 410	18 756	21 361
36 380	—	2 143	20 299	14 956	4 421	4 998	14 953	7 856	3 051	5 312
141 075	—	1 368	45 751	249 278	13 586	12 422	134 004	116 554	15 705	16 049
23 395	—	209	3 171	32 390	1 624	588	16 337	7 688	305	2 799
45 526	—	—	16 843	94 187	4 728	4 535	48 604	53 975	6 024	4 749
33 916	—	748	10 548	57 209	3 706	3 591	28 288	21 799	4 106	2 829
23 155	—	—	8 236	39 106	2 084	1 717	29 527	20 924	2 114	4 000
15 083	—	411	6 953	26 386	1 444	1 991	11 248	12 168	3 156	1 672

公共财政收支情况表（5－2）

单位：万元

出

农林水事务	交通运输	资源勘探电力信息等事务	商业服务业等事务	金融监管等事务支出	地震灾后恢复重建支出	援助其他地区支出	国土资源气象等事务	住房保障支出	粮油物资储备事务	国债还本付息支出	其他支出
52 329	7 251	1 359	2 396	—	—	—	2 229	3 488	600	—	5 049
27 572	7 265	1 547	2 240	3 096	—	—	930	2 111	49	143	1 505
175 355	39 091	14 099	11 494	22	—	—	10 456	29 892	4 284	2 228	9 046
17 836	20 076	5 842	1 519	20	—	—	2 130	19 690	1 308	2 011	4 596
157 519	19 015	8 257	9 975	2	—	—	8 326	10 202	2 976	217	4 450
3 465	420	1 262	5 299	—	—	—	1	1 569	669	—	635
44 436	3 674	2 013	678	—	—	—	5 030	3 691	48	117	536
17 930	4 767	2 775	1 273	2	—	—	881	1 571	664	83	609
38 288	4 449	1 399	1 408	—	—	—	1 273	2 626	1 273	8	2 206
53 400	5 705	808	1 317	—	—	—	1 141	745	322	9	464
108 661	46 489	18 407	6 623	3 000	—	—	12 256	19 383	3 421	1 236	11 206
7 240	23 130	3 767	1 750	2 666	—	—	5 716	6 593	773	2	1 185
101 421	23 359	14 640	4 873	334	—	—	6 540	12 790	2 648	1 234	10 021
5 105	831	654	172	36	—	—	370	2 243	535	—	161
31 962	7 442	10 365	1 385	116	—	—	2 751	3 042	797	276	624
26 198	6 388	1 703	2 193	182	—	—	1 267	4 522	565	187	6 701
23 020	3 954	1 566	960	—	—	—	1 295	1 919	544	564	1 883
15 136	4 744	352	163	—	—	—	857	1 064	207	207	652

2013 年度广东省非税收入规模及结构情况表

单位：万元

项　目	决 算 数
一、纳入公共财政预算管理的非税收入小计	13 135 266
1. 行政事业性收费收入	4 501 011
2. 罚没收入	1 348 891
3. 专项收入	2 330 909
4. 国有资源（资产）有偿使用收入	1 900 878
5. 国有资本经营收入	1 230 200
6. 其他收入	1 823 377
二、纳入预算管理的政府性基金收入小计	36 735 673
1. 农网还贷资金收入	—
2. 散装水泥专项资金收入	8 887
3. 新型墙体材料专项基金收入	51 529
4. 文化事业建设费收入	148 662
5. 新菜地开发建设基金收入	6 931
6. 国有土地使用权出让收入	30 808 651
7. 国有土地收益基金收入	287 990
8. 农业土地开发资金收入	204 713
9. 新增建设用地土地有偿使用费收入	600 569
10. 育林基金收入	20 467
11. 森林植被恢复费	53 367
12. 地方水利建设基金收入	86 157
13. 残疾人就业保障金收入	365 966
14. 政府住房基金收入	274 426
15. 城市公用事业附加收入	386 224
16. 大中型水库库区基金收入	4 771
17. 小型水库移民扶助基金收入	15 206
18. 彩票公益金收入	433 437
19. 城市基础设施配套费收入	933 027
20. 转让政府还贷道路收费权收入	1
21. 国家电影事业发展专项资金收入	—
22. 车辆通行费	723 097
23. 船舶港务费	165
24. 地方教育附加收入	1 205 214
25. 港口建设费收入	72 705
26. 大中型水库移民后期扶持基金收入	—
27. 无线电频率占用费	938
28. 其他基金收入	42 573
三、纳入预算管理的非税收入合计	49 870 939
四、纳入财政专户管理收入小计	5 097 884
1. 行政事业性收费收入	1 906 093
2. 政府性基金收入	—
3. 国有资本经营收入	—
4. 国有资产（资源）有偿使用收入	—
5. 其他收入	3 191 791
五、非税收入合计	54 968 823

注：（1）数据由省财政厅国库处提供。（2）纳入预算管理的非税收入合计为纳入地方公共财政预算管理的非税收入与纳入预算管理的政府性基金收入之和。

2013年度广东省地方公共财政预算收入超亿元县（市）统计表

单位：万元

序号	县（市）	公共财政预算收入	序号	县（市）	公共财政预算收入
1	增城市	629 948	33	连平县	58 190
2	从化市	296 720	34	兴宁市	57 130
3	博罗县	273 250	35	饶平县	57 095
4	惠东县	232 642	36	雷州市	53 393
5	高要市	230 460	37	吴川市	53 326
6	四会市	210 598	38	乐昌市	52 654
7	台山市	203 256	39	仁化县	52 557
8	鹤山市	188 757	40	阳西县	51 388
9	开平市	188 469	41	惠来县	51 374
10	普宁市	179 365	42	大埔县	51 296
11	英德市	166 380	43	郁南县	49 484
12	陆丰市	140 011	44	南雄市	47 568
13	海丰县	132 107	45	紫金县	45 872
14	电白县	125 918	46	蕉岭县	45 302
15	新兴县	110 579	47	阳山县	44 748
16	高州市	108 421	48	龙川县	44 261
17	怀集县	105 012	49	丰顺县	44 011
18	阳东县	101 161	50	乳源瑶族自治县	43 192
19	阳春市	100 349	51	平远县	41 825
20	化州市	96 952	52	揭西县	39 491
21	罗定市	85 586	53	徐闻县	38 977
22	恩平市	84 286	54	云安县	37 605
23	佛冈县	82 841	55	五华县	33 726
24	廉江市	81 608	56	和平县	32 932
25	龙门县	77 215	57	翁源县	32 601
26	信宜市	75 462	58	陆河县	32 125
27	德庆县	75 271	59	始兴县	30 151
28	广宁县	69 083	60	新丰县	28 803
29	封开县	66 016	61	南澳县	16 358
30	东源县	60 272	62	连南瑶族自治县	15 653
31	连州市	58 448	63	连山壮族瑶族自治县	12 205
32	遂溪县	58 193			

注：此表由省财政厅国库处提供。

2013年度来源于广东省的财政收入和上划中央“四税”情况表

单位：亿元

来源于广东省的财政收入	上划中央“四税”			
	合计	上划“两税”	上划企业所得税	上划个人所得税
16 971.10	5 296.50	3 203.52	1 570.96	522.03

注：此表由省财政厅国库处提供。

2013年度广东省和省级教育、科技、文体支出情况表

单位：亿元、%

项　　目	2012年支出	2013年支出	增加	增长
全省合计	1 885.57	2 231.21	345.64	18.33
教　　育	1 501.22	1 744.59	243.37	16.21
科学技术	246.71	344.94	98.23	39.82
文化体育与传媒	137.64	141.68	4.04	2.94
省本级合计	222.76	297.90	75.14	33.73
教　　育	175.24	205.52	30.28	17.28
科学技术	26.76	69.55	42.79	159.9
文化体育与传媒	20.76	22.83	2.07	9.97

注：此表由省财政厅教科文处提供。

2013年度广东省省级财政投资重大项目情况表

单位：亿元

序号	项目名称	省财政总投资	省财政已下达预算	省财政已累计拨款	备注
	合计	675.4226	541.8718	537.1528	—
一	部省合作铁路建设专项资本金	104.2000	100.6400	100.6400	—
二	珠三角城际轨道交通项目专项资金	293.6000	197.2100	197.2100	—
三	广州白云国际机场扩建工程	26.9500	17.1200	17.1200	—
四	高校教学行政设施贴息贷款一次性清偿资金	149.2000	149.2000	149.2000	根据省府常务会议决定，省财政安排高校教学行政设施贴息贷款一次性清偿资金149.2亿元
五	省残疾人康复基地项目	3.5000	1.3106	1.2983	—
六	省残疾人教育基地	1.6700	0.6920	0.6870	—
七	省妇幼保健院迁址建设项目	4.7580	2.0900	2.0277	—
八	省第二人民医院应急备用病区项目	2.0000	1.8930	1.8902	—
九	省中医院大学城医院建设	3.6000	3.6000	3.5494	—
十	省技工教育示范基地项目	9.0000	3.4281	2.9829	—
十一	中国农业科技华南创新中心项目	2.3750	1.1294	0.9796	—
十二	广东科学中心	19.0000	16.9700	16.8400	—
十三	省广播电视微波改造	2.2100	2.2100	2.0810	—
十四	2010年亚运会省级新建场馆	5.9400	5.9400	4.5200	—
十五	亚运会原有省属场馆维修改造项目	5.0000	4.8000	4.4000	—
十六	省政法信息网（一期）	6.8800	6.0600	6.0000	—
十七	省人力资源市场	3.8776	3.8776	3.8776	—
十八	广东省中小河流水文监测系统	5.8120	1.5111	1.0391	—

续表

序号	项目名称	省财政总投资	省财政已下达预算	省财政已累计拨款	备　注
十九	文化大省项目：	—	—	—	—
	1. 博物馆新馆	9.0000	8.5000	8.4400	—
	2. 中山图书馆改造	5.0000	3.6400	3.5900	—
	3. 广东社会科学中心	2.0000	2.0000	1.2900	—
	4. 广东星海演艺集团新址项目	1.1400	1.1400	1.1200	—
	5. 广东演艺中心（含群众艺术馆）	1.5500	1.5500	1.4500	—
	6. 广东粤剧院－粤剧中心演艺大楼	1.2000	1.2000	1.0200	—
	7. 友谊剧院改造工程项目	1.1900	1.1900	1.1000	—
	8. 广东海上丝绸之路博物馆	1.9700	1.9700	1.8000	—
	9. 广东画院	2.8000	1.0000	1.0000	—
二十	乐昌峡水利枢纽工程	29.6151	20.2680	18.5900	乐昌峡水利枢纽工程建设动态投资341 151.32万元中，资本金234 568.59万元，申请银行贷款106 582.73万元（其中贷款本金90 752.73万元，建设期利息15 830万元）。项目资本金中，中央预算内投资定额补助45 000万元，省级投资189 568.59万元。至2013年年底，中央预算内投资实际下达45 000万元，省级投资实际下达202 680.45万元
二十一	湛江市鉴江供水枢纽工程	21.0375	16.5914	16.5914	省发展和改革委员会核定工程总投资350 626万元，省按60%补助210 375万元
二十二	湛江市雷州青年运河灌区	7.2948	4.6000	4.6000	工程概算投资125 890万元，省按工程投资50%补助72 945万元
二十三	高州水库灌区改造工程	6.0341	4.2000	4.2000	项目总投资120 681万元，省按工程投资50%补助60 341万元
二十四	清远水利枢纽工程	4.0000	4.0000	4.0000	项目总投资163 748万元，省补助工程公益性投资40 000万元，其中省级水利资金安排30 000亿元，省级交通（航道）建设资金安排10 000万元

注：此表由省财政厅经济建设处和农业处分别提供资料编辑而成，资料截至2013年年底。

2013 年度广东省国有企业资产主要项目构成

单位：亿元

项　　目	金　　额
流动资产	12 942. 18
非流动资产	16 888. 76
其中：长期股权投资	2 755. 79
固定资产净额	6 452. 08
无形资产	1 593. 03
其他非流动资产	510. 27
资产总计	29 830. 94

2013 年度广东省国有企业负债主要项目构成

单位：亿元

项　　目	金　　额
流动负债	9 558. 37
非流动负债	9 021. 98
负债合计	18 580. 34

2013 年度广东省国有企业所有者权益主要项目构成

单位：亿元

项　　目	金　　额
实收资本	3 330. 60
资本公积	4 607. 61
盈余公积	436. 73
未分配利润	465. 98
少数股东权益	2 446. 43
其他所有者权益	－36. 75
所有者权益合计	11 250. 60

注：其他所有者权益包括专项储备、一般风险准备和外币报表折算差额。

2013 年度广东省国有企业主要财务指标

地　区	汇编企业户数（家）	资产总额（亿元）	负债总额（亿元）	所有者权益总额（亿元）	国有资本及权益总额（亿元）	营业总收入（亿元）	利润总额（亿元）	净利润总额（亿元）	资产负债率（%）	净资产收益率（%）
广东省	7 612	29 830. 94	18 580. 34	11 250. 60	8 634. 71	12 818. 01	868. 68	641. 76	62. 29	6. 22
省　直	2 840	9 742. 60	5 908. 98	3 833. 62	2 762. 15	4 721. 79	342. 31	242. 24	60. 65	6. 97
地　市	4 772	20 088. 34	12 671. 36	7 416. 98	5 872. 56	8 096. 22	526. 37	399. 52	63. 08	5. 84
广州市	2 110	11 579. 97	7 229. 90	4 350. 06	3 402. 62	5 011. 13	290. 60	210. 44	62. 43	5. 17
珠海市	397	3 088. 56	1 973. 56	1 115. 01	776. 65	1 367. 79	149. 24	120. 97	63. 90	12. 00
汕头市	233	230. 86	215. 18	15. 68	15. 68	40. 02	0. 55	0. 22	93. 21	1. 54
佛山市	92	1 373. 02	886. 75	486. 27	489. 55	70. 35	5. 57	4. 89	64. 58	1. 07
韶关市	97	184. 42	103. 37	81. 06	79. 53	33. 49	1. 68	1. 28	56. 05	1. 61
河源市	79	71. 78	35. 86	35. 92	35. 49	7. 63	0. 09	0. 05	49. 96	0. 14
梅州市	88	42. 03	27. 36	14. 67	14. 57	17. 05	0. 15	0. 05	65. 09	0. 36
惠州市	321	1 306. 87	919. 76	387. 12	192. 07	1 015. 29	40. 27	31. 72	70. 38	9. 15
汕尾市	104	30. 53	27. 27	3. 26	3. 32	9. 76	0. 52	0. 46	89. 33	13. 83
东莞市	18	238. 32	129. 20	109. 12	106. 14	21. 43	1. 28	0. 80	54. 21	0. 77
中山市	99	520. 16	316. 12	204. 04	176. 22	43. 52	6. 29	4. 68	60. 77	2. 49
江门市	152	188. 48	93. 02	95. 47	91. 44	26. 77	1. 36	1. 13	49. 35	1. 63
阳江市	66	97. 20	36. 82	60. 39	59. 94	12. 45	2. 92	2. 84	37. 88	6. 01
湛江市	167	495. 61	276. 30	219. 30	184. 39	182. 03	14. 59	11. 00	55. 75	5. 38
茂名市	94	101. 56	44. 70	56. 86	56. 69	89. 12	3. 49	2. 90	44. 01	7. 76
肇庆市	160	310. 38	180. 09	130. 29	120. 33	105. 38	5. 69	4. 56	58. 02	3. 85
清远市	44	40. 31	23. 16	17. 14	17. 20	7. 55	1. 12	0. 82	57. 46	4. 79
潮州市	172	91. 51	86. 34	5. 17	19. 24	11. 06	0. 05	－0. 15	94. 35	－3. 49
揭阳市	225	63. 24	48. 19	15. 05	16. 36	14. 14	0. 59	0. 57	76. 21	3. 97
云浮市	54	33. 52	18. 41	15. 11	15. 11	10. 25	0. 32	0. 29	54. 93	1. 94

注：以上 4 个统计表由省财政厅绩效评价处提供，数据不包括深圳市；由于四舍五入的原因，造成小数点后第二位数不符，个别相差 0. 01。

2013年度广东省外商投资企业资产负债总表

金额单位：万元　企业单位：家

项目	合计				
		其中深圳	合资	合作	外商独资
一、汇编企业户数	34 980	6 932	4 442	1 768	28 770
二、资产总额	513 508 386	121 322 946	176 448 752	34 407 112	302 652 522
流动资产	332 353 743	82 738 302	101 441 115	21 064 850	209 847 778
其中：货币资金	62 305 462	16 768 749	19 395 783	2 538 676	40 371 003
应收账款	71 217 890	17 353 921	20 695 089	1 992 809	48 529 993
存货	80 761 368	14 560 888	23 627 414	7 357 455	49 776 499
固定资产原值	167 389 792	22 835 235	66 307 542	13 309 285	87 772 965
固定资产净值	97 920 087	14 097 705	41 003 562	6 510 732	50 405 794
固定资产净额	96 910 507	13 922 386	40 430 238	6 475 178	50 005 090
工程物资	204 633	59 036	108 388	2 678	93 566
在建工程	12 058 484	1 750 879	5 936 113	566 157	5 556 214
固定资产清理	124 179	6 346	71 079	8 504	44 596
无形资产及其他资产	12 242 063	1 631 493	4 417 597	2 745 404	5 079 061
递延税款借项	1 667 767	279 415	783 218	126 062	758 487
三、负债总额	314 861 270	77 319 382	110 886 809	22 901 842	181 072 619
流动负债	262 118 523	65 682 772	83 695 506	15 185 630	163 237 387
其中：短期借款	35 357 751	8 345 609	14 605 773	1 759 168	18 992 810
应付福利费	420 024	66 817	258 297	12 155	149 572
其中：职工奖励及福利基金	264 459	3 625	216 340	6 274	41 845
应付账款	79 166 499	20 882 869	21 359 615	2 629 385	55 177 499
非流动负债	52 742 747	11 636 609	27 191 303	7 716 212	17 835 232
其中：长期借款	38 426 282	7 019 888	16 641 352	6 755 461	15 029 469

续表

项　　目	合　　计				
		其中深圳	合资	合作	外商独资
应付债券	2 211 132	1 204 575	2 075 458	19 547	116 127
长期应付款	8 178 905	2 051 463	5 889 327	569 624	1 719 954
递延税款贷项	591 454	212 308	309 264	106 690	175 500
四、所有者权益（或股东权益）总额	198 364 815	43 959 506	65 235 330	11 503 067	121 626 418
实收资本（或股本）	133 626 066	22 854 530	38 823 724	8 725 567	86 076 775
其中：中方	24 509 596	4 151 536	19 249 562	2 376 585	2 883 448
外方	109 116 470	18 702 994	19 574 162	6 348 982	83 193 327
减：已归还投资	302 632	74	31 232	264 489	6 911
实收资本（或股本）净额	133 323 434	22 854 456	38 792 493	8 461 078	86 069 864
资本公积	13 156 200	2 840 189	8 023 833	1 297 618	3 834 749
盈余公积	10 686 326	2 754 811	4 932 159	483 701	5 270 466
其中：法定盈余公积	2 274 726	479 943	1 162 930	139 977	971 819
任意盈余公积	399 269	27 318	305 842	5 854	87 573
储备基金	2 641 544	527 000	849 704	112 040	1 679 801
企业发展基金	849 424	33 540	555 222	40 106	254 096
利润归还投资	19 512		1 699	13 345	4 469
提取的其他准备	18 534	827	16 007		2 528
未分配利润	41 740 700	15 823 921	13 528 141	1 258 376	26 954 182
外币报表折算差额	-642 263	-323 586	-123 718	-5 698	-512 847
* 少数股东权益	72 727	7 765	63 346	7 877	1 504

注：此表数据由省财政厅外经金融处提供，由于修正到个位，合计数与分项数可能有 1 的差别。

2013 年度广东省外商投资企业利润总表

金额单位：万元　企业单位：家

项　目	合　计				
		其中深圳	合资	合作	外商独资
一、营业总收入	431 742 083	96 879 450	145 442 493	15 617 984	270 681 606
其中：营业收入	430 837 091	96 876 303	145 033 572	15 580 289	270 223 230
其中：主营业务收入	422 280 049	95 517 744	141 509 521	15 352 834	265 417 694
其他业务收入	8 557 042	1 358 559	3 524 051	227 455	4 805 535
二、营业总成本	412 994 510	93 079 323	138 904 840	14 136 426	259 953 244
其中：营业成本	361 937 079	83 787 347	121 718 026	11 268 617	228 950 436
其中：主营业务成本	355 895 858	82 958 837	119 251 949	11 122 301	225 521 608
其他业务成本	6 041 221	828 510	2 466 077	146 316	3 428 828
营业税金及附加	5 051 263	738 242	2 050 758	1 015 595	1 984 910
销售费用	19 345 767	2 630 950	7 122 485	631 133	11 592 149
管理费用	22 983 115	5 290 995	6 188 223	861 761	15 933 131
其中：研究与开发费	1 264 848	143 473	610 598	14 739	639 511
财务费用	2 179 569	437 992	1 062 897	308 750	807 922
其中：利息支出	2 169 678	335 052	1 039 699	263 701	866 279
利息收入	1 138 758	412 235	352 316	42 408	744 034
汇兑净损失	-657 379	-103 732	-375 124	-46 668	-235 587
Δ资产减值损失	856 919	193 223	434 575	13 183	409 161

续表

项目	合计				
		其中深圳	合资	合作	外商独资
其他	9 802	-181	5 008	1 128	3 666
加：公允价值变动收益	847 650	746 033	679 229	10 229	158 191
投资收益	4 387 159	2 392 136	2 054 076	83 492	2 249 591
三、营业利润	23 993 015	6 942 521	9 271 185	1 575 280	13 146 550
加：营业外收入	2 561 632	613 207	1 337 971	81 978	1 141 683
其中：非流动资产处置利得	165 992	21 376	131 404	1 168	33 420
非货币性资产交换利得（非货币性交易收益）	19 230	124	146	1	19 083
政府补助（补贴收入）	520 680	29 606	356 522	7 080	157 078
债务重组利得	20 580	2 055	13 582	119	6 880
减：营业外支出	1 059 846	169 621	256 738	120 192	682 916
其中：非流动资产处置损失	171 381	28 731	59 156	7 166	105 059
非货币性资产交换损失（非货币性交易损失）	348	20	96	—	252
债务重组损失	-8 154	-9 484	-9 323	—	1 169
四、利润总额	25 494 802	7 386 107	10 352 418	1 537 066	13 605 317
减：所得税费用	5 849 951	1 286 698	2 172 758	446 819	3 230 375
五、净利润	19 644 850	6 099 409	8 179 661	1 090 248	10 374 942

注：此表数据由省财政厅外经金融处提供，由于修正到个位，合计数与分项数可能有1的差别。

2013年度广东省外商投资企业补充资料总表

金额单位：万元　企业单位：家　人数单位：人

项　目	合　计		其　中		
		其中深圳	合资	合作	外商独资
一、汇编企业户数	34 980	6 932	4 442	1 768	28 770
其中：产品出口企业户数	17 802	3 486	1 822	721	15 259
先进技术企业户数	2 359	456	588	85	1 686
高新技术企业户数	1 404	256	428	93	883
已交所得税企业户数	17 689	2 903	2 355	932	14 402
二、合同投资总额	208 455 824	28 147 153	60 353 762	19 153 451	128 948 611
其中：计划外资额	163 949 640	25 093 271	30 073 089	10 571 442	123 305 109
三、实际投资总额	178 135 450	24 460 891	53 836 243	17 667 256	106 631 951
其中：实际外资额	138 187 575	20 999 362	25 137 056	9 916 470	103 134 049
四、注册资本	141 024 992	23 234 170	41 578 017	8 757 304	90 689 671
其中：外方	117 044 798	19 165 775	19 841 409	6 513 718	90 689 671
五、进出口总额	288 824 867	85 959 583	56 445 831	5 937 038	226 441 998
其中：进口总额	122 527 689	38 265 340	28 312 691	3 491 970	90 723 028
出口总额	161 079 406	47 094 690	27 824 773	2 416 502	130 838 131
六、缴纳税收合计	24 520 450	3 799 267	9 220 073	2 065 004	13 235 373
1. 关税	959 242	83 479	326 589	10 525	622 127
2. 增值税	11 093 455	1 638 950	4 334 723	689 899	6 068 833
其中：进口环节增值税	4 707 861	602 149	1 785 797	464 895	2 457 169

续表

项　　目	合　　计		其　　中		
		其中深圳	合资	合作	外商独资
3. 消费税	1 463 354	58 886	985 379	408 824	69 151
其中：进口环节消费税	163 159	1 788	128 554	101	34 505
4. 营业税	1 337 465	218 612	452 706	186 592	698 167
5. 企业所得税	5 418 211	1 013 938	1 855 355	410 116	3 152 740
6. 个人所得税	1 189 054	363 123	378 556	33 572	776 927
7. 其他税金	3 059 668	422 279	886 765	325 476	1 847 428
其中：土地增值税	596 769	80 274	107 147	164 733	324 889
资源税	16 853	819	4 538	900	11 415
印花税	178 138	31 979	55 710	6 157	116 270
契税	38 138	1 242	4 999	2 394	30 745
城镇土地使用税	188 026	11 564	51 532	17 574	118 920
其他	2 041 744	296 401	662 838	133 717	1 245 189
七、中方职工各项社会保险	3 623 971	777 772	848 171	188 963	2 586 838
其中：养老保险	2 357 976	553 751	529 606	97 957	1 730 414
医疗保险	842 487	135 099	208 378	66 013	568 096
失业保险	174 276	50 430	42 980	11 578	119 717
工伤保险	132 426	21 167	25 691	6 724	100 011
生育保险	58 971	7 604	16 857	4 672	37 441
其他	57 835	9 722	24 659	2 018	31 159

续表

项　　目	合　　计		其　　中		
		其中深圳	合资	合作	外商独资
八、住房公积金	1 290 478	195 713	248 519	106 686	935 272
九、场地使用费	181 542	47 203	23 204	6 909	151 430
十、海域使用金	3 647	107	3 027	4	616
十一、土地出让金	1 459 089	85 765	646 292	16 656	796 141
十二、实际工资总额	34 358 226	7 874 211	7 459 229	1 713 099	25 185 898
其中：外方职工实际工资总额	1 150 278	247 831	179 994	31 805	938 479
十三、全年平均职工人数	59 393 883	12 159 731	4 948 152	348 760	54 096 971
其中：外方职工人数	619 447	110 363	127 193	2 767	489 487
十四、年人均工资	146 141	30 586	18 962	5 702	121 477
其中：中方职工年人均工资	121 632	26 634	17 694	5 112	98 826
外方职工年人均工资	200 299	31 444	21 908	5 874	172 517

注：此表数据由省财政厅外经金融处提供，由于修正到个位，合计数与分项数可能有 1 的差别。

2013 年度广东省外商投资

项目	农林牧渔业	采矿业	制造业	电力、燃气及水的生产和供应业	建筑业	交通运输、仓储和邮政业	信息传输、计算机服务和软件业
一、汇编企业户数	493	71	22 657	195	294	940	805
二、资产总额	2 507 374	1 614 084	279 421 595	13 383 849	4 566 826	34 427 303	8 862 483
流动资产	1 474 227	979 341	184 664 907	4 943 308	3 902 370	6 464 750	6 677 729
其中：货币资金	183 657	180 414	35 836 187	1 493 188	356 169	2 115 309	3 860 204
应收账款	176 887	60 952	58 876 595	1 081 806	223 742	1 183 789	777 158
存货	360 097	107 825	44 246 610	417 815	1 454 148	532 249	170 969
固定资产原值	344 973	186 868	115 818 459	9 391 230	354 117	26 923 559	1 034 265
固定资产净值	192 825	116 071	66 033 723	4 289 249	218 122	17 733 129	589 390
固定资产净额	192 661	115 849	65 397 979	4 154 802	218 122	17 547 914	585 690
工程物资	16	182	171 222	14 976	127	3 903	2 663
在建工程	72 806	37 300	6 852 824	635 839	68 162	2 311 059	146 016
固定资产清理	258	164	59 484	48 040	101	1 119	22
无形资产及其他资产	46 781	13 096	6 437 068	295 400	34 155	3 658 372	103 914
递延税款借项	2 996	75	1 031 267	10 202	20 364	173 678	12 741
三、负债总额	1 322 642	946 788	157 733 168	7 251 552	2 978 493	22 518 732	3 933 726
流动负债	1 134 587	818 687	143 782 310	5 019 411	2 549 478	9 270 813	3 520 122
其中：短期借款	182 673	170 823	24 743 252	1 532 381	268 146	2 005 187	62 517
应付福利费	4 211	71	375 507	6 282	1 207	6 334	1 082
其中：职工奖励及福利基金	3 960	—	242 167	6 097	217	3 984	172
应付账款	129 675	87 846	64 399 727	1 045 783	317 092	1 712 309	301 028
非流动负债	188 055	128 100	13 950 858	2 232 140	429 015	13 247 919	413 603
其中：长期借款	172 975	123 539	9 397 967	1 231 648	394 618	8 534 292	334 727
应付债券	—	—	1 115 014	570 208	57	305 425	50 700
长期应付款	7 266	4 561	1 656 201	198 263	31 421	3 622 237	8 061
递延税款贷项	918	—	91 049	14 025	73	56 715	9 279
四、所有者权益（或股东权益）总额	1 184 727	667 292	121 308 926	6 140 192	1 588 922	11 911 173	4 928 992
实收资本（或股本）	958 860	468 720	83 506 561	4 089 563	1 123 814	7 046 466	1 438 165
其中：中方	230 287	67 580	12 439 963	2 095 112	196 703	3 369 207	168 349
外方	728 573	401 140	71 066 599	1 994 451	927 112	3 677 259	1 269 815
减：已归还投资	—	—	34 004	104 520	2 284	129 593	—
实收资本（或股本）净额	958 860	468 720	83 472 557	3 985 043	1 121 530	6 916 873	1 438 165
资本公积	216 360	35 526	5 863 073	1 126 639	57 712	2 544 565	382 538
盈余公积	28 380	18 201	7 326 652	777 291	43 202	766 473	116 490
其中：法定盈余公积	6 226	8 084	1 285 462	217 394	6 956	219 926	23 173
任意盈余公积	893	12	58 845	257 838	309	56 796	1 222
储备基金	3 569	852	2 167 293	76 680	17 418	79 651	10 829
企业发展基金	3 158	383	675 778	70 170	951	28 779	1 300
利润归还投资	12	70	4 962	11 148	—	—	666
提取的其他准备	—	—	—	—	—	—	—
未分配利润	-27 553	151 377	25 230 304	249 683	366 478	1 633 861	2 992 004
外币报表折算差额	—	-6 554	-605 890	—	—	-58	-204
*少数股东权益	8 679	—	11 961	462	—	40 658	—

注：此表数据由省财政厅外经金融处提供，由于修正到个位，合计数与分项数可能有1的差别。

企业分行业资产负债总表

金额单位：万元　企业单位：家

批发和零售业	住宿和餐饮业	金融业	房地产业	租赁和商务服务业	科学研究、技术服务和地质勘查业	水利、环境和公共设施管理业	居民服务和其他服务业	教育	卫生、社会保障和社会福利业	文化、体育和娱乐业	公共管理和社会组织
4 596	492	105	1 336	1 471	418	39	879	20	16	137	16
22 604 877	4 339 523	13 769 670	99 264 325	16 161 755	1 693 387	1 334 582	7 107 675	63 105	109 785	2 140 653	135 534
18 982 259	1 719 224	7 379 229	78 207 138	11 068 336	821 291	967 061	3 046 522	31 464	35 323	892 529	96 737
3 460 400	391 343	2 374 913	8 125 096	2 421 627	285 355	143 668	781 945	4 435	4 936	279 009	7 609
4 077 949	126 849	1 503 125	1 007 024	1 383 643	137 536	198 569	329 762	377	11 605	32 047	28 476
4 025 266	135 496	10 109	28 202 724	583 861	37 674	225 905	175 575	600	2 188	40 096	32 159
1 943 661	2 674 011	104 645	5 078 570	686 230	279 742	345 890	970 451	14 261	56 022	1 142 714	40 125
1 147 706	1 507 196	60 857	3 981 729	443 337	172 379	231 474	583 782	5 812	32 485	550 028	30 794
1 142 048	1 480 426	60 857	3 981 509	443 265	172 234	231 474	582 688	5 812	32 485	533 900	30 794
2 349	1 407	21	2 817	5	1 728	—	1 867	—	—	1 350	—
93 235	314 860	10 875	876 474	136 269	59 545	12 072	135 425	—	647	294 924	153
345	3 844	—	267	2 538	7 187	—	789	—	—	21	—
178 996	185 771	7 245	654 262	119 526	99 606	25 372	109 867	183	39 092	226 635	6 722
45 020	19 706	10 779	294 442	17 929	3 272	291	22 531	501	148	1 768	57
15 955 622	3 212 492	11 207 447	71 212 533	9 538 689	805 492	585 332	4 027 519	38 393	41 445	1 453 014	98 191
14 830 797	1 821 545	9 448 098	57 741 643	6 935 132	733 173	328 543	3 052 546	33 556	35 519	978 749	83 812
1 812 293	129 715	1 419 726	1 428 167	724 868	53 206	82 367	450 442	—	—	269 015	22 973
5 354	1 166	924	13 682	358	988	26	695	1	—	2 134	—
1 854	14	15	6 004	-102	131	—	-55	—	—	—	—
5 480 594	221 477	12 169	4 475 757	526 659	47 174	69 898	259 807	588	17 843	50 832	10 240
1 124 825	1 390 946	1 759 349	13 470 890	2 603 557	72 318	256 789	974 973	4 837	5 927	474 265	14 380
701 415	1 139 122	1 601 105	12 345 815	1 053 992	64 222	250 583	704 359	183	2 595	363 939	9 186
27	10 002	—	60 000	—	—	—	99 700	—	—	—	—
303 631	96 300	63 016	565 197	1 485 170	1 067	—	69 029	4 654	3 332	58 294	1 203
24 213	-7	33	289 833	7 264	—	742	97 317	—	—	—	—
6 646 489	1 126 217	2 555 482	28 152 821	6 619 729	887 892	749 249	3 078 679	24 711	68 339	687 639	37 342
5 642 363	1 738 273	2 054 890	18 811 726	3 241 573	555 055	599 074	1 439 051	8 120	47 550	817 617	38 625
472 481	362 033	877 456	2 812 801	603 286	110 574	299 588	257 716	—	16 215	127 791	2 454
5 169 882	1 376 240	1 177 433	15 998 925	2 638 287	444 481	299 486	1 181 334	8 120	31 335	689 827	36 171
1 719	7 453	—	-9 940	—	—	400	20 343	—	—	12 255	—
5 640 643	1 730 820	2 054 890	18 821 666	3 241 573	555 055	598 674	1 418 707	8 120	47 550	805 363	38 625
443 254	114 948	29 327	1 009 697	576 376	313 934	46 644	291 932	46	30 673	72 948	7
283 471	46 384	20 680	849 339	217 248	30 475	27 909	94 399	191	1 009	37 421	1 112
95 566	12 485	10 542	283 047	45 514	6 972	4 405	44 906	12	773	3 252	30
5 170	1 692	17	9 591	1 076	4	4 688	908	—	5	174	29
30 727	7 652	5 011	109 363	107 409	5 534	377	7 439	—	—	11 743	—
9 593	2 483	2	36 796	5 630	616	—	998	—	—	12 788	—
-10	-77	—	—	—	—	—	1 561	—	—	1 179	—
—		18 534	—	—	—	—	—	—	—	—	—
286 732	-765 936	444 563	7 479 431	2 585 299	-8 970	76 023	1 273 641	16 355	-10 892	-229 296	-2 403
-7 835	—	-18 638	92	-1 776	-2 602	—	-1	—	—	1 204	—
224	—	—	9 733	1 010	—	—	—	—	—	—	—

2013年度广东省外商投资

项　　目	农林牧渔业	采矿业	制造业	电力、燃气及水的生产和供应业	建筑业	交通运输、仓储和邮政业	信息传输、计算机服务和软件业
一、营业总收入	1 479 684	678 277	346 201 320	7 034 542	1 504 093	15 470 453	4 147 722
其中：营业收入	1 479 684	678 277	346 200 211	7 034 542	1 504 093	15 470 447	4 147 235
其中：主营业务收入	1 456 865	662 977	339 056 327	6 913 483	1 490 852	15 252 549	4 126 340
其他业务收入	22 819	15 300	7 143 884	121 059	13 241	217 898	20 895
二、营业总成本	1 440 520	656 724	333 196 585	6 692 371	1 368 270	14 642 622	2 649 637
其中：营业成本	1 298 584	580 195	298 321 429	6 092 040	1 094 849	12 778 753	1 553 787
其中：主营业务成本	1 285 525	575 467	292 770 267	6 018 892	1 087 481	12 660 679	1 551 414
其他业务成本	13 059	4 728	5 551 161	73 148	7 368	118 073	2 373
营业税金及附加	5 151	5 205	2 874 609	31 769	97 604	85 843	29 288
销售费用	50 441	19 495	13 443 790	119 689	42 981	739 955	332 154
管理费用	76 376	36 076	16 875 176	213 022	114 544	793 715	818 156
其中：研究与开发费	386	1 702	1 186 654	9 479	9 378	13 645	32 644
财务费用	7 255	15 750	1 123 930	183 102	18 432	182 305	-87 326
其中：利息支出	5 889	23 117	970 332	181 295	15 166	423 611	6 941
利息收入	3 773	10 361	615 899	26 876	2 131	54 739	180 038
汇兑净损失	-4 827	-122	-320 484	-7 944	-1 192	-270 190	-6 639
Δ资产减值损失	2 467	2	548 111	52 749	-240	61 992	3 095
其他	246	—	9 066	—	96	60	484
加：公允价值变动收益	-889	—	29 584	—	—	623	546
投资收益	17 809	103 206	1 206 501	239 298	23 170	424 495	81 367
三、营业利润	56 291	124 759	14 243 107	581 469	158 994	1 252 949	1 585 621
加：营业外收入	12 069	7 725	1 522 030	289 038	2 784	375 619	131 283
其中：非流动资产处置利得	133	—	71 619	1 270	24	86 441	2 173
非货币性资产交换利得（非货币性交易收益）	—	—	19 099	—	65	—	—
政府补助（补贴收入）	2 257	555	214 086	144 985	401	120 993	10 287
债务重组利得	—	—	19 104		31	—	561
减：营业外支出	19 997	4 762	732 228	40 682	10 241	63 899	7 550
其中：非流动资产处置损失	171	379	137 305	7 521	40	13 702	550
非货币性资产交换损失（非货币性交易损失）	—	—	341	1	—	—	5
债务重组损失	—	—	-9 220	—	—	74	—
四、利润总额	48 364	127 722	15 032 910	829 825	151 536	1 564 669	1 709 354
减：所得税费用	9 070	10 212	3 746 104	179 019	45 576	337 312	218 884
五、净利润	39 293	117 510	11 286 806	650 806	105 960	1 227 358	1 490 470

注：此表数据由省财政厅外经金融处提供，由于修正到个位，合计数与分项数可能有1的差别。

企业分行业利润总表

金额单位：万元 企业单位：家

批发和零售业	住宿和餐饮业	金融业	房地产业	租赁和商务服务业	科学研究、技术服务和地质勘查业	水利、环境和公共设施管理业	居民服务和其他服务业	教育	卫生、社会保障和社会福利业	文化、体育和娱乐业	公共管理和社会组织
33 435 066	2 293 678	1 029 891	12 279 356	2 685 254	735 248	329 641	1 705 904	31 267	82 627	402 841	215 219
33 432 529	2 293 678	155 376	12 279 350	2 659 014	735 247	329 548	1 705 904	31 267	82 627	402 841	215 219
32 803 213	2 273 519	132 686	12 027 295	2 618 323	725 118	328 893	1 684 650	31 078	82 618	398 735	214 527
629 317	20 158	22 690	252 055	40 691	10 129	655	21 255	190	9	4 106	692
32 948 189	2 355 889	952 782	10 219 936	2 532 058	675 717	282 401	1 661 565	31 745	81 003	390 093	216 403
28 838 056	904 507	81 115	6 507 250	1 760 521	404 237	194 802	1 106 685	4 671	63 330	148 805	203 464
28 727 561	895 297	72 353	6 380 486	1 756 129	402 642	194 746	1 097 803	4 578	63 330	148 285	202 924
110 494	9 211	8 762	126 764	4 392	1 595	56	8 883	93	—	521	540
127 518	131 376	27 069	1 483 084	58 781	6 175	8 255	53 934	842	96	24 378	287
2 597 953	855 616	34 597	658 404	161 217	32 625	10 393	139 202	4 958	1 051	99 050	2 194
1 305 754	401 426	143 805	1 039 206	453 548	226 591	48 322	296 769	20 184	16 058	96 218	8 170
3 796	34	—	514	214	5 720	—	24	17	—	10	634
46 958	58 410	6 379	458 401	64 499	4 613	13 712	58 972	1 091	468	21 427	1 192
73 115	22 612	216	325 942	50 611	5 410	11 937	38 739	8	—	14 198	538
67 503	6 991	4 534	112 422	33 363	3 494	1 646	8 891	68	5	6 012	13
-34 804	-4 426	2 233	-6 243	-3 388	283	860	-505	35	71	-103	7
32 268	4 554	30 835	73 038	33 462	1 477	6 919	5 975	—	—	214	—
-319	—	-1 457	474	31	—	—	24	—	—	—	1 096
7 889	-219	-5 116	562 461	-626	10	—	253 387	—	—	—	—
115 576	4 601	55 758	1 132 866	798 586	2 523	-566	168 138	12 428	87	1 311	5
610 436	-57 877	130 222	3 754 747	951 153	62 064	46 674	465 864	11 950	1 712	14 059	-1 180
66 374	12 943	5 521	56 057	18 911	8 012	17 696	16 468	16	92	16 884	2 109
2 125	41	20	1 650	36	21	—	257	—	—	180	—
—	—	—	30	—	3	—	32	—	—	—	—
5 245	2 250	397	1 191	1 461	2 515	12 391	559	—	5	288	814
750	141	—	-6	—	—	—	—	—			
38 600	11 436	3 887	91 490	10 268	3 279	1 478	5 385	105	413	11 464	2 683
3 753	3 315	83	2 665	227	102	843	304	—	—	423	—
1	—	—	—	—	—	—	—	—	—	—	—
—	—		750	4	238	—	—	—	—	—	—
638 210	-56 370	131 856	3 719 315	959 796	66 797	62 893	476 947	11 861	1 391	19 479	-1 753
236 547	28 150	19 732	803 124	97 133	21 423	11 693	73 248	82	412	11 943	287
401 663	-84 520	112 123	2 916 190	862 662	45 374	51 200	403 699	11 780	979	7 536	-2 040

2013 年广东省外商投资

项　　目	农林牧渔业	采矿业	制造业	电力、燃气及水的生产和供应业	建筑业	交通运输、仓储和邮政业	信息传输、计算机服务和软件业
一、汇编企业户数	493	71	22 657	195	294	940	805
其中：产品出口企业户数	115	27	15 654	18	43	124	141
先进技术企业户数	32	5	1 872	17	12	29	106
高新技术企业户数	20	2	1 151	10	14	18	53
已交所得税企业户数	81	29	13 448	100	113	504	241
二、合同投资总额	1 295 768	602 005	124 238 607	8 610 803	1 713 597	14 258 175	1 749 399
其中：计划外资额	1 069 639	505 936	103 002 715	3 910 435	1 193 537	6 842 869	1 607 363
三、实际投资总额	1 271 963	453 665	102 543 420	7 945 148	1 498 812	12 859 854	1 596 702
其中：实际外资额	941 386	391 702	84 608 636	3 903 531	1 278 924	6 019 627	1 482 088
四、注册资本	975 675	470 289	87 346 822	4 126 635	1 142 601	6 227 119	1 655 359
其中：外方	801 999	398 101	73 534 520	2 118 425	990 594	3 724 839	1 501 541
五、进出口总额	385 979	70 016	277 593 582	841 112	58 574	1 742 215	358 861
其中：进口总额	166 589	27 086	116 025 802	754 655	5 796	868 218	21 428
出口总额	219 020	41 405	156 403 702	86 353	52 778	873 181	332 150
六、缴纳税收合计	34 108	37 420	17 912 087	500 445	149 276	869 087	512 442
1. 关税	3 468	902	779 916	6 849	282	50 158	62
2. 增值税	19 182	18 985	9 150 443	274 085	15 981	298 604	208 727
其中：进口环节增值税	14 991	3 437	4 000 361	97 135	604	183 999	624
3. 消费税	748	—	1 439 720	—	—	74	28
其中：进口环节消费税	—	—	147 733	—	—	—	—
4. 营业税	1 609	2 046	224 270	6 366	28 584	126 117	4 008
5. 企业所得税	4 836	8 518	3 632 572	154 069	40 543	278 730	154 851
6. 个人所得税	1 122	2 259	731 448	13 929	3 416	73 202	103 679
7. 其他税金	3 143	4 710	1 953 718	45 148	60 470	42 204	41 086
其中：土地增值税	713	808	19 091	5 080	51 590	245	457
资源税	—	1 059	15 127	140	46	40	20
印花税	302	316	140 755	3 488	641	3 304	1 628
契税	10	—	8 564	210	820	773	675
城镇土地使用税	383	177	124 087	4 910	1 509	8 793	298
其他	1 734	2 350	1 646 093	31 319	5 864	29 048	38 006
七、中方职工各项社会保险	6 375	3 834	2 818 677	33 823	10 015	182 893	118 127
其中：养老保险	3 739	2 358	1 876 725	21 741	6 062	89 909	73 100
医疗保险	1 534	1 033	617 123	7 012	2 732	63 742	33 664
失业保险	294	148	137 344	1 033	432	10 111	4 586
工伤保险	207	181	112 297	898	438	5 175	2 361
生育保险	146	59	39 935	623	278	3 788	3 216
其他	455	56	35 253	2 517	73	10 168	1 200
八、住房公积金	1 352	1 229	984 352	21 757	1 609	119 922	30 300
九、场地使用费	776	354	57 461	161	97	5 651	9 120
十、海域使用金	—	—	656	91	—	2 894	—
十一、土地出让金	1 099	4 100	88 093	4 954	—	137 612	—
十二、实际工资总额	68 025	34 087	27 568 053	194 247	97 248	2 030 383	765 938
其中：外方职工实际工资总额	2 254	1 203	875 594	2 594	1 812	16 574	14 874
十三、全年平均职工人数	27 392	5 971	43 894 579	22 190	223 433	734 484	1 487 036
其中：外方职工人数	272	517	429 081	157	21 872	1 315	640
十四、年人均工资	1 108	286	86 222	1 137	1 252	3 979	5 831
其中：中方职工年人均工资	768	247	71 567	969	1 204	3 501	4 585
外方职工年人均工资	695	588	141 704	627	816	3 533	3 013

注：此表数据由省财政厅外经金融处提供，由于修正到个位，合计数与分项数可能有 1 的差别。

企业分行业补充资料情况表

金额单位：万元　企业单位：家　人数单位：人

批发和零售业	住宿和餐饮业	金融业	房地产业	租赁和商务服务业	科学研究、技术服务和地质勘察业	水利、环境和公共设施管理业	居民服务和其他服务业	教育	卫生、社会保障和社会福利业	文化体育和娱乐业	公共管理和社会组织
4 596	492	105	1 336	1 471	418	39	879	20	16	137	16
1 379	12	7	20	96	62	3	82	—	—	12	7
122	6	1	9	35	41	5	59	—	3	5	
57	5	3	16	19	14	7	13	—	—	1	1
1 517	163	47	505	435	132	12	301	7	2	48	4
7 768 314	2 599 036	3 238 442	28 442 919	4 251 965	914 041	1 516 525	1 990 654	8 811	97 044	5 129 550	30 168
6 534 712	1 870 520	2 289 071	23 738 960	3 698 185	705 628	449 803	1 538 904	8 711	37 934	4 916 326	28 393
6 463 138	2 172 171	5 174 787	24 542 689	3 462 413	596 044	716 396	1 827 459	7 779	91 160	4 884 590	27 259
5 844 237	1 635 464	2 453 028	19 367 886	3 075 990	464 638	430 908	1 474 856	7 779	31 924	4 748 066	26 906
5 907 825	1 792 825	2 789 196	19 645 069	3 701 709	590 148	608 192	1 441 879	7 779	61 908	2 505 461	28 499
5 410 360	1 493 225	1 626 038	17 698 443	3 263 795	472 325	344 526	1 196 306	7 779	44 243	2 390 557	27 181
7 316 200	9 411	2 934	7 889	26 182	154 742	132	234 362	—	—	17 920	4 756
4 547 785	1 122	1 177	—	4 234	28 499	132	71 944	—	—	1 270	1 952
2 751 172	2 346	1 757	-288	21 544	116 243	—	158 588	—	—	16 651	2 804
1 641 448	177 454	90 619	2 077 525	231 491	74 506	28 775	124 239	1 774	965	55 151	1 636
113 540	—	788	—	473	1 276	6	1 503	—	—	16	4
999 190	3 538	3 303	5 912	38 269	17 463	5 827	29 973	42	284	3 409	239
386 983	16	—	—	286	4 654	80	14 547	—	—	48	95
21 546	2	216	62	58	1	—	898	—	—	—	—
14 554	—	—	—	—	—	—	871	—	—	—	—
146 449	112 440	36 464	559 424	37 274	4 572	3 802	26 908	904	53	15 618	557
211 616	27 698	26 596	713 873	93 420	22 441	8 489	28 760	79	125	10 751	245
62 824	9 002	14 076	83 136	38 211	24 784	4 694	19 712	736	252	2 554	20
86 284	24 774	9 175	715 118	23 786	3 971	5 956	16 486	14	251	22 803	572
1 462	1 526	3 156	501 034	6 489	1	3 666	1 363	—	1	85	—
334	18	—	—	2	—	—	67	—	—	1	—
13 866	685	1 068	8 322	2 081	347	349	419	10	19	534	3
642	145	—	24 936	419	201	593	29	—	65	55	—
3 417	2 425	51	24 597	2 696	194	462	1 419	—	130	12 435	43
66 564	19 975	4 900	156 229	12 099	3 227	886	13 189	3	37	9 694	526
183 559	56 323	10 345	71 012	39 423	33 186	2 931	38 944	1 755	1 382	11 006	361
116 208	34 244	6 561	43 578	25 230	22 200	2 064	24 007	1 410	988	7 727	126
46 603	15 133	2 848	18 667	10 527	8 552	580	9 829	265	366	2 161	117
9 016	2 941	432	3 042	1 575	890	157	1 723	44	10	492	7
4 109	1 893	179	1 868	754	689	59	917	16	8	318	60
4 539	1 922	198	1 769	789	597	51	837	20	3	199	2
3 084	190	127	2 088	548	257	20	1 630	2	6	110	50
48 342	11 363	4 564	21 675	13 673	15 245	924	11 431	236	56	2 439	7
27 605	68 230	1 274	2 640	2 131	3 173	11	2 423	60	107	268	—
—	5	—	—	—	—	—	—	—	—	—	—
3 521	5 929	—	1 114 077	74 540	22 580	—	13	—	2 571	—	—
1 471 286	311 268	76 116	671 983	329 618	248 458	25 759	342 762	7 978	20 327	81 332	13 358
71 607	10 229	4 977	26 444	68 448	21 339	2 424	24 331	1 501	36	3 766	271
6 119 195	1 973 634	6 243	3 873 297	660 213	19 239	3 576	276 870	4 034	2 515	50 919	9 062
6 482	581	77	55 090	1 584	677	18	100 124	544	10	346	61
20 965	1 397	907	7 570	7 972	2 451	241	4 197	108	81	354	83
17 742	1 217	802	7 252	5 997	1 997	166	3 172	73	65	274	35
23 246	2 400	1 544	5 823	8 048	3 010	352	4 344	106	10	418	22

2013年度广东省国家农业综合开发县名单

序号	市县（市、区）	序号	市县（市、区）	序号	市县（市、区）
	珠海市	20	博罗县	40	高州市
1	斗门区	21	惠东县	41	化州市
	汕头市	22	龙门县	42	电白县
2	潮阳区		汕尾市	43	信宜市
	韶关市	23	陆丰市		肇庆市
3	南雄市	24	海丰县	44	封开县
4	始兴县		江门市	45	怀集县
5	翁源县	25	开平市	46	德庆县
6	仁化县	26	新会区	47	高要市
7	乐昌市	27	台山市		清远市
8	新丰县	28	恩平市	48	清新区
	河源市		阳江市	49	英德市
9	紫金县	29	阳春市	50	佛冈区
10	连平县	30	阳东县	51	连州市
11	和平县	31	阳西县		潮州市
12	东源县		湛江市	52	饶平县
	梅州市	32	廉江市		揭阳市
13	梅　县	33	吴川市	53	揭东县
14	兴宁市	34	徐闻县	54	揭西县
15	五华县	35	遂溪县	55	惠来县
16	蕉岭县	36	雷州市		云浮市
17	平远县	37	坡头区	56	罗定市
18	大埔县		茂名市	57	新兴县
	惠州市	38	茂南区	58	郁南县
19	惠阳区	39	茂港区	—	—

注：省级农业综合开发项目已不再进行开发县资格管理，故不填列省级开发县。

2013年度广东省国家和省级农业综合开发财政投资情况表

资金单位：万元

项　目	任务量（万亩）	财政资金总额	中央财政资金	省级财政资金	市级财政资金	县级财政资金
一、国家农业综合开发项目	77.6400	116 006.00	56 738.00	48 195.70	3 999.06	7 073.24
（一）土地治理项目	64.5200	79 932.00	39 966.00	32 371.70	2 726.81	4 867.49
1. 存量土地治理项目	62.9800	77 932.00	38 966.00	31 571.70	2 626.81	4 767.49
珠海市	1.6800	1 748.00	874.00	706.20	83.90	83.90
斗门区	1.6800	1 748.00	874.00	706.20	83.90	83.90
斗门区白蕉镇乾务镇优质水稻和生态蔬菜科技推广项目	—	70.00	35.00	35.00	—	—
斗门区白蕉镇盖坑片中低产田改造项目	1.1000	1 100.00	550.00	440.00	55.00	55.00
斗门区乾务镇南山片中低产田改造项目	0.5800	578.00	289.00	231.20	28.90	28.90
汕头市	0.6500	740.00	370.00	296.00	37.00	37.00
潮阳区	0.6500	740.00	370.00	296.00	37.00	37.00
潮阳区金灶镇高标准农田建设示范工程项目	0.6500	740.00	370.00	296.00	37.00	37.00
韶关市	5.1400	6 278.00	3 139.00	2 655.80	308.40	174.80
乐昌市	1.5600	2 038.00	1 019.00	822.20	98.40	98.40
乐昌市北乡镇马蹄安全高效产业化栽培技术推广项目	—	70.00	35.00	35.00	—	—
乐昌市北乡镇高标准农田建设示范工程项目	1.1000	1 430.00	715.00	572.00	71.50	71.50
乐昌市北乡镇中低产田改造项目	0.4600	538.00	269.00	215.20	26.90	26.90
仁化县	1.3300	1 562.00	781.00	702.90	78.10	—
仁化县董塘镇董坪片中低产田改造项目	0.6700	789.00	394.50	355.05	39.45	—
仁化县董塘镇新红片中低产田改造项目	0.6600	773.00	386.50	347.85	38.65	—
始兴县	0.9500	1 150.00	575.00	519.50	55.50	—
始兴县澄江镇优质水稻品种与配套高效栽培技术推广项目	—	40.00	20.00	20.00	—	—
始兴县澄江镇善享片中低产田改造项目	0.4700	550.00	275.00	247.50	27.50	—
始兴县澄江镇田心片中低产田改造项目	0.4800	560.00	280.00	252.00	28.00	—
翁源县	1.3000	1 528.00	764.00	611.20	76.40	76.40
翁源县龙仙镇中低产田改造项目	0.8300	980.00	490.00	392.00	49.00	49.00
翁源县官渡镇中低产田改造项目	0.4700	548.00	274.00	219.20	27.40	27.40
河源市	3.1200	3 886.00	1 943.00	1 563.40	72.80	306.80
东源县	1.3800	1 782.00	891.00	716.80	34.84	139.36
东源县优质杂交水稻“培杂泰丰”科技推广项目	—	40.00	20.00	20.00	—	—
东源县船塘镇高标准农田建设示范工程项目	0.9200	1 196.00	598.00	478.40	23.92	95.68
东源县船塘镇中低产田改造项目	0.4600	546.00	273.00	218.40	10.92	43.68
和平县	1.1600	1 422.00	711.00	573.80	24.36	112.84
和平县长塘镇中低产田改造（种粮大户试点）项目	0.1300	154.00	77.00	61.60	—	15.40

续表

项　　目	任务量（万亩）	财政资金总额	中央财政资金	省级财政资金	市级财政资金	县级财政资金
和平县优胜镇优质水稻品种科技推广项目	—	50.00	25.00	25.00	—	—
和平县优胜镇中低产田改造项目	1.0300	1 218.00	609.00	487.20	24.36	97.44
连平县	0.5800	682.00	341.00	272.80	13.60	54.60
连平县油溪镇长潭灌区中低产田改造项目	0.5800	682.00	341.00	272.80	13.60	54.60
梅州市	5.6900	6 920.00	3 460.00	2 789.00	—	671.00
梅　县	1.7000	2 010.00	1 005.00	804.00	—	201.00
梅县水车镇小桑灌区中低产田改造项目	0.5900	700.00	350.00	280.00	—	70.00
梅县松口镇松东灌区中低产田改造项目	0.5900	700.00	350.00	280.00	—	70.00
梅县南口镇荷泗灌区中低产田改造项目	0.5200	610.00	305.00	244.00	—	61.00
平远县	1.4400	1 782.00	891.00	721.80	—	169.20
平远县河头镇上举镇高产优质五优308水稻新品种科技推广项目	—	90.00	45.00	45.00	—	—
平远县河头镇中低产田改造项目	0.8100	952.00	476.00	380.80	—	95.20
平远县上举镇中低产田改造项目	0.6300	740.00	370.00	296.00	—	74.00
蕉岭县	1.0800	1 346.00	673.00	545.40	—	127.60
蕉岭县文福镇优质大豆新品种科技推广项目	—	70.00	35.00	35.00	—	—
蕉岭县文福镇暗逢片中低产田改造项目	0.3900	434.00	217.00	173.60	—	43.40
蕉岭县文福镇长坑片中低产田改造项目	0.6900	842.00	421.00	336.80	—	84.20
大埔县	1.4700	1 782.00	891.00	717.80	—	173.20
大埔县高陂镇洲瑞镇水稻新品种新技术示范推广项目	—	50.00	25.00	25.00	—	—
大埔县高陂镇中低产田改造项目	0.7200	850.00	425.00	340.00	—	85.00
大埔县洲瑞镇中低产田改造项目	0.7500	882.00	441.00	352.80	—	88.20
惠州市	3.3700	4 308.00	2 154.00	1 723.20	215.40	215.40
惠阳区	0.7600	978.00	489.00	391.20	48.90	48.90
惠阳区平潭镇高标准农田建设示范工程项目	0.7600	978.00	489.00	391.20	48.90	48.90
惠东县	1.6300	2 062.00	1 031.00	824.80	103.10	103.10
惠东县大岭镇高标准农田建设示范工程项目	0.6000	780.00	390.00	312.00	39.00	39.00
惠东县梁化镇高标准农田建设示范工程项目	0.6000	780.00	390.00	312.00	39.00	39.00
惠东县平海镇中低产田改造项目	0.4300	502.00	251.00	200.80	25.10	25.10
龙门县	0.9800	1 268.00	634.00	507.20	63.40	63.40
龙门县永汉镇高标准农田建设示范工程项目	0.9800	1 268.00	634.00	507.20	63.40	63.40
汕尾市	2.9200	3 492.00	1 746.00	1 400.80	—	345.20
陆丰市	1.3300	1 610.00	805.00	648.00	—	157.00
陆丰市内湖镇超级稻“金农丝苗”品种及“三控”施肥技术推广项目	—	40.00	20.00	20.00	—	—
陆丰市内湖镇中低产田改造项目	1.0300	1 220.00	610.00	488.00	—	122.00
陆丰市博美镇中低产田改造项目	0.3000	350.00	175.00	140.00	—	35.00

续表

项　　目	任务量（万亩）	财政资金总额	中央财政资金	省级财政资金	市级财政资金	县级财政资金
海丰县	1.5900	1 882.00	941.00	752.80	—	188.20
海丰县梅陇镇中低产田改造项目	1.5900	1 882.00	941.00	752.80	—	188.20
江门市	5.2300	6 242.00	3 121.00	2 504.80	308.10	308.10
新会区	1.4100	1 716.00	858.00	690.40	83.80	83.80
新会区三江镇优质稻新品种科技推广项目	—	40.00	20.00	20.00	—	—
新会区崖门镇中低产田改造项目	0.8000	950.00	475.00	380.00	47.50	47.50
新会区三江镇中低产田改造项目	0.6100	726.00	363.00	290.40	36.30	36.30
台山市	1.0500	1 228.00	614.00	491.20	61.40	61.40
台山市冲蒌镇中低产田改造项目	0.5400	628.00	314.00	251.20	31.40	31.40
台山市斗山镇中低产田改造项目	0.5100	600.00	300.00	240.00	30.00	30.00
开平市	1.1300	1 336.00	668.00	534.40	66.80	66.80
开平市金鸡镇中低产田改造项目	0.5000	590.00	295.00	236.00	29.50	29.50
开平市马岗镇中低产田改造项目	0.6300	746.00	373.00	298.40	37.30	37.30
恩平市	1.6400	1 962.00	981.00	788.80	96.10	96.10
恩平市大槐镇华侨农场中低产田改造项目	0.3000	350.00	175.00	140.00	17.50	17.50
恩平市君堂镇“大西洋”加工型马铃薯推广项目	—	40.00	20.00	20.00	—	—
恩平市君堂镇中低产田改造项目	0.7000	820.00	410.00	328.00	41.00	41.00
恩平市横陂镇中低产田改造项目	0.6400	752.00	376.00	300.80	37.60	37.60
阳江市	1.7800	2 424.00	1 212.00	980.60	115.70	115.70
阳东县	1.0100	1 364.00	682.00	550.60	65.70	65.70
阳东县大沟镇优质甜玉米科技推广项目	—	50.00	25.00	25.00	—	—
阳东县大沟镇高标准农田建设示范工程项目	1.0100	1 314.00	657.00	525.60	65.70	65.70
阳西县	0.7700	1 060.00	530.00	430.00	50.00	50.00
阳西县塘口镇花生优良品种科技推广项目	—	60.00	30.00	30.00	—	—
阳西县塘口镇高标准农田建设示范工程项目	0.7700	1 000.00	500.00	400.00	50.00	50.00
湛江市	5.7600	7 312.00	3 656.00	2 942.60	356.70	356.70
坡头区	0.8500	1 000.00	500.00	400.00	50.00	50.00
坡头区坡头镇高标准农田建设示范工程项目	0.8500	1 000.00	500.00	400.00	50.00	50.00
雷州市	1.5800	2 084.00	1 042.00	843.40	99.30	99.30
雷州市雷高镇中低产田改造（种粮大户试点）项目	0.1800	220.00	110.00	88.00	11.00	11.00
雷州市南兴镇水稻、甜玉米推广项目	—	98.00	49.00	49.00	—	—
雷州市南兴镇高标准农田建设示范工程项目	1.0000	1 300.00	650.00	520.00	65.00	65.00
雷州市乌石镇中低产田改造项目	0.4000	466.00	233.00	186.40	23.30	23.30
廉江市	1.4000	1 754.00	877.00	701.60	87.70	87.70
廉江市吉水镇高标准农田建设示范工程项目	0.9000	1 154.00	577.00	461.60	57.70	57.70
廉江市石城镇中低产田改造项目	0.5000	600.00	300.00	240.00	30.00	30.00

续表

项　　目	任务量（万亩）	财政资金总额	中央财政资金	省级财政资金	市级财政资金	县级财政资金
吴川市	0.9800	1 356.00	678.00	550.40	63.80	63.80
吴川市振文镇湛红2号花生新品种示范与推广项目	—	80.00	40.00	40.00	—	—
吴川市振文镇高标准农田建设示范工程项目	0.9800	1 276.00	638.00	510.40	63.80	63.80
遂溪县	0.9500	1 118.00	559.00	447.20	55.90	55.90
遂溪县洋青镇中低产田改造项目	0.5600	659.00	329.50	263.60	32.95	32.95
遂溪县城月镇中低产田改造项目	0.3900	459.00	229.50	183.60	22.95	22.95
茂名市	2.6400	3 298.00	1 649.00	1 323.20	162.90	162.90
信宜市	1.3500	1 670.00	835.00	668.00	83.50	83.50
信宜市北界镇高标准农田建设示范工程项目	0.7000	910.00	455.00	364.00	45.50	45.50
信宜市水口镇中低产田改造项目	0.6500	760.00	380.00	304.00	38.00	38.00
化州市	0.7800	966.00	483.00	390.40	46.30	46.30
化州市官桥镇中低产田改造（合作社试点）项目	0.3000	354.00	177.00	141.60	17.70	17.70
化州市良光镇杂交稻新组合“双优2088”及“三控”施肥技术推广项目	—	40.00	20.00	20.00	—	—
化州市良光镇中低产田改造项目	0.4800	572.00	286.00	228.80	28.60	28.60
电白县	0.5100	662.00	331.00	264.80	33.10	33.10
电白县那霍镇高标准农田建设示范工程项目	0.5100	662.00	331.00	264.80	33.10	33.10
肇庆市	2.5100	3 208.00	1 604.00	1 283.20	80.20	240.60
高要市	1.4500	1 820.00	910.00	728.00	45.50	136.50
高要市南岸街道高标准农田建设示范工程项目	0.9000	1 170.00	585.00	468.00	29.25	87.75
高要市回龙镇中低产田改造项目	0.5500	650.00	325.00	260.00	16.25	48.75
怀集县	1.0600	1 388.00	694.00	555.20	34.70	104.10
怀集县冷坑镇高标准农田建设示范工程项目	1.0600	1 388.00	694.00	555.20	34.70	104.10
清远市	2.0200	2 502.00	1 251.00	1 000.80	125.10	125.10
佛冈县	0.8600	1 000.00	500.00	400.00	50.00	50.00
佛冈县龙山镇高标准农田建设示范工程项目	0.5600	728.00	364.00	291.20	36.40	36.40
佛冈县汤塘镇中低产田改造项目	0.3000	272.00	136.00	108.80	13.60	13.60
清新县	1.1600	1 502.00	751.00	600.80	75.10	75.10
清新县太平镇龙湾片高标准农田建设示范工程项目	0.5600	722.00	361.00	288.80	36.10	36.10
清新县太平镇天塘片高标准农田建设示范工程项目	0.6000	780.00	390.00	312.00	39.00	39.00
揭阳市	4.2200	5 224.00	2 612.00	2 089.60	—	522.40
揭东县	1.3700	1 618.00	809.00	647.20	—	161.80
揭东县炮台镇中低产田改造项目	0.7700	909.00	454.50	363.60	—	90.90
揭东县地都镇中低产田改造项目	0.6000	709.00	354.50	283.60	—	70.90
揭西县	1.3500	1 672.00	836.00	668.80	—	167.20
揭西县东园镇高标准农田建设示范工程项目	0.7000	910.00	455.00	364.00	—	91.00

续表

项　　目	任务量（万亩）	财政资金总额	中央财政资金	省级财政资金	市级财政资金	县级财政资金
揭西县棉湖镇中低产田改造项目	0.6500	762.00	381.00	304.80	—	76.20
惠来县	1.5000	1 934.00	967.00	773.60	—	193.40
惠来县鳌江镇高标准农田建设示范工程项目	1.5000	1 934.00	967.00	773.60	—	193.40
云浮市	2.1400	2 522.00	1 261.00	1 085.50	126.10	49.40
新兴县	0.8400	988.00	494.00	395.20	49.40	49.40
新兴县天堂镇中低产田改造项目	0.8400	988.00	494.00	395.20	49.40	49.40
郁南县	0.9000	1 062.00	531.00	477.90	53.10	—
郁南县平台镇中低产田改造项目	0.9000	1 062.00	531.00	477.90	53.10	—
云安县	0.4000	472.00	236.00	212.40	23.60	—
云安县高村镇中低产田改造项目	0.4000	472.00	236.00	212.40	23.60	—
财政省直管县（市）	14.1100	17 828.00	8 914.00	7 227.00	634.51	1 052.49
南雄市	0.9700	1 256.00	628.00	565.20	62.80	—
南雄市雄州街道高标准农田建设示范工程项目	0.9700	1 256.00	628.00	565.20	62.80	—
紫金县	0.8800	1 078.00	539.00	435.20	20.76	83.04
紫金县凤安镇优质水稻新品种科技推广项目	—	40.00	20.00	20.00	—	—
紫金县凤安镇中低产田改造项目	0.8800	1 038.00	519.00	415.20	20.76	83.04
兴宁市	1.3100	1 590.00	795.00	640.00	—	155.00
兴宁市罗浮镇中低产田改造（合作社试点）项目	0.1500	180.00	90.00	72.00	—	18.00
兴宁市大坪镇超级稻五优308及“三控”施肥技术推广项目	—	40.00	20.00	20.00	—	—
兴宁市大坪镇大浪水库灌区中低产田改造项目	0.6600	780.00	390.00	312.00	—	78.00
兴宁市宁西灌区合水片中低产田改造项目	0.5000	590.00	295.00	236.00	—	59.00
五华县	1.5200	1 840.00	920.00	741.00	—	179.00
五华县岐岭镇超级稻组合五优308科技推广项目	—	50.00	25.00	25.00	—	—
五华县龙村镇中低产田改造项目	0.8300	970.00	485.00	388.00	—	97.00
五华县岐岭镇中低产田改造项目	0.6900	820.00	410.00	328.00	—	82.00
博罗县	1.8900	2 422.00	1 211.00	973.80	118.60	118.60
博罗县杨侨镇华侨农场中低产田改造项目	0.3000	354.00	177.00	141.60	17.70	17.70
博罗县泰美镇杨村镇优质水稻、甜玉米和蔬菜新品种科技推广项目	—	50.00	25.00	25.00	—	—
博罗县泰美镇高标准农田建设示范工程项目	0.6200	806.00	403.00	322.40	40.30	40.30
博罗县杨村镇高标准农田建设示范工程项目	0.6000	780.00	390.00	312.00	39.00	39.00
博罗县观音阁中低产田改造项目	0.3700	432.00	216.00	172.80	21.60	21.60
阳春市	1.1800	1 542.00	771.00	621.80	74.60	74.60
阳春市陂面镇超级稻新品种及配套测土配方施肥技术推广项目	—	50.00	25.00	25.00	—	—
阳春市陂面镇高标准农田建设示范工程项目	0.8000	1 040.00	520.00	416.00	52.00	52.00
阳春市春湾镇中低产田改造项目	0.3800	452.00	226.00	180.80	22.60	22.60

续表

项　　目	任务量（万亩）	财政资金总额	中央财政资金	省级财政资金	市级财政资金	县级财政资金
徐闻县	1.1100	1 502.00	751.00	606.80	72.10	72.10
徐闻县下桥镇粤糖04－252甘蔗品种科技推广项目	—	60.00	30.00	30.00	—	—
徐闻县下桥镇高标准农田建设示范工程项目	1.1100	1 442.00	721.00	576.80	72.10	72.10
高州市	0.3200	372.00	186.00	148.80	18.60	18.60
高州市东岸镇中低产田改造项目	0.3200	372.00	186.00	148.80	18.60	18.60
封开县	1.3600	1 690.00	845.00	676.00	42.25	126.75
封开县莲都镇高标准农田建设示范工程项目	0.6000	780.00	390.00	312.00	19.50	58.50
封开县渔涝镇中低产田改造项目	0.4100	490.00	245.00	196.00	12.25	36.75
封开县杏花镇中低产田改造项目	0.3500	420.00	210.00	168.00	10.50	31.50
英德市	1.6100	2 002.00	1 001.00	800.80	100.10	100.10
英德市桥头镇高标准农田建设示范工程项目	0.8600	1 120.00	560.00	448.00	56.00	56.00
英德市沙口镇中低产田改造项目	0.7500	882.00	441.00	352.80	44.10	44.10
饶平县	0.9400	1 216.00	608.00	486.40	60.80	60.80
饶平县大埕镇高标准农田建设示范工程项目	0.9400	1 216.00	608.00	486.40	60.80	60.80
罗定市	1.0200	1 318.00	659.00	531.20	63.90	63.90
罗定市华石镇黑珍珠糯玉米苹塘镇优质水稻科技推广项目	—	40.00	20.00	20.00	—	—
罗定市苹塘镇高标准农田建设示范工程项目	0.6400	830.00	415.00	332.00	41.50	41.50
罗定市华石镇中低产田改造项目	0.3800	448.00	224.00	179.20	22.40	22.40
2. 增量土地治理	1.5400	2 000.00	1 000.00	800.00	100.00	100.00
湛江市坡头区乾塘镇高标准农田示范工程项目	0.7700	1 000.00	500.00	400.00	50.00	50.00
阳西县程村镇高标准农田示范工程项目	0.7700	1 000.00	500.00	400.00	50.00	50.00
（二）国家产业化（补助＋贴息）	—	17 232.00	12 152.00	4 064.00	418.00	598.00
1. 财政补助项目（25个）	—	4 160.00	2 080.00	1 664.00	168.00	248.00
汕头市南澳县深澳镇白沙湾1 200亩无公害牡蛎龙须菜养殖区立体生态养殖扩建项目	—	80.00	40.00	32.00	8.00	—
梅州市平远县1 000吨白玉蜗牛繁育养殖扩建项目	—	60.00	30.00	24.00	—	6.00
梅州市大埔县8 000头良种猪养殖基地扩建项目	—	120.00	60.00	48.00	—	12.00
梅州市兴宁市300头种猪繁育养殖基地新建项目	—	170.00	85.00	68.00	—	17.00
梅州市兴宁市水稻大棚育秧1万亩示范基地新建项目	—	150.00	75.00	60.00	—	15.00
惠州市惠东县1 500亩油茶种植基地扩建项目	—	100.00	50.00	40.00	5.00	5.00
汕尾市陆丰市6 000头肉猪繁育基地扩建项目	—	100.00	50.00	40.00	—	10.00
湛江市雷州市500亩蔬菜种植扩建项目	—	180.00	90.00	72.00	9.00	9.00
湛江市坡头区500亩黄鳍鲷商品鱼养殖扩建项目	—	180.00	90.00	72.00	9.00	9.00
湛江市东海试验区100吨南美白对虾养殖扩建项目	—	180.00	90.00	72.00	18.00	—
肇庆市怀集县560万羽商品代鸭苗繁育基地扩建项目	—	300.00	150.00	120.00	15.00	15.00
清远市阳山县400亩蔬菜种植示范基地扩建项目	—	190.00	95.00	76.00	19.00	—

续表

项目	任务量(万亩)	财政资金总额	中央财政资金	省级财政资金	市级财政资金	县级财政资金
清远市英德市400万株红茶种苗繁育新建项目	—	180.00	90.00	72.00	9.00	9.00
云浮市罗定市2 000亩优质马铃薯种植基地扩建项目	—	120.00	60.00	48.00	6.00	6.00
云浮市罗定市2 000亩优质粉葛种植基地扩建项目	—	120.00	60.00	48.00	6.00	6.00
梅州市梅县4 000吨稻谷加工扩建项目	—	80.00	40.00	32.00	—	8.00
梅州市梅县6 000吨柚果初加工基地扩建项目	—	200.00	100.00	80.00	—	20.00
梅州市大埔县100吨茶叶加工扩建项目	—	200.00	100.00	80.00	—	20.00
惠州市惠东县100吨甜金针菜干加工扩建项目	—	150.00	75.00	60.00	7.50	7.50
汕尾市7.5万公斤茶叶加工扩建项目	—	170.00	85.00	68.00	—	17.00
阳江市阳春市2 000吨蚕茧加工新建项目	—	150.00	75.00	60.00	7.50	7.50
湛江市徐闻县2 000吨芦荟果浆加工扩建项目	—	280.00	140.00	112.00	14.00	14.00
茂名市电白县5 000吨水东芥菜储藏保鲜新建项目	—	320.00	160.00	128.00	16.00	16.00
阳江市阳西县500万只家禽流通设施扩建项目	—	180.00	90.00	72.00	9.00	9.00
潮州市潮安县4 000吨特色水果物流配送中心扩建项目	—	200.00	100.00	80.00	10.00	10.00
2. 贷款贴息项目(64个)	—	7 072.00	7 072.00	—	—	—
东莞市50万吨小麦加工贷款贴息项目(农发行合作)	—	271.00	271.00	—	—	—
茂名市电白县2万吨罗非鱼加工固定资产贷款贴息项目(农发行合作)	—	172.00	172.00	—	—	—
梅州市梅县优质粮稻谷加工厂储备仓库固定资产及流动资金贷款贴息项目(农行合作)	—	142.00	142.00	—	—	—
惠州市惠东县日产30吨珍稀食用菌生产基地固定资产贷款贴息项目(农行合作)	—	217.00	217.00	—	—	—
广州市千万枚种蛋收购流动资金贷款贴息项目	—	73.00	73.00	—	—	—
珠海市斗门区4 300吨水产品加工流动资金贷款贴息项目	—	112.00	112.00	—	—	—
汕头市潮南区年产500吨水产品加工流动资金贷款贴息项目	—	148.00	148.00	—	—	—
佛山市禅城区5万吨小麦加工收购流动资金贷款贴息项目	—	63.00	63.00	—	—	—
韶关市曲江区1万吨优质稻谷收购加工流动资金贷款贴息项目	—	26.00	26.00	—	—	—
河源市源城区300吨优质灵芝及其孢子粉收购流动资金贷款贴息项目	—	40.00	40.00	—	—	—
梅州市平远县有机生态园建设贷款贴息项目	—	62.00	62.00	—	—	—
梅州市大埔县1万吨柚果收购流动资金贷款贴息项目	—	36.00	36.00	—	—	—
梅州市大埔县4 000吨茶青收购流动资金贷款贴息项目	—	157.00	157.00	—	—	—
梅州市大埔县650吨茶青收购流动资金贷款贴息项目	—	27.00	27.00	—	—	—
梅州市梅县5 500吨稻谷收购流动资金贷款贴息项目	—	28.00	28.00	—	—	—
梅州市兴宁市9 000吨饲料采购流动资金贷款贴息项目	—	66.00	66.00	—	—	—
惠州市惠城区4万吨大米加工流动资金贷款贴息项目	—	67.00	67.00	—	—	—
惠州市惠城区3.5万亩速生经济林基地更新高效抚育流动资金贷款贴息项目	—	39.00	39.00	—	—	—

续表

项　　目	任务量（万亩）	财政资金总额	中央财政资金	省级财政资金	市级财政资金	县级财政资金
惠州市惠阳区8万吨蔬菜种植基地固定资产及流动资产贷款贴息项目	—	210.00	210.00	—	—	—
惠州市博罗县2万吨家禽收购加工流动资金贷款贴息项目	—	82.00	82.00	—	—	—
惠州市惠东县2万吨蔬菜冷藏加工物流中心固定资产贷款贴息项目	—	39.00	39.00	—	—	—
惠州市惠东县7 500吨粮食收购流动资金贷款贴息项目	—	98.00	98.00	—	—	—
惠州市惠东县5 800吨马铃薯生产销售一体化服务流动资金贴息贷款项目	—	93.00	93.00	—	—	—
惠州市惠东县8 000吨熟鸡加工流通固定资产贷款贴息项目	—	72.00	72.00	—	—	—
江门市开平市年产5 000吨蛋品加工流动资金贷款贴息项目	—	70.00	70.00	—	—	—
阳江市阳春市6 000吨蔗糖原材料收购加工流动资金贷款贴息项目	—	91.00	91.00	—	—	—
阳江市高新区1 000吨虾类原料收购加工流动资金贷款贴息项目	—	117.00	117.00	—	—	—
阳江市海陵区1万吨南美白对虾加工流动资金贷款贴息项目	—	43.00	43.00	—	—	—
阳江市阳春市2万吨饲料原材料收购加工及生猪养殖流动资金贷款贴息项目	—	118.00	118.00	—	—	—
阳江市阳春市2万吨罗非鱼原材料收购加工流动资金贷款贴息项目	—	58.00	58.00	—	—	—
阳江市阳西县7 000吨罗非鱼收购加工流动资金贷款贴息项目	—	154.00	154.00	—	—	—
湛江市霞山区2.5万吨冷库工程固定资产贷款贴息项目	—	360.00	360.00	—	—	—
湛江市1万吨原料虾收购流动资金贷款贴息项目	—	234.00	234.00	—	—	—
湛江市雷州市1万吨水产品收购流动资金贷款贴息项目	—	192.00	192.00	—	—	—
湛江市雷州市3万吨玉米等原料收购流动资金贷款贴息项目	—	242.00	242.00	—	—	—
湛江市雷州市1万亩菠萝种植固定资产及流动资金贷款贴息项目	—	168.00	168.00	—	—	—
湛江市雷州市1 500吨农产品加工流动资金贷款贴息项目	—	85.00	85.00	—	—	—
湛江雷州市100万吨甘蔗收购加工流动资金贷款贴息项目	—	290.00	290.00	—	—	—
湛江市雷州市63万吨甘蔗收购流动资金贷款贴息项目	—	231.00	231.00	—	—	—
湛江市吴川市900吨禽羽原料毛收购流动资金贷款贴息项目	—	43.00	43.00	—	—	—
湛江市吴川市850吨羽毛原料收购流动资金贷款贴息项目	—	34.00	34.00	—	—	—
湛江市吴川市4万头商品猪养殖基地流动资金贷款贴息项目	—	77.00	77.00	—	—	—
湛江市吴川市700吨羽毛原料收购流动资金贷款贴息项目	—	38.00	38.00	—	—	—
湛江市麻章区5 000吨对虾收购流动资金贷款贴息项目	—	116.00	116.00	—	—	—
茂名市电白县4万吨罗非鱼、南美白虾精深加工固定资产贷款贴息项目	—	325.00	325.00	—	—	—
茂名市茂南区1 000吨无花果加工流动资金贷款贴息项目	—	66.00	66.00	—	—	—

续表

项　　目	任务量（万亩）	财政资金总额	中央财政资金	省级财政资金	市级财政资金	县级财政资金
肇庆市德庆县年产150万只优质鸡养殖流动资金贷款贴息项目	—	125.00	125.00	—	—	—
清远市连州市4万吨大米加工流动资金贷款贴息项目	—	39.00	39.00	—	—	—
潮州市潮安县4 500亩香橄榄种植流动资金贷款贴息项目	—	44.00	44.00	—	—	—
潮州市饶平县海水养殖优质鱼高值加工产业化流动资金贷款贴息项目	—	37.00	37.00	—	—	—
揭阳市惠来县1.6万吨荔枝收购流动资金贷款贴息项目	—	230.00	230.00	—	—	—
揭阳市揭东县3 800吨猪肠加工流动资金贷款贴息项目	—	122.00	122.00	—	—	—
云浮市新兴县3万头生猪养殖流动资金贷款贴息项目	—	65.00	65.00	—	—	—
云浮市新兴县3.5万公斤茶叶加工固定资产贷款贴息项目	—	26.00	26.00	—	—	—
云浮市新兴县2 000吨水产品收购流动资金贷款贴息项目	—	25.00	25.00	—	—	—
云浮市新兴县1 000吨果品加工固定资产贷款贴息项目	—	24.00	24.00	—	—	—
云浮市罗定市2 200吨鲜蚕茧收购流动资金贷款贴息项目	—	203.00	203.00	—	—	—
云浮市罗定市1万吨稻谷收购流动资金贷款贴息项目	—	73.00	73.00	—	—	—
韶关市南雄市8万吨优质稻米加工流动资金贷款贴息项目	—	78.00	78.00	—	—	—
河源市东源县10万头活猪收购、20万吨饲料加工流动资金及固定资产贷款贴息项目	—	112.00	112.00	—	—	—
惠州市惠东县2万吨稻谷贮藏加工流通流动资金贷款贴息项目	—	113.00	113.00	—	—	—
阳江市阳东县3 000吨黑豆收购流动资金贷款贴息项目	—	30.00	30.00	—	—	—
阳江高新区5 000吨南美白对虾原材料收购加工流动资金贷款贴息项目	—	168.00	168.00	—	—	—
湛江市坡头区1 500吨南美白虾加工流动资金贷款贴息项目	—	66.00	66.00	—	—	—
3. 现代农业项目（4个）	—	6 000.00	3 000.00	2 400.00	250.00	350.00
惠州市惠阳区龙头企业带动产业发展试点项目	—	2 000.00	1 000.00	800.00	100.00	100.00
汕头市潮南区龙头企业带动产业发展试点项目	—	2 000.00	1 000.00	800.00	100.00	100.00
梅州市大埔县“一县一特”产业发展试点项目	—	1 000.00	500.00	400.00	—	100.00
阳江市阳东县“一县一特”产业发展试点项目	—	1 000.00	500.00	400.00	50.00	50.00
（三）国家部门项目	—	9 240.00	4 620.00	3 760.00	150.50	709.50
1. 林业部门项目（15个）	3.2270	3 600.00	1 800.00	1 464.00	24.00	312.00
省天井山林场林下经济示范基地项目	0.0120	240.00	120.00	120.00	—	—
连平县高产优质油茶丰产林基地示范项目	0.2300	240.00	120.00	96.00	—	24.00
河源市融和生态农业发展有限公司高质油茶林示范项目	0.2200	240.00	120.00	96.00	24.00	—
东源县油茶丰产林基地示范项目	0.2500	240.00	120.00	96.00	—	24.00
梅州南阳林业发展有限公司油茶丰产林示范基地项目	0.2500	240.00	120.00	96.00	—	24.00
丰顺县龙丰农业综合开发有限公司油茶丰产林示范项目	0.2690	240.00	120.00	96.00	—	24.00
丰顺县高天湖农业专业合作社油茶丰产林示范项目	0.2300	240.00	120.00	96.00	—	24.00
丰顺县优质高产油茶林示范基地项目	0.2400	240.00	120.00	96.00	—	24.00
梅州市新泰农林有限公司优质高产油茶丰产林示范项目	0.2350	240.00	120.00	96.00	—	24.00

续表

项　　目	任务量（万亩）	财政资金总额	中央财政资金	省级财政资金	市级财政资金	县级财政资金
兴宁市祥旺农林科技有限公司优质高产油茶林示范项目	0.2410	240.00	120.00	96.00	—	24.00
兴宁市林兴苗圃有限公司油茶丰产林示范基地示范项目	0.2218	240.00	120.00	96.00	—	24.00
兴宁市雅兴农林发展有限公司优质高产油茶林示范项目	0.1700	240.00	120.00	96.00	—	24.00
龙川万泰油茶发展有限公司丰产林示范项目	0.2310	240.00	120.00	96.00	—	24.00
龙川森林源油茶发展有限公司油茶丰产林基地示范项目	0.2500	240.00	120.00	96.00	—	24.00
罗定市油茶丰产林基地示范项目	0.1772	240.00	120.00	96.00	—	24.00
2. 农业部门项目（2个）	—	470.00	235.00	188.00	35.00	12.00
清远市连山县水稻原原种扩繁基地项目	—	240.00	120.00	96.00	12.00	12.00
惠州市胡须鸡良种繁育建设项目	—	230.00	115.00	92.00	23.00	—
3. 水利部门项目（3个）	—	3 900.00	1 950.00	1 560.00	65.00	325.00
肇庆市怀集县三坑水库灌区（2012立项）	—	1 300.00	650.00	520.00	—	130.00
江门市台山市大隆洞灌区（2012立项）	—	1 300.00	650.00	520.00	65.00	65.00
阳江市阳春市西山陂灌区（2012立项）	—	1 300.00	650.00	520.00	—	130.00
4. 供销部门项目（6个）	—	1 270.00	635.00	548.00	26.50	60.50
茂名市信宜市1 200亩三华李标准化种植基地扩建项目	—	180.00	90.00	72.00	9.00	9.00
河源市东源县420亩茶叶种植扩建项目	—	190.00	95.00	76.00	9.50	9.50
梅州市梅县800亩金柚种植基地新建项目	—	180.00	90.00	72.00	—	18.00
湛江市徐闻县1 500亩甜玉米标准化种植基地新建项目	—	160.00	80.00	64.00	8.00	8.00
梅州市五华县1.2万头猪苗繁殖基地改扩建项目	—	160.00	80.00	64.00	—	16.00
广州市萝岗区1.5万吨农副产品仓储配送新建项目	—	400.00	200.00	200.00	—	—
二、省级农发项目	6.5580	9 602.00	—	8 000.00	703.75	898.25
（一）省级科技推广项目	—	300.00	—	300.00	—	—
珠海市高栏港经济区省级主推蔬菜和玉米品种示范推广项目	—	40.00	—	40.00	—	—
汕头市澄海区优质玉米及其配套技术示范推广项目	—	50.00	—	50.00	—	—
河源市龙川县粤油13号花生及配套技术示范推广项目	—	50.00	—	50.00	—	—
惠州市仲恺高新区优质蔬菜、甜玉米新品种及配套高产栽培技术示范推广项目	—	50.00	—	50.00	—	—
湛江市麻章区辣椒优良品种及病虫害综合防控技术示范推广项目	—	50.00	—	50.00	—	—
清远市阳山县优质高产甜玉米品种及配套技术示范推广项目	—	30.00	—	30.00	—	—
清远市连州市高效益蔬菜新品种及配套生产技术示范推广项目	—	30.00	—	30.00	—	—
（二）省级土地治理项目	6.5580	9 302.00		7 700.00	703.75	898.25
珠海市	—	—				
珠海市金湾区红旗镇大林片土地治理项目	0.3500	520.00		400.00	60.00	60.00
珠海市高栏港区平沙镇前西片土地治理项目	0.3500	520.00		400.00	60.00	60.00

续表

项　　目	任务量（万亩）	财政资金总额	中央财政资金	省级财政资金	市级财政资金	县级财政资金
肇庆市	—	—	—	—	—	—
肇庆市德庆县莫村镇平岗双楼垌省级土地治理项目	0.4800	720.00		600.00	30.00	90.00
肇庆市广宁县横山镇罗锅垌省级土地治理项目	0.4000	600.00		500.00	25.00	75.00
肇庆市四会市地豆镇水车大垌省级土地治理项目	0.3900	585.00		450.00	33.75	101.25
揭阳市	—	—	—	—	—	—
揭阳市普宁市区占陇镇西片省级土地治理项目	0.2400	360.00		300.00	30.00	30.00
河源市	—	—	—	—	—	—
河源市龙川县赤光镇省级土地治理项目	0.3000	420.00		350.00	14.00	56.00
惠州市	—	—	—	—	—	—
惠州市仲恺高新区陈江街道省级土地治理项目	0.2780	416.00		320.00	48.00	48.00
汕头市	—	—	—	—	—	—
汕头市澄海区隆都镇省级土地治理项目	0.2000	300.00		250.00	25.00	25.00
潮州市	—	—	—	—	—	—
潮州市潮安县官塘镇省级土地治理项目	0.3000	420.00		350.00	35.00	35.00
湛江市	—	—	—	—	—	—
湛江市麻章区太平镇省级土地治理项目	0.3200	420.00		350.00	35.00	35.00
清远市	—	—	—	—	—	—
清远市连山县太保镇省级土地治理项目	0.5000	550.00		500.00	50.00	
清远市连州市龙坪镇省级土地治理项目	0.3500	540.00		450.00	45.00	45.00
清远市阳山县杜步镇省级土地治理项目	0.4400	540.00		450.00	45.00	45.00
清远市清城区龙塘镇省级土地治理项目	0.3600	516.00		430.00	43.00	43.00
清远市连南瑶族自治县寨岗镇省级土地治理项目	0.3800	495.00		450.00	45.00	
梅州市	—	—	—	—	—	—
梅州市丰顺县砂田镇省级土地治理项目	0.2800	420.00		350.00		70.00
韶关市	—	—	—	—	—	—
韶关市曲江区大塘镇省级土地治理项目	0.2800	420.00		350.00	35.00	35.00
韶关市新丰县回龙镇省级土地治理项目	0.3600	540.00		450.00	45.00	45.00

注：以上两个表由省财政厅农业综合开发办公室提供。

第 七 部 分

地方财经法规选编

广东省人民政府关于修改《广东省农村集体经济组织管理规定》的决定

（广东省人民政府2013年6月20日发布，省政府令第189号）

广东省人民政府决定对《广东省农村集体经济组织管理规定》作如下修改：

第十一条第一款修改为："农村集体经济组织设立3－7人的社委会或者理事会和3－5人的民主理财监督小组或者监事会。每届任期3年至6年，具体任期由县级以上人民政府决定，可连选连任，但不得交叉任职。"

本决定2013年5月31日作出，自公布之日起施行。

《广东省农村集体经济组织管理规定》根据本决定作相应修改，重新公布。

广东省农村集体经济组织管理规定

（2006年8月9日广东省人民政府以粤府令第109号公布　根据2013年5月31日《广东省人民政府关于修改〈广东省农村集体经济组织管理规定〉的决定》修订）

第一条　为了规范农村集体经济组织管理，稳定和完善农村以家庭承包经营为基础、统分结合的双层经营体制，保障农村集体经济组织及其成员的合法权益，根据《中华人民共和国宪法》、《中华人民共和国农业法》等法律、法规规定，结合我省实际，制定本规定。

第二条　本省行政区域内农村集体经济组织的管理，适用本规定。农村集体经济组织改制为公司的，不适用本规定。

第三条　本规定所称农村集体经济组织，是指原人民公社、生产大队、生产队建制经过改革、改造、改组形成的合作经济组织，包括经济联合总社、经济联合社、经济合作社和股份合作经济联合总社、股份合作经济联合社、股份合作经济社等。

第四条　农村集体经济组织在乡（镇）、村中国共产党组织的领导下，依法享有独立进行经济活动的自主权，接受各级人民政府、村民委员会的监督。农村集体经济组织实行民主管理，依法选举和罢免管理人员，决定经营管理的重大事项。

第五条　各级人民政府农业行政主管部门负责对农村集体经济组织的经营管理进行指导、监督和服务，并依法维护农村集体经济组织及其成员的合法权益。

第六条　农村集体经济组织依法经营管理本组织集体所有的资产，任何公民、法人和其他组织不得侵犯。

第七条　农村集体经济组织以原人民公社、生产大队、生产队为基础，按照集体土地所有权归属和集体资产产权归属设置。

农村集体经济组织名称统一为：广东省县（市、区）镇（街、乡）经济联合总社；广东省县（市、区）镇（街、乡）经济联合社；广东省县（市、区）镇（街、乡）村经济合作社。

实行股份合作制的农村集体经济组织，其名称统一为：广东省县（市、区）镇（街、乡）股份合作经济联合总社、广东省县（市、区）镇（街、乡）股份合作经济联合社、广东省县（市、区）镇（街、乡）股份合作经济社。

第八条　农村集体经济组织章程应当符合法律、法规、规章的规定。

农村集体经济组织章程由本组织成员大会表决通过。组织章程应当载明下列事项：

（一）名称和住所；

（二）宗旨；

（三）组织的资产；

（四）成员资格及其权利、义务；

（五）管理人员的产生与罢免；

（六）民主决策、民主管理及其议事、办事、表决规则（包括应当通过召开成员大会表决的重大事项、可以通过召开成员代表会议表决的具体事项、成员代表会议代表的人数及其产生办法等）；

（七）收益分配制度；

（八）监督管理与财务公开制度；

（九）组织章程修改程序；

（十）其他有关事项。

第九条　农村集体经济组织的最高权力机构是成员大会。凡涉及成员切身利益的重大事项，必须提交成员大会讨论决定。

农村集体经济组织对具体事项的表决，可以通过召开成员代表会议的形式进行。成员代表会议表决通过的事项应当公示5天。1/10以上有选举权的成员提出异议的，应当提交成员大会重新表决。

成员大会或者成员代表会议实行"一人一票制"或者"一户一票制"等表决方式，具体由组织章程确定。

第十条　农村集体经济组织成员大会，应当有本组织具有选举权的成员的半数以上参加，或者有本组织2/3以上的户的代表参加，所作决定应当经到会人员的半数以上通过。农村集体经济组织召开成员代表会议，应当有本组织2/3以上的成员代表参加，所作决定应当经到会代表2/3以上通过。

第十一条 农村集体经济组织设立3－7人的社委会或者理事会和3－5人的民主理财监督小组或者监事会。每届任期3年至6年，具体任期由县级以上人民政府决定，可连选连任，但不得交叉任职。

社委会或者理事会、民主理财监督小组或者监事会的组成人员，由本集体经济组织成员大会或者成员代表会议选举产生，并选出社长和副社长、理事长和副理事长、组长和副组长、监事长和副监事长。

集体经济组织有选举权的成员的1/5以上或者1/3以上的户的代表联名，可以要求罢免不称职的社委会或者理事会、民主理财监督小组或者监事会成员；社委会或者理事会应当在收到罢免议案60天内组织召开成员大会或者成员代表会议进行表决。

第十二条 农村集体经济组织应当履行以下职责：

（一）经营管理属于本组织成员集体所有的土地和其他资产；

（二）经营管理依法确定由本组织使用的国家所有的资源性资产及其他资产；

（三）管理乡（镇）以上人民政府拨给的补助资金以及公民、法人和其他组织捐赠的资产和资金；

（四）办理集体土地承包、流转及其他集体资产经营管理事项；

（五）为本组织成员提供服务；

（六）法律、法规、规章和本组织章程规定的其他职责。

第十三条 农村集体经济组织享有以下权利：

（一）集体土地和其他集体资产的所有权；

（二）由本组织经营管理的国家所有的资产的使用权、经营权和收益权；

（三）独立进行经济活动，管理内部事务；

（四）拒绝不合法的收费、摊派或者集资；

（五）法律、法规、规章规定的其他权利。

第十四条 农村集体经济组织应当履行以下义务：

（一）遵守法律、法规、规章和组织章程；

（二）保护集体所有的和依法确定由集体使用的国家所有的资产；

（三）接受各级人民政府农业行政主管部门的指导和监督；

（四）实行资产与财务公开制度，接受农村集体经济审计部门的审计，接受组织成员的监督；

（五）法律、法规、规章规定的其他义务。

第十五条 原人民公社、生产大队、生产队的成员，户口保留在农村集体经济组织所在地，履行法律法规和组织章程规定义务的，属于农村集体经济组织的成员。

实行以家庭承包经营为基础、统分结合的双层经营体制时起，集体经济组织成员所生的子女，户口在集体经济组织所在地，并履行法律法规和组织章程规定义务的，属于农村集体经济组织的成员。

实行以家庭承包经营为基础、统分结合的双层经营体制时起，户口迁入、迁出集体经济组织所在地的公民，按照组织章程规定，经社委会或者理事会审查和成员大会表决确定其成员资格；法律、法规、规章和县级以上人民政府另有规定的，从其规定。

农村集体经济组织成员户口注销的，其成员资格随之取消；法律、法规、规章和组织章程另有规定的，从其规定。

第十六条 农村集体经济组织成员享有以下权利：

（一）依法行使选举权、被选举权和表决权；

（二）享有集体资产产权、获得集体资产和依法确定由集体使用的国家所有的资产的经营收益；

（三）承包集体经济组织的土地及其他资产；

（四）对集体经济组织公开招标的项目，在同等条件下有优先权；

（五）监督集体经济组织的经营管理活动，提出意见和建议，查阅成员大会或者成员代表会议的会议记录、财务会计报告等；

（六）法律、法规、规章和组织章程规定的其他权利。

第十七条 农村集体经济组织成员应当履行以下义务：

（一）遵守法律、法规、规章和组织章程；

（二）维护集体经济组织的合法权益；

（三）依法开展家庭承包经营；

（四）法律、法规、规章和组织章程规定的其他义务。

第十八条 农村集体经济组织证明书是农村集体经济组织的身份证明，县级人民政府或者不设区的市人民政府免费向农村集体经济组织颁发组织证明书，具体工作由农业行政主管部门负责。

证明书载明事项发生变更的，农村集体经济组织应当在变更事项发生之日起30日内向农业行政主管部门申报办理变更手续。农业行政主管部门应当自收到申请之日起30日内办结变更手续。

《广东省农村集体经济组织证明书》的样式，由省农业行政主管部门统一制发。

第十九条 农村集体经济组织凭组织证明书办理组织机构代码证，按照有关规定在银行或者农村信用社办理开立账户等手续。

第二十条 农村集体经济组织社委会或者理事会负责起草集体经济发展规划、财务收支计划草案等，提名所属经济实体负责人，经成员大会或者成员代表会议表决通过。

社委会或者理事会负责集体资产经营、资源开发、协调服务等日常管理，并定期向成员大会或者成员代表会议报告工作。

第二十一条 农村集体经济组织实行民主监督和审计监督制度。

民主理财监督小组或者监事会根据组织章程和财务管理制度、财务公开制度，对经营管理活动和财务收支进行审核、监督。

农村集体经济审计部门和乡（镇）人民政府依法对农村集体经济组织进行审计监督。

第二十二条 农村集体经济组织合并、分立、解散，应当由成员大会表决通过，经乡（镇）人民政府审核，报县级或者不设区的市人民政府农业行政主管部门备案。

农村集体经济组织合并、分立、解散，应当依法清理债权债务；涉及集体资产的处置，应当经原集体经济组织成员大会表决通过。

第二十三条 集体经济组织管理人员滥用职权、玩忽职守、徇私舞弊，以及有其他损害组织及其成员合法权益行为的，由县级以上人民政府农业行政主管部门、乡（镇）人民政府或者有关部门给予警告或者建议罢免职务；造成损失的，依法承担赔偿责任；构成犯罪的，依法追究刑事责任。

建议罢免职务的，应当按照集体经济组织章程规定的程序进行。

第二十四条 任何单位和个人平调、侵占、挪用、截留、私分集体经济组织及其成员的合法财产，非法干预集体经济组织及其成员的生产经营活动，向集体经济组织及其成员摊派，强迫集体经济组织及其成员接受有偿服务，造成集体经济组织经济损失的，依法追究责任；构成犯罪的，依法追究刑事责任。

第二十五条 街道办事处行政区域内的农村集体经济组织，适用本规定。

乡（镇）人民政府改制为街道办事处和村民委员会改制为居民委员会后，原农村集体经济组织适用本规定。

第二十六条 本规定自2006年10月1日起实施，1990年5月16日省人民政府发布的《广东省农村社区合作经济组织暂行规定》同时废止。

广东省人民政府关于落实国务院2013年深化经济体制改革重点工作的意见

（广东省人民政府2013年8月16日发布，粤府〔2013〕84号）

各地级以上市人民政府，各县（市、区）人民政府，省政府各部门、各直属机构：

为贯彻落实国务院2013年深化经济体制改革重点工作部署，进一步深化我省重点领域和关键环节改革，现提出以下意见。

一、关于行政体制改革

（一）继续清理行政审批事项。推进落实《广东省“十二五”时期深化行政审批制度改革先行先试方案》，用足用好中央赋予的政策，进一步清理投资项目审批、生产经营活动和资质资格许可等事项。全面实施《广东省企业投资管理体制改革方案》，深入推进商事登记制度改革，加大力度清理企业登记前置审批事项，降低企业准入门槛。（省编办、省发展改革委、省工商局分别牵头）

（二）创新政府公共服务提供方式。认真落实《政府向社会组织购买服务暂行办法》和《2012年省级政府向社会组织购买服务目录（第一批）》，完善政府购买社会服务制度，推动政府向社会组织购买服务资质评判标准化。逐步推进社会组织的人、财、物与党政机关和事业单位脱钩。完善社会组织登记制度。深化公务用车制度改革。（省编办、省财政厅、省发展改革委、省民政厅、省监察厅分别牵头）

二、关于财税体制改革

（三）深化财政预算管理体制改革。完善预算编制体系，将社保基金预算与省级国有资本经营预算、公共财政预算、政府性基金预算一并报送省人民代表大会审议，完善全口径预算编制监督体系。进一步细化预算编制，完善预算草案，细化预算编制内容，提高预算管理水平。深入推进竞争性分配改革，完善竞争性分配的方式方法，扩大竞争性分配改革的范围和领域，推进经营性领域财政资金股权投资管理改革。强化预算监督机制，完善预算编制专家意见征询机制，充分听取人大代表对预算编制的意见等。（省财政厅牵头）

（四）完善专项转移支付机制。按照中央关于“合并专项、扩大一般”要求，压减专项转移支付，扩大一般性转移支付。按照“保基础”和“强激励”相结合的思路，调整完善省对市县财政转移支付制度。（省财政厅牵头）

（五）完善地方政府债务风险控制措施。按照国家关于有效防控地方政府性债务风险的要求，严格规范债务管理。加强省级债务管理，规范债务举债程序，严格控制债务规模，各级政府及所属机关事业单位、政府专门成立的融资平台公司直接借入或提供担保形成的政府性债务，全部纳入地方政府性债务收支计划管理，确保全省债务规模适中、风险可控。（省财政厅牵头）

（六）稳步推进营业税改征增值税试点。继续推进试点工作，研究制订我省扩大试点实施方案。完善试点评估机制，建立完善对行业和企业试点的跟踪分析评估制度，做好典型案例分析，加强和改进服务。落实试点过渡性财政扶持政策，引导企业调整经营模式，合理降低税负。（省财政厅牵头）

三、关于金融体制改革

（七）加快推动金融改革创新综合试验区建设。进一步争取国家金融政策支持，扎实推进广州、深圳、佛山、东莞等重点市及南沙、前海、横琴等重点区域金融创新试点工作，全面推进珠江三角洲金融改革创新综合试验区建设。（省金融办牵头）

（八）继续推动深圳前海跨境人民币贷款试点工作。按照《前海跨境人民币贷款管理暂行办法》要求，继续推动前海跨境人民币贷款试点工作，并积极争取将试点范围扩大至横琴新区和南沙新区。（省金融办牵头）

（九）推动开展合格境内个人投资者境外投资试点工作。制订出台广东省合格境内个人投资者境外投资试点实施方案，积极争取国家批准在我省开展首批试点。（省金融办牵头）

四、关于投融资体制改革

（十）创新投融资体制。清理有碍公平竞争的政策法规，推动民间资本有效进入金融、能源、铁路领域。探索新型投融资模式，引导社会资本参与城际铁路、疏港铁路建设和管理，探索民间资本进入铁路等基础设施领域的盈利模式。（省发展改革委、交通运输厅分别牵头）

五、关于资源性产品价格改革

（十一）推进电价改革。简化销售电价分类，扩大工商业用电同价实施范围。根据国家部署，完善上网电价形成机制，使各类电源上网电价较好地反映生产成本、资源稀缺性和生态价格。配合国家有关部门研究制定天然气发电上网电价政策、核电上网价格形成机制。完善省内小水电上网电价管理，及时公布新一轮我省小水电上网电价最低保护价。探索推行按准许成本加准许收益的输配电价形成机制以及传统能源和新能源收益平衡机制。积极争取推进大用户直购电和售电侧电力体制改革试点。（省物价局、发展改革委分别牵头）

（十二）完善阶梯价格制度。在保障群众基本生活需求的前提下，综合考虑资源节约利用和环境保护等因素，进一步建立健全居民生活用电、用水、用气等阶梯价格制度。（省物价局牵头）

六、关于基本民生保障制度改革

（十三）完善基本医疗保障制度。落实《广东省开展城乡居民大病保险工作实施方案（试行）》，全面开展城乡居民大病保险试点，建立健全重特大疾病保障和救助制度。完善和推广“湛江模式”，探索利用基本医保基金购买商业大病保险或建立补充保险。编制广东省基本医疗保险诊疗常规。（省人力资源和社会保障厅牵头）

（十四）继续推进住房保障制度改革。落实《广东省住房保障制度改革创新方案》，进一步完善以公租房为主体的新型住房保障制度。加大公租房建设力度，进一步健全以需定建的决策机制，完善多元化投融资建设机制，完善公租房分配管理制度，促进保障性住房资源公平分配和良性循环。推动广州、中山两市住房保障制度改革创新试点工作，探索建立多渠道、多层次、可持续、能循环的新型住房保障制度。（省住房和城乡建设厅牵头）

（十五）加快完善基本社会保障制度。建立健全最低生活保障、就业困难群体援助等制度，健全并落实社会救助标准与物价涨幅挂钩机制。建立全省统一的城乡居民社会养老保险制度，建立和完善鼓励城乡居民早参保、多缴费的激励机制。研究建立基础养老金正常增长机制，以及城乡居民与城镇职工养老保险制度转换衔接的基本通道。探索引入社会组织参与城乡居民社会养老保险服务，增强社会保险服务能力。（省人力资源和社会保障厅牵头）

（十六）建立健全食品药品安全监管制度。整合工商、质监、食安办等部门食品安全监管和药品管理职能，对食品药品实行集中统一监管。加强市场监管制度建设，研究制定我省食品药品安全监管办法，完善食品药品质量标准和安全准入制度，建立覆盖生产、流通、消费各环节的最严格食品药品安全监管制度，加强基层监管能力建设。加强农产品质量监管，制定严格的准入标准，加强检验检疫管理。建立和完善市场主体信用信息系统，结合我省社会信用系统建设，探索在行政管理事项中使用信用记录和信用报告，建立生产经营者违法行为记录和公开制度，完善市场主体信用信息共享机制。建立行业自律制度和第三方监督制度，充分发挥行业协会、消费者协会、产品质量认证机构、新闻媒体以及生产者、销售者的监督作用，建立黑名单制度，形成有效的行业自律机制。（省卫生厅、食品药品监管局、农业厅、工商局分别牵头）

七、关于城镇化和统筹城乡改革

（十七）探索推进新型城镇化。研究制定城镇化发展规划及政策，组织开展我省城镇化发展规划及制度政策研究，加强与国家城镇化发展规划的衔接，抓紧出台我省城镇化发展规划，提出配套政策。有序推进城乡规划、基础设施、公共服务一体化，创新城乡社会管理体制。（省发展改革

委、住房和城乡建设厅、财政厅、民政厅分别牵头）

（十八）创新现代农业经营体制机制。着力培育新型农民合作组织、农业产业化龙头企业、家庭农场（合作农场）、种养大户四大经营主体，打造现代农业示范园区、农产品商品基地、农业专业镇村、农产品批发市场四大发展载体。完善现代农业社会化服务体系，构建集约化、专业化、组织化、社会化相结合的新型农业经营体系。（省农业厅牵头）

（十九）改革农村集体产权制度。深化农村集体经济股份制改革，推进农村集体经济组织成员资格界定，完善股权固化方式，探索建立股权内部有序流转机制。加强农村集体“三资”管理，建立健全农村集体资产管理交易平台和财务监管平台，严格执行票据管理和财务档案管理制度，完善农村会计委派制和委托代理制，实行村级行政账与经济账独立核算。深化集体林权制度改革，研究制定我省国有林场改革指导意见，完善集体林权登记和林地林木流转管理制度，积极推进林下经济发展和农民林业专业合作组织建设。深化小型水利工程管理体制改革，积极探索社会化和专业化的多种水利工程管理模式，推动小水电项目实行竞争性配置。（省农业厅、林业厅、水利厅、财政厅分别牵头）

（二十）完善农村土地管理制度。全面完成农村集体土地确权、登记、颁证工作，建立健全农村土地承包经营权和集体建设用地使用权交易机制，提高农民在土地增值收益中的分配比例。完善征地制度，探索合理提高征地补偿标准和多渠道安置失地农民途径，允许农民依法通过多种方式参与开发经营并保障其合法权益。促进农村土地承包经营权流转，稳定农村以家庭承包为基础、统分结合的双层经营制度，坚持依法自愿有偿原则，引导农民以转包、出租、互换、转让、托管、股份合作等形式流转土地（鱼塘、林地）承包经营权，发展多种形式的适度规模经营。完善农村宅基地制度，加强管理，完善村、镇报建制度，依法保障农户宅基地使用权。依法推进农村土地综合整治，严格规范城乡建设用地增减挂钩试点和农村集体建设用地使用权流转。（省农业厅、林业厅、国土资源厅分别牵头）

（二十一）深化农村综合改革。深化珠三角和山区县农村综合改革，大力推进以“政经分离”为重点的珠三角农村综合改革，全面铺开山区县简政强镇事权改革，完善村级公益事业“一事一议”财政奖补机制。加快推进云浮市国家级农村改革试验区建设，继续深化佛山市南海区省级农村综合改革试验，申报并启动国务院农村综合改革示范试点、中央农办第二批农村改革试验联系点建设。鼓励梅州、湛江市探索统筹城乡金融协调发展长效机制，创新农村金融服务模式。（省农业厅牵头）

各地、各有关部门要加强组织领导，按照本意见要求，将各项改革任务列入重要议事日程，精心组织，全力推进，确保取得实质性进展。牵头部门要对改革任务落实工作负总责，抓紧提出实施意见或工作方案，明确时间进度和阶段性目标，并做好改革任务落实督促检查工作。参与部门要各司其职，认真配合牵头部门做好相关工作。省发展改革委要切实加强对重点改革工作的协调指导和检查评估，及时将改革进展和重大问题报告省政府。

对省委、省政府已经部署并正在推进的各项改革，各地、各有关部门要继续认真抓好落实。

广东省人民政府办公厅关于省财政经营性资金实施股权投资管理的意见（试行）

（广东省人民政府2013年4月25日发布，粤府办〔2013〕16号）

各地级以上市人民政府，各县（市、区）人民政府，省政府各部门、各直属机构：

为深化公共财政体制改革，进一步完善省财政经营性资金投入方式，充分发挥财政资金的引导和激励作用，提高资金使用效益，根据《中华人民共和国预算法》和财政资金管理有关规定，经省人民政府同意，现就省财政经营性资金实施股权投资管理提出以下意见。

一、指导思想

以邓小平理论、“三个代表”重要思想、科学发展观为指导，解放思想，创新机制，进一步完善公共财政体系，建立健全产权明晰的财政资金股权投资管理制度，实现财政资金良性循环和保值增值，构建财政资金激励引导经济社会发展的长效机制，促进基础设施项目建设和战略性新兴产业、高新技术产业、创新创业型企业发展，为加快我省经济结构调整，提升自主创新能力和产业核心竞争力作出积极贡献。

二、基本原则

（一）政府引导，社会参与。通过股权投资方式发挥财政资金杠杆作用，吸引社会资本投向基础设施项目、战略性新兴产业和需要政府扶持的高新技术产业，培育科技含量高、创新能力强的先导性企业，带动产业发展。

（二）专业管理，市场运作。财政部门委托（或信托，下同）省内专业机构对财政资金实施股权投资管理，充分利用受托管理机构的专业优势、投资经验对项目进行研究判断和选择，按市场化方式运作。

（三）分类处理，突出重点。对财政资金进行科学分类、集中投入，积极培育我省重点发展和需要政府扶持的项目、产业、企业，缓解创新、创业型企业发展初期资金不足问题。

（四）循环使用，滚动支持。通过阶段性持有股权、适时退出获得合理回报实现财政资金良性循环和保值增值。财政资金投资收益原则上用于产业发展的再投入，实现财政资金的长期、可持续支持，充分发挥引导放大效应。

（五）加强监管，提高绩效。加强财政资金监管和投资项目管理，及时开展绩效评价和跟踪问效。加强受托管理机构管理，明确受托管理机构责任与义务，建立有效的风险防范体系和激励约束机制。

三、实施范围

本意见所称省财政经营性资金，是指在基本公共服务和行政运行领域之外，省财政安排用于支持经济社会事业发展、提供准公共产品和社会服务等方面，可实施经营性投资的资金。

（一）注入资本金类项目资金。省财政安排用于公路交通、轨道交通、机场建设、水利设施、环境保护、城市建设、旅游设施等重大基础设施和重大项目建设的资本金，项目后续经营具有营利性的，原则上安排不低于70%的资金进行股权投资，项目后续经营难以产生盈利的，原则上可不按本意见实行股权投资，但需明晰省财政资金占股，享有相应的权益，规范运作，加强管理。

（二）产业扶持类专项资金。省财政支持重点产业发展的专项资金，原则上应安排不少于50%的资金实施股权投资管理；支持一般产业小额专项资金，具备股权投资条件的，原则上应安排不少于40%的资金实施股权投资管理。

省财政专项支持金额在1 000万元以上的重大项目，具备股权投资条件的，原则上应实施股权投资管理。

（三）省财政安排用于补助各类产业园区基础设施建设、城乡公用设施建设的资金、风景名胜区配套服务设施建设资金、配套中央项目资金以及中央转移支付资金等，具备股权投资条件的，原则上应实施股权投资管理。

（四）省财政安排用于基础课题研究、困难企业补助、公益性重大科技攻关项目补助等资金原则上可不实施股权投资管理。

四、股权投资管理主体及职责

省财政经营性资金形成的股权，委托省内的投资主体持有并管理。其中，注入资本金类项目资金形成的股权，被注资公司（单位）为持股主体，按现有管理模式管理；产业扶持类专项资金形成的股权，由专业股权投资管理机构作为持股主体进行管理（如无特别说明，以下所称受托管理机构专指产业扶持类专项资金而言）。

（一）省政府是股权投资资金的出资主体，依法享有资金所有者的各项权益，授权省级行业主管部门、省财政厅按职责分工进行管理。

（二）省级行业主管部门是股权投资资金安排的责任主体和监督主体，负责股权投资管理的具体实施，加强对受托管理机构的管理，会同省财政厅督促受托管理机构建立市场化运作风险规避机制和退出机制，加强机制实施情况的监督检查。

（三）省财政厅是股权投资资金的监管主体，负责财政资金的监督管理、收益上缴管理和绩效评价，不直接持有财政经营性资金股权，不直接进行股权管理。

（四）受托管理机构是股权投资资金形成股权的经营主体，按照省级行业主管部门和省财政厅的书面意见、委托管理协议及相应的股权投资管理实施办法等履行持股管理、保值增值等职责，并在法定程序内明确所投入财政资金的有限责任，建立市场化运作风险规避机制和退出机制，防范因经营亏损而产生的债务风险。

（五）省创业投资行业主管部门、金融业务管理部门负责按照《创业投资企业管理暂行办法》（国家发展和改革委员会令第39号）等规定，加强对财政经营性资金受托管理机构的业务指导、业务监管，加强与省级行业主管部门的沟通协调。

五、股权投资管理运作方式

对不同类别的财政资金和投资对象，采取不同的股权投资管理形式：

（一）注入资本金类项目，以及补助产业园区基础设施、城乡公用设施建设、风景名胜区配套服务设施建设等方面资金，通过注资省属公司（单位）或成立有限责任的项目公司等形式实施股权投资管理。

（二）财政资金支持已上市公司的，通过参与定向增发、受托管理机构与上市公司合作发起设立专门的项目公司等形式实施股权投资管理。

（三）财政资金支持非上市公司的，可由受托管理机构对该公司进行直接投资，也可以通过合作发起设立专门的项目公司形式实施股权投资管理。

（四）财政资金支持科研院所等事业单位，可实施股权投资的，应参照上述方式开展股权投资管理。

（五）财政资金参股项目（或公司）的各方出资、资产等需经具备资质的资产评估等专业机构进行评估，合理确定财政资金参股比例。

六、股权投资管理实施程序

（一）注入资本金类项目实施股权投资仍按原渠道管理，进一步完善注资程序、管理方式等。

（二）产业扶持类专项资金实施股权投资管理应结合现有项目申报模式，按以下条件和程序进行项目筛选：

1. 发布指南。省级行业主管部门会同省财政厅提出实施股权投资项目的申报要求、支持条件、筛选程序等。

2. 受托管理机构产生。省财政厅会同省级行业主管部门在现有符合条件的省属国有独资投资公司中选定受托管理机构。受托管理机构应具备（但不限于）以下条件：

（1）具有独立企业法人资格的省属国有独资投资机构。

（2）具有较强的资本实力和健全有效的内部财务管理制度，有良好的经营业绩、诚信记录和资本运营经验。

（3）从事创业投资管理业务 3 年以上，具备有效履行出资人职责的人力资源（如向投资企业派出董事、监事、财务总监等）。

（4）具备完善的创业投资管理制度、严格合理的投资决策程序和有效的风险控制机制。

（5）能够有效执行省政府及省有关部门促进产业发展的相关政策和制度。

3. 项目评审。省级行业主管部门会同省财政厅组织专家（包括股权投资类专家）对项目申报材料进行科学评审、竞争择优。

4. 独立调查。根据专家评审意见，省级行业主管部门会同省财政厅将入围的股权投资项目交由受托管理机构聘请法律、财务审计、评估等第三方中介开展尽职调查、实地考察、可行性分析、投资方案谈判等，提出尽职调查报告及投资方案建议。

5. 下达项目计划。根据专家评审意见及受托管理机构尽职调查报告、投资方案建议等，省级行业主管部门会同省财政厅按程序确定股权投资项目，下达项目计划。项目资金由省财政厅按程序拨付受托管理机构。

6. 具体实施。受托管理机构按项目计划、资金计划和投资方案等与被投资企业签订股权投资协议，实施股权投资。

（三）省财政安排用于补助产业园区基础设施建设、城乡公用设施建设、风景名胜区配套服务设施建设等方面资金，可结合实际采用上述注入资本金类项目或产业扶持类专项资金项目的股权投资管理方式。

七、股权投资管理实施要点

（一）参股期限和比例。省财政注入资本金类项目视具体情况确定股权投资期限；产业扶持类专项资金投资参股期限一般为 3－5 年，最长不超过 10 年，财政资金出资额占被投资企业的股份原则上不超过其总股本的 30%（且不为第一大股东）。

（二）项目退出。产业扶持类专项资金投资项目必须具备明确的退出条件和方式，达到一定的投资年限或约定投资条件（如一定的增值率、企业上市、未能实现预期盈利目标等），应适时进行股权转让、股票减持、其他股东回购以及清算等，实现财政资金退出。其中，以专门的项目公司形式入股的，可通过其他股东回购、转让、项目公司清算等方式退出；以对该公司直接投资形式入股的，可通过企业上市、创业者回购、转让和企业清算等方式退出。此外，受托管理机构认为必要时，可向省级行业主管部门、省财政厅提出退出申请，经批复后实施。

财政资金退出时，除按规定价格退出的以外，受托管理机构应聘请符合资质的资产评估等专业机构对所持股权进行评估，作为确定退出价格的重要参考。

为体现政府扶持的政策性要求，财政经营性资金可对所投资的省重点发展产业、高新技术初创期企业、公用事业设施建设企业等给予适当让利，如前三年优惠股息、在投入时约定退出期限和回报率、按同期银行贷款基准利率收取一定的利息（或同类企业平均股息）等。具体由省财政厅、省级行业主管部门在有关委托投资协议中明确。

（三）费用支付。省财政按受托管理财政资金总额的一定比例和管理业绩，每年支付受托管理机构管理费用（资金来源从相应的专项资金中安排解决），并将投资净收益的 10% 左右用作受托管理机构的奖励资金。

（四）收益管理。省财政股权投资资金退出后形成的收益，除支付管理费用和奖励外，本金和剩余收益部分由受托管理机构负责上缴省财政，原则上按原渠道滚动使用，必要时按程序报批后可统筹使用。

八、绩效评价和配套措施

（一）引入第三方机构对资金股权投入和使用情况进行风险评估和绩效评价，给省有关部门提出工作意见，并在一定范围内公布评价结果。

（二）建立资金动态调整机制。对未完成当年度股权投资的专项资金或行业主管部门，可减少下年度资金安排金额并作为今后申请财政资金的考量因素。对使用绩效好的资金或行业主管部门，可增加滚动投入资金额度，资金使用绩效差的资金或行业主管部门，减少滚动投入额度。

（三）制定完善相关操作办法。注入资本金类项目由省级行业主管部门会同省财政厅研究制定加强财政资金股权管理的具体办法；产业扶持类专项资金由省级行业主管部门会同省财政厅根据财政资金性质及类别，另行制定开展股权投资的具体操作办法和细则，制定相关投资管理协议，进一步明确管理主体的管理职责、监督检查及考核事项等；省财政厅会同省级行业主管部门结合股权投资管理有关要求修订完善现有专项资金管理办法。

（四）发挥资产评估等专业机构在股权投资运作中的作用。省财政厅委托有关中介管理协会通过竞争性方式，择优选取一批实力强、业务精、管理规范的资产评估机构承担财政经营性资金股权价值评估工作，资产评估结果作为财政资金入股、管理、退出定价的重要依据。

（五）简化国有产权转让流程。省有关主管部门及产权交易平台应按照国有产权管理、转让等规定，制定相关扶持政策，简化国有产权登记工作流程，降低交易费用，按规定审批创业者或其他股东回购财政资金股权，为财政资金退出计划顺利实施创造有利条件。

九、实施步骤

（一）启动试点。2013 年，省财政厅商省级行业主管部门按分类处理的原则确定各类试点资金范围、安排比例等，报省政府批准后开展试点工作。

（二）逐步推广。在总结 2013 年实施经验基础上，省财政厅商省级行业主管部门进行研究，提出今后年度财政经营性资金实施股权投资管理的整体方案，报省政府批准后进行推广。

（三）实施中遇到的问题，径向省财政厅反映。

广东省人力资源和社会保障厅　广东省财政厅 广东省卫生厅关于加强粤东西北地区 乡镇卫生院人才引进工作的指导意见

（广东省人力资源和社会保障厅　广东省财政厅
广东省卫生厅 2013 年 8 月 13 日发布，粤人社规〔2013〕4 号）

各有关地级市人力资源和社会保障局、财政局、卫生局：

为妥善解决粤东西北地区乡镇卫生院人才引进难题，缓解基层医疗卫生人才“引不进、留不住”的突出矛盾，经省人民政府同意，现就加强粤东西北地区乡镇卫生院人才引进工作提出以下指导意见：

一、总体原则

各地、各有关部门按照省里的统一部署，结合基层乡镇卫生院人才队伍实际，在《广东省事业单位公开招聘人员办法》（省政府令第 139 号，以下简称“139 号令”）政策框架内，以吸引优秀人才服务基层卫生事业为重点，采取多种形式实施人才引进工作，破解乡镇卫生院人才难题，着力打造一支医疗技术过硬、能够扎根基层安心工作的乡镇医疗卫生队伍。实施范围仅限于粤东西北地区基层乡镇卫生院（含汕头、韶关、河源、梅州、惠州、汕尾、江门、阳江、湛江、茂名、肇庆、清远、潮州、揭阳、云浮等 15 市）。

二、主要措施

（一）对短缺医疗卫生人才准予直接聘用。同意粤东西北地区各县（市、区）人民政府将在本辖区内乡镇卫生院连续工作 2 年以上（需提供相关社保证明或其他证明材料，下同），具有助理医师以上执业资格的现在岗人员作为急需引进的短缺专业人才，免予公开招聘，经体检、考察合格后，根据岗位空缺情况由当地卫生局统一报人力资源和社会保障局一次性办理直接聘用手续。该项工作须于今年 10 月底前完成。上述人员自办理入编手续后在该乡镇卫生院服务不满 10 年的，本人不得单方面提出解除人事关系。

（二）允许以人事代理方式使用医学类人才。粤东西北地区乡镇卫生院引进人才确有困难的，可委托县级人民政府所属人才公共服务机构以人事代理形式使用医学类人才。自本通知下发之日起 3 年内，在本辖区乡镇卫生院连续工作满 2 年并取得助理医师以上执业资格的现在岗人员，经体检、考察合格后，由县级人力资源和社会保障部门核准，根据岗位空缺情况直接办理聘用手续。上述人员自办理入编手续后在该乡镇卫生院服务不满 10 年的，本人不得单方面提出解除人事关系。3 年内所需人事代理费用由县级财政统一列支。

（三）组织开展乡镇卫生院专项公开招聘工作。完成短缺人才一次性直接聘用工作后，由省卫生厅会同省人力资源和社会保障厅牵头指导，粤东西北地区各市卫生局、人力资源和社会保障局根据本地区乡镇卫生院现有岗位空缺情况，在年内面向社会组织实施乡镇卫生院统一专项公开招聘考试。具体公开招聘实施方案由各地级市卫生局、人力资源和社会保障局另行制定并报省卫生厅、人力资源和社会保障厅备案。对具有卫技、护士执业资格，且在本辖区乡镇卫生院连续工作3年以上的人员，允许免予笔试，直接进入面试，在同等条件下优先聘用。所需经费由当地统筹解决。

（四）加强基层医疗卫生人才队伍继续教育和业务培训。各地要发挥现有继续教育施教机构的作用，综合运用各类培训方式，加强乡镇卫生院卫生人员的业务能力培训。创造有利条件，整合各类资源，鼓励乡镇卫生院卫生人员积极参加执业资格考试，不断提高持证比例。进一步探索符合乡镇卫生院实际的继续教育学习模式和内容，提高乡镇卫生院卫生人员的业务水平和能力。

三、工作要求

（一）切实提高认识，加强统筹合作。基层医疗卫生队伍建设是健全基层医疗卫生服务体系、提高基层医疗卫生服务水平的基础环节，是实现人人享有基本医疗卫生服务的基本途径，关系到医改全局和群众切身利益。各地、各有关部门要高度重视，精心组织，加大投入力度，加强沟通协调，积极推动工作取得新进展，确保稳妥解决乡镇卫生院人才引进难题。

（二）严肃工作纪律，不开政策口子。各地要严格审核作为短缺人才直接引进人员的各项资料，不得弄虚作假，不得变更引进条件。要认真组织实施公开招聘工作，严禁因人设岗，严禁徇私舞弊。要严格执行中央、省关于改进工作作风的规定和实施办法，厉行节约，预防和制止借机挥霍浪费的行为。

（三）加快工作步伐，及时总结汇报。要按照省里的部署，结合本地实际，加快工作步伐，及时纠正政策理解不透彻、执行不到位的情况，稳妥解决本地区乡镇卫生院人才队伍建设难题。同时，要及时发现工作中出现的问题，总结工作中取得的经验和做法，定期向省有关主管部门汇报工作进展情况。

广东省物价局　广东省财政厅　广东省环境保护厅关于调整氮氧化物氨氮排污费征收标准和试点实行差别政策的通知

（广东省物价局　广东省财政厅　广东省环境保护厅
2013年4月28日发布，粤价〔2013〕102号）

各地级以上市人民政府，佛山市顺德区人民政府，各县（市、区）人民政府，省直有关部门：

为加大排污费政策实施力度，促进排污者积极主动治理污染，减少污染物排放，按时完成国家下达我省的污染物减排约束性目标任务，按照《国务院关于印发“十二五”节能减排综合性工作方案的通知》（国发〔2011〕26号）和国家发展改革委办公厅《关于广东省物价局有关价格支持政策的复函》（发改办价格〔2009〕1238号）等有关规定精神，经省人民政府同意，决定适当调整我省氮氧化物（NOx）和氨氮（NH_3-N）排污费征收标准，并试点实行差别排污费政策，现就有关事项通知如下，请遵照执行。

一、调整排污费征收标准

（一）NOx排污费征收标准，每污染当量由0.60元提高到1.20元。

（二）NH_3-N排污费征收标准，每污染当量由0.70元提高到1.40元。

（三）危险废物排污费、噪声超标排污费以及除上述两个污染因子外的其他废气、污水中污染物排污费征收标准暂不调整，仍按现行标准执行。

二、试点实行差别排污费政策

（一）试点范围

广东省内的燃煤电厂排放NOx和废水国家重点监控工业企业（免征污水排污费企业除外）排放NH_3-N实行差别排污费政策。在同一污染物排放口征收废气排污费或污水排污费时，首先计征SO_2、NO_X或COD、NH_3-N排污费，之后再以污染当量数从多到少的顺序计征其他污染物的排污费。

未列入试点的企业，其NOx排污费和NH_3-N排污费按调整后的征收标准和《排污费征收标准管理办法》的计算方法征收。

（二）燃煤电厂 NOx 排污费计费方法

1. 实际计费标准

国家和省政府规定要求安装但未安装脱硝设施的发电机组 NOx 排污费实际计费标准 = NOx 排污费征收标准 × 200% 国家和省政府未要求安装、实际也未安装脱硝设施（包括采取循环流化床技术或低氮燃烧技术）的发电机组，执行调整后的 NOx 排污费征收标准。

国家和省政府规定要求安装或国家和省政府未要求安装，但实际已安装脱硝设施（包括采取循环流化床技术或低氮燃烧技术）的发电机组，可向省物价局申请，经核准后按下列公式计算其 NOx 排污费实际计费标准。

已安装脱硝设施的发电机组 NOx 排污费实际计费标准

（以分为单位）=50.5[1+(1-上年度实际脱硝效率)]-50.5

2014 年 12 月 31 日前，已安装脱硝设施的发电机组 NOx 实际计费标准按上述公式计算，其排污费实际计费标准每污染当量低于 2.40 元的，以实际计算值为准；超过 2.40 元的，按 2.40 元计收。从 2015 年 1 月 1 日起，所有发电机组 NOx 排污费实际计费标准按计算值计收。

已安装烟气自动在线监测系统并正常运行的燃煤电厂发电机组，上年度实际脱硝率为烟气自动在线监测系统记录的上一年度实际脱硝率平均值。烟气自动在线监测系统不能正常采集和传输数据的燃煤发电机组，按烟气自动在线监测系统不能正常采集和传输数据时段内环保主管部门测得的烟气量和 NOx 排放浓度的最大值计算。

未安装烟气自动在线监测系统的燃煤电厂发电机组，按上一年度环保行政主管部门检测的 NOx 排放浓度的平均值作为该机组上年度 NOx 实际排放浓度值。

2. 计算方法。

燃煤电厂各发电机组应缴纳的 NOx 排污费金额 = 该发电机组 NOx 排污费实际计费标准 × 该发电机组 NOx 实际排放量 ÷ NOx 的污染当量值，新建发电机组首次核定按投产第一个月的实际脱硝率的平均值替代上年度实际脱硝率计算，并适时修订。

同一燃煤电厂有多个机组的应分别计算、合并征收。

3. 为了鼓励旧燃煤电厂发电机组（国家和省规定同步建设脱硝设施之前投产的机组）安装脱硝设施，对旧燃煤电厂安装脱硝设施的实行排污费标准优惠扶持政策。

旧燃煤电厂安装脱硝设施的发电机组 NOx 排污费标准 = NOx 实际计费标准 ×〔(机组经营期总年数 - 机组已经营年数) ÷ 机组经营期总年数〕

经营期以年为单位，年数尾数按四舍五入的原则计算。旧燃煤电厂发电机组脱硝设备安装及投产并经国家或省级（当地环保部门验收，经省级确认）环保部门验收合格后，向省物价局申请此优惠扶持政策，经省物价局核定后执行。省物价局会同省环境保护厅加强对已实行此优惠扶持政策的旧燃煤电厂发电机组脱硝设施运行情况的检查，发现弄虚作假的，设备运行率低于 50% 的（剔除因机组运行负荷低而不具备喷氨运行条件的时间），经省物价局会省环境保护厅核实确认后，其 NOx 排污费实际计费标准按未安装脱硝设施的发电机组 NOx 排污费实际计费标准执行。

（三）废水国家重点监控工业企业 NH_3-N 排污费计费方法

1. 实际计费标准。

水国家重点监控工业企业 NH_3-N 排污费实际计费标准 = NH_3-N 排污费征收标准 ×（上年度该企业 NH_3-N 实际排放浓度值 ÷ 上年度该企业实际执行 NH_3-N 排放浓度标准）×（上年度该企业 NH_3-N 实际排放量 ÷ 上年度该企业 NH_3-N 排放总量控制指标）

上年度该企业实际执行 NH_3-N 排放浓度标准应依据环保行政主管部门环境影响评价批复文件或参考负责管辖的环保部门审核意见确定。没有明确实际执行 NH_3-N 排放浓度标准的企业不计算排放浓度，即：

$$\frac{\text{上年度该企业 } NH_3-N \text{ 实际排放浓度值}}{} \div \frac{\text{上年度该企业实际执行}}{NH_3-N \text{ 排放浓度标准}} = 1$$

上年度企业 NH_3-N 排放总量控制指标按环保行政主管部门规定并公布的标准确定；若上年度产量较前一年度减产 30% 以上，则上年度该企业 NH_3-N 排放总量控制指标应按前一年度产量分解扣除减产量分摊部分。

企业上年度 NH_3-N 实际排放浓度值和实际排放量按如下确定：安装水污染物排放自动监控系统的，按上一年度实际排放浓度平均值和实际排放量计算；水污染物排放自动监控系统不能正常采集和传输数据时段内的 NH_3-N 排放浓度，按环保主管部门在线监测有效数据的最大值计算。未安装水污染物排放自动监控系统的，上一年度环保行政主管部门检测的 NH_3-N 排放浓度的平均值作为企业上年度 NH_3-N 实际排放浓度值，实际排放量可按实际排放浓度值和污水排放量（可用用水量折算）计得。

2. 计算方法。

废水国家重点监控工业企业应缴纳的 NH_3-N 排污费金额 = NH_3-N 排污费实际计费标准 × NH_3-N 实际排放量 ÷ NH_3-N 的污染当量值

（四）每年 1 月 15 日前，燃煤电厂将上年度的各发电机组的实际脱硝率、环保行政主管部门检测的 NOx 排放浓度值，废水国家重点监控工业企业将上年度的 NH_3-N 实际排放浓度值、实际排放量及企业实际执行 NH_3-N 排放浓度标准、排放总量控制指标，以及环保行政主管部门签发的 NOx、NH_3-N《排污核定通知书》复印件一并报省物价局。

省物价局会同省财政厅、省环境保护厅对燃煤电厂各发电机组上年度实际脱硝率、本年度 NOx 排污费实际计费标准，废水国家重点监控工业企业上年度 NH_3-N 实际排放浓度值和实际排放量、本年度 NH_3-N 排污费实际计费标准进行核定，并向社会公布本年度 NOx、NH_3-N 排污费实际计费标准。

列入实行差别排污费政策试点企业，没有正当理由未按时上报基础数据材料的，先按未安装脱硝设施的发电机组计费标准计征排污费，即NOx每污染当量2.40元，NH_3-N每污染当量2.80元。试点企业补报有关材料并按规定核准后，再执行核定后的计费标准计征排污费。

（五）各级环保行政主管部门应根据公布的标准核定燃煤电厂各机组应缴纳的NOx排污费总额和废水国家重点监控工业企业应缴纳的NH_3-N排污费总额，按规定送达《排污费缴纳通知单》，及时征收。

（六）省环境保护厅和省物价局要加强对燃煤电厂各发电机组脱硝设施运行情况、废水国家重点监控工业企业NH_3-N排放情况的实时监控。燃煤电厂的烟气自动在线监测系统和废水国家重点监控工业企业的水污染物排放自动监控系统要联网省环境保护厅、省物价局等部门，实时传送监测数据。

三、省物价局会同省财政厅、省环境保护厅等有关部门对排污费政策执行情况进行不定期检查，违反有关收费管理规定的，按照《广东省行政事业性收费管理条例》、《财政违法行为处罚处分条例》等有关规定予以处罚，必要时在媒体上曝光。

四、除本通知新的规定外，排污费征收、减免、资金使用管理仍按国家和省规定执行。

五、各级环保行政主管部门应及时到当地价格主管部门变更《广东省收费许可证（行政事业性收费）》，使用省财政厅统一印制的财政票据，实行亮证收费，严格执行收费公示制度，接受价格主管部门的监督检查。

六、本通知由省物价局会同省财政厅、省环境保护厅负责解释。

七、本通知自2013年7月1日起执行。

广东省财政厅关于会计从业资格管理的实施办法

（广东省财政厅2013年9月5日发布，粤财会〔2013〕50号）

第一章　总　则

第一条　为了加强本省会计从业资格管理，规范会计人员行为，根据《中华人民共和国会计法》（以下简称《会计法》）、《会计从业资格管理办法》（财政部令第73号）及相关法律、法规的规定，制定本办法。

第二条　本省会计从业资格的取得和管理适用本办法。

第三条　在国家机关、社会团体、企业、事业单位和其他组织（以下统称“单位”）中担任会计机构负责人（会计主管）的人员，以及从事下列会计工作的人员应当取得会计从业资格：

（一）出纳；

（二）稽核；

（三）资本、基金核算；

（四）收入、支出、债权债务核算；

（五）职工薪酬、成本费用、财务成果核算；

（六）财产物资的收发、增减核算；

（七）总账；

（八）财务会计报告编制；

（九）会计机构内会计档案管理；

（十）其他会计工作。

第四条　单位不得任用（聘用）不具备会计从业资格的人员从事会计工作。

不具备会计从业资格的人员，不得从事会计工作，不得参加会计专业技术资格考试或评审、会计专业技术职务的聘任，不得申请取得会计人员荣誉证书。

第五条　会计从业资格实行分级管理原则。县级以上地方人民政府财政部门（以下简称“会计从业资格管理机构”）负责有关人员工作单位、户籍、居住地任一情况在所辖行政区域内的会计从业资格的取得和管理。

第六条　省级财政部门负责中央和省属在穗单位会计从业资格的管理。

第二章　会计从业资格的取得

第七条　国家实行会计从业资格考试制度。

第八条　符合下列条件的人员，可以申请参加会计从业资格考试：

（一）遵守会计和其他财经法律、法规；

（二）具备良好的道德品质；

（三）具备会计专业基础知识和技能。

因有《会计法》第四十二条、第四十三条、第四十四条所列违法情形，被依法吊销会计从业资格证书的人员，自被吊销之日起5年以内不得参加会计从业资格考试，不得重新取得会计从业资格证书。

因有提供虚假财务会计报告，做假账，隐匿或者故意销毁会计凭证、会计账簿、财务会计报告，贪污、挪用公款，职务侵占等与会计职务有关的违法行为，被依法追究刑事责任的人员，不得参加会计从业资格考试，不得取得或者重新取得会计从业资格证书。

第九条 会计从业资格管理机构应当对申请参加会计从业资格考试人员的姓名、有效身份证明、相片等基础信息和报考条件进行严格审核，符合条件的，允许其参加会计从业资格考试。

第十条 会计从业资格考试科目为：财经法规与会计职业道德、会计基础、会计电算化（或者珠算）。

会计从业资格考试采用财政部统一制定和公布的考试大纲、考试合格标准。

会计从业资格考试科目实行无纸化考试，采用财政部统一组织建设的无纸化考试题库，执行财政部另行制定的会计从业资格无纸化考试管理相关规定。

第十一条 会计从业资格各考试科目应当一次性通过。

会计从业资格管理机构应当在考试结束后及时公布考试结果，通知考试通过人员在考试结果公布之日起6个月内，到指定的会计从业资格管理机构领取会计从业资格证书。

通过会计从业资格考试的人员，应当在考试结果公布后登陆广东省会计信息服务平台填写《广东省会计从业资格人员基础信息表》，进行网上预约，在预约时间持本人有效身份证件原件、学历或学位证书原件、工作单位等基础信息的相关有效证明到指定的地点领取会计从业资格证书，由会计从业资格管理机构对其基础信息进行审核确认。

通过会计从业资格考试的人员，可以委托代理人领取会计从业资格证书。代理人领取会计从业资格证书时，应当持本人和委托人的有效身份证件原件。

第十二条 会计从业资格管理机构按本办法第五条、第六条规定的管理范围，负责组织实施会计从业资格考试的下列事项：

（一）根据本办法制定、公布会计从业资格考试的报考办法、考务规则、考试相关要求、报名条件和考试科目；

（二）组织会计从业资格考试软件系统的管理；

（三）组织开展会计从业资格考试；

（四）监督检查会计从业资格考试考风、考纪，并依法对违规违纪行为进行处理处罚。

省级财政部门负责组织实施会计从业资格考试的下列事项：

（一）组织会计从业资格考试软件系统的建设及管理；

（二）接收并管理财政部下发的会计从业资格无纸化考试题库。

第十三条 会计从业资格考试收费标准按照物价管理部门的有关规定执行。

第十四条 会计从业资格证书使用财政部统一规定的样式和编号规则。省级财政部门负责全省会计从业资格证书的印制。

会计从业资格证书是具备会计从业资格的证明文件，在全国范围内有效。

持有会计从业资格证书的人员（以下简称“持证人员”）不得涂改、出借会计从业资格证书。

第十五条 会计从业资格管理机构应建立健全内部控制制度，科学设置工作岗位，规范工作流程，明确岗位职责，强化会计从业资格取得全流程的内部稽核管理，加强日常监督检查。

（一）建立考生考试成绩纸质确认制度，通过将考试成绩电子数据与纸质确认记录比对，确保考试成绩真实、完整。

（二）建立考试结果公布制度，规范公布的程序、内容和时效，保证考试结果公布的公开、及时。

（三）建立会计从业资格证书发放稽核机制，严格按照内部控制要求设置审核环节及岗位，实施实时稽核，定期开展事后稽核。

（四）建立空白会计从业资格证书和业务用章专人保管登记制度，规范空白会计从业资格证书的领用、销毁程序。

（五）主动接受上级会计从业资格管理机构的业务指导和监督检查，以及同级财政监督机构的监督检查。

第三章 会计从业资格管理

第十六条 持证人员应当接受继续教育，提高业务素质和会计职业道德水平。

持证人员参加继续教育采取学分制管理制度。持证人员继续教育执行财政部另行制定的相关规定。

第十七条 会计从业资格管理机构应当加强对持证人员继续教育工作的监督、指导。

单位应当鼓励和支持持证人员参加继续教育，保证学习时间，提供必要的学习条件。

第十八条 会计从业资格管理机构应当对开展会计人员继续教育的培训机构进行监督和指导，规范培训市场，确保培训质量。

第十九条 会计从业资格实行信息化管理。会计从业资格管理机构应当建立持证人员从业档案信息系统，及时记载、更新持证人员下列信息。

（一）持证人员的相关基础信息；

（二）持证人员从事会计工作情况；

（三）持证人员的变更、调转服务情况；

（四）持证人员换发会计从业资格证书情况；

（五）持证人员接受继续教育情况；

（六）持证人员受到表彰奖励情况；

（七）持证人员因违反会计法律、法规、规章和会计职业道德被处罚情况。

第二十条 持证人员的姓名、有效身份证件及号码、照片、学历或学位、会计专业技术职务资格、开始从事会计工作时间等基础信息，以及第十九条第（五）和第（六）项内容发生变化的，应当持相关有效证明和会计从业资格证书，到所属会计从业资格管理机构办理从业档案信息变更。会计从业资格管理机构应当在核实相关信息后，为持证人员办理从业档案信息变更。

持证人员的其他相关信息发生变化的，应当登录所属会计从业资格管理机构指定网站进行信息变更，也可以到所属会计从业资格管理机构办理。

第二十一条 持证人员所属会计从业资格管理机构发生变化，提出调转申请的，会计从业资格管理机构应及时提供调转服务。

持证人员所属会计从业资格管理机构在广东省管辖范围内发生变化的，在按规定完成继续教育后，持会计从业资格证书、工作证明（或户籍证明、居住证明）到调入地所属会计从业资格管理机构办理调转。

持证人员所属会计从业资格管理机构由广东省管辖范围变化为其他省级财政部门、新疆生产建设兵团财务局、中央主管单位管辖范围的，可登录广东省会计信息服务平台提出申请，持会计从业资格证书，到原会计从业资格管理机构办理调出。持证人员应当自调出之日起3个月内，持会计从业资格证书、调转登记表和在调入地的工作证明（或户籍证明、居住证明），到调入地会计从业资格管理机构办理调入手续。

持证人员所属会计从业资格管理机构由其他省级财政部门、新疆生产建设兵团财务局、中央主管单位管辖范围变化为广东省管辖范围的，可在调出之后3个月内登录广东省会计信息服务平台提出申请，持会计从业资格证书、调转登记表和在调入地的工作证明（或户籍证明、居住证明）到调入地会计从业资格管理机构办理调入。

第二十二条 持证人员应当妥善保管会计从业资格证书。如有遗失，持证人员应当在公开发行的报刊或网站履行公告程序后，填写补发申请表，持有关证明材料，向所属会计从业资格管理机构申请补发会计从业资格证书。会计从业资格管理机构核实无误后，应当自受理之日起20个工作日内予以补发。

如有毁损，持证人员应当填写补发申请表，持毁损证书原件，向所属会计从业资格管理机构申请补发会计从业资格证书。会计从业资格管理机构核实无误后，应当自受理之日起20个工作日内予以补发。

第二十三条 会计从业资格证书实行6年定期换证制度。

持证人员应当在会计从业资格证书到期前6个月内，填写定期换证登记表，持有效身份证件原件和会计从业资格证书，到所属会计从业资格管理机构办理换证手续。

第二十四条 有下列情形之一的，会计从业资格管理机构可以撤销持证人员的会计从业资格：

（一）会计从业资格管理机构工作人员滥用职权、玩忽职守，作出给予持证人员会计从业资格决定的；

（二）超越法定职权或者违反法定程序，作出给予持证人员会计从业资格决定的；

（三）对不具备会计从业资格的人员，作出给予会计从业资格决定的。

持证人员以欺骗、贿赂、舞弊等不正当手段取得会计从业资格的，会计从业资格管理机构应当撤销其会计从业资格。

第二十五条 持证人员具有下列情形之一的，会计从业资格管理机构应当注销其会计从业资格：

（一）死亡或者丧失行为能力的；

（二）会计从业资格被依法吊销的。

第二十六条 会计从业资格管理机构应当将领取会计从业资格证书和办理会计从业资格证书换发、调转、变更登记的条件、程序、期限以及需要提交的材料和相关申请登记表格示范文本等在办公场所公示，或者在会计从业资格管理机构指定网站进行公示。相关申请登记表格示范文本应当置放于会计从业资格管理机构办公场所，免费提供，或者由申请人从会计从业资格管理机构指定网站下载。

第二十七条 会计从业资格管理机构应当对下列情况实施监督检查：

（一）从事会计工作的人员持有会计从业资格证书情况；

（二）持证人员换发、调转、变更登记会计从业资格证书情况；

（三）持证人员从事会计工作和执行国家统一的会计制度情况；

（四）持证人员遵守会计职业道德情况；

（五）持证人员接受继续教育情况。

会计从业资格管理机构在实施监督检查时，持证人员应当如实提供有关情况和材料，有关单位应当予以配合。

第二十八条 单位和个人对违反本办法规定的行为有权检举，会计从业资格管理机构应当及时核实、处理，并为检举人保密。

第二十九条 持证人员对会计从业资格管理机构的处理处罚决定，享有陈述权、申辩权；有权依法申请行政复议或者提起行政诉讼。

第四章 法律责任

第三十条 参加会计从业资格考试舞弊的，2年内不得参加会计从业资格考试，由会计从业资格管理机构取消其考试成绩，已取得会计从业资格的，由会计从业资格管理机构撤销其会计从业资格。

第三十一条 持证人员具有下列情形之一的，由会计从业资格管理机构责令其限期改正：

（一）不参加继续教育或参加继续教育未取得规定学分的；

（二）未按照本办法规定办理调转登记的；

（三）未按照本办法规定进行信息更新的。

第三十二条 会计从业资格管理机构及其工作人员在实施会计从业资格管理中滥用职权、玩忽职守、徇私舞弊的，依法给予处分。构成犯罪的，依法追究刑事责任。

第三十三条 会计从业资格管理机构工作人员违反本办法第二十八条规定，将检举人姓名和检举材料转给被检举单位或个人，或者将应当保密的检举信息对外泄露的，由所在单位或者有关单位依法给予处分。构成犯罪的，依法追究刑事责任。

第五章 附 则

第三十四条 广东省县级以上地方人民政府财政部门应根据本办法制定相关配套措施，并报广东省财政厅备案。

第三十五条 香港特别行政区、澳门特别行政区、台湾地区居民和外国居民在本省行政区域内取得会计从业资格及相关管理适用本办法。

第三十六条 本办法施行之日前已被聘任为高级会计师或者从事会计工作满20年，且年满50周岁、目前尚在从事会计工作的，经本人申请并提供单位证明等相关材料，会计从业资格管理机构核实无误后，发给会计从业资格证书。

取得注册会计师证书，目前尚在从事会计工作的，经本人申请并提供单位证明等相关材料，会计从业资格管理机构核实无误后，发给会计从业资格证书。

第三十七条 本办法自公布之日起施行。广东省财政厅2005年8月3日发布的《广东省财政厅会计从业资格管理实施办法》（粤财会〔2005〕60号）同时废止。

第八部分

财经文选

在全省财政工作会议上的总结讲话

（节选）

省财政厅党组书记、厅长　曾志权

（2014 年 1 月 22 日）

一、关于 2014 年的几项重点工作

今天上午，我已经就做好 2014 年财政各项工作，切实服务好全省经济社会发展大局讲了具体意见。根据会议讨论的情况，我再强调几项重点工作。

（一）重点抓好财政改革工作

省委要求我省率先建立现代财政制度，任务艰巨，使命光荣。全面深化财政改革是当前和今后一个时期全省各级财政部门的头等大事。深化财政改革的总体实施方案已印发会议讨论，今年的改革重点工作我在上午也作了强调，对改革的具体工作，我们还是要在认真研究论证的基础上再作部署，这里我强调一下抓这些工作的方法问题。一是要坚持问题导向。胡春华书记在省委十一届三次全会上指出，改革很多是由问题倒逼产生，又在不断解决问题中得以深化，要把问题导向作为深化改革的重要方法。我们要进一步强化问题意识，深入查找当前影响我省财政稳定运行、持续发展的矛盾和问题，特别是财政供给范围界定不清、事权和支出责任不适应、部门肢解财力、预算约束弱化等深层次问题，找准症结，理清思路，采取有针对性的改革措施加以解决，确保改革落到实处、取得实效。二是要坚持整体设计。财政改革涉及理顺政府与市场关系、转变政府职能、经济转型与结构调整、创新社会治理等各个方面，可以说是牵一发而动全身，必须“跳出财政看财政”，立足全局，通盘考虑，加强改革的整体设计，不能“头痛医头、脚痛医脚”。省厅已经研究拟订了关于全面深化财政改革的总体实施方案。各地也要结合本地实际，认真研究制定深化财政改革的实施方案，明确改革的路线图、时间表。三是要坚持重点突破。省厅拟订的总体实施方案坚持长短期相结合，明确了改革的分步实施计划，并将建立事权和支出责任相适应制度、改进预算管理、完善省以下财政体制和转移支付体系、制定公共资源竞争性配置办法作为今年的改革重点。各地要从本地实际出发，抓住财政工作的重点和关键环节深入推进改革，条件成熟一项开展一项，力争在较短时间内取得突破。四是要坚持上下联动。一方面各地要积极配合省厅开展的各项改革，如理清事权和支出责任划分、完善转移支付制度等，另一方面也要结合本地实际，大胆探索，创造经验，反过来推动和促进全省整体改革进展，形成上下联动、合力推进的良好局面。五是要坚持主动作为。全省各级财政部门在抓好自身改革的同时，要主动作为，积极支持配合经济社会领域的其他改革工作，为我省全面深化改革、实现“三个定位、两个率先”总目标提供坚实的制度保障和财力保障。

（二）抓好预算编制改革

今年受国内外经济增长不确定性及结构性减税政策的叠加影响，预计财政收入难以实现较高增幅，同时财政面临方方面面的支出压力，收支矛盾突出，必须切实加强预算编制管理。一方面，科学编制 2014 年预算。今年省级预算编制围绕增强预算编制的政策性、约束性、完整性、准确性、细化性、公开性和易读性，实现“十个加大力度”的改革创新，得到了人大代表的充分认可。各地也要努力探索，创新预算编制方法，细化预算编制内容，健全预算编制征询机制，争取全省财政预算编制整体水平上一个新台阶。此外，今天上午我已提到，今年中央将出台一些增支政策，如提高新农合和城镇居民医保政府筹资标准、逐步提高个人缴费比例，实施机关事业单位基本养老保险缴费制度等，各地在编制 2014 年预算时必须统筹财力盘子安排，确保足额保障，不留缺口。另一方面，切实改进预算管理。一是要进一步增强预算执行刚性，纠正部门随意要求追加预算等问题，提高预算严肃性。要切实担负起把关责任，从严审核新增支出，防止部门大包大揽，盲目提出增支要求，新增支出尽可能在预算中调整安排，具体项目从严从细审核把关，大额新增支出进行多方论证。二是要认真落实《党政机关厉行节约反对浪费条例》，严格控制一般性支出尤其是“三公”经费，按规定停止楼堂馆所资金审批。今年省级决定对批准保留的博览会、论坛等按年度预算的 25% 比例压减经费，各地也要采取有效措施把各类博览会、论坛等经费压下来，腾出财力空间确保重点支出。

（三）抓好盘活财政存量资金工作

近年来，随着财政收支规模不断扩大，预算结余结转资金规模较大的问题逐渐显现，这与保障重点领域的公共资源需求、提高资金使用效益是相背离的，人大代表和社会对此反映强烈。存量资金规模较大的原因比较复杂，既有行政体制、决策机制不完善等制度因素，也有预算编制

不够细化、预算执行进度不均衡等管理因素。近年来我们在加快预算执行进度、盘活存量财政资金方面做了大量工作，接下来还要进一步加大力度。一方面，要全面摸清底数。各级财政部门要结合审计部门对存量资金的审计情况，进行一次全面清理，尽快摸清底数。对连续多年结转的资金，要及时调整用于保障和改善民生等重点和急需的支出；能够编入2014年预算的，要编入2014年预算，并相应减少当前预算安排的资金。另一方面，要加快执行进度。各地财政部门要落实责任，提高地方配套资金特别是民生项目配套资金的到位率和执行率。同时，要通过建立预算编制和执行挂钩的约束机制，倒逼本级资金使用单位加快预算执行。年度预算执行中，除救灾等应急支出通过动支预备费解决外，原则上不出台增加当年支出的政策，一些必须出台的政策，通过以后年度预算安排资金。财政部计划将预算支出进度作为对地方财政管理绩效综合评价的重要指标，并与相关转移支付分配挂钩。省厅也将参照财政部的做法，在转移支付中加入支出进度的因素。希望各地拿出有力举措，加快预算执行进度，控制新增财政存量资金。

（四）抓好专项资金管理改革

专项资金的管理使用不仅影响财政资金的分配效率和使用效益，也关乎财政部门形象和干部安全。目前，省级已经出台新的专项资金管理办法，对专项资金的申报、拨付、监督检查、绩效评价和信息公开提出了更为严格的要求，尤其是规定了“八个公开”要求，将有力促进专项资金管理规范化和透明度。在专项资金申报环节，我们将依托省政府网上办事大厅建立专项资金管理统一平台，省级专项资金申报全部通过这一平台进行。各地财政部门要认真抓好贯彻执行。一方面，要转变工作思维和方式，严格按照新的管理办法做好省级专项资金的组织申报、审核拨付等，配合省厅把好关，确保资金不被虚报、冒领、挤占、挪用。另一方面，要在落实好省级专项资金管理办法的同时，加强对本级专项资金的清理整合。在此基础上，研究完善专项资金管理制度，建立覆盖专项资金的设立、项目库管理、项目申报和审批、资金拨付、监督检查、绩效评价和信息公开等全过程的监管机制。

（五）抓好基本公共服务均等化综合改革试点

省委十一届三次全会明确提出，要在惠州市改革试点的基础上，扩大基本公共服务均等化综合改革试点。惠州市的改革试点取得了明显成效。下一步考虑，从2014年起，在珠三角、粤东、粤西、粤北分别选取1个市开展试点，进一步巩固和扩大我省综合改革试点成果，确保基本公共服务均等化规划纲要第二阶段目标顺利实现。从惠州市综合改革试点的情况来看，只要认识到位，工作扎实，各地完全可以结合本地实际，统筹财力安排，完善工作机制，在加快基本公共服务均等化进程上实现突破。各地财政部门要按照国家和省的统一部署，主动承担基本公共服务均等化规划纲要贯彻实施的牵头组织和协调工作，充分吸收借鉴惠州经验，积极支持和参与基本公共服务均等化综合改革试点工作。我们将在近期正式征求各市开展综合改革试点的意见，各地财政部门要抓紧向市委、市政府报告，尽快回复意见。确定新增试点市后，将按照基本公共服务均等化综合改革工作方案抓紧推开这项改革。

（六）抓好地方政府性债务管理

对政府性债务管理工作，各地都要高度重视，严格按照中央和省的要求，规范管理，防控风险。一是抓紧研究制定风险处置预案。各地要积极筹措资金偿还政府性债务，建立政府性债务偿债风险准备金，努力化解存量债务。尤其是债务负担指标较高的地区，要抓紧研究制定风险处置应对预案，做多手准备，避免因资金链断裂，使局部性风险转变为系统性风险。省级将加强对市县债务风险监控，建立地方政府性债务风险预警机制和提示制度。二是健全政府性债务管理机制。要把短期应对措施与长期制度建设结合起来，完善政府性债务管理制度。近期，省级将出台加强全省政府性债务管理工作的意见。各地要按照意见要求，健全政府性债务管理机制，严格政府举债程序，严禁继续借道融资平台举债，严控债务规模，规范债务资金使用偿还管理，提高举债透明度。三是要积极做好审计结果公开的应对准备。各地要对本地区审计结果公开做全面细致的评估，早做预案，一旦中央部署地方公开审计结果，要积极正面引导舆论。

在座各位财政局长和厅内各单位主要负责人，负有带队伍的责任。这里，我再强调一下加强作风建设、严肃工作纪律的问题。省厅要巩固教育实践活动成果，市县财政部门也要以开展教育实践活动为契机，进一步转变作风，建立健全反对“四风”制度，并持之以恒地抓好落实，推动建立改进作风的长效机制，树立财政部门良好形象。要加强对干部的纪律教育，增强干部对纪律的敬畏心和遵从度。上下级工作联系也要严格执行中央“八项规定”和相关制度要求，坚持依法依规，按章办事，堵“偏门”、开“正门”，严禁通过各种跑关系、拉人情要政策、争资金的行为，严禁节前或节日期间没有任何公务任务的迎来送往，形成秩序井然、风清气正的良好氛围。

二、关于岁末年初的几项工作

春节将至，各方面工作头绪多、任务重、时间紧，请大家妥善安排好岁末年初各项工作。

一是落实好保障困难群众生活各项资金。坚决贯彻落实中央和省委、省政府关于保障困难群众基本生活的各项要求，对低保对象、优抚对象等困难群众的基本生产生活问题，积极筹措资金，并抓紧拨付到位，落实到人。要落实好春节期间向困难群众发放生活补贴等政策，确保困难群众过一个安乐祥和的春节。

二是积极配合做好维护社会稳定工作。要积极配合相关部门，及时足额发放企业退休人员和符合条件的城乡居民基本养老金、失业保险金以及各类救助和补助资金。要切实抓好政府工程款的资金拨付，保障务工人员及时足额拿到应得报酬。积极支持做好城市流浪乞讨人员救助服务工作。落实各项农业生产扶持资金，保障粮食蔬菜供给。

三是做好与人大代表的沟通交流工作。市县财政部门要进一步加强与当地人大代表的沟通联系，财政局长要亲自抓，积极创新方式，拓宽渠道，主动做好向人大代表的宣传解释工作，并通过丰富预算草案报告内容、编辑公共财政政策读本等方式，帮助人大代表更好地审议预算草案报告，不断提高人大代表对财政工作的满意度，使财政工作赢得人大代表更大的支持。

四是切实加强节期廉政建设。临近春节，全省财政系统党员干部要严格按照中央和省委、省政府有关廉政规定以及春节期间加强廉洁自律的要求，规范上下级工作联系行为，认真执行党风廉政建设各项规定，做到清正廉洁，杜绝接受各种红包、有价证券和贵重物品的行为，洁身自好，确保度过一个文明祥和、清廉节俭的春节。

在全省财政反腐倡廉建设工作会议上的讲话

（节选）

省财政厅党组书记、厅长　曾志权

一、认清形势，提高认识，切实增强财政反腐倡廉建设的责任感和紧迫感

中纪委十八届二次全会、省纪委十一届二次全会和全国财政反腐倡廉建设工作会议对新时期反腐倡廉建设形势和任务，作了准确判断、深入分析和全面部署，我们必须认真学习，深刻领会，深入理解推进财政部门党风廉政建设和反腐败斗争的重要意义，切实增强财政反腐倡廉建设的责任感和紧迫感。

（一）要从党和国家事业发展的全局和战略高度增强忧患意识

党的“十八大”提出要建设廉洁政治，要求做到干部清正、政府清廉、政治清明，这“三清”既是基于当前反腐倡廉形势的科学判断，也为党风廉政建设和反腐败斗争提出了更高的要求。习近平总书记在中央纪委十八届二次全会上从关系党和国家生死存亡的高度，深刻阐述了反腐倡廉建设的极端重要性，指出要实现“两个一百年”的目标，实现中华民族伟大复兴的“中国梦”，必须要把党建设好。古今中外的诸多历史教训表明，腐败若不加以遏制和治理，必然导致民心涣散、人亡政息。实践表明，党风廉政建设和反腐败斗争是一项长期的、复杂的、艰巨的任务，必须经常抓、长期抓，坚定决心，做到有腐必反、有贪必肃，不断铲除腐败现象滋生蔓延的土壤，以坚定的决心昭示于民，以实际的效果取信于民。

（二）要从提升财政服务“三个定位、两个率先”能力水平的层面增强责任意识

习近平总书记视察广东提出了“三个定位、两个率先”的总目标，这是对广东的厚望，也是我们财政工作当前和今后一个时期的总纲。要实现这个目标，必须以严明的纪律统一思想和行动，以优良的作风、廉洁的形象取信于群众和社会。特别是财政作为党和政府履行职能的物质基础、体制保障、政策工具和监管手段，在实现“三个定位、两个率先”的实践中责无旁贷，肩负着重要职责和任务，不仅要构筑财政权力安全运行的监督制约防线，更要通过完善公共财政体制和加强监督制约，从制度设计上堵塞滋生腐败的漏洞，更加充分地发挥源头治腐的作用，确保资金使用到位、有效，更好地围绕中心、服务大局。

（三）要从狠抓财政干部队伍建设的角度增强风险意识和纪律意识

新形势下，“四大考验”和“四种危险”前所未有地摆在我们面前，从严治党、整饬吏治的任务比以往任何时候都更为繁重和紧迫。仅2012年全省查处的违法违纪案件中，就有厅级干部38件38人、县（处）级干部322件326人，处分6652人。这并非冷冰冰的数字，而是一个个身败名裂、身陷囹圄的悲剧，有的就发生在我们身边。我们每一位党员干部都要从中吸取教训，做到拒腐防变警钟长鸣。同时，必须严明政治纪律，决不允许有不受党纪国法约束、甚至凌驾于党章和党组织之上的特殊党员，决不允许在原则问题和大是大非面前立场摇摆。任何党员干部，无论职位多高、权力多大，一旦触犯党纪国法，将一律依法惩处，绝不姑息。

二、深化改革，筑牢防线，不断加强制度反腐力度

筑牢制度防线是反腐倡廉的治本之策。近年来，全省财政部门按照构建惩治和预防腐败体系的工作部署，不断深化财政体制机制改革，扎实推进“阳光财政”、“绩效财政”建设，取得了积极成效。下一步，要进一步深化财政体制和

预算制度改革，促进由“权力反腐”转向“制度反腐”。

（一）注重财政改革的整体设计

按照“更加注重改革系统性、整体性、协同性”的要求，各级财政部门要结合当地实际，围绕党的“十八大”提出的“健全中央和地方财力与事权相匹配的体制，完善促进基本公共服务均等化和主体功能区建设的公共财政体系”的总体目标要求，结合源头治腐防腐的工作部署，进一步梳理财政改革思路，研究提出深化财政改革的总体方案、路线图、时间表，加快推进公平、规范、民主、法治、阳光、效率财政建设，建立健全适应社会主义市场经济要求的公共财政体系，切实发挥财政改革源头治腐的作用，加强制度反腐力度。

（二）巩固扩大财政改革成果

近年来，按照构建公共财政管理框架体系的总体思路，我省财政扎实推进了部门预算、国库集中支付、政府采购、“收支两条线”管理、财务核算信息集中监管、预算执行动态监控、财政监督、绩效评价、资产管理等公共财政管理改革，多项改革走在全国前面，基本已在全省铺开并不断深化。我们要在认真总结经验的基础上，不断把改革推进深入，切实解决有些改革进度不均衡、力度不到位等问题，扩大改革成果，构建更加科学、规范的管理制度，为源头治腐奠定更扎实的制度基础。

（三）继续深化财政改革

当前财政改革已进入“深水区”，必须以更大的政治勇气和智慧推进改革，不失时机地在重点领域实现突破，不断完善源头治腐制度体系，打破既有利益格局，压缩权力腐败空间。近期要抓好以下9项改革：一是进一步细化预算编制。完善省级定员定额标准体系，选取部分具有代表性的部门开展部门预算重点审查。二是进一步优化财政支出结构，全面开展对财政专项资金清理整合工作，提高资金使用效益。三是进一步强化预算约束力。2013年新增支出项目纳入年初预算统筹考虑，按规定审核后确需新增的，优先在现有资金或专项资金中解决，执行过程中尽可能减少年中追加。四是继续深化竞争性分配改革，完善“多中选好、好中选优”的分配机制，减少资金分配自由裁量权。五是深化第三方绩效评价改革，委托第三方组织独立、自主开展绩效评价。六是扩大为民办事征询民意工作试点，完善民意征集机制。七是推进政府购买社会服务改革，扶持社会组织发展。八是推进经营性领域财政投入股权投资管理改革，探索建立产权明晰的财政资金股权投资管理制度，实现财政资金的良性循环和保值增值。九是积极稳妥推进预决算公开及“三公”经费公开，逐步规范预算公开的程序、内容等，省财政厅将在今年试行将部分专项资金和基本建设项目预算信息向社会公开，各地也要积极稳妥加大公开力度。

三、多管齐下，扎实推进，切实加强财政自身反腐倡廉建设

全省各级财政部门要坚持多管齐下，切实加强思想教育，完善机制制度，规范权力运行，全面推进反腐倡廉建设。

（一）加强教育引导，筑牢反腐倡廉思想防线

财政部门掌握一定的资金分配和监管权力，经常处于利益的焦点，面临的各种诱惑较多，去年我省财政系统发生的危金峰严重违纪违法等案件表明，腐败并不是虚无缥缈、与我无关的事情，它就发生在我们身边。必须时刻绷紧廉洁自律这根弦，自觉监督内省，筑牢思想防线。作为领导干部，要认真反思是否存在业务与廉政建设“一手硬、一手软”、党风廉政建设责任制不落实的问题，在抓廉政教育上走过场、应付了事；是否存在“老好人”心态，对一些错误的言行不能主动站出来加以批评和制止；在工作中是否存在“工作太辛苦、收点好处心安理得”或者“提拔无望、弥补损失”、“有权不用、过期作废”的补偿心理。作为普通党员干部，要认真反思在对待反腐倡廉工作中，是否存在“事不关己、高高挂起”的思想，把廉政纪律当做“橡皮筋”，把组织监督当“绊脚石”，把同志提醒当“耳边风”；是否存在“法不责众”的侥幸心理，在工作中要点小聪明、搞点小动作、贪点小便宜。总之，每位党员干部都要把自己摆进去逐一对照检查，有则改之，无则加勉，做到严于律己，帮助他人，在全省财政系统营造廉洁从政的良好风气。

（二）加强制度建设，做到靠制度管人管事

一是要进一步完善管理制度体系。要根据形势变化和业务职能，重新梳理、补充、完善人、财、物等各项管理制度，进一步对现有制度办法进行全面清查和梳理，查漏补缺。进一步加强财政资金管理，完善国库资金竞争性存储和财政资金分配、调度、存储、支付等各环节管理和内控机制，确保“资金安全”。要以推进权力规范运行为取向，深入开展廉政风险防控，加强程序性、操作性制度建设，推动法规制度上规定的“不准”向财政权力运行规范下的“不能”深化，最大限度压缩“寻租”空间。二是要切实提高制度执行力。首先是要落实好现有各项制度规定，坚持依法依规、秉公用权、按章办事、保持廉洁，提高工作效率、提高工作质量，切实提高制度执行力。其次，要认真查摆问题，对照岗位职责要求和有关管理制度规定，深入剖析工作质量、工作程序、工作作风和个人在履职履责、廉洁从政等方面存在的问题和不足，采取有针对性的措施整改提高。三是建立立体多层次廉政防控体系。首先，要强化内部监督制衡。完善财政内部循环监督机制，强化上一环节监督下一环节的监督链条；强化内部稽核，探索建立财政预算指标和资金支付稽核体系，确保财政资金运行安全。其次，要完善岗位职责设置，对重要岗位特别是涉及资金分配的岗位，要实行“AB角”制度，强化相互监督。再次，要加强重点岗位廉政风险排查防控，深入查找重点岗位、重点业务的廉政风险，有针对性地完善防控措施，构建“分岗查险、分险设防、分权制衡、分级预警、分层追责”的预警防控模式。

（三）规范权力运行，最大限度减少自由裁量权

我们许多岗位在资金分配、行政审批、项目审核、政

府采购等方面具有一定的权力，有权力就有风险。防范权力运行风险、规范权力运行要把握三个环节：一是确保权力运行规范、有序。根据新一轮行政审批制度改革的要求，全面清理部门职能和审批事项，简政放权，利民惠民。按照有利于风险防控和相互制衡的原则，把科学的制度设计贯穿于权力运行的全过程，规范领导干部履行职责的工作程序和财政权力运行规程，构建完善“职责明确、行为规范、运转有序、奖罚分明”的工作制度体系。二是确保权力运行公开、透明。要通过权力运行公开、行政审批电子监察、网上办事大厅建设等方式，让权力在阳光下操作、资金在网络上监管、风险在流程内控制。坚持公平、公正、公开的原则，进一步深化竞争性分配改革。省财政厅已经明确，各处室、单位掌握的资金，除公用经费、人员经费外，原则上都要采取竞争性方式分配，尽可能减少资金分配自由裁量权。三是确保权力运行公正、民主。自觉接受人大、政协、审计、媒体等外部监督，严格落实“四个主动接受监督”和“四个决不”的要求。同时，建立完善财政决策规则、程序，依法实行公示、听证制度，深入开展财政专家咨询工作，促进科学、民主决策。总之，要通过外界压力的监督倒逼，尽可能避免违法违纪行为的发生。

（四）加强廉洁自律，有效防范消极腐败行为

清正廉洁是党员干部政治前途的生命线和必须坚守的纪律底线。财政部门是管钱的部门，廉政建设更要时时抓，长期抓，一刻都不能掉以轻心。一要防思想松懈。党员干部尤其是领导干部一定要“有所畏惧”。许多腐败分子在为官之初，尚能兢兢业业，有所成就，但随着职务越来越高，权力越来越大，就开始无所“畏惧”起来，最后官丢名毁，害己害人。“有所畏惧”，首先是道德层面的“畏”，畏惧自己的内心良知和道德操守。常修为政之德，常思贪欲之害，常怀律己之心。“有所畏惧”，更应该体现在制度层面的“畏”，体现在对制度不折不扣的执行上，体现在对纪律的严格遵守上。二要防亲情友情变味。无论在何时都要把好亲情关、友情关，决不能为情所困、为所谓的“面子”所误，坚持原则底线。特别是要慎交友、交益友，坚持“友直、友谅、友多闻”，培养健康的生活情趣，脱离低级趣味，“心不贪、嘴不馋、手不长”，对阿谀奉承、搞歪门邪道别有用心的人，时刻保持高度的警惕。三要防工作交流错位。全省财政系统上下级沟通及与外单位业务交流必须注意方式方法，严禁通过各种跑关系、拉人情、送红包要政策、争资金的行为，清风正气，预防腐败。四要防微杜渐。要警记“小节不修、大节必失”，慎小事、重小节，自觉从小节做起、从小事防起，不搞“小圈子”、不占“小便宜”、远离“小兄弟”，洁身自好，不在腐败问题上迈出“第一步”。

四、立足长远，重在落实，不断改进机关工作作风

当前，加强机关作风建设已成为全社会密切关注和高度期盼的问题，中央发出了动员令，出台了“八项规定”，省委、省政府制定了《实施办法》，我厅也印发了具体实施意见，我们必须认真抓好落实，下大力气转变工作作风。

（一）深入开展思想教育，切实增强作风建设的紧迫性

工作作风无小事，关系党的形象和事业成败。当前，人民群众反映我们党少数党员干部官僚主义、形式主义、铺张浪费等不良风气问题十分突出，有些不正之风，如收受礼物、公费旅游、滥发奖金等，已成为体制内的“潜规陋习”，是诱发腐败的直接动因，人民群众对此意见很大。这些不良风气如果任其发展下去，我们党就会逐渐脱离群众、失去民心。改进工作作风，就是要净化当前不合民心、不适应科学发展要求的政治生态，营造廉洁从政的良好环境。只有这样，才能提振广大干部群众的精神状态和工作作风，切实把党的“十八大”精神、习近平总书记对广东“三个定位、两个率先”的要求以及省委十一届二次全会的决策部署落到实处，以作风赢民心，以实干创未来。我省财政工作长期以来受到省委、省政府和社会各界的高度肯定，很大程度上是因为我们具有拼搏、进取、创新、实干的优良作风传统。但以上不良风气在一些部门和少数干部身上也不同程度地存在，绝不可小视，必须及时纠正整改。

（二）深入开展对照检查，切实增强作风建设的针对性

要对照中央《八项规定》、我省《实施办法》和省财政厅《意见》有关要求，全面加强思想作风、工作作风、领导作风、生活作风和学风建设，弘扬新风正气、抵制歪风邪气，着力解决突出问题。一直以来，全省财政系统工作作风整体是好的，但仍存在一些薄弱环节，今后要突出治理“庸、懒、散、浮、奢”五个方面的问题，大力弘扬五种作风。一是要治庸，弘扬创新进取之风。个别干部事业心不强，精神不振，无所用心，在其位不谋其政；有的责任心不强，安于现状，不敢负责，在创新工作、形成突破上办法不多等。当前财政工作正处于转型的关键时期，不创新思路、大胆工作，将难以适应形势的需要，路就会越走越窄。每一位财政干部都必须强化创新意识和忧患意识，注重加强学习，提高能力素质，加快工作转型。二是要治懒，弘扬敬业奉献之风。个别干部工作怕苦怕难，遇到问题绕着走，能推则推，能躲则躲，能拖则拖；有的干部工作不用心，计划性不强，平时不努力，临时抱佛脚等。当前财政工作业务量越来越大，时间紧、要求高，工作中稍有松懈，就容易造成被动。因此，必须牢固树立“主动作为”、“预则立”思想，努力工作，勤政善政，掌握主动权。三是要治散，弘扬团结协作之风。“散”看似小问题，其实危害性极大。纪律作风松散、班子软弱涣散、有令不行、有禁不止，整个单位就会是一盘散沙，毫无战斗力可言。要切实强化纪律意识，严格遵守各项政治纪律、组织纪律、工作纪律和生活纪律，严禁各行其是，严禁拉“山头”、搞“小圈子”，特别是对无中生有、捏造事实、制造事端的，一旦发现，要严肃追究责任。四是要治浮，弘扬

真抓实干之风。当前社会普遍焦虑感上升、幸福感下降，对机关干部也有所影响。尤其是近年来机关新进公务员较多，个别年轻干部个人主义思想较重，思考问题肤浅，言行举止浮躁，工作方式漂浮。必须加强干部思想教育引导，努力克服浮躁功利心态，正确对待职务升迁和进退留转，服从工作安排。要大力褒奖和培养那些重实干、出实绩的干部，问责和教育那些只尚空谈、不干实事的干部，营造崇尚实干、恪尽职守、勇于奉献的良好氛围。五是要治奢，弘扬艰苦奋斗之风。个别干部不比工作比享乐，热衷于迎来送往，沉迷于吃喝玩乐；有的干部习惯大手大脚花钱，超规格开会、超标准接待，影响极坏。习近平总书记号召我们除工作需要以外，少出去应酬、多回家吃饭，省下点时间，多读点书，多思考点问题，讲得十分中肯。目前抓改进工作作风，最根本的是要坚持和发扬艰苦奋斗精神，下决心改进文风会风，坚决克服形式主义、官僚主义，勤俭节约办一切事业。

（三）深入开展制度建设，切实增强作风建设的长期性

今后一个时期，必须把落实中央“八项规定”我省《实施办法》和省财政厅《意见》等各项规定作为一项重要政治任务抓紧抓好，决不允许搞“上有政策、下有对策”，决不允许有令不行、有禁不止，决不允许在贯彻中央和省委、省政府有关决策部署上打折扣、做选择、搞变通。要切实杜绝抓作风建设“一阵风”或者“流于形式”，既要开好局、破好题，更要重在长远，善始善终地抓下去。一要建立领导带头责任机制。“八项规定”既不是最高标准，也不是最终目的，只是改进作风的第一步，是我们作为共产党人应该做到的基本要求。各级财政领导干部要带头遵守加强作风建设有关规定，严于自律，要求别人做到的自己首先做到，从点滴做起，从身边做起。二要建立思想教育长效机制。必须坚持业务建设和队伍建设“两手抓、两手硬”，健全中心组理论学习、干部培训、“财政大讲堂”等学习教育机制，不遗余力地教育引导干部树立正确的世界观、权力观、事业观。三要建立机关管理长效机制。省财政厅制定的《意见》对“三个改进、四个严控”作了具体规定，即改进调查研究、改进文风、改进会风，严控公务用车、公务接待、出国费用、办公经费等“四项支出”，涉及机关管理和日常工作的各个环节，省财政厅各处室、单位要严格执行，各地财政部门也要结合实际制定相关办法，切实加强作风建设。四要建立作风监督长效机制。要促进作风建设的常态化，并将作风建设情况列入问责范围，对顶风违纪、问题严重、影响恶劣的，除从严处理直接责任人外，还要按照党风廉政建设责任制规定严肃追究责任。每年要明确几个重点问题开展专项治理，深入治理“庸懒散浮奢”，切实解决为官不廉、作风不正、用人不公、律己不严、从政不勤等突出问题。

（本文系曾志权厅长2013年2月20日在全省财政反腐倡廉建设工作会议上的讲话）

在省财政厅党的群众路线教育实践活动动员大会上的讲话

（节选）

省财政厅党组书记、厅长　曾志权

一、充分认识开展党的群众路线教育实践活动的重大意义

在全党深入开展党的群众路线教育实践活动，是党的“十八大”作出的重大部署。中央和省委高度重视此次教育实践活动，习近平总书记在中央党的群众路线教育实践活动工作会议上作了重要讲话，进行了全党动员。胡春华书记在全省党的群众路线教育实践活动工作会议上作了全面部署。我们一定要坚决贯彻中央和省委的部署，紧密结合财政工作实际，深刻认识开展党的群众路线教育实践活动的重大意义，切实把思想和行动统一到中央和省委的重大决策部署上来。

第一，开展党的群众路线教育实践活动，是新形势下坚持群众路线、密切联系群众的重要举措。历史经验告诉我们，珍视与人民群众之间的血肉联系，坚持全心全意为人民服务的宗旨，始终团结群众、依靠群众，是我们党带领和团结全国人民不断取得胜利的重要保障。党的“十八大”提出了“两个百年”的奋斗目标、习近平总书记提出了中华民族伟大复兴的中国梦，其实现的关键就在于我们党能不能继续赢得人民群众的支持，能不能动员人民群众与我们党一起奋斗。当前开展党的群众路线教育实践活动正是抓住这一关键，适应新的形势作出的重要部署，也是传承和发扬党的优良传统的重要举措。我们每一位共产党员，都应该积极响应党的号召，主动投入到群众路线教育

实践活动中来，努力把为民务实清廉的价值追求牢牢根植于思想和行动中，把坚持群众路线、密切联系群众的要求贯穿于财政改革发展的进程中，落实到各项工作中。

第二，开展党的群众路线教育实践活动，是财政更好地发挥职能作用、服务于我省实现“三个定位、两个率先”的内在要求。财政工作要在我省实现“三个定位、两个率先”目标过程中发挥更大的作用，必须在各方面努力做好工作。近年来，我省财政坚持科学理财、为民理财，着力支持经济转型升级和发展方式转变，率先推进实施基本公共服务均等化，民生投入持续增长，并积极开展了为民办事征询民意、预决算公开等一系列改革创新工作，无论是从预算编制、执行到监督各环节，还是在体制设计、政策制定、资金分配等各方面都坚持以科学发展观为指导，坚持以人为本，尊重民意、关注民生，以实际行动践行党的群众路线。但我们也必须清醒地认识到，在当前经济社会加快转型的关键时期，经济转型困难多，结构调整压力大，打造广东经济“升级版”任务重。同时，群众利益体现多元化，社会诉求表现复杂化，社会各界更加关注财政工作，但我省财政工作在收支结构、支出效益、财力分布、人均财力水平和监督管理等方面还有一些亟待解决的问题，与科学发展观的要求和人民群众的期盼还有一定距离。我们要以开展教育实践活动为契机，以作风建设的新成效汇聚起推动财政改革发展的强大力量，不断完善促发展、惠民生的财政体制机制，更好地落实省委、省政府促进转型升级、增进民生福祉的各项措施，为服务于实现“三个定位、两个率先”作出更大贡献。

第三，开展党的群众路线教育实践活动，是解决我厅干部作风突出问题、提高干部能力水平的有效途径。习近平总书记和胡春华书记在讲话中，对当前党内在形式主义、官僚主义、享乐主义和奢靡之风存在的突出问题作了深刻的剖析，语重心长、一针见血、振聋发聩。从我厅的情况来看，“四风”问题在党员干部中同样存在，有个别方面还比较严重，离人民群众及社会对财政工作的期盼有一定的差距。对此，我们必须高度重视，深刻认识“四风”问题的严重性和危害性，切实增强改进作风的紧迫感和责任感，以开展这次教育实践活动为契机，从解决人民群众反映强烈的突出问题着手，从提高服务人民群众、服务工作大局的能力水平着眼，着力解决好存在的突出问题，树立我厅为民务实清廉的良好形象。

二、精心组织，周密部署，深入推进我厅教育实践活动

根据中央和省委的部署，我厅开展党的群众路线教育实践活动，要以为民务实清廉为主要内容，贯彻一个总要求，就是“照镜子、正衣冠、洗洗澡、治治病”；抓住一个着力点，就是要把主要任务聚焦到作风建设上，集中解决形式主义、官僚主义、享乐主义和奢靡之风这“四风”问题；准确把握三个环节，就是抓好学习教育、听取民意，查摆意见、开展批评，整改落实、建章立制；正确处理五个关系，就是要处理好开展教育实践活动与转作风、提能力、优服务、建机制、促发展五个方面的关系，以工作实绩检验教育实践活动成效；努力实现五个目标，就是要使党员干部思想认识进一步深化，干部队伍作风进一步转变，大局意识和纪律观念进一步增强，工作能力和服务水平进一步提高，为民务实清廉形象进一步树立。按照以上目标要求，经反复研究，我厅已经制订了具体的实施方案，教育实践活动要按照方案认真组织实施。这里，我着重强调四点要求。

（一）坚持高标准严要求，坚决落实好“规定动作”

根据省委部署，我厅教育实践活动分三个环节进行：第一个环节是学习教育、听取意见，主要是抓好学习宣传和思想教育，深入开展调查研究，广泛听取干部群众意见。第二个环节是查摆问题、开展批评，主要是通过群众提、自己找、上级点、互相帮，认真查摆“四风”问题，开展批评与自我批评。第三个环节是整改落实、建章立制，主要是针对作风方面存在的突出问题，制订整改方案，进行集中治理，切实加强制度建设，用制度固化整改成果。在教育实践活动中，我们一定要坚持高标准、严要求，不折不扣地按照中央和省委的统一部署，扎扎实实地做好每个环节各项工作，确保程序规范、工作扎实、动作到位。

一是学习教育、听取意见务求高质量。根据我厅实施方案，将统一组织开展形式多样的学习教育活动，党员领导干部要带头学习，并注重方法的创新、内容的全面，重点加强马克思主义群众观点和党的群众路线教育，加强理想信念、党性党风党纪和道德品行教育，深刻理解群众观点和群众路线的丰富内涵，牢固树立宗旨意识、群众观点，讲党性、重品行、作表率。同时，要坚持开门搞活动，通过走出去、请进来，广泛听取意见。

二是查摆问题、开展批评务求高要求。要开展面对面的谈心活动，厅党组书记与班子成员逐一谈心，厅领导班子成员相互谈心，厅领导班子成员与分管处室、单位主要负责人逐一谈心，处室、单位领导班子成员相互谈心。厅领导班子要组织召开一次高质量的专题民主生活会，厅各党支部（党委）要开好一次专题组织生活会，广大党员干部要积极参与，按照“团结—批评—团结”的要求，坚持严肃认真、实事求是、民主团结的原则，既有一说一、不回避矛盾，又坦诚相见、推心置腹，切实把批评与自我批评真正开展起来，切实避免互相批评演变成互相吹捧，不马虎敷衍、不文过饰非，真正让全厅各级领导干部都以敢于揭短亮丑的勇气和态度，实事求是地亮亮丑、出出汗、排排毒，真正达到交流思想、帮助同志、增进团结、做好工作的目的。

三是整改落实、建章立制务求高标准。要在学习教育、听取意见和查摆问题、开展批评的基础上，认真制定整改任务书、时间表，实行一把手负责制，及时整改、逐项落实。同时，要大力弘扬改革创新精神，加强制度建设，在密切联系群众、科学民主决策、促发展惠民生、加强财政管理以及提高执行力、加强干部队伍建设、加强党风廉政建设、规范机关管理等八个方面的制度建设上取得实质进展。

（二）突出财政特色，认真开展“自选动作”

我厅实施方案在落实“规定动作”的同时，紧密结合财政工作实际，提出了一系列“自选动作”，把财政工作及我厅党员领导干部摆进去，力求做到既符合上级精神，又体现财政特色。厅各党支部要在不折不扣完成各项“规定动作”的基础上，认真开展好“八项活动”，切实把“自选动作”做到位。

一是开展好学习讨论活动。围绕深入学习党的“十八大”和习近平总书记一系列重要讲话精神，以及党的光辉历史和优良传统等，以为民务实清廉为主题，扎实开展学习讨论活动。包括：领导讲一次，由我在全厅党员干部范围内讲一次党课，其他各厅级领导、各处级干部在所在的支部讲一次党课；专家讲一次，请专家学者作专题辅导报告；基层干部讲一次，请基层干部讲经历、作交流。同时，还要开展讨论座谈等互动活动。

二是开展好“下基层、接地气”教育实践活动。结合落实扶贫“双到”对口帮扶任务，要组织全厅处以上党员领导干部开展下基层体验式教育活动。每位厅党组成员都要挂点1个自然村，并驻村工作一定时间；每位处级干部都要到对口帮扶的贫困户访一天，参加一次与农户一起劳动的体验，与群众交心，了解群众疾苦，倾听群众意见，解决群众需求，使全厅处以上党员领导干部接接“地气”，增进与群众的感情。

三是开展好“转作风、作表率”座谈交流活动。围绕强化宗旨意识，争当为民服务表率，解决群众感情不深、下接地气不够等问题，分批召开支部书记座谈会，交流学习群众路线的心得体会；分层次召开优秀党员代表、青年党员代表和离退休党员代表座谈会，听取对我厅改进作风、服务群众的意见和建议。

四是开展好“严纪律、促廉洁”警示教育活动。按照纪律教育学习月活动的工作部署，以近年来财政部门违法违纪案件特别是危金峰案件为典型，开展以“严纪律、促廉洁”为主题的警示教育活动，进一步增强党员干部廉洁从政的思想意识。包括：组织开展以中国特色社会主义教育为重点的理想信念教育、以政治纪律教育为重点的党纪教育、以治理庸懒散奢为重点的作风教育、以从政道德教育为重点的政治品质和道德品行教育；组织全厅党员干部到省反腐倡廉教育基地开展教育活动；深入剖析危金峰违法违纪案件，邀请省纪委领导到我厅作专题辅导报告；开展廉政建设“大家谈”活动等。

五是开展好“走出去、请进来”征求意见活动。通过厅领导带队上门走访群众、基层干部及人大代表，对涉及民生方面的重大财政政策和预算安排征询省级有关部门意见等，建立和完善走出去听取意见的机制；通过召开专家咨询会、人大代表座谈会等方式，请进来献计献策；通过建立党委书记接访制度、发放征求意见表、在门户网站开通网上意见邮箱等方式，广泛征求人民群众、基层部门、人大代表及本厅党员干部对财政工作、对处以上领导班子加强作风建设的意见。

六是开展好“解民情、纾民困”专题调研活动。以落实厅党组成员专题调研制度为重点，广泛深入了解人民群众对财政工作的意见建议，努力解决人民群众反映强烈的民生问题，切实提高财政工作的实际效果。结合年初调研计划，完善调研专题，由各厅党组成员分头调研、分类研究，切实了解民情民意，提出有针对性的财政实施政策。

七是开展好“五查五改”自我剖析活动。处以上党员领导干部要对照为民务实清廉的有关要求，认真开展“五查五改”自我剖析活动，确保找准存在问题。一要查找宗旨意识牢不牢，整改群众感情不深、为民理财意识不强的问题；二要查找精神状况好不好，整改精神懈怠，事业心、责任心、忧患意识不强的问题；三要查找工作作风实不实，整改作风漂浮、工作不实、执行不力、纪律松散、大局意识不强的问题；四要查找艰苦奋斗意识强不强，整改贪图享受、廉洁自律意识不强的问题；五是查找模范作用发挥得好不好，整改闯劲消退、干劲不足，不能以身作则等问题。

八是开展好“五个一服务程式”活动。要围绕增强服务意识、提高服务水平，为老百姓办好事、办实事，从日常工作做起，深入开展“五个一服务程式”活动，即一张笑脸相迎、一张椅子让座、一杯清茶暖心、一腔热忱办事、一句好言相送，诚心听取诉求，细心了解情况、耐心说服解释、真心排忧解难、公心处理问题，杜绝“门难进、脸难看、话难听、事难办”现象的发生。

（三）聚焦作风建设，着力解决突出问题

中央和省委均明确提出，这次教育实践活动，要聚焦作风建设，把反对形式主义、官僚主义、享乐主义和奢靡之风等“四风”问题贯穿始终。我厅开展教育实践活动，必须始终抓住这一着力点，聚焦作风建设，着力解决突出问题，做到对准焦距、找准穴位、抓准要害。

从我厅的实际看，近年来厅党组对加强干部作风建设高度重视，采取了很多举措，取得了突出的成效，但“四风”问题在我厅个别党员干部甚至党员领导干部身上仍有不同程度的存在。形式主义方面，个别同志工作作风漂浮，有时工作中做表面文章，摆花架子，调查研究蜻蜓点水、走马观花，习惯以会议落实会议、以文件贯彻文件，没有把工夫下到察实情、出实招、办实事、求实效上；个别同志缺少干事创业的精气神，不敢担当、不敢坚持原则，习惯当“老好人”；个别同志作风散漫，投机取巧，工作推诿扯皮，不催不办，不推不动，抓工作经常慢半拍，工作质量效率不高。官僚主义方面，个别同志宗旨意识不强，对群众感情不深，在财政政策制定和资金安排使用上习惯于老经验、老思路，创新意识不强，在为群众着想方面做得不够，只图自己省事、方便，对人大建议、政协提案件的重视不够，马虎应付，办理不到位；个别同志不愿蹲下身子干工作，接地气不够，存在“惯性思维”，凭经验办事，对基层了解不多，对实情了解不深，实践经验不足；个别同志服务意识不强，高高在上，职务不高但“官”味十足，乐于发号施令，执行“五个一服务程式”不到位，慢待群众来信来访、预算单位和群众办事；个别同志服务意识淡薄，财政部门的“优越

感”强，爱摆架子，热衷于坐等服务对象上门，不主动做好服务工作。享乐主义方面，个别同志生活贪图享受，对待工作怕苦怕累，挑三拣四；个别同志工作态度不正，急功近利，不比贡献比资历，斤斤计较个人得失；个别同志安于现状，贪图安逸，不思进取，工作不求有功但求无过，缺乏忧患意识和创新精神。奢靡之风方面，个别同志在工作中喜欢讲排场、摆阔气，大手大脚，铺张浪费；个别同志自我约束软化，与服务对象工作接触中热衷于吃吃喝喝，不严格执行“四个绝不”、“八项禁止”、“六条禁令”等。我们必须以开展党的群众路线教育实践活动为契机，针对以上问题，采取切实有效的措施，进一步转变作风，弘扬新风正气，努力打造一支为民、务实、清廉的财政干部队伍。

需要强调的是，根据职能要求，我厅既要在反对奢靡之风、铺张浪费方面管好自己，也要替省委、省政府把好关，管好“钱袋子”。我们一定要认真履行职责，加强支出管理，严格落实新一届中央政府的“约法三章”和我省省直机关公用经费“五个零增长”等，并严格落实行政事业单位经费节约考核机制，加大预算信息公开力度，确保厉行节约各项措施落到实处。

（四）加强制度建设，切实建立长效机制

要在认真听取意见，深刻剖析的基础上，着力加强制度建设，通过完善制度巩固活动成果、建立长效机制。重点是建立完善以下八个方面的制度：一是加强密切联系群众制度建设。要健全完善厅党员领导干部民主生活会制度和厅党组成员参加非分管单位党组织生活制度，深入推进厅党组成员专题调研制度和厅直属机关党委委员调研制度，建立党委书记接访制度，健全网上办事大厅工作制度等。二是加强科学民主决策制度建设。要健全完善财政决策专家咨询机制、预算编制征询机制和为民办事征询民意机制，完善引入第三方评价财政资金使用绩效制度，修订完善厅规范性文件的制定和发布制度、重大决策事项法律咨询论证审核制度等。三是加强促发展惠民生财政体制机制建设。要健全完善促进区域协调发展、支持生态文明建设、加快基础设施建设、打造大型骨干企业、支持“双转移”等的财政政策措施，落实基本公共服务均等化规划纲要，完善民生政策财力保障机制，健全完善直接补贴财政资金发放制度。四是加强财政管理制度建设。要健全完善预算编制、执行和监督制度，完善转移支付制度，研究制定“合并专项、扩大一般”的财政支出结构调整制度，建立资金指标管理和资金支付稽核制度，健全民生资金使用的监督检查和责任追究制度。五是加强提高执行力的制度建设。要健全完善整合全厅资源提高工作效率制度，完善重点工作限时办结的工作督办制度，研究制定提高公文办理效率、工作失误干部责任追究和规范上下级工作联系制度等。六是加强干部队伍管理制度建设。要健全完善厅领导班子建设制度，完善党员干部思想教育制度，健全干部选拔任用制度，完善处室和处级干部考核测评制度，完善年轻干部基层挂职锻炼制度。七是加强党风廉政制度建设。要严格执行中央“八项规定”和省委及我厅的落实措施，建立完善治理“庸懒散奢”等不良风气、切实改进工作作风制度办法，建立健全廉政风险防控机制，完善内部循环监督工作制度。八是加强机关管理制度建设。要严格执行厅工作规则、厅机关工作人员守则、干部外出报告制度和厅人事管理、财务管理、固定资产管理制度，修订完善会议费管理办法、机关车辆管理规定等，进一步梳理完善各项机关管理制度和管理流程。

三、加强组织领导，确保我厅教育实践活动取得实效

开展党的群众路线教育实践活动，是当前和今后一个时期全党政治生活中的一件大事。全厅上下要高度重视，统筹安排，周密部署，精心组织，把深入学习、提高认识贯彻始终，把解放思想、改革创新贯彻始终，把完善体制、解决问题贯彻始终，把依靠群众、发扬民主贯彻始终，集中精力处理好开展教育实践活动与转作风、提能力、优服务、建机制、促发展等五个方面的关系，以教育实践活动推动财政改革发展，以财政工作实绩检验教育实践活动成效，确保我厅教育实践活动顺利开展、取得实效。

一要加强组织领导。为加强对教育实践活动的组织领导，厅党组决定成立群众路线教育实践活动领导小组，由我担任组长，各厅党组成员担任小组成员，负责全程抓好处以上领导班子和班子成员的学习讨论、调查研究、听取意见、整改落实等工作。领导小组下设办公室，负责我厅教育实践活动日常工作。

二要认真落实责任。厅党组是抓好我厅开展群众路线教育实践活动的责任主体，我是第一责任人，厅机关各党支部、厅属各单位党组织主要负责人为具体责任人。各厅党组成员要结合各自分工，选择一个党支部（党委）作为联系点，督促检查、具体指导联系点的教育实践活动，并积极参加联系点的专题组织生活会等活动。各支部书记要充分发挥党支部的作用，充分发动广大党员干部参与，结合工作实际，探索有效的活动形式和载体。要通过建立完善的责任体系，形成“一把手”负总责，一级抓一级、层层负责任、人人抓落实的工作机制。

三要坚持领导带头。群众路线实践教育活动的主体是处以上领导干部，重中之重是解决领导班子、领导干部中存在的“四风”问题。全厅处以上党员领导干部，特别是厅领导班子成员，要率先垂范，带头开展学习对照检查，带头开展调研和体验，带头征求群众和各方意见，带头查摆问题，带头开展批评与自我批评，带头抓好整改落实。领导干部要以普通党员身份把自己摆进去，灯光不能总是聚焦在别人身上，自己“灯下黑”，要以更加虚心的态度，听意见，摆问题，抓整改，从自己做起。在此，我郑重向大家承诺，要求别人做的，自己首先做到，要求别人不做的，自己绝对不做。希望其他各厅领导、处以上领导干部也要带头做好，真正以为民务实清廉的实际行动，为广大党员干部参与教育实践活动提供示范样本。

四要推动财政工作。当前，我省财政改革发展工作任

务非常繁重，这就要求我们要把组织开展教育实践活动与认真做好各项财政工作和督促党员干部履职尽责结合起来，把教育实践活动当作推动财政工作的“助推器”、“能量源”，做到两手抓、两不误、两促进，把党员干部在活动中激发出来的工作热情和进取精神转化为推动工作的正能量，既要解决工作作风中存在的突出问题，又要着力解决财政工作中群众反映强烈的问题，在改革攻坚中取得新进展，在改善民生上取得新成效。

五要加强宣传督导。这次教育实践活动任务重、要求高，一方面要加强宣传引导，为活动营造良好的舆论氛围；另一方面必须强化督查指导，确保各项要求落到实处。要充分利用简报、报刊、厅门户网站、厅办公自动化系统等阵地，广泛宣传中央和省委有关精神，充分反映我厅开展教育实践活动的进展和成效，引导广大党员干部把思想和行动统一到中央、省委和厅的部署上来。要建立督查制度，及时全面掌握教育实践活动进展情况。在此，我也诚请省委督导组加强对我厅教育实践活动和财政工作的指导督查，帮我厅把脉开方，出谋献策，指导推动我厅活动出实效、工作上台阶。

（本文系曾志权厅长2013年7月9日在省财政厅党的群众路线教育实践活动动员大会上的讲话）

坚持为民务实清廉　推动财政改革发展

（节选）

省财政厅党组书记、厅长　曾志权

一、提高认识，进一步增强为民务实清廉的自觉性和坚定性

“为民务实清廉”是党的建设总体要求，也是这次群众路线教育实践活动的主题。所谓为民，就是要坚持立党为公、执政为民，坚持一切为了群众、一切依靠群众，从群众中来、到群众中去；所谓务实，就是要求真务实、真抓实干，坚持问政于民、问需于民、问计于民，发扬艰苦奋斗之风；所谓清廉，就是要自觉遵守党章，严格执行廉政准则，严格规范权力行使，做到干部清正、政府清廉、政治清明。三者首要在为民，根本在务实，关键在清廉，内涵丰富，密不可分。作为财政干部，我们要紧密结合财政工作实际，深刻认识新形势下党中央强调为民务实清廉的重要性和紧迫性。

第一，为民务实清廉是我们党的优良传统和作风。我们党历来倡导和践行为民务实清廉。毛泽东同志早在新民主主义革命时期就提出全心全意为人民服务的思想，告诫全党同志要老老实实地办事，作为民族为人民谋利益的政党。邓小平同志强调，“毛泽东同志倡导的作风，群众路线和实事求是这两条是最根本的东西”，还在改革开放之初告诫全党“世界上的事情都是干出来的，不干，半点马克思主义也没有”。江泽民同志指出，我们党最大的政治优势是密切联系群众，党执政后最大的危险是脱离群众，党的作风建设的核心问题是保持党同群众的血肉联系。胡锦涛同志号召全党同志坚持权为民所用、情为民所系、利为民所谋，要求把以人为本、执政为民贯彻落实到党和国家全部工作中去。习近平同志强调，工作作风上的问题绝对不是小事，如果不坚决纠正不良风气，任其发展下去，就会像一座无形的墙把党和人民群众隔开，党就会失去根基、失去血脉、失去力量。正是因为一以贯之地坚持为民务实清廉，我们党才能由小到大、从弱到强发展起来。

第二，为民务实清廉是推动财政事业发展的力量源泉。为民务实清廉，涵盖了财政工作的目的、方法及要求。其实，“为民务实清廉”这六个字对于我们而言应该是非常熟悉、亲切的，从2005年起就醒目地刻挂在我厅办公楼大厅的正墙上，发挥了重要的警示作用。近年来，财政工作始终坚持为民理财、理财为民，全面推进“五大财政”建设，制定了加强廉政建设、整治庸懒散奢、提高执行力的一系列制度措施，有力推动我省财政工作不断取得新成绩、新突破。应该说，为民务实清廉是我厅一直重视的作风建设的根本要求，也是财政事业持续健康发展的基石。

第三，为民务实清廉是财政工作适应新形势、应对新挑战的根本要求。财政是党和政府履行职能、密切与人民群众联系的重要手段，做好财政工作，不仅要牢固树立廉洁从政意识，更要牢记为民服务的宗旨，提高服务基层、服务群众的本领。当前，社会各界日益关注财政工作，对强化财政监督、促进阳光理财、为民理财提出了新的更高要求，这些都是对财政工作为民务实清廉的内在要求，财政工作必须始终坚持为民务实清廉的原则和要求。

二、查摆问题，充分认清为民务实清廉方面存在的问题和不足

此次教育实践活动的重点是认真查摆问题，深入开展批评与自我批评，确保活动不走过场。应该说，当前党员干部作风的主流是好的，但也确实存在不少问题。近期，广州社

情民意研究中心对全省公职人员廉洁状况进行了民意调查。调查显示，民众满意者不多，认为以权谋私、道德腐化、奢侈消费等腐败现象尤为多发，政府行政执法和公共服务领域易生腐败，其中反映较突出的问题有以下三个方面：

一是敛财。对公职人员“利用职权为亲友经商谋利”和“利用职权索取钱财”，认为经常有和偶尔有看法的人分别为68%和66%。其中，民众认为腐败现象多发、易发的领域包括：公共服务领域的“读书入学”、“看病就医”方面，政府行政执法领域的“治安执法”、“食品、药品监管”、“噪音、废气、废水等环保执法”和“城管执法”方面，政务工作领域的“政府行政办事”、“政府工程招投标”、“政府采购”方面，以及干部选拔任用和法院判案等方面。

二是腐化。认为“官员道德腐化”经常或偶尔有的受访者多达64%。42%受访者认同“政府人员办事，不给好处就办不成”的说法，其中24%的人还表示有“请吃饭、娱乐”、“给礼品、消费卡”、“给红包”等经历。近年来，舆论媒体也多次报道落马领导干部生活作风问题。有媒体统计，在公开报道落马的领导干部腐败事件被曝光中60%以上有“小三”参与举证，被查处的贪官污吏中95%以上有情妇。

三是奢侈。35%的人认为公职人员经常有“公款奢侈消费”，还有27%的人持“偶尔有”看法，两者合计达62%。据央视报道，中国人每年在餐桌上浪费的粮食价值高达2 000亿元，被倒掉的食物相当于2亿多人一年的口粮，而这种“舌尖上的浪费”经常发生在公务员身上。“八项规定”出台实施以来，省纪委多次通报公款“吃喝玩乐”和“庸懒散奢”典型案件，反映少数领导干部无视规定，我行我素，顶风违纪，造成了不良影响。

党员干部作风不正、贪污腐化带来的严重后果是显而易见的。该机构民调显示，民众普遍认为腐败正加剧社会矛盾，危害社会稳定。其中，认为腐败“加剧社会不公”、“激发社会矛盾”、“加剧仇官情绪”的人分别高达66%、62%、51%，认为腐败“削弱政府公信力”、“影响党的执政地位”的人分别高达64%、58%，认为腐败“影响办事效率”、“增加民众办事成本”的人高达62%、61%。前段时间，广州市公布了今年4－6月整治庸懒散奢的情况，曝光了纪检监察部门通过明察暗访和群众反映发现的机关作风问题，包括服务不到位、执法不严、公车私用等；同时，还曝光了通过技术监控手段发现的问题，公布了市直机关工作人员在办公室观看与工作无关的视频、玩游戏、看股票行情等三种情况排名前五的机关单位名单，这反映了当前机关工作作风方面确实存在不少问题。

按照这次教育实践活动聚焦形式主义、官僚主义、享乐主义、奢靡之风这“四风”问题以及“照镜子、正衣冠”的要求，结合我厅实际，我厅在作风建设上要重点查摆是否存在以下八个方面的问题：

（一）在思想根源上治“虚”，认真查摆脱离群众、不谋民利的问题

重点查摆是否存在以下三种现象：一是对群众感情不深。对群众信访及人大建议、政协提案件的办理上浅尝即止，对群众所反映的困难和疾苦是否熟视无睹？有没有不是想着如何帮他们说话、解决他们的困难，而是想着怎么应付过去，对困难群众关心不够等问题。二是对群众服务意识不强。有没有在接待群众来信来访和预算单位、群众办事时口大气粗，盛气凌人，甚至批评人、教训人；有没有把岗位职责看成“既得利益”，到基层调研职位不高架子挺大。三是对群众工作不实。在财政政策制订和资金安排中，该调研的不调研，或是下去调研了来去匆匆，“坐着轮子转、隔着玻璃看”；调研前就定好调，“只唱赞歌、不挑毛病”，装模作样走过场，制定政策拍脑袋。

（二）在工作作风上治“懒”，认真查摆作风漂浮、工作不实的问题

重点查摆是否存在以下三种现象：一是态度不正。在机关不是干事业而是“混日子”，业务不精，能力不强，又不加强学习，不熟悉政策业务，办事效率低；动则说苦说累，对布置的工作讲条件、讲价钱，不愿干活，不会干活；在上班时间做与工作无关的事，如上网看视频、玩游戏、看股市等。二是责任心不强。在工作中能推就推、能拖就拖、消极怠工；在办理人大建议、政协提案时，对代表委员提的建议你提你的、我答我的，千篇一律，只谈成绩不提对策，避重就轻、内容堆砌。三是主动性不足。办事拖沓，经办件一放就是几个星期，不是急件硬是拖成急件；工作推一推动一动，甚至推了还不动；对省领导批示件办理不及时。

（三）在工作方式上治“松”，认真查摆管理粗放、效率不高的问题

重点查摆是否存在以下三种现象：一是管理粗放。对业务数据疏于统计和管理；处领导对全处掌握多少资金、进度如何心里没数；处室内组与组之间信息不对称，个别同志对岗位资料信息视为个人所有、进行封闭式管理。二是抓而不紧。办理工作虎头蛇尾，重办理、轻追踪，对整个办理过程稀里糊涂、心中无数，经办的件以为过了自己这个环节就算完事了，也不跟踪督办。三是协调不够。处室间意见不一致时沟通协调不够，各不让步、“拉锯”扯皮；工作中“只顾埋头拉车、不会抬头看路”，与上级部门及其他关联部门汇报沟通不够。

（四）在价值取向上治“浮”，认真查摆心浮气躁、急功近利的问题

重点查摆是否存在以下四种现象：一是眼高手低。对工作挑三拣四，大事做不了，小事不屑做；自己不干事又想揽功劳，好事揽自家、坏事赖人家、难事推上家、做事找下家；不能正确对待“升迁留转”，心思不花在工作上，而只想着投机取巧快点提拔，干工作时推三阻四，选拔干部时异常活跃；自己努力不够，又见不得别人好，总觉得自己怀才不遇，心态上摆不正。我还是那句话：有为才有位！如果个人不在工作上有什么作为，那么也不能奢望组织给予什么好的职位。二是传谣信谣。喜欢捕风捉影、传谣信谣，稍有不满不顺就牢骚满腹，怨气冲天，用捏造事实造谣。三是投机取巧。抓工作浮于表面，习惯以会议落实会议、以文件贯彻文件，原则要求多，有力措施少；急

于求成，搞“规划效应”、“表面功夫”，雷声大，雨点小。四是学风不浓。心神不定，焦躁不安，沉不下心来钻研业务；或者玩物丧志，沉迷于打牌搓麻，静不下心来读书学习。我们工作中有的同志对工作有畏难情绪，大事、难事不敢接、不愿接，遇到困难思路不活、办法不多，工作推进不力，说到底是学习不够、能力不足。

（五）在领导作风上治“庸”，认真查摆得过且过、不思进取的问题

重点查摆是否存在以下四种思想：一是中庸思想，恪守所谓的“中庸之道”，过于强调折中调和、圆滑平庸，凡事“无可无不可”，不想谋事，不愿干事；二是无所作为思想，认为职务已到“天花板”了，升迁无望，“人到码头车到站”，闯劲消退，不求有功但求无过，“在其位不谋其政”，暮气沉沉，能力平平；三是老好人思想，图表面一团和气，怕得罪人，遇到问题不敢抓、不敢管，不敢碰硬；四是享乐思想，不愿在工作上下工夫，热衷于名利应酬，忙于迎来送往。俗话说“火车跑得快全靠车头带”，各级领导干部是我厅工作的中坚力量，如果作为领导干部不以身作则、作勤政廉政善政的表率，那么上行下效，干部的执行力肯定大打折扣，我厅的战斗力也将大打折扣。

（六）在领导方式上治“软”，认真查摆精神懈怠、庸碌无为的问题

常言道，“兵强强一个，将熊熊一窝”、“一将无能，累死三军”。对领导干部，要重点查摆是否存在以下三个方面的问题：一是能力问题。业务不精又不学习，经办同志一旦有事不在就无法干活。二是工作方式方法问题。平时工作抓得不紧，到了期限就“临时抱佛脚”，工作往上推、往外推，“倒逼”厅领导干活。三是领导带头问题。工作不以身作则，遇到任务命令“给我冲”的多、说“跟我上”的少，官威十足、权威不够。以上“软”的表现，其实质就是官僚主义，毛泽东同志曾形容它“一声不吭、二目无神、三餐不食、四肢无力、五官不正、六亲无靠、七窍不通、八面威风、久坐不动、十分无用”，确实形象，在我厅干部队伍中也可以对照一下，看能否找出几个？

（七）在纪律约束上治“散”，认真查摆纪律松弛、执行力不强的问题

重点查摆是否存在以下四种行为：一是消极应付。对省委、省政府和厅党组的部署和要求消极应付，甚至搞当面一套、背后一套，虎头蛇尾、不了了之；对领导批示指示不及时办理，过于强调客观条件和困难，工作习惯于“老套路”，不愿转变，不会创新，不推不动，固执己见。二是我行我素。从小我出发而不是大局出发去思考问题，甚至将个人利益凌驾于集体利益之上；对工作决策落实不力，而对不能对外公开的决策过程却“通风漏气”；对领导交办的事项落实不到位，导致领导的批示、指示犹如“石沉大海”，没有回音。三是作风散漫。对工作纪律不落实，休假、外出等重大事项不报告；干工作分不清轻重缓急，不急不慢，重要工作不能按时完成。四是管理不严。对兄弟部门要求是一套、对自己要求又是另一套，严于律人、宽于律己；在专项资金管理上对部门就严、对自己就松，在工作经费上对部门是严格把关，自己花钱却大手大脚，搞双重标准。

（八）在廉洁从政上治“奢”，认真查摆以权谋私、心态不正的问题

财政干部面临许多思想冲击和现实诱惑，必须加强自我约束。当前要重点查摆是否存在以下三种现象：一是奢侈浪费。生活贪图享受，沉迷于灯红酒绿，什么公司老总、兄弟部门、基层单位，一请就去；单位内部搞相互宴请，铺张浪费；在往来接待、会务安排上，讲排场、摆阔气，超规格接待，超标准安排。二是优越感过强。与部门同志沟通时高高在上、口大气粗、盛气凌人；在利用职务便利，节假日一到就安排所谓下基层调研，实则旅游玩耍；对掌握专项资金明明可以很快拨付的却迟迟不下拨，明明可以一次性拨付完毕的却分几个批次拨付，搞“钓鱼工程”。三是小贪小拿。对廉洁从政心存侥幸，利用职务便利搞自以为无人知道的“小动作”、吃拿卡要，认为吃点拿点没什么、收点小红包应该没事。须知“小节不保，大节必失”，这种行为十分危险。从危金峰案件来看，许多案情是他与公司和下级部门内外勾结、串通一气操作的。从表面上看都合乎程序，掩盖了其权钱交易的实质，需引起高度警惕。如果部分同志对廉洁从政还存有侥幸心理、从众心态，认不清形势，贪些小便宜，那就是一种自我麻痹和放纵，就好像温水煮青蛙一样，搞不清楚什么时候就会出事。

针对“虚懒浮松软庸散奢”八个方面的各种表现，逐一查摆，就是要让我们在思想上完全警觉起来。全厅党员干部都要对照检查，特别是领导干部要率先垂范，真正把自己摆进去。

本人担任财政厅“一把手”以来，诚惶诚恐，如履薄冰，有一种强烈的抓作风建设“坐不住、等不起、慢不得”的紧迫感。这几年来，虽然自己一直努力在抓，全厅干部职工也很自觉、很配合，但从我厅机关来看，或多或少地存在以上的一些问题。从本人身上找原因的话，存在如下不足：一是我自身还或多或少地存在一些主观顾虑，如在抓落实方面存在患得患失思想，抓太紧怕得罪人，“刀子嘴、豆腐心”；二是在开展批评时怕影响团结和同志间的和谐；三是整合全厅工作资源、理顺各处室工作关系又怕影响干部积极性、打破现有工作格局；四是加强干部教育管理工作抓得不够实、不够细，与干部特别是副处以下干部谈心沟通不够，如何找到教育干部大道理与明白工作、生活事理的有效结合点等方面时间不够，办法不多。我作为财政厅“一把手”，组织信任我，把重担托付我，如果我厅干部队伍作风方面存在的问题不能很好解决，那就是我的失职，这也是我坐不住的原因。为此，要通过这次教育实践活动，进一步转变作风、改进工作、提高效率，推动我厅工作不断开创新风气、新气象、新局面。

三、严格要求，切实做到为民务实清廉

我们要以开展党的群众路线教育实践活动为契机，紧紧

把握“照镜子、正衣冠、洗洗澡、治治病”的总要求，针对前面所提出的问题认真对照检查，发现问题要及时纠正整改，采取切实有效措施，进一步转变作风，弘扬新风正气，努力打造一支为民、务实、清廉的财政干部队伍。每一位党员干部，都要认清职责，识身份，明事理。作为党员，要以党章为镜，做到“党和人民的利益高于一切”；作为公务员，要“全心全意为人民服务，接受人民监督”。下面，我对我厅全体党员干部、工作人员提出“五个进一步”的要求：

（一）进一步增强群众观念，坚持牢记宗旨勤政为民

一是要在感情上贴近群众。必须强化全心全意为人民服务的宗旨意识，增进对群众的感情，切实为人民群众办实事、办好事。二是要在作风上深入群众。我们服务人民群众，就必须深入基层，深入群众，了解老百姓想什么、盼什么，欢迎什么、反对什么。近期，要重点开展好“下基层、接地气”、“纾民情、解民困”等活动，围绕了解社情民意、破解财政改革发展难题、解决财政工作作风问题、化解群众反映强烈的民生问题，提高新形势下做好群众工作的能力水平，提升我厅为民务实清廉的良好形象。三是要在工作上为了群众。要认真研究和落实好增进群众福祉的各项政策措施，着力解决好“基本民生”、“底线民生”和“热点民生”问题，把民生保障的要求前瞻性地体现在财力的分配和使用中。四是要在行动上服务群众。“群众利益无小事”，要进一步增强服务意识，继续深入开展“五个一服务程式”活动，加快推进网上办事大厅建设，简化办事手续，不断提高服务质量和效率。

（二）进一步强化实干意识，坚定不移践行求真务实要求

坚持“三倡导、三反对”：一是大力倡导摸实情、办实事、说实话，坚决反对华而不实、做表面文章。要切实加强和改进调查研究工作，继续落实好厅党组年度重点专题调研制度等，增强工作的预见性、主动性和创造性，减少工作的盲目性、随意性。二是大力倡导正视挑战、攻坚克难，坚决反对满足现状、畏首畏尾、推诿扯皮、不作为、慢作为和乱作为。当前，我省财政工作正面临许多转型期的新矛盾、新问题，全厅党员干部都必须克服满足现状的倾向和“不求有功，但求无过”的守旧思想，定下心来考虑问题，沉下身子做事情。三是大力倡导对人真诚、对事诚恳、做老实人，坚决反对急功近利、浮躁虚荣。一切都要以党和人民利益为出发点，不计较个人得失，对人真诚、对事勤恳，心地纯洁、眼界开明，脱离官气，保持正气。

（三）进一步加强能力建设，提升为民服务能力和水平

一是要自觉加强学习。必须强化“本领恐慌”意识，把学习作为一种政治责任，作为工作生活第一需要，活到老、学到老，做学习型党员干部。二是要把学习与实践紧密结合。做到学习工作化、工作学习化，通过广泛开展岗位练兵、业务讲座、技能培训等促学活动，提高业务能力；通过挂职锻炼、交流轮岗、参与重大任务等方式，使我厅党员干部在实践中积累经验、增长才干。三是要切实提高执行力。按照“快、细、严”的要求，切实提高执行力，不断提升工作效能。“快”就是要强化时间观念和效率意识，倡导立说立行、今日事今日毕的工作作风；“细”就是要树立“细节决定成败”的意识，一丝不苟，防止粗枝大叶，确保财政工作经得起时间和实践检验；“严”就是要树立强烈的责任意识和进取精神，立足岗位，脚踏实地，尽心尽责。

（四）进一步加强廉政建设，打造清廉财政干部队伍

2012年以来，我厅就吸取危金峰案件教训、加强党风廉政建设多次召开会议，进行了全面部署。目前，关于廉洁从政的各项制度规定，已经较为健全，关键是要抓好落实。这里，我再强调三点要求。一是自觉接受各方监督。加强监督是确保正确行使权力的重要保障，也是对干部的爱护和保护。全厅党员干部都要按照“四个主动接受监督”要求，自觉接受社会各方监督。二是保持高尚精神追求。高尚的精神追求是干部健康成长的道德基础。我们要始终保持高尚的精神追求，加强道德修养，筑牢思想道德防线，坚持“两个务必”，守“静”持“清”，自觉抵制腐朽没落思想观念的侵蚀。三是培养良好生活作风。健康向上的生活作风，可以锻炼人、熏陶人、成就人；奢靡浮华的生活作风，则可以腐蚀人、毒害人、毁灭人。要做到廉洁从政，必须培养良好的生活作风，摆脱低级趣味，决不能沉溺于灯红酒绿、流连于声色犬马，忘返于饭局赌局；要净化社交圈，坚持择善而交，不要勾肩搭背、不分彼此，对那些怀着个人目的拉拉扯扯的人保持高度警觉，做到君子之交淡如水；要加强自律自省，不做“两面人”，台上和台下一个样，工作时间和业余时间一个样。

（五）进一步强化领导带头，确保为民务实清廉要求落到实处

这次开展群众路线教育实践活动的主要对象是处以上领导干部，活动能不能取得实效，关键在领导干部能不能把自己摆进去，以身作则、严于律己、作出表率。一是厅领导班子要当好表率，充分发挥模范带头作用，要做到主观上想为，行动上敢为，能力上会为。我一再重申，凡是要求大家做到的，我首先做到，请全体同志监督我。二是处级领导干部要强化责任意识，完成好布置的各项工作任务，切实做到敢想会干、抓好落实。要率先垂范，要求处内同志做到的，自己要带头做到；同时，要认真落实“一岗双责”，带好队伍，管好下属。要不断改进工作方式方法，强化危机意识和效率意识，做到“有主见不主观、勤工作不争功、重落实不越位”，对厅党组布置的工作要雷厉风行、一抓到底、务求实效。三是党员干部要坚持立足本职，勇于创新，积极适应新形势新要求。首先，要从我做起，从小事做起，从身边的事做起，凡事从大局出发，自觉珍惜和维护集体荣誉和财政厅形象，做到在集体成就中体现自我、发展自我、提升自我。其次，要视工作为事业，干一行，爱一行，钻一行，精一行，忠于职守，脚踏实地，高标准把自己的岗位工作做好。再次，要严于律己，心怀

感恩，处处注重自身形象，事事严格要求自己，无论在哪个工作岗位上，都要从自身做起，做好服务全局的工作。

最后，全厅各级领导及党员干部务必高度重视开展好群众路线教育实践活动，以此为契机，用自己的模范行动带动和推动党员干部作风建设，努力打造一支为民、务实、清廉的干部队伍。

（本文系曾志权厅长2013年7月15日在党课教育活动上的讲话）

精心组织　通力合作 继续扎实推进省直管县财政改革

（节选）

省财政厅党组书记、厅长　曾志权

一、高度重视，充分认识改革的必要性、重要性和紧迫性

省直管县财政改革是财政管理体制方面的一项重大改革，不仅涉及财政管理模式的变革，而且关系到市县利益格局的深度调整，对我省财政乃至经济社会发展都将产生深远影响。

（一）开展省直管县财政改革是落实中央决策精神的要求

推进省直管县财政改革是中央一项重要决策部署。财政部也一直把推进省直管县财政改革作为一项重要工作来抓。2009年6月，财政部下发通知，明确提出全面推进省直管县财政改革的目标要求。从去年财政部通报的情况看，全国已有27个省市实行了省直管县财政改革，其中江苏、浙江、福建等10个省份已全面铺开了改革，其积极效应已逐步显现。省委、省政府决定进一步推行省直管县财政改革，扩大改革试点范围，是落实中央统一部署的需要，符合简政放权和经济体制改革方向。

（二）开展省直管县财政改革是财政部门贯彻落实“三个定位、两个率先”目标任务和省委十一届二次全会精神的工作举措

习近平总书记十八大后视察广东，对我省提出了“三个定位，两个率先”的目标任务。省委十一届二次全会围绕这一目标任务，对促进经济持续健康发展、保障和改善民生、确保社会和谐稳定以及提高党的建设科学化水平提出了各项战略举措。“排头兵”、“先行地”、“试验区”的定位以及“两个率先”的目标，对财政工作目标、路径、方式等也提出了新要求，包括财政收入继续领先、财政改革继续深化、财政工作加快转型等。省直管县财政改革是一种体制创新，突破了原有“下管一级”的财政管理模式，以“扁平化”管理提高财政工作效率，以“省直管”提高县级财政的管理水平，是财政部门加快工作转型的重要体现。

（三）开展省直管县财政改革是提高工作效率、促进区域协调发展需要

区域发展不平衡和县域财力薄弱是制约我省可持续发展的重要瓶颈。2012年，我省东西北12市公共财政预算收入仅占全省市县级收入总额的15%；与全国及中西部地区相比，2011年粤东西北12市人均公共预算支出3 015元，仅为全国人均的56%、中部地区人均的54%、西部地区人均的49%。省直管县财政改革作为缓解县域基层财政困难的手段之一，在增强县级财权与事权完整性的基础上，强化县（市）独立的财政主体地位，并进一步增强省、市、县的管理力度，有利于优化县域发展环境、明确发展责任、增强发展动力；同时，省财政资金直接下拨到县（市），也有利于提高财政资金使用效率和县级财力保障水平。

（四）开展省直管县财政改革是深化省以下财政体制改革的有效组成部分举措

近年来，围绕构建适应社会主义市场经济要求的公共财政框架，我省不断深化省以下财政体制改革，调整完善了分税制财政管理体制，并进一步完善了激励型财政机制，建立了县以下政权基本财力保障机制和生态保护补偿机制，取得了显著效果。作为公共财政管理体制改革的延续与深化，省直管县财政改革是进一步深化省以下财政体制改革的要求，有利于健全完善责权明确、激励引导的财政体制。

二、认真学习，准确把握改革的精神和实质

理解、掌握推进省直管县财政改革的精神实质，是改革平稳过渡和顺利推进的重要条件，也有助于试点市县在落实政策时取得事半功倍的效果。针对前一阶段试点市县反映的情况以及市县之间协调存在的问题，有必要对中央推进省直管县财政改革的精神实质进行明确。

（一）省直管县财政改革的核心是省财政在“五个方面”直接到县

根据财政部文件精神，财政“省直管县”就是“实现政府间财政收支划分、转移支付、资金往来、预决算、年终结算等五个方面由省财政与县财政直接联系”。不久前，根据省政府文件精神，省财政厅印发了《关于推进省直管县财政改革试点工作有关问题的通知》（粤财预〔2013〕128号），对相关业务处理与衔接进行了具体的规定，明确了以2012年为基期年，市与试点县做好收支划分、债权债务清理等工作，并对各项技术划转、市级新增补助、预决算、年终结算等问题予以明确，请有关市县认真贯彻执行。

（二）省直管县财政改革的要求是完善财政管理方式、推进财政管理体制“扁平化”

省直管县财政改革主要是通过完善财政管理方式、优化财政层级结构，逐步实现财政管理体制“扁平化”。这一改革有以下两方面优势：一是减少了政策传递和资金拨付环节，有助于确保政策信息传递的准确和快捷，保证资金下达的安全和便利。二是按照财力与事权相匹配的要求，将有关财权由地级市下放到县，从而使县级政府成为真正的一级财权主体，充分调动县级的积极性、主动性和创造性谋划县域经济发展。除此以外，省财政在资金安排上对省直管县和非省直管县是一视同仁的。各县（市）应当明确，财政省直管不是由省财政对直管县“大包大揽”、完全满足县级支出需求或者大幅提高财力补助额度，省直管县不应对省提高补助有过高的期待，而应充分运用实行省直管县财政体制的政策优势和制度效应，立足自身加快发展。

（三）省直管县财政改革的关键是加强基层财政建设和财政基础管理工作

我省在推行省直管县财政改革的同时，继续深化以加强县乡财政管理为核心的综合配套改革，先后下发了系列制度文件加强基层财政建设、规范乡镇财政管理。同时，通过深化预算编制改革、抓好预算执行和加强财政监管和绩效考评等配套措施，全面加强财政基础管理工作，提高财政科学化精细化管理水平。加强基层财政建设和财政基础管理工作，有利于增强财政干部队伍素质，提高基层财政部门管理水平，为省直管县财政改革提供良好的软硬件环境。各试点市县要因地制宜，系统推进，分步实施，切实将此项工作抓紧抓实抓好。

（四）省直管县财政改革仍需发挥地级市的帮扶作用

实行财政省直管县并非意味着将地级市与试点县完全割裂开来，在财权相对独立的基础上，地级市与试点县在行政管辖和经济社会管理方面仍是不可分割的整体，试点县的发展对于市本级和其他县区优化资源配置、改善投资环境、加强社会管理均具有重要意义。地级市要从全局出发，继续履行统筹协调和指导监督责任，将试点县纳入全市统一规划中共同推进，形成发展合力。同时，市级财政要在财力上继续对试点县予以支持与帮扶，尤其是落实民生政策。只有通过省、市共同努力，加大对县级的支持和帮扶力度，才能有效提高县级财政的管理水平，真正实现省直管县财政改革的政策目标。

三、精心组织，确保改革试点工作顺利推进

省直管县财政改革是一项系统工程，不仅牵涉到省、市、县相关政府部门工作的衔接，也涉及财政部门内部管理的调整。为确保第三批改革试点工作稳步有序推进，我再提几点要求。

（一）加强组织领导，主动开展工作

这次改革试点扩围选择6个县（市）作为第三批试点：一是落实财政部有关要求，着眼于保障粮食、油料、生猪等农业生产，同时结合主体功能区规划和城区规划，增强省对承担生态功能的县（市）的帮扶责任。二是从有利于帮助缓解县级财政困难并体现改革的示范效应的角度出发，将经济发展滞后、财政实力薄弱、人口负担较重的县作为试点。在座各位回去后要将这次会议精神及时向政府汇报，全面部署谋划，认真制订方案，主动开展工作，充分调动各方面的积极性。同时要强化组织领导，落实工作职责，各级财政部门一把手要亲自抓，挑选理论政策水平高、业务能力强、工作作风踏实的业务骨干负责具体工作，为改革提供有力的组织保障。

（二）明确各级职责，抓好协调配合

由于省直管县财政改革与行政体制改革不同步，财政部门在改革推行以及落实有关政策时，必然会遇到一系列与政府及相关部门的协调问题。省、市、县财政部门必须坚持从大局出发，进一步明确职责，理顺工作关系，相互支持配合，齐心协力推进。第一，省级要加大对试点县的管理和指导，通过建立挂钩联系制度和绩效评价制度，健全信息通达机制，加强省对试点县的了解，完善省对试点县的管理体制。第二，市级要从支持县域发展、缓解基层财政困难的角度出发对试点县尽可能给予支持和倾斜。包括在体制“分家”、基数核定、社会事业发展和民生政策落实等方面，给予试点县帮助和支持。同时，继续做好对县级财政的业务指导和监督，认真完成上级财政部门交代的各项工作任务。第三，试点县也要服从大局，自觉接受全市的统一规划和政策指导。在财政改革过程中，遇到新情况、新问题及时向市级财政部门汇报，建立良好的沟通协调机制。试点市县对改革过程中出现的问题和矛盾，要统一改革思想、凝聚改革共识、形成改革合力，确保改革顺利推行。

（三）及时采取行动，抓紧推进改革

今年的省直管县财政改革试点于7月1日起正式运行，到年底仅有6个月时间。在这段时间内需要理顺上下级方方面面的利益关系，开展财政收支划分、财政基数分解与划转、债务处理、政策及管理制度调整等一系列工作，任务十分艰巨。试点市县财政部门必须增强紧迫感，抓紧开展有关准备工作。同时，结合当地实际情况，建立完善市、

县级层面的配套措施机制，为改革的平稳过渡和顺利推进提供有力支撑。一是建立宣传引导机制。要坚持正确的舆论导向，做好政策宣传工作，及时向媒体和公众澄清认识误区，增强社会各界对改革的理解与支持。二是加强财政管理基础工作。要以省直管县财政改革为契机，紧扣预算编制、预算执行和财政监督三个环节，全面推进财政综合配套改革。

（四）主动加强沟通，确保政策到位

为确保改革试点顺利推进，省财政积极研究解决改革试点过程中出现的新情况新问题。通过不断加强省与省直管县的沟通交流，理顺省对试点县的管理体制，健全配套措施，优化制度环境。如健全信息通达机制，促进省与试点县信息共建共享；建立试点县直接向省申报项目机制，原则上由试点县向省有关主管部门直接申报项目等。试点县财政要主动建立完善与我厅各业务处室以及省直有关部门的对口联系，主动加强沟通，及时反映问题，积极落实政策，在信息通达、材料上报、意见反馈和项目申报等方面体现“省直管”的制度优势，确保政策落实到位。

四、坚持党的群众路线，进一步提升我省财政系统服务水平

最后，我想借这个机会，重点强调一个问题，就是以省财政厅开展党的群众路线教育实践活动为契机，齐心协力、改进作风，进一步提升我省财政系统服务水平。按照中央和省委关于在学习教育、听取意见环节中要坚持边学习、边查找、边改进的要求，希望市县财政部门与省厅积极配合、上下联动，紧密结合财政工作实际，切实把思想和行动统一到中央和省委的重大决策部署上来。

（一）踊跃建言献策，为开展教育实践活动和推动财政工作多提意见建议

各级财政部门应以开展教育实践活动为契机，按照厅开展党的群众路线教育实践活动方案和有关通知要求，就如何推动我省财政工作、改进厅机关工作作风、开展好教育实践活动提出宝贵意见和建议。

（二）坚持为民务实清廉要求，推动干部队伍作风转变

各级财政部门应本着实事求是、治病救人的态度，对我省财政工作、省财政厅机关、省财政厅党员领导干部在形式主义、官僚主义、享乐主义和奢靡之风等“四风”方面存在的突出问题提出批评，特别是要反映是否存在对市县财政部门服务意识不强、门难进、脸难看、事难办甚至吃拿卡要的现象。

（三）严格遵守上下级联系规定，共同打造风清气正的干事环境

各级财政部门要以近年来财政系统违法违纪案件为典型，切实吸取教训，结合教育实践活动，规范上下级联系程序和制度，把反对形式主义、官僚主义、享乐主义和奢靡之风等“四风”问题贯穿始终。同时，既要在反对奢靡之风、铺张浪费方面管好自己，也要替党委、政府把好关，管好“钱袋子”，并且以身作则，弘扬正气，共同打造风清气正的干事创业环境，进一步提升财政系统服务全省经济社会发展的能力水平。

（本文系曾志权厅长2013年7月19日在省直管县财政改革第三批试点工作会议上的讲话）

在惠州市基本公共服务均等化综合改革工作推进会上的讲话

（节选）

省财政厅党组书记、厅长　曾志权

一、惠州市综合改革试点工作进展顺利、成绩显著，实现了预期的阶段性目标

去年，惠州市被确定为我省推进基本公共服务均等化综合改革首个试点市。惠州市对试点工作精心组织，周密安排，积极探索，扎实推进。惠州市委、市政府及各县（区）、各部门，认识到位，思想统一，凝聚共识。陈奕威书记、麦教猛市长和张瑛常务副市长等有关领导同志高度重视、领导有力、工作务实，特别是奕威书记、教猛市长亲力亲为，亲自部署、狠抓落实，为推进试点工作奠定了扎实的组织保障。惠州市各相关部门务实工作，措施到位、合力推进，顺利完成综合改革年度重点工作任务，取得了阶段性的成效，实现了试点的预期目标，积累了许多宝贵经验。从惠州市的综合改革试点工作的情况来看，我非常赞成奕威书记刚才讲话中总结的改革的三个特点，即全局

性、创新性和协同性。在此，我再补充概括如下四个方面，即“四个突出”：

（一）突出系统配套，工作措施实

惠州市推进综合改革试点的思路、措施针对性、可操作性很强，在城乡统筹、区域均衡和不同群体均等化三个层面上都提出了科学可行的举措，在强化财力保障、创新投入机制、加强绩效考核等方面都提出了系统配套的方法，改革目标明、思路清、工作实，为改革的顺利推进提供了有力的保障和支撑。同时，惠州市在省《改革工作方案》规定内容基础上，结合实际丰富改革内容、完善工作措施，在扩大范围、提高标准、缩小差距等方面都有突破，全部的208个基本公共服务项目，有65项在全省率先实施，56项高于省定标准，167个有可比口径的项目全部缩小了差距，这些工作举措都非常实。

（二）突出点面结合，工作协调性强

惠州市在推进综合改革试点过程中，既坚持整体推进，又做到突出重点，有点有面，把点与面很好地结合起来，确保了改革推进的协调有序。一方面，在方案设计上，提出在公共教育、公共卫生、公共文化体育等12个领域实施208个基本公共服务项目，全面涵盖了基本公共服务综合改革的所有项目和目标任务，体现了改革的全面性和系统性。另一方面，在改革推进中，坚持突出重点，提出30个需要优先托底保障的基础性服务项目，推动在“学有所教、劳有所得、病有所医、老有所养、住有所居”方面实现了突破。

（三）突出先行先试，机制建设新

惠州市始终围绕建立健全体制机制这个核心下功夫、求突破，在制度建设方面先行先试，成效明显，初步建立了“政府主导”的多元投入机制、“问需于民”的需求反映机制、“底线均等”的服务保障机制和“均衡发展”的资源配置机制等“四大机制”。同时，在机制创新方面积累了许多成功经验。如建立公共服务需求反映平台；推行电子教育券、文化消费卡、公共卫生券；探索国有资本收益收缴机制；实行财政横向转移支付、建立优质公共资源、共享资格等跨县区流动机制等，都具有很强的创新性。

（四）突出以人为本，社会效应好

惠州市在推进综合改革试点工作中，通过扩大范围、提高标准、缩小差距，初步编织成一张托起“底线民生”的基本公共服务安全网，使人民群众都能享有更高水平的基本公共服务，老百姓得到了实实在在的实惠，提升了人民群众幸福感。2012年惠州市财政基本公共服务支出达到95.8亿元，同比增长29.5%，增幅高出同期财政预算支出增幅9个百分点，全市12个专题年度安排的208项目标任务、七个县区1 189项目标任务全部按期完成，非常不容易。在去年基本公共服务均等化绩效考评中，惠州市工作测评指标排名全省第1，公众满意度调查排名全省第1。今年6月13日《人民日报》头版报道了惠州市推进基本公共服务均等化的先进经验，产生了良好的社会效应。

二、再接再厉、密切配合，共同把基本公共服务均等化综合改革推向深入

推进基本公共服务均等化综合改革试点是一项创新性的举措，惠州市的改革试点虽然取得了一定的成效，但与人民群众的期盼还有一定的差距。我们要总结经验，查找不足，完善措施，加大工作力度，继续把这项改革推向深入。刚才，奕威书记、教猛市长、张瑛常务副市长已经对下一步的工作作了全面的部署，我非常赞成。我厅将在职能范围内努力做好配合服务工作。这里，我提五点建议。

（一）注重务实求进，继续丰富完善改革内容

希望惠州市在改革试点取得阶段性成效的基础上，再接再厉，结合实际继续丰富完善改革内容，进一步巩固扩大综合改革试点成果。目前，省财政厅正在结合《国家基本公共服务体系“十二五”规划》，对我省基本公共服务均等化规划纲要进行修编，拟将残疾人保障、人口与计划生育服务等纳入基本公共服务保障范围，下一步综合改革试点要认真研究提出对这些基本公共服务项目的保障措施。同时，要围绕满足人民群众对基本公共服务的需求，结合惠州市财力增长情况，进一步提高基本公共服务项目的保障标准，力争全部达到或高于国家和省的标准。从长远来看，要通过编制基本公共服务体系中长期规划、制定基本公共服务项目标准目录等，形成更加全面系统的制度性安排，建立健全城乡统一、地区均衡、群体平等的基本公共服务供给体系。

（二）注重完善制度，建立长效机制

完善制度设计对推进综合改革试点具有重要的引导和保障作用。希望惠州市在落实好现有制度设计的同时，针对县区发展不平衡、基本公共服务供给压力加大、服务供给主体和方式单一等问题，继续探索创新，完善制度设计，建立长效机制。一是建立健全与基本公共服务均等化进程相适应、符合惠州经济社会发展实际的财力投入机制。通过实施横向转移支付和探索建立市级公共服务保障资金等，统筹好财力安排，增强改革推进的稳定性、可持续性。二是建立健全基本公共服务多元供给机制。在基本公共服务供给主体具有选择性的民生领域，积极探索实行竞争性分配方式。同时，创新政府基本公共服务投资体制，通过招标采购、合约出租、特许经营、政府参股等形式，建立基本公共服务多元化供给机制。三是建立健全基本公共服务均等化绩效考评机制，突出对基本公共服务均等化过程及其结果的综合绩效管理，发挥绩效考评的导向、激励和约束作用。

（三）注重民众意愿，提高社会公众对改革的满意度

基本公共服务与人民群众切身利益紧密相关，必须广泛听取群众意见、充分尊重群众意愿。改革要以群众满不

满意为终极目标。要在增强基本公共服务配置效率的同时，不断提高人民群众对基本公共服务供给的满意度。一是要健全基本公共服务民意征集机制，在设计基本公共服务投向与供给时，充分了解公众最真实的需求，提高人民群众对基本公共服务事务的参与度。二是要建立基本公共服务意见反馈及动态调整机制，把社会公众意见作为基本公共服务项目实施和资金安排的参考依据，并实现对基本公共服务项目的动态调整。三是要在绩效考核等环节引入公众满意度调查，提高社会公众对政府提供基本公共服务的满意度。

（四）注重宣传引导，提升改革的社会认同度

惠州市一年多来的改革取得的显著成效，已经在社会上获得了积极评价和广泛肯定。希望惠州市继续加大对改革推进的宣传引导，多途径、多形式开展对综合改革试点的宣传，一方面，实事求是地反映惠州市综合改革试点取得的实际成效，为基本公共服务均等化综合改革营造良好氛围；另一方面，通过宣传，让社会公众更全面地了解改革的基本内容和阶段目标，合理引导社会公众对基本公共服务的期望需求，提升改革的社会认同度。省财政厅也将积极协调省级媒体甚至部分中央媒体，加大对惠州市改革的宣传力度。

（五）注重总结经验，扩大改革试点的示范效应

惠州市一年多来的改革实践，积累了很多宝贵的经验。希望惠州市进一步深化经验总结，特别是对其他地市具有参考意义的典型案例和具有改革突破意义的创新举措进行梳理归纳，为下一步扩大试点范围提供可借鉴的“惠州模式”，充分发挥惠州市综合改革试点的示范效应。省财政厅作为全省推进基本公共服务均等化的牵头职能部门，将积极努力，密切配合，切实加强对惠州综合改革试点工作成效和经验的总结推广，共同把综合改革工作抓紧抓好、抓出成效。

（本文系省财政厅厅长曾志权2013年7月23日在惠州基本公共服务均等化综合改革工作推进会上的讲话）

在全厅副处级以上干部“三纪”教育学习会上的动员讲话

省财政厅党组书记、厅长　曾志权

按照我厅纪律教育学习月活动安排，今天我们在这里举办全厅副处以上干部党纪政纪法纪教育学习会，集中两天时间进行廉政警示教育，并结合党的群众路线教育实践活动，座谈交流学习习近平总书记在十八届中央纪委第二次全会上讲话、胡春华书记在十一届省纪委二次全会上讲话以及《十八届中央政治局关于改进工作作风密切联系群众的八项规定》和我省实施办法、省纪委《关于政治庸懒散奢等不良风气切实改进工作作风的意见》等文件精神的心得体会，研究探讨进一步加强我厅反腐倡廉建设的思路举措。在各项任务十分繁重、大家工作非常繁忙的情况下，安排两天时间进行“三纪”教育，这是我厅前两年纪律教育学习月活动的经验做法，通过集中学习和座谈交流，教育引导党员干部特别是领导干部按照党纪政纪法纪的标准审视自己、剖析自己，切实增强纪律意识，以严明的纪律和优良的作风推进财政事业发展和反腐倡廉建设。今年继续举办这项教育活动，比以往显得更加紧迫和具有现实意义，主要体现在两个方面，一方面，是深入开展党的群众路线教育实践活动的重要举措。当前正在开展的群众路线教育实践活动，以为民务实清廉为主要内容，主要任务是聚焦作风建设，集中解决形式主义、官僚主义、享乐主义和奢靡之风这“四风”问题。加强纪律教育，是增强党员干部党性观念和纪律意识，树立群众观念，弘扬优良作风，保持清廉本色的根本保证，因此，举办“三纪”教育学习会是做好这次教育实践活动的重要举措，十分必要。另一方面，是切实推进我厅党风廉政建设的必然要求。当前，我省财政系统反腐倡廉形势依然严峻，我厅去年以来就发生了危金峰案、林少丹案、陈炳坤案，他们中既有领导干部，又有普通职员，有的涉及资金分配，有的涉及权力行使，结合“三纪”学习教育，深刻剖析这些身边发生的违法犯罪案件，有利于全面透彻把握当前财政管理及反腐倡廉工作中存在的问题，引导大家举一反三、引以为戒，筑牢拒腐防变思想道德防线，研究进一步规范资金管理和权力运行的措施，切实推进我厅党风廉政建设。

参加这次“三纪”教育学习会的有全厅处以上干部，还有重点岗位的同志列席，共170多人，集中在一起进行为期两天的“三纪”教育学习活动，实属不易，值得我们倍加珍惜，全身心投入。在此，我提三点要求：第一，要端正态度，沉下心来学。要踏踏实实地当好“学生”，把工作暂时放一放，排除一切干扰，沉下心来认真学习，要坐得住、听得进、学得好，确保学习教育入脑入心。同时，要坚持学习与思考并重，通过思考加深对学习内容的理解，以达到提升自我之目的。尤其是要重视对当前形势和实践问题的思考，紧密结合本职工作实际，做到座谈交流围绕主题，言之有物，有的放矢。第二，要结合党的群众路线教育实践活动来学。此次“三纪”教育学习会是贯彻落实十八届中央纪委二次全会和十一届省纪委二次全会关于反腐倡廉教育工作部署的重要举措，同时也是作为开展党的群众路线教育实践活动的整改落实环节的重要内容。要按照“照镜子、正衣冠、洗洗澡、治治病”的总要求，与我厅正在开展的党的群众路线教育实践活动紧密结合，认真查摆问题、整改落实，增强纪律学习的针对性。第三，要注重实效，切实增强纪律意识和改进工作作风。学习的目的在于取得实效。学习有没有效果，效果怎么样，就看有没有增强纪律意识和改进工作作风。同志们务必把查摆问题、寻找差距、整改落实贯穿于学习教育的整个过程，深入查找本处室、单位和个人在工作纪律和工作作风上的问题，做到相互学习、相互借鉴、取长补短，努力把学习成果转化为增强纪律意识和改进工作作风的切实行动。

（本文系曾志权厅长2013年8月13日在全厅副处级以上干部“三纪”教育学习会上的讲话）

发挥表率作用　推进廉政建设

——在全厅副处级以上干部党纪政纪法纪教育学习会上的讲话

（节选）

省财政厅党组书记、厅长　曾志权

一、统一思想、提高认识，严守“三个纪律”底线

党纪是党的各级组织和全体党员必须遵循的行为准则；政纪是各级国家机关工作人员必须遵循的工作规则；法纪则是国家发布的为各界共同遵守的法律规范。对于全厅机关党员干部而言，三者都是对我们各项活动和行为的基本要求，是必须坚持的底线。

第一，严守“三个纪律”是新形势下推动财政改革发展的重要保障。当前，各项改革已经进入攻坚期和深水区，唯有以严明的纪律、优良的作风为基础，才能解决改革发展中面临的复杂繁重问题。财政作为重要综合部门，随着改革的深入，服务的对象越来越广，监管的事项越来越多，源头防腐的任务越来越重，更加需要严明的纪律作保障。

第二，严守“三个纪律”是财政系统党员干部廉洁从政的必然要求。财政部门资金管理权较集中，对比一些部门和单位，财政干部面临更多的诱惑和更大的考验。2005－2012年，全省各级纪检监察机关共查处财政系统违纪违法案件207件，涉及221人，受处分218人，刑事处理43人。去年以来，发生在我厅的危金峰、林少丹、陈炳坤等案件，更是给我们敲响了警钟，警示财政干部要对权力和纪律保持敬畏，自觉以严守纪律为准绳。

第三，严守“三个纪律”是加强作风建设、密切与群众联系的重要内容。当前，我们正在开展党的群众路线教育实践活动，目的是聚焦作风建设，着力解决人民群众反映强烈的突出问题。财政是党和政府履行职能、密切与群众联系的重要手段，迫切要求我们结合工作实际，以教育实践活动为契机，践行党的群众工作纪律，切实解决作风方面存在的突出问题，不断提高服务基层、服务群众的本领。

二、结合实际，剖析问题，进一步明确强化纪律教育学习的新任务

在不久前的全厅党课教育活动上，我从“虚懒浮松软庸散奢”等八个方面对作风建设中存在的问题作了全面剖析。这次“三纪”教育培训班，我重点谈谈纪律建设问题，集中查找我厅在组织纪律、工作纪律、廉政纪律、生活纪律等四个方面存在的突出问题，希望大家对照检查：

（一）在组织纪律上，仍存在身份观念不强、大局意识不强、不敢担当的问题

组织纪律是全厅团结统一、政令通畅的必要前提。当前，组织纪律松散突出表现在三个方面：一是身份观念不强。个别同志爱耍小聪明甚至搞两面派，当面一套、背后一套，会上不说、会下乱说，口是心非，阳奉阴违。有的同志忘记了党员身份、公务员身份，想说什么就说什么，想干什么就干什么，不讲原则，怨气很多，爱发牢骚，口无遮拦，更有个别同志捕风捉影，捏造事实，造谣传谣。二是大局意识不强。不能从全厅工作大局的角度思考问题，甚至将个人利益凌驾于集体利益之上。个别同志各行其是、

我行我素，对党组决策合意的就执行，不合意的就拖着不办，个别同志对内部决策“通风漏气”，经常出现其他部门对我厅内部办理流程和决策情况很清楚的现象。这些现象表明，我们有些同志连起码的组织观念和工作规则都搞不清楚。又如，近期我厅办理审计报告征求意见工作，省审计厅的审计报告都正式印发了，我们的修改意见还没报出去，还耗在处室会签、修改等环节，平时工作中这种重办理、轻追踪的问题既影响工作开展，又损害机关形象。三是不敢担当。有的处室想的不是强化职能、干出业绩、为组织分忧解难，而是工作往外推，关键时刻站不出来，啃不了“硬骨头”。个别同志遇到大事、难事、干活的事绕道走，要权不要责，贪图安稳的多，勇挑重担的少。这些处室和同志没有真正懂得“只有付出才会有收获”、“不努力就会被淘汰”的道理，现在怕吃亏，迟早吃大亏。领导重视的要更加重视，省委、省政府和厅党组的决策部署要千方百计抓好落实，这就是最大的“政治”和“大局”，很多同志在这点上还悟不透。

（二）在工作纪律上，仍存在把关不严、执行力不强的问题

遵守工作纪律主要体现在严格执行厅工作规则，自觉遵守各项工作制度、规程和办法等。严明的工作纪律是确保工作落实、提高执行力的基本要求。不自觉遵守工作纪律的情况在厅里时有发生，确实影响了机关工作质量和效率。如个别同志对岗位职责都把握不准，对工作随心所欲，想怎么干就怎么干；个别处室对厅党组决策部署及领导批示、指示落实不及时，贻误工作开展，有的是不知道该怎么办，有的是根本没放在心上，责任意识淡薄；个别同志工作讲条件、怕吃苦、不服从工作安排、对工作挑三拣四等。有时在工作纪律上松一点，讲讲人情，睁只眼闭只眼，看似没什么大不了，但“针尖大的窟窿能透过斗大的风”，关键时候就会出大问题。最近，广州市荔湾区检察院向我厅提出检察建议书，通报我厅会计服务大厅业务组组长陈炳坤涉嫌滥用职权、受贿案件有关情况。陈炳坤在任职期间，滥用职权，违反规定为1 000多名人员办理会计从业资格证书考试报名手续，利用系统漏洞为620名不符合条件人员办理虚假会计从业资格证书。这个案件再一次给我厅敲响了警钟。我们千万不要以为在危金峰案件后抓了完善制度、强化监督的工作就可以松口气了，在办理会计证这么一个不经管资金的岗位、一个普通职员身上就出了这么个大问题，在很大程度上是工作纪律不严、已定的规章制度落实不到位、内控机制不完善的问题。深入分析，我认为，产生有规不依、执行力不强的原因除了思想意识外，还有如下三方面的原因：一是职责权限把握不准。作为行政机关，任何工作权限都来源于法律、法规或上级部门文件规定。我们有的同志往往搞不清楚这个道理，以为职权是本该就有的，把应尽的职责当作权力甚至当成既得利益，面对其他部门、单位总有一种“等人求”的优越感，职位不高架子挺大，口大气粗，盛气凌人。二是工作程序执行不严。行政机关工作人员不仅要按规定权限办事，还必须遵守规定的程序。每一位同志都是工作程序中的一环，都负有相关的责任，必须严格把关，千万不能有“天塌下来有高个顶住”的思想。陈炳坤案就反映了不按程序办事的问题，同时也反映了层级审核程序流于形式、没有发挥实质把关作用的问题。三是业务能力水平有待提高。有的同志业务不精、办法不多、能力不强，根本原因还是对业务规定和政策不熟悉又不用心学习领会，在工作中要么方法不足、不知所以，要么习惯凭经验办事，不作调研分析就拍脑袋作判断，不搞清楚规定依据就自以为是作决定。同志们一定要明白不进则退的道理，熟练掌握业务知识，努力作提升能力的表率。

（三）在廉政纪律上，仍存在心存侥幸、“吃拿卡要”的问题

2012年危金峰案件发生后，我厅多次召开会议部署推进反腐倡廉建设工作，但这并不能保证我厅今后在廉政建设问题上就可以高枕无忧了。危金峰案以后，我厅又发生了林少丹和陈炳坤案件，除了这些，是不是每一位同志都严于律己、清正廉洁，我还不敢说。大家要扪心自问、认真查摆，有没有个别同志利用职务便利吃拿卡要？在部分内部管理资金分配上是否还存在打招呼、讲人情的现象？财政部门外部资金运行是否还存在内外勾结、拿回扣的情况？财政系统内部上下联系中是否还存在走关系、拉项目、收红包等行为？这些问题如果存在，究其原因，可能有以下四个方面：一是忘了身份。忘了党员身份和公务员职责，什么事能做？什么事不能做？心里没有清醒认识。廉洁从政首先要识身份、明事理，常念百姓疾苦，常思组织重托，常怀感恩之心。二是不懂敬畏。“人在做，天在看”。一个人一旦无所顾忌、为所欲为，那必将失去原则底线，出事那是迟早的问题。所以党员干部要敬畏党纪国法、敬畏道德良知、敬畏组织和群众。三是疏于内省。有权就有责，也有各种诱惑。如果不能有意识地加强内省和自我监督，时时清除思想上的“杂草”，算算人生“七笔账”，就可能放松思想上的警惕。四是心存侥幸。认为吃点拿点没什么，或者认为社会风气是这样，只要不查到自己头上就没事，忘记一时没事不代表将来没事、别人没事不代表你没事的道理。“莫伸手，伸手必被抓”，千万不要拿自己的政治前途开玩笑，不要因为一时的贪婪为人生埋下“定时炸弹”。

（四）在生活纪律上，还存在贪图享受、交友不慎的问题

党员干部的生活作风和纪律，不仅关系个人的操行和形象，而且影响到党和政府在群众中的威信和形象。当前，我厅党员干部在生活纪律方面总体上是好的，绝大多数党员干部能够坚持艰苦奋斗、勤俭节约、廉洁自律，树立了我厅良好的形象。但不能否认，仍有极个别党员干部在生活纪律上放松了要求，主要表现在以下三方面：一是搞“小圈子”。个别同志拉拉扯扯、投机钻营，不琢磨事、只琢磨人，互相利用、投桃报李。其实把工作做好就是对组织和领导最大的感恩和回报。二是贪图享受。个别同志喜欢应酬、吃吃喝喝，热衷于迎来送往，流连于饭局赌局，“上午像包公、中午像关公、晚上像济公”。三是交友不慎。把社会交往看作生活小事，把人际交往当作个人私事，头脑不清醒，讲所谓的“哥儿们义气”，与一些不三不四、心术不正的人纠缠不清。

三、真抓实干，突出重点，严肃党纪政纪法纪，促进廉政勤政善政

存在的问题足以让我们警醒。出现这些问题，既有客观上制度不健全、责任不落实的原因，也有个人思想认识不到位、自我约束不严的问题。针对这些问题，我们一定要认清形势，牢固树立忧患意识和责任意识，以开展党的群众路线教育实践活动、推动作风转变为契机，采取切实有效措施，严肃党纪政纪法纪，促进廉政勤政善政。

（一）坚持抓好教育这一基础，筑牢思想防线

要有针对性地开展好以下四个层面的教育。一是加强党性党纪教育，引导党员干部增强政治意识和纪律观念，在贯彻落实中央和省委、省政府以及厅党组的决策部署上决不搞“上有政策、下有对策”，绝不搞有令不行、有禁不止，确保政令畅通。二是加强法纪教育，引导党员干部树立法律面前人人平等、制度约束没有例外的意识，对什么事情不能做、什么东西不能拿、什么朋友不能交，做到心中有数。三是加强职业道德教育，引导党员干部珍惜岗位、珍惜机遇、珍惜舞台，始终做到爱岗敬业、忠于职守，恪守公务员职业道德。四是加强道德修养教育，引导党员干部始终坚持正确的价值取向，培养健康情操、消除心理失衡、塑造健全人格。

（二）坚持抓好制度这一保障，堵塞管理漏洞

要坚持立足当前，着眼长远，结合财政工作实际，“短中长”相结合，健全完善制度体系，堵塞管理漏洞。一是要抓好现有制度的贯彻和执行。要认真落实好现有的行之有效的各项制度规定，如廉政风险防控制度、限时定质办结制度、内部循环监督制度、工作失误责任追究制度等，维护制度的权威性，增强制度的约束力。要对制度的贯彻执行情况进行责任分解，明确责任部门和责任人。二是要抓好制度的清查和梳理。要结合开展党的群众路线教育实践活动，全面清查和梳理人、财、物等方面的各项管理制度，重点清查已过时的、不能约束权力运行全过程、对关键环节存在盲区的制度规定，并落实责任单位、责任人和完成时间。三是要抓好制度的健全和完善。要根据形势变化和业务职能，针对教育实践活动查找出来的问题特别是作风方面、廉政方面存在的问题，有针对性地加强程序性、操作性制度建设，弥补制度漏洞，重点要建立健全预算编制管理制度、科学民主决策制度、规范上下级联系工作制度、干部考核测评制度等，推动法规制度上规定的“不准”向财政权力运行规范下的“不能”深化，以制度规范形成抓资金安全、干部安全的工作机制。

（三）坚持抓好监督这一关键，健全约束机制

要把加强监督放在重要位置，更新监督理念、健全监督机制、创新监督办法、提高监督实效。一是要完善内部监督机制。建立严密的内部监督制约措施，完善财政资金分配、审批、管理业务流程，从资金的管理控制方面规范财政权力运行，防止资金失控；制定业务工作岗位职责规范，从工作职责、工作程序上规范财政干部的业务行为和权力行使。二是要自觉主动接受外部监督。包括人大和审计、纪检监察部门的监督以及社会和舆论的监督，更好地管好用好财政资金。通过发挥监督机构的职能作用，对权力行使实施监督，从而形成一个内外结合、双管齐下、双向并进的监督体系。三是要拓宽监督渠道，增强监督的实效性。要完善财政民主决策机制，提高财政决策的透明度和公众参与度，推进财政决策科学化、民主化。要加大预算信息公开力度，把预算信息公开作为提高依法行政能力和水平的重要途径，作为财政部门建设廉洁、务实、高效的服务型机关的一项重要工作抓好落实。

（四）坚持抓好问责这一手段，加强纪律建设

要强化肃纪问责，集中解决好“不想干”、“不会干”的现象和不作为、乱作为的问题。一是治虚。围绕解决务实实干风气衰退问题，进一步落实中央八项规定、省委实施意见和我厅改进工作作风的意见，加强调查研究，深入基层群众，提高财政工作的针对性、合理性；对省委、省政府重要决策和厅党组工作部署、财政重点工作的落实情况，进行专项检查、严格问责。二是治庸。围绕解决精神懈怠问题，对党员干部特别是领导干部的履职情况进行监督检查，强化考核测评，重点整治部分党员干部满于现状、不思进取，履职能力不强、工作平庸的问题。三是治懒。对党员干部执行工作纪律、工作效率进行监督检查，重点解决责任心、事业心不强，动手能力不强，服务意识淡薄、办事拖拉的问题。四是治散。围绕解决纪律涣散、执行不力问题，严格工作纪律，反对自由散漫，切实消除上班迟到、早退、无故缺勤，工作时间上网聊天、玩游戏、炒股等现象。五是治奢。围绕解决艰苦奋斗意识淡漠问题，进一步规范和落实公务接待有关规定，坚持从严审核“三公”经费，严禁以各种名义用公款互相宴请和安排高消费活动。六是治软。重点解决极少数领导干部图表面的一团和气，原则性不强、不敢碰硬、不敢担当等问题。问责要动真格，对存在一般性作风问题的干部立足于教育提高，促其改进；对群众意见大、不能认真查摆问题、没有明显改进的干部，进行组织调整。

（五）坚持抓好改革这一动力，规范权力运行

要不断深化财政改革和自身建设，强化内部制衡和规范运行。今后一个时期，要重点加强以下六个方面改革工作：一是严格规范各处室掌握专项资金的管理，抓紧制定相关管理办法，规范分配行为。二是完善内控机制，建立健全财政预算计划管理和资金支付稽核制度，加快财政预算计划管理和资金支付稽核系统建设，建立内部监督循环机制。三是进一步完善财政资金分配、调度、存储、支付等各环节监督管理，确保资金安全。四是提高执行力，改

进工作作风，提高工作质量和效率。五是进一步完善财政廉政风险防控机制。前期监察室已经组织梳理出八大类371项权力事项，查找出512个廉政风险点，要在此基础上，突出重点，针对处室自行分配资金、与部门公管专项资金、库款调度、资金存放银行选择、各类审批和招投标事项等风险点，抓紧完善防控措施，减少资金分配自由裁量权，压缩权力“寻租”空间，确保财政资金和干部队伍“双安全”。六是进一步深化干部人事制度改革，提高选人用人公信度。

（六）坚持发挥表率作用，加强队伍建设

“打铁还须自身硬”，党员领导干部要按照习近平总书记的要求，切实发挥表率作用，共同为打造一支“信念坚定、为民服务、勤政务实、敢于担当、清正廉洁”的干部队伍而努力。一是信念坚定。就是要切实增强党的意识，时刻牢记自己的第一身份是共产党员，坚决执行党的纪律，服从组织决定，坚决贯彻落实好中央和省委、省政府以及厅党组的各项决策部署和工作安排；凡事从大局出发，坚持个体服从全局，注重维护集体形象，襟怀坦荡、光明磊落，讲团结、促和谐。二是为民服务。就是要牢记宗旨、心系群众、服务人民。想问题、办事情、做决策自觉把人民“拥护不拥护、赞成不赞成、高兴不高兴、答应不答应”作为价值取向，重点要转变工作作风，解决好人民群众反映强烈的突出问题。三是勤政务实。就是要坚持脚踏实地、真抓实干，坚决反对一切形式主义和“花架子”，立足本职勤勉工作，高标准把自己的岗位工作做好，做到干一件成一件，件件落实。四是敢于担当。就是要保持强烈的事业心和责任感，坚决破除思维定式和经验主义，克服故步自封、不思进取的畏难、懈怠心态，始终保持创新的锐气和蓬勃的朝气，敢想敢干，在平凡的岗位上创造不平凡的业绩。五是清正廉洁。就是要严格执行中央和省改进工作作风各项规定，把廉洁从政、秉公用权作为一种高度自觉，坚决抵制各种不正之风，拒绝酒色财气，远离低级趣味，纯洁朋友圈、净化生活圈，做到稳得住心神，管得住身手，抗得住诱惑、经得起考验。这里我着重强调一下纯洁朋友圈、净化生活圈的问题。现在的社会，诱惑太多，围绕权力的陷阱太多，特别是我们身处财政部门，掌握一定的资金分配权，一些不怀好意、心术不正的人就会凑上来，拉关系、套近乎，说白了，就是看中了你手中的权力能给他带来的利益。因此，面对纷繁的物质利益，慎交友非常重要。要头脑清醒，善于识人，坚持君子之交淡如水，朋友之间公私分明，对那些怀着个人目的拉拉扯扯、搞感情投资的人，那些了解不多、背景不清的人，一定要保持高度警觉，拉开必要的距离，做到不三不四的朋友不交，不明不白的东西不拿，不清不楚的宴请不去，千万不要心存侥幸，相信那些人拉拢腐蚀时信誓旦旦的承诺“天知地知、你知我知”、“打死也不说”。大量的腐败案件表明，一旦东窗事发，那些所谓的“朋友”无一例外地都选择落井下石、保全自己。对于领导干部来说，纯洁朋友圈、净化生活圈，还有一个重要方面，就是要管好自己的家属。危金峰案、李兴华案在这方面的教训不可谓不深，必须认真汲取。全厅各级党员领导干部都要切实加强对配偶、子女和亲友的教育、提醒和约束，做到慎交友、交益友，防止居心不良的人从他们身上打开缺口。

同志们，严肃党纪政纪法纪，促进廉政勤政善政，是长期而艰巨的任务。希望全厅党员干部特别是处以上干部树立长期观念，切实做到思想上有触动，工作上有行动，始终保持思想纯洁、队伍纯洁、作风纯洁、清正廉洁，为做好财政各项工作，服务于我省实现“三个定位、两个率先”总目标作出新的贡献！

（本文系曾志权厅长2013年8月14日在全厅副处级以上干部党纪政纪法纪教育学习会上的讲话）

在全省整治违规修建楼堂馆所和“小金库”、违规使用专项资金工作会议上的发言

（节选）

省财政厅党组书记、厅长　曾志权

一、高度重视，迅速部署开展专项整治行动工作

根据省委关于开展整治违规修建楼堂馆所、“小金库”、违规使用财政专项资金等五个专项行动的决策部署，由财政部门负责的工作主要包括牵头会同有关部门推进整治“小金库”、违规使用专项资金专项行动以及牵头推进清理党政机关、领导干部办公用房工作和配合发展改革部门开展整治违规修建楼堂馆所专项行动。对此，我厅高度重视，迅速行动，切实做到认识到位、工作到位。第一，为加强组织领导，报请省政府同意成立由省政府分管领导任组长，省财政厅、省纪委（省监察厅）、省审计厅及有关部门负责

人参加的领导小组，并从有关部门抽调专人负责日常工作。第二，根据省委的决策部署，及时印发了关于开展整治“小金库”、违规使用专项资金专项行动的通知，并抓紧研究分别制定了整治“小金库”、违规使用专项资金专项行动实施方案，报省政府同意后及时印发全省各地市和省直各单位贯彻执行。第三，根据省委、省政府领导的批示精神，为进一步规范专项资金的管理，在原来清理的基础上，初步形成了专项资金管理办法并报省政府。第四，根据中央和省委、省政府关于党政机关停止新建楼堂馆所和清理办公用房的决策部署，迅速研究具体贯彻落实意见，部署开展全省党政机关和领导干部办公用房清理工作，并于9月27日将全省清理情况报省委、省政府。

二、扎实工作，不折不扣落实省委、省政府决策部署

为贯彻落实好省委、省政府关于开展整治违规修建楼堂馆所、“小金库”、违规使用专项资金专项行动决策部署及等一会徐少华常务副省长讲话精神，做好财政部门负责工作，我再讲三点意见。

（一）统一思想，提高认识，切实增强抓好专项行动的紧迫感和责任感

整治违规修建楼堂馆所和整治“小金库”、违规使用专项资金是省委部署开展的“五项专项行动”中的两项，是响应群众强烈意愿、深入整改“四风”问题的重要举措，对此，全省财政系统必须从政治和全局的高度，进一步提高思想认识。首先，开展两项专项行动是财政系统推进群众路线教育实践活动的重要举措。违规修建楼堂馆所、私设“小金库”和违规使用专项资金，是我省在开展党的群众路线教育实践活动中发现的突出问题，这些现象与党中央“八项规定”及“为民务实清廉”的要求完全背道而驰，严重损害政府形象和群众利益，有的直接成为部分消极腐败现象的重要诱因，危害极大。全省财政系统要切实将两项整治专项行动作为开展教育实践活动知行合一、立改立行的重要举措抓紧抓好，切实抓出效益、抓出作风，以专项行动的实际成效取信于民。其次，开展两项专项行动是规范财经管理的现实需要。长期以来，违规修建楼堂馆所、私设“小金库”是党政机关不正之风的根源之一，在一定程度上也反映了需要提高财政管理水平的问题；近期我省个别单位接连发生专项资金使用方面的案件，也集中暴露出我省专项资金管理中存在的突出问题，审计也揭露和查处了由于管理制度不健全、内部控制不规范、资金项目审核分配把关不严等造成的虚假申报、挤占挪用、滞留专项资金以及专项资金未能及时发挥效益等问题。省委决定开展整治专项行动，十分及时，十分重要。全省财政系统必须以此为契机狠抓整改，强化财政监督，严肃财经纪律，规范政府行为。再次，开展两项专项行动是深化财政改革的必要前提。通过深入开展整治工作，全面摸清情况，查摆突出问题，进一步从财政体制机制上挖掘深层次原因，一方面，倒逼加快财政改革步伐，构建防治长效机制；另一方面，促进理清改革思路，找准深化改革的切入点和突破口。

（二）突出重点，把握政策，推动专项行动扎实深入开展

目前，省专项行动领导小组已制定印发《广东省整治“小金库”专项行动实施方案》和《广东省整治违规使用专项资金专项行动实施方案》，各级政府及有关部门、单位必须全面把握、深刻领会，突出整治重点和要点，有序推进各项整治工作。

1. 准确把握整治的时间和范围，增强专项行动的针对性。根据实施方案的要求，整治“小金库”专项行动时间从2013年9－12月；整治对象为全省各级党政机关和事业单位、社会团体、国有及国有控股企业；整治范围为凡违反法律法规规定，应列入而未列入单位账簿的各项资金（含有价证券）及其形成的资产。整治违规使用专项资金专项行动时间从2013年9月至2014年底，其中近期整治工作在2013年底前完成，长期整治的阶段性工作至2014年底完成，后续工作融入日常监管工作；整治对象范围包括由各级财政预算安排的、为适应经济社会改革与发展要求、完成特定工作任务或实现某一事业发展目标、具有专门用途和绩效目标的财政资金以及政府性基金。

2. 准确把握整治的阶段和目标，增强专项行动的有序性。整治“小金库”、违规使用专项资金专项行动分为动员部署、自查自纠、重点检查和整改落实四个阶段开展。其中：整治“小金库”专项行动，目标是要彻底清理各级、各部门设立“小金库”现象，坚决扫除滋生“小金库”和腐败的土壤，建立健全防治“小金库”长效机制。整治违规使用专项资金专项行动，近期（2013年底前）要在全省范围内，对各级、各部门违规设立、审批、使用、监管专项资金情况进行专项整治，摸清底细，严肃查处和纠正一批各级、各部门违规设立、分配审批、使用和拨付专项资金行为，对部分专项进行压减、撤销、清理和整合，推动建立完善专项资金管理办法，并将整治成果应用于2014年各级预算编制专项资金安排工作；中长期（2014年全年及以后）要通过严格规范专项资金设立、执行及调整、撤销程序，探索实施财政专项资金项目库管理，开展新一轮清理整合专项资金工作等，建立健全“依法设立、规范管理，目标明确、绩效优先，监管有力、严格追责”的专项资金管理运行体系。

3. 准确把握整治重点和要点，增强专项行动的实效性。按照省委工作部署，整治“小金库”专项行动重点整治2012年以来各项“小金库”资金收支，以及2011年底“小金库”资金滚存余额及其形成的资产，包括违规收费、罚款及摊派设立“小金库”，用资产处置、出租收入设立“小金库”，以会议费、劳务费、培训费和咨询费等名义套取资金设立“小金库”，虚列支出转出资金设立“小金

库”，以假发票等非法票据骗取资金设立“小金库”等。重点检查对象为各执收、执罚权相对集中的部门和单位，教育、卫生、交通、民政、农业等与人民群众利益密切相关的部门和单位，以及自查自纠措施不得力、工作走过场的部门和单位。整治违规使用专项资金专项行动重点整治违反专项资金管理程序，违规设立、申报、审批、分配、使用、拨付专项资金的各项行为，特别是要加强对科技、经贸及重点民生领域资金的监督检查。按照实施方案要求，整治“小金库”、违规使用专项资金的重点检查面不得低于纳入治理范围单位总数的5%，其中，重点领域、重点部门和重点单位，重点检查面不得低于20%。

（三）积极履职，周密部署，确保专项行动取得实效

此次专项行动时间紧、任务重，政策性、敏感性强。各级财政部门要按照职能分工，坚决落实好省委、省政府的工作部署，分级负责、分口把关，精心组织、周密部署，确保整治专项行动取得实效。

1. 精心组织，周密部署。全省各级财政部门作为整治“小金库”、违规使用专项资金专项行动的第一牵头部门，必须充分发挥牵头组织、协调作用，抓紧成立领导小组办公室，落实工作人员，制订实施方案，扎实推进各项工作。同时，要发挥财政职能作用，积极配合各级发展改革部门开展整治违规修建楼堂馆所专项行动，全面停止新建党政机关楼堂馆所，严格控制办公用房维修改造项目，全面清理和规范管理党政机关和领导干部办公用房。

2. 点面结合，统筹推进。在部署推进专项行动工作中，既要在面上工作上全面覆盖、不留死角，又要突出重点，对各种情况进行分类处理。同时，要按照长短结合、标本兼治的原则，将专项行动与严控“三公”经费、党政机关停止新建楼堂馆所和清理办公用房等重点工作相结合，与强化财政监督检查职能相结合，与深化财政体制改革、构建长效机制相结合，争取取得更大成效。

3. 明确分工，协调配合。由于两项专项行动工作链条长、涉及面广，在明确职责分工的前提下，各级财政部门要加强与纪检监察、审计、组织、发展改革及各业务主管部门的沟通协调，建立有效工作机制，提升工作合力。特别是各市县政府要落实作为整治专项行动的责任主体，省各主管部门要明确专项资金分配使用的主体责任，各级财政部门要加强财政监督职能，切实采取有针对性的整治措施，确保整治工作取得实实在在的成效。

4. 广泛发动，营造氛围。此次专项行动社会关注度高，是我省推进政府信息公开、强化政府公信力的重要举措。在专项行动中必须加强宣传引导，多形式、多层次、多角度宣传整治工作的重要意义和工作进展成效，营造氛围，形成声势，争取社会各界对专项行动和财政工作的更大理解和支持。

（本文系曾志权厅长2013年10月14日在全省整治违规修建楼堂馆所和“小金库”、违规使用专项资金工作会议上的发言）

在财政专题调研专家座谈会上的讲话

（节选）

省财政厅党组书记、厅长　曾志权

党的十八届三中全会从全局绘就了未来中国改革的总路线图，提出了中国改革征程的总纲领，对深化财政体制改革也提出了新目标、新任务、新要求，提出“财政是国家治理的基础和重要支柱，科学的财税体制是优化资源配置、维护市场统一、促进社会公平、实现国家长治久安的制度保障，这既是对财政职能作用的重要论断，也凸显了财税体制改革在新一轮改革当中的重要作用。为贯彻落实好党的十八届三中全会精神，根据中央和省委、省政府的决策部署，结合财政工作实际，我们正在开展深化财税体制改革以及支持珠三角地区转型升级相关专题调研和政策制订工作。希望各位专家能够围绕贯彻党的十八届三中全会精神，就深化财税体制改革和相关重点工作多提宝贵的意见建议。今天上午座谈会主要有两项议程：一是介绍这次座谈会议题有关情况；二是请参会专家就相关议题发表意见建议。下面，首先由我就座谈议题的相关情况向各位专家作个简要介绍，并就开好这次座谈会提一些建议。

一、关于座谈议题相关情况的介绍

这次座谈会的议题共三项，分别是关于建立事权和支出责任相适应的制度，改进预算管理、建立现代财政制度以及支持珠三角地区转型升级等有关工作。下面，我就这三项议题相关情况作个简要介绍。

（一）关于建立事权和支出责任相适应的制度

事权体现政府活动的范围和方向，支出责任是政府履行事权的财政支出义务。从理论和实践来看，以科学界定政府事权及由此决定的支出责任为基础，合理确定各级政府间财政分配关系，都是健全完善财税体制的重要方面。近年来，按照中央和省委、省政府的决策部署，围绕建立事权和支出责任相适应的制度，我省财政解放思想、深化改革，调整完善了省以下分税制财政管理体制，同时，不断健全转移支付制度，开展了“压专项、扩一般”工作，加大对欠发达地区的转移支付力度，提高基层政府公共服务供给能力，促进事权和支出责任相适应。但由于政府职能转变不到位、各方面配套改革制约等多种因素影响，事权和支出责任相适应的制度仍未建立。一是政府事权界定不清晰。一方面，政府习惯用“有形之手”干预经济活动，对市场竞争性领域管得过细，微观事务管理较多，很多资源直接投向了微观经济主体以及竞争性领域。另一方面，政府公共服务职能不到位，政府公共服务供给“错位”和“缺位”并存，公共服务平台建设相对薄弱，政府公共服务体系和机制还不健全。二是省、市、县、乡（镇）各级政府的事权划分不清楚，责任边界模糊，省级政府包揽过多，市县政府对省级政府的依赖较强。2012 年，全省 21 个地级以上市有 15 个市需要省财政转移支付；全省 67 个县（市）对省转移支付的平均依赖度达到 67%。三是省市县政府层级之间事权划分不合理，呈现事权上移、责任下移的趋势，上级政府条条块块下指标、布置任务，“上面点菜、下面买单”。近年来，一些新增支出责任，如义务教育、社会保障等，在政府间事权划分没有明晰的依据，加大了新增支出责任的协调难度。这些问题都迫切要求深化财税体制改革，加快建立事权和支出责任相适应的制度。

党的十八届三中全会对建立事权和支出责任相适应的制度提出了明确的要求。近期，我们就建立事权和支出责任相适应的制度开展了专题调研。我们初步的思路是，要在明晰政府职能范围、制定政府事权清单的基础上，根据统一、明晰、可操作的原则，合理划分省市县政府支出责任，形成支出责任清单，并通过理顺省以下政府间收入划分、完善转移支付制度等，建立事权和支出责任相适应的省以下财政体制。其中以下问题需要重点研究和思考：一是如何界定政府事权，也就是如何合理界定政府与市场、社会的关系，明确政府该做什么、不该做什么，哪些事权需要进一步强化，哪些事权不应由政府承担。二是省市县政府事权划分应依据什么原则、要素，也就是如何界定省市县政府各自的职责。哪些事权需要由省级政府承担，哪些事权需要由市县政府承担，哪些事权需要由省市县政府共担。三是事权划分后，对于共担事权，各级政府应该按照什么比例承担支出责任，哪些省级政府事权适合委托下级政府承担，委托下级政府实施的事权的支出责任主体如何确定。四是按照建立事权与支出责任相适应制度的要求，省以下财政体制应进行怎样的调整，特别是如何通过理顺政府间收入划分、完善转移支付制度等实现财力与事权和支出责任的匹配。

（二）关于改进预算管理、建立现代财政制度

预算反映着整个国家政策，体现政府活动的范围和方向。改进预算管理是深化财税体制改革的重要内容。近年来，我省在预算管理方面开展了一系列改革，包括深化预算编制改革，扩大预算编制范围，细化预算编制内容，完善预算编制意见征询机制；深化预算支出管理改革，清理整合财政专项资金，开展财政资金竞争性分配改革、探索实施财政经营性资金股权投资改革；积极稳妥推进预算信息公开等，取得了明显成效。但预算管理中还存在一些亟待通过改革解决的问题。如，预算管理制度不完善，财政资金使用效益有待提高，收支矛盾与支出结构不合理并存，预算安排“基数加增长”，部门肢解预算、固化财力分配的情况比较突出；资金使用还存在“重分配、轻管理”和“重使用、轻绩效”的情况；政府性债务管理有待健全等。同时，预算资金来源何处、去向哪里、效益怎样，越来越受全社会的关注，全面公开预算信息，是一个必然趋势，这些也倒逼着预算管理制度的改革和创新。

党的十八届三中全会提出，要改进预算管理制度，实施全面规范、公开透明的预算制度。根据前期调研的情况，我们初步考虑，要通过改进年度预算控制方式，建立跨年度预算平衡机制；推进征询与审核相结合，完善预算编制决策机制；进一步完善支出管理改革，提高预算执行时效性和均衡性；建立政府性债务管理体系，防范和化解财政风险；实施全面规范的预算公开制度，提高财政透明度等，全面深化预算管理改革。在深化预算管理改革中，希望各位专家重点从以下几个方面提出意见建议：一是改进年度预算控制方式后，即从以往的“以收定支”改为“以支定收”后，当省委、省政府重大决策部署增支以及各部门提出的增支需求远大于新增财力的时候，如何满足支出增长。二是如果动用历年预算稳定调节基金仍无法满足支出需求，地方政府是否要列赤字，收支缺口能否通过发行债券来弥补，如何建立健全规范合理的地方政府债务管理及风险预警机制。三是实行中期财政规划管理后，只有纳入中期规划的项目预算才予以安排，由此是否能够缓解财力固化的情况，中期规划管理和项目库管理有何关系。四是 2007 年政府收支分类改革后，通过功能分类科目可以全面反映政府收支情况以及政府各项职能活动，但公众关心的“行政成本”、“三公经费”、“三农支出”等热点问题不能通过科目体系直观反映，能否通过改革政府收支分类科目体系，既能直观反映政府职能活动，又能较为容易满足大部分统计需要。

（三）关于支持珠三角地区转型升级

珠三角地区是我省经济社会发展的火车头，加快珠三角转型升级，对于更好地发挥珠三角地区辐射带动作用，引领全省实现“三个定位、两个率先”的目标任务具有重要意义。近年来，按照中央关于加快转变经济发展方式、推动产业结构优化升级的决策部署，我省深入贯彻实施《珠江三角洲地区改革发展规划纲要》，运用包括财政政策在内的调控手段，加快推动珠三角地区转型升级，取得了积极成效，珠三角地区已初步形成了先进制造业和现代服务业“双轮驱动”的发展格局。但是，在发展的同时，一

些深层次矛盾和问题也逐步凸显出来。一是产业发展层次较低问题，制造业仍处于产业链低端，工业增加值率为23.8%，低于全国平均水平；现代服务业竞争力较低，服务业的增加值比重比中等收入国家低十个百分点左右。二是产业集中度不高，支柱产业和重点产业分布相对分散，没有形成大中小企业配套的强有力的产业集群和产业链。三是原始创新能力和核心技术不足，研发经费投入占比较低，校和科研院所实力不足。四是资源环境约束日益严重，土地资源未能集约高效利用、单位土地和能源产出率不高，生态环境恶化影响可持续发展。

我厅近期组织开展了促进珠三角地区转型升级财税政策调研工作，初步考虑从发挥财政有限资金的引导作用、完善财政政策、创新财税体制机制、深化财税体制改革等方面研究提出相关政策措施，希望借本次专家座谈会之机，听取对如何运用财税政策手段促进珠三角转型升级的意见和建议，希望各位专家能够注重从以下几个方面给予指导：一是如何将市场在资源配置中的决定性作用和财政政策、资金的引导作用有机结合，增强经济发展的内生动力和活力，同时减少政府对市场的直接干预。二是如何选准财税政策促进珠三角转型升级的抓手和着力点，如何利用信息化手段促进转型升级，实现珠三角一体化发展，产业升级、城市升级、人才升级等。三是如何创新财政资金支持方式，发挥引导和杠杆效应，支持发展高端制造业、高新技术产业和现代服务业等符合珠三角转型升级方向的产业，提升珠三角对粤东西北以及泛珠地区发展的辐射带动作用。四是如何进一步推进清费正税，营造珠三角法治化国际化营商环境，再造珠三角地区发展新优势。五是如何创新财税体制机制，按照中央统一部署和要求探索构建地方税体系，引导适合珠三角地区特色产业、主导产业发展，形成具有地方特色的产业结构和税源结构。

二、几点建议

在座的各位专家，都具有丰富的理论智慧，希望各位充分发挥专业特长和优势，为我们出主意、提建议，共谋推动财政改革发展之策。这里，我再向各位专家提几点建议。

（一）加强理论研究，为改革实践提供理论指引

从实践来看，财政改革和发展的每一步都离不开财政研究的先行探索和理论总结。以上改革实践都处于财政工作的前沿领域，对我们来说，无异于“摸着石头过河”，虽然大的方向已经明确，但很多概念还没有廓清、很多细节还把握不准，亟需理论上的指引。比如，如何清晰界定各级政府间事权配置关系以及支出责任比例，如何建立健全财力与事权相匹配的体制，如何建立现代财政制度，如何更加充分地发挥财政资金和政策的杠杆效应促进转型升级等等。希望各位加强理论研究，为政策制定提供更坚实的理论依据，进一步提高工作措施的科学性、可行性。

（二）注重拓宽视野，为改革实践提供可借鉴的经验

除了理论上的指引，以上改革创新工作同样需要可供借鉴的实践经验。比如市场经济体制较为完善、经济较为发达的国家和地区，如何划分政府之间事权，如何构建与支出责任相匹配的转移支付制度，在支持经济转型升级等方面有什么经验做法等等。希望借助各位专家广阔的视野和思辨的精神，不仅为我们提供各种新鲜生动的案例，更进行鞭辟入里的分析，使我们的改革实践有成功经验可以借鉴。

（三）积极建言献策，为改革实践提供可行的措施建议

正由于以上改革实践工作很多都属于创新性工作，因此在探索推进的过程中，难免有一些制度设计还不够完备、具体措施还不够合理，而且很多改革涉及既得利益的调整，本身就是社会关注度较高、争论较多的话题。希望各位专家知无不言、言无不尽，帮助我们指出各项改革工作中值得关注的环节和需要改进完善的内容，并提出有建设性的意见建议，使改革实践进程更加顺利。

（本文系省财政厅厅长曾志权2013年12月23日在财政专题调研专家座谈会上的讲话）

推动广东经济社会有质量、有效益、可持续发展

曾志权

2013年是全面贯彻落实十八大精神的开局之年，今年的政府工作报告把提高经济增长质量和效益提到了经济工作的中心位置，强调要引导各方面把工作重心放到提高经济增长的质量和效益上来，这是对我国经济发展现状和所处阶段的科学判断和准确把握。广东作为改革开放先行地，正经历着从高速增长转为平稳增长、从规模扩张发展转为

质量效益型发展的阶段。在这个过程中，财政作为党和政府履行职能的物质基础、政策手段、监管工具和体制保障，必须按照党的十八大精神和政府工作报告部署，积极发挥财政职能作用，推动经济社会有质量、有效益、可持续的发展。

一、推动经济结构调整

推动经济结构调整是提高经济增长质量和效益的重要途径。从广东来看，经济结构调整取得明显进展，五年来，省财政共统筹安排220亿元支持战略性新兴产业发展，安排近450亿元用于推动产业和劳动力“双转移”，近三年全省各级财政投入自主创新资金近200亿元，并运用政府采购政策和促进人才引进措施等，支持提高自主创新能力。五年来先进制造业增加值占规模以上工业的比重提高了2.8个百分点，技术自给率从53.9%上升到68%，单位生产总值能耗累计下降19.06%，居全国第二低位。但推动经济调整是一项长期的艰巨任务，今年的政府工作报告强调要继续坚定不移地加快产业结构战略性调整。下一步，一是坚持多措并举，多腿走路，既要促转型调结构，推进创新驱动发展，也要提升传统产业，“腾笼换鸟”与“扩笼壮鸟、凤凰涅槃”相结合，运用好财政激励政策，通过差异化手段，支持各地结合实际因地、因条件制宜发展。如研究制订促进构建符合梯度发展战略的区域产业分工体系、进一步加强优化产业结构的政策导向作用等等。二是转变促产培财方式。改变传统的财政资金直接投资项目以及过分依赖政府财政投资等促产培财的方式，放大财政资金使用效果，创新有利于培植财源的体制机制，将财政支持经济发展的重点从直接投入项目向为企业发展营造法治化、国际化的营商环境转变。三是提升经济核心竞争力。如加大对创新驱动的财政扶持力度，实施有利于自主创新的政府采购制度；整合财政、国土等各方面资源支持实体经济发展；支持培育一批优势骨干企业，同时支持民营企业和中小微企业做强做大，增强经济发展活力；发挥财政资金的杠杆作用和放大效应，催生一批文化、旅游、电子商务新型产业，形成一批引领未来发展新的经济增长点；针对广东省产业加工能力较强的特点，围绕重点企业和核心技术，支持增强产业扩张能力及专项产业体系建设，延长产业链，完善产业体系，提高产业竞争力和工业化水平。

二、适当扩大融资规模

投资在促进经济增长中具有十分重要的作用。广东省外贸依存度较高，在国际经济形势不确定的情况下，必须保持适当的政府投资规模。和兄弟省份相比，广东的银行存贷比（2012年广东省银行存款10.5万亿元，贷款6.7万亿元，存贷比不到65%，低于同期全国平均水平）、债务负担率（2011年广东省的债务负担率为13.36%，国际通行的债务负担率警戒线为20%）都较低，仍有适度扩大融资规模的空间。下一步，一方面要保持政府投资合理增长，集中财力加快基础设施建设和公共服务平台建设。预计“十二五”广东投入城际轨道、高速公路、港珠澳大桥、省部合作在建铁路等基础设施建设资金将超过1万亿元。广东省财政将按照积极财政政策的要求，采取滚动预算先行投入的方式，加大对基础设施和重点项目建设的投入力度。另一方面，要利用广东资本市场募集资金潜力巨大和民间资本雄厚、港澳资金总量大的优势，放开民营资本准入门槛，吸引和引导民间资本和外资扩大投资规模。

三、促进区域协调发展

区域发展不平衡是我国的基本国情。同全国情况一样，由于历史发展、地理条件、资源禀赋等原因，广东省区域发展极不平衡。以公共财政预算收入为例，2012年，珠三角九市公共财政预算收入总额占了全省市县级收入总额的85.18%，东西两翼和粤北山区仅分别占9.06%和5.76%。为推动区域协调发展，近年来，广东省财政坚持“压省级、保地方”，不断加大对欠发达地区转移支付力度，2009－2012年省财政年度预算中安排用于均衡区域公共服务水平和改善民生的支出占比分别达到了75.46%、76.87%、77.71%和78.12%，有力地支持了东西两翼和粤北山区发展。下一步，将在增强珠三角地区的辐射效应、带动东西北地区发展的同时，综合运用财政激励约束政策，提升欠发达地区“造血”功能，促进区域协调发展。一是充分发挥广州、深圳的“双核”作用，增强中心城市及珠三角的辐射作用和“溢出效应”，提升珠三角地区发展纵深和腹地，带动东西北欠发达地区发展。二是创新促进欠发达地区发展的体制机制，改革传统方式，进一步突出重点，整合资源，集中财力支持东西北地区基础设施和重大项目建设的支持力度。三是加快城镇化步伐，优化产业布局，发挥地级市集聚、辐射带动作用，提升欠发达地区“造血”功能。同时，研究运用财政政策，如撤县建区后在若干年内保持县的财政体制等，支持地级市扩容提质。

四、确保民生持续改善

保障和改善民生是政府各项工作的根本出发点和落脚点。广东始终坚持民生优先的理念，着力保障和改善民生，2009年率先编制实施了《广东省基本公共服务均等化规划纲要（2009－2020年）》，并开展了基本公共服务均等化综合改革试点。2008－2012年，全省各级对民生领域的投入达到17 103亿元，占公共财政预算支出的比重从53.06%提高到65.84%，预计到2020年，全省投入到民生领域的资金将超过2.5万亿元。下一步，将以加快推进基本公共服务均等化为平台，加大对保障和改善民生工作的支持力度。一是研究制订保障和改善民生的工作方案，完善对促进就业、支持异地务工人员纳入基本公共服务范畴、完善对残疾人等弱势群体的保障机制。二是扎实推进基本公共服务均等化规划纲要实施，继续深入开展基本公共服务均等化综合改革。三是落实省十件民生实事工作。按照广东省政府的工作部署，积极筹措资金，确保十件民生实事资金安排到位。四是支持保障外来务工人员合法权益。加快推进不同群体间基本公共服务均等化，确保基本公共服务覆盖外来务工人员群体。五是发挥财政再分配作用，支持推进收入分配制度改革。

（本文作者系全国人大代表、广东省财政厅厅长曾志权，原载于2013年第7期《中国财政》）

建立事权和支出责任相适应的制度

曾志权

事权体现政府活动的范围和方向，支出责任是政府履行事权的财政支出义务，建立事权和支出责任相适应的制度是深化财税体制改革的重要内容。

党的十八届三中全会对深化财税体制改革作出了全面部署，指出财政是国家治理的基础和重要支柱，科学的财税体制是优化资源配置、维护市场统一、促进社会公平、实现国家长治久安的制度保障，提出必须完善立法、明确事权、改革税制、稳定税负、透明预算、提高效率，建立现代财政制度，并提出了改进预算管理制度、完善税收制度、建立事权和支出责任相适应的制度等改革重点任务。

一、科学界定政府事权及由此决定的支出责任

事权体现政府活动的范围和方向，支出责任是政府履行事权的财政支出义务，建立事权和支出责任相适应的制度是深化财税体制改革的重要内容。

首先，政府职能转变的重要目标是合理界定政府事权，这既包括合理界定政府与市场、社会的边界，明确政府职能范围，也包括理顺政府内部的关系，政府管理该管的事，不管不该管的事。

其次，只有在明确政府事权划分的基础上，合理界定各级政府支出责任，才能科学确定政府间财力分配，确保各级政府履行职能的财力需要，最终实现财力与事权相匹配。

再次，从理论和实践来看，以科学界定政府事权及由此决定的支出责任为基础，匹配相应的税源，最终建立以各级政府主体税种为核心的地方税体系，合理确定各级政府间财政分配关系，都是健全完善的分税制财政体制的一个重要特征。

二、事权和支出责任的制度仍未建立

近年来，我省财政调整完善了省以下分税制财政管理体制，建立了县级基本财力保障机制和财政生态保护补偿机制，积极推进省直管县财政改革，同时，不断健全转移支付制度，重点加大对欠发达地区的转移支付力度，提高基层政府公共服务供给能力，推进基本公共服务均等化。但由于政府职能转变不到位、各方面配套改革制约等多种因素影响，事权和支出责任的制度仍未建立。

一是政府事权界定不清晰。一方面，政府习惯用“有形之手”干预经济活动，对市场竞争性领域管得过细，微观事务管理较多，很多资源直接投向了微观经济主体——企业以及竞争性领域，导致企业对政府的依赖。同时，政府包揽了许多社会可以自主治理的事务，政府与社会边界不够清晰。另一方面，政府公共服务职能不到位，政府公共服务供给“错位”和“缺位”并存，公共服务平台建设和公共决策辅佐条件相对薄弱，政府公共服务体系和机制还不健全，部分公共服务重“养人”轻“养事”，重直接投入、轻机制创新，重分配、轻管理的支出格局没有改变。

二是省、市、县、乡（镇）各级政府的事权划分不清楚。省级政府包揽过多，市县政府对省级政府的依赖较强。部分市县存在“等靠要”的思想，加快自身发展的内生动力不足、主动性不够，把大量的精力花在向上级政府争项目、争资金上。近年来尽管省级加大了转移支付力度，省级财力将近80%转移到市、县，但由于区域发展不平衡，欠发达地区市县依赖省级转移支付的情况没有改变。2012年，全省21个地级以上市有15个市需要省财政转移支付；全省67个县（市）对省转移支付的平均依赖度达到67%。

三是省市县政府层级之间事权划分不合理，呈现事权上移、责任下移的趋势，上级政府条条块块下指标、布置任务，“上面点菜、下面买单”。

三、准确把握建立事权和支出责任相适应制度的路径和措施

完善事权和支出责任划分。加快制定“三个清单”：一

是制定政府职能清单。要明晰政府职能范围，合理界定政府与市场、社会及不同层级政府之间的关系。二是制定财政供给清单。更加科学、清晰地界定财政支出和政策调控覆盖范围，优化支出结构，转变支持经济社会发展的方向、重心和投入方式，解决公共服务“越位”、“缺位”和“错位”的问题。三是省市县政府事权与支出责任清单。充分考虑公共事务的受益范围、信息复杂性和不对称性以及激励相容性，合理划分省市县事权和支出责任范围。

进一步完善省以下财政体制。重点是要进一步完善省以下转移支付制度，确保事权和财力匹配。一是大力压减专项转移支付、扩大一般性转移支付，争取到2017年底前将省级一般性转移支付占比提高到60%以上，实现更多的省级转移支付资金由市县政府根据地方实际自主理财。二是按照“保基本”和“强激励”相结合的原则，建立健全科学规范的省对市县一般性转移支付体系，实现“保基础”的转移支付比重不低于60%，实行对欠发达的60个县、12个新区财政增量返还和协调发展奖政策，完善市县财政基本公共服务绩效考核机制，激励引导地方加快科学发展。三是完善一般性转移支付增长机制，重点增加对贫困地区、革命老区、民族地区的转移支付。四是制定完善一般性转移支付资金使用的监管办法，确保资金使用规范有效。

进一步理顺省以下收入划分。一是加快研究建立地方税体系，培育地方主体税种。争取将具有明显受益性、区域性特征、收入来源稳定的税种划分为地方税，为基层财政的运转及发展留下必要的空间；争取赋予省级政府更大的税目税率调整权、减免税权等地方税收管理权限，并允许省级政府制定地方税收的实施细则或具体实施办法，以利于地方通过调节税种来规划和制定区域产业发展政策，或通过设立新税种调节需要抑制的行业，更好地推动地方财源建设。二是在建立地方税体系的基础上，综合考虑事权和支出责任划分状况、地区间财力差异程度等因素，研究调整省以下政府间收入划分，确保省市县各级政府履行事权的财力需要。

（本文作者系广东省财政厅党组书记、厅长曾志权，原载于2013年12月28日《南方日报》）

严明纪律 狠抓落实
努力开创广东财政反腐倡廉建设新局面

——在全省财政反腐倡廉建设工作会议上的工作报告

（节选）

省财政厅党组成员、驻厅纪检组组长 邓桂明

一、2012年反腐倡廉建设工作回顾

2012年，全省财政部门坚持标本兼治、综合治理、惩防并举、注重预防的方针，全面推进教育、制度、监督、改革、纠风、惩处等各项工作，财政党风廉政建设和反腐败工作取得新成效。时任省委书记汪洋同志10月18日视察指导我厅时作出了“胸有全局、工作主动、锐意创新”的高度评价，2012年党风廉政建设责任制落实情况检查考核得到了省委巡视组的充分肯定。

（一）加强监督检查，推动中央和省重大决策部署的贯彻落实

全省财政系统坚持围绕中心、服务大局，加强监督检查，为中央和省重大决策部署的贯彻落实提供了有力的保障。加强对全省财政收支预算落实执行情况的监督检查，圆满完成全年收入目标任务；运用多种手段加强对教育、社保、“三农”等民生资金的监督检查，全省各级财政部门共投入十件民生实事资金1 649.81亿元，有力地促进了稳增长调结构惠民生各项措施的落实；加强对公共服务均等化的监督检查，省财政预算安排用于民生和均衡区域基本公共服务水平的支出比重达78.11%，比上年提高了0.4个百分点；积极参与港珠澳大桥等重大工程项目廉政建设同步预防监管，促进重点建设项目的顺利进行。

（二）完善工作机制，促进党风廉政建设责任制落到实处

一是思想上高度重视坚持两手抓，既抓好业务工作，又注重廉政建设。2012年，厅党组先后15次召开专门会议研究部署反腐倡廉工作，组织研究和参加分管范围的反腐倡廉工作多达90次，做到业务工作分管到哪里、党风廉政建设就抓到哪里，教育引导党员干部进一步增强纪律意识，始终保持思想纯洁、作风纯洁、队伍纯洁、清正廉洁。二是行动上落实有力。根据省党廉办的统一部署，及时把牵头承担的3项工作和配合开展的17项工作任务，逐一细化，明确分工，落实责任，圆满完成各项任务。同时，严格贯彻落实徐少华常务副省长关于“四个主动接受监督”、

“四个决不”的要求，并提出了“增强八种意识，弘扬八种作风”、常算“七笔账”，“八个严格问责”等一系列要求，扎实推进党风廉政建设和反腐败工作。三是制度上进一步完善。修订实施《广东省财政厅工作规则》和《广东省财政厅工作运行规程》，编印《广东省财政厅惩治和预防腐败体系相关法规制度选编（2008－2012）》，修订完善加强领导班子建设、作风建设、干部选拔任用规定等12项内部管理制度。

（三）加强教育监督，筑牢党员干部廉洁从政的思想道德防线

全省各级财政部门积极创新教育方式，不断加强廉政教育的针对性和实效性。一是重点开展党性党风教育。采取专题教育、财政“大讲堂”、《纪检通讯》、实施“书记项目”、“五个一服务程式”等多种方式，开展党纪法规和党章等学习活动，引导党员干部深刻剖析并严格克服六种不良心态，深入开展庸懒散奢等不良风气专项整治活动，增强党员干部宗旨意识、服务观念，培育创新、务实、高效、廉洁、和谐的财政机关文化。二是扎实开展纪律教育学习月活动，举办“三纪”教育学习班活动。省财政厅组织全厅副处以上干部及重点岗位人员近180人，集中两天举办党纪政纪法纪“三纪”教育学习班，各处室、单位主要负责人认真查摆问题、分析原因、研究措施并撰写心得体会36篇。三是重点开展警示教育。深刻反思危金峰案件，切实引以为戒，吸取教训，举一反三，认真整改，以身边事教育身边人。接连召开4次以“反腐倡廉”为主题的全厅党员干部大会，邀请省纪委领导同志作辅导报告；同时组织开展《财苑警示录》典型案例剖析活动，各处室、单位撰写剖析文章近40篇。四是重点加强监督管理。组织开展收送“红包”专项治理活动。加强对领导干部重大事项报告、廉政档案、提任干部廉政考察、任前谈话等制度执行情况的监督，省财政厅对轮岗的9名正处级领导干部开展了离任审计，对新提任、轮岗等干部任前廉政谈话55人次。

（四）着力深化改革，推进财政惩防体系建设

2012年，全省财政全面深化财政管理改革，不断深化以部门预算、国库集中支付、“收支两条线”、政府采购为主要内容的支出管理改革。同时，结合我省实际，率先开展了20多项创新性工作。深入开展预算编制改革，预算报告内容进一步丰富和细化；继续深化竞争性分配、第三方绩效评价、省级财务核算信息集中监管和预算执行动态监控改革，探索建立财政预算指标和资金支付稽核制度，财政资金管理制度体系不断完善；探索开展为民办事征询民意工作，推进政府购买社会服务改革；开展新一轮行政审批制度改革，简政放权，利民惠民。财政源头治腐机制进一步完善，惩防体系建设成效明显。

（五）突出廉政风险防控，促进财政权力规范运行

按照“分岗查险、分险设防、分权制衡、分级预警、分层追责”的预警防控模式，深化认识和学习教育，紧密结合财政业务实际，紧扣岗位职责和权力运行，依托科技信息化手段，推进制度机制创新，按照“三上三下”的排查程序，认真开展廉政风险防控工作。省厅共梳理权力类型八大类223项，查找思想道德风险527个、岗位职责风险568个、业务流程风险448个、制度机制风险432个、外部环境风险316个，其中一级风险点213个，二级风险点205个，三级风险点263个，制定防控措施2 006项，修订完善制度97项，并编制《广东省财政厅廉政风险防控文件汇编》和《广东省财政厅廉政风险防控手册》。各市、县财政部门按照部署，也全面开展了廉政风险防控工作，取得了明显成效。

（六）加强信访核实调查，严肃查办违法违纪案件

全省财政系统坚持把做好信访工作和查办案件作为从严治党、惩治腐败的重要手段，坚持依法依规，切实做到事事有着落，件件有回音。2012年，驻厅纪检组共收到群众信访举报49件（含重复举报10件），其中涉及省财政厅9件，地市财政系统2件，授权管理单位21件。驻厅纪检组对11条信访线索开展了初步核查，了结10件，立案查处1件。通过信访核查，及时发现业务工作中存在的问题和管理上的漏洞，并有针对性地采取防控措施。另外，还积极配合省纪委查处危金峰违纪违法案件，协助有关纪检部门、司法机关查办经济类案件13件，并抽调人员参与了省纪委查办湛江农机案等3起经济案件以及暗访调查、专项督查等工作，积极完成省纪委交办的办案工作任务。

（七）注重调研培训，促进纪检监察队伍建设

全省各级财政纪检监察部门从进一步强化政治观念、大局观念、责任观念、群众观念和自律观念等“五个观念”着手，切实加强纪检监察干部的思想政治教育。组织开展了“财政部门防止利益冲突”和“财政部门廉政风险防控建设”专题调研，积极探索廉政风险防控工作新思路。委托中纪委培训中心举办了第七期全省财政系统纪检监察干部培训班，组织纪检监察干部参加中纪委、财政部、省纪委举办的纪检监察业务培训学习，不断提高纪检监察干部的综合素质。

过去一年，我省财政部门反腐倡廉建设虽然取得显著成效，但必须清醒地看到仍存一些问题和不足，发生危金峰、林少丹等案件，反映了干部教育监督方面还存在薄弱环节；监管制度方面存在“盲点”，财政资金体制外监管有待强化；作风建设方面还存在不足，少数干部主动服务意识不够强；责任落实方面存在不平衡的问题，一些地方和单位廉政和业务建设仍存在“一手轻一手重”。对这些问题，我们必须高度重视，认真研究改进。

二、2013年我省财政反腐倡廉建设的主要任务

2013年是深入贯彻落实党的“十八大”精神的重要一年。我们要以党的“十八大”精神为指导，全面贯彻落实

十八届中央纪委二次全会、十一届省纪委二次全会、全国财政反腐倡廉建设工作会议和全省财政工作会议精神，坚持标本兼治、综合治理、惩防并举、注重预防的方针，以严明党的政治纪律为重点加强作风建设，以完善惩治和预防腐败体系为抓手加强反腐倡廉建设，以深化廉政风险防控机制建设为载体加强制度建设，切实解决财政部门党风政风方面存在的突出问题，努力开创反腐倡廉建设新局面。重点做好以下六项工作：

（一）严明政治纪律，确保中央和省委省政府重大决策部署的贯彻落实

各级财政部门要深入开展政治纪律教育，教育引导党员干部自觉遵守政治纪律，加强党性修养，增强党的意识、宗旨意识，认真履行党章规定的责任和义务。要切实加强对遵守党章、执行党章情况和政治纪律执行情况的监督检查，决不允许公开发表同中央决定相违背的言论，要在思想上政治上行动上同党中央保持高度一致。要加强对党的“十八大”精神、省委省政府和厅党组重大决策部署落实情况的监督检查，确保政令畅通。决不允许有令不行、有禁不止，决不允许搞“上有政策、下有对策”。按照厅党组提出的重点做到“六个确保”：一是确保省委、省政府中心工作落实到位，二是确保财政收入实现可持续增长，三是确保保障和改善民生，四是确保财政杠杆作用的有效发挥，五是确保区域城乡发展差距不断缩小，六是确保财政改革继续走在全国前面当好排头兵。

（二）加强作风建设，坚决贯彻落实中央“八项规定”

作风问题关系党的形象和事业成败。各级财政部门要把加强作风建设放在各项工作的突出位置，结合实际，制定执行“八项规定”的具体措施，并狠抓落实，务求取得实效。

要认真组织开展以为民务实清廉为主要内容的党的群众路线教育实践活动，引导和督促党员干部强化群众观念，把实现好、维护好、发展好最广大人民的根本利益作为财政工作的出发点和落脚点。深入开展庸懒散奢等不良风气专项整治活动，切实解决党员干部中存在失位缺位越位、工作效率低下、为政不廉、贪图享乐等突出问题。要加强和改进调查研究，做到轻车简从，深入基层、深入群众，全面掌握实情、广泛倾听民意，保证各项财政政策和措施符合实际、惠及百姓、促进发展。大力改进会风、文风，做到少开会、开短会、讲短话，无实质内容、可发可不发的文件简报一律不发。

要切实厉行节约，坚决制止奢侈浪费。各级财政部门要牢固树立“过紧日子”的思想，积极推进财政预决算、“三公”经费和行政经费公开，严格控制行政经费支出；进一步完善相关财务管理制度，研究制定约束性规定，为严肃整治公款大吃大喝、用公款相互宴请和安排高消费娱乐等奢靡行为发挥积极作用。同时要严于律己，主动接受监督，严禁借开会、调研、考察、检查等名义变相公款旅游，禁止违反规定配置高档办公用品，严禁铺张浪费。

要严格执行廉洁从政有关规定，坚决纠正以权谋私、为政不廉、贪图享乐等突出问题。各级财政干部要认真贯彻落实廉政准则，决不搞权钱交易、决不插手任何工程、决不插手任何政府采购、决不为“人情审批”开绿灯。继续加大“红包”礼金专项治理力度，严厉查处在财政资金分配、调度、存储各环节和行政审批中违规收送“红包”等行为。

（三）坚持“一岗双责”，严格落实党风廉政建设责任制

全省财政系统各级领导班子要严格落实党风廉政建设责任制，主要领导要认真履行第一责任人的职责，领导班子其他成员要抓好职责范围内的反腐倡廉工作。省厅机关要带好头，各处室、单位要强化“一岗双责”，把党风廉政建设的要求体现到财政业务工作的部署、落实和检查的全过程；要落实对干部的教育管理责任，切实改进工作作风；要落实对财政权力运行的监管责任，切实做到两手硬。同时，各级财政部门要进一步细化党风廉政建设责任制检查考核办法，全面开展述责述德述廉活动，进一步增强党风廉政建设责任制的执行力。充分发挥责任追究的教育和警示作用，对不认真履行责任、不抓不管导致发生重大违纪违法问题的，要严肃追究责任。

（四）着力推进财政惩防体系建设，深化廉政风险防控

积极推进财政体制机制创新，促进源头治腐。继续深化部门预算、国库集中支付、政府采购、“收支两条线”管理、财务核算信息集中监管、预算执行动态监控、财政监督、绩效评价等制度改革。加大基本公共服务均等化、财政资金竞争性分配、第三方绩效评价、为民办事征询民意、政府购买社会服务等改革力度。进一步深化预算编制改革，加大预算信息公开力度，建立健全财政预算指标和资金支付稽核系统。继续推进财政自身改革，深化行政审批制度改革，大力抓好专项资金清理整合工作；加快推进“金财工程”建设，形成改革的有力支撑。

深化财政廉政风险防控，建立健全长效机制。要深入推进廉政风险防控管理，全员防险控险。切实做到廉政风险查有路径、防有举措、控有目标，建立健全职责分明、责任落实、突出实效的廉政风险防控长效机制。一是强化思想教育，完善教育机制。大力开展反腐倡廉宣传教育，深入剖析发生在财政部门的腐败案件，以案明纪，弘扬正气，增强教育的针对性和实效性。二是规范自由裁量权，完善阳光用权机制。要进一步明晰行政审批、资金管理分配程序，建立科学透明的工作机制，紧紧围绕权力运行的关键环节，把监督权力融入职能配置、权力配置、业务流程之中。认真研究制定规范财政政务公开、行政审批、专项资金管理、预算监督制衡、干部轮岗交流、防止利益冲突等方面的制度规定，努力形成不敢腐的惩戒机制、不能腐的防范机制、不易腐的保障机制，有效推进廉政风险防控长效机制建设。三是运用信息手段，打造阳光监督机制。运用现代科技手段，深入推进财政政务公开、财务信息核算集中监管、预算执行动态监控、行政审批电子监察、网

上办事大厅建设，让财政权力在阳光下操作、资金在网络上监管、风险在流程内控制。

（五）依纪依法查处案件，保持惩治腐败的高压态势

坚决查处各类腐败案件，旗帜鲜明地严惩腐败者、教育失误者、追究诬告者、保护清正者，着力营造风清气正的环境，形成支持和保护财政干部干事创业的良好氛围。要严肃查处财政干部违规收送“红包”礼金、挪用侵占、以权谋私、失职渎职案件以及严重损害群众利益的案件；严肃查处政府采购、中介机构执业以及财政行政管理等方面的商业贿赂案件。严肃查处财政干部违反廉政准则和纪律规定的行为，对苗头性、倾向性问题，要增强敏锐性，及时提醒诫勉，防止小错酿成大错。同时，充分发挥查处案件的治本功能，对我省财政部门近期发生的典型案例深入剖析，吸取教训、举一反三，建章立制、堵塞漏洞，做到查处一起案件、教育一批干部、完善一套制度。

（六）加强组织领导，打造高素质的干部队伍

财政干部肩负为政理财、为民理财的职责，责任重大，使命光荣。抓好反腐倡廉建设是财政系统的共同任务。要坚持和完善领导体制和工作机制，形成广东财政系统“一盘棋”整体推进反腐倡廉建设的强大合力。切实加强财政队伍建设，强化思想教育，引导广大党员干部树立正确的世界观、权力观、事业观，努力打造为民、务实、清廉、高效的党员干部队伍。同时，要切实加强纪检监察队伍建设，“打铁还须自身硬”，财政纪检监察干部处于反腐倡廉的第一线，担负协助党组（委）组织协调党风廉政建设与反腐败工作的职责，责任重大、岗位重要，必须以更高的标准要求自己，切实加强自身建设。带头严格遵守党纪国法，自觉接受监督，树立财政纪检监察干部可亲可信可敬的良好形象，为反腐倡廉建设提供坚强的政治保障。

（本文系邓桂明纪检组长2013年2月20日在全省财政反腐倡廉建设工作会议上的工作报告）

吸取教训　警钟长鸣　筑牢党纪政纪法纪防线

（节选）

省财政厅党组成员、驻厅纪检组组长　邓桂明

一、认清形势，切实增强廉洁自律意识

今年初召开的中纪委十八届二次全会、省纪委十一届二次全会和全国财政反腐倡廉建设工作会议对新时期反腐倡廉建设形势和任务，作了准确判断、深入分析和全面部署。习近平总书记在中央纪委十八届二次全会上从关系党和国家生死存亡的高度，深刻阐述了反腐倡廉建设的极端重要性，指出要实现“两个一百年”的目标，实现中华民族伟大复兴的“中国梦”，必须要把党建设好，对作风建设要以踏石留印、抓铁有痕的劲头抓下去，切实抓出成效；从严治党，惩治这一手决不能放松，要坚持“老虎”、“苍蝇”一起打，既坚决查处领导干部违纪违法案件，又切实解决发生在群众身边的不正之风和腐败问题。中央纪委书记王岐山同志强调要保持惩治腐败高压态势，坚持有案必查、有腐必惩，做到有群众举报的要及时处理，有具体线索的要认真核实，违反党纪国法的要严肃查处。省委书记胡春华同志在省纪委十一届二次全会上指出，要坚定不移惩治腐败，坚持不懈预防腐败，以攻坚克难的精神推进反腐倡廉建设，对腐败分子露头就打、决不姑息。省纪委黄先耀书记强调，坚决查处违纪违法案件，严肃查办发生在领导机关和领导干部中滥用职权、玩忽职守、贪污贿赂、腐化堕落案件，权力寻租、利益输送案件，领导干部家属、子女及其特定关系人收受贿赂案件等。这些充分彰显了党中央和省委反腐败的决心。

就我省财政系统而言，2005－2012年，全省各级纪检监察机关共查处财政系统违纪违法案件207件，涉及221人，受处分218人，刑事处理43人，其中受处分最重的被判处死刑缓期两年执行。被查处人员中，属失职渎职有60人，属贪污受贿60人，属挪用公款22人。特别是去年以来，我省财政系统又接连出现了危金峰案件以及个别市县财政局领导等违纪违法案件，的确发人深思。这充分说明，我省财政系统反腐倡廉形势仍然严峻，党员干部违纪违法问题时有发生，干部队伍作风建设仍需加强。财政干部担负着为国理财、为民理财的重任，必须坚持依法行政、廉洁从政。权重不忘责任大，贪念勿生需自重，遵纪守法严自律。大家一定要充分认识当前反腐倡廉的形势，充分认识遵守“三纪”的重要性和紧迫性，切实增强廉洁自律意识，时刻按照党性要求审视自己、剖析自己，时刻坚守做人、处事、用权的底线，始终树立正确的世界观、人生观和价值观，真正做到自身清正、干净干事。

二、以案为鉴，切实增强风险意识

2012 年以来，我厅连续发生了 3 宗案件。一是危金峰案件。危金峰案件作案时间长，涉及面广，金额较大，影响恶劣。危金峰 1997 年调至广东省财政厅工作，先后担任副处长、处长、副巡视员、副厅长等职务。仕途顺利却没有让危金峰正确对待手中的权力，反而因为信念动摇、欲望膨胀，一步步把自己推向腐败的深渊。据《党风》杂志第 6 期报道，在危金峰腐败案中，形成了亲情捆绑利益下的家族式腐败。危金峰的妻子、岳母、兄弟、妻妹等近亲属全部涉案，打造了一个以危金峰为轴心，以危金峰妻子为操盘手，以不法商人为对象，以其岳母、哥哥和姨妹等为赃款接收者的立体腐败“网络”。危金峰利用掌握的财政资金审批权，伙同不法商人肆意侵吞国家和省政府扶持引导企业和产业发展的财政资金，按照拨付款项的一定比例收取“好处费”，明目张胆，肆无忌惮。某企业通过危金峰帮助获得省财政 900 多万元扶持资金，危金峰先后受贿和索贿 320 万元。危金峰这样形容自己一步步走向腐败深渊的过程：“在财政厅当副处长时，基层单位有时会送一点茶水费、红包，当时还会拒绝；当处长时开始有人送一万两万的红包、好处费时心中还非常害怕。后来就渐渐有了无所谓的思想，有了你知我知的侥幸心理，收受好处费就显得很自然，收受几十万的好处费也脸不红心不跳，一副贪婪无耻的嘴脸……”二是林少丹案件。林少丹在广东省财政数据信息中心工作 11 年，先后担任软件科副科长、科长和综合科科长职务，前几年被组织选派到粤东挂职任副县长两年，应该说组织对其是重用的，她本应忠于职守，认真工作，却因受贿毁掉前程，滑入腐败深渊，教训十分深刻。林少丹作为厅数据信息中心一名科级干部，不算什么官，也不经管财政资金的分配，却利用在财政部门工作任职的职务影响力，利用工作关系，帮助某公司获得了 200 万元扶持资金，林少丹先后受贿 90 万元。林少丹被开除党籍、开除公职，判处有期徒刑 4 年。三是陈炳坤案件。我厅会计服务大厅合同工陈炳坤，2009 年被聘用进入我厅工作，2013 年 4 月 11 日因赌博被广州市公安局荔湾区分局拘留。经组织对陈炳坤经办业务检查发现，从 2010 年 1 月开始至 2013 年 4 月案发为止，违反规定为 1 000 多名人员办理会计从业资格证书考试报名手续，为 620 名不符合申领条件的人员办理虚假会计从业资格证书，并从中收受贿赂（初步认定 25 万多元），造成了恶劣的社会影响。陈炳坤算不上是我厅编内人员，只是一个普通的工作人员，但利用办理会计从业资格证书流程设计不合理、业务操作不规范、内部管控制度不严、缺乏监督制约机制、层级审核程序流于形式，以及计算机管理软件设计上存在漏洞等监管上的问题，持续作案三年多时间。目前陈炳坤已被解除劳动合同，涉嫌滥用职权、收受贿赂，被移送司法机关处理。

这些发生在身边的案例充分说明，财政部门并非是一块净土，是一个高风险部门，清廉与腐败没有天然屏障，任何人对腐败也没有天生的免疫力。面对廉政风险，财政干部难以独善其身。无论你是一般工作人员，还是领导干部，无论是非经管资金分配、从事后台服务的普通工作岗位，还是掌管财政资金分配权和行政审核审批权的岗位，如果放松警惕，放纵私欲，任何一个岗位上的工作人员都有可能发生腐败行为，就有可能成为腐败分子，受到党纪国法的惩处。我们每一位从事财政管理的工作人员尤其是党员领导干部，不能觉得腐败问题离自己很远，不能心存侥幸，不能把各级党组织的教育和党风廉政建设的要求当作耳边风，我行我素。要紧紧绷住党纪政纪法纪这根弦，牢记信任不能代替监督，牢牢守住廉政底线。

三、立足本职，切实增强责任意识

（一）规范权力运行，加强廉政风险防控管理

根据财政部和省纪委统一部署，我厅在前期规范权力运行的基础上，按照“分岗查险、分险设防、分权制衡、分级预警、分层追责”的预警防控模式，建立健全权责清晰、流程规范、风险明确、措施有力的廉政风险防控机制，取得了一定的成效。厅各处室、单位共梳理权力事项八大类 371 项，查找出 512 个廉政风险点，其中一级风险点 133 个，二级风险点 174 个，三级风险点 205 个。全厅处以上党员干部和厅各处室、单位组长共查找出廉政风险点 2 962 个，其中思想道德风险 678 个、岗位职责风险 724 个、业务流程风险 587 个、制度机制风险 569 个、外部环境风险 404 个。针对查找出的廉政风险，有针对性地制定防控措施 2 329 项，修订完善制度 105 项。我们要认识到，查摆廉政风险只是一个过程，目标是如何杜绝风险的发生。要以查摆风险为切入口，制定的防控措施，不能只是挂在墙上，放在抽屉里，要结合岗位实际，认真加以贯彻落实。要以案为鉴，举一反三，不断完善风险防控措施，真正做到内化于心、外化于行、固化于制，用制度管权、管事、管人，切实把权力关进制度的笼子里。

（二）落实“一岗双责”，切实管好自己带好队伍

各处室、单位领导特别是主要负责人要强化责任意识，不折不扣地执行好省委、省政府各项方针政策和厅党组的各项决策部署，切实做到敢想会干、抓好落实。要认真落实“一岗双责”，既要抓好处室业务工作，又要抓好党员干部的思想工作和廉政建设，否则风险就会演变成案件，一般问题就可以铸成大错，甚至走向腐败。领导干部要率先垂范，要求处内同志做到的，自己带头做到；要求别人不能做的，首先自己不能做；同时，要从严抓好对干部队伍的教育管理，对苗头性问题早打招呼、早提醒。要坚持“两手抓、两手都要硬”，做到业务工作和廉政建设两不误、两促进。

（三）践行群众路线，切实转变工作作风

厅各处室、单位要把纪律教育学习月和党的群众路线教育实践活动结合起来，一起布置，一起开展。党员领导

干部要以开展群众路线教育实践活动为契机，切实把自己摆进去，查摆作风方面的问题和存在的廉政风险。要按照“照镜子、正衣冠、洗洗澡、治治病”的总要求，对照曾志权厅长提出的“虚懒松浮庸软散奢”八个方面的问题，结合实际认真查摆在“四风”方面存在的问题，逐一查摆，敢于开展批评与自我批评，敢于揭短露丑，排毒出汗，做到边学边查边整改。要按照纪律教育学习月活动的要求，认真学习，积极讨论，切实整改，进一步增强党性观念和纪律意识，转变工作作风，努力打造政治坚定、业务精通、作风优良、纪律严明、服务意识强的财政干部队伍。

（本文系邓桂明纪检组长2013年8月13日在全厅副处级以上干部“三纪”教育学习会上的讲话）

在全省教育创强工作现场会暨义务教育均衡优质发展工作推进会上的发言

（节选）

省财政厅党组成员、副厅长　沈梅红

一、积极履责，努力为义务教育均衡优质发展提供财力保障

2010年印发的《广东省中长期教育改革和发展规划纲要（2010－2020年）》，对我省未来10年教育改革和发展进行了全面部署，对我省财政支持教育改革和发展提出了更高的要求。2010年，时任省委书记汪洋同志就指出：对教育投入不能只算眼前账，而是要建立健全以政府投入为主、多渠道筹措教育经费的体制，大幅度增加教育投入。《规划纲要》也要求，到2020年各级财政教育拨款占财政总支出比例达到25%以上。

我省各级财政部门高度重视、积极响应，自觉按照党中央、国务院和省委、省政府关于优先发展教育的一系列重大方针政策要求，始终把教育放在公共财政的优先位置，予以重点保障。财政教育投入确保做到了“三个增长”，即各级人民政府教育财政拨款的增长高于财政经常性收入的增长，按在校学生人数平均的教育费用逐步增长，教师工资和学生人均公用经费逐步增长。特别是近年来，围绕义务教育均衡发展目标，立足城乡统一、区域协调、促进公平、全力推进基本公共服务均等化，各级财政对教育的投入机制不断健全、支持政策不断完善，积极有为，成效明显。在保障教育经费方面，一是全面落实免费义务教育政策，无论就读公办或民办学校，所有在校生均享受免除义务教育阶段学杂费和课本费政策；二是统一城乡免费义务教育公用经费补助标准，缩小城乡教育发展差距；三是不断提高免费义务教育公用经费保障水平，从2008年开始逐年提高城乡免费义务教育公用经费补助标准，到2013年达到小学每生每年750元、初中每生每年1 150元，计划到2015年进一步提高到小学每生每年1 150元、初中每生每年1 950元的水平；四是对农村和薄弱环节给予政策倾斜，一方面要求各地把公用经费提标后新增的补助资金重点用于保障农村小学教学点和规模较小学校正常运转，对在校生不足100人的农村小学（含小学教学点）按100人核定公用经费补助资金，另一方面，对特殊教育学校公用经费和免除课本费补助资金予以重点保障，其中，对特殊教育学校智障、孤独症、脑瘫及多重残疾学生公用经费按不低于普通生生均标准的10倍拨付、盲聋哑学生按不低于8倍拨付、对普通学校附设特教班学生按不低于5倍拨付公用经费；对特殊教育学校学生免费课本补助资金按不低于普通生生均标准的1.5倍单独划拨。在落实教师待遇方面，支持师资队伍建设，实施并完善绩效工资政策，落实教师工资待遇“两相当”，并将公办幼儿园教师纳入“两相当”政策省财政补助范围，建立了山区和农村边远地区义务教育学校教师岗位津贴制度。落实财政补贴标准，妥善解决代课教师及其待遇问题。在改善办学条件方面，建立了农村中小学校舍维修改造长效机制，并逐年提高农村中小学校舍维修改造长效机制生均补助标准，至2013年达到小学每生每年80元、初中每生每年100元的水平；积极推进实施校舍安全工程、支持规范化学校建设和教育布局调整；全面清理化解农村义务教育债务，逐步建立起防范化解农村义务教育债务的长效机制。据统计，“十一五”期间，全省一般预算支出中教育支出累计达到3 397亿元，年均增长23.77%；省级教育支出累计达到414亿元，年均增长25.91%。分别高于同期财政支出年均增幅3.06个和7.89个百分点。2011－2012年，全省教育支出分别为1 228亿元、1 501亿元，分别比上年增长33.25%、22.26%，分别高于全省公共财政预算支出增幅9.44个、12.20个百分点。全省教育支出占全省公共预算财政支出比例不断提高，从2011年的18.29%提高到2012年的20.32%，圆满完成中央下达我省20%的目标任务。教育支出已成为我省第一大公共财政支出，为我省教育均衡发展提供有力保障，也为我省实施教育创强以及从教育均衡发展向教育均衡优质发

展提升提供环境条件。

按照“以县为主”的义务教育管理体制，地方政府是落实教育创强和义务教育均衡优质发展工作的责任主体。各级财政部门要在不断总结经验、巩固成果的同时，进一步增强自身的责任感、使命感，切实将推动教育强省建设与推进区域协调发展和落实民生实事有机结合起来，继续加大教育投入统筹力度，落实教育投入法定增长要求。今年，省对各市继续下达教育投入占比目标要求，就是要督促各地落实主体责任，切实为教育改革发展目标实施提供财力支持，请各地统筹兼顾、主动作为，抓好落实。

二、明确政策，全力支持基础教育创强工作

为支持我省基础教育创强工作，经省政府常务会议审定通过，2012－2015年，省财政确定了教育投入“一揽子”计划，将统筹安排基础教育创强奖补专项资金（以下简称创强资金）100亿元，专项用于奖补基础教育创强工作成绩显著、基础教育发展良好的市、县（市、区）、镇（乡、街道）。我厅会同省教育厅起草了《广东省基础教育创强奖补专项资金管理办法》，根据我省财政和教育实际，将采用以奖代补和因素分配法安排这项资金，具体将统筹考虑各地发展水平、区域差异、工作成效等因素，分别确定各地奖补资金。主要把握了三条原则：

一是分类分档、适当倾斜。创强资金的奖补对象分为教育强镇、教育强县和教育强市三类。对每一类奖补对象，将综合考虑财力状况、地区差异、在校生人数、创强工作完成时间等因素确定分档奖补标准，奖补资金将向教育强镇类倾斜，向扶贫开发重点县、民族自治县、原中央苏区县适当倾斜。

二是奖补结合、鼓励先进。创强资金的奖补由均衡性补助和激励性奖励两部分组成。即对所有开展创强并拟申请督导验收的乡镇，由省财政在其申请当年按奖补控制数的40%给予均衡性补助。约占奖补控制数60%的部分，将由省财政根据创强通过督导验收情况及该镇当年基础教育全日制在校生数和生均奖补标准，计算并拨付激励性奖励资金，先验收通过的先兑现奖励。先兑现对强镇的奖补，再兑现对强县、强市的奖励，且强县、强市奖补均需通过验收方可兑现。

三是科学规范、注重绩效。创强资金分配将统一计算公式、统一数据来源、统一分类标准、公开计算过程、公开奖补分配标准，并预先告知奖补控制数。创强资金根据省级财政收支实际分年安排，将以各地创强绩效为依据，结合验收规划进度和财政性资金绩效考核结果拨付。

三、加强监管，确保财政资金使用安全有效

一是合理安排财政资金。基础教育创强工作是省委省政府“创强争先建高地”总体部署的关键性工程，管好用好各级财政创强资金，有效发挥财政资金和政策效应，是各级财政部门应尽的义务和责任。各地要加强与教育部门的沟通协调，积极支持，多出好主意、多提好办法，主动服务做好本地区教育创强工作。省级财政安排的创强资金除适当增加预算安排外，主要通过盘活存量、整合义务教育规范化学校建设专项资金等原用于改善办学条件的相关专项资金来筹措。各地要结合本地实际，合理配置资源、科学运用财力、优化支出结构，支持教育投入均衡适度增长，要通过整合资金、拓宽资金来源渠道、集中财力办大事，把好事做实办好。各级财政落实财政资金安排既要考虑到地方教育发展需要，又要考虑财政收支的实际和可能，坚持量力而行、量财办事。特别要注意防范和制止新的农村义务教育债务的产生。既要鼓励各地创强积极性、工作主动性，又要防范不顾条件、寅吃卯粮、通过大规模举债来完成创强工作目标、将包袱留给后人等问题的发生。

二是强化财政监督管理。各级财政要切实履行财政职能，进一步创新财政管理机制，规范资金分配，切实加强对教育经费的统筹管理，不断完善管理制度，严肃预算管理、严格财经纪律。创强资金必须用于中小学校、幼儿园的校园校舍建设和维修改造、教学设施设备采购等方面，不得用于发放教职工工资福利、个人的奖励和消费性支出，对应纳入工程招投标和政府采购范围的项目，应当严格按照有关规定执行。既要按照工程进度严格审核把关，又要督促按预算执行并加快支出执行进度；既要为创强资金拨付提供便利条件，又要坚持财政财务制度，进一步加强对学校财务和资产的管理，不断提升教育经费的科学化、精细化管理水平。

三是加强绩效评价工作。要逐步建立与公共财政相适应、以提高教育质量为导向、以强化资金使用效益为核心的教育经费绩效评价体系，完善教育投入绩效评价、跟踪问效、督查和公告制度，通过组织开展第三方评价，强化对重大项目资金绩效的监督评价工作，提高资金使用效益，并把绩效评价的结果作为预算资金安排的重要依据。省级财政部门将适时会同省级教育部门对资金的使用情况进行绩效考评，督促各地管好用好财政资金，防止违规使用资金或挪用、截留、挤占资金的行为，确保财政资金使用安全有效。

（本文系沈梅红副厅长2013年7月5日在全省教育创强工作现场会暨义务教育均衡优质发展工作推进会上的发言）

在全省行政事业单位内部控制规范动员会及培训班上的讲话

（节选）

省财政厅党组成员、副厅长　郑贤操

一、深刻理解内控规范建设的重要意义，切实增强实施内控规范的责任感和使命感

内部控制是指单位为实现控制目标，通过制定制度、实施措施和执行程序，对经济活动的风险进行防范和管控，保证单位经济活动合法合规、资产安全及有效使用、单位财务信息真实完整、有效防范舞弊和预防腐败，提高公共服务的效率和效果。实施内控规范，对于提高行政事业单位综合管理水平，改进公共服务的质量和效率，推进服务型和廉洁型政府建设都具有重要意义。

（一）实施内控规范是行政事业单位贯彻执行国家法律法规的客观要求

行政事业单位作为我国各项基本政策的实施主体，其开展的一切经济活动都必须符合法律法规的相关要求。健全有效的内部控制，能够合理保证行政事业单位的经济活动符合有关预算管理、财政国库管理、资产管理、建设项目管理、会计管理等方面的法律法规和相关规定，确保单位在法律法规和政策允许的基本框架下行使职能，避免受单位局部利益的影响，减少违规操作的机会，有利于提高行政事业单位的公信力。

（二）实施内控规范是提高行政事业单位管理科学化水平的重要保障

近年来，我省行政事业单位财务管理整体水平不断提高，但仍然不同程度存在一些问题。比如，一些行政事业单位风险意识淡薄、内部管理弱化、缺乏基本的控制程序和措施，内外部相关管理制度难以落实到位；一些单位虽然建立了各项内部管理制度，但制度之间条块分割、不成体系，影响了制度的有效执行，降低了管理效能。通过实施内控规范，将制衡机制嵌入单位制度建设中，使各项制度有机衔接起来，形成完整的制度体系，以满足单位全面管控经济风险的需要，如将预算管理、收支管理、政府采购管理、资产管理、建设项目管理、合同管理、内外监督等纳入到统一的管控体系之中，在保障财政资金安全的同时，单位各部门之间形成联动机制，有利于提升单位科学化管理水平。

（三）实施内控规范是促进行政事业单位强化党风廉政建设的有效措施

目前，我省行政事业单位在财政资金使用中或多或少存在资金使用方式不当、使用效率低下、虚报冒领、贪污枉法等问题，一些单位甚至发生了严重违反财经纪律的案件。实施内控规范，建立科学完善的内部控制制度，在职能配置、权力配置、业务流程中嵌入制衡、监督元素，形成不能腐的防范机制、不易腐的保障机制，有利于促进行政事业单位加强党风廉政建设，防控廉政风险的发生。

（四）实施内控规范有利于构建整治“小金库”长效机制，是开展党的群众路线实践活动的重要载体

近期，省委部署开展整治“小金库”、违规使用财政专项资金专项行动，要求坚持标本兼治，强化建章立制，建立健全防治“小金库”和规范专项资金管理的长效机制。内控规范秉持谨慎的风险管理理念，注重制度设计和运行的同时，强调对关键风险点的管控和防范，通过设计实施一系列制度、流程等，有效规范行政事业单位的各项经济活动，有效监控财产物资的使用和保管，防止财政资金体外循环，杜绝浪费、挪用和不合理使用等问题的发生。有利于构建防治“小金库”的长效机制。同时，实施内控规范还有助于解决形式主义、官僚主义、享乐主义和奢靡之风，是开展党的群众路线实践活动的重要载体和效果体现。

内部控制既是行政事业单位的一项重要管理活动，又是一项重要的制度安排，是行政事业单位内部治理的基石。各单位要深刻理解实施内控规范的重要性，切实增强实施内控规范的责任感和使命感，认真研究，科学谋划，全力做好内部控制规范的实施工作。

二、充分认识内控规范的丰富内涵，切实把握实施内控规范的关键环节

（一）内控是“一把手工程”

“一把手”的重视和支持，是内部控制体系全面推行的重要保障。内控规范明确规定，单位负责人对本单位内部控制的建立健全和有效实施负责。行政事业单位实施内控，需要领导者的自觉意识，更需要领导者勇于“革自己的

命”，通过内控将权力装入“笼子”、管住自己的双手。同时，内部控制只有全员参与才能真正发挥作用，否则只是流于形式，成为制度摆设。这就要求单位“一把手”必须亲自挂帅，通过建立内控领导组织，统筹各种资源、协调相互关系，营造良好的内控氛围，确保内控规范各项制度、管理程序和措施切实落到实处。

（二）梳理再造业务流程

业务流程再造是实施内控规范的前提。目前，大多数行政事业单位可能都有较清晰的业务流程，但通常局限于部门内部，部门之间缺乏有效的沟通协调，造成业务运行不畅、信息阻隔等问题。因此，行政事业单位要按内控规范要求，以预算管理为主线，以资金管控为核心，沿着资金运动轨迹，对各业务流程进行梳理再造，找准关键环节和关键风险点，研究确定风险管控措施，建立健全内控制度，明确业务流程各个节点的岗位设置、职责分工，加强监督检查，实现内部控制的有效运行。

（三）全面把握四项原则

行政事业单位建立和实施内部控制要遵循全面性、重要性、制衡性和适应性四项原则。

全面性原则要求内部控制贯穿行政事业单位经济活动的决策、执行和监督全过程；涵盖预算、收支、政府采购、资产管理、建设项目和合同管理等经济活动的全流程；全员参与内控活动。重要性原则要求突出重点，关注重要问题和重大风险，确保内控不出现重大缺陷。制衡性原则是建立和实施内部控制的核心理念，要求经济活动的决策权、执行权、监督权相互分离、相互制约，真正发挥制度管权、管事、管人的作用。适应性原则要求行政事业单位的内控规范要根据国家的有关规定和本单位的实际情况，按照成本效益原则进行个性化设计，并根据内外部条件的变化不断调整、完善。

（四）前移内部管控关口

管控关口前移是实现内部控制的主要特点。内部控制是“未病先防”，通过开展内控体系建设，规范相关业务流程与审批权限，有效弥补制度缺陷和管理上的薄弱环节，形成一套事前、事中、事后相结合的控制体系。为此，单位在建立内部控制时，要对单位所有经济活动进行分析梳理并合理分类，根据每类业务的风险特征，综合运用预算、归口、审批、标准和程序等多种管控方法设计相应的控制规程，变“先支后审”为“先审后支”，强化事前的防范、事中的控制、事后的监督纠正，及时堵塞漏洞、消除管理隐患。

（五）提高信息化应用水平

信息化是实施内控规范的重要手段。管控关口前移、着重过程控制、侧重事前事中风险防范等均要求单位信息化系统控制功能覆盖全部经济活动和业务开展的全过程；业务层面的控制涉及多部门、多岗位，也需要信息系统实现数据交换和协同。因此，各单位应加强信息化建设，将内部控制嵌入信息系统，改变单位各项经济活动分块分割、信息“孤岛”的局面。实现对经济活动控制的自动化、实时化，降低人为因素的影响，达到内部控制标准对各项经济业务约束的“自动”实现，提高内部控制的执行力。

三、强化内部控制建设的保障措施，切实推动内控规范全面顺利实施

加强单位内部控制建设，既是贯彻落实国家法律法规的外在需要，也是单位提高管理水平、提升服务效能的内在要求。各级财政部门和行政事业单位要把实施内控规范作为当前和今后一段时期财政财务管理的重要工作来抓。

（一）加强组织领导

一是“一把手”负责制。行政事业单位领导是实施内控规范的主要责任人。单位领导人要牢固树立责任主体意识，高度重视内部控制建设，切实加强实施工作的组织领导，扎扎实实做好内部控制的建立和完善工作，并持之以恒地带头贯彻执行。二是健全实施机构。各单位要按照内控规范的要求，单独设置内部控制职能部门或者确定内部控制牵头部门，负责组织协调内部控制工作，要注重发挥内部审计、纪检监察、政府采购、基建、资产管理等部门或岗位在内部控制中的作用，共同做好内控规范的实施工作。三是积极协调配合。内部控制涉及预算、收支、政府采购、资产管理、建设项目、合同管理等各项经济活动，需要单位内外各有关部门和岗位加强沟通、相互协调，形成联动机制。各级财政部门要加强与审计等有关部门的沟通协调，明确工作分工，齐抓共管，形成合力。四是适当借助外力。实施内控规范是一项系统工程，任务较为繁重。同时，行政事业单位作为职能部门，承担着大量的事务性工作，单位人员缺乏必要的精力和相关专业知识完成内控建设和信息化的实施。因此，可通过寻求专家咨询、指导或适当借助专业中介机构的力量，以推动单位顺利实施内控规范。

（二）精心谋划准备

一是大力展开宣传。各单位要重视和加强内控规范实施的宣传工作，通过舆论宣传和引导，将内控规范重要意义、基本原则、主要内容灌输到单位每一位员工，让内部控制的理念深入人心，为实施内控规范营造良好的舆论环境，形成人人懂内控、自觉参与内控的氛围。二是加强专业培训。各单位要开展全员培训，在全体员工中普及内控基本知识；开展分类培训，通过对重点岗位、关键环节工作人员实施重点培训，增强行政事业单位人员对内控规范的理解，掌握实施的方法步骤，为实施内控规范奠定良好的基础。三是坚持实事求是。行政单位和事业单位具体情况千差万别，内外部因素十分复杂，各单位在实施中要根据内控规范的要求，抓住内部管理制度、业务流程再造、内控自我评价等内控规范实施重要环节，科学设计适合本单位实际的实施方案和操作规程，采取有效措施，将内控规范真正落到实处。

（三）强化业务督导

推动内控规范建设，财政部门承担着重要职责，各级财政部门和各主管部门要把实施内控规范作为加强财政财务管理工作的重要内容，提高服务水平，加强业务指导，努力为内控规范的顺利实施创造条件。一是建立责任机制。

各级财政部门、各主管部门和行政事业单位要建立内部控制建设的责任机制。要指定专门人员负责内控规范实施工作，层层落实工作责任。各主管部门要加强对本系统内控实施工作的组织领导。二是强化专业指导。省财政厅将会同相关部门成立由行政事业单位财务负责人、专家、教授、注册会计师等组成的内控规范实施工作专家组，加强对全省实施内控规范的指导；同时，各主管部门也要协调组织系统内的专业力量，及时帮助本系统各单位解决实施中遇到的问题。三是加强督导检查。财政部门要联合监察、审计等相关部门加强对单位内控规范实施情况的督导检查，有针对性地提出意见和建议，并督促单位整改。各主管部门要定期对本系统内单位内控规范实施情况的开展监督检查。

（本文系郑贤操副厅长2013年10月17日在全省行政事业单位内部控制规范动员会及培训班上的讲话）

积极发挥财政职能作用 扎实推进产业转移工业园区建设

省财政厅党组成员、副厅长　叶梅芬

一、关于政策内容

根据省委、省政府进一步促进粤东西北地区振兴发展的决定，2013－2017年，省财政安排430亿元，支持推进“双转移”，其中扶持产业园区专项资金135亿元，按照激励性、竞争性、经营性、公共性原则，以差别化的财政政策和资金安排机制，用于支持和促进经省政府批准设立的产业园和享受省产业转移政策的园区扩能增效。财政政策内容主要有五个方面。

（一）鼓励珠三角和粤东西北共建共享

一是珠三角有关市县要落实底线帮扶责任。2013－2017年，珠三角地区对共建园区的资金支持力度原则上要不少于前五年的水平，并适当增加。二是创新共建模式。鼓励由珠三角产业转出市加大对园区建设、招商和园区管理力度，粤东西北转入地积极提供用地和相关服务。鼓励粤东西北地区或珠三角地区一方出资或双方共同出资成立园区运营公司，负责园区规划、投资开发、招商引资和经营管理等工作，实行市场化运作，按股本比例分享收益。三是合理分享利益。由共建双方协商确定市县GDP、税收分成的利益分享。四是实行税收奖励。省财政厅按照省领导指示精神正继续探索研究制定进一步调动产业转移共建双方积极性的税收政策。共建双方要进一步落实《关于建立产业转移合作共建共享长效机制的意见（试行）》，通过制定更为灵活的措施，消除体制障碍，共建产业园发展长效机制。五是实行税费减免缓征。2013－2017年，对园区企业减征机动车安全技术检验费等31项行政事业性收费并缓征防空地下室易地建设费。

（二）扶持园区基础设施建设

2013－2017年，省财政每年安排13亿元，五年共65亿元，对园区基础设施建设给予贷款贴息等。产业园区划分为发展较成熟园区（一类园区）和起步发展园区（二类园区）两类，每年主要根据园区的规模、产值；以及工业化、信息化融合程度等指标划分确定。根据2013年园区情况，一类园区为地级以上市合作共建或自建的示范产业园，其他园区（含德德园和揭阳中德金属城）为二类园区。申报扶持资金的园区必须有基础设施贷款或具备基础设施贷款的条件，且基础设施项目应整体位于园区内。通过竞争性分配方式，每年最多扶持6个较成熟的一类园区和4个起步发展的二类园区，其中，一类园区每个给予扶持资金1.5亿元，二类园区每个给予扶持资金1亿元，对其基础设施建设安排贷款贴息。扶持资金拨付地级市（或财政直管县），由地级市（或财政直管县）采用股权投资方式投入。

（三）鼓励园区招商选资

2013－2017年，省财政五年共安排30亿元鼓励园区招商选资。省按照招商的投资额及其固定资产额实行累进奖励，如招商项目属世界500强的生产性企业项目，合同投资额达10亿元以上且其中固定资产投资额不低于3亿元的，每个项目奖励5 000万元；固定资产投资额每增加1亿元的，奖励资金增加1 000万元，以此类推，奖励资金每个最高不超过2亿元；又如省内外大型骨干企业的项目，或其他较大投资的项目，合同投资额达2亿元（或年度产值8亿元以上的）且其中固定资产投资额不低于1亿元，每个奖励1 000万元，固定资产投资额每增加1亿元的，奖励资金增加1 000万元，以此类推，奖励资金每个最高不超过8 000万元。资金奖励给园区所在地政府，采用股权投资的方式投入。

（四）鼓励园区加快产业集聚

2013－2017年，省财政五年共安排30亿元鼓励园区加快产业集聚。园区主导产业应达到一定规模，园区上下游产业链已基本建立，园区上年度主导产业产生的税收超过5 000万元的均可申请。通过竞争性评审方式，每年评审出6个获奖园区，每个可给予1亿元的奖励资金。获奖园可在奖励资金使用完成后，相隔不少于两年后再次申报（即每个园最多获得两次奖励资金），但当年评选结果中已获得过资金的园区数量不得超过该类别的50%。专项资金用于推动产业集聚发展，吸引企业入园、完善产业配套环境以及对重点产业链、重点龙头企业发展项目等给予贷款贴息等。资金投入采用股权投资方式。资金管理办法待省政府审批后印发。

（五）鼓励园区企业创新

2013－2017年，省财政安排10亿元，奖励创新型企业和园区企业技术创新，由园区组织本园区符合申报条件的企业，通过向所在地财政部门与经济和信息化管理部门逐级向省财政厅与省经济和信息化委申报。专项资金由省财政厅与省经济和信息化委组织，一是通过竞争性评审，遴选出不超过10个具有自主知识产权的产业（行业）主导技术的项目，给予不超过1 000万元的资金支持，由园区以股权投资方式投入；二是对新认定的国家级创新型企业、获得国家和省级科学技术进步奖等的企业，分别给予一定数额的奖励资金。

以上介绍的是专门针对产业园区的政策资金安排。除此以外，省委、省政府已明确的扶持粤东西北地区振兴发展的财政政策资金安排，还包括重大基础设施建设资金、产业转型升级资金、粤东西北振兴发展股权式基金等，产业园区相关项目符合条件的，都可以纳入支持申报范围。

二、关于管理措施

近年来，财政专项资金在为实施省委、省政府推进产业和劳动力“双转移”战略、发展战略性新兴产业、推进基本公共服务均等化、保障民生等重大战略决策提供了坚实的财力保障，发挥了积极作用。但是，近期查处的贪腐案件以及专项资金审计情况反映出，专项资金管理尤其是在资金审批、资金分配、资金使用等环节仍存在较为突出的问题，部分财政资金使用效率较低、寻租风险高等问题，引发各方面的高度关注。省委、省政府高度重视财政专项资金管理工作，胡春华书记、朱小丹省长多次作出批示和指示，徐少华常务副省长召开专门会议研究规范专项资金管理工作，刘志庚副省长也对加强和规范产业园区等专项资金管理提出了明确要求。根据省领导的一系列指示和要求，省财政厅牵头制定改革和规范专项资金的制度办法，并会同有关部门将相关要求逐步贯彻到各项专项资金具体管理过程当中。根据省委、省政府关于进一步改革和规范专项资金管理的要求，省对产业园区专项资金管理，目前主要从以下五方面作进一步改革和规范。

（一）实行股权投资

根据省政府批准的财政经营性资金股权投资办法，财政投入经营性领域的财政资金，改变以往直接补助、给钱的做法，尽可能采取股权投资方式。新一轮扶持产业园财政资金，主要采取股权投资的方式。专项资金由省财政按预算级次拨付至园区所在地级市财政部门和财政省直管县（市）财政部门，由园区所在地人民政府及其经济和信息化管理部门、财政部门委托有资质的受托管理机构，以股权投资的方式投入园区开发建设公司，实行公司化运营管理，5年内政府性投资收益不分成，全部留存园区滚动发展。股权投资资金的投资管理按照省财政厅制定的《省财政经营性资金实施股权投资管理操作规程（试行）》有关规定执行。

（二）深化分配改革

按照“公开、公平、公正”原则，扶持产业园区的财政专项资金分配尽可能选取客观因素进行评审，符合竞争性分配改革条件的，原则上实行竞争性分配。

（三）健全制约机制

在资金的申报、审核、分配过程中，强化财政部门与业务主管部门之间、部门内部各环节的制约机制，确保资金的分配过程严格遵循相关规定和程序，尽可能减少自由裁量权。

（四）加大公开力度

细化公开内容，稳步有序将各项专项资金的总量、使用方向、分配程序、分配方式、分配结果、资金下拨、绩效评价等申报、分配、审批、使用和绩效等情况公开，广泛接受社会监督。

（五）完善绩效评价

进一步完善绩效目标申报审核、绩效监测督查、绩效评价和绩效问责。从单方绩效评估向由财政、监察、审计部门及第三方综合评估转变，提高绩效评估的客观性和科学性。同时，建立绩效评估后续处理机制，对绩效评估不合格的单位，采取相应的问责和处罚措施，进一步提高绩效评估的实效性。对实施股权投资的财政资金，引入第三方机构对资金股权投入和使用情况进行风险评估和重点绩效评价，并在一定范围内公布绩效评价结果；建立专项资金动态调整机制，对未完成当年度股权投资的专项资金或行业主管部门，可减少下年度资金安排金额并作今后申请财政资金的考量因素。

三、工作建议要求

为贯彻落实好省委、省政府促进产业转移园扩能增效工作部署，从财政部门角度就做好相关工作提出三点工作要求。

（一）高度重视，落实责任

建设产业转移园是粤东西北地区工业化的重要载体，也是其振兴发展的重要载体。各地特别是财政部门要认真学习领会省委省政府决定精神，要以省统一政策为引导，制定和完善本地区产业园区建设发展规划、实施方案和财政政策措施。珠三角共建市要切实加大对口扶持力度，落实底线帮扶责任。产业园区所在市县要落实主体责任，突出重点，加大投入，创新方式，提升产业园发展内生动力。

（二）精心组织，用好政策

目前，省财政厅已会同有关部门制定《关于建立产业转移合作共建共享长效机制的意见》、《产业园基础设施建设扶持资金管理办法》、《产业园区招商选资奖励资金管理办法》、《产业园企业创新专项资金管理办法》、《产业园区加快产业集聚发展专项资金管理办法》等五个资金管理配套文件。请各地把握省出台新一轮扶持政策的契机，在认真学习、吃透政策的基础上，结合本地区实际，精心准备、认真组织申报，积极参与项目竞标。

（三）规范管理，提高效率

规范财政扶持产业园专项资金管理，提高资金使用效益，关系省委省政府“双转移”战略的落实，关系粤东西北地区的振兴发展。请各地特别是财政部门按照省委、省政府关于改革和规范专项资金管理的要求，结合当前专项资金管理中存在问题，拿出强化产业园专项资金管理的硬办法、硬措施，特别是在实施产业园资金股权投资、强化资金管理责任机制和刚性约束、完善绩效评价、加大公开力度等方面，制定具体可行的管理办法并严格实施，确保产业园扶持政策和资金安排达到预期目标，促进产业园区成为粤东西北振兴发展新的增长极。

（本文系叶梅芬副厅长2013年10月8日在全省产业转移工业园开发建设现场会上的讲话）

创新机制　提升服务
积极推进我省财政投资评审工作

——在全省财政投资评审业务培训班上的讲话

（节选）

省财政厅副巡视员　何谢带

受郑厅委托，我在此总结近年来我省财政投资评审工作的经验做法，研究财政投资评审工作面临的新形势新任务，明确下一步的工作重点和努力方向，为推动财政投资评审工作再上新台阶进行思想动员。

一、我省财政投资评审工作总体情况

近年来，全省财政投资评审机构在各级党委、政府的正确领导下，牢固树立大局意识、服务意识、责任意识，紧紧围绕财政中心工作，充分发挥评审专业技术优势，为财政预算支出管理提供了有力的技术支撑，为政府部门投资决策提供了重要依据，取得显著成效，主要体现在“五个更加”：

（一）提升评审业绩，节约财政资金效用更加明显

全省各级财政投资评审机构紧密围绕财政中心工作，以提高财政资金的使用效益为目标，以“客观、公正、科学、合理”为原则，不断创新完善评审组织方式和工作方法，充分发挥评审专业技术优势，通过加大对财政性资金建设项目的评审力度，有力遏制了建设项目中截留、挪用资金、高估冒算和超概、超预等浪费现象，对加强财政性资金建设项目的监管和保证财政资金安全性、合理性、有效性起到了积极的作用，为各级政府节约了大量的财政资金。据统计，截至2013年9月底，全省财政投资评审机构完成各类评审业务46 254项，评审金额2 220亿元，审定金额1 990亿元，核减金额230亿元，分别比上年同期有较大的增长，极大促进了财政资金的节支增效。

（二）拓展评审领域，服务财政中心工作更加到位

近年来，为配合我省财政进一步深化预算支出管理改革，从源头上优化财政投资支出结构，各级财政投资审核机构在继续做好传统的工程结算和竣工财务决算业务的同时，积极探索评审关口前移，逐步将财政投资评审与预算管理、采购管理以及国库集中支付管理有机结合，推动财政投资评审成为贯穿于部门预算、政府采购、国库支付和项目后评价的一项重要财政管理工作，改变了过去侧重于事后监督被动局面，实现从事后监督向事前管理、事中控制和事后监督并重转变。据统计，截至2013年9月，各级财政投资审核机构投资估、预、概算等评审规模达1 656亿元，占评审业务总规模的74.55%，为科学高效准确安排财政基建资金提供了重要依据。另一方面，各级财政投资审核机构紧紧围绕各级党委政府中心工作，把握重点。加强评审工作计划性，不断加大对新农村建设、教育卫生、生态环境、基础设施、民生水利等政府重点项目和群众关注的热点项目的评审力度，圆满地完成了一大批政府重点建设项目的评审工作，树立了财政投资评审工作主动服务财政管理大局、积极发挥技术支撑作用的良好形象。

（三）强化制度建设，评审管理规范更加完备

我省各级财政投资评审机构，针对财政投资评审具有技术性、政策性、风险性、时效性的特点，通过不断探索，在加强制度建设和内控体系建设、规范和约束评审行为方面做了大量有效的工作。一是加强财政评审制度研究，促进财政投资评审作用发挥。广州、东莞、肇庆、中山等以人大、市府名义出台政府投资管理条例、政府投资项目管理办法，明确财政投资评审机构职能地位、财政投资评审介入的环节、范围，以及评审结果的应用等，使财政投资评审工作有法可依。二是加强财政评审内控机制建设，提升投资评审工作效能。各地在内控流程、廉政建设、保密规定等方面，制定并完善了相关的内部管理制度和业务管理流程，进一步规范了受理、审核、复核、复审、审批等环节的评审控制机制，明确操作细节，确保了对评审工作实行全过程质量控制，为评审工作高效规范完成奠定基础。

（四）创新组织方式，评审工作机制更加高效

为妥善解决财政投资评审事多人少、任务积压的矛盾，保证评审任务如期完成，近年来，我省各级财政投资评审机构积极创新工作思路，面向社会购买服务，探索引进优质的社会中介机构参与财政投资评审工作，并研究探索了一整套规范中介机构管理的准入机制、考核机制、奖罚机制和淘汰机制等，有效保证评审质量。如省投资审核中心建立中介机构参与财政投资评审的政府采购公开招标机制，制定了《中介机构参与省级财政投资审核管理暂行办法》和《综合考核暂行办法》；中山市制定了《社会中介机构参与财政投资项目审核综合考核办法》、佛山市制定了《佛山市财政局工程造价咨询服务违约处罚管理办法》等。引入社会中介机构参与财政投资评审业务，从实施的情况看，成效明显：一是有效解决了财政部门技术力量不足的矛盾，有效地缓解了审核项目积压的问题，为财政投资评审机构将工作重点逐步转向投资评审业务管理打下基础，提高了工作效能。二是较好地把社会技术力量引入到财政投资评审工作中，有助于集中行业技术精英力量，进一步拓展财政投资评审的深度和广度，共同促进业务质量的提升。

（五）加强队伍建设，评审机构力量更加充实

各级财政部门高度重视财政投资评审队伍建设，财政投资评审队伍不断发展壮大，队伍结构不断优化。据统计，截至2013年9月底，全省共有各级财政投资评审机构152个，其中：省级机构1个，地级市19个（深圳市未成立，佛山市未单设），县区级132个，全省各级评审机构共有1 488人，初步形成一支包括造价工程师、高级工程师、注册会计师等资格职称、素质高、业务精湛的专业评审队伍。在队伍扩充的同时，各级投资评审机构也非常注重队伍的培养，积极开展各种类型的业务培训和思想教育活动，推动评审队伍的进一步发展和提升。

天下大事必作于细，古今事业必成于实。近年来我省财政投资评审工作取得的成效，离不开各级政府和财政党组的高度重视、正确领导，更离不开全省财政投资评审干部的顾全大局、刻苦努力、扎实进取、默默奉献。在此，我谨代表省财政厅党组对全省财政投资评审系统卓有成效的工作给予充分肯定，向全省财政投资评审系统干部职工表示亲切的慰问和衷心的感谢。

在总结过往成绩的同时，我们也看到，我省的财政投资审核工作还有一些薄弱环节和突出问题，主要体现在：

一是投资评审任务快速增长与人手有限之间的矛盾日益突出。随着政府投资规模不断扩大，财政投资评审任务也日益加重，一方面评审范围重点不清，评审门槛缺失；另一方面投资评审机构受制于机构编制等因素，任务多、人手少的矛盾日益突出，造成较大数量的项目积压，极大地制约了评审部门服务财政中心工作的能力。二是财政投资评审的工作重点把握不到位。部分评审机构仍然把重点放在工程结算和进度款的评审上，对预算评审管理职能的发挥认识不足，使财政部门常常处于“部门点菜，财政买单”的被动局面，无法体现财政投资评审工作严把财政支出源头关的作用。三是对社会中介机构的管理方式有待优化。目前各地对社会中介机构的管理模式不尽统一，有全部委托粗放式管理的，有由于制度约束，采用部分委托、保姆式管理的，但总体来说，社会中介机构审核还没完全达到财政部门的要求，与财政部门自行评审的效果还有一定差距。四是部分机构力量仍然较为薄弱。目前，部分机构有名无实，嵌入财政主流工作不够，仍然停留在“打零工”、“干散活”阶段，财政投资评审职能作用未充分发挥；部分机构专业力量薄弱，直接影响到评审工作的质量和时限等。面对这些问题，我们要高度重视，主动思考，树立攻坚克难的决心和勇气，创新工作方式，努力加以解决。

二、当前我省财政投资评审工作面临的形势和要求

财政投资评审是深化财政改革、加强财政管理的一项重要工作。当前，我省经济财政形势不断呈现新情况、新问题，开展新时期财政投资评审工作，必须自觉融入我省经济社会发展全局，准确把握经济发展趋势，更好地为财政改革和发展服务。我具体谈四点意见：

（一）广东实现“三个定位，两个率先”要求财政投资评审更加增量扩面

习近平总书记在视察广东重要讲话中提出：“广东要努力成为发展中国特色社会主义的排头兵、深化改革开放的先行地、探索科学发展的试验区，为率先全面建成小康社会、率先基本实现社会主义现代化而奋斗”。广东作为改革开放的前沿，经济总量大，随着农林水利、教育、文化、卫生、环境等涉及我省经济发展后劲和关系民生项目的基础设施建设投资的持续增长，财政投资评审必然面临着更为广阔的业务领域和更加繁重的工作任务。

（二）优化财政支出结构要求财政投资评审更好发挥服务大局的作用

投资在经济结构调整中具有重要的引导作用，财政投资评审要积极发挥在优化投资结构中的特殊作用，遏制盲目扩张和重复建设，推动技术创新、科技进步和产业结构升级。同时，财政评审要审时度势，把握主动权，紧密地围绕中央和省委、省政府的决策部署，找准评审工作的切入点，更好地发挥服务大局的作用。如今年以来，针对群众反映强烈的党政机关违规建设楼堂馆所问题，中央下发

了关于党政机关停止新建楼堂馆所和清理办公用房的有关通知，省委、省政府也及时作出了工作部署，规定除5年内一律不得以任何理由新建、迁建、扩建、购置楼堂馆所外，对确实需要维修改造的办公用房项目，必须严格执行有关规定，不得豪华装修、违规新增面积等。按照这样的要求，我们就要在评审党政机关的基建项目时从严把关，对超出标准、超出面积的要坚决予以核减，确保把有限的资源更多用在发展经济、改善民生上。

（三）有效缓解财政收支矛盾要求财政投资评审更加从严把关

当前，我省的财政收支矛盾仍然较为突出，一方面，宏观经济总体良好，经济呈现稳健的发展态势，但经济下行压力仍未从根本上缓解，经济运行面临的困难和风险仍不可低估。另一方面，中央提出加快财税体制改革，健全中央和地方、财权事权相匹配体制，努力实现经济转轨和社会转型，对财政预算支出管理提出了更高的要求。这就要求我们更好地运用财政评审这个工具，充分发挥财政评审“节支增效”的作用，按照调控政策调结构、转方向的要求，切实强化财政预算支出管理，提高财政资金的使用效益。

（四）加强科学化、精细化管理要求财政投资评审效能更加提升

省委、省政府一直强调要“生财有道、聚财有方、理财有规、用财有效”和集中财力办大事，财政部领导要求财政管理要实现“科学化、精细化”，如何让有限的财政资源产生更大的效益，需要探索和推动财政管理方式的改革。财政投资评审机构一方面要积极探索职能定位，建立更加科学的财政投资评审体制机制，更好地服务于财政各项改革；另一方面要运用信息化、专业化和系统化管理优势，建立健全工作规范和内控机制，不断提高财政投资评审效能。

三、积极推进我省财政投资评审工作的意见

今年，财政部部长楼继伟和副部长刘昆听取了部评审中心领导班子的工作汇报，并作了重要指示。楼部长指出，财政投资评审主要应该是事前，重点要放在预算管理的前端，加强项目预算的审核；刘昆副部长指出，评审中心应该是一个评审管理机构，而非评审的具体操作机构等。

财政部领导的指示，为我省财政投资评审今后的改革发展指明了方向，提出了明确的工作思路。我省作为改革开放的前沿和经济大省，要实现省委、省政府“三个定位、两个率先”目标，努力当好社会经济发展“排头兵”，财政投资评审工作就要勇于探索，锐意创新，从工作思路、工作方式、职能定位等多角度，充分发挥为财政改革发展大局服务的作用。

（一）围绕大局，提升服务，强化评审职能作用发挥

一是构建科学的财政投资评审体制，服务项目支出预算管理。各级财政部门要密切关注财政改革和财政投资管理的新情况、新变化，紧密结合部门预算改革、国库集中支付改革、绩效评价改革以及公共服务改革，按照有利于加强财政支出管理和政府投资管理，有利于更好地履行财政职能，有利于提高财政资金使用效益的原则，结合当前正在开展的事业单位分类改革，将评审工作放到财政改革发展的大局中去定位和谋划，突出投资评审的管理职能，切实强化财政评审机构定位和职能建设。同时，要认真研究项目分类评审的方法，不同的项目采取不同的评审办法，逐步从具体审核操作机构转向投资评审管理机构，实现工作职能的根本转变。

二是进一步提高财政投资评审工作效能。各级投资审核机构要充分发挥机构专长，从财政角度对财政投资项目进行技术性审核把关，坚持“科学、合理、公平、公正、公开”的原则，严格执行相关财政投资评审制度办法和评审内部业务制度，在项目评审的各个环节确保做到“准、实、细”。同时，按照既强化内部控制又提高运转效率的思路去研究改进具体工作流程，按照既严格规范管理又提升服务效能的原则去探索完善审核制度设计，扎实高效做好历年积压项目清理、审核资料受理、审核项目严格把关等各项工作，不断提高评审工作质量。

（二）把握机遇，大胆探索，推动财政评审工作转型

一是紧密结合财税体制改革，积极探索服务财政中心工作的有效途径。在立足做好现有工作的基础上，要积极创造条件，面对评审业务范围广、领域多、项目重的实际，深入研究财政投资评审在财政预算支出管理中的职能作用，在服务最紧密、作用发挥最充分的环节确定财政投资评审的切入点。一方面要围绕保增长、扩内需、调结构、促改革、重民生的要求，确定财政投资评审的范围和重点；另一方面条件成熟的地方可积极探索加大预算评审力度、积极尝试将评审关口前移，促使财政评审更紧密地服务于财政中心工作。

二是创新评审工作组织形式，规范对社会中介机构的管理。既要把应由市场解决的事项，交由市场解决，又要把应由财政承担的职责承担起来。要完善引入第三方评审和公开招标评审机制，通过建立健全诚信监督机制、优胜劣汰竞争机制，着力培育评审中介市场，有效组织利用社会资源参与财政评审工作，发挥社会中介评审专业性强、人才储备丰富的优势，促使社会中介机构不断提高工作质量和服务水平，形成有序的良性竞争，提升财政投资评审的时效性和工作效率。

（三）加强研究，强化执行，健全财政投资审核制度体系

评审工作的开展，是一个从零起步、逐步完善的过程，各级财政投资评审机构要坚持在实践中积极积累工作方法，开展理论研究，形成规章制度，打牢评审工作发展的基础。

一是抓好制度建设。进一步健全和完善内控制度建设。各地要完善财政投资评审规章制度和操作规程，加强质量管理，建立完善评审质量考核机制和控制措施，使每一个岗位、每一类业务、每一个环节，都置于制度的约束和监

督之下，确保评审结论真实、可靠、准确，降低评审工作风险。进一步优化评审流程。要构建科学合理、权责明确、运行规范的评审工作机制，优化评审内设架构，通过审核—复核—复审—审批等评审流程优化人员组合，强化A、B角管理，对各级党委、政府确定的重大项目、应急项目和保密项目，建立项目快速评审通道，提升评审效率。落实制度执行。要严格执行相关法律法规，确保各项内部管理制度落到实处，有效规范评审行为。

二是强化理论研究。要深入开展调研活动。各地要善于总结工作中的宝贵经验和做法，并结合本地实际，认真研究新形势下做好财政评审工作的思路和举措，通过调研，对现行制度的改进、完善提出有益的建议，对财政投资评审工作转型提出政策建议，对财政投资评审工作改革的努力方向提出明确目标，形成有见地、有深度的调查研究报告，推动实践工作发展。要积极研究制定财政评审管理相关办法。明确财政投资评审的项目性质、资金数额范围、主要内容、评审计划编制、评审切入点、工作程序、评审质量控制和评审结论的运用；明确财政投资评审职责分工组织和管理，规范财政与发改、建设、项目主管和项目建设等单位职责分工；明确对各单位不认真履行职责，项目管理不规范，把关不严，评审资料报送不完整、不及时、不规范，不配合审核工作的制约措施等，为财政投资评审管理营造良好的内外部环境。

（四）引入系统，规范运行，强化财政投资审核信息化建设

财政投资评审工作，涉及到工程技术、财务管理等领域，工程定额和工程量数据大，政策法规体系繁多，工程建设的招标文件、合同内容复杂，必须利用信息化手段来提高处理能力。因此要重视做好财政投资评审信息化建设，努力建立评审机构内部、评审机构与财政各业务处（科）室以及相关部门之间的信息化网络系统，建立评审项目库、专家库等应用信息数据库系统，为评审信息的高效传递和及时反馈提供平台。同时，要通过应用信息化分析手段，为评审数据和评审结论和评价进行多角度、深层次的分析、对比、整理和加工，提高评审工作的效率和质量。省财政投资审核中心研究开发的全省财政投资审核系统通用版已在部分地方使用，希望大家根据各地的实际情况设计好自己的需求，为系统的进一步完善提供好的意见和建议。

（五）强化技能，廉洁行政，加强财政投资审核队伍建设

一是进一步加强业务能力建设。目前，财政投资评审队伍中既懂评审专业技术又懂财务管理的复合型人才相对匮乏，要根据新形势下对财政投资评审的要求，切实做好评审队伍的建设工作，通过建立激励机制、责任机制以及科学的培训机制，努力培养复合型人才，打造财政评审工作队伍中的全科能手，不断提高财政投资评审队伍的业务能力、知识学习和储备能力等综合素质，来应对新形势和财政投资评审职能完善后的变化。二是进一步转变工作作风。财政投资评审工作是一个服务性强的工作，要切实树立大局意识、创新意识和服务意识，建立健全服务周到、办事高效、行为规范、运行协调的优质服务长效机制。三是进一步加强职业道德教育。要在评审人员中加强职业道德教育，树立爱岗敬业、诚实守信、办事公道、服务群众的职业道德和从业理念，着力打造一支经得起考验、能打硬战的高素质的评审队伍。四是进一步建立健全廉政风险防控长效机制。财政投资评审工作尽管不直接分配资金，但是在一定程度上参与了财政资金安排和使用，因此，我们在思想上要切实树立廉政意识，严格遵守财政评审纪律，规范财政评审行为，加强评审干部队伍建设。将廉政建设作为财政投资评审工作的重中之重，必须常抓不懈，认真执行各项内控制度，加强对廉政风险重点环节的防控，加强对评审工作的经常性监督，切实防止出现廉政问题。

（本文系何谢带副巡视员受郑贤操副厅长的委托于2013年11月12日在全省财政投资评审业务培训班上的讲话）

广东省财政收支区域差距问题研究

（节选）

广东省财政厅国库处

摘要：本文基于2003－2012年广东省21个地级以上市财政收入、财政支出和人口数据，对广东省近10年财政收支的区域差距问题进行理论和实证研究，分别计算了10年间全省财政收支差异系数，基尼系数，库兹涅茨比率以及泰尔系数等，研究发现：2003－2012年，广东省财政收支的区域差距整体上呈缩小趋势，财政收支的区域均衡性也正在逐步提高，并且财政支出的区域均衡性要强于财政收入的区域均衡性。同时，本文还通过对库兹涅茨比率和泰尔系数进行分解，结合地区生产总值的变化情况，进一步分析了造成广东省财政收支区域差距的原因，并在此基础提出了进一步缩小广东省财政收支区域差距、推进区域协调发展的措施建议。

一、绪论（略）

二、相关理论及文献（略）

三、我省财政收支概况

改革开放以来，受益于经济较快增长，广东省财政收支规模逐年扩大，结构不断优化，财政收支总量已连续多年居于全国首位。但是，受人口较多、区域经济发展不平衡等因素影响，广东省财政收支人均水平相对较低、在全国排名靠后，财政收支区域差距大，区域发展不平衡的问题依然突出。具体情况如下：

总量大：2012 年地方公共财政预算收入 6 229.18 亿元，是 1978 年（41.82 亿元）的 149 倍，自 1991 年以来一直稳居全国地方首位；2012 年地方公共财政预算支出 7 387.86 亿元，是 1978 年（28.70 亿元）的 257 倍。近 10 年来，广东财政收支规模继续保持了较快增长，2003－2012 年，广东财政收入规模在全国长期保持了排头兵的位置，来源于广东的财政总收入从 3 290 亿元增加到 14 728 亿元，年均增长 18%；全省地方公共财政预算收入从 1 316 亿元增加到 6 229 亿元，年均增长 21%，已连续 23 年居全国各省市首位。2012 年，全省地方公共财政预算收入总量约占全国地方公共财政预算收入的 1/10（全国地方为 61 078 亿元），高于第二位的江苏省 368 亿元；全省地方公共财政预算支出完成 7 388 亿元，总量占全国地方公共财政预算支出的 6.9%（全国地方为 107 188 亿元），高于第二位的江苏省 360 亿元。

人均少：虽然广东是财政收入大省，但同时也是全国人口第一大省，常住人口超过 1 亿人，人均财政收入水平并不突出，且由于分税制改革后中央财政集中力度不断加大，对广东的转移支付力度较小，导致广东公共财政保障能力增长较慢，近年已低于全国平均水平。2012 年，按照常住人口计算，我省人均地方公共财政预算收入为 5 904 元，比全国东部地区平均水平少 1 104 元，在全国各省市中排名第 8 位。以最能直接反映地方财政公共服务供给最终水平的人均财政支出来衡量，1998 年广东按常住人口计算的人均财政支出为 1 156 元，排在全国第 5 位，高出全国地方平均水平 534 元，但到了 2012 年，广东人均支出为 6 889 元，比全国地方平均水平少 1 067 元，比全国东部地区平均水平少 1 844 元，排名已滑至全国第 22 位，特别是剔除计划单列的深圳后，全省人均支出只有 6 100 元，排名全国倒数第 2，仅高于河北。

不平衡：广东省内的财政收入呈现高度不平衡的状态。从地方公共财政预算收入看，全省大部分财政收入主要集中在深圳、广州和省级。2012 年全省地方公共财政预算收入为 6 229.18 亿元，其中省级占 22.18%，深圳市占 23.79%，广州市占 17.70%，三者合计占 63.67%，大约 2/3，其余 19 个市仅占 36.33%，大约 1/3，地方公共财政预算收入规模最大的深圳（1 482.08 亿元）是规模最小的潮州（31.93 亿元）的 46.41 倍。珠三角 9 市常住人口占全省的 54%，但 2012 年地方公共财政预算收入占全省市县级的比重达 85.18%；东西两翼和粤北山区 12 市人口占全省的 46%，但 2012 年地方公共财政预算收入占全省市县级的比重仅为 14.82%，珠三角 9 市公共财政预算收入总额是粤东西北 12 市的 5.75 倍；珠三角 9 市税收收入总额占全省市县级的 87.80%，是粤东西北 12 市的 7.19 倍。从公共财政预算支出看，2012 年珠三角 9 市公共财政预算支出为 4 798.40 元，占全省市县级支出的 73.54% 是东西两翼和粤北山区 12 市的 2.78 倍。

四、我省财政收支区域差距现状分析

（一）分析指标的建立

从现有的研究成果看，学术界衡量区域差距或不平衡性有很多测算方法，包括差异系数法、基尼系数法、余期望系数法、库兹涅茨比率法、泰尔系数法、相对平均离差和地理联系度等，经过衡量各种测算方法的优劣，本文选取了差异系数、基尼系数、库兹涅茨比率以及泰尔系数四种测算方法，对广东省近 10 年来的财政收支区域差距情况进行测算，虽然上述四种测算方法所展示的区域差距变化趋势大体一致，但由于不同的测算方法各有其优势和局限性，因此使用多种测算方法衡量区域差距并不是简单的重复，能够相互补充完善，从不同角度解释区域的差异程度及其原因，通过不同的、基于具体数据分析得出的结果，可以对近 10 年来广东省财政收支区域差距的变化情况、特点、现状及其原因进行分析，从而有效弥补目前财政领域相关研究定性分析为主，欠缺定量分析的不足。

1. 差异系数。差异系数是最常用的评价区域差距的指标，设 y_i、$\bar{y}$ 分别为对象数据和标准数据，则：

$$V = \frac{\sqrt{\frac{\sum_{j}^{n}(y_i - \bar{y})^2}{N}}}{\bar{y}}$$

v 为对象数据与标准数据的相对差异系数。v 值越大表示对象数据间差异越大。在本文中，我们以每个地市的人均财政收入（支出）作为 y_i，以全省 21 个地市的平均人均财政收入（支出）作为 $\bar{y}$，分别计算出全省当年的人均财政收入和支出的差异系数 v。

2. 库兹涅茨比率。库兹涅茨比率是用来描述区域不平衡性的，它不仅计算方便，还可以通过适当分解，发现导致不平衡性变化的原因。库兹涅茨比率计算如下：

$$K = \sum_{i=1}^{n} |p_i - q_i|$$

式中，K 为不平衡系数；p_i、q_i 分别为各地市人口和财政收入（或财政支出）占整个广东省的比重。K 越大表示区域财政收入（或财政支出）差异越大。

3. 泰尔系数。泰尔系数作为衡量个人之间或地区间收入差距（或称为不平等度）的重要指标，被经常应用。它可以通过分解，测算区域间差距和区域内差距。泰尔系数基本公式如下：

$$G = \frac{1}{n}\sum_{i=1}^{n}\log\frac{\bar{y}}{y_i}$$

n 为总的地区数，以全省 21 个地市的平均人均财政收入（支出）作为 $\bar{y}$，而 y_i 则表示各地市的平均人均财政收入（支出）。

4. 基尼系数。经济学中，基尼系数用于定量测定收入分配差异程度，是国际上用来综合考察居民内部收入分配差异状况的一个重要分析指标，也是目前世界范围内比较通行的衡量居民收入分配差距的一种方法。此处我们利用基尼系数这一代表收入分配不平衡性的经典指标来测算广东省财政收支区域差距状况，从方法论的角度来说是可行的。

基尼系数是在洛伦兹曲线的基础上总结出的测量收入距的指标。洛伦兹曲线（见图 1）原本用于衡量收入和财富分配的不平等程度，现在已经广泛应用于衡量收入分配、地区差异、产业集中度等领域。

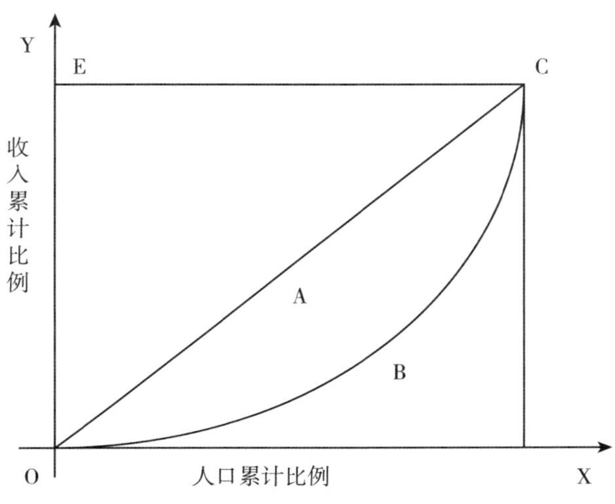

图 1　洛伦兹曲线

基尼系数以洛伦兹曲线为基础，由基尼系数的定义推导出来，它是洛伦兹曲线与对角线之间的面积 A 与对角线以下的面积（$A+B$）之比，即：

$$G=\frac{A}{A+B}$$

要使用基尼系数精确衡量收入差异，要统计至每一个体的收入情况，在本课题中，我们借鉴基尼系数的概念，将每一个地市作为一个个体，将当地的人均财政收入（支出）作为这一个体的收入（支出），再将各地市按人均财政收入（支出）从低到高的顺序排列，并参考上图逐一进行标记，则通过连接各点，可以得出全省各市财政收入（支出）的近似洛伦茨曲线，通过面积法，分别计算三角形和各梯形面积，可得出全省各市人均财政收入（支出）的基尼系数 G（当然，这种计算方法精度较低，因点数有限，但限于客观条件，我们在以地市为单位分析区域差距时，只能采取这种计算方法）。按照这一办法，我们得出的 2003 年全省各市人均财政收入基尼系数洛伦茨曲线图示如下：

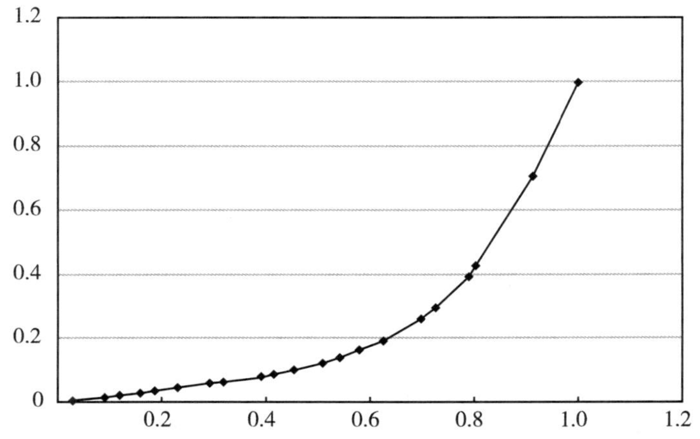

图 2　2003 年广东省各市人均财政收入基尼系数洛伦茨曲线

通过计算，最终可得到面积 A、B 数值分别为 0.2670 和 0.2330，则 2003 年全省各市人均财政收入基尼系数为 0.2670/（0.2670 + 0.2330）= 0.5339。

（二）财政收支差距现状分析

1. 广东省财政收入区域差距总体情况。我们收集了广东省 2003 - 2012 年的各地方公共财政预算收入数据和常住人口数据，按 4.1 节所述计算方法，分别计算出了 10 年间广东省各市的人均财政收入差异系数、库兹涅茨比率、泰尔系数和基尼系数，计算结果见表 1。

表 1　广东省财政收入差异各系数结果

年份	差异系数	库兹涅茨比率	泰尔系数	基尼系数
2003	0.9200	0.8773	0.2121	0.5339
2004	0.9171	0.8811	0.2176	0.5402
2005	0.9057	0.86881	0.2086	0.5299
2006	0.8876	0.8482	0.1988	0.5189
2007	0.8612	0.8248	0.1882	0.5071
2008	0.8455	0.7957	0.1802	0.4983
2009	0.8046	0.7503	0.1640	0.4778
2010	0.7876	0.7258	0.1558	0.4667
2011	0.7879	0.7220	0.1549	0.4650
2012	0.7726	0.7062	0.1488	0.4559

从图 3 可以看出，利用差异系数法、库兹涅茨比率法、泰尔系数法和基尼系数法这四种方法测算出来的广东省财政收入地区差异的变化趋势是基本一致的，可见使用不同的测算方法，其数值所反映的区域差距没有明显不同。从 2003 - 2012 年的情况看，2003 年和 2004 年，广东省各市人均地方公共财政预算收入的地区不平衡性变化较小，从 2005 年开始，广东省财政收入的区域差距逐步缩小，特别是 2008 - 2010 年的区域差距缩小较快，近 3 年来仍在缩小，但速度比较平缓，2012 年，广东省财政收入的区域差距达到了近 10 年的最低值，各地区财政收入均衡性较之 10 年前显著提高。

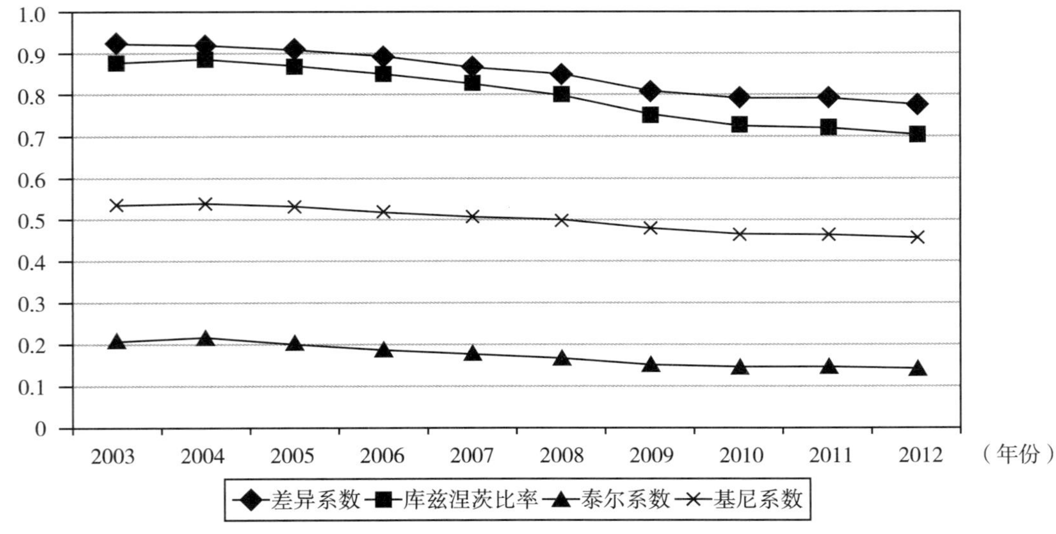

图 3　广东省财政收入差异各系数示意

下面，我们将结合库兹涅茨比率法、泰尔系数法和基尼系数法这 3 种计算方法的具体计算方式，对广东省财政收支差异水平、引起差异的主要变化原因以及各经济区域间及区域内部差异变化进行深入分析。

2. 广东省财政支出区域差距总体情况。

同样地，从表 2 和图 4 可以看出，利用差异系数法、库兹涅茨比率法、泰尔系数法和基尼系数法这四种方法测算出来的广东省财政支出地区差异的变化趋势也是基本一致的，2003－2005年，广东省财政支出的地区有所波动，特别是2005年支出差距较大，达到10年中地区财政支出差距的峰值。之后，这一差距呈迅速下降，地区不平衡性稳步降低，2009－2012年，财政支出地区不平衡性有所波动，但总体仍在减少，与财政收入类似，在2012年，广东省人均地方公共财政预算支出的地区均衡性达到了10年来的最佳水平。

表2　　广东省财政支出各系数结果

年份	差异系数	库兹涅茨比率	泰尔系数	基尼系数
2003	0.6819	0.6623	0.1184	0.3959
2004	0.6712	0.6471	0.1162	0.3955
2005	0.7476	0.7024	0.1428	0.4356
2006	0.6622	0.6300	0.1127	0.3920
2007	0.6336	0.6030	0.1051	0.3794
2008	0.6290	0.5869	0.1004	0.3702
2009	0.5867	0.5384	0.0875	0.3454
2010	0.6045	0.5365	0.0865	0.3451
2011	0.5971	0.5359	0.0871	0.3433
2012	0.5457	0.4921	0.0722	0.3146

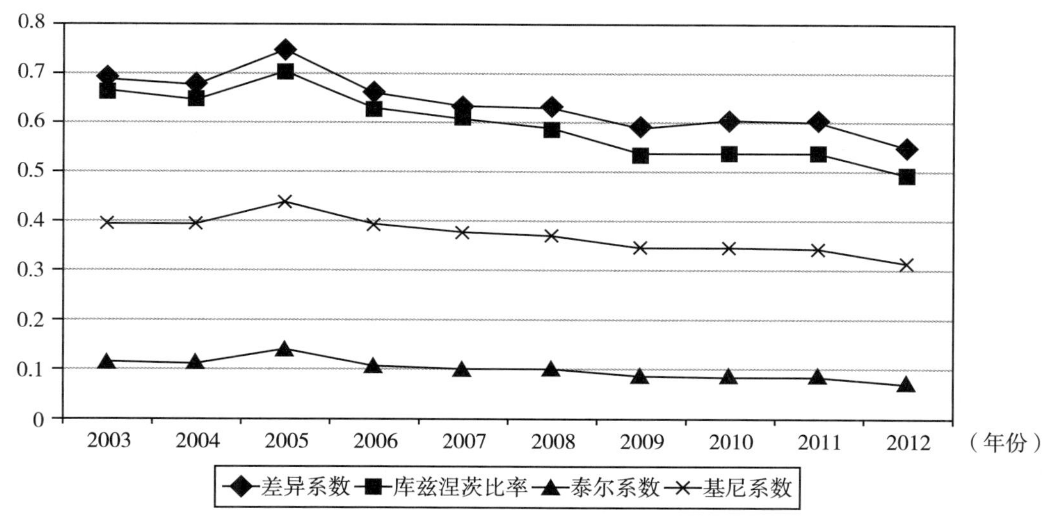

图4　广东省财政支出差异各系数

3. 广东省财政收支区域差距对照分析。按照联合国有关组织的标准，基尼系数低于0.2表示绝对平均，0.2－0.3表示比较平均，0.3－0.4表示相对合理，0.4－0.5表示差距较大，0.5以上表示差距悬殊。对照表3可以看出，广东省各地市人均地方公共财政预算收入的基尼系数从0.5339（2003年）下降到0.4559（2012年），2003－2012年10年间基尼系数下降了14.6个百分点，也就是说，各地市的人均地方公共财政预算收入差异从“差距悬殊”已经缓解到“差距较大”。但我们要看到，广东省各地市人均地方公共财政预算收入的基尼系数依然位于“国际警戒线”之上。

而广东省地区人均地方公共财政预算支出的基尼系数虽然在2005年到达过0.4356的近10年最高点，超出了“差距较大”的“国际警戒线”，但其他年份均在0.4以下，处于相对合理的状态，总体来看，这一基尼系数从0.3959（2003年）下降到0.3146（2012年），10年间下降了0.0813，2012年广东省地区人均地方公共财政预算支出的基尼系数已经接近0.3，说明广东省地区人均地方公共财政预算支出已接近于“比较平均”的水平，支出的区域差距明显小于收入的区域差距。

表3 广东省财政收入和财政支出基尼系数

年份	基尼系数（财政收入）	基尼系数（财政支出）
2003	0.5339	0.3959
2004	0.5402	0.3955
2005	0.5299	0.4356
2006	0.5189	0.3920
2007	0.5071	0.3794
2008	0.4983	0.3702
2009	0.4778	0.3454
2010	0.4667	0.3451
2011	0.4650	0.3433
2012	0.4559	0.3146

五、广东省财政收支区域差距原因分析

（一）基于库兹涅茨比率法的原因分析

库兹涅茨不平衡系数的分解原理如下：

由于：

$$\sum_{i=1}^{n} p_i = 1,\ \sum_{i=1}^{n} q_i = 1$$

所以：

$$K = \sum_{i=1}^{n}(p_i - q_i) = 0$$

将（$p_i - q_i$）从大到小排列，必然存在 m，使得当 $i \leqslant m$ 时，$p_i - q_i \geqslant 0$，为人均财政收入（或财政支出）较低地区人口比例与财政收入（或财政支出）比例之差；$i \leqslant m$ 时，$p_i - q_i \leqslant 0$，为人均财政收入（或财政支出）较高地区人口比例与财政收入（或财政支出）比例之差。这样上式可以分解为：

$$K = \sum_{i=1}^{m} |p_i - q_i| + \sum_{i=m+1}^{n} |q_i - p_i| = A + B$$

由上式可以看出，库兹涅茨比率可以分解成为两部分：其中的 A 表示由于人均财政收入（或财政支出）较低地区人口的相对增加所导致不平衡系数 K 的增加；B 表示由于人均财政收入（或财政支出）较高地区人均财政收入（或财政支出）的相对增加而导致的不平衡性的增加。这为我们提供了解释区域发展不平衡性动态变化的原因，也为减小区域发展不平衡提供了途径。

1. 人均财政收入的库兹涅茨比率。由图5可以看出，2003－2012年，广东省财政收入的区域不平衡性是 A 和 B 共同作用的结果，并且二者的影响作用几乎相同。也就是说，人均财政收入较低地区人口的相对增加和人均财政收入较高地区人均财政收入的相对增加几乎以相同的作用力影响着广东省财政收入的地区均衡性。

2. 人均财政支出的库兹涅茨比率。由图6可以看出，2003－2012年，广东省财政收入的区域不平衡性是 A 和 B 共同作用的结果，并且二者的影响作用几乎相同。同样的，人均财政支出较低地区人口的相对增加和人均财政支出较高地区人均财政支出的相对增加几乎以相同的作用力影响着广东省财政支出的地区均衡性。

（二）基于泰尔系数的原因分析

泰尔系数基本公式：

$$G = \frac{1}{n}\sum_{i=1}^{n} \log \frac{\bar{y}}{y_i}$$

其分解公式为：

$$T_n = T^* + T = \sum_{i=1}^{n} Y_i \log \frac{Y_i}{P_i} + \sum_{i=1}^{n} Y_i \sum_{j=1}^{m} Y_{ij} \log \frac{Y_{ij}}{P_{ij}}$$

i 表示地带；n 为总的区域数；j 为区域内子区域；Y_i 表示第 i 区域的财政收入（或财政支出）占广东省财政收入（或财政支出）的比重；p_i 表示第 i 区域人口占广东省总人口的比重；Y_{ij} 表示第 j 市财政收入（或财政支出）在第 i 区域财政收入（或财政支出）中所占比重；P_{ij} 表示第 j 市人口在第 i 区域人口中所占比重；T_n、T^*、T 分别表示总体区域差距、区域间的差异、区域内的差异，由于泰尔T系数具有可分解性，不仅能判断整体差异水平，还可以区分组内差距和组间差距，并分析二者对整体差距的贡献，另外由于其涉及对数运算，可选用不同正数作底，其结果只具有相对意义。通过计算 T_n，可对广东省财政收入（或财政支出）总体区域差距进行分析，再通过计算 T^* 和 T，则可分别对珠三角、粤东、粤西和粤北山区四个区域间的人均财政收支差异以及这四个区域内的人均财政收支差异进行分析。

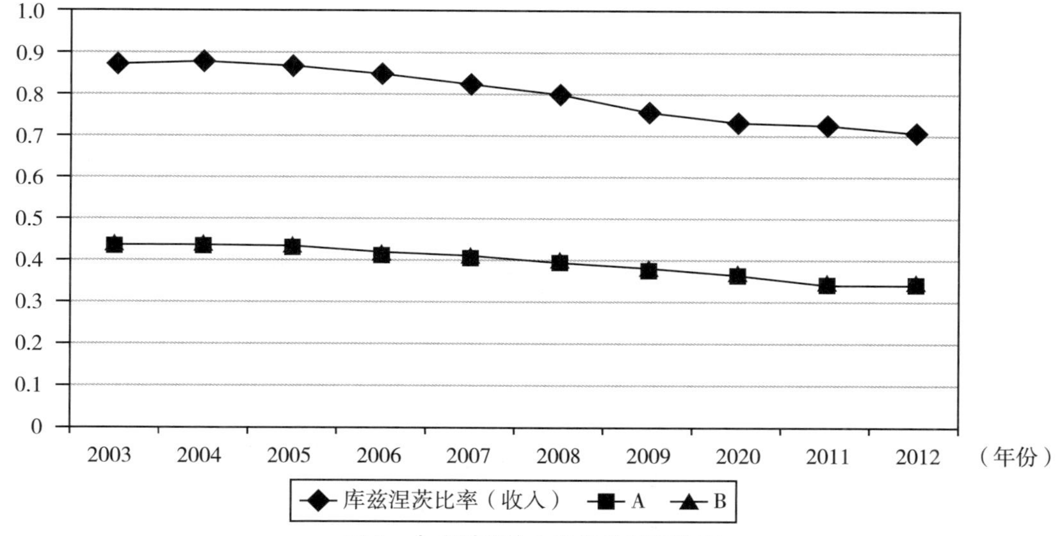

图 5　人均财政收入的库兹涅茨比率

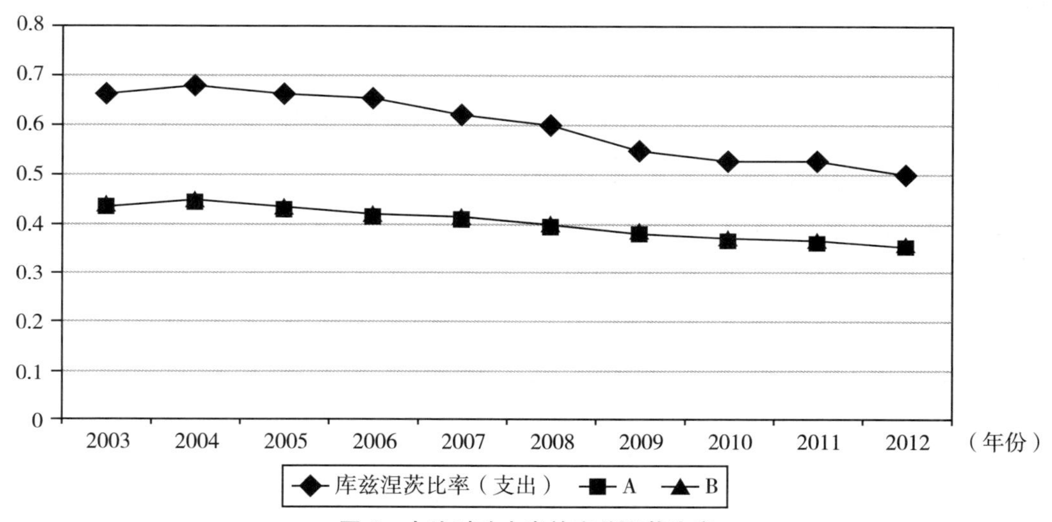

图 6　人均财政支出的库兹涅茨比率

1. 人均财政收入的泰尔系数分解。由表 4 和图 7 可以看出，2003－2012 年，虽然关于广东省财政收入的泰尔系数 T_n、T^* 和 T 整体上均呈逐年下降的趋势，但区域间的差异的泰尔系数 T^* 和区域内的差异的泰尔系数 T 对于总体区域差距 T_n 变化的贡献率均呈微幅波动，而且可以发现，珠三角、粤东、粤西和粤北山区四个区域间的财政收入差异是引起广东省财政收入总体不平衡的主要因素。

表 4　财政收入的泰尔系数分解

年份	T_n（财政收入）	T^*	T	T^* 贡献率（%）	T 贡献率（%）
2003	0. 2121	0. 1397	0. 0723	65. 90	34. 10
2004	0. 2176	0. 1394	0. 0782	64. 08	35. 92
2005	0. 2086	0. 1398	0. 0688	67. 01	32. 99
2006	0. 1988	0. 1341	0. 0647	67. 47	32. 53
2007	0. 1882	0. 128	0. 0602	68. 01	31. 99
2008	0. 1802	0. 1208	0. 0594	67. 03	32. 97
2009	0. 164	0. 1104	0. 0536	67. 32	32. 68
2010	0. 1558	0. 1029	0. 0529	66. 02	33. 98
2011	0. 1549	0. 1004	0. 0545	64. 82	35. 18
2012	0. 1488	0. 0977	0. 051	65. 69	34. 31

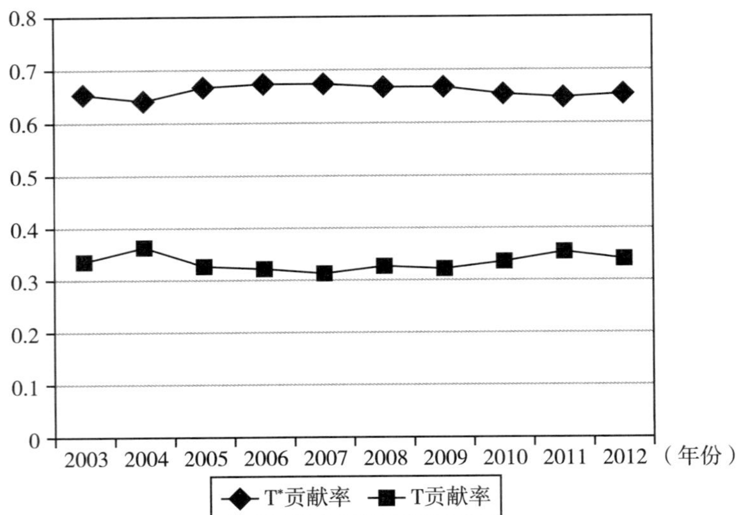

图7　财政收入的泰尔系数贡献率

2. 人均财政支出的泰尔系数

由于 T^* 贡献率和 T 贡献率之和为100%，所以图8中，两者的折线图是以50%为轴对称变化的。由表5可以看出，2003～2012年，广东省财政支出的泰尔系数 T_n、T^* 和 T 整体上均呈逐年下降的趋势，但从图8可以看出，2003－2006年，区域间的差异的泰尔系数 T^* 和区域内的差异的泰尔系数 T 对于总体区域差距 T_n 变化的贡献率小幅波动。2007－2011年，与区域间的差异的泰尔系数 T^* 对于总体区域差距 T_n 变化的贡献率逐年减小相伴的是，区域内的差异的泰尔系数 T 对于总体区域差距 T_n 变化的贡献率逐年增加。2012年，T 对 T_n 的贡献率才稍有减弱。纵观近10年，珠三角、粤东、粤西和粤北山区四个区域间的财政支出差异对广东省财政收入总体不平衡的影响力始终稍强于这四个区域内的财政支出差异，但区域间差异的影响力在2012年有所减弱。

表5　财政支出的泰尔系数分解

年份	T_n（财政收入）	T^*	T	T^* 贡献率（%）	T 贡献率（%）
2003	0.1184	0.0642	0.0542	54.23	45.77
2004	0.1162	0.0659	0.0504	56.67	43.33
2005	0.1428	0.0774	0.0654	54.20	45.80
2006	0.1127	0.0650	0.0477	57.71	42.29
2007	0.1051	0.0595	0.0456	56.63	43.37
2008	0.1004	0.0553	0.0451	55.10	44.90
2009	0.0875	0.0466	0.0409	53.30	46.70
2010	0.0865	0.0462	0.0403	53.39	46.61
2011	0.0871	0.0447	0.0425	51.27	48.73
2012	0.0722	0.0381	0.0340	52.81	47.19

（三）基于经济增长、财税政策层面的原因分析

1. 经济发展总量差异是造成财政收入区域差距的主要原因。为科学地衡量GDP与财政收入的相关情况，我们使用近10年来广东省全省的财政收入和GDP数据进行了一元回归分析，以GDP为自变量，以全省地方公共财政预算收入为因变量，对2003－2012年各季度当季GDP和当季全省地方公共财政预算收入进行分析，其回归分析结果如下：

由表6可以看出，2003－2012年，共计40个季度当季的情况看，GDP带动财政收入增长比率为0.1027（即GDP每增加1亿元，带动地方财政收入增收1 027万元，其影响在1%水平下显著），可见地方财政收入与GDP有非常密切的关系。

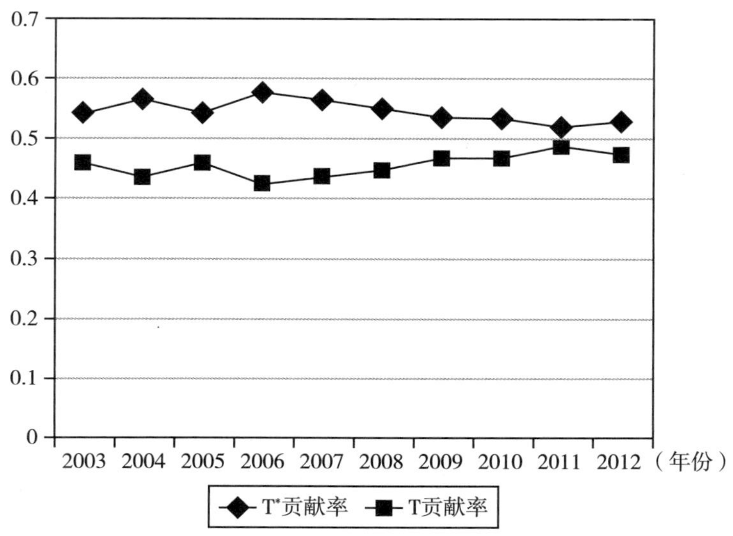

图 8　财政支出的泰尔系数贡献率

表 6　　2003－2012 年全省财政收入与 GDP 回归分析结果

回归统计								
Multiple R	0.95042574							
R Square	0.903309088							
Adjusted R Square	0.90076459							
标准误差	131.1756079							
观测值	40							
方差分析								
	df	SS	MS	F	Significance F			
回归分析	1	6108583.1296	6108583.1296	355.0049	7.1194E－21			
残差	38	653867.5237	17207.0401					
总计	39	6762450.6533						
	Coefficients	标准误差	t Stat	P－value	Lower 95%	Upper 95%	下限 95.0%	上限 95.0%
Intercept	－49.6369	50.4967	－0.9830	0.3318	－151.8622	52.5884	－151.8622	52.5884
GDP	0.1027	0.0055	18.8416	7.1194E－21	0.0917	0.1137	0.0917	0.1137

从图 9 可以看出，以地级以上市为单位计算，2003－2012 年，广东省各市 GDP 基尼系数的变化趋势和财政收入基尼系数的变化趋势是基本一致的，但 GDP 的基尼系数明显低于财政收入基尼系数，10 年来广东省各市 GDP 基尼系数的最高值为 2005 年的 0.4040，这也是 10 年间唯一一年 GDP 基尼系数超过 0.4 警戒线的年份，此后明显减小，2012 年各市 GDP 基尼系数仅为 0.3480，明显小于各市财政收入基尼系数的 0.4375。可见，虽然 GDP 的增加值在很大程度上决定着财政收入的增加值，但还不能完全说明财政收入的差异情况。

2. 经济结构差异和税收制度是造成财政收入区域差距的重要原因。从目前的财政收入结构看，财政收入主要来源于税收，其中，主体税种又占据了主要地位，而从主体税种的税基看，第二产业和第三产业是创造税收的主要行业，因此，财政收入虽然整体上由经济总量决定，但同时也在很大程度上与各地的产业结构高度相关。各地区经济发展的阶段不同，特别是产业结构的差异，是造成广东省财政收入的区域差距重要因素。受条件和水平所限，我们采用了简单化的方式处理，即假设 GDP 的总量和结构对财政收入有着同样的影响程度，则我们可以通过对比 2012 年的 GDP 排名、GDP 中的二、三产占比排名和人均财政收入排名情况验证我们的假设。通过平均计算 GDP 排名和 GDP 中的二、三产占比排名，可以得到 GDP 总量和结构综合排名，如 A 市 GDP 总量排名第一，GDP 中的二、三产占比排名第三，则该市的 GDP 总量和结构综合排名第二，即（1＋3）/2，我们将综合排名和人均财政收入排名反映在图 10 中，两者契合度相当高，可见假设是比较合理的。

此外，我们还分别计算了各市每万元 GDP 创造的财政收入、二产占 GDP 比重和三产占 GDP 比重的情况，经做同比例处理，可以看出，除个别地市因产业结构原因（如茂名市 GDP 中，作为央企的茂石化占据重要地位，虽然产值高，但其大部分税收都上缴中央，当地财政收入所得有限），三者高低明显相关。

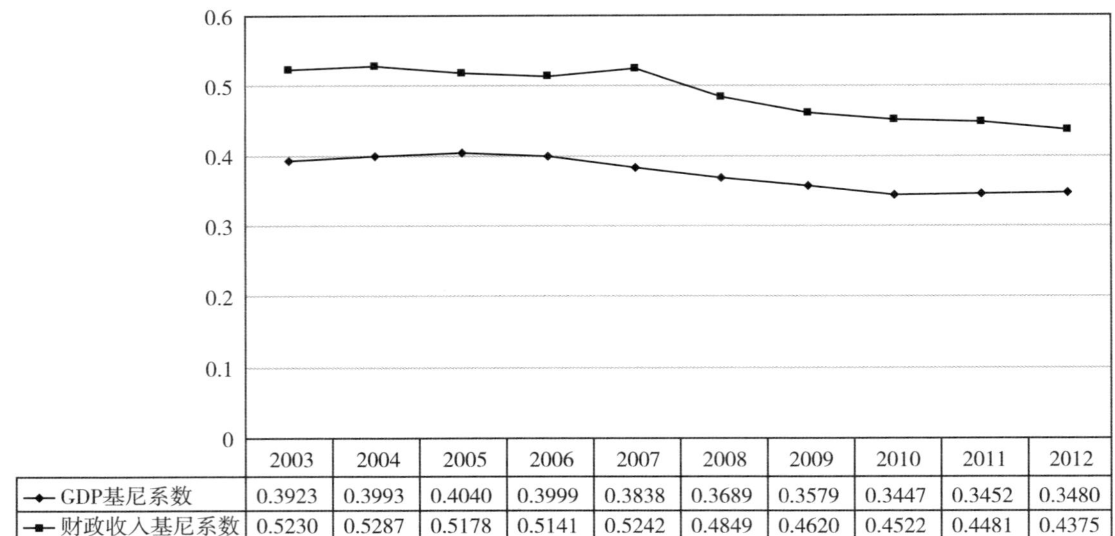

	2003	2004	2005	2006	2007	2008	2009	2010	2011	2012
GDP基尼系数	0.3923	0.3993	0.4040	0.3999	0.3838	0.3689	0.3579	0.3447	0.3452	0.3480
财政收入基尼系数	0.5230	0.5287	0.5178	0.5141	0.5242	0.4849	0.4620	0.4522	0.4481	0.4375

图 9　广东省各市 GDP 与财政收入基尼系数变化

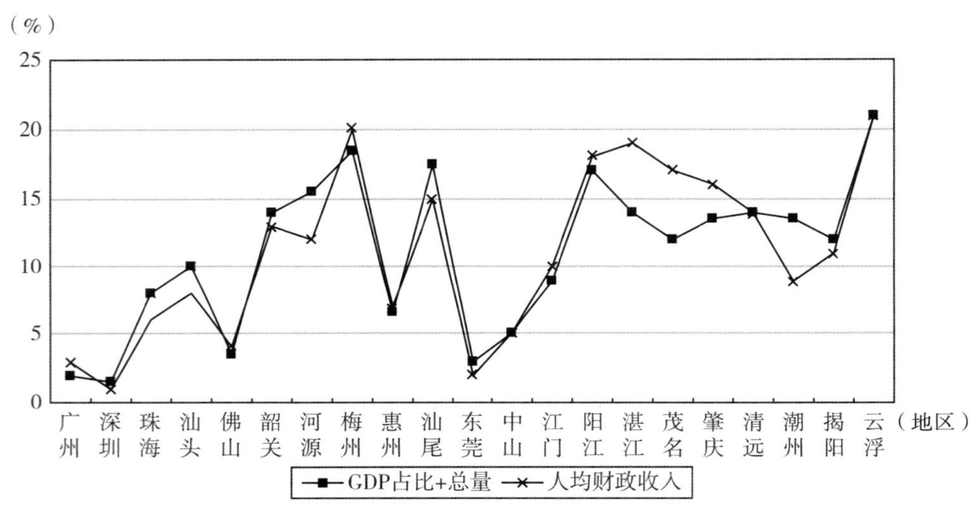

图 10　广东省各市 GDP 综合排名与财政收入排名

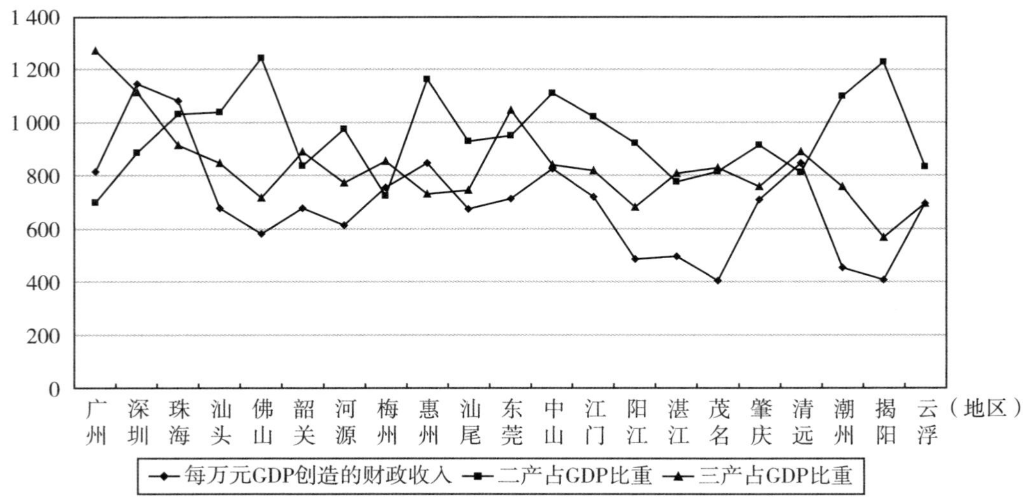

图 11　广东省各市 GDP 结构与单位 GDP 创造财政收入情况

为更科学地衡量产业结构与财政收入的相关情况，同时利用近10年来广东省全省的财政收入和各产业数据进行了多元回归分析，以三次产业增加值为自变量，以全省地方公共财政预算收入为因变量，使用2003－2012年各季度当季产业增加值和当季全省地方公共财政预算收入计算，其回归分析结果如下：

表7　　广东省财政收入与第一、二、三产业产值多元回归分析结果

回归统计								
Multiple R	0.969102942							
R Square	0.939160512							
Adjusted R Square	0.934090554							
标准误差	106.9039077							
观测值	40							
方差分析								
	df	SS	MS	F	Significance F			
回归分析	3	6351026.62	2117008.87	185.240318	6.18619E－22			
残差	36	411424.037	11428.4455					
总计	39	6762450.65						
	Coefficients	标准误差	t Stat	P－value	Lower 95%	Upper 95%	下限95.0%	上限95.0%
Intercept	－6.8569	49.4553	－0.1386	0.8905	－107.1568	96.4431	－107.1568	93.4431
第一产业	－0.6116	0.1816	－3.3686	0.018	－0.9799	－0.2434	－0.9799	－0.2434
第二产业	0.1663	0.0242	6.8852	4.6450E－08	0.1173	0.2153	0.1173	0.2153
第三产业	0.1083	0.0276	3.9298	0.0004	0.0524	0.1643	0.0524	0.1643

由表7可以看出，在不考虑其他因素影响的情况下，第二、三产业带动地方公共财政预算收入增长比率分别为0.1663和0.1083（即第二、三产业每增加1亿元，分别带动地方公共财政预算收入增收1 663万元和1 083万元，其影响在1%水平下显著），这一分析结果与我们统计的分行业税收收入情况有所差异（从分行业税收收入的统计情况看，第二产业对财政收入的贡献率更高），我们认为，主要原因可能是由于第二产业除了自身对财政收入的直接贡献外，也带动了第三产业的发展，因而实际上第二产业发展拉动财政收入增长的作用要高于直接统计的第二产业税收收入贡献率。

3. 财政转移支付为缩小财力区域差距起到了明显作用。为了更全面地衡量广东省各市财力的区域差距，我们计算了加上转移支付（含税收返还、一般性转移支付和专项转移支付）后各市的人均财力基尼系数（实际上，准确计算各市的财力还需要在此基础上进行部分项目的剔除，我们在此使用的"财力"计算方式进行了简单化的处理），从表8可以看出，以财力计算，各市2003－2012年，人均财力基尼系数从2003年的0.5482下降到了2012年的0.3186，下降速度明显快于人均财政收入基尼系数，且2012年人均财力基尼系数值（0.3186）也远低于人均财政收入基尼系数值（0.4559），已经达到较为均衡的水平，与人均财政支出基尼系数水平大体一致（0.3145），可见转移支付对于缩小各市的财力差距，平衡各市的财政支出水平起到了非常重要的作用。

表8　　广东省各市人均财政收入和人均财力基尼系数对比

年份	基尼系数（财政收入）	基尼系数（人均财力）
2003	0.5339	0.5482
2004	0.5402	0.4268
2005	0.5299	0.4311
2006	0.5189	0.4074
2007	0.5071	0.3864
2008	0.4983	0.3738
2009	0.4778	0.3517
2010	0.4667	0.3511
2011	0.4650	0.3313
2012	0.4559	0.3186

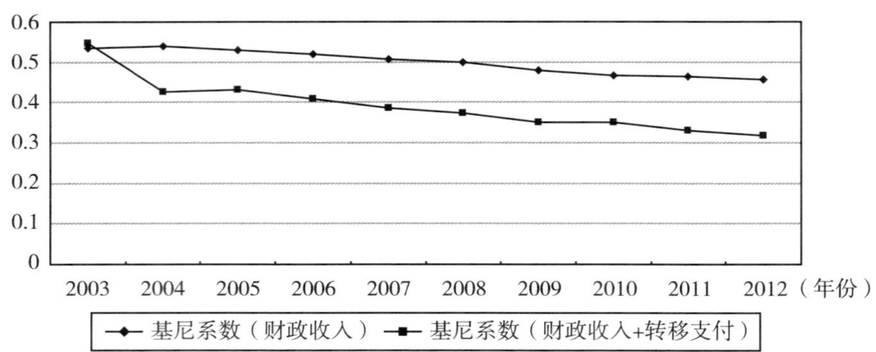

图12 广东省各市人均财政收入和人均财力基尼系数对比

4. 转移支付制度有待完善。虽然这些年来广东省财政转移支付的力度不断加大，为缩小人均财政力差距及人均财政支出差距起到了较大作用，为了评价转移支付的结构是否合理，我们根据收支分类科目，将省对市县的转移支付分为返还性收入、一般性转移支付和专项转移支付三类，其中，返还性收入包括增值税和消费税税收返还、所得税基数返还、成品油价格和税费改革税收返还、其他税收返还等，一般性转移支付是指为缩小地区间财力差距，实现地区间基本公共服务能力均等化的补助，专项转移支付包括体制补助、均衡性转移支付、民族地区转移支付补助等，专项转移支付主要是指以各类转型指出名义下达的补助。

按照上述分类，我们分析了珠三角地区和粤东西北地区2003－2011年的转移支付收入结构及其变化趋势（暂无2012年数据），具体情况见图13和图14。

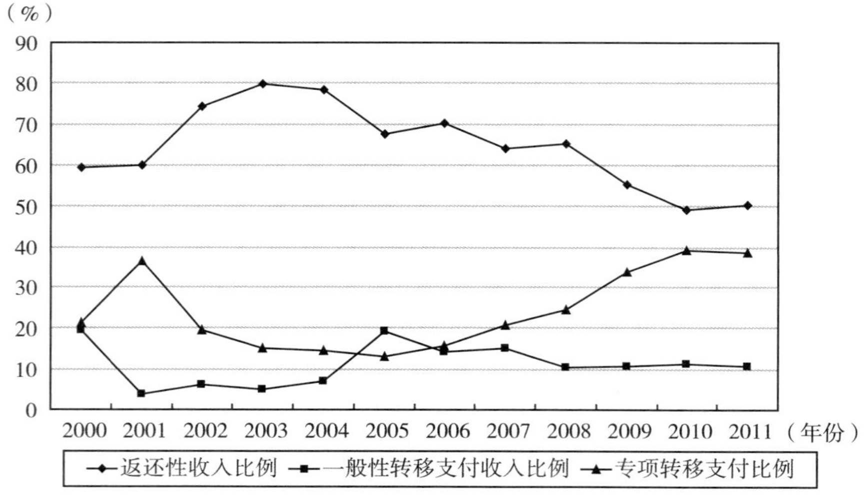

图13 珠三角地区转移性支付结构

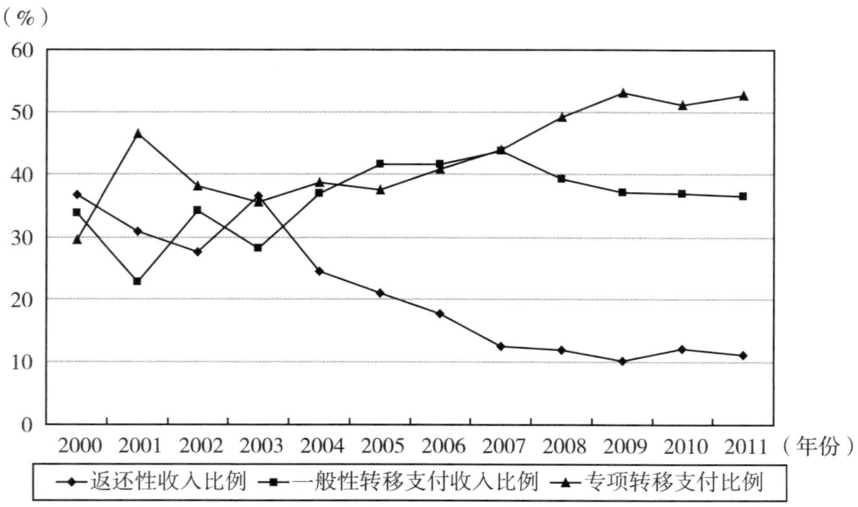

图14 粤东西北地区转移性支付结构

如图13和图14所示，转移支付结构主要呈现以下几个特点：

一是粤东西北地区返还性收入占比相对较低，近年下降较多。在省与市县财政体制大体稳定的情况下，返还性收入主要受市县自身财政收入规模决定，由于近年来省财政对市县的一般转移支付和专项转移支付力度不断加大，增幅大大高于市县财政收入增长幅度，各市的返还性收入占比不断下降。其中，珠三角地区的返还性收入占比已从70%左右逐步下滑至50%左右，而粤东西北地区的返还性收入占比则从40%左右逐步下滑至10%左右，二者的返还性收入占比差距有所加大。

二是一般性转移支付收入占比日趋稳定，粤东西北地区一般性转移支付占比明显高于珠三角。全省一般性转移支付收入占比在2003－2006年波动较大，但2006年后各区域一般性转移支付收入占比基本保持稳定，珠三角的一般性转移支付收入占比为10%左右，粤东西北地区的一般性转移支付收入占比为40%左右，明显高于珠三角地区。

三是专项转移支付占比显著上升。2006年以前，各区域专项转移支付收入占比逐步下降，但在2006年后，一方面由于部分一般性转移支付如行政、教育性支出，改以专项资金的名义下达，另一方面随着省政府加大经济结构调整和民生支出投入力度，相应项目的专项转移支付也逐年增加，各市专项转移支付占比明显上升，其中，珠三角地区的专项转移支付占比从2006年前后的10%左右上升至近年的40%左右，粤东西北地区的专项转移支付占比从2006年前后的40%左右上升至近年的50%左右，稍高于珠三角地区水平，见图15。

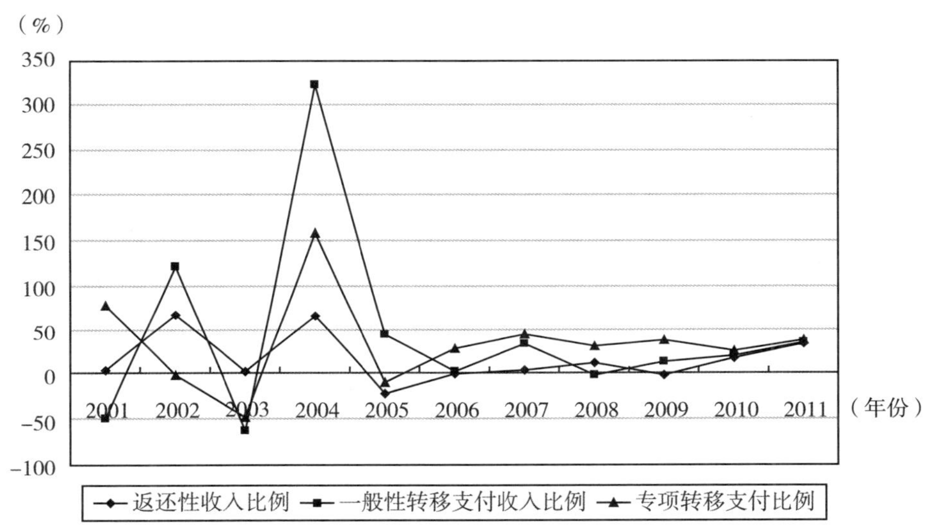

图15 全省各类转移支付增长率

从上述分析可见，在省与市县财政体制总体保持稳定的情况下，近年来广东省财政对市县的转移支付力度明显加大，一般性转移支付和专项转移支付的增长速度明显高于返还性收入增长速度，尤其是专项转移支付增长一直保持大幅增长，专项转移支付已成为在财政转移支付的主要形式。虽然市县收到的各类转移支付收入都有助于市县增加财力，保障支出，但除了专项转移支付分配中存在权力寻租的风险外，还存在以下弊端：一是专项转移支付有明确的用途，要求专款专用，资金支出的安排不一定符合市县的实际需要。二是部分专项转移支付资金要求地方安排配套资金，欠发达地区争取转移支付的资金压力较大。尤其是粤东西北地区的转移支付收入中，专项转移支付比重已经超过五成（2011年占比为52.53%），结构问题愈显突出，亟待解决。近年来，财政部和省财政都高度重视这一问题，提出了“扩大一般，减少专项”的要求，有望在今后的财政改革中逐步改变目前专项转移支付占比过高的现状。

六、进一步缩小广东省财政收支区域差距的措施建议

（一）突出支持粤东西北地区经济发展这一中心，努力提高粤东西北地区经济发展效益，夯实财政增收的基础

经济发展水平和效益直接决定了财政发展水平和增收空间。地区间经济发展规模与水平的差异，引起和导致地区间财力规模与水平的差异，而地区间财力规模与水平的差异又反作用于经济发展水平，这种循环将导致经济、财力的马太效应，进一步扩大地区间的经济发展差距和财力差异，进而加大公共服务水平的差异。因此，要达到地区间财力的相对平衡，需要缩小地区间经济发展差距，使地区间经济实现协调、均衡、稳步发展。

1. 加快粤东西北重要交通基础设施建设，优化粤东西北地区产业结构。长期以来，基础设施建设落后导致的交通不便、信息闭塞等严重制约着粤东西北地区经济的发展，

一方面阻碍了投资者投资和生产资料的进入，另一方面增加了粤东西北产品输出的成本。因此，粤东西北地区要加快发展，首先必须解决交通问题。

粤东西北地区拥有巨大的资源优势，以能源、原材料基地为依托，利用廉价劳动力与劳动成本低廉的优势，通过与珠三角地区经济技术协作，建设一批有影响的、规模较大的能源、原材料工业生产基地和有色金属、化工生产基地，将一般加工工业从珠三角地区转移过来，加大一般加工工业在经济结构中的分量并带动其他相关产业的发展，使潜在的资源优势转变为经济优势和财政实力优势。由于交通基础设施建设需要的资金非常庞大，除了财政部门要予以资金保障外，更要积极创新财政资金投入方式，充分发挥财政资金的引导作用，加大融资力度，引入投资者，吸引更多的金融资本和社会资本投入到交通基础设施建设中去。

2. 改善税收优惠政策。长期区域性的税收优惠政策不利于资源在地区间的优化配置和缩小区域差距。改革初期，为了使一部分地区先富起来，税收优惠政策以企业经济性质，资金来源和地区特性为主，税收优惠受益集中于发达地区，在现阶段，为了达到共同富裕，应当适当将优惠政策转变为向产业倾斜为主，而不是局限于某些地区。今后，税收优惠政策应逐步向有利于粤东西北地区经济增长的方向适当予以倾斜，从而促进各种生产要素向粤东西北地区流动，加快其发展，从目前的情况看，粤东西北地区比之周边省份的接壤区域，其享受的税收优惠政策并不具备优势，甚至往往存在差距，如饶平与福建诏安、湛江与北海等，为粤东西北地区争取给予合理的税收优惠政策，对平衡省内的区域差距具有重要意义。

（二）以均等化为目标，完善省以下财政体制，综合运用各种转移支付手段，加大对粤东西北地区的财政支持力度

1. 大力扩大一般性转移支付规模。一般性转移支付在转移支付制度中是最有利于促进横向均衡的项目，但从目前情况看，一般性转移支付所占份额仍太小，必须进一步加大其规模，比重应逐渐达到50%。此外，在计算一般性转移支付各地所分配的额度时，一般采用公式法或因素法，按照一定的测算依据补助标准和公式建立分配模型，这是实现分配客观公正的必然要求。但是公正不意味着所有的地区都只按一个标准进行测算，而是要考虑到各地支出需求的特殊性和差异性，提供相同公共服务成本的差异性，对不同经济区域、不同地市应使用不同的标准进行支出测算，从而合理确定一般性转移支付数额，目前省财政在分配一般性转移支付时部分采用了这一思路，对珠三角和粤东西北地区往往区别对待，但其实珠三角和粤东西北内部仍存在较大差异，需要研究更科学的分配标准，使分配结果符合各地实际情况。

2. 控制专项转移支付的范围和规模。专项转移支付是针对特定的项目给予的补助，作为一般性转移支付的辅助形式，其目标应是提供地区间具有外溢性的特定公共服务项目，范围也应限制在为地方兴办的外溢性项目提供补助。但从目前情况看，专项转移支付资金散、乱的现象普遍，各级政府往往希望通过专项转移支付推动下级政府做好特定的工作，且其中也可能涉及部门利益，较之一般性转移支付，更容易滋生腐败，其资金投向也未必符合下级的实际需要，而且专项转移支付往往要求下级配合资金，真正需要得到补助的欠发达地区却不一定能够安排足够的配套资金，反而无法申请补助。因此，今后应结合绩效评价改革，加强对专项转移支付的绩效评价，科学、合理评估转移支付项目绩效，并结合评价结果对成效欠佳的专项转移支付进行有效控制，合理整合清理。清理控制专项转移支付，既符合党的十八届三中全会有关部署，也有利于缩小地区间的财政收支区域差距。

3. 改进税收返还等制度。为了维护既得利益，减小分税制改革的影响，分税制改革后的转移支付制度中包括了一部分税收返还，这一设计有利于推进改革。但如果过于注重既得利益的保障，仅仅对增量进行调整，实现各地区财力的横向均衡就会需要相当长的时间。从目前情况看，税收返还是影响发达地区和欠发达地区的财力差距的一个重要因素，返还性收入在珠三角地区转移支付中占比仍保持在一半左右的水平。对于税收返还这一类非均衡化的资金，应该在保证发达地区积极性，避免“养懒人”的同时，进一步研究改进，以加快各地区财力均衡化水平。

4. 由“结对子”性质的财政扶助开始，逐渐推行横向转移支付。在当前全省各市财力相差悬殊，而且发达地区总量优势不断扩大的情形下，仅仅依靠省财政纵向转移支付来均衡各地财政能力已经显得力不从心，尤其是财政收入高速增长的阶段已经过去，民生支出等刚性支出不断增加，省财政可用财力日趋紧张，仅通过省财政转移支付推动各市达到基本公共服务均等化的目标可能需要相当长的时间，甚至在部分地区将存在难以克服的困难。因此，通过在珠三角和粤东西北各市之间“结对子”性质的财政扶助，为财政能力强的地方政府选择适宜的转移支付对象，逐步加大横向转移支付力度，是一个可以考虑的有效途径，虽然横向转移支付目前大体上还属于非公式化、非法制化的转移支付，在制度保障和政治现实中都存在一定困难，难以成为转移支付的主体，但如果设计得宜，在制度上予以规范明确，包括实行“削峰填谷”式的横向转移支付，人均财力高的地区要对人均财力低的地区予以一定的财力性补助，以及对于生态保护重点区域和限制发展的区域，由重点发展区域予以基于生态补偿的转移支付。在制度上明确的同时，对于援助方予以合理的激励，将可使其成为纵向转移支付的有力补充，为提高全省总体发展水平、帮助欠发达地区加快发展提供重要助力。

（课题组成员：姚露　杨娟　李晓彬　许湘藻　周康福　林凌擎）

参考文献

［1］Daniel Todd：Study on Economic Distance in China：A new perspective of regional disparities，Proceedings of 2011 International Conference on Business Management and Electronic Information（BMEI2011），2011. 5.

[2] 安体富，蒋震．促进区域经济协调发展的财税政策选择 [J]．税务研究，2008（5）．

[3] 陈娟，吴国松．区域经济发展差异的税收分析 [J]．商业经济与管理，2003（3）．

[4] 胡德仁，刘亮．中国地区间财力差异及分解 [J]．湖北经济学院学报，2007（1）．

[5] 胡德仁，刘亮．中国地区间财政能力差异的度量及地区分解——基于地区间公共支出成本差异的视角 [J]．新疆财经大学学报，2011（1）．

[6] 刘溶沧，焦国华．地区间财政能力差异与转移支付制度创新 [J]．财贸经济，2002（6）．

[7] 李凌，卢洪友．我国省际间财政差异趋势与影响因素的实证研究 [J]．财经问题研究，2007（8）．

[8] 李明贤，刘寒波，龚莉，夏一丹．中部地区县域财政能力差异及其实证分析 [J]．湖南农业大学学报（社会科学版），2008（1）．

[9] 李丽．中国区域间地方财政收入差异分析．山东大学，2009.

[10] 谭泰乾．西部十二省市区地方财政收入差异分析 [J]．重庆工商大学学报，2004（8）．

[11] 王金秀．我国地区间财税的失衡及其矫正——以产业结构为视角对三大地区财税收入差异的经济分析 [J]．财贸经济，2007（6）．

[12] 王晓润，尹宗成，吴永辉．我国地区税收收入差距的时空演变分析 [J]．安徽农业大学学报（社会科学版），2009（9）．

[13] 许林．地方财政收入的影响因素分析——以重庆市为例的实证研究 [J]．特区经济，2006（9）．

[14] 杨震，刘丽敏．增值税转型对地方政府财政收入影响的实证研究 [J]．税务研究，2005（3）．

[15] 尹恒．中国县级政府间财力差距：1993－2003 年 [J]．统计研究，2007（11）．

[16] 曾军平．分税制运行绩效的实证研究——从效率与公平角度进行的分析 [J]．中央财经大学学报，2000（10）．

[17] 张启春．中国区域差距与政府调控——财政平衡机制和支持系统 [M]．北京：商务印书馆，2005.

[18] 朱广平．我国地区经济增长与其财政收入增长逆向变动格局研究 [J]．当代经济科学，2000（5）．

[19] 张雪平．地方财政自给能力与中央对地方转移支付的实证分析 [J]．财经论丛（浙江财经学院学报），2004（6）．

[20] 张光，庄玉乙．中国地区财力均等化的库兹涅兹拐点到来了吗 [J]．公共行政评论，2011（12）．

完善农村一事一议财政奖补政策研究

（节选）

梅州市财政局

一、总论（略）

二、理论借鉴（略）

三、一事一议奖补制度的内涵及依据（略）

四、一事一议财政奖补制度的实践与评价（略）

五、一事一议财政奖补制度的作用与机理（略）

六、一事一议财政奖补制度的不足与创新（略）

七、一事一议财政奖补制度的推广（略）

八、研究结论与政策建议

（一）研究结论

1. 一事一议财政奖补制度具有较强的生命力和活力。一事一议财政奖补制度是我国农村公共品供给制度演变到一定阶段的特定产物，其源于实践的内生性决定了制度的生命力及活力，其民主元素超过了新中国成立以来任何农村公平品供给制度的安排。

长期以来，我国农村特别是村内公共品主要采取向农民收费、集资和摊派来供给，依靠农民自身进行建设。税费改革后，向农民收费、集资和摊派被禁止，加之配套的财政转移支付制度滞后，使原本属弱的村级组织运转及基础设施建设供给体制变得更加脆弱，一事一议筹资酬劳作为供给制度被推出，并在实践中推广，在一定程度上改善了农民的生产生活条件，促进了新农村建设。对一事一议筹资酬劳制度，最值得肯定的是民主自治管理的体现，充分尊重农民的意愿，由村民民主决策，多数村民同意的事就办，不同意的事就不办，带有有强烈的公共选择理念。但在推行过程中，由于制度本身的缺陷及障碍，“事难议、议难决、决难行”的现实问题制约了公共品的有效供给，农村基础设施建设的停滞又严重制约了新农村建设的快速发展，统筹城乡一体化发展也缺乏活力支撑。

如何增进新农村建设的活力和动力，有效配置农村资源，解决农村经济社会发展的瓶颈，亟须政府层在体制调整的同时综合联动，总结实践经验，率先在农村公共品供给制度上“破冰”。农民、村组织和政府“需求”的一致性及迫切性，必然推动制度的较快变迁，一事一议财政奖补制度便孕育而出，它不仅回答了供给什么、由谁供给的问题，更重要的是它规定了“采取怎样的程序及方式来供给”，带有强烈的需求导向性特征，其民主元素超过了新中国成立以来任何农村公共品供给制度的安排。可以说，这项源于实践，又被“顶层设计”认可的制度一经推出，便显示了其强大的生命力和活力。其生命力主要体现在产生于实践，又在优化完善的基础上得到了实践的充分印证；其活力主要体现在三个方面，一是激活了农民参与的主动性和积极性，自主性得到了进一步的加强；二是激活了村组织干事的能动性和开拓性，创造性得到了进一步的释放；三是激活了政府供给的针对性和合理性，有效性得到了进一步的提升。近年来，梅州及有关省市的实践证明，一事一议财政奖补制度改善了农村生产生活条件，促进了社会主义新农村建设；创新了财政资金使用方式，建立了村级公益事业建设新机制；发挥了农民主体作用、调动了农民建设家园积极性；密切了党群干群关系，推进了基层民主政治建设，得到了广大基层干部和农民群众的衷心拥护，得到了社会各界的高度评价。

2. 一事一议财政奖补制度具有明显的综合影响效应。一事一议财政奖补制度解决了农村特别是村内公共品供给充足有效的问题，实现了资源的合理配置，为农村经济社会发展奠定了坚实的基础。

一事一议财政奖补制度是经济制度与民主制度的有机结合，既需要以基层民主管理为前提，又需要政府财政支持来保障，两者缺一不可，需要共同发力，才能充分发挥制度的预期效应。同时，一事一议财政奖补制度在与制度环境、制度客体的交互作用中，既影响了农村经济社会的发展方向，寻求有效变量，将改善和保障民生作为着力点及目标，与农村经济社会发展相互促进，良性互动；又影响了政府管理职能的转变方向，重塑服务意识，将加强和创新社会管理作为关键点及载体，与农民和村组织建立一种新型的合作关系，沟通协调，其综合影响效应可谓明显。

可以说，制度在农村的实施，既发挥了村民大会和村民代表大会的主力军作用，保障基层民主权利，强化了农村社会发展的政治基石；又促进了政府向服务型政府的转变，创造了科学的社会管理方式，强化了农村社会发展的管理基石；更解决了农村公共品供给充足有效的问题，实现了资源的合理配置，为农村经济创造了发展的基础性条件，强化了农村社会发展的经济基石。正所谓，政治、管理、经济等是社会稳定的重要基石，扩大基层民主、创新社会管理、繁荣经济必将有力地促进农村社会和谐稳定发展。

3. 一事一议财政奖补制度需要创新来提升供给效能。一事一议财政奖补制度仍有改进的空间，需要创新来进一步提升其供给效能。

目前，一事一议财政奖补制度在实践中已显示出了较强的适应能力，但也显示其内在缺陷及推行障碍，随着运行环境的变化，制度必须通过不断创新来自我完善，形成特色，维持活力。一是要建立城乡一体化公共品的供给体制，使政府成为一事一议财政奖补制度中的供给主体。长期以来，我国城乡分割的二元经济结构，同时造成了城乡相对独立的公共品供给体制，农村公共品供给由于缺少一套合理的公共品供给规则，虽然近年来这种情况有所改善，但在基础性的实际需求量较大的公共品供给上，仍然未根本改变以“自给自足”型的供给体制，农民还承担了很多本应由政府承担的供给成本，农村公共品数量短缺、质量不高等问题仍将继续存在。基于公共品的本质属性及政府供给理论，在统筹城乡一体化发展的背景下，公共品的供给应坚持城乡平等的非歧视性指导思想，向城市和农村提供大致均衡的公共品，加快缩小城乡差距。二是要改革农村公共品供给的决策机制，使农民成为一事一议财政奖补制度中的决策主体。虽然一事一议财政奖补制度已在一定程度上，较好地解决了上下信息不对称、实际需求与有效供给脱节的问题，但由于行政管理体制的改革尚未完全到位，财政转移支付制度的设计尚需完善优化，供给决策的问题还不可能由农民和村组织来主导。因此，“自下而上”的需求表达机制和“自上而下”的科学决策机制仍将在较长的时期内共存，但在推进过程中可采取“由点及面、先易后难、区别对待”的原则，通过奖补资金切块到村的方式，积极探索由村民、村组织自主决定并管理奖补项目及资金的机制，切实提高制度供给效能。

4. 一事一议财政奖补制度可拓展于其他公共品供给。一事一议财政奖补制度虽有适用范围及层次的局限性，但其民主管理理念及运行机制完全可以为其他政府公共品供给制度创新所借鉴。“为穷人提供服务”是《世界发展报告：2004》的主题，该报告指出：一个地区的公共服务要得到改善，必须使那里的穷人或者他们的代言人在公共服务中扮演积极的角色。也就是说，要实现公共服务的有效、公正供给，需要首先确定服务对象在整个公共服务供给结构中的核心地位，这是设计公共服务供给制度的核心原则，一事一议财政奖补制度设计的核心理念也正是如此。美国经济学家施蒂格勒在1957年发表的《地方政府功能的有理范围》一文中，提出了最优分权模式理论，其中有两个基本原则：第一，与中央政府相比，地方政府更接近于自己的民众，更加了解它所管辖的选民的效用与需求；第二，不同地区的居民应有权选择自己的公共服务的种类和数量。目前，随着民主意识和共识的不断增强，公众关注公共利益深度和广度也不断拓展，改革已入深水区的认识氛围也越来越浓，作为最大公众利益的公共品供给受到各方关注，包括决策过程、项目建设、绩效评价等已或正在纳入公众视线，如何确保需求与供给的总量充足及结构均衡，在政府公共品供给中强化或健全“科学民主法制决策、公开公示透明建设、客观真实专业评价”的相关制度建设已迫在眉睫。

（二）政策建议

对一事一议财政奖补政策的构建，应该遵循以下基本原则：一是权利下移，财权跟进；二是规划先行，有序安排；三是加强监管，提高绩效。

1. 坚持村级组织基础设施重点规划先行。编制村级规划的目的是促进农村的协调发展，科学的村级规划将使村的各项建设与发展“有路可循”，能够有效指导村级组织开展项目申报，整合资金，形成合力，便于组织群众实施，实现规划的预期建设目标，切实解决农村公共品供给的“难点、盲点”问题。一是开展综合规划。顺应新农村建设与城镇化发展“两轮驱动”的要求，不能孤立地就村级编制村级规划，要在将村级规划纳入区县、乡镇中长期规划来统筹考虑的基础上，充分尊重群众意见，对村社布点、基础设施、产业发展、社会事业、生态环保等进行综合规划与设计。二是突出重点规划。在规划内容上着重开展基础设施规划，充分发挥一事一议财政奖补制度的平台作用，结合优势产业和特色产业发展措施，以科学的规划来整合项目，以合理的项目来整合资金，对村域范围内的交通、水利、电力等基础设施和公共产品体系进行系统规划，确保农村公共品供给优质高效。三是提高规划实效。落实规划的保障措施中，要明确合理地建设时间和阶段安排，强调规划方案和实施路线的实用性，设定合理的中长期建设目标和建设周期，确保通过各方努力，经过一定时间的集中建设，能够达成建设目标。

2. 强基层政府组织公共产品供给能力。在政府投入上，做到两个“坚持”，坚持提高政府支农投入的总量和增量；坚持优化政府支农投入的结构，加大对农村公共品供给力度。一是增强基层政府财权财力。按照事权与财权相统一的原则，既从财政体制上实现财权下沉，还财于基层，又从转移支付制度上加大对贫困、偏远地区的扶持力度，提高财政困难县乡政府的基本财政支出标准，保证基层政府财力与支出责任相当。同时，在加大上级政府财力性转移支付力度的同时，调整转移支付结构，加大对农村公共品建设的“奖、补”资金规模，提高基层政府对农村公共品的供给能力和供给主动性、自主性。二是加强乡镇政府绩效考核。加快乡镇政府职能转变，将为农民提供基本公共品和公共服务明确为乡镇政府的主要职能定位，研究建立与乡镇政府农村公共服务能力建设相对应的绩效评价体系，加大财政奖补专项资金的使用监管力度，实施绩效考核。三是保障村级组织正常运转。完善“来源稳定、管理规范、保障有力”的村级组织运转经费保障机制，解决村级组织和村干部的后顾之忧，促进村级组织积极开展宣传发动、召集群众、提选项目，组织实施等工作，发挥村支两委带头人、引路人的积极作用。

3. 加强和创新以人为本的农村社会管理。加强和创新社会管理需多方入手，特别是加强农村社会管理创新，要从农村公共产品、公共服务、社会事业等多方面提供保障和支持，要促进乡规民约与基层民主有机结合，实现农民个体利益、村集体利益与国家利益的有机统一。一是树立科学发展理念。加强教育和督导制度建设，促使基层政府和基层干部进一步牢固树立以人为本、服务为先的理念，寓管理于服务之中，着力建设农民最急需的公共产品，着力解决农民群众最关心最直接最现实的利益问题。二是促进基本公共服务均等化。增加投入，加大投资力度，进一步优化政府投资结构，积极促进城乡基本公共服务均等化，切实把更多财力、物力和人力用于农村和贫困地区，大力改善农村路、水、电等基础设施，大力发展农村教育、医疗卫生等各项社会事业，以公共品体系的全面建设和逐步完善促进农民就业和产业发展，增加农民收入。三是坚持以法治为基础。依法协调农村社会关系、规范社会行为，完善群众合理诉求表达机制、建设成果共享机制和侵害群众权益的纠错机制，引导群众理性合法地表达利益诉求。以村规民约等道德和情感的软性约束，统筹协调各方群众的利益，着力解决土地占用、土地调配、利益补偿等问题，坚决纠正损害群众利益的行为，维护群众合法权益，维护社会和谐稳定。

4. 完善公共品供给社会多元化参与机制。扩大一事一议财政奖补制度的影响力，建立以政府为主导、引导各种社会主体多元化参与的农村公共品供给格局。一是政府财政奖补。多渠道、多环节筹资财政奖补资金，建立各级政府预算安排的稳定增长机制，在壮大财政奖补资金规模的基础上，逐步提高奖补比例，突出政府在公共品供给上的主导性，以激发、带动农民积极投身项目建设。二是社会团体及个人捐赠。积极营造美誉化的精神激励政策，通过“故土情节”等精神纽带加强村社与本籍外出者、致富者以及成功人士的联系，吸引和鼓励社会团体及个人积极捐赠投资，参与农村公共产品建设。三是业主制。鼓励愿意承担社会责任的业主，按比例出资建设道路、供水、供电、垃圾、污水、绿化等与农民和村级组织共同受益的公共品，就地帮扶村镇开展基础设施建设，解决贫困村社建设公共品缺钱少物的困境。四是政府与民间盈利组织合作制。推进形式多样的城乡共建、政府与组织联合模式，实行“城区与乡村结对”，“政府 + 组织 + 村社”，“政府带动大企业定点帮扶贫困地区”等多种方法和对口帮扶政策，扩大社会各界对农村的支持，缓解县乡政府和村社建设资金匮乏的问题。

5. 优化奖补制度各方主体协调决策机制。进一步理顺财政奖补制度中各有关方面的分工与合作关系，规范政府有关部门沟通协调的工作机制，充分保障农民群众的需求表达，尽量简化一事一议财政奖补制度的相关程序，确保农民意愿与科学决策紧密结合、及时有效。一是完善工作协调机制。进一步理顺财政、农业、水利、交通、旅游、规划、国土等相关部门之间的工作关系，明确工作职责，明晰各部门在农村公共品供给中的职责，形成部门合力，整合各方资金，发挥“打组合拳”的整体功效，为农村公共品建设与供给提供较为稳定的经费来源，并保持合理的增长。二是推进财政奖补制度操作规范化、程序标准化。随着财政奖补制度的深入推进，为便于基层干部组织和群众理解参与，减轻基层工作压力，降低项目成本，尽量简化奖补制度申报程序，突出方便操作的特点，对必要程序，一个都不少；对可以归并的程序，全部归并；对可有可无的程序，全部取消。三是促进农民、村干部思想观念的转变。采取多种形式，加大政策宣传力度，确保农民知晓政策的主要内容及申报程序，并通过项目的示范作用，来引导农民、村干部思想观念的转变，以激发他们参与制度实施的积极性和主动性，确保项目建设取得实效。四是进一步完善村民民主决策机制。完善农村公共品供给的农民自主决策机制和公共品需求的有效表达机制，克服自上而下决策、强制性供给的弊端，解决农村公共品的供需结构失调以及劣质公共品问题，使公共品供给和建设决策能够真正满足广大农民的需求偏好。

6. 严格村级组织财政资金使用规范管理。从规范村级财务入手，强化村级组织财政资金公开制度，加大内外联动监管力度，提升奖补资金使用绩效。一是加强村级经费管理。借助“村财乡代管”，会计电算化等手段，加强村级经费管理，规范使用程序，严格核算，防止因村级经费管理不善诱发向财政奖补资金“伸手”的现象，提高村社干部和村级组织整体的财务和资金管理水平。二是规范村级财政资金核算。乡镇财政和农经部门切实履行监管农村财务，审计监督的职能，督促村级组织规范财务管理，专款专用。

三是强化群众民主监督。加大村级财政资金公力度，坚持公向农民群众下沉，真实、完整、全面地反映公共品建设和补助资金的所有收支情况，并畅通投诉渠道。四是建立严格的监督体系。加大上级部门的监督检查力度，建立定期和不定检查制度，加强乡镇党委政府、纪检审计等联动监管，形成完整的监督体系，提高财政资金使用的安全性和有效性。

（课题组成员：古惠常（组长）、黄定锋、何日胜、古佳佳，执笔：黄定锋）

高校举债风险分析及防范对策研究

——以广东省省属公办高校为例

（节选）

华南农业大学

一、研究背景（略）

二、省属公办高校举债过高的原因分析（略）

三、完善省属公办高校举债机制的几点建议（略）

四、高校举债风险的防范策略（略）

五、高校举债风险的化解策略

建立举债风险预警体系虽然能够一定程度地防范高校的举债风险，但无法从根本上化解风险。根据以上分析，我们分别从政府、高校、银行的角度提出相关的政策建议，以期从根源上避免举债风险导致的危机。

（一）政府给予政策上的支持

1. 加大财政投入力度，改革财政拨款体制。虽然随着高等学校办学自主权的不断扩大和高等教育改革的日趋深入，高校办学经费的渠道在不断拓宽，财政拨款占学校经费的份额已呈下降趋势，但是，在现行体制下，国家的投入仍然是高等学校办学经费的主要支撑，实现高等教育事业的快速发展，仍必须继续加大政府的投入力度，将教育公共经费占GDP的比例争取达到国际平均水平5%，以满足高等教育的发展需求。要改变这种状况，一方面要提高经济增长的质量与效益，增强政府教育投入的财力基础；另一方面要建立和完善公共财政体制，调整财政支出结构，在财政支出结构中真正体现教育优先和适度超前发展的方针。

改革财政拨款体制，无论是建立类似于英国的高等教育基金制，还是改“常规预算”为“绩效预算”，或者是推行教育券制度，都需要在全国范围内重新设计高等教育财政拨款体制，长期来看无疑是有益的，也具有一定可行性。但是，改革一种新的制度，从制度设计、试点到在全国范围内广泛推行，需要较长时间，而且会受到社会各方面的阻力。高校扩招带来的资源严重不足的矛盾在日益恶化，急需在短期内向高校追加大量增量教育资本，保证或提高我国高等教育的质量。

所以，我国政府在逐步推行教育财政体制改革的同时，应积极创造条件，使高校在短期内能够获取到大量的增量教育资本，从而改善办学条件，提高教育质量。

2. 调整学费结构，提高学费标准。政府已明确规定高校收费标准必须控制在2000年水平之下，收费标准不得突破教育成本的25%。但我们认为，我国是一个典型的二元经济结构社会，整个社会的经济发展很不均衡，大部分财富集中在少部分人手里，如若只是简单的限制学费上涨幅度，受益最大的实际上是富人群体，相对而言，穷人并没有减轻负担。因此，我们建议应该适度的提高学费标准，在此基础上，落实以“奖学金、助学贷款、勤工助学、困难补贴、减免费用”为主要内容的高校家庭困难学生的资助政策与制度。这样在增加学费收入的同时也实现了真正的公平合理。

3. 全面落实办学自主权，明晰高校和国家的产权关系。高等学校举债发展是高校利用其十几年、几十年乃至上百年发展，依靠几代、几十代教职工和学生形成的校风、教风、学风等无形社会信誉资产质押获得的，经过还本付息后形成的资产是高校全体教职工的集体资产，高校是这笔资产的投资主体，按照谁投资谁受益的原则，高校应该享有对集体资产的支配权利。制定政策，承认高校资产的混合产权属性，将成为落实高校自主产权的制度经济学依据，使高校理直气壮的行使自己的权利，自觉按照市场经济规律办事。

高校自主权是社会主义市场经济下，学校面向社会自主办学的客观要求，也是作为市场主体的法人实体运行的内在要求。高校自主权的核心是处理好政府与高校、市场与高校的关系，特别是政府与高校的关系。在政府与高校的关系上，政府在保证对高校最终控制权的前提下应给予高校充分的办学自主权。政府主管部门进一步转变职能，更多的利用立法、拨款、规划、信息服务、政策指导等手段指导高校办学，而不是直接控制高校。在政事分开的基础之上，使高等学校真正成为面向社会自主办学的法人实体。高校在招生、专业调整、机构设置、干部任免、经费使用、职称评定、工资分配和国际交流等方面，分别不同情况，具有充分办学自主权。因此高校也要善于行使自己的权利，承担应负的责任，建立起主动适应经济建设和社会发展需要的自我发展、自我约束的运行机制。

4. 积极支持多元化办学，拓宽资金来源渠道。高校举债的主要原因之一就是资金来源的单一。在我国，高校的资金主要来自政府财政支出、学生学费收入和银行贷款三部分，现有的资金来源结构显然不能满足高校发展的需要。针对这一现实状况，国家应积极支持多元化办学，拓宽高校资金来源渠道，在坚持以政府办学为主体的基础上，积极争取社会力量和外资投资、捐赠，使融资办学有新的突破。一是积极鼓励和引导社会力量投资和出资办学，推动民办高等教育的发展。二是我国应借鉴西方发达国家的做法，加强鼓励捐资助学制度建设，建立完整的税收优惠政策体系。三是可以由政府出台相关法律规范，通过发行教育公债、教育彩票的方式向社会筹集资金来支持我国高等教育事业的发展。四是允许高校在资本市场进行直接融资，主要的方式有BOT模式、发行股票等。

5. 建立教育担保机构，为高校提供融资担保。建议成立国家教育担保中心，启动资金由中央财政和省级财政按照一定比例注入，专门为高校提供融资担保。为规范操作和控制风险，担保机构可实行会员制。为控制会员质量，地方教育担保中心仅以经教育厅推荐、并通过财政厅和发改委审核的高校作为会员单位，成为会员单位的高校要按总的贷款额度交纳一定比例的会员保证金。地方教育担保中心首先应对申请担保的高校进行资信评估，高校应向担保中心报送贷款项目的可行性论证报告、完整的财务报表、分年度贷款额度方案、分年度偿还贷款本息计划和措施等材料，担保中心进行认真审核后，确定是否为其担保以及担保的额度。为避免被担保高校恶意逃避举债和将风险转嫁给担保机构，担保机构在与贷款银行签订担保合约的同时，与被担保高校签订担保责任状，明确担保机构和被担保高校的贷款责任，被担保高校一旦不能清偿举债，由担保机构承担偿还银行贷款的责任，但是担保机构可对被担保高校进行无限期举债追偿。教育担保中心要对担保资金运营进行日常监督，及时采取防范措施，保证担保资金的安全。

6. 建立大额贷款备案制度和告诫制度。为便于全面掌握高校的贷款规模和使用状况，加强宏观管理与监控，从根源上化解高校举债风险，对所有贷款高校实行大额贷款备案制度。主管部门应当要求高校提供以下基本情况：如贷款的金融机构、利率、贷款年限、贷款的用途、贷款项目的可行性研究报告、建设项目的批准文件、包括还款方式还款资金来源等内容的还款计划书以及要增加的贷款等，以对高校贷款的基本情况有所了解。对超出控制额度的贷款进行严格审批，及时采取措施防范高校发生举债融资风险。

对于已超出偿债能力、财务风险达到预警线的高校，主管部门应及时发出告诫，要求这些高校调整建设规划、停止对外举债。主管部门发出告诫后，如果高校仍无视风险、继续举债盲目扩大规模，主管部门可会同有关部门通过扣减专项资金的拨款、暂停财政专项资金申请资格、不予考虑高校的升格及更名申请等方式对其实施处罚，校长要接受主管部门领导的质询，主管部门还可根据国家有关规定对主要负责人员进行严肃处理。严禁高校将贷款资金用于以下方面：修建宾馆、广场、假山、人工湖等形象工程；贪大求洋、追求奢华等浪费行为；提高或变相提高人员待遇等。

7. 改革高校财务制度，完善财务核算体系。由于认识和预测高校的举债融资需求与举债融资风险需要建立在可靠的数据基础上，因此改革高校现有的财务制度，完善财务核算体系，以修正因为高校财务管理制度方面的缺陷所造成的数据信息失真，并全面、直观、正确地反映其财务状况显得尤为紧迫。

（1）改革高校基建会计核算制度，实行权责发生制。显然，目前的经济环境和制度环境都发生了深刻的变化，像高校这样的事业单位，财政拨款已经不是高校的唯一资金来源，财政资金在其整个收入中的比重逐步减小，特别是在许多高校基建会计中，财政拨款已经微乎其微，甚至到了忽略不计的程度。所以在基建会计中率先实行“权责发生制”应该不存在制度方面的障碍。

（2）要求高校编报合并会计报表。为了综合反映高校的举债规模，作为“并账”前的过渡措施，高校可试行编报教育事业会计与基建会计的合并报表。合并后的报表可以全面反映高校的收入和支出（含基建投资支出）以及全部的债权、举债情况，增强对偿债能力评估的准确性，减少账外举债引起支付困难的可能性，及时预测和防范可能发生的风险。

（3）高校建立固定资产计提折旧制度。根据谨慎性原则，对高校的楼、堂、馆、所等建筑物参照平均年限法（又称直线法）计提折旧。科研设施计提折旧的方法可以采取加速折旧法如年数总和法或双倍余额递减法。固定资产根据新旧程度计算固定资产净值，从而可以修正高校的资产举债率指标。通过以上修正可将高校现在和未来一些长期项目、隐藏或有举债的信息纳入财务管理部门的视野，全面真实地反映高校的财务运行状况，增强高校财务信息的完整性、可信性和透明度，正确评价高校举债融资能力、偿债能力，为高校制定长期稳健的发展战略提供重要依据。

（4）增加现金流量表。根据高等学校新的财务会计制度，各高等学校编制的是综合财务计划，即编制包括学校预算内、预算外各项教育资金、科研资金和生产经营资金等一切财务收支的计划，是一个全面反映资金运动状态的计划。毫无疑问，综合财务计划的实施，有利于资金的统筹安排，显著提高资金的使用效果。与此相适应就应该有一个反映全部收支的现金流量表，更恰当地反映偿还举债的能力、支付能力和变现能力，通过实际现金收支情况与计划进行比较，分析预算执行情况、进行日常预测和控制。

（二）高校强化内部治理

1. 科学编制预算，严格执行预算。高校预算的编制要科学合理。收入预算做到“积极、稳妥”，支出预算坚持“统筹兼顾、保证重点、勤俭节约、适度从紧”。在保吃饭、保待遇、保运转、保评估的前提下，对一般公用经费预算力求节俭，机关部处和直属单位的日常运转费和业务费原则上实行“负增长”，建设性支出预算坚持“量力而行”。银行贷款也应纳入部门预算管理，贷款高校在编制部门预算时，必须在预算编制中就目前学校贷款情况，计划贷款总额、支出项目及可行性报告等做出专项说明。以贷款方式筹措的资金应从紧编制预算。面对学校预算经费紧张的情况，采取预算项目化管理，对预算执行过程要注重资金使用效益，优化支出结构。明确每项预算的准许开支范围、内容，按规定的工作任务内容、数量、标准进行监督控制。面对年度预算下达较迟的情况，采用上年同期预算按比例严格控制的措施，坚决不突破上年同期预算，并定期向各单位反馈支出使用情况，使各单位做到心中有数，合理使用资金，确保预算按计划执行。

2. 正确把握举债规模，优化举债结构。举债规模与偿债能力相关联，高校应根据市场需求和经济环境的发展变化以及高校自身的办学规模、基础设施条件、经费核拨渠道、预算定额标准、收费项目的标准等综合因素分析，参考高校贷款规模控制模型，测定出高校举债的最高限额。

在高校举债规模既定的前提下，要建立最佳的信贷资金组合。从举债偿还期限长短来说，高校在筹资决策时，必须考虑长期、中期、短期借款三者之间的均衡安排；从财务理财角度考虑，短期举债的比重不宜过大，三者的比例必须合理，避免还款期过于集中，出现财务风险，使高校偿还举债的义务在不同会计期间较均衡履行。切不可将举债资金全部安排长期贷款，对高校而言，尽管长期贷款财务风险小，但是由于银行贷款期限越长，付出的利息就越多，会增大资金成本。

若从银行一次性贷出数额较大的资金，短期内又不需要支付出去，停留在账上必然会多付利息，造成资金的浪费；从举债内容看，除了向银行贷款，还可以通过校内融资，设备租赁等多种形式融取资金，应尽量采用资金成本率低的举债形式，讲求高校举债结构的优化合理。

3. 统一思想认识，建立项目管理责任制。化解高校举债风险，必须以科学发展观为指导，坚持上下联动、标本兼治。其中最重要的一项就是统一思想认识，树立正确的发展观、举债观，强化风险意识。在统一思想的基础之上，高校应建立项目管理责任制。贷款高校要制定严格的贷款资金管理制度与办法，要按照“统一领导，分级管理”的原则，按管理层次逐级建立贷款资金项目管理责任制，责任到人，各负其责。贷款高校的校（院）长是高校贷款项目的总负责人，也是高等学校的法人代表，对偿还贷款负有法律责任，要本着对国家和事业负责的态度，提高风险意识，完善决策程序，增强法制观念，对全部贷款资金使用的安全性、合理性和有效性负责，对确保按期偿还贷款本息负责。

4. 强化贷款管理意识，提高资金使用效益。高等教育事业是社会公益性事业，高等院校不得以营利为目的的要求，从根本上决定了高成本、有偿性的贷款资金只能作为高校筹措办学经费的补充而非主要渠道。因此，各高校必须充分认识到举债办学的负杠杆效应，应始终坚持效益第一的思想，把握好贷款的规模，努力使贷款的时机与项目投资进程相匹配。要确保高等院校的贷款专款专用，提高投资的使用效益，就必须高度重视和加强对投资项目的审计监督。一是对每年投资的项目、规模进行反复论证，通过对现有教育资源进行整合，做到资源共享，避免重复建设；二是在贷款前对高校用于基本建设的贷款投资项目，进行认真审核，认定其贷款的可行性和必要性，确定贷款的额度；三是加强对贷款资金使用和管理的全过程监督，使贷款的资金完全用到贷款项目的建设上。只有这样，才能保证贷款投资资金的正确使用，才能避免高校财力的损失浪费，才能保证贷款资金的使用效率，真正有利于高等教育事业的发展。

5. 创新财务管理思想，建立高校偿债基金制度。高校举债的最大特点就是到期必须偿还，充足的资金是如期清偿举债的基础。高校在充分利用举债增强学校办学实力的同时要有监测风险机制，应对、化解风险措施。高校偿债基金制度是高校到期偿还举债的保障。因此，有必要建立高校偿债基金制度。对于短期举债，理财者应搞好现金调度，对于长期举债，重在建立充足的偿债基金。因此灵活的现金调度和充足的偿债基金是偿债的关键所在，也是防范举债风险的保证。

6. 提高办学质量，增加办学效益。提高教学质量和办学效益是高校永恒的主题。以质量求生存，以效益求发展是高校必须遵循的规律。高校只有不断地下功夫努力提高教学质量，根据当前人才市场需求状况和对未来市场需求的合理预测，科学设置学科专业，培养宽口径、厚基础、高素质、适应能力强的大学生，并且积极为学生提供就业信息和就业指导拓宽他们的就业渠道，提高学生就业率，才能提高学校声誉、提高办学效益，保障高校快速、健康的发展。在当前的机遇下，高校可以在培养全日制学生、搞好学历教育的同时，充分利用其现有的教育资源，开展成人教育、继续教育、网络教育，举办各种短期培训班，这样可以在不增加成本或较低的成本下，为高校广开财源，获取额外的收益，以分散全日制学生生源不足时学费收入下降造成的偿债能力危机。

（三）银行加强外部监管

银行等金融机构加强对高校的财务安全监控，完善资金贷前、贷中、贷后管理，是高校举债风险得以防范、化解的一个重要途径。

1. 完善金融机构对高校授信的评价体系。为建立健全高校信用贷款机制，完善金融机构对高校授信的评价体系，应改变目前单纯由政府教育管理部门对高校办学质量和教学水平进行行政评价的传统做法，探索新的高校评价办法。以教育部门为主、金融部门和社会中介组织参与，形成以市场为导向、以确定高校信用等级为目标、以服务于所有利益相关者为最终目的的高校办学质量评价体系。通过对高校的专业设置、市场前景、办学质量、社会认可程度、学生就业状况、还本付息能力、学校信用等级等因素的市场化评价，金融部门凭学校的市场信誉度直接确定向高校贷款的规模，不再需要企业或政府提供担保，也不再要求政府提供付息承诺。

2. 加强贷前项目审查，严格控制放贷规模。严格依法放贷是防范贷款风险的根本保障。银行机构在向高校放贷前，应严格根据《银行法》、《中华人民共和国合同法》等法律规定，对高校贷款项目的可行性研究报告进行认真分析，重点支持能提高办学效益的项目；根据项目投资的实际需求，结合考虑高校的实际情况，如规模大小、院校性质、隶属关系、利率高低、未来可预见的收入能力和偿债期限等诸多因素，在保证一定比例项目资本金的前提下，控制项目贷款规模，防止贷款资金转变为存款规模，盲目扩大贷款规模。

3. 加强贷后管理，努力保证资金回笼。银行机构一旦向高校发放贷款，就必须关注其现金流状况，防止高校将贷款挪用作日常经费开支，确保贷款资金专款专用，并形成有效资产。学费收入、财政拨款及其他一切现金流入，在保证高校正常教学、科研活动进行的前提下，要督促高校及时用于还本付息。在高校申请贷款时，针对高校资金流动的特点，银行还应当制定出对双方都有利的还贷条件，采用分期收款法较为适宜。如果高校出现财务危机，银行应当积极同高校协商，灵活运用还贷方式，通过资产置换、资产共同控制、贷款展期等方式保证银行贷款的顺利收回。

4. 收集储备高校贷款业务的评价记录。高校之间既有共性也有许多差异性。银行应当积累储备与高校贷款有关的资料信息，为以后的评价提供参考意见。高校贷款资料可分为特殊性资料和一般性资料两类。特殊性资料是指某一高校所表现出来的不同于其他高校的、具有自身特点的资料，这类资料只适用于某一高校，因而只作为一般性收藏；一般性资料则有大多数高校都具备或基本具备的特征，这种资料应作为档案性资料长期保管储存，如高校的现金流入预测模型、高校的贷款额度及实际运作风险、高校还款的风险因素评价及实际运行结果等。

六、研究结论（略）

（课题组成员：宋欢、杨征、汪路勇、咸春龙、胡浩民、易钢、尹然平、彭秋莲、王恒飞、郑少雄）

参考文献

［1］社会蓝皮书：2012 年中国社会形势分析与预测．中国社会科学院，2012.

［2］张陈燕．高校债务危机成因及对策研究．财会通讯，2011（27）：59－61.

［3］赵青．美国高校基金会发展的外部环境分析及对我国的启示．世界教育信息，2008（2）.

［4］吕相元．论高等学校的举债发展．经济师，2002（9）：105.

［5］赵生旺．对建立我国银校合作关系的前景和风险的思考．甘肃高师学报，2001（5）：39－40.

［6］唐祺．教育彩票：一种教育融资的新思路，教育探索．2001（8）：38－39.

［7］张万朋，王千红．高等教育产业利用债券市场融

资分析．现代大学教育．2004（2）：41－44.

［8］李建勇．高校贷款的风险控制［J］．河北科技大学学报（社会科学版），2004（1）：28－30.

［9］何珊．关于高校银行贷款现状的思考［J］．事业财会，2006（3）：62－63.

［10］张琴，陈柳钦．风险管理理论沿袭和最新研究趋势综述．金融管理科学——河南金融管理干部学院学报，2008（5）.

［11］宋明哲．现代风险管理．台北：五南书局，2001：9－11.

［12］窦静．高校贷款政策研究［J］．会计之友，2007（36）.

［13］郑鸣，朱怀镇．我国高校贷款风险的预警研究［J］．高教探索，2007（6）：66－67.

［14］王建新，吴非．高校贷款的风险及防范［J］．会计之友，2006（29）：46－47.

［15］［美］詹姆斯·斯通纳，爱德华·弗里曼，丹尼尔·小吉尔伯特．管理学教程（第6版）．华夏出版社，PRENTICE HALL 出版公司，2001.

［16］黄辉．高校财务风险的衡量指标［J］．工作视点，2005（12）：61－62.

［17］揭红兰．论公办高校贷款发展的风险及其对策．江西科技师范学院学报，2006（6）：44－47.

［18］林莉．中国高校贷款问题研究：［厦门大学博士学位论文］．厦门：厦门大学，2006，20.

［19］宫巨宏．王耀军．公立高校借款融资的可行性及其风险防范［J］．现代财经，2004（10）：76－77.

［20］初立萍．社会捐赠：高校经费的重要来源——基于中美比较的视角．黑龙江教育，2006（5）：61－63.

［21］徐美然．论高校负债经营．盐城工学院学报（社会科学版），2002（3）：69－70.

［22］赵宏斌．高校负债经营的价值诉求、制度失范与风险规制．复旦教育论坛，2007（3）：5－8.

［23］裘婷．高校支出管理问题探讨．事业会计，2007（3）：21－23.

［24］乔卉．美国哈佛大学资金筹措方式研究．北京：首都师范大学出版社，2007.

［25］［美］Milton Friedman. The Role of Government in Education. New Jersey：Trustees of Rutgers College，1955：36－38.

［26］范先佐．教育财务与成本管理．上海：华东师范大学出版社，2004：56－60.

［27］徐成刚．中国高等学校产权制度改革的途径．高教论坛，2005（3）：27－28，31.

［28］邹长城．高等院校债务风险的防范与控制．中国高等教育，2004（13，14）：46.

［29］黄玲．企业债务性筹资分析．集团经济研究，2006（4）：187－188.

［30］顾建强，王锐兰，崔新进．企业筹资风险成因分析及风险防范．商业研究，2006（2）：75－77.

［31］周燕，张向东．高校银行贷款风险与管理．事业财会，2005（6）：31－33.

［32］李建勇，张彦开．高校贷款的风险控制．河北科技大学学报（社会科学版），2004（1）：28－30.

［33］［美］卢恩伯格，沈丽萍，文忠桥译．投资科学．北京：中国人民大学出版社，2005.

［34］介新．普通高等学校贷款问题研究．北京：高等教育出版社，2004.

［35］［美］玛格丽特·M. 布莱尔，张荣刚译．所有权与控制：面向21世纪的公司治理探索．北京：中国社会科学出版社，1999.

［36］中华人民共和国教育部国际合作与交流司．国外高等教育调研报告．北京：首都师范大学出版社，2001：77－83.

［37］［美］约翰·雷，沃尔特·哈克，卡尔·坎道里，张新平译．学校经营管理．重庆：重庆大学出版社，2003.

［38］［英］托尼·布什，强海燕译．当代西方教育管理模式．南京：南京大学出版社，1998.

［39］李维安．现代公司治理——资本结构、公司治理和国有企业股份制改造（第一版）．北京：中国人民大学出版社，2002：35－46.

［40］周首华，杨济华，王平．论财务危机的预警分析——F　分数模式．会计研究，1996（8）：10－11.

［41］李文江．公立高校贷款制度研究．北京：经济科学出版社，2008.

［42］张维迎．公有制经济中的委托人—代理人关系：理论分析和政策含义．经济研究，1995（4）.

［43］王丽娅．教育产业化的理论与实践．北京：首都经济贸易大学出版社，2002.

［44］程斯辉．论建设大学城的几个问题．教育研究，2002（9）.

［45］潘懋元．中国高等教育百年．广州：广州高等教育出版社，2003：98.

［46］陈红芳．略论高校利用信贷资金的风险及控制．商业会计，2006（2）：63－64.

［47］付文杰．对高等学校教育贷款的思考．西安工程科技学院学报，2003（9）：269－272.

［48］陈共荣．企业效绩的模糊综合评价方法．财经问题研究，2004（9）：76－78.

［49］陈共荣．企业绩效评价主体的演进及其对绩效评价的影响．会计研究，2005（4）：65－69.

［50］王庆成．政府与事业单位会计．北京：中国人民大学出版社，2003.

［51］刘建民．公共财政理论与我国财政支出模式选择．山西经贸学院学报，1999（3）：26－29.

［52］王新钢，任喜雨，张彦开．高等院校财务风险研究．现代教育科学，2004（4）：17－19.

［53］王培根．高等教育经济学（第一版）．北京：经济管理出版社，2004：149－155.

广东省公办高校债务化解及管控模式研究

省财政厅教科文处

一、绪论[①]

(一) 研究背景[②]

自20世纪90年代末期开始,我国改变了高等教育为精英教育的思路,大力发展高等教育,高校[③]招生规模快速扩张,新校舍、新校园纷纷涌现;同时,为了满足教育部教学工作评估的要求,各个高校需要大力改善教学条件。在这两种需求的推动下,各个高校需要增加巨额资金投入[④]。受国家政策的限制,财政拨款和学费收入很是有限,同时高校又不是一个商业组织,创收能力弱。在这种情况下,政府允许高校通过银行借款来筹措基建项目的资金。由于高校普遍对财务风险认识不足,还贷责任意识不强,尤其是公办高校,幻想着依靠国家财政资金归还贷款,因而热衷于盲目扩张;而银行和政府相关部门又缺乏对高校债务管理的经验,对高校负债把关不严,所以,出现了公办高校负债规模过大、远远超出其自身还贷能力的情况。沉重的债务给高校带来了巨大的还本付息负担。为了减轻高校还贷压力、支持高等教育的发展,广东省政府曾于2007年安排专项还贷资金149.2亿元,一次性清偿经省政府批准贴息的高校教学用房和设施设备银行贷款。这一做法在带来正面效应的同时,又产生了一定的负面效应,即一定程度上为高校扩大负债规模"壮了胆",进一步诱发了高校银行借款的冲动。截至2012年底,广东省公办高校共79所[⑤],债务余额为100.85亿元,其中63.5亿元属于2008年后新增贷款[⑥],且贷款数量仍处于增长之势。

为了防止高校盲目扩张,避免发生债务危机,保障高等教育的健康发展,广东省财政厅和广东省教育厅对高校的银行贷款进行了监管,建立了一些管理制度与措施,对抑制高校盲目负债、促进其理性融资起到了很好的作用。但是,这些制度和措施还不够系统和完善,运行中尚存在许多问题。目前,建立科学、合理的高校债务管控模式显得非常必要。为此,广东省财政厅沈梅红副厅长主持,由省财政厅教科文处牵头,省社科联、中山大学管理学院、中山大学南方学院等单位参加,组成课题组,就广东省公办高校债务化解和管控问题进行专题研究。

(二) 研究内容与目的

本课题的研究主题是广东省公办高校债务化解及管控模式。围绕这一主题,研究内容包括以下两个方面:

一是揭示广东省公办高校现有债务状况并提出解困思路。目前,广东省公办高校债务负担普遍较重,严重影响了高校的健康发展,化解高校现有债务是各高校所面临的需要急迫解决的问题。若此问题不加解决,将会严重影响高校未来的发展。只有理清高校现有债务状况,寻求化解债务的办法,才能够使高校摆脱历史包袱,为高校的健康发展打下良好的基础。

二是站在政府财政和高校主管部门的立场上探索如何建立公办高校债务管控模式。作为获得财政支持的公办院校,政府财政部门和高校主管部门责无旁贷地要对其融资及资金使用状况进行监控。建立科学、系统的公办高校债务评价的指标体系,设计出广东省公办高校债务管控模型,规范高校的融资行为,对拟制高校过度扩张、促进高校理性发展、降低融资风险等方面,均具有十分重要的意义。

本项研究的目的是为政府财政部门和高校主管部门控制公办高校负债活动提供科学方法,提高管理的科学性,降低债务风险,抑制高校非理性的过度扩张行为,促进我省高等教育的健康发展。

(三) 研究方法与思路

本项研究采取文献研究、调查研究和逻辑分析相结合的方法,具体研究思路为:首先,通过文献检索与归纳等形式,查找相关理论、方法与研究成果,为本课题提供理论依据和研究参考。其次,通过查找广东省财政厅和省教育厅的有关文件和报告资料、问卷调查、召开座谈会等方式,了解广东省高校负债的产生与发展过程以及目前状况。再次,在上述资料的基础上进行案头研究,寻求化解目前高校债务困境的措施和规范高校负债的管控模式。最后,撰写完成研究报告。

---

① 本课题"调查结果"、"调研发现"、"结果显示"等使用的数据是指本课题调研收集的数据,其中,向68所省属高校发放了调查问卷,成功回收65份;先后与15所有关高校进行了座谈,收集了相关数据、意见和建议。

② 未注明出处的数据均来自广东省教育厅教育事业统计报表。

③ 本课题的研究对象是广东省公办高校。

④ 这些资金主要用于课室、学生宿舍等基本建设项目。这些项目的特点是一次性投资,会在数十年内发挥作用。

⑤ 不含中山大学、华南理工大学、暨南大学等部属高校以及深圳大学、深圳职业技术学院等深圳市属高校。

⑥ 资料来源:《关于化解我省公办普通高校银行贷款的工作方案》。

二、广东省公办高校债务融资及其管控现状①

（一）广东省公办高校债务融资的历史沿革

从1949年新中国成立到20世纪90年代，我国高等教育全部由政府投资，教育经费由国家财政负担。长期以来，由于政府财政经费投入不足，高校不同程度上存在着经费短缺情况。改革开放后，尤其是90年代开始，随着“教育产业化”的提出，各个高校纷纷办产业，试图弥补教育经费的不足②。校办产业的举办，开了我国高校债务融资之先河。不过，这种债务融资属于企业行为，还没有直接用于高校的教学设施。

高校用于教学基础建设的债务融资，始于21世纪初。由于国家大力发展高等教育，连年大规模“扩招”，高校规模迅速扩大。随着学生人数的急速增加，原有的课室、宿舍、饭堂、实验室等教学设施远远不能适应需求，而增加这些设施需要大量的资金，单靠财政拨款和学费收入无法满足各个高校基本建设对资金的需求。在这种背景下，高校开始向银行借款，用于教学基础设施建设的需要。

广东省与全国一样，自2000年开始，高校招生规模迅速扩张，各个高校教学基础设施需要大幅度增加，随之开始债务融资，且规模迅速增加。

2003年，教育部确立了周期性教学工作评估制度，出台了《普通高等学校基本办学条件指标》〈试行〉（教发〔2004〕2号）③，并依据该指标对各个高校进行评估。对于评估不合格的高校，视其未达标程度实行限制招生（黄牌）或暂停招生（红牌）处罚④。评估制度在对高校教育的发展发挥积极推动作用的同时，加重了高校建设的负担，成为高校大量举债的又一推动因素。

广东省从2003年起实行“高校贷款、政府贴息”的政策。同时，鼓励和引导高校充分挖掘潜力，以学费、住宿费等现金流为杠杆，利用银行贷款、引进民间资金等多渠道筹措建设资金。截至2006年底，广东省公办高校债务余额为241亿元，全省高校政府贴息贷款规模达到196.2亿元。

2007年，广东省政府决定一次性安排149.2亿元清偿经批准贴息的高校教学设施及设备银行贷款（其中偿还贷款本金128.2亿元、贴息改基建拨款17亿元，用于支付市属和民办高校贷款利息4亿元，偿还本金中含部属院校23.9亿元）。到2007年底，全省高校债务余额大幅下降。

从2008年起，由于扩大办学规模和教学评估的需要，广东省部分省属高校在自筹贷款尚未偿还完毕、未经财政及主管部门审定的情况下，自行报请省发展改革部门立项后通过银行贷款筹措资金产生新的债务。受2007年财政资金偿还贷款的影响，各个高校普遍幻想着靠政府还贷，因而无所顾忌地争取贷款，掀起了广东省高校又一次债务融资的高潮，高校负债额快速增长。截至2010年底，广东省80所公办普通高校贷款余额为119.70亿元，其中50所省属公办高校中有37所院校有一年期以上的银行贷款，银行贷款本金余额为98.69亿元，公办高校债务很沉重。

（二）广东省公办高校的负债状况

1. 债务融资主要方式及债务规模。就广东省高校的债务融资情况看，融资方式主要是银行贷款，同时还有多种方式。我们就各个高校的融资方式进行了调查，结果显示（见表1）：

表1 各个高校债务融资方式

	长期借款	短期借款	应付款项	BT项目	其他
频数	51	23	16	5	9
百分比（%）	91.07	41.07	28.57	8.93	16.07

注：还款期超过1年的银行借款为长期借款，还款期在一年之内的为短期借款。

91.07%的高校选择了长期银行借款，41.07%的高校选择了短期银行借款，28.57%的高校选择了应付款项，8.93%的高校选择了BT项目融资，另有16.07%的高校选择了其他融资方式⑤。

截至2012年末，广东省公办高校79所（不含部属和深圳市属高校）有贷款余额的高校58所，贷款余额100.85亿元⑥，按隶属关系分省属公办院校余额69.11亿元，占69%；省市共建高校余额9.39亿元，占9%；省直部门办高校余额3.98亿元，占4%；三项小计82.5亿元，占82%。市属高校债务余额18.36亿元，占18%（见图1）。各类高校的平均贷款余额及生均贷款额分别如图2和图3所示。

从图1～图3可以看出，就银行贷款余额总量、每所高校平均贷款余额、生均贷款余额指标看，省属高校银行贷款债务比其他各类高校要严峻，具体情况见表2。

① 未注明出处的数据均来自省教育厅教育事业统计报表。

② 事实上，大多校办产业都不成功，没有收到原预期的效果。

③ 该指标由以下两部分组成：第一，基本办学条件指标：包括生师比、具有研究生学位教师占专任教师的比例、生均教学行政用房、生均教学科研仪器设备值、生均图书等。第二，监测办学条件指标：包括具有高级职务教师占专任教师的比例、生均占地面积、生均宿舍面积、百名学生配教学用计算机台数、百名学生配多媒体教室和语音实验室座位数、新增教学科研仪器设备所占比例、生均年进书量等。

④ 凡有一项基本办学条件指标低于限制招生规定要求的高校即给予限制招生（黄牌）的警示，以维持基本办学条件不再下滑，并促进其尽快改善办学条件。限制招生的高校其招生规模不得超过当年毕业生数。凡有两项或两项以上基本办学条件指标低于限制招生规定要求，或连续三年被确定为黄牌的高校即为暂停招生（红牌）高校。暂停招生高校当年不得安排普通高等学历教育招生计划。

⑤ 包括BOT融资、融资租赁、世行贷款、外国政府贷款、李嘉诚基金会借款等。

⑥ 资料来源：广东省政协十一届一次会议第20130590号提案的会办意见，粤教案〔2013〕216号。

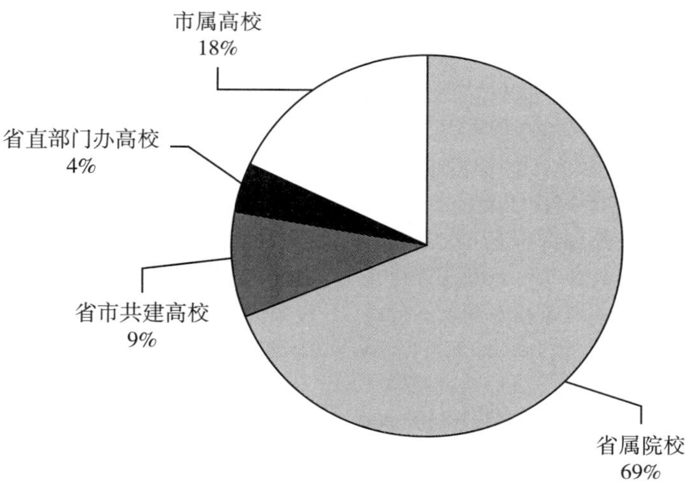

图 1　各类别高校 2012 年末贷款余额占全省总余额比例

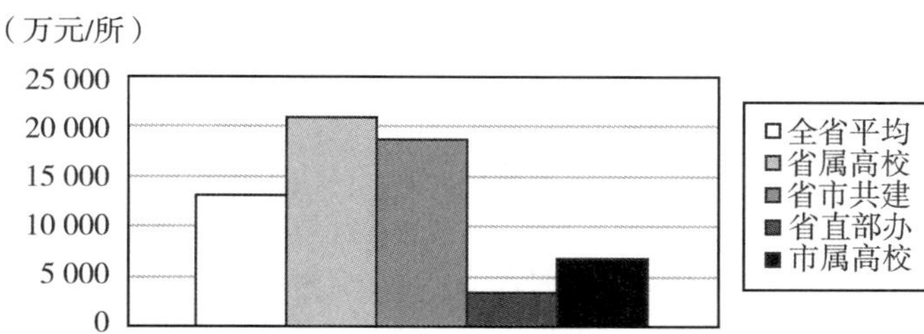

图 2　各类别高校 2012 年末平均每所高校贷款余额

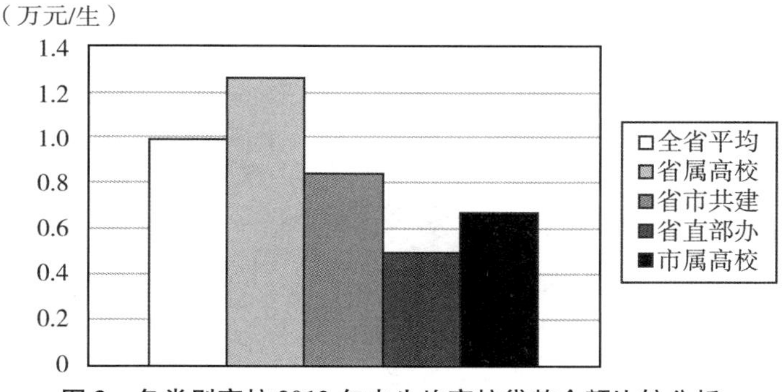

图 3　各类别高校 2012 年末生均高校贷款余额比较分析

表 2　各类高校贷款指标最高值与省平均值比较

高校分类	项　　目	高校名称	指标值（万元）	全省平均数的倍数（倍）
全省平均	平均每所高校贷款余额	—	13 097.66	—
	生均贷款余额	—	0.99	—
省属高校	最高贷款余额高校	华南师范大学	53 860	4.22
	最高生均贷款余额高校	广州体育学院	5.5	5.56
省市共建	最高贷款余额高校	韶关学院	39 167	2.99
	最高生均贷款余额高校	韶关学院	1.46	1.47
省直部办	最高贷款余额高校	广东工程职业技术学院	13 482	1
	最高生均贷款余额高校	广东工程职业技术学院	1.38	1.39
市属高校	最高贷款余额高校	佛山职业技术学院	69 984.8	5.34
	最高生均贷款余额高校	佛山职业技术学院	8.28	8.36

在省属高校中，贷款余额最高的为华南师范大学，金额5.386亿元，是全省各高校平均值的4.22倍；生均贷款余额最高为广州体育学院，生均5.50万元，是全省平均值的5.56倍。

在省市共建高校中，贷款余额最高的是韶关学院，金额3.92亿元，是全省各高校平均值的2.99倍；生均贷款余额最高的也是韶关学院，生均1.46万元，是全省平均值的1.47倍。

在省直部门办高校中，贷款余额最高的是广东工程职业技术学院，金额1.35亿元，是全省各高校平均值的1.03倍；生均贷款余额最高的是广东工程职业技术学院，生均1.38万元，是全省平均值的1.39倍。

在市属高校中，贷款余额、生均贷款余额最高的是佛山职业技术学院，也是全省贷款余额、生均贷款余额最高的高校，高校2012年末贷款余额是6.998亿元，是全省各高校平均值的5.34倍，生均贷款余额8.28万元，是全省平均值的8.36倍。

此外，通过问卷调查高校负责人对自身负债规模的看法，得到以下结果（见表3）：有60.71%的受访人员认为负债规模适中，与高校发展相适应；17.86%的人认为负债规模太小，不能满足高校发展的需求；只有14.29%的人认为负债规模过大，远远超出还款能力。

表3　各高校对自身负债规模的认知

	过大，远远超出还款能力	适中，与高校发展相适应	太小，不能满足高校发展的需求	说不清楚	合计
频数	8	34	10	4	56
百分比（%）	14.29	60.71	17.86	7.14	100.00

2. 债务使用及偿还情况。关于高校负债资金的使用情况，我们到广东省教育厅进行了调研，收集到的资料显示：截至2012年末，省教育厅直属院校使用的银行贷款总额为76.18亿元，其中用于教学行政用房29.77亿元，基础设施及配套（水电、道路等）8.38亿元，生活设施（学生宿舍、食堂等）26.61亿元，日常运转7.73万元，征地款1.39亿元，经营性用房0.26亿元，其他2.04亿元[①]。就此情况来看（见图4），高校贷款主要用于教学行政用房建设，占贷款总额的39.08%；其次用于学生生活设施建设，占34.93%。我们调查中发现，个别高校将债务融资款项用于经营性设施建设，也有一些高校用于日常教学经费[②]。这种现象应当引起高度关注。

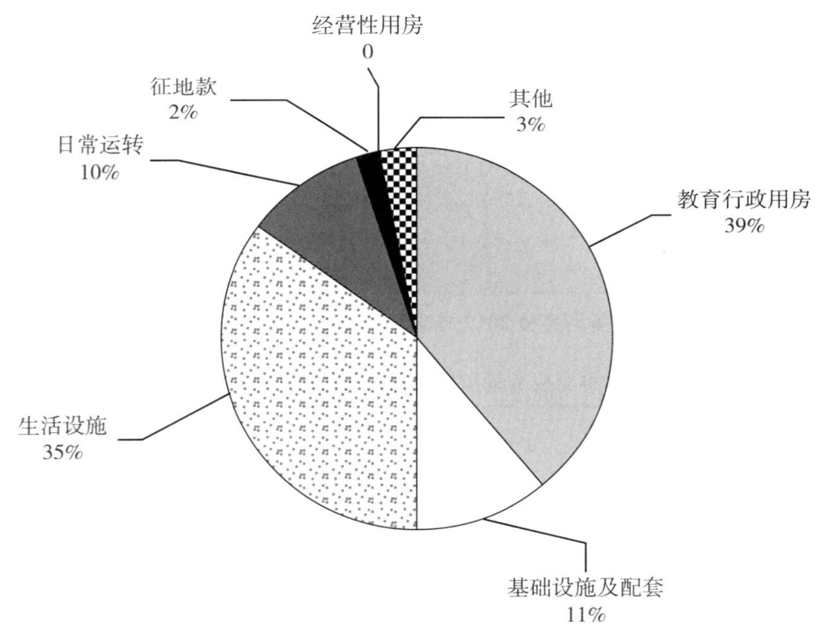

图4　省属高校2012年末银行贷款余额用途比例

在还款能力方面，高校实际还款能力较差（见表4）。从全省总量上来说，2012年末贷款余额比2007年末增加30.36亿元。从高校个体分析，有14所高校2012年末余额小于2007年；有39所高校2012年末余额大于2007年末。

审计署驻广州特派办汪蕊在《高校地方政府性债务跟踪审计初探》一文中指出：在1997年、1998年、2002年、

① 包括广东商学院740.31万元属于学生贷款、南方医科大学11 650万元属于军队期间贷款、韶关学院3 516万元教职工委托贷款用于零星基建、湛江师范学院1 157.46万元设备贷款、嘉应学院650万元属于周溪小学转让款、广东石油化工学院2 715万元设备贷款。

② 有些高校日常教学经费短缺，靠贷款来维持其日常运转。省属高校的贷款总额中约10%用于日常教学。

2007 年、2008 年、2009 年、2010 年七个年度中，广东省负有债务的 36 所省属公办高校中有 18 所高校通过当年举借新债偿还本金，有 5 所高校通过当年举借新债偿还利息，就借新还旧偿债率（即当年举借新债偿还的债务本息额占当年还本付息额的比）来看，七个统计年度借新还旧偿债率均高于 28%，最高为 65%，高校普遍还款能力差①。

表 4　　2007 年与 2012 年年末贷款余额比较

序号	项　目	2007 年末银行贷款余额（万元）	2012 年末银行贷款余额（万元）	2012 年余额减 2007 年余额（万元）
全省总计		704 882	1 008 520	303 638. 33
一、省属院校合计		621 585	691 116	69 530. 73
1	广东工业大学	63 893	11 357	(52 536. 00)
2	广东商学院	18 500	52 730	34 230. 07
3	华南师范大学	59 800	53 860	(5 940. 00)
4	广东金融学院	19 374	48 110	28 736. 00
5	南方医科大学	35 400	43 290	7 890. 30
6	广东海洋大学	22 060	15 992	(6 068. 00)
7	广州体育学院	34 967	38 387	3 420. 00
8	华南农业大学	65 908	34 560	(31 348. 00)
9	广东药学院	45 000	39 688	(5 312. 00)
10	广州中医药大学	30 400	16 604	(13 796. 00)
11	广东外语外贸大学	54 500	30 850	(23 650. 00)
12	广东医学院	46 888	30 136	(16 752. 00)
13	广东第二师范学院	6 000	28 510	22 510. 00
14	广东技术师范学院		18 093	18 092. 78
15	仲恺农业工程学院		25 475	25 475. 00
16	湛江师范学院	35 683	13 475	(22 208. 00)
17	星海音乐学院	11 510	15 120	3 610. 00
18	韩山师范学院		16 782	16 782. 00
19	广州美术学院	13 200	6 650	(6 550. 00)
22	广东工贸职业技术学院		36 875	36 875. 49
23	广东机电职业技术学院		32 000	32 000. 00
24	广东纺织职业技术学院		20 250	20 250. 00
25	广东轻工职业技术学院	20 395	15 750	(4 645. 00)
26	广东理工职业学院		14 900	14 900. 00
27	广东科学技术职业学院	27 500	13 250	(14 250. 00)
28	广东科贸职业学院	5 974	10 680	4 706. 00
29	广州航海高等专科学校	4 633	7 741	3 108. 09
二、省市共建高校合计		83 297	93 937	10 640. 17
1	韶关学院	44 750	39 167	(5 582. 83)
2	肇庆学院	10 098	14 445	4 347. 00
3	广东石油化工学院	8 658	15 316	6 658. 00
4	嘉应学院	17 551	9 933	(7 618. 00)
5	惠州学院	2 240	15 076	12 836. 00

① 资料来源：http://www.chinareform.org.cn/Economy/tax/Forward/201111/t20111130_128796.htm.

续表

序号	项　目	2007 年末银行贷款余额（万元）	2012 年末银行贷款余额（万元）	2012 年余额减 2007 年余额（万元）
	三、省直部门办高校合计		39 832	39 831.80
1	广东警官学院		5 620	5 620.00
3	广东工程职业技术学院		13 482	13 482.00
5	广东药品食品职业学院		12 450	12 450.00
6	广东司法警官职业学院		780	779.80
7	广东行政职业学院		4 000	4 000.00
12	广东青年职业学院		3 500	3 500.00
	四、市属高校合计		183 636	183 635.63
2	广州医学院		677	677.00
3	东莞理工学院		5 500	5 500.00
4	五邑大学		3 747	3 747.00
5	佛山科学技术学院		4 127	4 127.00
11	广州科技贸易职业学院		21 247	21 247.34
12	珠海城市职业技术学院		4 347	4 347.23
14	河源职业技术学院		8 318	8 318.00
15	汕尾职业技术学院		2 503	2 503.00
17	中山职业技术学院		3 000	3 000.00
18	江门职业技术学院		27 923	27 923.23
19	佛山职业技术学院		69 985	69 984.80
21	茂名职业技术学院		2 238	2 237.53
22	肇庆医学高等专科学校		6 000	6 000.00
25	罗定职业技术学院		1 048	1 047.50
26	顺德职业技术学院		22 976	22 976.00

注：零余额院校不列出。

在贷款偿还（含本金和利息）方面，2010－2012 年，累计偿还本息 67.89 亿元，其中，本金 49.39 亿元，占 26%；利息 18.50 亿元，占 74%。按照偿还资金来源划分（见图 5），中央财政奖补资金 7.72 亿元，地方财政安排资金 10.47 亿元，高校自筹资金 49.71 亿元（其中，本金 34.36 亿元，利息 15.35 亿元）。按照年度划分（见表 5），2010 年偿还 21.47 亿元（其中，本金 15.13 亿元，利息 6.35 亿元），2011 年偿还 26.34 亿元（其中，本金 19.83 亿元，利息 6.52 亿元），2012 年偿还 20.08 亿元（其中，本金 14.44 亿元，利息 5.64 亿元）。

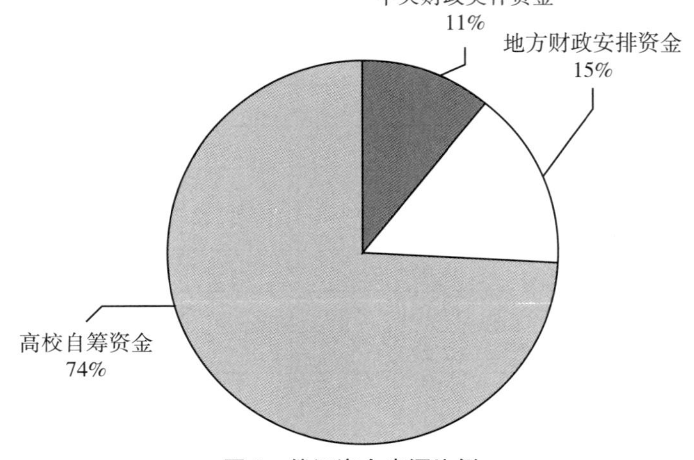

图 5　偿还资金来源比例

表 5 偿还本金、利息年度情况 单元：亿元

年份	偿还本金利息合计	高校自筹资金偿还本金	高校自筹资金支付利息	新增银行贷款	新增 - 还本付息
2010	18.17	13.04	5.13	18.01	-0.16
2011	15.43	10.43	5.01	22.88	7.45
2012	12.20	7.68	4.51	27.49	15.29

就各高校偿还债务所使用的资金情况来看，我们的调查（可多项选择，见表 6）发现，使用学费收入、财政拨款、银行借款（借新还旧）、办学创收的高校分别占调查对象的 83.93%、73.21%、39.29% 和 26.79%，科研收入、校办产业收入和社会捐助收入作为偿债资金来源的很少。可见，各个高校偿债资金来源有多种。在高校偿还债务最主要资金来源的问卷调查中（见表 7），54.17% 的高校依靠学费收入，27.08% 的高校依靠财政拨款，14.58% 的高校主要依靠以新还旧的银行贷款方式。值得注意的是有 39.29% 比例的高校需要通过银行借款（以新还旧）的方式偿还债务，且以这种方式作为主要资金来源的高校达到 14.58%，这说明了我省公办高校还贷能力不强。

表 6 高校偿还债务所使用的资金来源

	财政拨款	学费收入	科研收入	办学创收	校办产业收入	社会捐助	银行借款
频数	41	47	3	15	4	4	22
百分比（%）	73.21	83.93	5.36	26.79	7.14	7.14	39.29

表 7 高校偿还债务最主要的资金来源

	财政拨款	学费收入	科研收入	办学创收	校办产业收入	银行借款	合计
频数	13	26	0	2	0	7	48
百分比（%）	27.08	54.17	0	4.17	0.00	14.58	100

就广东省公办高校债务融资的总体情况来看，随着高校招生规模迅速扩张和教育部教学评估要求的落实，高校教学基础设施投资急剧增加，公办高校债务融资规模过度扩张，一些高校形成了巨额债务，远超出其偿还能力。沉重的到期债务还本压力及巨额利息支付压力，已使得部分高校面临资金链断裂危险，个别高校为了应对债务危机，压减教学正常开支、取消教职工多项福利支出、人才引进工作停滞、学生正常实习难保质保量完成，以教学质量下滑、教职工队伍稳定失衡为代价来化解债务危机，影响到高校的正常运转。同时，公办高校的过度负债，也给财政部门带来巨大的压力。一些高校的决策者，把还款的希望寄托于财政资金，在贷款规模扩张方面有恃无恐，从而加剧了债务融资规模的扩张。

（三）广东省公办高校债务融资管理状况

公办高校债务管理分为两个层面：一是政府相关部门对高校债务的管控，另一是高校内部对债务的管理。

1. 政府相关部门对高校债务管控情况。广东省高校主管部门和财政部门负责对省公办高校债务进行管控。招生规模快速扩张后，由于资金需求量巨大，单靠财政资金难以承受，因而广东省相关部门同意债务融资作为高校融资的一种重要选项，从 2003 年起实行“高校贷款、政府贴息”的政策，高校的基建借款经财政和高校主管部门批准后，政府财政资金给予利息补贴。在此政策引导下，高校负债规模迅速增加，远超出了高校依靠学费和创收等为收入来源的还款能力。为此，2007 年广东省用 149.2 亿元财政资金清偿了经批准贴息的高校的银行贷款。这种做法的初衷是减轻高校债务压力、促进高等教育的健康发展，但却在一定程度上成了公办高校增加银行贷款的兴奋剂。由于监管不够到位，其后几年各高校的银行贷款又迅速增加。

2010 年财政部、教育部联合发布《关于减轻地方高校债务负担化解高校债务风险的意见》（财教〔2010〕568 号），正式启动高校债务化解工作。2011 年上半年，审计机关对全国地方政府性债务开展审计，高校债务问题的严峻性被摆了出来。2011 年 3 月 23 日，省教育厅、省财政厅和省审计厅联合印发了《关于加强省属高校债务管理的意见》（粤教财〔2011〕9 号），首次明确要求省属公办高校的所有新增银行贷款（包含续借到期贷款），均须报省教育厅、省财政厅审批，并明确规定高校银行贷款审批办法。该文件还包含对“谁举借，谁负责”原则进行阐述、要求将还款计划编入预算、按贷款余额的 3% -5% 预留还贷准备金、引入风险监测和预警指标体系、落实责任追究制度等内容。该文件成为我省高校债务（银行贷款）管理的标志性文件。从此高校银行贷款负债从高校自主管理走上开

始接受上级主管及财政部门监管的道路，高校主管部门、财政部门开始尝试行使监管权力、承担监管责任。

2012年省教育厅、省财政厅和省审计厅又以1号文的形式再发《关于加强省直高校债务管理的意见》（粤教财〔2012〕1号）同时废止粤教财〔2011〕9号，将适用的高校范围从省属扩大为省直，其他内容在2011年文件基础上微调。在文中明确“对化债责任未落实以及未经批准擅自新增债务的省直高校，省政府予以通报批评，省财政将扣减其财政补助”等内容，明显提高了我省高校负债的管理力度。

就上述情况来看，广东省政府相关部门对公办高校债务进行了监管，存在的主要问题是对高校债务融资的约束制度出台较晚、约束范围扩展较慢；2007年实施的一次性还贷政策后没能及时制定有效管控措施，使部分高校产生侥幸心理，加大非理性贷款；缺乏对高校举债决策人个人有效的问责机制。

2. 高校内部债务融资管控情况。关于各高校内部债务融资管理情况，我们采取问卷形式就负债管理制度、决策程序、资金使用与监控以及效果评价等方面进行了调查了解，结果显示：在高校负债融资管理制度建设方面，32.14%的高校建立了比较健全的负债融资决策、使用、风险管理、监督与评价等相关管理制度；51.79%的高校有一些负债融资管理的相关制度，但不够健全。在制度执行方面，在建立负债融资管理的相关制度的高校中，80.85%的高校表示严格执行。

在高校基建借款或其他固定资产借款项目是否有可行性论证方面，85.71%的高校对基建借款项目进行了可行性论证，12.50%的高校有论证，但不够严格。

在借款程序的审批方面，96.36%的高校有严格的银行借款的审批程序。各高校的银行借款主要由政府财政部门（41.07%）、省教育厅局（32.14%）、校长（28.57%）、预算委员会或类似机构（26.79%）审批，也有相当一部分是通过主管财务的副校长（14.29%）、校长办公会（14.29%）、党委常委会、党政联席会（10.71%）等审批（见表8）。表8的百分比之和超过100%，说明高校的贷款需要多个环节。

表8　向银行借款的实际审批人

选　项	频数	百分比（%）
校长	16	28.57
主管财务的副校长	8	14.29
预算委员会或类似机构	15	26.79
财务处长	4	7.14
资金科长	0	0
政府财政部门	23	41.07
教育厅/局	18	32.14
根据金额大小和贷款用途分别由不同层次的人员或机构审批	5	8.93
贷款资金管理领导小组	3	5.36
校长（院长）办公会	8	14.29
党委常委会、党政联席会	6	10.71

在债务资金使用的管理方面（见表9），78.57%的高校对校办产业银行借款与教学用银行借款所取得的资金严格分开使用，5.36%的高校基本分开，个别时候相互调剂，只有1家高校相互调剂使用，占1.79%，其余高校因为无校办产业所以不适用。

表9　负债使用管理的调查结果

	严格分开使用	基本分开，个别时候相互调剂	相互调剂使用	不适用	合计
频数	44	3	1	8	56
百分比（%）	78.57	5.36	1.79	14.29	100.00

在高校从银行获得的教学用基建项目贷款的使用方面（见表10），80.36%的高校能实行专款专用，16.07%的高校基建贷款在不同基建项目之间相互调剂，7.14%的高校基建项目与实验室建设及教学设备项目混合使用，只有1.79%的高校把教学用基建项目贷款部分用于弥补教学经费不足。

表10　从银行获得的教学用基建项目贷款的使用情况

	专款专用	基建项目与实验室建设及教学设备项目混合使用	不同基建项目之间相互调剂	部分用于弥补教学经费不足
频数	45	4	9	1
百分比（%）	80.36	7.14	16.07	1.79

针对高校银行借款及其资金使用的内部审计的调查发现（见表11），78.57%的高校有对银行借款进行审计，16.07%的高校有审计但不够严格，有5.36%的高校没有进行审计。

表11　高校对银行借款的内部审计情况

	有	有，但不够严格	没有	合计
频数	44	9	3	56
百分比（%）	78.57	16.07	5.36	100

针对高校负债项目实施情况评价制度的调查发现（见表12），只有40.00%的高校有严格建立和执行负债项目实施情况评价制度，29.09%的高校有建立但执行不够严格，30.91%的高校没有建立负债项目实施情况评价制度。

表12　高校负债项目评价制度情况

	有	有，但执行不够严格	没有	合计
频数	22	16	17	55
百分比（%）	40.00	29.09	30.91	100

在对高校负债融资管理工作中存在的问题方面（见表13），受访对象认为主要问题是：还款的资金来源完全或主要依赖财政资金（48.21%），没有对融资效果进行评价（46.43%），负债融资的管理制度不健全（25.00%），没有科学的融资决策程序（16.07%）等。

表13　高校负债融资工作中存在的主要问题的调查结果

选　　项	频数	百分比（%）
不考虑高校自身的还款能力，过度负债	6	10.71
还款的资金来源完全或主要依赖财政资金	27	48.21
负债融资的管理制度不健全	14	25.00
负债融资的管理制度设计不合理	5	8.93
负债融资的管理制度没有得到有效执行	1	1.79
对大额融资项目缺乏可行性研究	7	12.50
没有科学的融资决策程序	9	16.07
对资金的使用过程没有有效的监管	3	5.36
没有对融资效果进行评价	26	46.43

同时，我们通过访谈调研发现，高校内部债务融资管理存在的主要问题是部分高校盲目追求办学条件高标准，资源浪费明显；校领导追求政绩，贷款存在短期行为；个别高校决策人在私利驱动下盲目贷款；高校贷款决策管理

制度不健全，缺乏自我约束机制；高校法人贷款责任主体意识不强，过度依赖政府还贷。另外，金融机构对于高校信贷的准入门槛较低也促成了高校的高负债运营。由于传统观念，银行对高校还贷能力较少质疑，同时一般高校的基建贷款额度巨大，出于自身的利益诉求，银行乐于为高校贷款开绿灯，信贷审核标准放宽，监督管理放松，致使高校债务过度膨胀。

综上所述，广东省公办高校负债融资决策、使用、风险管理、监督与评价等相关管理制度建设不够健全；高校对自身银行借款的审批程序较为缺乏，自我监督不足；高校负债项目实施情况评价制度的建立和实施不够到位。以上管控的缺乏反映出高校决策管理制度的不健全，自我约束机制的匮乏，加之在政府政策约束和管控措施没有及时跟上，对高校举债决策人个人缺乏有效的问责机制，使得部分高校决策者有机会进行非理性的债务扩张。

三、广东省公办高校现有债务的化解

（一）广东省公办高校债务困境的成因分析

以上分析表明，广东省公办高校总体上负债规模过大，大多数高校陷入债务困境，严重影响了高校的良性运行和发展。摆脱这一困境，显得十分迫切。化解债务困境，应当首先理清其成因，从而有针对性地寻求化解之道。前面已经指出，造成高校负债及其规模迅速扩张的原因是高校招生规模扩张和应对教育部教学评估要求等两大因素的推动。这些因素属于客观条件与环境因素，并非必然会导致高校陷入债务困境。如果高校有相应的创收能力且债务安排与管理得好，就可能形成良性循环，不会造成债务危机。那么，除上述两项环境因素外，是哪些原因造成广东公办高校债务困境呢？我们认为，应该从政策与制度、高校自身和银行等三个方面寻找原因。

1. 政策与制度方面。

（1）财政资金投入不能满足高校快速发展要求。目前各省对高校的预算经费安排主要采取“生均综合定额”加“专项补助”的方式。广东省于2004年对省级本科院校率先实施了这种拨款方式。2004年生均综合定额标准为6 300元/生，2009年、2012年、2013年分别提高到6 600元/生、7 600/生和8 600元/生。按照财政部统计考核口径，2010-2012年，广东省地方普通本科高校“生均拨款水平”分别为12 096元、12 394元和13 078元，达到财政部不低于12 000元的要求。以上数据表明，广东省财政对本科普通高校教育提供了大力支持，投资额不断增加，但是，与高校的资金需求相比，还是存在差距。

首先，广东省高校大规模债务融资是自2003年因高校招生规模迅速扩张而开始的，所融资金主要用于高校的课室与学生宿舍等固定资产项目。这些项目的资金需求与日常教学运行经费不同，其特点是投资金额大、投资期集中（不是经常性投资）、所形成的资产可以在未来数十年甚至上百年使用。所以，尽管生均拨款在逐年提高，但难以满足高校近年来固定资产投资集中迅猛增加的需求。

其次，目前公办高校的债务大多是以前年度所形成的，一些高校背负了大量债务，利息不断增加，由于没有资金偿还，形成了巨额的本息沉淀。同时，高校扩招近十年来，物价持续上涨，购买力相对下降，生均拨款水平的提高未能完全跟上物价上涨的水平。还有，公办高校离退休职工养老资金需求量与来源的差额成为高校资金安排的硬缺口，随着退休人员的日益增加，缺口越来越大，占用高校相当大的经费量。

（2）学费标准没能顺应物价上涨。学费是高校经费的主要来源之一，由高校收缴后，全额上缴再全额返拨。自2002年省物价局核定高校教育收费标准后至2012年止，学费标准已经十年没有改变，而同期物价上涨了若干倍，大大增加了高校的经费支出数量。

（3）制度约束缺失。2003年以前，高校因发展特别是扩招带来的经费需求与供给不足矛盾，一直由高校自主决策自行解决，政府对高校产生的银行贷款无统一的约束措施。广东省从2003年起实行“高校贷款、政府贴息”的政策后，开始对贴息项目贷款部分进行有限的约束，但贴息范围外的贷款，仍然没有约束制度。2007年广东省政府一次还清贴息贷款，但同时也定下其他贷款由高校还的基调，但并没有加强监管的制约措施。直至2011年广东省教育厅、省财政厅和省审计厅联合印发了《关于加强省属高校债务管理的意见》（粤教财〔2011〕9号）后，才有真正意义上的制度约束，但范围仍然在省属高校，省属以外仍缺乏制度约束。2012年的发文将约束范围扩大，但仍然不包含个别体制高校，即仍然有个别游离在约束之外。

2. 高校方面。高校在发展任务的压力下，不得不贷款。在扩招、评估等大政策下，高校对基本建设、人才引进、设备购置等大额资金需求与资金供给的不匹配，迫使高校走上银行贷款办学之路。

教育人力成本一味追高。基于2004年《基本办学条件指标》要求只有最低控制线，部分高校一味追求高标准，特别是在人力资源使用上，资源浪费明显，一是普通岗位招用高学历人员；二是花巨资引进的教学科研人才最终成为行政管理人员。

校领导追求政绩，贷款存在短期行为。个别为了个人政绩，与其他高校攀比，不顾高校的实际，盲目追求大校园、阔校门、高尖人才引进、提高职工福利。只顾任期内的超速发展，不管后任还款压力，短期行为埋下隐患。

个别决策人在私利驱动下盲目贷款。为了追究私利不顾高校发展规律，擅自扩大基建规模、提高建设标准、搞奢侈建设等，从中谋取个人私利。

决策制度不健全，高校自我约束失控。一是个别高校“三重一大”决策机制执行不力，个别领导搞一言堂式决策，高校贷款政策受个别领导主导；二是高校决策层没配备财务管理专业人员，来自财政口的专业性强的贷款管理政策难以很好地贯彻到日常决策中。

高校无心还款。一是抱观望态度，希望高校债务由财政帮助偿还；二是因为校领导的轮岗等原因，下任领导对上任领导时期的债务无心承担偿还责任。

3. 银行方面。银行约束变为银行协助。在以政府信用为依托，在高校债务财政偿还的设定下，银行与高校成为利益共同体，高校希望获得资金，银行希望发放无风险贷款获得贷款利息，银行从高校获得贷款资格的评估者，变为协助高校编写贷款资料的参谋。银行审批制度对高校贷款事项形同虚设。

（二）化解省公办高校债务困境的原则与思路

针对广东省公办高校债务困境形成的原因，化解困境应当坚持“高校努力、政府管控、银行支持、区别对待”的基本原则与思路。

1. 化解公办高校债务需要高校自身努力。按照“谁举债，谁负责”的原则，高校是其银行债务的责任主体。公办高校不同于纯粹依靠财政资金生存的行政机关，也不同于以利润最大化为目标的企业。公办高校本身具有收入能力，除学费收入外，还可以利用自身的教学与科研优势开展有偿服务以及创办企业等盈利性组织而获取收入。就广东省公办高校目前债务困境的成因来看，高校自身有着不可推卸的责任。各个高校应该积极拓展创收渠道，采取有效的增收节支措施，尽最大努力来偿还债务。同时，应根据高校的实际情况，调整和完善高校的建设目标，实事求是，量力而行，科学、合理确定发展规模，严格开展项目实施。

2. 政府各相关部门应加强对高校债务情况的管理和控制。高校主管部门要对高校的规模、项目建设加强管理和审核，发展改革部门按照规定，实事求是审核建设项目的立项；审计部门针对发现存在情况，要求整改；财政部门加强资金使用及绩效的考核管理，确保财政资金专款专用；监察部门发挥职能作用，严查高校债务问题的违法违规行为。通过政府各相关部门的管控，加强对公办高校债务融资的监管，确保专款专用，引导理性举债。

3. 化解公办高校债务困境需要政府和银行的支持。广东省公办高校的债务形成的最为主要的原因是因为扩招政策引起教学用房及基础设施的增加，而自身的经费收入无法满足，被迫向银行借款所形成的。虽然从长远来看，减少财政资金承担偿还高校债务有利于限制高校盲目扩张，但经主管部门审批的历史遗留债务，政府在财力许可范围内可适当予以支持化债，以刺激引导高校通过自身努力积极化债。同时，银行也应该履行社会责任，对属于公益性非营利组织的公办高校提供贷款优惠，尽可能做到利息优惠与减免、债务展期等，减轻高校的债务负担。

4. 化解公办高校债务困境还应当坚持“区别对待、重点化债”。应根据不同公办高校所处的发展期和面临的问题，综合考虑负债率、在校生规模、化解债务努力程度等因素拨款；区别教学、学生生活、基础设施与楼堂馆所，政府资金重点化解建设教学、学生生活、基础设施形成的债务；区别最近十年，政府投入建设资金多与少的高校，政府资金重点化解政府投入建设资金少的高校债务；区别负担重与负担轻的高校，政府资金重点化解负债多的高校债务，支持对高等教育贡献大的高校。

（三）化解省公办高校债务困境的具体措施

1. 政府角度。针对公办高校的债务，政府应进一步加大对高校的投入，逐步提高生均定额拨款标准，适当安排化债奖补资金，刺激高校创收还贷的积极性；提高学费、住宿费标准，政府应当建立健全高校学生培养成本测算体系，科学合理地制定收费标准（不同专业不同科类可以考虑实行不同的收费标准等）。

建立和完善化解高校负债的协调机制。政府各个部门加强配合、密切合作，积极支持高校化解工作，发展改革、财政、教育、审计、物价、金融等部门，共同研究从顶层设计入手，分门别类加以梳理，提出公办高校解决债务问题的具体措施。

针对高校创收能力有限的情况，政府可考虑放宽高校自主创收的权限，提供政策，帮助高校提高收入。鼓励宣传捐资助学制度的建设，通过完善捐助法规、税收优惠政策使捐助者在经济与名誉上得到合法回报，争取企业、个人向高校捐赠。提供政策引导和支持，通过与政府行业企业合作、服务区域经济和社会发展等方式提高高校自身创收能力。制定相关政策，允许高校盘活闲置土地、楼房等资产，所得资金全额用于化解债务。

2. 高校角度。在获取传统财政拨款收入与学费收入的同时，高校自身应开源节流。一方面，高校应积极创造条件，拓宽融资渠道，运用社会资金发展高等教育。利用项目融资方式，引导外部社会资金参与高校基础设施项目建设，通过独家冠名、收费补偿等方式满足社会资金的回报要求。高校也可积极利用自身在学术、科研等方面的优势开展各种社会服务，积极探索产学研合作新模式和高校与企业利益共享机制。积极吸纳社会资金或国外资金办学，包括鼓励校友捐赠，与企业合作、合资办学等。

另一方面，高校应整合现有资源，提高资金使用效益。针对我国高校资源利用率不高的现况，高校尤其是多校合并的高校应对自身进行资源整合，对基础设施、教学设备修缮完善、合理配置，科学规划利用现有教学资源，使资源使用效益最大化。同时，在国家有关政策允许的范围内，进行资产置换，用置换资金清偿债务。另外，高校应该节约开支，减少日常公用经费支出，特别是降低“三公经费”开支。

3. 银行角度。各高校应主动与银行进行联系与沟通，积极争取贷款条件及还本付息的优惠；政府高校主管部门应积极做好银行与高校的协调工作，争取获得银行融资优惠。

四、广东省公办高校债务管控模式设计

（一）广东省公办高校债务管控模式设计的原则

省公办高校债务管控问题不仅是一个复杂的教育问题，

也是一个复杂的经济问题，我们不能凭借经验简单地给出高校贷款的适度规模，也不能不顾实际地奢望获得一个能将各种因素都考虑在内的严密的、面面俱到的数学模型。我们希望尽量将高校贷款负债适度规模的标准设计得更加系统、更加科学、更加实用、更加具有适应性和可操作性。可以说，系统性、科学性、实用性和可操作性是本研究在设计省公办高校债务管控模式时尽量追求的目标，我们之所以制定出这样四个目标而不去追求一个精确、完美或具有极大创新的测算方法，是为了满足高校贷款负债发展的现实需要。当前中国高校贷款负债发展的实践所需要的，正是一个系统、科学、实用和可操作的有关高校贷款适度规模的测算体系，一个从科学的角度出发非常精确的测算方法在使用起来时或许非常烦琐，一个从数学的角度看起来非常完美的模型或许在纷繁复杂的实践面前没有用武之地。

1. 系统性。我们研究高校贷款负债的适度规模，首先要解决的问题是：这个规模以多少为宜？也就是高校向银行借贷多大数量的资金是最适合的？最适合的标准是什么？因为高校作为一个特殊的非营利性贷款对象，它贷款的目的与私人或企业有很大差别。在市场经济条件下，企业或私人贷款的目的就是为了最大限度地赚取利润，即只重视经济效益；而公立高校贷款则是为了更好地为国家和社会服务，即高校要顾及贷款所带来的社会效益。当然这并不是说高校贷款只考虑社会效益，而不考虑经济效益。贷款毕竟不同于财政拨款等无偿的教育经费收入形式，高校贷款要遵循有借有还原则，而且归还时要以付出利息为代价。这就促使高校在贷款时不得不考虑贷款的经济效益，这也是高校贷款主要用于基础设施建设方面的原因。因此，我们说高校贷款的目的是双重的，既考虑经济效益，又考虑社会效益。而这种社会效益是难以用货币量化的，从而边际收益等于边际成本的原则很难贯彻，所以确定贷款的适度规模就不可能具体到某一数值。

由此，具体到每一所贷款高校，高校贷款的适度规模就是指与贷款高校的资产、教育经费收入和支出等相适应的最合理的数量界限。适度的贷款规模是贷款活动的警戒线，在适度规模之内，贷款的效益才能很好地发挥出来；超过或低于这个规模，都会降低贷款的经济和社会效益。

与此同时，影响高校贷款适度规模的因素十分庞杂，在各种错综复杂的关系中，我们必须确立高校贷款适度规模的原则、找寻制约高校贷款适度规模的主要标准、建立衡量高校贷款适度规模的指标体系和数学模型。因此，对高校贷款适度规模的衡量是一个系统性的测算体系，只有这样，才能够比较完整地体现高校贷款适度规模的真正内涵。

2. 科学性。我们认为，关于高校贷款负债适度规模的研究应该是经验性和科学性的融合，不能脱离经验的积累和指导而走向一种纯粹的以数理统计为形式的科学主义。与此同时，经验的有限性和高校情况的特殊性使得任何一条经验都不可能成为衡量高校贷款负债适度规模的标准而适用于任一所高校。科学的数理统计和分析能够在占有大量样本和数据的情况下得出高校贷款负债的一般性规律和趋势，通过对个别经验的去粗取精和去伪存真来克服个别经验的局限性，从而帮助甄选出具有相对普适性的一般性经验，并最终实现经验性和科学性的有机融合。

3. 差异性。在进行债务管控模式的设计时，应该考虑到不同类型、层次、基础和发展规划的公办高校，尽量满足各个使用主体的需要。

必须说明的是，我们设计的测算体系只能尽量满足各个使用主体的需要，而并非意味着能满足所有使用主体的需要，更不意味着能满足所有贷款高校的使用需要。至于各贷款高校，各自的校情千差万别，我们也只能从中抽取出大多数高校在贷款时都必须考虑的因素进行研究和设计。

4. 实用性。实用性是经验性与科学性有机融合后产生的必然结果。它在这里有两层含义，一是指我们所需要的高校贷款适度规模的测算体系应该是一个简单实用的工具，既可以大致反映高校贷款的适度规模，人们在使用时又无须经过烦琐的数学计算；二是专门针对高校会计核算制度的先天缺陷提出的，既然高校的收付实现制中由于制度本身的不可避免地存在信息失真的现象，我们在设计高校贷款适度规模的测算体系时就应尽量避免使用这些失真信息，挤干高校财务信息中的水分。实用性主要由我们在设计高校贷款适度规模的测算体系时所选用的指标和参数决定，我们所选用的指标和参数过多，在测算时或许可以得到比较精确的答案，但在获取数据和计算时将面临困难，这不代表实用；我们所选用的指标和参数数量适中，但其中或许包括一些失真信息，不能客观真实地反映高校的财务状况，或者我们在使用时要限定很多条件以剔除这些失真信息，这也不代表实用。高校贷款适度规模测算体系的实用性要求我们在经验性和科学性有机融合的基础上，尽量选用一些相对客观、准确、易得的信息作为标准和参数。

（二）广东省公办高校债务管控的主体、对象与目标

对广东省公办高校贷款的管控，从管控主体上可以划分为高校主管部门管控、财政部门管控和高校自我管控三部分；从管控流程上可以划分为贷前、贷中和贷后管控三部分，组成一个比较严密完整的管控体系。在这个管控体系中，高校主管部门和财政部门是出于核心地位的负债管控的主体，其管控的对象为广东省公办高校。

各主体的权责如下：

高校主管部门：

贷款审核：对贷款高校进行贷款资格和贷款额度的审核。对于符合贷款资格的高校，按照技术方法对其进行贷款额度的测算，确定允许贷款的上限，并将其贷款申请转交给财政部门进行下一步审批；对于审核不通过、不满足贷款条件的高校，驳回贷款申请。

加大对高校贷款管理的宏观监控力度。对于个别已超出偿债能力、财务风险达到预警线的高校，高校主管部门应及时发出预警通知，要求这些高校调整建设规划、停止贷款。高校主管部门发出预警通知后，如个别高校仍无视

财务风险、继续盲目扩大贷款规模，高校主管部门会同财政部门通过扣减专项资金拨款、暂停财政专项资金申请资格等方式对其实施处罚。

财政部门：

(1) 贷款审批：对通过高校主管部门贷款申请审核的高校，进一步对高校的贷款额度进行审批。按照技术方法测算贷款额度，最终确定允许贷款的上限，将审批结果反馈给高校和银行，高校和银行必须按照审批结果执行。

(2) 资金监管：对于贷款获批的高校进行资金的监管，建立贷款备案制度和预警提示制度。定期地对省公办高校的贷款项目、风险状况、资金使用效益、还贷计划和还贷情况等方面进行专项检查，发现问题，及时处理。

管控目标是为防止省公办高校盲目扩张，避免发生债务危机，保障高等教育的健康发展，抑制高校盲目负债、促进其理性融资。

高校：

(1) 贷款申请：严格按照“效益第一”的原则，整合现有资源，合理调度资金，通过自有资金的有效运作，减少贷款额度，降低贷款成本。对于确实需要利用银行贷款来改变办学条件的，需要按相关要求进行自我审查，若符合条件则向高校主管部门递交贷款申请；

(2) 资金管理：对于到位的贷款资金，建立项目管理责任制。贷款高校按照“统一领导，分级管理”的原则，按管理层次逐级建立贷款资金项目管理责任制，责任到人，各负其责。贷款高校的校（院长）长是高校贷款项目的总负责人，对全部贷款资金使用的安全性、合理性和有效性负责，对确保按期偿还贷款本息负责。

高校必须高度重视贷款管理工作，牢固树立依法理财、诚实守信的思想，明确责任，规范管理，努力形成有效的自我发展、自我约束、自我防范财务风险的机制。

（三）广东省公办高校债务管控的体制与机制

高校主管部门、财政部门和高校自身作为三个管控主体，从管控流程上可以划分为高校自我评估、高校主管部门审查和财政部门审批三阶段，组成一个比较严密完整的管控体系。在这个管控体系中，高校主管部门和财政部门是处于核心地位的负债管控的主体。

建立严格的贷前审查制度。贷前审查是做好贷款管理的第一步，尤其是控制贷款规模的关键环节。贷前审查需经过高校自我评估、高校主管部门和财政部门审批三个阶段。

为了充分降低贷款风险，各高校在贷款前应对各种需要贷款的项目进行充分的论证和分析，谨慎选择，根据高校总体发展规划，在统筹考虑高校收入水平和自身还款能力的基础上，对贷款的数额、用途、期限、使用计划、归还方式、还款资金来源以及贷款项目的责任人等严格把关。

在高校对贷款项目进行自我论证之后，需提交项目的申请报告与可行性研究报告（应包括贷款项目名称，项目的必要性和可行性，贷款用途，贷款必要性，分年度贷款额度方案，分年度偿还贷款本息计划和措施，高校拟贷款期间内分年度非限定性净收入测算等）；高校发展战略规划、学科与师资队伍建设规划和校园建设规划；以及高校拟新增贷款后，按“广东省公办高校负债管控模型”自测的贷款风险指数。

高校主管部门根据高校上报的项目和贷款额度审查高校的贷款项目，符合贷款条件的，报财政部门审批。在通过审批之后，高校按经财政部门审批后高校主管部门下达的基本建设贷款项目和高校主管部门审批下达的其他贷款项目向所在地经办银行提出贷款申请，经办银行根据项目性质，按照国家有关规定对贷款项目独立地进行审查评估，贷款额度不能超过省公办高校负债管控模型测算后的上限，贷款期限根据高校的实际需求情况由高校和经办行协商确定。贷款项目经批准后，贷款高校要及时地将贷款落实情况以及还款计划报上级高校主管部门和财政部门备案。凡纳入审批范围但未得到高校主管部门和财政部门审批同意的贷款项目，高校一律不得贷款。未经批准擅自向银行贷款的，一经发现，将追究高校及有关人员责任。

贷款获得批准后，加强对高校贷款的外部管理并采用各种方式引导或迫使高校加强自我管理。对于很多高校来说，当前已经处于还本付息（旧债）的阶段，因此各贷款管理主体一定要加强对新增贷款的管理，以免造成新的贷款问题。尤其要注意那些已经出现还贷困难的高校，谨防它们因为眼前一时的困难而继续盲目“借新还旧”，将还贷压力后移，从而造成未来更大的还贷危机。在对新增贷款的管理中，最重要的是把好贷前审批关。

（四）广东省公办高校债务管控的技术与方法

虽然教育部和财政部就贷款规模问题共同组织开发了“高校银行贷款额度控制与风险评价模型”，但由于该模型中的参数偏多偏细，比较适合高校在自我管理中使用，在信息不对称的情况下，该模型对作为外部管理主体的高校主管部门和银行方面并不实用，因此难以对高校贷款形成有效的外部约束。一旦高校出现弄虚作假等自我管理混乱行为时，作为另外两个贷款管理主体——高校主管部门、财政部门和银行不易察觉，即使该两方主体对此“明察秋毫”，也需耗费很大的管理成本。因此本研究以系统、科学、实用和广泛适用为目标，我们认为，对于高校债务的管控，主要体现在还款能力上。如果高校具备较强的还本付息能力，银行就可以给予贷款，也不存在较大风险。因此，在管控模式的系统构造上，我们主要从还款能力来界定。而还款能力主要体现在非限定性净收入和一般基金中可用于偿债资金上，如果高校的非限定性净收入和一般基金中可用于偿债资金总和越高，还款能力也就越强。

设定高校每年用于偿还贷款本息的资金占非限定性净收入的比例，即还贷比例为 C_0。设当前贷款时刻，上一年的非限定性净收入为 R_0，上一年用于偿还银行贷款的资金为 H_0，即 $C_0 = H_0/R_0$。理论上，C_0 如果大于 1 或非限定性净收入为负值，则认为高校不具备还本付息的能力，银行不予贷款，故 $0<C_0<1$。

若高校根据实际需要向银行申请额度为 A_0 的 n 年期贷款，通过计算未来 n 年期需要偿还的贷款本息总和 H、非限定性净收入现值总和 R 和一般基金中可用于偿债资金 W，求出它们两者的比例 C。银行根据 C 与 C_0 的大小关系决定是否贷款，以及如果可以贷款的话，可贷款额度是多少。负责审批高校贷款的行政管理部门还可结合风险控制的指标体系设定风险系数，通过风险系数大小的调节，确定贷款允许的范围。

另外，我们的管控模式的构造上提出了高校贷款风险控制的评价标准，针对负责审批高校贷款的行政管理部门也提供了审批贷款的控制方法设计了一个包括若干指标（含自定义指标）的测算高校贷款适度规模的指标和测算体系。这些指标在使用中不需要过于烦琐的计算，同时也避免了模型中某些参数的数据无法获得或获得而造成的信息失真现象。

该指标体系中的每一项指标，既可单独使用，也可选取其中的几项使用，又可综合所有项目同时使用，使用者可以根据实际情况各取所需。在管控模型设计中，为了充分考虑各类型院校的差异性，我们还允许添加自定义指标。使用者在使用时还应结合高校若干年内的财务状况进行趋势分析和对比分析，以便衡量高校在中长期时间跨度内的贷款能力以及在整个高等教育体系中所处的地位，从中制定科学合理的财务计划和发展规划。高校主管部门在进行对高校贷款资格的审查中也可以利用这些指标进行审查。图 6 为高校债务管控模式的流程。

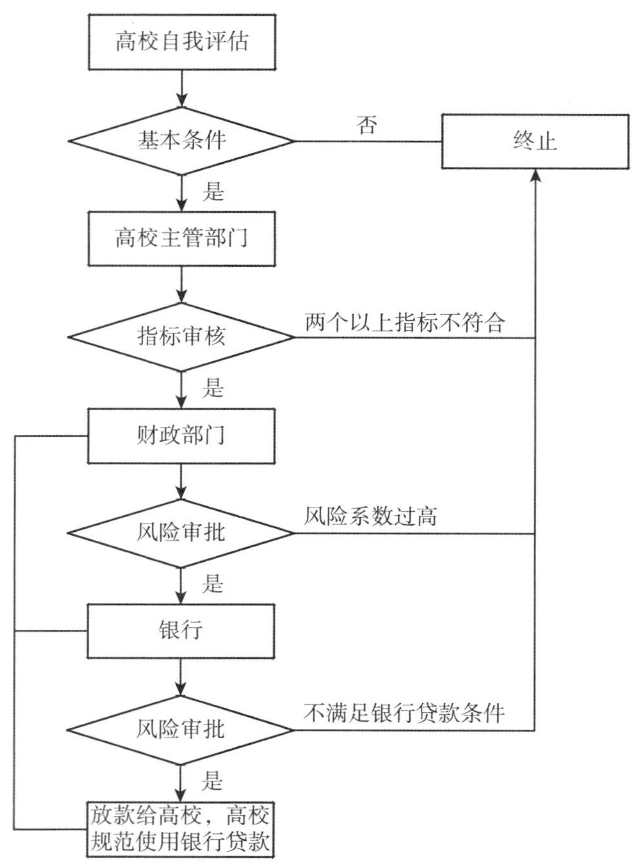

图 6　高校债务管控模式的流程

（五）广东省公办高校债务管控的支持性条件

政府角度：各级政府在认真贯彻实施科教兴国战略中，千方百计增加教育投入，但随着高等教育规模的不断扩大以及广大人民群众对高等教育需求的日益增长，教育投入与教育需求之间的矛盾更加突出。政府作为高校的管理部门，从政策上进行管控，确保高等教育事业的健康、可持续发展是其职责所在。

银行角度：银行作为资金的直接支出机构，是贷款风险的直接承担者。银行根据高实际情况进行贷款管控，对于降低银行自身风险有重要意义。

社会角度：高校的过度负债运行，大大超出高校的经济承受能力，势必影响高校的教学、后勤等一系列事项，甚至有可能会引发声誉等许多社会问题。高校师生、家长及社会也希望高校债务能健康有序运行，进行严格管控。

高校角度：高校在资金供给不足的情况下，积极利用银行贷款改善办学条件，解决了事业发展过程中的实际困难。但高校在利用贷款加快事业发展的同时，也出现了一些不容忽视的问题。有些高校甚至陷入了债务危机，引发了一系列矛盾。因此，合理地进行债务融资管控对高校而言利大于弊。我们的问卷调查结果显示，83.93% 的高校认为财政部门是否应当对公办院校的债务融资进行监管；89.29%的高校认为政府教育行政主管部门是否应当对公办院校的债务融资进行监管。

五、总结与政策建议

（一）总结

随着我国高等教育快速发展，我国高等教育正在从精英教育阶段向大众教育阶段迈进。经费不足已成为目前我国高等教育快速发展的瓶颈，而通过银行贷款已成为解决这个问题最好的最现实的途径。向银行申请贷款已成为高校目前主要的融资渠道。

通过问卷调查及总结广东省公办高校债务管理模式研究座谈会上各个高校的陈述，查阅相关文件，我们得出了出现高校负债问题主要由于政策制度、高校管理和银行等三方面原因。

在政策制度方面，主要体现在财政投入不能满足高校快速发展要求、制度约束缺失、缺乏有效的问责机制；在高校管理方面，主要体现在高校在扩招、评估等发展任务的压力下，不得不贷款、教育人力成本一味追高、校领导追求政绩，贷款存在短期行为、决策制度不健全，高校自我约束失控、高校无心还款等；在银行方面，银行约束变为银行协助。在以政府信用为依托，在高校债务财政偿还的设定下，银行与高校成为利益共同体，银行审批制度对高校贷款事项形同虚设。

对于历史债务的清理，我们提出了“高校努力、政府管控、银行支持、区别对待”的总体原则，并针对政府和高校两个群体给出了切实可行的建议。政府应当考虑提高财政资金对高校的投入，并建立和完善化解高校负债的协调机制。针对高校创收能力有限的情况，政府可考虑放宽高校自主创收的权限，提供政策，帮助高校提高收入；对高校而言，在获取传统财政拨款收入与学费收入的同时，高校自身应开源节流，并整合现有资源，提高资金使用效益。

高校负债存在很大风险，它可能会导致高校财务困难，从而影响高校正常的教学科研活动。高校贷款的风险除了银行外，还有可能转嫁给政府和师生。因此，对高校偿债能力进行分析，确定高校合理的贷款管控模式是十分必要的。

在管控模式的设计过程中，我们设置了高校主管部门、财政部门和高校自身三个管控主体；从管控流程上划分为高校自我评估、高校主管部门审查和财政部门审批三阶段，组成一个比较严密完整的管控体系。在这个管控体系中，高校主管部门和财政部门是处于核心地位的负债管控的主体。

建立严格的贷前审查制度。贷前审查需经过高校自我评估、上级高校主管部门审查和财政部门审批三个阶段。高校在贷款前应对各种需要贷款的项目进行充分的论证和分析；高校主管部门进行资格审查，财政部门进行审批。贷款获得批准后，加强对高校贷款的外部管理并采用各种方式引导或迫使高校加强自我管理。

在管控模式的设计过程中，我们力图将高校贷款负债适度规模的标准设计得更加系统、更加科学、更加实用、更加具有适应性和可操作性。并且也通过实例进行了验证，效果较好。我们除了提出管控模型之外，还提出了一些比较重要的指标，结合模式使用可以更加全面地分析高校的债务情况。

但要说明的是，无论负债主体是国家、企业还是高校，负债的适度规模问题都是一个难以解决的理论难题，严肃的经济学至今还没有给出一个关于最优或恰当债务规模的理论。我们费尽心力地设计出的有关高校贷款适度规模的指标体系，当然希望能够使高校贷款适度规模的测算建立在科学的基础上，能够为高校、高校主管部门、财政部门和银行论证贷款项目、核定贷款规模提供依据，能够为健全高校贷款评估体系创造条件或奠定基础。但是，鉴于高校贷款适度规模目前还不可能出现一个最优或最恰当的模型，我们提出的只是一个在我们看来是目前最为系统、科学、实用和具有广泛适用性的参考标准。在使用该体系时，仍应紧密结合各校的贷款实践，只有精密结合各个高校的具体校情，才是解答这个问题的最好答案。

（二）政策建议

1. 根据贷款用途进行分类，划清还贷责任。高校贷款主要用于基础建设，这包括教学必需设施和非教学用的设施，比如教学楼、图书馆、食堂、宿舍等属于教学必需设施，而招待所、酒店、培训中心等就属于非教学用的设施。对用于教学必需设施的贷款，政府可以适当予以支持；商业银行也应积极履行社会责任，主动让利，将这部分贷款转换成低息、长期的贷款。对用于非教学用的设施的贷款，高校应依法积极采取各种措施，比如土地置换、TOT模式等来进行偿还，政府应加强对该类贷款的风险监管，同时当高校出现还贷困难时，政府有责任指导高校及时化解还贷危机。

对于高校贷款中一些由于决策失误或由于贷款资金被挪用等管理不善引起的损失，应由高校承担责任，然后高校再追究相关责任人的经济责任，比如兴建豪华校门、豪华办公楼、高尔夫球场等奢侈浪费项目的项目负责人应当承担决策失误的责任。

2. 增强高校筹集经费的能力，提高还贷水平。高校贷款除了与财政投入不足有关之外，还与高校自身筹集经费能力弱有关。增加高校筹集经费的能力有很多种途径，比如通过BOT、TOT融资模式吸引外部资金加入后勤设施的建设，改善师生餐厅、公寓的条件；加强与社会各界的合作，发挥高校服务社会的功能，积极地向社会提供教育、科研、咨询等服务，增加经营收入；积极承担国家、企业、集团、社会团体等各种研究课题，获得横向或纵向的科研经费；鼓励发展校办产业，利用自身的人才与科技优势，加快科技成果转化，以多种形式灵活配置高校资源，为高校开辟新的财源；组建教育基金，充分利用自身的优势，集中广泛的社会资源，开辟适合自己的方式筹集资金；大力推动校友工作，通过校友力量扩大高校的社会影响力，做好募捐工作。

在做足开源工作的同时，也要做好节流工作。由于国家未来对公办高校投入的增长空间也十分有限，而高校办学成本会随着社会经济发展逐渐递增，资金的供求矛盾将会在未来一定时期内长期存在，所以，高校必须树立大学经营理念和勤俭办学的理念，合理安排预算、严格管理资金，使高校现有资源得以合理配置、物尽其用。

3. 逐步提高教育经费支出，增加高校经费收入。由于目前各高校贷款的数额并不仅仅是由实际资金需求决定的，还跟不同地方政府的鼓励政策、高校的性质、银行的贷款政策等有关，所以，高校贷款在各校间存在着制度上的不公平，如果政府全部承担或按比例分担高校贷款，则会延续贷款高校之间、贷款高校与非贷款高校之间的不公平，使高校发展的地域差异、等级差异进一步加剧，不利于高等教育事业的整体发展。所以，政府不能对高校贷款照单全收，而应该按照资金需要和财政支出能力，逐步提高政府的教育经费支出，增加高校经费收入，提高高校的偿贷能力。

政府可以按照一定的投入标准（如生均拨款），不断加大投入力度，提高高校的还债能力，而不必负责替高校具体还债，高校仍是高校贷款的主体，承担还贷责任。近几年，由于高校还贷危机，很多省份提高了生均教育经费拨付额度，使高校办学经费得以提高。但是教育投入应持续稳定增长，政府不应把增加教育投入，当作解决贷款问题的一时之策，而应作为促进教育持续稳定发展的重要保障。

六、附件（略）

（课题组成员：沈梅红（组长）、邹清莲、彭琳、刘菡、冯国维、莫辛燕、张书苑、魏建国、张润舒、汪虹希、董成杰）

加快肇庆城市基础设施建设的财政政策研究

（精简版）

肇庆市财政局

一、现有的城市基础设施规模（略）

二、城市基础设施建设取得的成效（略）

三、肇庆市城市基础设施建设的制约因素（略）

四、加快城市基础设施建设的财政政策建议

（一）建立统筹协调的财政投入政策，加大对城市基础设施建设的投入

从短期来看，肇庆市应针对城市基础设施建设的薄弱环节，明确财政投入范围和重点，积极利用资源盘活资产，筹措资金，发挥财政政策效应，加大对城市基础设施建设的投入。

1. 明确界定财政投入范围和重点。根据政府职能和公共财政特点，将财政投融资严格界定在企业无力或不愿、不宜投资的范围之内。主要包括：（1）普通道路、桥梁、隧道。这些设施一般难以向使用者收费。（2）轨道交通。（3）自来水管网。（4）园林、绿化。（5）太阳能发电、垃圾发电等清洁能源投资。（6）防灾、减灾和国防战备设施。（7）邮政通信设施。

2. 充分发挥财政政策带动效应。

（1）制定激励性政策。一是充分利用财政补贴、专项资金扶持等政策手段，出台激励性政策，加大对城市基础设施薄弱环节的投入。优先制定鼓励市政设施建设、道路交通建设、供水排水建设、污水处理、能源设施建设等激励性政策，推动城市扩容提质。二是促进基础设施价格改革。对经营性基础设施产品和服务，在企业报价、公众议价的基础上，由物价部门兼顾企业运行成本与合理利润和群众承受能力的原则下，核准价格；对准经营性的基础设施产品和服务，可根据相关产品或服务的社会平均成本、平均利润、市场供求状况、社会承受能力等，在财政提供适当补贴或政策优惠的前提下，通过投资主体或经营主体

招标形成价格。公益性项目，则由政府统一定价，并允许部分公益性项目逐步向准经营性或者经营性项目过渡。将价格改革与投资回报补偿机制相结合，通过对部分价格低于企业成本部分给予财政补贴，提高投资效益预期，吸引社会投资者。（2）推进财政经营性资金实施股权投资改革。在经营性的基础设施建设领域，如供水、能源设施领域等，财政资金要体现杠杆性和股权式，实行股权式投资，并逐年提高投资比例。积极在城市基础设施等公共资源配置领域引入竞争机制，制定政府资源向各类投资主体平等配置的意见。（3）鼓励发展城市建设投资专项资金。扩大市政府与社会金融机构的合作，探索设立不同性质和用途的城市建设投资专项资金，引导民间资本、保险资金投向城乡基础设施建设和公共服务领域。

3. 积极利用资源盘活资产，筹措资金。

（1）合理利用土地资源。采取综合开发的办法，通过道路新建、改建工程等项目，以出让和有偿划拨道路两侧相关地块的开发权等形式，创建出一条加快城市基础设施建设的新路子。（2）创新用地模式。创新节地技术，鼓励对现有交通基础设施建设用地的地上、地下空间进行综合开发。大力推广以公共交通为导向的“TOD”开发模式，进行站场及线路用地一体规划，支持企业按照市场化、集约化原则实施综合开发，以开发收益支持交通基础设施发展。按照把肇庆打造成为珠江三角洲连接大西南的枢纽门户城市的目标，发挥全国公路运输枢纽、国家内河主要港口功能定位优势，继续加快推进在建高铁、高速公路建设，加快肇庆东站等综合客运枢纽建设。（3）健全筹资策略。通过建立土地储备机制及市城投集团等部门运作，充分利用土地资源，大力推进批租，挖掘土地资源潜力，将部分土地批租收入投入城市建设，促进城市基础设施建设的迅速发展。（4）拓展筹资渠道。充分利用冠名权等无形资产筹集资金。利用路灯广告、利用户外广告设施占道设置经营权、楼顶楼体大型户外广告设施设置经营权拍卖等等，加大资金筹集力度。（5）盘活存量资产。在基础设施的存量调整上进行突破，加大政府股权融资力度。重点进行产权交易和经营权有偿转让及再转让，放开国有股权融资。制定全市统一的城市基础设施产权和经营权转让计划，先选择若干项目进行试点，在此基础上制定产权交易和经营权有偿转让的规则和配套措施，使政府投资从经营性基础设施领域稳妥、有序地部分退出，引导社会资本规范、有序地进入。（6）创新项目运营管理机制。向社会资本放开高速公路、城际铁路、港口码头、站场等交通设施的所有权、经营权，鼓励社会资本投资交通建设。按照土地利用总体规划和城市规划统筹安排，支持交通基础设施包括公路沿线、高速公路出入口、公路服务区、铁路沿线、公路铁路站场、港口码头、物流园区等的用地综合开发，适度提高开发建设强度。

（二）建立结合新型城市化发展的财政引导政策，优化城市基础设施建设规划布局

目前，肇庆市正在积极落实《珠三角规划纲要》，大力实施“以肇庆高新区引领新型工业化、以肇庆新区引领新型城市化”的“两区引领两化”战略五年行动计划，全力推进主体功能区建设。因此，从中期来看，财政政策应配合基础设施一体化规划，积极衔接主体功能区规划，出台支持投资基础设施建设的财政政策。落实《珠三角规划纲要》实施基础设施一体化规划，与主体功能区规划相衔接推进城市基础设施建设。按照主体功能区建设的要求，探索制定对不同主体功能区分类投入政策，根据不同主体功能区的功能定位和环境容量，优化城市空间开发格局，强化对城市基础设施建设的指引，增强资源环境的可持续发展能力。继续加强财政预算资金、专项拨款、基础设施定额补贴等方式支持重点开发区域的基础设施建设，扩大基础设施项目贷款贴息规模。鼓励国家政策性银行、保险公司和商业银行等金融机构给予基础设施和城市公用事业项目信贷支持。重点开发区的基础设施的投资主要用于交通基础设施、水利工程、保障性住房建设、教育卫生等社会事业及灾后重建等领域。出台鼓励和吸引人口在重点开发区域聚集居住的财政政策。通过财政奖励形式吸引高科技人才，加大生活配套设施建设，大力发展生活性服务业。

（三）建立结合产业布局的财政引导政策，增强城市的吸纳力和承载力

肇庆市产业布局现状呈现出局部密集、轴向扩散、组团结合的总体形态，从长远来看，财政政策应结合肇庆产业发展及产业布局结构，以适度超前的交通、通讯、能源、供排水设施优化各大产业基地建设，带动产业布局调整。利用财政政策，加快基础设施建设，改善投资环境。一是与当地的经济发展需要相适应，投入必要的公共基础设施建设资金，加快公共基础设施建设的步伐，优化招商引资、增强市场竞争能力的外部环境和条件。二是支持、引导各地以市场为导向，扬长避短，在经济发展中确定自己的主导产业，充分发挥本地区自然资源和人力资源上的比较优势，逐步形成具有自身特点和优势的城市基础设施：一是围绕产业布局一体化规划优化城市基础设施配套。发挥财政政策引导作用，建立产业合作专项资金，引导产业集聚发展和梯度转移，推进城市基础设施建设与产业发展的配套同步。二是促进政策协调打造特色城市基础设施。将投资项目产业政策与城市基础设施政策结合起来，因地制宜，根据产业类别倾斜基础设施配套重点，打造具有特色的城市基础设施。争取政策优惠完善基础设施条件。积极落实省对珠三角和山区县的优惠政策，加快改善全市基础设施条件，提升区位优势和辐射带动力。努力争取国家支持西部发展的政策在肇庆市部分地区和平台落地，推动东西部政策叠加强化对肇庆市的支持力度。

（四）建立结合制度创新的财政引导政策，完善优化投融资管理机制

从长效机制建设上来看，城市基础设施建设应改变城市建设领域投资过度依赖财政投入的现状，按照“政府主导、社会参与、市场动作”的指导思想，进一步深化基础设施投融资体制改革，稳步推进基础设施建设和运营的市场化进程。

1. 建立健全社会资本参与、多元化出资的城市建设投融资机制。

（1）拓宽融资渠道。拓宽城市建设投融资渠道，鼓励城市建设投融资主体通过发行中期票据、企业债、资产证券化等直接融资，鼓励保险、信托、基金等长期资金投资城市建设，探索政府通过发债方式筹集城市建设资金，完善政策措施，引导社会资本投资城市建设。充分运用市场机制，吸引多元主体特别是社会资本参与重大交通基础设施、重点园区和新区的投资、建设和运营管理。推进政府向社会购买公共服务，引进民资参与市政基础设施建设。（2）加强政银企合作对接。完善金融组织体系，加大力度引进和发展新的金融机构，鼓励金融机构和民间资本积极支持重大项目建设，充分发挥融资平台作用，多渠道筹集建设资金。建立健全城市建设资金运作协调机制和责任机制、风险预警机制和监督机制，逐步建立城市建设投资主体多元化、融资方式多样化、运作方式市场化的新机制。

2. 完善政府筹融资平台，放大政府投资效应。

（1）创建优质融资平台。依托肇庆市公共资产管理中心，新建（或重组）更加优质的政府融资平台，以国有政策性银行为主渠道，以商业银行为有效补充，积极探索企业债券、信托基金、保险资金、融资租赁等多种金融工具和产品。严格执行广东省《鼓励和引导民间投资健康发展实施细则》，按照“非禁即入”的原则，拓宽民间投资的领域和范围，促进各类营商主体公平竞争。

（2）提高注资质量。通过给投资公司注入优质城建资产，改善资产结构，提高资产质量，使其真正面向市场，按经济规律运行，并建立起切实有效的负债控制和投资回收机制，实现“融资－建设－资产经营＋政府补偿－偿债”的自我良性循环，增强投资公司持续的融贷能力和融资能力，并以此提高城建资产的整体经济效益，更好地发挥整体优势和政府投资的放大效应，提高政府资金的使用效益。

（3）改变注资方式。改变政府引导性资金直接注资的传统做法，采取灵活多样的方式，以资本金注入、贷款贴息、融资担保、回报补偿、提供建设用地以及不同收益的项目组合等，带动更多的社会投资。

3. 加强财政的安全阀作用，规避建设资金运作风险。

目前，肇庆市以信贷融资方式进行的城市基础设施建设，大都以市财政信用为担保，尽管可以通过各种手段降低筹资成本，但仍然存在风险。因此，积极采取措施规避资金风险也不得不重视。结合肇庆实际情况，通过建立五大机制为政府性债务管理提供制度保障：（1）建立债务动态管理机制。通过信息化手段，统一使用地方政府性债务管理系统软件，及时、准确、全面地掌握地方政府性债务情况，实现对政府性债务的动态管理，为严格控制债务规模、实施债务风险预警管理、有效防范债务风险打下良好基础。（2）建立存量债务管理机制。对政府负偿还责任的债务，明确其偿债资金来源，结合偿债期限制定中长期偿债计划，通过加快经济发展、扩大财政收入来源、调整财政支出结构增加可用财力，科学合理筹措偿债资金。对政府负担保责任的债务，按照“谁举债、谁偿还”的原则制定偿债计划，确定偿债责任单位，将控制化解债务风险的责任量化到部门乃至个人，督促其按期清偿，如期化解担保风险。对其他相关债务，密切关注债务资金的使用投向，科学评估偿债水平，从化解偿债风险入手，做到防范与合理引导相结合。（3）建立举债担保管理机制。在进一步清理现存债务的基础上，按照《财政部关于规范地方各级政府部门举债和担保承诺行为的通知》等文件要求，依法规范举债和担保承诺行为。（4）建立新增债务严控机制。把握“适度举债，加强管理，规避风险”的原则，制订债务收支计划，规范相应的举债审批程序。对各类举债融资进行充分的事前科学论证，包括对建设项目的规模、资金来源、成本和偿债资金来源、建设项目效益等，明确举债范围，严格控制新增政府性债务规模，按照公共财政的理念选择举债或担保项目，合理安排债务结构和资金的使用方向。（5）建立债务偿还化解机制。严格规范政府性贷款资金用款审批程序，制订详细的借用还计划，按计划分解落实有关还贷责任，积极防范财政风险。

（课题组成员：卓萍、黄宇晖、张峻、赵星华、杨云辉、唐弘、李英杰、谢文、谢伟莹、林耿华、陈丰伟、林军强、郑春燕、沙伟、谭炽艺）

连山落实主体功能区规划　建立生态保护补偿机制的研究

（节选）

连山县财政局

摘要：实现区域协调发展是当前重大的时代命题，生态补偿机制则是实现区域协调发展的政策保障之一。近年来，我省在建立生态补偿制度方面有所发展，但生态补偿还存在补偿不规范、补偿形式单一和补偿标准偏低等问题。连山壮族瑶族自治县（下简称连山）作为全国唯一一个以壮、瑶民族为主体的多民族自治县，也是全国少数民族贫困县，又是生态功能区，近年来经济和社会发展十分缓慢。如何落实主体功能区规划和生态保护，建立适应于连山区域现状以及发展需要的生态保护补偿机制，使其在生态建设和经济社会发展中取得平衡，如期实现小康社会建设，是本文的研究目的。本文主要就建立健全生态补偿机制问题从生态补偿转移支付、生态补偿内容、范围、标准以及法律保障等方面进行探索。

一、连山生态区域发展背景（略）

二、主体功能区规划对连山的影响（略）

三、在连山建立生态保护补偿机制的必要性（略）

四、连山生态建设动态（略）

五、落实主体功能区，促进生态文明建设存在的困难和问题（略）

六、落实主体功能区规划完善生态保护补偿机制的建议

生态补偿是以保护和持续利用生态系统为目的，以经济手段为主，调节相互利益关系的制度安排。更详细地说，生态补偿机制是为了保护生态环境，促进人与自然的和谐发展，根据生态系统服务价值、生态保护成本、发展机会成本，运用政府和市场手段，调节生态保护利益相关者之间利益关系的公共制度。目前，连山正处于建设“幸福美丽连山和全面建成小康社会”的关键阶段，仅仅依靠连山自身的努力，实在难以如期实现目标，作为生态发展区，建议上级给予地方更多的政策和资金扶持，进一步完善主体功能区配套政策尤其是生态保护补偿机制，加快与主体功能区定位对接，促进区域均衡发展。

（一）完善生态转移支付机制

1. 加大对地方的生态转移支付力度、扩大财力性转移支付范围。目前，对地方的生态转移支付各地都处于探索阶段，生态功能区转移支付是一项财力性转移支付，主要用于弥补生态功能区（县）因限制大规模工业化城镇化而导致的财力减少，对引导生态保护区县落实民生重大决策和走可持续发展道路给予一定的财力支撑。目前，因生态保护而造成的巨大利益损失，大都是由当地政府和人民群众自已来承担。光有生态保护的责任，却不能合理地分享生态保护产生的效益，不仅给他们带来心理上的不平衡，而且造成了新的社会矛盾。在一些地方，由于加强生态保护与人民群众生存发展之间的矛盾难以协调，引发了严重的社会问题，以至于一些人质疑生态保护的合理性和必要性。为了充分发挥财政转移支付制度优势，首先，建议国家和省按照事权与财权相匹配原则，在进一步调整完善收入分配结构基础上，优化转移支付结构，提高转移支付的规范度和透明度，在目前生态发展地区，大幅度提高生态转移支付力度，尤其是对生态保护完好的县，给予充分的财力倾斜，提升对生态保护的激励性；其次，上级应制定相应的生态指标标准，但在转移支付上应尽量提高财力性转移支付的比重，充分发挥地方的自主性，给予地方财力支配权，避免生态地区出现“专户资金成堆，锅里无米下炊”的情况。

2. 完善省新一轮财政激励机制，提升生态指标权重，降低 GDP 权重。我省新一轮财政激励机制中对 GDP 的考核的比重也有所下降，但仍然占到20%的权重，和人均基本公共服务支出指标“平起平坐”，虽然不唯 GDP，却“重”GDP，2013年12月，中央组织部印发《关于改进地方党政领导班子和领导干部政绩考核工作的通知》明确规定，“不能仅仅把地区生产总值及增长率作为政绩评价的主要指标，不能搞地区生产总值及增长率排名”。一直以来，连山非常清楚 GDP 以及经济发展对于本县的重要性，但生态发展的要求是追求有质量、有效益、可持续的经济发展，是追求降低资源消耗、环境保护、消化产能过剩、安全生产，追求科技创新、教育文化提高、劳动就业增加、居民收入增加、社会保障提高、人民健康水平提高等综合指标协调的发展，是深谋远虑的发展。在这种情况下，理应弱化 GDP 考核，大幅度提升生态指标权重。

3. 转移支付着重对民族生态功能区倾斜。党的十八大提出建设“美丽中国”，加大自然生态系统和环境保护力度。连山作为生态屏障地区，在我省生态建设中发挥着重要作用。但目前急需予以更多的政策支持。根据《中华人民共和国民族区域自治法》第 32 条中“民族自治地方在全国统一的财政体制下，通过国家实行的规范的财政转移支付制度，享受上级财政的照顾。”和《广东省实施〈中华人民共和国民族区域自治法〉办法》第 9 条“省、市人民政府及其财政部门应当通过一般性财政转移支付、专项财政转移支付、民族优惠政策财政转移支付以及激励型财政机制等方式，逐步加大对民族自治地方的财政转移支付力度。”精神，建议省委、省政府实行分类指导，重新核定民族县的转移支付基数，使其人均可支配财力达到全省平均水平，然后再对其实行激励型机制，同时调增民族县的新增转移支付系数（或增加民族系数），使其略高于一般生态发展地区。具体为少数民族综合增长率高于6%时，综合增长率每超出 1 个百分点，可获得 600 万元的协调发展奖励。当少数民族综合增长率低于 0 时，不予扣减转移支付基数。

（二）完善生态补偿机制

1. 扩大补偿范围。建议我省参考江苏省，扩大生态补偿范围。一是建立水稻田生态补偿。按每亩 400 元的标准给予连山农民补偿，并规定稻田只能使用有机肥，不得使

用化肥，尽量减少使用农药，筹建符合生态发展需要的耕种模式。二是建立流域生态补偿。流域水源保护为下游绿色生态环境保护、防治水土流失、提高供水功能和防治水质污染作出了重大的贡献，理应给予流域生态补偿。建议参照水利工程管理单位维修养护补助办法，依据水利部财政部《水利工程管理单位定额标准、水利工程维修养护定额标准》（水办〔2004〕307 号文）、《水利工程维修养护定额标准（试行）实用指南》、广东省水利厅（粤水基〔2006〕2 号文）发布我省水利水电工程系列定额与相应编制规定，对连山流域生态治理予以补偿，补偿标准为每年每公里 38 862.88 元，全县流域生态补偿金额初步估算 523.483 万元。三是完善生态林补偿。在生态林补偿中设立生物多样性保护补偿，建立地区生物物种样本，并定期对指定区域进行抽查，若生物多样性保护得当，则给予相应的补偿，若生物物种消失，则不予补偿。

2. 提高生态补偿标准。近年来，建立生态补偿机制，奉行“谁受益，谁补偿”的原则已经成为共识，但由于没有出台相关的补偿标准、补偿范围难以确立等技术难题没有破解，目前的生态补偿很难做到真正公正的量化评价，例如连山目前的生态林补偿，标准过低的问题备受诟病。上级在制定补偿方案时，并没征求生态地区的意见，人为主观臆断的意识较重，偏低的补偿资金不能调动生态区域保护的积极性，生态补偿机制难以发挥相应的效力。据了解，苏州对列为“四个百万亩”保护的水稻田，按 400 元/亩的标准给予生态补偿；对县级以上公益林，按 150 元/亩标准补偿。连山目前对水稻保护有农资综合补贴、种粮直补以及良种补贴，合计 95 元/亩（农资综合补贴、种粮直补 80 元/亩，良种补贴 15 元/亩）不到苏州的 1/4，公益林生态补偿标准不到苏州的 1/7。为确保生态补偿资金和制度行之有效，生态保护和受益者的责任和义务得到落实，提高生态补偿标准。建议：建立与市场经济效益相匹配的补偿标准，最大限度地保证公平、合理补偿，以维护生态区域的整体利益和长远利益。

3. 建立多元化补偿方式。目前而言，全省在生态补偿上主要以政府的财政转移支付方式进行，财政转移支付资金来源稳定、快捷方便，筹措保护生态资源环境各项工程所需资金效率最高，但这不是唯一的补偿方式。李克强总理在第七次全国环保大会上指出，要加快建立生态补偿机制，通过财政补助、转移支付等方式，增加国家生态补偿专项资金，同时探索流域上下游之间、不同主体功能区之间生态补偿的有效办法。多元化的生态补偿方式，是指在政府转移支付补偿为主，辅助建立其他方式的补偿。一是建立起以市场调节机制配置以的交易式补偿，例如上下游之间的水权交易、碳排权放交易、污水排放权交易等方式；二是建立起对生态保护付出者间接的经济补偿，例如给予生态保护经营者更多的政策优惠，给予更多的生态经济技术和管理指导，间接增加利益主体的经济收入；三是建立起生态补偿基金，允许地方增收生态税筹集资金用于生态保护管理；四是大力扶植生态农业经济，将生态优势转化为经济优势，例如可在连山小三江镇扶持建立一个大型生态农贸市场，借助新建的二广高速至珠三角仅为 2 小时车程的地缘优势，建立起适合连山生态环境的可持续发展的市场发展模式。五是建立与环境相关的税收制度，保证生态补偿资金有长期稳定的来源。当今世界上许多国家都开征了固体废弃物税、空气污染税、注册税、噪声税和水污染税等，并把这些收入投入到生态环境保护中，使税收在生态环境保护的过程中最大限度地发挥作用。综合运用行政、市场、社会、税收等手段，建立相应的生态补偿机制，调整相关各方的利益关系，实现社会效益、经济效益和生态效益的“三赢”。

4. 将连山纳入国家重点生态功能区。三连一阳（连州、连南、连山、阳山）地区按自然属性来说是属南岭山脉，生态环境优良，生态环境质量排在全省前列，但未能列入国家重点生态功能区。根据 2012 年财政部制定的《2012 年中央对地方国家重点生态功能区转移支付办法》，对国家重点生态功能区给予补助（重点生态功能区转移支付应补助额 = Σ县标准财政收支缺口 × 补助系数 + 禁止开发区域补助 + 引导性补助 + 生态文明示范工程试点工作经费补助），根据测算，连山若纳入生态功能区，至少可获得 1 亿补偿金。此外，《广东省生态保护补偿办法》出台，一个国家级生态县可获得 4 000 万元的转移支付，由于连山未列入国家重点生态功能区，失去了 1.4 亿元的上级生态转移支付资金，这与连山提供良好的生态环境极不匹配，为此，建议省对“连阳生态建设区应‘高看一眼，厚爱三分’”，尽快帮助连阳片区列入国家重点生态功能区。

5. 建立和完善纵横向转移支付（探索省际和县域间生态补偿）。身在珠三角，喝的是粤北山区流下来的水，呼吸的空气质量也与粤北密集的森林覆盖息息相关，连山森林覆盖率远远高于全省平均水平，是名副其实的粤地绿肺，虽生态补偿远不如放开一个污染性企业，但连山生态发展区通过自我约束和自力更生，为其他经济发展地区作出了很大的生态贡献。生态功能区在拥有生态条件优厚的同时，均存在经济发展慢的问题，近年来甚至落后于相邻省份的落后地区，地区间生态共享的关系促使地区之间应建立横向的生态补偿转移支付。目前，我省实行的转移支付制度是一种单一的纵向转移支付制度，还没有建立地区之间的横向转移支付制度，仅仅依靠中央和省对地方的转移支付难以实现均衡地方财力的目标。一是建立省际的横向转移支付，在中央财力有限的情况下，建立和完善纵横向转移支付制度，更有利于调节地区间的财力格局，促进整个区域均衡发展。可以探索水源、空气质量等方面的补偿，借鉴浙、皖经验，不断完善补偿方式；二是探索建立省内飞地补偿。所谓飞地补偿，“是指两种主体功能区各划出部分区域，分别由对方来建设和发展。这是目前条件下的一种生态补偿途径。”例如可以在连山开展试点，由经济发达的珠三角城市投资在连山建立以二广高速公路枢纽小三江镇为中心的农业经济贸易中心，生态旅游度假中心，连山输出生态产品和服务、珠三角地区以资金、技术、市场等为投入的一种补偿方式，达到生态和市场共赢的横向补偿模式。

（三）加快生态补偿立法

生态补偿制度，是以保护生态环境，促进人与自然和谐发展为目的，根据生态系统服务价值、生态保护成本、发展机会成本，运用政府和市场手段，调节生态保护利益相关者之间利益关系的公共制度。但如果缺乏国家政策和法律的有力支持，实现利益调和，科学发展的目标就是一句空话。近年来，广东开始研讨制定相关的生态补偿行政法规，如《印发广东省生态保护补偿办法的通知》粤府办〔2012〕35号，《广东省生态景观林带建设管理办法》（送审稿）、《广东省碳排放权管理和交易办法》（送审稿）等等，但仍没有比较健全和完善的法律法规，尤其还没有针对少数民族生态经济发展的专门性的法律法规。随着开采资源的枯竭，资源地将回到比资源开发前环境更恶化、人民生活更贫困的境地，因此完善生态补偿的法律制度，实现生态补偿的制度化、法制化是非常必要的，法律以国家强制力为保障，根据“有法必依，执法必严”的要求，如果生态补偿机制能以法律的形式确定下来，以法律的形式确认生态补偿中谁是责任主体、谁来补偿、如何补偿、补偿多少等核心问题，则为生态文明建设推行提供了可靠保障并可提高其实施的效率。

（课题组成员：张伟平、甘海燕、王冠华、韦智敏）

参考文献

[1] 丁四保，王昱，卢艳丽，尹国庆．主体功能区规划与生态补偿问题研究．科学出版社，2012.

[2] 金波．区域生态补偿机制研究．中央编译出版社，2012.

[3] 郑志国，危旭芳．基于区域主体功能定位的生态补偿机制．中共广东省委党校．

[4]《广东省实施〈中华人民共和国民族区域自治法〉办法》．

[5] 广东省财政厅预算处、地方财政处．探索建立生态保护补偿机制研究，2012.

[6] 生态补偿机制：国外生态补偿机制对我国的启发．科技论文发表网：www. 59168. net.

[7] 王健．深化体制改革促进主体功能区生态建设．中国行政管理，2010.

[8] 周兆木．浙皖启动跨流域生态补偿试点　一年5亿元确保千岛湖水质．中国环境报，2012.

中央与地方在城镇化过程中的支出责任问题研究

——基于南海城镇化发展现状的研究

（节选）

南海区财政局

摘要：城镇化发展已经成为中国未来经济社会发展的重大战略，在各级政府都高度重视并加大投入来推进城镇化发展的背景下，首先要明确政府在城镇化发展中的责任，那就是城镇化的制度供给和具体的资源投入，也就是公共基础设施和基本公共服务的提供和保障，再就是对人才的支持。在这个基础上，再来解决中央与地方的支出责任划分问题，包括财政事权的划分问题，基本公共服务的分担问题，以及城镇化发展的激励引导机制问题，以及资金支出的财政绩效管理问题，解决了财政支出责任的体制问题，再建立支持城镇化发展的绩效管理机制，提升用于城镇化发展的资金的效果，推动城镇化的健康快速发展。

城镇化是农村人口向城市迁移、农业向非农产业转型、城市与现代文明不断扩散的表征。我国正处于快速城镇化的关键时期，改革开放以来，中国城镇化进程快速推进。截至2012年底，中国城镇人口达到7.12亿，人口城镇化率提高到52.57%[①]，达到世界平均水平，意味着我国正式步入一个“城市化”的国家。从当前国际国内发展形势看，在全球金融海啸尚未恢复、全球经济持续低迷局势下，长期以出口导向型经济占据主导地位的中国经济增长再想保持高速增长遇到巨大困难。从经济发展动力看，保持高投资率和扩大内需成为未来一段时间内中国经济发展的重要依托，尤其是扩大内需提高消费对经济增长的贡献度是中国经济转型的必然方向。而城镇化恰是保持高投资率和扩大内需的最有效途径。

一、导论（略）

二、城镇化发展的理论分析（略）

① 《中国城镇化质量报告》，中国社会科学院城市发展与环境研究所，魏后凯，王业强等。

三、南海视角下的城镇化认识（略）

四、南海城镇化发展的阶段、特征及问题分析（略）

五、南海新型城镇化面临的财政问题及原因分析

城镇化发展作为一项系统工程，南海在推动新型城镇化发展中肯定会面临众多问题，这种问题既跟政府与市场的财政关系安排有关，也就是财政支出的方向和效率问题；也跟政府间的财政关系的体制安排相关联，也就是由于政府间支出责任划分不清问题，这些问题的存在都影响和制约了南海新型城镇化的进一步发展。

（一）从财政视角看南海新型城镇化面临的问题

1. 从财政体制设计看，财权事权的不匹配给南海的城镇化财力保障造成了压力。从政府间财政关系视角看，地方财政收入上移与基本公共服务支出下移的矛盾问题。2012年，南海公共财政预算收入285.6亿元，地方留下119.2亿元，上缴166.4亿元。同时，2012年，南海区基本公共服务支出38.3亿元，其中区本级36.5亿元，上级补助（含中央级）1.8亿元，中央级补助仅0.7亿元。这与地方承担的支出规模不相称。一方面是大量的财政收入上交中央和省市，而基本公共服务支出全部由南海自身承担。尽管从经济总量和财政收入视角看，南海要比全国尤其是欠发达地区的县级行政区的规模大很多，但是从财政支出的角度看，压力可能要更大。在地方财政收入向中央财政转移的同时，中央财政没有随着事权的下放给予地方政府相应的财力支持，使得承担过多公共服务供给事权责任的县乡政府由于没有正常的融资渠道，财力不断萎缩，农村公共服务供给的资金缺口变得更大，影响城镇化建设质量。

而作为发达地区的南海要推进新型城镇化，对财政也提出了比经济相对欠发达地区更大更高的需求，这对南海区财政保障能力来说是个巨大的挑战。2012年，南海地区生产总值为1 966.18亿元，其中第一产业增加值42.05亿元，增长3.7%；第二产业增加值1 078.03亿元，增长10.1%；第三产业增加值845.92亿元，增长5.5%；综合经济实力列全国百强区第4位。① 其中，地方财政一般预算收入129.18亿元，增长12.1%；税收总额316.13亿元，增长3.0%。② 但南海的公共服务支出压力巨大，很多公共服务设置依据镇村级标准设置，但实际的常住人口已经超过270万，本地财政难以负荷。可见，南海实施新型城镇化发展道路，对财政安排产生重大需求，这种需求来源于两方面：一是南海过往城镇化过程中存在的各种问题；二是南海为了实现新的发展目标，积极响应国家、省市的城镇化总体要求、原则与方向。归结起来，南海推进新型城镇化对财政制度安排产生巨大需求：（1）大量外来工融入城镇化，积分入户制度的落实，为其享受教育、医疗、保险等公共服务；（2）环境污染和生态破坏问题；（3）城镇基础设施建设与规划；（4）户籍居民的素质和能力培训、教育。

2012年，南海区公共财政预算中的基本公共服务支出为383 102万元（约38.3亿），其中，分项目看，一般公共服务（主要是人口与计划生育事务）共支出13 915万元，公共教育支出248 666万元，文化教育与传媒9 817万元，社会保障与就业支出47 706万元，医疗卫生支出57 416万元，住房保障支出5 582万元。可以知道，公共教育支出所占比例最大（65%），各项投入所占比例见图2。

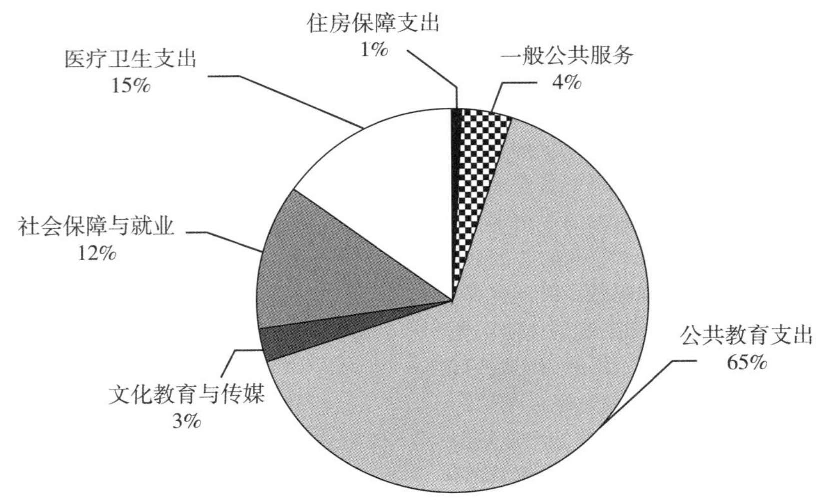

图1　2012年南海区基本公共服务投入分项目比例

2012年南海户籍人口1 225 093人，外来人口1 172 365人，近三年南海人口情况统计见表3。

---

① 新浪博客，2012年全国百强区名单公布，2012-09-17。

② 南海区委政策研究室，《南海内参》，第343期。

表 3　　1990 年以来南海区人口情况

年份	户籍人口	外来人口	户籍人口平均年增量（%）	外来人口平均年增量（%）
1990	929 666	134 190		
1995	1 030 425	534 855	2.2	60
2000	1 094 695	829 186	1.2	11
2005	1 117 109	835 642	0.4	0.2
2008	1 159 302	1 051 554	1.3	8.6
2010	1 189 432	939 401	1.3	-5.3
2011	1 208 709	1 037 623	1.6	10.5
2012	1 225 093	1 172 365	1.4	13.0

资料来源：南海区公安局提供资料。

按照大略估计，预计 2013 - 2015 年南海城镇户籍人口每年增加 1.5%，大概增加 2 万人，那么户籍人口 2015 年末将达大约 129 万人。预计外来人口每年增加 12%，每年增加大概 15 万人，那么 2015 年底外来人口将达到 163 万人。所以，2015 年南海区常住人口大概增加 51 万人，总人口将达到大约 2 907 458 人。

基于上述人口数据，课题组对 2013 - 2015 年向城镇常住人口提供基本公共服务所需的经常性支出、公共教育支出、医疗卫生支出、保障性住房投资、社会保障与就业、公共文化体育公共服务等六个方面的新增投入需求进行了预算估算。

经测算，2013 - 2015 年，南海区城镇基本公共服务方面的经常性支出与 2012 年相比，累计增加约 20.4 亿元。主要包括：

城镇常住人口数量增加带来的新增支出 7.8 亿元。根据财政决算资料测算，每增加一个城市常住人口，每年需要增加基本公共服务方面的经常性支出 1 519 元，测算依据为南海 2012 年财政经常性支出与常住人口的比值。南海区按每年增加 17 万人测算（其中户籍人口 2 万，外来人口 15 万），三年累计 7.8 亿元。

城镇常住人口经常性支出水平增加带来的新增支出 12.6 亿元。按支出水平年均增长 10% 测算，2013 年、2014 年、2015 年城镇基本公共服务经常性支出分别比 2012 年增加 38 310 万元、42 141 万元和 46 355 万元，三年累计增加 12.6 亿元。

此外，随着城镇常住人口的增加，不仅基本公共服务支出增加，政府在社会管理方面的支出也趋于增加。一些发达地区的城镇化建设进程表明，基础设施的建设成本会因为规模效应而出现边际成本递减，但社会领域的一些管理成本则相反。随着人口居住由分散转向集中，社会领域风险加大，社会治安、维护稳定等方面的人均管理成本将不断增加，城市规模越大，边际成本越高。这方面的支出需求未包含在上述经常性支出中。

据测算，2013 - 2015 年，南海保障性住房投资预算约 6.5 亿元。

南海已开工建设的保障性住房情况。2008 - 2012 年，南海区及各镇（街道）通过政府新建、改建、收购、承租、公房，以及企业自建等方式，共筹集保障性住房 12 358 套（我区的保障性住房只租不售，且按照省文件精神，廉租房、经适房、公租房等已统称为公租房）。

在货币补贴方面，在 2008 - 2010 年期间，南海区对符合廉租房保障条件，且未实物配租的家庭进行了货币补贴，其中，2008 年补助了 1 164 户，2009 年补助了 386 户。从 2010 年起，我区的保障房房源基本满足申请家庭的入住需求，所有符合条件的保障家庭均以实物配租进行保障，不再发放货币补贴。

2013 年，佛山市下达南海区的保障房建设任务为 2 155 套；按照《佛山市南海区“十二五”住房保障规划（2011 - 2015)》的规划目标，2014 年和 2015 年计划均建设 1 200 套（具体数据以市下达的任务为准），初步预算 2013 - 2015 年一共建设 4 555 套。

根据《佛山工程造价信息（2013 年第二季度)》，南海区商住楼 7 层以下的造价指标为 1 273.87 元/平方米，8 - 18 层 1 478.15 元/平方米，19 - 25 层为 1 840.59 元/平方米；宿舍楼 6 层以下为 1 505.75 元/平方米（以上指标均不含电梯安装费用）。政府新建或园区配建的保障房项目的工程造价也参考此造价标准建设。可以取平均值，每平方米造价 1 525 元，假设造价成本每年提高 20%，即 2014 年为每平方米造价 1 830 元，2015 年为每平方米造价 2 196 元。每套保障房建筑面积大概 80 平方米。同时，由于南海区保障房多使用存量集体建设用地以及镇属存量国有建设用地，无新增的向村集体征收的土地，因为暂没产生征地费用。

因为南海区在保障房方面已经有明确的建设计划（2013 年 2 155 套，2014 年和 2015 年均 1 200 套），故在此项的预算中不按照人口数量与增量进行，按照的是项目数量预算。所以按照的是初步测算，2013 - 2015 年，南海区保障性住房方面的投资需求合计 6.5 亿元。

这些需求的增长导致的财政支出不仅规模大，而且增长快，给地方财政能力造成了相当大的压力。

2. 从财政政策执行看，中央财政政策执行不到位带来的中央与地方支出责任不清的问题。从我国政府的运行看，“中央决策，地方执行”是我国事权划分的总体特征。虽然近年来中央政府在一些基本公共服务方面开始承担起支出责任，但大部分基本公共服务尤其是教育、医疗和社会保障等还是地方政府负责提供，事权的产生来自上级政府的决策，而所需财力则主要靠下级政府的解决，而按照1994年实施的分税制使财力不断往上级政府集中，南海作为经济发达地区，贡献度较大，这样地方自留的本来就比例不高的财力不仅需要完成大量的自身应该承担的公共服务，还需要承担一些本来属于中央政府的支出责任，正是这种责任不清，使地方政府本已有限的财力面临着更大的支出压力。在中央层面，有些该由中央财政做的中央没做，比如社会保障问题、农民工市民化的户口身份问题，中央只出政策而让地方政府进行财政支出，支出责任划分不清；同时，中央各门间的政策也不统一，甚至存在着相互矛盾的地方，像农民培训问题，统一口径差别大，直接导致财政支出的规模确定问题。目前我国中央和地方政府之间的责任并行情况比较突出，而中央政府的专有责任则屈指可数。国防问题专属中央政府，市政维护和建设支出专属地方政府，除此而外，其他公共服务大多数表现为中央和地方并行或共担责任。

以较为普遍的外来工子女教育为例，经过测算，南海2013－2015年接收外来人口子女就读所产生的人员经费和公用经费约7亿元。该标准与本市户籍学生的费用是一样的，由此计算出外来人口子女增加的经费小学为5.16亿元，其中教职工经费为2.89亿元，公用经费为1.16亿元，校舍维修费1.11亿元；中学增加的经费为1.83亿元，其中教职工经费为1.16亿元，公用经费为0.46亿元，校舍维修费0.21亿元。以上两项合计约6.99亿元。

需要增加建设新的学校建设投入预算测算约11.24亿元。按照南海未来三年其中小学增加约13 091人，初中增加大约3 236人，高中增加约4 133人。按省义务教育标准，小学生均19平方米，初中23平方米，高中30平方米，南海区新建学校建设费用标准为2 000元/平方米。那么，小学需要新建设校舍为248 729平方米，初中为74 428平方米，高中为123 990平方米，共447 147平方米，共需要建设资金约8.94亿元。同时，新的校舍需要产生征地费用与拆迁费用，按照南海区拆迁办提供的标准，征地费用为约240万元/平方米，拆迁补偿费用约2 000元/平方米，所以南海区在新校舍建设的征地与拆迁方面产生的费用预算为2.3亿元，加上建设资金约11.24亿元。

3. 从政府支出视角看，面临着财政支出规模增长与支出效率之间的矛盾问题。幸福南海、和谐南海建设要求完善的公共财政体系提供坚实的财力和体制保障，幸福南海应包括繁荣的经济发展、合理的收入分配、良好的生态环境、畅通的诉求渠道、完善的公共服务、安定的社会环境和良好的社会心态等内容。完善公共财政体系与建设幸福南海东之间具有内在的统一关系，公共财政可以在幸福南海建设中发挥更大作用，包括协调区域发展，缩小居民收入差距，健全基本公共服务体系，推进生态环境保护、维护社会稳定等这些都是幸福南海建设需要解决的重要问题。但是财政分配方式的不科学，基数加增长的财力分配方式，导致不断增长的财力被切割和固化，使得新型城镇化发展需要政府保障的财力支出效果受到极大的限制。

（二）南海新型城镇化进程中财政支出问题的原因分析

1. 分税制财政体制下的财力与事权不匹配加剧导致地方财力紧张明显。从中央层面看，1994年的分税制财政体制改革，只在财权和财力上做了划分，但最核心的事权却没有划分和明确，经过近20年的运行，中央收入占总收入的比重不断上升，而与此同时，地方的财政支出责任和承担的支出项目越来越多，因此，财力紧张。尽管从全国层面看，中央集中的财政收入大部分以转移支付给了地方，但是对于南海这种发达地区，一方面是上交的收入要远远高于欠发达地区，而基本上享受到任何转移支付的补偿。从中央层面来看，由于中央各部门出台和制定了五花八门的政策，并且用各式各样的政策来考核地方政府，形成了财力切割和固化的财政分配格局，于是财政支出的固化，倒逼形成中央财政收入增收的压力机制，因此，划分中央与地方的支出责任，给地方下放财力就难以实行。而且由于中央专项转移支付过多，层层往下分配的资金分散，导致资金使用效率低下。中央财政专项越多、配套越高，使用范围就越窄，但是中央部委对于基层的情况难以做到完全掌握，导致专项转移支付有内容而无科学化精准化，于是“跑部钱进”，作为经济发达地区由于大量的外来工的基本公共服务的支出，很少获得中央财政的转移制度补助，对本来就紧张的财力支出增加了更大的压力。

2. 行政管理体制改革的滞后导致财力切割和固化，是新型城镇化发展财力保障面临着制度性障碍。我国当前需要急迫改革的对象是行政管理体制，从财政分配的角度上看，财政部门行使的财政分配权利相当部门被架空，财政资金当中财力切割与固化问题没有改变，导致财政二次分配和资金寻租等一系列问题。部门单位为了自身利益而影响甚至自我进行政治决策，获得一定的财政分配权，财政资金绩效体现不出来，政府无法依法理财、科学理财，造成政府无法“集中财力办大事”，这个制度障碍成为阻碍城镇化支出尤其是基本公共服务均等化支出的重要影响因素。因此，必须彻底改革行政管理体制，打破财力切割与固化的难题，归还财政部门的财政分配权和管理权，部门单位只要按照岗位职责和目标责任，执行自己的职责即可，各有所归，各司其职。

3. 财政支出绩效管理改革的成效是影响财政支出责任划分的重要影响因素。财政支出浪费和膨胀的最根本原因在于缺乏对支出结果的绩效约束，而支出的膨胀和浪费不能有效遏制反过来又制约了已经固化的中央和地方财力分配格局，因此，能否打破这种固化局面关键在于能否推行财政绩效管理，提升财政支出的绩效。但是在财政支出绩效管理进度方面，从整体上看，这项改革还是处于较为滞后的状态，包括中央和绝大多数地方在内基本上还是处于事后的绩效评价阶段，由于缺乏财政支出的绩效结果约束，财政支出的不断增长造成财力规模不断膨胀，财政分配权由各个职能部门掌握，项目审批和资金分配公开透明的程度不够，绩效浪费和膨胀现象明显，因此，膨胀固化的财力支出格局下，调整政府间的财政关系极为困难。由于上级财力的固化格局没能通过财政绩效管理予以打破，因此，根据财力与事权相匹配的支出责任划分就难以落实。

2012 年南海户籍人口 1 225 093 人，外来人口 1 172 365 人，近三年南海人口情况统计见表 4。

表 4　　1990 年以来南海区人口情况

年份	户籍人口	外来人口	户籍人口平均年增量（%）	外来人口平均年增量（%）
1990	929 666	134 190		
1995	1 030 425	534 855	2.2	60
2000	1 094 695	829 186	1.2	11
2005	1 117 109	835 642	0.4	0.2
2008	1 159 302	1 051 554	1.3	8.6
2010	1 189 432	939 401	1.3	-5.3
2011	1 208 709	1 037 623	1.6	10.5
2012	1 225 093	1 172 365	1.4	13.0

资料来源：南海区公安局提供资料。

从城镇常住人口提供基本公共服务所需的经常性支出、公共教育支出、医疗卫生支出、保障性住房投资、社会保障与就业、公共文化体育公共服务等几方面进行初步的和大概测算，2013－2015 年，佛山市南海区新型城镇化财政基本保障预算大约 166.5 亿元，大约为 2012 年南海区基本公共服务财政支出的 4.3 倍。这么大量的资金如果没有有效的绩效约束制度来提升支出效果，那么用于支持城镇化发展的效果将会大打折扣。从全国范围来说，未来若干年用于支持城镇化发展的资金将是天文数字，提升支出效果更是重中之重。

六、完善财政支出责任推动新型城镇化发展的对策

根据城镇化对财政支出责任的任务和要求，结合南海城镇化发展的现状，下一步可考虑从以下几个方面来对财政支出责任进行调整和完善。

（一）完善政府间财政管理体制，形成建立约束相兼容的政府间财政体制安排

1. 进一步明确各级政府的财政支出责任，赋予地方政府与承担财政支出责任相适应的财权和财力，进一步完善政府间收入安排。按照社会主义市场经济的要求，对政府职能和财政保障范围进行深入研究，逐步改革，系统推进，合理界定公共支出的内涵，充分保障基本公共服务的财政投入。在明确政府整体的支出界限之后，按照受益性、效率性、公平与稳定等相统一的原则，以地方性法规形式，明确省、市、县等各级政府的事权范围，建立清晰的事权目录和支出责任，在支出责任划分的基础上合理配置各级政府的财权，使收入划分与支出责任相匹配。

2. 完善转移支付制度，推动地区间公共服务均等化。以人为本，改变以经济发达与欠发达地区一刀切划分作为标准，科学确定统一、规范的财政转移支付标准，优化转移支付结构，清理和压缩现有的专项转移支付项目，完善激励型财政转移支付制度与监督考评体系，推动各级政府形成提供高效高质公共服务的有效竞争，将区域经济不均衡发展（效率）和人的公平发展（公平）统一起来，促进区域、城乡协调发展，为城镇化发展提供一个公平与效率相统一的制度环境。

（二）完善分税制财政体制，进行合理的支出责任划分，为地方城镇化发展创造良好的体制条件

当前中央和地方在财政支出责任上划分不清，该由中央财政履行的支出责任就应该由中央承担，不能随便下移到地方。从合理的支出责任划分看，中央财政职责主要是全国范围的，具有宏观经济和再分配及稳定性意义的支出，而地方政府的职责多数涉及地区或当地范围内的服务。中央政府负责制定公共服务的范围、内容、标准以及部分领域的规划。在此基础上，中央政府应当负责全体社会成员无差别享有的、不能市场化的、体现社会公平的最基本的

公共服务。新型城镇化进程中包括农民工义务教育、基本医疗、社会保障等涉及国民素质的基本公共服务应逐步调整为由中央政府承担。省级政府负责公共性相对较差一些的公共服务，包括高中阶段教育和高等教育中政府负担部分、社会救助、促进就业、区域性的防灾减灾、社会治安、公共文化等。城市政府应当负责受益对象十分明确的保障城市运营和功能所必需的市政公用设施的供给，如道路、桥梁、公交、城市污染和垃圾处理、城市公园和绿地、城市水资源地保护、廉租房和公租房等。

（三）在支出责任划分基础上，解决地方事权与财权不匹配问题，提高地方用于发展城镇化支出的积极性

地方政府财权与事权很不匹配，地方政府任务多、职责重，而相对应的财权又不适应需要。我国中央与地方政府之间在公共服务供给责任的确认和分担标准等方面，缺乏明确有效的分担机制。含糊不清的支出大多被分配给下级政府，明确归属中央或省级地方政府的事权在实际执行中却发生了错位。如基础教育、基本医疗等都属于全国性公共服务应当由中央政府提供但实际供给责任却由县乡政府以及村委会承担。大量的具体支出责任主要落在了县市基层政府身上，而基层政府可支配财力又很少，形成责任在基层、财权在上级的不合理局面。当前亟待理顺中央和地方政府的支出责任。应适当加大中央财政的支出责任，将某些全国性、跨地区的重大支出划归中央。对于属于中央支出责任的事务，有些可委托地方管理，但资金由中央全额安排；对属于地方支出责任的事务，中央不再安排具体的支出项目。中央制定新的支出政策，一般不在年度预算执行中出台，应列入下年度预算安排，对执行新政策有困难的地方，应由中央财政通过增加转移支付给予保障。

（四）以财政绩效管理推动行政管理体制改革，打破财政切割与固化，为城镇化发展提供有力的财力保障

1. 大力推行财政绩效管理制度，为打破财力切割与固化提升城镇化支出的财力保障建立制度基础。在财政支出方面，今后的城镇化财政支出更应注重资金使用绩效，用科学适量的财政资金“多办事、办好事、办实事”。要大力推行财政绩效预算，以引入第三方评价为基本手段，建立了绩效预算—中间过程管理—绩效评价—绩效审计—绩效问责等链条式、完整的财政绩效管理框架体系，实现了“事前绩效预算，事中绩效跟踪，事后绩效评价、绩效审计和绩效问责”动态的、循环的绩效管理。通过动态、管理流程，形成了管理的闭合环，上一个管理流程的结果和效果成为下一个管理流程的基础和起点，使财政绩效管理不断积累、深化和完善，充分体现财政在城镇化过程中的基础支撑和关键性作用。

2. 创新财政分配方式，通过竞争性财政分配提高城镇化支出的资金绩效。竞争性方式就是将财政资金分配从“一对一”单向审批安排，转向“一对多”的选拔性审批安排，建立多中选好、好中选优的项目优选机制，以强化绩效优先观念，形成科学的财政资金分配决策机制，从而提高资金的管理水平和使用效益。竞争性方式要求预算单位部门实行零基预算，即财政预算安排方案从零开始，通过竞争性方式，引导财政资金向“用财有效”的道路上走，从而提升财政资金的使用效益，这样就能在资金使用主体之间开展资金竞争，充分发挥财政政策的杠杆调控和政策引导作用，最大限度地实现了“花小钱办大事”、“少花钱多办事”、“花了钱办实事”，大大提升城镇化支出中大量用于与老百姓和民生相关的资金的使用效益，从而提升城镇化发展的有效性。

（五）在公共服务投入上创新方式，引导社会资源投入

推进政府购买社会服务改革。对于城镇化发展的各项投入和管理服务，采用合同、委托等方式向社会购买。创新政府服务方式，将适合市场化方式提供的公共服务事项，交由具备条件、信誉良好的社会组织、机构等承担，推动公共服务提供主体多元化。鼓励和引导社会组织和民营企业等参与提供多层次、多样化的公共服务和社会公益服务，形成各方共同参与城镇化建设的共建共享格局。

（六）建立推行城镇化发展过程中的民主机制，提升城镇化发展的群众满意度

城镇化发展，是以人为本的城镇化，城镇化发展的效果归根结底要取决于享受城镇化发展成果的市民的评判。因此，在决策城镇化的各项工程时，要习惯于从过去的“政府配餐”转变为“群众点菜”，制定为民办事问民意的机制，对于跟老百姓息息相关的城镇化中的项目，要在预算编制、执行、反馈的全过程逐步引入民主决策机制，推进重大民生政策和重点项目征询社会公众意见，确保“群众的幸福由群众做主”，落实他们的知情权、参与权、表达权、监督权，依法参与民主决策、民主管理、民主监督，使得城镇化发展真正按照广大市民的要求来决定办什么、怎样办，确保城镇化中的各项民生工程成为人民群众满意的工程。

（课题组成员：陈胜安、崔永诗、韦伴玲、陈佩仪、周瑞莲、尹宁宁、李雪梅、胡明霞）

广东区域协调发展的财政政策研究

（节选）

韶关市财政局

一、引言（略）

二、区域经济差异的测度理论（略）

三、广东区域经济差异的静态分析（略）

四、广东区域经济差异的动态分析（略）

五、广东公共财政支出对区域经济协调的影响（略）

六、促进广东区域经济协调发展的财政政策建议

广东阶段性σ收敛的因素分析表明，劳动生产率的高低是影响广东区域收敛的主要原因。广东阶段性β绝对收敛和β条件收敛证明，人均固定资本投资、区域工业化进程、政府公共财政支出、对外贸易出口、常住人口增长率等是广东阶段性条件收敛的重要影响因素。广东区域的俱乐部收敛分析表明广东已经形成了四大类各具特征的俱乐部收敛。在第五点中我们又分析到广东省公共财政支出既会影响到广东区域差异的收敛性，同时还会影响区域间的合作关系和地区的经济增长，进而又影响到区域经济的协调发展。据此，我们认为促进广东区域协调发展主要应采取如下的财政政策。

（一）加大财政对教育科技支出力度 提高区域劳动生产率

1. 加大财政对低位俱乐部成员市教育的投入。由于劳动生产率与区域σ收敛高度正相关，可见提高劳动力技能素质是实现区域协调发展的关键之一。广东省政府应根据相关俱乐部成员市的区域经济特征，建立科学完善、针对性强、旨在缩小俱乐部间区域差异、促成低位俱乐部成员市劳动生产率提高的财政扶助政策。例如，通过财政专项基金建立能够服务全省的职业教育示范性基地，通过建立相应的职业教育资源跨区域流动机制以及全方位的人才流动机制来全面提高东西两翼和粤北山区的劳动力素质，以提升区域经济发展水平。同时要创新财政对教育的投入机制、教育拨款机制；完善民办教育支持政策等，增加社会对教育有效投入。创新财政对教育的投入机制，主要是保证财政对教育的支出占国内生产总值的比例逐年提高。创新教育拨款机制是打破现行按半只核拨经费的方法，按学生数量、毕业质量进行财政的投入。同时通过扩大社会资源进入教育的途径，大力发展民办教育等，增加教育的有效投入。在低位俱乐部成员市建立完全免费的义务教育示范性高中、构建东西两翼及山区高中教育发展的新机制。此外，省财政还可以通过设立专项基金来帮助低位俱乐部成员的企业进行全员技术培训，进而全面提高劳动生产率。

2. 加大财政对低位俱乐部成员市科技的投入。劳动生产力提高的另一条重要途径是提高区域的科技水平。科学技术是第一生产力，是社会经济发展的主要推动力量。任何社会事业的发展都离不开科学技术。因此加大财政对科技的支出力度对优化财政支出结构起着非常重要的作用。本着推动科学技术跨越式发展，推动经济发展由资源依赖型向创新驱动型，由粗放型向集约型的转变，从而推动区域经济协调快速发展的目标，广东省应尽快对低位俱乐部成员市实施以下措施。一是尽快对其制定科技投入条例，加大对企业、大学和科研机构研发经费的投入，加大技术引进与消化以及创新经费的投入比例，以解决目前落后地区科技投入分散、分割，重复投资等问题。二是建立财政对其科技的投入稳定增长的机制。将科技投入作为政府预算保障的重点，财政对科技投入的增幅要明显高于经常项目财政收入的增幅。财政对科学技术的支出占总体财政支出的比例要逐年稳定增长，以引导优秀企业将资金投向科学研究与先进技术研发上去，增加科技投入的渠道，以增加低位俱乐部成员市全社会科学技术研发支出占国内生产总值的比例。三是向低位俱乐部成员市倾斜重大科技专项经费，提高这一区域的重点领域自主创新的能力。重大科技专项是构建自主创新体系强有力的抓手，同时还能解决

区域经济和社会发展重点领域的关键共性技术和制约发展的重大瓶颈问题，加快实现产业化，进而推动区域经济的协调发展。四是加大省财政扶持低位收敛俱乐部成员市企业自主创新资金的份额，提高企业的创新能力和核心竞争力。同时加大力度推进省、市两级财政对科技创新基地和科技基础条件平台的建设。

（二）加大对欠发达地区的投资

1. 增加投资，加快推进低位俱乐部成员市的基础设施建设。投资增加是广东区域经济β收敛的重要条件，从财政职能上看，可以通过加大基础设施建设的支出力度来增加低位收敛俱乐部成员市的投资力度。区域基础设施的建设可以为区域经济的持久发展带来机会。由于广东东翼、西翼以及北部山区在像公共基础设施方面比较欠缺，从而应加大对其投资力度，为区域经济的协调发展提供基础性条件。首先，要从全省区域协调发展的高度来充分认识加大对低位俱乐部成员市的基础设施建设的战略意义。其次，当前应该把省里的区域开发资金集中用于欠发达地区的公共基础设施建设。再次，一方面可以进一步提高省财政对欠发达地区基础设施建设投入的资金比重，另一方面要进行方法的创新。为了吸引更多的资金及各种社会资源投资于广东的东西翼及落后的北部山区，用于建设更好的公共基础设施，广东省政府可以将公共支出以利息补贴，投资补贴等各种形式投入进去。省级财政投资重点应在公共设施、基础设施、基础教育、社会保障等非盈利性的领域；鼓励地方集资进行基础设施建设，如地方铁路、公路、机场建设等；在基础设施建设中更多的引进外资，可放宽外资的准入条件；调整营利性基础设施建设的收费标准，对部分提高其收费标准；通过设立地区基础设施建设投资基金、加快基础设施行业企业的上市等，推进基础设施资本市场的建设。

2. 完善财政投融资制度，增强投资财源。完善健全促进广东区域协调发展的财政投融资制度。财政投融资是一种政策性投融资，是政府通过国家信用方式，集中各种闲散资金，如民间的闲散资金等，由财政部门对集中的这些闲散资金进行统一掌握和管理，然后在不以盈利为直接目的的前提下采用直接贷款或间接贷款的方式，对企事业单位发展生产及事业进行资金支持的一种经济活动。我们可以从如下几个方面来完善健全促进区域协调发展的财政投融资：一是拓宽融资渠道，扩大直接融资规模。拓宽融资渠道，充分利用债券、短期融资券、资产证券化等融资形式，加大信贷融资的力度，积极推进股票融资，并尝试开拓一些融资新领域，例如开拓融资租赁、信托融资、票据融资等，充分拓宽融资渠道，增加融资。扩大直接融资规模，大力实施企业上市培育工程，对符合条件的上市后备企业的财政涉企资金可优先扶持，支持发展产业投资基金和创业风险投资基金等各类股权投资基金。对符合国家产业政策、成长性好的发行集合债券、集合中期票据、集合信托计划、集合短期融资券的中小企业，给予发行费用补贴，以支持中小企业发展。同时应关注农村金融服务体系建设，财政投融资应有部分用在对在有条件的县（市）发展农村小型金融组织和小额信贷方面的建设。二是继续推进投资结构的调整。省级财政要在加大投资力度的同时，注重推进投资结构的调整，以实现产业结构的优化升级。除了保证对粮食核心区、城乡基础设施、交通能源等传统行业的投资外，应继续重点加强先进制造业、战略新兴产业和现代服务业等行业的投资。既保证财政在非营利性基础设施建设方面的投资，又要注重对重大公益性项目的投资。

3. 制定专项财政政策，支持产业转移。制定专项的财政政策，支持上位收敛俱乐部成员市，主要是珠江三角洲地区对下位俱乐部成员市进行产业转移，实现区域协调发展和优势互补。一是东西两翼和山区充足的土地和相对廉价的劳动力与珠三角地区充足的资金与先进技术的互补，共建工业园区，在优势互补的基础上，创新利益共享机制，最终使得资源型等产业从发达的珠三角向欠发达的东西两翼及山区转移。二是省财政在产业转移上对工业园区的建立做好统筹规范，配套适度的财政拨款、税收减免、基础设施建设等一系列优惠政策，在双赢发展的前提下引导珠三角的企业向欠发达区域进行产业转移，从而实现区域经济协调发展。

（三）完善财政转移支付制度，推进基本公共服务均等化进程

1. 完善财政转移支付制度。科学合理的财政转移支付制度是缩小区域之间发展差距，实现区域间基本公共服务均等化的基本手段之一。根据广东区域经济差异俱乐部收敛的状况，可以从如下几方面来完善财政转移支付制度。一是实施倾斜的财政转移支付制度政策。对于广东的四大区域而言，一方面是区域间的差异，珠三角地区与粤东、粤西和粤北山区的经济发展有明显的差距，要加大财政对粤东、粤西和粤北山区财政的转移支付力度，特别是对经济发展较为落后的粤北山区的转移支付，以推动其经济的开放与开发。另一方面是城乡差异，针对落后县乡的财政转移支付政策。落后县乡基础设施建设滞后，公共服务水平低、财力不足，严重影响区域经济协调发展，应加大财政转移支付对其支持的力度。二是加大财政扶持力度，改善区域性基本公共服务状况。目前，广东省在基本公共服务以及社会发展水平方面还是存在着较大的差距。如果要将这种差距逐渐缩小，省、市、县、乡等各级政府间就应该在有关公共财政体制的建立方面统一规划并尽快实施，然后对财政投资方向作出及时调整，优化支出结构，最终对欠发达的下位收敛俱乐部成员市的公共服务以及社会发展事业加大资金投入。因此在当前的体制下，应该采用更加规范的公共支出转移支付制度，使省内不同地区的居民都可以享受到均等的社会福利或基本公共服务。首先，可以以国家工资政策为基础，结合广东两翼及山区市县的平均收入水平，再参照省级公务员的相关工资收入水平，最终核定各人员经费的最低标准，以便留住人才而且可以实现人才的自由流动；其次，可以建立社会发展转移支付制

度，这主要是对欠发达地区的医疗卫生服务、国民教育、社会保障以及区域危机管理等方面，通过省级专项资金的不断转移支付，不断提高相应的服务水平，最终能达到全面缩小欠发达地区与发达地区之间在社会发展上的差距。

2. 调整和优化财政转移支付结构。逐步取消税收返还和体制补助。调整和归并财力性转移支付，加大一般性转移支付的比重。控制专项转移支付的规模和比重。将专项转移支付的范围限定在外溢性、突发性、特殊性等特征的项目上，如义务教育、公共卫生、社会治安、基础设施、跨地区的大江大河的治理、突发性灾难的救治等。并采用公式化方法确定对各地的拨款额和资金配套率，应根据各地财力水平和地方财政承受能力的不同来合理确定资金的配套比例，使配套率的计算更加科学化。

（四）完善税收优惠政策

改革开放以来，税收优惠政策的不断完善，对区域经济的发展带来了很多积极效应，例如，吸引了大量外国资本和外商投资企业，有效促进了国民经济的发展；促进了产业结构的调整及优化升级；促进了地区间的平衡发展等。但税收优惠政策仍存在一些问题，特别是税收优惠政策不能充分体现产业政策要求；税收优惠调控方式单一等，税收优惠政策的不合理不仅影响各个地区经济的协调发展，也会影响到整个国民经济的协调发展。对此应加以调整。

1. 科学界定税收优惠的范围，明确税收优惠的政策导向。在坚持公平与效率平衡原则的基础上，限定税收优惠的范围在社会公共需要的领域。在经济领域，保留农业、原材料工业、能源工业、交通运输业的税收优惠；保留落后地区的税收优惠，特别是中西部落后地区及东北老工业基地；保留投资、技术进步的税收优惠；保留环境保护的税收优惠。在社会领域，保留生活必需品和文化、教育、卫生、体育事业的税收优惠。以此来科学界定税收优惠的范围。明确税收优惠的政策导向，对产业政策方面，鼓励基础产业的发展，如农业、林业、牧业、能源、交通、高新技术产业等；鼓励国家的优势产业、幼稚产业、环保产业的发展；针对某些第三产业和资源综合利用项目的不同情况，给予不同层次及形式的税收优惠；改变以往税收优惠重点在经济特区、开发特区等珠江三角洲地区的状况，使税收优惠向粤东、粤西和粤北山区等欠发达地区转移。

2. 优化税收优惠的调控方式。税收优惠有直接税收优惠和间接税收优惠两种形式。直接税收优惠是由税率、税额构成的；间接税收优惠是由税率和纳税时间构成的。间接优惠较直接优惠来说有很多优势。对于直接优惠来说，主要是指直接减免，对符合新办条件同时又属于国家鼓励投资性的产业的，均对其按新版企业减免税的优惠政策。对于间接优惠来说，符合产业政策的企业，不分内外资企业或是新老企业，都可适用加速折旧、投资减免、再投资退税、技术开发费用加计扣除等间接优惠方式。

3. 建立税收优惠的预算制度。借鉴发达国家的经验，广东可以尝试建立税收优惠的财政预算制度：通过核算税收优惠可能导致的税款损失，做出事前的控制措施计划。首先对某一个部门（或某一项支出项目）税收优惠的成本进行预测，然后扩大至主要税种及重点项目的税收优惠成本预测，最后编制出全面的税收优惠预算制度，并将其纳入政府的预算管理体系。

参考文献

1. 新华网．习近平视察广东，http：//news. xinhuanet. com/politics/.

2. R·纳克斯．不发达国家的资本形成问题［M］．商务印书馆，1966.

3. 冈纳·缪尔达尔．世界贫困的挑战：世界反贫困大纲［M］．北京经济学院出版社，1991.

4. 阿尔伯特·赫希曼．经济发展战略［M］．经济科学出版社，1991.

5. 弗朗索瓦·佩鲁．新发展观［M］．华夏出版社，1987.

6. J. R. Boudeville：Problems of Regional Economic Planning，Edinburgh University Press，1966，pp. 10－11.

7. 保罗·克鲁格曼．发展、地理学与经济理论［M］．北京大学出版社，2000.

8. R. Vernon：International investment and international trade in the product cycle，Quarterly journal of economics，Vol. 80. 1966.

9. 查尔斯·K. 威尔伯．发达与不发达问题的政治经济学［M］．中国社会科学出版社，1984.

10. 哈维·利本斯坦（H. Leibenstein）．经济落后与经济增长［M］．台湾银行出版社，1970.

11. Nelson. R. R. A Theory of Low Level Equilibrium Trap in Underdeveloped Countries［J］．American Economic Review，1956，12.

12. 罗森斯坦·罗丹．论"大推进"理论，载郭熙保编．发展经济学经典论著选［M］．中国经济出版社，1999.

13. Jeffery G. Willamson："Regional Inequality and the Process of National Development：A Description of the Patterns"．Economic Development and Cultural Change，July，1965，13（1）：3－45.

14. Sala-I-Martin X. The Classical Approach to Convergence Analysis. Economic Journal，1996，106（6）：1019－1035.

15. 魏后凯．中国地区经济增长及其收敛性［J］．中国工业经济，1997（3）.

16. 沈坤荣、马俊．中国经济增长的"俱乐部收敛"特征及其成因研究［J］．经济研究，2002（1）.

17. 申海．中国区域经济差距的收敛性分析［J］．数量经济技术经济研究，1999（8）.

18. 宋学明．中国区域经济发展及其收敛性［J］．经济研究，1996（9）.

19. 刘强．中国经济增长的收敛性分析［J］．经济研究，2001（6）.

20. 金相郁，郝寿义．中国区域发展差距的趋势分析

[J]. 财经科学，2006（7）.

21. 陈鸿宇. 区域经济梯度推移发展新探索——广东区域经济梯度发展与地区差距研究［M］. 中国言实出版社，2001.

22. 张硕城. 梯度推移：创造广东经济奇迹的战略——读陈鸿宇教授区域经济梯度推移发展新探索——广东区域经济梯度发展与地区差距研究［J］. 南方经济，2001（11）.

23. 张长生，白国强. 广东区域经济差异发展的态势及协调发展的对策思路［J］. 岭南学刊，2003（5）.

24. 黄德发. 关于经济发展及其衡量标准［J］. 新经济，2003（9）.

25. 向常清. 广东区域经济差异与协调发展［J］. 探求，2005（1）.

26. 孙良媛. 广东区域经济差异的实证分析［J］. 经济理论与经济管理，2001（5）.

27. 胡振宇，匡耀求，黄宁生. 广东区域经济不平衡的结构性及人口因素分析［J］. 华南师范大学学报（自然科学版），2003（1）.

28. 周茜. 广东区域经济差距与协调发展［J］. 商讯商业经济文荟，2005（5）.

29. 陈向阳. 广东区域经济发展差异的表现与协调发展［J］. 珠江经济，2006（3）.

30. 何忠东. 广东区域经济协调发展对策研究［J］. 南方论刊，2005（2）.

31. 陈杰. 构建广东区域经济发展新格局［J］. 广东经济，2003（2）.

32. 雷小清. 广东省各地区经济发展差异分析及对策［J］. 广东职业技术师范学院学报，1997（3）.

33. 徐绍荣. 论地区财政政策在区域经济发展中的作用——以新余市为例［D］. 合肥工业大学，2008.

34. 江世银，杨伟霖. 论区域财政政策对区域经济发展的影响［J］. 贵州财经学院学报，2003（6）.

35. 张可云. 区域经济政策［M］. 商务印书馆，2005（3）.

36. 贾绍华. 促进区域经济协调发展的税收政策探讨［J］. 法学杂志，2006（1）：70－73.

37. 史桂芬. 地区税负"倒挂"与构建区域经济协调发展的税收政策体系［J］. 经济研究参考，2007（5）：32－35.

38. 肖育才. 区域经济发展与财政政策选择［J］. 广东商学院学报，2008（4）：34－38.

39. 刘夏明. 收敛还是发散——中国区域经济发展争论的文献综述［J］. 经济研究，2004（7）：70.

40. 任芳丽，孙红梅. 东西部地区发展差距分析及财税政策的比较［J］. 陕西科技大学学报，2007（2）：143－146.

41. 严薇，赵宏宇. 我国区域经济发展现状及对策［J］. 商业时代，2009（22）：113－114.

42. 孟庆红. 区域特色产业的选择与培育——基于区域优势的理论分析与政策路径［J］. 经济问题探索，2003（9）：35－39.

43. 郝寿义. 建立区域经济学理论体系的构想［J］. 南开经济研究，2004（1）：68－72.

44. 赵文明，周建华. 欧盟区域经济财政政策对长株潭一体化的启示［J］. 求索，2008（10）：26－35.

45. 陈海燕. 论区域创新能力提升的财政政策选择［J］. 南阳师范学院学报，2009（2）：44－47.

46. 马栓友. 地方税与区域经济增长的实证分析［J］. 管理世界，2003（5）.

47. 于红霞等. 转移支付与地区经济收敛［J］. 经济研究，2003（3）：26－33.

48. 王小鲁，樊纲. 中国地区差距的变动趋势和影响因素［J］. 经济研究，2004（1）.

49. 张晏，龚六堂. 地区差距、要素流动与财政分权［J］. 经济研究，2004（7）：59－69.

50. 刘亮. 中国地区间财力差异的度量及分解［J］. 经济体制改革，2006（2）：17－23.

51. 靳春平. 财政政策效应的空间差异性与地区经济增长［J］. 管理世界，2007（7）：47－56.

52. 韩振国等. 经济政策与中德区域经济平衡发展［J］. 中国传媒大学学报，2009（1）：18－23.

53. Anwar shah. 中国地区差异的经济分析［M］. 人民出版社，2006.

54. 希克斯. 价值与资本［M］. 商务印书馆，1982.

55. Barro，Robert J.，"Economic Growth in a Cross section of Countries"，Quarterly Journal of Economics，1991，Vol. 106，pp. 407－444.

56. Mankiw，Gregoryn. & Romer，David & Wen，David N，（1992），"Quarterly Journal of Economics，Vol. 107，pp. 407－437.

57. 欧阳建国，欧晓万. 中国各地区可持续发展主要因素的定量研究［J］. 统计与决策，2005.

58. Galor，Oded. Convergence? Inferences From Theoretical Models［J］. The Economic Journal，1996（106）：1056－1069.

59. Barro，R. J. and Becker，G. S. Fertility Choice in a Mode of Economic Growth［J］Econometrica，1989，vol. 57：481－501.

60. Benabou，R. Equality and Efficiency in Human Capital Investment：The Local Connection［J］. Review of Economic Studies，1996（63）：237－264.

61. Durlauf，N. S. A Theory of Persistent Income Inequality［J］. Journal of Economic Growth，1996（1）：75－94.

62. Galor，O. and Weil，D. N. The Gender Gap，Fertility and Growth［M］American Economic Review，1996（60）：35－52.

63. Carl－Johan Dalgaard，Jes Winther Hansen. Capital Utilization and the Foundations of Club Convergence. Economics Letters，2005（87）：145－152.

64. Barro R，Sala-i-Martin X. Economic growth（second edition）.［M］McGraw Hill Inc. 2002.

65. 马瑞永. 经济增长收敛机制：理论分析与实证研究

［D］. 2006.

66. Quah, Danny T. Twin Peaks: Growth and Convergencein Models of Distribution Dynamics ［J］. The Economic Journal, 1996, (106): 1045 - 1055.

67. 广东省统计局. 广东统计年鉴 1999 ［M］. 中国统计出版社，2000.

68. 广东省统计局. 广东五十年 ［M］. 中国统计出版社，1999.

69. 广东省统计局. 广东统计年鉴 2012（电子版），http: //www. gdstats. gov. cn/。

70. 广东省统计局. 1978 - 2007 年广东人口发展情况综述，http: //www. gdstats. gov. cn/。

71. Barro, Robert J. : 1991, Economic Growth in a Cross Section of Countries, Quarterly Journal of Economics, Vol. 106, pp. 407 - 444.

72. Mankiw, Gregory N. & Romer, David & Wen, David N. : "A Contrbution to Empirics of Economic Growth", Quarterly Journal of Economics, Vol. 107, pp. 407 - 437.

73. 蔡日方，都阳. 中国地区经济增长的趋同与趋异——对西部开发战略的启示 ［J］. 经济研究，2000 (10).

74. 沈坤荣等. 新增长理论与中国经济增长 ［M］. 南京大学出版社，2003，10.

75. 樊纲，王小鲁，朱恒鹏. 中国市场化指数——各省区市场化相对进程 2006 年度报告（2001、2002、2003、2004、2005 指数）［M］. 经济科学出版社，2006.

76. 胡少东，梁强，徐宗玲. 1992 - 2005 年广东省区域经济增长与差距的变化分析 ［J］. 南方经济，2007 (4).

77. 攸频，张晓峒. Eviews6 实用教程 ［M］. 中国财政经济出版社，2008.

78. 覃成林. 中国区域经济增长分异与趋同 ［M］. 科学出版社，2008.

79. 姚凤民. 财政支出竞争对区域经济协调发展的影响效应及约束对策 ［J］. 广东商学院学报，2008 (2).

80. 陈志勇. 统筹区域经济发展的财政政策选择 ［J］. 中南财经政法大学学报，2005 (4).

81. 蔡志刚. 财税政策与区域经济发展的国际比较 ［J］. 重庆工商大学学报（西部论坛），2005 (1): 47 - 52。

82. 张蕾芳. 区域经济发展中的财政金融政策工具研究 ［J］. 科技创新导报，2007 (32).

83. 郭秀珍，刘胜天. 国外固定资产折旧模式及特别折旧的经济杠杆性 ［J］. 沈阳工业学院学报，2000 (6).

84. 李炳炎，王苏彬. 改革开放 30 年中国税收优惠政策的回顾与思考 ［J］. 福建论坛（人文社会科学版），2009 (5).

85. 牛媛媛. 促进区域经济协调发展的财政政策研究 ［D］. 河南大学，2012.

发挥财政职能促进社会组织发展

——以佛山社会组织发展为例

（节选）

佛山市财政局

摘要：当前，社会建设已成为与经济建设、政治建设、文化建设、生态文明建设同等重要的国家战略。其重要内容之一就是培育发展社会组织，建设和谐社会，创新社会管理。本课题从政府或政府财政与社会组织之间关系的视角切入，针对目前佛山市的社会组织发展状况、面临问题，以西方国家的发展成果与国内先行城市的经验做法为借鉴，以相关的治理理论为论据，提出培育发展社会组织的总体思路和主要原则。并以此为指导，从统筹政府资源、发挥财政职能作用的角度出发，提出今后佛山加快推进社会组织发展的政策思路与措施建议，希望从无到有、从有到优，培育发展出类别齐全、功能齐备、量足质优的社会组织群体，满足社会日益增长的多样化、差别化的社会服务需求。

一、社会组织发展的理论依据与现实需求（略）

二、佛山市社会组织发展现状（略）

三、佛山市社会组织发展面临的主要问题（略）

四、国内外促进社会组织发展的经验与借鉴启示（略）

五、发挥财政职能作用，推进佛山市社会组织发展

财政部门作为政府经济管理的综合部门，在转变政府职能、创新社会管理、加强社会建设的形势要求下，推进社会组织发展责无旁贷，必须主动有为。一方面，佛山市各级财政部门必须转变观念、调整思维，按照行政审批制度改革的统一部署，将适宜转移给社会组织或购买服务的财政职能，主动清理后进行稳妥转移与购买服务，提升工作质量和服务效率。另一方面，要调整一般性支出，不断优化支出结构，盘活存量资金，用好增量财力，推动政府财政从投资建设型逐步转向公共服务型，确保政府在提供教育、卫生、医疗、社会保障、文体等公共服务与产品时具备更加持续稳固的财力基础。在此基础上，按照“政府引导，多方参与，购买服务，规范运作”的总体思路与“宽进严管，加大扶持，稳步推进，统筹发展”的主要原则，从发展领域、培育方式、考核评价等方面入手，大力推进社会组织发展。

（一）确定培育发展的重点突破方向，稳步推进社会组织发展

立足佛山社会组织发展的现状与需求，统筹谋划社会组织的整体结构布局，对全市社会组织的结构布局、功能类别进行拾遗补缺，突出重点，分类指导，分别推进，分步实施。近期重点培育以下三大方面的社会组织：

1. 重点发展符合产业导向的行业组织，切实推进佛山产业转型提升。目前，佛山市行业协会总数达到250多家，基本覆盖了全市五区主导产业，尤其是顺德家电、佛山陶瓷、盐步内衣、乐从家具等部分行业协会组织在全国形成了一定的影响力，对当地产业转型升级有着不可忽视的意义。因此，要立足于佛山作为产业强市的情况，选择若干有影响力的行业协会（商会）及企业服务平台给予重点扶持，形成一批具有示范效应的行业组织和企业服务平台，全面发挥行业协会在战略规划、行业自律、行业整合、拓展市场、招商引资、技术标准、人才培训、产学研合作及应对贸易争端等方面的功能作用，为佛山产业链招商、产业转型升级、经济加速发展打造新引擎。

2. 重点培育养老服务领域的社会组织，不断完善佛山养老服务体系建设。佛山市人口老龄化趋势明显，养老服务供不应求、供需矛盾突出，从解决老人家的养老服务问题，将同时解决劳动人口后顾之忧，以及各区在养老服务领域已具备一定发展基础等的情况来看，应将养老服务领域社会组织发展作为财政资金首选的重点扶持对象与突破方向，逐步构建“机构养老、社区养老、居家养老”相结合的佛山养老服务体系。一是将祖庙街道“颐安通”平安钟呼援服务系统提升到全市层面进行全面推广，实行政府购买服务与个人自费相结合的方式，让老年人受惠。同时，通过孵化基地有目的、有方向地培育养老服务领域的社会组织，丰富居家养老服务内容。二是要建设社区养老综合服务中心，委托专业社会组织进行运营管理，为老年人提供“长者饭堂”、日间托养、康复保健、文化娱乐、陪护服务等方面的综合服务。三是加大民间资本的引入力度，通过“公建民营”、“民办公助”、“购买养老院社工服务”等市场化运作和财政投入相结合的方式，发展机构养老事业。

3. 重点扶持教育领域的公益组织，促进佛山教育事业的公平、均衡、优质。公平均衡优质的教育，是培养高素质劳动力和高技能人才的重要载体，也是每个家庭的希望之梦，有利于推动社会阶层良性合理流动、促进产业经济加速发展。佛山要善用现有953家教育类社会组织的优势资源，并在此基础上进一步壮大教育领域的社会组织力量，为佛山全面提升教育现代化水平、加快打造教育名城和人才资源强市提供保障。首先，按照国家有关教育事业发展的规划精神，教育属于重要的社会公益事业，要回归其公益性、普惠性的本质，逐步淡化现行资金资助、政策扶持上对公办、民办身份的注重，不断突破政策扶持壁垒与破除资金资助界限，最终实现对公办教育、民办教育的一视同仁，保障两者具有同等的法律地位，享受均等的政策、资金、资源扶持补助待遇。其次，加大教育投入，完善以公平均衡为导向的教育投入机制，促进区域教育公平均衡优质发展。再次，在办好公办教育的同时，积极引导、鼓励和支持企业、社会团体、民办非企业单位等社会力量筹资办学，激发教育类社会组织在公益办学、支教助学、传播教育理念、提供政策建议、开发教育资源、培训专业技能等方面的积极作用，构建完善的终身教育体系。

（二）采取科学系统的培育方法，可持续推进社会组织发展

鉴于社会组织自身存在的问题，佛山要借鉴其他地方的先进经验做法，并结合本市的发展基础与现实情况，探索适合自身需要的一系列举措，明确社会组织发展的牵头单位与配合单位，统筹整合各种资源，共同推进社会组织持续健康发展。

1. 采取竞争性分配方式购买公共服务。财政部门要扩充、完善政府部门向社会组织购买服务目录，推动部门购买服务。向社会组织购买服务，除使用公开招投标、协议购买、定向委托、项目资助等方式外，应立足佛山市本身具备绩效管理方面的优势基础，在购买服务方式上重点推广竞争性分配方式。这样，既可在公平公正的环境下，优选项目单位，确保资金的使用效益，也可促进社会组织通过竞争提升自身发展水平，还可以对社会组织与政府工作起到一定程度的公开宣传推介，实现多方共赢。一是在市级重点扶持的民生项目上引入竞争性分配方式。市级牵头单位聘请专家团队或委托专业机构进行评审，通过部门初审、申报单位推介、专家问答评分以及实地考察等竞争性程序，在阳光透明的过程中，择优选择扶持对象，并在项

目完成后进行绩效评价考核，确保项目的按时按质完成，发挥市级资金的示范引导作用。二是在购买服务项目上引入竞争性分配方式。政府部门要购买养老服务、教育服务、行业调查分析服务或确定产业资金扶持对象，可由相应领域的社会组织按要求提出服务项目的设计方案，牵头单位则聘请第三方机构进行竞争性分配，择优选择社会组织。三是在对社会组织进行资助奖励上引入竞争性分配方式。对在养老服务领域、教育服务、行业产业发展领域做出贡献的社会组织进行奖励或资助，可由社会组织登台“PK”，介绍自身的发展、理念与贡献情况，政府主协办部门或第三方机构进行公正评审，确定奖励或资助的先后与多少。

2. 实行多样化的扶持形式。要在采取政府购买服务、项目资助、“以奖代补”、奖励先进等形式推进社会组织发展的同时，统筹运用各种政府资源，多样式帮扶社会组织发展。建立运用孵化基地、创益中心、关爱中心等“孵化器”，为初创期的社会组织提供综合孵育服务；利用各级政府闲置的办公场所资源，为社会组织提供优惠、低偿或免费的办公场所；为社会组织提供税务服务，及时将免税资格赋予符合条件的社会组织。

3. 拓宽社会组织发展的资金渠道。政府财政除了从扶持资金上给予支持之外，还应该用好公益性捐赠税前扣除政策，善用企业资源和民间力量，大力培育发展公益慈善福利类社团与基金会，通过财政资金、福彩公益金、基金会、社会捐赠以及推动企业、个人购买社会组织服务等渠道筹集资金，为社会组织提供有效的资金来源，多渠道供给社会组织发展。

4. 搭建有效的发展载体平台。搭建起能够聚集、融合、链接各相关资源的载体平台，并发挥枢纽型社会组织在聚集链接资源、提供发展支持等方面的促进作用，加速社会组织发展。要以佛山公益慈善项目大赛的平台为基础，通过给予财政资金支持、发动慈善会或地方基金会参与、壮大公益慈善联盟企业队伍等措施，不断完善与扩大影响，搭建起一个能够统筹整合多方资源的长效公益创投平台，支持公益事业与公益慈善类社会组织发展。要建设佛山市通用的社会组织网，建成多功能的网络平台，促进社会组织之间及其与政府、企业、媒体和公众的交流沟通和互动合作。

（三）推进事权与支出责任改革，确保部分政府职能向社会组织转移

财政是政府职能实施的物质基础，每一项政府职能背后都代表着相应的财政支出。因此，政府职能转变也体现为财政支出责任的转变，从政府部门转移到社会组织的职能，政府部门也要相应其有关的经费支出。十八届三中全会关于深化财税体制改革中，提出了“建立事权和支出责任相适应的制度”的改革任务。财政部门要从转变政府职能、创新社会管理的角度出发，探索建立事权与支出责任相适应的制度。首先，要参与合理界定政府与各部门事权范围，其中就包括要取消部分政府事权与转移部分政府职能该社会组织。要最大限度减少政府对微观事务的管理职能，逐步退出竞争性领域，取消微观管理事务，不影响市场主体的公平竞争。同时，把市场机制能够自行调节、社会能够自主解决、行业组织能够自律解决的事项以及相应的政府职能，逐步取消或转移给符合条件的社会组织、行业协会等承担。其次，在合理界定政府事权范围的基础上，要建立事权与支出责任相适应的制度，对于应取消或转移的事权，财政部门要逐步减少直至不予安排相关职能部门在相应事权上的经费支出，倒逼职能部门及时将有关职能转移给有资质的社会组织承担，既推进政府职能转变，又强化社会组织功能，促进社会组织发展。

（四）加强社会组织的监督评价，确保社会组织健康发展

一方面，支持社会组织培训督导宣传等工作，培养专业人才与专职人员，加大宣传力度，加强自身建设，提高知名度和社会认同感。另一方面，建立财政部门、项目主体（或购买主体）和第三方分工明确、各负其责的考核评价体系，确保政府购买服务资金与财政专项扶持资金的使用效益和效率，同时，建立财政、民政、审计、社工委等职能部门及第三方、民众共同参与、相互协调的多元监管机制，确保社会组织规范运作、健康成长。

推动社会组织的持续健康发展，使社会组织成为公共服务与公共产品的合格提供者，对于转变政府职能、创新社会管理、加强社会建设具有重要的现实意义和长远的历史意义。财政部门要主动有为，统筹运用政策、资金等各种资源，促进社会组织提供因应社会深刻变革后，社会成员多样化、差别化的社会服务需求，发展类别齐全、功能齐备、量足质优的社会组织群体，从而为解决“政府失灵”、“市场失灵”、“家庭失灵”问题打造一支成熟的生力军。

（课题组成员：伍志强、冯耀烽、何少红、刘文斌、许汉楚、李强、黄长明）

参考文献

[1] 十八届三中全会．中共中央关于全面深化改革若干重大问题的决定．

[2] 十六届六中全会．中共中央关于构建社会主义和谐社会若干重大问题的决定．

[3] 党的“十七大”报告．高举中国特色社会主义伟大旗帜　为夺取全面建设小康社会新胜利而奋斗——在中国共产党第十七次全国代表大会上的报告．

[4] 党的“十八大”报告．坚定不移沿着中国特色社会主义道路前进　为全面建成小康社会而奋斗——在中国共产党第十八次全国代表大会上的报告．

[5] 中共中央　国务院关于加强和创新社会管理的意见．（中发〔2011〕11 号）．

[6] 中共广东省委　广东省人民政府关于加强社会建设的决定（粤发〔2011〕17 号）．

[7] 中共广东省委办公厅　广东省人民政府办公厅印发《关于加快推进社会体制改革　建设服务型政府的实施

意见》等七个加强社会建设文件的通知（粤办发〔2011〕22号）.

［8］中共佛山市委　佛山市人民政府关于加强社会建设的意见（佛发〔2012〕3号）.

［9］佛山市人民政府办公室关于印发佛山市政府向社会组织购买服务实施办法的通知（佛府办〔2012〕83号）.

［10］［美］莱斯特·M. 萨拉蒙等著，王浦劬译，政府向社会组织购买服务研究——中国与全球经验分析，北京大学出版社，2010.

［11］国务院发展研究中心社会发展研究部课题组. 社会组织建设：现实、挑战与前景，中国发展出版社，2011.

［12］张敏杰. 西方发达国家社会管理的新趋势及其启示，浙江社会科学，2011（6）.

［13］田北海、钟涨宝. 社会福利社会化的价值理念——福利多元主义的一个四维分析框架，探索与争鸣，2009（8）.

［14］王海娟，孔春梅. "新公共管理"理论及其在当代中国的适用性分析，内蒙古财经学院学报（综合版），2004（6）.

［15］靳永翥. "新治理"与中国地方政府社会治理及治理价值选择，湖北社会科学，2004（12）.

［16］国际司. 英国、法国社会组织发展与管理体制情况介绍，财政部网站.

［17］广东省财政科学研究所. 支持社会组织发展的财税政策研究，研究报告，2013（1）（总第41期）.

［18］郑琦. 美国如何培育社会组织，学习时报，2012－9－3.

坚持群众路线　提高服务水平

——以龙门县为例

惠州市龙门县县委书记　许志晖

（2013年7月19日）

一、什么是基层？基层有什么特点？

什么是基层？基层是一个相对的概念，相对于中央，省、市、县都可以叫基层；相对于省，市以下的都叫基层。但是我觉得，真正的基层就是上面布置的任务，下面不能再批转了，必须自己去处理，自己直接去面对。我的基层工作经历是从副镇长开始，当我的从事金融行业的同学已经操作上亿资金运转的时候，我可能正在一个偏远的山村架着梯子爬到一个教室屋顶上去查看漏水严重到什么程度，判断这是不是危房，要不要马上转移学生，以及发愁去哪弄钱建新的学校；当曾经的同学已经有了自己的工厂，生意越做越红火的时候，我可能正开着一辆除了喇叭不响到处都响的破车去农村做计划生育工作；当自己高校的同学评上教授的时候，我还在为了一个项目落户到村里去召集大家开会，由于村里没有会议室，只能在打谷场上跟大家开会，实际上在那个时候最大的困难还不是这些问题，最大的困难是说服自己，为什么要做这种工作。在基层工作，带给我的最大体会就是，如果你坦诚地为群众办实事，尤其是一些大家都觉得不太容易办成的事情，当你都把这些事情办成的时候，群众就会相信你、接受你，基层就欢迎你。基层干部首要的不是有多高学历、多高水平，而是要有面对群众疾苦时的同情心，面对自己工作任务的责任心，你愿意为此无条件地付出，一件一件地去把群众的事情落实好。随着我的工作经历的增加，特别是主政一方的时候，让我更加感受到这样一种责任沉甸甸落在我的肩头，这样的一种为民的情感自然地融入到我的血液。

基层的特点。第一，基层是巩固执政之基的地方。我还清晰地记得，我在中央党校培训的时候，当时李源潮同志讲话中说道，我国的县域面积占国土面积的90%，人口也占总人口的70%以上，县域发展搞好了，我们党执政基础就会牢固，所以任何时候基层都应该是党的事业的核心。第二，基层是任务多、压力大的地方。"上面千条线，下面一根针"很形象的比喻了上面的各项任务都要基层去落实，而基层这种特殊复杂的工作环境，要求基层干部做工作的时候必须具体、深入、落实，否则这些任务是无法完成的。第三，基层是诉求多、矛盾多的地方。一百个老百姓，肯定会有一百个想法，甚至还会有两百个想法，而上面给的政策可能很单一，老百姓的要求又那么多，且满足老百姓诉求的手段、方法、条件又非常有限，造成的这种矛盾该怎么办？这就需要我们能够把有限的政策、条件跟老百姓众多的需求结合起来，这个矛盾才能化解。第四，基层是最需要关心和扶持的地方。因为跟城市相比，县域的经济是很薄弱的，基础设施相对落后，群众生活水平也相对低，所以困难多，问题多，因此，最需要得到关心和支持的。第五，基层是最实在能干事的地方。基层工作联系群众很广泛，基层群众总体来讲是很朴实的，你对群众好，真心实意为群众办事，群众就会支持你。只要基层干部真正地了解群众的境遇，关心群众的基础，以高度的责任心做好本职工作，就能够发展地方，造福一方。总之，我感觉，基层的一切都能丰富、生动、深刻的反映我们社会发展的状况，在基层工作能够接近群众，了解群众与群众互动，并积累宝贵的经验。

二、服务基层、服务群众的做法和体会

1. 夯实基层基础，推动重心下移。一是建立激励型财政机制。我们都知道乡镇是县的基础，乡镇的工作责任大，权力又比较小，非常不利于县域的问题发展。所以我在龙门做县长的时候，就决定要改变现状，要从树立基层导向，推动重心下移开始。当时，在龙门县的财政预算只有1亿多元的情况下，我们采取县财政支出重点向基层倾斜，在保乡镇运作同时，对镇（街）按财税任务完成度进行奖励，对乡镇矿产资源税费征收、项目用地出让收费、三旧改造收益按五五分成，鼓励乡镇创造条件加快发展。例如，2008年春节前，我们在现有财力有限的情况下，依然拿出大部分钱补助乡镇，保障他们过好春节，当时被人称为支持乡镇最大方的县长。二是建立选人、用人的基层导向。实际上，要帮扶乡镇首先要加强乡镇领导班子建设，为此，我们注重优先从基层一线选拔干部，向乡镇选派、下挂干部，用公推直选方式选拔乡镇党政一把手。2011年换届时，新提任的6名县处级干部100%来自乡镇基层。我很清楚认识到，要让干部真正能下到基层，关键还是用人导向。很多人不愿意到基层工作，就是因为存在在基层可能上面注意不到我，提拔的机会比较少。我在当县委书记的第一天，我就承诺了三个“决不”：决不卖官、决不跑官。为了让组织知道这些工作在一线的优秀的干部，我要求组织部门，对于各组织部门管辖的干部，每年至少要约谈一次，了解他们工作表现，了解他的思想动态，了解群众对他们的看法。三是规范机关运作，建立服务型机关。我们专门成立县行政服务中心，要求县直机关加强对基层乡镇的帮扶服务，建立机关单位挂钩乡镇帮扶制度，参与乡镇重点项目推进，推动机关工作重心向基层倾斜。

2. 加快科学发展，壮大经济实力。一是找准思路谋发展。龙门是一个山区县，长期交通比较落后，所以它的发展相对滞后，是一个典型的农业县。要发展该区域经济应该怎么办？考虑到龙门特殊的地理环境和它的经济基础条件，如果走珠三角大规模工业化、城镇化道路，我们没有优势。我们觉得，首要把自己的自然地理条件、经济基础条件跟未来区域发展的规律把握好。我们认为，未来发展的趋势是以功能比强弱，也就是说，不单纯是要做大规模，更重要的是要做强功能。其次，要以特色抵优越。一个地方的未来发展的竞争优势不单纯是靠总量，还要靠经济特色，看人均水平。再则，要以文化论述历史。一个地方的发展，起决定作用的还是它的文化内涵，一个地方的凝聚力、地方特色都与之息息相关。因此，我们给龙门的定位就是珠三角的生态发源，制定的发展目标是生态经济特色县，它包含两层含义，第一层含义是持续地加强生态环境的建设，使龙门的生态环境质量始终排在珠三角第一位，这一条我们已经做到了；第二层含义是推动行业的生态化环境。龙门经济基础比较薄弱，所以我们可以从一开始就发展生态型的产业，包括推动工业的生态发展、生态农业发展、怎么生态旅游发展。我们将建一个生态群的城镇和新农村，形成自己的特色文化产业。我们把龙门的产业体系概括为八个字：“绿色为体，特色为魂”，真正走环境保护与协调发展的道路。二是突破瓶颈谋发展。龙门是石灰岩分布广泛的地方，因此多年来发展了一定规模的水泥行业，但水泥对环境的影响比较大，为此我们近几年把落后的水泥厂都关了，可能每关一个厂都非常不容易，但我们都坚决完成了，只保留了三个大水泥厂，并全都采取国内最先进的环保技术。在矿产资源的整治上，在2007年的时候，我们用了4个月的时间，关了80多个矿。在林业生态建设的时候，我们是全省最早推广了农业体制改革，把五六百个林业的工作人员变成森林的守护神。在水资源的保护上，我们就把白沙河水质的保护作为人大议案，并每年加大财政投入进行保护，让山区人民喝上一类饮用水，保护好山区人民的权益。三是改善条件谋发展。要发展经济的话，除了克服瓶颈还要改善发展条件，包括内外交通问题的解决。根据珠三角规划纲要，将来龙门有五条高速公路通过，现在已经通了一条，正在建第二条。将来的龙门就会成为珠三角到粤东，粤北到广东南部出海口的一个交通枢纽。从这个意义上讲，我们的交通环境越来越好。还有我们为了地方的可持续的发展，打造一个更大的发展平台，以更好地推动产业集聚，比方说我们的广惠产业园区，华南昆山森林温泉度假旅游产业园，县城东区的中心镇工业化发展平台，另外还有我们特色文化产业带，现代农业发展平台等等。四是创建品牌谋发展。在发展当中，我们还很注重发展特色产业，使我们的特色产业形成品牌，形成影响力。比方说，我们在发展农业当中，就拥有“中国年橘之乡”这样的品牌。还有龙门的旅游品牌，龙门的旅游资源比较丰富，我们把这些资源整合起来，打造“森林度假、温泉养生、田园风光、民俗风情”四大旅游板块。龙门已经建成了20多个景区和景点。龙门还被国土部授予的首批全国五个“中国温泉之乡”之一，也是广东的第一个；我们还被世界卫生组织温泉与气候养生联合会授予“世界森林温泉保养地”称号。同时我们还大力发展文化品牌，我们依托农民画开展了乡村旅游，建设农民画的文化创意产业园区，使它与温泉度假有机地结合。我觉得，通过发展文化能够让一个地方在城乡建设当中逐渐形成自己的个性和魅力，形成自己独特的品质。通过几年的发展，龙门的城乡收入有了很大的提高，经济总量翻了一番多，财税一般收入比翻了两番多。龙门的多项经济指标，特别是固定资产投资指标的增速在全市是排在前列。

3. 坚持惠民利民，提升服务水平。随着经济的发展，

同步要坚持、注重的就是实现发展惠民利民，在这个方面，龙门是把财力的70%都投入到了民生领域，2012年是达到了76.6%，除此之外，我们还搞了文明县城的创建，搞了农田水利设施建设，村道硬底化改造，新农村建设，幸福村居建设。在此，我着重讲一下教育、医改、扶贫和公共安全。在教育方面，我们打造“教育创强”。这些年我们勒紧裤腰带，在保障教育经费之外，我们另外县镇两级又投了3个亿左右，把每一个乡镇的学校进行了改造，使龙门也成为广东教育强县。在龙门的教师的工资“两个略高于”：一是略高于公务员的工资的，二是略高于县城的城镇居民工资。在医改方面，我们的基本医疗保障制度实现了全覆盖。群众就医负担明显减轻，“看病贵，看病难”问题有效缓解。在扶贫开发方面，三年来，31个省级贫困村累计投入2.23亿元，平均每村投入719.18万元；共发展村集体经济项目136个。到2012年，全县31个省级贫困村年集体收入平均13.75万元，贫困村基础设施、人居环境大为改观，贫困户生产生活条件明显提高，群众得到实惠。2012年，我县农村居民人均纯收入9 860元，对比2007年增长125%。在公共安全方面，在2008年，龙门获得全国公安经费保障先进县。此外，我们在抢险、救灾，保护老百姓的生命财产安全也做了很多工作，如2008年从化鱼洞水库危机的化解。

4. 加强社会建设，维护基层稳定。一是及时化解矛盾。其实在县域基层，维稳的压力很大，因为矛盾很多，龙门也不例外。龙门移民比多，水库移民有2万多人，2007年，天堂山水库移民上访问题，以前每四年闹一次。后来我们分析他们信访的原因，归纳起来有着几方面：我们一些同志对初信初访不重视；解决问题不及时；化解矛盾纠纷的态度与方法不科学；执法错误；不合理的信访维稳考核机制，比如，信访部门承担了太多不该承担的责任，误导了民众认为“大闹大解决，小闹小解决，不闹不解决”、“信访不信法”，国家法律权威遭受挑战。分析原因后，我们积极采取解决措施：第一，建立大信访维稳工作网络。全县90%的信访案件在中心联动调解完成。第二，建立信访事项代理制度。人大代表、政协委员创建平安责任区、和谐社区活动。第三，信访维稳工作奖励制度。二是以民主法治文明的理念加强社会治理。我们建立了“四民主”工作法，即民主提事、民主议事、民主理事、民主监事，保障了村民民主权益，以权谋私可能性大大降低，对农村基层选举走上依法依规起到促进作用，达到了训练村级换届民主选举的目的。该“四民主工作法”写入省委文件在全省推广，同时获评为全国基层党建20个最佳创新案例。同时，加强司法惠民工作。我们发现在农村缺少对社会契约精神的普及，从而容易形成纠纷。为此，我们开展生动的农村契约精神启蒙教育，并让老百姓增强对法律的信心和信念。在县城，我们还开展了文明县城创建工作，并在2010年成为广东的文明县城；在农村，我们开展了争创诚信守法先进户活动、环境综合整治活动。

5. 强化制度保障，构建长效机制。密切联系群众，服务基层、服务群众需要靠制度促使形成长效化。为此，一是建立干部直接联系群众服务制度。全县所有的县领导、机关干部，包括乡镇的党政成员，都要挂钩联系村、户，面对面地与群众交流，实打实的为群众办事，手拉手的帮群众致富，心连心的为群众解忧，增进群众的感情。二是建立民意收集机制，实现决策科学化。特别是要发挥人大代表的作用，收集他们的意见，另外还有开展网络论政。三是建立党员干部教育机制，加强干部廉政教育。大家知道党员教育往往是领导在台上讲，台下的人听，估计没有多少人能听进去，后来我觉得这个教育方法不行，之后我们改变教育会议方式，领导在会上只提三个问题，让大家去思考，自愿回答，第一个问题是我的人生目标实现了没有，已经实现的程度，还差多少没有实现；第二个问题是我在追求人生目标当中，对于可能受到的什么诱惑对我来讲不太容易把持；第三个问题是万一我把持不了，我可能会有什么样的后果，我们把它叫作“廉洁自律保健操”。我们还建了一个教育基地，叫作“廉洁从政三思堂”。同时，我们还开发了一个网络系统，把中央中纪委颁布的52个不准制作成一个一个的动漫，使其通俗化、具体化，供全体干部同志学习。四是加快行政审批改革和农村综合改革，提高服务水平。行政审批改革的目的就是要减少事项，提升我们的办事效率。而农村综合改革中的一个重点就是在农村建基本公共服务平台。今后，我们还需亟须解决薄弱的财政难以满足人民群众日益增长的多元化需求，进一步探索和完善服务基层、服务群众的机制，不断的巩固和加强基层法治建设。

三、关于服务基层、服务群众的思考

1. 社会转型时期，需要深化改革，转变执政理念和执政方式，重拾群众路线这一法宝。什么叫社会转型期？我们通常把社会转型期作为描述特殊的阶段，这个阶段国家的综合实力提高了，人们生活也极大改善了，但是由于贫富差距、城乡差距、地区差距的拉大，在这个时期，经济利益关系、社会结构开始失衡，不稳定因素在持续增加。我们经常说改革到了深水区，所谓的深水区就是我们持续30年的经济体制改革逐步深入到现在行政体制改革的地位。在行政体制的改革背后是政治体制，所以说到了深水区。在这个关键时候，党中央提出要开展和加强群众路线调研，我们觉得很有战略意义，未来的改革不光是从战略层面去考虑、去布局，其实还需要在从基层找到突破口。当前社会的一个突出的问题是，一方面，群众的思想观念多元化，群体利益诉求非常复杂；另一方面，我们制定的一些政策，没有很好地从实际出发，导致尽管政府投入很大，各级官员都非常忙碌，可是政策的实施效果并不好或者说很有限，反而造成群众进一步埋怨。所以我觉得，从公共政策的制定到行政行为实施，都应基于群众的需求。惠州市委最近提出一个执政理念，叫作由民作主，其出发点是要尊重民意、维护民意、保障民权，反映民本意识的回归。我们各级干部要当好公仆，作为公仆就要把百姓当主人，把百姓的呼声作为第一信号，把百姓的意见作为决策的重要依据。例如要改变过去村党组织靠命令、靠指挥的领导方式，去强迫、去要求群众必须按照党组织的意图来开展农村各项工作的局面。把为民做主变成了由民作为，也是我们顺应时代发展所需要的一个改变。

2. 基层县域发展需要扶持政策。帮县域经济发展，不是靠上级政府给钱的方式改善当地发展水平，而是通过上级政府的扶持来改善县域经济发展的条件。龙门经济发展的最大阻碍就是交通基础设施条件落后。因此，要发展龙门经济，重点是要加大扶持龙门县的重大交通基础设施建设力度。目前，龙门县省道S355需要改建，大概30公里长，如果按现有的政策补助，大概每公里150万元，则地方需要配套3亿多元；广佛通车以后，省道S119线龙华至龙门县城段需要扩宽两道，长度是19公里，总投资是6.8亿元，按照现在的政策补助标准，地方要自筹6.5亿元，所以光这两条路我们就要自筹9亿多元。而对于龙门2012年的财政收入才6亿元而言，几乎是无法完成的任务。所以我们非常需要得到上级的扶持。我的建议，省里能够把县域重大的基础设施，比如省道建设，纳入省级基本公共服务的范围，这样的话局面就完全不同。

3. 激发基层的发展活力。我们在考核基层的时候，也一直考虑如何进一步区分共性和个性，让我们的考核更合理、更有利，以保障上级的基本大政方针，基本任务的完成，比如发展问题、稳定问题、民生问题、环境问题等。要有利于基层发挥主观能动性，要让基层干部有大量的时间和精力为基层服务、为百姓服务。《人民日报》有一篇社论，其中说越是在经济发展的关键时期，社会转型的深水区，越是要唤起对人民群众的赤子之心，越是需要坚持群众路线这条执政的生命线。我以这句话作为本篇文章的结束语。

群众路线是党的生命线

省委党校党史党建专业导师组组长，党史党建教研部主任，教授　毕　德

（2013年7月25日）

一、为什么说群众路线是党的生命线？

从历史上看，群众路线是中国共产党人从苦难走向辉煌的制胜法宝。前几日，我刚到井冈山，现场体验了一下群众路线在党的历史发展当中所起到的作用，但是让我没想到的是，从中我还体会出当年游击战时期，共产党是怎么渡过难关的。到现场看到群山起伏，看着艰苦卓绝的斗争条件，联想当年的过程，老百姓是怎样突破重重困难，帮助共产党领导下的革命军渡过难关，这充分体现了我们的好人民、好群众。每年，我都要去黄洋界，站在当年的战堡里，遥想黄洋界保卫战。1928年8月底，敌人乘毛泽东率部前往湘南迎战红军大队，当时井冈山守山兵力空虚之际，敌人纠集了四个团的兵力，妄图乘虚而入，一举攻下黄洋界。当时，我守山军民只有两个连的兵力，在这种实力悬殊的紧急情况下，依然取得了著名的黄洋界保卫战的伟大胜利。我脑海里就有这样一个疑问：是什么原因使红军打胜了这一战？为了纪念黄洋界保卫战的伟大胜利，1960年10月，井冈山人民在黄洋界建造了一座纪念碑，碑上还刻上了毛泽东手书的《西江月　井冈山》。答案就在诗词里面："山下旌旗在望，山头鼓角相闻。敌军围困万千重，我自岿然不动。"为什么能够"岿然不动"？就是依靠当地群众的配合和帮助。而这种依靠群众的打法，为毛泽东走群众路线，农村包围城市的战略战术提供了依据。所以说，从历史可以找到党的生命线在哪？党的革命历史告诉我们，只有走群众路线，得到群众拥护，我们党才能长期立足于不败之地。一旦我们的党脱离了群众，生命线就被切断，那么我们的党就将面临亡党亡国的危险。因此，对生命线的理解，首先要从历史的角度去理解，从党的发展历史中认识和理解人民群众对党的发展的重要性，如果忘记历史，历史会让我们付出成倍的代价。但现在在我们的党员干部当中存在忘记历史，忽视历史的现象，这是很严重的问题。

从现实来看，群众路线是解决当前党的作风建设等一系列问题的治本之策。党的建设的一系列问题能不能解决好，都是和群众路线走得好不好，群众观念能不能坚持连在一起的。陈云同志曾经说过，"执政党作风问题决定着党的生死存亡"。小平同志说："我同意陈云同志的观点"。为什么说生命线，因为在现实中我们党当中出现了官僚主义现象、脱离群众现象、形式主义现象、奢靡之风现象，这些都是作风问题，并且严重影响了我们党的长期执政和稳定。这次全党的群众路线教育活动切口很小，要求很具体，如果能够在这一点上更多形式，面对这样一个契机，认真改变自己的形象，就有可能消除身上存在的一系列作

风问题，特别是脱离群众的问题，我们这个党，确实可以长期执政。人亡政息不是杞人忧天，有的专家说，“我们在和党的危机赛跑”，我觉得这句话说很到位，也很形象。老百姓给我们预留的时间是有限的，这么多问题如果长期得不到解决，带来的后果将是不堪设想。讲生命线，我们可以从历史的昭示，烈士用鲜血和生命对我们做出的结论，以及现实存在的大量作风建设问题对我们党的危害，来看生命线的含义。

从未来看，群众路线是实现两个百年目标和中国梦的重要支撑。现在都在讲中国梦，什么是中国梦？我想换一个角度来谈一下我的理解。中国梦，说到底是13亿中国人民的梦，每个人都活得出彩的梦，没有万众一心，没有凝聚民力，中国梦实现不了；只靠党和政府唱独角戏，中国梦也实现不了。毛泽东同志对战争的理解很独到，他说，“革命战争是群众的战争，只有动员群众才能进行战争，只有依靠群众才能进行战争。”这句话可以移到现在，中国梦是13亿人民群众的梦，只有动员13亿人民群众才能实现中国梦，只有依靠13亿人民群众才能实现中国梦。这也是为什么要走群众的路线，为什么群众路线是党的事业的生命线的原因。

从党建理论看，群众路线是迎接执政挑战、巩固执政基础、提高执政能力，保持党的先进性和纯洁性，建设三型执政党的重要举措。从党建理论来看，群众路线是我们迎接执政挑战、巩固执政基础、提升执政能力、建设“三型”政党的根本举措。其中，对于迎接执政挑战的理解，我们现在有8 000多万党员，400多万基层党组织，但是内忧外患、相互交织。对外部来说，有长期执行，改革开放，市场经济带来的挑战；从内部来说，有能力不足、脱离群众、消极腐败等一系列造成的危险。这些问题，怎么去克服和解决，都离不开群众路线，特别是提升我们的能力不足当中，主要的一个能力就是做好新时期群众工作的能力，把我们的群体性事件、突发性事件降下来。我认为，现在是开展走群众路线活动的第一阶段，第一阶段做得怎么样将决定着第二阶段、第三阶段的启动。因此，在第一阶段，我们必须静下心来想一想，为什么中央现在要特别强调群众路线了？为什么把它定义为生命线的高度？

二、如何认识党的群众路线？

生命线这么重要，那为什么选群众路线作为生命线？群众路线是什么？我们都很清楚那两句话：一切为了群众，一切依靠群众。到底怎么理解这两句话？我们不少干部，知其一不知其二。为了给广大干部形成一个完整的、准确的、发展的、全面的群众路线的一个概念，我把它展开为五个方面来讲：

1. 唯物史观是群众路线的理论基础。在马克思、恩格斯构建唯物史观之前，统治人民思想的是英雄史观，该观点认为人类社会是一个特殊的现象，充满着偶然性，所以社会的发展是不可能有规律，而且推动人类社会发展的是人的主观意志，在这么多的主观愿望当中，英雄豪杰的意志决定着社会的进步，这个观点一直统治着当时人民头脑。马克思、恩格斯生长在德国，德国在哲学研究上曾经站人的哲学研究的最高点，产生了黑格尔、费尔巴哈等一系列著名的哲学家。马克思和恩格斯在他们的哲学研究的基础上，继承了黑格尔的辩证法思想，传承了费尔巴哈的唯物主义的思想，并把这些思想组合起来，运用到人类社会的历史研究当中。这个运用带来了一系列的重大发现，首先发现了在无数个偶然性、表象性的背后隐藏着人类社会从低级到高级，由生产力决定生产关系、经济基础决定上层建筑等一系列发展规律。进一步研究发现，表面的偶然性和主观性，决定人的主观意志的背后有更深层次的东西，那就是物质条件，那就是生产力的发展状况，而最终决定发展是隐藏在巨人背后的人民群众的合力，这就是唯物史观的三个观点：规律性、客观性和群体性。人类社会发展有规律可循，根本的原因取决于优越条件，而最终原因取决于群众所创造的历史的进程。共产党为什么讲群众观念？为什么要倾听群众意见？为什么要把人民群众当作上帝，我们去尊重，我们去依靠？人民到底在哪？这些都有着客观规律，不把这个理论基础揭示出来，群众观念在我们干部党员的心中就不可能深深根植。我们正是靠唯物史观，支撑着共产党员坚信群众观念，履行群众路线，不忘我们的根和魂。

2. 马克思主义认识论是党的群众路线的哲学基石。1937年，在延安凤凰山那个潮湿的窑洞里，毛泽东同志挑灯夜战，进行艰辛的理论创造。他发现，1921年建党到1937年，我们党内不断出现这种错误的问题，是什么原因造成的？我们党员干部在如何认识世界？如何改造世界？这些基本的方法论、世界观问题上没解决，所以有了苏联经验的神圣化，共产国际指示的决定化，这就有了教条主义。这些问题不解决，中国共产党人无法继续前进，为此，毛泽东就在凤凰山的窑洞里，夜以继日的写下了著名的《矛盾论》、《实践论》，讲明了什么是马克思主义的认识论，如何告别教条主义、主观主义的认识论，如何告别行形而上学、唯心主义的认识论，并以简要的概括为：“实践—认识—再实践—再认识”的公式。为什么要从群众来，到群众中去；为什么要坚持群众观念，走群众路线；为什么没有调查就没有发言权；为什么要坚持群众利益第一位，这都是马克思主义认识论的实践观。我们要充分利用这次群众路线教育实践活动，特别第一阶段，让马克思的认识论，让唯物史观、群众史观，深深根植于每个党员、每个干部的心海，为我们下一届的各项工作打下深厚的基础。引用一段1943年毛泽东同志在《关于领导方法的若干问题》的经典讲话，帮助我们进一步学习群众路线和认识论。“凡属正确的领导，必须是从群众中来，到群众中去。这就是说，将群众的意见（分散的无系统的意见）集中起来（经过研究，化为集中的系统的意见），又到群众中去作宣传解释，化为群众的意见，使群众坚持下去，见之于行动，并在群众行动中考验这些意见是否正确。然后再从群众中集中起来，再到群众中坚持下去。如此无限循环，一次比一次地更正确、更生动、更丰富。这就是马克思主义的认识论。”

3. 党的群众路线有一个孕育成熟的历史过程。群众路线理论，孕育于红军时期，成熟于延安时期，丰富发展于新中国成立以后和改革开放以来。孕育于红军时期，要从上山伟大，下山更伟大说起。上山伟大讲的是上井冈山，开辟农村包围城市，为确定中国革命道路有着重要的意义。那为什么下山更伟大？因为井冈山人口不足两千，产谷不足万担，要想夺取全国的胜利，靠一个山头，难以摆平。因此要下山开辟革命根据地，并不断发展壮大。但是下山后，朱德与毛泽东二人在带兵问题出现上不一致，且矛盾在召开红四军党的第七次代表大会的时候进一步演绎、激化。由于毛泽东的思想还没有那么成熟，会议确立了朱德的军队领导地位。结果在朱德的带领下，军队到处打败战，直到召开八大的时候，在经过一年的斗争的过程中，朱德逐渐觉悟到毛泽东这一套可能是行之有效的。正好在中央组织工作的周恩来来信表示支持毛泽东的正确主张。并于1929年12月召开的古田会议，确定了一系列建党方针、建军方针和群众路线的问题。决议中有一段这样写道：红军是执行政治任务的武装部队，它的主要任务是做群众工作，打战占其一，做群众工作占其十，分兵发动群众，集中对付敌人。虽然这段话中并没有出现群众路线这几个词，但是已经开始孕育、形成，明确了党和红军的最重要的任务就是教育群众、武装群众、发动群众、组织群众。到了1934年1月，苏维埃第二次全国代表大会召开的时候，毛泽东同志在会上向所有的代表发表讲话，他说：“真正铁壁铜墙是群众，只有动员了群众，苏维埃胜利才能最终完成，而动员群众必须关心群众生活，注意工作方法。”这段重要讲话，也没有讲群众路线，但是处处暗含着群众路线。到了延安以后，相对稳定下来，我们党非常重视红军时期的群众工作的经验，进一步把它理论化，并把群众路线上升为我们党的根本宗旨，随后有了全心全意为人民服务是共产党立党的根本宗旨。同时，还从群众路线中概括出三大作风：密切联系群众，批评和自我批评、理论联系实际，并成为全党的重要的工作方针。新中国成立后，政权、军队、无数的资源都在我们的政党手里，这时候群众路线还走不走？如果走，怎么走？要不要发展？如何发展？在这个新时期，毛泽东同志作了深刻的论述，明确提出要坚持我们的群众路线，要发展我们的群众路线。首先要做到两个务必，务必使同志们继续地保持谦虚、谨慎、不骄、不躁的作风，务必使同志们继续地保持艰苦奋斗的作风。按照新时期的发展要求，我们开始更多地注重制度的建设，群众的监督，保证在执政条件下，继续走好群众路线。改革开放以来，实事求是地说，我们抓经济建设为中心，取得世界瞩目的成就。但在新形势下，我们既要看到不断发展的过程，也要看到不同时期由于我们轻视群众路线所付出的代价，这样我们对群众路线才有全面的认识。

4. 党的群众路线的主要内涵。党的“七大”、“八大”和十一届六中全会是三个里程碑，对党的群众路线进行的三次理论概括，对党的群众路线理论的发展，功不可没。“七大”的贡献主要是四个观点、两个根本。到“八大”时候结合执政的新考验，执政条件下怎么走群众路线，特别强调，特别强调制度化的建设，尤其强调反对官僚主义，官僚主义的存在，党的群众路线就无从谈起。1981年十一届六中全会，进一步定义了什么叫群众路线？即一切为了群众，一切依靠群众，从群众中来，到群众中去。同时，会议上把我们的群众路线升格毛泽东思想活的灵魂。在“十八大”党章当中，对群众路线作了最规范的表述：一切为了群众，一切依靠群众，从群众中来，到群众中去，把党的正确主张变成群众的自觉行动。这是共产党人的根本路线，也是我们党的生命线。照镜子，首先就是面对党章这面镜子，找差距，为什么有这些差距，怎么补上这些差距。

5. 与时俱进地理解群众观点与群众路线。首先，要明白什么是今天的群众路线，如何依靠今天的群众，今天群众路线的焦点问题在哪里？今年的群众变化了，已经不是传统意义上的群众，因为我们的社会结构变化了。改革开放30多年，大量新阶层的出现，特别是信息化的推进，我们大部分群众的形式已经虚化了，譬如网民。因此，我们要告别过去的理论框架，要把群众的概念扩大。是为了谁，依靠谁，这个谁是变化的过程，是与时俱进的过程。群众的存在方式，内在结构，整体素质，内容需求都变化了。这些是历史不曾有的，这就需要我们新一代共产党员在传承历史的基础上，不断创新，写出新时期如何走群众路线的新答案。其次，如何依靠今天的群众。我认为，依靠今天的群众既反对英雄主义，也反对大众主义，求其平衡；既要依靠普通群众，又要调动精英力量；既要重视对个体的工作，又要学会培育和使用社会组织。在这一点上，我们要虚心向西方发达国家学习，向我们的香港学习。现在社会，要更多地依靠群众组织、社会组织、中介组织来管理各种问题，这样既可以减少社会管理的成本，又可以提高社会管理的效率。只有把这些理念引入到我们的群众路线当中，才能搞好新形势下的群众路线。当然，还有很多思想理念需要不断地融入到群众路线中去，这也是我们在这次开展群众路线教育活动的目的之一。最后，今天走群众路线的焦点问题是什么。不同时期，焦点不同，现在讲群众路线，应当把焦点放在关注弱势群体，加强民生建设，反对特权腐败，实现为民务实清廉。

三、新形势下如何坚持和发展党的群众路线？

1. 提高教育实践活动的实效性。一是认识作风建设的规律，自觉投入教育实践活动。把集中性教育与日常性教育有机结合是党的作风建设的一条基本规律。二是运用作风建设的经验，实现目标聚焦。作风建设在不同时期有不同的重点，应抓住重点，不能四面出击。三是明确教育实践活动的总要求，防止走过场。要认真按照党中央提出的规定要求：照镜子、正衣冠、洗洗澡、治治病。四是既要用好老办法，又要注重新发展。结合工作实际，做好自选动作；结合新的形势，实现群众工作的科学化；结合新的要求，提升群众工作的能力。

2. 适应新形势，实现群众工作的科学化。一是科学化的本质与表现形式。科学化的本质就是按照群众工作的规律，用科学理论指导，用科学制度支撑，用科学方法推进。表现形式是制度化、规范化、程序化、标准化的结合。二是当前应重点完善的群众工作机制，包括群众利益的表达机制，联系群众的工作机制，服务群众的工作机制，群众工作的反馈机制。三是增强新形势下的群众工作能力，包括利益整合能力、危机应对能力、法治思维能力、思想工作能力。

在新形势下怎么做好群众工作，还有太多的问题需要解决，大家要在开展群众路线教育活动的整个过程当中去思考，这样才可以使我们在群众教育活动当中，既洗澡，又治病；既树立新形象，又为老百姓带来了实实在在的温暖和利益。

第 九 部 分

财政机构人员

2013年省财政厅领导及厅属各单位领导名单

一、厅级干部

党组书记、厅长：曾志权
党组成员、巡视员：邓桂明
党组成员、副厅长：欧 斌
党组成员、副厅长：沈梅红
党组成员、副厅长：郑贤操
党组成员、副厅长：叶梅芬
党组成员、总会计师：钟 炜
副巡视员：曾毓昌
副巡视员：何谢带
副巡视员：王春陪

二、厅机关各处室及厅直属行政机构主要领导

（一）办公室

主 任：胡建斌
副主任：邹善杰（兼） 黄志坚 鲁锦锋

（二）法规税政处

处 长：戴穗生
副处长：宋俊华

（三）预算处

处 长：肖映波
副处长：罗 睿

（四）地方财政处

处 长：冯宝璇
副处长：刘华伟

（五）国库处

处 长：姚 露
副处长：康颖朝 杨 娟 曾 毅

（六）综合处

处 长：张仿松
副处长：刘付杰 李树林

（七）行政政法处

处 长：孙祖通
副处长：李广文 穆慧姝

（八）教科文处

处 长：邹清莲
副处长：饶伟强 彭 琳

（九）工贸发展处

处 长：肖红梅
副处长：陈瑞雄 余玩冰

（十）农业处

处 长：钟 凯
副处长：施映民 范小花

（十一）经济建设处

处 长：朱莉萍
副处长：詹俊青 杨新枝

（十二）社会保障处（与广东省社会保险基金财政管理办公室合署）

处　长：苏凤玲
副处长：陈锡荣　曾桓先
广东省社会保险基金财政管理办公室副主任（主持工作）：陈锡荣
广东省社会保险基金财政管理办公室副主任：陈蔚兰

（十三）外经金融处

处　长：周修群
副处长：彭钿基　卢　丹

（十四）会计处

处　长：卢小娟
副处长：古小丽　陈胜文

（十五）绩效评价处

处　长：林　华
副处长：汤如武　吴小林

（十六）行政事业资产管理处

处　长：刘小聪
副处长：林树发　蔡慧珑

（十七）农业综合开发办公室

主　任：翟登军
副主任：朱学荣　张毓斌

（十八）农村财务管理处

处　长：吴金华
副处长：刘瑞麟　夏　清

（十九）政府采购监管处

处　长：邝　慧
副处长：罗德富　张　锐

（二十）公务用车管理处

处　长：贺黎阳

（二十一）监督检查局

局　长：黄　山
副局长：谢　慈　郑定标

（二十二）人事教育处

处　长：洪清阳
副处长：曹远潮　张　槟

（二十三）机关党委办公室

主　任：黄志伟
副主任：曾小红

（二十四）省纪委派驻厅纪检组、省监察厅派驻厅监察室

纪检组副组长、监察室主任：张穗汉
监察室副主任：邱立新

（二十五）离退休人员服务处

处　长：柳捍国

（二十六）国库支付局

局　长：云　峰
副局长：陈　苹　张景涛

（二十七）国际金融组织债务管理办公室（广东省世界银行贷款业务办公室）

主　任：郑亚吉
副主任：刘　捷

三、厅属各单位领导

（一）省直行政事业单位物业管理中心

主　任：江振河

（二）投资审核中心

主　任：刘云梅
副主任：蓝　波

（三）票据监管中心

主　任：袁　庆

（四）省农业综合开发评估中心

主　任：郭　为
副主任：刘建林

（五）政务服务中心

主　任：邹善杰
副主任：古志东　许桃初

（六）省财政信息中心

主　任：刘雄威
副主任：李建业　姚　敏

（七）省财政科学研究所

所　长：黎旭东
副所长：陈坤城

（八）省会计函授职业技术学校

校　长：李柏生
副校长：黄腾达

（九）省注册会计师协会

秘书长：丁跃文
副秘书长：李楚雄　葛　芸　何国斌

（十）省资产评估协会

秘书长：陈桓考

（十一）省财政职业技术学校

校　长：张新华
副校长：林　斌　张贤基

2013 年各地级以上市财政局（委）领导名单

一、广州市财政局

党委书记、局长：袁锦霞
副局长：吴国伟　谭曼青　段彩英　朱建华　梁少婷　颜　强
纪委书记：杨新来
副巡视员：黎子英　李伟棠　彭建湘

二、深圳市财政委员会

党组书记、主任：乔家华
兼任党组成员、副主任：钱　勇（市地税局党组书记、局长）
党组成员、副主任：汤暑葵　张福通　黄亦平　王虎善
党组成员、机关党委书记：温焕强
巡视员：伍秀琼

三、珠海市财政局

党组书记、局长：周　昌
党组成员、副局长：黎达强　李九泉　陈　刚
总会计师：袁凌云
党组成员、财政国库支付中心主任：何富仔
党组成员、财政投资审核中心主任：曾　涓
党组成员、纪检组长：王景坚
调研员：张柏峰
副调研员：司徒伟民
副调研员：李伟权

四、汕头市财政局

党组书记、局长：林毅荣
党组成员、副局长：黄业龙　卢永健　李　宁　林晓曈
党组成员、纪检组长：许文颖
党组成员、总会计师：张　磊
调研员：官惠林
副调研员：马振文
副调研员：林湘彦

五、佛山市财政局

党组书记、局长：黄福洪
党组成员、副局长：蔡慧珑　钟永平　伍志强
副局长：蔡　伟
党组成员、纪检组长：黄建明

六、韶关市财政局

党组书记、局长：孙江平
党组成员、副局长：胡敏倩　陈树川　谢运洪　胡列峰
党组成员、纪检组长：张　毅
党组成员、总会计师：肖少康

七、河源市财政局

党组书记、局长：梁国华（市政协副主席兼，2013 年 10 月免职）
党组书记、局长：肖振兴（2013 年 11 月任职）
党组成员、副局长：温文忠（正处级）　诸鸿伟　贺新彬　何仕军　郭剑玮
党组成员、纪检组长：欧阳克念
党组成员、总经济师：何忠良
党组成员、市财政局派驻市高新技术开发区管理委员会财务总监：李桂生

八、梅州市财政局

党组书记、局长：丘孝东
党组副书记、副局长（正处级）：丘燕玲
党组成员、副局长：邓国良（正处级）　吴家云
党组成员、总会计师：凌挥明
党组成员、市世行办主任：魏仲权

九、惠州市财政局

党组书记、局长：游水生
党组成员、副局长：李政良　陈国煌　陈雪梅　谢开亮
党组成员、纪检组长：廖升安

十、汕尾市财政局

党组书记、局长：黄　聪
党组成员、副局长：赵小川　林海生
党组成员、纪检组长：吴堂煜
调研员：陈兴初

十一、东莞市财政局

党组书记、局长：罗军文
党组成员、调研员：陈锐康
党组成员、副局长：谢　涛　王　标　陈志标

翟才善 姚慧怡 邓柏松
党组成员、纪检组长：莫桂冰
党组成员、国库支付中心主任：王天广
副局长：陈庆松（挂职）

十二、中山市财政局

党组书记、局长：黄国庆
政协副主席、副局长：吴竹科
党组成员、纪检组长：袁凯斌
党组成员、副局长：黄健华 顾竹林 梁志军
黄玉珊
党组成员、总会计师（副处级）：林永光

十三、江门市财政局

党组书记、局长：汤惠红
党组副书记、副局长：梁炎浓
党组成员、纪检组长：谢兆启
党组成员、副局长：胡其波 李健斌 徐东亮
党组成员、总会计师：梁山涛

十四、阳江市财政局

局长、党组书记、国资委主任：梁 文（2012 年 2 月任职）
党组书记、工委书记：谢英杰（2009 年任职）
副局长：冯秀恳（2006 年 11 月任职）
陈小敏（2004 年 6 月任职）
谭世健（2010 年 1 月任职）
纪检组长：张小兰（2010 年 1 月任职）
副局长：林 军（2013 年 6 月任职）

十五、湛江市财政局

局 长：林海武
副局长：庞彩虹 李 光 张蔚蓝 王 区
纪检组长：孙黄洲

十六、茂名市财政局

党组书记、局长：黄从南（2012 年 2 月任党组书记 2013 年 7 月免去局长职务）
党组副书记、局长：王伯昌（2013 年 5 月任党组副书记、2013 年 7 月任局长）
党组成员、副局长、调研员：张龙衍（2007 年 6 月任职）
党组成员、副局长：吴海强（2012 年 8 月任职）
潘勇生（2013 年 5 月任党组成员，2013 年 6 月任副局长）
陈一标（2013 年 12 月任职）
党组成员、纪检组长：麦俊球（2001 年 9 月起）
党组成员、副调研员：邓华顺（2005 年 10 月起）
钟扬芬（2008 年 10 月起）

十七、肇庆市财政局

党组书记、局长：江军洲
党组成员、局机关党委书记：刘小良
党组成员、调研员：钟国祥（2013 年 3 月免去副局长职务，2013 年 3 月任调研员）
党组成员、副局长：陈 亮
党组成员、市纪委派驻市财政局纪检组组长：毛祖武
党组成员、副局长：朱景亮
党组成员、局机关党委副书记、纪委书记：麦伟刚
党组成员、总经济师：赵少芬
党组成员、副局长：黄文生
党组成员、副调研员：黎尚华
党组成员、副局长：卓 萍（2013 年 2 月任党组成员、3 月任副局长）
党组成员、市公共资产管理中心主任：唐冬冬（2013 年 9 月任职，2013 年 11 月免去党组成员职务）

十八、清远市财政局

党组书记、局长：钟鸿辉
党组副书记、副局长：朱昭斌
党组成员、副局长：罗良品
副局长：邵 军

党组成员、副局长：王　洁
党组成员、纪检组长：唐先明
党组成员、副局长：杨日举
党组成员：肖宁（市住房公积金主任）
　　　　　刘浩文（市公共资产管理中心主任）
　　　　　吕志忠（市公共资源交易中心主任）

十九、潮州市财政局

党组书记、局长：林景雄
党组成员、调研员：苏岳良
党组成员、副局长：陈章发　邢玉荣　佘维昭
　　　　　　　　　林　鹤　孙少珊
党组成员、总会计师：黄　航

二十、揭阳市财政局

党组副书记、局长：詹汉池（2013 年 1 月任职，2013 年 5 月免职）
党组书记、副局长：江林生（2013 年 1 月任职，2013 年 5 月免职）
党组书记、局长：江林生（2013 年 5 月任职）
党组副书记、副局长：方海宏（2013 年 1 月任职，2013 年 8 月免职）
党组成员、副局长：陈若波（2013 年 1 月任职，2013 年 8 月免职）
　　　　　　　　　陈坤明（2013 年 8 月任职）
　　　　　　　　　林勇慎（2013 年 8 月任职）
党组成员、纪检组长：陈少雄
党组成员、副调研员：王耿明
调研员：李鹏亮
调研员：方海宏（2013 年 8 月 – 现在）
调研员：陈若波（2013 年 8 月 – 现在）
副调研员：刘佩如

二十一、云浮市财政局

党组书记、局长：谢月浩
党组成员、副局长：刘洁洲
党组成员、纪检组长：陈华坚
党组成员、副局长：魏荣新　叶章森　林淑仪
党组成员、总会计师：康国干
副调研员：梁卓兴

2013 年各县（市、区）财政局领导名单

一、广州市

（一）越秀区财政局

党委书记：梁淑宁
局　长：徐卉瑜
副局长：陈伟雄　廖敏之　马伟荣
副调研员：唐小梅

（二）海珠区财政局

局　长：张日麟
副局长：张慧英　谢　强　黄治平
副调研员：王红薇

（三）荔湾区财政局

局　长：高启超
书记：刘春梅
调研员：刘自本　谢彦校
副局长：何　敏　雷智文
副调研员：高小奇　杨木源

（四）天河区财政局

局　长：陈树军
副局长：曾莉嫦　吴伟俊　张　敏
总会计师：刘　建

（五）白云区财政局

党委书记、局长：张坤艳
党委副书记、纪委书记：何　伟
副局长：罗　同　周沛林
调研员：潘协义　欧阳惠敏

（六）黄埔区财政局

局　长：陈红燕
党委书记：黄　俊
副局长：邓国锋　赵瑞元
副调研员：余建红

（七）花都区财政局

党委书记、局长：潘宪泳
党委副书记：任俊东
副局长：吴　丹　江文铸
纪委书记：练玉光
局党委委员：梁达信

（八）番禺区财政局

局　长：卢永青
副局长：周健民　陈志明　郭剑光

（九）南沙区财政局

局　长：曾燕萍
副局长：蒋建军　吕丹雄　刘志辉
纪检组长：黄壮羽
调研员：赖　丰　李伟安

（十）广州开发区、萝岗区财政局

局　长：江　洲
副巡视员：周振标
副局长：陈俩国　梁玉军　何练红
纪检组长：刘光如
调研员：汤云燕　曾少鸣

（十一）从化市财政局

党支部书记、局长：潘锦峰
副局长：黎伟洲　何耀源　朱翼红　沈惠森
纪检组长：黄镜标
副主任科员：刘小明　苏锐祥

（十二）增城市财政局

局　长：毛敢良
党委书记：陈志成
副局长：范　辉　李焕柯　朱月琴　龚尔雅
纪委书记：叶润林
总经济师：黄双亮
副主任科员：魏筱枢

二、深圳市

（一）福田区财政局

局　长：李健盛
副局长：叶有励　刘红非　潘晓文　朱　江
副调研员：王亦文　卢李广　黄富兴　萧莉珍

（二）罗湖区财政局

局　长：罗战忠
副局长：彭世平　黄志红　丘宇辉
调研员：叶敏海
副调研员：牛建海　边瑞彬

（三）南山区财政局

局　长：江宁鹏
副局长：吴伟军　马键珍

（四）盐田区财政局

局　长：莫熙玲
副局长：母晓敏　谢彦红　陈　静
调研员：张秋娴　江　涛

（五）宝安区财政局

局　长：查红俐
副局长：翁保荣　王映芬　林　戈　王　玮

调研员：邓剑平
副调研员：叶曼华

（六）龙岗区财政局

局　长：肖建军
副局长：杨俊奇　杨建忠　彭爱民　杨　艳
党委副书记、纪委书记：蒋　杰

（七）光明新区发展和财政局

局　长：胡汝林
副局长：初进效　高　亮　谭红霞　李新贵　张敏敬

（八）坪山新区发展和财政局

局　长：张宗武
副局长：王　晋　黄泽文　伍本山
副调研员：李　球

（九）龙华新区发展和财政局

局　长：浦文浩
副局长：曾文峰　费晓愈　付　妍

（十）大鹏新区发展和财政局

局　长：孙红明
副局长：杨　涛　冯　军

三、珠海市

（一）横琴新区财金事务局

局　长：阎　武
副局长：池腾飞
副局长：赵国沛
副调研员：赖高华

（二）香洲区财政局

局　长：潘群娣
党委书记、副局长：黎希健
副局长：杨素芬　李晓伟　陈友元　温建锋

（三）金湾区财政局

局　长：林树青
副局长：宋　芬　马　玲
国库支付中心主任：魏湘宁

（四）斗门区财政局

局　长：吴坤荣
副局长：吴国华　钟伟源　廖秋燕

（五）高新区发展改革和财政局

局　长：李凤屏
副局长：谭春欢

（六）高栏港经济区财金事务局

局　长：陈少忠
副局长：何怀玉　周健权　鄢智敏

（七）保税区财政局

局　长：林卫红

（八）万山海洋开发试验区财金事务局

局　长：卢小婷
副局长：江炳高

四、汕头市

（一）金平区财政局

党组书记、局长：周　彦
党组成员、副局长：张　宏　王　淳　袁盛辉
党组成员：丁永章（正科级）　魏云生（主任科员）
林佳迎

（二）龙湖区财政局

局　长：郑伟光
副局长：蔡俊鸿　谢玉泉　张　越

（三）汕头市濠江区财政局

党组书记、局长：陈昌熊
党组成员、副局长：詹泽鹏　陈光杰

（四）澄海区财政局

区政协副主席、财政局党组书记、局长：叶逸群
党组成员、副局长：陈志雄　王睦雄　蔡懿祥　王汉辉

（五）汕头市潮阳区财政局

党组书记、局长：郑文伟
党组成员、副局长：蔡文华　邱建瑞　翁健璇　郑创平　张文英

（六）潮南区财政局

党组书记、局长：吴茂财
党组成员、副局长：葛镇炎　张林财　陈焕基

（七）南澳县财政局

县政协副主席、财政局党组书记、局长：章旭光
财政局党组成员、副局长、县国资办主任：柯鹏城
党组成员、副局长：朱振成（正科级）　章俊锋
党组成员、县国资办副主任：黄卓伟

五、佛山市

（一）禅城区财政局

副区长、局长：乔　羽
党组副书记、常务副局长、机关党委书记：吴　华
常务副局长、总会计师：许雪蘅
党组成员、常务副局长：莫海勇
党组成员、纪检组长：贺洪涛
局务委员：李源章
党组成员、副局长、机关党委副书记：唐威景
党组成员、副局长：陈先鸿　伦雄良
党组成员、纪检组副组长：王建祥

（二）南海区财政局

党组书记、常务副局长：林平武
党组成员、副局长：陈胜安　崔永诗　孔月娥　韦伴玲
党组成员、纪检组长：李孔健

（三）顺德区财税局

区政务委员，党委书记、局长：关世良
党委副书记、常务副局长：梁学文　陈炳宜
党委委员、副局长：黎辉雄　周冬生　刘红文　劳伟源　苏伟林　陈国雄　李锦添
党委委员、纪检监察组组长：潘丽卿

（四）高明区财政局

副区长、党组书记、局长：黄志明
党组副书记、常务副局长：蒋　卫
党组成员、纪检组长：谭希杰
党组成员、副局长：程双喜　练明娇　严杰雄
支付中心主任：黄月婵

（五）三水区财政局

区政务委员、党组书记、局长：彭建国
党组副书记、常务副局长：蔡日棠
党组成员、副局长：钱静瑜
党组成员、纪检组长：梁悦雅
党组成员、机关党委书记：宗仕强

六、韶关市

（一）浈江区财政局

局　长：张玉花（2013 年 1 月离任）
局　长：何绍福（2013 年 1 月任职）
副局长：肖　伟　曾繁荣（挂职）
周　斌（2013 年 8 月离任）
黄远花　刘裕庭（2013 年 12 月任职）

（二）武江区财政局

局　长：陈雪延
副局长：邓明晖　华新凤　周建雄　刘川晖（挂职）

（三）曲江区财政局

党组书记、局长：张以荣

党组副书记、副局长：吴东华
党组成员、副局长：林春花　吴远清

（四）南雄市财政局

局　长：袁元桃（2013年9月离任）
党组书记：张海林（2013年6月离任）
党组书记、局长：李传忠（2013年9月任职）
纪检组长：曾冠华
副局长：邱隆全　杨建雄　马新路
工会主席：王功林
总会计师：张成林

（五）乐昌市财政局

党组书记、局长：湛常春
党组成员、副局长：陈志雄　林永红　彭荣华
党组成员：朱史文　胡志乐（2013年4月任职）

（六）仁化县财政局

局　长：叶伟光（2013年7月离任）
局　长：周锦才（2013年7月任职）
副局长：周群信　朱少媚　李庆明

（七）始兴县财政局

局　长：汤爱亮
副局长：陈社好　卢少英（2013年5月离任）
　　刘达然（2013年5月离任）
　　李宏勇（2013年12月任职）
　　孙　庞（2013年12月任职）

（八）翁源县财政局

局　长：叶有昌（2013年2月离任）
局　长：阮炳溪（2013年2月任职）
党总支书记：张伙添
副局长：沈鹏飞　肖春兰
　　陈桂福（2013年9月任职）

（九）新丰县财政局

党组书记、局长：胡志彬
党组成员、副局长：陈旭日　吕松媚　陈叁恒
党组成员：赵葵花

（十）乳源瑶族自治县财政局

党组书记、局长：禤继文
副局长：李智军（2013年3月离任）　何　娟
　　盘良叁　邹国忠

七、河源市

（一）源城区财政局

党组书记、局长：刘小平
党组副书记：林树培
党组纪检组长：丘永龙（2013年4月任职）
党组书记、副局长：黄江清　叶丽华　杨伟忠
党组成员：刘碧青
党组成员、财务总监：李可才
党组成员：邬爱平　曾仕传
党组成员、系统工会主席：吴小珍
党组成员：王加洪（2013年3月任职）

（二）东源县财政局

县政协副主席、党组书记、局长：许小强
党组副书记、纪检监察组长：杨　波
党组成员、系统党委副书记：钟胜辉
党组成员、副局长：张桂平　朱志青　廖三妹
党组书记、系统党委副书记：刘伟光

（三）龙川县财政局

县政协副主席、局长：卢洪元（2013年3月任职）
副局长：杨洪德　邹思伟　邬消强
工会主席：冯　坤

（四）紫金县财政局

党组书记、局长：龚子岳
党组副书记、副局长：戴小洪
党组副书记、副局长：彭定山
党组成员、副局长：黄岳基　张利华
党组成员：钟国平
党组成员、纪检组长：刁国文

（五）连平县财政局

党组书记、局长、财税线党委书记：唐锦明
党组副书记：黄康心
党组成员、副局长：熊丰见　黄维清　郑志强
党组成员、财税线副书记：谢智良
党组成员、纪检组长：张楚彬

党组成员：黄伟均　吴忠强
党组成员、财税线纪委书记：余建辉
党组成员：卓亚山　胡家道

（六）和平县财政局

局　长：陈仕华
党组副书记：罗春生
副局长：陈仕相　骆周俊　廖春林　叶格达
纪检组长：曾石冲
财务总监：林日雨
党组成员：朱小瑜

（七）高新区财政局

副调研员、局长：唐　丰（2013 年 9 月任职）

八、梅州市

（一）梅江区财政局

局　长：范文辉
系统党委书记：翁学勤
副局长：黄立明　孙　蔚
系统党委副书记：叶　俊
纪检组长：李奋达
副局长：蔡雪花
党组成员：李国浩

（二）梅县区财政局

局　长：黄钦昌
副局长：梁志英　李华新　曾丽芳　罗文兴
纪检组长：肖　梅
经贸系统党委副书记：吴淦泉

（三）兴宁市财政局

党组书记、局长：刘小炎
副局长：刘建华　罗　镁　张永坚　刘海波　彭萍萍
党组副书记：曾晓波
纪检组长：肖福辉
工会主席：张展岑
党组成员：张东红　陈　兵　邹晗媚

（四）平远县财政局

局　长：韩　旭
副局长：曾　平　黄永华　余永灵　谢　锐
总会计师：郭大忠
纪检组长：谢文毅
党组成员：王碧芳

（五）蕉岭县财政局

局　长：黄　东
副局长：黄伟忠　傅学秀　林小琼

（六）大埔县财政局

局　长：刘广明
党组副书记：刘建成
副局长：刘志达　赖丕汉　戴可良　房向东　张海琳
系统党委副书记：胡振奋

（七）丰顺县财政局

局长、党委书记：黄建斐
党委副书记：杨家业
副局长：蔡少灏　李百桓　罗鸿辉　张喜堂
纪委书记：陈魁翰

（八）五华县财政局

局　长：张　裕
副局长：朱建芳　古振常　曾小强
纪检组长：曾胜良
财税系统党工委副书记：谢广春
党组成员：李红兰

九、惠州市

（一）惠城区财政局

局　长：王崎峰
副局长：刘佩斯　林伟群　黄文辉　马建安
纪检组长：蔡志权
工会主席：涂小斌

（二）惠阳区财政局

局　长：曾国华
副局长：罗建明　杨文峰　黄文胜
专职副书记：许红利
纪检组长：周秀霞

（三）惠东县财政局

局　长：林汉琴
副局长：黄伟坚　陈玉强　邱少伟　李勇城
总会计师：余志良

（四）博罗县财政局

局　长：李满海
副局长：王贵光（2013 年 11 月免职）　王天树
　　　　陈　可　曾文华　陈小飙
　　　　巫三移（2013 年 11 月任职）
党委专职副书记：张馨燕
纪检组长：邹东平
总会计师：丁永光
工会主席：肖东平

（五）龙门县财政局

党组书记、局长：黄碧炎
党组成员、副局长：李秀林　廖敏贤　黄碧浪
　　　　　　　　　罗伟文
党组成员、南昆山分局局长：李伟权
党组成员、工会主席：张志文
党组成员、农业综合开发中心主任：李志军
党组成员：梁小敏

（六）大亚湾区财政局

局　长：黄伟强
副局长：何艳军　阙光虎　何隽环
纪检组长：戴　凡

（七）仲恺区财政局

局　长：刘子尧
副局长：陈镇坤　叶　杨

十、汕尾市

（一）市城区财政局

局　长：吕丰民
副局长：刘贵文（女）　蔡奋雄

（二）海丰县财政局

局　长：林国义
副局长：林建秀　刘　宁　林瑞清

（三）陆河县财政局

局　长：叶杰雄
副局长：彭伟通

（四）华侨区财政局

局　长：舒　怀
副局长：彭家岸　庄少勇

（五）红海湾财政局

局　长：颜常青
副局长：马秋萍　陈　洪

（六）陆丰市财政局

局　长：郑振强
副局长：林一纲　李汉涛　李成容

十一、东莞市（略）

十二、中山市（略）

十三、江门市

（一）蓬江区财政局

局　长：廖炳华
副局长：劳汝钊　叶春兰　雷锦暖　谢栋华
纪检组长：司徒民强
总会计师：冯敏欢
国库集中支付中心主任：谢　颖

（二）高新·江海区财政局

党组书记、局长、资产办主任：庞正华
党组副书记、高新区财政局常务副局长、江海区财政局副局长：赵英梅
党组成员、副局长：刘宗进
党组成员、副局长、资产办副主任：赵少源
党组成员、江海区财政局主任科员：徐明强
党组成员、江海区财政局副局长：梁玉梅
党组成员、江海区财政局纪检组长：邓北江

（三）新会区财政局

局长、书记、公资办主任：李俊杰
党组成员、副局长：叶　文　许建平　许福明
党组成员、纪检组长：周全美
党组成员、公资办副主任：李欣源
党组成员、非税分局局长：梁鸿华
总会计师：汤达强

（四）台山市财政局

党组书记、局长：雷国斌
党组副书记、副局长：钟仲豪
党组成员、副局长：冯剑波　颜运龙　陈健洪
党组成员、纪检组长：颜伟聪
总会计师：赵增良

（五）开平市财政局

党组书记、局长：肖章兴
党组副书记、资产办主任：谭贤富
党组成员、副局长：张瑞球　林培进　周翠杏
张伟赞
党组成员、资产办副主任：吴顺庭　王伟雄　邝怀深

（六）鹤山市财政局

党组书记、局长：崔常平
党组成员、资产办主任：吕海鹰
党组成员、副局长、纪检组长：施劲彤
党组成员、副局长：李家杰　刘　斐
党组成员、主任科员：冯小岩

（七）恩平市财政局

党组书记、局长：岑儒确
党组成员、副局长：林河芬　吴伟锋　卢土庆
冯庭芳
党组成员、纪检组长：许忠耀
党组成员、总经济师：吴皓洁

十四、阳江市

（一）阳春市财政局

党组书记、局长：黄洪格（2004 年 4 月任职，2013 年 7 月免职）
覃世宽（2013 年 7 月任职）
党组书记：陈少明（2007 年 2 月任职，2013 年 7 月免职）
马　湛（2013 年 7 月任职）
党组副书记：吴茂郊（2004 年 4 月任职）
副局长：钟　毅（2007 年 3 月任职）
李　健（2007 年 12 月任职，2013 年 6 月免职）
叶　雨（2008 年 5 月任职）
严　洪（2013 年 6 月任职）

（二）阳东县财政局

党组副书记、副局长：卢慧敏（2008 年 1 月任职）
党组副书记、副局长：周江帆（2012 年 3 月任职）
副局长：钟德伟（2008 年 12 月任职）
阮永春（2008 年 12 月任职）
梁永东（2011 年 5 月任职）

（三）阳西县财政局

局长、党组副书记：谭厚保（2011 年 12 月任职）
党组书记、副局长：李孟新（2011 年 3 月任职）
副局长：黄光娇（2011 年 9 月任职）
张　海（2005 年 1 月任职）
陈永光（2012 年 6 月任职）

梁正敢（2011 年 3 月任职）

（四）江城区财政局

局　长：阮　敏（2011 年 10 月任职）
副局长（正科）：林志雄（2010 年 10 月任职）
副局长：何文海（2012 年 12 月任职）
黄志东（2012 年 12 月至今）

（五）海陵区财政局

局　长：敖立柱（2013 年 4 月任职）
党组书记：陈章星（2013 年 10 月任职）
副局长：杨计多（2010 年 4 月任职）
程振挺（2007 年 6 月任职）
钟健文（2012 年 12 月任职）

（六）高新区财政局

局　长：阮晓峰（2013 年 3 月任职）
副局长：林景周（2006 年 12 月任职）
曾献明（2010 年 1 月任职）
潘欧醒（2013 年 10 月任职）

十五、湛江市

（一）赤坎区财政局

局　长：李　雄
副局长：曾剑鸣（主任科员）林伟强　梁　俭

（二）霞山区财政局

局　长：龙日图
副局长：李巨波
副局长、纪检组长：麦健华

（三）开发区财政局

局　长：唐　坚
副局长：唐国华　郑毅芳　王　东

（四）麻章区财政局

副区长、局长：李　曜
副局长、纪检组组长：杨　奇
副局长：吕珠明　吕红波

（五）坡头区财政局

局　长：林茂粒
副局长：钟日南　莫志斌　郑建辉
纪检组长：招祥义

（六）吴川市财政局

局　长：龚启图
副局长：易东生
纪委书记：黄永强
副局长：詹伟雄　李永华　曾观胜

（七）廉江市财政局

局　长：江维峰
书记、副局长：颜海涛
党组成员、主任科员：全　强
副局长：罗　柏　潘　立　李伟崇
党组成员、收费中心主任：陈　聪

（八）雷州市财政局

局　长：吴　玉
副局长：邓兴球　莫颂军　苏　兄　李智华
副局长、土地储备中心主任：韩　海

（九）徐闻县财政局

局　长：吴宗燕
副局长：刘　盈　符　珍　符　坚　张安典
纪检组长、副主任科员：曾　帆
党组成员、副主任科员：郑　需
党组成员、开发区财政局局长：李　天
党组成员、办公室主任：胡俊峰

（十）遂溪县财政局

县政协副主席、局长：周　宝
副局长：朱家燕　罗　益　黄文汉
主任科员：邹进强
党组成员、办公室主任：谭　权
党组成员、人事股股长：罗允升
党组成员、国库股股长：李　梅

十六、茂名市

（一）茂南区财政局

政协副主席，区财政局党组书记、局长：杨康权
党组成员、副局长（主任科员）：柯业涌　罗　龙
党组成员、副局长：谭国立
副局长：黄明华
党组副书记：朱国华
党组成员、总会计师：黄剑铭
党组成员（副主任科员）：张燕芬
党组成员、茂南区城建投公司董事长（副科级）：董伟钊

（二）茂港区财政局领导名单

区政协副主席、财政局长：谢　越
党组副书记、副局长：吴云波
党组副书记：周建明
党组成员、副主任科员：邓小扬

（三）信宜市财政局

党组书记、局长：何　江（2011 年 10 月任职）
党组副书记：吕澜业（2002 年 2 月任职）
党组成员、副局长：张　海（1996 年 5 月任职）
刘　钿（2002 年 2 月任职，2012 年 3 月免职）
原喜怀（2009 年 1 月任职）
党组成员、副局长：罗魏冰（2005 年 3 月任副局长，2012 年 10 月任党组成员）
党组成员、纪检组长：冯广胜（2003 年月任职）
党组成员、总会计师：李荣海（2012 年 10 月任职）
党组成员：陈光松（2012 年 10 月）

（四）高州市财政局

党组书记、局长：杨润星（2011 年 9 月任职，2013 年 9 月免职）
梁逸峰（2013 年 9 月任职）
党组成员、副局长：甘　钊　余苏松　黄　颖
副局长：邓振杰
党组成员：曾焕志　刘　瑞　傅志昂　钟建亮

（五）化州市财政局

党组书记、局长：李　雅
党组成员、副局长：郑建伟　卢一鹏　王　丹　陈　武
党组副书记：王信志
党组成员：朱秀华　李盛芳　吴伟亮

（六）电白县财政局

党组书记、局长：田业海
党组成员、副局长：李国焕　崔雄斌
吴伟华（2013 年 5 月免职）
潘土金（2013 年 5 月免职）
党组副书记：黄红源　陈志民
党组成员、总经济师：周　宁
党组成员、总会计师：陈经杰
党组成员、主任科员：张帝保
党组成员、副主任科员：邓　光　张　田　林　尧
党组成员：周炳豪

（七）滨海新区财政与国资管理局

局　长：杨裕全
副局长：黄广平　曾宪奎（挂职）　钟珣（挂职）

（八）高新区财政社保局

局　长：吴　冰（2012 年 6 月任职）
副局长：林华盛（2013 年 6 月任职）
潘伟春（2013 年 6 月任职）
谢志豪（2012 年 4 月任职）

十七、肇庆市

（一）端州区财政局

党组书记、局长、区政府性资产管理中心主任：
郑智超（2013 年 3 月免职）
邓　宇（2013 年 4 月任职）
副局长、主任科员、总会计师：赵万金（2013 年 10 月免去副局长职务，2013 年 11 月任总会计师职务）
党组成员、副局长：张国安　李培杰
党组成员、区政府性资产管理中心副主任：卓　越

党组成员、监察室主任、办公室主任：李民局
区政府性资产管理中心副主任：黄杰智

（二）鼎湖区财政局

党支部书记、局长：谢东权
副局长：卢振亮
副局长、区国资委主任：陈立据
副局长：梁东夷

（三）肇庆高新区财政局

党组书记、局长：邝俊民
党组成员、副局长：陈　德
局党组成员、党支部书记、副局长：冼美群

（四）肇庆新区财政金融局

局　长：李健晖
副局长：潘卫华

（五）高要市财政局

党组书记、局长、市国有资产监督管理委员会主任：李国华
党组成员、直属机关党委书记：李小玉
局党组成员、副局长：谢海明　冯汝棠　张　涛
党组成员、市国有资产监督管理委员会副主任：赖广华
党组成员、纪检组长、直属机关党委副书记、纪委书记：容海华

（六）四会市财政局

局　长：何旭辉
机关党委书记：潘国良
副局长：冯镜棠　梁　明
总经济师：欧沛荣
副局长：卢继业
机关党委副书记、纪委书记：黄志坚
机关党委副书记：邹雪松
市公共资产管理主任：陈金盛
副局长：李伟坚

（七）广宁县财政局

党委书记、局长：王成金
党委常务副书记：陈家泉
党委副书记、纪委书记：叶宗银
副局长：卢松文　祝继红　黄　捷

（八）德庆县财政局

党组书记、局长：杨海燕
财金系统党委书记，财政局党组副书记：江军球
党组成员、副局长，金融工作局局长：何汉标
党组成员、副局长：徐燕文　冼业权　邓　云
财金系统党委副书记、纪委书记，财政局党组成员：聂继安
党组副书记：黄志坤（2013 年 11 月免职）
　　　　　　闲家坚（2013 年 1 月免职）
党组副书记：谢树生（2013 年 11 月任职）
党组成员、公共资产管理中心主任：岑锐强
党组成员、悦城分局局长：陈世良（2013 年 1 月任职）

（九）封开县财政局

党组书记、局长：李荣茂
党组成员、副局长：苏金荣　孔　坚
党组成员、工会主席：李明洪
党组成员：吴喜雄

（十）怀集县财政局

局　长：廖群咏（2013 年 9 月免职）
　　　　严耿文（2013 年 10 月任职）
党委书记：李　敏
副局长、党委副书记：陈剑锋（2013 年 9 月免去副局长职务，2013 年 10 月任党委副书记）
副局长：岑金兴　盘卫平
　　　　李健荣（2013 年 10 月任职）
党委副书记、纪委书记：黄锋庆（2013 年 9 月免职）
　　　　　　　　　　　陈　彤（2013 年 10 月任职务）
党委副书记：林兴家（2013 年 9 月免职）
工会主席：蔡小桥
总经济师：邓志坚

十八、清远市

（一）开发区财政局

局　长：罗钦辉
副局长：罗阳柱

（二）清城区财政局

局　长：练桂华

副局长：黎 力 黄翠珊 林志伟

（三）清新区财政局

局 长：陈永常
副局长：罗永康 陈映徽 江聪慧

（四）英德市财政局

党组书记、局长：胡康立
党组成员、副局长：何久航 吴亮明 吴基丽
何树林
党组成员、纪检组长：刘学军
党组成员、清远市住房公积金中心英德管理部主任：余志坚

（五）连州市财政局

局 长：夏海华
副局长：周春艳 陈春宁

（六）佛冈县财政局

局 长：冯庆洲
副局长：罗 杰 黄建中 谭庆忠
纪检组长：梁浩锋

（七）连山壮族瑶族自治县财政局

局 长：张伟平
副局长：黄志光 甘海燕 陈文坚

（八）连南瑶族自治县财政局

局 长：黎钟罗
副局长：李 洪 盘振云 邵卫勇

（九）阳山县财政局

局 长：王 建
副局长：邹小玲 谭雄辉 丘国庆

十九、潮州市

（一）潮安县财政局

局 长：苏锡伟
副局长：林建安 雷佩霞 刘从礼

（二）饶平县财政局

局 长：黄潮才
副局长：黄实得 黄学鑫 黄惠敏

（三）湘桥区财政局

局 长：马晓斌
副局长：洪永标 吴长青 何创光

（四）枫溪区财政局

局 长：廖永创
副局长：陈林英 江慧群 刘愈宋

二十、揭阳市

（一）榕城区财政局

局 长：黄济勇
副局长：魏伟祥 林奕彬
郭东升（2013 年 1 月任职，2013 年 12 月免职）
杨称杰（2013 年 1 月任职，2013 年 12 月）免职
纪检组长：黄鸿飞

（二）普宁市财政局

局 长：林杰丹
副局长：李秋琼 王础鹏 吴粤林
纪检组长：陈国盛

（三）揭东区财政局

局 长：陈豪杰
党组书记：洪培藩
副局长：黄冀生 章合武 卢伟彬
纪检组长：谢壮松

（四）揭西县财政局

党组书记、局长：邱旭辉
副局长：蔡育群
党组成员、副局长：黄建群 李俊强 陈国富
党组成员、纪检组长：李凤权

（五）惠来县财政局

局　长：吴俊平
副局长：欧阳周　朱　晓　方汉文　施惠芳
纪检组长：蔡场龙

（六）空港经济区财政局

局　长：洪　波
常务副局长：魏炳江
副局长：洪亮春　林志鸿　黄可彬　杨锐锋

（七）蓝城区（市批准设立）财政局

局　长：杨劲华
副局长：涂德建　郑旭峰

（八）普宁侨区（市批准设立）财政局

局　长：蔡如龙
副局长：黄坤松

（九）大南山侨区（市批准设立）财政局

局　长：林小斌
副局长：黄明来　江清溪　黄耿丰

（十）高新区（市批准设立）财政局

局　长：郑旭山

二十一、云浮市

（一）云城区财政局

局　长：廖文华
财税系统党委书记：万远宁
副局长：梁桂友　梁　明　曹国强
财税系统党委专职副书记：余金培
总会计师：钟爱华

（二）罗定市财政局

党组书记、局长：梁祥源
党组副书记、支部书记、工会主席：尹荣灿
党组成员、副局长：陈　成　张志强　谭炳权
党组成员、主任科员：区淑芝　梁敏嫦
党组成员：莫志毅

（三）新兴县财政局

党组书记、局长：黄定昌
党组副书记：何之宏
党组成员、副局长：麦锦雄　麦树忠　苏国坚
党组成员：冼勇锋

（四）郁南县财政局

局　长：黄重阳
副局长：李声亮　李家婷　黄子桐

（五）云安县财政局

党组书记、局长：欧　永（2013年4月任职）
原党组书记、局长：麦瑞坚（2013年4月免职）
党组成员、副局长：陈荣生（2013年5月免职）
刘贤鉴　张杰雄
李进才（2013年3月任党组成员、副主任科员，2013年5月任副局长）
党组成员、主任科员：黄坚洪　叶一帆
主任科员：范桂才

（六）园区财政局

园区党工委委员、管委会副主任、园区财政局局长：肖益玫
园区财政局副局长兼审计局局长：陈红坚
主任科员：张俊明

2013年度全省财政系统职工情况统计表

一、

项目	合计	分布			
		省（区、市）厅局	市（地、州）局	县（市、区）局	乡（镇）所
合计	23 092	1 187	3 847	9 616	8 442
%	100.00	5.14	16.66	41.64	36.56

二、

项目	行政职务					专业职务			
	厅级以上	处级	科级	一般干部	工勤人员	合计	高级	中级	初级
合计	27	637	3 738	13 914	4 776	7 536	254	2 409	4 873
%	0.12	2.76	16.19	60.25	20.68	100.00	3.37	31.97	64.66

三、

项目	性别		民族		政治面貌			
	男	女	汉	其他	党员	团员	民主党派	其他
合计	13 862	9 230	22 859	233	15 575	941	124	6 452
%	60.03	39.97	98.99	1.01	67.45	4.08	0.54	27.94

四、

项目	年龄					文化程度				
	25岁及以下	26－35岁	36－45岁	46－54岁	55－59岁	研究生	大学本科	大专	中专	高中及以下
合计	1 010	5 656	8 812	6 069	1 537	913	9 923	8 753	1 400	2 103
%	4.37	24.49	38.16	26.28	6.66	3.95	42.97	37.90	6.06	9.11

五、

项目	参加工作时间					
	1965年前	1966－1970年	1971－1980年	1981－1990年	1991－2000年	2001年以后
合计	2	137	3 158	6 981	7 308	5 506
%	0.01	0.59	13.68	30.23	31.65	23.84

六、

项目	变化情况				
	上年实有人数	本年实有人数	增加或减少总数		
			合计	绝对增加数	绝对减少数
合计	24 283	23 092	－1 191	1 256	2 447
省（区、市）厅局	1 261	1 187	－74	69	143
市（地、州）局	3 784	3 847	63	230	167
县（市、区）局	9 474	9 616	142	528	386
乡（镇）所	9 764	8 442	－1 322	429	1 751

七、

项目	人员性质									
	行政	其中：		事业					企业	其中：聘用制
		公务员数	聘用制	合计	财政补助	其中：参公管理	经费自理	聘用制		
合 计	11 661	9 690	480	11 377	10 344	4 873	633	400	54	42
省（区、市）厅局	686	670	6	466	391	98	75		35	35
市（地、州）局	2 283	2 094	43	1 564	1 323	850	190	51		
县（市、区）局	5 676	4 850	135	3 921	3 616	1 515	167	138	19	7
乡（镇）所	3 016	2 076	296	5 426	5 014	2 410	201	211		

2013 年度全省财政系统全国性和全省性先进集体、先进个人名单

获奖单位或个人	获奖名称	表彰单位
省财政厅	建设节约集约用地试点示范省先进单位	国土资源部、广东省人民政府
省财政厅	省扶贫开发“双到”工作优秀单位	省委办公厅、省人民政府办公厅、省扶贫开发领导小组
省财政厅	2012 年农村财会人员财政支农政策培训绩效考核先进单位	中华会计函授学校
省财政厅办公室	2012 年度信息工作先进单位	省人民政府办公厅

续表

获奖单位或个人	获奖名称	颁奖单位
省财政厅社会保障处	全省新型农村和城镇居民社会养老保险工作先进单位	省人民政府
省财政数据信息中心	2012 年度财政信息化建设统计报表编报工作先进单位	财政部信息网络中心
省注册会计师协会	地方协会工作综合评比优异奖	中国注册会计师协会
省财政厅票据监管中心	2013 年度财政票据监督检查工作表彰	财政部票据监管中心
佛山市禅城区财政局	广东省扶贫开发“规划到户、责任到人”工作优秀单位	省扶贫开发领导小组
佛山市高明区财政局	广东省扶贫开发“规划到户、责任到人”工作优秀单位	省扶贫开发领导小组
河源市财政局	广东省扶贫开发“规划到户、责任到人”工作优秀单位	省扶贫开发领导小组
江门市会计学会	全国先进社科组织	全国大中城市社科联工作会议主席团
曾志权	省界别专项工作先进个人一等奖	省粤港澳合作协调领导小组
欧斌	省界别专项工作先进个人一等奖	省粤港澳合作协调领导小组
丁跃文	省界别专项工作先进个人二等奖	省粤港澳合作协调领导小组
卢小娟	省界别专项工作先进个人二等奖	省粤港澳合作协调领导小组
龙文标	省界别专项工作先进个人三等奖	省粤港澳合作协调领导小组
张俊生	省界别专项工作先进个人三等奖	省粤港澳合作协调领导小组
叶梅芬	省劳动模范和先进工作者	省委、省政府、省总工会、省直属工委
沈梅红	省行政事业单位资产管理与预算管理相结合模式研究调研报告一等奖	省人民政府
云峰	省行政事业单位资产管理与预算管理相结合模式研究调研报告一等奖	省人民政府
彭琳	省行政事业单位资产管理与预算管理相结合模式研究调研报告一等奖	省人民政府
许彬杉	2012 年度信息工作先进个人	省人民政府办公厅
曹黎明	2012 年度信息工作先进个人	省人民政府办公厅
夏铮	全省就业先进工作者	省人民政府
邱立新	建设节约集约用地试点示范省先进个人	国土资源部、广东省人民政府
贺莹	建设节约集约用地试点示范省先进个人	国土资源部、广东省人民政府
黄瀛	建设节约集约用地试点示范省先进个人	国土资源部、广东省人民政府
蚁文娟	建设节约集约用地试点示范省先进个人	国土资源部、广东省人民政府
王远林	建设节约集约用地试点示范省先进个人	国土资源部、广东省人民政府
范小花	省直机关“三八红旗手”	省直机关工委、省直机关妇工委
曾桓先	扶贫开发“双到”工作优秀驻村干部	省委办公厅、省人民政府办公厅、省扶贫开发领导小组
薛嵩兵	优秀驻村干部	省扶贫开发领导小组
梁国华	全国优秀工会之友	中华全国总工会

第十部分

大事记

1 月

1 月 3 日　△向常务副省长徐少华报送粤财预〔2013〕2 号文《关于 2012 年省级公共财政预算收入执行情况和 2013 年预算草案修改情况的请示》。

1 月 4 日　△曾志权、邓桂明、郑贤操、戴运龙等厅领导参加与省人大常委会主任欧广源、常务副省长徐少华一行座谈会。

1 月 5 日　△厅党组书记、厅长曾志权陪同省长朱小丹在广州市部分企业调研。

1 月 9 日　△厅党组书记、厅长曾志权陪同省长朱小丹在佛山市调研高成长、科技型中小民营企业。

1 月 10 日　△厅党组成员、副厅长戴运龙陪同省长朱小丹在东莞市调研高成长、科技型中小民营企业。

1 月 12 日　△曾志权、欧斌等厅领导参加与财政部部长谢旭人一行座谈会。

1 月 13 日　△厅党组书记、厅长曾志权陪同财政部部长谢旭人在清远调研。

1 月 14 日　△曾志权、邓桂明、郑贤操、戴运龙等厅领导参加 2012 年度党风廉政建设责任制检查考核巡视组动员大会。

△向省府办公厅报送粤财预函〔2013〕4 号文《关于报送我省 2012 年十件民生实事总体进展情况的函》。

1 月 15 日　△曾志权、邓桂明等厅领导参加省委组织部在省委党校举办的全省领导干部学习党的十八大精神第七场专题培训——“深入学习理解新党章，继续推进党的建设新的伟大工程”报告会暨学习交流和总结大会。

1 月 17－18 日　△厅党组书记、厅长曾志权参加在广州召开的中国共产党广东省第十一届委员会第二次全体会议。

1 月 18 日　△厅党组书记、厅长曾志权陪同省长朱小丹会见丹麦维斯塔斯风机公司高层一行。

△曾志权、欧斌、郑贤操、戴运龙等厅领导参加在广州召开的全省发改财政系统学习贯彻省委全会精神工作会议。

1 月 19 日　△厅党组书记、厅长曾志权在广州主持召开全省财政工作会议。邓桂明、欧斌、郑贤操、戴运龙等厅领导参加会议。

1 月 21 日　△厅党组书记、厅长曾志权主持召开厅长办公会议，传达学习省委十一届二次全会精神，研究布置我厅贯彻落实意见。邓桂明、欧斌、郑贤操、戴运龙等厅领导参加会议。

1 月 23 日　△厅党组书记、厅长曾志权主持召开广东省财政厅 2012 年度党员领导干部民主生活会。邓桂明、欧斌、郑贤操、戴运龙等厅领导参加会议。

1 月 24 日　△厅党组书记、厅长曾志权主持召开厅长办公会议，审议《关于进一步改进机关工作作风的意见（征求意见稿）》、《广东省财政厅指标管理和资金支付稽核工作规程》，研究审定部分省直单位申请机构编制问题。邓桂明、欧斌、郑贤操、戴运龙等厅领导参加会议。

1 月 25－31 日　△厅党组书记、厅长曾志权参加在广州召开的广东省第十二届人大会议。

1 月 30 日－2 月 1 日　△厅党组成员、副厅长欧斌参加在北京召开的营改增试点年度总结评估座谈会。

1 月 31 日　△厅党组书记、厅长曾志权当选广东省第十二届全国人民代表大会代表。

2 月

2 月 1 日　△曾志权、郑贤操等厅领导参加在广州召开的全国财政反腐倡廉建设工作视频会议。

△厅党组成员、纪检组长邓桂明参加在广州召开的中国共产党第十一届纪律检查委员会第二次全体会议。

△向省政府报送粤财预〔2013〕25 号文《关于贯彻落实促进稳增长调结构惠民生工作若干意见分工方案情况的报告》。

2 月 2 日　△曾志权、邓桂明、欧斌、戴运龙等厅领导参加在广州召开的中国共产党第十一届纪律检查委员会第三次全体会议。

2 月 2－4 日　△厅党组书记、厅长曾志权陪同省委书记胡春华在河源、梅州调研。

2月16日　△厅党组书记、厅长曾志权主持召开厅长办公会议，研究加快交通等基础设施建设的资金筹措意见和推动东西北地区加快发展的财政措施。戴运龙等厅领导参加会议。

2月17－19日　△厅党组书记、厅长曾志权陪同省长朱小丹在汕头、梅州、广州调研在建高速公路建设情况。

2月20日　△厅党组书记、厅长曾志权在广州主持召开全省财政反腐倡廉建设工作会议。邓桂明、欧斌、郑贤操等厅领导参加会议。

2月25日　△厅党组成员、副厅长戴运龙参加省长朱小丹在广州主持召开的广东省科学技术奖励大会暨全省科技工作会议。

3月

3月3－17日　△厅党组书记、厅长曾志权参加在北京召开的第十二届全国人民代表大会。

3月19日　△曾志权、邓桂明、欧斌、郑贤操、戴运龙等厅领导参加在广州召开的广东省传达贯彻全国人大、政协“两会”精神大会。

△厅党组书记、厅长曾志权在广州主持召开省财政厅传达贯彻全国“两会”精神大会。邓桂明、欧斌、郑贤操等厅领导参加会议。

3月20－23日　△厅党组书记、厅长曾志权陪同省长朱小丹在新疆维吾尔自治区考察援疆工作。

3月26日　△曾志权、邓桂明等厅领导参加在广州召开的国务院第一次廉政工作视频会议和省政府第一次廉政工作会议。

△厅党组书记、厅长曾志权参加省政府常务会议，汇报广东省财政经营性资金实施股权投资管理的意见（试行）。

3月28日　△厅党组书记、厅长曾志权参加在广州举行的新一届省政府组成人员任命仪式。

3月30日至4月3日　△厅党组书记、厅长曾志权陪同省长朱小丹在西藏自治区考察援藏工作。

4月

4月7日　△厅党组成员、副厅长戴运龙陪同省委书记胡春华在珠岛宾馆会见全国人大常委会副委员长、民建中央主席陈昌智一行。

4月8日　△曾志权、邓桂明、欧斌等厅领导参加在广州召开的全省加快重要基础设施建设工作会议。

△以《关于我省重要交通基础设施项目省级资本金安排的签报》报省长朱小丹和常务副省长徐少华批准同意。

4月12日　△根据省委组织部粤组干〔2013〕234号文和省人力资源社会保障厅粤人社发〔2013〕100号文，免去戴运龙同志的广东省财政厅党组成员、副厅长职务。

4月15日　△厅党组书记、厅长曾志权主持召开厅长办公会议，研究部署预算指标和资金支付稽核系统建设工作。

4月16日　△厅党组书记、厅长曾志权主持召开厅长办公会议，研究部署我省交通基础设施建设资金筹措工作。郑贤操等厅领导参加会议。

4月18－19日　△厅党组书记、厅长曾志权陪同省长朱小丹前往佛山、东莞调研工业园区及大型装备制造企业。

4月22日　△省委常委、常务副省长徐少华到省财政厅调研指导工作。厅党组书记、厅长曾志权向徐少华常务副省长汇报了2013年以来省财政厅重点工作进展情况，邓桂明、欧斌、沈梅红、郑贤操、戴运龙等厅领导参加会议。

4月23日　△厅党组书记、厅长曾志权主持召开厅长办公会议，传达学习常务副省长徐少华视察我厅重要讲话精神，研究布置贯彻落实工作；审议《广东省财政厅信息化建设管理办法》；研究审定2013年省财政经营性资金股权投资管理试点资金。邓桂明、欧斌、沈梅红、郑贤操、戴运龙等厅领导参加会议。

△厅党组书记、厅长曾志权参加在广州召开的广东省依法治省工作领导小组第十九次会议。

4月26日　△厅党组书记、厅长曾志权参加在广州召开的第12期省委常委集中学习讨论会暨2013年第一期“省政府学法日”活动。

4月28日　△曾志权、欧斌等厅领导在广州参加财政部、国家税务总局召开的扩大营业税改征增值税试点工作视频会议。

△向常务副省长徐少华报送粤财预〔2013〕87号文《关于报送支持粤东西北地级市中心城区扩容提质财政措施的请示》。

5月

5月4日 △广东省人民政府通报对珠江三角洲各市、省有关部门实施《珠江三角洲地区改革发展规划纲要(2008-2020)》实现“四年大发展”评估考核结果，省财政厅被评为优秀等级单位。

5月6-8日 △厅党组书记、厅长曾志权陪同省长朱小丹、副省长邓海光在惠州、河源、梅州调研林业工作。

5月8日 △受厅党组委托，厅党组成员、纪检组长邓桂明率队深入河源龙川县丰稔镇十二排村，拉开省财政厅新一轮扶贫开发“双到”工作序幕。

5月10日 △厅党组书记、厅长曾志权陪同省委书记胡春华、省长朱小丹在广州会见云南省代表团一行。

△厅党组书记、厅长曾志权参加在广州举办的“滇粤产业合作暨中国——南亚博览会推介会”。

5月11日 △厅党组书记、厅长曾志权参加在广州召开的广东-新疆生产建设兵团经济社会发展情况交流座谈会。

5月13日 △厅党组书记、厅长曾志权在广州参加国务院机构职能转变动员电视电话会议(广东分会场)。

△省财政厅组织到省反腐倡廉教育基地(广州番禺)开展党员领导干部教育活动。曾志权、邓桂明、沈梅红等厅领导和厅各处室、单位负责人近50人参加了活动。

5月16日 △厅党组书记、厅长曾志权主持召开厅长办公会议，传达国务院机构职能转变动员电视电话会议精神及我省贯彻落实意见，部署我厅落实工作；通报4月份省级和各市十件民生实事支出进度情况；审议《省级政府向社会组织购买服务监督办法》等四个办法；审议满编事业单位接收军转干部编制办理意见和部分省直单位机构编制事项。邓桂明、沈梅红等厅领导参加会议。

△根据省委组织部粤组干〔2013〕418号文和粤组干〔2013〕419号文，叶梅芬同志任广东省财政厅党组成员、副厅长，钟炜同志任广东省财政厅党组成员、总会计师。

5月21日 △厅党组书记、厅长曾志权主持召开厅长办公会议，研究布置“5·16”特大暴雨洪水灾害我厅救灾工作。邓桂明、欧斌、沈梅红等厅领导参加会议。

5月21-22日 △厅党组书记、厅长曾志权陪同省长朱小丹在东莞、广州调研重大科技专项工作。

5月23日 △厅党组书记、厅长曾志权陪同省长朱小丹、副省长邓海光在梅州视察灾情，指导防汛救灾工作。

5月24日 △以越南财政部监察局检察长阮金莲为团长的越南财政部代表团到省财政厅访问交流，与省财政厅党组成员、纪检组长邓桂明进行座谈。

5月25日 △厅党组书记、厅长曾志权陪同省委书记胡春华会见内蒙古自治区领导一行，并参加“内蒙古-广东科技合作活动周”启动暨签约仪式。

△厅党组书记、厅长曾志权参加在广州召开的广东-江苏合作交流座谈会。

5月27日 △厅党组书记、厅长曾志权陪同省长朱小丹在河源考察“两不具备”村庄整体搬迁工作情况。

5月30日 △厅党组书记、厅长曾志权陪同省长朱小丹在云浮、肇庆参加现场督导粤桂高速公路出省通道建设工作会。

6月

6月3日 △厅党组书记、厅长曾志权陪同省长朱小丹、常务副省长徐少华在北京拜会财政部楼继伟部长。

6月5日 △厅党组书记、厅长曾志权参加在广州召开的广东省“纪念中共三大召开90周年”座谈会。

6月13日 △省政协副主席、省知识产权局局长陶凯元一行到省财政厅商谈工作，与省财政厅党组书记、厅长曾志权，党组成员、副厅长沈梅红进行座谈。

6月14日 △厅党组书记、厅长曾志权主持召开厅长办公会议，通报2012年度专项审计调查报告情况和2013年5月省级支出进度情况，审议《关于做好2014年省级预算编报工作的意见》和部分省直单位机构编制事项。邓桂明、沈梅红、郑贤操、叶梅芬、钟炜等厅领导参加会议。

△厅党组书记、厅长曾志权主持召开厅长办公会议，研究推进财政预算计划和资金支付稽核系统建设工作。邓桂明、沈梅红等厅领导参加会议。

6月18日　△厅党组书记、厅长曾志权在广州参加党的群众路线教育实践活动工作电视电话会议。

6月19－26日　△厅党组书记、厅长曾志权陪同徐少华常务副省长出访俄罗斯、格鲁吉亚。

6月25日　△厅党组成员、总会计师钟炜陪同朱小丹、许瑞生等省领导在茂名、云浮调研中心城区扩容提质工作。

6月27日　△厅党组书记、厅长曾志权参加在广州举办的《广东省人民政府 中国电子科技集团公司战略合作框架协议》签约仪式。

△厅党组书记、厅长曾志权参加在广州召开的征求对《省委、省政府关于进一步促进粤东西北地区振兴发展的决定》（稿）意见座谈会。

△以粤财预〔2013〕128号文《关于推进省直管县财政改革试点工作有关问题的通知》发有关地级市财政局、省直管县财政改革试点县（市）财政局。

7月

7月1日　△厅党组书记、厅长曾志权参加在广州召开的全省党的群众路线教育实践活动工作会议。

7月2－3日　△厅党组书记、厅长曾志权陪同省长朱小丹在汕头、汕尾调研有关重点项目和深汕特别合作区工作。

7月4日　△厅党组书记、厅长曾志权参加在广州召开的广东省教育体制改革领导小组全体会议。

7月9日　△省财政厅召开党的群众路线教育实践活动动员大会，学习贯彻中央和省委党的群众路线教育实践活动工作会议精神，部署省财政厅开展教育实践活动工作。厅党组书记、厅长曾志权作动员讲话，邓桂明、欧斌、沈梅红、郑贤操、钟炜等厅领导以及全厅党员、干部及部分离退休同志共300余人参加了会议。

7月10日　△省人大常委会副主任、党组副书记雷于蓝率全国人大代表“民生保障均等化”专题调研组到省财政厅调研，听取省财政厅、教育厅、卫生厅、人力资源和社会保障厅关于民生保障均等化专题汇报并座谈。曾志权厅长作为全国人大代表参加了调研并就有关财政问题进行了回应。

7月15日　△厅党组书记、厅长曾志权为全厅党员干部上主题为“坚持为民务实清廉 推动财政改革发展”的党课。全厅党员干部近400人参加了党课教育活动。

7月17－18日　△厅党组书记、厅长曾志权陪同省长朱小丹在肇庆市调研经济社会发展情况；并在调研期间赴当地财政部门征求对省财政厅开展党的群众路线教育实践活动的意见。

7月19日　△省财政厅召开第三批省直管县财政改革试点工作会议，第一、二批省直管县财政改革试点县（市）代表、第三批试点县（市）及其所属的地级市财政局负责同志和有关人员参加了会议，厅党组书记、厅长曾志权出席会议并作讲话。

△以粤财工〔2013〕280号文印发《省财政经营性资金实施股权投资管理操作规程（试行）》。

7月22日　△厅党组书记、厅长曾志权参加在广州召开的省群众路线实践教育活动领导小组成员专题学习讨论会。

7月23日　△惠州市召开基本公共服务均等化综合改革工作推进会，厅党组书记、厅长曾志权应邀出席会议并作讲话。

7月23－24日　△厅党组书记、厅长曾志权率领厅有关处室负责同志到对口帮扶点暨教育实践活动联系点——龙川县丰稔镇十二排村，开展“下基层、接地气”体验式教育活动。

7月25日　△厅党组书记、厅长曾志权陪同胡春华书记在广州参加省“八一”拥军慰问活动。

7月25－26日　△厅党组书记、厅长曾志权参加在北京召开的全国财政厅（局）长座谈会。

7月29－30日　△厅党组书记、厅长曾志权列席在广州召开的广东省十二届人大常委会第三次会议。

7月30日　△省委党的群众路线教育实践活动督导组第十一组到我厅开展谈话活动。厅党组书记、厅长曾志权，厅党组成员、副厅长欧斌、叶梅芬参加了谈话。

8 月

8 月 5 日　△省财政厅组织全厅副处级以上干部及部分重点岗位科级干部 100 多人到省反腐倡廉教育基地开展教育活动。

8 月 6 日　△厅党组书记、厅长曾志权主持召开厅长办公会议，传达学习全国财政厅（局）长座谈会和省领导有关批示精神，研究我厅贯彻落实意见；审议《广东省财政厅管理相关专项资金内部规程（征求意见稿）》、《广东省基本公共服务均等化规划纲要（2009－2020 年）（修编送审稿）》、《广东省会计从业资格管理实施办法（送审稿）》和部分省直单位机构编制事项，并布置近期需要重点抓好的有关工作。邓桂明、沈梅红、叶梅芬、钟炜等厅领导参加会议。

△省级财政预算计划管理和资金支付稽核系统完成开发，开始试运行。

8 月 8－9 日　△厅党组书记、厅长曾志权参加在广州举行的全省第 12 期领导干部党纪政纪法纪教育培训班。

8 月 12 日　△厅党组书记、厅长曾志权参加在广州举办的省长与专家座谈会。

8 月 13 日　△厅党组书记、厅长曾志权参加第十二届九次省政府常务会议，会议原则批准由省财政厅起草的《关于完善省级财政一般性转移支付政策的意见》、《关于压减省级财政专项转移支付扩大一般性转移支付的意见》。

8 月 13－14 日　△省财政厅举办全厅副处以上干部及部分重点岗位干部党纪政纪法纪“三纪”教育学习会。厅党组书记、厅长曾志权主持会议并作讲话。全厅副处以上干部及部分重点岗位干部共 180 多人参加了会议。

8 月 16 日　△财政部副部长刘昆一行到省财政厅调研盘活财政存量资金工作，与省财政厅党组书记、厅长曾志权及欧斌、沈梅红、叶梅芬等厅领导进行座谈。

8 月 17 日　△厅党组书记、厅长曾志权主持召开厅长办公会议，研究布置省财政支持抗击强台风“尤特”及其特大暴雨救灾复产工作。

8 月 18－21 日　△厅党组书记、厅长曾志权参加广东省党政代表团赴广西壮族自治区和湖南省学习考察。

△根据省人民政府办公厅粤办函〔2013〕483 号《关于成立广东省公共资源交易工作委员会的通知》，曾志权厅长担任广东省公共资源交易工作委员会副主任。

8 月 23 日　△厅党组书记、厅长曾志权陪同省委书记胡春华在河源察看灾情，指导抗灾救灾工作。

8 月 25 日　△厅党组书记、厅长曾志权主持召开厅长办公会议，传达学习省领导对救灾复产工作指示精神，研究部署财政支持灾区救灾复产重建有关工作。邓桂明、欧斌、郑贤操、叶梅芬、钟炜等厅领导参加会议。

8 月 26 日　△以粤均等化〔2013〕2 号文印发《关于印发〈广东省基本公共服务均等化规划纲要〉2013 年重点工作任务的通知》。

8 月 29 日　△厅党组书记、厅长曾志权主持召开厅长办公会议，传达省领导关于加强财政专项资金审批管理有关批示指示精神，研究我厅贯彻落实意见。邓桂明、沈梅红、郑贤操等厅领导参加会议。

8 月 30 日　△厅党组书记、厅长曾志权列席在广州召开的第十三期省委常委集中学习讨论会。

9 月

9 月 3 日　△厅党组书记、厅长曾志权主持召开厅长办公会议，研究统发工资问题，并对加快救灾复产重建资金拨付工作进行部署。欧斌、叶梅芬、钟炜等厅领导参加会议。

9 月 5 日　△厅党组书记、厅长曾志权参加在广州召开的全省深入推进第一批党的群众路线教育实践活动工作会议。

△以粤财办〔2013〕27 号文向省政府报送《关于报送〈广东省基本公共服务均等化规划纲要（2009－2020 年）〉（修编送审稿）的请示》。

9 月 6 日　△以粤财综〔2013〕176 号文印发《关于减免缓征受灾地区行政事业性收费的通知》。

9 月 10 日　△厅党组书记、厅长曾志权主持召开厅长办公会议，研究部署迎接省人大代表分批到我厅视察有关工作。邓桂明、沈梅红、郑贤操、叶梅芬等厅领导参加会议。

9月11日　△厅党组书记、厅长曾志权参加在广州召开的省政府机构改革和职能转变领导小组第一次会议。

△根据省委组织部粤组干〔2013〕817号文，免去彭明官同志的省财政厅副巡视员职务、退休。

9月13日　△根据省委组织部粤组干〔2013〕838号文，何谢带、王春陪同志任省财政厅副巡视员。

9月16日　△厅党组书记、厅长曾志权参加在广州召开的全省宣传思想工作会议。

△常务副省长徐少华主持召开广东省公共资源交易工作委员会第一次会议，厅党组书记、厅长曾志权和厅党组成员、副厅长郑贤操参加会议。

△2013年广东省政府债券公开招标在北京举行，顺利发行121亿元2013年广东省政府债券。

9月17日　△以粤均等化办〔2013〕1号文印发《2012年度广东省基本公共服务均等化绩效考评实施方案》。

9月18日　△厅党组书记、厅长曾志权主持召开厅长办公会议，传达学习省委、省政府关于党政机关停止新建楼堂馆所和清理办公用房的通知有关精神，研究我厅贯彻落实意见，审议《关于补充细化厅领导签发公文权限的意见》和部分省直单位机构编制事项，并对近期有关财政重点工作进行布置。邓桂明、欧斌、郑贤操、钟炜等厅领导参加会议。

9月23日　△厅党组书记、厅长曾志权陪同省委书记胡春华前往揭阳、汕尾市视察“天兔”台风受灾情况。

△省人大常委会主任黄龙云率河源、梅州、韶关、云浮、肇庆等市部分省人大代表到省财政厅，对我省2014年省级预算编制情况开展视察。欧斌、郑贤操、叶梅芬、钟炜等厅领导参加座谈。

9月24日　△厅党组书记、厅长曾志权主持召开厅长办公会议，传达学习省领导对救灾复产工作的指示精神，研究布置财政支持救灾复产工作。郑贤操、叶梅芬、钟炜等厅领导参加会议。

9月25日　△以粤财预〔2013〕240号文向常务副省长徐少华报送《关于呈报开展重大民生资金公开征询社会意见试点工作方案的请示》。

△厅党组书记、厅长曾志权主持召开厅领导班子对照检查材料征求意见座谈会。厅部分处室（单位）主要负责人、副处长、科级以下干部及离退休党员干部共14名代表参加座谈会。

9月27日　△曾志权、叶梅芬等厅领导在广州参加财政部、中国人民银行召开的国库集中支付电子化管理全国推广电视电话视频会议。

△厅党组书记、厅长曾志权主持召开厅长办公会议，研究布置推进开展整治“小金库”、违规使用专项资金专项行动有关工作。厅党组成员、总会计师钟炜参加会议。

△以粤财资〔2013〕10号文向省委办公厅、省政府办公厅报送《关于全省党政机关和领导干部办公用房清理情况的报告》。

10月

10月10－11日　△厅党组书记、厅长曾志权率省财政厅调研组，赴惠州市就进一步推进基本公共服务均等化综合改革试点及深化财政体制改革、财政管理改革等工作开展调研。

10月10日　△以粤财整治办〔2013〕1号文印发《广东省整治“小金库”专项行动实施方案》和《广东省整治违规使用专项资金专项行动实施方案》，在全省组织开展整治小金库和违规使用专项资金专项整治行动。

10月12日　△厅党组书记、厅长曾志权在广州参加习仲勋与广东改革开放座谈会。

△以粤财预〔2013〕246号文印发《关于印发〈广东省生态保护补偿机制考核办法〉的通知》，完善国家级、省级重点生态功能区生态考核机制，并将考核结果运用于生态保护补偿资金分配。

10月14日　△常务副省长徐少华主持召开广东省整治违规修建楼堂馆所和“小金库”、违规使用专项资金专项行动工作会议，厅党组书记、厅长曾志权参加会议并作发言。

10月17日　△厅党组书记、厅长曾志权陪同省委书记胡春华会见英国财政大臣奥斯本一行。

10月18日　△厅党组书记、厅长曾志权主持召开厅领导班子专题民主生活会。邓桂明、欧斌、沈梅红、郑贤操、叶梅芬、钟炜等厅领导参加了会议。各厅领导在做好撰写对照检查材料等各项准备工作基础上，坚持以整风精神深入开展批评与自我批评。省委组织部郑珂副部长、省委督导组第十一组罗继东组长出席了会议。

10月21日　△省人大常委会副主任肖志恒率汕头、汕尾、潮州、揭阳等市部分省人大代表到省财政厅，对我省2014年省级预算编制情况开展视察。曾志权厅长向视察组汇报有关工作，沈梅红、郑贤操、钟炜等厅领导参加座谈。

10月23日　△厅党组书记、厅长曾志权主持召开厅领导班子专题民主生活会情况通报会，对10月18日厅领导班子专题民主生活会的有关情况进行了通报。邓桂明、沈梅红、郑贤操、钟炜等厅领导参加了会议。省委督导组第十一组罗继东组长出席了会议，并对省财政厅领导班子专题民主生活会作了评价。

△省政府办公厅以粤府办〔2013〕45号文转发省财政厅《关于压减省级财政专项转移支付扩大一般性转移支付意见的通知》，大力压减专项转移支付、扩大一般性转移支付，增强市县理财自主权。

10月24日　△厅党组书记、厅长曾志权出席十二届11次省政府常务会议，汇报广东省电机能效提升计划（2013－2015年）资金安排方案。

10月25日　△厅党组书记、厅长曾志权主持召开厅长办公会议，审议《广东省财政厅周转房出租管理暂行规定》、《广东省财政厅工作人员问责暂行办法》、《省直单位机构编制事项审核工作内部管理暂行办法》、《省本级非税收入收支总账、明细账编制工作暂行规定》、《广东省省级财政专项资金管理办法》和部分省直单位机构编制事项；研究了整治“小金库”、违规使用专项资金专项行动工作、省级财政专项资金清理工作以及全省党政机关和领导干部办公用房清理工作，并对进一步加快预算支出进度工作作了部署。邓桂明、欧斌、沈梅红、郑贤操、叶梅芬等厅领导参加会议。

△厅党组书记、厅长曾志权主持召开厅长办公会议，研究广东省省级2013年预算执行及2014年预算草案编制有关问题。邓桂明、欧斌、沈梅红、郑贤操、叶梅芬等厅领导参加会议。

10月25－29日　△厅党组成员、总会计师钟炜陪同朱小丹省长赴西藏自治区考察援藏工作。

10月31日　△省政府办公厅以粤府办〔2013〕48号文转发省财政厅《关于完善省级财政一般性转移支付政策意见的通知》，按照“保基本”和“强激励”相结合的原则，在“保基础”转移支付比重不低于60%的同时实行财政增量返还和协调发展奖，建立健全科学规范的省对市县一般性转移支付体系，激励引导地方加快科学发展。

10月下旬至11月上旬　△根据2014年财政预算编制工作安排及厅党组的统一部署，厅各党组成员率有关处室同志，赴全省21个地级以上市和省直代表团，听取省人大代表对2014年预算编制工作意见建议。

11月

11月上旬　△厅各党组成员率有关处室同志组成8个督导组，分赴全省21个地市开展整治“小金库”、违规使用专项资金专项行动巡查督导工作。

11月6日　△厅党组书记、厅长曾志权主持召开厅长办公会议，研究我省贯彻《财政部关于进一步加强地方财政结余结转资金管理的通知》的意见，并对加快预算执行进度工作作出部署。欧斌、叶梅芬、钟炜等厅领导参加会议。

11月14日　△以粤财预〔2013〕289号文印发《完善省财政对县级领导班子激励性奖励意见》。

11月15日　△曾志权、邓桂明、欧斌、沈梅红、叶梅芬、钟炜等厅领导在广州参加全省传达学习贯彻党的十八届三中全会精神大会。

△厅党组书记、厅长曾志权主持厅理论中心组集中学习会，传达学习贯彻党的十八届三中全会精神。

11月18日　△厅党组书记、厅长曾志权参加胡春华书记主持召开的深化经济体制改革座谈会并作发言。

11月19日　△厅党组书记、厅长曾志权陪同胡春华书记、朱小丹省长会见全国社保基金理事会理事长谢旭人一行。

11月24日　△厅党组书记、厅长曾志权参加在广州召开的中央宣讲团党的十八届三中全会精神报告会。

11月25日　△厅党组书记、厅长曾志权参加十二届15次省政府常务会议，汇报关于贯彻落实省委常委会决定开展清理整合财政专项资金情况、《广东省省级财政专项资金管理办法》起草情况和《关于广东省省级2013年预算执行情况和2014年预算草案》编制情况。

△厅党组书记、厅长曾志权参加胡春华书记主持召开的深化行政管理和社会治理体制改革座谈会并作发言。

11月26日　△厅党组书记、厅长曾志权主持召开厅长办公会议，布置开展“建立事权和支出责任相适应的制度”以及“改进预算管理制度、建立现代财政制度”专题调研工作。邓桂明、沈梅红、郑贤操、叶梅芬等厅领导参加会议。

11月28日　△厅党组书记、厅长曾志权主持召开厅长办公会议，对落实省委常委会党的群众路线教育实践活动《整改方案》、《专项整治方案》和《制度建设计划》有关工作进行布置。邓桂明、沈梅红、郑贤操、叶梅芬、钟炜等厅领导参加会议。

△省人大常委会副主任雷于蓝、陈继兴率珠三角、粤西地区及省直部分省人大代表到省财政厅，对我省2014年省级预算编制情况开展视察。厅党组书记、厅长曾志权向视察组汇报了有关工作，邓桂明、欧斌、沈梅红、郑贤操、叶梅芬、钟炜等厅领导参加座谈。

11 月 29 日　△以粤财行〔2013〕443 号文印发《省直党政机关和事业单位会议费管理办法》，参照新修订的中央和国家机关会议费管理办法，结合广东实际，对会议分类与审批、会议费开支内容及标准等事项予以明确。

12 月

12 月 2 日　△省长朱小丹率队赴北京拜会财政部楼继伟部长，商谈《横琴企业所得税优惠目录》。曾志权厅长参加了座谈。

12 月 3 日　△厅党组书记、厅长曾志权主持召开厅长办公会议，布置珠三角地区转型升级财税政策研究及拟定工作。欧斌、叶梅芬等厅领导参加会议。

12 月 4 日　△省政府以粤府函〔2013〕238 号文印发《广东省人民政府关于深圳市财政增加定额上解任务的批复》，确定 2013 - 2015 年深圳市上解省财政办法。

12 月 4 日　△厅党组成员、总会计师钟炜参加十二届 16 次省政府常务会议，汇报广东省基本公共服务均等化规划纲要修编有关工作。会议原则同意《广东省基本公共服务均等化规划纲要（2009 - 2020 年）》（修编版）。

12 月 5 - 6 日　△财政部在广州召开全国地方财政预算管理工作座谈会，各省（自治区、直辖市、计划单列市）财政厅（局）分管预算的厅局长和预算处长、财政部有关司局负责同志等 180 余名代表参加了会议。财政部副部长张少春出席会议并作讲话，厅党组书记、厅长曾志权出席会议并致辞。

△财政部副部长张少春率队赴深圳前海深港现代服务业合作区、珠海横琴新区进行调研，厅党组书记、厅长曾志权随行陪同调研。

12 月 9 日　△厅党组书记、厅长曾志权主持召开厅长办公会议，审议《广东省财政厅配合审计工作内部规程（修订稿）》、《广东省省级财政专户管理办法》、《广东省中小学校预算管理办法（试行）》、《广东省义务教育学校公用经费支出管理实施细则（修订稿）》、《广东省财政厅关于会计人员继续教育管理的实施办法》和部分省直单位机构编制事项，并研究审定关于厅属社团组织脱钩工作事宜。邓桂明、沈梅红、钟炜等厅领导参加会议。

12 月 16 日　△以粤财预〔2013〕341 号文印发《“规范化财政所”建设实施意见》。

△以粤财办函〔2013〕254 号文印发《广东省省级财政专户及资金存放管理办法》。

12 月 19 日　△省委组织部下发粤组干〔2013〕1069、1091 号文，邓桂明同志任省财政厅巡视员，免去其省纪委、省监察厅派驻省财政厅纪检组组长、监察专员职务。

12 月中旬　△为深入贯彻落实党的十八届三中全会精神，进一步深化财税体制改革，各厅党组成员率有关处室同志及有关专家组成调研组，赴全省 21 个地级以上市和省直有关部门开展“建立事权与支出责任相适应的制度”和“改进预算管理制度，建立现代财政制度”专题调研。

12 月 19 - 21 日　△厅党组书记、厅长曾志权参加在广州召开的省管干部学习贯彻习近平总书记系列讲话精神集中培训。

12 月 20 日　△省政府以粤办〔2013〕125 号文印发《广东省省级财政专项资金管理办法》。

12 月 23 日　△厅党组书记、厅长曾志权在广州参加 2013 年省政府门户网站在线访谈，介绍开展专项资金清理整合工作情况，并及时回应网民提出的有关政策问题。

△厅党组书记、厅长曾志权主持召开厅长办公会议，部署有关财政工作，审议《广东省财政厅关于政府向社会组织购买服务监督管理暂行办法（送审稿）》，并听取各调研组关于“建立事权和支出责任相适应的制度”、“改进预算管理制度，建立现代财政制度”及“珠三角地区转型升级财税政策研究”等专题调研情况报告。邓桂明、欧斌、沈梅红、郑贤操、叶梅芬、钟炜等厅领导参加会议。

12 月 24 日　△以粤财车管〔2013〕6 号文印发《关于整治超标配备公车和严格公车经费支出专项行动实施方案》，在全省部署开展整治超标配备公车和严格公车经费支出专项行动。

12 月 25 日　△省财政厅召开厅直属机关第七次团代会，听取厅直属机关第六届团委工作报告，选举产生厅直属机关第七届团委。钟炜总会计师出席大会并作讲话。

△省财政厅召开厅直属机关第七届团委第一次会议，选举邓玲玲同志为团委书记，曾文娟、张伟烈 2 位同志为团委副书记。

12 月 25 - 27 日　△厅党组书记、厅长曾志权参加在北京召开的全国财政工作会议。

12 月 27 日　△以粤财预〔2013〕348 号文印发《广东省省级财政资金竞争性分配管理办法（修订）》。

△以粤财库〔2013〕36 号文印发《广东省省级与下级财政往来资金管理暂行办法》。

12 月 31 日　△以粤财行〔2013〕533 号文印发《整治“三公”经费开支过大 严禁超预算或无预算安排支出工作方案和严格公务接待标准专项整治行动方案》，在全省组织开展“三公”经费开支过大、严禁超预算或无预算安排支出工作方案和严格公务接待标准专项整治行动。

第 十 一 部 分

媒体报道

中央级

管住预算才能管好纳税人的钱袋

广东今年在预算审查方面“新政”迭出：省十二届人大一次会议尚未开幕，省人大代表就已于1月中旬收到预算报告，同时还收到一个U盘，里面装着“大部头”预算草案的电子版。这样，代表在大会前就可向省财厅发问。

据当地媒体报道，今年预算报告的内容也比往年详细，广东省财政厅首次在省两会期间设置财政预算24小时热线，随时向省人大代表解答有关财政预算的疑问。他们还将在省人大会场内设置专门的咨询点，现场接受人大代表的咨询。

由此可见，广东的政府财政部门与人大代表之间业已形成良性互动：财政部门准备接受人大代表对预算的审查，而人大代表的审查意识和热情也分外高涨。广东之外，其他地方也有所动作，如湖北省水利厅2012年年初也曾“邀请”省人大代表对部门预算进行审查。

但是，我国多数地方的人民代表大会的预算审查，还基本处于无所作为或作为极其有限的状态，政府预算仍处于一种被放纵的状态：从两万元一桌的公款宴席可以推知，官员们在“三公”消费方面还是太有钱了。一方面领导强调“过紧日子”，另一方面巨额“三公”资金被人民代表大会“签单”，说明一些人大代表在预算审查上失职了。

审查与批准政府预算，是宪法和法律赋予各级人民代表大会的重要职权，一个地方的预算总盘子以及支出方向不能由少数人做主，而应由全体人民说了算。相应地，每名人大代表受选民托付监管政府钱袋子，对预算行使知情、审查、批准的权力，其手中一票庄严而神圣。

但这种预算审查权恰恰被很多人不当一回事，政府提交的预算报告不知所云，人大代表懵懵懂懂，同意票就轻而易举地投出去了，政府单方面的意志顺畅地变成“人民意志”。结果，一些地方政府无钱办孤儿院而有钱建豪华办公楼，幼儿园花的是纳税人的钱却只收机关公务员子弟。

经常有人抱怨制度不健全，而在预算审查上，《宪法》和《预算法》等都有明确规定，人民代表大会就是干这个事的。显然，预算审查在制度上还没有被完全激活。但是，如何激活、谁来激活？只能是每名人大代表向财政部门发出质询、询问，对自己不满意的预算安排提出修改意见，甚至投下弃权票、反对票。唯有如此，才能把预算审查制度落到实处。

广东省财政部门配合人大代表的预算审查，是当地人大代表强力推动的结果：2008年，部分省人大代表批评财政预算看不懂，引起巨大舆论反响；第二年，省级预算草案由类级科目细化到款级科目。2011年，省人大代表公开质疑省级部门预算给8所省直机关幼儿园6 863万元财政补贴的安排，将机关幼儿园推向风口浪尖，之后才有地方政府被迫出来表态“逐步取消”。

政府攥着纳税人的钱袋子，而民主的要义之一，就是由人民来“管钱”。这是一种理论的宏大叙事，要由人大代表从小处、细处担任责任人，相关工作很烦琐，但责无旁贷、任重道远。看着给机关幼儿园的不合理预算安排，人大代表不能不提出质疑；面对过分充裕的“三公”经费，人大代表抡起板斧砍它两斧头，这合理合法，真可谓义不容辞。

制度固然重要，行动更关键。要管住政府的钱袋子，与其说制度没有被激活，还不如说是不少人大代表没有很好地履职。如今，公众的监督意识日益觉醒，人大代表更应该积极地履行好自己的职责。

（记者：杨于泽，2013年1月25日《中国青年报》）

广东提前向代表发预算报告和草案　代表读懂读透财政预算

在广东省十二届人大一次会议召开之前，新一届的人大代表不仅提前收到了财政预算报告，还有详细版的2013年预算草案。为了让代表读懂读透政府财政预算，代表不仅可以在大会前向财政部门咨询，还可以在大会举行期间找财政部门进行咨询。

按照往年惯例，人代会前代表会收到四大报告：省政府工作报告、省人大常委会工作报告、省法院工作报告、省检察院工作报告，但是并没有财政预算报告，代表只有在省“两会”召开后才能见到财政预算报告。

一直以来，财政预算看不懂、来不及看是人大代表集中反映的一个问题。据悉，从2009年开始，随着部分人大代表反映“财政预算看不懂，不知如何审查”后，广东的预算监督在代表的呼声中一步步推进，预算不断细化透明。当年，广东省级一般预算草案编制工作取得新进展，由往年列至类级科目细化列到款级科目，而且首次将一般预算的支出重点情况表提交省人代会审查。

记者了解到，早在1月中旬，新一届代表们就收到了广东省财政厅邮寄给他们的2013年广东省财政预算报告。更重要的是，不单有浓缩的预算报告，还有详细版的2013年预算草案也提前下发，而且是以U盘的形式发了电子版给代表。此举是广东历届人大会议的首创。

“为了让代表们读懂读透政府财政预算，今年政府部门向代表提前寄送财政预算报告和草案，不懂的可以向政府部门提前了解情况。”广东省人大常委会相关负责人说。

记者了解到，今年的广东省两会期间，广东省财政厅首次设置财政预算24小时热线，向省人大代表随时解答有关财政预算的疑问。同时，该厅还将在省人大会场内设置专门的咨询摊点，并由省财政厅相关处室的负责人值班，为现场咨询的代表答疑解惑。

（见习记者：章宁旦，2013年1月26日《法制日报》）

广东：投入1 576亿元　办十大民生实事

记者从正在召开的广东省十二届人大第一次会议上获悉：今年广东省财政将投入592亿元，全省各级财政投入1 576亿元，集中力量办好十件民生实事。

今年十件民生实事，涵盖就业社保水平、教育均衡发展、基本医疗卫生服务、基层文体服务、农村与异地务工人员生产生活条件、助困扶残、住房保障、稳价惠民、环保设施与生态工程建设方面。

（记者：邓圩，2013年1月27日《人民日报》）

蛋糕不够分地市喊缺钱
广东“财爷”面对挑刺很淡定

“希望政府把江门纳入欠发达地区进行补助”、“应该对粤东西北的交通信息建设和重大项目建设予以资金倾斜”、“能不能在民生项目建设上减少 PK，加大奖励力度?”、“报告里面有230多亿的待安排项目，这些为什么没有放进部门预算?”……今天上午，广东省人大一次会议计划预算委员会预算审查座谈会召开，各地市代表和部分人大代表对省财政厅的预算报告“挑刺”，并说出想法，提出意见。

座谈会刚一开始代表们就急不可耐轮番发言，有赞赏有质疑还有建议，气氛热烈，流程紧凑。粤东西北的代表们普遍感到“缺钱”，都希望省财厅能对欠发达地区继续加大支持力度。广东省财政厅厅长曾志权全场认真聆听，面对代表们的尖锐提问从容应对。

教育创强、生态补偿最吃力

22个地市代表发言，提到较多的是“教育创强”和“生态补偿”，代表们异口同声要求加大对这两方面的扶持力度。

清远团代表邵军道出了地方政府的困难之处：“现在要求走生态发展之路，但是这样一来主体税源不断减少，政府的刚性支出却在不断增加，我们压力越来越大。建议实行差异化配套资金。”韶关团代表赖晓敏、肇庆团代表王庆凯也认为政府应该适当提高重点生态功能区的补助标准，减轻地方政府的负担。

对此，曾志权表示理解，但他同时表示，在目前实施分级财政体制的情况下，各级政府如果不通力合作，而是只靠省级支持是难以为继的。

对于教育问题，曾志权表示“教育优先始终是财政支持的重点”。据了解，广东今年安排了146个亿给教育，包括对义务教育阶段的经费补贴、边远山区教师的经费补贴等，但这似乎仍未达到代表们的期望值。广东正在全面推进教育强省和教育现代化建设，他们更希望能对“教育创强”实行专项资金补助，而非统筹在一起。

河源团代表何伟光希望省财厅能对“教育创强”的资金有具体安排或者体现，他举例说“河源一个县要完成‘教育创强’的任务至少需要五六个亿”，即使有省、市财政补助，仍然无法承担。云浮团代表黄天生也称该市每年“教育创强”的资金缺口大约1亿元。

惠州也存在这个问题，该团代表邓中青提出一个解决方法——以奖代补。也就是说，用奖励的形式取代补贴，比如哪个地市做得好就给予奖励，以鼓励其做得更好。这样，在目前僧多粥少的局面下，可以避免所有地市“哄抢”。

转移支付既是焦点也是争议

区域发展不平衡是广东目前不争的现实，今天曾志权在会上列出了一组数据可以说明这点。广东21个地级以上市里面，仅有6个可以自主完成上缴任务，15个都要靠转移支付。作个对比，江苏13个地级以上市，财政收入全部超过100亿元，最少一个都有158亿元，广东21个地级以上市中只有9个超过100亿元，有5个连50亿元都不到。因此，在广东财政转移支付是非常必要的。

当了6年人大代表的周广荣是东莞团代表，他认为应该综合考虑多种因素，而不是一味地增加一般性转移支付。他希望能把转移支付做得更加科学一些：“我看省财厅的报告里，去年光是一般性转移支付的总额就达到570亿元，这个值得探讨。我们不反对转移支付，但应该结合双转移来考虑，有些产业转给粤东西北以后已经带去了一部分的经济效益，增长比例应该适当放缓，甚至减少。我们用产业扶持的形式进行转移，比光给现金要好。另外，像佛山、东莞这样的外来人口大市，在制定预算时也应该予以考虑。我们东莞户籍人口只有120万元，实际人口达到1 000万人，但是预算都是按照户籍人口在分配，希望能按居住人口考虑。”

云浮团代表黄天生认为，对欠发达县市区的转移支付是解决了老百姓根本的吃饭问题，不能减。阳江团代表赵丽瑜则表示，产业双转移还未体现出很高的效应，对欠发达地区转移支付的力度必须进一步加大。

对此，曾志权说：“东莞的代表讲得有道理，但要实现还是很难。我们现在要协调区域发展，必须几方面同步走：对欠发达地区的基本保障要有、造血扶持要有、基础设施建设也要有，只有这样，这些地区的后发优势才能发挥出来。我们现在还是需要加大一般性转移支付，同时减少专项转移支付，并加大给地方的支配权，因为一个地区怎么发展才好当地最清楚。”

报告关键词：预算管理、绩效考评、信息公开

除了“要钱”，代表们今天针对省财厅的预算报告各抒己见。大家普遍表示报告总体上非常务实。当然，“挑刺”的也不少，比如有的代表提出，希望能把多个收支表汇总成一个总表，方便审议；也有代表提出在用图表表示的基础上，把趋势图也附上；还有的代表希望提供报告中附件表格的电子版，以方便进行横向或纵向的收支比较。

在代表们提出的诸多建议中，预算管理、绩效考评和信息公开被“抠”得最多。来自注册会计师行业的惠州团代表邓中青说：“我看到，报告用1/4的篇幅来讲2012年预算执行情况，却看不到审计报告。对一些重大项目的预算执行情况查询不到，也不知道是否委托了第三方对其进行绩效评价，希望省财厅能提供这些报告，以便老百姓更清晰地了解财政支出的情况。”

本届人大代表俞雪花则对部门预算提出了意见：“部门预算既包括本部门的预算，也包括他安排的专项资金的预算。现在专项资金的执行率偏低，为什么拿了那么多钱又不用？所以应该纳入监管，不然都找省财厅，但其实这钱并不是省财厅用的。要完善部门预算，包括专项预算和预算执行力，要让人大代表可以检查资金再次分配的合理性和资金支出进度。”

对此，曾志权当场予以了回应：“大家说得很到位，对我们下一步的工作很有帮助。预算编制、专项资金能不能再细化？这里有一个决策体制的问题。目前，我们的情况是，部门预算报上来必须给领导审完之后才能批，部门本身并不知道有多少钱可以用，所以都是粗略的报数，以避免出现经费不足的情况。也就是说，部门都是先定了钱才能找项目，所以接下来我们要对各部门用款加强绩效评价。其实广东在这方面已经远远走在全国前面，我们的第三方评价已经在做，完善的第三方审计确实有必要。”

（记者：冯芸清、杨洪，2013年1月29日《人民日报》）

三公经费支出纳入广东2013年财政预算

不少广东省人大代表表示，三公经费公开可以朝更透明、更详细的方向发展。

花团锦簇、彩旗飘飘、大型横幅、警车开道，往年盛会现场轰轰烈烈的“嘉年华”气氛今年风格大变：不再迎新、简短会期、减少简报。

正在召开的广东“两会”，处处刮起“节俭、务实、低调”会议新风。

“会风就是政风的体现”

“今年最大的感触就是会风的净化，没有了会场的花草、工作报告简练、不发礼品、不搞宴请、没有人拉票、出勤率高和小组发言热烈。”广东省政协委员、省社会责任研究会副会长林义鸿说。

记者在会场采访时发现，除了在会务上例行节俭外，政府财政预算的审议也进行了制度改革，旨在为代表们排忧解难。审议《政府财政报告》，是每年“两会”代表们履职的重头戏。

“今年有了很大改进。提前一周就把《政府财政报告》，包括相关的省级预算草案通过U盘邮递给大家。”广东省人大代表吴德认为，这样方便又节约成本。

据了解，今年，广东省财政厅首次在会务组设置了两个财政预算咨询室，专门派了4个专业人士，24小时驻会，协助代表们审阅相关材料。除此之外，大会秘书处也首次在会议期间设置了决策支持库，让代表们可随时随地查找其他方面的信息。

“会风就是政风的体现。”广东省人大新闻发言人张兴劲表示，希望代表通过会风的改变，更加集中精力去充分议政。

“实现今后五年和今年的各项目标任务要靠实干。”广东省委副书记、广东省省长朱小丹在作今年的广东省《政府工作报告》时提出如是要求。

预算“晒三公”是进步

随着会议议程的不断推进，人们的视线也开始由会议新风转向对代表委员提案议案和《政府工作报告》。

据《广东省2012年预算执行情况和2013预算草案的报告》（下称《报告》）显示，广东2013年省级支出预算安排三公经费8.64亿元，相比2012年的8.79亿元减少了近1 500万元，实现五年零增长甚至有所下降。

《报告》首次纳入广东省三公经费、行政经费预算情况，其中，三公经费具体包括因公出国（境）支出0.74亿元、公务用车购置及运行维护支出5亿元、公务接待费支出2.89亿元。

“这是一个巨大的进步。”广东省人大代表、江门市人力资源和社会保障局副局长俞雪花认为，在预算里晒三公经费，和以往“花完了才告诉你”意义大不相同；政府部门执行时会更加谨慎，也有助于从政府层面、源头上控制三公经费。

对于今年三公经费预算比去年减少 1 500 万元，广东省人大代表、省人大财政预算组成员、暨南大学经济学院教授杨英认为，财政预算的安排前提是必须有合理需求。过去，三公经费规模很大，本身就包含了部分不合理需求。

“预算该花的钱一定要花完甚至可以多花；可以少花的钱，多一分都不该花。”俞雪花说，预算要侧重民生实事，不必要的三公消费要坚决剔除。

三公经费还可更透明

虽然预算公开三公经费让人振奋，但是，作为全国首批公开三公经费的省市，其中蕴含的不完善之处也显而易见。有代表提出，为什么三公经费只列出六大类，而看不到各个部门的详细预算？

对此，广东省财政厅厅长曾志权回应称：严格来说，三公经费没有专门的科目，是从各部门的预算汇总而来的。预算需要经人大审议通过后，走完法定程序。然后才会通知各部门执行。到时，2013 年财政预算会上网公布，而各部门的三公经费也会公布。

俞雪花表示，三公经费预算要公开到具体部门、项目，如公务出国就该具体、从严审议；可以在预算里以附表形式列出具体三公项目、用途。对此，不少广东省人大代表表示，三公经费公开可以朝更透明、更详细的方向发展。

此次《报告》还首次纳入了广东省级国有资本经营预算，其中民生的比例有所提高。国有资本经营纳入预算意味着对国企多了一份约束和监管，同时可以让大家看到政府投入了多少专项资金支持国有企业，国有企业上缴的利润有多少、贡献有多大。

（记者：谢建超、张源清、李明春，2013 年 1 月 30 日《中国经济时报》）

省级国有资本经营预算首次报省人大审议
广东基本实现全口径预决算编制和监督

广东省级国有资本经营预算日前首次报省人大审议，这标志着广东省国有资本经营预算制度正式建立。加上之前提交省人大或省人大常委会审议的省公共财政预算、政府性基金预算、社会保险基金决算和预算，广东基本实现了全口径预算编制和监督。

按照《国务院关于试行国有资本经营预算的意见》要求，2010 年，广东省政府印发了《广东省省级国有资本经营预算试行办法》（以下简称《试行办法》），规范了省级国有资本经营预算收支范围、预算编制、预算执行、预算监督及绩效评价。《试行办法》规定，广东自 2010 年开始试编省级国有资本经营预算，并在试编 3 年后，按计划正式报省人大审议。

2013 年广东省级国有资本经营预算草案显示，纳入编制范围的企业共 37 户，当年省级国有资本经营预算收入预计 17. 85 亿元，省级国有资本经营预算支出安排 17. 77 亿元，结余 0. 08 亿元。其中：省级国有资本经营预算收入主要来源于省属企业上交的税后利润和省属控股参股企业上交的分红。省级国有资本经营预算支出主要用于国有资本经营需要、经济布局调整及国有企业发展需要的省属国有企业支出，包括资本性支出、企业改革费用性支出、国有资产监管费用支出等。2013 年，省级国有资本经营预算支出中，用于机场建设、轨道交通、国有企业关闭破产人员安置等民生领域的比重达到 77. 41%，比上年的 67. 75% 提高了 9. 66 个百分点。

党的十八大报告提出，要加强对政府全口径预算决算的审查和监督，对财政部门自觉接受人大监督提出了更加具体和明确的要求。据了解，在省级公共财政预算、政府性基金预算报请省人代会审议（相关决算报请省人大常委会审议）的基础上，广东社会保险基金预算和决算也已按照《国务院关于试行社会保险基金预算的意见》及广东省相关规定，提交省人大常委会审议。

下一步，广东省财政厅将会同有关单位继续推进省级国有资本经营预算工作，积极引导市县建立国有资本经营预算制度，逐步在全省构建权责明晰、配置优化的国有资本经营预算体系。同时，在现已提交省人大常委会审议的基础上，适时将社保基金预算提交省人代会审议。

（记者：刘国旺、李桦，2013 年 1 月 31 日《中国财经报》）

办大事还需发动多方力量

1月29日，广东省省人代会计划预算委员会召集近40名专业代表就预算审查进行座谈。

广东省财政厅厅长曾志权在会后表示，代表提的问题很专业、很到位，“年初为什么要那么多钱？年底怎么还有那么多花不出去？是不是应该追责？”“如果尝试将履职成效编入预算，至少可以推动两方面的进步：一是厘清职责，二是让财政资金流向越来越清晰。”“现在主体税源减少，而刚性支出增加，提供配套资金压力非常大。希望可以减除或全免生态发展区的配套资金。”“授人以鱼，不如授人以渔。也不要光给现金，能否部分用产业项目替代？”

面对上述代表的尖锐问题，曾志权诚恳地表示省里有条件确实该支持，但也要考虑省情。

曾志权透露，在广东全省财政结构中，省级可支配财力仅占22%。“有些事如果不是省市县通力合作，全靠省级财政将难以为继。”他进一步列举数据表示，目前，仅广州、深圳、东莞、佛山、中山和珠海等6个市向省里上缴资金，余下15个地市均需中央和省支持。

“讲来讲去，还是区域发展太不平衡。”曾志权对比东部省份与广东的差距称，江苏省13个地级以上市的财政收入均超过百亿元。广东21个地级以上市仅9个市的财政收入过百亿元，还有5个低于50亿元。

计算下来，身为经济大省，广东省人均公共财政收入仅为1 218元，低于江苏省近3 000元，人均公共财政支出又落后约3 400元。

“虽然广东省是财政大省，但却是财政弱省，与东部经济发达省份一比差距就出来了，因此，要办大事还需要发动多方力量。”曾志权表示。

国企贡献不能光看上缴收益

国有资本经营预算是今年广东预算报告中的“新面孔”。有代表质疑国企资产大、收益小——“不如拿去卖了。”广东省财政厅厅长曾志权会后向记者表示，国企贡献需要客观看待。

预算草案显示，今年广东省级国有资本经营预算收入仅13.1亿元，加上上年结余也仅17.8亿元。

曾志权认为，目前很多省属国企大而不强，有些处于发展阶段，因此，总体盈利水平不太高。

不过，他强调，国企在拉动经济社会发展和重要领域支撑作用十分明显。比如，2011年，广东省机场集团创造经济效益640多亿元，占全省的1.22%。此外，广东四成以上电力装机容量属于国企，港澳地区供水也全由国企承担。

“不能光看现在上缴收益有多少，还要看是否履行经济、社会责任。当然，国企要为民生做更大贡献，需要通过自身发展壮大来实现。”曾志权说。

国企向财政上缴的主要是税后利润，上缴比例是多少？“5%、10%都有。”曾志权回应。

（2013年2月6日《中国政府采购报》）

改革创新举措多　主动作为见成效

——访全国人大代表、广东省财政厅厅长曾志权

“过去一年来，我省财政按照中央和省委政府的决策部署，紧紧围绕‘加快转型升级、建设幸福广东’的核心任务，充分发挥财政职能作用，调结构、惠民生、推改革，各项工作都取得了新的进展，有力地促进了全省经济社会又好又快发展。在坚持继承创新、深化财政改革等方面尤其突出。”全国人大代表、广东省财政厅厅长曾志权接受记

者采访时说。

改革理顺机制 沟通赢得理解

曾志权介绍，2012年，广东实施的财政改革创新重要举措有近20项之多，其中具有广东特色，在全国也较为突出的包括：落实县级基本财力保障机制，顺利完成了全年县级基本财力缺口消化任务；率先探索建立财政生态保护补偿机制，出台《广东省财政生态保护补偿办法》；继续深化财政资金竞争性分配改革，提高资金分配的科学性和透明度；深化引入第三方评价财政资金使用绩效改革，逐步扩大改革范围；率先探索开展为民办事征询民意改革试点；率先探索推进政府购买社会服务改革，编制出台了政府购买服务办法，公布实施了首批政府购买服务目录；进一步建立健全财政决策专家咨询机制，提高财政决策的科学性和透明度等。

曾志权表示，财政工作要围绕经济社会发展大局，算好政治账、经济账、社会账，不断提高财政资金使用绩效，化解日益突出的收支矛盾。

“随着经济社会发展，财政越来越受到社会各界的关注。财政工作如何主动加强与社会各界的沟通，争取理解和支持，值得深入研究。”曾志权介绍，近年来，广东财政在这方面进行了积极的探索和尝试，积累了一定的经验。例如，成立了财政专家咨询委员会、建立了厅党组成员专题调研制度、积极创新宣传工作等。尤其注重加强与人大代表的沟通，主动接受人大对财政工作的监督。在2013年预算编制中，开展了一系列改革，包括：将预算报告提前征询部分人大代表及专家意见；厅党组成员带队到各地听取人大代表的意见；将预算报告提前一周提交省人大代表审阅；在人大会期间向人大代表提供24小时咨询服务等，取得了很好的效果。

预算安排得当 报告亮点纷呈

谈到今年的预算报告，曾志权说，总的来看，2013年预算报告通篇贯穿了科学发展主题和转变经济发展方式主线，内容充实，文字精练，数据清晰，预算安排基本得当。

“我比较了一下近年来的预算报告，发现今年的预算报告在内容和形式上有很大改进，在预算编制的科学性、合理性和易读性上有明显提高、亮点纷呈，在预算安排上做到了统筹兼顾，有保有压。”

一是体现了中央的决策部署。预算报告提出的今年预算收支安排，体现了党的十八大、中央经济工作会议和政府工作报告关于加快转变经济发展方式、推进经济社会各项事业发展、加快包括改革财税体制在内的经济体制改革等方面的新精神、新要求。例如，对生态文明建设的支出安排大幅增加，节能环保支出比上年增长18.8%；单独在第三部分对深化财税体制改革作出阐述。同时，提出要严格控制一般性支出和“三公”经费管理等，贯彻了中央“八项规定”的要求。

二是体现了民生优先的要求。预算报告反映，2008－2012年，中央财政民生支出累计16.89万亿元，占中央财政支出比重稳定在2/3以上。同时，提出了今年出台的一系列保障和改善民生的政策措施，体现了民生优先的理念，保证了公共财政取之于民、用之于民。

三是体现了协调发展的理念。中央对地方转移支付从2007年的1.4万亿元增加到2012年的4.03万亿元，年均增长27.1%。一般性转移支付的占比进一步提高，达到53.3%，提高了2.5个百分点。今年中央对地方税收返还和转移支付力度进一步加大，达到4.89万亿元。通过中央转移支付实施再分配，对于推动区域协调发展具有重要意义。

四是体现了简练清晰的文风。预算报告在今年增加了社保基金预算的情况下，对篇幅进行了大幅压缩，从去年的35页减少到26页，字数从18 000字减少到14 000字左右，是近几年预算报告中最短的一个，落实了中央关于改进文风的要求。

此外，就预算报告而言，还体现了积极稳妥的原则和完整易读的特点。今年的财政收支预算充分考虑了经济形势变化和实施积极财政政策等减收增支因素，收入增长安排8%、支出增长安排10%，是稳妥合理的。为支持经济发展方式转变，调整经济结构，通过增发国债3 000亿元等措施、赤字率从1.5%增加到2%，赤字1.2万亿元，是积极可行的。同时，今年预算报告在扩大编制范围、改进编制方法，增强报告易读性等方面都有新的进步。如首次编报了2013年全国社会保险基金预算，实现了政府预算体系的完整编报；在表格中对相关口径作了备注，在专业性较强的地方作了重点解释，尽可能让大家更容易看得懂。

曾志权表示，对于进一步做好今年的财政工作，将按照中央和省委政府的工作部署，牢牢把握“六个突出”的主要任务。一是突出围绕中心、服务大局，统筹财力安排，坚决落实好中央和省委、省政府的决策部署。二是突出服务科学发展，转变发展方式，促进经济结构战略性调整。三是突出服务于加快转型升级、建设幸福广东的核心任务，推动经济结构战略性调整。四是突出以人为本、执政为民，着力保障和改善民生，扎实推进基本公共服务均等化规划纲要实施，推进收入分配制度改革，让公共财政阳光普照南粤大地。五是突出解放思想、开拓创新，按照财力与事权相匹配的原则，加快财税体制改革，研究制订深化财政改革的总体方案、路线图、时间表，让改革红利更多落在老百姓身上。六是突出内强素质、外树形象，加强党的建设和队伍建设，落实各项廉政建设规定及中央“八项规定”。

（记者：李忠峰，2013年3月13日《中国财经报》）

全国人大代表曾志权：管好钱袋就是要让老百姓得实惠

“纳税人是政府的衣食父母，把钱花得更好，是财政部门的职责。”3月9日上午，广东团全体会议结束后，全国人大代表、广东省财政厅厅长曾志权向《政府采购信息报》记者吐露了他的心声。

财政支出应重点向保障民生倾斜

《政府采购信息报》：政府采购是政府花钱的方式之一，请问您对此有哪些体会？

曾志权：我想，在满足政府行政运转需要的基础上，财政支出应重点向服务经济社会发展、保障民生倾斜。具体到政府采购领域，则集中表现为积极发挥政府采购政策功能，不断提升财政性资金使用效益，促进经济社会转型升级和民生持续改善。

《政府采购信息报》：您认为把钱花得更好的标准是什么？

曾志权：标准至少应该包括两个方面，一是发挥财政杠杆作用，更加注重公平，完善支持教育、科技、卫生、文化、体育等社会事业发展的财政政策，进一步加大财政支持力度，解决好人民群众最关心最直接最现实的利益问题，不断提高基本公共服务均等化和一体化水平；二是通过支持政府购买社会服务和培育发展社会组织，促进民生资金从“舍得花”向“花得好”转变。

比如，积极实施免费义务教育教材、疫苗等一系列民生重大项目采购，使老百姓得到真正的实惠；积极支持国货采购，2012年广东全省国内产品采购金额为1 207.09亿元，占全省政府采购规模的97.92%。

加强预算管理　确保“应采尽采”

《政府采购信息报》：广东省委省政府提出，广东省要努力成为发展中国特色社会主义的排头兵、深化改革开放的先行地、探索科学发展的试验区，为率先全面建成小康社会、率先基本实现社会主义现代化而奋斗。请问政府采购围绕这个目标应如何开展工作？

曾志权：财政部门将积极探索政府采购监管工作服务“三个定位、两个率先”总目标的方式方法，充分发挥宏观调控作用和政策功能，服务广东经济社会发展大局。

具体而言，我们要狠抓政府采购科学化精细化管理，努力增量扩面，确保“应采尽采”，不断规范采购行为，提高采购效率和质量；要继续落实节能环保政策，支持和引导中小企业发展，促进经济结构调整和产业优化升级；要积极探索实施政府购买社会服务的方法，推动建立多元化的公共服务供给制度。

《政府采购信息报》：预算是政府采购活动的源头和如何花钱的“账本”。请问广东在强化政府采购预算编制方面有哪些举措？

曾志权：做好政府采购预算编制工作是确保采购活动顺利实施的前提和保障。在实际工作中，由于部分单位对政府采购预算编制政策认识不清，使得政府采购预算刚性不强，预算执行随意性较大，造成了采购活动的盲目性和采购结果的非科学性。为此，我们会积极探索进一步完善预算编制管理，细化和创新预算编制方法。

今年，我们将切实加强政府采购预算管理，要求全面、科学地编制政府采购预算，强化政府采购计划管理，确保“应采尽采”。如果采购单位未按规定要求编制政府采购预算，将不得组织政府采购活动，财政部门不予支付资金，对违规开展采购活动的将予以问责。

此外，我们还会探索建立健全政府采购预算绩效评价机制，不断提高财政资金使用效益。

（作者：黎娴，2013年3月13日《政府采购信息报》）

民生财政，谱写老百姓的幸福生活

——访全国人大代表、广东省财政厅厅长曾志权

2013 年广东省财政预算报告显示，今年，该省民生领域将支出 5 367 亿元，占公共财政预算支出的比重达 71%，首次超过七成。从 2010 年至今的 4 年间，广东省民生支出实际增长逾 2 200 亿元。

真金白银的投入，需要有效的手段和长效机制来保障资金的使用效果。“政府采购的主要作用是利用其公开、公平、公正，以及规范高效的原则落实财政分配，因此，无论从规范支出的角度，还是从讲求绩效上来说，政府采购都能够发挥很大的作用。”全国人大代表、广东省财政厅厅长曾志权这样说道。

民生理念贯穿全程

把保障和改善民生作为财政各项工作的根本出发点和落脚点，将民生优先、民生为重的理念贯彻财政资金的分配、使用和管理全过程，通过加大对民生领域的投入力度，加强对民生资金使用情况的监督检查，建立健全财政保障和改善民生的长效机制，实现公共财政“取之于民、用之于民”，是广东省打造民生财政的重要内涵。

据曾志权介绍，为了达到这一目标，近年来，广东省财政按照民生优先、民事先办的理财理念，不断调整优化支出结构，着力扩大公共财政覆盖面。在具体举措上，主要突出三个方面：

一是加强顶层设计，突出规划引领。率先全国编制实施了《广东省基本公共服务均等化规划纲要（2009 - 2020年）》，提出从公共教育、公共卫生、公共文化体育、公共交通以及生活保障、就业保障、医疗保障、住房保障等方面全方位推进基本公共服务均等化的路径措施，明确到 2020 年全省基本建成覆盖城乡、功能完善、分布合理、管理有效、水平适度的基本公共服务体系，基本公共服务水平在国内位居前列，在国际上达到中等发达国家水平。2012 年，选择广东省惠州市为首个试点市，开展了基本公共服务均等化综合改革试点，形成示范效应，实现重点突破。

二是加大投入力度，确保资金需要。据统计，2008 - 2012 年，广东省各级财政对公共教育、公共卫生、社会保障等民生领域的投入达到 17 103 亿元，占全省一般预算支出的比重从 53. 06% 提高到 65. 84%。2012 年，全省用于保障和改善民生的支出 4 781. 18 亿元，同比增长 12. 83%，占全省支出的比重达 65. 79%；全省各级财政共投入“十件民生实事”资金 1 649. 81 亿元，其中省级财政 523. 01 亿元。预计到 2020 年全省共投入基本公共服务领域的资金将超过 2. 5 万亿元。

三是完善体制机制，加强监督考评。通过完善省以下财政体制、推进产业和劳动力“双转移”等，为民生支出提供有效的财力保障。坚持政府主导的原则，探索民生支出供给形式多样化，形成民生事业供给主体多元化格局。加强监督考评，开展基本公共服务均等化综合考评，提高民生支出供给效率和质量。

“下一步，我省还将根据国家的统一部署要求，进一步加大对民生领域的投入力度，完善民生支出政策体系，继续深入开展基本公共服务均等化综合改革。”曾志权说道。

百姓的幸福　百姓做主

民生财政究竟带来了什么样的改变，百姓的评价最有说服力。

“一直以来，我们十分关注社会公众对财政工作特别是对民生投入的评价。”曾志权告诉记者，为了了解百姓心中所想，财政厅在民意征询及主动加强与社会各界的沟通等方面进行了积极的探索和尝试，并建立了各项长效机制。

据介绍，每当要制定或实施重大的民生政策和民生项目时，财政厅会广泛征询人民群众对政策和项目制定、实施和绩效评价的意见，由群众评议政策和项目的必要性、实施范围、实施标准、受益对象和资金安排等。

“这主要是为了提高群众对民生事务的参与度，确保民生政策和民生项目合法、合理、可行、可控，实现‘群众的幸福由群众做主’。”曾志权告诉记者，从 2012 年起，广东省级财政选取村级公益事业建设“一事一议”、小型农田水利项目、农村危房改造和基层医疗机构建设四项民生项目开展试点工作，取得了积极的成效。

而在近年来预算编制中，广东省在提高民主参与度方面进行了一系列探索并逐步深入推进，例如，提前两个月开展预算编制工作，为做好预算编制基础性工作、充分听取各方意见预留充足的时间；将预算报告提前征询部分人大代表及专家意见；厅党组成员带队到各地听取人大代表的意见；将预算报告提前一个星期提交人大代表审阅；在人大会期间向人大代表提供 24 小时咨询服务等。

同时，为了充分听取民意，该省在民生支出绩效评价领域引入了民意调查机制。如在基本公共服务均等化绩效考评

中，引入了公众满意度调查，绩效考评结果显示，2010 年、2011 年该省基本公共服务公众满意度评分都接近 80 分。

引入财政决策专家咨询机制是广东省提高财政决策的科学性和透明度的举措之一。据了解，2011 年，该省成立了财政专家咨询委员会，一方面，充分借助财经及相关领域专家学者的专业优势和学术专长，为财政预算编制、执行、监督、问效及各项财政政策、措施的制订、实施及评估反馈等提供咨询和参考，增强财政政策措施的科学性、前瞻性、针对性和可行性；另一方面，通过第三方的客观研究分析和咨询参谋，充分发挥咨询委“专家集群”的优势。

“在民生投入带来的变化中，最让我感到欣慰的是我省基本公共服务均等化状况的改善，人民群众得到了实实在在的实惠。”曾志权告诉记者，根据绩效考评结果，2010 年广东省均等化系数达到 0.9624，处于较高水平，财政支出目标任务完成率达 98.27%，8 类基本公共服务目标任务完成率达 96.34%，公众满意度总体评分接近 80 分。2011 年该省基本公共服务目标任务完成率达到 97.33%，比上年提高了 1.09 个百分点，基本实现了预定目标。

政采落实好财政分配

“政府采购的主要作用是利用其公开、公平、公正，以及规范高效的原则落实财政分配。在民生投入这方面，如果牵涉到需要进行政府采购的，政府采购的作用必然要显现出来，并且，它必须按照讲求绩效的原则去使用资金。”谈到政府采购在推进民生财政中发挥的作用，曾志权这样说道。

在曾志权看来，作为财政支出管理的一项重要制度，政府采购除了要积极发挥政府集中采购优势，节约财政性资金，更主要的目的是要积极服务财政中心工作，充分发挥政策功能的支持和导向作用，保障民生，促进经济社会发展。

据了解，一直以来，广东省政府采购在规范财政支出、服务民生等方面发挥了积极作用，在发挥政府采购政策功能等方面取得了明显成效。通过积极采取各种措施，努力推进政府采购的扩面增量，尤其是积极开展义务教育免费教材、农机设备、疫苗、医疗设备、救灾物资等社会关注度较高的民生项目采购，抓好规范运作、促进公平竞争，为民生资金的安全、高效运转提供了坚实的保障。同时，充分发挥政策功能手段，通过积极推进政府采购信用担保试点，政府购买服务，不断完善信息反馈渠道，大力促进和支持中小企业发展。

据曾志权介绍，当前和今后一段时期，广东省将立足于经济社会发展大局，充分发挥政府采购政策功能的导向和促进作用，全面加强政府采购的科学化精细化管理，进一步抓好节能环保、进口产品审核、促进中小企业发展、政府购买服务等方面政府采购政策落实，扩大政府购买服务和政府采购信用担保试点范围，推进民生采购，加强政府采购政策与其他相关政策的相互协调衔接，促进经济社会转型升级。

（记者：王坤，通讯员：李桦，2013 年 3 月 15 日《中国政府采购报》）

广东艰苦地区中小学老师将获岗位津贴

设立山区和农村边远地区义务教育学校教师岗位津贴制度，符合条件者人均不低于每月 500 元

广东省从 2013 年 1 月 1 日起，建立山区和农村边远地区义务教育学校教师岗位津贴制度，符合条件的教师可获得人均不低于每月 500 元的岗位津贴。其中，省财政将每年安排约 13.1 亿元对经济欠发达地区部分县（市、区）给予补助，惠及教师 37.74 万人。

按照广东省财政厅、教育厅、人力资源和社会保障厅近日联合出台的《广东省山区和农村边远地区义务教育学校教师岗位津贴实施方案》，广东省各县（市、区）应按照不低于人均每月 500 元的标准确定本地山区、农村边远地区义务教育学校教师岗位津贴，按月发放。其中，在距离县城 10－25 公里的农村学校工作 3 年以上的，发放标准不低于人均标准；在农村学校工作 10 年以上，或在农村学校工作 3 年以上且受聘副高级及以上专业技术岗位，或在距离县城 25 公里以上的农村学校工作 3 年以上的，发放标准不低于人均标准的 160%；其他在农村边远地区学校工作的，发放标准不低于人均标准的 60%。建立教师岗位津贴制度所需经费，由省、市、县各级财政分担，省财政根据有关县（市、区）农村义务教育学校在编在岗人员数，结合当地公职人员待遇、财力状况等因素，每年安排约 13.1 亿元对经济欠发达地区部分县（市、区）给予补助，惠及 37.74 万人。

建立促进义务教育均衡发展的中小学教师岗位津贴制度，将进一步鼓励和吸引优秀人才到山区、农村边远地区长期从教、终身从教，稳定山区、农村边远地区骨干教师队伍，促进山区、农村边远地区学校教师整体素质提高。

（记者：李桦，2013 年 4 月 9 日《中国财经报》）

广东县级基本财力缺口全消

全面完成291亿元缺口消化任务，成为全国消化缺口最大的省份，基层财力水平显著提升

自2010年探索实施县级基本财力保障机制以来，广东县域财力明显增强。据统计，2010－2012年，全省67个县（市）公共财政预算收入从384亿元提高到545亿元；县均公共财政预算收入从5.73亿元增加到8.13亿元，所有县（市）公共财政预算收入全部超亿元，按财政供养人口计算的人均公共财政预算支出从7.27万元提高到11.16万元。

按照财政部制定的保障标准，广东省2010－2012年县级基本财力缺口总额达291亿元，缺口县（市）达53个。为确保完成2012年底前全面消化县级基本财力保障缺口的目标任务，广东省研究制订了消化县级基本财力保障缺口方案，通过各级财政共同努力，多方筹集财力，从五个渠道落实资金消化县级基本财力保障缺口。一是新增安排奖补资金。统筹中央财政和省级财政资金，2011年新增安排基本财力保障奖补资金约42亿元，2012年新增安排奖补资金36亿元。二是省新增安排一般性转移支付补助。按广东省现行激励型财政机制、2012年新建立的生态保护补偿机制，进一步加大对缺口县（市）的资金支持力度，2011年新增安排一般性转移支付10亿元，2012年新增安排7亿元。三是省新增安排专项转移支付，加大教育、卫生、社保等专项转移支付补助力度，2011年新增安排专项转移支付20亿元，2012年新增安排37亿元。四是加大地级以上市帮扶力度。地级以上市加大对缺口县的补助力度，帮助县级弥补缺口。五是县（市）通过自身努力，增加收入消化基本财力保障缺口。

通过各项扎扎实实的工作举措，广东省于2012年底全面完成了291亿元缺口消化任务，成为全国消化缺口最大的省份，基层财力水平显著提升。到2012年底县级基本财力保障水平提升至年人均7.6万元以上，有效缓解了基层财政困难，有力增强了基层运转和社会民生事业发展的财力保障水平，基层政府对此项政策普遍反响良好。

广东省内的区域财力差距逐步缩小。2010－2012年，广东东西两翼和粤北地区公共财政预算收入年均分别增长19.88%和18.42%，增幅高于珠三角地区5.67个和4.21个百分点，占全省市县公共财政预算收入的比重从19.76%提高到21.11%。东西北地区人均公共财政预算支出从8.94万元提高到12.65万元，与珠三角地区差距从1∶3.7缩小为1∶3.1。

全省纵向财力差异也趋于缩小。2010－2012年，省、市、县三级公共财政预算支出年均增长率分别为14.42%、11.46%和19.90%，县级公共财政预算支出占全省的比重从46.59%提高到49.96%，67个县（市）公共财政预算支出占全省的比重从16.63%提高到19.38%。

（2013年4月11日《中国财经报》）

广东“营改增”助推产业升级结构调整

广东省“营改增”试点自2012年11月1日正式启动以来，对全省实施结构性减税、促进产业转型升级和经济结构调整产生了积极而重要的影响，试点成效初步显现。

降低了企业税负，有力推进结构性减税政策实施。从广东省目前已完成的申报期看，全省经确认后纳入营改增试点范围的纳税人共有14.83万户（不含深圳8.41万户，下同），减轻税负或持平面达到95%以上，累计为试点纳税人净减税10.67亿元，其中占试点户数80%的服务业小规模纳税人税负下降40%，税负明显减轻。此外，试点对制造业和非试点地区产生减税的“溢出效应”明显。从具

体企业看，试点后广州地铁公司减轻税负1 800万元，预计全年减轻税负1.5亿元；非试点的广汽本田汽车公司两个月因取得试点进项税额减轻税负312万元。在当前经济增速放缓的时期，营改增试点如同一场“及时雨”，对于促进企业发展、稳定经济增长起到了积极作用。

打通了抵扣链条，有力促进现代服务业发展。营改增试点后，有效地消除了重复征税，二、三产业的抵扣链条得以打通，极大地激发了企业采购现代服务的积极性，有的企业甚至将这些原本为企业内的服务转为外包；结合开票情况可以看出，企业间区域合作不断加强，与外省产业联系更加紧密，促进了现代服务业又好又快发展。据统计，试点以来新增现代服务业2.5万户，主要集中在文化创意、鉴证咨询等产业，占到新增试点户数的90%以上。如从事电力设施承装和安全技术防范系统的广东卓维网络有限公司，试点后发展了一批重点客户，取得经营收入9 943万元，同比增长2.4倍，同时为下游企业增加抵扣税额559万元。此外，服务贸易出口零税率和免抵退政策的实施，也促进了服务贸易出口力度不断加大。如南方航空公司由于免抵退政策，降低了国际航线运营成本，加大了出口贸易服务和开拓国际航线，提升了竞争力。

促进了转型升级，有力推动产业结构调整。营改增在推动企业转型升级和产业结构调整上发挥了重要作用。一是推动服务外包，形成主辅分离。不少企业主要将生产性服务业务外包，加速了服务业从制造业的分离。如南方航空公司将货运、销售代理、专业化管理等进行服务外包。二是推动资源重构，提升总部经济。随着试点的推进，在广州的区域总部效应更加明显，各类投资和生产要素聚集更加突出。如德勤会计师事务所、毕马威会计师事务所广州分所都表示，立足广州总部，可以向国内各省客户开具增值税发票，辐射效应进一步增强。三是推动设备更新，形成带动效应。由于设备采购可以形成抵扣，试点带动试点企业进行设备更新改造，据了解，交流运输、物流辅助业设备采购额明显上升，为装备制造等产业提供了新的市场空间。随着试点的推进，改革效应将进一步显现，推动相关产业之间更为广泛地融合发展。

完善了税收制度，有力推动企业内部管理变革。通过试点，试点企业从产业链构建、财务管理、合同管理、供应商选择等方面重新调整优化，完善了内部治理机制，加强税收筹划。如广州港股份有限公司试点前测算税负可能上升，经过统筹开票进度、购置相关设备、完善采购渠道等，最终使税负得以下降，管理水平也得到了有效提高。佛山欧玛福机械工程公司因参加相关展会可以进项抵扣，2012年11－12月，积极参加全国各地设备展览，抵扣进项税3万多元，进一步扩大了市场规模。试点的推进，有利于企业规范完善内部管理机制，更好地适应市场发展需要。

据了解，广东“营改增”试点以来，试点企业户数稳步增加，试点纳税申报平稳顺利，试点反应总体正面积极。截至2013年3月，在全省经确认后纳入“营改增”试点范围的14.83万户纳税人（不含深圳的8.41万户）中，一般纳税人2.49万户，占16.79%，小规模纳税人12.34万户，占83.21%。按行业划分，交通运输业1.31万户，占8.83%；部分现代服务业13.52万户，占91.17%。

（记者：刘国旺、李桦，2013年4月16日《中国财经报》）

源头重导向　过程重竞争　评价重多元　领域重拓展　结果重应用

财政绩效管理考核广东“夺魁”

近年来，广东省财政逐步建立健全“事前绩效目标审核、事中绩效监控、事后绩效评价及结果应用”的绩效管理体系，并借助竞争性分配和第三方评价等市场化手段，从制度、机制和基础等方面不断深化财政绩效管理改革，有力推进了公共财政管理改革向纵深拓展，优化了省级财政资金支出结构，提高了各类财政资金使用绩效。在2012年财政部首次进行的财政绩效管理工作综合考核中，广东省获得全国第一。

广东省级财政资金使用绩效管理改革的特点主要体现在“五个注重”。

注重从源头确立绩效导向，推进部门预算绩效目标管理。凡达到一定额度（500万元）的省级财政支出项目必须申报绩效目标，并经财政部门审核、批复，以此作为预算安排重要条件和绩效评价的依据，从源头上确立绩效导向。2012年，省级部门预算共审核项目457个，涉及省财政资金138.4亿元；核定下达符合“绩效目标申报要求”的项目157个，涉及省财政资金31.54亿元，核减金额106.86亿元。

注重效率、效果和公平相统一，推进财政专项资金竞争性分配绩效管理。2008年以来，在全国率先实行财政专项资金竞争性分配绩效管理，除部分涉及普惠性政策等特殊专项经费和用于保障人员、工作运行的专项经费外，将其他专项资金纳入竞争性分配范围，建立“多中选好，好中选优”的项目优选机制。截至2012年底，省级财政共对

373项、约305.2亿元财政专项资金实施这一改革。

注重提高评价的科学性和公信力，构建多元化评价体系。建立健全常态化多元化评价体系，并通过采纳专家意见、实施公众满意度调查等方式，提高绩效评价的科学性和公信力，强化绩效责任制约。主要包括由部门单位进行的绩效自评、由财政部门组织的重点评价和第三方组织独立、自主开展的第三方评价。近年来，省级财政共实施绩效自评项目1 000多个，涉及财政资金500多亿元。组织实施了15项专项资金、2 000多个子项目的重点评价，涉及资金76亿元。截至2012年底，省级财政委托第三方组织实施的独立评价包括城乡义务教育、新农合、新农保、战略性新兴产业等项目12项，涉及专项资金120多亿元。

注重拓展绩效管理领域，探索综合财政支出绩效管理。例如，通过设立相关指标和标准体系和规范程序实施基本公共服务均等化绩效考评，今年开展对省“十件民生实事”专项资金、省级为民办事征询民意实施工作的绩效评价试点，探索综合财政支出和政策类财政支出绩效评价。

注重强化绩效责任，建立结果应用管理机制。将项目支出绩效评价结果与下一年项目预算安排挂钩。同时，将绩效管理结果通报给人大、监察、审计和人事等部门，加大外部监督力度，将重大项目的评价报告呈报本级政府，为其实施经济社会发展重大决策提供绩效参考。

分析人士指出，以绩效为目标，以结果为导向的财政绩效管理改革，通过在预算管理各个环节融入绩效理念，实现预算编制、执行、监督、绩效评价的有机统一，不仅促进了公共财政管理改革的深化，还逐步确立了“大事优先”“绩效优先”的财政分配原则，推进了预算支出结构的优化和财政资金配置效率的提高，在一定程度上有效地减少并防止了无效支出、盲目支出行为发生。省级财政项目支出绩效管理结果显示，资金管理效率和使用效益进一步提升，项目绩效优良率从2005年的50%提高至2012年的70%左右。

预算绩效管理改革的实施也促进了政府效能建设的进步。通过财政绩效管理体系的构建和不断完善，绩效管理活动和结果的应用，逐步促成财政系统、部门单位及社会相关领域不同层次的绩效倒逼机制，促进财政科学理财和政府职能转变，提高了管理效率；促进政府增强责任意识，提升了公共服务质量；促进政府创新管理理念和管理方式，提高了决策、管理和服务水平。

（记者：刘国旺、李桦，2013年5月21日《中国财经报》）

广东将助贫困户稳定脱贫

力争到2015年实现被帮扶的有劳动能力的贫困户人均纯收入达到或超过当年全省农村农民人均纯收入的45%

广东省财政日前部署新一轮扶贫开发“规划到户、责任到人”的“双到”工作，力争到2015年实现被帮扶的有劳动能力的贫困户人均纯收入达到或超过当年全省农村农民人均纯收入的45%，并稳定脱贫；重点帮扶村全村农民人均纯收入超过当年全省农村农民人均纯收入的60%，行政村集体经济收入达到或超过5万元。

省财政下发的《广东省新一轮扶贫开发“规划到户责任到人”及重点县（市）帮扶工作实施方案》提出六项帮扶举措：一是根据贫困程度和贫困人口规模，将省直和中直驻粤单位帮扶及欠发达地区市、县（市、区）自身帮扶的重点帮扶村划分为3档，省财政相应安排补助引导资金，分别按90万元、75万元、60万元的标准，对各档次的重点帮扶村给予补助（其中，属于原中央苏区县或少数民族自治县的重点帮扶村按每村100万元安排）。二是落实村级公益事业一事一议财政奖补政策，各级财政按农民筹资筹劳总额的50%给予补助。三是在重点帮扶村全面实施扶贫小额贷款贴息制度，小额贷款贴息由省财政按照各地财政实际贴息支出的40%给予补助。四是2013－2015年“广东扶贫济困日”活动募集的资金，继续重点用于“双到”工作。五是考虑到扶贫开发重点帮扶县的财力困难实际，对扶贫开发重点县给予每县500万元的工作经费（其中少数民族县每县按600万元安排），主要用于扶贫开发重点帮扶县内贫困村扶贫开发“双到”工作的前期规划、中期评估、后期考核。六是从2013年起，省财政对原中央苏区县每年每县安排1 000万元扶持资金，主要用于公益性基础设施、民生保障、产业基地等社会民生事业发展。

新一轮扶贫“双到”资金安排在基本保持与第一轮补助资金总量和补助水平相当的同时，扩大了补助范围，将省直中直单位帮扶的村也纳入补助范围，同时对21个扶贫开发重点县给予工作经费安排，将有效推动广东扶贫“双到”工作顺利开展、取得实效。

（作者：李桦，2013年5月23日《中国财经报》）

经济聚焦：广东养老金盈利计入滚动发展

广东千亿养老保险金委托投资运营半年盈利34亿元，记者今日从广东省财政厅证实，广东养老金收益不区分统筹基金收益和个人账户基金收益，将全额计入滚存结余基金滚动发展。

去年上半年，全国社保基金理事会和广东省政府在北京签订了委托投资协议，受广东省政府委托，全国社保基金理事会投资运营广东城镇职工基本养老保险结存资金1 000亿元，委托投资期限暂定两年，此举在全国尚属首次。截至2012年底，广东实际委托投资运营时间约为半年多，实际应收收益率约为3.4%，高于同期通货膨胀率，赚了34亿元。按此计算年化收益率为6.72%，高于2012年广东省社会保险基金3.94%的年平均收益率。

据广东省财政厅的报告显示，2012年广东全省养老保险基金当年结余744亿元，滚存结余3 636.61亿元，比上年增长25.72%。纳入各级财政专户管理的基金资产3 568.28亿元，其中委托运营的1 000亿元基金约占养老保险基金总量的27.5%。

据广东省财政厅的汇编决算显示，2012年广东全省社会保险基金（包括企业职工基本养老保险、失业保险、医疗保险、工伤保险、生育保险）收入2 350.07亿元，其中广东养老保险基金收入1 601.92亿元，比上年增加266.23亿元，增长19.93%。而在支出方面，去年广东全省养老保险基金支出857.92亿元，比上年增加138.43亿元，增长19.24%。2012年国务院连续第八次大幅度提高企业离退休人员养老金水平，全省调整后月人均养老金达1 821元/月。

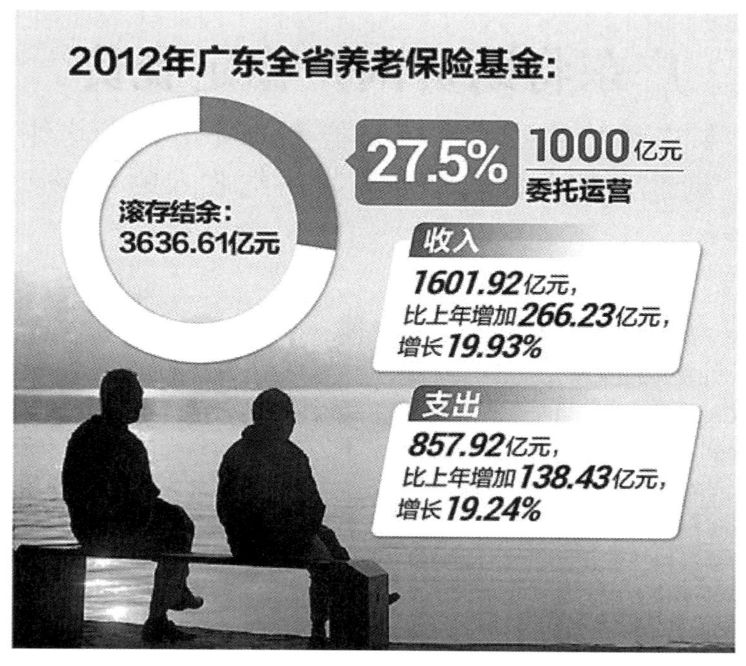

广东省财政厅表示，2012年全省社会保险基金总体运行状况良好，平均年收益率达到3.94%，高于两年定期存款利率。在2013年社保基金预算方面，据今年第一季度的预算执行情况的统计数据显示，广东社保基金累计结余5 370.97亿元。

广东千亿养老保险金半年盈利34亿元，对这部分盈利将如何分配引起了每个参保人的关注，对此广东省财政厅表示，千亿养老保险金半年盈利34亿元目前只是账面应收收益，实际未到账，要等两年委托期结束后收益才能实际到账。由于该项投资运营在全国属首例，目前国家尚未出台养老保险基金投资运营收益的分配办法，而办法的制定权限在国家相关部门，省级及以下部门无权制定；广东省财政厅经询国家有关部门认为，广东省目前用滚存结余养老保险基金投资运营产生的收益不应区分统筹基金收益和个人账户基金收益，而应将投资运营收益全额计入滚存结余基金滚动发展。

（记者：李刚，2013年5月30日《人民日报》）

广东财政经营性资金试行股权投资

187.72 亿元纳入试点范围，意在构建财政资金的激励引导机制，实现良性循环和保值增值

近日，广东省出台《关于省财政经营性资金实施股权投资管理的意见（试行）》（以下简称《意见》），财政经营性资金实施股权投资管理迈出创新步伐。2013 年将有 187.72 亿元资金纳入试点范围，涉及注入资本金类、产业发展类、园区类三类 16 项资金。

这是广东深化公共财政体制改革，进一步完善省财政经营性资金投入方式，充分发挥财政资金的引导和激励作用，提高资金使用效益的又一重要举措。

《意见》表示，此次试点意在通过股权投资方式发挥财政资金杠杆作用，吸引社会资本投向基础设施项目、战略性新兴产业和需要政府扶持的高新技术产业，培育科技含量高、创新能力强的先导性企业，带动产业发展。

所谓财政经营性资金，是指在基本公共服务和行政运行领域之外，财政安排用于支持经济社会事业发展、提供准公共产品和社会服务等方面可实施经营性投资的资金。

《意见》强调，对财政资金进行科学分类、集中投入，积极培育省内重点发展和需要政府扶持的项目、产业、企业，缓解创新、创业型企业发展初期资金不足问题。目前划入试点范围的三类资金包括：

注入资本金类项目资金。省财政安排用于公路交通、轨道交通、机场建设、水利设施、环境保护、城市建设、旅游设施等重大基础设施和重大项目建设的资金，项目后续经营具有盈利性的，原则上安排不低于 70% 的资金进行股权投资，项目后续经营难以产生盈利的，原则上可不按《意见》实行股权投资，但需明晰省财政资金占股，享有相应的权益，规范运作，加强管理。

产业扶持类专项资金。省财政支持重点产业发展的专项资金，原则上应安排不少于 50% 的资金实施股权投资管理；支持一般产业小额专项资金，具备股权投资条件的，原则上应安排不少于 40% 的资金实施股权投资管理。省财政专项支持金额在 1 000 万元以上的重大项目，具备股权投资条件的，原则上应实施股权投资管理。

园区建设补助资金。省财政安排用于补助各类产业园区基础设施建设、城乡公用设施建设的资金、风景名胜区配套服务设施建设资金、配套中央项目资金以及中央转移支付资金等，具备股权投资条件的，原则上应实施股权投资管理。

《意见》提出，产业扶持类专项资金投资项目必须具备明确的退出条件和方式。财政资金退出时，除按规定价格退出的以外，受托管理机构应聘请符合资质的资产评估等专业机构对所持股权进行评估，作为确定退出价格的重要参考。对于省财政股权投资资金退出后形成的收益，《意见》明确，除支付管理费用和奖励外，本金和剩余收益部分由受托管理机构负责上缴省财政，原则上按原渠道滚动使用，必要时按程序报批后可统筹使用。

《意见》还提出，财政经营性资金可对所投资的省重点发展产业、高新技术初创期企业、公用事业设施建设企业等给予适当让利，如前三年优惠股息、在投入时约定退出期限和回报率、按同期银行贷款基准利率收取一定的利息（或同类企业平均股息）等。

需要指出的是，此次实施的财政经营性资金实施股权投资，并不是新拿出一部分财政资金搞改革，而是对原来已有的用于经营性领域的部分专项资金进行改革。

《意见》还明确了股权投资管理的运作方式，即由财政部门委托（或信托）省内专业机构对财政资金实施股权投资管理，充分利用受托管理机构的专业优势、投资经验对项目进行研究判断和选择，按市场化方式运作。《意见》还首次提出，引入第三方机构对资金股权投入和使用情况进行风险评估和绩效评价，并在一定范围内公布评价结果。对使用绩效好的资金或行业主管部门，可增加滚动投入资金额度，资金使用绩效差的资金或行业主管部门，减少滚动投入额度。

广东省财政厅有关负责人介绍，在总结试点实施经验基础上，省财政将逐步扩大试点范围，建立健全产权明晰的财政资金股权投资管理制度，实现财政资金良性循环和保值增值，构建财政资金激励引导经济社会发展的长效机制。

（记者：刘国旺、李桦，2013 年 7 月 2 日《中国财经报》）

《广东省2013年政府集中采购目录及限额标准》7月1日起执行

广东：公共服务管理类品目扩容成亮点

广东省在新一期政府采购目录中大幅扩大服务类采购品目，其中公共服务管理、商务服务两大品目的扩容成为亮点。

日前，经省政府授权，广东省财政厅印发《广东省2013年政府集中采购目录及限额标准》（以下简称《目录及标准》）。环境治理服务、交通运输服务、社区社工服务、医疗卫生服务、残疾人服务医疗等7类切实关系民生的公共服务管理项目以及包括法律服务、资产评估服务、邮政与速递服务在内的11类商务服务被纳入集中采购目录，实行部门集中采购，成为《目录及标准》的最大看点。

此外，计算机网络设备、多媒体一体机、办公自动化设备耗材、疫苗等品目首次纳入《目录及标准》。与上一期目录相比，在政府采购限额标准方面，《目录及标准》将货物、服务项目的采购限额标准由以往的10万元调整至20万元，并要求单次采购50万元（含50万元）以上的工程项目应执行《政府采购法》和《招标投标法》等规定。货物和服务项目的公开招标限额标准为80万元（含），单次采购金额在100万元（含）以上的工程类项目需公开招标。此外，工程建设项目中单项采购金额达到50万元（含）以上的规划设计和监理服务项目需公开招标。

《目录及标准》要求省以下垂直管理单位和省驻市、区（县）预算单位的政府采购活动纳入省级主管部门管理。属于协议采购项目的，经省级财政部门批准后，可从节约成本、办理快捷的实际出发，通过属地协议供货渠道办理。

《目录及标准》自7月1日起执行，为该省6年来首次对政府采购目录进行调整。

2012年10月，广东省财政厅发布了《2012年省级政府向社会组织购买服务项目目录》，将涉及基本公共服务、社会事务服务等262项服务项目纳入政府购买范围。

（记者：程红琳，2013年7月3日《中国财经报》）

“三个倾斜”助推广东少数民族地区发展

省财政通过财政体制、财政政策和专项转移支付给予大力支持

本报讯　近年来，为缓解少数民族地区的财政困难，按照广东省委、省政府的统一部署，广东省财政通过在财政体制、财政政策和专项转移支付等“三个倾斜”，帮助少数民族地区解决政权运转和提供公共服务的财力需要，促进了当地经济社会各项事业全面发展。

据统计，2007－2012年，广东省财政安排乳源、连山、连南三个民族县各项补助资金从7.5亿元增加到18.4亿元，累计70.5亿元，年均增长19.7%。其中，2012年省财政对民族县各项补助相当于其公共财政预算支出的80%（乳源、连山、连南占比分别为67%、100%、82%），已成为当地财力的最主要来源。

在财政体制上倾斜支持。一是在均衡性转移支付上给予倾斜。目前，全省三个少数民族自治县均享受全省最优惠的均衡性转移支付待遇，均衡性转移支付基础增长率比其余非扶贫开发重点县高两个百分点的优惠政策。二是从2006年起建立民族地区转移支付制度，2012年安排民族地区转移支付资金4 492万元。三是从2012年起建立生态保护补偿机制，共安排三个民族县5 032万元。四是落实县级基本财力保障机制，从2011年起安排连南县级基本财力保障奖补资金2 431万元，并向中央财政争取将另外两个民族县纳入奖补范围。

在财政政策上倾斜支持。2011年，经报请省政府同意，广东省财政就免除民族自治地方基础设施建设配套资金作出具体规定并认真贯彻实施。同时，明确需要市县承担配套资金的民生政策时，在省级财力允许的范围内，尽可能免除民族县在重点民生项目上的配套资金。例如，省

财政按规定免除少数民族县水利基础设施建设配套资金，对民族县实施免费义务教育所需公用经费和课本费由省财政全额负担等。此外，对于未免除配套资金的各项民生政策，省的补助比例基本超过50%，并不断降低市县负担比例。

在专项转移支付上倾斜扶持。在教育、卫生、文化、交通、水利及基础设施建设等专项转移支付方面均尽可能倾斜支持少数民族地区。例如，2013年省财政安排少数民族发展资金1 300万元，比2012年增长30%；2013年优先对少数民族地区开展学生营养改善计划试点，安排民族县农村义务教育学生营养改善计划专项补助884.46万元；建立少数民族大学生就读大学资助政策，2013年安排1 000万元；逐步提高民族地区民族班学生生活费补助标准，2013年安排869.92万元；2013年起每年安排民族县扶贫“双到”补助600万元/县，比其他县高100万元，对民族村的扶贫“双到”补助标准也高于其他村等。

（记者：李桦，2013年7月9日《中国财经报》）

广东“营改增”彰显四大成效

运行8个月，企业总体减税近90亿元，有力促进现代服务业发展、推动产业结构调整和企业内部管理变革

广东省“营改增”试点自2012年11月1日启动以来，运行平稳，目前已经进入征管正常化轨道，取得了企业总体减税规模明显、有力促进现代服务业发展、推动产业结构调整和企业内部管理变革四大成效。

一是降低了企业税负，有力推进结构性减税政策实施。从试点的8个月看，全省试点纳税人共有31.07万户，减税面达到97.5%，试点纳税人净减税54.8亿元，税负整体减轻28%，其中占试点户数超过80%的服务业小规模纳税人税负下降近40%，税负明显减轻。此外，试点对制造业和非试点地区产生减税的“溢出效应”，累计减税达到89.2亿元。在当前经济增速放缓的时期，“营改增”试点如同一场“及时雨”，对于促进企业发展、稳定经济增长起到了积极作用。

二是打通了抵扣链条，有力促进现代服务业发展。“营改增”试点后，有效地消除了重复征税，第二、第三产业的抵扣链条得以打通，极大地激发了企业采购现代服务的积极性，有的企业甚至将这些原本企业内的服务转为外包。结合开票情况可以看出，企业间区域合作不断加强，与外省产业联系更加紧密，促进了现代服务业又好又快发展。据统计，试点以来，新增现代服务业10.33万户，主要集中在鉴证咨询、文化创意、研发和技术服务等产业。从事电力设施承装和安全技术防范系统的广东卓维网络有限公司，试点后发展一批重点客户，取得经营收入9 943万元，同比增长2.4倍，同时为下游企业增加抵扣税额559万元。

三是促进了转型升级，有力推动产业结构调整。“营改增”在推动企业转型升级和产业结构调整上发挥了重要作用。不少企业主要将生产性服务业务外包，加速了服务业从制造业的分离。随着试点的推进，在广州的区域总部效应更加明显，各类投资和生产要素聚集更加突出。如德勤会计师事务所、毕马威会计师事务所广州分所充分利用服务出口免税政策，整体税负减轻30%，进一步提升了国际竞争力，同时立足广州总部，可以向国内各省客户开具增值税发票，辐射效应进一步增强。由于设备采购可以形成抵扣，带动试点企业进行设备更新改造。据了解，交通运输、物流辅助业设备采购额明显上升，为装备制造等产业提供了新的市场空间。随着试点的推进，改革效应将进一步显现，推动相关产业之间更为广泛的融合发展。

四是完善了税收制度，有力推动企业内部管理变革。试点企业从产业链构建、财务管理、合同管理、供应商选择等方面重新调整优化，完善了内部治理机制，加强税收筹划。如一些港口企业试点前测算税负可能上升，经过统筹开票进度、购置相关设备、完善采购渠道等，最终，广州港减税1 053万元，税负减轻39%；湛江港减税2 077万元，税负减轻90%。管理水平也得到了有效提高。

（记者：李华，2013年8月8日《中国财经报》）

广东：公开招标规模占比首次超九成

2012 年，广东省通过公开招标方式开展的政府采购项目规模为 1 127.45 万元，占总规模的 91.46%，较上年提高了 3.12 个百分点。

据了解，2012 年，广东省政府采购预算 1 327.30 亿元，实际政府采购 1 232.69 亿元，同比增加了 192.15 亿元，增幅为 18.47%。其中，货物类采购金额为 265.13 亿元，工程类采购金额为 672.85 亿元，服务类采购金额为 294.70 亿元；由集中采购机构组织实施采购的占 77.54%。与 2011 年相比，2012 年广东省政府采购指标变化主要体现在以下三个方面：一是通过公开招标完成的政府采购项目逾九成。二是政府采购政策功能进一步体现。三是充分发挥政府采购电子平台作用，打破协议供货商的价格垄断。

数据表明，2012 年，全省通过公开招标方式开展的政府采购项目规模为 1 127.45 万元，占总规模的 91.46%，较上年提高了 3.12 个百分点。非公开招标采购方式采购金额进一步下降，采用邀请招标、竞争性谈判、单一来源和询价采购方式的分别占采购项目的 0.86%、1.81%、3.55%、2.32%。

在政府采购政策功能方面，一是政府采购国产产品占全省采购总规模的 97.92%。2012 年，全省政府采购进口产品总额为 25.60 亿元，占采购总金额的 2.08%。在进口产品中，货物类采购占比最大，为 99.53%，工程类项目则全部由国内企业承担完成。二是中小微企业获得政府采购合同总额的 75.75%。2012 年，中小微企业获得政府采购合同总额为 931.18 亿元，大型企业获得政府采购合同总额为 298.16 亿元，中小微企业获得货物类政府采购合同总额为 224.80 亿元，占货物类总额的 84.79%；工程类政府采购合同总额为 438.26 亿元，占工程类总额的 65.13%；服务类政府采购合同总额为 268.13 亿元，占服务类总额的 90.98%。此外，2012 年，广东全省采购节能产品 75.46 亿元、环保产品 40.55 亿元，分别占同类产品的 79.57% 和 47.08%。

2012 年，依托广东省政府采购网，对政府采购信息予以全方位公开。通过广东省电子政府采购平台可查询商品信息 53 642 条，商品配件信息 14 218 条。为打破协议供货商的价格联盟，通过电子反拍模式、公开“最新成交价”和“最低报价”等来降低采购价格。2012 年，省直单位共进行电子反拍 3 593 笔，较上年增加了 2 470 笔，全年累计节约资金 1 412.55 万元。

此外，2012 年，地市政府采购规模为 1 092.81 亿元，占全省政府采购总规模的 88.65%，较上年增长了 150.22 亿元。其中，地级以上市政府采购规模为 730.71 亿元，同比增加了 132.48 亿元；市（县）级政府采购规模为 362.10 亿元。

（记者：程红琳，2013 年 8 月 14 日，《中国财经报》）

广东进一步推进政采信用担保试点工作

就过去试点中存在的推进力度不强、业务范围单一、规模偏小等问题提出 5 点要求

近日，广东省财政厅印发《关于进一步推进政府采购信用担保试点工作的通知》（以下简称《通知》），就政府采购信用担保试点工作推进过程中存在的推进力度不强、业务范围单一、规模偏小等问题，提出进一步推进该项工作的 5 点意见。

据了解，这 5 点意见包括高度重视，加强领导，充分认识政府采购信用担保试点工作的重要意义；明确目标，统筹推进，加大政府采购信用担保试点工作的实施力度；

加强宣传，扩大影响，营造政府采购信用担保试点工作良好舆论氛围；加强管理，落实责任，认真做好政府采购信用担保试点工作的引导和监管等。

在加大政府采购信用担保试点工作的实施力度方面，《通知》要求，各试点地区要针对投标担保、履约担保和融资担保业务分别制订切实有效地推进方案，力争实现业务范围的全面突破。试点地区财政部门要因地制宜地制定具体的操作流程和担保费用标准，统筹安排宣传推动和监督检查。

在建立健全政府采购信用担保协作机制方面，《通知》要求各试点地区财政部门促进金融机构与中标供应商的信息对接，积极为金融机构提供政府采购项目相关信息的查询、核对服务；为信用等级较高的中小企业提供政策保障，方便金融机构为其提供便捷、高效的融资渠道，并给予优惠和支持。《通知》明确，各试点地区可结合本地实际，择优选择金融机构作为融资担保业务的合作机构，共同推进政府采购信用担保工作。

《通知》明确，各试点地区财政部门要加快本地区政府采购诚信体系建设，完善中小企业政府采购信用档案，加强对政府采购信用担保项目的跟踪管理，防范和降低信用担保风险。同时，要为企业创造公平的试点工作环境，不得以用不正当理由设置障碍，阻挠企业尤其是中小企业参与政府采购信用担保业务。广东省财政厅将择时对该项工作进行评估。

据悉，广东省财政厅于2011年底确定省级、广州市和东莞市为该省首批试点地区。

（记者：边琛瑶，2013年8月28日《中国财经报》）

广东全力支持救灾复产重建

及时启动级灾应急工作机制、拟订资金安排一揽子计划，其中包括省直部门公用经费压减5%所节约的全部资金

近日，广东省遭遇1951年以来范围最大的特大暴雨洪涝灾害。为支持灾区防汛救灾和灾后重建工作，广东省委、省政府决定，今年省直部门公用经费压减5%，节约的资金将全部用于防灾救灾和受灾群众救助工作。按照省委、省政府的统一部署，省财政厅迅速反应，切实履行职责，全力以赴支持防汛救灾复产工作。

省财政厅厅长曾志权随同省领导深入受灾一线，了解灾情、指导抗灾救灾工作。厅里还及时启动救灾应急工作机制，实行救灾复产值班和联络员制度、信息传递和报告制度、资金应急保障制度，并主动与三防、水利、民政、交通、农业等省直有关部门和市县财政部门联系，加强汛情沟通，随时了解掌握灾情发展变化，及时汇报灾情信息。科学迅速拟订省财政支持受灾市防汛救灾及复产重建省级补助资金安排一揽子计划。同时，通过统筹预留救灾资金、预算专项安排、压减省级公用经费、争取中央支持等方式，积极筹措救灾资金，为防汛救灾复产提供资金支持。据统计，目前广东省已多渠道筹集18.76亿元财政资金用于全省下一步救灾复产重建工作，其中中央财政拟拨付1.68亿元，省财政统筹安排12.26亿元，市县两级财政统筹安排4.82亿元。其中，按照广东省委、省政府决定，广东今年省直部门公用经费压减5%，节约的资金将全部用于防灾救灾和受灾群众救助工作。

据悉，截至8月25日，此次灾害共造成全省17个市100个县（市、区）1 020个乡镇共计842.83万人受灾，倒塌房屋24 661间，紧急转移人口125.11万人，因灾死亡43人，失踪7人，直接经济总损失163.19亿元，其中水利设施直接经济损失29.78亿元。

为确保救灾资金及时拨付到位，省财政厅启动紧急资金拨付程序，做到人员时刻在岗、资金实时优先拨付，专人办理跟踪报告。目前已第一时间拨付各项救灾复产省级补助资金共计1.5亿元，包括省级救灾补助资金9 500万元、下达自然灾害应急救助资金2 500万元和水毁公路抢修保通资金3 000万元。同时，联合纪检、审计等部门切实加强对救灾复产资金的监管，确保资金足额落实到位。

目前，广东仍未度过主汛期，台风仍处于活跃阶段，受灾群众生活保障、灾区复产和水毁基础设施完全修复的任务十分艰巨。下一步，广东省财政部门将密切关注灾情变化，主动多渠道筹措各项救灾资金；按急事急办、特事特办的原则，继续做好救灾资金安排、拨付等工作，全力支持受灾地区，特别是重灾区的救灾复产等工作；加强救灾资金监督和绩效管理。

（记者：李桦，2013年9月3日《中国财经报》）

2013 年度广东择优再助 400 家社会组织

广东省将通过竞争性评审，择优选择不超过 400 家的非营利性社会组织进行分类扶持

日前，广东省财政厅、民政厅联合印发《2013 年度广东省省级培育发展社会组织专项资金申报指南》（以下简称《指南》），将根据 2013 年度广东省省级预算，择优选择不超过 400 家的社会组织实行分类扶持，名额上限比去年增加 40 个。《指南》确定的扶持对象为：公益服务类、学术联谊类、群众生活类、行业协会类、公证仲裁类等非营利性社会组织。根据《广东省省级培育发展社会组织专项资金管理暂行办法》（粤财行〔2012〕245 号）第 4 条规定，已经获得 2012 年度省级培育发展社会组织专项资金的社会组织不纳入 2013 年度资金扶持范围。

《指南》明确，择优选择不超过 400 家的社会组织实行分类扶持。其中，公益服务类社会组织每家 30 万元，最高不超过 200 家；学术联谊类、群众生活类社会组织每家 20 万元，最高不超过 100 家；行业协会类、公证仲裁类社会组织每家 10 万元，最高不超过 100 家。发挥枢纽作用的社会组织，统一按 30 万元予以扶持。此次专项资金将严格按照《广东省省级培育发展社会组织专项资金管理暂行办法》实行竞争性评审，财政厅、民政厅等有关部门将委托代理机构通过公开招标的方法，确定两个第三方代理机构，由其分别负责受理社会组织的申报和初审、终审，并最终确定 2013 年度广东省省级培育发展社会组织专项资金的入选社会组织名单和受助金额。《指南》详细列明了申报条件和材料。2013 年度广东省省级培育发展社会组织专项资金申报受理时间为 11 月 1－6 日。

据了解，省级培育发展社会组织专项资金从 2012 年起设立，用于支持社会组织有效承接政府职能转移、购买服务和授权委托事项，支持社会组织培育服务品牌，提供公共产品和公益支持。2012 年，广东省内共有 374 家社会组织获 8 700 万元专项资金扶持。

据悉，开展财政资金竞争性分配改革，是广东省解放思想，开拓创新，探索财政资金分配方式，提高财政资金使用效益的重要举措。省级培育发展社会组织专项资金分配，政府部门主要负责制定规则和监督，通过公开招标引入第三方机构，由第三方机构负责资金申报受理和初审、终审，是财政资金竞争性分配改革的有效延伸，既体现了公开公平公正，又充分发挥了第三方机构的专业性，有利于社会机构参与社会管理，将对广东省财政管理和社会建设产生深远的影响。

（2013 年 10 月 22 日《政府采购报》）

进一步健全预算绩效管理体系

广东预算绩效管理改革历经 10 年的探索创新，初步构建了“横向到边、纵向到底”的预算绩效管理体系，2012 年、2013 年连续两年在财政部预算绩效管理考核中获全国第一。但是，与建立健全绩效优先、约束有力、规范透明的支出管理体制的要求仍有差距。下一步，广东将继续深化预算绩效管理的实践探索和理论研究，以实现横向覆盖部门预算、专项资金、财政综合支出等各类财政支出，纵向覆盖“预算编制有目标、预算执行有监控、预算完成有评价、评价结果有反馈、反馈结果有应用”全过程为总目标，努力构建起以健全的制度体系为依据，以完善的运行机制为抓手，以科学的基础要件为支撑的预算绩效管理体系。

进一步强化制度支撑　增强预算绩效管理权威性

目前广东预算绩效管理工作仍处于探索推进阶段，下

一步要取得新突破，必须抓紧开展相关地方立法工作，巩固改革成果和工作经验，强化制度支撑，为深化改革创新提供坚实保障。

一方面，力争尽快制定本省政府层面的预算绩效管理规章办法，确立预算单位、主管部门、监管部门、第三方机构等各个主体的绩效责任，确保各项管理工作有章可循，提高预算绩效管理的权威性和执行力。同时，逐步健全各类绩效管理规范性文件，制定完善统一的工作流程、操作规程及业务规范，提高绩效管理基础质量。

另一方面，进一步确立预算绩效管理是政府绩效管理重要组成部分的理念和原则，通过完善制度把预算绩效管理纳入政府绩效管理框架，调动政府各部门的积极性，提升预算绩效管理的工作层次和约束力。

进一步深化改革创新　完善预算绩效管理机制

一是完善部门预算绩效管理机制。通过修订完善管理规程，优化评审指标及科学设置标准，提升部门预算支出项目绩效目标管理水平；通过强化部门绩效主体责任，改进审核、批复及结果公开机制，提高部门预算项目支出绩效自评工作质量；注重与预算管理的对接融合，完善部门预算项目支出绩效管理结果应用机制。

二是完善财政专项资金绩效管理机制。除部分涉及普惠性政策等特殊专项经费和用于保障人员、工作运行的专项经费外，对大多数财政专项资金实施竞争性分配绩效管理，将以绩效为导向的竞争理念全面引入专项资金管理，并覆盖资金设立、分配、支出、结果等环节。在专项资金设立环节，对申请设立的财政专项资金，由主管部门申报绩效总体目标，经财政部门审核确认后，作为审批设立的重要依据；在资金分配环节，申报财政专项资金支出项目的单位，按规定同时申报项目绩效目标，并将绩效目标评审结果作为项目安排的主要依据。在资金使用环节，依托财政绩效管理信息系统等技术支撑，及时跟踪专项资金支出进度和使用效益，开展支出项目现场绩效督查，促进专项资金支付效率和使用效益的双提高。在资金支出结果环节，着力完善“主管部门、资金使用单位全面实施绩效自评与财政部门组织开展重点评价或委托第三方评价相结合”的评价管理机制；完善绩效管理结果应用机制，建立与预算安排紧密挂钩的办法，探索绩效管理结果通报、公开制度，探索建立绩效责任约束机制。

三是探索建立财政综合支出绩效管理机制。首先，在总结基本公共服务均等化考评、“十件民生实事”资金评价等实践经验的基础上，完善分类财政支出绩效评价，提供民生保障、公共服务、扶持产业、环境保护等各类支出的综合绩效评价，为政府实施经济社会发展等各类重大决策提供绩效参考。其次，通过试点探索，逐步推进部门预算整体支出绩效管理，健全“预算编制有绩效目标评审，预算执行过程有绩效跟踪，预算执行结束有绩效评价与绩效问责”的全过程绩效管理机制。最后，根据建设效能政府的要求，探索研究一级政府整体财政支出综合绩效评价的内容、方法和标准，并在条件成熟时，探索开展一级政府整体财政支出综合绩效评价试点。

四是完善多元化评价管理机制。构建主管部门和资金使用单位绩效自评、财政部门实施重点评价以及引入第三方中介机构评价相结合的多元化评价体系，提高绩效评价的科学性和公信力，强化绩效责任制约。完善自评管理规范，重点以评价指标和标准为核心，对自评要求、自评审核、自评意见反馈、自评报告公开等各个环节进行规范，并依托信息系统提升自评管理效率。在重点评价方面，完善责任主体提供自评绩效信息、评价主体核实绩效信息、实施现场评价，形成综合评价结果并在一定范围内公开的评价实施机制，评价过程充分征询专家意见，并引入满意度问卷调查，以提升评价公信力和科学性。深化第三方评价，将管理范围从针对部分财政专项资金逐步向覆盖适于第三方评价的大部分财政专项资金转变，从事后评价向涵盖预算编制、预算执行和预算监督等预算管理全过程转变。在加强对第三方评价质量监控的基础上，进一步优化流程，精简程序，提高效率，以适应第三方评价的全面推广。此外，第三方在评价过程中要适当引入公众、专家、人大代表和政协委员等意见，扩大群众参与度，构建评价的民意基础。

进一步强化结果应用　建立预算绩效约束机制

要将绩效目标评审结果作为部门预算编制的重要依据，凡是未通过绩效目标评审的，原则上不能列入部门预算编制范围；通过绩效目标评审而因财力问题暂时不能列入部门预算的，列入项目备选库，在以后年度预算安排或其他预算安排中优先予以考虑。

构建评价结果与财政资金安排挂钩的管理机制，对绩效评价结果为差的，特别是到期财政专项资金，原则上收回安排或调整安排；对绩效评价结果为中、低的财政专项资金，减少预算安排或调整支出结构；对绩效评价结果为优的财政专项资金，根据财力可能，给予适当增加扶持。

构建评价整改措施备案核查机制、部门效能建设挂钩机制、依规将评价结果向社会公开机制等，利用多种力量，扩大管理结果的积极影响，增强结果应用的公信力和约束力。

进一步夯实工作基础　推进预算绩效管理系统建设

通过管理基础要件构建，形成倒逼机制，推进绩效管理制度机制建设的科学、规范、高效，重点要做到“三化”：

一是指标标准科学化。着眼于纵横可比、不同类项可比，专题研究制定三级共性指标框架。收集历年来实施评价的各类专项、项目的个性指标，作为四级指标选配的个性指标信息。利用绩效管理信息系统建立指标库，将个性指标入库实行动态管理，并设计智能匹配程序，自动和人工优化相结合，以实现具体绩效管理指标选配的便利化和科学化。同时，广泛收集整理和建立财政支出绩效标准及绩效评价标准库，并使之与指标体系相勾连，强化管理的技术支撑保障。

二是管理手段信息化。在预算绩效管理信息系统一期建设的基础上，结合省委、省政府实施的“大数据战略”要求，完成系统的总体建设，涵盖部门预算、财政专项资金、财政综合支出绩效管理，以及评价指标和标准库、项目库、专家库、政策法规、宏观经济库等内容，构建相对独立又与财政内部业务高度兼容，并可适应外部网络环境的内外通环的综合智能系统，利用信息平台收集、处理、分析、运用财政支出及其绩效表现的有关数据，达成对预算绩效管理全方位、全过程的支撑和保障，逐步实现数据收集和统计分析自动化、指标及标准体系系统化、管理运行网络化、管理程序规范化、全省交换应用一体化。

三是评价队伍优质化。一方面，坚持抓好对财政系统和预算部门的业务培训，以及对专家群体和第三方机构的服务选购、规范管理与必要的引导培训，培育一支政策水平高、综合素质好、执行能力强、工作绩效优的评价队伍；另一方面，切实研究财政系统内部以及与预算部门的责任分工，理顺职能，明确责任，并形成制度机制，以保证管理工作的常态化和可持续性。

（作者：曾志权，2013 年 11 月 26 日《中国财经报》）

省级

广东省财政专项资金扶持社会组织

分三类，分别扶持30万、20万、10万
360家社会组织获提名，今起公示7天

近日，负责省级培育发展社会组织专项资金（以下简称“专项资金”）终审的第三方机构省机电设备招标公司向省财政厅提交了终审报告。经过激烈竞争，1 084家申报2012年度专项资金扶持的社会组织中，360家社会组织得到了专家青睐，获得专项资金扶持提名。

根据《中共广东省委广东省人民政府关于加强社会建设的决定》，从今年起省财政对成立3年内符合一定条件的公益服务类、行业协会类、学术联谊类、公证仲裁类、群众生活类、枢纽型社会组织等非营利性社会组织分类给予一次性补助。

据了解，2012年度申报专项资金扶持的社会组织共1 084家，初审划分为行业协会类314家、公益类402家、学术联谊和公正仲裁及群众生活等类350家，发挥枢纽作用的社会组织18家。通过资格审查的社会组织共1 009家，其中：行业协会类295家、公益类378家、学术联谊和公正仲裁及群众生活等类318家，发挥枢纽作用的社会组织18家。未通过资格审查的社会组织75家。终审报告提出专项资金扶持360家，其中行业协会类200家（发挥枢纽作用的社会组织12家）、公益类80家、学术联谊和公正仲裁及群众生活等类80家（发挥枢纽作用的社会组织1家）。

针对当前社会经济发展需要，尤其是深化政府行政审批制度改革和向社会转移政府职能的实际，本次扶持社会组织分为三大类，实行分类扶持，其中重点扶持行业协会和发挥枢纽作用的社会组织。按照省级培育发展社会组织专项资金管理相关规定，省财政厅、省民政厅拟对终审报告提出的360家社会组织按照行业协会类30万元、公益类20万元、学术联谊和公正仲裁及群众生活等类10万元，其中发挥枢纽性作用的社会组织不分类别按30万元予以扶持。

值得一提的是，省财政厅在分配资金过程中，创新竞争性分配机制，全国首次通过公开招标确定第三方机构，并由第三方机构负责组织专家进行竞争性评审确定资金扶持对象，确保资金分配公平公正和效益最大化。

据悉，本次公示为期7天。第三方机构出具的初审报告和终审报告以及初审和终审评审办法同时在省财政厅网站（www. gdczt. com），省民政厅网站（www. gdmz. gov. cn），省政府采购网站（www. gdgpo. gov. cn）公示。如有异议，请在公示时间内以实名向负责初审的省机电设备招标中心（电话：62791876，王女士，传真：62791874）和负责终审的省机电设备招标公司（电话：83547112，陈先生，传真：83540304）反映。

（记者：卢轶，通讯员：岳才轩，2013年1月4日《南方日报》）

欧广源率省人大代表视察省财政厅，建议研究调整转移支付结构

对欠发达地区要多予少取

昨日，省人大常委会主任欧广源率省人大代表视察省财政厅，听取了我省2012年预算执行和2013年预算草案编制情况，2012年农业、教育、科技、文化、卫生、社会保障等重点民生支出的资金使用情况及2013年的安排情况等汇报。省委常委、常务副省长徐少华，省人大常委会副主任陈继兴等参加了视察活动。

省财政厅厅长曾志权“报喜”：2007 年以来，我省财政收入几乎翻番。2007 年，来源于整个广东的全口径收入才 7 750 亿元，到 2012 年是 14 000 多亿元；2007 年全省地方公共财政预算收入是 2 786 亿元，到 2012 年是 6 228 亿元；2007 年的省级公共财政预算收入是 625 亿元，到 2012 年是 1 381 亿元，每年收入都在增长。

在听到 2013 年省级新增财力继续向基层、向欠发达地区、向重点区域倾斜时，欧广源强调，广东要真正实现全面发展，率先实现现代化，必须解决区域协调发展的问题。他打了个形象的比喻：“假如广东是一只鸟，珠江三角洲就是鸟的头部、身体，东西两翼就是鸟的翅膀，粤北山区就是鸟的尾巴。头昂首阔步，但两翼飞不起来，尾巴拖住，就飞得不快。”他说，东西两翼和粤北山区潜力巨大，条件很好，大力发展东西两翼粤北山区是广东今后的方向。所以，财政的支持很重要。对欠发达地区要多予少取，切实缩小差距，推动区域协调发展。

欧广源建议，要研究调整转移支付结构，增加一般性转移支付特别是均衡性转移支付的规模和比例；规范专项转移支付，提高专项转移支付的透明度；逐步减少下级财政在专项转移支付中的资金配套数额，减轻欠发达地区的财政负担，充分发挥专项转移支付资金在促进基本公共服务均等化的积极作用；加快建立以纵向转移支付为主、横向转移支付为辅的财政转移支付模式。

在视察中，省人大代表们十分关注对政府“钱袋子”的监督。徐少华表示，对财政收支预算的监督是人大对政府监督的很重要的组成部分，要切实增强财政预算的权威性，在年初财政预算编制时通盘考虑各项重要工作和日常工作，无特殊情况不应随意增减财政开支，以保证预算执行的刚性。同时，期待每位人大代表既关注每一个项目、每一笔钱的收支，更要全面监督人代会审议通过的预算能否正常执行。

（记者：辛均庆，通讯员：任宣、岳才轩；2013 年 1 月 5 日《南方日报》）

广东去年十件民生实事超额完成

今年十件民生实事也将明确，我省将继续加大财政投入建立普惠共享长效机制

昨日上午，省政府在广州召开新闻发布会，就去年省十件民生实事完成情况进行通报。截至 2012 年底，省确定的十件民生实事全部圆满完成，取得了良好的成效，其中还有不少任务超额完成。

会上，省政府新闻发言人、省政府办公厅副主任张爱军通报了 2012 年我省十件民生实事的总体完成情况，省人力资源和社会保障厅、住房和城乡建设厅、财政厅等有关负责同志介绍了各自牵头的民生实事的完成情况。

扩大就业等超额完成任务

通报称，省委、省政府历来高度重视民生工作，把改善和保障民生作为工作的出发点和落脚点，2011 年、2012 年连续两年将十件民生实事写入省政府工作报告，并采取一系列有效措施，集中力量为人民群众办实事。

据张爱军介绍，2012 年，全省各地、各有关部门按照省委、省政府的决策部署，加强组织领导、加大资金投入、狠抓工作落实，扎扎实实办好就业、住房、教育、文化、医疗、物价、食品安全等领域的实事。

截至 2012 年底，省确定的十件民生实事全部圆满完成，取得了良好的成效，其中还有不少任务超额完成。比如，在扩大就业方面，全省累计城镇新增就业 167.5 万人、失业人员再就业 68.5 万人、促进创业 12.96 万人、新增转移农村劳动力 97.6 万人，分别完成年度目标任务的 139.6%、114.2%、129.6% 和 122%。

经济严峻但惠民投入不惜财

值得注意的是，在经济形势严峻和财税收入增幅大幅回落之年，我省惠民投入仍不吝财力。全省安排用于十件民生实事的资金为 1 424.35 亿元，全年共投入资金 1 649.81 亿元，完成全年预算的 115.83%，圆满完成各项工作任务。其中，省级财政安排用于十件民生实事的资金 446.38 亿元，全年共投入资金 523.01 亿元，完成全年预算的 117.17%。

资金具体分布为，进行扩大就业投入 13.01 亿元，保障性住房建设方面投入了 44.30 亿元，提高社会保障水平方面投入了 79.36 亿元，深入开展价格惠民方面共投入了 151.49 亿元，优化城乡基本医疗卫生服务方面投入了 84.85 亿元，推进文化惠民方面共投入了 10.6 亿元，促进城乡教育协调发展投入了 88.18 亿元，强化养老助残服务方面投入了 23.49 亿元，改善外来务工人员工作生活条件方面共投入了 9.8 亿元，在食品安全方面总共投入了 17.93 亿元。

今年十件民生实事也将明确

“朱小丹省长将在向省十二届人代会所作的政府工作报告中，明确 2013 年省十件民生实事。”张爱军表示，省政府将继续加大财政投入，优化财政资金使用，创新办理实

事的方法路径，建立普惠共享长效机制，使民生工作相关制度措施更加成熟、更加规范、更具实效，最大限度地增进民生福祉。

亮点1　积分入户政策已覆盖全省

据省人社厅副厅长葛国兴介绍，由该厅牵头的民生实事年度任务均已完成。

一是新增异地务工人员参加工伤保险任务全面完成。截至2012年11月底，我省异地务工人员工伤保险参保人数1 972.6万人，比2011年底增加63万人，完成任务数的160%。预计12月底参保人数与11月保持平衡。

二是积分入户城镇政策已覆盖全省。21个地级市的积分入户政策适用对象范围全部扩大至在粤务工城乡劳动者，许多地区将申请人员连续居住时间、工作年限等作为积分加分指标项目，鼓励稳定的异地务工人员入户城镇。

三是积极推进高技能人才入户城镇。各地认真落实省政府《关于做好高技能人才入户城镇工作的意见》，完善配套措施，开设专门窗口，提供一站式便民服务，2012年，全省93.13万高技能人才入户城镇，完成任务数的105.48%。

四是资助优秀异地务工人员入读高等院校任务全面完成。深入实施“圆梦计划”，2012年共资助1万名新生代异地务工人员就读高等学校。

五是取消流动人口治安管理费。从2012年8月1日起，全省各地取消流动人员治安联防费。

亮点2　平价商店已建超3 000家

省财政厅牵头负责的“深入开展价格惠民”已按工作目标完成，共投入151.49亿元，全面完成了工作目标。

一是在元旦、春节期间为城乡困难群众发放价格临时补贴资金10.36亿元，有效缓解困难群体因物价上涨造成的生活困难。包括向全省城市低保对象一次性发放每人450元、农村低保对象每人350元、优抚对象和新中国成立前老党员每人510元的价格临时补贴。

二是提高我省城乡低保补贴、五保供养水平，共投入20.67亿元。

三是落实下达对农民的农资综合直补、成品油价格、农作物良种等各项补贴资金，共投入120.82亿元。特别是种粮直补和农资综合补贴，惠及了738.71万户种粮农民。

四是落实推进平价商店进社区乡镇，特别是在省物价局的大力支持下，2012年全省平价商店超过了3 000家，从省级的价格调节金中安排并拨付了3亿元用于推进平价商店、大棚蔬菜、冷藏设施“三项建设”，加快平价商店进社区进乡镇建设步伐；从省级价格调节基金中安排并拨付1.7亿元，用于支持供销系统平价商店和现代流通服务“农超对接”建设工作。

亮点3　设108个食品安全监测点

食品安全问题近年来备受关注，抓好食品安全也是十件民生实事之一。据省食品安全委员会办公室专职副主任吴圣明介绍，我国目前食品监管体制是分头监管，省食安办会同省经信、农业、卫生、工商、海洋渔业、质监、食品药品监管、广东出入境检验检疫等相关部门，将食品安全民生实事工作与“三打两建”相结合，突出长效建设，强化进度安排，组织检查督导，提前并超额完成了2012年食品安全民生实事工作任务。

一是建立健全食品安全风险监测网络方面。省卫生厅牵头建立健全覆盖省、市、县并延伸到乡镇的食品安全风险监测网络，印发了《广东省食品安全风险监测网络建设方案》，建成由省级实验室为龙头，市级监测机构作为骨干，县级为辅助力量的风险监测网络。这个网络涵盖了食源性疾病、食品中化学污染物及有害因素以及食源性致病菌监测的网络。

目前，省级已设立11个监测实验室，每个市、县均建立了食品安全风险监测机构，设立食品安全风险监测点合共108个。依靠该网络，我省提前并顺利完成了2012年国家规定的食源性疾病及食源性致病菌监测任务，完成了全年国家规定化学污染物及有害因素监测任务以及全年重点品种监测任务采样及检测工作。

二是评选设立食品安全示范点工作方面。根据食品产业情况，1.5万家食品安全示范点共划分为10类评选设立，涉及食用农产品和食品安全监管整个链条，由7个食品安全监管职能部门负责示范点建设具体任务管理。目前，有16 456家企业通过考评验收成为示范点，超额完成1 456家，完成率110%。

2012年省十件民生实事完成情况

1. 千方百计扩大就业。全省累计城镇新增就业167.5万人、失业人员再就业68.5万人、促进创业12.96万人、新增转移农村劳动力97.6万人，分别完成年度目标任务的139.6%、114.2%、129.6%和122%，都是超额完成。城镇登记失业率2.48%，控制在目标任务以内。

2. 加强保障型住房建设。全省开工建设保障性住房、棚户区改造住房15.65万套，新增发放租赁补贴1.02万户，分别完成年度目标任务的108.8%、134.5%。农村危房改造开工10万户、竣工9.93万户。850个不具备生产生活条件的村庄近1.5万户搬迁建房全部完成。渔民安居住房建设完成1 374户，华侨农场危房改造开工1.1万余户，竣工5 825户，全面完成任务。

3. 提高社会保障水平。全省城镇职工基本养老、基本医疗、失业、工伤、生育五大险种参保人数分别达3 965万、8 420万、1 990万、2 943万、2 483万人，城乡居民养老保险参保人数达2 460万人，全部超额完成任务。圆满完成基本养老金年度调整工作，调整后全省350万企业退休人员基本养老金提高到1 821元，增幅达10.4%。城乡居民医保待遇水平进一步提高，新农合和城镇居民医保补助标准由每人每年200元提高到240元，职工医保、居民医保政策范围内住院支付比例平均分别达到87%和73%。

4. 深入开展价格惠民。为276万城乡低保对象、农村五保对象、享受国家抚恤补助对象及新中国成立前老党员补贴对象发放价格临时补贴10.36亿元，下达城乡最低生活保障补助资金20.66亿元，下达全省兑付农民的农资综合直补、成品油价格、农作物良种等各项补贴资金120.82亿元。安排1.7亿元支持供销系统平价商店和现代流通服务“农超对接”建设，建成平价商店4 118家。

5. 优化城乡基本医疗卫生服务。拨付9.7亿元事业费支持经济欠发达地区乡镇卫生院、社区卫生服务机构。在各地市及16个县（市）级公立医院开展改革试点工作，出台配套政策。以奖代补1亿元支持基层医疗卫生机构实施国家基本药物制度和综合改革，支持欠发达地区设立53个省级临床重点专科，共850人参加全科医师转岗培训。

6. 推进文化惠民。40个欠发达县（市、区）级公共图书馆、文化馆、博物馆和100个乡镇（街道）综合文化站完成主体工程和改扩建工程。通过资源整合、添置设备等措施，建设1 000个行政村（社区）文化室，新建农家书屋7 815家，实现全省行政村全覆盖。农村电影公益放映近27.7万场次，观众达6 585万人次。新建乡镇农民健身工程325个，完成年度任务的252%。

7. 促进城乡教育协调发展。建设1 215所义务教育规范化学校，其中1 177所竣工，分别完成年度任务的121.5%、117.7%。建设315所规范化乡镇中心幼儿园，其中294所竣工，分别完成年度任务的126.0%、117.6%。建成546所村级幼儿园，完成年度任务的109.2%。省和各市均已实施学前教育资助制度。全省免费义务教育公用经费补助标准调整为小学550元/学年、初中750元/学年。确定“十二五”期间省每年安排5亿元实施“强师工程”，并适度向经济欠发达地区倾斜。

8. 强化养老助残服务。大力开展“敬老爱老助老工程”和“爱心助行惠万家”活动，从2012年起全面启动农村养老服务建设“幸福计划”。新建养老福利机构20家及省级居家养老服务示范中心15家。“爱心助行惠万家”助残活动已为失肢残疾人完成免费装配假肢服务592例。

9. 改善异地务工人员工作生活条件。异地务工人员参加省工伤保险人数达1 972.6万人，完成年度任务的160%。全省积分入户政策扩大至在粤务工城乡劳动者，特别是全年共有93.13万高技能人才入户城镇，完成年度任务的105.5%。实施资助在粤新生代产业工人就读高等学校的“圆梦计划”，截至2012年底报名超过3万人，录取1万人。全面取消流动人员治安联防费。

10. 抓好食品安全。设立省级食品安全风险监测机构11家和108个监测点，初步建立覆盖省、市、县并延伸到乡镇的食品污染物监测网。依托省、市、县三级疾控系统和27家哨点医院建立覆盖全省的食源性疾病报告网络，完成国家规定的全年食源性致病菌、化学污染物及有害因素监测任务，完成重点品种监测任务采样及监测工作。分10类评设生猪屠宰、食品流通和生产加工、餐饮企业等16 456个食品安全示范点，完成年初目标的110%。

（记者：黄应来，2013年1月17日《南方日报》）

广东去年投逾两千亿元改善民生

广东十件民生实事全部圆满完成

昨日，广东省政府新闻办公室向媒体通报了2012年广东省十件民生实事完成情况。广东省政府新闻发言人、省政府办公厅副主任张爱军宣布，去年全年省财政共投入523.01亿元、各级财政累计投入1 649.81亿元重点保障十件民生实事落实。截至2012年底，省确定的十件民生实事全部圆满完成。

张爱军说，省委、省政府历来高度重视民生工作，把改善和保障民生作为工作的出发点和落脚点，2011年、2012年连续两年将十件民生实事写入省政府工作报告，并采取一系列有效措施，集中力量为人民群众办实事。2012年，全省各地、各有关部门按照省委、省政府的决策部署，加强组织领导、加大资金投入、狠抓工作落实，扎扎实实办好就业、住房、教育、文化、医疗、物价、食品安全等领域民生实事。

张爱军透露，朱小丹省长将在向省十二届人代会所作的政府工作报告中，明确2013年省十件民生实事。省政府将继续加大财政投入，优化财政资金使用，创新办理实事的方法路径，建立普惠共享长效机制，使民生工作相关制度措施更加成熟、更加规范、更具实效，最大限度地增进民生福祉。

千方百计扩大就业：新增就业167.5万人

全省累计城镇新增就业167.5万人、失业人员再就业68.5万人、促进创业12.96万人、新增转移农村劳动力97.6万人，分别完成年度目标任务的139.6%、114.2%、129.6%和122%。城镇登记失业率2.48%，控制在目标任务以内。

加强保障性住房建设：开建保障房改造房15.65万套

全省开工建设保障性住房、棚户区改造住房15.65万套，新增发放租赁补贴1.02万户，分别完成年度目标任务的108.8%、134.5%。农村危房改造开工10万户、竣工9.93万户。850个不具备生产生活条件的村庄近1.5万户搬迁建房全部完成。渔民安居住房建设完成1 374户，华侨农场危房改造开工1.1万余户，竣工5 825户，全面完成任务。

提高社会保障水平：基本养老参保人数达3 965万

全省城镇职工基本养老、基本医疗、失业、工伤、生育五大险种参保人数分别达到3 965万、8 420万、1 990万、2 943万、2 483万人，城乡居民养老保险参保人数达2 460万人，全部超额完成任务。圆满完成基本养老金年度调整工作，调整后全省350万企业退休人员基本养老金提高到1 821元，增幅达10.4%。城乡居民医保待遇水平进一步提高，新农合和城镇居民医保补助标准由每人每年200元提高到240元，职工医保、居民医保政策范围内住院支付比例平均分别达到87%和73%。

深入开展价格惠民：建成平价商店4 118家

为276万城乡低保对象、农村五保对象、享受国家抚恤补助对象及新中国成立前老党员补贴对象发放价格临时补贴10.36亿元，下达城乡最低生活保障补助资金20.66亿元，下达全省兑付农民的农资综合直补、成品油价格、农作物良种等各项补贴资金120.82亿元。安排1.7亿元支持供销系统平价商店和现代流通服务“农超对接”建设，建成平价商店4 118家。

优化城乡基本医疗卫生服务：拨付9.7亿元事业费

拨付9.7亿元事业费支持经济欠发达地区乡镇卫生院、社区卫生服务机构。在各地市及16个县（市）级公立医院开展改革试点工作，出台配套政策。以奖代补1亿元支持基层医疗卫生机构实施国家基本药物制度和综合改革，支持欠发达地区设立53个省级临床重点专科，共850人参加全科医师转岗培训。

推进文化惠民：新建农家书屋7 815家

40个欠发达县（市、区）级公共图书馆、文化馆、博物馆和100个乡镇（街道）综合文化站完成主体工程和改扩建工程。通过资源整合、添置设备等措施，建设1 000个行政村（社区）文化室，新建农家书屋7 815家，实现全省行政村全覆盖。农村电影公益放映近27.7万场次，观众达6 585万人次。新建乡镇农民健身工程325个，完成年度任务的252%。

促进城乡教育协调发展：每年5亿元实施“强师工程”

建设1 215所义务教育规范化学校，其中1 177所竣工，分别完成年度任务的121.5%、117.7%。建设315所规范化乡镇中心幼儿园，其中294所竣工，分别完成年度任务的126.0%、117.6%。建成546所村级幼儿园，完成年度任务的109.2%。省和各市均已实施学前教育资助制度。全省免费义务教育公用经费补助标准调整为小学550元/学年、初中750元/学年。确定“十二五”期间省每年安排5亿元实施“强师工程”，并适度向经济欠发达地区倾斜。

强化养老助残服务：新建养老福利机构20家

大力开展“敬老爱老助老工程”和“爱心助行惠万家”活动，从2012年起全面启动农村养老服务建设“幸福计划”。新建养老福利机构20家及省级居家养老服务示范中心15家。“爱心助行惠万家”助残活动已为失肢残疾人完成免费装配假肢服务592例。

改善异地务工人员工作生活条件：参加省工伤保险人数完成160%

异地务工人员参加省工伤保险人数达1 972.6万人，完成年度任务的160%。全省积分入户政策扩大至在粤务工城乡劳动者，特别是全年共有93.13万高技能人才入户城镇，完成年度任务的105.5%。

实施资助在粤新生代产业工人就读高等学校的“圆梦计划”，截至2012年底报名超过3万人，录取1万人。全面取消流动人员治安联防费。

抓好食品安全：108个监测点覆盖全省

设立省级食品安全风险监测机构11家和108个监测点，初步建立覆盖省、市、县并延伸到乡镇的食品污染物监测网。依托省、市、县三级疾控系统和27家哨点医院建立覆盖全省的食源性疾病报告网络，完成国家规定的全年食源性致病菌、化学污染物及有害因素监测任务，完成重点品种监测任务采样及监测工作。分10类评设生猪屠宰、食品流通和生产加工、餐饮企业等16 456个食品安全示范点，完成年初目标的110%。

（记者：练情情、耿旭静，2013年1月17日《广州日报》）

省级财政预算首次“晒三公”

预算报告首次以“征求意见稿”方式提前10天交给代表

如何监督好“钱袋子”一直是人大监督政府工作的重要组成部分。在即将召开的广东省十二届人大一次会议上，省人大代表们将首次在年度预算报告和预算草案中看到省级行政经费、“三公”经费预算情况以及省级国有资本经营预算情况。

预算报告提前10天交给代表

在“两会”期间，看不懂、来不及看预算报告是不少人大代表的“尴尬”。省十一届人大财经委副主任委员林秀玉介绍，从2009年起，省级一般预算草案编制就开始“变脸”，由往年列至类级科目细化到列至款级科目，并且首次将省级一般预算支出重点投入情况表提交省人代会审议。

此外，为帮助代表“看懂”预算，林秀玉介绍，财经委要求省财政部门提供对重要领域、关键问题和代表提出的共性问题的说明。“本届代表很明显的感觉是，预算报告中财政部门提供的背景材料越来越多，信息量大大丰富。”同时，省十一届人大常委会统一对代表进行“特训”。2011年，省人大常委会设立“预算工委”，承担审查预决算、审查预算调整方案、监督预算执行方面的具体工作。

此外，针对有代表反映大会期间来不及看预算的情况，省人大财经委也作出了调整。本届以来，省级部门预算编制部署时间逐年提前，今年的预算草案更是历年预算草案提交省人大财经委时间最早的一次。而今年“省两会”前夕，预算报告更是首次以“征求意见稿”方式提前10天以U盘的形式交到代表们的手中。

首次开展重点部门预算审查

今年省人代会即将召开。林秀玉介绍，今年省政府及财政部门在落实“加强对政府全口径预算决算的审查和监督”方面进行新尝试，首次在年度预算报告和预算草案中反映省级行政经费、“三公”经费预算情况以及省级国有资本经营预算情况，同时还细化了省级对市县政府性基金转移支付预算情况。“这在预算公开透明方面，又向前迈进了一大步。”

据介绍，省人代会召开前，常委会预算工委还将首次尝试开展重点部门预算审查。林秀玉说，去年12月就选取了省交通运输厅、省环保厅、省统计局等部门预算进行预审，效果不错。

（作者：吴瑕、朱小勇，2013年1月23日《信息时报》）

2013年省级预算报告深化改革亮点纷呈

省级国有资本经营　预算首次报送人大

明天，省人大代表们经过一周的提前审阅，就将正式开始审议2013年省级预算报告。虽然广大普通读者暂时还看不到这份报告，但笔者已提前从省财政厅获悉，2013年省级预算报告亮点纷呈，较以往有了不小的改变和创新。而当中最大亮点当属首次纳入了广东省级国有资本经营预算并报省人大审批。财政专家表示，这标志着广东省国有资本经营预算制度正式建立，实现了全口径预算编制和监督。

亮点1　全口径预算

国有资本经营预算制度正式确立

按照《国务院关于试行国有资本经营预算的意见》要求，2010年，广东省政府印发了《广东省省级国有资本经营预算试行办法》，规范了省级国有资本经营预算收支范围、预算编制、预算执行、预算监督及绩效评价。

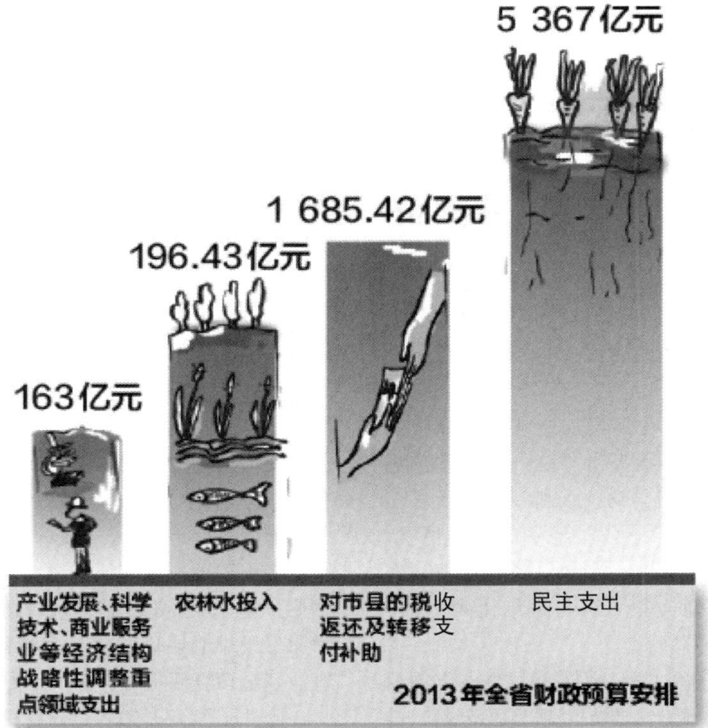

按照《试行办法》规定，2010 年开始试编省级国有资本经营预算。试编期间，省财政厅建章立制，着力规范省级国资预算收入收缴、项目支出管理和决算工作，并引导市县，积极开展我省国有资本经营预算编制工作。2013 年，在试编三年后，省级国有资本经营预算与公共财政预算、政府性基金预算一并报送省人代会审议，进一步扩大政府预算编制范围。

2013 年广东省级国有资本经营预算草案显示，纳入编制范围的企业共 37 户，当年省级国有资本经营预算收入预计 17.85 亿元，省级国有资本经营预算支出安排 17.77 亿元，结余 0.08 亿元。其中：省级国有资本经营预算收入主要来源于省属企业上缴的税后利润和省属控股参股企业上缴的分红。省级国有资本经营预算支出主要用于国有资本经营需要、经济布局调整及国有企业发展需要的省属国有企业支出，包括资本性支出、企业改革费用性支出、国有资产监管费用支出等。2013 年，省级国有资本经营预算支出中，用于机场建设、轨道交通、国有企业关闭破产人员安置等民生领域的比重达到 77.41%，比上年的 67.75% 提高了 9.66 个百分点。

省财政厅有关负责人表示，下一步将会同有关单位继续推进省级国有资本经营预算工作，积极引导市县建立国有资本经营预算制度，逐步在全省构建权责明晰、配置优化的国有资本经营预算体系。

亮点 2　保障重点

今年全省民生支出首超总支出七成

从预算报告看，2013 年在财政资金安排上坚持有所为、有所不为，优化支出结构，确保重点和民生支出需要。

2013 年，全省财政民生支出 5 367 亿元，占公共财政预算支出的比重达 71%，比 2012 年完成数提高 5.2 个百分点。其中省级新增财力用于民生的支出达 74.56%。各项法定支出得到有效保障，就业、教育、“三农”、生态保护、社会保障、医疗卫生、科学技术等重点支出与上年预算相比，增长均达到 10% 以上。同时，按照省委、省政府办好十件民生实事的部署，2013 年省财政将筹集 592 亿元落实十件民生实事，比 2012 年增加 146 亿元，增长 32.7%。

财政预算还突出促进转型和均衡发展。

2013 年，省级预算安排产业发展、科学技术、商业服务业等经济结构战略性调整重点领域的支出达到 163 亿元。其中：安排战略性新兴产业发展专项资金 36.6 亿元，进一步发展和培育战略性新兴产业；安排推进产业转移和欠发达地区产业园区发展专项资金等 31.35 亿元，进一步鼓励珠三角地区企业加快向东西两翼和粤北山区转移。

省级新增财力也继续向基层、向欠发达地区、向重点区域倾斜，共安排对市县的税收返还及财力性支付补助 1 223.72 亿元，加上教育、农业、医疗卫生、社会保障等专项转移支付 461.71 亿元，2013 年共安排对市县的税收返还及转移支付补助 1 685.42 亿元，比上年增加 106.29 亿元。

此外，2013 年预算还突出强农惠农。2013 年安排农林水投入 196.43 亿元，比上年增加 22.59 亿元，可比增长 13.25%，支持完善强农惠农政策体系，加快发展现代农业，深化农村综合改革，加大农业农村基础设施建设，加快推进生态文明建设。

亮点 3　科学易读

增加行政经费和“三公”预算表

以往人大代表在审议预算报告时，关于报告过于专业笼统、不够易读的抱怨比较集中。而今年的预算报告在内容和形式上进行新的探索和尝试，使之“更完整全面、更直观可读、更清晰细化、更丰富翔实”。

除了上述首次将省级国有资金经营预算执行和预算安排情况列入预算报告，拓展财政预算报告涵盖范围，今年的报告还按预算级次及支出用途增加了资金分配流向简表。省财政厅有关负责人介绍，通过按预算级次划分简表，清楚地反映2013年省本级公共财政预算支出中省级部门预算基本支出和项目支出数，以及对市县税收返还及转移支付支出中返还性支出、一般性转移支付和专项转移支付数；通过按支出用途划分简表，清晰地反映支持产业结构调整、帮助市县增强发展后劲、保障和改善民生、维持政权运转的支出比重。

最引人关注的是，今年的报告还增加行政经费和“三公”经费预算表，以及省级行政经费和“三公”经费预算说明。而“三公”经费预算更细化到项级科目，便于各位代表全面了解省级行政经费和“三公”经费的具体情况。此外，教育、科学技术、医疗卫生、社会保障和就业、农林水事务、住房保障等预算重点投入科目也细化到“项”级支出科目。

为了帮助代表们读懂报告，报告增加了主要支出项目说明，包括各项主要投入金额、主要支出项目及金额、与往年的增减变化情况和原因等，便于人大代表全面了解主要支出项目的具体情况。同时报告更加注重文字、数字、图表的相互衔接对照，在表格中对相关口径作了备注，在专业性较强的地方作了重点解释。同时，将《名词解释》和《公共财政政策读本》作为参阅材料提供人大代表参阅，对预算报告中的一些专业名词、相关概念进行详细解释，增加《预算报告》的可读性和易懂性。

亮点4　改革创新

提前一周发给代表　并设24小时咨询服务

实际上，2013年的省级预算报告的编制工作面临着不小的挑战。省财政厅有关负责人介绍，一是今后几年财政收入增速将趋于平稳，从高速增长阶段向中速甚至平缓增长阶段转变，通过收入高速增长增加财力来支撑新增支出的格局难以为继；二是社会对财政资金使用绩效日益关注，财政支出安排必须从注重量的分配向质的提高转变；三是适应人民群众对财政支出公开透明要求的不断提高，财政工作重点必须向加强支出管理与创新转变，通过深化改革，创新管理办法，提升管理水平。

为适应新形势、新要求，2013年省级预算编制工作进行了多方面的改革。除上述亮点和创新外，报告进一步优化财政支出结构，对省级财政专项资金进行清理整合；进一步强化预算约束力，新增支出项目纳入年初预算统筹考虑，继续实行“五个零增长”；进一步完善预算征询意见机制，将预算报告提前征询财政专家委员会及部分人大代表意见；进一步推进经营性领域财政资金股权投资管理改革；增加省级对市县政府性基金转移支付预算表，细化省级政府性基金预算编报等，获得了专业人士的充分肯定。

此外，预算工作还充分发扬民主，广泛听取各方意见。今年的预算编制时间从往年的6个月扩展为8个月，为做好预算编制基础性工作、充分听取各方意见预留了充足的时间。此外，与往年代表们开会时才拿到预算报告不同，今年省财政厅在人代会召开前一周就将预算报告及相关报表电子版提前发给全体人大代表，增加人大代表审阅预算报告、了解财政预算的有效时间。

（记者：卢轶，通讯员：岳才轩，2013年1月26日《南方日报》）

“财爷”人大讨论会上称广东是个财政弱省

鼓励欠发达地区自找出路

昨日，在广东省十二届人大一次会议分组讨论时，列席韶关组的广东省财政厅厅长曾志权，面对不少韶关的人大代表提出需要省政府多在财政方面支持欠发达地区的建议时，幽默地说：“老妈有奶不如自己有饼。”

对于广东的欠发达地区发展，曾志权表示，在欠发达地区怎么形成增长极，这是一个非常紧迫的问题。他建议广东的欠发达地区应该结合各个市的情况加快培育新兴产业，新的业态。比如韶关，旅游业怎么做大？能否吸引总部经济？如何运用大企业的资本？曾志权透露，广东要加快欠发达地区的发展，将会改革传统的帮扶方式，支持基础设施建设，支持地级市扩容。曾志权特别提出，“专项转移支付以往都是零零散散撒掉，为什么不集中给当地政府，让他们集中做好当地最急需的事情？”

之所以鼓励广东欠发达地区要靠自己找出路，曾志权坦言：“广东是个财政弱省，人均财政收入在全国排名二十几位。可以说广东经过这么多年的高速发展，追兵已经咬到屁股。去年，江苏的GDP只比广东少了3 000亿元，这也是踮个脚就到了。而且，广东财政收入超过200亿元的市只有6个，江苏却只有一个市低于200亿元。”

（记者：孙晶，2013年1月26日《羊城晚报》）

“财爷”曾志权：加大对欠发达地区帮扶

“关于政府工作报告，我有个建议，能否少提珠三角经济一体化，提一提区域经济一体化?”昨日在韶关团第一组讨论会议上，韶关市委书记郑振涛带头发言，提出政府应出台政策扶持韶关欠发达地区。以省直有关单位负责人身份出席的省财政厅厅长曾志权，立马表示今年财政将向欠发达地区倾斜。

面对代表们的“诉苦”，曾志权表示，今年财政将加大对欠发达地区的帮扶力度。“尤其是交通方面，我们正在研究怎么加大力度、加快速度。”他还表示，今年财政厅还将重点解决用地融资、规划利用等方面的协调，彻底改变“村村像城市，镇镇像农村”的局面。

（记者：牟晓翼、刘操、郑锐、冯艳丹、陈杨，2013 年 1 月 26 日《新快报》）

去年全省国有土地使用权出让收入差 200 亿元“任务”没完成

曾志权：卖地收入降低无伤大局

“广东的土地收入一直比较理性，去年卖地收入少两百亿元，对整个财税收入影响不是很大。”昨日下午，针对去年“卖地任务未达标”的问题，广东省财政厅厅长、省人大代表曾志权如此回应。

去年卖地占总收入两成

预算草案显示，去年初规划的全省国有土地使用权出让收入约 1 952.1 亿元，而年终快报统计，该指标实际完成额为 1 757.3 亿元。也就是说，还有大约 200 亿元的卖地“任务”没有完成。

这会给今年的财政工作造成压力吗?

“广东的土地财政问题不是很严重，在整个财政收入中占比不是很大，所以问题不大。”省财政厅厅长、省人大代表曾志权表示，江苏去年的同类收入超过 3 000 亿元，大大超过广东。

根据预算草案，去年广东的公共财政和政府性基金收入总和为 8 492.2 亿元，卖地收益在其中占比 20.7%。今年安排的卖地收入预算数约 1 742.5 亿元，较去年完成量略低 15 亿元，在全省财政收入（含公共财政和政府性基金）预算中占比约 16.7%。

不要求代表都看懂预算

有人说，代表看不懂预算是水平问题，是这样吗?

“不完全是，不能要求出现全能代表。”曾志权表示，代表是否能看懂预算，得从多方面进行分析。他说，会计核算是一门专门学科，技术性较强，需要专业知识。而代表来自各行各业，知识必然有局限性。“比如记者很懂新闻，但就不一定懂机械、电子。”

另一方面，曾志权也坦言，目前的预算编制和预算科目设置仍存在瑕疵，需要逐步完善。“跟过去比，进步已经很大，但是改革还有个过程”。

至于下一步，他建议，普及预算相关知识相当重要，这就需要对人大代表，乃至全社会加大培训力度，“争取全社会都能大概看懂”。

“不过，客观地看，大家也不能太急，要求（预算编制）一下细化到什么程度。”曾志权补充说。

（记者：郑锐、牟晓翼、冯艳丹、陈杨，2013 年 1 月 27 日《新快报》）

审议预算草案现场很热闹，代表们纷纷向省财厅工作人员发问

报告编制有进步，还可再细点

“请教一下财政厅的同志，有个地方我不太明白……”昨日，省十二届人大一次会议进入审议预算草案报告环节。在分组会议上，代表们纷纷“抢麦”向在场的省财政厅工作人员询问，会场的“热闹”让很多新老代表都直呼“第一次”。有代表说，报告读得更明白了；也有代表提出，报告编制比以往大有进步，但可以细点、细点、再细点。

相比以往，本次人大会议的预算草案编制确实有不少突破，有很多个“第一次”：大会开幕前，省财政厅第一次主动赴各地市征求省人大代表意见；预算草案报告第一次提前一周发放到代表手中；预算草案报告第一次列明三公行政经费预算情况，并细化到项级科目；省财政厅第一次在会场设置24小时值班的预算草案咨询室。

这些创新举措，也让以往“粗线条”编制的预算草案，渐渐揭去“外行看不懂，内行看不清”、“只知方向，不知细节”、“定性而不定量”等标签。有人大代表评价说，纳税人的钱怎么花，报告不再“藏着掖着”。翻开137页的预算草案附件，财政支出、民生投入、转移支付以及备受关注的三公经费，都一项项列了出来。很多项目既有今年的数据，又有与往年的对比。

“这确实是预算公开的大进步。”省人大代表、江门市社保基金管理局局长俞雪花兴奋地告诉记者，第一次带着未标明“会后收回”字样的财政预算报告开会，政府部门给了代表们惊喜。

也有代表提出，预算草案编制可以更加细致：“只有更细才能更公开，如果能够细到把一个路灯花了多少钱都编进去，那大家都能看得更清楚了。”

省人大代表、审计署驻广州特派员卢家辉指出，预算草案报告还较为复杂，列出了一个个的收入和支出，却没有一张收支总表来体现财政预算的实际执行情况。此外，报表中缺乏一些数字对比，应该更多地使用数据说明增减情况，解释原因。

此外，代表们还建议加大预算审议的培训力度，提高代表履职能力。“我是新代表，以前从来没看过预算，一开始根本看不懂，经培训后稍微懂了点。”外来工代表陶立群坦言。

（记者：辛均庆、赖竞超、赵杨、徐林，2013年1月28日《南方日报》）

粤人均财政支出排全国第27

广州团代表建议提高全省人均财政支出水平

营改增不仅直接影响物流业，还间接影响制造业，但归根结底将影响到地方财力，已处于低位的广东人均财政支出面临下滑风险。昨日下午，广州团二组的分组讨论得很热烈，广州市市长陈建华、广铝集团有限公司董事长叶鹏智等代表当即提议，建议适当调整财政分配结构，力保广东人均财政支出赶上全国平均水平。

话题先由省人大代表刘武抛出，去年11月开始实施的营改增政策对物流业影响非常大，很多企业不得不搬到外地经营。

省人大代表朱海虹接过话茬：“我从事的是制造行业，对此深有感触，物流企业把负担转到我们生产企业来了，我们厂发一批货到武汉，以前是6 500元，现在要6 900多元才走货，一来一去，就多了近1 000元，加重了企业负担。我们是生产环节，没地方转嫁成本，定价高了，市民不买。”

省人大代表叶鹏智说，营改增对物流业的影响是暂时的，如果物流业都规范了，影响也就消除了。“真正影响谁呢？是陈市长，地方财力压力很大。”

列席会议的全国人大代表陈舒很是赞同，营业税是地

方税，增值税是中央税，营改增后，好处是避免重复征税，但另一方面，中央财政得到加强，地方可支配财力变少了。

“广东人均财政支出在全国排27位，还在贵州后边呢。”“中央和地方的财税体制有必要调整。”代表们七嘴八舌地议论起来。

“我们就希望广东人均财政支出达到全国平均水平，这个要求不高吧?”陈建华说。“一点也不高，我们组有必要把这个意见提出来。”有代表附和。

休会时，记者发现好几个代表聚在一起商量，他们准备以广州团第二组的名义，正式向省里提出建议。

（记者：黄伟，2013年1月28日《南方日报》）

广东“财爷”曾志权回应预算提问——

罚没收入没任务　但该罚的必须罚

“为什么三公经费不能列出各部门的明细?”“为什么发改委2013年报告与财政厅的预算草案中出现部分数据不符?”“为什么广东省的教育投入没有达到GDP的4%”……7日，在广东省十二届人大一次会议韶关代表团审议财政预算报告时，面对代表的连番提问，广东“财爷”———省财政厅厅长曾志权一一回应。

问：三公经费为何只列大类?

答：严格说来没有专门科目。

三公经费首次被纳入政府财政预算就成为关注热点。有代表提出，为什么三公经费只列出了六大类，而看不到各个部门的详细预算?

对此，曾志权回应：“三公经费严格说没有专门的科目，是从各部门的预算汇总出来的。预算需要人大审议通过后，走完法定程序。然后我们会通知各部门执行。到时2013年财政预算会上网公布，而各部门的三公经费也会公布。”

“我们希望让大家来议，大家来看，大家来监督。”曾志权透露，今年八九月份经过人大审议后，2012年的决算也将会上网公布。

问：十件民生实事投入减少?

答：表述过程中存在疏忽。

省人大代表、韶关北江中学校长黄叶亭在审议政府财政预算时提出：“财政厅的预算草案显示，对于十件民生实事的投入是增长的。但发改委的报告则显示2012年全省拨付十件民生实事资金1 649.81亿元，2013年省财政投入592亿元，全省共投入1 576亿元；而且，十个民生项目并没有具体比例，到底哪个项目安排多少?这与财政预算很不一样。同是政府部门的报告为何会出现不相符合的地方?”

“发改委的数据是拿2012年、2013年的预算数和2012的决算数对比，可能在表述过程中存在一些疏忽。实际上用于十件民生实事的投入是增加的，”曾志权表示，“在十件民生实事上没有这么具体，我们沟通后认为财政预算上很具体了，所以发改委和政府工作报告就没有这么具体。”

问：教育投入是否存在差距?

答：区域内无法占GDP的4%。

“按照国家规定，对于教育的支出应该占GDP的4%。在预算草案中，2012年广东对教育支出1 466.49亿元，而去年的GDP是5.7万亿元，教育支出只占了GDP的2.57%。这是不是意味着广东在教育的投入上存在800多亿元差距?”黄叶亭提出。

“作为全国来说，教育要占 GDP 的 4%，对区域来说，没办法拿 GDP 来相比。因为地方财政收入分级次，地方要交给中央一部分钱。广东的财政收入 1.47 万亿元，但是广东省能用的大约 1 万亿元，”曾志权解释，“所以中央要求不是每个省都要达到 GDP 的 4%。中央下了计划，2012 年对广东要求对教育的投入要占财政收入的 20%。我们 2012 年对于教育的投入占了 20.42%。”曾志权透露，今年广东将在教育方面投入 1 466 亿元。

有记者提出，目前广东有些高校还息是财政拨款。对此，曾志权表示：“广东高校我个人认为已经很幸福了。建设大学城省里拿了 150 个亿。这几年又陆续投了二三十个亿用于高校发展。高校一方面要加快发展，但要结合实际，完全过度超财力发展不可取。前几年有些高校四处举债没人监管，这里会产生很多问题。比如学科设置重复，整合效果不好，在校投资管理出现问题等。”

问：投资 4 000 亿元建大项目?

答：很多可以通过市场融资。

有人提出，政府今年计划投资 4 000 亿元在广东的重大项目，这些钱哪里来?

“多渠道筹措，政府肯定不可能全部负担。本身有些项目用市场机制发挥作用。像一些公益性的，政府确实需要加大支出。而很多项目可以通过资本市场去融资，放开民间资本去投入。”曾志权回答。

问：如何看深圳罚没款增长?

答：有些该罚的须依法入库。

财政预算今年的非税收入比去年有所增长，而深圳的罚没款大幅度增加也成为人大代表热议的话题。

“非税收入应该两方面看，一方面保持合理正常的幅度应该没问题。整个广东的非税收入占比还不是太严重，在全国是上游水平。但结构上要注意，有些地方增长过快，”曾志权回应，“像深圳的罚没收入大幅增加，也是短时间的。我们每年预算对于罚没收入不下任务。但是，有些该罚的必须要依法入库。比如打击假冒伪劣食品应该罚到倾家荡产。对于罚没关键是看是不是合规，有没有乱收费，乱收费是坚决要制止。”

问：广东能否放弃基数预算?

答：清远今年试行零基预算。

有人大代表提出，广东财政的预算能否不要按照过去的基数来做，而是按照实际的需求做?这也就是财务上的零基预算。详细地说就是指在编制成本费用预算时，不考虑以往会计期间所发生的费用项目或费用数额，而是以所有的预算支出为零作为出发点，一切从实际需要与可能出发，逐项审议预算期内各项费用的内容及其开支标准是否合理，在综合平衡的基础上编制费用预算的一种方法。

对此，曾志权透露：“零基预算是一个方向，清远今年在试行，2013 年清远的预算就是这么做的。我想等清远运转一段时间再看看。”

（记者：孙晶，2013 年 1 月 28 日《羊城晚报》）

省财政厅厅长曾志权回应“政府资金千万别被忽悠走了”——

不搞股权投资专项资金就白发了

“如果要推进政府经营性资产参与股权投资，我强烈反对!”昨日下午，省人大代表温镇西在分组审议中说。“如果政府资金参与股权投资，是以营利为目的还是不以营利为目的，是为了赚钱还是为了解决社会公共福利问题?定位很不清楚。如果委托给私募的股权投资机构去做，那更是错误的。”

省人大代表、省财政厅厅长曾志权昨日回应称，推进政府经营性资产参与股权投资，并不是专门单列一部分支出来搞改革，而是原来已经有一部分专项资金用于经营性领域的支出。“原来的这部分专项资金如果不搞股权持有，就白发白给了。”

温镇西认为，目前，私募股权投资领域是一个没有监管的灰色地带，政府财政不应该参与，风险很大。现在所谓的专业管理机构甚至胆大包天，到处忽悠。政府的资金千万不要给它们忽悠走了，必须慎重和认真研究。

曾志权解释，这部分专项资金如果不用来股权投资，反而会影响国有股权，使用过程中容易出问题。实行股权持有，在使用过程中，无形中企业使用专项资金就不敢那么随意。可能是我们解析得不够，有些同志误解了。

地市财政应“挤一点”给孤儿

“由于弃婴、孤儿保障的投入中，很大一部分依赖于地方财政投入，欠发达地区由于财力紧张，投入意愿不足，直接影响了欠发达地区福利院的收纳弃婴、孤儿的动力，成为大量弃婴、孤儿游离于福利机构之外的一大诱因。”省人大代表提交建议指出。

“不愿意收养不行啊，要落实主体责任。”曾志权昨日表示，今年孤儿基本生活补助 2.09 亿元，这个是省级部分投入，市县还应承担责任。

按照2010年国务院《关于加强孤儿保障工作意见的通知》，在福利机构集中供养的孤儿养育标准每人每月不低于1 000元，散居孤儿的养育标准每人每月不低于600元。从近日暴露的一系列事件看，散居弃婴、孤儿，尤其是欠发达地区散居弃婴、孤儿的养育标准落实情况堪忧。

曾志权认为，现在还是分级的体制，按照财力事权相匹配，省不可能什么都大包大揽。但地市财力再有困难，省点钱扶持孤儿都应该能省得出，牙缝里挤一点出来都可以解决这个问题了。现在财力上最困难的地方都保证到7.6亿元以上，已经加大了转移支付的力度。关键是要把责任感、紧迫感上来，要把它当自己的小孩养的话，钱也出来了。

非税收入高要“重税轻费”

“广东这个问题其实并没有想象得那么严重，但应该引起重视是对的。”针对部分人大代表指出去年非税收入比重达18.5%要拉响警钟，省财政厅厅长曾志权说，关键还是要发展经济，做大实体经济，加大税收征管力度，关注财政收入质量，关注财政可持续发展问题。但并不是说，该收的不收，这也不对。以后要采取规范的做法，重税轻费，逐步把收费往税收方面考虑。

他指出，各个地方的非税情况不一样。最重要的是要判断是不是有违规收费，是不是乱收费，正常的、该罚的款你不罚怎么行？比如交通违规，你不罚它对社会造成的伤害谁来补？只要是合法的、合规的还是要收。

曾志权说，下一步逐步考虑重税轻费，该转为税收的转为税收。比如排污收费，呼吁很多年了，可以转为排污税。教育附加收费，可以转为教育税。因为这些事业发展必须要收费，但这块反映出来就是非税收入，其实它做的是国家应该做的事。像教育附加，拿了也是去支持教育，排污附加，拿了也是去支持环保的，不能说这就不对。

（记者：辛均庆，2013年1月29日《南方日报》）

广东“财爷”曾志权：
结转资金超千亿　只是暂时没使用

广东“财爷”曾志权这两天很忙，走到哪里都是大批记者围堵。28日的计划预算委员会会议后，他又被“堵”了……

记者：今年省财政的结转资金超过千亿元，为何那么多钱放着不用而结转到下一年？

曾志权：那不是真正的结转，财政部对国库进行集中支付改革后，预算资金都是“名花有主”的，不是没有用，只是暂时没有拨付出去使用；这是一个加快资金支出进度的问题。

比如一个基建项目，财政一共安排了10个亿，但是基建是分3－4年完成的，每年做多少财政就付多少。如果一下子都拨出去的话，可能会造成款项被挪用，到需要建设的时候出现资金不到位的情况。很多基建项目，在国库集中支付改革后是根据进度支付的，所以有些安排的钱暂时没有支付出去，不是说钱没有用处，放在那里等着安排。

记者：那这么大的结转数，超过千亿合理吗？

曾志权：从全省来看是很正常的。比如港珠澳大桥，财政一下就要拨款几十个亿，工程具体哪个月开工的时间不定，但是钱要留足。我说过，要省人大支持财政厅出台针对结转的措施，制定一个期限，如果预算安排的钱在限期内用不完，财政厅就要收回来。但是又会出现一个问题，就是造成部门突击花钱。可能使用的条件达不到，但是部门为了在期限内把钱花完，就拼命去支，也会带来问题。在预算和拨付进度这个问题上，需找一个平衡点。

记者：非税收入去年是18.5%，今年怎么降低这个比例，提高收入质量？

曾志权：关键还是要发展经济，加大税收征管力度。广东非税收入的问题其实没有想象得那么严重，但确实应该引起我们的重视。但这并不是说，该收费就不收，这也是不对的。以后要采取规范的做法，重税轻费，逐步把收费往税收方面考虑。

其实最重要的不是非税收入有多高，而是要判断是不是有违规收费，存不存在乱收费。要彻底解决非税收入，办法只有一个，就是发展经济，做大实体经济，通过税收增长来解决支出问题。第二就是逐步考虑重税轻费，该通过转为税收的转为税收。比如排污收费，可以转为排污税；教育附加收费，可以转为教育税。

记者：很多代表提出，现在的分税制中央拿走广东太多钱了，你怎么看？

曾志权：这不是我能说了算的。我一百个赞成中央少拿点。但是广东有支持国家的义务。但是在作贡献的同时，中央怎么考虑广东发展不平衡的实际，加大对广东的支持也是应该的。这是一个比较复杂的问题。两方面要兼顾。

（记者：黄丽娜，2013年1月29日《羊城晚报》）

经济“高人”缘何是人均支出“矮子”

人大代表热议“富广东、穷广东”背后的原因

三大原因：
庞大人口基数
现有财税体制
区域发展不平衡

“富广东，穷广东”。一面是每年全国财政收入第一的“富”省，一面是人均财政支出只能位居全国第20位的“穷”省。昨日，有关“富广东，穷广东”的报道引发了人大代表们的热议：一个经济上的“高人”，缘何在人均财政支出上却是个“矮子”？

是庞大的人口基数，还是现有的财税体制，或者说区域发展不平衡等原因造成了广东经济的两面，还是另有原因？对此，省财政厅厅长曾志权、省人大代表俞雪花等在接受采访时详细解读了其背后的原因。

代表哭穷：医保占了财政支出1/10

“一个小小的县级城市，仅医保上就要投入1个多亿。”尽管广东的财政收入全国第一，但在广东珠三角一个县级城市的人大代表眼里，却没能感觉到有多大的实惠。昨日上午，在江门团审议2012年预算执行情况和2013年预算草案的报告当中，省人大代表梁俏[illegible]大吐苦水。

梁俏筠说，开平市一年的财政收入也就10个亿左右，但医保方面的财政支出就超过1/10，单靠一个小小的县级财政，压力山大，虽然有来自上面的新农合补贴，但远远不够。

人大代表谢升提及省本级财政对地方的扶持也激动万分，他说10年前他就提出希望能对治理江海区城区内涝进行财政支持，但直到现在还没有得到反馈和支持。他称，广东是财政收入第一大省，但在民生实事上却迟迟不能支持解决，这让他十分失望。

原因解析：外来工分摊人均支出“蛋糕”

广东是人口大省，也是外来工大省，按照常住人口的计算办法，其中就包括了外来人口人数。省人大代表俞雪花称，财政支出来自两个方面，一是省本级的钱，二是来自中央下拨的钱，现在的问题是，广东上缴的很多，但自己享受的却很少，导致老百姓民生等方面投入就少了。

“蛋糕是很大，但分蛋糕的人多了，分到每个人手里的自然就少了”。俞雪花认为，关注广东的人均财政支出情况，就必须考虑到外来工在其中所占的支出比例，庞大的外来工数量是导致人均财政支出减少的一个重要原因。

按照现有的财税体制，广东是财政收入第一大省，也是财政上交大省。俞雪花认为，正是现有的财税体制，导致了“穷广东”现象的产生。按照现有的转移支付政策，广东上交的财政部分被转移到外来务工人员户籍所在省或其他贫困省份，但这些外来人员的社会保障、子女就学等却在其工作所在地解决，占用了这边的资源和资金。

国家财政部驻广东财政监察专员办事处副监察专员匡邀仁在分组讨论会上提及广东总量“富”、人均“穷”时，称另一个原因是广东区域经济发展不协调，珠三角还是可以的，但粤西粤北等发展相对落后，两者均衡下来，人均水平也自然会低一些。

这一点在省人大代表邵军提出的《关于建立健全财政横向转移支付机制的建议》中也得到反映，广东省欠发达地区市级财力普遍比较薄弱，大部分仍然属于“吃饭财政”，自身财力都无法满足市本级的发展需要。

如何甩掉“穷广东”
代表建议：把该拿回的钱争取回来

俞雪花认为，大家都认为广东有钱，这没错，广东也已实实在在贡献了十多年，不过与浙江和江苏等同样发达的省份相比，广东的做法却要“老实”很多。

“（江、浙）是一边贡献，一边索回”。俞雪花称，江苏和浙江也是财政上交大省，但他们通过种种试点等方式，想着法子向中央争取更多补贴，把钱拿回来，而广东人太实在，按规矩办事，但吃亏的还是老百姓。

俞雪花说，财政上广东仍要继续贡献，但也要把自己该拿回的钱争取回来，要把自己遇到的问题如实反映上去，毕竟广东粤东西北地区还处于落后水平，加上大量的外来工及子女等带来的大量财政支出，人均“很穷”。

俞雪花认为，现在最切实际的做法就是争取中央的理解和支持，争取将投入在外来工社会保障以及其子女就学等方面的补贴能拿回来一部分，起码让广东的人均财政支出不再这么“穷”。

“财爷”回应：一百个赞成中央少拿一点

对于多位代表呼吁改变财税体制，从而使广东的人均

财政达到全国平均水平的呼声，昨日省财政厅厅长曾志权在接受媒体采访时无奈地说，这个问题他也没办法，涉及财税体制。“我和代表是一样的心情，我一百个赞成中央少拿一点！”曾志权说，广东作为发达地区，发展起来后有支持国家的义务，“就像现在困难地方找富裕地方要钱一样，东西部发展也一样需要国家的财力平衡，广东多做贡献也是应该的。”

不过曾志权也说，广东在做贡献的同时，国家也应该考虑广东区域发展不平衡的实际，加大对广东的支持，两者之间需要找一个平衡。

（作者：陈杰、卢文洁、李立志，2013年1月29日《广州日报》）

财政预算审查座谈会开得热烈而专业

代表：年初猛要钱年底花不完应追责
财爷：将紧盯财政资金使用效益

昨天上午，省人代会计划预算委员会召集近40名专业代表就预算审查进行座谈，代表们争先恐后发言。内容之犀利令“财爷”连叹“专业！到位！”甚至起身鞠躬致谢。

这些代表多有财会或法律背景，部分属于计划预算委员会成员，其余22人各代表一个代表团。省财政厅方面也派出“超豪华”阵容，整个领导班子除两人外，其余8人悉数到场，另有21位业务处室一把手参加。

1问　部门花不完钱应不应该追责？

不少部门年底突击花钱的顽疾，成为代表批评的对象。计划预算委员会成员俞雪花认为，应该将部门执行预算资金的效益包含在内。“年初为什么要那么多钱？年底怎么还有那么多花不出去？是不是应该追责？”她连续反问。

同为计划预算委员会成员的省人大代表辛濞也表示赞同。他认为部门预算依然停留在成本预算的层面——只能看到收支数据，并不能显示履职情况。这将引起两个后果，一是预算太粗，二是部门职责不清晰。

“如果尝试将履职成效编入预算，至少可以推动两方面的进步：一是厘清职责，二是让财政资金流向越来越清晰。”辛濞说。

“非常内行，非常到位。”省财政厅厅长曾志权连连感叹。他坦承，部门预算和专项资金预算编制确应细化，但尚需综合改革。

曾志权表示，西方有些国家各部门会以三到五年为周期建立项目库，并标明优先次序。财政部门以“有多少钱办多少事”为原则，从中根据轻重缓急挑选，最终形成预算案，呈送国会。

但国内编制预算之初，财政部门需要各部门先提供项目，而各部门不知预算额度无法申报。至于预算“大盘子”怎么定，又是领导的决策，财政定不了。“程序很多，部门间也要协调，要改变编制方法，这部分得先改。”曾志权认为。

此外，在部门预算中反映事权，曾志权又担心，可能有部门因“饭钱”不够，挤占业务资金。但他也承诺，未来将加强绩效评价，紧盯财政资金使用效益。

2问　能不能给贫困地区减点压？

来自粤东西北欠发达地区的代表不在少数，因此为家乡多省点钱是他们的共同话题。新快报记者粗略统计，至少有来自清远、茂名、梅州等地的代表，要求减少当地的配套资金压力。

清远市财政局副局长邵军提出，当地部分被列入生态发展区，产业发展受到限制。“现在主体税源减少，而刚性支出增加，提供配套资金压力非常大。希望可以减除或全免生态发展区的配套资金。”她的观点得到多位代表附和。

3问　贫困地区给钱好还是给项目好？

除了省钱，很多代表还希望多要点钱，这也让“加大对贫困地区支持力度”频繁出现。有代表申请省里向重大基础设施项目倾斜，有的建议提高生态补偿金，等等。

但东莞团代表周广荣有不同意见：“我并不反对加大扶持力度，但应该结合‘双转移’动态变化。”

周广荣解释，广东推行产业和劳动力向欠发达地区转移已有多时，应已产生经济效益。此时能否根据发展情况，适当调低转移支付额度？

“我当了六年的代表，转移支付老是增长，是时候检讨了，”他补充，“授人以鱼，不如授人以渔。也不要光给现金，能否部分用产业项目替代？”

“我们还是吃饭型财政，‘双转移’还没体现那么大效益。”对此，阳江团代表、阳江市江城区审计局副局长赵丽瑜称。

■ 特写

代表抢麦发言有的全程站着

按照程序，预算案修改意见的收集昨日中午截止。22个团的代表全部发言，有的抢麦，有的干脆全程站立。

“队伍整齐啊！”昨日上午会前，看到对面两排财政厅中、高层官员，计划预算委员会成员、省国土资源厅厅长陈耀光笑言：“首先要态度端正嘛！”“财爷”笑着回应。

财政厅的业务骨干的确快到齐了。下午，计划预算委员会第三次会议上，省人大常委会副主任陈继兴也打趣：“我还以为是到财厅开会呢。”

上午代表忙着抢麦的时候，曾志权一直没停笔，还提醒语速快的代表“说慢点，不然记不下”。后来他花了很长时间，一一回应各类建议。

“我在这里表个态，但也要诉诉苦。我们确实做了很大努力，但也知道离大家要求还是有差距，”“财爷”介绍，“改革有个过程，希望能给我们一些时间。”

“纳税人可以说是政府的‘衣食父母’，我们就是账房先生。把钱用得更好，是我们的职责。”曾志权坦承。

发言结束前，“财爷”又用了点时间向代表拜早年：“祝从商的赚到盆满钵满，从政的事业进步，所有人事事顺、万事兴！”现场响起一片笑声。

■ 现场

“财爷”诉说广东苦处：名为财政大省　实为财政弱省

新快报讯“减配套资金、加大转移支付……都对，”曾志权连连点头，“省里有条件确实该支持，但也要考虑实情。”

曾志权透露，全省财政结构中，省级可支配财力仅占22%。“有些事如果不是省市县通力合作，全靠省级财政将难以为继。”他列举了一堆数据表达难处：目前全省仅广州、深圳、东莞、佛山、中山和珠海六个市向省里交钱，其余15个均需中央和省支持。

“讲来讲去，还是区域发展太不平衡。”曾志权对比东部省份与广东的差距称，江苏13个地级以上市，财政收入全部超过百亿。而广东21个地级以上市，仅九个财政收入过百亿元，还有五个低于50亿元。

计算下来，身为经济大省，广东人均公共财政收入仅1 218元，低于江苏近3 000元，人均公共财政支出又落后约3 400元。

“虽然是财政大省，但实在是财政弱省，跟东部越比越差，要办大事需要发动多方力量。”曾志权表示。

至于周广荣的建议，“财爷”虽承认要考虑科学扶持，但直言目前很难改变。因为协调区域经济发展依然是当前首要任务之一。而财厅将一方面提供基本保障，另一方面注重培植贫困地区的“造血功能”。

有代表称收益小的国企“不如拿去卖了”

“财爷”：国企贡献不能光看上缴收益

国有资本经营预算是今年预算报告中的“新面孔”。但有代表质疑国企资产大、收益小，“不如拿去卖了。”省财政厅厅长曾志权会后向记者表示，国企贡献需要客观看待。

预算草案显示，今年省级国有资本经营预算收入仅13.1亿元，加上上年结余也仅17.8亿元。

曾志权认为，目前很多省属国企大而不强，有些处于发展阶段，因此总体盈利水平不太高。

不过，他强调，国企在拉动经济社会发展和重要领域支撑作用十分明显。其中2011年，省机场集团创造经济效益640多亿元，占全省的1.22%。此外，广东四成以上电力装机容量属于国企，港澳地区供水也全由国企承担。

“不能光看现在上缴收益有多少，还要看履行经济、社会责任。当然，国企要为民生做更大贡献，需要通过自身发展壮大来实现。”曾志权说。

国企向财政上缴的主要是税后利润，上缴比例是多少？“5%、10%都有。”他回应。

（记者：郑锐、车晓翼、冯艳丹、陈杨，
2013年1月30日《新快报》）

“财爷”回应省属国企对财政零贡献：

“盈利水平不是特别高　但社会贡献还是很大”

国有企业为何对财政零贡献？能否公开详细账本？昨日上午，省人大预算审查座谈会上，省财政厅厅长曾志权回应了这一问题。他认为，国企盈利水平不是特别高，但对社会贡献还是很大，应客观看待国企盈利问题。

深圳代表团代表刘林前日在分组讨论时指出，37家省属国有企业，所拥有的资产共2 000多亿元，但利润仅17.1亿元，利润率只有0.63%，基本不赚钱。此外，17.1亿元的利润，最后又让这些企业拿去花光了，跟财政没有任何关系。最令人吃惊的是，37家国有企业员工并不多，具体数不超过10万人。

曾志权表示，省级国企向财政上缴的利润比例不等，“5%－10%的都有”。他认为，对国企是否盈利的问题，应该客观看待。“代表普遍反映，国企资产大，收益又这么少，好像为国家作的贡献不够。我这么认为，目前我们省属国有企业有的大而不强，有些处于发展阶段。国企收益这块，还是要客观地看，现在的盈利水平还不是特别高，国企收益主要是靠企业的税后利润上缴的部分，国企为社会作的贡献应该还是很大的，我们省属国有企业对某些重要领域的支持还是很大。”他说，国企对很多重要领域的支持力度很大。“比如金融危机以后，省交通集团对高速公路建设投资824亿元，直接拉动GDP达2 346亿元。”

深圳代表团的代表刘林还在昨日举行的预算审查座谈会上建议，在报告和预算中，国有企业应按照企业的标准进行申报，公开它们的资产负债表和损益表。

曾志权并未在座谈会上对此有所回应。会后接受记者采访时他表示，省级国有企业已经纳入全口径的预算管理，“经营过企业的人都知道，每个企业不可能把资产负债表都列出来。但下一步如何完善，我们会跟国资委再进一步研究。”

（记者：谢银波，2013年1月30日《晶报》）

回应人大代表财政预算报告中“其他”收支不够透明疑问

省财厅“晒”支出明细

前几天召开的省人代会预算审查座谈会上，周广荣代表盯上了财政收支中的“其他”现象。他说，“其他收入”在2013年省级预算的非税收入中达到188亿元，在预算支出中的“其他支出”也有近230亿元，占省级财政预算支出的11%，他担心这些“其他”会成为“灰色”地带。对此，省财政厅昨日对此进行回应，并对“其他”收支的涵盖内容及具体预算数进行了公布。

188亿元其他收入主要包括捐赠收入、乡镇自筹和统筹收入、福利彩票和体育彩票销售机构的业务费收入、差别电价收入、成品油价格和税费改革清退补缴收入等。

针对周广荣代表提及的2013年全省公共财政预算收入（代编预算）的非税收入项下的188亿元“其他收入”，省财政厅回复，按照财政部颁布的《2013年政府收支分类科目》，政府收入共分六类，包括税收收入、社会保障基金收入、非税收入、贷款转贷回收本金收入、债务收入和转移性收入。在第三类“非税收入”包括了政府性基金、专项收入、行政事业性收费、罚没收入、国有资本经营收入、国有资源有偿使用收入、其他收入等7项来源。其中，其他收入主要反映除政府性基金等前述6项收入来源以外的其他非税收入，主要包括捐赠收入、乡镇自筹和统筹收入、福利彩票和体育彩票销售机构的业务费收入、差别电价收入、成品油价格和税费改革清退补缴收入等。

省财政厅有关负责人解释，由于其他非税收入主要是非经常性收入，各个项目及其收入需在预算执行中才能确定，无法作为固定性收入，所以年初省财政代编全省预算时，主要参照上一年度全省其他收入完成数编制当年“其他收入”预算数。根据《预算法》及其实施条例等规定，非税收入项下的其他收入范围和项目均有严格规范，所形成的收入必须按预算级次缴入在人民银行设立的同级金库，并按“收支两条线”管理规定，纳入同级公共预算统筹管理及监管，用于各项民生和社会事业发展。

229亿元其他支出

118亿元为省本级“其他支出”类级科目支出数，111亿元为“教育”等类级科目项下的“其他教育支出”等款级科目支出的合计数。

针对2013年229亿元省级其他类支出，省财政厅解释，按照财政部颁布的《2013年政府收支分类科目》，公共财政预算支出功能科目分为类、款、项三级支出科目，类级科目下设款级科目、款级科目下设项级科目。例如，“教育”是类级科目，下设“普通教育”、“职业教育”和“其他教育支出”等10个款级科目。

上述负责人解释，周广荣代表提及的229亿元支出中，一是有118亿元为2013年省本级“其他支出”类级科目支出数，反映不能划分到“国防”、“教育”等功能类级科目的其他政府支出。主要包括：对口支援新疆和西藏建设专项11亿元、防范化解金融风险准备金14.9亿元、战略性新兴产业发展专项资金26.1亿元、非税收入“收支两条线”列支22.8亿元等（见附表）；二是有111亿元为“教育”、“社会保障和就业”等类级科目项下的“其他教育支出”、“其他社会保障和就业支出”等款级科目支出的合计数，主要包括：支持重点区域和重点平台开发建设等专项转移支付17.4亿元、推进产业转移扶持资金31.35亿元、战略性新兴产业发展专项资金10.5亿元（科技口）、省属学校实施绩效工资经费6.7亿元、重大科技创新专项3亿元、结构调整专项资金1亿元、广东省与中科院全面战略合作专项1亿元等（见附表）。以上主要项目，已在提交省人大审议的《2013年省级公共财政预算主要支出项目的说明》中作了说明。

而根据《预算法》及其实施条例等现行规定，在预算编制中，对列入“其他支出”的范围和项目均有严格的规定；在预算执行过程，对列入“其他支出”具体支出项目，严格按照预算管理和专项资金管理有关规定实施，包括按每个项目制定专门的管理办法和严格按章分配使用，按规定实施绩效评价和财务监督检查，接受上级及同级审计监督等。

该负责人举例，如对于列入“其他支出”的产业转移扶持资金，为加强和规范资金管理，省财政制定了《广东省产业转移工业园重点园区专项资金管理办法》等多项资金管理办法，严格规范产业转移扶持资金的分配、使用、绩效评价和监督检查。

（记者：卢轶，通讯员：岳才轩，2013 年 2 月 2 日《南方日报》）

广东团分组讨论，代表热议如何深化改革加快发展

建议中央财政对粤“放水养鱼”

昨日下午，全国人大十二届一次会议广东团代表围绕温家宝总理所作的政府工作报告展开讨论。

“珠三角地区要在调整经济结构中加快发展，粤东西北要在加快发展中调整结构”，“要深入推进重点领域和关键环节的改革”，“凡是阻碍发展必须改的要坚决改，具备条件可以改的要积极改”……代表们围绕制约广东科学发展的体制机制矛盾、深层次问题各抒己见、建言献策，会场气氛十分热烈。

1 关键词　财税体制改革

粤人均财力排第 27，希望财税向地方多倾斜

“我做代表有十几年，各个地方跑得不少，外界都认为广东‘富得流油’，其实广东贫困人口情况很复杂。”全国人大代表、广州市律师协会《广州律师》杂志主编陈舒建议，中央财政对广东要“放水养鱼”，认真研究如何让财权事权相匹配，让广东有更大的能力和资金去加快发展。

全国人大代表、梅州市市长谭君铁拿出了几个数据：不含深圳，广东人均财政支出在全国省市区中排 27 位。全省有 13 个地市的人均 GDP 低于全国平均水平，16 个地市的人均财政支出低于全国平均水平。

他比较了广东和江苏的异同，“我们区域发展不平衡的问题很严重，富的地区不少，但穷的地区更多，带动起来显得力不从心。江苏是富裕的地区多、穷的地区少。”“从经济总量、财政总收入看，广东名列全国前茅，但一看人均，问题就来了，国家要关注到这一问题，至少要保证广东达到全国平均水平吧。”谭君铁说。

“目前解决民生问题，首先还是钱的问题。尤其是搞公共服务保障，广东人均财力这么低，拿到外省去，是不可思议的。”陈舒表示，粤东西北很多地方都是“吃饭财政”，更不用说有钱来建设发展。

陈舒认为，财政上的捉襟见肘已经制约了广东的科学发展。过去说“东西南北中，发财去广东”，但现在江苏、浙江、天津发展得也很快。广东无论是“腾笼换鸟”，还是加快经济发展方式转变，首先是要有对高端优秀人才和重大投资项目的吸引力，这必须能开出优厚的条件，财政必须有这个能力支持。

今年政府工作报告中提出，加快财税体制改革，理顺中央和地方财力与事权的关系。多位代表均认为是一个很大的进步。

广东团知名的“忧民哥”、全国人大代表、中山纪念中学校长贺优琳建议，中央可考虑在财税上向地方多一些倾斜。贺优琳认为，当年我国财税总量小，中央拿大头，对集中解决一些大事、难事、急事起了很关键的作用，也是应该的。但随着综合国力的提升，国家有财力也有条件对目前的财税体制进一步完善。

贺优琳表示，广东是改革开放的排头兵，理应多作贡献。但希望中央也能考虑到广东发展不均衡的现状，中央财政在转移支付、在各种惠及民生的补贴、扶持上要一视同仁。同时，把更多的财力通过切实有效的监管，下拨到地方；市、县等地方政府应该有更大的财政支配权，根据本地的实际民意，增大投入，主导解决诸如医疗、住房、教育等重大民生问题。

2 关键词　加快发展均衡发展

珠三角重在调结构，东西两翼要促发展

“珠三角重在调结构，东西两翼要促发展。”全国人大代表、省人大常委会副主任肖志恒认为，广东既要坚持发展是第一要务，又要转型升级调整结构。

肖志恒说，面对新形势、新问题，要正确认真处理促进发展与调整结构的关系，广东现在已经到了调整经济结构的关键时刻，尽管发展面临压力，但千万不能放弃转型升级步伐，否则就会前功尽弃。

肖志恒还认为，在发展中要处理好保障和改善民生与维护公平正义的关系，促进社会和谐。“为什么基层矛盾还

很多，不光是困难群众，一些富裕起来的人也不满意，这就是分配问题。”他说，要大力维护社会公平正义，借鉴发达国家的经验，通过解决分配不公等问题，提高政府公信力。这其中，处理好维护社会稳定与树立法律权威的关系，大力推进法治社会建设尤为重要。

全国人大代表、揭阳市化工新材料协会会长李林楷说，后发地区的产业发展不能走老路子，各色项目“一哄而上”，“小散乱”扎堆，而是要提前谋划、布局，大力发展优势产业集群。

李林楷说，揭阳市正实施“产业强市”的发展战略，重点培育石化、金属、纺织、仪器、服装、机械模具六大优势产业集群，通过行业协会等中介组织的“穿针引线”，实现抱团转型。李林楷建议，破题广东区域协调发展，不能一味地单靠财政转移支付来扶持，而是要给产业政策。此外，结合大部制改革，下放项目审批权，缩短审批时限。

“广东现在是前有标兵，后有追兵，要考虑产业的协调发展。”全国人大代表、广东塑料交易所股份有限公司首席交易员、鸿达兴业集团董事长周奕丰建议，要发挥毗邻港澳的优势，推动广东与香港更深层次的合作。比如联办香港交易所广州中心，试行在广东发行 HK 股，粤港合办商品期货交易所等。

全国人大代表、梅州市市长谭君铁说，梅州将加大基础设施的建设力度。“客观地讲，梅州虽然是三省交界，但交通并不发达，影响了人流、物流、财流等生产要素的集聚，区位优势变成了劣势。”他透露，厦深铁路年底将开通，他们跟广铁集团协商，考虑铺设连接线，同时还计划发展民航、高速路。

3 关键词 深化改革

建议国家适当放宽简化一些项目审批

政府工作报告中指出，要深化投融资体制改革，推进价格改革，健全资源性产品价格形成机制。在分组审议政府工作报告时，全国人大代表、省发改委主任李春洪表示，“我在发改委工作了一年多，深深感觉到投融资体制改革对焕发社会经济活力而言非常重要。”他建议，国家对一些项目的审批程序可适当简化，将更有利于改革和发展。

李春洪表示，“十二五”规划的体系已非常完善，有国家层面的大规划，还有几十个专项规划，“但有些（地方性）规划还要上升到国家层面审批，这个问题可以斟酌。”李春洪举了地铁建设的例子，“这个建设不涉及国家平衡，只在一个城市内进行，国家审批可适当放宽，让省里面自行决策。”

又好比能源规划，李春洪表示，国家核电、煤电、风电、水电等能源规划都做好了，能源结构总量也批过了，但如果要上项目全部又都得一个个核，会比较麻烦，“关键要把技术门槛把住，严格检查，很多权力可考虑下放。”

“下一步要发挥特区的优势，争创体制创新优势。”昨日，全国人大代表、珠海市长何宁卡在广东代表团分组讨论上表示，珠海要再次吹响改革集结号。

何宁卡介绍，珠海市将重点攻关行政体制改革方面，进一步深化大部制改革，通过简政放权提高行政效率，转变政府职能。他提出了几个具体目标，“要划清市场的边界，特别是能由市场配置资源的，政府不再行政审批；对于社会组织能够承接的，政府要把这些转移出去；能由社会自治自律的，政府要退出。”

何宁卡说，珠海市将利用好横琴新区赋予的体制创新使命，打下体制创新的范式，争取在多个领域先行先试。他举例说，在金融方面，横琴已在探索扩大人民币的跨境使用。

4 关键词 前海横琴南沙新区

前海将被赋予和深圳一样的经济管理权限

深圳前海、珠海横琴、广州南沙，去年三大国家战略平台相继获国务院批复。

昨日，李春洪透露，目前前海的规划已批完，相关政策包括国家部委的相关政策，有的已经出来，但有的还在研究中。“省里面对前海发展的支持有几个方面，一是在经济管理权限方面，前海将被赋予跟深圳市一样的经济管理权限；行政项目审批方面也基本和深圳一样。另外，至于省里有权制定的政策方面，具体情况目前还在研究，比如收费制度、土地使用权制度、填海，省里都将赋予前海、横琴、南沙一致的政策。”

至于横琴，李春洪表示，横琴将与前海错位发展。“横琴的定位要考虑与澳门经济的多元化呼应，因此会侧重现代服务业、旅游、国际会展、物流等方面，还要建立现代中医药产业园；同时，在金融方面也有一定创新，但目前还在研究中。”

相对于前面两者，南沙起步较晚。李春洪表示，南沙的规划刚获批准，相关政策还在研究中。“当然，南沙面积比较大，作为广州新城承担的不只是区域性职能，还要带动老城区发展，将来进一步带动广东甚至整个华南地区的发展，定位将比另两个平台更综合，所以政策涵盖面更宽，研究难度也更大。”

（记者：雷雨、李春江、黄伟、曹斯，2013 年 3 月 6 日《南方日报》）

广东财政厅厅长曾志权透露，明年省人大代表一定会拿到社保基金的预算报告，他还提醒：

广东个别县将迎还债高峰

6日，广东“财爷”——全国人大代表、省财政厅厅长曾志权在北京广东代表团的驻地接受了羊城晚报的采访，他丝毫没有回避那些看起来敏感的问题。

广东举债很理性且可控

羊城晚报：广东今年计划发行多少地方债，可能用在哪些地方？

曾志权：2012年，财政部下达我省发行2012年地方政府债券规模控制数是86亿元，优先用于保障性安居工程等重点公益性项目支出及普通公路发展。据了解，国家今后将继续对各地发行地方政府债券采取额度控制，但目前未下达我省2013年具体发行数。我们将结合广东加大基础设施投入等实际需要争取财政部的理解支持，争取适当增加地方政府债券发行额度。

羊城晚报：很多代表都提到了地方举债存在不同程度的风险和不可控，广东是否存在这样的风险？

曾志权：有代表指出广东的举债数过于庞大，其实和周边省份都差不多，但我们的财力是他们的两倍以上，所以，这样一比较，广东的举债还是比较理性的，对债务的管理、控制都比较好。

羊城晚报：广州、佛山的债务都比较高，很多两地的市民都对此表示担忧。你怎么看？

曾志权：从整个广东来看，举债总额都是可控的、良性的。广州和佛山因为本身偿还能力强，不存在大的风险。但是广东的有些地区，比如粤东、粤西北地区，偿还能力比较弱，个别三五个县，在未来两三年可能会迎来还债高峰，资金压力会比较大。

外来工子女读公校难实现

羊城晚报：如果广东要实现外来人口和本地人口享受均等公共服务，广东财政能承担得起吗？

曾志权：这是我们要逐步实现的一个目标，给广东财政也带来了巨大的压力。2010年，广东为异地务工人员所需的基本公共服务支出了320多亿元，今天也有外来工人大代表提出异地读公校的建议，以目前在广东读书的180万异地务工人员子女来计算，如果全部入读公校，起码要几百亿元。此外，还要受建校用地、师资等条件制约。

这些异地务工人员子女的课本费补贴、公用经费补贴、校舍维修补贴等，国家都已经下拨到他们的户籍所在地，但他们的户籍所在地并没有提供相应的服务，但提供服务的广东却一分钱的补贴也拿不到。中央财政的民生支出分配制度应相应完善。

强行地方搞配套不合理

羊城晚报：很多代表提到了中央和地方存在财权和事权不相匹配的现象，你怎么看待这个问题？

曾志权：现在中央要求地方配套的项目越来越多，情况也越来越严重。比如中央驻地方的气象部门，说是为地方服务，但配套却要地方来做。行行业业都要地方强行搞配套，比如“政法经费保障”也要地方来配套，不合理！

很多地市根本就没有配套的能力，叫苦连天，但为了拿到上级资金，很多地市就上演了一级骗一级的把戏，搞假配套。我认为，中央应该根据地方自己的情况，分清轻重缓急，由地方自行择优选择想做的项目。

广东为房产税试点做准备

羊城晚报：广东省两会期间，有代表提出要求将社保基金预算也要向人大公开，这个有没有具体计划？

曾志权：广东的预算公开在全国都是走在前列，社保基金预算已经率先全国报人大常委会审批。因为今年的省两会召开得比较早，来不及，不然今年广东的社保基金预算就会报人代会审批。2014年，省人大代表在参加省人大会的时候，一定会不折不扣地拿到社保基金的预算报告。

羊城晚报：广东在对个人住房征收房产税方面有什么考虑？

曾志权：为完善我国税制，有效配置房地产资源，国务院批准从2011年1月28日起在上海市和重庆市开展对部分个人住房征收房产税，正式启动了房产税改革试点。近期，国务院已经明确要扩大个人住房改革试点范围，我省是否开展房产税试点由中央确定，我们将根据国家的统一部署，为下一步国家扩大房产税试点做好充分准备。

（特派记者：薛江华，2013年3月7日《羊城晚报》）

广东财爷曾志权接受南都专访透露：

明年省人代会将审议社保基金预算

“中央点菜、地方埋单”，各个部门“点”了许多需要地方财政配套的项目，让地方难以按照实际情况来安排预算支出。昨日，全国人大代表、广东省财政厅厅长曾志权接受南都记者专访表示，这样的做法会滋生“下级骗上级，一级骗一级”的弊端，应该进行改革。此外，他还表示，明年将把社会保险基金预算提交省人代会审议，做到全口径预算由人大监督。

南都：政府工作报告提出，要继续实施积极的财政政策和稳健的货币政策。广东省2012年地方政府性债务情况如何？

曾志权：初步统计，2012年广东省，包括深圳在内，债务规模同比上年减少0.44%，债务率约为83%。其中，省本级债务规模同比下降1.21%，债务率约62%，都低于100%的国际通行的债务率警戒线，总体债务风险在可控范围内。

南都：报告写到，要理顺中央和地方财力与事权的关系。广东省是财政收入大省，又是人均财力弱省。

曾志权：对，这个问题很迫切。中央也有中央的难处，适当集中财力，协调区域发展是对的。我们要顾全大局，替中央分忧。中央也应考虑调动中央和地方“两个积极性”，关注广东省发展不平衡的情况，逐步解决财力与事权匹配的问题。目前，中央和地方的财力和事权有一些方面是不匹配的。近年来，中央集中度越来越高，有财力向上集中、事权下移的趋势。当然，中央集中的财力最后也要分配到地方，大量是转移支付给中西部地区。6万亿元的盘子，4.8万亿元给了中西部，广东只有1 000多亿元。

南都：这种不匹配造成怎样的困难？

曾志权：这种不匹配，首先表现在中央与地方的财力和事权界定得不够清晰，比如中央驻地方单位的支出、跨区域财政支出等，本应由中央承担。其次是经常出现“中央点菜、地方埋单”的情况，各个部门“点”了许多需要地方财政配套的项目，甚至政法经费保障也要求地方搞配套，这种做法是不妥当的。

南都：其实，广东省内部是不是也有类似的问题？

曾志权：是，广东内部也有这个问题。有的市县叫苦连天，有些县新增财力根本没办法承担配套资金。为了拿到上级资金，只好“下级骗上级，一级骗一级”，一直骗到底。地方政府为了获取上级资金支持，被迫“逼良为娼”，弄虚作假，配套资金落实不了。

实际上，预算法也规定，一级政府一级预算。应该按照量力而行、量财办事的原则，增加一般性转移支付，由地方分清轻重缓急，择优办想做的事。比如有的农业项目，甚至分配到“哪个地方种什么菜”的程度。你家里阳台摆什么花，你最清楚。就像房间布置，一定要你把床摆在门口，这是不对的。主要是各个部门为落实部门工作，而采取的匹配政策。财政部门也没办法。

我们建议中央在下一步调整完善财政体制时，充分考虑调动中央和地方“两个积极性”，对事权安排与财力配置进行适当调整，促进地方财力与事权相匹配。

南都：你一直坚持“阳光财政”理念。今年省两会提前发放财政预算报告草案，并首次将省级行政经费、三公经费预算情况和省级国有资本经营预算情况向人大代表们公开，更加透明、细化。下一步，广东何时能将社保基金预算纳入预算报告？

曾志权：本来今年我们都想做，但时间上没来得及。党的十八大报告中提出，要加强对政府全口径预算决算的审查和监督，这对财政部门自觉接受人大监督提出更为具体、明确的要求。十八大提出人大对预算进行全口径监督，至省两会的时间太短。事实上，广东已经在全国率先将社保基金预算送省人大常委会审议。我们计划从2014年度起将社保基金预决算从报省人大常委会审议改为报省人代会审议，届时包括公共财政预算、政府性基金预算、国有资本经营预算和社会保险基金预算在内的全口径预算情况将向人大代表公开。也就是明年的省两会，就可以做到了。

（2013年3月7日《南方都市报》）

全国人大代表、广东财政厅厅长曾志权解读计划报告和预算报告

民生支出比重稳定在2/3以上

全国人大代表、广东省财政厅厅长曾志权被大家称为“财爷”。他昨天在广东团全体会议上为大家解读了《关于2012年国民经济和社会发展计划执行情况与2013年国民经济和社会发展计划草案的报告》（下称“计划报告”）和《关于2012年中央和地方预算执行情况与2013年中央和地方预算草案的报告》（下称“预算报告”）。

特点1　体现中央决策部署：固定资产投资预增18%

曾志权说，两个报告很好地体现了党的十八大、中央经济工作会议和政府工作报告的新精神、新要求。例如，计划报告在着力扩大国内需求方面，强调要发挥好投资对经济增长的关键作用，提出全社会固定资产投资预期增长18%的目标。

值得注意的是，预算报告中对生态文明建设的支出安排大幅增加，节能环保支出比上年增长18.8%。预算报告特别强调，今年将加大对大气污染治理的支持力度，创新综合治理机制，明确治理责任，完善相关制度。同时，预算报告提出要严格控制一般性支出和“三公经费”管理等，贯彻了中央“八项规定”的要求。

特点2　体现民生优先要求：民生支出稳定在2/3以上

曾志权介绍，计划报告提出了着力保障和改善民生的八项措施，下大力气改善和解决关系人民群众切身利益的就业、社保、住房、教育、卫生、文化等热点民生问题。

预算报告中反映，2008－2012年中央财政民生支出累计16.89万亿元，占中央财政支出比重稳定在2/3以上。同时提出了今年落实出台的一系列保障和改善民生的政策措施，如将新农合和城镇居民基本医疗保险财政补助标准从每人每年240元提高到280元、城乡居民基本公共卫生服务经费标准从每人每年25元提高到30元、按照10%左右的标准继续提高企业退休人员基本养老金水平等。

特点3　体现协调发展理念：转移支付年均增27.1%

曾志权说，计划报告对我国各地区经济社会发展作出了不同的要求和部署，特别强调要推进对口支援和帮扶工作。

预算报告反映，中央对地方转移支付从2007年的1.4万亿元增加到2012年的4.53万亿元，年均增长27.1%。一般性转移支付的占比不断提高，达到53.3%，提高了2.5个百分点。今年中央对地方税收返还和转移支付力度进一步加大，达到4.89万亿元。

“通过中央转移支付实施再分配，对于推动我国东中西部协调发展具有重要意义。”曾志权表示。

特点4　体现简练清晰文风：字数从1.8万减至1.4万

曾志权注意到，两个报告行文语言简练、数据清晰，预算报告在今年增加了社保基金预算的情况下，对篇幅进行了大幅压缩，从去年的35页减少到26页，字数从1.8万字减少到1.4万字左右，“是近几年预算报告中最短的一个，落实了中央关于改进文风的要求。”

此外，就预算报告而言，“还体现了积极稳妥的原则和完整易读的特点”。曾志权表示，今年预算报告在扩大编制范围、改进编制方法、增强报告易读性等方面都有新的进步。如首次编报2013年全国社会保险基金预算，实现了政府预算体系的完整编报；在表格中对相关口径作了备注，在专业性较强的地方作了重点解释，尽可能让大家更容易看懂。

（特派记者：黄应来、雷雨、李春江、曹斯；
2013年3月8日《南方日报》）

全国人大代表、广东省财政厅厅长曾志权：
广东“营改增”为企业减税19.6亿元

“3个月来，广东‘营改增’为企业直接减税19.6个亿。”7日，全国人大代表、广东财政厅厅长曾志权向羊城晚报记者表示。

据了解，广东省“营改增”试点去年11月1日启动，共约22.52万户纳税人纳入试点范围，试点企业税负总体持平或下降面达到95.03%，减负总额约为19.6亿元。“下一步如何扩大这个工作，由国家统一部署。税收的权力主要是中央，主要是中央授权。”曾志权说。

作为“营改增”另一试点上海，有的行业出现了税负不减反增的情况，那么广东情况如何？曾志权表示：“广东出现这种现象的比例不大，大概是5%左右。”对于这5%的税负不减反增企业，曾志权告诉记者：“省财政拿出10个亿，对于每个月增值税超过1万元以上的企业，我们给予临时性的扶持。从长远来说，应该进一步完善增值税额抵扣链条。”

结构性减税是否给广东带来了财政支出压力？曾志权表示：“这个肯定有，减税会造成一定影响，但从目前财政状况来说，还是可承受的。”

（特派北京记者：张林，实习生：沈逸云；2013年3月8日《羊城晚报》）

广东团审议2013年“计划报告”和“预算报告”省财政厅厅长建议——
合理划分中央地方财权事权

“广东GDP、财政收入总量居全国第一，但人均财力排全国第27位。最富的地方在广东，最穷的地方也在广东。”昨日下午，广东代表团全团审议2013年“计划报告”和“预算报告”，多位代表不约而同地集中谈到了广东财力吃紧和区域发展不平衡的话题，建议尽快调整完善分税制财政体制，理顺中央和地方财力与事权关系，兼顾广东区域发展不平衡的实际情况。

预算严控“三公经费”

第一个发言的全国人大代表，广东“财爷”——省财政厅厅长曾志权首先分析了两个报告所透露的信息。曾志权认为，两个报告体现了中央的决策部署。如预算报告中对生态文明建设的支出安排大幅增加，节能环保支出比上年增长18.8%。同时提出严格控制一般性支出和“三公经费”管理等，贯彻了中央“八项规定”的要求。

对于报告存在的一些不够完善或者兼顾不到的地方，曾志权认为，一方面，各地求发展的欲望非常强烈，在项目安排上存在“僧多粥少”的问题；另一方面，需要花钱的地方很多，“人民内部的矛盾需要人民币来解决”，财政收支矛盾仍然比较突出。“建议要在突出改革重点，加大改革力度方面增加内容”，曾志权说，如行政审批制度改革，不只是要精简审批事项，下放审批权限，还应明确减少审批，“该取消的取消，该下放的下放”。

而对于预算报告和财政工作，曾志权说，按分税制财政体制规定，广东为中央财政作出贡献是应该的。广东应该有而且已经有这样的大局观念，该上交的上交。但在支出安排上，除了扶贫资金及支持欠发达地区基础设施建设的资金外，中央财政也应兼顾广东区域发展不平衡的实际情况，在支出安排上考虑广东实际予以支持。

曾志权提出，中央在制定民生补助政策比如教育、卫生、生态保护补偿等基本公共服务支出的补助方面要综合考虑各省区的人均财力、人口总量、流动人口数量及社会管理负担等情况，尽可能按普惠原则，适度加大对广东民生政策补助支持力度。

粤人均财力全国第27

曾志权说，广东虽然GDP、财政收入总量居全国第一，但人均财力较低。按常住人口计算，2011年，广东人均公共财政预算支出6 390元，比全国地方平均水平（6 918元）低528元，比东部地区平均水平（7 784元）低1 394元，排在全国第20位。如剔除财政单列的深圳市，广东省人均支出水平排在全国第27位。

曾志权建议，尽快推进十八大报告及政府工作报告提出的“加快财税体制改革，理顺中央和地方财力与事权的关系，完善公共财政体系，构建地方税体系，促进形成有利于结构优化、社会公平的税收制度”的相关工作，抓紧调整完善分税制财政体制，理顺中央和地方财力与事权关系，调动中央和地方的积极性。

（作者：李栋、卢文洁、全杰、王广永，2013年3月8日《广州日报》）

广东省财政厅长曾志权：我们是财政弱省

“广东是县级财政保障缺口最大，也是缺口县数量最多的省。”昨天（3月7日）上午，全国人大代表、广东省财政厅厅长曾志权说。

作为中国经济第一大省的“财神爷”，《每日经济新闻》记者在广东代表团驻地初听他如此吐苦水之时，感到多少有些诧异。“因为广东区域发展严重不平衡，我们是财政弱省。”

曾志权详细给记者解释了其中缘由到目前为止，广东能在经济上给省里上缴作贡献的市只有6个，分别是广州、深圳、东莞、中山、佛山、珠海，其他15个市都要靠中央和省的转移支付。

江苏GDP总量距离广东只有咫尺之遥，只相差1 000亿元左右。但曾志权分析说，在地级市的财力上，江苏13个市财政收入全部超过100亿元，最少的市也达到158亿元；而广东21个地市只有9个财政收入超百亿元，还有5个市不到50亿元。

今年政府工作报告中有加强县级政府提供基本公共服务财力保障等表述。而对于各地市“摊手要钱”，曾志权说，省财政会加大力度，但在目前财政体制下，地市要发挥多方面积极性，要落实责任主体，不能全靠省里。

在潜在经济增速回落、外需不旺的背景下，依赖外向型经济的广东，今年财政收入也面临一定压力，“营改增”带来的减收压力以及出口行业税收减少都是原因。

去年11月，广东正式开始“营改增”试点。曾志权说，“营改增”试点非常顺利，3个月以来直接减税19.6亿元，不过也有大约5%的纳税企业税负不降反增，但这不是长期性的，有些是由时点性等方面的问题造成。政策出台不可能百分之百达到满意，对此广东也出台了临时性扶持政策，省里拿出10亿元，对每个月征增值税超过1万元的企业予以补贴，从长远上看，还是要提高增值税的抵扣链条水平。曾志权表示，“营改增”肯定会造成一定的财政减收，结构性减税还包括提高中小微企业征税税基等，不过目前财政状况还可以承受。

在多项经济政策的调整当中，广东都扮演着先行先试的角色，该省也是2011年财政部确定的地方自行发债的4个试点省市之一，如今试点已进行两年。数据显示，2012年广东自行发债规模为86亿元，较2011年的69亿元增加17亿元。

（记者：胡健；2013年3月8日《每日经济》）

广东九成援藏资金向民生倾斜

近3年共投入财政资金11.7亿元，援建项目124个

“酬志援藏赴高原，雪域寒夜独难眠。三载洒汗不言险，踏雪归去马蹄香。”今年是广东第六批援藏队援藏工作的收官之年，距离回到广东的时间只剩3个多月，一位援藏干部有感而发。

自2010年7月进藏以来，广东省第六批援藏队围绕强农惠农，抓小康示范村建设和边远县场脱贫解困；围绕做

大做强经济总量，抓特色产业培育和招商引资；围绕促进商贸旅游业大发展，抓城镇化建设和基础设施建设；围绕社会民生，抓藏粤广泛交流；围绕增强地区发展软实力，抓干部人才队伍培育；形成了“以民生援藏为龙头，产业‘硬援藏’和智力‘软援藏’为两翼”的科学援藏新格局，为林芝地区成为西藏科学发展和谐稳定带头区作出了积极贡献。

新春伊始，广东第六批援藏工作队仍在紧张有序地忙碌中，他们的目标只有一个：在第六批援藏工作结束时，向西藏人民交出一份满意的答卷。

民生援藏　大力推进“小康示范村”建设

3月的广东已是春意盎然，此时的林芝却颇有几分寒意。从林芝县八一镇出发，沿318国道向波密、察隅方向行进，一路山高谷深，人烟稀少。然而，无论是在色季拉山脚下还是察隅河边，“小康示范村”的身影几乎无处不在。

“以前住在山上，一下雨就会掉泥沙石头下来，太危险了，下雨的时候我们都不敢睡觉。”藏族青年晓张是察隅县竹瓦根镇巴嘎村村民，2010年，他所居住的村庄因遭受雨雪灾害而严重损坏，“老房子不能再住了”。如今，巴嘎村已经通过整体搬迁，迁移到了安全地带：“新房子不仅有水有电，还有广东援藏队给盖的厕所、送给我们的太阳能热水器。”住进安全舒适的新房子，晓张难掩兴奋。

据介绍，小康示范村等民生工程的建设，得益于广东第六批援藏队“民生为重、富民优先”的工作原则，全面推进以民生为重的各项社会建设。为做到援藏资金“向基层倾斜、向农牧民倾斜、向产业倾斜”，广东第六批援藏资金11.75亿元中，直接和间接投入民生领域的有11.3亿元，占资金总量的96%。

3年来，广东援藏直接投入民生方面的资金达6.4亿元，占总资金量的54.5%。“这些资金主要用在了安居工程、小康示范村、农牧区基础设施建设和人才培训上。”据广东省第六批援藏工作队领队李雅林介绍，广东援藏队还向民生间接投入了4.9亿元，占总投入的41.8%。

在采访过程中，南方日报记者了解到，在绝大部分资金用于民生建设的同时，广东第六批援藏队始终坚持70%以上的援藏资金向基层倾斜。为解决藏族同胞最关心的走路难、看病难、上学难、饮水难、通电难等突出问题，进一步改善农牧区公共服务条件，“十二五”期间，广东援藏计划投入财政资金21.2亿元，其中投入基层建设15.28亿元，占比超过70%。

以上一串令人骄傲的数字，得益于广东援藏务实的工作作风。“我们不搞面子工程，抓的就是民生！”李雅林如是说。

产业援藏　实现旅游收入大幅增长

“到林芝哪里拍桃花最好看?”在飞往林芝的航班上，摄影发烧友王先生一直按捺不住激动的心情。听朋友说林芝有“桃花节”，他便背着摄影器材开始了他的“桃花之旅”。

早春的林芝迎来了一批批慕名而来的观光客，林芝的蓝天、白云、雪盖、云杉、桃花、蓝河构成了人间“香巴拉”——在藏语里，这是“天堂”的意思。林芝的美不必多言，吸引众多观光客来此游览也不足为奇。不过，早在几年前，这里还是另外一番景象。长期以来，林芝丰富的旅游资源并未得到有效开发，游客也寥寥无几。

进藏以后，广东第六批援藏队紧密结合林芝地区实际，突出造血，重点抓好林芝旅游业和特色产业。从林芝八一镇福清河景观带建设到鲁朗国际旅游小镇建设，从波密县扎木镇改造建设到察隅县小城镇改造等项目，援藏队在林芝地区打造了一条藏东南“四点一线”精品旅游线路。至此，林芝东线旅游得到全面盘活，这也为林芝建设世界旅游目的地打下基础。此外，南方日报记者了解到，援藏队通过到广东组织旅游推介、广客西藏行、林芝桃花节等大型活动，促进旅游产业发展。

近3年的努力得到了丰厚的回报：2011年，林芝地区旅游人数突破183.4万人次，实现旅游收入13.4亿元，分别比2009年增长了66.4%和62.5%。2012年，林芝地区接待游客数量更上一层楼，达到229万人次，并实现旅游收入18.59亿元，同比增长38%。

此外，由于林芝地处青藏高原东南部，来自印度洋的暖流鱼贯而入，形成了此地丰富多元的自然环境；广东援藏队因地制宜，针对受援地不同的自然禀赋，在林芝县推广起现代蔬菜水果种植，在波密推广仿野生天麻种植，在察隅打造现代粮食种植业，在易贡茶场打造茶叶产业，在察隅农场打造现代养殖业……如今，“三县两场”的特色产业发展得红红火火，广东第六批援藏工作队可谓功不可没。

智力援藏　留下“带不走的队伍”

西藏高寒缺氧，援藏工作艰苦寂寞，来自广东的援藏干部“抱团取暖”，在高山与峡谷间建立起了深厚的情谊。记者在走访时，常听到援藏干部用“兄弟们”来形容工作伙伴，殊不知，援藏队里还有一位巾帼不让须眉的女医生。

“有些病人，从波密和察隅这些地方翻山越岭坐班车来到八一镇看病，我们看着也挺心疼的，都希望尽量能帮到他们。”广东援藏干部、林芝地区妇幼保健院副院长叶璐告诉南方日报记者，“缺医不少药”的情况在林芝地区长期存在，“作为一名妇科医生，我希望能在林芝地区培训更多的基层医生，这样就算援藏队离开西藏，这里的妇女也能得到很好的治疗。”她说，真希望能为这片土地多培养一些医生，留下“带不走的队伍”。

叶璐的工作，其实是智力援藏的一部分。南方日报记者了解到，援藏所“援”，不单单是项目，还要“软硬兼顾”，以智力援藏夯实地区发展软实力。数据显示，近3年来，广东援藏队举办行政管理、医疗卫生、科技教育、实用技能等各级各类培训班216个，培训基层干部14 399人次。一位援藏干部向南方日报记者介绍：“根据地区经济社会发展的需要，我们有针对性地开办了‘广东援藏论坛’”，这一论坛邀请了教育、卫生、财务、法律、水利、环保等方面的专家赴林芝培训59批次，培训人员达1 730人。“这些培训，加快培养了一批实用型、技术型、管理型的专业人才，提升了林芝地区人才综合素质，也有效地改善了林芝地区人才结构，为林芝地区长远发展提供了有力的智力支撑”。

与此同时，在近3年的时间里，广东援藏队率先组织了2012年专场西藏高校毕业生就业辅导会、西藏高校毕业生专场招聘会，为西藏高校毕业生提供了珠三角地区200多家企业共5 500多个岗位供挑选。另外，援藏工作队还积极参与了自治区百名先天性心脏病儿童救治行动，确诊了22名儿童为先心病患者，并送往广东省进行免费医疗救治。

模式创新　确保援藏资金笔笔落实

广东3年援藏资金量达11.75亿元，为对口援藏各省市之首。“新一轮援藏的资金量都快赶上前五轮援藏资金量的总和了。”正如广东援藏干部、林芝地区财政局党组副书记黄志伟所说，如此庞大的资金量，考验着援藏队的“花钱水平”。

与以往援藏资金管理模式不同，广东第六批援藏队的援藏资金虽然来自不同的地市，但“所有的援藏资金必须从一个口径拨出”。

原来，广东援藏队创新管理模式，实现了“资金统筹、项目统筹、干部统筹”，打破了以往“一市对一点”的做法，形成了资金、项目、干部的统一指挥和管理。这就意味着，“各对口援建地市各自为政的局面不会出现，我们是按项目拨款，确保资金落到实处。”

在新一轮援藏任务重、资金量大、时间紧的情况下，广东援藏队灵活集中和调配财力，全面推动建设项目的进度：通过编制滚动预算，巧用财力，统筹调配资金，利用一年的资金启动70%以上的项目，做到“规划一批，启动一批，竣工一批，成效一批”，保证3年援藏任务不留缺口，不留手尾，不留败笔，使广东的援藏工作走在全国前列。

据了解，为了对优秀项目进行激励性支持，广东援藏队专门设立了预留竞争性资金，通过竞争性资金带动吸纳社会资金参与援藏建设。此外，为壮大特色产业，广东援藏队还设立了产业培育资金，“这样一来，我们可以通过灵活采用财政贴息和奖励等方式，以财政的杠杆来带动和引导社会资金加大对特色产业的投入。”黄志伟说，此举的重点在于培育一批有发展前景、有效益的龙头企业，提高当地企业的市场竞争力和品牌效益。

（记者：唐柳雯、谢思佳，通讯员：郭和暖；2013年3月31日《南方日报》）

专访广东省财政厅厅长曾志权

争取增加地方对税收的共享比例　充实地方财力

2012年广东省实现地区生产总值5.71万亿元，同比增长8.2%，经济总量位列各省第一。但2013年广东省两会上，却笼罩着浓重的“忧患意识”，因为总量第二的江苏赶超势头迅猛。

论财政收入，广东也是第一大省，2012年地方公共财政收入完成6 228亿元，而第二位的江苏，去年其地方财政收入为5 860亿元。

不过，人口第一大省的广东，其人均财政收入和支出，都未达到全国平均水平。因此省人大代表不少呼吁，应加快财税体制改革。

“营改增”背景下，业界普遍认为现行财力安排为一过渡性政策，未来财力分配格局有待调整，广东省对此有何诉求？

目前广东债务状况如何，对现行投融资体系，有何建议？如何保障各级财力支出，“省直管县”在广东进展如何？财政收入增速下滑的背景下，完成“十二五”目标是否有难度，如何平衡财力？就此，本报记者近期采访了广东省财政厅厅长曾志权。

争取增加地方共享比例

《21世纪》：目前“营改增”也在广东进行试点，目前来看对广东经济带来什么影响，试点效果如何？“营改增”使得地方失去了主体支撑税种，但另一方面中央又强调“建立地方税体系”，从广东自身经验出发，对此有何建议？

曾志权：我省于去年11月1日正式启动“营改增”试点，实现了“10月领购发票、11月正常开票、12月正常申报”的预定目标。

截至目前，我省（含深圳）共约22.52万户纳税人，纳入“营改增”试点范围，其中一般纳税人3.91万户，占17.36%，小规模纳税人18.61万户，占82.64%。试点企业税负总体持平或下降面达到95.03%，总体减税效果初显，总体情况良好。

根据现行财政体制，增值税属于中央和地方共享税，营业税属于地方税。“营改增”试点期间，规定原归属试点地区的营业税收入，改征增值税后仍归属试点地区，税款分别入库。因试点产生的财政减收，按现行财政体制由中央和地方分别负担。

上述属于试点过渡性政策安排，随着试点的地区和行业的逐步扩大，调整现行财政体制是改革的制度性安排。我省将积极向国家提出有关意见建议，争取增加地方对相关税制的共享比例，争取充实地方财力，保障地方财源。

党的十八大提出了“构建地方税体系，形成有利于结构优化、社会公平的税收制度”的目标任务。构建地方税体系，是加快财税体制改革、健全中央和地方财力与事权相匹配的体制的重要内容，是理顺政府间财政关系、加快转变政府职能、推进基本公共服务均等化的重要手段。我省经济总量大，但区域和城乡发展极不均衡，人均财政支出水平低，推进基本公共服务均等化压力大，加快构建地方税体系对我省来说极为迫切。

制定融资平台规范

《21世纪》：正在进行中的城镇化，意味着有大量公益性项目需要资金投入。广东目前债务状况如何？在政府投融资体系的建立过程中，广东有什么经验，有何建议？

曾志权：从全国范围来看，我省债务风险控制得较好，债务规模与经济财政发展水平基本适应。2010年经审计部门审计，我省债务率（债务余额/综合财力）为64.22%，低于全国平均水平（70.45%）。

近年来，我省逐步建立和发展起政府投融资体制。特别是2008年下半年以来，为应对国际金融危机，我省加大了对基础设施和民生项目的投入力度。

我们将财政投入和金融杠杆有机结合起来：通过建立政府融资平台，以银行贷款、企业债券、银信政合作等多种方式筹集资金，支持道路交通、市政基础设施、农田水利等公益性重点项目建设。融资平台的建立，很好地解决了地方扩内需、经济发展中碰到的资金“瓶颈”问题。

同时，我们也很重视规范融资行为和对资金的监管，主要针对省级融资平台，制定了一系列操作规范。一是对融资情况和财政承受能力进行了测算。以财政承受能力，作为确定融资规模的重要依据，实现融资规模与还款能力相适应。二是制定资金管理办法，规范融资资金管理。三是大部分融资资金参照财政性资金进行管理，分年滚动安排，按程序审批后集中拨付使用。四是省级实行以“共管账户”形式管理融资资金。省财政厅与融资平台主管部门对共管账户实行“联合印鉴”管理，省财政厅以“代管资金”的模式设账和核算，共管账户资金需经省财政厅审批加盖印鉴后方可拨付，确保资金的安全使用。

为进一步规范政府投融资体系，促进地方经济平稳较快发展，我们建议中央在以下两方面加强对地方建立和完善投融资体系的指导和支持力度：一是建议建立政府投融资平台风险防控评价体系，明确投融资平台风险控制标准和规范管理的操作办法等。二是建议银行等金融机构对融资平台项目分类灵活处理，对符合条件的公益性融资项目和融资平台公司自身经营性项目，按正常程序发放贷款。

增收目标可完成财力保重点

《21世纪》：广东作为沿海省份，比较早面临产业转型的问题，去年广东地方财政收入同比增长12.96%，其中税收同比增长11.6%，地方财政收入与税收收入同比增速都出现下滑。您如何看待这个下滑的现象？

曾志权：2012年，广东省地方公共财政预算收入和税收收入增速分别较2011年下降9.1个和8.0个百分点。财税收入增速下滑，主要有三方面原因。一是经济增速放缓。去年省里各项主要经济指标增速都有所放缓，其中地区生产总值、规模以上工业增加值、固定资产投资、进出口总额增幅同比降低了1.8个、4.2个、2.1个、8.7个百分点，影响了增值税、营业税等主体税种的增幅。二是受结构性减税政策影响，如提高个人所得税免征额、“营改增”试点等，拉低了财税收入增幅。三是省财政出台了一系列减轻企业负担的政策，来扶持实体经济发展，如减免缓征37项行政事业性收费等。

虽然去年我省财税收入增幅有所下滑，但随着稳增长、转型升级政策的推进，经济筑底回稳的迹象也开始显现，财政收入增幅自去年5月以来已逐月回升。

我们相信，在经济继续保持稳定增长的情况下，全省财政收入增幅也将保持适当的区间，可以实现“十二五”期间年均增长12%的目标。

《21世纪》：在省两会期间，您曾提到广东2013年能重新调度安排的资金不多。珠三角要发展，粤东西北也需平衡，预算盘子有限，如何安排资金？

曾志权：今后几年财政收入增速将趋于平稳，从高速增长阶段向中速甚至平缓增长阶段转变，通过收入高速增长增加财力来支撑新增支出的格局难以为继。在新形势下，财政预算管理工作也面临着新的挑战。

为此，2013年省级预算编制坚持有保有压，继续压缩一般性支出，重点保民生、保发展，促均衡，做到了“四个突出”。

一是突出民生优先。2013年，全省财政民生支出预算5 367亿元，占公共预算总支出比重达71%，同比提高5.2个百分点。各项法定支出得到有效保障，就业、教育、三农、生态保护、社会保障、医疗卫生、科学技术等重点支出，同比增长10%以上。其中，省级新增财力用于民生的支出达74.56%。2013年省财政将筹集592亿元落实十件民生实事，比2012年增加146亿元，增长32.7%。

二是突出促进转型。省级预算安排产业发展、科学技术、商业服务业等“调结构”重点领域的支出，达到163亿元。例如，推进产业转移和欠发达地区产业园区发展专项资金等31.35亿元，用于鼓励珠三角地区企业加快向东西两翼和粤北山区转移等。

三是突出均衡发展。省级新增财力继续向基层、欠发达地区、重点区域倾斜，今年共安排对市县的税收返还及转移支付补助1 685.42亿元，同比增加106.29亿元。其中，包含对市县的税收返还及财力性支付补助1 223.72亿元，以及教育、农业、医疗卫生、社会保障等专项转移支付461.71亿元。

四是突出强农惠农。安排农林水投入196.43亿元，同比增加22.59亿元，增长13.25%，用于发展现代农业、农村综合改革、基础设施建设等。

“双轨制”运行的“省直管县”

《21世纪》：广东在试点“省直管县”上目前进展如何？“省直管县”相比原来按行政级别分层管理，是否有明显优势？“省直管县”是否是未来财税体制改革的方向？

曾志权：广东省从2004年开始探索财政管理的“扁平化”，现已逐步形成了介于“市管县”和“省直管县”之间的“双轨运行”体制。目前，省财政已直接对到67个县市，在政府间收支划分、转移支付、资金往来、预决算、年终结算等方面，实现了省与试点县市在财政上的直接联系。

2009年，我省制定了省直管县财政改革试点方案，当年对既属于财政部规定试点范围的“粮食、油料、生猪生产”大县，又属于广东省主体功能区规划中的生态发展区域的县市，实行了完全意义的省直管县财政体制。

“省直管县”相比按行政级别分层管理，具有以下明显优势。一是信息更畅通。省财政下发文件、开展业务活动、召开会议和组织培训等，与试点县市直接联系；试点县市报送材料、申报项目和反映问题，均可直接上报省财政。这确保有关政策的落实，也有助于省准确地掌握试点县市有关情况。二是资金拨付更直达。省财政补助资金直接分配和下达到试点县（市），减少了资金调拨环节，节省了资金在途时间，避免滞留截留，能使补助资金快速到位，进而提高了财政资金的使用效率。三是县级财力保障更加到位。理顺了地级市与试点县市财政收支划分关系，清理核定各项补助和上解基数，使得地级市不能从试点县市向上集中财力，也不能向下转嫁出资责任。另一方面，明确地级市要继续对所辖试点县市在财力上予以支持，帮助试点县市加快社会经济各项事业发展。

我们认为，“省直管县”财政改革，可以更好地发挥省在政策上、财力上支持欠发达地区发展的效果。

《21世纪》：另外，广东跨级别进行省保县、市保镇、县保村，这样一个策略，是出于什么考虑？

曾志权：从2010年开始，广东省采取“省保县、市保镇、县保村”的隔层保障形式，为基层政权和组织供给“底线均等”的基本公共服务，提供必需的财力保障，主要是基于以下两方面的考虑：

一方面，能缓解欠发达地区基层政权组织运转困难的现状。目前粤东西北地区发展相对落后、基层财力薄弱，仅凭省级财政加大支持力度是不够的，需要省、市、县三级财政一起努力，承担其相适应的保障责任，共同推进基本公共服务均等化。

另一方面，有利于明确各级财政的保障责任。一是“省保县”，从现实情况看，县级财政承担的支出责任最重，省财政具有平衡全省财力的职能，进而有动力加大对县市的保障力度；同时，这也是符合财政管理扁平化的趋势。二是“市保镇”，相比县级，镇乡财政支出较小，而市级财政实力相对较好，市级财力与镇乡匹配比较合适；同时，保障所辖镇乡政权运转，也是市级政府的事权之一，通过“市保镇”有利于落实责任。三是“县保村”，村级组织最贴近基层，从地域分布情况来看村与县（市）联系最紧密，由县保村方便因地制宜地制定政策。

《广东省财政支出绩效管理办法》即将出台

《21世纪》：有专家指出，财政预算资金绩效考评是一个很困难的事情，广东在这方面有什么经验？

曾志权：财政预算资金使用绩效评价是一个世界性难题，西方国家探索了50多年，也没有一个形成公认的科学体系。我省从2003年起率先在全国启动绩效评价试点改革，取得了一定的经验和成效。

一是制度先行。2004年，我们联合审计、监察和人事等部门印发《广东省财政支出绩效评价试行方案》，规定了绩效管理的原则、范围、程序办法、指标标准以及工作责任等。后又针对各类专项资金，针对内部协调、工作流程、操作规程、评价范本等，出台了相关具体规定。目前，我们正争取以省政府名义出台《广东省财政支出绩效管理办法》，构建更完整的绩效管理制度体系。

二是完善指标体系，构建信息系统。一方面，构建指标体系。我们组织了有关专家和研究机构，梳理出绩效影响和表现因素的主要内容，设计了统一的评价指标体系，由3个一级指标、9个二级指标、15个三级指标构成，涵盖投入、过程、产出和结果等内容，实现了项目横向、纵向绩效的比较分析。另一方面，初步建成了全省共享的绩效管理信息系统，与预算编制、执行系统相衔接，利用信息化技术实现预算全方位、全过程的覆盖。

三是建立多元化的绩效评价机制。既有主管部门和资金使用单位常态化的绩效自评，也有财政部门针对重点项目的评价，还有第三方机构评价——多种评价模式互成体系，能比较全面地反映预算支出效益。

四是拓展绩效评价覆盖面。从对个别项目，延伸到对所有一定额度项目绩效评价；从事后，延伸到全过程绩效管理；从对项目支出，延伸到对部门绩效评价；从财政支出，延伸到政府效能绩效评价。

五是培育第三方评价机构。一方面扩大第三方评价机构的遴选范围，将有资质、素质高的第三方机构纳入绩效评价业务委托范围；另一方面通过业务委托，在实际操作中提高第三方机构的素质水平。同时，在制订方案、设计指标、规范操作流程等方面，我们也会指导第三方机构以提升他们的工作质量。

六是调动各方积极性。发挥预算部门作为绩效管理责任主体的作用，充分调动其改革积极性；加强与人大、政协、审计、监察、人事等监督部门沟通，形成工作合力，扩大绩效管理的公信度和影响力；广泛宣传绩效管理改革有关情况和成效，提高公众的认知度，形成良好的社会舆论氛围。

（记者：周潇；2013年4月4日《21世纪经济》）

广东设立H7N9救助基金

首期3 000万元经费已到位，用于救助困难染病者

昨日，经省政府研究决定设立人感染H7N9禽流感防控及医疗救助基金。该基金主要用于防控工作和救助困难染病患者，如未纳入医保的低收入者或无力支付医疗费的外来务工人员等。首期3 000万元经费已经准备到位。

华东地区发现人感染H7N9禽流感病例后，广东省委、省政府高度重视，省委书记胡春华，省长朱小丹第一时间作出指示，要求抓紧进行分析研判，提前做好防控工作。4月6日上午，副省长林少春主持召开H7N9禽流感防控工作会议，要求做好包括资金在内各项准备工作，防止因费用问题延误救治。

为做好救治人感染H7N9禽流感病例的准备，避免个别H7N9患者及家庭因医疗费用较高而陷入困境，经省政府研究决定，设立人感染H7N9禽流感防控及医疗救助基金。该基金主要用于防控工作和救助困难染病患者，如未纳入医保的低收入者或无力支付医疗费的外来务工人员等。首期3 000万元经费已经准备到位，关于经费的具体使用和管理办法，省卫生厅和省财政厅等有关单位正抓紧制定。

此外，省政府已明确在我省已经购买城乡居民医保的感染H7N9禽流感的患者，其治疗费用纳入医保报销范围。

（记者：李楠楠，通讯员：粤卫信；2013年4月8日《信息时报》）

粤农村学生读中职均免学费

按照新政策，全省享受免学费中职学生约有70万

我省公办中职学校全日制学籍在校生中所有农村（含县镇）学生、城市涉农专业学生和家庭经济困难学生将免学费！近日，省教育厅在官网上公布了《关于扩大中等职业教育免学费政策范围　进一步完善国家助学金制度的实施意见》（下称《意见》），对我省中职在校生的减免学费和助学金政策作出重大调整。

据统计，按照新政策，我省享受中职免学费的学生约有70万；2013年秋季学期以后，我省享受国家助学金中职生将达到11万左右。

城市经济困难学生纳入免费

根据这份由省财政厅、省发改委、省教育厅、省人力资源和社会保障厅等四部门联合发布的《意见》，从2012年秋季学期起，对公办中等职业学校（含技工学校，下同）全日制正式学籍一、二、三年级在校生中所有农村（含县镇）学生、城市涉农专业学生和家庭经济困难学生免除学费（艺术类相关表演专业学生除外）。

记者对比2010年我省出台的中职免费政策发现，以往是“按照中职学校在校生人数的10%确定农村家庭经济困难学生享受免学费资助的范围”。而此番政策调整，则是进一步将农村学生全体纳入免费范围。

此外，新政对于涉农专业的范围也有所扩大，不仅包括农林牧渔类所有32个专业，还包含了轻纺食品类的粮油饲料加工技术、粮油储运与检验技术专业和医药卫生类的农村医学专业3个专业。

省教育厅有关负责人表示，对于城市家庭经济困难学生，省按在校城市学生的5%确定。各地级以上市人民政府应根据实际情况，按不低于5%确定本行政区域内家庭经济困难学生的具体比例。

值得一提的是，民办中职学生也同样受惠。我省将对在职业教育行政管理部门依法批准、符合国家标准的民办中等职业学校就读的符合免学费政策条件的学生，按照当地同类型同专业公办中等职业学校免学费标准给予补助；民办中等职业学校经批准的学费标准高于财政补助的部分，学校可继续向学生收取。

中职学校将获各级财政补贴

扩大免学费范围后，如何保证学校的正常运转？据介绍，包括省财政在内的各级财政将共同对公办中职学校因免除学费导致学校收入减少的部分进行补助。

其中，第一、二学年由财政按照享受免学费政策学生人数和免学费补助标准补助学校；第三学年原则上由学校通过校企合作和顶岗实习等方式获取的收入予以弥补，不足部分由财政按照三年级享受免学费政策学生人数30%的比例和免学费补助标准补助学校。

根据《意见》，省财政对省属中等职业学校补助基准定额为每生每年3 500元；对地方中等职业学校的分担补助标准为每生每年2 500元，各地中等职业学校免学费补助不足部分，将由当地财政按免学费标准给予补足。

《意见》还对不同地区的财政补助比例进行了区分，其中：欠发达地区（含惠州市、肇庆市和恩平市）地级市（市辖区）、县（市、区），省财政负担70%，地级市（市辖区）、县（市、区）财政负担30%；珠江三角洲地区地级以上市及其所辖县（市、区，不含深圳市、惠州市、肇庆市和恩平市），省财政负担10%，地级以上市、县（市、区）财政负担90%。而江门的台山市、开平市，不分生源，省财政负担49%、地方财政负担51%。

一、二年级涉农专业中职生将获助学金

此外，新政对中职教育国家助学金制度实施“分步走”调整：从2012年秋季学期起，我省中等职业学校国家助学金资助对象由“全日制正式学籍一、二年级在校农村（含县镇）学生和城市家庭经济困难学生”，逐步调整为“全日制正式学籍一、二年级在校涉农专业学生和非涉农专业家庭经济困难学生”。

具体而言，2012年秋季学期至2013年春季学期，助学金政策覆盖一年级涉农专业学生和非涉农专业家庭经济困难学生，以及二年级农村（含县镇）学生和城市家庭经济困难学生。而从今年秋季学期起，将助学金政策覆盖范围调整为一、二年级涉农专业学生和非涉农专业家庭经济困难学生。

据悉，非涉农专业家庭经济困难学生比例按非涉农专业在校学生的10%确定。而助学金继续按每生每年1 500元标准由省财政（含中央财政）和地方财政按比例分担，具体分担比例与免学费补助资金的分担比例一致。

（记者：毕嘉琪，2013年4月9日《南方日报》）

粤3年投1.41万亿建基础设施

以粤东西北交通基建为重点，推进八大工程、21大项共460个项目建设

广东新一轮加快发展，特别是加快促进区域协调发展，已经破题。记者从昨日上午召开的全省加快重要基础设施建设工作会议上了解到，“十二五”后三年，全省重要基础设施建设，特别是粤东西北交通基础设施建设将全面提速，相关工作方案已制订并印发。

按照工作方案，未来3年广东将加快推进以粤东西北地区交通基础设施为重点的重要基础设施八大工程、21大项共460个项目建设，总投资约2.95万亿元，“十二五”后三年完成投资约1.41万亿元，计划建成投产项目294个。

亮点1　适度超前

“十三五”部分项目提前开工

要谋求加快发展，促进区域协调发展，基础设施建设当先行。这一思路在广东刚刚印发的《加快推进全省重要基础设施建设工作方案（2013－2015年）》（下称《工作方案》）中得到淋漓尽致的体现：《工作方案》提出，“十二五”后3年以粤东西北地区交通基础设施为重点，并用3－5年的时间，初步建成覆盖粤东西北的快速交通体系。

值得注意的是，《工作方案》描绘了我省下一阶段加快重要基础设施建设的蓝图，但它并非凭空而出，而是一项承前启后、经过科学谋划的布局。它既结合了“十二五”规划的实施，又本着适度超前、合理布局、协调发展的原则，将“十三五”时期拟安排的部分项目提前谋划并开工建设。

根据“十二五”规划纲要和各专项规划，“十二五”时期全省共安排重要基础设施建设项目607个，总投资约3.51万亿元，计划完成投资约1.97万亿元。

目前“十二五”前两年重要基础设施建设总体进展顺利，重点推进公路、铁路、机场、港航、城建、能源、水利、环保八个方面项目建设，完成投资5 640亿元，为“十二五”时期计划投资的28.6%。

“十二五”后3年，广东重要基础设施建设进度将全面提速。《工作方案》对此已作全面部署：加快推进以粤东西北地区交通基础设施为重点的重要基础设施八大工程、21大项共460个项目建设，总投资约2.95万亿元，后3年完成投资约1.41万亿元。其中，续建202个项目，后三年投资8 000亿元；新开工258个项目，后三年投资6 100亿元；计划建成投产294个项目。

亮点2　交通先行

18地市通高快速铁路

加快全省重要基础设施建设，交通设施是重中之重。按照《工作方案》提出的目标，至2015年底，我省交通运输通道主骨架基本形成。

首先，高速公路建设是我省交通设施建设中的基础和重点。“十二五”后3年，我省将投资2 688亿元，建成18个项目，新增高速公路通车里程1316公里，实现县县通高速公路。

《工作方案》还明确要求，至2015年底，实现国家高速公路网广东跨境段贯通，出省通道和粤东西北地区连接珠三角通道进一步畅通，全省高速公路通车里程约6 800公里（2017年底达到8 000公里）。

同时，全省18个地级以上市通达高（快）速铁路，全面建成沿海五大枢纽港的铁路集疏运体系，铁路通车总里程达4 100公里左右。城际轨道交通网覆盖珠江三角洲9个地级以上市，通车里程达386公里。

此外，枢纽机场和支线机场协作发展的民用机场布局基本形成，年旅客吞吐能力约1亿人次。港口公共服务水平和岸线资源的使用效率明显提升，港口货物年通过能力超过13亿吨。珠江三角洲高等级航道网基本建成，内河三级以上航道通航里程达1 300公里。

除交通外，城市基础设施、能源供应保障体系、城乡水利保障体系和环境保护等工程建设也是全省重要基础设施建设中的重要内容。

亮点3　注重协调

快速交通体系覆盖粤东西北

“加强基础设施建设，对于改变广东区域经济不平衡的现状，促进粤东西北加快发展；对于发挥珠三角的辐射带动作用，进一步做大做强珠三角经济；对于广东调整经济结构，推动产业转型升级，都具有非常重要的作用。”在昨日会议上，中共中央政治局委员、省委书记胡春华对加快重要基础设施建设的意义作了深刻阐述。

记者从会上了解到，与全国其他省市相比，广东虽是交通大省，高速公路总量仅次于河南，但区域布局存在极度不平衡的问题。我省快速铁路、高速公路主要集中在珠三角地区，而占全省面积近70%的粤东西北地区，交通设施严重滞后，高速公路只占全省的40%，比如，潮州高速公路只有53公里。粤东西北高速公路密度不到珠三角的1/3、苏北地区的53%，全省还有11个县市未通高速公路，全在粤东西北地区。

在“十二五”后三年里，加快粤东西北交通设施建设是我省基础设施建设工作中的主体内容与重中之重。“加强

基础设施建设，增创广东新优势，交通是关键；解决广东的交通问题，形成带动全省发展的战略作用，粤东西北的快速交通体系建设是重点。”胡春华指出。

会议提出，广东要下决心经过3－5年的努力，初步建成覆盖粤东西北的快速交通体系。铁路建设方面，要以高快速铁路为重点，努力实现市市通高快速铁路目标，建成比较完善的粤东、粤西港口铁路集疏运体系。公路建设方面，要以高速公路为重点，加强粤东西北与珠三角核心区的高速通道建设，加快连接广西、湖南、江西、福建等周边省区的交通通道建设，实现县县通高速目标，完善粤东西北的高速公路网络。

■ 举措

积极引入民间资本

“十二五”后3年全省重要基础设施建设蓝图已绘就，各地市各部门工作目标十分明确，但摆在他们面前的难题并不少，首先是如何筹集足够资金。

对此，《工作方案》明确提出，各级政府都要各级财政统筹安排基础设施建设资本金，重点确保粤东西北地区交通基础设施项目政府出资资本金按建设时序及时足额到位。省财政厅牵头负责统筹省级资本金出资，“十二五”后3年省级财政预算新增安排专项资金用于高速公路、铁路项目省级资本金出资，省级资本金缺口由省财政厅牵头协调以多种方式解决；市级资本金由各市落实。国家批准的地方政府债券，主要用于高速公路和铁路等项目建设。同时，《工作方案》要求建立省与各大金融机构沟通联系机制，落实省政府与各银行签署的战略合作协议，争取各银行给予项目建设资金支持。已签订贷款协议的项目要严格履行协议，及时落实贷款资金。继续发挥广东粤财投资控股有限公司、广东恒健投资控股有限公司等原有融资平台作用，充分利用广东南粤交通投资公司新的融资平台，积极开展融资，优先安排交通基础设施建设资金。

另外，积极促进民间投资是重要方向。《工作方案》表示，要严格执行我省《鼓励和引导民间投资健康发展实施细则》，按照“非禁即入”的原则，拓宽民间投资的领域和范围。在做好前两批面向民间投资公开招标重大项目落地的基础上，推出第三批面向民间投资招标重大项目，吸引具有投资实力的企业特别是民营企业通过BOT（建设—经营—移交）、BT（建设—移交）等方式参与基础设施建设。

■ 地方反响

《工作方案》为发展指明方向

“《工作方案》的出台，特别是今年1月，胡春华书记到我市调研，明确要求湛江加快交通基础设施建设，进一步密切与珠三角和周边省区市的联系，改善发展区位优势，为湛江发展指明了方向。”湛江市市长王中丙表示，湛江进一步明确了基础设施项目建设的目标任务：全市安排重大交通基础设施建设项目38项，总投资1 550亿元。

王中丙说，力争到2016年，湛江“三环四通”规模初具，初步实现市区成环，湾区成环、半岛成环，实现市外通高铁、县县通高速、镇镇通快速、村村通公路，建成连接周边市区特别是珠三角的“两小时生活圈”。

“目前我市仍属欠发达地区，交通基础设施与珠三角核心区相比仍存在较大差距。”肇庆市市长郭锋深感压力巨大。据他介绍，肇庆高速公路密度只有1.5公里/百平方公里，是全省平均水平的48%，还有两个山区县未通高速公路。

郭锋表示，作为全省13个人均GDP未达到全国平均水平的唯一“珠三角城市”，为进一步提速发展，今年本地生产总值和固定资产投资预期增长目标分别调整为13%和20%，“迫切需要以扩大交通投资增强经济拉动力”。

（记者：黄应来，实习生：周鹏程；2013年4月9日《南方日报》）

2012年度省级培育发展社会组织专项资金扶持名单公布
374省内社会组织获8 700万资金扶持

南都记者从广东省财政厅获悉，2012年度省级培育发展社会组织专项资金扶持名单已经正式公布，全省共有374家社会组织获得总计8 700万元资金扶持。记者获悉，扶持资金将于近期通过省国库或地方财政拨付到位。

据省财政厅介绍，此次获助的374家社会组织中，省级组织103家共获得2 530万元，市级社会组织271家共获得6 170万元，其中获助组织大部分属于行业协会类组织，另有部分则属于公益组织和教育培训机构。记者统计发现，此次374家受助的社会组织中，共有207家各获得30万元补助，80家各获得20万元，另有87家各获得10万元补助。

穗50家社会组织获助

记者注意到，此次271家地市级社会组织当中，共包含179家珠三角社会组织，其获助资金为3 930万元；另有粤东西北共92家社会组织入选，其获助金额总数为2 240

万元。地级市当中，广州市以 50 家社会组织，共获助 1 010 万元在各地市中排名首位，其入选社会组织占据总数近 1/7，获助金额则占总额近 1/8。

省财政厅表示，按照规定，103 家在省级登记机关注册的社会组织扶持资金，将由省财政厅通过省国库直接支付；另外 271 家在市县登记机关注册的社会组织扶持资金，则将由省财政厅下达地级以上市财政部门，由地级以上市财政部门通过国库集中支付方式拨付相关社会组织。

重点扶持行业协会

为推进广东实施行政体制改革及向社会转移政府职能，广东在 2012 年颁布了《广东省省级培育发展社会组织专项资金管理暂行办法》，并于去年 10 月启动首次省级培育发展社会组织专项资金申报工作。

去年全省共有 1 084 家社会组织进行申报，最终共有 1 009 家社会组织进入评选。为保证评选公正，广东在全国首次在专项资金分配中引入第三方机构，由其主导申报受理和初审、终审，并最后提出获得资金扶持的社会组织名单。本次评审由第三方机构省机电设备招标中心、省机电设备招标公司分别组织专家评选。

据介绍，本次扶持社会组织分为三大类，实行分类扶持，其中重点扶持行业协会和发挥枢纽作用的社会组织。按照省级培育发展社会组织专项资金管理相关规定，省财政厅、省民政厅对终审报告提出的社会组织按照行业协会类 30 万元、公益类 20 万元、学术联谊和公正仲裁及群众生活等类 10 万元补助，其中发挥枢纽性作用的社会组织不分类别按 30 万元予以扶持。

（记者：郑焕坚、高远；2013 年 4 月 16 日《南方都市报》）

广东今年起试点省财政经营性资金股权投资管理

经营性专项资金不能白给

4 月 28 日，广东省政府发布《广东省人民政府办公厅关于省财政经营性资金实施股权投资管理的意见（试行）》（粤府办〔2013〕16 号）（以下简称《意见》），规定从 2013 年起，广东将启动试点，对省财政经营性资金实施股权投资管理；在总结 2013 年实施经验基础上提出今后年度财政经营性资金实施股权投资管理的整体方案，报省政府批准后进行推广。

对此，广东省财政科学研究所所长黎旭东指出，《意见》的出台，是广东深化经济体制改革的又一重大举措，它意味着，今后省财政用于经营性领域的专项资金支出，再也不能白给、白发。

四类资金适用股权投资管理

《意见》共有九个方面的内容，包括：省财政经营性资金实施股权投资管理的指导思想、基本原则和实施范围，提出了股权投资管理主体及职责、股权投资管理运作方式、股权投资管理实施程序、股权投资管理实施要点以及绩效评价和配套措施，最后还明确了省财政经营性资金实施股权投资管理的实施步骤。

按此前广东省财政厅厅长曾志权的解释，推进政府经营性资产参与股权投资，并不是专门单列一部分财政支出来搞改革，而是对原来已有的用于经营性领域的一部分专项资金进行改革。

从《意见》对“省财政经营性资金”的界定看是指：在基本公共服务和行政运行领域之外，省财政安排用于支持经济社会事业发展、提供准公共产品和社会服务等方面，可实施经营性投资的资金。

《意见》对试点资金的范围和安排比例进行了明确，四类资金划入试点范围：

一是注入资本金类项目资金。省财政安排用于公路交通、轨道交通、机场建设、水利设施、环境保护、城市建设、旅游设施等重大基础设施和重大项目建设的资金，项目后续经营具有盈利性的，原则上安排不低于 70% 的资金进行股权投资，项目后续经营难以产生盈利的，原则上可不按本意见实行股权投资，但需明晰省财政资金占股，享有相应的权益，规范运作，加强管理。

二是产业扶持类专项资金。省财政支持重点产业发展的专项资金，原则上应安排不少于 50% 的资金实施股权投资管理；支持一般产业小额专项资金，具备股权投资条件的，原则上应安排不少于 40% 的资金实施股权投资管理。省财政专项支持金额在 1 000 万元以上的重大项目，具备股权投资条件的，原则上应实施股权投资管理。

三是省财政安排用于补助各类产业园区基础设施建设、城乡公用设施建设的资金、风景名胜区配套服务设施建设资金、配套中央项目资金以及中央转移支付资金等，具备股权投资条件的，原则上应实施股权投资管理。

四是省财政安排用于基础课题研究、困难企业补助、公益性重大科技攻关项目补助等资金原则上可不实施股权投资管理。

收益上缴后按原渠道滚动使用

值得注意的是，《意见》提出了产业扶持类专项资金投资项目必须具备明确的退出条件和方式。

财政资金退出时，除按规定价格退出的以外，受托管理机构应聘请符合资质的资产评估等专业机构对所持股权进行评估，作为确定退出价格的重要参考。

《意见》还提出，财政经营性资金可对所投资的省重点发展产业、高新技术初创期企业、公用事业设施建设企业等给予适当让利，如前三年优惠股息、在投入时约定退出期限和回报率、按同期银行贷款基准利率收取一定的利息（或同类企业平均股息）等。

省财政股权投资资金退出后形成的收益，除支付管理费用和奖励外，本金和剩余收益部分由受托管理机构负责上缴省财政，原则上按原渠道滚动使用，必要时按程序报批后可统筹使用。

第三方评估资金股权投入风险

《意见》还首次提出，引入第三方机构对资金股权投入和使用情况进行风险评估和绩效评价，并在一定范围内公布评价结果。

《意见》明确，对使用绩效好的资金或行业主管部门，可增加滚动投入资金额度，资金使用绩效差的资金或行业主管部门，减少滚动投入额度。发挥资产评估等专业机构在股权投资运作中的作用。由省财政厅委托有关中介管理协会通过竞争性方式，择优选取一批实力强、业务精、管理规范的资产评估机构承担财政经营性资金股权价值评估工作，资产评估结果作为财政资金入股、管理、退出定价的重要依据。

行家解读

省财政科学研究所所长黎旭东：

政府把钱袋子看得更紧了

“省财政经营性资金股权投资管理与计划经济时代用财政资金进行投资是两码事。在市场经济条件下，政府扶持什么，限制什么，是有差别的，尤其在经营性领域，政策就是导向，但是，政策导向不能干扰市场，财政资金不能搞无偿支出，这既不利于市场公平竞争，也不能很好地保证财政资金的安全，给予纳税人以合理的回报。这些钱不能白给白发了。”广东省财政科学研究所所长黎旭东在接受记者采访时表示。

黎旭东认为，《意见》的出台表明，今后，那些用于经营性领域的部分财政专项资金的支付起码要满足三个结果：满足政策扶持结果、满足财政资金安全结果和满足财政资金使用绩效结果。今后，可以用这三个结果来评价和评估省财政经营性资金股权投资受托管理机构，保证对财政资金的使用和监督到位、管用。

“这项改革表明政府把‘钱袋子’看得更紧，对纳税人的钱更负责了。”黎旭东说。

（记者：严丽梅，2013 年 4 月 29 日《羊城晚报》）

我省竞争性分配建设全国一流技师学院扶持资金

3 所技师学院各获 1 亿专项资金

为加快高技能人才培养步伐，打造技能人才培训的高端品牌，日前，省财政厅、省人社厅决定从 2013 年起，统筹安排 3 亿元专项资金进行竞争性分配，用 3 年时间，集中资源扶持建设 3 所示范性的全国一流技师学院，以打造技工院校中的“清华”、“北大”。

经过前期申报和材料评审，昨日下午，广东省创建全国一流技师学院扶持项目竞争性现场评审会在广州举行。入选的 6 所技师学院通过公开演讲、现场答辩和总结性陈述等方式进行了激烈角逐。最终，广州市工贸技师学院、广东省技师学院、广东省机械技师学院 3 所技师学院胜出。据了解，这 3 所技师学院名单将在省人社厅网站公示 7 天，公示通过后将分别获得 1 亿元的省级财政扶持资金，用于建设“全国一流、国际知名”的技师学院。

据介绍，和以往省级技工教育资金竞争性分配相比，这次创建全国一流技师学院扶持项目竞争性评审，具有资金来源渠道新额度大、参与院校规格更高、评审环节严谨紧凑和多方评价监督四个特点。其中，评审分两轮进行，包括材料评审、实地考察以及现场评审等环节，第一轮评审专家在广东省技工教育专家库中随机抽选 5 名技工教育专家和选派 4 名省人社厅行政管理处级干部组成；第二轮评审专家组则从财政专家库中抽取 3 名财务专家、3 名职业教育专家及从技工教育专家库中抽取 3 名技工教育专家组成，现场评审邀请国家重点以上技工院校参加，确保公开透明、阳光操作。

“建成后的 3 所全国一流技师学院将承担四个方面的主要职能，包括探索有利于促进现代产业发展和实现更高质量就业的技能人才培养理念和模式、创新高技能人才培养的政策和机制、开展高技能人才标准和工艺标准研发、打造世界技能竞赛品牌基地等。”

省人社厅厅长林应武在现场评审会上表示，经第二轮竞争性评审产生的3所获得扶持的技师学院，要坚持高起点规划，加快项目实施，管好用好资金，提高资金使用效益，并严格绩效考核，确保创建工作取得实效。在党的十八大“加快发展现代职业教育”的要求下，广东技工教育将瞄准现代产业发展对高技能人才的培养要求，借鉴世界技能人才培养标准，推动技工院校加快转型，从“大而全”向“强而精”转变，服务经济转型发展。

（记者：刘熠，通讯员：粤仁宣；2014年6月4日《南方日报》）

省财政投100亿支持教育创强
分三年安排　该奖补专项资金用于欠发达地区

昨日，全省教育创强工作现场会暨义务教育均衡优质标准化发展工作推进会在茂名举行，副省长陈云贤等参加会议。

笔者在会上获悉，自去年广东提出“创强争先建高地”以来，全省教育创强工作进展顺利。目前，全省21个地级以上市共有教育强镇946个、教育强县64个、教育强市9个，覆盖率分别为60%、48%和43%。

“教育创强是推进区域协调发展的有效途径，对提高粤东西北欠发达地区工业化、城镇化水平，推动欠发达地区加快发展起着重要作用。”陈云贤在会上透露，2013－2015年，省财政将安排100亿元基础教育创强奖补专项资金支持欠发达地区开展教育创强。

成效▶▷教育强镇已覆盖全省21市

据悉，2012年6月至2013年6月，全省新增教育强镇191个，教育强镇覆盖率比2012年6月提高了16个百分点，年新增教育强镇数创我省历史上最高峰。其中，汕尾市2个镇于今年6月通过教育强镇验收，标志着全省所有地级市都已经有教育强镇。

去年以来，全省教育创强的质量同步提升，教育综合实力逐步增强。新增的教育强镇292个建设专项投入达69亿元，规范化学校达标率均达到100%，学前教育入园率达到85%以上，全部建成市级以上公办中心幼儿园。根据最新学年统计数据测算，新增的8个教育强县（市、区）小学、初中的校际差异系数基本达到基本均衡县的要求。

根据规划，全省欠发达地区在明年3月前，还将完成268个教育强镇（乡、街道）、20个强县（市、区）、3个强市。其中，在今年底要创建100个教育强镇（乡、街道）、10个强县（市、区）。

部署▶▷中小学生补助标准将提高

笔者获悉，我省在去年统一了城乡免费义务教育公用经费补助标准、分担比例和拨付方式。今年，补助标准已达到小学学生每学年750元、初中每生每学年1 150元的水平。2013－2015年，我省还将逐年提高城乡免费义务教育公用经费补助标准，到2015年达到小学每生每学年1 150元、初中每生每学年1 950元的水平。

在此基础上，省政府要求各地把公用经费补助标准提标后新增补助资金重点用于保证农村小学教学点和规模较小学校正常运转，在校生不足100人的农村小学（含小学教学点）按100人核定公用经费补助资金。

此外，省政府决定从2013年1月1日起在全省山区和农村边远地区实行义务教育学校教师岗位津贴制度，月平均津贴标准不低于500元，教育资源配置切实向农村、向边远地区倾斜。

在经济欠发达地区，义务教育标准化学校建设也加快推进。2012年底，全省公办义务教育规范化学校覆盖率达到60.9%，超出广东省义务教育标准化学校建设规划表明的年度建设任务5.7个百分点。其中，粤东西北地区12市即达到48.7%，与2009年相比提高了30.5个百分点。

投入▶▷多方筹措518亿元创强资金

笔者了解到，目前全省欠发达地区14个市，102个县（市、区，含江门的恩平、开平、台山），1 148个镇（乡、街道）教育创强共需投入518亿元。其中学前教育37亿元，义务教育344亿元，高中阶段教育123亿元，其他教育14亿元。

今年6月底，欠发达地区已投入教育创强资金约150亿元，建成教育强市2个，强县（市、区）30个，强镇（乡、街道）539个。2013－2015年需要创强资金投入360亿元，除省财政安排100亿元奖补专项资金外，各地需筹集260亿元左右。

为筹集经费，全省各地将不断加大财政性教育投入，统筹使用基础教育各项专项建设资金、教育费附加和地方教育附加、土地出让收益中的教育资金和房地产配套建设中小学校补偿金等。

同时，各地还通过发动乡贤、企业家和社会力量捐资办学，多形式筹措资金。在茂名市，当地即在春节和清明节期间，利用外出乡贤返乡过节之机，在全市共筹集捐款近1亿元。今年4月，茂名市政协会同该市教育部门专门开展走访活动，发动外地茂名籍企业家捐资办学。

（记者：陈超、毕嘉琪，通讯员：粤教宣；2013年7月6日《南方日报》）

十件民生实事“时间过半任务过半”

省十件民生实事总体进展顺利　今年上半年拨付资金完成全年预算53.28%

2013年，全省各级财政安排用于十件民生实事资金为1 576.06亿元，1－6月已拨付资金839.68亿元，完成全年预算的53.28%。

目前，省十件民生实事总体进展顺利，基本实现“时间过半、任务过半”。

省委、省政府高度重视改善和保障民生。今年年初，中共中央政治局委员、省委书记胡春华在省委十一届二次全会上指出，要“让广东的民生每年都有看得见的进步，让老百姓得到实实在在的好处，使民生保障水平得到扎实提高”。省长朱小丹在省十二届人大一次会议上作政府工作报告时提出，今年将集中力量办好提升就业社保水平、促进教育均衡协调发展、加强基本医疗服务、优化基层文体服务、改善农村生产生活条件、开展助困扶残、加强住房保障、改善异地务工人员生产生活条件、推进稳价惠民、加强环保设施和生态工程建设等十件民生实事。为确保每件实事落到实处，省政府把十件民生实事分解为37项具体事项，分别由20个省直单位牵头组织实施，并加大督办力度。全省各地、省直各有关单位认真按照省委、省政府的工作部署，精心制订工作方案，采取切实有效措施，扎实推进各项民生实事。2013年，全省各级财政安排用于十件民生实事资金为1 576.06亿元，1－6月已拨付资金839.68亿元，完成全年预算的53.28%。目前，省十件民生实事总体进展顺利，基本实现“时间过半、任务过半”。省政府办公厅近日通报了上半年省十件民生实事总体进展情况。

提升就业社保水平取得明显成效

全省扶持创业4.96万人、新增城镇就业95万人、失业人员再就业33万人，分别完成全年任务的49.6%、79.2%和55%。城镇居民养老保险基础养老金从55元提高至65元，企业退休人员基本养老金增长10.4%，均已完成全年任务。新增发放社会保障卡1 558万张，完成全年任务的51.9%，全省持卡总人数达4 923万张；培训劳动力30.6万人，完成全年任务的51%。

促进教育均衡协调发展迈出新步伐

全省创建教育强镇44个，完成年度任务的44%，教育强县2个。部署落实中职教育助学政策，16个地市已预安排补助资金到学校，剩余的深圳、汕头、汕尾、潮州、揭阳5市也已出台相关实施方案。提高城乡免费义务教育公用经费补助标准工作，省财政厅等已联合印发《山区和农村边远地区义务教育学校教师岗位津贴实施方案》、《关于做好山区和农村边远地区义务教育学校教师岗位津贴制度有关工作的通知》，各地正抓紧落实。

基本医疗卫生服务得到加强

全省各级公立医院加强药物管理，结合广东气候条件增补基本药物目录，全省可用的基本药物超过1 000种，基本药物在公立医院的使用比例已提高至32%。汕头、韶关、惠州、湛江、清远和肇庆6市已出台平价医疗服务工作具体方案并进入实施阶段。基本实现全省所有三级医院检验检查结果互认。上半年，全省共为51.65万余人提供了免费孕前优生健康检查服务，占目标人群总数的51.84%。

基层文体服务日益健全

实施今年第一批全省经济欠发达地区基层公共文化设施建设奖补扶持方案，项目已进入施工阶段，有14个县级馆、95个乡镇（街道）综合文化站完成主体工程。全省150个乡镇农民体育健身工程建设已完成项目申报，正抓紧工程建设。广播电视户户通工程，第一期20万套直播卫星接收设备已到位，安装开通77 493套，开通率38.75%。全省电影放映队达1 073支，到5月底农村电影已公益放映10.30万场次，完成年度任务的44.10%，观影人次超2 298万人次。省财政对经济欠发达地区县、镇两级图书馆、文化馆（站）免费开放补助经费已开始拨付，正在推动各级文化馆（站）建立健全服务规章制度和保障机制。

农村生产生活条件稳步改善

今年新农村公路硬底化明细项目计划已下达，省已拨付60%的补助款。国家新增农村饮水不安全人口中央投资计划已下达，各地正在开展项目招投标。农村低收入住房困难户改造竣工26 690户，在建35 678户。扶持相对贫困村和贫困人口已完成帮扶对接。推进79宗小河流治理项目，完成42宗项目主体工程建设任务，重点小型病险水库除险加固工程开工建设306宗，完工148宗，完成投资46 257万元，投资完成率81%。

助困扶残工作有序推进

全省71%的县（市、区）城镇低保、83%的农村低保平均补贴水平分别提高到242元、109元，各地按照农村五保供养标准不低于当地上年农村居民人均收入的60%调整五保供养标准。珠三角地区已全面启动为5 000户贫困家庭残疾人提供居家康复服务和5 000户贫困家庭残疾人实施居家无障碍环境改造工作，欠发达地区的相关工作正在抓紧推进。

保障性住房建设力度加大

全省新开工建设保障性安居工程46 972套，新增发放租赁补贴4 072户，基本建成保障性住房52 105套，分别占省年度任务的59.9%、81%、44.9%。渔民保障性安居房已平整建设土地533户，动工建设196户，省级补助资金已下达。

异地务工人员生产生活条件持续改善

随迁子女参加高考实施细则已制定，各市随迁子女参加中考方案工作正在省有关部门的指导下抓紧进行，相关政策宣传工作也已推开。《加快提升劳动者技能水平服务产业转型升级的意见》、《关于规范省级农村劳动力培训转移就业专项补助资金使用管理的通知》已出台，以县区为单位下达了2013年异地务工人员减免费技能培训任务。全省已对异地务工人员实行减免费技能培训30.6万人，完成年度任务的51%。

稳价惠民工作有效落实

为缓解低收入群众生活压力，我省在元旦、春节期间，向全省283万城乡困难群众发放一次性临时价格补贴4.25亿元。制订了全省平价商店建设计划，将全年任务分解到各市，新建653家平价商店，完成年度任务的65.3%。稳步推进药品平价商店建设，起草了《广东省药品平价商店建设方案（试行）》，新建平价药店117家。

环保设施和生态工程建设扎实推进

珠三角区域空气质量监测点位稳定运行，按新标准实时发布监测数据；珠三角以外地区监测点位仪器设备招投标工作已完成，从6月起全省各市县均发布灰霾天气预报。新建扩建污水处理厂9座，新增污水处理能力83.3万吨，新建成配套管网840.4公里，全省所有县和珠三角地区所有中心镇全部建成污水处理设施，城镇生活污水处理率达80%。全省33个县建成生活垃圾无害化处理场，12个县开工建设，364个镇建成转运站。完成人工造林备耕整地面积235.6万亩，种植面积218万亩，封山育林已完成61.5万亩，分别完成年度任务的97.5%、90.2%、105.5%。生态景观林带规划建设开工2 265公里，占计划的71.7%，完成2 143公里，占计划的67.8%。

从今年上半年的情况来看，省十件民生实事总体进展顺利，但仍有少数事项进展相对缓慢。省政府已要求各地、各部门把完成省十件民生实事任务与当前正在开展的党的群众路线教育实践活动有机结合，进一步加强组织领导，在认真总结上半年工作的基础上，查找存在问题和薄弱环节，加强统筹协调，完善工作机制，加强经费保障，全力落实进度，确保按时保质完成年度目标任务。省直有关部门将进一步加强对各地落实民生实事的督促检查和指导。省政府办公厅将根据工作推进情况，适时组织省直有关单位对进展缓慢、问题突出的事项和地区进行督办。

（2013年7月11日《广州日报》）

广东基本公共服务拟再扩围

借鉴全国规划及惠州经验，将残疾人保障、人口与计划生育服务等纳入保障范围

继2008年底率先出台《广东省基本公共服务均等化规划纲要》（以下简称《规划纲要》）将公共教育、公共卫生、生活保障、住房保障等八项基本公共服务纳入保障，2012年进一步将公用设施、社会安全、社会服务、权益保障、人居环境、生态环保等纳入基本公共服务的范畴，广东基本公共服务保障体系又将扩容！

省财政厅厅长曾志权最新在惠州市基本公共服务均等化综合改革推进会上透露，我省正对《规划纲要》进行修编，拟将残疾人保障、人口与计划生育服务等纳入全省基本公共服务保障范围。

基本公共服务是动态范畴

公共服务是政府的四大职能之一。基本公共服务是最核心最基本的公共服务，是公共服务的底线，也是政府的终极责任，它需要解决的是老百姓最关心最直接最现实的问题。

2008年底，广东率先在全国出台了《规划纲要》，提出了城乡、区域和不同社会群体间基本公共服务“制度的统一、标准的一致和水平的均衡”的目标，并首次明确了基本公共服务的范围：包含公共教育、公共卫生、公共文化体育、公共交通、生活保障、住房保障、就业保障、医疗保障八大领域。

著名经济学家胡鞍钢这样评价广东的这一创举：“广东从一省多种制度安排、一省多种标准、一省多种服务水平，过渡到一省一种制度安排、一省一种标准、一省同一服务水平，这本身就是全国首创。而且《规划纲要》在国内也首次界定了基本公共服务八个方面的内容，解决了什么是基本公共服务的问题”。

《规划纲要》实施几年，广东又推一把。

2012年5月，省政府出台《深入推进基本公共服务均等化综合改革工作方案（2012－2014年）》（下称《方案》）。一是选择惠州市作为基本公共服务均等化综合改革首个试点市，要求尽快实现重点突破，形成示范效应；二是进一步将公用设施、社会安全、社会服务、权益保障、人居环境、生态环保等纳入基本公共服务的范畴。

曾志权表示，基本公共服务是一个动态的范畴，随着经济社会发展，其内涵和外延都会有变化，应人民群众新的期待和要求，基本公共服务均等化范畴、方式、措施及阶段性目标都需要及时调整完善。

基本公共服务规划实施5年将修编

广东的示范效应一定程度上也助推了全国基本公共服务规划的出台。

2012年7月，国务院印发了《国家基本公共服务体系“十二五”规划》，这是首个国家层面关于基本公共服务的重要规划，也是“十二五”乃至更长一段时期构建国家基本公共服务体系的综合性、基础性和指导性文件。

值得注意的是，这份规划在借鉴广东《规划纲要》的同时，也考虑到国情，所确立的基本公共服务范围与广东有所区别。国家确立的基本公共服务包括9个领域。其中，基本公共教育、劳动就业服务、社会保险、基本社会服务、基本医疗服务、基本住房保障、公共文化体育7项广东已基本涵盖，人口和计划生育、残疾人基本公共服务两项则未涉及。

鉴于这一新的变化，作为我省目前唯一一个基本公共服务均等化综合改革试点，惠州市在制定2013年基本公共服务均等化综合改革工作方案时，正式将人口计生和残疾人基本公共服务纳入基本公共服务体系范围。

不仅是惠州率先扩大了基本公共服务保障范围，广东全省也拟将再次扩围。曾志权透露，《规划纲要》实施5年，省财政厅正在结合《国家基本公共服务体系“十二五”规划》，对我省基本公共服务均等化规划纲要进行修编，拟将残疾人保障、人口与计划生育服务等纳入基本公共服务保障范围。

广东基本公共服务演变

2008年公共教育、公共卫生、公共文化体育、公共交通、生活保障、住房保障、就业保障、医疗保障。

2012年（新增）公用设施、社会安全、社会服务、权益保障、人居环境、生态环保。

2013年（拟再次新增）残疾人保障、人口与计划生育服务。

■ 试点经验

惠州突破财力限制创新资金筹集方式　部分国有资产收益用于公共服务

惠州推进基本公共服务均等化综合改革试点一年多时间，记者从23日召开的惠州市基本公共服务均等化综合改革推进会上获悉，惠州的改革成效显著，年度安排的12个专题208项目标任务全部完成，其中有65个项目在全省率先实施，56个项目高于省定标准，87个项目按省定标准实施。特别是在资金筹措方面，惠州创新性地建立财政横向转移支付机制和国有资本收益收缴机制，为全省提供了宝贵经验。

与全省的情况一样，惠州既有较发达的沿海、沿江区域，也有欠发达的东西两翼和北部山区，既有发展较快的城市，也有较为落后的广大农村。城乡区域经济发展不平衡，基本公共服务财政保障能力差距大。惠州市委书记、市人大常委会主任陈奕威说，惠州要以推进基本公共服务均等化综合改革试点工作为契机，大胆实施各项综合配套改革，探索出一条共享式改革、参与式改革、开放式改革的路子，以公共服务均等化，推进城乡区域发展协调化，全面推动惠州进入珠三角第二梯队。

“看病贵”问题备受老百姓关注，而在惠州惠城区桥东社区卫生服务中心，市民看病几块钱就可以搞定。在该社区居住的郑老伯患有高血压，需常年服药，以前他每个月买药需要100多元，后来“平价药包”推出后，高血压的平价药包只需约15块钱，除去医保报销后，六七块钱就可以搞定。

惠州的改革推进一年多以来，类似平价药包服务的举措还有不少，比如，实现了“镇镇皆教育强镇，县县有示范高中”、规范化中心幼儿园乡镇全覆盖；老龄津贴提高一倍，对困难残疾人和老年归侨发放生活补贴等。改革让民生质量持续提高，老百姓享受到实实在在的好处。

这些惠民举措的施行，自然离不开财政投入。惠州坚持“民生理念”财政，确保基本公共服务财政投入稳定增长。惠州市市长麦教猛称，惠州以民生财政托底保障民生，每年市级新增财力70%、县级新增财力50%用于民生，今年起，这一比重还将提高，市级的提至75%，县级的提至

60%以上。

为了解决县区财力不均衡问题，惠州改革一大亮点是设立“市级专项统筹资金”，通过建立财政横向转移支付机制，实现富裕县区帮助落后县区。

惠州市常务副市长张瑛介绍，统筹资金来源于三部分：一是市财政，每年1个亿以上，并随财政收入的增长而增加；二是收缴国有资本收益。去年，惠州探索建立了国有资本收益收缴机制，根据经营性国有资产的不同性质和现状，按3% -5%的比例收缴国有资产增值收入，全额用于基本公共服务。三是县区，按上年公共财政预算收入的3%上缴。这些钱主要用于托底保障基本公共服务中最基础的项目。在钱的分配上，已有规定配套比例的，按规定执行；没有规定的，按大亚湾20%，惠城、仲恺、惠阳40%，博罗、惠东60%，龙门80%的比例安排，从而推动不同县区基本公共服务更加均衡发展。去年统筹资金5个亿，托底保障了30个基础性项目；今年增加到6.5个亿，计划保障38个基础性项目。

▲ 访谈

惠州市常务副市长张瑛畅谈惠州推进基本公共服务均等化综合改革试点思路经验

保基本　广覆盖　促均等　可持续

昨日，惠州市常务副市长张瑛接受南方日报专访，介绍了惠州市改革试点一年多来的思路和经验。她介绍，2013年将在共计14个领域实施221个项目，并加快完善符合市情、涵盖全面、覆盖城乡、便捷高效、持续发展的基本公共服务体系；加快形成各项制度紧密衔接、有序自转的长效机制；逐步实现所有服务项目覆盖市域全体常住人口，机会均等，结果均衡，服务快捷。

编织保障基本民生安全网

南方日报：2012年4月，惠州作为全省唯一的试点市，为深入推进基本公共服务均等化综合改革先行探路，一年多来，最明显的成效是什么？

张瑛：基本公共服务均等化是一项系统工程，我们还只是刚刚起步，有一些阶段性进展。概括地说主要有三点：

一是初步形成了一个体系框架。去年，我们按照“保基本、广覆盖、促均等、可持续”的总体思路，在公共教育、公共卫生、生活保障、住房保障、就业保障、医疗保障、生态环保、社会安全等12个领域，市一级实施了208个项目，县区合计实施了1 189个项目，初步编织了一张保障基本民生的安全网。

二是逐步缩小了服务差距。上述208个项目中，据财政部门初步统计，167个有可比口径的项目都缩小了差距，有42个项目实现城乡和县区标准一致。

三是在体制机制建设上作了一些尝试，通过机制创新突破财力的限制，促使均等化工作取得实效。

以机制创新之长补财力有限之短

南方日报：推进基本公共服务均等化，必须有持续稳定的资金保障，惠州的财力在总量上并没有太多优势，是如何做到这一点的？

张瑛：的确，资金投入很关键。但在综合财力并不雄厚的情况下，我们唯有在体制机制上寻求突破，以机制创新之长弥补财力有限之短。在这方面，我们做了一些探索，初步建立了四个机制。

一是“政府主导”的多元投入机制。除市、县两级分别把新增财力的70%、50%投入民生以确保基本公共服务投入稳定增长外，还探索实行国有资本收益收缴机制，同时发挥政策杠杆效应，引导社会资金多元投入。

二是“筑网托底”的服务保障机制。即以服务项目为经、以服务标准为纬，编织一张基本公共服务安全网，实现“底线保障”。

三是“问需于民”的需求反映机制。坚持开门做方案、开放式做方案，了解群众需求，吸收群众意见；推进付费机制改革，比如保障性住房补助，由补助保障房提供者转为直补保障对象，把“补砖头”变为“补人头”等。

四是“均衡发展”的资源配置机制。设立市级“基本公共服务专项统筹资金”，通过横向转移支付，解决县区财力不均衡问题，托底保障了免费义务教育公用经费、城乡居民医保补助等基础性项目；实行“巡教”、“巡医”等制度，盘活存量资源，促进优质公共资源跨区域流动。

以上四个机制，体现了我们在推进基本公共服务均等化工作中“政府主导、固化基本、优化服务、强化均等”的工作思路。

尽力而为注重可持续

南方日报：一年多的试点，惠州有很多收获，您能谈一下体会吗？

张瑛：推进基本公共服务均等化，惠州有幸先行先试，对此有4点感受：

一是既要重视财力投入，又要重视能力建设。推进基本公共服务均等化，不是简单地比拼财力，更要注重提升政府管理能力，提高公共服务机构服务水准，促进经济、行政、社会领域各项配套改革，增强基本公共服务整体供给能力和提高效率。

二是既要注重社会公平，又要注重提高效率。均等化不是平均主义，它强调的核心是机会和效果均等，在注重社会公平的同时，提高资源使用效率，做到少花钱、多办事，花小钱、办大事。

三是既要突出政府管理，又要突出社会治理。在服务项目的提供上，突出以群众需求为导向；在服务主体的选择上，增强群众的自主权；在服务结果的评价上，确保群众的参与权；推动形成多元供给、多元分配、多元监督格局。

四是既要立足当前，又要谋划长远。要兼顾群众需求和市情财力，不求毕其功于一役，而是量力而行，尽力而为，努力做到可持续，确保随着经济发展和财力增强，持续拓宽服务领域，扩大服务范围，提高服务水平，健全服务网络，缩小服务差距。

（记者：卢轶、罗锐，2013年7月25日《南方日报》）

广东今年将发地方债121亿元

较去年大幅增长四成，其中80亿元用于交通项目建设

今年广东省将发行地方政府债券121亿元（不含深圳，下同），较上年度大幅增长四成。昨日提交省人大常委会审议的《关于2013年省级财政预算调整方案的报告》介绍，上述资金大部分计划用于交通建设，仅省级重要交通基础设施项目就分得80亿元。

自2011年11月起，广东获准试点自行发债，近三年的发行额度分别为69亿元、86亿元和121亿元。与上年度一致，今年广东仍将发行5年和7年两种债券，规模各占总额的50%。

5亿元支援南沙新区建设

今年发行的121亿元债券资金中，80亿元将用于安排重要交通基础设施项目。据省财政厅初步测算，2013－2017年需要省财政筹集的重要交通基础设施建设资本金就高达1 900亿元，因此，此次分配的80亿元将列入“交通运输”科目，用于公路建设。

债券资金本息计划从项目收益中收回。若收益难以偿还，省财政厅建议从中央返还的燃油税替代性收入等财政性资金中先行垫付，再视盈利状况另行研究归垫方案。

余下的41亿元债券资金将全部转贷市县使用。其中26亿元将根据省住建厅和交通厅提供的各地保障性住房建设任务以及普通公路建设、养护任务等情况，转贷给市县用于相关项目。5亿元支援广州南沙新区重点项目建设。

10亿元“借”给珠海填海

另外，10亿元打算“借”给珠海市用于珠海口岸及人工填海工程，以支持港珠澳大桥建设。

《报告》解释，国家发改委批复的港珠澳大桥工程可行性研究报告，对珠海口岸及人工岛填海工程的估算为69.2亿元，其中中央补助5亿元，省政府和珠海市政府各需安排32.1亿元。为帮助珠海解决资金筹集问题，此次发债专门划出10亿元，本息皆由珠海市财政负责偿还。

部分债券资金滞留比例较高

据此，今年省级财政预算在增加121亿元地方政府债券后，省级财政总收入相应调整为2 677.28亿元，总支出也随之调整到2 676.36亿元。收支相抵，净结余1.92亿元。

省人大财经委审查认为，《报告》提出的方案总体可行，建议常委会批准。不过，今年审计报告反映部分债券资金滞留比例较高，故省人大财经委建议常委会：今年底或明年上半年专门听取省政府关于地方政府债资金的使用管理和绩效情况报告。

（记者：罗仕、郑锐、郭海燕，见习记者：王箐丰，通讯员：任宣；2013年7月30日《新快报》）

粤“营改增”扩围至广播影视业

试点8个月累计减税近90亿元，31.07万户中97.5%实现减税

从昨日起，今年“营改增”试点双扩围正式实施。广东自去年11月起试点8个月后，也将把广播影视服务业正式纳入试点。据省“营改增”试点领导小组办公室数据，我省广播影视服务业纳税人共2 300户，其中深圳1 120户。而根据日前印发的《广东省广播影视服务业纳入营业税改征增值税试点实施方案》（以下简称《方案》），试点后一般纳税人税率为6%，而小规模纳税人增值税征收率则为3%。

服务业小规模纳税人税负下降近40%

我省启动“营改增”试点以来，总体运行平稳，已经进入征管正常化轨道。截至2013年7月18日6月税期结束时，全省（含深圳市）试点户数已从启动试点时的14.6万户增加到31.07万户。其中一般纳税人5.26万户，占16.9%，小规模纳税人25.81万户，占83.1%。按行业划分，交通运输业2.71万户，占8.7%；部分现代服务业28.36万户，占91.3%。

试点运行8个月，大大降低了企业税负。我省试点纳税人共有31.07万户，减税面达到97.5%，试点纳税人净减税54.8亿元，税负整体减轻28%，其中占试点户数超过80%的服务业小规模纳税人税负下降近40%。此外，试点对制造业和非试点地区产生减税的“溢出效应”，累计减税达到89.2亿元。在当前经济增速放缓的时期，这对企业无疑是“及时雨”。

此外，试点过程中部分交通运输业和现代服务业纳税人因取得进项抵扣不足而导致税负增加。但随着试点户数逐步大幅增加，税负增加企业户数却始终稳定在8 000户左右，占试点户数比重从5.1%下降到2.5%。从结构上看，月均增加1万元以下的占72.5%；月均增加1万–10万元的占22.1%；月均增加10万元以上的占5.4%，比例呈现向好趋势，表明随着试点推进和进税抵扣不断增多，企业逐步适应税制转换，税负增加金额不断下降。

总体来看，“营改增”在推动企业转型升级和产业结构调整上发挥了重要作用。一是不少企业主要将生产性服务业务外包，加速了服务业从制造业的分离。二是推动资源重构，提升总部经济。随着试点的推进，在广州的区域总部效应将更加明显，各类投资和生产要素聚集将更加突出。三是由于设备采购可以形成抵扣，试点带动试点企业进行设备更新改造，交流运输、物流辅助业设备采购额明显上升，为装备制造等产业提供了新的市场空间。

全省广播影视服务业纳税人2 300户

而此次又将纳入试点的广播影视服务业，根据财政部、国家税务总局解释，包括广播影视节目（作品）的制作服务、发行服务和播映（含放映）服务。其中包括进行电视剧等广播影视节目制作，和向影院、电视台等发行广播影视节目（作品），或在影院和电视台等播映广播影视节目（作品）。

对此，我省地税部门组织开展了广播影视服务业纳税人信息归集整理，采取从地税“大集中”系统抽取与下发各地核实相结合，归集统计了试点纳税人名单及相关征管信息，共确定并移交国税部门广播影视服务业纳税人共2 300户（其中深圳1 120户）。

根据《方案》，试点后广播影视服务业一般纳税人税率为6%，而小规模纳税人增值税征收率则为3%。而此前广播影视服务业暂适用5%的服务业营业税税率，“营改增”后，其一般纳税人税率将提升至6%。据介绍，由于营业税是价内税，而增值税是价外税，不包含在销售价格里面，因此6%的税率相当于含税的5.56%；而小规模纳税人则将按照3%的征收率。因此总体而言，行业税负将与改革前基本持平。

而随着广播影视服务业的加入，广东“营改增”试点范围也将此前的“1+6”变成“1+7”（含交通运输业和包括研发和技术服务、信息技术服务、文化创意服务、物流辅助服务、有形动产租赁服务、鉴证咨询服务、广播影视服务等在内的7项现代服务业）。

据了解，为保证扩大试点的顺利进行，我省财政部门加强了与国税、地税部门的沟通协调，确定了对10户广播影视企业跟踪了解试点情况，并组织到省广电集团等重点企业调研，加强对企业的政策辅导，听取企业对试点的意见建议。省“营改增”领导小组办公室也组织做好有关开票系统、普通发票管理、申报系统技术升级等工作，及时完善相关程序，反复测试，全力确保试点运行万无一失。目前各项准备工作已经就绪。

（记者：卢轶，通讯员：岳才轩；2013年8月2日《南方日报》）

6亿元提振粤东西北旅游业

从10个地市中决出两优胜团队，中标资金将分三期拨付

昨日下午，由省旅游局和省财政厅共同举办的广东省山区（生态）旅游产业园区竞争性扶持资金评审预审会在广州召开。预审会在全场与会者的监督下，抽签决定出10个参评地市今天通过评审的出场顺序，今晚将产生的两个获胜者将得到各3亿元共6亿元的专项资金扶持。

今年，省委、省政府指出，要加快促进粤东西北地区发展，这是实现广东经济可持续健康发展的重大举措，是广东实现“三个定位、两个率先”总目标的现实要求。为贯彻落实该项要求，继2012年8月成功进行广东省滨海旅游产业园区竞争性扶持资金评审后，经报请省政府同意，

省旅游局、省财政厅定于今年8月组织进行广东省山区（生态）旅游产业园区竞争性扶持资金评审。

省旅游局相关负责人表示，本次竞标竞争非常激烈，韶关、清远、梅州、河源、惠州、江门、肇庆、潮州、揭阳、云浮十市领导高度重视，精心组织，分别派出了以市领导为首的强大竞标团队。

据介绍，此次评审旨在按照生态、健康、集约、可持续发展的要求，在我省创建两个上档次、高标准的山区（生态）旅游产业园区，通过整合资源、重点规划、集中实施，解决生态环境与经济的压力，发掘旅游产业潜力，带动当地经济可持续发展，最终提高人民群众的收入，把旅游业发展成为广东国民经济的战略性支柱产业和人民群众更加满意的现代服务业。

南方日报记者在预审会现场获知，两个中标园区的专项资金将分三期拨付，按5：3：2的比例考核后划拨。各中标市按1：1配套相应资金，充分发挥省市财政投入的合力作用，引导社会相关主体增加投入。专项资金实行专账核算、专账管理，并按财政管理规定建立监督检查制度和绩效管理机制等。

在今天举行的正式评审会上，各参评单位将通过投影演示、公开演讲、现场答辩及总结性陈述四个环节进行PK，每个总时长不超过43分钟。

（记者：向杰，通讯员：赵丽帆；2013年8月13日《南方日报》）

我省自行发债主承销商确定为4家银行，个人投资者不能购买

121亿地方债用于修路建保障房

昨日，2013年广东省政府债券主承销商公开招标会在广州市举行。根据“资金实力雄厚、发行经验丰富、服务质量最优、资金成本最低”的原则，省财政厅通过公开招标方式，在报名投标的广东省政府债券承销团成员中，根据现场评分结果，最终择优选取了工商银行、建设银行、交通银行和广发银行4家金融机构为2013年广东地方政府债券主承销商。

资金用于惠民项目

2011年与上海、浙江、深圳等省市一同被确定为自行发债试点以来，广东省财政厅根据国务院批准的发债规模，广东已经连续3年自行组织发行本省（市）政府债券。

试点自行发债是地方财政管理体制和投融资管理体制的一项重大创新，对于广东经济社会发展具有重大的现实意义。

省财政厅有关负责人表示，这些资金被用于中央投资地方配套的公益性建设项目、保障性安居工程建设以及普通公路发展等重大项目，有力推进基本公共服务均等化等惠民政策的落实。他还以去年自行发债为例指出，借用财政部国债发行招投标系统，2012年86亿元广东省政府债券中，5年期债券利率3.21%，7年期债券利率3.40%，实现了以较低成本筹集了我省经济社会发展所需资金。

今年发债121亿元

据了解，2013年广东自行发债规模为121亿元。考虑到我省政府债券投入建设项目均为长期性投资项目，债券期限较长可以获得长期、稳定的债券资金现金流，经报请省政府批准同意，债券期限结构为5年和7年各占50%。

昨日的2013年广东省政府债券主承销商公开招标会，不仅确定了工商银行、建设银行、交通银行和广发银行4家金融机构为主承销商，笔者还从会上获悉，我省将参照财政部国债发行和代发地方债的标准，统一按照机构承销债券总额的1‰支付5年期和7年期债券发行费。

面向金融机构发行

对于很多投资者关心的是否可以购买这批广东省政府债券，省财政厅有关负责人表示，地方政府债券是可流通的记账式债券，与储蓄式国债不同，不直接面向个人投资者发行，而是面向各金融机构（如商业银行、证券公司等）发行。债券在一级市场发行后，可按规定由投资机构选择托管方并在全国银行间债券市场或证券交易所市场上市流通。

根据《全国银行间债券市场债券交易管理办法》规定，个人投资者无法进入全国银行间债券市场买卖地方政府债券。但如果一级市场投资者选择将其持有的债券托管在证券登记公司，则个人投资者可以在证券交易所市场购买到相关政府债券，有关程序与购买股票类似。

不过笔者了解到，各一级市场债券投资机构目前未将广东省政府债券托管在证券登记公司，故个人投资者暂时无法购买。

（记者：卢轶，通讯员：岳才轩；2013年9月10日《南方日报》）

广东地方债两项指标 均低于国际警戒

省财政厅厅长曾志权坦然回应地方债、“土地财政”等话题

广东的地方债有风险吗？广东财政收入对土地的依赖大吗？在国内外经济形势错综复杂的背景下，财政收入是否会受到影响，能否保证民生投入等刚性支出？带着读者、网友的问题，本期“热点面对面”，南方日报专访了广东省财政厅厅长曾志权。

关于大家最关注的地方债风险问题，曾志权表示，截至2012年底，全省地方政府性债务率和债务负担率均低于国际警戒水平，广东的地方政府性债务规模与经济发展水平基本适应，债务负担尚未超过偿债能力，债务风险总体可控。

热点1 广东的地方债有风险吗？

5市本级4县（区）债务率相对较高。

南方日报：中国的政府债务近年越来越受到关注。广东此前也公布过地方债的家底，总体风险可控。目前这一情况是否有变化？您此前曾透露过广东部分县市债务规模偏大，是否会采取措施预防？

曾志权：从省财政厅掌握的情况看（未经审计部门和财政部确认），截至2012年底，全省地方政府性债务率（债务余额/可支配财力），为74.3%，低于国际警戒水平（100%）；债务负担率（债务余额/GDP）为12.5%，低于国际警戒水平（20%）。由此可见，我省地方政府性债务规模与经济发展水平基本适应，债务负担尚未超过偿债能力，债务风险总体可控。

同时我们也发现，个别地区和部门债务规模较大、偿债能力较弱，存在风险隐患。近期财政部提示我省5个市本级、4个县（区）债务率相对较高。不过这几个地方都是比较富裕的，偿债能力也比较强，问题不会太大。

当然，对于部分市县区域性地方债务稍重、部分市县结构性债务重的问题我们还是会予以重点关注，并积极采取有效措施解决。一是不断完善加强政府性债务管理的制度。通过建立实施地方政府性债务风险分析机制，定期对市县债务风险进行监控，确保全省债务规模可控。二是督促市县级财政优化支出结构，积极筹措资金，妥善安排偿还资金化解存量债务。三是加大对地方政府性债务监督检查力度，切实防范化解债务风险。

总体而言，我们对地方政府性债务管理工作的态度是“控制增量，消化存量，适度举债”，并坚持“谁举债，谁偿还”的原则。

热点2 广东财政对土地依赖大吗？

土地出让收入占地方财政收入20%。

南方日报：“土地财政”的字眼经常见诸报端，也经常遭人诟病。广东是否存在所谓“土地财政”的现象？财政收入中，来源于土地的收入大约有多少？避免地方财政对土地的依赖，您是否有什么想法？

曾志权：从我省的情况看，2008－2012年全省土地出让收入占来源于广东的财政收入分别为9.76%、11.33%、15.03%、13.41%和11.91%，与全省地方财政收入相比，比例分别为18.76%、20.85%、26.82%、23.43%和20.64%，占比相对不大，在全国也处于较低水平。

而且在现有财政体制下，土地出让收入实行专项使用，不能用于平衡公共财政预算和弥补一般行政运行经费。因此，就全省而言，“土地财政”问题在我省并不突出，但也不排除存在个别市、县财政对土地出让收入依赖程度过高的问题。

就目前而言，我省的土地出让收入在正常合理的增长范围内。下一步，我们将从健全完善制度体制入手，避免地方政府对土地过度依赖。

热点3 当前形势是否会影响财政收入？

地方公共财政预算收入可望增12%。

南方日报：当前的经济形势对我省财政收支是否会有影响，预计全年走势如何？

曾志权：今年以来，我省经济延续去年底企稳回升的发展势头，经济运行质量和效益不断向好，推动全省财政收入实现较快增长，财政收支情况良好。同时也存在一些值得关注的问题，比如收入增长呈逐月小幅回落态势、部分地区收入进度偏慢、市县收入质量仍待提高等，需要我们予以关注并积极采取措施解决。

今年后几个月，国内外经济发展环境更加错综复杂，困难因素仍将存在，但也面临不少有利条件。今年以来各地的投资建设力度增大，交通基础设施建设加快推进，潜在的消费需求仍然旺盛，转型升级的成效和振兴粤东西北的政策措施效应将逐步显现。初步判断，在经济保持平稳增长的情况下，预计全年我省地方公共财政预算收入将继续保持较快增长，经过努力可望达到12%的增长目标。

值得一提的是，近期为了支持灾区灾后复产重建，继

2011年压缩行政经费2%用于改善民生和2012年压缩省直行政事业单位公用经费5%，省委、省政府又决定对省直部门公用经费压缩5%，用于救灾复产重建工作，省财政安排救灾复产重建资金将超过12亿元。

热点4　财政如何支持粤东西北振兴发展?

欠发达地区“四税”增量今起5年返还。

南方日报：7月底，省委、省政府出台了《关于进一步促进粤东西北地区振兴发展的决定》。当中，财政对于粤东西北的支持力度相当之大。未来五年内省财政厅将通过整合资金存量、新增财政预算、增加融资渠道等手段，统筹安排资金6 720亿元，支持粤东西北地区实现跨越式发展。除了直接投钱外，在利用财政杠杆促进粤东西北振兴发展的内生动力上，是怎样的思路呢?

曾志权：的确，要促进粤东西北振兴发展，除了直接的财政投入外，更要激发粤东西北自身的增长动力，在这方面，我们可以说是再出重拳。

近期我们准备出台一个新的配套文件，完善省级财政转移支付，提升粤东西北地区财力保障水平。一方面，按照“合并专项，扩大一般”的要求，大力压减专项转移支付，提高一般性转移支付比重，将适合地方管理的专项转移支付项目审批和资金分配工作下放地方。另一方面，将现行各项一般性转移支付的每年新增资金全部用于财政增量返还和协调发展奖励。其中：对欠发达地区县（市）上划省级“四税”收入超基数的增量部分，从2013年起连续5年，以一般性转移支付方式返还给当地。对经济财政、社会民生、生态环境协调发展的县（市），特别是发展优于平均水平的县（市）予以适当奖励。

（记者：卢轶，通讯员：岳才轩；2013年9月11日《南方日报》）

省人大代表视察明年省级预算编制

财经咨询专家与代表“结对子”开展答疑

今日起，省人大常委会将分批组织省人大代表到省财政厅视察我省2014年省级预算编制特别是底线民生保障预算安排情况。昨日，省人大常委会举行视察组全体会议，省人大常委会主任黄龙云作动员讲话。会上，省人大常委会财经咨询专家与省人大代表“结对子”，通过“一对一”的咨询帮助答疑解惑，使代表们在视察活动中能更有针对性地对预算编制提出意见建议。这在省人大常委会监督工作中尚属首次。

黄龙云在会上传达贯彻了习近平总书记一系列重要讲话精神，深刻阐明了专题视察活动的目的意义、指导思想以及省人大常委会对政府财政监督工作的新思路、新方向。他强调，要深刻领会和把握“守住底线”的战略思维，增强专项提前介入财政预算编制的能力。通过广泛深入的调研，在底线民生保障方面，针对全省区域发展不平衡的情况，让省人大代表关心的问题在预算编制的过程中能够得到关注和体现。组织省人大代表开展专题视察2014年预算编制情况前进行专题培训活动具有重要意义，省人大代表要形成与常委会财经咨询专家的良好互动，在学习中取长补短，加强对全局情况的整体把握，使提出的意见建议更具有穿透力和影响力，更好地履行职责、介入财经监督工作，充分发挥人大代表在人大工作中的主体作用。

黄龙云强调，人大监督将继续发挥“专项提前介入预算编制”、“在线实时监督”、“政府重大开支项目绩效评估”三大监督平台作用，探索有效途径和具体措施，进一步加强和改进财政预算监督工作，支持和监督政府把有限的财政资金优先解决群众反映最强烈的、关乎百姓福祉的突出问题上，切实提高人大财经监督实效，促进政府公共财政资金的使用效益，加快健全完善底线民生保障体系建设，解决底线民生保障问题，让全体人民共享改革开放成果，推动广东实现“三个定位、两个率先”的目标。

省人大常委会副主任肖志恒、雷于蓝、陈小川、陈继兴，秘书长陈逸葵出席会议。

（记者：辛均庆，通讯员：任宣；2013年9月23日《南方日报》）

省人大代表专项提前介入明年预算编制，黄龙云强调

推进预算向保障底线民生倾斜

昨日，省人大常委会主任黄龙云率部分省人大代表到省财政厅视察，针对下一年预算编制特别是底线民生保障预算安排情况，与省财政厅座谈交换意见。据悉，从9月起，省人大常委会将组织省人大代表分4批专项提前介入我省2014年预算编制工作。往年，省人大代表介入预算编制一般安排在12月，本次提前3个月组织省人大代表介入预算编制，有助于推动改进和完善预算编制工作，强化财政预算监督的实效。

黄龙云指出，中央经济工作会议提出“守住底线、突出重点、完善制度、引导舆论”的民生建设思路，为今后的民生建设指明了方向，提出了新的要求。加强底线民生保障工作，既是中央和省委的明确要求，困难群众的热切期盼，也是广东实现“三个定位、两个率先”总目标的内在迫切要求，对巩固党的执政基础具有重大意义。省人大常委会组织省人大代表专项提前介入财政预算编制工作，通过深入调研、发现问题、提出意见，力求推进财政预算重点向保障底线民生倾斜，确保兜住困难群众基本生存的底线，让他们充分享受改革发展的成果。

黄龙云强调，底线民生保障关乎公平正义和社会稳定，是一项重大的政治任务，各级党委政府责无旁贷。这既是对社会中弱势群体和困难群众生存生活的基本保障，又是公共财政必须优先保障的支出项目。财政部门在编制公共财政预算时要有清醒的认识、正确的把握，要瞄准2018年全面建成小康社会，确保城乡低保、五保供养、城乡医疗救助等每年不低于全国平均水平；要充分感受到人大代表履职的真挚情感，充分注入对群众的感情，使预算编制工作更符合人民群众的需求，更贴近时代的要求。

省人大常委会秘书长陈逸葵参加了活动。

（记者：辛均庆，通讯员：任宣；2013年9月24日《南方日报》）

社会组织获省资助最多可达400家

11月1日开始受理申请

省社会组织管理局网站近日公开发布由省财政厅、省民政厅共同制定的《2013年度广东省省级培育发展社会组织专项资金申报指南》（下称《指南》）。根据2013年度省级预算，择优选择不超过400家的社会组织实行分类扶持，名额上限比去年增加40个。申报受理时间为2013年11月1－6日，受理机构将于11月1日前在省财政厅、省民政厅门户网站上另行公布。

《指南》确定的扶持对象为：广东省省级培育发展社会组织专项资金（以下简称专项资金）扶持的社会组织分为公益服务类、学术联谊类、群众生活类、行业协会类、公证仲裁类等非营利性社会组织。根据《广东省省级培育发展社会组织专项资金管理暂行办法》第4条的规定，已经获得2012年度省级培育发展社会组织专项资金的社会组织不纳入2013年度资金扶持范围。

在获得扶持的社会组织中，公益服务类每家30万元，最高不超过200家；学术联谊类、群众生活类每家20万元，最高不超过100家；行业协会类、公证仲裁类等每家10万元，最高不超过100家。对发挥枢纽作用的社会组织，统一按30万元予以扶持。

据了解，专项资金主要用于支持社会组织有效承接政府职能转移、购买服务和授权委托事项，支持社会组织培育服务品牌，提供公共产品和公益支持。专项资金严格按照《广东省省级培育发展社会组织专项资金管理暂行办法》实行竞争性评审。专项资金扶持为无偿资助，由受扶持社会组织统筹用于办公场地租金、社会服务项目成本费用以及培训费用等支出。

（记者：李强，实习生：何康杰；2013年10月16日《南方日报》）

广东增加财政投入力保民生　明年多项底线民生保障标准将大幅提升

残疾人保障明年大幅提标

今年全省各级财政投入67.15亿元财力保底线民生，按计划到明年这一财政投入或将增加到90亿元左右。昨日下午广东省人大常委会副主任肖志恒率队视察2014年省级财政预算编制情况，省财政厅厅长曾志权介绍，随着财力投入的增加，明年起多项底线民生保障标准将大幅提升。

- 城镇“三无”人员将参照农村五保户补助标准进行补助
- 残疾人保障水平明年将大幅提标，将居于全国前列
- 医疗救助标准分两年逐步提高，到2015年达到全国平均水平

今年财政收入“前高后低”　全年保10%目标可完成

省财政厅厅长曾志权昨日汇报了2013年预算执行情况。据快报统计，今年1－9月，来源于广东的财政收入累计完成12 221.39亿元，同比增长13.6%；全省地方公共财政预算收入累计完成5 160.89亿元，同比增长13.58%，完成年初代编预算的77.55%。

曾志权说，从今年前9个月的收入形势来看，全省收入增幅高于全国地方平均水平，财政收入增速平稳。他同时指出，今后几个月预计全省将面临经济下行压力，财政收入增长的下行压力也因此加大。

尽管今年财政收入呈“前高后低”态势，曾志权在汇报中称，预计广东今年仍可实现年初确定的2013年省级公共财政预算收入增长10%的目标。

明年社保资金预算　首报省人代会审议

目前2014年的省级财政预算还在编制之中，曾志权说，在预算编制上将有改革的新措施，打造“全口径预算编报体系”，明年将社保基金预算与公共财政预算、政府性基金预算和省级国有资本经营预算一并报送省人代会审议。

今年省级公共财政预算收入的增长目标为10%，谈到明年的财政收入增长目标，曾志权说，要待2014年GDP增长预计数确定后再相应确定。

曾志权介绍，今年全省各级财政用于底线民生保障的支出共计为61.75亿元，其中省级安排22.6亿元。明年的底线民生保障财政投入将有大幅上升，目前计划2014年全省各级财政用于底线民生保障的支出将达90.52亿元，比2013年增长46.59%。今年9月，省人大代表视察财政厅时，曾志权说明年底线民生投入预计80余亿元，目前的最新计划投入追加到90亿元，增加了近10亿元投入。

财政投入“加码”　保障“水涨船高”

随着财政投入的“加码”，今后一两年广东省的底线民生保障水平将“水涨船高”。曾志权介绍了明年起底线民生保障“提标”的计划——

一是原来基本处于或略高于全国平均水平的城乡最低生活保障、五保供养、孤儿基本生活保障将继续巩固提高；二是尚未制定专门补助政策的城镇“三无”人员将参照农村五保户补助标准，制定补助政策，实施后广东的补助标准将居于全国前列；三是对处于全国落后水平的残疾人保障，明年将大幅提标，将居于全国前列；四是医疗救助标准也将分两年逐步提高，计划到2015年达到全国平均水平。

人大代表：应考虑地区差异　对“穷政府”倾斜

“提高底线民生保障标准很好，但省财政转移支付还需要下级财政配套，欠发达地区因为财力无法支持，难以实现应保尽保。”省人大代表、汕尾广东省生宝种养有限公司董事长郭伟光说，底线民生保障在财政配套上应考虑地区差异，对“穷政府”应该有所倾斜。据他所知汕尾一些地方的低保户申请要排队等候，报了10个人上去，只有6人能领低保，4人要等候。也是同样的原因，汕尾市需要领残疾人保障的人有18 000人左右，但只有600人成功领到残疾人保障。

对此，省人大常委会副主任肖志恒表示，对应保尽保的五保低保人员的排队现象，政府有关部门应该深入调研，全面摸查。

（作者：卢文洁；2013年10月22日《广州日报》）

我省将加大一般性转移支付力度，力促市县事权与财权相统一

省级专项转移支付将压至40%以下

昨日，省政府办公厅转发省财政厅《关于压减省级财政专项转移支付扩大一般性转移支付的意见》（以下简称《意见》）。根据《意见》，我省将进一步完善事权与财权相统一的财政体制，进一步调整优化省级财政支出结构，大力压缩专项转移支付规模和种类，提高一般性转移支付比重。争取在2017年底前，将省级一般性转移支付占省级财政转移支付支出的比重从2012年的35.7%提高到60%或以上。

财政的转移支付通常是由上级财政安排给地方财政的补助支出，是缩小地区财政差距的重要手段，主要包括一般转移支付、专项转移支付等。其中，一般转移支付不指定用途，地方可自主安排支出；专项转移支付主要服务于特定政策目标，地方政府应当按照规定的用途使用资金。

尽管专项转移支付能够很直接体现上级政府的意图，促进相关政策的落实，且便于监督检查，但在实施过程中，也存在项目设置交叉重复，资金投向较为分散，计划与实际脱节等问题。而一般转移支付恰好能够发挥地方政府了解居民公共服务实际需求的优势。

《意见》明确，我省将争取在2017年底前，将省级一般性转移支付占省级财政转移支付支出的比重从2012年的35.7%提高到60%或以上，其中2013年提高13个百分点，2014年提高5个百分点或以上，2015－2017年平均每年提高2个百分点或以上。

根据《意见》，我省将严格控制新增专项转移支付项目。除国家明确要求设立的转移支付项目外，原则上省不再新设专项转移支付项目。同时由省财政厅会同省直各部门，根据专项转移支付的设立依据、使用效益、资金性质，对现有专项转移支付进行全面梳理和分类，进行合并和压缩。其中，到期专项将不再安排；不符合经济社会发展要求、没有合理设立审批依据、经绩效评价发现资金使用效益低下或在财政监督和审计检查中发现明显违规问题的专项转移支付，将坚决予以撤销；同时整合归并同类专项和将可按因素法进行分配的省级财政专项转移支付并入一般性转移支付进行管理。

与此同时，省财政将每年新增财力和清理专项转移支付形成的可用财力重点用于加大均衡性转移支付力度。坚持“强激励”和“保基础”相结合，重点加强激励引导作用，将现行一般性转移支付以后年度新增资金全部用于激励型转移支付。同时在清理合并专项转移支付项目的基础上，将需保留安排并适宜市、县政府负责监管、与市县事权相匹配的教育、医疗、社保、住房、农林水、公共安全等各专项转移支付逐步纳入一般性转移支付范围，将财力与事权下放到市、县政府。

（记者：卢轶；2013年10月29日《南方日报》）

广东省级转移支付超六成给地方“话事”

到2017年省级一般转移支付占比超60%，涉及财政资金或达上千亿元

省财政厅最新出台的《关于压减省级财政专项转移支付扩大一般性转移支付的意见》（以下简称《意见》）表示，争取在2017年底前将省级一般性转移支付占省级财政转移支付支出的比重从2012年的35.7%提高到60%或以上。这意味着届时省级转移支付“蛋糕”中，将有超过六成切给地方“看菜吃饭”，因为专项转移支付往往限定资金用途，而一般性转移支付则由地方自主安排支出。而省级一般性转移支付比重提高到60%所涉及的财政资金也将达到数百亿元甚至上千亿元。

自主安排提高使用效率

根据《意见》，我省将大力压缩专项转移支付规模和种类，提高一般性转移支付比重，争取在2017年底前，将省级一般性转移支付占省级财政转移支付支出的比重从2012年的35.7%提高到60%或以上。其中，2013年提高13个百分点，2014年提高5个百分点或以上，2015－2017年平均每年提高2个百分点或以上。

根据2012年省级决算报告，省对市县转移支付约1 396亿元。2017年一般性转移支付占比要求将超过60%，若仍以2012年省级转移支付规模计，则一般性转移支付将达到约838亿元。而实际上，广东省级转移支付规模每年都保持较快增幅。也就是说，实际上2017年我省一般性转移支付的规模将可能远大于838亿元。

一般来说，专项转移支付往往需要地方一定的配套资金，而基层政府受制于“钱袋子”，配套资金有时不能到位，反而影响财政资金的使用效率。而改革后，我省市、县可自主安排支出的财力到2017年将可能比目前有数百上千亿元的增加，这对市、县基本财力的保障无疑将发挥巨大作用。

粤东西北地区受益最多

据悉，本次出台的《意见》，既是贯彻落实中央关于加快转变政府职能、深化行政体制改革的决策部署，进一步完善事权与财权相统一的财政体制，更是广东振兴东西北的一项重要配套政策。《关于进一步促进粤东西北地区振兴发展的决定》（以下简称《决定》）明确，“省财政按照‘合并专项、扩大一般’的要求，加快推进财政转移支付制度改革。”

由于粤东西北相较珠三角发展滞后，省级财政转移支付的大部分都是投向粤东西北地区。因此“合并专项、扩大一般”恰恰是给粤东西北各市、县政府松绑。广东商学院财政税务学院院长姚凤民表示，《意见》实施后，在资金使用上，增强了地方政府的自主性，可以将财政资金用于迫切发展的行业、产业。

姚凤民说，专项转移支付由于上级财政往往不如地方了解当地情况，有时存在计划与实际脱节的问题，而“扩大一般”可以使地方政府将资金更好地用于涉及群众切身利益的民生事项上。

同时，“事权下放，责任下移”也是《意见》坚持的重要原则之一。《意见》要求“下放适合市、县政府管理的专项转移支付项目审批和资金分配工作，市、县政府承担事权管理的责任，统筹用好省级转移支付资金”。这对东西北各市、县来说也是不小的挑战。

资金如被挪用将予扣回

不过，市、县财政自主性增强的同时，如何保证资金能够花到刀刃上？

《意见》对此也明确：市、县应严格按照制定的计划组织、管理具体项目的实施。省财政厅也将会同省各有关部门定期组织对转移支付资金使用情况进行监督检查和绩效评价。省财政厅强调，对不按规定范围和方向使用的，省财政厅将扣回当年下达的资金，并作为下一年度资金分配的扣减因素。

姚凤民表示，省财政厅还将制定规范一般性转移支付资金管理的具体意见，建立在一套绩效考核制度之上的资金监管，可以进一步缩小暗箱操作的空间。中山大学岭南学院财政税务系主任林江也表示，专项资金越多，人大对财政资金的监管力也越弱。地方政府加大了一般财政预算，人大对其监管的力度也随之增强。

补贴个人项目先行实施

根据《意见》，该项改革将分步骤推进，其中今年是清理摸查阶段；明年是制定政策阶段；2013年为部分实施阶段，将目前已采取因素法分配、直接补贴给城乡居民个人的部分民生项目，纳入一般性转移支付；2015年则为全面铺开阶段，将涉及群众切身利益、由基层政府承担的基本公共服务项目的资金，以及资金分配较为零散、省级难以实施直接管理的专项转移支付，逐步清理合并纳入一般性转移支付范围。

根据这一安排，如按学生人数进行分配的义务教育补助，按参保（保障）人数进行分配的新型农村合作医疗保险补助、城乡居民医疗保险补助、新型农村社会养老保险补助、城乡居民养老保险补助、最低生活保障补助，按种植面积进行分配的生态公益林补偿、种粮直补等将首先得到调整。

同时，涉及三农、基层卫生、医疗、教育、交通、社会救济、社会保障、住房保障、公共文化体育等领域的专项资金项目将尽快进行清理合并。在此基础上，将需保留安排并适宜市、县政府负责监管、与市县事权相匹配的教育、医疗、社保、住房、农林水、公共安全等各专项转移支付逐步纳入一般性转移支付范围，并按照资金的专项用途，参照一般性转移支付的管理方式和要求实施因素法分配，将财力与事权下放到市、县政府。

（记者：卢轶，实习生：琚炼；2013年10月30日《南方日报》）

扶持中小微企　广东再出实招

今年设2.5亿元发展资金，提高对中小企业金融服务水平，扶持创新示范基地等

日前闭幕的十八届三中全会释放了一系列中小企业发展的利好，如鼓励发展非公有资本控股的混合所有制企业，鼓励有条件的私营企业建立现代企业制度，改善科技型中小企业融资条件，放开企业投资审批等。

广东省委、省政府一直高度重视中小微企业和民营经济的发展。去年初，省政府接连出台了《2012年扶持中小微企业发展的若干政策措施》、《广东省中小微企业综合服务体系建设实施意见》等一系列政策措施，切实帮扶中小企业应对困难和挑战，取得了较为明显的成效。为进一步促进中小微企业的发展，昨日，省政府发布《关于进一步扶持中小微企业发展和民营企业做大做强的意见》（下称《意见》）。

《意见》全文共列出74条措施，其中扶持中小微企业的有63条，占全部措施的85%。昨日，南方日报记者专访了《意见》牵头单位负责人——广东省经济和信息化委员会主任赖天生。

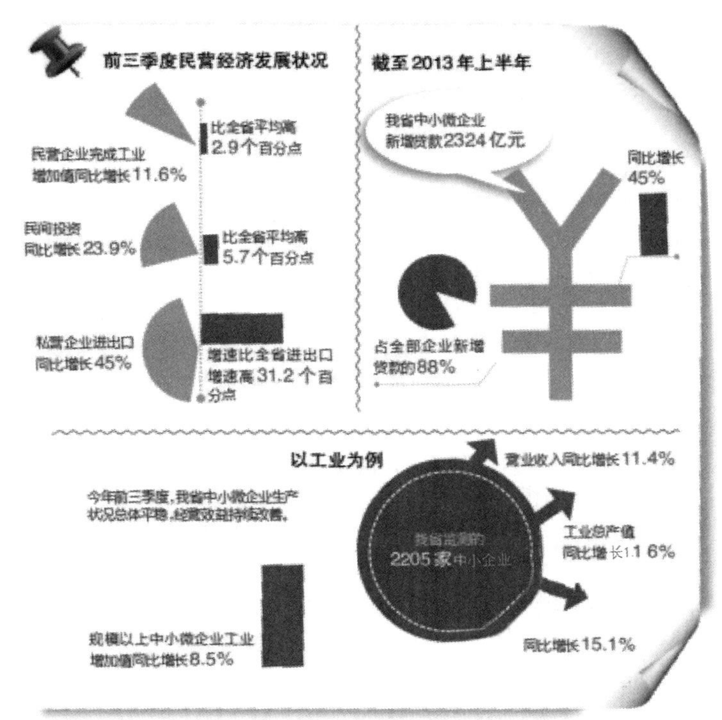

内容

财政扶持　设立中小微企发展专项资金

《意见》加大了对中小微企业的财政支持力度，要求设立中小企业发展专项资金，2013年安排2.5亿元，支持中小企业自主创新，推动中小企业服务体系及融资服务体系建设，提高产品质量和市场竞争力。

《意见》要求“统筹省财政现有的产业技术研究与开发、重大科技专项、结构调整、扶持战略性新兴产业、促进进口等专项资金，对符合条件的中小微企业给予大力支持”。省级财政将安排1亿元专项资金支持科技型中小企业技术创新活动，引导地方政府、企业、风险投资机构和金融机构等加大对科技型中小企业的投资，重点支持技术的第一次商品化过程和种子期项目和初创期企业。

根据《意见》，广东将设立小额贷款风险补偿资金，对小额贷款公司当年涉及小微企业和个体工商户贷款发生的损失等给予适当的风险补偿，2013 年共下拨专项资金 3 410 万元。同时，设立广东省专业镇中小微企业服务平台建设专项资金，重点支持专业镇及产业集聚度比较高的中心镇建立中小微企业服务平台，尽快建立健全中小微企业综合服务体系，挑选一批专业镇转型升级进行重点扶持，推动中小微企业向专精特发展。

科技创新　扶持一批示范基地和服务平台

企业要不断提高市场竞争力，自主创新至关重要。为此，《意见》出台了一系列政策措施鼓励和支持中小企业技术创新。

《意见》明确，继续认定和扶持一批民营企业（中小企业）创新产业化示范基地。据了解，广东今年新认定了 40 个创新产业化基地，复核通过 49 个创新产业化基地为“2012 年广东省民营企业（中小企业）创新产业化示范基地”。通过进一步加强产学研合作，鼓励和引导各示范基地的企业发挥创新的主体作用，集聚创新资源，激活创新要素，加大资金和人才投入力度，加快科技成果产业化进程，不断开发新技术、新工艺、新产品，提高企业核心竞争力。

与此同时，广东将继续认定和扶持一批中小企业公共（技术）服务示范平台，并重点推进区域性、行业性公共技术服务平台建设。新认定 13 个中小企业公共（技术）服务示范平台，复核通过 26 个平台为“广东省中小企业公共（技术）服务示范平台”。通过大力推进科技服务平台机构建设，组织实施“促进科技服务业发展专项计划”，累计安排科技项目经费超过 1 亿元，在全省各地扶持建设一批园区科技服务机构、专业化科技服务平台、行业科技服务平台等。

此外，面向全省专业镇中小微企业，广东选择了 6 类公共服务平台给予重点支持，涵盖了专业镇生产力促进中心能力提升与功能完善建设、技术创新服务平台建设、检验检测服务平台建设、电子商务与信息网络服务平台建设、专业镇现代服务产品超市建设、专业镇中小微企业服务平台建设管理与创新发展研究等。

融资服务　中小微企贷款增速高于平均水平

通过加强与银行等金融机构“政银担企”合作，推动全省中小企业信用担保体系建设及出台支持中小微企业融资的具体政策等措施，《意见》从银行贷款、债券市场融资、股权交易、探索发展民营银行等方面，助中小企业缓解融资难题。

《意见》提出，“鼓励各金融机构盘活信贷存量、优化增量，将全年新增贷款部分和‘高耗能、高污染’贷款到期回收部分主要用于支持小微企业发展，完善绩效考核机制，适当提高小微企业不良贷款容忍度，力争全年小微企业贷款增速不低于当年各项贷款平均增速、贷款增量不低于上年同期水平”。

《意见》要求“引导资信良好、实力较强的小微企业利用私募债、区域集优集合票据、中小企业集合票据等债券市场融资”，并“支持民间资本在符合准入条件、承诺自担风险的前提下探索发起设立民营银行等民营金融机构，完善金融服务体系，提升对中小微企业的金融服务水平”。

赖天生介绍，通过与国家开发银行、浦发银行广州分行加强沟通合作，引导和支持建行广东省分行与韶关市建立中小企业贷款风险池、中国人民银行广州分行与江门市政府签订中小企业信用体系实验区建设合作框架协议等一系列措施，切实帮助中小企业缓解融资难。

同时，广东将进一步加强省内信用担保机构的备案工作，跟踪分析全省在各级中小企业行政主管部门登记备案的中小企业信用担保机构运营情况，帮助和指导全省中小企业主管部门积极推进中小企业信用担保体系建设。

市场开拓　专项资金助中小微企“走出去”

“省财政安排开拓国际市场专项资金，对包括中小微企业在内的我省外向型企业参加境内外贸易活动、应用电子商务开拓国际市场等予以支持。2013 年安排开拓国际市场专项资金 7 000 万元。”赖天生介绍，依托省财政安排的“走出去”专项资金，广东将对中小微企业开展对外投资合作、跨国经营与并购给予支持。根据《意见》，广东将积极组织中小企业参加在东盟、南美、南非等新兴市场国家举办的国际性展览会，帮助省内中小企业加快开拓国际市场步伐。省财政从出口信用保险专项资金中安排部分资金用于支持省内小微企业投保短期出口信用保险，对小微企业投保短期信用险保费予以 80% 的资助。

国内市场方面，广东将实施广货市场开拓活动，积极拓展国内二线城市市场。与此同时，大力办好中国加工贸易产品博览会，不断拓宽外商投资企业产品内销渠道。省财政每年将安排中博会专项资金，并积极争取中央财政展位费补助，统筹使用企业缴纳的展位费、广告费等，支持搭建中小企业展览、服务平台，助推中小企业开展贸易、投资合作和交流。

亮点

落实政策　方便中小微企享受优惠

今年以来，国家连续出台了《关于金融支持小微企业发展的实施意见》、《关于促进进出口稳增长、调结构的若干意见》等多个扶持中小微企业发展的政策措施。这些政策措施力度大，作用广，具体政策的落实分布在政府的各个部门。

赖天生介绍，此次出台的《意见》，不仅做到对国家政策任务不折不扣地分解落实，更将这些政策措施梳理在同一个文件内，既明确分工，又提高了政府部门间的协同效率，使广大中小微企业能更好更方便地了解、掌握和享受到这些政策。

“民营经济扎根本土，发育于市场，成长于竞争，具有强烈的市场竞争意识和巨大的发展潜力。加快以中小微企业为主体的民营经济发展，激发民营经济的活力，是我省加快实现‘三个定位、两个率先’总要求的重要途径，也是贯彻落实十八届三中全会精神的具体行动。”赖天生表示，《意见》针对企业反响集中的问题，提出扶持中小微企业发展和民营企业做大做强的政策措施，把群众路线教育活动的成果制度化、常规化，是扎实开展群众路线教育活动的成果体现。

重点支持　74条措施中63条扶持中小微企

据了解，《意见》全文有74条政策措施，其中扶持中小微企业的措施共有63条，占了全部措施的85%。这63条措施，在加大财政支持力度、落实税收优惠、减免行政事业性收费、创新融资支持、支持创新创业、助推市场开拓、加快公共服务平台建设、加强公共服务等多方面对中小微企业进行扶持。

“这些政策措施，有的是延续性的，有的是创新性的。”赖天生表示，《意见》以省委书记胡春华在全省大型骨干企业座谈会上提出的“要形成大企业顶天立地、中小企业铺天盖地的企业生态”的要求为核心，充分考虑到中小微企业面临的难题，在梳理《2012年扶持中小微企业发展的若干政策措施》可延续实施的50项工作基础上，结合国家近期出台的政策以及广东实际，新增13条针对中小微企业的扶持措施。

据介绍，新增的措施中，比较集中的是减免税费和改善中小微企业金融服务。在税费减免方面，对企业反应比较多的堤围防护费，《意见》提出，自2014年1月1日起2年内，按现行征收标准下调20%；对月营业额2万元以下的中小微企业免征。并在是否“封顶”征收的问题上，允许各地级以上市政府在保证足额上缴省级统筹部分的前提下自行决定。

在中小微企业“融资难”的问题上，《意见》从银行贷款、债券市场融资、股权交易，以致探索发展民营银行等方面，提出了具体措施和任务。随着金融体制改革的深化，面向中小微企业的金融服务将有较大的变化和改善。

区别主次　发挥市场配置资源的决定作用

广东中小企业和民营经济是在市场竞争的环境下发展壮大的。据了解，《意见》在起草过程中充分考虑并尊重发挥市场机制的作用，以管好用好政府这只“看得见的手”。

在对中小微企业的扶持方面，《意见》强调加快公共服务平台建设，引导中介服务机构为中小微企业发展提供各类专业服务，通过市场的力量放大财政扶持资金的作用，让更多的中小微企业受惠。

“政府应坚持‘有所为，有所不为’，政策措施的重点是确保民营企业平等使用生产要素、公平参与市场竞争、同等受到法律保护，确保政策措施不折不扣落实到民营企业；而市场的问题则交给市场去解决，让企业在市场的竞争中发展壮大。”赖天生表示。

■ 现状

税费减免增强　民营经济活力

以中小微企业为主的民营经济已成为推动广东经济社会发展的重要力量。党的十八大以来，广东坚决落实国家对于中小微企业的减税政策，并出台一系列涉及中小微企业的收费减免政策，切实减轻中小微企业负担，增强了民营经济发展活力。

减税►▷营改增累计减税80亿元

2012年，广东将增值税起征点提高到月销售额2万元，2013年8月起对月销售额2万元以下的小微企业暂免征增值税和营业税。截至今年9月，全省免征小微企业营业税共87 230户次，免征金额6 565.71万元；截至今年8月，全省共有347 521户小微企业免征增值税，免征金额2 155.57万元。

同时，对年应纳税额低于6万元的小型微利企业，其所得减按50%计入应纳税所得额，按20%的税率缴纳企业所得税。据统计，今年上半年我省有12 672户企业享受小型微利企业优惠，减免所得税5 336万元。此外，从2012年11月1日启动营业税改征增值税试点，目前涉及试点企业31万多户，其中小规模纳税人占85%，累计减税约80亿元。

减费►▷行政事业性收费每年减逾46亿元

今年以来，广东共取消或停征行政事业性收费59项，年涉及金额超过46亿元。如2013年1月1日起取消和免征使用流动人员调配费等20项涉及广东的行政事业性收费，据匡算年可减轻企业和群众负担18亿元；再如，经过对省定行政事业性收费的全面清理，自今年10月1日起，取消10项、免征1项、降低堤围防护费、治安联防费等3项收费，预计可减轻企业和群众负担22亿元。特别是自2014年1月1日起两年内，堤围防护费征收标准下调20%，并对月营业额2万元以下的中小微企业免征。

减负►▷下调工伤保险费率，允许缓缴社保费

与此同时，广东积极调整社保政策，减轻中小微企业负担。下发《关于阶段下调省本级统筹参保单位的工伤保险缴费费率的通知》，实施阶段下调工伤保险缴费费率制度，从2013年8月1日至2014年12月31日，工伤保险费率下调达50%。据测算，省直工伤保险费将减征超过2.22亿元，惠及包括中小微企业在内的省直企业5 000多家、职工60万人。

实施缓缴社会保险费政策，在确保社会保险待遇按时足额发放、社会保险基金不出现缺口前提下，对因受灾严重而暂时无力缴纳社保费的困难企业，可允许在一定期限内缓缴社保费，期限最长不超过6个月。

通过减税减费等各项措施，广东民营经济发展活力进一步增强。数据显示，今年前三季度，全省民营企业完成工业增加值同比增长11.6%，比全省平均高2.9个百分点；民间投资同比增长23.9%，比全省平均高5.7个百分点；私营企业进出口同比增长45%，增速比全省进出口增速高31.2个百分点。

（记者：刘熠，见习记者：肖文舸；2013年11月22日《南方日报》）

省财政厅：推进财税体制改革提供财政保障

广东省财政厅于近日召开厅党组理论学习中心组集中学习会，深入学习党的十八届三中全会精神和全省传达学习贯彻大会精神，研究部署财政部门贯彻落实有关工作。

学习会要求在深刻领会中央精神的基础上，结合广东实际，按照立足当前、着眼长远的要求，围绕全面深化经济体制改革，构建现代财政制度的要求，深入推进财税体制改革，充分发挥财政服务政府职能转变、深化行政体制改革、理顺政府与市场关系、促进经济转型与结构调整、提供基本公共服务均等化、保障和改善民生、推进源头治腐及防范经济和社会风险等方面的职能作用，为广东实现"三个定位、两个率先"的总目标提供坚实的财政保障。主要抓好六大方面改革：一是服务于政府职能转变。二是完善财税体制，建立现代财政制度。三是改进预算管理制度，提高财政资金使用效益。四是推进财政信息公开，建立透明预算。五是发挥财政职能作用，促进收入分配改革。六是强化财政源头管控职能，促进厉行节约。

（记者：严丽梅、岳才轩，2013年11月26日《羊城晚报》）

省人大常委会组织省人大代表视察2014年省级预算编制情况

2014年省属国企上缴利润收缴从10%提高至15%

今年9月起，省人大常委会组织部分省人大代表，就底线民生保障专项提前介入财政预算编制，分组赴省财政厅视察。曾志权表示，省财政厅将分类处理财政历年结余结转资金，切实压缩结余结转资金规模，加大资金收回统筹力度。

今年9月起，省人大常委会组织部分省人大代表，就底线民生保障专项提前介入财政预算编制，分组赴省财政厅视察。昨日下午，省人大常委会副主任雷于蓝、陈继兴率粤西、珠三角地区与省直部分人大代表赴省财政厅视察2014年财政预算编制情况。省人大财经委、常委会预算工委相关负责人参加视察活动。笔者从会上获悉，2014年省级国有资本经营预算收入根据2012年省属企业和参股控股企业利润测算国资收益，将省属国有企业利润收缴比例从10%提高到15%。

雷于蓝肯定了省政府及财政部门进一步提高我省底线民生保障质量和水平所作出的努力和成绩。她强调，要守住底线，突出重点，进一步做好底线民生保障工作，民生工作只能进不能退，把有限的资源用来解决群众反映强烈、最能关乎百姓福祉的突出问题，抓好保障政策落实，切实做到应保尽保，加强资金管理监督，确保专款专用，强化监督评价机制，切实提高资金绩效，优化财政预算支出结构，保证资金投入，确保底线民生保障目标的实现。

陈继兴指出，2014年预算编制情况既体现了改革创新，又体现了积极稳妥；既体现了量力而行，又体现了民生优先。在预算编制方面，要研究加强全口径预决算审查监督，认真研究人大代表普遍关心的专项资金问题和地方政府性债务情况，继续做好专项提前介入财政预算编制。

省人大常委会今年对底线民生保障财政资金安排进行专项提前介入监督，引起了群众的广泛关注，取得了良好的社会反响。据悉，今后每年省人大常委会都将安排一至两个项目开展专项提前介入。明年将推进省级财政资金绩效评估，委托第三方开展财政资金绩效评估。此外，明年将组织省人大代表到省有关部门和市县对底线民生资金落实情况进行调研，确保底线民生资金落实到位，真正做到应保尽保。

民生等支出占比超八成

省财政厅厅长曾志权在汇报2013年预算执行和2014年预算编制及底线民生保障工作情况时指出，1－10月，来源于广东的财政收入累计完成14 002.96亿元，同比增长14.56%。预计2013年来源于广东的财政收入完成15 905.43亿元，增长8.02%。在公共财政预算方面，1－10月，全省收入累计完成5 892.09亿元，同比增长13.59%，完成年初预算的88.2%；预计2013年全省收入完成6 975.58亿元，同比增长12%。

按照重点支出划分，2014年省级财政总支出主要突出民生优先、突出支持"三农"，突出区域协调发展，突出转变发展方式，突出支持科技创新，突出支持生态文明建设。2014年省级预算支出中用于保障和改善民生、均衡区域基本公共服务水平和帮助市县增强发展后劲的支出，占省级总支出的比重将超过八成。

财政将转向支持公共平台

2014年预算编制工作在改革创新方面将主要体现在：加大对预算编制的公开力度，扩大政府预算编制范围，推进专项资金和基建项目信息公开。同时，将配合编制部门控制财政供养人员，规范机构设置，推进政府购买社会服务改革，大力清理和减少行政审批事项，进一步清理行政事业性收费、罚没收入等。

对支出方式的改革同样值得期待。曾志权指出，今后财政资金将从原来主要直接支持企业等微观经济主体，逐步转向支持服务经济发展的公共平台、建设法制化国际化营商环境。

曾志权表示，以上这些举措都是根据党的十八届三中全会精神关于完善立法、明确事权、改革税制、透明预算、提高效率，建立现代财政精神，改进预算管理制度，建立事权和支出责任相适应制度的要求。

压缩结余结转资金规模

每年大量的省级结转结余资金如何处理，这也是不少人大代表关注的。

曾志权表示，省财政厅将分类处理财政历年结余结转资金，切实压缩结余结转资金规模，加大资金收回统筹力度。截至去年底，省财政历年结余结转资金规模881.33亿元，其中结转下年支出878.53亿元。省财政厅将采取分批清理做法，经初步清理，第一批可收回统筹省级历年结余结转资金22.5亿元，争取到2013年底历年结余结转资金规模从881.33亿元下降到650亿元左右。

【代表交流】

赞赏　低保标准增量首次超50%

日前，省政府出台了《关于提高我省底线民生保障水平的实施方案》，提出到2015年珠三角底线民生水平达到全国前列，到2017年全省水平达到全国前列。据测算，2014至2017年，全省底线民生保障资金总支出超过820亿元，将惠及特殊困难群体5 400万人次。

城乡低保、五保供养、医疗救助、基础养老金等6类12项标准都相对有了较大提升。对此，省人大代表俞雪花很赞赏，"原来我关注的几个问题都得到解决，低保、五保户标准有了很大的提高，省财政补助占大头，增量首次超过50%，虽然不能一步到位，却能给了底线民生保障的提升带来不断增长的希望"。

在底线民生保障的项目中，十年未增的医疗救助也将从2014年起，以每年缩小1/4差距的速度，提高全省城乡医疗救助水平，2017年达到全国前十名。俞雪花认为，医疗救助在地方没有统一标准，各地都是根据各自的医疗救助的金额来设定本地的标准和门槛。她建议用省财政补助的那部分资金为五保户购买保险，帮五保户把自费部分全部报销，效果比平均发给他们更好。

建议　专项资金信息应向社会公开

省人大常委会委员杨英认为，省级财政专项转移支付规模大、种类多，执行中存在很多问题，预算编制应考虑大力压缩专项资金的规模，提高一般性转移支付的比重。曾志权回应说，在政府清理小金库、打击违规使用专项资金行动中，省财政厅牵头对专项资金进行清理和规范。目前专项资金存量占财政总支出的23%左右，清理完后压了150多亿元，支出规模下降到18%，争取到2017年，项目从758项压缩到200项左右，支出规模进一步下降至15%。

省人大常委会副主任陈继兴指出，专项资金的情况没有单独详细地列出来，从预算里看不到有多少专项资金，有多少项，应该增加专门反映财政专项资金安排的内容。他说，要加强对专项资金的监管，严格控制设立新的专项资金。

"设立专项资金必须要有明确的政策依据，必须提出设立的用途，期限。"陈继兴表示，要对目前专项资金进行全面清理，对使用性质特点相同的进行合并，原定目标任务完成的专项资金，原则上不再安排。此外，他还提出建立省级财政专项资金信息公开制度，定期向社会公布，由群众来监督。

（记者：辛均庆，实习生：胡钰衔，通讯员，任宣；2013年11月29日《南方日报》）

省财政厅厅长曾志权谈上下级政府间事权与支出责任关系

财政工作不能“上面点菜下面埋单”

财政是国家治理的基础和重要支柱，科学的财税体制是优化资源配置、维护市场统一、促进社会公平、实现国家长治久安的制度保障。十八届三中全会关于财税体制改革着墨颇多并作出全面部署，提出要建立现代财政制度，发挥中央和地方两个积极性，要改进预算管理制度，建立事权和支出责任相适应的制度。

省财政厅厅长曾志权接受《南方日报》专访，就财政体制改革所涉及的热点焦点问题一一回应。他也畅谈了广东深化财政体制的现实意义。他说：要推进这一系列改革，牵一发而动全身，必须处理好政府与市场、上下级政府间、同级部门间三组关系。他说：“不能让企业找市场变成找市长”，财政工作不能“上面点菜、下面埋单”，应对部门肢解预算、固化财力分配的问题也必须拿出“拆庙搬神断供香火”的魄力来。

热点回应

分税制改革　收入划分将适当向地方倾斜

《南方日报》：全会一项重大调整是调整中央和地方事权与财权关系，将进一步理顺中央和地方收入划分，同时也提出完善地方税体系。广东的人均财力与经济总量并不相符，人均财力在全国排名靠后，对于这项改革您应该很期待。

曾志权：1994 年分税制财政体制改革初步构建了中央与地方财政分配关系格局，但近年来，中央陆续实施一系列体制调整措施，使财力分配逐渐向中央集中，地方政府支出责任和支出需求不断扩大。而全会为进一步理顺中央与地方财政关系指明了方向。

我认为，这项改革进一步明晰中央与地方政府事权和支出责任。同时进一步理顺中央与地方政府间收入划分。在保持现有中央与地方财力分配格局总体稳定、进一步理顺中央和地方收入划分以及建立地方税体系的思路下，收入划分将适当对地方倾斜，为地方财政特别是基层财政的运转、履行事权及发展留下必要的空间。而构建地方税体系，将更好地推动地方财源建设，促进形成具有地方特色的税源结构。

此外，这项改革还将进一步完善中央转移支付政策。目前，中央转移支付主要向中西部地区倾斜，对东部地区安排较少，甚至直接按照地域划分，对沿海相对发达省份不予安排。按照全会精神，中央在制定和完善转移支付政策时，将会更多地综合考虑各地区人均财力水平以及承担民生事务支出情况等具体因素，按照统一的体制，给予各地区一视同仁的转移支付待遇。如在均衡性转移支付、县级基本财力保障机制奖补资金、重点生态功能区转移支付等方面，也将加大对我省的支持力度，无疑将提高我省公共服务供给能力。

房产税　配合中央抓好房产税等税制改革

《南方日报》：《决定》提出要深化税收制度改革，比较受关注的包括房产税立法并适时推进改革，加快资源税改革等。这些改革意义何在？广东是否会在这些领域率先跟进？

曾志权：《决定》提出“深化税收制度改革，完善地方税体系，逐步提高直接税比重”，并对增值税、消费税、个人所得税、房地产税、资源税、环境保护税等提出了明确的改革思路，有利于优化我国税制结构，理顺税收分配关系，在保持总体税负稳定的同时，形成适应科学发展、公平税负、规范统一的税制体系。

由于我国税权集中在中央，税制改革目前也由国家有关部门主导推进。我省将根据中央有关部署和要求，结合广东实际配合中央抓好增值税、消费税、个人所得税、房产税、资源税、环境保护费改税等税制改革工作。

全口径预算　社保基金预决算明年提交省人代会

《南方日报》：党的十八大提出了全口径预算的要求，《决定》也提出了透明预算的要求。这方面广东将怎样落实？

曾志权：按照党的十八大报告关于“要加强对政府全口径预算决算的审查和监督”的要求，我省不断完善预决算监督体系，目前已基本实现全口径预算决算监督。一是公共财政预算、政府性基金预算已报请省人代会审查（相关决算报请省人大常委会审查）；二是社会保险基金决算和预算，目前已提交省人大常委会审议，并将于 2014 年提交省人代会审议；三是省级国有资本经营预算在试编三年期结束后，已于 2013 年正式提交省人代会审查。同时，按照国家和省政府的有关工作要求，我省重点围绕政府预决算、部门预决算、“三公”经费预决算等领域，积极推进财政信息公开工作，提高财政透明度。

广东行动

找问题　财政供给存在“越位”、“缺位”、“错位”

《南方日报》：深化财税体制改革对广东的现实意义是什么？

曾志权：从财政改革发展的现实需要来看，广东亟待通过改革解决我省财政运行中存在的问题。

比如，财税体制作为基础性体制，在促进市场在配置资源中起决定性作用的效能有待提高。财政供给包揽过多，存在“越位”、“缺位”和“错位”的问题；财政预算管理与政府职能转变不匹配，很多财政资源直接投向了微观经济主体——企业以及竞争性领域，导致“企业找市场变成了找市长”。

比如，目前我们的地方税体系尚未完全建立，省市县政府层级之间事权划分不合理，呈现事权上移、责任下移的趋势，上级政府条条块块下指标、布置任务，“上面点菜、下面埋单”，省、市、县政府事权与支出责任不适应。

又比如在财政资金支出方面，长期以来形成的预算安排“基数加增长”的分配方式，导致部门肢解财政、财力固化分配的情况较为突出，甚至出现了部门之间争编制、争资金，部门无形中干预市场的现象，几乎到了不“拆庙搬神断香火”不行的地步。

所以深化财税体制改革就必须处理好政府与市场、上下级政府间、同级部门间这三组关系。此外，还有预算管理制度不完善，财政资金使用效益不高等问题，都迫切要求深化财税体制改革。

求对策　制定省市县政府事权与支出责任清单

《南方日报》：下一步广东将如何贯彻落实十八届三中全会精神，具体开展财税体制改革？

曾志权：下一步我们将主要抓好四方面的改革：

一是建立事权和支出责任相适应的制度。重点包括制定财政供给清单，明确财政支出和政策调控覆盖范围；制定省市县政府事权与支出责任清单，明确省市县事权和支出责任划分；完善转移支付制度，大力压减专项转移支付、扩大一般性转移支付，建立健全科学规范的省对市县一般性转移支付体系等。

二是改进预算管理制度，建立现代财政制度。重点包括深化预算编制改革，推进审核预算的重点由平衡状态、赤字规模向支出预算和政策拓展，建立跨年度预算平衡机制；强化预算执行管理；探索建立绩效预算管理；强化财政资金监管；推进财政信息公开；完善规范地方各级政府债务风险防控和预警机制。

三是抓好税制改革，研究建立我省地方税体系。

四是支持其他重点领域和关键环节改革。包括服务于政府职能转变，严格限制或逐步减少甚至取消竞争性领域专项，转向支持公共服务平台、营造国际化、法治化营商环境，对所有企业实行普惠性政策，建立机构编制与预算管理相互衔接制度；运用财政政策手段，调节收入分配，支持建立更加公平可持续的社会保障制度，完善分类分层次保障落实底线民生、基本民生、热点民生的财政政策体系；进一步完善为民办事征询民意机制等。

观察

财税改革是各领域改革的突破口

应该如何理解财税体制改革在新一轮改革当中的重要作用？曾志权表示，财税体制改革是全面深化改革的重点内容。深化财税体制改革，对政府职能转变和其他领域改革具有重要的先导意义和突破口作用，可以说是“牵一发而动全身”。必须通过调整完善财税体制机制，促进深化经济、行政等各领域体制改革，实现全面深化改革的战略部署。

首先，深化财税体制改革，建立事权和支出责任相适应的制度，对于理顺政府与市场、政府与社会、中央和地方及地方各级政府间财政分配关系，更好地发挥市场在资源配置中的决定性作用，更好地调动中央和地方两个积极性，具有重要意义。

其次，深化财税体制改革，改进预算管理制度，实施全面规范、公开透明的预算制度，可以有效促进政府全面规范履行职能，推进依法行政、依法理财，建设法治政府和服务型政府。

再次，完善税收制度，特别是构建地方税体系，有利于加快培育地方支柱税源，有利于形成具有地方特色的产业结构和税源结构，稳定地方政府财政收入，有效解决当前遇到的各级政府财政发展不均衡、基层政府公共服务供给能力不足等现实问题。

最后，通过深化财税体制改革，如健全再分配调节机制、完善社会保障预算制度、建立财政转移支付同农业转移人口市民化挂钩机制、建立生态补偿制度等，对于更加充分地发挥财政职能作用，缩小收入分配差距，促进城乡发展一体化，加强生态文明建设都具有重要意义。

（记者：卢轶，通讯员：岳才轩，2013年12月4日《南方日报》）

“压专项扩一般”加快政府职能转变

新的省级财政专项资金管理办法即将出台

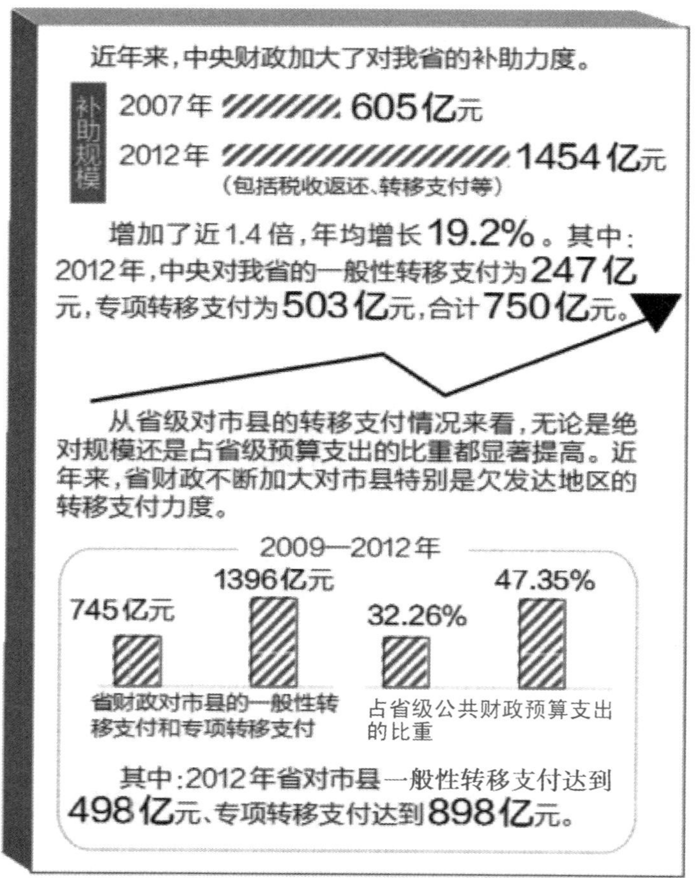

十八届三中全会《决定》关于财税体制改革作出全面部署前后一个月内，广东连续出台了《关于压减省级财政专项转移支付扩大一般性转移支付的意见》、《关于完善省级财政一般性转移支付政策的意见》两份文件。此外还有一份新的省级财政专项资金管理办法也即将出台。

通过“压专项扩一般”来转变政府职能、优化支出结构、提高市县理财自主权，仅仅是广东贯彻全会精神，深化财税体制改革的一个缩影。近年来，广东财政系统有序推进了财政体制、财政分配、财政管理、创新机制等方面40多项改革，为全国财政改革发展提供了有益的经验，起到了先行先试的作用。

地方理财自主权加强

近期关于“压专项扩一般”的两份文件出台后，兴宁市财政局上下颇为振奋。兴宁市财政局副局长刘小炎介绍，作为欠发达地区，兴宁市本级收入占财政总收入的比重低，长期以来整体运转对上级转移支付的依赖较大。“今年来自于市本级的财政收入约4.7个亿元，来自中央和省级的转移支付共约24亿元”。这些钱对财政吃紧的兴宁来说无疑是“及时雨”，但有时也会带来一些“甜蜜的负担”。每年10亿元左右的专项转移支付由于都是专款专用的，当地几乎没有“话事权”，另一方面又往往需要地方配套资金，“今年的配套资金大约需要6个亿，压力不小”。

而“压专项扩一般”后，专项转移支付将得到合并、压缩、清理，并转化为一般性转移支付。到2017年，广东将力争省级一般性转移支付占省级财政转移支付支出的比重从2012年的35.7%提高到60%或以上。刘小炎说："这扩大了我们地方政府的自主权，能将钱更有效地用在最为需要的地方，解决了专项资金不够灵活的问题"。"未来，地方活用的资金将更多，我们可以更好地根据自身实际，根据发展需要来安排、整理财力。"

省财政厅厅长曾志权表示，通过压减专项扩大一般，将有力增强欠发达地区基层政府资金分配自主权，统筹用好上级转移支付财政资金，解决不同地区之间、不同级次政府之间财力分布的不均衡问题，落实各项民生政策支出和社会事业发展。也有利于各地把财政资金用在"刀刃上"。

这项改革难度不小

提高市县理财自主权，调动地方发展动力，优化财政资金的支出结构，仅仅是这项改革的目的之一。更重要的是推动政府职能加快转变，推进行政体制改革不断深化。

曾志权坦言，推动这项改革的难度不小。"长期以来形成的预算安排'基数加增长'的分配方式，导致部门肢解财政、财力固化分配的情况较为突出。""有的部门之间权责不清，机构设置太多，有的部门热衷于设立专项资金，争资金争编制的情况也不少见。"此外，目前我省存在省市县政府层级之间事权划分不合理，呈现事权上移、责任下移的趋势，上级政府条条块块下指标、布置任务，省、市、县政府事权与支出责任不适应。

"压专项，扩一般"需逐步调整完善现行转移支付资金管理的职责分工和省级主管部门对财政资金的管理职能，清理一批省级专项转移支付资金，将适合地方管理的专项转移支付项目审批和资金分配权限下放到市、县政府，这就涉及改革现有财政资金管理职能，以及各部门的职能转变和改革。"实施初期，部门支持和推进该项改革的意识有一个逐步深化的过程"，曾志权说，通过压减专项扩大一般，有利于调整完善现行转移支付资金管理的职责分工和省级主管部门对财政资金的管理职能，逐步将属于地方事权且信息复杂程度较高，适合地方管理的转移支付项目审批和资金分配权限下放地方，减少上级政府对地方事权和支出项目的干预，科学划分政府间事权与支出责任，推进行政体制改革。

加大对专项资金监管力度

目前，这项改革正在如火如荼地推进中。笔者从省财政厅获悉，新的省级财政专项资金管理办法也即将出台。

曾志权独家向《南方日报》透露，根据新的办法，专项资金管理将依托"三个载体"，即在专项资金设立环节建立专项资金目录，在预算编制和分配环节建立专项资金项目库，在信息公开环节建立专项资金信息管理统一平台；资金审批实施"三项制度"，即建立专项资金主管部门专项资金审批内部制衡制度，对涉及不同部门工作职能的专项资金横向并联审批制度，实行年度安排总体计划及具体实施项目复式审批制度。同时对专项资金全程公开管理办法、申报指南、申报情况、分配方式和分配程序、分配结果、绩效评价、监督检查和审计结果以及接受和处理投诉情况等。"这些监管方式的创新，将使对财政专项资金的监管力度大大加强。"

延伸

40多项财政体制改革为全国提供经验

近年来，广东财政从收、支、管、调等方面对财政体制机制、管理方式方法进行了大胆革新，系统有序推进了财政体制、财政分配、财政管理、创新机制等方面40多项改革，为全国财政改革发展提供了有益的经验，起到了先行先试的作用，并初步建立起体制机制充满活力、支出结构合理优化、管理制度科学规范、监督问效透明有力的公共财政体系。

如2010年，我省调整完善了省以下分税制财政体制，将省级与市县共享"四税"分享比例由"四六"调整为"五五"。省级通过调整财政体制集中的财力，主要用于支持欠发达地区经济社会加快发展，促进了区域经济协调发展。2007－2012年，粤东西北地区公共财政预算收入年均增幅超过全省平均水平3.42个百分点，与珠三角地区的收入差距由1∶6.8缩小到1∶5.7。

为帮助解决基层财政困难，增强公共服务保障能力，我省建立了县级基本财力保障机制，在明确市县保障主体责任的基础上，建立保障与激励相结合的奖补机制，有效帮助市县消化基本财力保障缺口，提高保障水平。2010－2012年，通过增加省转移支付，市适当支持和县级自身努力等，我省累计消化县级基本财力缺口291亿元。到2012年底，顺利完成全面消化缺口的目标任务，县级基本财力保障水平提升至年人均7.6万元标准以上。

为优化财政资金配置效率，强化资金使用绩效观念，提高资金使用效益，2008年，我省在全国率先实行财政专项资金竞争性分配改革。选取部分省级财政专项资金进行试点，通过招标投标等方式，将财政专项资金分配从"一对一"单向审批安排，转向"一对多"选拔性审批安排，建立"多中选好，好中选优"的项目优选机制。2008年以来共对122项、236亿元专项资金实施了竞争性分配。广东的创新也获得财政部肯定，就在最近，首批中央财政资金竞争性分配顺利开展。

在预算编制、管理方面，从2000年开始，广东以部门预算、国库集中支付、政府采购制度和"收支两条线"等四项改革为核心，整体协调推进各项财政改革。其中，部门预算改革逐步建立了编制程序规范、涵盖范围全面、编制内容细化、编制方法科学的财政预算管理制度；国库集中支付改革建立了国库单一账户体系，所有财政性资金逐步纳入国库单一账户体系管理，财政支出通过国库单一账户体系支付到商品和劳务供应者的财政国库管理制度；政府采购制度改革实现政府采购"管、采"职能相分离，建立了采购、供应、代理、管理之间的制约机制。“收支两条线”管理改革规范了政府非税收缴和支出行为，形成银行代收、罚缴分离、票款分离的收缴制度，非税支出纳入预算管理。

在预决算及“三公”经费公开方面，省级从2010年开始公布省级预决算和部门预算，2011年开始公布省直部门“三公”经费支出决算，2012年开始公布部门决算包括“三公”经费支出，是全国率先公开“三公经费”的四省市之一。

（记者：卢轶，通讯员：岳才轩，实习生：琚炼，2013年12月6日《南方日报》）

广东节能减排项目获亚行嘉奖 打造政府与市场良好互动范本

微评

节能减排在很长一段时间都被认为是市场失灵的领域。如何调动社会各方资源、各类资金持续支持节能减排，是摆在当下全球绿色发展大潮中一道难题。广东节能减排项目，通过枢纽型金融平台——粤财控股，利用财政资金和亚行贷款，发挥金融杠杆放大作用：广东省通过政府担保获得亚行贷款，为优质中小企业提供低成本融资，进而撬动商业银行贷款、担保机构、股权投资以及其他社会资金大量进入节能减排领域，促进了行业的健康快速发展。在该项目实施中，政府“有形之手”与市场“无形之手”配合默契，越来越多省份积极开展能效电厂项目，企业也积极申请参与项目，示范效应明显。

11月下旬，广东省一项自2009年开始实施的节能减排促进项目（又称“广东省亚行贷款能效电厂项目”），被亚洲开发银行评选为“2012年度最佳表现贷款项目”。

广东节能减排项目是中国政府与亚洲开发银行的首个节能合作项目。由于通过实施一系列节能项目，所减少的能源消耗量总和相当于建设了一个实体电厂，也被俗称为“能效电厂”。

经第三方机构评估，截至2013年三季度，该项目节电量已经达到10.1亿kWh，相当于一个装机容量为20.1万kW的发电机组的年发电量，年节能量折合标准煤33.2万吨。

随着广东试点的推进，亚行借鉴成功经验，山东、河北等地相关贷款工作也已铺开。

超额完成亚行贷款项目预期目标

促进节能减排行业发展，是一项经济效益与社会公益相得益彰的事业。

令人欣喜的是，中国政府与亚洲开发银行在广东的相关试点工作取得了远超预期目标的成绩。

据该项目执行机构——广东省亚行贷款能效电厂项目执行中心（下称“项目执行中心”）和广东粤财信托有限公司（下称“粤财信托”）负责人介绍，广东节能减排项目已扶持中小企业30多家，极大地促进了广东的节能减排工作，实现了良好的经济效益和社会效益。

通过第三方权威机构评测的数据显示：截至2013年三季度，广东节能减排项目已实施完毕并经测评的项目年节电量已经达到10.1亿kWh，年减排CO_2、SO_2、NOx及TSP分别为78.5万吨、9 055吨、2012吨及3 521吨。资金在整个贷款期内将循环使用，可实现的节能减排效益将增加3－5倍。

专家称，由于该项目有着明显的节能减排效果，能源利用效率显著提高，有利于缓解广东省的能源紧缺局面和改善当地的居住环境，同时有利于广东省乃至国家的节能减排目标的完成，也起到了巩固能源安全的作用。

探索节能减排的广东模式

节能减排历来是政府吆喝声大但少有资本买账的活，为了实现减排目标，政府甚至不得不动用强制性措施或者投入大量的财政资金。但广东节能减排项目为何能实现经济效益与社会效益双丰收呢？

“主要是制度设计、机制创新做得好，政府与市场有效联动起来了，政府借助于亚行资金，通过综合金融平台的放大效益，激发了中小企业积极性，也吸引更多社会资金进入节能减排领域。”业内人士分析。

广东节能减排项目启动于2009年，是中国与亚行在节能领域的首次合作。为确保项目顺利实施，在国家相关部委和亚行的大力支持下，广东省政府通过国际金融组织亚洲开发银行获得优惠贷款。

在取得亚行贷款后，政府并非所有管理环节都亲力亲为，而是首先成立了项目协调小组，成员单位包括广东省经济和信息化委、省发展改革委、省财政厅、省国资委，负责项目的总体决策及政策指引。考虑到项目涉及的技术范围广，子项目众多，筛选和监管难度大，又在项目协调小组下设项目执行中心，与广东省节能中心合署办公，借助现有的技术力量和节能项目管理经验，负责技术评估、项目实施监控、节能测评管理等工作。同时，为了让技术管理与财务管理相互独立，确保项目筛选的准确性及项目财务管理的专业性，并促成市场力量协助项目实施管理，该项目通过公开招标，引入广东本土金融企业广东粤财投资控股有限公司（下称“粤财控股”）旗下的粤财信托作为中间金融服务机构，在广东省财政厅的委托下专司贷款资金管理及财务评估等工作。

粤财控股旗下拥有信托、担保、股权投资基金业务平台，与各大商业银行保持着长期合作，具有丰富的资产管理、投资融资、风险管控的市场经验。如果说，通过国际金融组织（亚行）的优惠贷款，广东省政府以较低的融资成本和较长的贷款期限获得了中小企业推进节能减排所需的启动资金；那么，通过粤财信托乃至其母公司粤财控股的综合金融平台，亚行有限的贷款资金被有效放大，帮助相关中小企业获得了节能减排的一揽子金融方案。

通过这个一揽子的金融方案，有的企业得到了更多来自商业银行的直接贷款，有的企业通过担保获得了银行贷款，有的项目更容易得到风险资本等的青睐，更多社会资本更愿意找到这类得到权威机构支持的中小企业和节能减排项目。

业内专家称，这种创新标志着中国与亚行在节能减排领域的合作实现了重大突破，初步形成了适合中国国情、有利于促进中小企业节能减排的“1+2+N”广东模式。其中“1”是区域政府，“2”是指技术管理机构项目执行中心和贷款管理机构粤财信托这两家执行机构，“N”指的是参与项目的中小企业。这个广东模式为亚行在国内其他省区能效电厂项目的实施与开展闯出了一条路子，提供了可以复制、推广和传播的宝贵经验与借鉴。

撬动大量社会资金持续投入

融资成本低是吸引中小企业踊跃参与的重要原因。由于亚行节能减排项目贷款条件极其优惠，保守计算，15年贷款资金的融资成本比国内三年期贷款利率低20%以上。同时，省财政承担了项目管理的运营费用，实现了中小企业零成本参与，降低了中小企业的实施成本。

“从2010年开始，我们的光伏发电业务得到了亚行的大力支持，先后给我们贷款5 000万元，共为公司节约融资成本170万元，我们希望继续得到亚行的支持。”中国兴业太阳能控股有限公司董事会主席刘红维表示。

政府承担了项目执行中心的运作费用，聘请中间金融服务机构、第三方测评机构的服务费用等项目有关运营成本，不需增加企业额外负担，更承担了亚行美元贷款相关的汇率和利率风险。为进一步鼓励企业参与项目，政府还将转贷过程中产生的利差收益和增值保值收益返还给符合条件的子项目单位，进一步降低企业融资成本，有效地提高了中小企业参与节能减排工作的积极性。

粤财信托负责人表示，通过亚行提供的贷款，使项目实施企业经营能力、融资能力得到提升，并成功引导国内银行金融机构向项目实施企业提供20多亿元的融资支持。

粤财信托借助自身优势，联手各大金融机构，通过多种组合方式，为项目实施企业引入更多的资金支持，提供综合金融服务。比如，通过粤财控股旗下信托与担保两大业务平台的联动，整合省内优质担保公司为项目实施单位提供融资担保服务，成功为项目单位提供担保，融资金额近2亿元。

此外，经过5年的连续跟踪支持，在亚行贷款资金的支持下，一批中小企业茁壮成长，成功吸引了风险投资等资金的进入，累计引导民间股权投资增加近6亿元。

据不完全统计，亚行1亿美元的贷款成功推动31个节能减排项目、总投资达21.04亿元，撬动社会资本达11.67亿元。在15年的贷款期内，亚行贷款资金还将在广东省内循环滚动使用，并撬动更多的社会资金支持更多的节能减排项目的开展。

（作者：黄应来、谢思佳，2013年12月12日《南方日报》）

第十二部分

附 录

广东省财政学会

2013年，省财政学会不断创新工作方式，积极发挥职能作用，为省委、省政府领导决策做好参谋，为财政中心工作提供理论指导。

一、积极开展财政科研工作，为财政工作提供决策参考

2013年，省财政学会通过各种渠道和方式开展财政科研工作。一是积极参与中国财政学会组织的学术活动，增强省财政学会与中国财政学会、兄弟省份的财政学会之间的学术交流，提高理论研究水平。二是积极参加省社科联组织的有关学术活动。如学术研讨会、课题研究、专题调研等。三是加强与地方财政部门的合作，承接各地市、县财政课题研究，指导地方财政实践工作。四是围绕财政改革发展现实问题，开展财政科学研究。如绩效管理研究，为深化财政绩效管理改革提供基础理论支撑，并广泛运用于实践，指导广东省各地区绩效管理工作的开展。五是围绕省委省政府的决策部署，组织开展学术研讨会。邀请省内外专家开展学术研讨，为财政部门领会和执行省委省政府的决策部署提供理论指导，如收入分配理论研讨会、大数据革命等。六是深入开展财政学理论的研究和教材编写工作。为让财政学理论跟上时代发展的变化，与广东财经大学、暨南大学、广东外语外贸大学和中共广东省委党校等多家高等院校以及相关科研机构协作，重新梳理财政理论体系，编写符合现代社会发展的财政学教材，为财政理论研究和财政现实发展提供指引。

二、认真做好会刊出版，发挥杂志的财政宣传和理论导向作用

为了让《广东财政理论与实务》更贴近财政干部的生活，提高杂志内容的丰富性，2013年10月对杂志进行全新改版。一是版块更活跃。在内容版块上，着重增加财政文化方面的内容，如摄影、书法、诗歌、散文等；增加视野栏目，其中包括微话题、人物、热词、漫画数字等。二是在版式设计上不断吸收中国优秀刊物的排版模式，在图片设计、文字排版等方面进行全新的编排，使版式更有活力。三是内容更加直观。为让大家容易看、愿意看，省财政学会缩短文章的文字篇幅，增加图解和数据。

三、举办广东财政大讲堂，拓宽广大财政干部的知识面

2013年，省财政学会围绕中央和省的决策精神和社会改革发展热点，邀请不同领域的专家学者为广大财政干部授课。如邀请省委党校教授毕德、王玉云分别作《群众路线是党的生命》、《十八届三中全会解读》，邀请财政部科研所副所长刘尚希作《解读三中全会财政改革》等专题报告。为让广大财政干部更好地了解基层，省财政学会还邀请工作在基层多年的领导干部许志晖作《坚持群众路线，提高服务水平——以龙门为例》专题报告。

四、组织全省财政征文大赛活动，提高地方财政理论研究水平

2013年，省财政学会、《广东财政理论与实务》编辑部、河源市财政局联合举办“河源杯”——发展大数据战略，推动财政改革新浪潮征文大赛。大赛共收到来自各地市参赛文章611篇。由广东省财政界专家学者组成评委会对参赛文章进行认真、严格的评审，共评审出获奖文章45篇。其中：一等奖5名、二等奖10名，三等奖30名，组织奖5名，

五、开展相关培训和咨询工作

2013年，省财政学会利用财政绩效管理研究成果，不仅现场指导广东省各地开展绩效管理工作，还深入到各市、县（区）开展绩效管理培训，得到各地财政部门的广泛肯定。同时，省财政学会积极解答各地财政部门的业务咨询，帮助地方财政工作的顺利开展。此外，省财政学会还对一些省外财政部门开展的财政绩效管理工作进行指导。

（广东省财政学会供稿，朱朝明执笔）

广东省会计学会

一、重视科研，大力做好会计理论研究和推广工作

（一）开展年度会计科研课题评标活动

省会计学会着眼于经济建设和改革开放大局，致力于为全省经济社会发展服务，为加强基层组织建设提高工作效率服务，大力推进会计理论研究。2013 年 7 月，省财政厅会计处和省会计学会组织开展了广东省 2013 年度会计科研课题评标活动，共收到申报的重点会计课题 3 项，会计课题 83 项。经课题评审委员会通过小组初评、会议终评两轮评审，主要对申报课题的研究内容、工作方案、课题主持人及课题组成员等情况进行评审。采用回避制度、通盘考虑、兼顾平衡，按照课题总分数的高低进行排名，最终评出立项重点会计课题 1 项，会计课题 68 项。

（二）努力办好学会会刊

2013 年，根据有关报刊清理工作的精神，《广东财会》改为《广东财政理论与实务——会计专刊》按季刊出版发行，每期 60 页。

二、把握优势，努力做好政府转移职能工作

2013 年，省会计学会在省财政厅的业务指导下，严格按照《政府行政职能转移服务协议书》及《关于印发〈会计管理行政职能转移后续管理指导意见〉的通知》的要求，认真做好广东省会计师事务所执业证书核发的有关工作，当好财政助手，为以后更多、更好地承接政府转移职能工作打下较好的基础。

三、持续实干，积极当好政府部门的参谋助手

（一）积极推荐论文，参加学术交流

认真配合中国会计学会年度优秀论文评选活动，根据相关要求省会计学会认真组织广东省的论文推荐工作，期间收到各单位推荐的众多论文，从中择优挑选单位投稿论文 12 篇、个人投稿论文 14 篇，共 26 篇理论研究文章参加评选活动。

（二）做好片区会计学会学术征文工作

2013 年 10 月 14 日，南方片区第二十八次学术暨工作交流会在福州召开，省会计学会认真做好南方片区（21 省市）会计学会第 28 次学术研讨会的征文报送工作，学会选定省内高校，发动院校围绕研讨会主题撰写征文。经审定，共有 3 篇征文被选送参加研讨会学术交流。会上，各省（市）会计学会会长或秘书长就会计学会如何为经济发展服务，为财政工作服务，为会员服务，如何不断创新学会工作等内容进行相互交流。

（三）开展 2013 年全国会计领军（后备）人才（学术类）培训选拔工作

向各院校做好组织发动工作，广泛宣传有关政策。2013 年，共有 11 名符合要求的申请人报名考试；通过审核筛选及笔试后，有 4 名申请人进入了面试环节；经选拔，最终有 2 名申请人被培训班录取。

四、强化功能，努力做好学会服务工作

（一）进一步丰富会计学会网站建设

省会计学会继续完善网站宣传功能，简化工作流程，丰富网站内容，充分利用信息化平台，增加全省广大会计人员和社会公众对学会和学会所开展的活动的了解，达到更便捷地为学会会员服务的目的。一是细化版块分类，使学会会员、各地会计人员和社会公众便捷地浏览到最新的会计法律法规和学会工作动态、会议、培训、理论研讨、会员动态等信息。二是完善查找功能，使浏览网页的用户更方便查找到所需信息及服务，同时完善部分版块功能。

（二）组织中高级会计人员培训班

为增强广东省会计人员的业务能力和管理水平，提高会计队伍整体素质，省会计学会分别于 2013 年 6 月 17－21 日和 7 月 1－5 日在山东威海财政部培训中心举办两期 2013 年度广东省中高级会计人员培训班。来自省内各地区、各行业、各领域的会计人员及学会个人会员共 131 人参加此次培训班。学会从课程到师资都进行了精心策划和周密安排，聘请相关领域的专家学者担任授课工作，培训内容主要针对国外财政支出绩效评价经验分享，财政支出绩效评价方法、指标体系，财政支出后评价案例与问题。同时涉及新事业单位会计准则解读和行政事业单位会计制度改革等方面。

（三）组织 2014 年财会报刊征订发行工作

为方便广大读者订阅 2014 年度财会期刊及让会员及时

了解国家财政、财会工作的新举措，新动向，受中国会计学会、中国财政杂志社、中国财政经济出版社和中国财经报社的委托，省会计学会继续协助组织部分财会期刊的征订工作。代理征订的财会报刊包括《会计研究》、《财务与会计》、《中国会计年鉴》、《新理财》、《中国会计报》。

五、加强建设，全面发挥学会的职能作用

（一）精心筹备组织召开换届大会

2013年9月25日，省会计学会召开第九次会员代表大会。各理事单位代表、第八届理事会理事、第九届理事会理事候选人，各地级以上市财政局代表以及特邀嘉宾共150多人参加会议。大会审议通过由省会计学会第八届会长韩晓进所作的第八届理事会工作报告并选举产生省会计学会第九届理事会及领导机构，新一届理事会由109位理事组成，黎树源当选为新一届会长。大会还审议通过了广东省会计学会章程修改草案、结构设置方案以及第九届理事会科研规划草案。

（二）开展会计学会发展情况调研活动

为进一步了解广东省各地会计学会的发展现状，听取各级财政部门对全省会计学会发展的建议，2013年10月11－12日，省会计学会第九届理事会新任会长，与省财政厅会计处处长、学会副会长等有关人员一同对广州、深圳两市会计学会进行调研。听取两市会计学会介绍当地学会发展历程、业务工作开展、人财物管理方式等情况汇报，并相互交流。

（三）大力发展新会员

省会计学会通过各种渠道进行会员入会宣传，如通过在各类会议、培训班上派发宣传单等，给申报会计课题的课题组成员进行入会宣传等。省会计学会分别在2013年3月及12月分两批统一整理审批新会员入会申请。审批共通过个人普通会员12名，高级会员17名，单位会员7个。个人会员总人数增至201名，单位会员总数为68个。

（广东省会计学会供稿，刘畅执笔）

广东省会计学会第九届理事会名单

（2013年9月25日，经第九次会员代表大会表决通过）

名誉会长：郑贤操　曾炳生　蒋月明　韩晓进　熊展瑜
顾　　问：（以姓氏笔画为序）王　华　宋献中　胡玉明　谭劲松　魏明海
会　　长：黎树源
副 会 长：卢小娟（女）　李柏生　陈胜文　蔡　祥　丁友刚　梁少婷（女）　温焕强
秘 书 长：李柏生（兼）
副秘书长：许健昶　陈伟明（女）　陈焕桂

常务理事：（以姓氏笔画为序）

丁友刚	车嘉丽（女）	卢小娟（女）	刘中华	许健昶	李柏生
余瑛琪（女）	沈洪涛（女）	张新达	张端明	陈胜文	陈伟明（女）
陈焕桂	陈美华	郑阳晖（女）	胡志勇	黄腾达	龚凯颂
梁少婷（女）	景彦勤（女）	舒海波	曾瑞军	温焕强	蔡　祥
黎树源					

理　　事：（以姓氏笔画为序）

丁友刚	于明霞（女）	万良勇	王立新	王　朋	车嘉丽（女）
尹学毛	石本仁	龙文标	卢小娟（女）	田紫光	兰艳泽（女）
邢风云（女）	朱文业	伍建超	任　刚	向　凯	刘中华
江　伟	许健昶	阮　静（女）	牟小容（女）	李广文	李可培
李建华（女）	李柏生	李　洛	李楚雄	杨日举	连富生

肖少康　　肖红梅（女）　吴华明　　吴金华　　吴家云　　吴堂煜
岑东帆　　邱　进　　何日胜　　何宝颜（女）　余瑛琪（女）　沈洪涛（女）
张文蔚（女）　张伟萍（女）　张　凯　　张晓岚（女）　张晓峰　　张新达
张端明　　陆爱珍（女）　陈玉敏　　陈伟明（女）　陈志忠　　陈　芳（女）
陈京春　　陈南雄　　陈胜文　　陈美华　　陈焕桂　　陈德萍
林东辉　　林　华　　罗　睿（女）　岳　龙　　郑阳晖（女）　郑国坚
郑定标　　郑恒娜（女）　郑　颖（女）　胡志勇　　胡建斌　　胡逢才
钟宇雄　　钟梓平　　俞志明　　俞焕贵　　夏明会　　顾小蓉（女）
徐莉萍（女）　凌辉贤　　黄东强　　黄　莉（女）　黄紫方　　黄辉锋
黄腾达　　龚凯颂　　康颖朝（女）　梁少婷（女）　梁富荣　　彭钿基
景彦勤（女）　焦文庆　　舒海波　　曾少耿　　曾瑞军　　温焕强
谢路一　　赖晓敏　　蔡文雅（女）　蔡亦农　　蔡　祥　　谭志洪
谭沛康　　谭　湘　　翟梅花（女）　黎文靖　　黎旭东　　黎树源
潘勇生

广东省预算会计研究会

一、课题研究工作

（一）承担全国预算与会计研究会课题研究任务，积极组织调研工作

“逐步将地方政府债务收支纳入预算管理”课题是全国预算与会计研究会与财政部预算司共同商定开展的课题，广东省预算会计研究会作为该项课题研究小组的一员，按要求认真组织课题组，制订研究方案，赴具有代表性的广州、佛山两市进行实地调研，收集资料，经过多次召开课题组研讨会，结合广东省地方政府性债务管理现状，就地方政府债务收支纳入预算管理的基本思路作分析与探讨，提交理论性强、实践性强的研究报告。

（二）抓好课题研究工作，顺利完成5项课题研究任务

一是广州市乡镇财政特点与发展研究；二是中山市财政预算项目库管理的实践探索；三是内部控制视角下创新学校资金预算管理模式探讨；四是广东省县级基本财力保障机制研究；五是事业单位会计信息质量在双重会计目标间的矛盾与协调。前四个课题为特约课题，是广东省预算会计研究会按照《广东省预算会计研究会调研课题实施细则》，从理事当中约请4名理事结合本地实际情况撰写的调研课题报告，四项课题通过省预算会计研究会组织的评审验收工作。最后一个课题为“计划课题”，是广东省预算会计研究会课题组继前几年开展政府会计改革系列研究基础上所作的一次深入研究。该文发表于《预算管理与会计》2013年第10期。

（三）组织做好课题评审、验收工作

为提高课题质量，根据《广东省预算会计研究会调研课题实施细则》，省预算会计研究会于1月20日组织评审组对2013年度完成的5项课题进行评审工作，评审组按照《2013年度课题评审规程》对各项课题进行评比打分，根据各位专家的评分结果，此次5项课题平均得分均在77.4分以上，全部同意结题。

二、配合做好《预算管理与会计》的征订发行工作

2013年，为做好《预算管理与会计》月刊的征订发行工作，省预算会计研究会在征订发行《预算管理与会计》月刊工作上，继续采取与预算处、国库处联合下发通知的形式进行征订。在工作人员的共同努力和各级财政局、省直有关单位、大中专院校的大力支持配合下，按时完成2013年的征订任务。

三、向《预算管理与会计》月刊推荐稿件

2013年，省预算会计研究会向《预算管理与会计》月刊推荐稿件5篇，其中已刊登的稿件有3篇：一是《广东省公务卡制度改革问题研究》；二是《事业单位会计信息质量在双重会计目标间的矛盾与协调》；三是《高校财务会计与预算会计相结合问题研究》。

四、协助业务处室做好各项工作

配合业务主管处室举办全省财政系统预算业务培训、会议，协助预算、国库处完成各类资料整理汇编、文件归档、移交等业务。代省财政厅预算处向全省财政系统及省直单位发放预算科目分类、预算编制手册、财政体制改革等书籍，代省财政厅国库处发放财政授权支付凭证、财政资金请拨单、财政拨款印鉴卡、预算拨款凭证等服务工作。

（广东省预算会计研究会供稿，胡家爽执笔）

广东省农村财政研究会

2013年，省农村财政研究会（以下简称“省农研会”）积极探索新时期农村改革政策理论，开展了多种形式的调查研究，并形成了一批具有较高水平和参考价值的调研报告，为财政支农工作做出了重要贡献。

一、力抓课题研究，把好质量关。

（一）严把2012年调研课题验收评比关

为确保课题研究质量，省农研会坚持按照“客观、公平、公正、公开”的原则，积极抓好课题验收评比工作，严格把好课题验收评比关。一是按照课题验收评审工作方案，聘请有关专家组成课题验收评审小组。二是为确保评审工作的公平公正，所有课题研究报告采取盲评形式提前1个月通过电子邮件发送给评审小组成员，由各评审人员独立审阅，严格按照《广东省农村财政研究会课题研究报告验收、评比标准》进行打分和撰写评语。三是及时召开验收评审小组成员会议，评选出一、二、三等奖。经评审，2012年19个课题均顺利通过验收评审。并评出一等奖1篇、二等奖2篇、三等奖4篇。

（二）严把2013年课题立项关

一是明确选题原则。严格按照《关于征集2013年度农业财政调研课题及选题立项的通知》要求，紧紧围绕党的十八大，中央一号文件精神和省委、省政府有关“三农”工作战略部署，以及财政部和中国农村财政研究会确定的调研重点课题作为选题的重要方向。二是制定《课题立项评审方案》，从2013年起通过竞争性办法对申报课题进行评审立项。由专家组根据省农研会制定的评分标准对申报的20个课题进行独立评比、打分，根据得分高低择优确定《财政扶持贫困地区发展特色园林花卉产业　推动建设美丽广东政策研究》等12个立项课题，由相关课题组开展调研。三是在课题批复后，加强与各课题组的沟通，跟踪进展情况，及时传达新的要求，处理和解决各课题组在调研和报告撰写过程中遇到的问题。

二、加大宣传力度，增强研究成果应用

一是将课题研究报告呈送给有关领导参阅。二是出版《广东省农村财政研究会调研课题论文集》，共印发2 400册，供市、县财政部门和省直有关单位研究参考。三是积极做好中国农研会主办的《农村财政与财务》的订阅工作，发放至市、县、镇（乡）财政部门和全体理事。四是积极向中国农研会投稿，通过更高、更广的平台宣传省农研会调研成果。

三、加强学术交流，扩大影响力

2013年7月，为贯彻落实党的十八大关于“城乡发展一体化是解决‘三农’问题的根本途径”的决策精神，深入研究财政支持和推动城乡一体化发展的政策措施，中国农村研究会在北京举办城乡一体化论坛。论坛邀请财政部相关司局领导、知名专家、学者以及部分省农村财政研究会领导，就城镇化发展进程中的有关宏观问题和制度创新等进行研讨。省农研会积极参加，并推荐代表参会就《城乡一体化的实现路径和运作机制》发表了演讲。演讲文稿同时在《农村财政与财务》杂志上发表。

四、做好秘书处工作，加强自身建设

一是及时通报学会的活动信息，增进成员相互了解、沟通，按照省农研会章程规定，按时召开常务理事会，及时向常务理事通报省农研会工作情况，并研究讨论下一阶段工作安排，对涉及人员、制度等方面的事项提交常务理事会议审议。二是严格按照规定做好证件年审、数据报送以及人员计生和财务审计工作，积极参加省财政厅、省民间组织管理局组织的各类培训和活动。

五、规范省农研会管理，积极参与社会组织改革

一是组织人员认真学习省委、省政府《印发〈关于进一步培育发展和规范管理社会组织的方案〉的通知》，了解社会组织发展的新政策、新要求。二是根据省民政厅《关于全省性社会组织申报具备承接政府职能转移和购买服务资质的通知》，积极向省民政厅申请政府购买服务资质并经省民政厅批准同意，增强工作的规范性、科学性。三是根据省财政厅对社会组织管理的有关要求，省农研会积极配合厅有关处室做好与省财政厅脱钩前期准备工作。

（广东省农村研究会供稿，冉雪丽执笔）

广东省珠算心算协会

一、积极推动省珠协管理体制改革

2013 年，省珠算心算协会（以下简称“省珠协”）根据省财政厅的要求以及省委、省政府《关于进一步培育发展和规范管理社会组织的方案》文件精神，就省珠算心算协会与省财政厅脱钩以及人财物分离等方面进行讨论研究并提出具体的意见及时间表，拟通过省珠协第十次会员代表大会换届选举，修改协会章程和调整协会财务管理等相关制度，逐步过渡实现无行政级别、无行政事业编制、无行政主管部门、无现职国家机关工作人员兼职，同时实现自愿发起、自选会长、自聘人员和自主会务的目标。

二、配合中珠协做好第 22 届海峡两岸珠心算通信赛广东赛区的组织发动工作

2013 年 5 月 10 日，省珠协根据中国珠算心算协会的统一部署，积极组织各地级以上市珠算（心算）协会和省属有关大中专院校，参加由中国珠算心算协会与台湾省商业会联合举办的第 22 届海峡两岸珠心算（广东赛区）通信赛。全省的参赛人数有 6 705 人。

三、促进珠心算教育试点工作多元化开展

2013 年，根据《关于扶助珠心算教学实验工作的通知》文件精神，研究通过广州市番禺区北城小学、广州市荔湾区芦荻西小学、惠州市惠城区群芳幼儿园、惠州市东平太阳岛幼儿园、广州市社会福利院作为首批省珠心算教学实验扶助单位，并于 2013 年 9 月发放第一批珠心算教材教具等学习物资。

四、做好 2013 年广东省珠心算邀请赛组织工作

2013 年 6 月 8 日，省珠协在广州举办 2013 年广东省珠心算邀请赛。来自 8 个地级以上市珠算（心算）协会、省直珠心算实验点和社会力量办学单位的 31 支代表队共 93 名选手齐聚一堂，进行热烈的交流和激烈的珠心算技能比拼。各地级以上市财政局和珠协领导、领队、教练等约 200 人参加比赛大会。

五、组织珠算技能表演和学习交流

2013 年 11 月 2－4 日，北京珠算协会秘书长左军等一行 17 名中职老师，就珠算技术等会计类技能教学相关问题来广东省进行考察和交流。省珠协积极联系广州市贸易高级职业学校的领导和教师进行相关介绍和学生技能表演，省珠算协会长韩晓进、副秘书长肖健华等参加座谈。

六、配合各大中专院校做好等级鉴定工作

2013 年，珠算鉴定主要集中在上半年。省珠协珠算珠心算鉴定员坚持以人为本，积极配合省属大中专院校的课程安排，努力不懈地做好珠算珠心算等级鉴定工作。在省珠协全体鉴定员的努力下，省珠协珠算鉴定人数约 2 524 人次。合格约 2 143 人次，办理珠算等级合格证书 2 518 本（含部分 2013 年合格办证人数）。

七、完成《珠算与珠心算》征订任务和网站维护工作

2013 年，省珠协继续将《珠算与珠心算》会刊征订工作和网站建设工作作为首要任务，扩大和提升珠算珠心算文化在社会上的影响力。

第一，切实做好《珠算与珠心算》的征订发行工作。在各市珠协的重视和努力发动下，广东省珠协系统共征订《珠算与珠心算》145 份。

第二，做好省珠算协会网站建设和维护工作。省珠协努力配合省科协“学会之窗”网站的改版工作，及时更新广东省珠算、珠心算教育工作情况、相关文件、比赛活动等重要信息。利用网站和网络通信等先进手段加强与会员和有关单位的联络，发挥省珠协网站的交流平台作用。

八、把握珠算成功申遗机遇，加强对珠算文化的宣传

2013 年 12 月 4 日，“中国珠算”通过联合国教科文组织审议，被正式列入人类非物质文化遗产名录。省珠协为进一步加强对珠算文化的宣传，积极接受广东电视台记者的特约采访和电视拍摄。2013 年 12 月 16 日，在观看中国珠算心算协会申遗资料片之后，省珠协会长、副会长向电视台记者详细介绍了珠算文化的历史、学习珠算的作用意义以及广东省珠算文化的发展等相关情况。

（广东省珠算心算协会供稿，肖健华执笔）

广东省会计函授职业技术学校

2013年，广东省会计函授职业技术学校（以下简称“省函校”）在厅党组的正确领导下，全面贯彻落实科学发展观，积极开展党的群众路线教育实践活动，牢固树立服务意识，规范管理，扎实推进各项工作，较好地完成了各项工作任务。

一、全面推进农村财会人员财政支农政策培训相关工作

（一）立足长效，统筹规划

2013年初，以省农村财会人员培训工作领导小组办公室的名义印发《关于做好2013年农村财会人员财政支农政策培训工作的通知》，对2013年的广东省农村财会人员财政支农政策培训工作统一部署。一是转发《财政部关于进一步加强财政基层培训工作的指导意见》，结合广东省实际提出贯彻意见，要求各地提高认识、加大培训长效机制建设的力度；二是总结公布从2009－2012年全省20个地级以上市开展财政支农政策培训的情况，作为鼓励先进、督促落后的措施之一；三是加强对培训的计划、培训内容和时间、培训经费的管理、指导，确保此项培训在全省的普遍开展。2013年，全省共有19个地级以上市开展培训工作；全年完成培训52 434人，完成年度培训计划155%；村平均培训人数为每村2.81人。

（二）教研工作，硕果累累

确定内容，教研先行。充分利用省师资库四个教研组的力量和充分发挥教研工作联系点的作用，2013年共组织和指导4次师资库教研活动，共研究开发四大类（财政支农政策讲解、村会计（村报账员）业务培训、村干部业务培训、代理会计业务培训）13个专题的培训菜单。编写出13个专题的内容、制作13个专题的电子幻灯片课件，为各地办好2013年财政支农政策培训班奠定基础，并将上述13个专题的讲义、教学课件免费提供给全省各地。

此外，组织省师资库相关成员并参与编写完成财政部基层财政干部培训教材编审委员会委托的《村报账员实务》书稿编写，该书约10.3万字，在总校基层财政干部培训教材终审会上，受到专家评委的充分肯定；参与总校对2013年度申报的财政基层培训课题立项及《村务公开和民主理财》教材大纲的评审；组织师资库的老师承担并按要求完成“全省2013年乡镇财政干部示范性培训班”的授课、《广东省农村集体经济组织会计科目表》和《广东省农村集体经济组织固定资产分类及折旧办法》宣传讲义的编写任务。

（三）师资培训，不断创新

2013年5月底至6月初，分别在河源市、江门市举办2期师资培训班。来自全省19个地级以上市及所辖县（市、区）的财政支农政策培训骨干师资及管理人员共329人参加培训。师资培训班由省师资库的老师介绍2013年的财政支农政策、村干部业务培训、代理会计业务培训、村会计（村报账员）业务培训4个方面的课程由省师资库研发，还邀请厅农业处的领导向师资讲解全省《财政支农政策及支农资金管理》，让各地师资对全省的政策及资金管理有全面了解；邀请华南师范大学的教授讲授《专业课教学法》、《教学课件的制作》等内容。

2013年11月底，在中山大学举办师资库培训班。18名师资库老师参加为期5天的培训。为师资库的老师们量身定做“企业财务报表分析与舞弊识别”、“教材编写与课程设计”、“TTT培训师培训”三个专题。课程由中山大学的教授、企业的培训师授课。

（四）应用技术，强化管理

为使市、县（区）各级及时掌握使用好新版财政基层培训信息管理系统，于7月22－26日举办两期管理系统培训班，共培训市、县两级操作员154人。培训采用省、市、县三级现场办公、在线实操的形式，把问题解决在培训现场。在系统使用时实施动态管理，加强日常指导，将使用的情况及规范操作要求及时发文向全省通报，并将正确使用管理系统工作列入2013年度培训工作考核内容之一。

（五）绩效考核，追踪问效

2013年11月1－15日，组织开展2013年度财政支农政策培训的绩效考核工作，采用各市自评与实地考核相结合的方式进行，设计实地考核情况记录表，将重点检查的内容一一记录在考核情况记录表中。省培训工作领导小组抽取6个地级以上市及两个省财政直管县进行实地考核，查看培训学员名册、考勤、考卷等各种与培训相关的文件和资料，核查2012年中央、省级财政支农政策培训专项资金是否及时核拨和规范使用情况；每到一个县，都走访乡、镇财政所、会计代理中心，村委会，与乡、镇、村干部、村会计进行座谈，追踪问效。例如阳江市在2011年申领到的“一事一议”财政奖补资金仅为600多万，2012－2013

年在开展财政支农培训中通过宣讲指导“一事一议”筹资筹劳财政奖补政策后，全市申领省“一事一议”财政奖补资金增加到6 891万元，比2011年增加10倍。截至2013年年底，用“一事一议”财政奖补资金修建村路、水渠、桥涵、堰塘水窖、小型提灌站、村内安全饮水管线、其他水利设施、路灯等，共建成“一事一议”财政奖补项目784个。

二、完成省属和中央驻穗单位人员会计从业资格考试考务工作

（一）加强考场管理和资格初审，确保常态化考试既便民又规范

为进一步做好常态化考试，确保新模式在便利群众的基础上能做到考风考纪严肃、资格初审规范，2013年通过召开考务会议、建立QQ工作群、定期巡考等形式加强与考场的联系沟通机制，督促考场耐心细致地做好每一场无纸化考试的身份验证及监考工作，严肃处理考场递交的违纪违规情况，确保外租考场考试安全有序进行；同时加强对考试成绩合格考生资格初审工作，服务大厅前台设置双岗对资料逐一核对无误后发放证书。2013年共安排会计从业资格考试72 256人次（其中报考单科10 927人次，双科18 168人次，三科43 161人次），合计176 746科次。

（二）事前准备工作到位，沉着应对政策及工作流程变更

2013年，根据《关于印发〈广东省财政厅关于会计从业资格管理的实施办法〉的通知》、《中央和省属在穗单位会计从业资格取得内部管理工作规程》的有关要求，认真细致做好调研分析、制订工作计划、进行风险评估等准备工作，加班加点做好流程再造、系统功能变更、告知考场及考生、工作人员新流程业务培训、及时解决流程变更遇到的问题等，完成2013年两次省属会计从业资格考试的工作流程变动，确保新旧流程平稳过渡，没有出现因政策更替引起的群众不满事件。

（三）发挥排头兵作用，协助做好全省考试改革工作

2013年，一是做好《初级会计电算化》实操部分加入“金蝶”版本的试点和推广工作，为广大考生提供可自由选择“用友”或“金蝶”财务考试软件版本的机会，进一步体现“以人为本”的服务。二是扎实做好会计处分配的全省各地市无纸化试卷组卷工作。2013年，共组卷131批次约35万份。三是协助各地市更换全国题库版本考试系统的有关工作，通过了解地市疑惑和需求、与软件开发公司协调了解、必要时向会计处汇报请示等方法，指导各地市做好系统升级工作，有效推动全省考试系统升级工作。

三、努力做好会计人员继续教育工作

在人手少，工作多的情况下，省函校贯彻执行各项培训规章制度，以热情的服务，规范的管理赢得广大会计人员的理解和信任。一是跟班制度。每期培训班都指派专门的管理人员跟班管理课堂情况。二是严格的考勤制度。对无故不来参加培训班学习的学员做缺勤登记。三是学习考试制度，只有成绩合格者才能取得培训合格证书。四是选聘优秀的师资授课，让学员乐意听，听得进，学得到知识，保证培训质量。2013年度，共举办省直单位会计人员继续教育培训班11期，培训学员1 087名学员。

四、协助做好会计服务大厅管理工作

（一）利用信息系统做好对外服务

2013年，共办理会计从业资格业务34 729件（其中新办证14 466件，日常后续管理20 263件），回复网上读者来信6 705件，接听电话咨询199 229件，完成广东省会计从业资格无纸化考试组卷350 756份，受理高级会计师考试报名资料682份，接收广东省铁路系统会计从业资格档案的电子数据及纸质资料共1 565人。

（二）配合会计处做好广东省会计管理信息系统建设及全省推广工作

包括对系统业务需求的管理、初级会计电算化考试加入金蝶实务模块、协调全省各地实施新版会计从业资格考试系统等；协助会计处拟定新会计从业资格管理实施办法、开展各地市会计从业资格管理清查工作等。

（三）做好制度建设工作

服务大厅不仅承担省属会计从业资格考试，还配合会计处做好全省考试改革的有关工作。在会计处制定全省考试有关制度法规时，服务大厅结合省直考试的实际情况为其出谋划策，草拟《广东省会计从业资格考试应考人员考场守则》、《广东省会计从业资格考试违纪违规行为处理规定》、《广东省会计从业资格考试考点考场设置标准》等制度，并印发执行。

（四）制定整改措施，强化内控监督

针对省属会计从业资格证书核发工作出现了异常办证现象，全面排查服务大厅内部管理存在的问题。及时对业务办理流程、内部管理规范、证书保管等各项制度执行的情况进行全面排查梳理，制定《中央和省属在穗单位会计从业资格过渡性人员无纸化考试工作流程》、《中央和省属在穗单位会计从业资格考试取得工作流程（试行）》、《中央和省属在穗单位会计从业资格无纸化考试考生考场守则（试行）》、《中央和省属在穗单位会计从业资格无纸化考试监管守则（试行）》、《中央和省属在穗单位会计从业资格

无纸化考场系统和软硬件设备》、《关于开展2013年省属会计从业资格常态化考试领证等有关调整事项的通知》、《关于开展2014年省属会计从业资格考试及领证工作的通知》、《广东省财政厅会计服务大厅工作职能及岗位职责（暂行）》、《广东省财政厅会计服务大厅实习生管理办法（暂行）》、《会计服务大厅空白（作废）会计从业资格证书管理暂行办法》等管理制度，有效地加强横向制约、纵向监督和不相容岗位的分离，防止同类事情再次发生。

（省会计函授职业技术学校供稿，关坤翘执笔）

广东省财政职业技术学校

2013年，广东省财政职业技术学校（以下简称“学校”）按照“抓质量、强技能、扩规模、促发展”的工作思路，深化教育改革、推进科研工作、完善办学条件、开展合作办学、丰富校园文化、拓展社会服务，务实基础，提升内涵，突出特色，增创效益，圆满达成预期工作目标，提升学校的核心竞争力。

一、与时俱进，夯实党建工作，服务发展大局

（一）抓学习，统一思想认识

贯彻落实党委中心组学习制度和“三会一课”制度，召开党内学习与交流会、民主生活会，举办支部特色活动等形式多样的学习活动。2014年3月，组织党员参加学习十八大报告知识竞赛试题和学习十八大党章知识竞赛试题网上答题活动；4月，组织全体党员以组织生活会或理论研讨会形式，开展“我为‘三个定位、两个率先’献一策”活动；5－6月，组织全体党员参加学习贯彻党的十八大精神短信大赛，围绕十八大精神和习近平总书记视察广东时的重要讲话精神编写短信参赛；11月，召开学习贯彻党的十八届三中全会精神中心组学习会，撰写学习心得等。

（二）强队伍，完善内部管理

学校认真贯彻执行民主集中制原则，坚持“集体领导、民主集中、个别酝酿、会议决定”的议事决策制度，党委领导班子通过发放征求意见表、召开座谈会、个别访谈等形式带头广泛开门纳谏，认真听取全校师生对校领导班子的意见和建议，共收集到存在问题21条，意见建议20条。按照“控制总量、优化结构、提高质量、发挥作用”的总要求，做好发展党员和积极分子的考察培养工作，开办党的基础知识培训班，全年对235名学生入党积极分子进行了教育培训。

（三）担责任，做好扶贫援助

学校选派教工到广东省五华县水寨镇大沙村、龙川县丰稔镇十二排村等地区开展扶贫“双到”驻村、对口支援工作。与此同时，积极响应党中央关于抗震救灾的号召，根据省委和省财政厅机关党委的统一部署，开展了面向四川雅安的抗震救灾捐款活动，广大师生慷慨解囊，奉献爱心，共捐款20 745元；部分学生还自行组织捐赠衣物、文具并通过快递送达灾区。

二、完善制度，优化行政管理，建立长效机制

（一）完善人事工作制度，增强执行力度

在管理过程中，学校领导班子遵循“制度治校、民主管理”的原则，创设人尽其才、人事相宜的事业环境，不断完善各项规章制度，多次召开校长办公会、校务会，讨论修订、制定人事工作与工资分配制度，拟定《广东省财政职业技术学校首次岗位设置实施方案》、《专业技术岗位选聘办法（试行）》等。学校践行“重能力、重实绩、重贡献”的考核激励机制，对学校常规工作如日常教育教学、行政坐班人员考勤、教师工作规范、班主任工作规范等逐项细化量化，考核中进一步把月考核和年度考核相结合，定性考核与定量考核相结合，过程考核与结果考核相结合，并充分体现公开、公平、公正的考核原则。

（二）完善安全工作内容，建设“平安校园”

学校始终把校园安全作为日常工作的重点内容常抓不懈，认真排查安全隐患，做好安全防范。11月，面向全体师生举办消防安全知识讲座活动，消防安全“防火墙”工程进展顺利，增强师生消防安全意识和防范能力。同时，力使常态化的法制安全宣传教育活动形式多样、内涵丰富。全年无重大安全责任事故、重大刑事治安案件，以及重大影响的群体性事件发生。

三、求真务实，推进教学工作，提升教学质量

（一）强化“质量立校”的理念，稳步提高教学质量

学校为落实专业培养目标，根据职业教育发展的内在规律要求，采取一系列卓有成效的措施来抓教学质量。如坚持做好巡堂制度、学生信息反馈制度和教学秩序通报制度等各项教学管理制度的落实，重新修订《教师听课制度》、梳理学分制有关奖励学分制度、完善学生后继跟踪辅导补考制度和采用网上无纸化预约补考制度；全面开展考证辅导，有效组织学生参加会计从业资格、初级会计电算化及全国英语、计算机、CAEP（商务策划师—初级）、ATT财税专业技能等级等技能考证。根据省财政厅的要求，财务会计系学生参与2013年国家财政部“新试题库”考试

试点工作。

（二）强化“师资建设是关键”理念，全面提升教师教学水平

学校有计划地开展教师教学设计及说课技能交流、课件制作、教学资源库建设、税务实践技能等培训活动；积极开展全校教师教学课件评比活动；加强了对外聘教师、有授课任务新教师的教学技能督导活动。依照省人力资源与社会保障厅、省教育厅有关专业技术资格评审政策，积极组织教师的职称评审，2013 年，学校通过高级职称 3 人、中级职称 1 人。

（三）强化“以技能竞赛为引领”的理念，取得多项教学成果

学校历来重视师生的技能比武，通过以赛促学、以赛促教的方式，提升师生的能力。2013 年，学校荣获广东省中等职业学校“创新杯”教师信息化教学设计和说课大赛的“特别贡献奖”；刘星辛等教师荣获“创新杯”全国中等职业学校财经类专业教师信息化设计和说课比赛一等奖，以及广东省多项赛事的一、二、三等奖；学生荣获全国职业院校“用友新道杯”沙盘模拟经营大赛（中职组）一等奖，以及省属学校技能比赛的多个单项和团体奖。

（四）强化“学历教育与职业培训两手抓、两不误”的理念，构建多元办学格局

学校以“既要有良好的社会效益，又要有良好的经济效益”为工作目标，做好学历教育和各类培训。2013 年，会计人员继续教育培训招生达 7 424 人。学校于 5 月被省财政厅审批同意加挂“广东省财政干部教育培训基地”牌子，以此为契机，先后举办四期财政业务专题培训，省内财政系统共 500 多人参与培训学习。

四、以德为先，构建育人体系，关注全面发展

（一）重视养成教育，形成良好品行

为了抓好学生良好的品格、习惯和作风养成，落实培养目标，学校严格落实《学生考勤制度》，严管厚爱，坚持从小节抓起，从小事做起，对学生仪容仪表、日常行为规范等方面的考核、监督、检查和教育常抓不懈，督促学生养成讲卫生、爱清洁的良好习惯；注重德育为先，有序开展“感恩成长，明礼励志，回报社会”主题教育、“社会主义核心价值体系”学习实践等内容丰富，形式生动的活动，让学生参与其中，引导学生自律修身，自觉遵守行为规范，在实践中提高道德素养；开展“自信自立，成就人生”、“阳光少年，你我同行”等心理健康教育、团体辅导与心理咨询活动，有效促进学生身心健康发展。

（二）坚持素质教育，促进全面发展

为了发展学生的个性特长，落实“一专多能”的培养目标，学校设有学术类、艺术类、体育类、实践类等学生社团组织共 40 余个。通过积极举办校园文化艺术节、各种文艺晚会、文学讲座、校园文学创作大赛、“十大歌手”比赛、手工艺制作比赛、现场硬笔书法比赛、蔬果拼盘比赛、球类比赛等一系列活动，寓教于乐，推动素质教育的深入实施，成果喜人。2013 年，学校被评为“广东省中职学校学生社团文化建设先进单位”，其中绿潮文学社被评为广东省中职学生“十佳社团”，摄影艺术协会、书法协会分别获评优秀社团二、三等奖。

（三）营造良好氛围，激发前进动力

学校大力弘扬优良的校风、学风，隆重表彰品学兼优、全面发展的学生，努力营造学习先进、争当先进的良好氛围。2013 年，全校受表彰的“先进班”14 个、“表扬班”19 个，“优秀社团”2 个、“表扬社团”6 个，“优秀三好学生”3 名，“三好学生”243 名，“优秀班干部”170 名，“进步奖”91 名，“社会积极分子”160 名，“团委会、学生会优秀学生干部”151 名，“优秀社团干部”26 名，“优秀社员”243 名。

五、开拓思路，促进招生就业，扩大办学规模

（一）固本强源，注重规模、效益、质量的协调发展

2013 级秋季，共招收学生 878 人，其中本省生源 806 人，外省生源 72 人。加上春季招生数，全年招生人数突破 1 200 人，比往年有较大增长。

（二）加强合作，扩大招生与促进就业工作一起抓

学校积极探索开放办学、开门办学的新路子，进一步深化与德永信、华必信、广东航天信息股份有限公司等企业的合作关系，从专业教学计划的制订、学生实习实训活动的开展、师资的培训与交流等方面细化了校企合作的项目内容。2013 年 9 月，在学校与企业的共同努力下，第二届“德永信”订单班顺利开班。在校校合作方面，继续与罗定的素龙中学、五华的职业技术学校等学校进行联合办学，并做好与广州民航职业技术学院“3 + 2”模式的申报工作。与此同时，学校充分利用校企合作实习就业基地的优势资源，以点带面，完善就业网络，联袂优秀企业解决学生就业问题，实现学校、企业、学生三赢。在 6 月份举办“人才招聘会”中，50 多家用人单位为毕业生提供1 000 多个顶岗实习与就业岗位，推荐就业率和学生就业质量逐年提升。

六、提高效率，强化教辅后勤，实现保障职能

（一）不断加强基础设施建设，办学条件进一步改善

学校基础设施是学校教学和发展的重要环节，对学校教育现代化发挥着重要作用。为提供更好的育人环境，学校继续加强软硬件设施和教育信息化建设，进一步改善办学条件。全年，完成了汽修、物流实训室的选址、勘察、规划设计工作；陆续完成学前教育实训室、计算机一体化实训室、工业设计实训室和学生公寓等校园改造建设工程项目；分期完成2012年职业教育实训基地建设项目、中央预算内投资项目中实训设备的招标、采购等工作。同时，积极开发教学资源库和OA办公系统等应用软件，满足教育教学发展需求，为数字化校园建设、现代教育技术新格局的形成提供良好的基础和保障。

（二）不断完善图书文献资料，教辅资源进一步充实

学校投入图书专项经费，全年采编新书2 155册；教师阅览室专业期刊登、上架杂志2 590册；学生阅览室上架报纸杂志16 350册（份）；新购电子读物289张（套）；同时更新电子资源设备，进一步完善网络图书馆的功能，为师生提供丰富充实的文献资料、教辅资源，提供代查代检等优质的信息资源服务，对教师教育教学工作、学生课外学习、校园文化生活产生积极影响。

（广东省财政职业技术学校供稿，陈培元执笔）

2013年广东省财政科研课题验收评审结果

课题等级	课题单位	课题名称
一等课题（共3个）	广东省财政厅国库处	广东省财政收支区域差异问题研究
	梅州市财政局	完善农村一事一议财政奖补政策研究
	华南农业大学	高校举债风险分析及防范对策研究
二等课题（共6个）	省财政厅教科文处	广东省公办高校债务化解及管控模式研究
	肇庆市财政局	加快肇庆城市基础设施建设的财政政策研究
	连山壮族瑶族自治县财政局	连山落实主体功能区规划建立生态保护补偿机制研究
	南海区财政局	中央与地方在城镇化过程中的支出责任研究
	韶关市财政局	广东区域协调发展的财政政策研究
	佛山市财政局	发挥财政职能促进佛山社会组织发展
三等课题（共19个）	广东省财政厅会计处、中山大学管理学院	实施企业会计准则通用分类标准提升企业会计信息使用价值的效果研究
	广东省财政厅行政事业资产管理处	广东大型科学仪器设备共享效益评估研究与应用
	广东省财政厅工贸发展处	推进经营性领域财政资金股权投资管理改革研究
	江门市财政局	发挥财政专项资金效用进一步做大做强我市实体经济
	广东商学院	市本级财政项目支出预算绩效目标管理第三方评价实证研究——以广东省D市为例
	阳山县财政局	浅议县级非税收入改革
	广东水利电力职业技术学院	“营改增”对地方经济发展的影响研究——以汕头高新技术产业开发区为例
	湛江市财政局	基于项目管理的农业综合开发财政资金绩效研究
	广州药学院	广东实施创新驱动发展战略的财政政策研究
	广州市财政局	基于城乡一体化和公共财政视角的广州市农村扶贫政策研究
	深圳市财政委员会	深圳市财政资金支持远洋渔业发展的绩效评估及发展策略研究
	三水区财政局	广东发展现代农业组织研究——以佛山市三水区为例
	顺德区财税局	顺德区财政大监督体系信息化建设研究

续表

课题等级	课题单位	课题名称
三等课题（共19个）	禅城区财政局	禅城区基层医疗卫生机构财政管理改革研究
	珠海市财政局	政府购买社会服务之理论与实践探索
	广东技术师范学院	完善高校举债机制的建议
	佛山市财政局	实施大数据战略　加快财政综合管理平台建设——佛山市政府公共财政综合管理平台建设实践与研究
	东莞理工学院城市学院	广东省“省直管县”下的财政体制改革研究
	广东技术师范学院	支持广东省保障性住房建设的财政政策研究

“河源杯”财政征文大赛获奖名单

文　　章	作者	单位
一等奖（5名）		
“营改增”后湛江发展现代服务业的财政政策战略选择	左　芳	湛江市财政局
建设“大财政”数据信息平台　完善政府综合财务报告	国库科课题组	佛山市财政局
以大数据思维统领预算工作进程	薛晓华	梅州市蕉岭县财政局
面向大数据开展财政信息化建设的探索与思考	何兴春	江门市财政局
构建全过程管理体系　中山市市县财政绩效管理创新	杨光宇	中山市财政局
二等奖（10名）		
新加坡组屋先进经验对汕头市保障性安居工程的启示	张　磊	汕头市财政局
大数据时代地级市财政工作面临的机遇与挑战	张　毅	韶关市财政局
关于通过CD推动国库工作精细化的探讨	陈奕菁	湛江市坡头区财政局
试论运用纵向网营造财政干部学习型循环圈	张妙婷	湛江市坡头区财政局
浅谈财政支农专项资金报账制存在问题及建议	侯瑞琴	梅州市梅江区财政局
大数据时代，你准备好了吗？——浅议财政工作者分享“大数据”盛宴需掌握的几点技巧	李光顺	江门市江海区财政局
中山市财政预算项目库管理的实践探索——以双赢理念构建项目库管理长效机制	陈海虹	中山市财政局预算科
政府购买服务与社会组织发展问题探讨	高　山	深圳市委党校经济管理教研部
我国财政预算信息公开现状及问题研究	杨晓妍	深圳市龙华新区龙华办事处财政办公室
发展大数据战略　推动财政改革新浪潮	余格湖	河源市和平县财政局
三等奖（30名）		
关于地方政府投融资平台的思考	杜冬妍	汕头市财政局
大数据——财政改革与时俱进的金钥匙	吴碧涵	湛江市遂溪县财政局草潭财政所
建立大数据战略系统推进财政改革	龚显帅	湛江吴川市长岐财政所
大数据浪潮下的财政数据分析	吴福南	湛江雷州市财政局覃斗财政所
运用大数据战略推动雷州财政的大发展	梁桃英	湛江雷州市财政局
做好农村劳动力培训转移就业工作的探索与思考	陈奋彬	湛江市开发区财政局
我国地方政府融资平台的风险和对策	孙晓娟	湛江市开发区财政局
开发区征地村庄财务管理的现状与思考	吴云峰	湛江市开发区财政局
产业结构调整与地方财政收入增长浅析——以湛江市为例	熊　莉	湛江市开发区财政局
从大数据回归到“小数据”——浅谈财政数据建设	吴子豪	佛山市三水区财政局
加强数据系统融合　提高财政数据可用度	谭裴毅	佛山市南海区财政局

续表

文　　章	作者	单位
国库集中支付制度的问题及对策	曾雪芬	梅州市蕉岭县财政局
大数据与政府财政管理	邹方初	梅州市平远县财政局
发挥大数据助推财政发展大作用	张喜堂	梅州市丰顺县财政局
发挥“大数据”催生社会变革的正能量	张栋材	江门市财政局
建立涉农服务信息时代　利用大数据说话	钟颂欢	江门市江海区财政局
数据分析“走基层”	冯芷薇	江门鹤山市财政局
地方政府融资平台“热”膨胀中的“冷”思考	余文涛	江门鹤山市财政局
深化大数据应用提升财政服务科学发展水平	庄志江	揭阳市揭西县五经富镇财政所
大数据彰显理财智慧　服务财政管理新局面	陈蔡鑫、林妍	揭阳市榕城区财政局
发展大数据战略　欠发达地区“喜忧参半”	郑银丹	揭阳市榕城区财政局
研究政府购买公共就业服务：深圳的选择与构想	王金根	深圳市人力资源和社会保障局
推进政府向社会力量购买服务工作的顶层设计	宋　奎	深圳市财政委员会社会保障处
“大数据”—新挑战—新作为	罗志国	茂名高州市财政局
浅谈财政改革——对完善省级以下财政转移支付制度的思考	李县芳	茂名高州市财政局投资审核中心
完善省对市县一般性转移支付制度　为山区城市的发展添上“翅膀”	卢海波	茂名高州市财政局
县级实施基本财力保障机制的思考	梁　钊	茂名高州市财政局
浅谈我市财政大数据综合应用系统的构建		潮州市财政局行政政法科
树立大数据理念，加快财政收支分析管理体系建设		潮州市财政局国库科
浅谈加强基层财政所财政数据管理	范家健	阳春市春城财政所
组织奖（5名）		
河源市财政局		
湛江市财政局		
江门市财政局		
梅州市财政局		
揭阳市财政局